桂林市七星区志

GUILIN SHI QIXING QUZHI

桂林市七星区地方志编纂委员会　编

方志出版社
Publishing House of Local Records

图书在版编目（CIP）数据

桂林市七星区志 / 桂林市七星区地方志编纂委员会编. -- 北京 : 方志出版社，2018.12
ISBN 978-7-5144-3648-8

Ⅰ. ①桂… Ⅱ. ①桂… Ⅲ. ①区(城市)—地方志—桂林 Ⅳ. ① K296.74

中国版本图书馆 CIP 数据核字(2019)第 029928 号

桂林市七星区志

编　　者：桂林市七星区地方志编纂委员会
责任编辑：冯　松

出 版 人：冀祥德
出 版 者：方志出版社
地址　北京市朝阳区潘家园东里 9 号（国家方志馆 4 层）
邮编　100021
网址　http://www.fzph.org
发　　行：方志出版社发行中心
电话（010）67110500
经　　销：各地新华书店
装帧设计：南宁市佳彩广告设计有限公司
印　　刷：深圳市精一瑞兰印刷有限公司

开　　本：889 × 1194　1/16
印　　张：51.5
字　　数：1469 千字
版　　次：2018 年 12 月第 1 版　2018 年 12 月第 1 次印刷
印　　数：0001 ～ 1500 册

ISBN 978-7-5144-3648-8　定价：388.00 元

《桂林市七星区志》编纂机构及人员

桂林市七星区地方志编纂委员会
（2009年11月2日）

名誉主任：赵德明　郑小敔　何运保　陆新元

主　　任：郑钧洪

副 主 任：梁荣军　宛高云　赵素华

委　　员：韦玉娟　银仁民　莫福旺　黄绪兴　廖一推　阳玉清　钟　海
罗进禄　覃　丽　黄　强　张　楠　陈荣生　伍顺希　唐　淳
申春荣　周民进　王凯捷　曾令辉　胡家臣　周清华　黄赐月
肖建红　蔡继坤　吕示威　谢　宏　胡荣柏　黄　健　刘金枝
欧战涛　李继武　李天有　王　颖　谢利国

桂林市七星区地方志编纂委员会
（2010年9月30日）

名誉主任：赵德明　何运保　陆新元

主　　任：黄文干

副 主 任：梁荣军　肖育明　赵佑生　赵素华

委　　员：韦玉娟　银仁民　莫福旺　黄绪兴　林　弘　阳玉清　钟　海
罗进禄　覃　丽　黄　强　张　楠　陈荣生　伍顺希　李园连
申春荣　周民进　王凯捷　曾令辉　胡家臣　周清华　黄赐月
谢　宏　肖建红　蔡继坤　吕示威　胡荣柏　黄　健　刘金枝
欧战涛　李继武　李天有　谢利国

《桂林市七星区志》编辑人员

主　　编：石玉琳　郑　平
副 主 编：肖育明　林耀平
总　　纂：黄　健　蒋彦秀
编　　辑：廖明东　莫凤仙　伍斌元　柏秀英　冯小洪　徐新能　黄　欣
　　　　　覃　帆
工作人员：黄海媛　钟　婷
参与编写人员（按时间顺序）：
　　　　　莫炳国　赵素华　毛荣秀　谢小秋　江永宁　刘云霏　陈灵鹏
　　　　　古　婧　侯翠微　甘晓刚

《桂林市七星区志》供稿单位

区党政办、区人大、区政协、区纪委、区委组织部、区委宣传部、区委政法委、区委统战部、区工会、共青团七星区委、区妇联、区发改局、区工信局、区投资促进局、区财政局、区园区局、区科技局、区城管局、区农工局、区城建局、区国土局、区环保局、区规划局、区税务局、区工商局、区武装部、七星公安分局、区检察院、区法院、区志办、区民宗局、区档案局、区委老干局、区机关工委、区人社局、区审计局、区司法局、区统计局、区安监局、区商务局、区国资办、区环卫站、区教育局、区民政局、区文体局、区卫计局、区药监局、区残联、区漓管办、区信访局、区科协、桂林国际会展中心、朝阳乡、东江街道、七星街道、漓东街道、穿山街道、桂林华侨旅游经济区等。

《桂林市七星区志》审核单位和人员

初审单位和人员

初审单位:桂林市七星区地方志编纂委员会

初审人员:何运保　黄文干　石玉琳　宛高云　张衍平　胡正科　蒋瑞芳
蒋伟宁　肖育明　谢　静　孙士桥　刘延风　唐　峰　韦怡运
韦新华　林耀平　黄　健

复审单位和人员

复审单位:桂林市地方志编纂委员会办公室

复审人员:徐朝凯　韦兰玉　文　剑　王家胜　徐李宁　曾荣平　胡小春
潘树能　廖志良　陶树青　伍已忠　覃丰展　尹　乐

审查验收单位和人员

审查验收单位:广西壮族自治区地方志编纂委员会办公室

审查验收单位:桂林市地方志编纂委员会办公室

审查验收人员:徐朝凯　韦兰玉　黄家接　文　剑　苏麒忠　陈宪忠　毛荣生
杨初长　徐李宁　曾荣平　胡小春　关玉成　廖志良

序

地方志是我国一项特有的文化遗产，是中华民族悠久厚重历史积淀的结果，具有存史、资治、教化的作用。历朝历代均重修志，形成了这一传承中华优秀文化的形式之一。《桂林市七星区志》的奉献，亦是其具体体现。

《桂林市七星区志》谋划于2004年，2005年开始搜集资料并着手编纂，历时10个春秋，终成卷帙，是七星区文化工作的一大盛事，值得庆贺。

七星区地处桂林市东部，史称"水东""漓东"和"漓水之东"，在中华人民共和国成立之前叫东江区。后几经易名，于1979年7月正式成立七星区人民政府，又于1997年6月20日与桂林国家高新技术产业开发区合并，两区合署办公，实行"两块牌子，一套人员"的机构。

辖区依山傍水，区位优越，风景秀丽，人杰地灵。城区交通便捷，资讯发达，设施完善，是高新之区，创意之都，宜居之地，休闲之所，文化之林。著名的七星景区、桂海碑林、靖江王陵、穿山、塔山等风景名胜均在辖区内。历史文化的磁力，秀丽山水的魅力，科技商贸的聚力，吸引众多国家元首、历史伟人、文化巨匠、社会名流在七星驻足，流连忘返，形成桂林文化的别样风景。近百年来，辖区人民以其勤劳和智慧一直为桂林的这座历史名城增光添彩。特别是改革开放后的30年来，七星人民励精图治，始终认真贯彻和践行"实事求是""中国特色社会主义理论"和"三个代表"重要思想及"科学发展观"，并理论联系实际，各项事业飞速发展，社会稳定和谐，人民安居乐业。辖区的14所大中专院校和8所省部级所属的科研院所，为七星社会和经济发展提供帮助，作出了不可磨灭的贡献。

《桂林市七星区志》坚持辩证唯物主义和历史唯物主义的观点，本着存真求实的态度，重史、广博，所记之史，均反复查证校核，析异辩误，去伪存真，是一部分类科学、编排有序、结构严谨的志书。

古人云：一志在手，属地历史变迁、乡土风情、社会经济，展卷可得。《桂林市七星区志》的问世，为广大人民群众了解辖区的历史、乡土风情、人文概况提供了一部客观、完整、真实、生动的历史教科书，愿这一历史画卷，能进一步启迪和激励七星人民团结一致、奋发向上之心，再图继往开来、翻天覆地之伟业，努力建设更加美丽、文明、和谐的七星新区！

中共桂林市七星区委书记：石玉琳

七星区人民政府区长：郑平

2018年12月28日

凡　例

一、本志以马克思列宁主义、毛泽东思想、邓小平理论、“三个代表”重要思想和科学发展观、习近平新时代中国特色社会主义思想为指导，坚持辩证唯物主义和历史唯物主义的立场、观点和方法，实事求是地记述七星区行政区域自然、政治、经济、文化和社会的历史和现状。

二、本志为章节体，采用述、记、志、传、图、表、录等体裁，以志为主。正文前设地图、照片、序、编纂机构和人员名单、供稿单位、审查验收单位及人员名单、凡例、目录、概述、大事记；正文设 35 章，章下设节、目、子目；后设附录、索引、编后记。正文配插图，表随文设置。本书所用图片除署名外，均由七星区委宣传部供稿。

三、本志记述时间，上限为事物发端，下限为 2005 年。卷首彩图及个别特殊事物根据内容需要适当下延。中华人民共和国成立前沿用民国纪年及历史纪年，成立后采用公元纪年。“改革开放”前、后指 1978 年 12 月中国共产党第十一届中央委员会第三次全体会议前、后。

四、本志记事范围，以 2005 年七星区行政区域为限。志书中所书“七星区”，指 1979 年 7 月成立的七星区（县级行政区），1996 年 12 月，穿山、朝阳 2 个乡划归七星区；2003 年 11 月，桂林华侨农场（对外挂牌“桂林华侨旅游经济区”）整体移交七星区管理。志中所书“区域”“区境”“辖区”“境内”均指 2005 年七星区的行政区域范围。

六、1997 年 6 月 20 日，七星区与桂林国家高新技术产业开发区合并。本志在此日期之后所记统计数据和资料，如表述为“高新区七星区”，或“七星区”，或“全区”，均指两区合并后的范围；如表述为“桂林国家高新技术产业开发区”或“桂林国家高新区”，则指原桂林国家高新技术产业开发区范围。

七、本志所记资料，主要源于部门档案资料和正式出版物等可靠史籍，以及经核实的口碑资料。采用数据以统计部门公布的资料为准。

八、本志遵循“生不立传”的原则，在世人物不立传。《人物》章立传和简介的人物共 19 人，《人物传》一节记述 2005 年之前离世人物；《人物表》一节收录 1930—2005 年七星区烈士及 1985—2005 年七星区机关事业单位高级专业技术人员。

九、本志坚持述而不论，寓褒贬于记事之中，行文遵循广西壮族自治区地方志编纂委员会《广西续修地方志行文规定》。

十、本志采用现行法定计量单位。

十一、所记地名，用桂林市地名委员会公布的标准地名，古今有异者，用当时名，括注今名或俗名。

主要机构全称与简称对照表

全　称	简　称
中国共产党七星区委员会	区委
七星区人民代表大会	区人大
七星区人民政府	区政府
中国人民政治协商会议七星区委员会	区政协
中国共产党七星区纪律检查委员会	区纪委
中国共产党桂林国家高新区工作委员会、桂林国家高新区管理委员会、中国共产党七星区委员会、七星区人民政府办公室	区党政办
中国共产党七星区委员会组织部	区委组织部
中国共产党七星区委员会宣传部	区委宣传部
中国共产党七星区委员会统一战线工作部	区委统战部
中国共产党七星区委员会政法委员会	区委政法委
七星区委员会区人民政府信访办公室	区信访办
七星区档案局	区档案局
七星区地方志编纂工作领导小组办公室	区志办
中国共产党七星区委员会直属机关工作委员会	区机关工委
中国共产党七星区委员会老干部管理局	区老干局
七星区经济工作委员会	区经济工委
七星区工会	区工会
中国共产主义青年团七星区委员会	团区委
七星区妇女联合会	区妇联
七星区劳动人事和社会保障局	区人社局
七星区精神文明建设指导委员会办公室	区文明办
七星区监察局	区监察局
七星区审计局	区审计局
七星区工商业联合会	区工商联
七星区民族宗教事务管理局	区民宗局

全　称	简　称
七星区调处土地山林水利纠纷领导小组办公室	区调处办
七星区司法局	区司法局
七星区发展与改革局	区发改局
七星区工业化信息管理局	区工信局
七星区投资促进局	区投促局
七星区财政局	区财政局
七星区科学技术局	区科技局
七星区社会发展局	区社发局
七星区市政管理局	区市政局
七星区农村工作局	区农工局
七星区统计局	区统计局
七星区安全生产监督管理局	区安监局
七星区科学技术协会	区科协
七星区教育局	区教育局
七星区民政局	区民政局
七星区文化体育和旅游局	区文体旅游局
七星区卫生局	区卫生局
七星区人口与计划生育局	区计生局
七星区残疾人联合会	区残联
七星区爱国卫生委员会办公室	区爱卫办
七星区老龄工作委员会办公室	区老龄委
七星区市容管理局	区市容局
七星区工商行政管理局	区工商局
七星区住房和城乡建设局	区城建局
七星区国土资源局	区国土局
七星区环境保护局	区环保局
中国人民解放军七星区人民武装部	区武装部
七星区公安分局	七星分局
七星区人民检察院	区检察院
七星区人民法院	区法院
七星区地方税务局	区地税局
七星区国家税务局	区国税局

专门用语原形词及其缩略词对照表

原形词	缩略词
在中国境内设立的中外合资经营、中外合作经营、外商独资经营企业	“三资”企业
村民委员会	村委会
最低生活保障	低保
非典型肺炎	非典
高新技术产业开发区	高新区
管理委员会	管委会
居民委员会	居委会
基本普及九年义务教育、基本扫除青壮年文盲	两基
农民协会	农协
基本普及九年义务教育	普九
拥军优属、拥政爱民	双拥
由民政部门保吃、保穿、保烧(燃料)、保医、保葬的孤老	五保户
城镇居民基本医疗保险	医保
最低生活保障	低保
“文化大革命”前及其间到农村插队落户(或回乡)的城镇初、高中毕业生	知青

目　录

七星区政区图

比例尺 1：65300

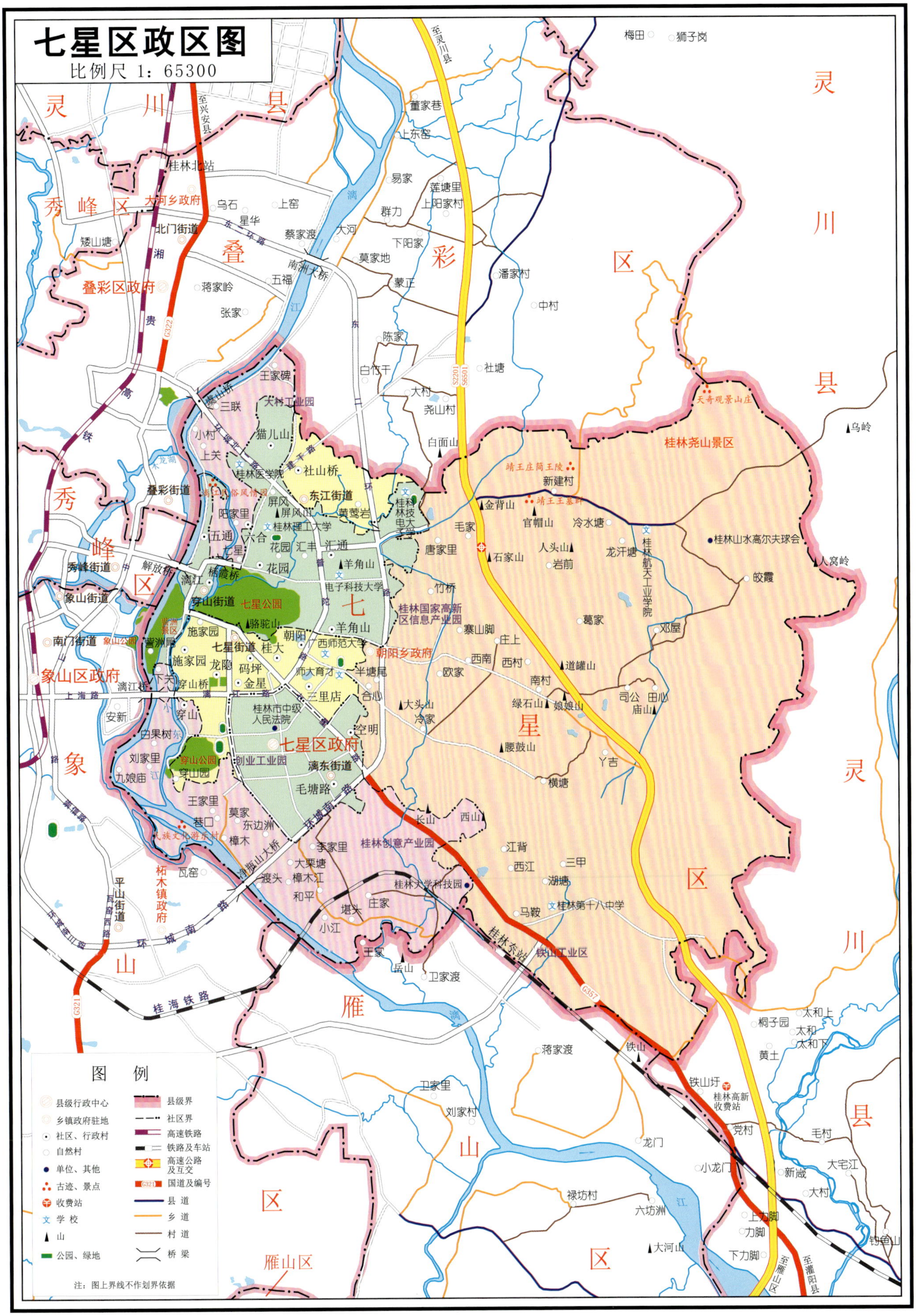

广西南宁六维地理信息服务有限公司编制

桂S（2019）16号

国家有关部委办局领导考察调研

2005 年 9 月，中央综治委副主任陈冀平（左三）到七星区指导工作

1998 年 1 月 9 日，国家专利局局长高卢麟（右二）考察桂林国家高新区企业

2000 年 1 月 7 日，国家科技部部长徐冠华（右三）考察桂林国家高新区企业

2003 年 4 月，中国科协主席、中科院院士周光召（右二）考察桂林国家高新区企业

2004 年 10 月 18 日，国家科技部火炬中心副主任张志宏（左四）考察桂林国家高新区企业

2004 年 11 月 5 日，国家新闻出版署领导考察桂林国家高新区七星区

2004 年国家卫生部副部长蒋作君（前排右四）带队到东江社区卫生服务中心检查指导工作

自治区领导考察

1996 年 10 月，自治区政府副主席李振潜（左二）考察七星区

1999 年 1 月，自治区党委副书记杨基常（右三）考察桂林国家高新区企业

2000 年，自治区党委副书记刘奇葆（左三）考察桂林国家高新区七星区

2001 年 8 月，自治区政府副主席张文学（左一）考察桂林国家高新区七星区

2002 年，自治区党委副书记马铁山（前排右五）考察桂林国际会展中心

2002 年 7 月，自治区党委书记曹伯纯（左二）考察桂林国家高新区七星区

2002 年 7 月，自治区政府副主席袁凤兰（左三）考察桂林国际会展中心

2004 年 5 月 28 日，自治区党委副书记、政府副主席郭声琨（前排左二）到桂林国家高新区七星区考察工作

2004 年，自治区党委副书记马庆生（右一）考察广陆量具厂

2004 年 5 月 14 日，自治区政协副主席姜兴和（右二）考察桂林澳群彩印有限公司

2004 年 7 月 15 日，自治区人大副主任邱实元（左二）到桂林国家高新区企业考察指导工作

2004 年 10 月 15 日，自治区人大常委会副主任张正铀（右一）到桂林国家高新区七星区考察

2005 年 6 月，自治区政府主席陆兵（中）到桂林国家高新区七星区考察

2005 年 9 月 27 日，自治区政府副主席刘新文（左二）考察桂林国家高新区七星区

2003 年 8 月 29 日，自治区科技厅厅长兰天立（左二）在桂林国家高新区七星区检查指导工作

1999 年 8 月，自治区科委主任张正轴（右三）到桂林国家高新区七星区指导工作

2002 年，自治区科技厅副厅长黎明智（右一）在桂林国家高新区企业检查指导工作

区领导工作剪影

2000 年，副市长、桂林国家高新区管委主任李金早（前排右一）、中共七星区委书记王祥柏（左一）检查指导甲天下广场施工工作情况

1999 年，桂林国家高新区管委常务副主任、七星区政府区长陈建军（左一）向来宾介绍企业发展情况

2003 年，中共七星区委书记王祥柏慰问小学，并与学生谈话

2004 年 10 月，桂林国家高新区管委主任、七星区政府区长余秋平（左二）到桂林电子科技大学调研

2005年6月，中共桂林国家高新区工委、七星区委书记郑小猊（左二），桂林国家高新区管委主任、七星区政府区长余秋平（右二）在园区工地检查工作

2005年10月17日，中共桂林国家高新区工委、七星区委书记郑小猊（右一）向客人介绍招商引资情况

外国嘉宾来访

1963 年 2 月 25 日，柬埔寨国家元首诺罗敦·西哈努克亲王（中）访问穿山公社，并与社员握手

2005 年，奥地利国防部长京特·普拉特（前排右二）一行游览七星公园

2005 年 10 月 20 日，泰国第一副总理颂奇（中）一行游览七星公园

七星风貌

七星夜景 （2009年摄）

穿山公园 （朱名洪 2008年摄）

花桥晨雾 （马桂平 2009年7月摄）

清朝时期訾洲

尧山观涛　　（谢振德　2009 年 7 月摄）

驼峰秋色　　（马初贵　2009 年摄）

重大事件

"桂林高新区杯·美丽的桂林"全国摄影大赛颁奖大会暨作品展览开幕式

1997 年 6 月，桂林国家高新区与七星区合并大会会场

2002 年 11 月，博鳌亚洲旅游论坛在桂林国际会展中心举行

2003 年 6 月 22 日，为加快高新区发展，市成立了高新技术产业发展指导委员会。第一次全体会议在桂林国家高新区召开

2003 年 7 月，创业园中介服务机构挂牌仪式

2005 年 7 月，美国哥伦比亚大学弗朗西斯克教授受邀到七星区讲学

2005 年 10 月，2005 中国建筑装饰材料与设计展示交易会、2005 中国（桂林）房·车节在桂林国际会展中心隆重举行

2005 年桂林市招商引资工作现场交流会在七星区举行

园区和项目建设

1991 年，桂林国家高新技术产业开发区 1 平方公里火炬产业基地正式破土动工

2005 年，桂林中软现代城开工建设

2004 年，正在建设中的工业园一角

2005 年，位于英才科技园的科赛大厦项目开工

2004 年，正在建设中的英才科技园

2005 年 9 月 14 日，桂林南城百货商场开业盛典

2000 年 1 月 15 日，留学生创业园举行开园仪式

2002 年 8 月穿山科技产业园奠基典礼

建设中的鸿瑞科技大厦

工业企业

2005 年，高新区斯壮微电子有限公司搭建生产和销售 SOT-23 片式晶体管的微电子产业平台。图为工作人员正在车间检验成品

2005 年，桂林国际电线电缆集团有限责任公司通过扩建新厂、技改和引进新设备，年创产值 7 亿元，利税超亿元大关

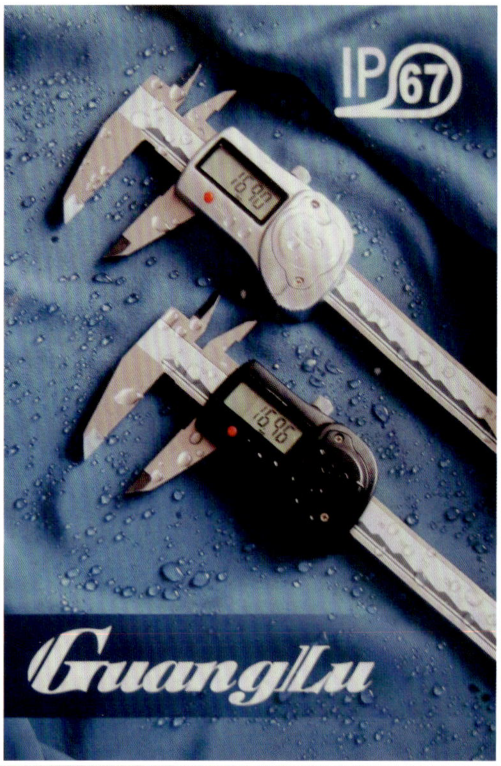

图为 2004 年桂林广陆数字测控公司自主研制开发生产的新型电涡流式位移传感器及新一代防水型数显卡尺，此项目被自治区科技厅列为重点研发项目

2005 年，桂林国家高新区企业加大技改投入，先后投入 2.5 亿元，为企业做大做强创造了良好的条件。图为桂林澳群彩印有限公司投入的 4000 万元进口的高科技设备

2004 年 6 月，自治区信息产业局与桂林国家高新区结成一对一帮扶对子

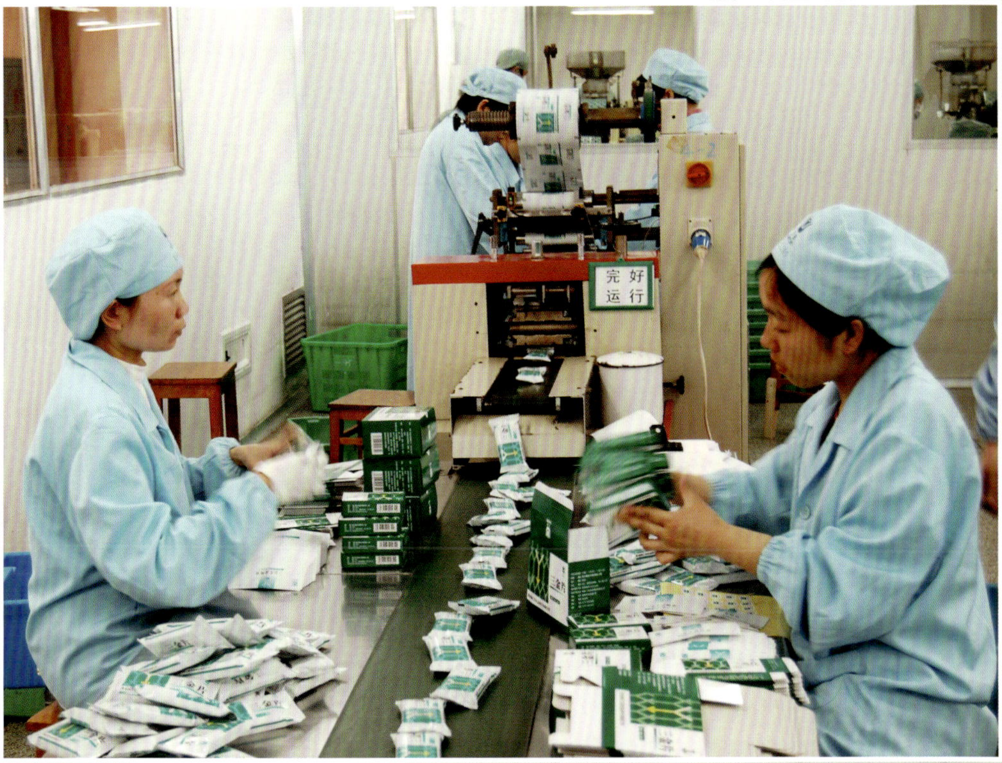

桂林三金药业股份有限公司“三金牌西瓜霜的研究与开发”项目获得2005年度广西科学技术特别贡献奖。图为公司包装车间

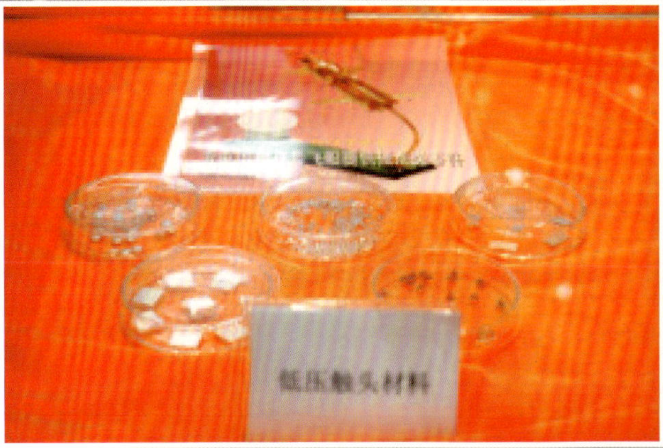

至2005年，桂林电器科学研究所建所以来共获得901项科技成果，其中获国家、省（部）级科技进步奖129项

桂林星辰科技股份有限公司研发的伺服系统装备用于"神舟""嫦娥"等系列载人航天工程，为我国载人航天事业作出巨大贡献

2005年，桂林皮尔金顿安全玻璃有限公司具备年产汽车安全玻璃50万台套的生产能力，列全国同行业八强

美国客户参观桂林市啄木鸟医疗器械有限公司研发中心

三农工作

2005 年，桂林国家高新区三高农业示范带评审会在高新开发大厦召开

始建于 2005 年初的桂林华侨旅游经济区马家坊村委办公楼落成庆典

城乡建设

2005 年，桂林国家高新区园区面积由 1 平方公里拓展到 12 平方公里

2005 年，桂磨路新貌

2005 年 10 月建成的文化步行街

信息产业园外景
（2005 年 12 月摄）

七星区城区一隅

（2005 年摄）

三里店大圆盘　（李新华　2005 年 9 月摄）

漓江东岸全景
（1999 年 8 月摄）

社会生活

2000年8月，五通社区开展煮寿面敬老爱老一家亲活动

2003年，花桥幼儿园创作的舞蹈《丽江秋色》代表漓江社区参加广西首届社区文化艺术节，并获得业余组一等奖

2003 年 12 月，七星区连续三年被评为自治区计划生育达标先进城区。图为实行计划生育的老人获得了奖励补助金

2004 年 1 月，七星区开展送温暖活动，为贫困家庭送被子等生活用品

2004 年 2 月，区机关党员干部积极为残疾人捐款

2005 年 3 月 2 日，七星区组织党员干部到兴安红军长征突破湘江烈士纪念碑园进行革命传统教育

2005 年 3 月，七星区组织全体机关干部、区属各单位、辖区单位干部群众和驻军官兵共千余人开展植树造林活动

2005 年 8 月 18 日，穿山乡撤乡改办事处揭牌仪式在穿山乡办公大楼举行

七星区荣誉

2003 年 9 月，科技创业服务中心在实施火炬计划十五周年中被评为先进高新技术创业服务中心

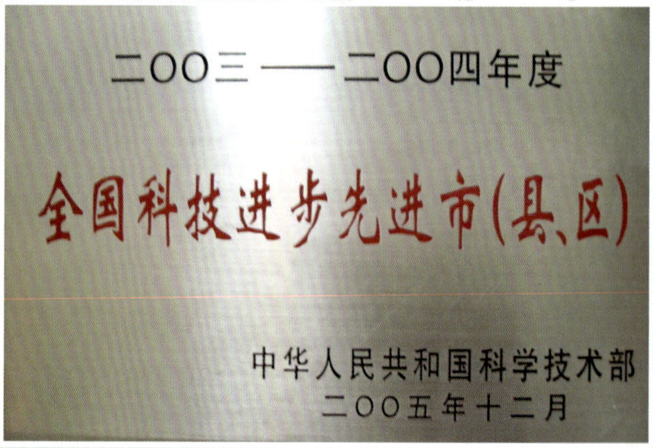

2005 年 12 月，七星区荣获 2003—2004 年度全国科技进步先进市（县、区）荣誉

2004 年，七星区荣获自治区“双拥模范区”荣誉称号

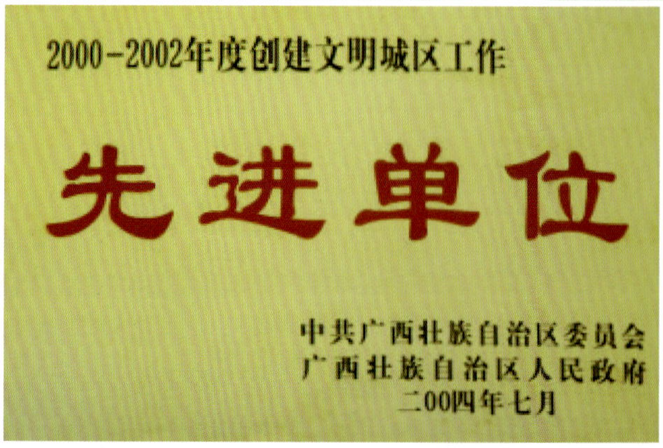

2004 年，七星区荣获 2000—2002 年度自治区“创建文明城区工作先进单位”

概　述

漓江东岸新貌　　　　（李新华　摄）

七星区是桂林市的一个城区，位于市区东部、漓江东岸，东与灵川县交界，南与雁山区相连，西与象山区、秀峰区为邻，北与叠彩区接壤。地处北纬25° 13′—25° 18′，东经110° 17′—110° 23′之间。历史上称为“水东”和“漓东”，即漓水之东。1979年，成立七星区，区名因区内七星山而得名。辖区范围：北至猫儿山，东北至尧山西南麓，东南至雷劈山，南至岳山，西至漓江。辖区临水，多山，除西傍漓江外，还有小东江，灵剑溪流经区内。有众多的名胜古迹和自然山水美景，如著名的七星岩、穿山、塔山、桂海碑林、靖江王陵等坐落其间。辖区交通便利，主要干道有：漓江路、穿山路、龙隐路、七星路、桂磨路等，车辆经解放桥、漓江桥、净瓶山桥、磨盘山桥可直接驶达漓江西岸，桂磨公路与灵川县、兴安县境相通。1997年6月，桂林国家高新技术产业开发区与七星区合并，对外称高新区七星区(以下称七星区)。七星区是一个多民族居住的城区，主要有汉族、壮族、瑶族、苗族、回族等25个民族。2005年末，七星区辖穿山、七星、东江3个街道，朝阳乡及桂林华侨旅游经济区，共28个社区居民委员会，16个村委会，行政总面积97平方千米，总人口21万人(其中农业人口3.8万人)。曾获评“2003年-2004年度全国科技进步先进县(区)”，2001年获评自治区人口与计划生育目标管理责任一等奖；2003年获评自治区人口与计划生育目标管理先进达标单位。2004年获评自治区创建文明城区工作先进单位。

秀美山水和革命历史彰显文化名邑

七星区有记载的历史可上溯到秦王朝。始皇三十三年(前214)，秦王朝在岭南设置桂林、南海、象3郡。今七星区境属桂林郡。高祖三年(前204年)，秦灭，南海尉赵佗并桂林、象郡，建立南越国。后经三国、南北朝、隋、宋、元、明、清等朝代，至民国29年(1940)5月26日，桂林市设立时，区境设有东江区和东附廓区。中华人民共和国成立后，辖区在中共桂林市委、市政府的领导下，励精图治、攻坚克难、发展经济、改善民生，至2005年，基本实现“以打造工业园区建设发展高新科技产业为主，以产业开发、居住、文化、旅游服务为辅，以优良的环境质量和生活质量为特征的综合型城区”的功能，成为桂林旅游城市、历史文化名城的重要组成部分。

旅游资源丰富 辖区内峰林、山地、平原、丘陵均有分布，地势低平，盆地呈南北延伸状，自北向南微倾斜，漓江沿城南流。辖区内山峰环抱、山环水绕，碧水青山，山奇洞异。典型的喀斯特地貌赋予辖区“山青、水秀、洞奇”的山水风光。山以尧山为代表，主峰海拔909.3米，相对高度760米，是市区最高山峰；水有漓江，流经境内长达20千米及小东江；洞以七星岩、龙隐洞、穿山岩最为出名。著名景点七星公园、穿山公园、骆驼山、訾洲等分布其中，构成了山水相映的城乡旖旎风光，令人流连忘返。

2005年，辖区有林地面积2264.02公顷，占辖区土地面积25%，森林绿化覆盖率25%；有七星岩和南村2条地下河；主要矿产资源有：石灰岩、黏土，铁矿、大理石等，其分石灰岩的储量达到45亿立方米。

文化积淀丰厚 辖区境域很早就有人类活动，1988年5月18日，在屏风山洞和马山溶洞发现花生化石，经鉴定，是世界上首次发现的更新世花生化石，已命名为“中华古花生”。辖区现存有众多古文化遗址、古建筑、古墓葬、革命遗址、纪念建筑物等具有特色的文化艺术人文景观，人文资源和历史景观丰富，小东江上穿山清真寺在元初就已修建，这是广西最早的清真寺之一。古文化遗址有桂海碑林、十六尊重像、穿山摩崖石刻等；古建筑有花桥、静江王陵等；革命遗址和纪念建筑物有张曙墓、白鹏飞墓、裴邦焘墓、阚维雍等三将军墓及八百壮士墓、陈光烈士墓等。反映出七星辖区悠久历史渊源及其发展的痕迹。2002年11月18日，博鳌亚洲旅游论坛在辖区的桂林国际会展中心举行，发表《博鳌亚洲旅游论坛(中国桂林)宣言》。

近代知名人士著名作家胡适、巴金、田汉、王鲁彦，著名爱国人士何香凝，现代儒家梁漱溟等均在辖区生活、活动过。中华人民共和国成立后，辖区重视文化事业的建设，投资建设了新华书店、文化馆(室)，组织各种业余文艺团队下乡(街)演出。1990年起每年开展“新春文化月”活动。组织开展科技、文化、卫生“三下乡”活动。1997年起结合桂林市

的“漓江之声”举办辖区“漓东之光”“东江之夏”等群众文艺活动。广播电视事业蓬勃发展，实现了村村通广播电视。

革命历史光荣 人民群众是推动历史的主要力量，七星区人民长期以来的斗争传统谱写了光荣的革命历史。

元至正二十三年(1363)，东郊(今七星辖区)农民酝酿反元，被肃政廉访使也儿吉尼派兵镇压。明万历十二年十二月二十八日(1585年1月28日)，漓江两岸的瑶民武装反抗，官军出动2万余人镇压。抗日战争时期，国民党军队在此英勇抗击日军，八百壮士牺牲于七星岩洞内。壮士遗骨安葬在辖区普陀山霸王坪。

1936年12月，中共桂林委员会在东江成立，并举行第一次县委会议，并在东江镇幼稚园建立了第一个党的基层组织——中共桂林县东江镇支部。1938年冬至1939年夏，中共中央南方局领导人周恩来、徐特立、叶剑英，中共广西省工委领导人陈岸，均在东江一带活动过。1939年夏至1940年秋，中共桂林特支的机关设在坤元街(今临江上街北段)，后迁至汇通路观音山。1945年11月，中共广西省工委领导人钱兴在月牙山厄子口召集桂林党组织负责人传达党的“七大”会议精神和南方局的有关指示会议。1949年1月，中共省城工委在桂林市东郊(今穿山乡)江东村122号召开全省城干部会议，成立中共桂林市城市工作委员会，陈光任书记，市城工委在此领导开展桂林市工运、学运及各项斗争，直到桂林解放。

1950年至1956年，境域内的中共党组织领导人民进行镇反肃特、清匪反霸、民主改革、抗美援朝、土地改革、“三反”(反浪费、反贪污、反官僚主义)、“五反”(反偷税漏税、反盗骗国家财产、反行贿、反偷工减料、反偷窃国家经济情报)运动，开展农业、手工业和资本主义工商业的社会主义改造，稳定物价、恢复发展生产、繁荣城乡经济，巩固新生人民政权。1957年至1966年，重点抓基础工业建设。1966年至1976年的“文化大革命”期间，辖区的社会主义建设事业受到影响。1979年7月，中共七星区委员会成立，对历次政治运动造成的遗留问题进行甄别和改正，为“四类分子”摘帽子，彻底清算“三种人”(追随林彪、江青反革命集团造反起家的人、帮派思想严重的人)和打砸抢分子，至1985年7月结束。2002年，成立经济党工委，加强对区属企业的党建工作，在区属27家有党员的非公企业中，建立23个非公有制企业党支部。

1954年1月28至29日，首次召开人民代表大会的区人大，至2005年，先后召开八届人民代表大会共33次会议。听取和审议区人大常委会和“一府两院”(区人民政府、区人民法院、区人民检察院)的工作报告132次，并作出相应决议；依法选举产生区人大常委会主任、副主任、委员和政府区长、副区长、法院院长、检察院检察长共150人次，选举出席历届桂林市人民代表大会代表198名。

成立于1999年1月的区政协，两届委员会的政协委员们共向区政府和政法机关提出提案471件、工作建议700余项，开展经济、社会调查研究，形成调查报告33个；动员、组织政协委员和各民主党派成员为全区经济发展引进资金5.67亿元。七年的参政议政为全区的各项建设作出了应有的贡献。

高新引擎带动提振经济发展

1997年至2005年，先后制定和执行国民经济与社会发展“九五”“十五”2个五年计划，取得预期效果。区政府财政重点支持高新产业园区建设，落实支持企业发展的各项资金，增加招商引资工作的投入，不断壮大财源基础。1997年6月，桂林高新技术产业开发区与七星区合并，两区合并后的第二年，辖区财政总收入首次突破亿元大关。此后，财政总收入由1998年的1.03亿元增至2005年3.88亿元，年均增长23.73%，其中区本级财政收入由4916万元增至13511万元，年均增长26.96%。区财政总支出由5388万元增至3.26亿元，年均增长30.58%；其中区本级财政支出由4263万元增至2.54亿元，年均增长率31.18%。

高新产业发展迅猛 辖区是桂林市的工业强区，也是桂林高新技术产业的发祥地。民国时期，辖区只有少数的个体工商户。解放后，除了农业外，手工业和食品加工业有所发展。20世纪60年代中期到70年代末，国家先后在七星辖区内兴建了桂林市漓江机械厂、桂林轮胎厂、桂林无线电一厂等一批国营大中型企业，工业优势逐步显现。1988年，桂林市利用辖区的科研、教育、人才和项目优势，设立了桂林新技术产业开发区(后于1991年批准为国家级高新技术产业开发区)，创办了桂林光通电子工程公司、桂林矿产地质研究院试验厂、桂林辰山新技术开发公司等公有制企业;利用高新区的政策优势,先后引进了桂林利凯特公司、桂林诺基亚公司、桂林 NEC 公司等中外合资、合作、独资企业;通过科研项目成果转化,孵化培育出桂林星辰电力电子公司、桂林华诺威基因药业公司、桂林澳群彩印公司等一大批民营科技企业。特别是 1997 年 6 月,为拓展高新区的发展空间,中共桂林市委、市政府决定将七星区与桂林高新区合并,实行二区合一的管理模式,实现全面开发建设桂林漓江以东区域的战略布局。两区合并后,以高新技术产业为主体的工业经济快速发展,逐步成为辖区经济的支柱。进入 21 世纪,在高新产业的带动下,辖区第一、第三产业均稳步发展,第三产业在地区生产总值中的比重逐年上升,辖区产业经济进入协调发展轨道。高新技术产业逐渐形成了电子信息、光机电一体化、新材料、生物医药、环保等五大类高新技术产业链。从 1995 至 2003 年,高新区工业总产值从 8 亿元上升到 105 亿元,超过了 1995 年桂林市工业总产值的 100 亿元,实现了 8 年再造一个“工业桂林”的目标。2005 年,辖区工业企业法人单位 400 多家,其中高新技术企业 136 家、亿元年产值企业 40 家;全区工业总产值 86.95 亿元,工业增加值 30.5 亿元,工业经济占地区生产总值的比例达到 51.6%;实现地区生产总值 59.16 亿元,人均生产总值 2.66 万元。总量和人均量均居桂林市各县区之首。

科技创新引领发展潮流 辖区科研院所和大专院校云集,有大专院校 6 所,中央部属、自治区级科研机构 9 个,市级科研单位 4 个,2005 年末,共有科研人员 2711 人,是桂林市科教智力人才资源的密集区,科技创新具有良好的基础和潜力。90 年代中期,桂林市人民政府放宽科技市场准入,支持发展民营科技企业,鼓励高等院校、科研院所、企事业单位科研人员和留学回国人员以及社会人员投资创办科技型企业,促进高新技术产业发展,辖区的高新技术企业达 100 多家。随着国家对外开放政策的深化,辖区内科研机构和科技企业对外交流、合作渠道增加,取得显著成效。如 1994 年 12 月 17 日,辖区企业桂林三金药业集团公司生产的桂林西瓜霜系列产品被市经济委员会、市医药管理局、市消费者协会联合组成的评审小组命名为“桂林第四宝”。1996 年 2 月,桂林轮胎厂研制的火炬牌 36.00—51—58PR 巨型无内胎工程机械轮胎在 1995 年度国家科技奖颁奖大会上获国家科技进步奖。区财政每年拨出专项资金,用于扶持企业研发新产品,组织实施国家级、自治区级、桂林市级科技计划项目。1998 至 2005 年,共实施各级科技计划项目 791 项,共获科技项目拨款 2.03 亿元。产生自主知识产权的产品 682 个,并拥有一批特优名牌产品。

招商引资渐入佳境 1980 至 1986 年,辖区招商引资大多是依托发展旅游业来实现。80 年代初期,建成了四星级宾馆——桂山大酒店,改善旅游服务条件。1987 年至 1992 年,辖区招商引资的重点由非生产性企业逐步转向生产性企业,引进总投资 511 万美元的当时最大的生产型外商投资项目——桂林百事可乐饮料公司,成立桂林市电线总厂与澳大利亚大地股份有限公司合资兴办的澳大利亚电线股份有限公司。1994 至 1998 年,进行招商体制改革,探索招商引资新路子。5 年间,辖区实际利用外资达 10760.5 万美元,引进“三资”(在中国境内设立的中外合资经营企业、中外合作经营企业、外商独资经营企业)企业 175 家,芬兰诺基亚、日本 NEC、英国皮尔金顿、美国英格索兰等国际知名的跨国公司相继进入辖区发展。1999 至 2002 年,新办外资企业 104 家,占桂林市的 50%;实际利用外资达 11076 万美元,占桂林市的 25%。2003 至 2005 年,引进内资项目 1168 个,实际利用内资 21.38 亿元;引进外资项目 70 个,实际利用外资 5598.92 万美元。

商业贸易日渐繁荣 从区政府成立的 1979 年至 2005 年的 20 多年间,辖区国营、集体、股份制、个体私营集贸市场、综合商场,烟草、燃油、医药、粮油、餐饮、食宿及旅游等商贸、服务业稳步发展;比较有代表性的是 2004 年引进深圳信南投资发展公司投资 2.2 亿元的桂林南城百货项目开工,2005 年 9 月正式开业,成为辖区最大的综合商场。2005 年末,辖区共有集贸市场 15 个,民营及个体企业 995 家,从业人员 4500 多人,形成了甲天下广场、三里店大圆盘和花鸟市场等商贸集中区。2005 年,全区社会消费品零售总额 16.16 亿元,比上年度增长 15.10%。

市郊农业稳步递增 中华人民共和国成立后,辖区政府努力改善农业基础设施,科技兴农,农业生产得到长足进步。1957 年,在中央公布《1956 年到 1967 年全国农业发展纲要》后,辖区的农村干部、群众迅速掀起兴修水利、改良土地、改善土壤等基本生产条件运动的高潮，纠正了种植业方面的“左”倾错误，积极增施化肥、应用新技术、引进新品种，突出市郊农业的特点，农业生产进入全面发展时期。改革开放后，农民收入有较大提高，畜禽养殖和蔬菜水果种植成为农民增收的主渠道。1997年到2005年间，辖区农业产值以每年5%左右的速度稳步递增。2005年，全区农业总产值1.56亿元，粮食产量2336吨。

城市设施不断改善 中华人民共和国成立初期，辖区主要道路总长4,1千米，总面积1,845万平方米，基本是泥土路面，路面排水主要靠自然排水和地面渗透，几乎没有市政设施和公用服务设施。区政府成立后，加快了城乡建设事业，市政设施和公用服务设施不断完善，新建、扩建自来水厂，铺装供水管道，使辖区供水普及率达到99,85%；新建污水净化厂，服务人口约16万人；完成34个自然村的新农村建设规划，行政村道路硬化率达到93%。2003年起，桂林高新区实施“一区多园”的战略布局，按“园区城市化”的总要求，在辖区内相继规划建设了铁山工业园、信息产业园、英才科技园三大园区，区财政每年投入上1000万元资金用于园区的道路、网管、水电供应等基础设施建设。从2004年开始，区政府投入专项资金，对社区、自然村的文化，体育设施建设进行完善。2005年，又完成桂磨路高新技术产业带、漓东科技新城的规划。经过50多年的建设，辖区基础设施建设得到很大改善，城乡环境面貌大为改观。

建筑与房地产快速崛起 二十世纪50年代初期，房屋建筑以砖混或钢筋混结构的“火柴盒式”低层(2至4层)建筑。80年代，规划有序、雄伟高矗的高层建筑不断涌现。21世纪初，住宅建筑出现叠加复式、联排别墅、独体别墅和商住高层电梯、跃层式及复式楼房。农民收入增加，自住房建设趋向楼房化。1997年两区合并后，彰泰、安厦、兴进等40余家房地产企业先后入驻辖区进行项目开发建设，尤以国务院1985年正式批复《桂林城市总体规划(2001—2010)》之后，旧城改造和新区开发在总体规划下步入大规模的扩展。至2005年，已建成居住(商)小区、单位自建房小区共167个(其中：商品房小区87个，单位自建房小区80个)，建筑总面积458.12万平方米。新建小区水、电、道路、电信、绿化、商店、休闲娱乐等公共服务配套设施齐全，居住环境大为改善。2005年，房地产完成固定资产投资7.01亿元，房屋竣工面积257.9万平方米，辖区有建筑设计单位3家，施工企业37家，建筑从业人员3.5万人。

交通、通信设施逐步完善 1980至1994年，先后建成东环路、漓江路、桂大路等主要公路及虞山桥、漓江桥、净瓶山桥。2000年实现村村通汽车；漓江航道串通南北。广西第一条高等旅游专用公路桂(林)磨(盘山)公路在辖区建成通车。2003年开工建设东环二路、七星路、环城南路、环城北路等主要干道(双车双行道)。至2005年，七星辖区已形成水路、公路、铁路、航空相互衔接，四通八达的综合交通网络。

二十世纪50至70年代，辖区基本达到城乡通邮路、通电话。1980至1990年，辖区邮电局所共15处，其中设在农村的局所3处。2005年，辖区邮电局变成13处。90年代起，移动通信技术开始应用且发展迅猛，互联网建设进入辖区机关、事业、企业单位，2003年，区政府的职能部门建立了计算机局域网，有30多个机关部门与之链接。2004年，区信息化办公室开始组织实施电子政务宽带骨干网络工程。2005年，在七星小学、穿山小学、龙隐路小学先后建成“班班通”网络。

和谐发展的社会环境造就宜居家园

教育事业厚积薄发，形成品牌 辖区是桂林市文化、教育较为发达的地区。清康熙五十六年(1717)，巡抚陈元龙在辖区的栖霞洞前建阜成书院，后改名栖霞院。是辖区最早的关于教育的记载。民国时期教育得到一定发展，至36年，七星区境内有小学17所，中学3所，中等专业技术学校2所。解放后，政府对学校进行整合。1951年，今七星区境内有市立小学5所，私立小学1所。二十世纪50年代，在市民中广泛开展扫盲工作，举办群众业余文化学习班，90%以上的中青年入学识字。中等、高等教育学校陆续在区境内建立。60年代，各校以教学为中心，加强“双基”教学，教学质量明显提高。“文化大革命”期间，学校正常的教学秩序受到干扰，教学质量下降。1978至1998年，辖区教育事业不断恢复、健全、提高。1993年，辖区通过自治区基本普及九年义务教育、基本扫除青壮年文盲(简称“两基”)达标验收，是桂林市首个“两基”合格城区。1998年通过国家级扫盲验收。1999至2002年，辖区共投入中小学教学设施建设资金1127.8万元。2002年，辖区实验教学普及工作通过自治区级评估验收，成为“普及实验教学县（区）”。

2005年，七星区有幼儿园39所，在园儿童5597人；小学32所，在校学生13017人；普通中学14所，在校学生11532人。中等职业技术教育学校12所，在校学生2万多人；高等教育院校6所，在校学生10万多人。

民政事业兴旺发达 1950至1955年，民政工作以宣传贯彻《中华人民共和国婚姻法》，赈济灾民，对孤老实行“五保”（保吃、保住、保穿、保医、保葬），开展拥军优属等为重点。1957年后，工作重点转移到优抚安置和社会福利救济方面。“文化大革命”期间，民政工作受到干扰。区政府成立后，民政工作恢复正常。1991年，逐步将拥军优属、复退军人安置、基层群众自治组织建设、社团管理、社会救济、婚姻登记、地名管理、救助管理、残疾人事业、老龄工作协调等纳入民政工作范围。随后，又增加了城市及农村的最低生活保障、农村及城镇居民医疗、教育救助、建立城乡居民最低生活保障制度等内容。至2005年，发放慰问金4.24万元，慰问特困户、五保户212人次，低保人数减少80人次；城（镇）、农村有分散供养五保人员21人，每年发放供养保障金5.184万元；1999至2005年共为9113人次发放低保金472万元，救济人口14万人次。2005年1月，辖区参与桂林市实施的新型农村合作医疗制度（简称“新农合”）。

卫生和计生事业不断发展 区政府注重发展驻区卫生院、医院，建立公社（乡）、大队（村）卫生所（室），培训卫生员、保健员、乡村医生。境域内医疗机构逐渐增多、医疗设施进一步充实，医疗制度进一步健全，防疫和妇幼保健网进一步完善，医疗卫生事业得到长足发展。妇幼卫生工作由普及新法接生发展到孕妇预产期保健及儿童保健系统管理，儿童“四苗”接种率100%，“四苗”覆盖率99%以上。2005年有各级卫生院（所、中心）32处，医务人员272人；驻区医院8所，医务人员600多人，病床567张；其他卫生机构9处，有工作人员115人，病床80张。

1951至1967年，区政府没有控制人口增长计划，人口生育呈自然增长状态，人口出生率由1964年的9.96‰增至13.90‰。1979年起，区政府全面推行计划生育，实行宣传教育、行政干预、经济处罚三管齐下的措施，人口自然增长率由1979年的8.17‰下降到1985年的6.30‰。1986年至2000年，区委、区政府将计划生育工作纳入经济社会发展的总体规划，对流动人口计划生育实行管理，实行计划生育目标管理责任制和计划生育一票否决制，推行凭证生育制度。2001年获自治区人口与计划生育目标管理责任状一等奖；2003年，获自治区人口与计划生育目标管理先进达标单位。2005年对流入人口计划生育工作推行“旅店式”管理模式。2005年末，七星区人口自然增长率4.87‰；人口计划生育率99.10%；人口迁移率13.48%。

环境保护得到高度重视 二十世纪80年代中期，随着辖区人口的增加和工业的发展，工业“三废”、生活废弃物及排泄物的排放量增大，污染逐年加剧。区政府逐步重视环境保护工作，采取开展环保宣传教育，关、停、并、转及搬迁部分污染严重、难以治理的工业企业；对工业废水进行限期治理；对废渣综合利用；改善交通环境、建设烟尘控制区和噪声达标区，控制新的污染源产生，减少了环境污染。1997年，桂林市建立市、县（区）、乡（镇）3级环保质量地方行政长官负责制。环保管理由单一的行政管理手段逐步发展到综合运用法律、经济、科技、行政、教育等管理手段。2002年，辖区在市五城区中率先推出ISO14000国际环境管理体系。2005

净瓶山绕雾 （白先仪 2004年摄）

年，辖区内重点污染源完成治理并达标排放。

其他事业协调发展 民间体育丰富多彩。比较流行的有舞龙灯、舞狮、弈棋、武术、游泳、划龙舟等。解放后，辖区体育事业有了长足的发展，体育活动内容逐步丰富，增加了广播操、登山、篮球等。区政府成立后，体育活动内容更加丰富，体育场所由少到多、由小到大，增加了健身操、太极拳、气排球等体育活动。群众自发的健身体育活动也蓬勃发展，投入日渐增多。仅2005年，辖区投入群众体育活动经费20.4万元，各单位共开展全民健身活动129次，参与锻炼的群众达43966人次。辖区多次承办国际级、亚洲级、国家级等大型体育竞赛活动，涌现了熊春玲、莫慧兰等一批勇夺世界冠军的体育健儿。2003年，辖区建有各类体育场、馆(房)、池共317个，标准场地202个，非标准场地115个。2005年，辖区投入群众体育活动经费20.4万元，各单位共开展全民健身活动129次，参与锻炼的群众达43966人次。全民开展体育活动的氛围逐步形成。

居民生活品质不断提高 民国时期，物价飞涨，货币贬值，人民群众生活每况愈下。解放后，城市经济得到恢复，农业生产发展，家庭收入增加。至1980年，城区家庭人均生活费年收入360.24元，农村居民家庭人均生活费年收入130元。1990年，城区居民家庭年人均收入1492元，农村居民家庭年人均收入672元。2005年，城区经济得到快速发展，居民生活水平逐年增加，消费能力也日益增强。家用电器、通信工具、车辆、农机具等家庭生产和生活用品逐步普及；教育、卫生、医疗、保健、娱乐消费需求不断增长。从1991年到2005年，城区居民家庭年人均可支配收入由2053.07元增加到10018.58元；农村居民家庭年人均可支配收入由703元增加到4035元；城镇居民人均居住面积由9.84平方米增加到25.85平方米，农村居民也达到人均使用面积71.25平方米。生活品质越来越高。

民俗文化源远流长 据考证，12000至2万年前，辖区境域就有人类活动，秦前为百越民族所居。秦始皇统一岭南后，随着中原地区及其他地区百姓迁入，辖区逐渐演变为以汉族为主体的多民族居住的地方，其中少数民族以壮族、回族、瑶族、侗族、苗族为主。2005年，辖区有25个民族，少数民族常住人口有17444人。辖区的宗教主要有佛教和伊斯兰教。辖区有独特的地域文化，各民族的生产和生活习俗，构成了一幅幅丰富多彩的民俗风情图。辖区的方言，有桂林“官话”和“平话”两种。官话为桂林市居民的母语，平话为朝阳乡、穿山乡(办)农村居民的母语。

展望未来，蓝图美好，重任在肩 七星区以打造“千亿产业园”为目标，强力推进城市化进程，做大做强电子信息、高端装备制造、生物医药等三大特色主导产业，培育发展新材料、新能源、创新创意等三大新兴产业，做大园区经济总量。站在新的起点，在建设美丽、幸福、和谐城区的路上，七星区人团结拼搏、克难攻坚、开拓创新，努力建设富裕文明幸福新城区，七星区的明天将更加辉煌！

大 事 记

塔山晨曦　　（刘昌逸　摄）

秦

始皇三十三年(公元前214)

秦王朝在岭南设置桂林、南海、象郡。今七星区境属桂林郡。

汉

高祖三年(公元前204)

是年 秦灭,南海尉赵佗乘机击并桂林郡、象郡,建立南越国,控制整个岭南地区。今七星辖区属南越国。

元鼎六年(公元前111)

十月(11月) 汉武帝平南越国后,分长沙王国南部置零陵郡,辖10县。今七星辖区属始安县。

三 国

黄武二年(223)

是年 原为蜀汉所据的零陵郡归附孙吴,隶属荆州。今七星辖区属荆州。

南北朝

南朝齐永元元年、北魏太和二十三年(499)

郦道元注《水经》,称今七星岩为弹丸山,山大,洞穴深远,莫究其极。

隋

开皇十年(590)

十月十四日(11月16日) 调永州(今湖南省永州市)总管周法尚为桂州总管,许带亲军3500人。

是年 释昙迁游七星岩,题“栖霞洞”。唐代始于山麓建有“栖霞寺”。

唐·武周

唐武德四年(621)

今七星辖区属唐桂州(由始安郡改置)始安县地。

武德五年(622)

李靖为岭南道抚慰大使,兼桂州总管。择独秀峰正南100余步处筑桂州衙城。又建庆林观七星岩下。

唐天宝元年(742)

今七星辖区属唐始安郡(桂州复置)始安县地。

唐至德二年(757)

始安县更名临桂县。五代、北宋沿袭不变。

宋

南宋绍兴三年(1133)

今七星辖区属静江府(由桂洲改置)临桂县地。

元

元初

小东江穿山清真寺修建。这是有记载的广西最早的清真寺。

至正元年(1341)

漓江洪水泛滥,平地水深达2丈余。七星辖区洪水泛滥,低洼地方水深2丈余。

至正八年(1348)

五月初四日(6月1日) 暴雨,漓江边水深2丈余,辖区漓江边居民房屋遭淹没。

至正二十三年(1363)

东郊(今七星辖区)农民酝酿反元,被官府察觉,以肃政廉访也儿吉尼派兵镇压。

明

明洪武元年(1368)

今七星辖区属静江府(由静江路复置)临桂县地。

景泰七年(1456)

五月 桂林瘟疫流行,死2万余人。今七星辖区亦不能幸免。

正德四年(1509)

都御史陈金组织人员造船50只,修复唐代始建的永济浮桥(桥址在今解放桥附近)。

正德五年(1510)

冬 地震。漓江江面结冰,七星辖区遭灾害。

正德六年(1511)

十月十五日(11月5日) 靖江王室朱筠庵等26人捐款开拓会仙岩。

正德七年(1512)

十一月(12月) 漓江江面冰冻。

正德八年(1513)

八月初六日(9月4日) 午前,辖区内下红雨。

嘉靖十七年(1538)

嘉熙桥(今花桥)倾圮,靖江安肃王徐妃在辖区捐资建成石桥。1540年,桂林府城嘉熙桥改建为四孔拱水桥加土孔石拱旱桥,更名为花桥。

嘉靖四十四年(1565)

十月二十九日(11月21日) 夜,辖区内大雪,漓江河鱼多冻死,居民出行困难。

万历十二年(1585)

十二月二十八日(1月28日) 官军2万余人镇压漓江两岸的瑶民武装反抗。

万历四十六年(1618)

八至十月(9—11月) 彗星见于辖区东方夜空,尾长丈余。

清

清顺治五年(1648)

正月二十七日(2月20日) 郝永忠与焦琏部争斗,屠杀东郊18村的团练。二月二十二日(3月15日),郝永忠带兵劫掠府城,挟持永历帝往柳州。

顺治八年(1651)

正月初一日(1月21日) 城区按习俗过春节,而辖区的郊区则依明朝习俗以南明永历五年正月初一日(1651年2月20日)过春节。

康熙四十三年(1704)

十月十四日(11月11日) 辖区内栖霞寺大和尚浑融圆寂,享年90岁。

康熙五十六年(1717)

巡抚陈元龙在栖霞洞前建阜成书院,后改名栖霞院。

乾隆十一年(1746)

四月二十七日至二十八日(6月15日至16日) 连降暴雨,漓江水猛涨,淹没辖区沿江兵营、民舍、田园,民众受灾严重。

乾隆二十九年(1764)

四月十一日(5月11日) 辖区花桥东头洪水水位151.88米。

乾隆五十九年(1794)

五月十八至二十七日(6月15至24日) 连日大雨,江水猛涨,辖区民房多坍塌。

咸丰元年(1851)

六月(8月) 广西省城桂林成立团练总局。其中七星辖区有东关分局(今七星公园内)、东州分局(今解放桥附近)。分局设立团长1人。

光绪八年(1883)

十一月二十九日(1月7日) 水东门(今解放东路东端)失火,延及王辅坪,300余户受灾,死亡无数。

光绪十一年(1885)

五月初二日(6月14日) 漓江水猛涨2丈余(水位148.58米)倒灌城区内,塘水随河水猛涨,溢入民房,人们皆惊慌登房,据屋脊以待救,沿河房屋倒塌,人畜淹没,损失惨重,初四日(16日)水退。

宣统元年(1909)

5月 桂林邮局开办国内快信(快递挂号)业务。辖区亦开办此业务。

光绪十八年(1893)

十一月二十七日(1月14日) 平地积雪尺许,辖区草木多被冻死。

中华民国

元年(1912)

6月17日 漓江大水,桂林大饥。三仓局总办蒲壁会同地方团体呈准开仓平粜,发陈谷数百万斤。

是年 辖区学堂改称学校,废旧学制,辖区学校运行新学制。

是年辖区属桂林府。

二年(1913)

7月 桂林府撤改为桂林县。

20年(1931)

国民政府定6月6日为教师节。辖区学校执行此规定。

22年(1933)

辖区成立桂林县城区东附廓乡公所。

25年(1936)

12月 中共桂林县委员会在东江成立,并举行第一次县委会议。会后,在东江镇幼稚园建立了东江历史上第一个党的基层组织——中共桂林县东江镇支部,支部早期有3名党员,后来增至12名。次年8月,中共东江镇支部撤销。

27 年(1938)

2 月 南京私立汉民中学迁至今七星辖区穿山村。民国 29 年,在校初、高中生 636 人。32 年改为国立汉民中学。1950 年改为桂林市一中。2002 年 12 月搬迁至漓江路 11 号。2005 年,在校学生 2124 人,其中初中生 1247 人,高中生 877 人。

28 年(1939)

1 月 12 日 日本军队飞机 18 架分 3 批入侵桂林市,投弹 100 余枚,毁房 10 余间,伤 4 人。

3—8 月 桂林增设邮局东江二支局,是辖区设立最早的邮电支局。

8 月 中共广西特委委员、桂林区巡视员李其宗到桂林重建党的组织,在辖区隐真岩集中党员开会,宣告中共桂林县临时委员会成立并重新登记党员。

29 年(1940)

5 月 26 日 桂林市政府成立,漓江以东划分成立东江区公所和东附廓区公所。

8 月 桂江大桥(后称中正桥,今解放桥)建成通车。

30 年(1941)

8 月 20 日 桂林市政府决定在辖区的卫家渡兴建"重伤医院",拨款 10 万元作为开办费,设置 120 张病床。

31 年(1942)

1 月 18 日 日本军队飞机袭击桂林城,辖区内发生大火,商店全毁。

4 月 广东、广西两省联合筹办粤桂盲哑学校。广西省政府拨款 3 万元,地址选在辖区二江口设校本部(广东曲江设分部)。

同月 市政府会同北平香山慈幼院桂林分院在辖区内联合开办东江镇幼稚园。

5 月 22 日 中国滑翔总会桂林滑翔站在尧山开辟滑翔机场。

是年 东江镇改为东江区。

32 年(1943)

7 月 桂林市与临桂县联合举办"1943 年度'七七'国民运动会"。北附廓、东附廓、三合、柘太、良丰等区、乡派选手参加田径、游泳、爬山、举重等比赛项目。

8 月 新四军原军长叶挺被国民党当局从恩施"护送"到桂林市,与家人同被软禁于辖区东郊羊角山北麓(住宅是竹篱批灰的简易中式平房,叶挺将军与家人以种菜养山羊为生),软禁 8 个月后被押离桂林。

33 年(1944)

2 月 29 日 滑翔机"大公报"号表演失事,驾驶员滑翔站(尧山)站长遇难。

3 月 29 日 空军烈士公葬公祭典礼在尧山举行。

6 月 27 日 广西省政府发出抗日战争第一次疏散令,居民作好疏散准备。

9 月 8 日 桂林市城防司令部发布第二次疏散令。居民纷纷离开桂林市。11 日,桂林市城防司令部再次发布强迫疏散令,限期在 14 日正午前疏散完毕。

11 月 1 日—9 日 侵华日军集中兵力进攻桂林,桂林守备军将士在东江一带的猫儿山、屏风山、穿山顽强抵抗日军,终因寡不敌众,退至七星岩洞内,敌人用烧夷弹炮击前岩,有 800 多名中国士兵在岩洞中死亡。10 日,沦陷。

34 年(1945)

1 月 原国民党专员陈炳南成立抗日民团大队部于冷家村。

4 月 1 日 桂林市改制设区后,辖区的东江、东附廓分属城区及郊区。

11 月 15 日 漓江浮桥(今解放桥)修复通行。

同月 中共广西省城工委书记钱兴在七星公园月牙山厄子口一间竹房内召集桂林党组织负责人传达党的"七大"会议精神和南方局的有关指示,并主持重建桂林党的领导机关——中共桂林市工作委员会。

35 年(1946)

1 月 民国政府在七星公园普陀山博望坪为第一三一师师长阚维雍、城防司令部参谋长陈济恒、第三十一军参谋长吕旃蒙、七星岩洞内阵亡的 823 名抗日阵亡壮士立碑建墓。

3 月 21 日 东江区 1.4 万饥民到善后救济总署办事处和市政府请求赈济。

5 月 11 日始至月底 市区实行防疫管制,分别在桥头、车站等处设预防霍乱疫苗注射站。原浮桥(今解放桥)头设预防霍乱疫苗注射站,对无注射证者强行注射。

6 月 辖区九上街、东洲发生霍乱,区公所及时组织人力将患者送往医院抢救。

11 月 15 日 辖区水东门发生火灾,焚烧达 2

小时10分，毁大小商店250余家，灾民2000余人。

是年 东江区、东附廓区成立民众自卫队，以“防共剿共”为要务，东江区队有官10人、兵360人，东附廓区队有官4人、兵214人。

是年 民众自卫队征集21—35岁之征壮丁服役，采取抽签与志愿应征相结合的办法。中签应征者，东江12名，东附廓区14名；志愿应征者，东江区12名，东附廓区3名。

36年(1947)

8月10日 辖区訾洲游泳场举行落成典礼。

同月 民众自卫队再进行征兵，此次主要为桂林市自卫队特编队征集新兵，东江区、东附廓区各征集5名。

37年(1948)

7月21日 东江西大农场附近发现豹1头，乡民用火药枪击毙之。

10月 广西保安司令部颁布《募补新兵办法》，在桂林市区扩募新兵，东江区招募新兵2名，东附廓区招募新兵5名。

是年 中共桂林市工委以“桂师校友会”名义，在月牙山北麓，紧靠月牙长岩左邻的二层木楼内，设立秘密联络站，市工委领导多次到此布置桂林地区的地下工作。

38年(1949)

1月 中共广西省工委在市东郊(今穿山街道)江东村122号召开全省干部会议，决定成立中共桂林市城市工作委员会，会议推选陈光任书记。

2月 中共桂林市城工委机关在驻地(江东村122号)举办党员干部培训班，培训来自广西大学和桂林市部分中小学校的10名党员干部。

6月27日 漓江上流剧雨，水位徒增，中正桥(今解放桥)残墩被洪水淹没，两岸交通多日断绝。六合、临竹、西南等32街(村)遭洪水淹没的田地达483.6公顷。

中华人民共和国

1949年

11月22日14时30分 中国人民解放军第四野战军四十一军一二三师与桂北人民解放总队第十一大队入城，辖区解放。

12月18日 城郊各区重新划分并更名：其中东附廓区改为东郊区，并成立东郊区公所，首任区长陈相廷。

同月 各中小学陆续复课。

同月 工厂、街道相继组建工人纠察队。

1950年

年初 各村成立农民协会。

2月21日 市人民政府更改部分道路、桥梁名称，如辖区的东旭路改称自由路，中正桥改称解放桥。

4月 市人民政府委派工作组接管东江区旧政权，行使地方行政权，成立东江区公所新政权。区长段富贵。

同月 东江区成立中国新民主义青年团东江区公所支部，是辖区第一个基层团组织，团支部由区公所、东江公安分局及各派出所的青年团员组成。

6月 东江区公所根据桂林市军事管制委员会的命令，按照民兵组织形式组建工人纠察队，编为桂林市工人纠察总队第四大队。

10月1日 军民参加全市举行的庆祝中华人民共和国成立一周年大会。

同月 东江区改称为第四区人民政府。下属街(村)改称街(村)委员会。

是年 东江区在六合路开办第一所公办幼儿园——七星幼儿园。

1951年

6月 各工厂组建工人纠察队，郊区各乡组建民兵组织。

7月30日 解放桥修复通车。[市政府在中正桥原址，利用原墩台，建设钢木合构桁架桥，历时半年竣工通车，耗资58549万元(第一套人民币)，为了纪念桂林城解放，遂定名为解放桥。]

12月 第三区在党政机关开展反贪污、反浪费、反官僚主义的“三反”运动。

1952年

4月 中共广西省委决定，恢复桂林市郊区政权建制，东江区行政街、村归桂林市郊区所辖。

1953年

1月 中华人民共和国成立后桂林市区第一个党的机关基层组织——中共桂林市第四区人民政府分支委员会成立，隶属中共桂林市人民政府总支委员会领导。

同月 工人纠察队移交市公安局领导，桂林市工人纠察总队第四大队撤销。

2月 辖区农村开展以互助合作为中心的生产运动,32.5%的农户组成了常年互助组。

7月 辖区穿山、朝阳乡发生旱灾,30%以上的水田受旱,农田受灾严重。

是年 全国高等学校院系调整,撤销广西大学(前身是民国17年10月成立的广西大学,该校文、理各系以留下的人员为基础,在崇信路广西大学原址组建广西师范学院)。1954年7月,学院迁至市区王城内。1976年5月,在七星区育才路15号(原援越学校旧址)成立分部(育才校区)。1983年,广西师范学院更名为广西师范大学。

是年末 辖区70.53%的私营工业接受加工订货、统购包销;52.4%的手工业户接受加工订货。

1954年

1月28日—29日 第四区首届人民代表大会召开,出席代表43人。选举产生冯德本等11人为桂林市首届人民代表大会代表:选择产生区人民政府区长冯德本。

2月 市郊建立吴家里初级农业生产合作社。

4月 桂林市东江区公所成立,是市人民政府派出机构。

6月 桂林市调整区域划分,将第一、第三两个区政府合并。第四区改为第三区,区政府全体党员的组织关系转移到市政府民政科党支部。

10月1日 东江区公所改称桂林市第四区人民政府,为一级政权,隶属市政府领导。区长段富贵。

是年 辖区朝阳乡开办西南乡中心学校。

1955年

2月 中共桂林市第三区人民政府支部委员会成立,隶属中共桂林市人民政府民政总支委员会领导。

10月27日 第三区人民政府撤销,成立东江、漓江两个街道办事处,街道办事处作为市政府的派出机构。

1956年

1月 重工业部在屏风山下筹建桂林地质学校(今为桂林理工大学),秋季开始招收第一批学生。

是年 东江和漓江两个街道有织布厂、棕麻厂、棉台厂、棉线厂、竹器厂、五金厂、渔业、河沙、水上运输等生产企业,年生产总值达5.59万元(第二套人民币)。

1957年

9月 桂林市委、市政府决定,桂林市郊区撤小乡,并大乡,成立穿山、屏风、甲山和奇峰四大乡。

1958年

1月 辖区东江路、自由路、五通路等街道开始安装路灯。灯型为马路弯灯,光源为白炽灯。

5月8日 为响应毛泽东主席关于“大办民兵师”的号召,全市成立4个民兵师,辖区东江、漓江两个街道的民兵参加民兵师组织。

8月 中共东江街道委员会成立,街道党委下设两个支部(办事处支部和派出所支部),撤销中共东江街道办事处,漓江街道办事处联合支部。

10月22日 穿山大队创办的农学院开学上课,为一所半工半读学校,有学生50多人,分为园艺、蔬菜两个班。

11月1日 东江、漓江两个街道合并,成立桂林市东江人民公社。

是年 最高人民法院院长董必武到辖区参观幼儿园和公共食堂。

1959年

4月 东江人民公社开展除“四害”突击月运动,工厂职工、街道居民90%以上都发动起来,掀起除“四害”热潮。

12月 在解放桥上安装一条管径100毫米的过河管道向东片区供水。

1960年

3月 东江人民公社改称东江区公所。是年6月,撤区公所恢复名称东江人民公社。

3月29日 根据中共桂林市委文件《关于成立区公所以及任命有关人员的通知》东江人民公社撤销,成立东江区公所(公社),区长(社长)黎碧珍(女)。

6月16日始 辖区的穿山、朝阳乡开展“三反”运动(反贪污、反浪费、反官僚主义)。

同月 东江区公所(公社)调整为东江人民公社管理委员会。公社辖花桥、临上、临下3个管理区、10个街委会,临竹、西南2个生产大队。

同月 东江人民公社设立武装部,负责全公社的民兵工作,东江人民公社进行调整,东江人民公社武装部随即撤销,武装干部调离。

7月 撤销桂林市近郊区建制,所辖农业大队分别划归榕城、阳桥、三皇、东江4个城市人民公社管辖,实现城乡合一。

12月 东江人民公社贯彻执行“关于农村人民公社十二条”指示,开展整风整社运动,调整社队规模，纠正刮"五风"（共产风、强迫命令、瞎指挥、浮夸、铺张浪费）的错误。

是年 学校进行九年一贯制学制改革试验。

1961年

6月 桂林市调整公社规模，将原来的4个公社调整为8个公社，其中属今七星区的有东江、漓江两个公社。

1962年

3月 从东江公社析出成立漓江人民公社，公社编制7人；仍直隶桂林市人民委员会城市人民公社办公室，至1966年"文化大革命"开始。

4月下旬 自治区文物普查工作组和市文管会在辖区尧山西麓发现六朝古墓，并获买地券、石俑、石猪、钱币等文物。

7月16日 市委决定，在辖区原芳香农场的基础上建立"桂林市国营尧山农场"。

9月24日 市皎霞青年农场成立。应届中学毕业生和社会青年100多人到农业战线，到郊区安家落户。

1963年

2月13日—14日 自治区党委书记乔晓光到穿山光辉、和平大队向社员拜年，和农民共度传统佳节。

2月23日 柬埔寨国家元首诺罗敦·西哈努克亲王和夫人，由国务院副总理陈毅和夫人张茜陪同，参观穿山人民公社下关大队，访问社员家庭，向穿山人民公社赠送柬埔寨"银鼎"。

3月22日 郭沫若自1938年冬到桂林后，重游桂林，在《满江红·七星岩》一词中赞叹"廿四年，旧地又重游，惊变质。"对桂林七星区石刻给予很高的评价。

10月27日 近郊党委社教工委抽调干部75人到朝阳公社西南、合心大队开展社教试点。

12月31日 朝阳青年农场成立。

1964年

2月25日 桂林市党委部署全市社教运动，3月5日朝阳公社作为郊区第一批社会主义教育运动单位开展"社教"，8月结束。

1965年

7月1日 零时，全市开展第二次人口普查，城区配合进行。

1966年

1月19日 辖区龙隐桥建成通车。龙隐桥仿中国古代名桥——赵州桥建成石拱桥，长62米，跨径40米，桥拱部分用方形石块3800块、采用佛兰式砌法，为当时桂林市第一大石桥。

9月15日 七星路更名为抗美路。

10月 花桥翻修工程竣工，耗资19万元(1964年，桂林市城建局开始照原样对此桥进行翻修）。

是年 中国政府帮助越南在朝阳公社境内办"阮文追学校""越南南方学校"。

是年 将"花桥"改名为"红桥"。邮电局遂将位于花桥附近的第一所邮政所改称红桥邮电所。五通街改为劳动街、花桥街改为红桥街、七星街改为东方街、码坪街改为红光街。

1967年

是年 在上海"一月风暴"的影响下，东江公社和漓江公社的政权均被群众组织夺取，公社管委会陷入半瘫痪甚至瘫痪状态。在城市人民公社武装部的领导下，两个公社分别成立"抓革命，促生产领导小组"。

1968年

4月12日 经市革命委员会批准，东江人民公社革命委员会成立，隶属桂林市城区人民公社革命委员会。1973年11月起，隶属桂林市城区革命委员会。

12月 辖区中学毕业生响应毛主席号召，上山下乡，接受贫下中农的再教育。

1969年

8月 辖区成立漓江人民公社革命委员会，工作重点是"斗私批修"。

1970年

5月4日 七星岩等风景点开始凭票游览。

12月 辖区东江变电站建成，供电能力35千伏。

1971年

5月 东江、漓江人民公社组建民兵武装基干连。

1973年

2月 城区街道开展整顿社会治安的群众运动。

1974年

7月16日 漓江大洪水，最高水位146.80米。五通、新生、漓江、泥湾等街道被淹，公社组织民兵抗洪救灾持续3天3夜。

1975年

1月 东江人民公社委员会成立，李德富任书记，主持筹建党委工作。

5月 东江人民公社委员会配备1名专职武装干部，漓江公社革委会指定1名干部兼管民兵工作。

7月15日 辖区东江水厂建成投产，日供水1万立方米，投资71.9万元。

年内 七星路道路拓宽，车行道扩为10米，路面降坡2.5米。

1976年

7月8日—12日 桂林大水灾，最高水位146.94米。工厂、水田、旱地、菜地受灾，损失严重。

9月13日—18日 境内10多万人次参加毛泽东主席逝世吊唁活动。

10月 辖区将1966年改的街名（劳动街、红桥街、东方街、红光街），改为原名称（五通街、花桥街、七星街、码坪街）。

1977年

10月 东江、漓江两个公社及辖区基层单位开展整党整风，历时1个月。

1979年

7月 中国共产党七星区委员会成立，撤销东江公社和漓江公社及其革命委员会。

同月 七星区人民政府成立。区政府领导成员由中共桂林市委员会直接任命，下辖9个街道居民委员会。区长孙永禄。

9月 航空航天工业部在辖区开办桂林航天工业管理学校。

11月初 驻区的桂林轮胎厂等国营企业扩大企业自主权。

1980年

1月 七星区人民检察院成立。

5月 桂林电子工业学院成立。校址在金鸡岭路1号。

6月6日—7日 七星区第一次党员代表大会在自由路86号召开，出席大会的正式党员89名，其中预备党员1名。会议讨论和通过中共七星区委工作报告；选举产生中共七星区第一届委员会委员15名，候补委员2名，纪律检查委员会委员5名，选举出席中共桂林市第五次代表大会代表和候补代表。首任区委书记苏耕春。

9月12日—17日 七星区第二届人民代表大会第一次会议在穿山路64号（穿山公社礼堂）召开。出席会议代表100人，列席21人，选举产生区第二届人民代表大会常务委员会及其组成人员，选举产生了第二届人民政府正、副区长和区人民法院院长、区人民检察院检察长，区长林国材。

同月 人民公社革委会改称人民公社管理委员会。

是年 广西桂林民族师范学校（前身为广西省立特种师资训练所，1935年创办于南宁）获国务院授予"全国民族团结进步先进集体"称号。

1981年

8月14日 城区执行饮食行业粮油改为议价供应。

11月25日—27日 七星区第二届人民代表大会第二次会议在穿山路64号（穿山公社礼堂）召开。选举产生区第二届人民代表大会常务委员会及其组成人员，选举产生了第二届人民政府正、副区长和区人民法院院长、区人民检察院检察长，区长林国材。

冬 朝阳乡开始实行家庭联产承包责任制。

是年 区治驻地从自由路迁至七星路4号。

1982年

7月1日 零时，第三次人口普查全面展开，城区执行。

11月8日 漓江被国务院办公厅列为第一批国家重点风景名胜区。（辖区水域属漓江）

12月15日—17日 七星区第二届人民代表大会第三次会议召开。出席会议代表97人，列席21人。会议听取和审议《政府工作报告》《人大常委会工作报告》《法院工作报告》《检察院工作报告》，并作出相应决议。会议收到议案30件。

1983年

4月 中共七星区委成立处理"文化大革命"遗留问题领导小组及其办公室。至1985年5月，平反冤假错案，清退被抄家的财物，清理干部队伍中的"三种人"，给受冤者恢复名誉，对死难者家属给予抚恤，使辖区"文化大革命"的遗留问题得到解决。

5月 净瓶山大桥建成通车。（8月，净瓶山大桥配套工程，环城南一路扩宽工程开工）

10月21日 靖江王墓群遭到大范围的严重破坏，中共中央办公厅发出文件，要求做好保护。

10月 驻区桂林漓江机械厂、桂林曙光所、桂林石油六公司、桂林冶金地质学院等单位开设液化石油气供本单位职工使用。

1984 年

7 月 14 日 七星区政府为彻底治理脏乱差，在单位门前、临街部分店铺开始实行门起门前三包（包秩序、包卫生、包绿化）。

8 月 驻区桂林汽车配件厂试制成功广西第一辆置式发动机空调客车。

10 月 1 日 净瓶山大桥和环城南一路剪彩通车。环城南一路，全长 2.34 米，机动车道 7 米。

11 月 20 日 农村延长土地承包年限的工作全面铺开。七星区执行政策铺开进行。

11 月 21 日—23 日 七星区第三届人民代表大会第一次会议召开，选举产生区第三届人民代表大会常务委员会及其组成人员，选举产生了第三届人民政府正、副区长和区人民法院院长、区人民检察长。区长刘培钧，区治驻地码坪街 15 号。

1985 年

2 月 1 日 辖区取消生猪派购和蔬菜的“大管小活，幅度议价”政策，改为价格放开，议购议销。

4 月 12 日—13 日 中共七星区第二次党员代表大会召开，出席大会的正式党员代表 43 名，候补代表 4 名。会议听取和审议通过中共七星区委工作报告。会议选举产生中共七星区第二届委员会和纪律检查委员会；选举产生中共七星区第二届委员会委员 11 名，候补委员 2 名，区纪律检查委员会委员 4 名。选举出席中共桂林市第六次代表大会代表和候补代表。区委书记李德富。

6 月 15 日—23 日 广西第二届集邮展览在座落于花桥旁的桂林市展览馆展出。京、沪、粤、豫、鄂等省、市集邮协会应邀送展品参展。

7 月 辖区部分单位和家庭使用罐装液化气。

是年 桂林旅游专科学校在骖鸾路创办。

1986 年

1 月 29 日 中共中央政治局常委、中央军委主席邓小平视察七星公园。

同月 驻区桂林制药厂生产的桂药牌磷酸呱哔嗪获国家优质产品银牌奖。

5 月 4 日 开始实行夏时制，到 9 月 14 日止。

6 月 中共七星区武装委员会成立。

8 月 七星区人民武装部改为地方建制。

9 月 1 日 外事旅游专用的竹江码头启用。

9 月 25 日 新创办的桂林旅游专科学校开学。

10 月 根据国务院通知，七星区各行业进行工资改革。

10 月 30 日 尧山北端大火，133.33 公顷森林被烧毁。

11 月 22 日 尧山上的桂林电视台开始试播。

12 月 三里店广场建成。广场直径 106 米，中心花坛直径 60 米，环形车道宽 18 米，人行道宽 5 米。

1987 年

1 月 驻区的桂林医学专科学校升格为桂林医学院。

3 月 31 日 桂林靖江庄简王陵修复开放。

4 月 14 日 桂林市程控电话土建工程通过验收，七星邮电综合楼投入使用。

5 月 码坪街清真寺重建竣工投入使用，建筑面积 899 平方米。

6 月 15 日 桂林新技术开发区集团成立。

11 月 3 日—7 日 七星区第四届人民代表大会第一次会议召开，选举产生区第四届人民代表大会常务委员会及其组成人员，选举产生了第三届人民政府正、副区长和区人民法院院长、区人民检察长。区长刘培钧，区治驻地码坪街 15 号。

1988 年

3 月 24 日 龙隐桥污水提升泵站，建成投入使用，工程投资 158 万元，泵站提升能力为 3 万立方米 / 日（1987 年 9 月动工）。

3 月 25 日 七星区执行放开猪肉价格，适当增加肉价补贴。

3 月 26 日 驻区桂林轮胎厂成功试制国内最大规格的巨型工程机械轮胎。胎外径 3.2 米，断面宽 0.9 米，重 2.8 吨。

3 月 漓江雉山桥竣工（1985 年 9 月动工），工程总投资 1421 万元。大桥的勘测、设计、施工单位为铁道部大桥局。

4 月 中共桂林市委、市人民政府决定成立桂林新技术产业开发区筹建工作领导小组，自治区党委副书记李振潜任首席顾问，桂林市委书记陈雨萍、市长郑义、自治区科委副主任张正铀任顾问，桂林市副市长罗德良任领导小组组长。

5 月 18 日 屏风山洞和马山溶洞发现花生化石，经鉴定，是世界上首次发现的更新世花生化石，命名为“中华古花生”（新属、新种）。

5 月 27 日 桂林新技术产业开发区成立，办公中心位于施家园路 6 号。

同月 环城北二路和普陀路竣工通车，道路全长 4.8 千米，道路红线宽 44 米，机动车道宽 14 米，慢车道宽12米，人行道宽9米。

6月 驻区东江自来水厂一、二期扩建改造工程竣工投产，日供量10万吨，比原来增加7.8吨。

9月22日—24日 中共七星区第三次党员代表大会在码坪街15号召开。出席大会正式党员代表62名，特邀代表5名，列席代表15名。大会选举产生中共七星区第三届委员会委员13名，候补委员2名，纪律检查委员会委员5名，区委书记吴旺才。

9月27日 虞山桥竣工使用(1986年1月开工)虞山桥因依虞山而命名。桥头立有石柱，石柱上站立着舜帝像和大象石雕塑。工程投资1300万元。

是年 辖区各村委会改名村公所。

1989年

6月 桂林漓江航道整治工程完工。整治后的辖区漓江航道，枯水季节航道水深0.8米，航道宽12至15米，转弯半径在150米以上，水质基本达到国家地表水质量二类标准。

9月 辖区七星店污水净化处理厂竣工投入使用，设计日污水处理能力4万吨。

10月 环城南一路重修，车行道重7米，扩宽为9米。

12月 三里店变电站建成投入运行，投资672万元，内设110千伏变电站。

是年 七星区引进的桂林百事可乐饮料公司项目总投资511万美元，时是最大的生产型外商投资企业。

1990年

4月 自治区编制局批准桂林新技术产业开发区管理委员会为县(处)级事业单位。

7月1日 零时(夏令时)开展第四次人口普查。

10月23日—29日 七星区第五届人民代表大会召开，出席会议代表116人，列席27人。选举产生区人民政府区长刘培均，副区长李国光、苏韧(女)、王国庆。

11月19日—20日 中共中央总书记、中央军委主席江泽民到桂林视察，为桂林电子工业学院题词：“为发展电子工业培养更多合格人才”。

1991年

3月18日 桂林市新技术产业开发区，经国务院批准成为国家级高新技术产业开发区。在辖区三里店大圆盘以南骖鸾路两侧，南至罐头厂南面的环城南路，东至广西第一机床厂，西至桂林皮革厂，总面积1平方千米范围内建设高新技术产业工业园区(亦称火炬产业基地)。

5月 上海首家以发展连锁经营为特色的超市公司——联华超市股份有限公司落户七星区穿山路4号。

6月16日—21日 全国政协副主席、中华工商联副主席王光英到桂林市考察，19日，在三里店广西国际贸易中心举办的“全国各地工商联第二届企业商品展览交易会”开幕式为大会剪彩，并发表讲话。

9月9日—12日 中共七星区第四次党员代表大会在码坪街15号召开，出席大会正式党员代表84名。区机关中层党员领导干部列席会议。大会选举产生中共七星区第四届委员会委员19名，候补委员2名，纪律检查委员会委员7名，区委书记吴旺才。

同月 郊区政府把尧山茅庵8株古树(樟树5株，皂荚2株，枫香1株)、朝阳唐家里村古桂花和栖木龙门村古榕列为重点保护树木。

10月23日—29日 七星区第五届人民代表大会第一次会议召开，出席会议代表112人，列席27人。会议选举产生第五届人大常委会及其组成人员，选举产生了第五届人民政府正、副区长和区人民法院院长、区人民检察长。选举出席桂林市第九届人民代表大会代表52人。区治驻地为码坪街15号。区长刘培钧。

10月24日 国务委员兼财政部部长王丙乾视察七星公园。

11月12日 桂林高新技术产业开发区与日本筑波国际技术开发院合资兴建的桂林(中日)国际技术开发院在榕湖饭店举行仪式。总投资为14万美元。

11月29日 驻区单位桂林电器科学研究所国际联机检索服务中心研制的国际情报检索终端开通。可提供检索的数据库达600余个，其专业范围包括所有科学领域。

12月26日20时至27日14时 辖区内下了10—15毫米的中雪，气温下降至零下4摄氏度，白雪弥漫，路面结冰，此为数十年一遇之景象。

同年 穿山广场建成，直径广场直径90米，中心花坛40米，环城车行道宽18米，人行道宽7米。

1992年

4月 桂林市委、市政府撤销桂林国家高新技术产业开发区工作领导小组，并调整开发区管理委员会组成人员，由袁凤兰市长兼任主任，管委会下设管理办公室，主任由副市长蔡永伦兼任。

5月17日 自治区党委书记赵富林到桂林市考察。先后考察了高新区及七里店污水处理厂、东西环路建设工地等基础设施建设情况。

6月25日 公安部门在辖区金鸡岭焚烧一批查获的毒品，其中鸦片膏5千克，罂粟果30千克。

7月15日 国务院授予辖区“桂林国家高新技术产业开发区”牌匾，授牌仪式在市委会议室隆重举行。参加授牌仪式的有国家科委火炬办副主任张春山、自治区副主席李振潜、市委书记张文学、市长罗德良等领导。

7月18日—25日 ’92中国桂林经贸洽谈会在桂林国际贸易中心举行。参加的人员有来自美、法、德、俄罗斯、印尼、新加坡等19个国家和中国香港、台湾地区的客商450多人，国内客商1000多人。会议共签约合同金额2.74亿美元，其中外资1.73亿美元。

8月 经国家外经贸部批准，驻辖区的桂林市电线总厂与澳大利亚大地股份有限公司合资兴办澳大利亚电线股份有限公司，项目总投资112万美元。

11月6日—10日 首届桂林“山水节商品交易会”在辖区国贸展览中心举行。

11月 辖区内漓江民俗风情园建成投入使用，占地3.2万平方米，建筑面积8000平方米，有苗、瑶、侗、壮族的典型建筑，其中侗家鼓楼高11层21米，底面值90平方米。

12月6日—9日 中共中央政治局常委、国务院总理李鹏，中共中央政治局常委、中央军委副主席刘华清于7日考察了桂林市漓江民俗风情园，观看了少数民族的文艺表演。

12月28日 建于尧山的桂林市模拟式移动电话机（俗称大哥大）站开通使用。该站总投资500多万元，容量为30多个语言信道和1个控制信道，可容800户用户。

1993年

1月7日—9日 中共中央政治局常委、国务院副总理朱镕基在桂林市考察。其间考察七星区漓江民俗风情园、万雅珠宝有限公司、南方橡胶（集团）公司轮胎厂，并深入农村看望村民。

4月12日—15日 中共中央政治局常委、全国政协主席李瑞环在自治区党委书记赵富林陪同下到桂林市考察。其间，李瑞环考察了七星区民俗风情园、万雅珠宝有限公司。

6月16日 由桂林橡胶集团轮胎厂承担的“八五”国家重点科技研制项目巨型无内胎工程机械轮胎通过国家级鉴定。

是月 穿山乡樟木村600户人家全部用上液化气，结束了以柴草、煤炭为主要生活燃料的历史。

7月 新东江水厂第一期工程竣工投产，日供水能力6万立方米，工程投资2620万元（1991年10月动工）。

9月21日 辖区尧山索道投入营运，全长1416.18米，高差423.3米，有双人吊椅175个，每小时可运送500余人。

9月25日 辖区新东江市场竣工投入使用（1990年初，东江市场拆除，新建一座3层钢筋水泥结构永久性室内市场），整个市场占地面积3306平方米，总建筑面积为1.22万平方米，摊位385个，门面34个，由桂林市工商局负责管理。

9月26日—29日 中共七星区第五次党员代表大会在码坪街15号召开，出席大会正式党员代表87名，列席代表14名。会议选举产生中共七星区第五届委员会委员19名，候补委员2名，纪律检查委员会委员9名，区委书记王祥柏。

10月18日 桂林磨盘山客运码头正式启用，是桂林至阳朔漓江一日游的内宾游览始发码头。占地面积10.67公顷，可同时停泊60多艘客船（1990年12月动工兴建，一期工程投资1132万元）。

11月26日 驻区的南方橡胶集团公司与加拿大丰业证券公司在多伦多证券交易所正式签约，成为第一家到加拿大间接发行海外股票的中国企业。

11月30日—12月4日 七星区召开第六届人民代表大会第一次会议，出席会议代表116人，列席35人。会议选举产生第六届区人民政府。区长李国光，区治驻地码坪街15号。

1994年

2月7日—18日 辖区穿山乡白果树新村以西的沿江地带发生大面积地面开裂、下沉及塌陷，塌陷区位于漓江东侧河床水下及岸边菜地上，南北长300米，东西宽200米，面积6万平方米。

3月1日 七星辖区执行桂林市有关规定，禁止销售、燃放烟花爆竹。

3月9日 中共桂林新技术产业开发区工作委

员会成立，为桂林市委派出机构（处级），时任桂林市市长的袁凤兰兼任工委书记。

4月17日—18日 自治区党委书记赵富林到桂林市考察，先后考察了尧山旅游资源和桂林高新技术产业开发区。

4月25日—27日 中共中央政治局委员、国务委员李铁映到桂林市考察。先后考察了驻区的桂林三金药业集团公司、万雅珠宝有限公司。

12月17日 驻辖区的桂林三金药业集团公司企业生产的桂林西瓜霜系列产品被桂林市经济委员会、市医药管理局、市消费者协会联合组成的评审小组命名为“桂林第四宝”。

12月28日 三里店旅游医院举行开业庆典，该院占地3.77万平方米，建筑面积2.25万平方米，总投资2000万元。

是年 穿山乡跨入广西经济“百强乡镇”行列。

1995年

5月15日 全国政协副主席杨汝岱到桂林考察期间，考察了驻区的桂林轮胎厂和桂林美陶厂。

5月15日 市委、市政府召开新闻发布会，公布桂林国家新技术产业开发区实行新的管理体制和有关政策规定。高新技术产业开发区实行封闭式管理体制，赋予开发区市一级经济管理权限，实行统一领导，统一开发，统一管理。

6月30日 中共桂林城工委旧址革命文物陈列馆开馆。

8月15日 桂林新技术产业开发区召开新闻发布会，对招商引资成功人员实行重奖。引进资金在300万美元以上，500万美元以下的给予4‰的奖金，奖励住房二室一厅，可以免费办理市民户口2人，授予国家级开发区顾问称号。

10月1日 美国微软公司总裁比尔·盖茨与美国哈撒韦公司总裁巴菲特到桂林观光访问，被聘请为桂林新技术产业开发区高级顾问。

10月10日 七星籍运动员莫慧兰在日本举行的世界体操锦标赛上，以9.9分夺得女子平衡木冠军。

10月 位于六合路普陀山北麓省春岩的祝圣寺重建完工，作为正式宗教活动场所批准开放。

11月18日 高新开发大厦竣工，占地面积1.33万平方米，建筑面积1.33万平方米，主楼高11层，南北附楼，高3—6层，总投资2100万元。

11月23日 桂林新技术产业开发区搬迁至桂林市骖鸾路26号高新开发大厦。

是年 穿山乡穿山村委会乡镇企业营业总收入突破1亿元，成为全市第一批“亿元村”。

1996年

2月中旬 辖区的桂林轮胎厂研制的火炬牌36.00—51—58PR巨型无内胎工程机械轮胎在1995年度国家科技奖颁奖大会上获国家科技进步奖。

3月10日 桂林新技术产业开发区2010年发展规划座谈会在北京人民大会堂举行。全国人大常委会副委员长程思远为开发区题词：贺桂林高新技术开发区百尺竿头更上一层楼。

4月1日 七星区人民武装收归军队建制，称“中国人民解放军桂林市七星区人民武装部”。

5月16日 根据市编委文件规定，桂林新技术产业开发区管理办公室更名为桂林高新技术产业开发区管理办公室。

6月 桂林新技术产业开发区更名桂林高新技术产业开发区。

8月15日 位于环城北二路屏风市场附近的桂林市批发市场投入运营。

10月 自治区副主席李振潜考察桂林高新技术产业开发区。

12月 桂林市郊区穿山乡、朝阳乡归七星区管辖。

12月 经济适用房“鸾西小区”在毅峰路18号、空明西路35号、五里店路8号建成投入使用，建筑面积7.56万平方米，1080套住房，配备有幼儿园、文化娱乐活动中心、停车场。

1997年

2月4日 施工中的施家园小区2号、3号楼部分基础及楼房之间地块发生地面塌陷，塌陷范围200多平方米，深度3至5米，周围无地裂。塌陷原因为久旱突降大雨侵蚀地表层，造成土洞塌陷。

2月14日—16日 全国政协副主席钱正英到桂林市考察期间，先后考察了辖区桂海碑林和漓江风景区等处。

同月 辖区奇峰小筑住宅小区开始使用管道液化气。

3月20日—22日 中共中央政治局委员、国务院副总理邹家华到桂林市考察工作。重点考察了驻辖区的机械工业部桂林电器科学研究所、奇石馆、桂林漓江民俗风情园等处。

4月5日 沿漓江东岸、北起穿山、南至龙门村，长104米，宽300—500米的区域，作为桂林国家高新技术产业开发区的“三高”农业示范带通过国家级评审论证。

6月13日 驻区的市旅游职业学校举行挂牌仪式，更名为市旅游职业中等专业学校。

6月17日 依据市人民政府文件决定：桂林高新技术产业开发区管理委员会更名为桂林国家高新技术产业开发区管理委员会（简称高新区管委会）。

6月19日 驻区的桂林市集琦药业股份有限公司通过深圳证券交易所交易系统，采用“上网定价”发行方式，向社会公众公开发行A股股票4000万股。

6月20日 为拓展开发区的发展空间，中共桂林市委、市政府决定将七星区与开发区合并（合并后简称桂林高新区七星区），合并后仍保留“桂林国家高新技术产业开发区”（简称桂林高新区）和“桂林市七星区”两块牌子（实行一套班子、两块牌子）。

同月 中共桂林新技术产业开发区工作委员会更名为中共桂林国家高新技术产业开发区工作委员会。

同月 七星区政府由码坪街15号迁至骖鸾路26号高新开发大厦综合办公大楼。

7月1日 桂林市各界庆祝香港回归祖国大会在七星公园“华夏之光”文化艺术广场举行。大型石雕壁画“华夏之光”文化艺术广场，由中央美术学院教授袁运甫主持设计，市政府投资1200多万元兴建，历时近两年。坐落在广场中央的“世纪宝鼎”重达24吨，高5米。

7月10日 驻辖区的桂林市集琦药业股份有限公司4000万股公众股在深圳证券交易所挂牌上市。“桂林集琦”A股上市开盘价16.25元。

同月 桂林华侨旅游经济区成立。保留“桂林华侨农场”的牌子，属自收自支事业单位，与农场实行“一套人马，两场牌子”的管理模式。

10月1日 50对中外新婚佳侣，在七星公园“华夏之光”艺术广场举行’97桂林国际大型集体婚礼。

10月9日 桂林中日友好书法碑林艺术大楼落成，首届“中日金孔府书画展”同时在此开幕。碑林馆位于六合路，建筑面积4000多平方米，馆内陈列中日书法碑刻350块。

10月22日—25日 全国政协副主席何鲁丽率全国政协考察团到桂林市考察。其间视察了桂林漓江民俗风情园、桂海碑林和漓江等风景区及相关防护林体系。

10月30日—11月2日 中共中央政治局委员、中共中央书记处书记、中共中央宣传部部长丁关根到桂林市考察。其间考察了桂海碑林、华夏之光、漓江民俗风景园等旅游资源情况与旅游开发工作。

同月 辖区全面展开农村合作医疗工作。

11月9日—12日 以日本小松市市长为团长的小松市民友好之翼访问团一行145人到桂林市访问。其间两市市长在七星公园种植友谊树，访问团参加了“中日友好交流15周年书画纪念展”活动。

12月上旬 由专业技术人员测标的“防洪标尺”，分别在辖区的虞山桥、解放桥、漓江桥等桥的显著位置设置完工。标尺上均有可观读的刻度。

同月 七星街道办事处和东江街道办事处成立。

同月 穿山乡开展土地延包工作。

12月5日 环城北二路、普陀路改造完工，改造后增加6米绿化隔离带，人行道拓宽至12米，铺装青石板，种植桂花树。

是年 七星区辖穿山乡和朝阳乡设置人民武装部。

是年 广西军区司令员刘国裕少将检查七星区人武部营院建设情况。

是年 七星区接收桂林市朝阳初级中学、桂林市穿山中学，在校学生1244人；6所小学，在校学生3547人。

1998年

3月29日 ’98广西国际民歌节桂林开幕仪式在漓江民俗风情园举行。

同月 中共东江、七星街道工作委员会成立，设书记、副书记各1名。

4月 桂林市委批准市辖区设立政治协商委员会。

6月22日 因连降暴雨，漓江水位超过145米警戒线。14时30分，辖区穿山乡白果树村漓江段20米的河堤出现险情。经过6小时奋力抢险，转危为安。

6月24日 特大洪水袭击桂林市。16时30分漓江水位涨至147.70米，超过警戒水位2.7米，流量达5380立方米每秒。洪峰水位持续90分钟，18时开始缓慢回落。23时，水位降至147.33米。辖区东江等多处被淹。

7月2日 美国总统克林顿及夫人希拉里一行访问中国时，专程游览桂林山水，并在七星公园骆驼山前发表环保演讲。

9月25日 在桂林召开的第八届人国优秀企业家“金球奖”颁奖公上，驻辖区的桂林三金药业集团公司董事长邹节明成为桂林市唯一获该奖项的企业家。

10月上旬 驻区的桂林轮胎厂获中国进出口商品质量认证中心颁发的ISO 9001质量体系认证书。火炬牌胎通过了国际质量认证。

10月22日 七星区通过国家级扫盲验收。

同月 国务院副总理邹家华在副市长李金早，高新区工委书记王祥柏，高新区工委副书记、管委会副主任陈建军的陪同下视察高新区。

11月6日—7日 中共中央政治局常委、全国政协主席李瑞环在桂林市视察。其间视察了高新区企业。

11月9日—13日 中共七星区第六次党员代表大会在高新开发大厦会议厅召开(骖鸾路26号)，出席会议正式党员代表165名，列席人员24名。会议选举中共七星区第六届委员会委员22名，候补委员4名，纪律检查委员会委员9名，区委书记王祥柏。

12月6日 中央庆祝广西壮族自治区成立40周年代表团艺术团在七星公园华夏之光文艺广场为桂林市各界人士举行慰问演出。

1999年

1月1日 “中国’99生态环境游”活动在桂林七星公园举行开年仪式。

1月3日—5日 桂林市政协七星区召开第一届委员会第一次全体委员会议，出席会议委员91名。会议听取《关于政协七星区第一届委员会第一次会议筹备工作报告》；通过大会《选举办法》，选举产生政协七星区第一届委员会主席、副主席、常务委员。

1月4日—7日 中共中央政治局委员、国务院副总理钱其琛在桂林出席会议并视察工作。其间考察了七星公园的驼峰、天然奇石馆、华夏之光广场、桂海碑林。

1月6日—9日 七星区第七届人民代表大会第一次会议在区政府机关驻地骖鸾路26号高新开发大厦多功能会议厅召开。出席会议代表147人，列席42人。选举产生第七届区人民政府区长陈建军。

1月25日—29日 全国政协副主席马文瑞到桂林市视察工作。其间考察了七星公园、桂海碑林、漓江等景区景点。

同月 自治区党委副书记杨基常视察高新区企业。

2月12日 自治区党委、自治区政府批准并公布第二批自治区级爱国主义教育基地10处，桂海碑林、桂林博物馆名列其中。

2月 龙隐路扩建改造开工，道路全长960米，道路红线宽36米，机动车道12米，绿化隔离带宽4米，非机动车道9米，人行道14米，机动车隔离带4米，12月扩建改道工程竣工通车。工程投资1000万元。

4月6日 桂林市各界深入开展学习李向群事迹活动大会在七星公园召开，3万名群众参加。

6月24日 桂林遭受特大洪水，16;42时，漓江水位达147.7米，流量达5380立方米每秒，超警戒水位2.7米，辖区严重洪涝。

6月30日 桂林国家高新区和美国赛法国际投资公司正式签署“桂林甲天下国际会议中心”项目意向书，投资额9007美元。

7月1日 第十三届全国荷花展在七星公园隆重开展。全国有16个省、市、自治区的40个城市和澳门地区参展。展览以缸(盆)栽荷花为主，共展出8000缸(盆)，另有5000株荷花植于池塘中，共250多个品种，规模居历届荷展之首。

7月6日 七星区接收桂林市属育才、龙隐、汇通、东江小学和七星、花桥幼儿园。汤杰副市长代表市政府与七星区的区长在交接书上签字。

10月9日 桂林市启动解放桥重建工程。主桥长284米、宽45米，其中机动车道为双向六车道。工程包括主桥、主桥引道及匝道、旧桥拆除、架设人行便桥4部分。解放桥重建工程金额为2.6亿元。2001年9月28日竣工通车。

10月11日 市第二届老年文化艺术节在七星公园“华夏之光”文化广场开幕。

11月26日—29日 全国人大常委会副委员长程思远在桂林市考察了旅游资源。其间，考察了漓江和七星公园。

2000 年

1 月 7 日 科技部部长徐冠华视察高新区企业。

1 月 15 日 全国首家博士创业“孵化器”在桂林国家高新技术产业开发区挂牌成立，桂林留学人员创业园、京桂博士（后）科技开发中心、桂林集琦博士后科研工作站、桂林市博士协会同时成立。

1 月 20 日 全国最大的电子数显量具生产和出口基地在桂林国家高新技术产业开发区建成启用。该生产出口基地建筑面积 8000 多平方米，形成年产 20 万套电子量具量仪的生产能力，其中 95% 产品出口。

2 月 17 日—20 日 全国政协副主席张思卿到桂林市考察了七星公园、桂海碑林等景区景点。

4 月 25 日 桂林国家高新区与广西物资集团，桂林储运总公司合作，组建桂林国家高新区平山工业园。该园占地 40 公顷，一期开发土地 20 公顷。

4 月 桂林绕城高速公路（灵川至临桂三塘）竣工，全长 23.45 千米（其中七星区段 14.4 米，）投资 11 亿元，道路红线宽 24.5 米，车行道 15 米。

6 月中旬 七星区穿山乡和平村、樟木村两岸遇百年不见的蝗灾，受灾面积超过 113.3 公顷，市政府及时拨出专款，组织专人控制灾情。

同月 广西第一所国有民办体育高中“桂林市新星高级中学”在辖区成立。

7 月 甲天下广场建设开工，为桂林国际会展中心的配套设施，广场占地面积 10 万平方米，其中绿地面积 3.8 万平方米（2002 年 10 月竣工）。

8 月 建干路污水提升泵站建成投入使用，泵站提升能力为 2 万立方米 / 日（1999 年 9 月开工）。

9 月 11 日 第二届中国国际高新技术成果交易会留学生项目发布会在辖区举行，大会发布和推介了来自 14 个国家的中国留学生研究开发的 117 个高新技术项目及具体内容。

9 月 15 日 桂林国家高新技术产业开发区与大庆国家高新技术产业开发区就建立长期合作关系在桂林签署协议。

9 月 28 日 辖区育才小学等 6 所学校被评为全市教育科研示范学校。

9 月 30 日 环城南一路改、扩建工程竣工，道路全长 2.3 千米，道路红线宽 50 米，机动车道宽 23 米，非机动车道宽 12 米，机动车与非机动车道隔离带宽各 3.5 米，人行道宽 10 米，工程投资 996 万元（12 月 31 日，环城南一路扩建工程通过竣工验收）。

10 月 1 日 七星区第一批 50 座免费公厕向市民和游客开放。

10 月 8 日 桂林科技创业服务中心被科技部认定为国家级高新技术创业服务中心。

10 月下旬 桂林橡胶机械厂研制的 1140 液压硫化机通过自治区经贸委组织的鉴定。这是中国液压硫化机领域第一种通过鉴定的国产产品，填补了国内空白。

11 月 9 日 东江水厂二期扩建工程竣工通水，日供水能力达 10 万立方米，可保证东江片的生产和生活用水。（1999 年 12 月二期工程开工建设）工程总投资额 960 万元。

11 月 21 日—22 日 自治区计生委在七星区召开自治区流动人口计划生育管理现场会，参加会议的有各地、市计生局局长、分管计生工作副局长、政法科科长及各城区、郊区、县（市）计生局局长，参加会议共 189 人。与会人员观看了七星区流动人口计生管理工作纪实“聚集城市流动人”的录像和流动人口计生管理展室。

12 月 30 日 自治区党委副书记刘奇葆到桂林国家高新区视察。

2001 年

1 月 12 日 龙隐桥旧桥成功爆破拆除。

3 月 3 日 广西首家国际青年志愿者工作站——国际青年志愿者漓江生态环保工作站在驻区的桂林山水大酒店挂牌成立。

4 月 9 日 桂林留学人员创业园挂牌成立。

4 月 10 日 七星路二期改造工程开工，道路全长 1710 米，改造后道路红线宽 50 米，机动车道宽 33 米，绿化隔离带 4 米，非机动车道 18 米，人行道 22 米（2002 年 2 月竣工通车）。

4 月 11 日 六合路建设工程破土动工，以六合路为轴心的电子信息城进入实质性施工建设时期。

4 月 24 日 自治区经贸委技术进步与装备部门与桂林市技术交流站联合在桂林举行中国电信 168315 企业自动客户服务中心推广展示会。辖区的三金药业集团成为桂林市首家签约入网企业。

同月 中共中央政治局委员、国务院副总理吴邦国，在自治区主席李兆焯的陪同下视察高新区企业。

6 月 穿山路北段改造工程动工，道路全长 800 米，道路红线宽 40 米，机动车道宽 11.5 米，绿化隔离带 3 米，人行道 10.7—15 米（10 月竣工通车）。

7月19日 自由路改造动工，9月26日完工，改造后道路红线宽50米，机动车道21米，非机动车道7米，人行道16米，工程投资18万元。

8月 漓江路改造工程竣工，总投资638万元，改造后道路红线宽50米，快车道15米，公交专用车道2×4米，慢车道2×4米，人行道各宽6米，对路段两侧的旧建筑物进行立面改造，增加沿街绿化高带7米，骑楼5000平方米。原苑小园改造为立面绿化交通。

8月24日 七星区五通街党支部书记唐振杰获全国社会治安综合治理先进工作者称号。

8月 自治区副主席张文学到高新区指导工作。

9月8日 辅星路改造工程完工，改造后的道路红线宽30—40米，车道宽14—20米，人行道各宽5—10米，设高杆路灯，种植银杏等树。

9月8日—15日 全国政协副主席、全国工商联名誉副主席孙孚凌一行5人到桂林市视察。其间考察了漓江、七星公园的骆驼山及桂海碑林等景区景点。

9月11日 大学生公寓一期工程完工，建筑面积3.5万平方米，其中公寓面积2.8万平方米，服务配套面值7000平方米。

9月25日 桂林国际会展中心竣工，占地面积15万平方米，建筑面积2.89万平方米，设国际标准展位1000个。

9月25日 甲天下广场建成，广场面积6.4万平方米，其中绿地3.8万平方米，会展中心环道2.1万平方米。

9月28日 龙隐桥中重建工程竣工通车。桥长73.2米、宽35米(2001年2月开工)。

9月28日 穿山南桥到龙隐桥至穿山桥改造工程竣工，全长890米，道路由6米拓，宽为12米，机非混合道单侧人行道宽2米(2001年3月开工).

10月28日 穿山小街改造工程通车。改造后的小街道、道路宽20米，人行道各宽5米，新增绿地1.2万平方米。

11月3日 2001年桂林国际环保与旅游活动月在桂林国际会展中心举行。全国人大环境委员会副主任王涛，最高人民法院副院长万鄂湖，国家旅游局副局长孙刚，自治区党委常委、宣传部部长潘琦，自治区副主席袁凤兰，市主要领导，以及来自日本、新西兰、泰国、韩国、瑞典、印尼等国的嘉宾及各单位领导，各界群众6万人参加开幕式，市长李金早在开幕式上致辞。

11月14日—17日 全国人大常委会副委员长程思远一行5人到桂林市视察。其间考察了七星公园、漓江等景区景点。

11月23日—27日 2001年第二届(秋季)全国农业高新技术成果产品交流交易会在辖区的桂林国际会展中心举行，共设800多个展位，是广西举办的规模最大的——农业交易会。会上，桂林市获订单近亿元。

11月28日 2001桂林国际环保与旅游活动月开幕式在辖区的甲天下广场举行。

同月 中共中央政治局委员、全国人大常委会副委员长田纪云在自治区人大常委会主任赵富林、市长李金早的陪同下视察高新区。

12月 七星变电站建成投入运行，供电能力为110千伏。

12月15日 自治区党委副书记马庆生考察桂林高新区和部分高科技企业。

2002年

1月9日 国家专利局局长高卢麟到高新区企业检查指导工作。

4月28日 桂林市庆祝“五一”暨2000—2001年度劳动模范座谈会，在桂林国际会展中心举行。

7月 自治区党委书记曹伯纯在自治区党委常委、桂林市委书记、桂林市市长李金早的陪同下考察高新区。

7月 自治区副主席袁凤兰在桂林市人大常委会主任雷熹平的陪同下考察桂林国际会展中心。

7月28日 七星区栖霞禅寺修复重建工程竣工落成开光典礼，工程投资2000万元，建筑面积3315平方米。新寺建有山门，天王殿、大红宝殿，藏经阁，观音殿，钟鼓楼、东西配殿、方丈楼、僧房、廊道及地下室等。

8月8日 桂林市漓江设立禁渔区，辖区内虞山大桥以南至漓江大桥以北之间漓江江段为禁渔区。

同月 穿山科技产业园启动。

9月9日 交通部部长黄镇东到桂林检查辖区内的磨盘山码头和竹江码头的航运安全工作。

9月11日—14日 2002年全国乡镇企业东西合作(广西·桂林)经贸洽谈暨产品展销会在辖区桂林国际会展中心举行，全国26个省、市、自治区组团参展。

9月14日　桂林市首家无公害水果、蔬菜自选商场——绿康无公害果蔬自选商场开业。该商场位于七星农贸市场内。

10月15日—17日　中共七星区第七次党员代表大会在高新开发大厦召开。出席会议的正式党员代表167名。会议听取和审议通过中共七星区第六届委员会的工作报告；听取和审议通过中共七星区纪律检查委员会的工作报告；选举产生中共七星区第七届委员会委员25名，候补委员4名，纪律检查委员会委员9名；选举出席桂林市第二次党代会代表12名，区委书记郑小税。

10月21日　桂林香格里拉大酒店项目协议签字仪式在桂林举行。

10月28日　第四十八届全国医疗器械秋季博览会在桂林国际会展中心举行。

11月18日—19日　博鳌亚洲旅游论坛在桂林国际会展中心举行，来自亚洲、欧洲、大洋洲的33个国家及10个国际和区域组织的近500名政要、专家参加。150多名中外记者对大会进行采访报道。

12月　高新区铁山工业园建设启动，规划面积3.05平方千米。

2003年

1月6日　全市普降大雪，降雪量是自20世纪70年代以来最大的一次。辖区街道积雪深约10厘米，气温降到零下4摄氏度。

2月10日—11日　辖区内出现市民抢购板蓝根等抗菌、抗病毒类中西药物和食醋的情况，药店板蓝根价格暴涨，原价1.9元至2.5元的板蓝根涨至100元，食醋每千克涨至20元，且普遍脱销。区政府及有关部门立即采取措施，很快平息了抢购风波。

3月5日　桂林南药股份有限公司与法国赛诺菲公司在桂林正式签订继续合作开发青蒿琥酯片国际市场的协议。

3月7日　2003年全国“爱鸟周”活动启动仪式在桂林七星公园举行。中国野生动物保护协会、广西野生动物保护协会向桂林市龙隐小学授予爱鸟护鸟文明学校牌匾。

3月17日　桂林国家高新技术产业开发区与世界华商投资基金会在桂林榕湖饭店举行桂林国际会展中心股权转让合同签字仪式。

3月24日　辖区企业桂林晶瑞电子有限公司收到美国专利局寄来的专利证书。该公司研制的电容位移传感器获得美国专利局授权。

4月　中国科协主席、中科院院士周关召考察高新区。

5月12日　第14届全国书市在驻区的桂林国际会展中心开幕，22日闭幕。

6月13日　广西旅游恢复启动仪式暨“桂林永远是春天”主题宣传活动在桂林七星公园华夏之光广场隆重举行，全市近万名旅游从业人员参加活动。

6月　中国工程院公布2003年院士增选有效候选人名单，桂林三金集团股份有限公司总裁邹节明被推荐为中国工程院、医药卫生工程学部院士候选人。

7月2日　桂林市东二环路建设工程启动。该工程南起桂林车辆管理一所，与南二环路相接，北至乌石街市场，与中山北路相连，全长9.6千米，红线宽度60米，为双向6车道城市一级主干道，工程总投资5亿元。

8月20日　桂林市城区内七星、良丰等13座具有无人值班条件的变电站投入试运行。

8月　桂林市体育中心新场馆建成投入使用，占地11万平方米，建筑面积4.3万平方米，绿地面积4万平方米，道路面积2.3万平方米。新场馆配套设施齐全。

9月7日　高新区信息产业园动工兴建，占地面积105.6公顷，总投资为4.21亿元。

9月28日　桂磨公路主车道全线贯通。该公路起点于市区环城南路与七星路交叉处，终点至磨盘山码头，全长21.6千米，投资5.7亿元(2000年12月15日动工)。

10月21日—25日　全国政协副主席李兆焯考察桂林国家高新开发区、桂林国际会展中心、桂林体育场。

10月23日　东二环路七星路段建设正式动工。该路段长约4.5千米，宽约64米。

10月28日　桂磨公路竣工通车。该路起点环城南一路，与七星路交叉处，终点至磨盘山码头，全长21.6千米，城市段道路红线宽58米，中间绿化带10米，机动车24米，非机动车道8米，人行道10米。一级道路红线宽41米，机动车道24米，二级道路宽至26米(2000年12月15日动工)，工程投资5.7亿元。

11月3日　2003年广西(桂林)“日本周”开

周仪式在辖区的帝苑酒店举行。日本加古川市副市长、广西旅游局领导、桂林市领导及来自日中两地旅游界、经贸界、新闻界的嘉宾约200人参加了开周仪式。

11月25日 辖区建干路改造工程动工。建干路北起环城北二路，南到六合路与建干路交叉口，全长1304米。规划设计为城市二级主干道，路面远期规划宽40米，近期规划先将原来仅有7米宽的路面扩至26米。

同月 中共桂林市委、市政府将桂林华侨农场(2004年挂牌“桂林华侨旅游经济区”)整体移交七星区管理。

12月3日—9日 中共中央政治局委员、中宣部部长丁关根到桂林市视察。其间参观了七星公园及高新开发区。

12月5日 铁山工业园动工兴建，位于辖区的桂磨公路南北两侧。园区总规划12平方千米。分两期开发建设，一期规划面积为5.52平方千米。2003至2005年，投资7804万元用于水电、道路、管网等基础设施建设。2005年，有8家企业入园建设，3家企业竣工。

12月 信息产业园动工兴建。园区位于辖区东二环路与绕城高速公路之间。规划面积0.48平方千米，园区主要接收电子、通信和软件类企业。10多家企业入园建设，其中7家已投产。

同月 经济适用房“鸾东小区”在空明路10号小区建成，建筑面积8.9万平方米、915套住房。工程分三期建成，第一期于1997年开工，第二、第三期于2000年，2003年全部建成投入使用。

2004年

2月上旬 驻区桂林市自来水公司东江水厂获“广西绿化模范单位”称号。

4月18日 辖区桂海碑林博物馆、靖江王陵文物管理处等7家文博单位即日起免费向未成年人、特殊社会群体等开放。

5月14日 自治区政协副主席姜兴和到桂林澳群彩印有限公司调研。

6月18日 桂林市重点项目——万向钱潮(桂林)汽车底盘部件有限公司改新建工程在高新区铁山园启动建设。计划总投入1.3亿元。

7月15日 自治区人大常委会副主任邱石元到高新区企业指导工作。

7月24日 七星区获创建文明城区工作先进单位称号。

9月2日 桂林市投资办证中心在高新开发大厦举行启动运行及揭幕仪式。该中心由桂林市外商投资办证中心，城区投资办证中心升级而成。

9月29日 市委、市政府在高新大厦多功能厅召开会议，专题研究桂林国家高新区的发展经验，研究并解决存在的问题，市委书记莫永清主持会议。

10月1日 七星区新建、改(扩)建23座公厕，免费向市民和游客开放。

10月7日 高新区信息产业园动工兴建，规划面积1.06平方千米

10月15日 自治区人大常委会副主任张正铀陪同全国人大执法委领导到高新区检查指导。

10月21日—23日 全国政协副主席王忠禹一行7人到桂林市视察工作。其间视察了桂海碑林、七星公园等景区景点。

12月16日 桂林英才科技园动工兴建。园区总规划面积6.3平方千米，分三期开发，一期占地面积126公顷。

是年 七星区共完成18条小街小巷改造工程，总投资为1900万元。拆除违章建筑面积2.3万平方米，新建雨、污水管道64米，新增绿地面积5000平方米。

2005年

1月5日 自治区旅游局和桂林市人民政府在甲天下广场举行“2005中国国内旅游交易会倒计时”暨“桂林红色之旅”启动仪式。

同月 毅峰路污水提升泵站建成投入使用，泵站日提升能力为1万立方米/日。(2003年7月开工)

2月7日 位于六合路、横跨小东江的新桥重建工程竣工通车。重建后的新桥为3跨钢连续梁桥，长74米、宽35米，双向4车道，两端引道长486米。建设工期17个月。工程投资1238万元。

2月10日—15日 中共中央政治局委员、国务院副总理回良玉一行14人到桂林市视察，其间先后视察了“两江四湖”环城水系工程、漓江旅游资源、七星公园等。

3月25日 桂林曙光橡胶工业设计院、桂林轮胎厂、桂林橡胶机械厂、桂林乳胶厂、橡胶制品厂5家橡胶企业组成的昊华南方橡胶集团在漓江剧院举行成立大会，自治区副主席杨道喜，桂林市委书记莫永清，市长张秀隆，中国化工集团公司党委书

记、中国昊华化工（集团）总公司总经理王应海等领导和来自全国各地嘉宾，共500多人出席成立大会

同月 桂林国际电信电缆集团公司、桂林贵广滑石开发有限公司、桂林广陆数字测控股份有限公司三家企业，经国家技术质量检验检疫监督总局审核获准进入检疫检验绿色通道。

4月1日 七星区福隆园村19组发生爆炸案，2人重伤，1人轻伤。

5月5日—6日 中共中央政治局常委、中央纪委书记吴官正一行20人到桂林市视察工作，其间视察了漓江旅游资源、桂海碑林等。

5月10日 桂林高新区与新西兰怀卡托创业园在高新大厦举行签字仪式，缔结友好园区。

5月12日 桂林市全民健身中心在穿山东路建成投入使用，总投资230万元，建筑面积2300平方米。

6月 自治区主席陆兵在自治区副主席杨道喜、吴恒的陪同下，听取高新区负责人汇报园区建设情况。

7月10日 由中国演出家协会、广西壮族自治区文化厅和桂林市政府共同举办的2005中国（桂林）国际演出交易会在桂林国际会展中心开幕，来自国内外60余家演出团体及演艺策划公司参加了交易会。

7月20日 华侨旅游经济区与香港华锦集团桂林甲天下农业深加工项目在高新七星区二楼多功能会议厅正式签约，项目总投资3亿元，时为投资高新七星区的第一个重大农业项目。

同月 城区实行义务教育阶段“一费制”收费，对农村贫困生实行“两免一补”。

8月18日 穿山乡撤乡设立穿山街道办事处揭牌仪式在原乡政府办公楼举行。

8月21日 彰泰房地产公司开发和管理的辖区澳洲花园获“全国物业管理示范住宅小区”称号。

同月 七星区“东城教师公寓”在环城北二路55号建成投入使用，建筑面积3.44万平方米，316套住房，配套设施有文化娱乐室、健身房、停车场。

同月 建干路建设工程竣工，总投资1100万元。改造后道路红线宽40米、机动车道15米、人行道11米。新增雨、污水管道，料石铺装人行道。

9月27日 自治区副主席刘新文到高新区指导工作。

同月 驻区南城百货商场开业，经营面积5.5万平方米，是一家集日用百货、家电、服装、食品超市为一体的综合性大型购物商场。

10月20日 泰国第一副总理颂奇一行到七星公园游览。

10月20日—22日 中央政治局原常委、国务院原副总理李岚清一行20人到桂林市考察，其间考察了七星岩景区、桂海碑林、漓江旅游资源等景区景点

10月26日 桂林国家高新技术产业开发区的重要组成部分（临桂）秧塘山水科技园基础设施建设项目正式开工。规划总面积989.9公顷。

12月15日 高新区七星区获“2003年—2004年度全国科技进步先进县（区）”称号。

是年 奥地利国防部部长京特·普拉特一行游览七星公园。

是年 信息产业园投入资金8929万元，完成一期48公顷园区内的道路、网管、水电等基础建设。

是年 辖区共完成24条小街小巷改造工程，工程投资2658万元。改造道路8千米，拆除违章建筑27万平方米，改建雨、污水管12千米，新增陆地1万平方米，安装路灯1768盏。

甲天下广场夜色 （2005年摄）

第一章

行政区划

屹立于骖鸾路的高新开发大厦是桂林国家高新区工委、管委，七星区党委、政府治所

（2005 年 5 月摄）

七星区秦为桂林郡地，汉属零陵郡始安县。此后先后属始安、临桂等县至明清。民国29年(1940年)，属桂林市东江镇。1950年，属桂林市第四区。1954年6月，属桂林市第三区。1955年10月，第三区撤销，改设东江和漓江2个街道办事处。1958年8月，东江、漓江街道办事处合并成立东江人民公社。1962年3月，分设东江、漓江2个人民公社。1979年7月，撤东江、漓江2个人民公社，置七星区(县级)，隶属桂林市。1996年12月，桂林市区划调整，原桂林市郊区的朝阳、穿山2个乡划归七星区。2005年年末，总面积97平方千米(含华侨农场)，户籍总人口21万人，辖1个乡、3个街道，1个华侨农场，28个社区居民委员会(简称居委会)，16个村民委员会(简称村委会)。区政府驻骖鸾路26号高新开发大厦，距市政府驻地3.7千米。

第一节　位　　置

七星区位于桂林市城区东部。地处北纬25° 12′ 01″ —25° 19′ 01″ ，东经110° 17′ 01″ —110° 24′ 01。东接灵川县，南连桂林市雁山区，西邻桂林市象山区和秀峰区，北靠桂林市叠彩区。其中与灵川县行政界线长19.23千米，与雁山区行政界线长9.12千米，与象山区行政交界线长6.47千米，与叠彩区行政界线长14.31千米，与秀峰区行政界线长1.42千米。境内以岩溶峰林谷地为主，石峰矗立城区，主要山峰有七星山、普陀山、月牙山、穿山、尧山等。其中尧山为桂林市区最高峰，海拔909.3米，相对高度760米，最低点位于漓江水岸线，海拔112米。境内河流属西江水系，其中漓江水系从穿山街道三联村委王家碑村入境，至华侨农场出境，境内全长30.84千米。小东江(岔河)从二江口民俗风情园入境，至穿山大公园流入漓江，境内全长5.8千米。

第二节　建　　置

秦始皇三十三年(前214)，区属桂林郡地。汉高祖三年至元鼎五年(前204—前112)，属南越国地。汉元鼎六年(前111)属零陵郡始安县地。汉建武四年(28)改属零陵郡始安候国(由始安县改置)地。

三国吴甘露元年(265)，吴析零陵郡南部置始安郡。属始安郡始安县(始安县系由东汉始安侯国改称)地。晋、南北朝、隋沿袭不变。

唐武德四年(621)，属唐桂州(由始安郡改置)始安县地。唐天宝元年(742)，属唐始安郡(桂州复置)始安县地。唐至德二年(757)，始安县更名临桂县。五代、北宋沿袭不变。

南宋绍兴三年(1133)桂州升静江府，属静江府临桂县地。

元至元十五年(1278)，属静江路(由静江府改置)临桂县地。

明洪武元年(1368)，属静江府(由静江路复置)临桂县地。明洪武五年(1372)，属桂林府(静江府更名)临桂县地，至清不变。

民国元年(1912)3月，临桂县撤销，至次年6月，属桂林府。

民国2年(1913)7月，桂林府改漓江道桂林县，属桂林县。

民国3年(1914)6月，属桂林道(由漓江道改名)

桂林县地。民国16年(1927)11月撤桂林道,桂林县隶广西省省政府。桂林县。民国19年(1930)在桂林县桂林民团区,属桂林民团区桂林县地。民国23年(1934)3月,属桂林行政监督区(由桂林民团区改置)桂林县地。

民国29年(1940)1月,桂林市设立,直属省政府。属桂林市东江镇。民国31年(1942)改东江镇为东江区。

1950年,属桂林市东江区,同年10月改称第四区。1954年6月改称第三区。1955年10月,撤销第三区,分别成立东江和漓江街道办事处。1958年11月,合并2个街道办事处成立东江人民公社。1960年3月,东江人民公社改为东江区公所。同年6月,撤销东江区公所成立东江人民公社管理委员会。1962年3月,东江人民公社划出原漓江街道办事处管辖的范围,成立漓江人民公社。1968年4月,成立东江人民公社革命委员会,1969年8月,成立漓江人民公社革命委员会。

1979年7月,撤销东江和漓江2个公社革命委员会,设立七星区(县级),隶属桂林市,区治自由路86号。1981年,区迁治七星路4号,1986年又迁七星路码坪街15号。

1996年12月,桂林市区划调整,原桂林市郊区管辖的穿山、朝阳2个乡划归七星区。

桂林新技术产业开发区1988年在七星区内设立,1991年3月18日,经国务院批准为国家级高新技术产业开发区。1997年6月,桂林国家高新技术产业开发区与七星区合并,称桂林国家高新区七星区。区治毂鸾路26号高新开发大厦。

第三节 行政区域

民国19年(1930)桂林县城划为在城和附廓两部分,在城包括白龙、南区、西文、凤北、东江5镇,附廓包括八桂、东附廓、西南附廓、太沙5乡。区域内有东江镇和东附廓乡,东江镇治水东街(今自由路),辖水东、五通、坭湾3条街;东附廓乡辖街(村)数量不详。民国22年(1933),东附廓乡公所辖15条街(村)。民国29年(1940)年,桂林设市,八桂、白龙、培风、义南、东江、凤北6镇为城区,太沙、柘木、东附廓、三合、北附廓、西南附廓6乡为郊区。东江镇辖码坪街、东灵街、东洲街、漓江街、九良上街、九良下街、坭湾街、五通街、坤元街、福隆街、新桥街、六合街、祝圣街、汇通街、准堤街共15条街。民国31年(1942)6月,东附廓乡辖穿山村、周江村、渡东村、岭马村、龙门村、彭家里村、临竹村、社中村、西南村、李家山村、新建村、横塘村、同心村、卫庄村、六狮洲村共15个村,乡治三里亭。

民国31年(1942)末,东江镇和东附廓乡分别改为东江区和东附廓区。

1949年12月东附廓区并入东江区。

1950年4月,成立东江区公所,区公所治栖霞路。辖东灵街、东洲街、坭湾街、五通街、坤元街、福隆街、新桥街(包括阳家里、建干路、六合路、王家碑、六狮洲等自然村)、桂花园、新生街、临下街、穿山街(包括张家园、龙隐、下关、訾洲、江东、白果树、九娘庙、穿山园、刘家里等自然村)、漓江街12个街道。同年10月,东江区公所改称第四区人民政府,区治由栖霞路迁至张家园。

1952年10月,第四区原下辖12个街道调整为花桥街(原东灵、东洲、坭湾街)、河东街(原桂花园、新生、临下街)、新桥街(原坤元、五通、福隆、六合)、码坪、穿山、漓江6个街道(包括11个自然村),设街道人民委员会。1953年1月,街道人民委员会改称居民委员会(以下简称居委会),受区人民政府直接领导。

1954年6月,第四区改称第三区,辖6个居委会,行政区域区面积3.6平方千米。

1955年10月,撤销第三区,分别成立东江和漓江2个街道办事处。东江街道办事处治所自由路86号,辖五通街、临下街、坭湾街、新生街、花桥街、河东街、七星街、码坪街8个居委会。漓江街道办事处治所临江下里,辖漓江上街1个居委会。12月,漓江街道办事处新增漓江下街居委会。原第三区管辖的建干里、福隆园、临江里、阳家里、穿山、刘家里、龙隐村、白果树、江东村9个自然村划归桂林市近郊区管辖。

1958年11月,东江、漓江2个街道办事处合并成立东江人民公社，治所自由路86号，下辖10个居委会。1960年3月，东江人民公社改称东江区公所，治所七星岩普陀山下一间民房内。原东江公社管辖范围内的国营中、小型企业，中、小学校，医院，商店以及原属近郊区秀峰公社管辖的西南、临竹2个生产大队划归东江区公所管理，下辖10个街道合并为花桥街、临下街、临上街、七星街、漓江街5个居委会。同年6月，撤销东江区公所成立东江人民公社管理委员会，增设临上、花桥、临下3个管理区，下辖的街道调整为五通街、坭湾街、花桥街、七星街、临下街、新生街、河东街、码坪街、六合街、漓江街10个居委会。原划归东江公社管辖的国营中、小型企业，中、小学校，医院，商店，西南、临竹2个大队，重新归属原系统管理。1960年6月，东江人民公社下辖10个居委会。

1962年3月，划出东江人民公社原漓江街道办事处管辖范围，成立漓江人民公社，辖漓江上街1个居委会(12月，新增漓江下街居委会)。东江人民公社辖五通街等8个居委会。1968年4月，成立东江人民公社革命委员会，管辖范围不变。1969年8月，成立漓江人民公社革命委员会，管辖范围不变。东江和漓江革命委员会办公地址自由路86号。

1979年7月，撤销东江和漓江两公社革命委员会，成立七星区(县级)，隶属桂林市，行政区域面积13平方千米，区治自由路86号。辖五通街、坭湾街、花桥街、临下街、新生街、河东街、七星街、码坪街、漓江街9个居委会。1987年，辖五通街、花桥街、坭湾街、河东街、临上街、七星街、临下街、码坪街、新生街、穿山街、龙隐街、花园街、桂大街、漓江街、六合街、梨子园街16个居委会。1990年，辖五通街、临上街、坭湾街、六合街、花桥街、河东街、漓江街、临下街、新生街、穿山街、梨子园街、花园街、桂大街、漓东街、码坪街、龙隐街、七星街、狮子岭街、大园盘街、月牙街、五里店街、会仙街22个居委会和广西师范大学分部、桂林冶金地质学院、桂林电力电容器厂、桂林漓江机械厂、桂林电子工业学院、桂林第三制药厂6个家属委员会。区治所七星路15号。

1988年桂林新技术产业开发区在七星区内设立。1991年成为国家级高新技术产业开发区，享受市级经济管理权限。

1996年12月，桂林市区划调整，郊区撤销，原属郊区管辖的穿山(不包括清风村、安新村)、朝阳2个乡划归七星区，行政区域面积增加至83平方千米。

1997年6月，桂林国家高新技术产业开发区与七星区合并。

1997年12月，七星区设立东江、七星2个街道办事处。其中东江街道辖五通、临上、坭湾、临下、漓江、新生、花桥、河东、六合、花园街等10个居委会。七星街道辖龙隐、七星、梨子园、桂大、会仙、漓东、码坪、穿山、月牙、园盘、狮子岭、五里店、施家园、辅星、毅峰街、穿山东等16个居委会。2002年7月城市体制改革，原26个居委会改为28个社区居委会。

2003年11月，桂林华侨农场整体移交七星区管理。华侨农场下辖马家坊、竹江2个村委会。

2005年7月，穿山乡撤乡设立穿山街道，以原穿山乡的行政区域为该街道的管辖范围，辖8个村委会。2005年5月，七星街道新增金星社区居委会，6月，东江街道新增猫儿山、桂工建干社区居委会。2005年年末，七星区辖1个乡(朝阳乡)，3个街道(东江、七星、穿山)，有社区居委会28个，建制村16个。

表1-1　1979年七星区行政区域划分表

行政区	居委会
七星区	五通街、泥湾街、花桥街、临下街、新生街、河东街、七星街、码坪街、漓江街

表1-2　1990年七星区行政区域划分表

行政区	居委会
七星区	五通街、临上街、泥湾街、六合街、花桥街、河东街、漓江街、临下街、新生街、穿山街、梨子园街、花园街、桂大街、漓东街、码坪街、龙隐街、七星街、狮子岭街、大园盘街、月牙街、五里店街、会仙街。

表1-3　2005年七星区行政区域划分表

乡、街道名称	社区、建制村名称
东江街道	六合、五通、羊角山、汇通、辰山、花园、朝阳、社山桥、猫儿山、漓江、桂工建干、电院
七星街道	穿山、桂大、金星、龙隐、七星、施家园、育才、码坪、三里店、穿山东、毛塘路、大园盘、横塘、空明、毅峰、轮胎厂
穿山街道	七星、穿山、三联、屏风、汇丰、樟木、和平、光辉等8个建制村
朝阳乡	新建、岩前、西南、合心、丫吉、湖塘等6个建制村
华侨农场	马家坊、竹江等2个建制村

第四节　街道　乡

七星街道

七星街道地处七星区中部偏西，东起朝阳乡，西南与穿山街道接壤，西北至东江街道。面积12.3平方千米。1997年12月设立，因位于七星公园南面而得名，办公地址七星路码坪街15号(2004年迁移龙隐路39—1号)。辖龙隐、梨子园、码坪、七星、会仙、桂大、漓东、狮子岭、五里店、月牙、园盘、穿山、施家园、鸾西、广场15个居委会。1998年8月，新增毅峰、穿山东2个居委会。1999年，居委会调整合并为七星、桂大、会仙、码坪、龙隐、漓东、月牙、圆盘、毅峰、施家园、穿山东等11个。2000年，辖龙隐、七星、码坪、桂大、会仙、漓东、穿山、施家园、毅峰、穿山东10个居委会，户籍总人口6.96万人。2002年7月，居委会改称社区居委会，辖龙隐、七星、桂大、穿山、毅峰、大园盘、施家园、码坪、穿山东、一机联合、横塘、师大育才、石油六公司、轮胎厂、漓东等15个社区居委会，户籍总人口8.079万人。2005年5月，新增金星社区。2005年末，辖16个社区居委会、753个居民小组，户籍总人口9.66万人。

七星街道辖内主要城市道路龙隐路、七星路、漓江路、环城南一路横贯东西，普陀路、穿山东路、骖鸾路、辅星路贯南北。此外还有施家园路、空明路、五里店路、毅峰路、会仙路、育才路、空明东路等。

2005年，七星街道辖内驻有七星区人民政府、公安七星分局、武警七星消防中队、市交通运输管理处、市公安局出入境管理处、桂林海关、市中级人民法院等机关单位。驻有广西师范大学、桂林旅游专科学校、桂林市交通技工学校等9所大、中专院校，有广西师范大学二附中学、桂林市第十八中学、桂林市第一中学等5所中学，有龙隐、穿山等小学4所。有中国地质科学院岩溶地质研究所等国家级科研所2所，市级研究所1所，国家级产品检测中心8所。驻有中国人民银行桂林市中心支行等金融机构8家，保险公司3家。有桂林市东江水厂、桂林市无线电一厂、桂林市三金药业股份有限公司、中国化学工业桂林工程有限公司、广西建工集团第三建筑工程有限责任公司桂林公司、桂林轮胎厂、中国石油天然气第六建设公司等120多家企业。有星级酒店12家：其中四星级酒家2家，三星级6家，二星级4家；客房1580间，床位3120张。有桂林市第五人民医院、七星区朝阳乡卫生院、桂林高新医院等医院6家，企事业单位医务室(所)25个。文艺演出场所有“梦幻剧场”。

位于漓江路北侧，建筑面积5.5万平方米的南城百货，是集日用百货、家电、服装、食品超市为一体的综合性购物大型商场，经营品种8万余种。七星路两侧，分布有500多家批发、零售商店，形成以旅游、家电、食品、百货、土特产品、电信、服装为主的商品集散地。穿山东路西侧桂林体育中心，占地面积11.11公顷，建筑面积4.27万平方米，建有主体育场、游泳馆、射击场、网球场、室外篮球场、攀岩场、棋院等主要运动设施。该体育中心是广西功能最多、设施最全，集体育竞技、文艺演出、健身娱乐、购物展示为一体的大型综合性体育中心。辅星路西侧桂林国际会展中心，占地面积15公顷，建筑面积5.8万平方米。设有展览、会议、新闻、仓储、通信的设施设备，先后成功举办博鳌亚洲旅游论坛，全

环境优美、交通便利、配套设施完备的七星区

(2008年8月摄)

国医疗器械博览会、全国书市会、第二届全国高新技术成果交易会、中华医学会心电生理和起博分会第六次学术年会等。区域内旅游景区(点):穿山公园、塔山。工业园区有:“火炬产业基地”、穿山工业园、英才科技园、铁山工业园。

1997—2005年,历任街道工委书记为阳明、白秀英,街道办事处历任主任为阳明、柏秀英、周海斌。

表 1-4　　2005年七星街道社区基本情况表

社区名称	居民小组(个)	户数(户)	人口(人)	社区类型	居委会驻地
穿山	29	1530	4378	混合型	漓江路49号
桂大	51	2322	5270	混合型	七星路35号
金星	35	1820	5888	混合型	漓江路18号
龙隐	21	1036	3285	混合型	辅星路16号
七星	28	1454	3763	混合型	会仙路9号
施家园	47	2291	9138	混合型	施家园路26号
育才	114	1311	3132	单位型	育才路20号
码坪	26	1227	3694	混合型	码坪街1号
漓东	53	2678	7345	混合型	七星路75号
穿山东	70	4978	9780	混合型	穿山东1号
毛塘路	41	1300	4500	单位型	环城南一路16号
大圆盘	54	3220	9223	混合型	空明西路10号
横塘	55	2613	10925	单位型	横塘路47号
空明	41	2012	6217	混合型	七星路95号
轮胎厂	41	1665	4155	单位型	横塘路77号
毅峰	47	2127	5894	混合型	毅峰路18号
合计	753	33584	96587		

东江街道

东江街道位于七星区西北部,东起朝阳乡,南接七星街道,西濒漓江,北至穿山街道。因漓江在宋代称“东江”,辖区在其东,故以东江命名。总面积9.4平方千米。街道办事处驻环城北二路22号。

1997年12月七星区设立东江街道,成立之初,办公地址在穿山路64号(穿山乡政府院内,2002年迁入环城北二路22号。辖新生、临下、漓江、花桥、河东、五通、临上、坭湾、六合、花园10个居委会。1998年11月,新增朝阳居委会、1999年1月,新增社山桥居委会。2000年末,辖新生、临下、漓江、花桥、河东、五通、临上、坭湾、六合、花园、朝阳、社山桥12个居委会,户籍总人口2.83万人。2002年7月,居委会改称社区居委会,原有居委会调整为六合、五通、羊角山、汇通、辰山、花园、朝阳、社山桥、漓江、电子工业学院等10个社区居委会,户籍总人口3.45万人。2005年6月,新增猫儿山、桂工建干2个社区居委会。2005年年末,辖12个社区居委会,396个居民小组,户籍总人口7.51万人。

东江街道辖内主要城市道路有环城北二路、普陀路,穿山路贯通南北,建干路、六合路、金鸡路、自由路横贯东西。

2005年年末,东江街道驻有市公安局七星交警支队、市工商局东江工商所、七星区地方税务局、桂林国土资源局七星分局等机关单位。驻有桂林工学院(桂林理工大学)、桂林电子工业学院(桂林电子科技大学)、桂林航天工业高等学院、桂林医学院等大、中专院校6所,中学1所,小学3所,幼儿园1所,有桂林电器科学研究所等国家级研究所2所,国家级产品检测中心1所,有广西桂林茶叶科学研究所等省级研究所2所。有桂林市旅游发展总公司、桂林漓江信息产业集团有限责任公司等企业120家,有7家星级酒店，其中五星级1家（帝苑酒店）、四星级1家（桂山大酒店）、三星级2家、二星级3家：客房1358间，床位2640张。医院3家，企事业单位卫生所（室）8个。

东江街道辖内的七星景区为国家4A级旅游景区，尧山景区为国家4A级旅游景区。尧山景区内有建于明代的靖江王陵，七星景区内有始建于宋代的龙隐岩石刻和摩崖造像，历代名人石刻的桂海碑林等文物。文艺演出场所有漓江民俗风情园。

1997—2005年，历任街道工委书记为徐维升、周民进，街道办事处历任主任为徐维升、张钧。

表1-5　2005年东江街道社区居委会基本情况表

社区居委会名称	居民小组（个）	户数（户）	人口（人）	社区类型	居委会驻地
六合	66	1707	9987	混合型	建干路21号
五通	25	905	2603	混合型	东江路29号
桂工建干	36	976	13495	单位型	建干路12号
猫儿山	18	877	2268	混合型	辰山路1号
社山桥	24	550	1450	混合型	环城北二路46号
羊角山	36	1548	4674	混合型	普陀路53号
汇通	33	2302	6109	混合型	六合路66号
辰山	29	1600	5600	混合型	环城北二路56号
花园	16	705	1873	混合型	六合路8号
朝阳	60	3732	7256	混合型	朝阳路21号
漓江	26	1860	3820	混合型	临江下里1号
电院	27	800	15977	单位型	六合路82号
合计	396	17562	75112		

穿山街道

穿山街道位于七星区西北与西南部，西濒漓江，穿山街道中部被东江和七星2个街道分割成北两块、南一块，其北部东、北接叠彩区大河乡，其南部东邻朝阳乡。穿山坐落于其内，故名。总面积18.1平方千米。街道治所穿山路64号。

清属临桂县。民国29年（1940年）属桂林市东江镇。民国31年（1942）属东江区和东附廓区分辖。1949年12月，属东郊区。1950年3月，部分自然村划归灵川县、临桂县、东江区、培义区、东郊区管辖。1952年，原划归灵川、临桂县的部分自然村复归东郊区（辖滩头、王家碑、六狮洲、小村、彭家岭、黄莺岩、太平里、上边村、冷家里、纸马铺、庄家、花园里12个自然村），南郊区（辖染房、龙家、李家里、大栗塘、周家、榛头、小江、堪头、苓头、王家里、莫家里、巷口、吴家里、毛田里、渡头15个自然村），第四区（辖江东村、张家园、施家园、下关、白果树、九娘庙、刘家里、河边村、穿山园、大洲里、菜园里、上关、福隆园、阳家里14个自然村）。1954年设穿山乡，属桂林市城区（辖和平、樟木、三联3个小乡），1956年改称高级合作社。1957年9月，撤小乡并大乡，穿山乡辖将军桥、穿山、和平、樟木4个小乡。1958年，设穿山人民公社，属桂林市郊区。1958年，穿山乡人民公社并入市秀峰人民公社（桂林市近郊区秀峰人民公社管委会），原穿山乡改为穿山大队。1959年4月，穿山大队的龙隐片、下关片划归市蔬菜农场。1960年7月，郊区撤销，穿山、樟木、和平、祝胜4个大队成立国营桂林蔬菜农场。1961年恢复郊区，成立穿山人民公社，辖安新、下关、龙隐、七星、汇丰、三联、屏风、樟木、光辉、和平10个大队，治所穿山路64号。1964年，清风的7个生产队从团结大队（今叠彩区）划出归穿山人民公社。同年8月，成立清风大队，原划归到市食品公司饲养四场的黄莺岩收回，与彭家岭村合并成立屏风大队，下关、龙隐合并成立穿山大队。1968年5月，成立穿山人民公社革委会，治所穿山路64号。1970年，和平大队改称跃进大队。1979年6月，市郊区撤销，穿山人民公社革委会划归市蔬菜局管辖。1980年9月，称穿山公社管理委员会，辖穿山、七星、安新、樟木、跃进、光辉、汇丰、三联、屏风、清风10个生产大队，48个自然村，153个生产队。1984年7月，穿山人民公社撤改为穿山乡，仍属桂林市郊区，原穿山人民公社下辖的10个生产大队分别成立9个村委会，1个居委会(安新)，户籍总人口2.48万人。1987年8月，辖穿山、七星、安新、樟木、和平、光辉、汇丰、三联、屏风、清风10个村委会。1987年8月，村委会改称村公所，穿山乡设10个村公所。1995年，撤销村公所，恢复村委会。同年12，桂林市郊区撤销，穿山乡划归七星区管辖，乡原管辖的清风村划归叠彩区，安新村划归象山区。乡辖8个村委会，45个自然村，户籍总人口2.8万人，治所穿山路64号。2000年末，户籍总人口2.85万人，其中非农业人口3606人。2002年户籍总人口2.92万人，其中非农业人口4102人。2005年7月，穿山乡撤销，改设穿山街道。年末，辖穿山、七星、和平、樟木、光辉、三联、汇丰、屏风8个建制村，48个自然村，133个村民小组。户籍总人口2.58万人，其中农业人口2.514万人、非农业人口645人。

纸马铺新村建设　（王亚东　2009年摄）

2005年年末，环城北二路、环城南一路东西穿过穿山街道。穿山乡范围内，有中学2所、小学4所，适龄儿童入学率达100%。有穿山工业园、市七星污水净化厂、三金科技园等单位70家。

1998年末，穿山街道土地总面积1559.8公顷，其中耕地面积690.6公顷(其中水田528.7公顷)，人均耕地面积0.027公顷。20世纪50—70年代，农业以种植蔬菜为主，兼种水稻、水果及旱地作物。改革开放后，乡镇企业开始发展，1979年，全乡工农业总产值1027万元，其中农业产值340万元、企业产值687万元，人均年收入660元。

穿山街道地处城区，随着城市建设逐年扩展、建设用地增加，耕地减少。1986年，进行经济结构调整，乡、村因地制宜兴办企业、服务业、种植业和养殖业。1990年，农林牧渔工农业总产值6823万元，其中企业产值4053万元、农业产值2770万元，人均年收入785元。

2001年，农林牧渔工农业总产值3.89亿元，其中企业产值3.11亿元、农业产值0.78亿元，人均年收入3526元。

2005年，农林牧渔工农业总产值7.14亿元，其中企业产值6.22亿元、农业产值0.92亿元，人均年纯收入4035.33元，人均住房面积71.25平方米。8个建制村参加农村合作医疗农民达94%。全街道卫生厕所普及率达99%。电信、电视网络覆盖率达100%。自来水通水率90%。建有自然村文化室13个。

1996—2005年，乡改街道前，历任乡党委书记：周冬秀、聂云；历任人大主席：于石生、聂云、莫玉玺；历任乡长：聂云、阳明、宋志恩。改街道办事处后工委书记聂云，街道办事处主任宋志恩。

表1-6　**2005年穿山街道建制村基本情况表**

建制村名称	村民小组(个)	农村人口		所辖自然村	村委会驻地
		户数	人数		
七星村	22	1539	4450	菜园里、上关、福隆园、阳家里、花园里	六合路菜园里
穿山村	24	1657	5057	江东村、张家园、施家园、下关、白果树、九娘庙、刘家里、河边村、穿山园、大洲里	穿山小街江东村
三联村	15	752	2139	滩头、王家碑、六狮洲、小村	东二环路三联村5号
屏风村	14	628	2237	彭家岭、黄莺岩	建干路42号

续表

建制村名称	村民小组（个）	农村人口		所辖自然村	村委会驻地
		户数	人数		
汇丰村	4	297	935	太平里、上边村、冷家里	太平里
樟木村	18	1100	3908	王家里、莫家里、巷口、吴家里、东边洲、吴家新村、毛田里、渡头	樟木小学北边
和平村	26	1287	4917	染房、染房新村、龙家、李家里、龙家新村、大栗塘、周家、榛头、小江、小江新村、堪头、苓头	环城南一路19号
光辉村	10	441	1499	纸马铺、庄家村、庄家新村	桂磨路西侧
合计	133	7701	25142	48	

朝阳乡

朝阳乡位于七星区东北部，因境内有朝阳山，故名。东接灵川县大圩镇，南至雁山区拓木镇，西邻东江、七星街道，北与叠彩区、灵川县交界。总面积44.58平方千米。乡治所朝阳路1号。

清属临桂县。民国29年(1940)属桂林市。民国31年(1942)，今朝阳乡境内临竹村、横塘村、西南村、新建村、李家山村、田心村属市东附廓区辖，东附廓区治三里亭。1949年12月，东附廓区更名东郊区，区治栖霞寺。1950年4月，新建村、西南村、田心里村、横塘村、临竹村划归临桂县龙门区管辖，区治周江村词堂（今穿山街道和平村）。1952年复归东郊区辖，区治六合路（今七星区境内芳香厂）。同年4月，境内成立西南乡，属东郊区，辖西村、南村、庄上、寨山脚、鸟山里、欧家、半塘尾、莫家坪、冷家、田心里等15个自然村，乡治所南村土地庙。同年12月成立新建乡，属东郊区，辖竹桥、岩前、葛家、唐家、毛家、挂子山、冷水塘、龙汉塘、园里、上边、下边、山脚底13个自然村，乡治所在冷水塘村李桥有家。1954年，西南乡和新建乡属近郊区。1957年9月，近郊区成立屏风、甲山、穿山、奇峰4个乡，屏风乡由新民、大河、临竹、三联、新建、西南、新建6个小乡合并而成。1958年8月，郊区46个高级农业生产合作社合并成立秀峰人民公社管委会。同年11月，撤销屏风、穿山、甲山、奇峰4个乡人民委员会，近郊区公所改为近郊区人民委员会，实行近郊区人委和近郊区秀峰人民公社管委会一套人员两块牌子。西南乡改为西南生产大队，属秀峰人民公社。大队辖西江、马鞍、大路、江背、三甲5个自然村，大队址先设在西村苟苟家，后搬迁到南村土地庙，再搬迁到乌山里王荣保、刘运七家。1960年7月，近郊区撤销，西南大队划归东江人民公社。西南大队址在西南村芙蓉桥（地名）。1961年2月，市近郊区恢复，改为近郊区公所。同年4月，西南大队划归大河人民公社。1961年8月，以原西南大队为基础，从大河人民公社划出部分生产大队成立朝阳人民公社（属市近郊区），乡治所乌山里村。辖西南、新建、皎霞、岩前、合心、丫吉、湖塘7个生产大队，35个自然村。1964年，皎霞大队与新建大队合并为新建大队，朝阳人民公社辖6个生产大队、45个自然村。1968年9月，成立朝阳公社革委会。1979年，朝阳公社直接由市农业办公室领导。1980年9月，朝阳公社革委会改为朝阳公社管理委员会。1984年10月，朝阳人民公社撤改为朝阳乡人民政府，隶属桂林市郊区，乡治所乌山里。下辖大队改称村委会，辖6个村委会，34个自然村，户籍总人口8582人。1988年8月，乡治所迁移至育才路2号，村委会改称村公所。1995年，撤销村公所，恢复村委会。1996年12月，桂林市郊区撤销，朝阳乡划归七星区管辖，区域面积38.5平方千米，乡治朝阳路1号。辖西南、新建、合心、湖塘、丫吉、岩前6个村委会，34个自然村。2000年，户籍总人口2.99万人，其中非农业人口2.076万人。2002年，户籍总人口4万人，其中非农业人口3.55万人。2005年末，辖6个村委会，34个自然村，44个村民小组，户籍总人口4.63万人，其中农业人口2279户9342人，非农业人口3.69万。

朝阳乡辖境内，灵三高速公路（绕城高速）南北贯穿全乡，东环路、桂磨公路由南向北穿过乡境。全乡6个村委会、34个自然村均通公路。境内有信息产业园、桂林轮胎厂、桂林英山柴油机厂、桂林市农业机械管理局、桂林曙光研究所、英才科技园等单位58家。有中学1所、小学3所，小学普及率100%。

朝阳乡地处七星区东北郊低丘陵地。1998年末，全乡土地总面积3705.4公顷，其中耕地面积1079.3公顷（其中水田982.3公顷），人均耕地0.16公顷。20世纪50—70年代，全乡以水稻种植为主，兼种蔬菜、水果及旱地作物。1985年，粮食总产量2489.8吨，蔬菜703吨，出栏肉猪3035余头，耕牛存栏1424头，人均年收入604元。1986年进行农村产业结构调整，发展水果、蔬菜等经济作物种植，扩大养鸡、养鱼、养猪生产。1994年，粮食总产量2962吨，蔬菜产量1093吨，水果305吨，出栏肉猪7820头，耕牛存栏1649头，家禽出栏6.13万羽，人均年收入1300元。1994年，全乡乡、村企业发展加快，当年乡企业实现总产值1.2亿元。农民人均年收入1806元。

2001年，全乡经济总收入2.03亿元，其中乡企业收入1.63亿元，农业收入3980万元。粮食总产量273.5吨，蔬菜总产量594.5吨，牲畜出栏2.6万头，家禽出栏21.10万羽，水产品118吨，农民人均年收入3592元。2005年年末，全乡经济总收入2.46亿元，其中乡企业工业产值2.01亿元，农业收入4470万元。粮食总产量1765吨，蔬菜总产量9000吨，牲畜出栏3.08万头，家禽出栏33.84万羽，水产品65吨。农民人均年纯收入4035元，人均住房面积71.25平方米。全乡参加农村合作医疗农民达94%。卫生厕所普及率91%。电信、电视网络覆盖率100%。各村道、巷道全部硬化。莫家坪、半塘尾、田心村、竹桥村通有自来水。

1996—2005年，朝阳乡历任党委书记为陈荣生、梁朝德、秦涛；历任人大主席为蒋继生、秦涛、于新建；历任乡长为秦涛、蒋小荣、王建新。

表1-7　　2005年朝阳乡建制村基本情况表

建制村名称	村民小组（个）	农村人口		所辖自然村	村委会驻地
		户数	人数		
新建村	13	593	2391	挂子山、毛家村、冷水塘、唐家里、龙汧塘、皎霞、园里、上边、山脚底、下边	金鸡路15号
岩前村	8	364	1510	竹桥、岩前、赵家、葛家	竹桥村
西南村	8	399	1594	寨山脚、庄上、乌山里、西村、南村、欧家	朝阳路2号
合心村	5	377	1606	半塘尾、莫家坪、冷家村、田心里	七星路58号
丫吉村	5	282	1202	司公村、邓家、田心村、丫吉、横塘	司公村
湖塘村	5	264	1039	马鞍、西江、江背、三甲、大路村	马鞍村
合计	44	2279	9342	34	

桂林华侨旅游经济区（桂林华侨农场）

桂林华侨旅游经济区（桂林华侨农场）位于市东南，东望磨盘山，东南抵宝盖山，西与灵川县大圩镇敢兴村相临，北靠漓江。1960年3月，为安置从印度尼西亚（简称印尼）回国的归华侨，根据国务院华侨事务委员会的指示，临桂县麻作农场改为临桂县华侨农场（国营），1960年12月，更名为国营桂林华侨农场，隶属自治区侨务办公室和自治区华侨企业管理局领导和管理，陆续安置了印尼归侨、越南、泰国、新加坡、柬埔寨回国侨民2291人。1997年，自治区将桂林华侨农场移交给桂林市人民政府管理。同年7月，市政府批准在华侨农场地域范围内设立桂林华侨农场旅游经济区（简称经济区），直属市政府管理，采取“两块牌子，一套人马”管理模式。2003年5月，桂林市委、市政府将农场整体移交给七星区管理。

2005年末，户籍总人口4032人，下辖马家坊、竹江2个村委会，7个自然村，11个村民小组，场部驻地石门。

辖内有桂磨公路、桂竹公路贯穿东西，竹江外宾码头、磨盘山内宾码头坐落其内。

农场土地总面积14平方千米，其中陆地面积13.9平方千米，水域面积100公顷，耕地面积（水田、旱地）243公顷，园地面积（果园）485公顷，林地面积(灌木林)500公顷。其他用地(道路、居民点、村庄)162公顷。

1963年以前,农场以粮食种植为主,畜牧业、渔业、果业为辅。1964年,农场扩大水果种植,1978年水果种植扩大到126公顷。由于经营管理落后,树种老化和果树病虫害影响,产量小,经济效益差,农场经营出现亏损。

1993年,农场调整产业结构,发展畜牧业、渔业、花木、大理石加工,食品加工,利用地理优势发展旅游休闲、观光农业和果蔬有机农业,工、农、商综合服务业。1998年,改革经营管理方式,取消分场,下放经营权,企业、个人生产经营者自负盈亏,经济效益逐年向好。

2003年5月,桂林市政府将华侨农场整体移交给七星区管理,农场重获生机,在七星区政府的支持下,农场改变工作机制,采取有效措施,推进社会、经济、生产、基础设施建设全面发展。

基础设施建设　1960—1991年,农场职工住房是每户25平方米的简易砖木结构房,由于年久失修,大部分已成危房,1996年,农场筹集资金222万元,兴建砖混结构6栋4层住房,建筑面积5320平方米,解决72户职工住房。2001年,采取"三个一点"(职工出一点、农场出一点、上级拨一点)的办法,筹集资金1181万元,兴建第一期"侨居工程"住房3栋5层楼房,建筑面积4616平方米,安排40户职工住房。2003—2005年,七星区协调市政府、市侨务办公室,筹集资金1280万元,实施"侨务工程"第二期建设,建住房268套,建筑面积16700万平方米,大部分干部、职工住房条件得到改善。

饮水安全　1999年以前,农场职工生产、生活用水靠柴油机或自建手摇机井从地下抽水使用。1999—2001年,农场投入资金400多万元用于饮水工程,各分场、竹江部分自然村、马家坊自然村用上自来水。由于自来水质不达标,2006年计划再投资500万元进行饮水安全改造。

电网改造　1960年农场建立之初职工照明用煤油灯。1972年才使用电灯照明。因供电线路年久失修,供电很不正常。2001年,农场争取上级支持投资700多万元,全面进行电网改造,解决了农场生产、生活用电难问题。

职工社会保障　2002年,农场有离退休职工460人,农场干部、职工均未参加医疗、养老保险,干部、职工看病、住院医药费报销和退休人员社会养老保险金均由农场承担,由于农场经济效益不好,经常拖欠,干部、职工意见很大。2003年后,市侨办、七星区多方协调农场筹集资金310万元,缴交干部、职工社会养老保险费用。2004年9月起,七星区把农场职工社会养老保险纳入社会化管理,对生活困难的农场职工和村民纳入城市最低生活保障。2005年末,共141户,334人享受最低生活保障。

2004年起,农场所属中小学、派出所、村委会日常工作开支、社会综合管理、基础设施建设费用全部列入七星区当年财政预算安排。安排资金100多万元,解决农场历年拖欠的干部、职工部分医疗费报销和正常调资的工资待遇。

2005年,市侨办为农场争取国际红十字会援助资金53万元,七星区资助70万元,实施饮水工程建设,解决600多人的饮水困难。1991—2005年,市侨办为农场争取外援资金320万元,七星区资助260万元,用于电网改造、电信、饮水、道路硬化、排水等基础设施建设。

教育基本设施　1960年6月,为安置华侨子弟入学,在农场场部石门创办华侨农场小学(今石门小学)。1962—1969年,先后创办竹江小学、农场子弟中学(今华侨中学)等三所学校。2003年11月,七星区把农场办的中小学全部纳入七星区公办学校,下拨30万元,对教学楼、学生宿舍、校园绿化、美化,改善了教学环境。2005年末,农场有中学1所(华侨中学),小学2所(华侨小学、竹江小学)。校园占地面积15665平方米,建筑面积3567平方米,在校学生424人,教师45人。

医疗卫生设施　1960年成立华侨农场医院,医院占地面积3600平方米,建筑面积700平方米,服务对象是农场职工和村民。2004—2005年,七星区政府先后投资50万元,维修门诊部、住院部大楼,添置医疗器械,改造环境。2005年末,有医务人员26人,内设内科、外科、妇产科、中医科、预防保健科、医学影像科、医学检验科,设病床23张。配置有心电图、生化分析仪、B超机、X光机等医疗设施。

1990年,中共桂林华侨农场委员会和华侨农场委员会成立,1997年7月中共华侨旅游经济区工作委员会、管理委员会成立,历任场党委书记、场长唐义葵,历任工委书记刘毅、唐龙华,主任唐义葵、刘祖军。

表 1-8　　2005 年华侨农场村委会基本情况一览表

建制村名称	村民小组（个）	农村人口		所辖自然村	村委会驻地
		户数	人数		
马家坊	2	98	418	马家坊	马家坊村
竹江	9	485	1980	畔塘、沙洲、上竹江、下竹江、上车头、下车头	下车头村
合计	11	583	2398	7	

第二章

自然环境

桂林华侨旅游经济区乌桕滩秋景　　(2005年摄)

七星区域属于典型的喀斯特(岩溶)地貌,以岩溶峰林谷地为主,石峰矗立,境内主要山峰有七星山、普陀山、月牙山、穿山、尧山等。其中尧山为桂林市区最高峰,海拔909.3米,相对高度760米,最低点位于漓江水岸线,海拔112米。境内水系,漓江自北向南流过,从穿山街道三联村王家碑入境,至华侨农场出境,境内全长30.84千米。岔河小东江从民俗风情园入境,经栖霞桥、龙隐桥、穿山公园、和平村刘家里大洲岛注入漓江,境内全长约7.5千米。境内河流有漓江、灵剑溪、朝阳河、蒋家河、竹江河等,年均径流量40.3亿立方米,实测最大值为56.3亿立方米(1968年),实测最小值为23.3亿立方米(1963年)。境内地下水,靠大气降雨补给和其他地表水源补给,有基岩裂隙水、松散岩类孔隙水、地下溶洞岩溶水等。境内峰林、山地、平原、丘陵均有分布,地势低平,盆地呈南北延伸状,自北向南微倾斜。区内气候,为中亚热带季风气候,夏长冬短,年日平均气温19℃,最高气温为7月,日均气温28.4℃,最低气温为1月,日均气温8.1℃。日最高极端气温为39.4℃(1953年8月31日),日最低极端气温为-3.3℃(1991年12月28日)。雨量充沛,年均降雨193天,年降雨量1927毫米。年均相对湿度75.5%。4—6月阴雨天气,月均相对湿度80%。阳光充沛,年均日照1324小时。无霜期年均320天,适合中亚热带植物生长。境内植被属于亚热带常绿林带范围的南缘,植物种类繁多,主要有马尾松林、石灰岩山地常绿阔叶林,次生灌丛、草丛等植物资源。区域内土壤有红壤土、石灰土、冲积土和紫色土,以红壤为主,分属已开垦利用的稻田、旱地、园林以及未开垦利用的自然土壤。土层深厚,耕作性良好,肥力较高,是水稻和蔬菜的高产区,棕色石灰土和黑色土宜旱地作物和林业生产。境内的自然灾害主要是水灾、旱灾、倒春寒,发生比较频率。每2—4年遇到一次洪涝灾害,每年的5—7月,为水灾最易发生期。旱灾多发生在秋、冬两季。秋旱发生机率达70%,即10年有7年出现秋旱。冬旱出现机率为60%。倒春寒在每年的3月。这些灾害给区域农业生产带来严重损失。

第一节　地　　质

地　　层

区域内地层自下而上,依次发育有上古生界中泥盆统、上泥盆统和下石炭统,中生界上三叠统和上白垩统,新生界新近系和第四系。地层出露总厚度为1405—2146米。泥盆系碳酸盐岩分布广泛,出露完好,化石丰富,具有典型的台地浅水相和台地斜坡相沉积类型。

构　　造

七星区位于桂林南北向弧形构造(桂林弧形断褶带),地质构造以近南北—北北东向为主。主要褶皱自西向东有尧山背斜,主要断裂有尧山至雁山断裂,其生成发育为中生代印支—燕山期。尧山背斜,轴部出露中泥盆统下段砂岩,翼部由中、上泥盆统碳酸盐岩组成,背斜受纵横向断裂破坏,致使两翼地层缺失和尧山主体呈断块隆起。南延至雁山一带受断裂破坏仅保存东翼部分。近断裂地层倾角较陡,并有挤压破碎现象,其余一般10—20度。尧山—雁山断裂,沿尧山背斜西侧发育,自北而南走向自北北东转北北西,断面倾向东,倾角30—60度,上盘出露中泥盆统砂岩和碳酸盐岩,下盘为上泥盆统灰岩、下石炭统灰质白云岩和泥质灰岩:沿断裂挤压破碎带发育,如朝阳乡丫吉村附近中、上泥盆统碳酸盐岩中发育砾质糜棱岩、碎粒岩、磨砾岩及网裂岩等构造岩,并常为北西西及北东东两组共轭断裂、裂隙切割。

第二节　地　　貌

类　　型

七星区域主要地貌类型包括峰林平原、孤峰平原为主的岩溶地貌和构造—侵蚀低山丘陵地貌。地形东高西低，北高南低，最高点为尧山主峰，海拔909.3米。

地貌按岩石类型可分为岩溶地貌和非岩溶地貌，此外还包括漓江沿岸和流水侵蚀—堆积地貌。

岩溶地貌　境内岩溶地貌主要有峰林、孤峰平原、峰丛洼地、谷地等类型。

峰林孤峰平原　分布于境内漓江东岸纯碳酸盐岩地区，由峰林、孤峰与岩溶平原组合而成，平原地形平坦或微起伏，起伏坡度小于3度，石峰耸立拔地而起、相互离立、疏密不一、形态各异，石峰坡度陡峭，边坡普遍大于45度，峰林的顶面标高250—300米左右，相对高度一般不超过200米。峰林平原地表常有小溪沟水流，除陡立的石峰外，地表多为第四系黏土覆盖，厚度一般数米至数十米。峰林平原局部低洼部位常形成宽而浅平的碟形洼地，季节性积水。峰体大多岩溶洞穴化，横向型洞穴极具发育，脚洞、岩溶泉、溶潭甚为普遍。

典型峰林平原　主要发育在一定范围内汇水区，构造上往往是向斜盆地或构造复合部位，又称盆地峰林平原。其周边皆为岩溶山区，或与岩溶谷地相邻，基本上没有直接与非岩溶地形接触的边界。区境穿山乡全部、朝阳乡大部属典型峰林平原。

边缘峰林平原　发育于非岩溶山地山前岩溶分布区，主要由边缘山区外源水作用形成。其边界一部分与岩溶地形相接，一部分以非岩溶(砂、页岩)山地为界。规模较小，形态多样，面积几十平方千米。平原面普遍覆盖着砂页岩山麓坡洪积黏、沙质土及砾石层，厚度5—10米左右。海拔高度160—180米，高出地下水位10米。大致分布在区境内挂子山—赵家—司公村—线以东的山前(大头岭—乌岭的山前)地区，总面积约6.6平方千米。

峰丛洼地、谷地　表现为高低错落的联座锥状石峰之间，形态各异的多边形封闭洼地。峰丛谷地与峰丛洼地大同小异，除具有密集的锥状石峰和众多的封闭洼地外，还有较发育的地表径流及开阔的谷地穿插其间。个体地貌形态主要有锥状石峰、溶蚀洼地、坡立谷、洞穴，竖井、天窗、落水洞、漏斗、塌坑、溶沟、石芽、地下河、岩溶泉等。峰丛洼地、谷地地貌区以正地形为主，连片分布，石峰陡立，峰顶海拔450—600米，石峰与洼地高差达100—300米，地形坡度一般40—80度，底面积一般0.1—0.3平方千米，少数超过1平方千米。

境内峰丛洼地地貌有边缘峰丛洼地和岛状峰丛洼地两个亚类型：

边缘峰丛洼地　指在非岩溶山区边界附近发育的峰丛洼地，主要以单斜构造为背景。其边界既与非岩溶山地接壤，又与岩溶平原及河流为界，有来自非岩溶山区的侧向外源水流入，并形成横穿区内的伏流、地下河，因此，不存在全流域性地下分水岭。在两种地形交界处，边缘谷地、洼地及盲谷发育，且有较多的外源碎屑物质堆积，构成当地较好的耕作地。主要分布在区境的朝阳乡。

岛状峰丛洼地　呈岛状或小块状散布于峰林平原的峰丛洼地，大小一般不超过1平方千米，由4至5个以上的山峰组成的簇状山体，亦称峰簇。海拔高度224—413米，相对高度75—265米，具有竖向与横向洞穴交替发育的特点，分布面积15.8平方千米，零星岛状峰丛洼地见于区境航天工业管理学校、冷水塘、普陀山、七里店、岩前等地。

非岩溶地貌

主要分布于非碳酸盐岩地区，特征为山地分水岭脊线较为连续，绵延数千米，山体比较完整，山脉脊线清楚，风化作用强烈，山坡沟谷密集，水流侵蚀强烈，河谷呈“V”形。低山海拔高度小于1000米，相对高度大于150米，地面坡度一般25至30，主要分布于中山向丘陵过渡地带。如尧山，由石英岩或硅质胶结的砂岩组成，抗风化和侵蚀作用强，常形成相对高起的山岭。

低山　在流水侵蚀地貌下，主要由泥盆系中统下组砂岩夹页岩和尧山背斜构造发育形成的低山地貌，包括尧山、大头岭及乌岭等，面积 9.08 平方千米。呈近南北向分布，海拔高度 325—550 米，相对高度 175—500 米。分布于朝阳乡皎霞村至桂林市轮胎厂一带。

流水堆积地貌 分为山麓洪积裙、扇，冈地和阶地 3 种类型。山麓洪积裙、扇由第四系更新统坡洪积粘、沙质土和砾石混杂的碎屑堆积物组成，厚数米至 20 米不等，呈扇形或略有起伏的向山前倾斜的地形。沿区境内尧山一大头岭一乌岭西麓连续地成片展布，并披覆在峰林平原上。高出平原面 10—30 米，海拔高度前缘为 160—165 米，后缘为 180—190 米。总体上由后缘向前缘倾斜，坡度 3—6 度之间，面积约 19.2 平方千米。分布在朝阳乡毛家村一赵家村一司公村附近一线以东和尧山一大头岭一乌岭一线以西一带。冈地由成因复杂的第四系更新统红色黏土和黏土砾石组成。呈低丘状或长垣状，零星出现缓丘平原或峰林平原上，高出平原面 12—22 米不等，海拔高度 160—170 米。地形破碎，地表水及地下水贫乏，多构成旱作及园艺用地。

阶地发育有两级，第二级阶地形成于第四系更新统，保存不完整，断续出现在第一级阶地的外围。第一级阶地主要形成于第四系全新统，分布基本连续，比第二级阶地宽广。

二级阶地由第四系更新统冲洪积黏性土及砾石所组成，厚度 10 米至 25 米，局部小于 10 米，或大至 30 米。具二元结构，上部为黏性土，厚数米，下部为沙质黏土砾石，呈垅岗状或岛状，突出在岩溶平原或缓丘平原与一级阶地之间，一般高出一级阶地 12 米至 35 米，相对高度 16 未至 40 米。阶地面舒缓起伏，多为旱地，分布面积 20.6 平方千米。分布于穿山街道、三里店、朝阳乡五里店等地。

一级阶地主要由第四系全新统冲积沙质土、砂卵石及部分黏质土组成，厚度一般为 10 米至 30 多米，局部高达 50 米。上部为数米厚沙质土，下部为砂卵石，底部多有几米至十几米不等的黏土砾石层。海拔高度 143 米至 157 米，高出河水面 5 米至 8 米。阶地平坦开阔微向河谷倾斜，最宽处可达 2.5 千米。是主要农作（稻田、菜地）区，此地貌在区境内沿漓江东岸连续分布，穿山街道部分自然村属此地貌。

地貌分区

山地丘陵地貌区 七星区朝阳乡东部为此地貌区。主要的地貌类型有峰丛洼地，其次为丘陵、丛谷地和低山。地层岩性以泥盆系上统及中统东岗岭组纯碳酸盐岩为主，其次为泥盆系中统砂页岩、石炭系下统不纯碳酸盐岩和泥盆系上统夹层型碳酸盐岩。

东部低山及峰丛洼地小区 位于七星区朝阳乡东部，北、东两面与灵川县相邻，南、西南两面与峰林平原接壤，面积 17.68 平方千米，以朝阳乡皎露村为界分为南北两个部分。

北部，位于皎霞村以北地区，主要由泥盆系中统下组砂岩夹页岩和尧山背斜构造发育而成的低山地貌，包括尧山、大头岭及乌岭等。面积9.08平方千米，海拔高度474米至909米，相对高度325米至755米，属市区地势最高的地区。山地延伸的总体方向为北北东向。在其西部边缘有少量泥盆系上统和石炭系下统扁豆状灰岩、泥质灰岩、硅质岩、白云质岩和灰岩等组合形成丛丘谷地及岛状峰丛洼地地貌沿坡麓展布，并以尧山断层与山地分界。

南部位于皎霞村与桂林轮胎厂之间，面积 8.6 平方千米。全部由泥盆系上统灰岩、白云质灰岩以及比较平缓的构造发育而成的边缘峰丛洼地地貌。呈近南北向分布，海拔高度 325 米至 652 米，相对高度 175 米至 500 米。

平原地貌区 位于市区北部、中部和西南部，区域面积 393.2 平方米，呈近南北向展开，地面平坦，地形起伏不大，大致由北向南逐渐变低，海拔高度 180 米至 145 米，相对高度 10 米至 30 米。七星区穿山街道全部、朝阳乡西部属平原地貌区。

平原区内地层岩性较复杂，平原基座大部分为泥盆系上统纯碳酸盐岩，部分为石炭系下统不纯碳酸盐岩，局部为泥盆系中统下组碎屑岩，东岗岭组碳酸盐岩和白垩系上统红层等。表层以第四系红色黏土层为主，其次为晚更新统及全新统沙质土沙砾石层和第四系黏、沙质土层。根据地貌类型组合、形态及分布特征，平原地貌区在七星区境内可分为 3 个小区。

峰林平原小区 位于大河乡中部，朝阳乡西部、穿山乡东南角大埠乡等地。周边主要以峰丛洼地为界，部分与缓丘平原毗连和河谷阶地复合，局部叠加(覆盖)洪积裙(扇)及岗地地貌。平原面坦荡,起伏坡度大于3度,海拔高度一般为145米至155米,高出地下水位数米,局部略高。

基座地层岩性为泥盆系中、上统和石炭系下统灰岩、白云岩、白云质灰岩。表层主要为第四系蚀余红土(红色黏土)层覆盖,局部为流水碎屑堆积的黏土、沙质土层。

除尧山前小部分为边缘峰林平原外,全属于典型峰林平原。在其间散布大小不等、疏密不一及形态各异的岛状峰丛洼地,如七星山、岩前等处。

漓江谷地阶地小区　位于漓江两侧0.1千米至3.5千米的区域范围内。海拔高度130米至188米,相对高度5米至38米,大致从上游向下游逐渐降低,以流水堆积地貌为特征,主要为第四系更新统和全新统冲积沙砾质土、沙砾石层构成的一级阶地及冲洪积层形成的二级阶地。其中以一级阶地最为广泛,沿河谷连续不断的分布。二级阶地呈低丘状或垅岗状散布在一级阶地外围,分布于区域的金鸡岭、五里店一带。此外江心洲及心滩地貌在漓江中比较发育,区域内訾洲、萝卜洲、大洲等属此地区域。

山　峰

七星区域内有大小石峰土山46座,东南西北皆有分布,比较知名的有七星山、普陀山、月牙山、骆驼山、穿山、塔山、辰山、屏风山、吊萝山、羊角山、挂子山、社山、骑马山、腰鼓山、马鞍山、弘毅峰、观音山、天圣山等。

七星山　位于七星区西部,自由路东端的七星公园内。东靠普陀路,南邻龙隐路,又名弹丸山。因有七座连绵相属的山峰排列成北斗七星之状而得名,海拔276.8米,相对高度126.8米,山主要由上泥盆统质纯石灰岩组成,山体面积51.5万平方米。山上诸峰,各具特色。无山不洞,无洞不奇,皆隐现于楼台亭阁,苍松翠竹之间。其中最大、最奇的闻名全国的七星岩,今列于桂林二十四景之一。

穿山　位于小东江东岸。东邻桂林体育中心,南邻和平村委王家里村,西靠小东江。北靠毅峰路,海拔298米,相对高度148米。山体面积25.25万平方米。山体由上泥盆统融县亮晶砂屑石灰岩夹含云质灰岩和白云岩组成。山有五峰,主峰在南面,山上有洞,空明通透,远观如一轮满月挂在山头,故名“穿山”。相传是伏波兰将军马援站在漓江上游的伏波山山上,一箭射穿,因而得名“穿山”。见于宋代桂州通判胡木规题刻“空明”。山形向南远望,其五峰形似古式笔架,故又有笔架山之名。山呈东西走向,山体庞大,绵延逶迤,竦身昂首,与漓江西岸龟山(又名斗鸡山)隔江相望,恰若两鸡相斗,故也有将二山合称为斗鸡山。山多岩洞,在山体不同高度的位置分布有30余个岩洞,高者高出小东江60多米,低者与江面相当,其间层层叠叠,组成多层洞府,山脚下有一个岩洞叫穿山岩,总长1531.2米,总面积9608.3平方米,于1979年修缮,北峰顶建穿北亭,可登临远望。1980年辟为“穿山公园”,供人游览。

塔山　位于小东江西岸。东邻穿山桥,南依小东江,西为田畴,北邻穿山村委白果树村。海拔194米,相对高度44米,山体面积2.75万平方米。因山顶有明代寿佛塔,又名宝塔山。塔山山形远望如舰行江上,塔如桅杆,故又名军舰山,当地俗称荷叶山。塔山孤峰耸峙,东面稍缓,其余三面均为绝壁。西面一峰裂出,自峰顶直剖峰脚,与主峰若离,如巨蛇昂首,又似擎天巨柱。山下多枫树,秋日有“塔山红叶”美景,山形塔影倒映小东江上,雅致清丽,人称“塔山清影”,今列为桂林新二十四景之一。

辰山　又名虎山、虎儿山、猫儿山,位于穿山街道王家碑村东南面。东傍辰山路,三联村委六狮洲村,西依桂林电器科学研究所,北为田畴。海拔224米,相对高度74米,东西长400米,南北宽250米,山体面积8.13万平方米。山形远视若伏虎,而山上有石也状如虎儿,故又俗称虎山、虎儿山、猫儿山。

屏风山　位于环城北二路与建干路交汇处。东靠桂林电容器厂、西邻桂林理工大学,北邻建干路,东临灵剑溪,相峙社山,南眺七星山,北望辰山。海拔244.3米,相对高度94.3米,山体面积6.95万平方米。山名最早见于宋代,在侯彭老《程公岩记》中记载:“距水五里,有山如屏,俨然高峙,若环峰而主之。”明代张鸣凤《桂胜》释名为:“山形折叠,故以屏名。”山由南、北两峰组成,其中南峰怪石嶙峋,略低缓;北峰高峻陡险,为主峰,其峰间低下如鞍状,茂林修竹,不可指数。南北峰均有磴道上至山顶,北峰南面山腰间别建一亭,可供观景憩息。北面山麓有屏风岩,又名程公岩。

吊萝山　位于普陀路西侧,七星公园东侧,南靠普陀路,西邻会仙路,北邻普陀山。海拔241.9米,相对高度91.9米,山体面积4.27万平方米。山形硕大浑圆，远望如吊萝，故名。附近村民以山独立无依，故又称独山。山呈东西走向，坡陡崖险，近乎直立，山壁石质节理呈垂直状。山南面有黄初塘，山水互映，别具神韵。

弘毅峰 位于桂林市职业教育中心校园内东隅。南邻毅峰路，西靠穿山街道江东村。海拔199米，相对高度49米，山体面积1万平方米。山呈东西走向，西高东低。西峰高耸，远望如螺丝，故名螺丝山。山麓石壁上有摩崖石刻5件，记载该校历史和人物，此外，碑到上述记载1940年任中敏任汉民中学（一中前身，今职业教育中心校）校长，曾将山取名为弘毅峰。

观音山 位于桂林电子工业学院西校区和漓江无线电厂东北隅，六合路北侧。南为羊角山，西靠普陀路，西邻环城北二路。山体面积1.43万平方米。因山上有石似观音，故名观音山。山呈东西走向，西高东低，主峰西峰峭拔，山势陡峻：东峰低矮平缓且绵长。山南西侧有一洞，壁若龙迹，洞口上方古树蔓生，根须垂挂洞前，别成异观。山中部半山有穿洞，南北通透，高旷通明，如高台拱门。

羊角山 位于六合路东南面与普陀路交会处，北靠普陀路，东邻六合路，西邻桂林柑橘研究所，南邻市无线电五厂。海拔221米，相对高度71米，山体面积7.58万平方米。山东端裂出一小峰，远望若羊角高耸，与山体若离若合，遂名羊角山。山由三峰组成，如三足鼎立，其中东、西峰过渡自然平缓，起伏不大，呈东南—西北走向；而西、南峰之间低凹似鞍状，呈南北走向。山南由此形成袋状峰谷地，山北麓分布有零星岩棚、岩洞。山南峰西南麓有脚洞，名豹子岩，分主洞、支洞，洞内潭水盈盈，清澈宁静。山北及谷地有石磴至顶，山半有亭。

社山 位于环城北二路西侧。东依普陀路，南邻六合路，北邻屏风山，灵剑溪自北、西绕流而过。山体面积1.04万平方米。山下村民视山为圣山、祖山，并立为社神敬奉，禁忌动土伐木，故称为社山。山呈东西走向，自西向东倾斜。主峰西峰陡峭，古藤老树绝壁缠生，蔚成奇观。峰下有脚洞，可容百十人，平旷清爽，旁又有支洞相通。

骑马山 位于朝阳乡西南村委乌山里村西侧，东靠市风动工具厂［英格索兰（桂林）工具有限公司］，西邻朝阳路，海拔200米，相对高度50米，山体面积0.6万平方米。山呈南北走向，山形首尾马态毕现，自西东望状若披甲将军骤马北驰，故名骑马山。山东麓有幽洞2个，总面积200平方米，山周林木簇拥。

马鞍山 位于朝阳乡新建村委唐家、毛家自然村之北，东靠市驾驶员培训中心，北邻白面山，海拔227米，相对高度127米，山体面积17.5万平方米。山呈南北走向，形状若马鞍，故名。又因山旁村民所在方位不同，观山现状各异，其名有别，或看似金鸡长啼，称为金鸡山；或观山如凤凰展翅，呼山为凤凰山。今定名马鞍山。

第三节　洞　　穴

岩溶洞穴由地下水长期溶蚀侵蚀可溶岩形成。

七星区域内主要洞穴有：七星岩、穿山岩、羊角山洞、吊箩山洞、住岩等。

类　　型

潜流带洞穴 发育于地下水位以下，在全充水、承压条件下形成。通道坡度较大，洞壁光滑，无任何沉积物，区境内社山洞为潜流带洞穴。

渗流带洞穴 典型的渗流带洞穴由渗流水的溶蚀和侵蚀作用所形成。主要分布在峰丛山区，多表现为漏斗、落水洞，规模一般较小。复杂的渗流带洞穴由潜流带洞穴或地下水位洞穴演化而成，具有“锁孔”状、“工”字形等横断面形态，如朝阳乡挂子山糖榨岩、七星岩游览洞穴进口段等。

地下水位洞穴 是在接近或位于地下水位处由溶蚀和侵蚀作用形成的洞穴，主通道基本平行于地下水位，区境内此类洞穴数量较多。

峰林平原中的地下河洞穴，数量相对较少，规模也较小，以七星岩洞穴系统的现代地下河洞穴为代表。脚洞发育在石峰边缘和平原面交接地带的洞穴，由平原地面小河侧蚀而成，如穿山诸洞。

主要洞穴

七星岩 位于七星公园内的普陀山西北坡，唐时称栖霞洞，宋代称仙李岩、碧虚岩。七星岩洞穴系统由上下两层组成，其间高差为25—35米，长度分别是1100米和1090米，上下层之间有多处竖穴相通。下层为水洞，向北流出于豆芽洞。上层干洞为游览洞穴，洞高多在20米以上，最宽处可达50米，洞底面积1.76万平方米。化学沉积物以中小型滴石类为主，壁流石甚为普遍，洞壁流痕、窝穴、边槽等极为发育。上下两层共有七星岩（栖霞洞，游览进口）、天岩（游览出口）、豆芽洞（现代地下河出口）、元风洞、曾公岩、普陀黑岩、水岩等7个主要洞口。

七星岩洞奇观 （2007年摄）

穿山岩 位于穿山小街南端穿山公园内小东江东岸，占地面积0.62平方千米，在西北、西南面有20多个脚洞和穿洞，洞道总长1531米。在已发现的洞穴中，以人工隧道揭露的穿山岩规模最大，全长349米，宽一般3至5米，高2至7米，底面积3184平方米。其天然洞口1977年在人工开挖过程中被发现。由于封闭条件好，空气湿度大，渗透水流活跃，所以穿山岩内的化学沉积物发育甚好，其中尤以洁白如玉的穴盾、多体连生的穴盾、长逾1米的鹅管，晶莹纤细白色的石毛最具特色。“石毛”也叫“晶针”或叫“石枝”，细看，它就像岩石的毛发，又像是石头开的花。在桂林已经发现的数百个岩洞中，只有穿山岩才有这种奇异景观。

穿山岩洞内沉积有厚达10米以上的黄色黏土，上覆有钙板，黏土表层钙板中产大熊猫—剑齿象动物群化石。据专家研究，洞穴形成于90万至160万年以前。1988年，穿山岩对外开放供游客参观，游程517米。

其他洞穴

龙隐洞 位于七星公园内月牙山瑶光峰西北麓，为山麓穿洞，洞高8米至12米，宽8米至20米，长64米，洞底面积645平方米。

糖榨岩洞 位于朝阳乡挂子山村南小山山麓，有朝向东和西的2个洞口，洞道长126米，洞底面积650平方米。东洞口被黏土砾石充填，南洞口季节性出水，底板为黏土、钙华堆积，洞内化学沉积物增多。

碧山洞 位于屏风山山麓，有两个洞口，分别朝向北东和南西，为一穿洞，洞道平直，底板为黏土、钙化堆积。洞道长100米，洞底面积1305平方米。

金贝山洞 位于金贝山山坡，两个洞口，朝向北西和南西，裂隙管道状，洞道长209.2米，洞底面积780平方米。洞顶、壁溶蚀形态发育，局部有化学沉积物。

冷水塘后山山洞 位于朝阳乡冷水塘村后山中，裂隙廊道状，洞口朝向南东，洞道长度大于169.8米，洞底面积大于1018.8平方米。洞口小而隐蔽，

表2-1 2005年七星公园内洞穴统计表

项目 山名	山体面积（平方千米）	洞穴地面开口数（个）	洞穴总长（米）	洞穴总面积（平方米）	洞穴化程度（米／每平方千米）
普陀山	0.425	27	4257.5	37199.5	10017.6
月牙山	0.132	16	965	7498.8	7310.6
骆驼山	0.003	1	5	25	1666.7
合　计	0.560	44	5227.5	44723.3	—

龙隐洞　　（2005 年摄）

入洞需爬行，洞穴前半部化学沉积物较多，洞底为黏土、钙华等充填，有地下水流，为村民取水处。

羊角山洞　位于普陀路东侧羊角山麓，洞口朝向东，洞口开阔，底板有积水，洞顶和洞壁有少量化学沉积物，溶蚀形态发育，洞道长度 100 米，洞底面积大于 500 平方米。

吊萝山洞　位于普陀路西侧吊萝山中，洞口朝向北东，通道厅堂联合式，洞道宽窄相间，洞道长 100 米，洞底面积 408 平方米。

东岩山洞　位于东岩山西麓，洞道穿过山体，廊道状，底板为黏土、钙华、碎石堆积，顶、壁溶蚀形态发育，洞道长 177 米，洞底面积 1160 平方米。

住岩　位于朝阳乡丫吉村娘娘山中，为现代地下河洞穴，近东西向的洞道纵贯山体，东口为进水口，是一深潭。洞道长 490.5 米，裂隙状，洞底面积 3435 平方米。

亮子岩　位于朝阳乡南村南东之乌山坡，廊道状，洞口朝向西，进洞后有一朝向北西的洞口透进光线，前行洞道逐渐向洞内倾斜，化学沉积物和碎屑堆积物皆集中于洞之末端。洞道长 149 米，洞底面积 1220 平方米。

301 洞　位于朝阳乡田心里村南大头山山麓，为一北西—南东向的穿洞，洞体高大，洞道长 140 米，洞底面积 1500 平方米。

箭猪岩　位于朝阳乡横塘村后山，洞口分别朝向北东和西，洞道长 130 米，洞底面积大于 1000 平方米，洞道不规则。

硝岩　位于朝阳乡丫吉村南东山坡，洞口朝向西，裂隙廊道状，洞道长 190 米，洞底面积 1440 平方米。洞穴前段大，后段小，为竖向洞穴，洞底为黏土、钙化充填，有古脊椎动物化石。

六合岩　位于七星公园内月牙山东北坡，洞口相对地面高 15 米，洞道长 120 米，宽 2—20 米，高 1—3 米，洞底面积 1800 平方米。

颠岩　位于七星公园内月牙山北坡，相对地面高 22 米，洞道长 97.5 米，宽 1.5 米至 5 米，高 2 米至 4 米，洞底面积 243.8 平方米。

月牙长岩　位于七星公园内月牙山北麓，洞道长 140 米，宽 3 米至 10 米，高 2 米至 6 米，洞底面积 722.5 平方米。

真境岩　位于七星公园内月牙山月牙楼背后，洞道长 180 米，宽 2.8 米至 10 米，高 3 米至 9 米，洞底面积 1300 平方米。

剑宝岩　位于七星公园内月牙山月牙楼背后，高出地面 33 米，洞道长 105 米，宽 1.5 米至 11 米，高 1.3 米至 4 米，洞底面积 646 平方米。

南岩　位于七星公园内月牙山南麓，高出地面 5 米，洞道长 140 米，宽 2 米至 10 米，高 2 米至 4 米，洞底面积 1300 平方米。

博望岩　位于七星公园内普陀山博望亭北坡，是一个裂隙斜洞与横洞相结合的洞穴，其上口距地面高度 4 米，洞道长 100 米，宽 2 米至 4 米，高 1 米至 12 米，洞底面积 300 平方米。

元风洞　位于七星公园内普陀山西麓，洞道长 250 米，高 3 米至 24 米，宽 2 米至 15 米，洞底面积 1945 平方米。

黄岩　位于七星公园内普陀山南麓，洞道长 180 米，宽 5 米至 17 米，高 3 米至 7 米，洞底面积 1326 平方米，末端有水潭和地下水道。

普陀水岩　位于七星公园内普陀山南麓，洞道长 280 米，宽 1 米至 20 米，高 1.5 米至 8 米，洞底面积 3120 平方米，为进水洞。

回头洞　位于七星公园内丨普陀山南麓，洞道长 155 米，宽 2 米至 15 米，高 2 米至 3 米，洞底面积 1103 平方米。

礼堂上岩　位于穿山北坡，相对地面高度 30 米，洞口朝向北，洞道长 100 米，洞宽 5 米至 17 米，高 6 米至 24 米，洞底面积 470 平方米，洞穴呈袋状。

月岩上岩　位于穿山西峰山腰，洞口相对地面高度 43 米，为一穿洞，洞口分别朝向南北。洞道长 110 米，宽 2 米至 12 米，高 2 米至 4 米，洞底面积

920平方米。

北岩　位于穿山西部，洞口高出地面22米，为一穿洞，洞道长135米，宽3米至7米，高3米至8米，洞底面积810平方米。

弹子岩、留春岩、省春岩　位于七星公园内普陀山北麓，3洞内部互相连通，洞道全长550米，洞底面积2635平方米，洞口一般高出地面5米至6米，主通道呈南东—北向西延伸，高4末至9米，宽4米至30米。另有两条支洞向山内延伸，在地下水潭中消失。

第四节　气候　物候

七星区地处低纬，属中亚热带季风气候区，四季分明，气候条件优越，物候变化明显，季节性强。夏季时间长，高温多雨。冬季时间短，少雨盛行东北偏北风。

气候要素

太阳辐射　1958—1990年桂林市太阳辐射的年平均值为4253.48兆焦耳每平方米，最多年达5136.02兆焦耳每平方米(1963年)，最少年为3522.96兆焦耳每平方米(1987年)。1991至2005年桂林市平均各月太阳辐射量：1月为188.55兆焦耳每平方米，2月为193.25兆焦耳每平方米，3月为218.49兆焦耳每平方米，4月为302.96兆焦耳每平方米，5月为402.55兆焦耳每平方米，6月为411.83兆焦耳每平方米，7月为530.15兆焦耳每平方米，8月为533.02兆焦耳每平方米，9月为499.32兆焦耳每平方米，10月为408.54兆焦耳每平方米，11月为306.02兆焦耳每平方米，12月为258.80兆焦耳每平方米。最多年4574.28兆焦耳每平方米(1992年)，最少年3969.10兆焦耳每平方米(1996年)。

日照　1951—1990年，平均年日照时数为1602.1小时，最多的年日照时数达2026.5小时(1963年)，最少的年日照时数1190小时(1985年)。1991—2005年，平均年日照时数为1457.9小时，最多的年日照时数达1668.3小时(1992年)，最少的年日照时数为1197.6小时(1997年)。1—4月各月的日照时数都不足80小时，阴雨天气多，光照较少，对冬作物小麦、油菜、绿肥的生长、开花、成熟，以及对春播作物的发芽和幼苗的生长不利。从5月份开始，日照时数迅速增多，7—10月，月日照时数大于150小时，有利于春播作物的开花、成熟、收获，对夏季作物的生长发育也有利。

气温　1951—1990年，年平均气温18.8℃。年平均气温最高值19.4℃(1963年)。年平均气温最低值17.9℃(1984年)。1951至1990年各月平均气温变化：最冷月1月为7.9℃，最热月7月达28.2℃。4月下旬到10月中旬，各旬的平均气温在20℃以上。最热旬是7月中旬，平均气温28.4℃。旬平均气温最高值为31.0℃(1953年7月中旬)：最冷旬是1月中旬，旬平均气温7.8℃。旬平均气温最低值为2.5℃(出现在1984年1月中旬)。

1991—2005年，全年平均气温19.2℃，比多年平均气温偏高0.4℃，历年平均气温最高值为19.9℃(1998年)，年平均气温最低值为18.6℃(1993年)。平均气温各月变化明显，四季分明。最冷的1月为8.2℃，最热的7月至8月达28℃。

极端最高气温　1951—1990年，桂林市各旬的日最高气温大于30℃，平均出现日数，以7月上旬到9月上旬居多，达8.1到9.9天。1月上旬到2月中旬，11月下旬到12月下旬，尚未出现大于30℃的日最高气温。极端最高气温为39.4℃(1953年8月13日)。1951—1990年各旬的日最高气温大于35℃平均出现日数，以7月中旬到8月下旬居多，达1.7到2.5天。5月下旬以前及10月中旬以后，尚未出现大于35℃的日最高气温。

1991—2005年，桂林市年极端最高气温为39.5℃(2003年7月23日)，也是1957年以后的最高值。

1991—2005年桂林市各月的日最高气温大于35℃平均出现日数达5.5至6天，出现在5至9月，以7月、8月居多，4月下旬以前及9月下旬以后，没出现大于35℃的日最高气温。

极端最低气温　1951—1990年，2月下旬以前及12月中旬以后，各旬均有出现最低气温小于或等于0℃，最低极端气温-4.9℃(1955年1月22日)。

1991—2005 年年极端日最低气温为 - 3.3℃(1991 年 12 月 28 日)。低于或等于 0℃年平均出现日数为 1.5 天,1 月、2 月、12 月各月平均都为 0.5 天,最低温度小于 0℃的低温天气持续时间最长是 1996 年 2 月 18 至 22 日,共持续 5 天。12 月到次年 2 月均可能出现日最低温度小于 0℃的低温天气。

积温 1951—1990 年,大于 0℃的活动积温:平均值为 6874.7℃,最多达 7155.9℃(1968 年),最少为 6571.8℃(1984 年)。大于 10℃的活动积温平均为 5955.6℃,最多为 6554.0℃(1977 年),最少为 5340.9℃(1976 年)。

1991—2005 年,大于 0℃的活动积温平均值为 7020.3℃,年积温最多达 7273.5℃(1998 年),最少为 6863.3℃(1996 年)。大于 10℃的活动积温年平均值为 6596.9℃,最多为 6903.4℃(1998 年),最少为 6379.7℃(1993 年)。

降水 1951—1990 年,年平均降水量为 1872.1 毫米,最多的年降水量达 2679.1 毫米(1968 年),最小的年降水量 1362.7 毫米(1969 年)。降水日数,1951 至 1990 年平均年降水日数 174.4 天,最多年 208 天(1953 年),最小年 147 天(1963 年)。

1991—2005 年,年降水量平均为 1982.1 毫米,与多年平均值 1921.3 毫米相比偏多 60.8 毫米。最多的年降水量达 2807.0 毫米(2002 年),最少的年降水量 1419.1 毫米(2001 年),最多年比最小年降水量偏多近一倍;降水的年际分布很不均匀,月际变化也很明显,3—8 月降水大于 100 毫米,4—7 月降水大于 200 毫米,降水高峰月为 5—6 月,月降水量大于 300 毫米。1991 至 2005 年,年平均年降水日数 211.9 天,3—6 月的月降水日数多于 20 天,3 月最多为 23.3 天,9 至 11 月为 10.1 天至 11.6 天,9 月降水日数最小,平均只有 10 天。

暴雨 1951—1990 年,暴雨平均年总日数为 7 天、以 4—7 月居多,其中 5 月、6 月平均出现日数为 1.7 至 1.9 天。大暴雨平均年总日数为 0.4 天,以 5 至 7 月为多,1 至 3 月和 8 至 12 月尚未出现。特大暴雨仅出现在 4 至 7 月,所出现的平均日数为 0.03 至 0.1 天。

1951—1990 年,日降雨量大于或等于 200 毫米仅在 1954 年 4 月 24 日—26 日,降水量 470 毫米,1968 年 6 月 22 日—24 日,降水量 283.2 毫米,1971 年 5 月 16 日—18 日,降水量 260.6 毫米,1974 年 7 月 17 日—18 日,降水量 365.4 毫米,1983 年 8 月 23 日,降水量 123.6 毫米(日降雨量大于或等于 50 毫米为暴雨,大于或等于 100 毫米为大暴雨,大于或等于 150 毫米为特大暴雨)。

1991—2005 年,暴雨平均年总日数为 7.9 天,4 至 7 月平均出现日数为 1.6 天。特大暴雨出现在 1993 年 9 月 5 日,日降雨量达 184.7 毫米。月降雨量最大在 1998 年 6 月,月降雨量达 766.7 毫米,2004 年 9 月降雨量为零。

雷暴 1951—1990 年,雷暴初日平均日期是 2 月 12 日,最早日期是 1990 年 1 月 11 日,最晚是 1971 年 3 月 31 日。雷暴终日平均日期是 10 月 22 日,最早日期是 1967 年及 1981 年的 9 月 10 日,最晚是 1989 年 12 月 31 日。雷暴初日到终日的间隔日数,平均是 253.5 天,最多是 347 天,最少是 165 天。

1991—2005 年,雷暴初日的平均日期是 2 月 10 日,最早日期是 1998 年 1 月 7 日,最晚是 1999 年 3 月 29 日。雷暴终日的平均日期是 11 月 3 日,最早日期是 2001 年 8 月 24 日,最晚是 1997 年、2002 年的 12 月 20 日。年平均雷暴日数为 59.7 天。

雷暴初日到终日的间隔日数的平均为 261 天,最多 337 天,最少 188 天。

空气湿度 1951—2005 年,年平均值为 75.5%。月平均最大值 88%(1975 年 5 月),月平均最小值 6%(1992 年 11 月)。4 至 7 月大于 80%,10 至 12 月小于 70%。春季南风天,降雨天气风大雾大,空气湿度可达 100%,秋冬季节,天气干爽,日最小相对湿度可低至 6%。

霜 1951—1990 年,平均降霜日是 12 月 14 日,最早是 1971 年 11 月 18 日,最晚是 1985 年 1 月 11 日。

平均终霜日是 2 月 6 日,最早是 1953 年 1 月 7 日,最晚是 1971 年 3 月 16 日。

终霜日:平均是 2 月 6 日,最早是 1953 年 1 月 7 日,最晚是 1971 年 3 月 16 日。初霜日到终霜日的间隔日数平均是 55 天,最多是 109 天,最少 1 天,连续最长霜日达 6 天(1975 年 12 月 21 日至 26 日)。

1991—2005 年,初霜日的平均日期是 12 月 24 日,最早是 2005 年 12 月 7 日,最晚是 2003 年 1 月 21 日。终霜日的平均日期是 1 月 27 日,最早是 2000 年 12 月 25 日,最晚是 1993 年 3 月 3 日。初霜日到终霜日的间隔日数平均为 30 天,最多是 52 天,最少为 0 天。无霜期日数年均平均为 320 天。

雪 1951—1990 年,平均降雪初日是 1 月 7 日,最早是 11 月 22 日(1976 年),最晚是 2 月 28 日(1959 年)。

降雪终日平均是 2 月 14 日,最早是 12 月 5 日

尧山冬雪　　(2002 年 1 月摄)

(1953 年),最晚是 3 月 24 日(1977 年)。

初雪日到终雪日的间隔日数平均是 37 天,最长是 123 天,最短是 0 天。

积雪初日最早是 1975 年 12 月 12 日,最晚是 1986 年 2 月 28 日。

1991—2005 年,降雪初日最早是 2002 年 12 月 26 日,最晚是 1996 年 2 月 18 日。降雪终日最早是 2003 年 1 月 6 日,最晚是 1996 年 2 月 22 日。1 月平均降雪天数为 1.4 天,2 月平均降雪天数为 0.7 天,年平均降雪天数为 2.5 天。1991 年 12 月 26 日开始下雪,至 27 日下午,降雪积雪深度为 10 厘米至 15 厘米。2000 年 1 月 31 日,全市从北到南出现了一次降雪天气,飘雪和冰粒交替出现,降雪时间持续达 10 多个小时,以飘雪为主,积雪时间达 2 天以上,积雪深度达 8 厘米。2003 年 1 月 6 日至 7 日,普降大雪,强度大、范围广,并伴有雨松和结冰,积雪深约 10 厘米,造成不少花木、农作物被冻坏,交通受阻。2005 年,少有降雪。

气压　1951—1990 年,年平均气压为 995.0 百帕。气压的年际变化小,最高年平均气压为 995.9 百帕(1977 年),最低年平均气压 993.7 百帕(1961 年)。1991 至 2005 年,年平均气压是 994.9 百帕,夏季低,冬季高,3 至 10 月低于 1000.0 百帕,11 月到次年 2 月大于 1000.0 百帕。7 月最热,气压最低,历年平均仅为 985.3 百帕。12 月最高,为 1004.4 百帕。

风　1951—1990 年,年平均风速为 2.6 米每秒,最大年平均风速为 3.4 米每秒(1980 年),最小年平均风速为 1.7 米每秒(1953 年)。日极大风速为 31.9 米每秒(1985 年 4 月 10 日),风向以东风偏北风居多,出现频率达 37%。次多是北风,所出现的频率为 14%。各月平均风向,1 至 5 月及 9 至 12 月以东北偏北风居多,其中 1 月、2 月、10 月、11 月、12 月,出现频率达 48% 至 53%。6 至 8 月南风出现频率增大,其中 7 月出现南风的频率为 13%,是全年出现南风最多的月份。"寒露风"一般出现在每年的 9 月中旬。

1991—2005 年,年平均风速为 2.4 米每秒,日最大风速为 23.5 米每秒(2003 年 8 月 5 日)。一年除 6 月为西南风偏多外,其余时间多以东北偏北风为主,出现频率为 29%。冬季,偏北大风经常发生。

蒸发　1951—1990 年,平均年蒸发量是 1482.4 毫米。最多年蒸发量为 1887.4 毫米(1956 年),年最小蒸发量为 1225.8 毫米(1987 年)。月最大蒸发量为 226.0 毫米(1966 年 9 月),月最小蒸发量为 101.3 毫米(1960 年 3 月)。

1991—2005 年,平均年蒸发量为 1524.1 毫米,年最大蒸发量为 1905.0 毫米(1992 年),年最少蒸发量为 1490.0 毫米(2002 年),每年 7—10 月蒸发量最大,月蒸发量大于 150 毫米,12 月至次年 4 月蒸发量偏少,月蒸发量少于 100 毫米。月最大蒸发量为 299.0 毫米(1992 年 8 月),月最少蒸发量为 32.7 毫米(2002 年 2 月)。

四季气候

春季(3 至 5 月)春季是冬、夏季风的过渡季节,由于冷暖气流交绥或相间出现,形成乍寒乍暖和阴雨连绵的春天特色。3 月下旬开始,气温基本稳定上升到 12℃以上。春季,降水增多,空气湿度大,光照偏少。初春时节,常受北方冷空气影响,会出现平均温度小于 12℃连续 3 天以上的倒春寒天气。4 至 5 月,当北方冷空气势力加强时,急行冷风影响,常会出现飑线大风,有时还伴有冰雹出现。

1951—1990 年,春季的平均气温为 18.2℃,该季的极端最低气温除 1951 年 3 月 3 日曾出现过 0℃以外,均在 0℃以上。1991 至 2005 年,春季的平均气温在 18.7℃,极端最低气温在 0℃以上。极端最高气温除 1991 年 5 月 24 日、2005 年 5 月 25 日曾出现过 35.2℃外,其余年份均在 35℃以下。

春季降水增多,1951—1990 年,平均降雨量达 738 毫米,占全年降雨量的 39%,其中 5 月份平均降雨量为343毫米，占全年降雨量的18%。春季平均降雨日数59天，占全年总降雨日数的34%。1991—2005年，春季平均降雨量718.3毫米，占全年总降雨量的36.2%，其中5月349毫米，占全年总降雨量的18%。该季平均降雨日数68.3天，占全年总降雨日数32.2%。

春季是多雾季节，该季平均有雾日数是1.8天，最多雾日达7天，占全年雾日的43%。春季也是雷暴频发，出现日数平均21.8天，占全年出现日数的36.5%。春季日照偏少，平均日照时数249.1小时，占全年总日照时数的17.1%。

夏季(6至8月)夏季阳光明媚，雨水较多，水位上升。夏季属主汛期，暴雨增多，洪涝灾害随之增多，因暴雨产生的山体滑坡、泥石流等地质灾害增多。1951—1990年，夏季平均气温27.4℃，极端最高气温为39.4℃(1953年8月31日)，夏季平均降雨量697.4毫米，占全年总降雨量的38%。平均降雨日数48.4天，占全年总降雨日数的28%。1991—2005年，夏季平均气温27.5℃，极端最高气温为39.5℃(2003年7月23日)。夏季平均降雨量839.8毫米，占全年总降雨量的42.4毫米，平均降雨日数57.4天，占全年总降雨日数的27.1%。雷暴出现日数平均29.9天，占全年出现日数的50%。平均日照时数506.6小时，占全年总日照时数的34.7%。

秋季(9至11月)晴朗少云、秋高气爽、雨水偏少，常出现干旱，有时还造成用水困难。1951—1990年，秋季平均气温20.5℃，平均降雨量245.7毫米，占全年总降雨量的13%。平均降雨日数仅有28天，占全年总降雨日数的16%。平均日照时数512.4小时，占全年总日照时数的32%。

1991—2005年，年平均气温20.9℃，极端最高气温39.5℃(2003年7月23日)。该季平均降雨量202.0毫米，占全年总降雨量的10.2%，平均降雨日数33天，占全年总降雨日数15.6%。雷暴出现日数平均3.5天，占全年出现日数的5.9%。平均日照时数484.1小时，占全年总日照时数的33.2%。

冬季(12月至次年2月)冰雪稀少，低于0℃的寒冷天气不多，但受北方大陆冷高压的影响，偏北大风日数增加，会形成寒冷阴雨天气，冬季霜冻对农作物影响很大。1951—1990年，平均气温9.0℃，极端最低气温-4.9℃(1955年1月12日)。平均降雨量191毫米，平均降雨日数39天。有霜日数平均为8天，降雪日数平均4.4天，平均积雪日数0.6天，结冰日数平均为6天，唯有1964、1975、1977年冬飘瑞雪。冬无严寒，无霜期长，平均达309天，利于植物生长。

1991—2005年，冬季平均气温9.7℃，极端最低温度-3.3℃(1991年12月28日)。该季平均降雨量220.8毫米，占全年总降雨量的11.1%，平均降雨日数53.1天，占全年总降雨日数25.1%。雷暴出现日数平均4.4天，占全年出现日数的7.4%。平均日照时数218.1小时，占全年总日照时数的15.0%。

物　候

苦楝

落叶末期　(平均1月3日，最早12月5日，最晚1月20日)

叶芽膨大期　(平均3月7日，最早2月20日，最晚3月22日)

叶芽开放期　(平均3月13日，最早2月23日，最晚4月1日)

展叶始期　(平均3月17日，最早2月26日，最晚4月4日)

花蕾出现期　(平均4月6日，最早3月21日，最晚4月20日)

开花始期　(平均4月17日，最早4月3日，最晚4月30日)

开花末期　(平均5月6日，最早4月23日，最晚5月18日)

叶变色始期　(平均10月2日，最早8月26日，最晚11月28日)

落叶始期　(平均10月24日，最早9月20日，最晚11月28日)

果实成熟期　(平均11月7日，最早10月5日，最晚12月10日)

垂柳

叶芽膨大期　(平均2月5日，最早1月20日，最晚2月22日)

叶芽开放期　(平均2月9日，最早1月25日，最晚2月25日)

展叶始期　(平均2月17日，最早2月1日，最晚3月4日)

开花始期　(平均2月27日，最早2月11日，最晚3月15日)

开花末期　(平均3月11日，最早2月25日，

最晚3月25日）

落叶始期（平均11月11日，最早10月6日，最晚12月12日）

叶全变色期（平均11月22日，最早10月14日，最晚12月28日）

落叶末期（平均12月23日，最早12月12日，最晚1月3日）

桂花

叶芽膨大期（平均2月11日，最早1月27日，最晚2月26日）

叶芽开放期（平均2月14日，最早1月30日，最晚3月2日）

展叶始期（平均2月25日，最早2月6日，最晚3月17日）

果实成熟期（平均4月7日，最早3月1日，最晚4月20日）

开花始期（平均9月27日，最早9月4日，最晚10月21日）

开花末期（平均10月22日，最早10月10日，最晚11月4日）

李树

花蕾出现期（平均2月11日，最早1月25日，最晚2月28日）

叶芽膨大期（平均2月18日，最早1月29日，最晚3月10日）

开花始期（平均2月27日，最早2月5日，最晚3月11日）

展始叶期（平均3月1日，最早2月7日，最晚3月22日）

开花末期（平均3月8日，最早2月19日，最晚3月25日）

果成熟期（平均6月10日，最早5月21日，最晚7月1日）

叶变色始期（平均9月13日，最早8月1日，最晚10月25日）

落叶始期（平均9月28日，最早9月10日，最晚10月16日）

落叶末期（平均10月21日，最早10月5日，最晚12月25日）

毛桃

花芽出现期（平均2月16日，最早1月29日，最晚3月6日）

花蕾出现期（平均2月19日，最早1月27日，最晚3月6日）

开花始期（平均3月1日，最早2月14日，最晚3月16日）

开花末期（平均3月23日，最早3月9日，最晚4月5日）

果实成熟期（平均6月11日，最早5月21日，最晚7月2日）

叶变色始期（平均9月24日，最早8月3日，最晚10月31日）

落叶始期（平均10月6日，最早8月3日，最晚10月31日）

叶全变色期（平均11月11日，最早10月8日，最晚12月5日）

落叶末期（平均11月28日，最早10月19日，最晚12月30日）

板栗

叶芽膨大期（平均3月15日，最早2月27日，最晚3月11日）

叶芽开放期（平均3月19日，最早3月10日，最晚3月28日）

展叶时期（平均3月28日，最早3月17日，最晚4月8日）

花序出现期（平均4月13日，最早3月28日，最晚4月30日）

开花始期（平均5月15日，最早5月2日，最晚5月30日）

开花末期（平均5月29日，最早5月17日，最晚6月10日）

果实成熟期（平均9月30日，最早9月15日，最晚10月15日）

落叶始期（平均10月15日，最早9月10日，最晚11月20日）

叶全变色期（平均10月30日，最早9月15日，最晚11月10日）

落叶末期（平均12月11日，最早11月25日，最晚12月6日）

葡萄

叶芽开放期（平均3月15日，最早2月13日，最晚3月30日）

展叶始期（平均3月24日，最早3月8日，最晚4月1日）

展叶盛期（平均4月2日，最早3月23日，最晚4月11日）

开花始期 （平均4月30日，最早4月23日，最晚5月25日）

开花盛期 （平均5月1日，最早4月25日，最晚5月6日）

开花末期 （平均5月4日，最早4月27日，最晚5月11日）

果实成熟期 （平均7月14日，最早7月7日，最晚9月19日）

叶变色始期 （平均8月13日，最早8月1日，最晚8月20日）

叶全变色期 （平均9月15日，最早8月20日，最晚10月20日）

落叶始期 （平均10月26日，最早8月30日，最晚9月20日）

落叶末期 （平均10月26日，最早9月30日，最晚12月8日）

家燕

始见(鸣)期 （平均3月14日，最早3月7日，最晚3月25日）

终见(鸣)期 （平均9月9日，最早8月10日，最晚10月28日）

蟋蟀

始见(鸣)期 （平均4月1日，最早3月14日，最晚4月12日）

终见(鸣)期 （平均11月1日，最早10月7日，最晚11月20日）

青蛙

始见(鸣)期 （平均3月30日，最早3月13日，最晚4月15日）

终见(鸣)期 （平均10月21日，最早8月29日，最晚11月18日）

天气谚语

苦楝长叶　早春三月
蚂蚁搬家　天要下雨
油茶花开　秋分到来
惊蛰蛇出洞　立冬蛇进洞
泥鳅秋跳　大雨到
喜鹊搭高窝　年成雨不多
水爬虫上岸　洪水泛滥
麻雀叫不停　明天一定晴
蜜蜂出窝　有雨不多
正月青蛙叫　谷种撒两道
蜻蜓低飞　大雨将至
蚯蚓向上爬　将有大水发

第五节　水文　水资源

河　　流

在七星区过境的河流有漓江，境内河流有灵剑溪、樟木江、朝阳河、竹江河、蒋家河等支流。

漓江　发源于兴安县华江乡猫儿山东北面海拔1732米（黄海基面）的老山界南侧。漓江主源乌龟江在南流中西接龙塘江，东纳黑洞江，3江汇合后称六峒河。往南流至司门前与黄柏江、川江汇合称大溶江，至溶江镇附近与灵河汇合称漓江。漓江经灵川秦家进入市区，经叠彩区境的大河乡凤凰洲流入，经董家巷流经七星区境。在七星区境内流经六狮洲、上关、訾洲、下关、白果树、刘家里、王家里、吴家里、周家、小江、渡头、王家村、马家坊、竹江。漓江流经七星境内全长30.84千米。

灵剑溪　属漓江支流，源于叠彩区大河乡潘家村以东尧山西南侧山麓，源出后由东向西流至王家冲村转南流，经七星区穿山乡观音山转西，沿黄金岩、社山至冷家里，继续西行过七星岩北麓在六合路西端新桥南侧入小东江，注入漓江。干流全长10.9千米，七星区段全长5.72千米。

朝阳河　属漓江支流，源于七星区朝阳乡新建村委皎霞村，向南流经岩前、赵家、庄上、欧家、冷家、榛头村汇入漓江，全长11.96千米。

小东江　属漓江支流，全流径均处于七星区穿山街道境内。在二江口处由漓江分出，由北向南流，经漓江民俗风情园、阳家里，在花桥与灵剑溪汇合后继续往南，在穿山公园处流回漓江。全长5.8千米。

樟木江　属漓江支流，源自七星区穿山街道望城岗，向南流经和平村的吴家里汇入漓江。全长3.56

千米。20世纪90年代末因城市建设改造，该河已不复存在。

蒋家河　属漓江支流，又名排洪渠。源于七星区朝阳乡西南村，流向横塘村，与三甲村小溪汇合，经湖塘、大路、桂林第十八中学、桂林市农机局，桂林英山柴油机厂、过桂磨公路、继续南行流经雁山区柘木镇卫家渡村委蒋家渡村境汇入漓江，全长2.48千米，流域面积4.67平方千米，七星区段长1.6千米。

清风河　漓江支流，源自叠彩区大河乡下南洲，经赵家、清风、北极广场、虞山公园汇入漓江。全长2.89千米。1996年桂林市区划调整，原七星区穿山乡管辖的清风小区划归叠彩区管辖。

竹江河　属漓江支流，源于七星区华侨农场境内的鸡冠山，流经上车头、下车头村、江洲村、竹江村汇入漓江。全长7.08千米。

表2-2　**1990年七星区境内河流统计表**

河流口岸别及支流级别			河流名称	河长（千米）	流域面积（平方千米）	发源地	流经区域（区或乡镇）
工		111					
右			清风河	2.89	5.01	（岔河）	叠彩区大河乡、七星区穿山乡
左			小东江	5.08	31.9	（岔河）	穿山乡
	左		灵剑溪	10.92	8.15	大河乡潘家	大河乡、穿山乡
左			樟木江	3.56	1.86	穿山乡望城岗	穿山乡
左			朝阳河	11.96	21.3	朝阳乡皎霞	朝阳乡
左			蒋家河	2.48	4.67	朝阳乡	朝阳乡、雁山区柘木镇
右			竹江河	7.08	1.75	华侨农场竹江村	华侨农场

表2-3　**1990年七星区段若干点河槽情况表**

地点	距离区境入水处（千米）	水面宽（米）		河底高程（米）	河岸高程（米）
		低水位	平摊水位		
风情园	0	112	390	144.9	150.2
解放桥	1.4	170	190	142.7	150.6
訾洲	2.7	95	400	143.2	149.3
漓江桥	3.7	94	157	140.7	148.4
白果树	4.4	210	360	142.5	149.2
渡头村码头	7.7	140	230	140.3	147.4
榛头村	9.0	120		139.1	146.4

注：高程为珠江基面

水资源

地表水

桂林为岩溶河谷盆地，区境内地表水资源丰富，主要河流有漓江、灵剑溪、朝阳河、蒋家河、樟木江、竹江河等。

漓江　漓江的地表径流来源于流域内的地表水和地下水，在雨洪时地表水向下渗透。低水和枯水期地下水补给河槽，形成漓江的流径过程，辖区段年均径流量为40.3亿立方米（1941至1990年），实测最大值为56.3亿立方米（1968年），最小值为23.3亿立方米（1963年）。年内各月径流分配与流域降水量年内分配相似，其中3至8月径流量占全年的77.5%，5至6月占37.7%，为全年最高值期，12月至翌年1月占4.5%，高值期与低值期相差8.4倍。据实测，漓江桂林水文站瞬时最高水位为147.7米（1998年），最低水位为140.18米（1989年）。年平均水位141.4米左右，年平均降雨量为1120毫米，年径流量为6.33亿立方米，入境水为38.8亿立方米。

漓江的泥沙主要由暴雨、洪水冲刷地面和河岸而形成，以悬沙为主。含沙量的变化随暴雨、洪水而定，实测最大值为10.3千克每立方米(1977年)，低水时含沙量较少。每年1至2月和11月至12月常接近零，多年均含沙量为0.084千克每立方米，多年均输沙量34.3万吨。漓江上游河道流经山区，植被繁茂，覆盖率高，表土流失少，大溶江司门前以下河床主要由卵石、砂组成，泥质甚少，加上河床上多个深潭起着沉降泥沙、澄清水色的作用，造就了晶莹的江水，成为广西乃至全国含沙量最少的河流。

灵剑溪 为漓江支流，又名拖剑水、灵建江、剑江。源于叠彩区大河乡潘家村以东尧山西侧山麓，源出后由东向西流至王家冲转南流，经穿山乡观音山转西，沿黄金岩、社山至冷家里，继续西行，过七星岩北麓在六合路西端栖霞桥南侧汇入小东江，注入漓江，干流全长10.92千米，流域面积8.15平方千米。最枯月平均流量为0.1立方米每秒，年均增长径流量为0.27亿立方米。平均流量为0.86立方米每秒。七星境内干流全长5.72千米，流域面积4.65平方千米。

樟木江 属漓江支流，源于穿山乡望成岗山麓，向南流至和平村委吴家里，继续南行，过樟木村西端注入漓江。全长3.56千米，流域面积1.86平方千米。20世纪80年代因城市建设改造，该河已不复存在。

小东江 属漓江支流，全河流程均之于穿山乡境内。在二江口处由漓江分出，自北南流，经福隆园在栖霞桥下游处灵剑溪从左岸汇入，与灵剑溪汇合口继续往南，再流经龙隐岩、施家园、穿山公园，最后注入漓江。全长5.8千米，河宽40至70米，流域面积31.9平方千米。

朝阳河 属满江支流，源于朝阳乡新建村委皎霞村，源出后向南流至岩前村，经赵家、庄上、欧家、冷家、榛头村向西汇入漓江。全长11.96千米，流域面积21.3平方千米。

蒋家河 属漓江支流，又名排洪渠。源于朝阳乡西南村，流经横塘村，与三甲村小溪汇合，流经湖塘、大路、市农机局、英山柴油机厂、过桂磨公路，继续南行流经雁山柘木镇卫家渡村委蒋家渡村汇入漓江。全长2.48千米，流域面积4.67平方千米。

清风河 漓江支流，源于叠彩区大河乡下南洲，向西流经赵家、清风、虞山公园汇入漓江，全长2.89千米，流域面积5.01平方千米。1996年前，清风大队属穿山乡，1996年市区规划调整，清风大队划归叠彩区管辖。

竹江河 属漓江支流，源于华侨农场境内的鸡冠山，源出后流经上车头、下车头村、江洲村、竹江村汇入漓江。全长7.08千米，流域面积1.75平方千米。

地下水

桂林为岩溶河谷盆地 市区是一个比较完整的储水构造盆地，七星区域地下水是其组成部分。地下水主要获得降雨渗入补给和基岩裂隙水补给，局部还获得漓江水及沙砾卵石含水层孔隙水补给。其次为渠道、农田灌溉回流补给。

地下水水位变化主要与降雨有关，总体上随季节呈波状升降变化，12月至次年1月为水位最低值，2月开始上升至6、7、8月水位达到高值，9月开始回落，水位变幅1—6米。

地下水类型主要有基岩裂隙水、松散岩类孔隙水、岩溶水、地下河。

基岩裂隙水 蕴藏在硅质岩、砂页岩的裂隙中，裂隙带主要在地面以下1—10米之间，厚度一般3—8米，较厚处10—20米，水量贫乏，雨季泉水流量4—10升每秒，旱季少于0.5升每秒。区境朝阳乡新建村委一带有零星分布。

孔隙水 主要分布在漓江两岸1至4千米宽的河漫滩及第一、二级阶地中。蕴藏在沙砾卵石层的孔隙中，区境穿山乡、华侨旅游经济区沿河一带村庄均有分布。

地下岩溶水 区境朝阳乡、轮胎厂以南为地下水富集地段，分布面积为77.5平方千米，地下水允许开采强度每年为每平方千米8.54—56.69万立方米。地下水埋藏浅，朝阳乡、轮胎厂一带地下水位埋深15米，三里店一带地下水位埋深8—16米，年变幅9—18米。1990年以前，区辖部分单位开采地下水用于生产、生活，有开采井点80多个，开采量4.47万吨每天。由于地下水开采量过大，电容器厂、漓江机构厂、石油六公司一带曾产生地下水降落漏斗。1991年后，桂林市严格地下水总允许开采量控制，采水井减少，地下水降落漏斗逐渐消失。

地下河

主要分布在碳酸岩地区，具有流程短、汇水面积小、水力坡降大、流量变化大及埋藏浅的特征。七星区境内有七星岩地下河和南村地下河2条。

七星岩地下河 源自市无线电一厂东侧的黄初塘，途经普陀水岩、七星岩，在栖霞寺东侧山脚流出注入小东江，长度约1400米。出口处洞顶呈拱形，宽3—4米，高约3米。洞口内延伸50米为片石铺盖，再向内150米即到七星岩洞底。地下河主要发育在灰白色巨厚层的石灰岩中。汇水面积约1平方千米，主要接受降雨补给和上游岩溶水的侧向补给。旱季出口流量为2—5升每秒，雨季流量约320升每秒。水力坡度8.1‰，水位埋深4—5米。

南村地下河　源头位于朝阳乡司公村附近，途经朝阳砖厂及娘娘山的住岩、凉岩，在南村东南方向250米处孤山脚的洞穴中流出，成为一小溪之源头，长度1000余米。出口处水深0.5—0.7米，水清见底。地下河主要发育在浅灰色厚层石灰岩中，汇水面积约1.2平方千米，主要接受降雨补给和上游岩溶水的侧面补给，旱季出口流量3—4升每秒，雨季流量约150升每秒。水力坡度6‰，水位埋深1—3米。水质好，现自流灌溉稻田百余亩。

第六节　土壤　植被

七星区境土壤属红壤土带，以红壤土为主。多属冲积砂质壤土和水稻土，土层较厚，耕性好，肥力较高。在石灰岩分布区域的基础上风化残积着棕色和黑色石灰土。

植被属于亚热带常绿林带范围南缘，植物种类繁多，群落复杂。自然植被主要有：马尾松林、石灰山常绿阔叶林、石灰山常绿落叶混交残林、樟树加竹类林及草丛类。植物种类有乔木、灌木、藤木、草本。其他植物种类有：铁角蕨、紫薇、乌桕、石楠、石山桂花、白蜡树等。

土　　壤

七星区地处南岭山系的西南部，属亚热带气候，为中、低山地形，有喀斯特山地、丘陵、台地。其土壤以红壤土为主，河流冲积母质沙壤土和水稻土，土层深厚，耕作性能良好，是水稻和蔬菜高产区。棕色石灰土和黑色石灰土，宜旱作物和林业生产。

根据1980年11月至1983年6月桂林市土壤普查资料，区域内土壤依其成土的母质可大致分为四个类型，即稻田土壤、旱地土壤、菜园土壤、自然土壤。

稻田土壤　主要分布在朝阳乡，面积469公顷。按其成因，分为碳酸盐渍性水稻土、潴育性水稻土、淹育性水稻土和矿毒性水稻土四种类型，共10个土种，分属4个亚类、4个土属。

碳酸盐渍水性稻土包括石灰性潜育田、石灰性泥田、锅巴底田、石灰性埋藏黑泥田、石灰性黑泥田、石灰淀积田、鸭屎田等7个土种。其主要成因是由于长期施用石灰或灌溉岩溶水所致，石灰反应强烈，pH值7.9—8.2，有机含量2.7%—5.2%，平均4.1%。由于钙离子饱和，易造成氮素挥发、钾素流失、磷被固定、有机质的质量低，缺乏微量元素锌，土壤理化性质差，此类土壤穿山、朝阳乡各村委均有分布，面积约200公顷。

潴育性水稻土　含潴育棕泥田1个土种，分布在合心村委，面积10公顷，建设东二环路已被征用（2003年）。淹育性水稻土（含紫泥田一个土种），由紫色岩母质发育而成，土体带紫色，pH值7.5，无石灰反应，面积3公顷，分布在岩前村委。

矿毒性水稻土（含废水田1个土种）面积16公顷，分布在合心村委，成土母质是棕色石灰土。障碍因素主要是市原第三制药厂（集琦药业股份有限公司）排放的工业废水污染，pH值7.8，石灰反应强烈。

旱地土壤　主要分布在朝阳乡，面积157公顷，有3个土种，分属3个亚类、3个土属。红泥土面积133公顷，系由第四纪红壤土，因开垦种植各种旱地作物熟化形成，其特点是红、酸、粘、瘦，富含铁铝，缺乏盐基。耕层黄棕或灰棕色，质地壤土或粘壤，pH值6—7，母质层黄红色，pH值6左右。

中性紫沙土面积16公顷，分布在新建村委。由紫色岩发育而成。耕层棕紫或紫灰色，质地沙壤，pH值7.5。

碳质黑泥散土：面积8公顷，分布在丫吉村委。由棕色石灰土发育而成，耕层黑灰色壤土，pH值7.5。

菜园土壤　主要分布在穿山街道办事处，面积152公顷，分属2个土类（冲积性菜园土、红壤性菜园土）、2个亚类、2个土属。

冲积性菜园土 穿山街道各村委均有分布，面积 145 公顷。其母质为近代河流冲积物，质地沙壤至壤土，pH 值 5—7，根据土壤肥力高低和质地差异分为黑潮油沙土、油潮沙土、油潮泥土 3 个土种。

红壤性菜园土面积 8 公顷，分布在汇丰、七星 2 个村委。成土母质为红壤，质地壤质至黏质，pH 值 6.5 至 7，无石灰反应。

自然土壤 指尚未开垦种植过农作物的荒山及林地土壤，朝阳乡和穿山街道均有分布，面积 325.4 公顷左右（1990 年桂林市土地利用现状调查）。有薄层酸性紫砂土和红壤土 2 个土种，分属 2 个不同的土类。

植　　被

1987—1990 年桂林市进行土地利用现状调查，1996—1998 年，桂林市进行土地详查后的土地变更调查，查清辖区穿山、朝阳有林地面积 533 公顷，其中森林面积 222.9 公顷，灌木林地面积 310.1 公顷。园地面积 120.9 公顷，牧草地面积 325.4 公顷。2005 年，七星区林地面积 2154.86 公顷（含华侨农场），其中森林地面积 432.25 公顷，灌木林地面积 1698.66 公顷，其他林地 23.35 公顷，园地面积 801.33 公顷，牧草地面积 245.03 公顷。

自然植被

针叶林 种类以马尾松为主，其他还有枫香、白栎、冬青属、桉树、樟树、天竺桂、泡桐、苦楝、香椿、白蜡、桃金娘、任豆等树。主要分布在朝阳新建皎霞村至尧山一带，七星公园、穿山公园也有少量分布。

落叶常绿阔叶林，种类以青岗栎木为主，还有铜钱树、刺叶冬青、海桐花、斜叶榕、小栾树、紫茎、珍珠白、九里明、黄荆等。主要分布在石灰岩山中与土岭分界地带，分布在朝阳乡皎霞村一带，七星公园、穿山公园也有零星分布。

常绿落叶混交残林，种类有山胶木、沙皮树、菜豆树、圆叶乌桕、青潭、乌冈栎、玉树、枫杨等。枫杨主要分布在江河沿岸，沙洲滩。穿山、朝阳、华侨农场沿河一带的自然村均有分布。

鹊梅藤、火棘灌丛 种类有石山棕、三叶薯、竹叶椒等。

草丛 植物种类，以禾本为优势。具体又分为低山丘陵旱生草地；种类有黄背矛、臭根子草、水蔗草、画眉草、鸭嘴草等；四边地杂草草地；种类有蜈蚣草、狗牙根、黄茅；田埂杂草草地，种类有马塘属、牛鞭草属、樟属、桉属、豆兰属、木莲属等。灌木层有杜鹃、茶、萝芙木、状元红、南天竹等，草木层有红叶麻、花叶冷水花、姜属、吉祥草、钝叶草、淡竹叶、麦冬等。

人工植被

园林风景林 乔木种类有枫属、松属、柏属、樟属、泡桐属、桉属、玉兰属等。灌木层有杜鹃、茶花、萝芙木、状元红、南天竹、紫荆、红继木、海桐、小叶黄杨等。草本层有红荨麻、花叶冷水花、姜属、吉祥草、钝叶草、麦冬等。辖区各主要主、次干道两侧隔离带、小游园均有种植。

行人道旁人工林 种类有银桦、阴香、香樟、夹竹桃、黄格榕、银杏、桂花、小叶榕、重阳木等。主要分布在漓江路、普陀路、环城北二路、环城南一路、自由路、建干路、临江路、穿山路、辅星路、龙隐路、七星路等。

住宅小区、农村各村四周植树有银杏．玉兰、桂花、泡桐、樟树、榕树、甜竹、金竹、凤尾竹、杨梅、枇杷、桑葚子等。

蔬菜旱作植物被 种类有瓜类、豆类、蔬菜类、薯类、芋类等。

水田水塘作物的植被 种类有水稻、莲藕、马蹄、茭笋、绿肥红花草等。

旱地作物植被 种类有玉米、黄豆、蚕豆、小麦、高粱、花生、芝麻、甘蔗等。

第七节　自然资源

土地资源

2005 年末，七星区总面积 9700 公顷（含华侨农场），其中耕地面积 1214.85 公顷（灌溉水田 579.06 公顷，水浇地 293.40 公顷，旱地 343.20 公顷），占 12.52%：园地面积 801.33 公顷，占 8.26%：林地面积 2154.26 公顷，占 22.21%（其中森林积面 432.25

公顷，灌木林面积1698.66公顷，其他林地23.35公顷）：草地面积245.03公顷，占2.53%：交通运输用地153.46公顷，占1.58%：水域及水利设施用地680.7公顷，(其中河流水面144.38公顷，坑塘水面481.2公顷，内陆滩涂、沟渠等面积55.11公顷）占7.02%：城镇村4340.09公顷，占44.74%：其他土地110.28公顷，占1.14%。

动物资源

哺乳类　主要有黄鼠狼、松鼠、东方田鼠、小家鼠、南菊头蝠、野兎、蝙蝠等。

野生动物类　20世纪70年代以前境内野生动物有野猪、野狗、野猫、野兔、果子狸、穿山甲、野山羊等。70年代后，由于城市扩大，人口增多，加上对野生动物的保护不善，人为捕获、捕食，大部分野生动物已经灭绝。如箭猪、野猪、野山羊多年不见，野猫、野狗、野兔、果子狸也很少见。2005年，境内野生动物仅有松鼠、竹鼠、蝙蝠、猫头鹰等。

鸟类　有红翼画眉、红嘴相思、黄额小眉、粟鹎、白眼眉、白鹭、鹧鸪、鹰、鹌鹑、秧鸡、斑鸠、家燕、啄木鸟、家雀、喜鹊、乌鸦、山雀等。

两栖类　有蟾蜍、沼蛙、山蚂拐、油蚂拐、冬蚂拐等。

爬行类　有沙鳖、水龟、草龟、壁虎、蚯蚓、蜗牛、南草蜥、赤链蛇、黑链游蛇、银环蛇、眼镜蛇、竹叶青、犁头蛇、王字蛇、鸡公蛇、四十八节等

鱼类　主要有草鱼、鲤鱼、鲫鱼、鳜鱼(桂鱼)、鲢鱼、青鱼、鲶鱼、泥鳅、黄鳝、白鳝、塘角鱼、班鱼、禾花鱼、娃娃鱼、钩嘴鱼等。

甲壳类　有河蚌、螺、螃蟹、青虾等。

虫类　有木薯蚕、桑蚕、蜜蜂、蟋蟀、蜻蜓、蝴蝶、黄蜂、黑蜂、赤眼蜂、蚱蜢、大红瓢虫、蜈蚣、天牛、蝉(知了)、蝼、蝗、螟、蚂蚁等。

植物资源

地衣类　有石耳、地衣、地线、苔类。

菌类　有木耳、银耳、灵芝、茯苓、香菇、猴头菇、凤尾菇、蘑菇、松树菇等。

材用类　有马尾松、湿地松、五针松柳杉、杉、扁柏、垂柏、竹柏、罗汉松、木莲、樟树、肉桂、毛桂、平阳厚壳桂、山钓樟、华南皂荚、麻楝、苦楝、香椿、酸枣、青岗栎、朴树、牛尾树等。

药用类　有马尾千斤草、卷柏、海金沙、乌蕨、凤尾蕨、贯众、五味子、山虎、九龙藤、飞龙掌血、千里光、黄连、细辛、鱼腥草、马齿苋、土人参、火炭母、虎杖、野荞麦、首乌、巴豆、决明子、毛冬青、桑寄生、满天星、金银花、接骨草、山黄菊、旱莲草、红背菜、金钱草、车前草、益母草、夏枯草、紫苏、半夏等。

淀粉类　有蕨、狗脊、板栗、莲藕、粉葛、木薯、芋头、魔芋、大百合、石蒜、芭蕉芋、孛荠、山薯、淮山、红薯等。

纤维类　有黄麻、苎麻、棕榈、凤尾竹、金竹、毛竹、杂竹、龙须草等。

油料类　有阴香、山胡椒、油桐、蓖麻、花生、芝麻、黄豆等

芳香类　有驱蚊树、佛手、金橘、九里香、芫荽、野艾、五月艾、薄荷、紫苏、草蒲、石草蒲、姜、香茅草等。

水果类　有石榴、枇杷、野枇杷、野梨、桃、李、梨、茅莓、杨梅、无花果、枣、葡萄、柑、橙、柚、金橘、黄皮果、桃金娘、山葡萄等。

蔬菜瓜类　有番茄、辣椒、南瓜、冬瓜、黄瓜、苦瓜、丝瓜、豆角、茄子等。

饲料牧草及绿肥类　有夜关门、千斤拔、葛藤、桑、苎麻、节节草、红背娘、红花草、野蕉、水葫芦、浮萍、牛鞭草、蜈蚣草、白茅、淡竹叶、芦苇、稗、狗尾草等。

蜜源类　有米碎花、柠檬桉、大叶按、山乌桕、槐树、黄花菊、野薄荷。

观赏花卉类　有茶花、含笑、紫薇、海桐、秋海棠、木芙蓉、月季、金樱子、蜡梅、含羞草、吊钟花、杜鹃、桂花、石山桂、月桂、夹竹桃、六月雪、茉莉、夜来香、天仙子、牵牛花、五色梅、一串红、吊兰、玉兰、大百合等。

矿产资源

七星辖区的矿产资源主要有：石灰岩、黏土、铁矿、大理石。

石灰岩　分布在朝阳乡新建、丫吉、湖塘、合心、西南、岩前6个村委，储量45亿立方米。

黏土　分布在朝阳乡的金鸡岭、田心村、葛家、丫吉、湖塘村，桂磨公路两侧。

铁矿　有少量赤铁、黄铁、褐铁矿，分布在朝阳乡的尧山一带(数量不详)。

大理石　分布在华侨农场一带。

第八节　自然灾害

七星区自然灾害主要有水灾(洪涝灾)、旱灾、风灾、寒灾(倒春寒、寒露风)、冰雹灾、霜冻灾、雪灾、虫灾、地质灾害(地陷)等。其中发生最频繁、灾害性最大的是水灾和旱灾,其次是虫灾、霜冻灾,雹灾、雪灾亦偶有发生。宋崇宁五年(1106)至民国38年(1949)的800多年中,有记载共发生大水灾62次,风灾2次。1952年至2005年,辖区共发生较大水灾9次,旱灾6次,风灾3次,虫灾5次,雪灾4次。

水　灾

七星区地处峰林平原地域,水资源丰富,遇上暴雨、山洪则易成涝灾,尤其是地势低洼的漓江沿岸街道和穿山、朝阳乡。据文献记载,从宋崇宁四年(1105年)至民国38年(1949年),境内有62个年份遭受较大洪涝灾害。

宋崇宁四年(1105年)六月,桂州大水,平地水深3米。次年六月二十九日(8月10日)大水,水位151.50米(花桥东岸高程)。元至正元年(1341),漓江洪水泛滥,平地水深达7米,区境沿河民房遭淹。

元至正元年(1341)农历五月初五(6月1日),暴雨,漓江沿河水深至6.5米,区境沿河民房遭淹。

清乾隆十一年四月二十七日(1746年6月15日),连降暴雨,区境沿江民舍、田园受灾;清乾隆二十九年四月十一日(1764年5月11日)洪水位为151.82至151.90米(花桥东岸高程);清乾隆五十九年五月十八—二十七日(1794年6月15日—24日,连日暴雨,江水猛涨,区境民房多塌;清光绪十一年五月二日(1885年6月14日)洪水位为148.58米(水文站处水位,下同),流量为7710立方米每秒,洪水灌入城内,城内水塘水溢于民宅,人皆登房瓦脊待救,沿河两岸庐室人畜淹没无数,洪水历时三日才退。

民国4年(1915)农历八月,漓江洪水位147.74米,流量为5800立方米每秒。区境沿漓江边居民房屋遭淹。

民国38年(1949)农历六月二十七日,漓江水位147.23米,流量4840立方米每秒,下午洪水猛涨,入夜更猛。区境福隆、坤元、五通、准堤、新桥、六合、祝圣、坭湾等街受灾,大部分房屋只见屋顶,除东灵街(七星公园内)外,其余各大街小巷全都受淹,电讯中段,九娘下街一带冲毁房屋133间,淹死12人,冲走民船10余只,受灾338户1224人。六合路、建干路、栖霞路、龙隐岩等处木桥被冲垮。临竹、西南等村遭洪水淹没的农田达500公顷。

1952年6月6日,漓江洪水位147.43米(花桥东岸高程为151.93米),最大流量5190立方米每秒,早上9时洪水起涨,午夜猛涨,半小时后洪水减退。这次洪水,第四区受灾最重,除码坪、东灵两条街外,其余街道全部被淹。兴园(临上街)、坭湾街、坤元街(临下街)部分房屋被水冲毁,桂花园街212户有85%的房屋被水冲毁,有395户、900余人的财产全部损失。穿山脚下的汉民小学(今穿山小学)全部被冲垮,区境水淹田地300公顷,受灾户1607户8963人。

1974年7月16日,漓江洪水位146.80米,东江、漓江,公社辖境的五通、新生、漓江、坭湾等街道受淹,公社机关干部、民兵抗洪救灾持续3天3夜。

1976年7月8日—12日,漓江水位146.94米,最大流量4640立方米每秒。东江、漓江辖境内河东、新生、劳动、临下、漓江等多条街道水淹0.8—1.5米,针织厂、芳香厂、味精厂、酱料厂、线路器材等厂区进水,部分材料被水淹或被冲走。停产2—3天。穿山乡、朝阳乡200公顷菜地被淹,农房受淹250户,经济损失1500万元。

1978年5月16日—17日,连降暴雨,降雨量达453毫米,洪水猛涨,造成严重涝灾,区境沿河农田受淹300公顷,蔬菜受灾200公顷,冲毁河堤120米,民房4间。

1987年5月26日,大雨,漓江水位146.86米,区境受淹水田250公顷,菜地150公顷,鱼塘50公顷,水进农家500户,经济损失20万元。26日凌晨3时,漓江水涨幅1.5米/小时,再遭洪水,受灾农田600公顷。

1992年7月3日—5日,连降大暴雨,降雨量达126毫米,桂林水文站水位147.11米洪水。区境菜地受淹200公顷，农房倒塌40间，漓江河堤被冲垮800米，经济损失2000万元。

1994年6月12日—17日，连降大暴雨，平均降水量710毫米。13日下午，漓江水位猛涨，最高水位146.75米。几天的连续暴雨，漓江水位持续居高不下。辖区新生街、泥湾街、五通街等多条街道受淹，穿山乡沿漓江东岸河边的农田、菜地400公顷全部被淹，倒塌房屋400间，受灾人口8000人，经济损失5600万元。

1998年6月16日—26日，连续11天暴雨，漓江出现三次洪峰。24日下午，漓江水位涨至147.70米的最高水位，朝阳乡、穿山乡73个自然村及辖区12条街道、1000多家企业、2.8万户家庭进水被淹，损坏变压器6台，损坏房屋4087间，房屋倒塌611间，受灾人口10.73万人。水田受淹348.13公顷，绝收面积40公顷，菜地被淹456.9公顷，鱼塘受淹173公顷，死亡牲猪907头，家禽死亡3.36万羽，农业经济损失3535万元，全区直接经济损失总计3.3亿元。

2000年6月大雨，穿山乡33公顷菜地，鱼塘28公顷被淹，直接经济损失279.8万元。

2002年6月14日—16日，全市普降大到暴雨，漓江水位146.2米，区境朝阳乡、穿山乡120公顷农田、180公顷菜地被淹，直接经济损失400万元。

2003年6月26日—27日，桂林市中、北部普降暴雨，漓江洪峰水位达147.09米。辖区328户居民受灾，受灾人数2005人，150公顷农作物受灾，直接经济损失1805万元。

风　灾

民国34年(1945年)10月1日，暴风，东江刮倒危墙多处，伤6人。

民国36年(1947年)4月1日晨，狂风暴雨，东江崩塌房屋2间，伤5人。

1962年8月10日大风，东江一带竹篱、茅棚、电话杆和大枯树被吹倒。

1967年5月3日，遭龙卷风袭击，造成东江市民的伤亡(具体数字不详)。

1985年4月9日晚，遭风灾，23点17分风速达31.9米每秒，风向西北偏西。东江的广告架(用角钢焊成40×40厘米三角形高11米)被吹弯倒塌，压垮自由路75号二层楼房(土木结构)。七星公园一座钢筋水泥结构的博望亭倒塌，损失5—6万元。月牙山旁一株直径40厘米、高20米的大树被连根拔起。无线电一厂自行车棚倒塌，损坏自行车几十辆。

2003年8月5日，出现最大风速为23.5米每秒的大风，辖区部分广告牌损坏。

2004年7月21日，出现8—9级雷雨大风，辖区有21株大树刮倒，大批广告牌损坏。

2005年5月5日，刮起最大风速达18.9米的飑线大风，电线杆断杆线路严重，造成多条街道的电路故障。

病虫灾

七星境内水稻作物病害主要有穗颈瘟、纹枯病、三化螟、白叶枯病、稻瘟病、赤枯病、蝗虫等。20世纪60年代前均有零星发生，危害较轻。随着新品种的引进、施肥量的增加和栽培密度的加大，纹枯病逐步加重，成为水稻主要病害。

1987年，辖区发生稻纹枯病250公顷，防治后，仍损失粮食30吨。

1991年，朝阳、穿山部分水稻稻瘟病发生面积300公顷，纹枯病发病面积150公顷，损失粮食40吨。

2000年6月中旬，穿山乡和平、樟木大部分自然村水稻遭遇蝗虫灾害，受灾面积超过113公顷，粮食减产50吨。

2005年，朝阳乡部分自然村稻瘟病发病面积200公顷，粮食减产30吨。

病虫害防治 叶类蔬菜作物虫病害主要有软腐病、霜霉病、根肿病、小菜蛾、蚜虫、青菜虫、小地老虎、斜纹夜蛾、菜螟等，随着蔬菜复种指数增加，危害频率增加。1962年10月—11月，穿山一些自然村发生霜霉病害23公顷，蔬菜减产50吨。瓜豆类的病害有白粉病、炭疽病、枯萎病、细菌性班病等。豆类的有叶斑病、锈病、茎基腐病、白绢病、黄守瓜、豆荚螟等。茄果类的有晚疫病、青枯病、莴苣病、菌核病、茶黄螨等。花生病害主要有青枯病、锈病、叶斑病、丛枝病等。西瓜病害主要有炭疽病、萎蔫病、猝倒病、疫病等。

1983年，开始推广地膜覆盖和塑料大棚种植蔬菜，病虫防治从使用单一农药到使用混合农药，坚持“预防为主，综合防治”的植保方针，蔬菜生产病虫害逐步减少。2000年。普遍推广“杀虫灯”防治虫害，效果很好。2005年，共安装“佳多”频柜式杀虫灯260盏，受益面积380公顷。

果树病害主要有疮痂病、溃疡病、煤烟病、黄龙病等。1961至1965年，中国柑橘所和广西黄龙病研究组就桂林地、市柑橘黄龙病进行排查，在穿山七星村委阳家村发现黄龙病害果树20株，这是桂林最早发现的黄龙病。1993年冬，再次对黄龙病进行普查，发现穿山乡望城岗果园有30株红柑、20株碰柑患黄龙病，病株率100%，全部砍伐更新。

森林虫害主要有马尾松毛虫、蝗虫、线虫病、松毒蛾等。1986年，尧山风景区松林发生松毛虫危害，虫口密度每株1500条，受害面积67公顷，木材损失80立方米。1987—1995年，尧山一带多次发生松毛虫危害，受害面积54公顷。

2000年，尧山林区发生松毛虫、松毒蛾虫害面积66公顷。2004年，对尧山200公顷的松林适时进行喷洒僵菌生物药粉，控制了松毛虫害的发生。

旱　灾

旱灾是辖区的主要自然灾害。春旱、夏旱较小，冬旱略高，秋旱严重。

1955—1990年，据桂林市郊区历年气温观测统计资料，每年8—9月，雨量较少，特别是9月份，降雨量往往不足80毫米，容易出现秋旱，对晚稻和经济作物的生长影响较大。春季干旱很少，比率为12%，并且没有大旱。夏季干旱出现概率为20%，略多于春季，只是少数年份对晚稻插秧和甘蔗生长，花生结荚有些影响，秋旱概率为84%，且大旱概率为31%，即10年中有8年出现干旱，其中有3年大旱，对晚稻和秋种作物造成很大损失。冬旱概率为75%，仅次于秋旱，对冬秋作物有一定影响。

1953年7月，久旱无雨，农田开裂，穿山、朝阳2乡有453公顷农田受旱，粮食减产50吨。

1956年，春、秋大旱，境区穿山、朝阳乡水稻受旱，粮食减产80吨。

1960年，春旱，东江、朝阳公社水稻受灾面积172公顷，减产粮食40吨。

1963年夏，秋大旱，穿山、朝阳乡110公顷晚稻受旱失收。

1998年11月至1999年3月，区境出现大范围持续干旱，1.5万人饮水困难，300多公顷水田无水耕作，早稻育秧需打井浇灌。

2003年秋旱，穿山街道、朝阳乡25个自然村受灾，受灾人口1.05万人，农作物受灾面积350公顷。

2004年7月至8月，区境63个自然村出现旱情，农作物受灾220公顷，绝收50公顷，因旱灾无法种植晚稻90公顷。3200多村民人畜饮水困难。

霜冻灾

桂林冬季多受北方大陆冷高压的影响，且市区处于湘桂走廊的南端，是北方南下冷空气的必经之道，当强冷空气南下袭击市区时，会形成寒冷阴雨霜冻天气。七星区域平均初霜日是1月22日(1975年)，最早终霜日是1月7日(1953)，最晚终霜日是3月16日(1971年)。最长连续霜日是6天，出现在1975年12月21日—26日。霜冻对甘蔗、红薯和一些冬种作物带来危害，并给甘蔗、红薯、蔬菜等的贮藏带来困难。

冰雹灾

冰雹一般出现在2—4月，7月亦有发生，月平均日为0.1天。辖区历年常有冰雹降落，有的还造成一定灾害。1981年2月13日下午4时左右，冰雹前后历时40分钟，冰雹个头直径3至4厘米，大的直径有10厘米，个别重约0.5千克。遭冰雹袭击的穿山公社的三联大队及这些范围内的一些厂矿企业单位，居民和农村瓦房有80多户不同程度受损。2002年4月15日雹灾，农作物受灾面积80公顷，直接经济损失30万元。2004年7月3日，出现雷雨大风天气，持续2分钟的冰雹，冰雹直径约6毫米，对农作物造成一定损伤。

寒　灾

倒春寒

“倒春寒”造成早稻烂秧，3至4月份北方冷空气开始减弱，南方的暖气流日趋增强，冷暖空气相遇在华南一带，造成长期低温阴雨天气，而这时正值早稻播种育秧，就会造成烂秧，称为烂秧天气。

“倒春寒”烂秧天气指标为日平均气温低于12℃，阴雨天气连续3天以上，这种天气持续时间越长，烂秧就越严重。3月中旬出现的烂秧天气机率为59%，三月下旬出现的概率为50%，4月上旬概率为13%。早稻烂秧天气的出现，给农业生产造成较大损失。

春季低温阴雨，对柑橘春梢的萌发也有影响，3月份温度偏低，推迟春梢萌发日期，4—5月的低温，会造成落花落果，低温时间越长，落花落果越严重。

“倒春寒”的出现，对蔬菜生产造成困难和威胁。

1976年3月18日—21日，温度骤降至4℃至5℃，阴雨，刮北风5至6级，早稻烂秧严重。这一时期播种的大水秧，全部损失，重新播种第二次。“倒春寒”造成穿山、朝阳2乡烂秧80公顷，损失稻种20余吨，致使早稻插秧被迫推迟，影响当年的粮食生产。

1982年倒春寒，穿山、朝阳乡有水稻种子20余吨腐烂。当年穿山乡菜秧受严重寒灾，连续补播2次种子。由于时间推迟，有些黄瓜不结果，四季豆结荚很少，造成减产。

1986年，全面推广应用水稻（早稻）尼龙防寒育秧粮食生产新技术，具有提早播种期、防止烂秧、培育壮秧等优点，比传统的露地春分育秧提早7—10天。1990—2005年，早稻烂秧损失概率减少。

寒露风

在寒露节前后，由于北方强冷空气影响，气温明显下降，对正值抽穗扬花的晚稻造成不良影响，轻则空秕粒增加，重则粿粒无收。寒露风平均出现日期为10月9日，最早出现日期为9月11日（1967年），最晚出现日期是10月27日（1978年），日平均气温低于21℃，且连续三日的寒露风平均出现日期为10月1日。

1976年9月29日—10月9日，有5天温度低于18℃以下，最低气温达15.7℃，晚稻受严重寒露风影响，秕谷多，造成粮食减产200吨。

1996年9月19日—23日连续5天（日最低温度17C）寒露天气，造成辖区当年晚稻减产120吨。

以避开寒露风影响保证率达80%的日期，称为晚稻安全齐穗期。常规晚稻安全齐穗期是10月6日，杂交晚稻安全齐穗期是9月24日。

1997年后，随着中、晚稻杂交新品种的引进推广和水稻早育稀植栽培、水稻抛秧栽培等农业生产新技术推广应用，寒冷已难以造成农作物灾害性影响。

雪　灾

明嘉靖四十四年十月二十九日夜（1565年）大雪，漓江鱼多冻死。

清光绪十八年十一月二十七日（1893年1月14日），平地积雪尺许，沿河竹枝俱萎，草木冻死。

1983年1月21日，境内降雪积深达4厘米，造成蔬菜、红薯严重冻害。

1991年12月26日晚开始下大雪，境内雪积深达10.15厘米，气温下降至-2℃至0℃，伴随5—6级最大至9级的偏北风连续3天，28—30日，持续低温-4℃至-1℃，路面结冰。辖区菜地受灾90公顷，冻死秧苗6万余株。

1993年1月14日—22日，受北方冷空气影响，先后出现5天降雪，（冻雨），平均最低气温-1℃至-2℃，蔬菜、红薯、甘蔗等农作物受到严重冻害，很多蔬菜未能上市。

2000年1月30日大雪，降雪时间长达10多个小时，以飘雪为主，雪厚1—4厘米，为1991年以来最大降雪，蔬菜、红薯、甘蔗等农作物受灾。

2003年1月6日—8日连续3天普降雨夹雪，降雪量是自20世纪70年代以来最大的一次。街道积雪达10厘米，气温降到零度以下，道路桥梁出现冰冻，列车晚点，中小学校停课半天。穿山乡、朝阳乡蔬菜及果树全部受损严重。

岩溶塌陷

区境岩溶塌陷（地面塌陷）和土洞极为发育，分布广，且日趋频繁。截至1994年已调查到的塌陷点16处，塌陷坑50个。塌陷造成地面下陷、开裂、房屋倒塌、机械设备陷落、道路破坏，给市政建设和生产、生活造成危害，是一个重要的环境地质问题。

塌陷在同一时间或同一人为活动作用下，可形成一个或多个塌坑（塌陷群）。其规模不等，塌陷口径一般1—5米，大者5—10米，少数在10米以上。坑口有圆形、椭圆形、长形或不规则等形状，以圆形和椭圆形最常见。塌坑形态有坛状（口小肚大）、井状、漏斗状和碟状。坑深（可见深）1—5米，坑底为塌落土堆积，有的可见地下水。

区境塌陷均属土层塌陷，成因上分为自然塌陷和人为工程活动塌陷（人为塌陷）两大类，后者又分为抽汲地下水引起。

自然塌陷。在各种自然因素作用下产生。区境范围均有出现，此类塌陷坑数约占桂林市区塌坑总数的60%左右。

1970年9月，解放桥东头临江下里塌陷，塌坑1个，塌陷面积30平方米。

1970年9月，桂林曙光研究所塌陷，塌坑1个，塌陷面积100平方米。

1977年年末至1978年初，朝阳乡独山果园塌陷，塌坑8个，塌坑分布面积15万平方米。

1980年，朝阳乡丫吉村小学塌陷，塌坑3个，塌陷分布面积1000平方米。

1983年1月18日—19日，穿山乡滩头小村秦润贵家厨房和秦水生家牛栏塌陷，塌坑2个，坑口呈圆形，直径2—3.3米，坑深约2米。塌陷时有地下水上翻，水深约0.6米。造成四间房墙倒塌，总长25米多，并有15—20米长的房墙产生裂缝。地面有以塌坑为中心的弧形裂缝多条，缝宽1至3厘米，最宽约10厘米，裂缝范围东西宽22米，南北长26米。

1994年2月7日—18日，穿山乡白果树新村以西的沿江地带，发生大面积地面开裂、下沉塌陷，塌陷区位于漓江东侧河床水下及岸边菜地上，南北长300米，东西宽200米，面积约4000平方米范围出现塌陷坑11个(其中水下7个)，直径为1.8—32米，深1—3米，江岸地面出现2个半圆形的地面开裂下沉带，地面最大下沉3米。地陷造成防洪堤多处开裂(长度约360米)，菜地、竹林、鱼塘开裂沉陷，塌陷分布面积约2.3万平方米。

人为塌陷　一为抽汲地下水引起的塌陷，二为包含水井、溶潭(洞)和勘探钻孔抽水引起的塌陷，约占总塌陷数量的40%。

1968年，朝阳乡田心村发生塌陷，塌坑5个，塌坑分布面积3000平方米。

1978年前后，朝阳乡横塘村北发生塌陷，塌坑4个，塌坑分布面积15万平方米。

1976年，桂林市皮革厂抽水井塌陷，塌坑4个，塌坑分布面积4万平方米。

1981年，中国石油天然气第六建设公司抽水井旁出现2个塌陷坑，呈椭圆形，长径约30米。塌陷处土层为黏土和黏土砂卵层，厚约20米，水井建于1976年。

1986年11月29日15时左右，榕城饭店西北发生塌陷，土层为黏土，通车仅2个月的饭店内沥青路突然塌陷，塌坑呈圆形，直径11米，深6米，可见地下水，塌坑周围20多米地面出现裂缝。

1989年，桂林电子工学院(今桂林电子科技大学)生活区发生塌陷，塌坑2个，塌坑分布面积100平方米，危及宿舍楼。

1991年1月20日，桂林市罐头食品厂因抽取地下水，生产区发生塌陷，塌坑呈坛状，深3.3米，坑内黄黏土多含少量砾石。

1991年5月7日，中国地质科学院岩溶地质研究所因抽取地下水，地面发生塌陷，塌坑呈方形，长3.3米，宽3.1米，深1.6—2.5米，塌坑面积10平方米。

1993年4月8日，桂林漓江机械厂生产区塌陷，塌坑1个，塌坑呈圆形，直径2米，深5.8米，塌坑面积约7平方米。

1994年6月16日，龙隐桥东侧塌陷，塌坑1个，塌坑呈半月形，深3米，塌坑面积约10平方米。

1997年2月4日，施工中的施家园小区工地2、3号楼部分基础及楼房间的地面发生塌陷，塌陷范围200平方米，塌陷深度3—5米。塌陷原因系久旱突降大雨侵蚀地表层形成塌陷土洞。

2004年7月22日，桂林市第一中学在建教学楼发生塌陷，塌坑长9.8米，宽7.8米，塌陷导致楼房的独立柱基失去承载，柱子最大偏移15.5厘米，楼房多处出现裂缝，相邻的柱基也受到不同程度的影响。

地震灾害

1994年2月15日12时02分19.3秒，距桂林地震台11.2千米的七星区穿山乡白果树村发生ML0.9级陷落地震，全村发现塌陷坑3处，最大的陷坑于村前漓江堤岸处，陷坑直径约30米，原河滩已形成深潭，河堤岸已陷入潭中，另两处陷坑直径约8米，村前约100米长的漓江河堤下沉了1—1.5米，1300平方米菜地下沉了1米左右。

第三章

人口与计划生育

2005 年底，卫生服务进社区

中华人民共和国成立后，1950年，东江区居住有4586户18053人。1951—1963年，人口生育呈自然增长状态。1964年，东江、漓江公社提倡计划生育，提出“一少、二好、三多、四错”的要求。是年，人口出生率为9.96‰。1966—1970年，受“文化大革命”的影响，人口生育工作处于无人管理状态。1967年，东江、漓江公社人口出生率为13.90‰。1979年，七星区人民政府成立后，全面推行计划生育，实行宣传教育、行政干预、经济处罚三管齐下的措施，有效控制人口快速增长，人口自然增长率逐步下降，由1979年的8.17‰下降到1985年的6.30‰。1986年起，对流动人口计划生育实行管理，为流动人口已婚育龄妇女建档登记，督促落实计划生育措施；实行街道居委会分片包干负责制。1987年，实行计划生育目标管理责任制，层层签订承包状。1990年，实行计划生育一票否决制。1993年，推行凭证生育制度。1994年，计划生育率99.09%。1996年，穿山乡、朝阳乡划归七星区，1997年，桂林高新区与七星区合并，全区常住总人口由1995年的83843人增至1997年的141016人。2000年，区委、区政府将计划生育工作纳入经济社会发展的总体规划，与经济工作同计划、同部署、同检查、同奖惩，以实现两种生产协调发展。2001年，七星区获自治区人口与计划生育目标管理责任状一等奖。2003年，桂林市将桂林华侨农场整体移交七星区管理，是年，七星区获自治区人口与计划生育目标管理先进达标单位。2005年末，七星区常住总人口209999人，人口自然增长率3.82‰；人口计划生育率99.10%；人口迁移率13.48%。

第一节　机构与协会

区计生机构

七星区人口与计划生育工作领导小组　1979年10月10日，成立七星区计划生育工作领导小组，区委书记、区长任组长，区委副书记、副区长任副组长，成员由区党政办主任、区计划生育办公室主任及相关部门领导组成。1980—1994年，领导小组成员因工作变动而多次调整。1995年12月—2002年3月，领导小组成员进行过4次调整，即1995年12月，1997年9月，1999年3月，2000年6月各1次。2002年3月—2005年，领导小组成员进行过4次调整，即2002年3月，2003年1月，2003年8月，2004年6月各1次。2003年3月，计划生育领导小组更名为人口与计划生育领导小组。历任组长由区委书记或区长兼任，副组长由副书记或副区长兼任。

七星区人口与计划生育局　1982年2月6日，成立区计划生育办公室（简称计生办），配计生专职干部2人，为事业编制。1986年4月，区计生办由事业编制转为行政编制，1990年8月，增加1名行政编制。1991年10月，计生办更名为计划生育委员会（简称计生委），在区政府领导下，负责辖区计划生育工作。1997年3月，区计划生育委员会更名为计划生育局。2004年7月，区计划生育局更名为区人口与计划生育局。2005年，区人口与计划生育局有在编人员4人。1982—2005年历任局长（主任）：林国材、杨炎玲、王凯捷、曾培甲、雷雪芳、曾德云、阳玉凤。

七星区计划生育服务站　1993年8月成立，对外增挂桂林市七星区计划生育药具管理站的牌子，实行两块牌子，一套人马，事业单位，编制3人，隶属七星区计划生育工作领导小组办公室。1994年6月，正式开展计划生育技术服务。主要负责宣传计划生育知识，培训基层计划生育技术人员，进行避孕节育技术服务指导，开展计划生育技术咨询和避孕节育药具发放管理。

乡(街道)、村计生机构

1981—1984年,村以下的计划生育工作未配备人员管理,1985年,每个村委会配备1名村干部兼管。1988年,乡政府配备1名计划生育助理员。1991年初,乡政府成立计划生育管理站。1993年,所辖行政村由1名村委干部管理计划生育工作。1994年,各村委会配备1名专职或兼职计生管理员,1名人口管理员。1996年12月,穿山乡、朝阳乡成立计生服务站,各配备计生服务人员5人。1997年12月,东江街道、七星街道办事处设立计划生育办公室,配备计生管理人员4至5人。2003年11月,桂林华侨旅游经济区设立计划生育办公室,配备计生专职干部1人。2005年,朝阳乡、穿山街道各配备计生专职干部1人,其各村委会配备计生干部1人。东江街道所辖12个社区居委会各配备计生干部1人,七星街道所辖16个社区居委会共配备计生干部24人。桂林华侨旅游经济区2个村委各配备计生干部1人。

机关、企事业单位计生机构

1994年前,采取“条块分管”,各系统和单位的计划生育工作由单位1名副职领导分管。人员较多的单位,成立计划生育办公室,人员少的单位配备1至2名专职或兼职干部管理本单位的计划生育工作。1994年后,实行“条块结合,以块为主”的管理方式,各基层单位直接向所在地辖区计生委领生育指标、上报计生统计报表,各大系统只负责下属单位的组织领导和宣传教育工作。2005年,全区机关企事业单位计生专、兼职干部213人。

计生协会

七星区计划生育协会　1989年6月成立,无编制,属群众性团体,设会长、副会长、秘书长,由区领导和有关部门负责人担任。会长、副会长、秘书长由选举产生、实行任期制。

基层计划生育协会　1989年12月开始,辖区成立基层计划生育协会。1990年,成立基层协会82个,会员5000多人。1995年有各级计划生育协会组织147个,其中区级1个、乡级(街道办事处)1个、村(居)级18个,机关企事业单位127个,会员6680人。2000年,各级计划生育协会组织增至210个,其中区级1个,乡级2个,街道办事处2个、村(居)级36个,机关企事业单位169个,会员16350人。2005年,各级计划生育协会组织发展到264个,其中区级1个,乡级1个,街道办事处4个、村(居)级45个,机关企事业单位213个,会员22077人。

第二节　人　　口

人口数量与分布

人口数量　据桂林市志记载,民国35年(1946),东江区人口15758人,占桂林城区总人口的17.45%。1950年共4586户18053人。1955年桂林市重新划分行政街,辖区人口大幅度减少,比1954年下降35.23%。1956年,管辖范围扩大,人口增加。1961—1963年,国家机关、企事业单位精减干部职工还乡,人口有所下降。1964年,城市建设项目增加,人口迅速增加。特别是1996年12月穿山乡、朝阳乡划归七星区,1997年桂林国家高新区与七星区合并,人口总数由1996年88197人增加到1997年141015人。2005年,常住人口209999人,占桂林市城区总人口的28.58%。

表3-1　　1950—2005年七星区域常住人口数量变动表

年份	建制名称	总户数(户)	总人口(人)	年增长率(%)	占市区人口(%)	非农业人口(人)
1950	第四区	4586	18053		13.15	
1951		4806	18958	5.01	13.28	

续表

年份	建制名称	总户数(户)	总人口(人)	年增长率(%)	占市区人口(%)	非农业人口(人)
1952	第四区	4366	17452	−7.94	12.04	13668
1953		4324	17602	−6.30	12.33	
1954	第三区	4431	18252	3.69	11.95	
1955		3508	11822	−35.23	7.33	9449
1956		3682	15661	32.47	10.21	12238
1957	东江街道 漓江街道	3289	18452	17.82	10.04	2504
1958		3927	18575	0.67	9.89	
1959		3822	17896	—3.66	8.60	
1960	东江公社	4161	18685	4.41	8.75	14533
1961		3725	18089	—3.19	7.38	17004
1962		3657	18087	0.01	7.57	16199
1963		3423	16609	—8.17	6.87	15561
1964		3708	19936	20.03	8.04	19093
1965		3760	20247	1.56	7.83	19416
1966		3878	21183	4.62	7.83	20910
1967	东江公社 漓江公社	3926	21410	1.07	7.62	21342
1970		4576	22744		7.70	22628
1972		5284	28075		8.80	27530
1973		5793	30797	9.70	9.33	29572
1974		6256	31289	1.60	9.40	30836
1975		6799	34075	8.90	9.89	34075
1976		7500	36555	7.28	10.33	36555
1978		8458	40574		10.86	40574
1979		9039	43882	8.15	11.19	43882
1980		9695	46683	6.38	11.68	46683
1981		10457	48774	4.48	11.74	48220
1982		11239	50935	4.43	11.85	
1984		12448	55468		12.41	55278
1985		13011	57486	3.64	12.57	57307
1986		14377	62033	7.91	13.26	61876
1987		14985	64742	4.37	13.54	64535
1988		15446	66260	2.34	13.55	66065
1989	七星区	16065	68352	3.16	13.65	68070
1990		16639	69998	2.41	13.74	69760
1991		17255	71515	2.17	13.32	71182
1992		17550	72972	2.04	13.86	72938
1993		17783	75923	4.04	14.10	75887
1994		17999	78836	3.84	14.32	78802
1995		18914	83843	6.35	14.66	83842
1996		19458	88197	5.19	14.99	88153
1997		31167	141015	59.89	23.37	104412
1998		31969	141312	0.21	23.12	107689

续表

年份	建制名称	总户数(户)	总人口(人)	年增长率(%)	占市区人口(%)	非农业人口(人)
1999	七星区	33195	146400	3.60	23.51	107751
2000		35516	156222	6.71	24.30	122202
2001		37760	168758	8.02	25.25	134592
2002		39889	184509	9.33	26.71	149954
2003		41912	195322	5.86	27.51	160302
2004		45045	204042	4.46	28.28	166189
2005		46735	209999	2.92	28.58	171697

注:1. 表中除1953年、1982年为全国人口普查数外,其余年份数据来自公安部门
2.1968、1969、1971、1977、1983年总人口数据尚未查找到

人口分布　民国35年(1946),东江区15758人,分布在漓江街、泥湾街、九娘上街、东灵街、新桥街、东洲街、九娘下街、六合街、坤元街、福隆街、汇通街、祝圣街、码坪街、五通街、准堤街等15条街。

1950年,第四区4586户18053人,分布在东洲街、坭湾街、五通街、坤元街、新桥街(包括阳家里、建干路、六合路、黄家碑、六狮洲等自然村)、东灵街、桂花街、福隆园街、新生街、临下街、穿山街(包括张家园、龙隐村、下关村、江东村、白果树村、九娘庙、穿山园、刘家里、訾洲等自然村)漓江街(包括漓江河的上至新码头起、下至柘木的龙门村沿河两岸)等12条街。

1952年,第四区4366户17452人,分布在五通街197户684人,坤元街308户1137人,福隆街250户1031人,漓江街535户2477人,洲提村83户359人,全心街923户2795人,下关村238户863人,龙隐村165户596人,穿山村374户2258人,码坪街129户422人,东灵街234户1054人,东洲街443户1754人,坭湾街280户986人,六新村207户1036人。

1955年,东江、漓江街道共3508户11822人,分布在五通街496户1852人,坭湾街392户1403人,花桥街535户1961人,七星街274户954人,临下街356户1183人,新生街387户1025人,河东街349户1005人,码坪街126户421人,漓江上街400户1360人,漓江下街193户658人。

1961年,东江公社3725户18089人,主要分布在五通街、坭湾街、花桥街、七星街、临下街、新生街、河东街、码坪街、六合街、漓江街10条街。

1982年,七星区11239户50935人,主要分布在五通、坭湾、临下、新生、龙隐、桂大、花桥、河东、七星、码坪、穿山、漓江12条街道。

1990年,七星区16639户69998人,主要分布在五通、坭湾、临上、临下、新生、龙隐、桂大、六合、花桥、河东、七星、码坪、穿山、花园、漓江、梨子园、漓东、狮子岭、大圆盘、月牙、五里店、会仙22个街道和广西师范大学、冶金地质学院、电力电容器厂、漓江机械厂、电子工业学院、三药厂。

2000年,七星区35516户156222人,主要分布在东江街道办事处下辖的五通、坭湾、临上、临下、漓江、新生、花桥、六合、河东、花园、朝阳、社山等12个居民委员会;七星街道办事处的龙隐、桂大、七星、码坪、穿山、梨子园、漓东、狮子岭、圆盘、月牙、五里店、会仙、施家园、穿山东、辅星、毅峰等16个居民委员会;穿山乡和朝阳乡的14个村委会,其中分布在穿山乡8405户28489人,朝阳乡5420户29885人。

2005年末,七星区46735户209999人,主要分布在东江街道、七星街道所辖28个社区,穿山街道所辖8个村委会,朝阳乡所辖6个村委会,桂林华侨经济旅游区所辖2个村委会。

表3-21 1979—2005年七星区常住人口密度表

年份	总人口(人)	人口密度(人/平方千米)
1979	43882	3375.54
1980	46683	3591.00
1981	48774	3751.85
1982	50935	3918.08
1984	55468	4266.77
1985	57486	4422.00
1986	62033	4771.77
1987	64742	4980.15
1988	66260	5096.92
1989	68352	5257.85
1990	69998	5384.46
1991	71515	5501.15

续表

年份	总人口(人)	人口密度 (人/平方千米)
1992	72972	5613.23
1993	75923	5840.23
1994	78836	6064.31
1995	83843	6449.46
1996	88197	6784.39
1997	141016	1698.99
1998	141312	1702.55
1999	146400	1763.86
2000	156222	1882.19
2001	168758	2033.23
2002	184509	2223.00
2003	195322	2013.63
2004	204042	2103.53
2005	209999	2164.94

注:1.1979 至 1996 年,区域面积按 13 平方千米计;1997 至 2002 年,按 83 平方千米计;2003 至 2005 年按 97 平方千米计
2.1983 年总人口数据阙如
3. 表中数据来自公安部门

人口变动

自然变动 1950—1955 年,辖区内人口自然变动的统计数据不详。

1956—1958 年,全区共出生 1905 人,年平均人口出生率为 39.19‰,是中华人民共和国成立后第一次人口出生高峰期。1962、1963 年出现第二次人口出生高峰期,年平均出生率为 30.50‰。

1979 年,七星区政府成立后,广泛开展计划生育宣传工作,贯彻落实计划生育政策,提倡晚婚晚育,提倡一对夫妇只生育一个孩子,年平均出生率逐渐下降。特别是 1990 年后,在全区深入开展计划生育工作,继续在城区实施一对夫妇只生一个孩子,采取必要的奖罚措施,人口出生率得到有效控制。年平均出生率由 1990 年的 9.27‰下降至 2005 年的 6.65‰;年平均自然增长率由 5.75‰下降到 3.82‰。

表 3-3　**1956—2005 年部分年份七星区域常住人口自然变动表**

年份	建制名称	年平均人数(人)	出生		死亡		自然增长	
			人数(人)	出生率(‰)	人数(人)	死亡率(‰)	人数(人)	自然增长率(‰)
1956	东江街道 漓江街道	13741.5	625	45.48	209	15.21	416	30.27
1957		17056.5	638	37.41	203	11.90	435	25.50
1958		18513.5	642	34.68	238	12.86	404	21.82
1959		18235.5	448	24.57	307	16.84	141	7.73
1961	东江公社	18387.0	320	17.40	334	18.17	−14	−0.76
1962	东江公社 漓江公社	18088.0	487	26.92	188	10.39	299	16.53
1963		17348.0	591	34.07	131	7.55	460	26.52
1964		18272.5	182	9.96	54	2.96	128	7.01
1965		20091.5	357	17.77	112	5.57	245	12.19
1966		20715.0	278	13.42	98	4.73	180	8.69
1967		21296.5	296	13.90	100	4.70	196	9.20
1973		29436.0	456	15.49	128	4.35	328	11.14
1974		31043.0	427	13.76	141	4.54	286	9.21
1975		32682.0	538	16.46	164	5.02	374	11.44
1976		35315.0	513	14.53	150	4.25	363	10.28
1977		31223.0	588	18.83	116	3.72	272	8.71
1978		33232.5	641	19.29	153	4.60	488	14.68
1979	七星区	42228.0	525	12.43	180	4.26	345	8.17
1980		45282.5	563	12.43	177	3.91	386	8.52
1981		47728.5	576	12.07	174	3.65	402	8.42

续表

年份	建制名称	年平均人数(人)	出生		死亡		自然增长	
			人数(人)	出生率(‰)	人数(人)	死亡率(‰)	人数(人)	自然增长率(‰)
1982		49854.5	646	12.96	181	3.63	465	9.33
1985		56477.0	608	10.77	252	4.46	356	6.30
1986		59759.5	515	8.62	202	3.38	313	5.24
1987		63387.5	667	10.52	186	2.93	481	7.59
1988		65501.0	673	10.27	245	3.74	428	6.53
1989		67306.0	728	10.82	226	3.36	502	7.46
1990		69175.0	641	9.27	243	3.51	398	5.75
1992		72243.5	418	5.79	257	3.56	161	2.23
1993		74447.5	417	5.60	250	3.36	167	2.24
1994		77379.5	548	7.08	249	3.22	299	3.86
1995	七星区	81339.5	231	2.84	268	3.29	-37	-0.45
1996		86020.0	373	4.34	262	3.05	111	1.29
1997		114606.0	913	7.97	476	4.15	437	3.82
1998		141163.5	922	6.53	552	3.91	370	2.62
1999		143856.0	846	5.88	483	3.36	363	2.52
2000		151311.0	1255	8.29	561	3.71	694	4.59
2001		162490.0	1271	7.82	448	2.76	823	5.06
2002		176633.5	1362	7.71	477	2.70	885	5.01
2003		189915.5	1326	6.98	624	3.29	702	3.70
2004		199682.0	1417	7.10	493	2.47	920	4.61
2005		207020.5	1376	6.65	585	2.83	791	3.82

注:1960、1968、1969、1970、1971、1972、1983、1984、1991年数据阙如

迁移变动 1955年,东江、漓江街道办事处开始劝止和限制农村人口迁入城市,控制城市人口盲目增长。

1961—1963年,精减干部职工,东江公社和漓江公社共迁入13652人,迁出22387人,平均每年净迁出2912人。1961年、1962年、1963年人口迁入少于人口迁出,净迁移出现负增长。

1979—2005年,随着区行政区域扩大,辖区内居民小区的建设和人们经济活动的增多,科研院所、大专院校及工矿企业的变迁,净迁入人数亦随之波动。

表3-4 **1957—2005年部分年份七星区域人口迁移变动表**

年份	建制名称	年平均人数(人)	迁入		迁出		净迁移	
			人数(人)	比率(‰)	人数(人)	比率(‰)	人数(人)	比率(‰)
1957		17057.5	1452	85.13	1139	66.78	313	18.35
1958	东江街道 漓江街道	18513.5	2252	121.64	1854	100.14	398	21.50
1959		18235.5	3671	201.31	2980	163.42	691	37.89
1961	东江公社	18387.0	2302	125.20	2484	135.10	-182	-9.90
1962		18088.0	971	53.68	1913	105.76	-942	-52.09
1963	东江公社 漓江公社	17348.0	10379	598.28	17990	1037.01	-7611	-438.72
1964		18272.5	1219	66.71	728	39.84	491	26.87

续表

年份	建制名称	年平均人数(人)	迁入		迁出		净迁移	
			人数(人)	比率(‰)	人数(人)	比率(‰)	人数(人)	比率(‰)
1965	东江公社 漓江公社	20091.5	1689	84.07	1050	52.26	639	31.80
1966		20715.0	1571	75.84	903	43.59	668	32.25
1967		21296.5	340	15.97	243	11.41	97	4.55
1970		22744.0	5479	240.90	1826	80.28	3653	160.61
1972		28075.0	3418	121.75	609	21.69	2809	100.05
1973		29436.0	1785	60.64	285	9.68	1500	50.96
1974		31043.0	1734	55.86	1036	33.37	698	22.48
1975		32682.0	2346	71.78	573	17.53	1773	54.25
1976		35315.0	2992	84.72	1792	50.74	1200	33.98
1977		31223.0	3460	110.82	598	19.15	2862	91.66
1978		33232.5	3117	93.79	1443	43.42	1674	50.37
1979	七星区	42228.0	3857	91.34	1993	47.20	1864	44.14
1980		45282.5	3281	72.46	991	21.88	2290	50.57
1981		47728.5	2618	54.85	2176	45.59	442	9.26
1985		56477.0	608	10.77	252	4.46	356	6.30
1986		59759.5	5375	89.94	2387	39.94	2988	50.00
1987		63387.5	3956	62.41	2564	40.45	1312	20.70
1988		65501.0	4100	62.59	2560	39.08	1540	23.51
1989		67306.0	4261	63.31	2823	41.94	1438	21.37
1990		69175.0	4078	58.95	2958	42.76	1120	16.19
1992		72243.5	4823	66.76	3041	42.09	1782	24.67
1993		74447.5	6267	84.18	2974	39.95	3293	44.23
1995		81339.5	9675	118.95	4820	59.26	4855	59.69
1996		86020.0	8446	98.19	3934	45.73	4512	52.45
1997		114606.0	9764	85.20	4946	43.16	4818	42.00
1998		141163.5	7971	56.47	5408	38.31	2563	18.16
1999		143856.0	10147	70.54	5779	40.17	4368	30.36
2000		151311.0	13428	88.74	5899	38.99	7529	49.76
2001		162490.0	17483	107.59	6738	41.47	10745	66.13
2002		176633.5	23368	132.30	8519	48.33	14849	84.07
2003		189915.5	19440	102.36	10054	52.94	9386	49.42
2004		199682.0	17653	88.41	14144	70.83	3509	17.57
2005		207020.5	16390	79.17	11514	55.62	4876	23.55

流动人口变动　20世纪50年代，辖区的流动人口情况，资料阙如。60年代、70年代的流动人口主要是投亲靠友。1974年261人。80年代初开始，辖区流动人口逐渐增多。1985年6074人。1987年13774人，其中“三队”（建筑队、运输队、包工队）9283人，服务业633人，保姆207人，采购供销4人，其他3647。1990年11159人，其中“三队”4339人，服务业3214人，保姆194人，采购供销146人，其他3266人。1996年14746人。1999年21684人，其中务工11500人、务农243人、经商2317人、服务1995人、因公出差1168人、借读培训1157人、探亲访友139人、投亲靠友727人、旅游观光2219人、其他219人。2000—2005年全区流动人口逐年增加。2000年21296人，2001年22078人，2002年23497人，2003年24351人，2004年26312人，2005年28028人。

人口构成

性别构成　1950—2005年，辖区内人口男女性别比（女为100）在104.75至132.60之间。1972年后，男女性别比失衡明显，1994年男女性别比达到最高132.6。此后逐年降低，2005年降到106.72。

表3-5　　**1950—2005年部分年份七星区域常住人口性别构成表**

年份	建制名称	总人口（人）	按性别分（人）		性别构成(%)		性别比（女=100）
			男	女	男	女	
1950	第四区	18053	9277	8776	51.39	48.61	105.71
1952		17452	9074	8378	51.99	48.01	108.31
1953		17602	9169	8433	52.09	47.91	108.73
1954	第三区	18252	9451	8801	51.78	48.22	107.39
1956	东江街道 漓江街道	15661	8155	7506	52.07	47.93	108.65
1957		18452	9701	8751	52.57	47.43	110.86
1958		18575	9990	8585	53.78	46.22	116.37
1959		17896	9897	7999	55.30	44.70	123.73
1960	东江公社	18685	9994	8691	53.49	46.51	114.99
1961		18089	9823	8264	54.31	45.69	118.86
1962	东江公社 漓江公社	18087	9823	8264	54.31	45.69	118.86
1963		16609	8497	8112	51.16	48.84	104.75
1964		19936	10942	8994	54.89	45.11	121.66
1965		20247	11075	9172	54.70	45.30	120.75
1966		21183	11680	9503	55.14	44.86	122.91
1967		21410	11747	9663	54.87	45.13	121.57
1970		22744	12234	10510	53.79	46.21	116.40
1972		28075	15908	12168	56.66	43.34	130.74
1973		30797	17527	13270	56.91	43.09	132.08
1974		31289	17702	13587	56.58	43.42	130.29
1975		34075	19242	14833	56.47	43.53	129.72
1976		36555	20592	15963	56.33	43.67	129.00
1977		25891	14416	11475	55.68	44.32	125.63
1978		40574	23136	17440	57.02	42.98	132.66

续表

年份	建制名称	总人口（人）	按性别分（人）		性别构成(%)		性别比（女=100）
			男	女	男	女	
1979	七星区	43882	24968	18914	56.90	43.10	132.01
1980		46683	26598	20085	56.98	43.02	132.43
1981		48774	27689	21085	56.77	43.23	131.32
1982		50935	28698	22237	56.34	43.66	129.06
1984		55468	31542	23926	56.87	43.13	131.83
1985		57486	32665	24821	56.82	43.18	131.60
1986		62033	34929	27104	56.31	43.69	128.87
1987		64742	36428	28314	56.27	43.73	128.66
1988		66260	37430	28830	56.49	43.51	129.83
1989		68352	38616	29736	56.50	43.50	129.86
1990		69998	39549	30449	56.50	43.50	129.89
1991		71515	40354	31161	56.43	43.57	129.50
1992		72972	41246	31726	56.52	43.48	130.01
1993		75923	43152	32771	56.84	43.16	131.68
1994		78836	44943	33893	57.01	42.99	132.60
1995		83843	47007	36836	56.07	43.93	127.61
1996		88197	49244	38953	55.83	44.17	126.42
1997		141016	77259	63756	54.79	45.21	121.18
1998		141312	77126	64186	54.58	45.42	120.16
1999		146400	79749	66651	54.47	45.53	119.65
2000		156222	84623	71599	54.17	45.83	118.19
2001		168758	91156	77602	54.02	45.98	117.47
2002		184509	99514	84995	53.93	46.07	117.08
2003		195322	104180	91142	53.34	46.66	114.31
2004		204042	105700	98342	51.80	48.20	107.48
2005		209999	108411	101588	51.62	48.38	106.72

注：表中除1953年、1982年为全国人口普查数外，其余年份数据来自公安部门

年龄构成　1952年，第四区总人口17452人，其中18岁以下7086人，18岁以上10366人。1964年，东江、漓江两公社共19936人。东江公社1964年第二次人口普查总人数16213人，其中18岁以下7075人，18—35岁4734人，35—60岁3528人，60岁以上876人。

1982年，第三次人口普查年龄构成数据阙如。

1990年，第四次人口普查，七星区总人口79965人，其中19岁及以下23538人，占总人口29.43%；20—39岁36564人，占总人口45.73%；40—59岁15387人，占总人口19.24%；60岁及以上4476人，占总人口5.60%。60岁以上的人群中，65至79岁2443人，80至99岁401人，100岁及以上2人。

表 3-6

1990 年 7 月 1 日七星区人口普查分年龄组性别构成表

年龄组	总人口(人)	按性别分(人)		性别构成(%)		性别比(女=100)
		男	女	男	女	
0—4 岁	4375	2224	2151	50.83	49.17	103
5—9 岁	4669	2420	2249	51.83	48.17	108
10—14 岁	5387	2799	2588	51.96	48.04	108
15—19 岁	9107	4996	4111	54.86	45.14	122
20—24 岁	13102	8188	4914	62.49	37.51	167
25—29 岁	8128	4375	3753	53.83	46.17	117
30—34 岁	7313	3733	3580	51.05	48.95	104
35—39 岁	8021	4157	3864	51.83	48.17	108
40—44 岁	5796	3312	2484	57.14	42.86	133
45—49 岁	3787	2208	1579	58.30	41.70	140
50—54 岁	3416	1937	1479	56.70	43.30	131
55—59 岁	2388	1294	1094	54.19	45.81	118
60—64 岁	1630	847	783	51.96	48.04	108
65—69 岁	1113	532	581	47.80	52.20	92
70—74 岁	797	331	466	41.53	58.47	71
75—79 岁	533	210	323	39.40	60.60	65
80—84 岁	259	104	155	40.15	49.85	67
85—89 岁	107	31	76	28.97	71.03	41
90—94 岁	27	8	19	29.63	70.37	42
95—99 岁	8	2	6	25.00	75.00	33
100 岁及 100 岁以上	2		2		100	
合计	79965	43708	36257	54.66	45.34	121

2000 年，第五次人口普查，七星区总人口 228295 人，其中 19 岁及以下 61879 人，占总人口 27.10%；20—39 岁 109185 人，占总人口 47.83%；40—59 岁 42094 人，占总人口 18.44%；60 岁以上 15137 人，占总人口 6.63%。60 岁以上的人群中，65 至 79 岁 8284 人，80 至 99 岁 1269 人，100 岁及以上 8 人。

表 3-7

2000 年 11 月 1 日七星区普查人口分年龄组性别构成表

年龄组	总人口(人)	按性别分(人)		性别构成(%)		性别比(女=100)
		男	女	男	女	
0 岁	1970	1015	955	51.52	48.48	106
1—4 岁	6816	3666	3150	53.79	46.21	116
5—9 岁	7814	4205	3609	53.81	46.19	117
10—14 岁	10464	5290	5174	50.55	49.45	102
15—19 岁	34815	17387	17428	49.94	50.06	100
20—24 岁	39318	22987	16331	58.46	41.54	141

续表

年龄组	总人口(人)	按性别分(人)		性别构成(%)		性别比（女=100）
		男	女	男	女	
25—29岁	26975	14824	12151	55.00	45.00	122
30—34岁	23746	13472	10274	56.73	43.27	131
35—39岁	19146	10612	8534	55.43	44.57	124
40—44岁	13502	7392	6110	54.75	45.25	121
45—49岁	13272	6930	6342	52.22	47.78	109
50—54岁	9419	5097	4322	54.11	45.89	118
55—59岁	5901	3116	2785	52.80	47.20	112
60—64岁	5576	2901	2675	52.03	47.97	108
65—69岁	4192	2110	2082	50.33	49.67	101
70—74岁	2587	1261	1326	48.74	51.26	95
75—79岁	1505	651	854	43.26	56.74	76
80—84岁	769	284	485	36.93	63.07	59
85—89岁	360	110	250	30.56	69.44	44
90—94岁	115	25	90	21.74	78.26	28
95—99岁	25	5	20	20.00	80.00	25
100岁及100岁以上	8	2	6	25.00	75.00	33
合计	228295	123342	104953	54.03	45.97	118

2005年，七星区总人口209999人，其中18岁以下26391人，占总人口12.57%；18—35岁109527人，占总人口52.15%；35—60岁57872人，占总人口27.56%；60岁以上16209人，占总人口7.72%。60岁以上的人群中，65—79岁8384人，80—99岁1032人，100岁及以上3人。

民族构成 1952年，第四区居有少数民族814人，其中回族399人、瑶族252人、壮族96人、苗族56人、侗族3人、仫佬族3人、越南族3人、彝族1人、傣族1人。

1955年，东江、漓江两街道共居有少数民族122户445人，其中男204人，女241人。有回族106户435人、侗族5户7人、瑶族1户3人。居住在码坪街的回民有76户299人，占两街道少数民族总人口的67.2%。

1982年，第三次人口普查，七星区总人口50935人，其中汉族47261人，占总人口92.79%；少数民族3674人，占总人口7.21%。少数民族中壮族2036人，回族908人，瑶族390人，侗族144人，苗族83人，满族71人，仫佬族8人，毛南族6人，蒙古族6人，布依族5人，水族1人，京族2人，彝族3人，朝鲜族3人，白族2人，傣族4人，维吾尔族1人，土族1人。

1990年，第四次人口普查，七星区总人口79965人，其中汉族70892人，占总人口88.65%；少数民族9073人，占总人口11.35%。少数民族中有壮族5042人，回族1447人，瑶族1519人，侗族365人，苗族222人，满族186人，仫佬族101，土家族35，毛南族19人，蒙古族26人，黎族6人，布依族15人，水族18人，京族15人，彝族15人，朝鲜族8人，白族12人，锡伯族2人，畲族3人，傣族4人，藏族2，仡佬族4人，哈尼族1人，其他未识别的民族5人，外国人加入中国籍1人。

2000年，七星区常住总人口156222人，其中汉族138778人，占总人口88.83%；居有少数民族17444人，占总人口11.17%；少数民族中有壮族10898人，瑶族2606人，回族1724人。

2005年，七星区常住总人口209999人，其中汉族186627人，占总人口88.87%；少数民族23372人，占总人口11.13%。少数民族有壮族、回族、瑶族、侗族、苗族、满族、仫佬族、土家族、毛南族、蒙古族、京族、水族等19个民族。

文化构成　据1953年第一次人口普查统计，第四区共17602人，其中16岁以上的文盲2272人，粗通文字253人，接受过五年以下私塾教育688人，初小肄业793人，初小毕业55人，高小肄业129人，高小毕业130人，初中肄业172人，初中毕业77人，高中肄业22人，高中毕业31人，高等学校肄业10人，高等学校毕业16人，科技学术专科学校毕业1人。

1964年，第二次人口普查，东江公社和漓江公社共19356人，其中16岁以上的文盲3208人，初识字638人，初小4000人，高小1963人，初中2057人，高中2326人，大学1376人。

1982年，第三次人口普查，七星区总人口50935人，具有小学文化程度12367人，占总人口24.28%；初中12601人，占24.74%；高中11277人，占22.14%；大学2964人，占5.82%。12周岁及12周岁以上的文盲3575人，占总人口的7.02%。

1990年，第四次人口普查，七星区总人口79965人，具有初中文化程度的22182人，占总人口27.74%；高中或中专23814人，占29.78%；大学16665人，占20.84%。12周岁以上不识字或识字很少3183人，占总人口3.98%。1990年人口普查资料显示，全区各种文化程度的人数比1982年增多，文盲率下降。

2000年，第五次人口普查，七星区总人口228295人，6岁及以上217600人。具有小学文化程度38295人，占6岁及以上总人口17.60%；初中68088人，占31.29%；高中(含中专)54607人，占25.10%；大专以上49316人，占22.66%。15岁及以上不识字或识字很少5390人，占总人口2.37%。全区普查登记人口中，每10万人中具有大学(指大专以上)教育程度21648人，高中(含中专)23971人，初中29889人，小学16810人。

职业构成　1990年，第四次人口普查，七星区在业人口42869人，其中国家机关党群组织、企事业单位负责人3059人，占在业人口7.14%；各类专业技术人员10107人，占23.58%；办事人员和有关人员2389人，占5.57%；商业工作人员3387人，占7.90%；服务性工作人员4775人，占11.14%；农、林、牧、渔业生产人员247人，占0.58%；生产工人、运输工人和有关人员18875人，占44.03%；其他从业人员30人，占0.07%。

2000年，第五次人口普查，七星区在业人口105968人，其中国家机关党群组织、企事业单位负责人5161人，占在业人口4.87%；各类专业技术人员17040人，占16.08%；办事人员和有关人员7068人，占6.67%；服务业人员30010人，占28.32%；农、林、牧、渔、水利生产业人员15365人，占14.50%；生产、设备操作人员及有关人员31292人，占29.53%；其他从业人员32人，占0.03%。

家庭构成　1982年，第三次人口普查，七星区总户数11237户50935人，其中家庭户11171户，平均每户3.63人;集体户66户共10353人。

1990年，第四次人口普查，七星区总户数19421户79965人，比1982年普查净增8184户，增加72.83%。有家庭户19105户62585人，平均每户3.28人;集体户316户17380人。

2000年，第五次人口普查，七星区总户数66631户228295人，其中家庭户57065户，平均每户2.87人；集体户9566户64540人。全区一代户占总户数37.26%，二代户占51.36，三代户占11.10%，四代户占0.27%，5五代户及以上户1户；1人户占总户数16.53%，2人户占23.35%，3人户占34.28%，4人户占15.53%，5人户占6.45%，6人户占2.22%，7人户占0.85%，8人户占0.37%，9人户占0.21%，10人及以上户占0.21%。

第三节　计划生育

生育政策

1964年，东江、漓江人民公社提倡计划生育，提出“一少、二好、三多、四错”。是年7月1日起，对一对夫妇生育4个孩子以上的，不批准享受一切福利、劳保待遇，产假按事假处理。20世纪70年代中，贯彻“晚、稀、少”政策，提倡晚婚，动员已婚夫妇晚育，一对夫妻只生2至3个孩子，每胎生育间隔4年以上。1979年，七星区委、区政府提倡一对夫妻最好只生1个，最多不超过2个（含接养），再婚夫妇已有2个孩子的，不能再生育，杜绝生育第三胎。1981年，提倡“晚婚、晚育、少生、优生”，普遍提倡一对夫妇只生育1个孩子，个别群众确有实际困难要求生2孩的，按自治区规定的条件，经过批准，有计划地安排生育。

1993年3月10起，全面推行凭证生育工作。育龄妇女符合生育条件，要求生育的，须先申请，经审查批准发给生育证后才能怀孕生育。没有经过计划生育部门批准生育第二胎视为超生。1996年4月施行《广西壮族自治区计划生育条例实施细则》，再婚夫妻一方原只有1个孩子（或未育而收养一个孩子），另一方未生育的，可再生育1个孩子。2002年9月施行《中华人民共和国人口与计划生育法》，鼓励公民晚婚晚育，提倡一对夫妻生育一个子女，符合法律、法规规定条件的，予以要求安排生育第二个子女。夫妻双方都是独生子女可生育二胎的政策由此在全区推开。至2005年，生育政策未变。

人口规划与实施

1980年，七星区贯彻中共中央《关于控制我国人口增长问题致全体共产党员、共青团员的公开信》，提倡一对夫妻只生1个，最多不超过2个（含领养），杜绝生育第三胎。1982年已婚育龄妇女793人，无二胎、三胎，办证（办理独生子女证）率67.1%。1990年计划生育率为92.70%，办证率98.10%。1992年，桂林市下达七星区计划生育率为93%以上，计划外二孩生育控制在3.5%以内。是年七星区计划生育率实际达96.34%，计划外二孩为零。1993年推行计划生育凭证生育，是年辖区计划生育率99.69%，1994年99.09%，1995年99.10%。

1996年，桂林市下达七星区人口生育指标：出生1100人、计划生育率96%、多孩率0.5%。是年实际出生715人，计划内出生708人，其中一孩655人，二孩53人；计划生育率为99.02%；多孩率为0.14%；常住人口计划内出生640人，计划生育率为99.07%，流动人口计划内出生68人，计划生育率为98.55%。至1996年，全区累计独生子女证人数为7170人。1998年，计划内出生1127人，计划外出生25人，计划生育率为97.83%，比1997年提高0.6个百分点，比桂林市下达的指标高1.83个百分点。2000年，桂林市下达七星区人口生育指标：人口出生数不突破计划指标，计划生育率为90%，计划外多孩率为1.4%。是年计划生育率为98.38%，计划外多孩率为0.21%。2001年起改为按政策生育，简化二孩生育审批手续。2001年、2002年、2003年、2004年全区共出生5477人，符合政策生育率为99.14%。其中一孩出生4902人，符合政策生育率99.64%；二孩出生575人，符合政策生育率95.14%。2004年9月—2005年8月，全区出生1674人，符合政策出生1659人，符合政策生育率99.10%。其中二孩符合政策出生181人，二孩符合政策生育率94.27%，比桂林市下达的指标高10.27个百分点。

表3-8　　1995—2005年七星区人口计划与执行情况表

年度	桂林市下达人口生育指标数（人）	人口出生数（人）	计划内出生数（人）	符合政策生育率（%）	人口出生率（‰）
1995	1130	666	660	99.10	7.94
1996	1100	715	708	99.02	8.11
1997	2000	1260	1236	98.10	8.94
1998	2100	1152	1127	97.83	8.15
1999	2100	1190	1165	97.94	8.13
2000	2200	1420	1397	98.38	9.09
2001	1800	1359	1351	99.41	8.05
2002	1900	1268	1265	99.76	6.87
2003	1900	1357	1335	98.38	6.95
2004	1900	1493	1478	99.00	7.32
2005	2400	1674	1659	99.10	7.97

生育调节

1979年9月，七星区执行桂林市革命委员会《关于计划生育工作试行办法》，提倡晚婚晚育，在育龄夫妇中开展节育工作。1980年晚婚率为98%。1985年，区属单位、街道已婚育龄妇女共787人，落实节育措施313人，节育率39.77%。1989年，贯彻执行《广西壮族自治区计划生育条例》，以避孕为主，推行综合节育措施。1990年晚育率为96.90%，已婚育龄夫妇节育率为94%。1993年通过自治区人口计划检查验收，获奖汽车一台。1995年年末落实各种避孕措施人数24764人。1996年，女性晚婚率93.76%，综合避孕节育率为90.01%，达到自治区规定指标。1998年，全区已婚育龄妇女采取节育措施27016人，综合避孕节育率91.40%。1999年，综合避孕节育率为92.13%。2000年，广泛开展“婚育新风进万家、千村万户树新风”等活动，年末已统计采取各种节育措施30355人。2001年，全区已婚育龄妇女33986人，已采取节育措施的30471人，综合避孕节育率89.66%，晚婚率91.60%。2002年，全区已婚育龄妇女34458人，已采取节育措施31099人，综合避孕节育率90.24%，药具占综合避孕节育措施的8.07%。2003—2005年已落实各种避孕措施人数分别为30053人、31263人和31752人，年均晚育率为92.05%，综合避孕节育率90.19%。

计生管理

宣传教育 1979年10月，七星区计划生育工作领导小组成立后，即担负起辖区内的计划生育宣传工作。20世纪80年代初，广泛宣传中共中央《关于控制我国人口问题致全体共产党员、共青团员的公开信》和中共中央、国务院《关于进一步做好计划生育工作的指示》，普遍提倡一对夫妇只生1个孩子。宣讲“实行计划生育是我国的一项基本国策”的重要意义。1982年，区计生办设兼职宣传干事。辖区基层单位亦配备专、兼职计生干部对群众进行经常性的计划生育宣传教育。1989年6月成立区计划生育协会，1989年12月建立基层计划生育协会。

1990年，全区建立基层协会82个，会员5000多人。之后，各级计生协会的理事和会员逐渐成为计划生育宣传工作的一支重要力量。1989—1992年，采用广播、板报、标语、宣传车、宣传栏、文艺演出及举办学习培训班等形式，宣传贯彻《广西壮族自治区计划生育条例》《广西壮族自治区计划生育条例实施细则》《全国流动人口计划生育管理办法》《中共中央国务院关于加强计划生育工作严格控制人口增长的决定》，杜绝多胎、制止二胎，落实节育措施。4年间，全区共举办计生文艺专场会演1场；计生骨干培训班9期，培训宣传骨干800多人；计生人员学习班40期，授课人数6373人；举办计生知识、条例抢答赛和演讲赛6次，参加活动单位120多个，参加活动人员400多人；开展大型宣传活动4次，出动宣传车5台次，悬挂宣传横幅65条，张贴标语3500多条，发放计划生育书籍、资料25000多册（份）。1994年，计划生育宣传教育增加“三结合”（农村计划生育工作与发展经济相结合、与帮助农民勤劳致富奔小康相结合、与建设文明幸福家庭相结合）的内容，开展“三结合”示范户、示范村、示范乡评选活动。

1995年，七星区开始广泛宣传《广西壮族自治区人口与计划生育条例》和《广西壮族自治区人口与计划生育条例实施细则》。区政府下发《关于加强计划生育宣传工作的通知》，要求各单位把宣传工作落实到实处。同时，组织辖区单位80多名计生干部上街开展宣传咨询活动。在开展计划生育宣传月活动中，发放宣传资料4000多份，出版墙报、板报180多期（刊），制作永久性宣传标语80多条，书写横幅标语300多条，广播宣传2000多次，举办计生政策法规培训班5期，培训近1500人次。1998年，聘请41位宣传教育员兼通信报道员，共同推进计生宣传教育工作。1999年，全区开展“世界60亿人口日中国宣传周”活动，宣传关注人口与可持续发展，利用报纸广播、电视、报刊、板报、标语、宣传车、宣传专栏、文艺演出、上街下乡等形式开展宣传活动。请市领导发表电话讲话，大力宣传计划生育工作成就，传播生殖健康与计划生育科普知识。同时，开展“婚育新风进万家，千村万户树新风”活动，采用会议、培训班、板报、发放入户宣传资料等方式宣传计划生育法律法规、婚育新风、妇女“五期”（青春期、新婚期、孕产期、育儿期、更年期）保健、生殖健康、优生优育、避孕节育等知识，树立生育新观念。

2000年3月，中共中央国务院下发《关于加强人口和计划生育工作稳定低生育水平的决定》（简称《决定》），全区的计划生育宣传教育在学习宣传《决定》的同时，继续宣传科学、文明、进步的婚育观念。宣传期间，组织开展大型的上街集中宣传活动3次；举办大规模的计生政策、生殖健康、优生优育、避孕节育等知识咨询活动3次，出版板报486期，板报展览3次，文艺演出3场，举办培训班8期；发放入户宣传品5万多份。2000年，七星区被评为自治区“婚育新风进万家、千村万户树新风”先进单位。2001—2004年，贯彻《中华人民共和国人口与计划生育法》《广西壮族自治区人口与计划生育条例》《流动人口与计划生育管理办法》等法律法规，开展“婚育新风进万家”活动，利用文化活动、文艺表演、培训、咨询、座谈、竞赛、演讲和评先等形式开展宣传活动。活动期间，全区共举办各类学习培训班392期，文艺演出62场次，板报展10次，演讲8场，知识竞赛抢答34场；举行座谈会85次；组织开展上街集中大型宣传活动17次，千人签名活动2次；出动宣传车25台次；免费咨询3500多人次；悬挂过街横幅宣传标语6条，设置宣传橱窗35个，广告宣传牌120块，灯箱广告30个；发放入户宣传资料5万多份，宣传手册2.65万册，宣传资料入户率为98%以上。七星区被评为2001年度自治区“婚育新风进万家、千村万户树新风活动先进县(区)”，区计生局被评为桂林市宣传工作先进单位。东江街道办事处新生街居委会被评为桂林市婚育新婚模范村(居)委会。

2005年，七星区把宣传、贯彻落实《中华人民共和国人口与计划生育法》、国务院《计划生育技术服务管理条例》和《社会抚养费征收管理办法》，国家计生委《流动人口计划生育管理办法》《广西人口与计划生育条例》作为学习宣传的重点，以宣传农村部分计划生育家庭奖励扶助制度为重点，以深入开展“婚育新风进万家”活动和“关爱女孩”行动为主要内容。全年开展宣传活动3次。活动期间，展出板报65块、出动宣传车8台次，开展计生政策、避孕节育、优生优育、生殖保健咨询2264人次，免费发放避孕药具2210人次，义诊1798人次，发放宣传资料1万多份；举办文艺演出23场，举办学习班4期，培训315人次。同时，组织街道、乡、华侨经济旅游区以“关爱生命、保护自己”为主题的预防艾滋病知识宣传活动1次，举办学习班12期、文艺演出2场，出墙报6期、板报18块，发放宣传资料1.7万多份、避孕套8件、口服避孕药258人次，义诊160多人次，14个基层计划生育协会组织召开了座谈会，参加人员327人次。

奖励扶助 1979年9月，七星区对自愿终身只生育1个孩子，领取独生子女优待证的职工，一次发给奖金50元，发放儿童保健费48元每年，直至孩子14周岁。独生子女入托、入园、入学、招工，在同等条件下给予优先照顾。20世纪80年代末起，对终身只生育一个孩子的职工，退休时每月增发月基本工资5%的退休金。1983年5月起，对符合晚婚条件结婚的职工，增加婚假12天；领取“独生子女优待证”的女职工，产后上班有困难，经本人申请，组织批准，可以休假1年，后半年发70%的工资。独生子女因病需亲人陪护的，可由其父母一方陪护，工资照发。1995年3月起，对终生无孩职工退休时增加月基本工资5%的退休金；符合生二孩条件自愿终身只生一个孩子的职工，退休时增加月基本工资10%的退休金。

2002年2月，七星区执行桂林市人民政府关于《桂林市人口与计划生育工作综合改革实施细则》规定：父母一方或双方是非农业人口并领取独生子女优待证的独生子女，在14周岁之前享受下列待遇：独生子女保健费由原4元每月提高到12元每月；有条件的单位可为独生子女办理意外伤害保险或医疗保险；因病住院的医疗费父母所在单位各报销50%—100%；夫妻双方是农村户口且已领取独生子女优待证的其子女在14周岁之前可享受保健费10元每月，孩子上学时可享受分别减收学费20%、杂费10%；家庭人均收入低于当地最低生活标准的，经本人申请，村委会核实，乡政府批准，子女上学时可免收学杂费。

2004年5月31日，七星区委、区政府出台落实《中华人民共和国人口与计划生育法》《广西壮族自治区人口与计划生育条例》《广西壮族自治区人口与计划生育管理办法》的意见，规定：凡户籍、居住均在七星区行政区域内无工作单位的村民、居民本人实行计划生育施行结扎手术的，由区人民政府给予一次性营养补助金200元。有工作单位的，由单位发给(单位是指机关、社会团体、企业事业单位和其他组织，即具有法人资格的组织机构，下同)。凡1997年12月4日后，符合生育二孩条件自愿终身只生育一个孩子的夫妻，如夫妻双方户籍、居住均在七星区行政区域内无工作单位的村民、居民，由区人民政府发给一次性奖金600元；如夫妻一方户籍、居住均在七星区行政区域内无工作单位的村民、居民，由区人民政府发给一次性奖金300元。凡领取了独生子女父母光荣证且独生子女未满18周岁的夫妻，双方户籍、居住均在七星区行政区域内无工作单位的村民、居民，由人民政府每年发给独生子女保健费120元；如夫妻一方户籍、居住均在七星区行政区域内无工作单位的村民、居民，另一方户籍不在七星区行政区域内无工作单位的村民、居民，由人民政府每年发给独生子女保健费60元；夫妻双方有工作单位的由工作单位各发给50%；夫妻一方有工作单位的由该单位全额发给；夫妻一方户籍在七星区，居住不在七星区的或户籍不在、居住在七星区的无工作单位的村民、居民，待户籍、居住均在七星区后，再由人民政府发给独生子女保健费。凡婚后终身未育或其未婚独生子女发生意外伤（病）死亡的夫妻，如年满49周岁，自愿不再生育或不再收养子女的，夫妻双方工作单位均在七星区行政区域内或夫妻双方户籍、居住均在七星区行政区域内无工作单位的村民、居民，由区人民政府给予一次性养老金4000元；如夫妻一方工作单位在七星区行政区域内或夫妻一方户籍、居住均在七星区行政区域内无工作单位的村民、居民，由区政府给予一次性养老金2000元。2004年，共奖励兑现2410人，奖励经费24.50万元。2005年，发放城镇居民的独生子女保健费28.70万元，发放281名主动放弃生育二孩的育龄人员奖金11.52万元，补助9名施行计生补救措施人员营养费1800元。是年，在部分农村建立计划生育家庭奖励扶助制度，首批42名实行计划生育的老人获得每年600元的奖励扶助金。

流动人口计划生育管理　1988年以前，外来暂住流动人口由市公安部门管理，其计划生育工作未纳入七星区管理范围。1988年5月，七星区贯彻市计生委、公安局、工商行政管理局、卫生局《关于加强计划生育管理的联合通知》，要求外省、市、县到辖区做工、经商、探亲和跟随配偶居住的人员，必须持有户口所在地核发的未婚证、结婚证、生育证、节育手术证，以及超生处理情况证明，到区计划生育办公室审核，交纳流动人口计划生育管理费并签署意见后，才能办理暂住证、营业执照、行医执照或务工合同。暂住期间，违反计生政策的，除按市规定处罚外，还要注销临时户口、营业执照和劳务合同，户口在辖区的育龄妇女外出工作、居住的，必须持有上述证明到新居住地计划生育部门登记审核，遵守当地的计划生育政策。

1990年12月，区政府对流动人口计划生育管理作出补充规定：各单位在1990年12月31日前，对在本单位做工、居住的流动人员中育龄妇女的计划生育情况要清查一次，以后每半年一次，发现超孕、超生、躲生者，除及时采取补救措施外，要将情况上报到区计划生育办公室，如有隐瞒不报或不进行处理的，经查出后要追究主管单位领导责任；凡户口不在本单位育龄妇女，必须交纳计划生育管理费（每人每月5角，每年6元），保证不计划外生育押金300元。如不按时交纳，单位、街道有权从猪肉补贴或工资中扣取；从1991年1月1日起，流动人口管理费必须按规定征收。

1992年4月，七星区贯彻国家计生委发布的《流动人口计划生育管理办法》和市政府发出的《关于外出、外来人口计划生育管理的通告》，规定：凡外来辖区探亲、经商或从事劳务等活动，居住3个月以上的人口，必须持户籍所在地计划生育委员会签发的流动人口计划生育证（简称计划生育证）或流动人口未婚证（简称未婚证），到区计划生育委员会登记、查验。通告发布前已进入辖区的流动人口，要在通告发布之日起2个月内到区计划生育委员会补办计划生育证或未婚证。对无计划生育证或未婚证的流动人口，公安部门不得办暂住证，用人单位不得雇用，工商行政管理部门不得签发营业执照；进入辖区的怀孕妇女，无户籍所在地的计生行政管理部门签发的准生证，按计划外怀孕躲生处理。

1993年，七星区将流动人口计划生育管理纳入人口与计划生育目标管理责任制，以“谁用工谁负责、谁受益谁管理、谁的地盘谁清理”为原则，定期或不定期组织干部到流动人口居住地进行清查、登记、验证。

1995年，七星区在自治区内率先制定《关于加强流动暂住人口计划生育管理暂行规定》，在自治区18个城区中率先把流动人口的管理纳入地方性政策法规的管理轨道。1996年，流动人口计划生育率为98.55%，综合节育率82.26%。1997年，流动人口计划生育率为98.68%，综合节育率82.06%。

1999年，成立区流动人口计划生育管理工作领导小组；制定《七星区流动人口计划生育管理办法》《七星区流动人口计划生育奖惩办法》；建立区领导计生联系点。建立区、乡、街道办事处、村委会和街道居委会流动人口计划生育管理站，配备流动人口计生管理人员3至5人。建立目标管理责任制，与计生、劳动人事、宣传、工商、公安、教育、卫生等部门签订流动人口计划生育管理责任状，实行年度考核，形成齐抓共管的局面。在穿山乡穿山村委会和七星街道办事处毅峰街居委会开展流动人口计生管理试点工作，按照“组织落实、底数清楚、管理规范、服务到家”的工作思路进行运作。穿山村委会摸索出“六个一”（一个好班子和队伍，一个好的计生宣传阵地，一个好的管理制度，一份好的计生合同，一个好的计算机管理档案资料，一个好的跟踪服务）的管理方式，毅峰街居委会实施“三个服务”（主动服务、优质服务、和谐服务）。全区有流动人口12493人，其中已婚育龄妇女3797人，妇检率为85%，验证率为80%，流动人口计划生育合同签订率为90%。是年9月28日，桂林市计划生育委员会在七星区召开全市流动人口计划生育管理试点经验交流现场会，推广该区的经验和做法，推动全市流动人口计划生育管理工作的开展。

2000年，七星区在穿山村委会、毅峰街道居委会2个试点的基础上，把流动人口最多的漓江居委会扩大为流动人口计生管理试点单位，探索老街租房居住的流动人口计生管理经验。经实践，摸索出在城乡接合部适宜“六个一”的做法；新建住宅小区“八个有”（有组织机构，有专职人员，有宣传阵地，有协调配合，有管理制度，有档案管理，有考核评估，有优质服务）的经验；老居委会“八个好”（领导班子团结好、计生队伍建设好，基础知识普及好，政策法规贯彻好，各项制度执行好，生产、生活、生育服务好，干群关系协调好，计生档案管理好）的管理方法后，举办区流动人口计划生育管理学习班，在全区推广试点单位的做法和经验。2000年11月，自治区计生委在七星区召开自治区流动人口计划生育管理现场会，189人参加会议。区委、区政府、穿山乡、七星街道办事处、东江街道办事处、三里店派出所分别在会上介绍经验。2001年4月，桂林市计生委组织各县（区）计生委（局）分管政法和流动人口计划生育工作的副主任（副局长），政法股长、流动人口管理股长或流动人口管理站长参观毅峰街、漓江街、穿山村流动人口计划生育管理试点村（居）委会。2002年，继续推行“六个一”“八个有”“八个好”的管理方法。2003至2004年，区政府将流动人口计划生育作为各单位的岗位责任制考核的重要指标，计划生育工作的考核由原来的以常住人口为主，逐步转移到以流动人口计生管理与服务和常住人口计生并重考核。

2005年，在穿山村、七星村和汇丰村3个“城中村”开展“人来登记，人走注销”的“旅店式”流动人口计生管理服务模式：每套出租房（门面）须向计生部门填写出租申报表，并分别与计生和公安部门以及租房户签订计生治安责任书；计生管理部门制定统一的出租门牌号，建立流入人员登记注销卡等专项档案，每月核查增删清理一次。通过这些措施，做到“三清一到位”（对流动人口底数清、来源地清、生育和避孕情况清，管理服务到位）。2005年7月，桂林市在七星区召开流入人口旅店式管理研讨会，对流入人口旅店式管理服务模式给予肯定，并在全市城镇进行推广。

目标责任制 1987年起，区委、区政府主要领导与市委、市政府主要领导或分管计划生育工作的领导签订计划生育承包协定书。承包内容主要有晚婚率、晚育率、多胎生育率、控制计划外生育措施等。是年，区政府与区属企业、街道居民委员会等单位签订计划生育承包协定书，此后每年签订计划生育目标管理责任书，并进行考核验收，奖优罚劣。

1989年，区政府将计划生育任务落实到区属企业、街道的同时，对辖区180多个单位，明确提出计划生育指标的记分标准，用记分的方法检查硬指标的落实和完成情况。年末，区计划生育检查组抽查26个单位，总分在90分以上5个单位，80分以上17个单位。1990年终，检查96个单位，总分在90分以上20个单位，80—89分39个单位，70—79分31个单位，60—65分6个单位。将检查结果

2005年4月18日，七星区举办流动人口旅店式管理试点工作培训班

（区计生局　供稿）

以简报的形式进行通报。1991年，晚婚率达83.3%，晚育率达96.88%，计划生育率达96.88%。

1992年起，七星区委、区政府与辖区各级驻桂单位、驻桂部队120个单位签订计划生育目标管理责任状后，这些单位又与下属1100多个单位签订计划生育目标责任书。1993年起，桂林市各城区推广这一做法。1994年，经自治区检查组抽查，辖区计划生育率为99.09%，环扎率为75.45%，统计误差准确率为84.70%，无多胎。七星区获自治区1994年度人口与计划生育目标管理先进达标单位、计划生育统计工作求实单位。

2005年7月，桂林市流入人口旅店式管理研讨会在七星区召开

（区计生局　供稿）

1995年，七星区计划生育管理从行政管理向依法管理转变。以法律合同的形式与辖区120多个单位签订计划生育工作承包责任书。承包内容有人口出生数、人口出生率、计划生育率、多孩率、环扎率、人口出生统计误差、妇检等七项。1996年12月，穿山乡和朝阳乡划归七星区管辖，区计划生育目标管理责任制范围相应扩大。1997年，增加“三为主”（即计划生育以宣传为主、避孕为主、经常性工作为主）、“三结合”（农村计划生育工作与发展经济相结合、与帮助农民勤劳致富奔小康相结合、与建设文明幸福的家庭相结合）、“三服务”（生活、生产、生育）和合格村完成情况等两项承包内容。1998年3月，区委、区政府出台《关于1997年度计划生育目标管理责任合同保证金兑现的意见》规定：按承包责任状规定兑现的计划生育保证金返回单位，其中50%作为单位计划生育经费，40%分别奖给单位分管计生领导及计生专干。

1999年4月，区委、区政府出台《关于计划生育工作奖惩办法》规定：两乡（朝阳乡、穿山乡）、两办（七星街道办事处、东江街道办事处）完成计划生育目标管理责任状的，由区委、区政府按达标分数线分别给予一、二、三等达标奖。各基层单位完成计划生育目标管理责任状的，由两乡、两办按达标分数线分别给予一、二、三等达标奖；计划生育目标管理责任状考核在919分（含919分，注考核总分为1000分）以下的单位不能参加评选计生工作先进单位，领导和计生工作人员不能参加评选计生工作先进个人；计划生育率、出生统计合格率低于考核指标的，实行一票否决，单位、领导、计生工作者一律不能参加评选各类先进，并取消综合奖；两乡和两办所辖常住人口出现多孩超生，即使其他计生指标完成，单位主管领导、分管领导、计生工作人员亦不能参加各种评先；两乡、两办及各村委、居委会的现任领导所管单位连续三次被一票否决的，主管领导、分管领导就地免职。1999年，辖区出生人口1190人，计划生育率为97.94%；综合避孕节育率为87.94%；政策外多孩率为0.09%。

2000年，全区出生人口1420人，计划生育率为98.38%；综合避孕节育率为90.41%；政策外多孩率为0.21%。是年，七星区获自治区人口与计划生育工作达标先进单位；2001年获自治区人口与计划生育目标管理责任状一等奖；2003年获自治区人口与计划生育目标管理先进达标单位。2004年，区人口与计划生育局、东江街道办事处、七星街道办事处、穿山乡、朝阳乡均获得本级人口与计划生育工作目标管理一等奖，分别获得1.4万元的奖金。2005年，全区出生1674人，出生人口占市下达出生控制指标的69.75%；计划内出生1659人，计划生育率99.10%（市下达指标为93%），其中二孩计划内出生181人，二孩计划生育率94.27%（市下达指标84%）；本期出生统计合格率为100%；本期长效避孕率为83.40%。2005年，七星区获自治区人口与计划生育工作达标先进单位；自治区人口与计划生育系统二等功。

计划生育村民自治　2001年初，七星区投入资金16万元，在穿山乡汇丰、朝阳乡岩前2个村委会开展计划生育村民自治试点，与已婚育龄夫妇签订计划生育村民自治管理合约。9月，区委、区政府在汇丰村委会召开七星区推行计划生育村民自治经验交流现场会，推广汇丰村、岩前村委会村民自治的经验。在推行计划生育村民自治工作中，各村委建立计划生育利益导向机制和制约机制，以奖励为主。穿山乡穿山、和平、光辉、汇丰等村委会给予领取独生子女证的夫妇奖励100—200元；晚婚晚育奖励100—200元；独生子女上学给予30—50%的补助；符合生育条件，但主动放弃生育2孩的一次性奖励学费200—1000元等。年末，全区40%（6个）村委会实行计划生育村民自治。2002年，70%村委会实行计划生育村民自治；兑现奖金4万多元。2003年，86%村委会实行计划生育自治，33%（8个）社区居委会实行计划生育居民自治。2004年93%村委会实行计划生育村民自治；76%社区实行计划生育居民自治；村（居）委会与已婚妇女签订计划生育合同率为100%，违约兑现100%。2005年，全区建制村、社区全部实行计划生育村（居）民自治。

计生技术服务

计划生育门诊 20世纪60年代以前，辖区育龄夫妇的节育手术和技术指导，主要由市妇幼保健院、驻区医院、卫生院负责。70年代中，驻区医院、卫生院设立避孕节育指导门诊，配置专业技术人员做避孕节育手术。80年代，由驻区医院、乡卫生院计生室为群众提供综合性的技术服务。1993年，区政府投资8万多元，建立区计划生育服务站，设立对外门诊部。1994年6月，正式开展计划生育技术服务。1995年实施计生手术892例，2003年825例，2004年980例。2005年，计生术后回访率为99%。

避孕节育药具管理 1982年，区计划生育办公室成立后，承担起辖区避孕节育药具管理工作。1985年，已婚育龄妇女采取避孕节育措施2636人。1990年发放口服避孕药14.14万片，外用避孕套8.87万个，外用避孕膜4580盒。1993年8月，区计生服务站设专职人员，负责避孕节育药具的管理。1995年避孕药具应用率为95.7%，有效率99.78%，回访率100%。1999年，七星区采取综合避孕措施的共27346人，其中使用药具的有2595人，占总人数的9.25%，超过上级要求的7%的指标，在自治区排列第3名；药具应用率、药具使用有效率、使用药具回访率均为98%以上。2001年，在流动人口居住相对集中的村（社区）安装免费药具自取箱共90台。2005年，全区有13个社区卫生服务站设立计生药具柜，免费发放计生药具；设立87个药具发放网点，配备专、兼职药具发放员，适时提供育龄人员口服避孕药片、套、膜、栓等不同类型的药具（其中14个发放网点在免费供网上可查询药具品种、服务时间、服务地址等），满足不同人群的需求。全区避孕药具应用率为98.70%，有效率99.94%，回访率100%。

妇科病普查与健康检查 1994年以前，七星区已婚育龄妇女的妇科病普查由驻区医院、卫生院负责。1993年8月，成立七星区计划生育服务站，1994年配备3名专职人员，投入经费40多万元购置医疗设备，开展已婚育龄妇女的妇科病普查和健康检查工作，每年普查农业人口和流动人口中的已婚育龄妇女4次，非农业人口中的已婚育龄妇女2次，妇检率90%以上。2000年，对穿山乡、朝阳乡部分村委会1960名已婚育龄妇女进行健康检查，查出患有妇科病141人，其中阴道炎85人，子宫颈炎54人，子宫颈癌1人，子宫肌瘤1人。2001年，在穿山乡、朝阳乡60%村委会开展以普查与防治妇科病为重点的生殖保健服务的健康检查工作，对其中4596名已婚育龄妇女进行健康检查，查出患病者1354人，对患病者进行指导性治疗。2002年，全区健康检查7163人，查出患病者1716人，转诊和指导性治疗1716人。2004年，健康检查33个村（社区）16888人，查出患病4842人。2005年，健康检查38个村（社区）22817人，查出患病4952人。

2005年，毅峰社区开展计生优质服务健康检查活动

（区计生局　供稿）

第四章

高新技术产业

桂林国家高新区漓东科技大厦 （2008年摄）

1988年5月29日，自治区人民政府在桂林市组织召开现场办公会议，决定在桂林市七星区境内东环路两侧15平方千米范围内建立桂林新技术产业开发区。6月，桂林新技术产业开发区管理委员会成立。1989年，桂林新技术产业开发区设立科技创业服务中心。

1991年3月，桂林新技术产业开发区被国务院批准为国家级高新技术产业开发区，成为全国第一批国家级高新区之一，也是中国五个少数民族自治区中的第一个国家级高新区。同年3月，由市财政出资在七星辖区内骖鸾路两侧，南至罐头厂南面的环城南路，东至广西第一机床厂，西至桂林皮革厂，总面积1平方千米范围内建设高新技术产业工业园区，时称“一平方公里火炬产业基地”，区内的大专院校和科研院所依托单位的科技人才和科研成果，在工业园区创办高新技术企业。1995年11月23日，桂林新技术产业开发区办公中心由桂林市施家园六号院搬迁至桂林市骖鸾路26号高新开发大厦。1996年，桂林新技术产业开发区更名桂林高新技术产业开发区。

1997年6月，为拓展开发区的发展空间，中共桂林市委、市政府决定将七星区与开发区合并（合并后简称桂林高新区七星区），合并后仍保留“桂林国家高新技术产业开发区”（简称桂林高新区）和“桂林市七星区”两块牌子。实行两块牌子一套班子的管理模式，实现全面开发建设桂林漓江以东区域的战略布局。桂林高新区范围东至雷劈山脚，西至漓江，南至环城一路，北至猫儿山，规划面积12.07平方千米。

2000年，桂林高新区成立留学生创业园，建成科技企业创业孵化场地2.7万平方米，为科技型企业提供开发条件、政策扶持、资金筹措、项目申报、人才培训等全程综合服务。

2003年起，桂林高新区实施“一区多园”的战略布局，按总体规划，在七星区域内相继规划建设了信息产业园、铁山工业园、英才科技园三大园区。2005年年末，桂林高新区拥有各类高新技术企业100多家（其中入驻园区的高新技术企业45家），累计开发实施高新技术项目682项，其中国家级火炬计划等项目59项，开发具有自主知识产权的产品342个，50%居国内领先水平。已初步形成电子信息、生物医药、机电一体化、新材料、环保等具有地域特色和优势的五大主导产业。

第一节　组织机构

1988年4月，桂林新技术产业开发区筹建工作领导小组成立。同年6月，桂林新技术产业开发区管理委员会成立。1994年3月，中共桂林新技术产业开发区工作委员会成立。1997年6月，开发区与七星区合并，成立桂林高新区七星区，行政中心在骖鸾路26号高新开发大厦。

桂林国家高新技术产业开发区管理委员会

1988年4月，中共桂林市委、市人民政府决定成立桂林新技术产业开发区筹建工作领导小组。6月，桂林新技术产业开发区管理委员会（简称开发区管委会）成立，办公中心位于施家园路6号。开发区管委会内设技术开发部、企业管理部、综合部、科技创业中心等4个部门，兼挂“桂林新技术产业开发区工作领导小组办公室”牌子，领导小组组长由副市长袁凤兰兼任，领导小组办公室主任由周祜担任。1990年4月，开发区管委会经自治区编制局批准为县（处）级事业单位。

1992年4月，桂林新技术产业开发区工作领导小组撤销，并调整开发区管委会组成人员，由市长袁凤兰兼任开发区管委会主任。开发区管委会下设开发区管理办公室，由副市长蔡永伦兼任开发区管理办公室主任。1995年1月，开发区管理办公室定为相当于县(处)级事业单位,开发区管委会改为协调机构。5月,开发区管委会主任改由副市长李金早兼任,开发区管理办公室主任改由孔繁健担任。6月,开发区管理办公室内部机构调整为综合业务处、企业发展处、招商引资处(挂"招商引资局"牌子)、建设管理处(挂"建设管理局"牌子)、劳动人事处(挂"劳动人事局"牌子)等5个部门。12月,市人民政府明确开发区管理办公室为市政府派出机构。

1996年5月,桂林新技术产业开发区管理办公室更名为桂林高新技术产业开发区管理办公室。

1997年6月,开发区与七星区合并为桂林高新区七星区,保留"桂林国家高新技术产业开发区"(简称桂林高新区)牌子。桂林高新技术产业开发区管理办公室改为桂林国家高新技术产业开发区管理委员会(简称桂林高新区管委会),副市长李金早兼任桂林高新区管委会主任。桂林高新区管委会为处级机构。

1999年4月—10月,桂林高新区管委会主任由副市长王佳中兼任。1999年10月—2003年4月,管委会主任由副市长孙中文兼任。此后,管委会主任由七星区区长担任。

2005年年末,桂林高新区管委会直属企事业单位有桂林科技创业服务中心、桂林高新技术产业开发总公司、桂林漓东科技投资公司、桂林高科房地产开发有限公司、区劳动就业服务中心等。

中共桂林国家高新技术产业开发区工作委员会

1989年4月,桂林新技术产业开发区管委会党支部成立,管委会主任周祐兼任支部书记,1992年4月—1994年3月,施润德任支部书记。1994年3月9日,中共桂林新技术产业开发区工作委员会(简称开发区工委)成立,为市委派出机构(处级),市长袁凤兰兼任开发区工委书记。开发区工委下设办公室。1995年4月,开发区工委书记改由副市长李金早兼任。1997年6月,中共桂林新技术产业开发区工作委员会更名为中共桂林国家高新技术产业开发区工作委员会。开发区工委书记仍由李金早兼任。1998年8月—1999年10月,市领导不兼任开发区工委书记,改由七星区委书记担任。1999年11月—2003年2月,开发区工委书记再由副市长孙中文兼任。此后,开发区工委书记又改由七星区委书记担任。2005年年末,有党支部334个,其中管委会机关党支部39个,党员495人,辖区企业党支部295个,党员6600人。

第二节　基础建设

1988年桂林新技术产业开发区设立后,逐步加大基础设施投资力度,完善开发区的道路、水电、通信等基本设施。实施人才战略,1991年后陆续建成成立桂林留学人员创业园、人才交流中心、博士后管理工作站,将区域内各科研机构院校的130多名博士,分别成立6个工作分站,充分发挥科技人才在产品开发和科研成果转化中的作用。2003年,投资100多万元,在高新开发大厦建成面积500平方米的桂林经济工作办证中心。中心设置大型电子显示屏、触摸式电子显示屏、电脑等各种服务器100多台(套),并开通了内部局域网,联通国际互联网,全市承担投资办证审批职能的部门及中介服务机构20多家入驻大厅,为外资企业和内资企业提供"一站式"服务。2005年年末,桂林高新区七星区拥有2万多门程控电话;中国联通桂林分公司、桂林移动通信公司、铁道通信桂林分公司在辖区内设立有机房(基站),覆盖面100%;并拥有日供水6万立方米的自来水厂、日处理4万吨的污水处理厂及总容量18.3万千瓦的4座变电站;开发区新建区面积307公顷、厂房面积190万平方米。1988至2005年,桂林高新区固定资产共投资167.78亿元,其中工业园区基础设施建设投资25亿元。除铁山工业园外,累计开发工业园区土地面积418公顷,建设项目包括工业园区道路以及市政配套设施、办公区、标准厂房、公寓等,共征用土地面积560公顷。

园区规划

1988年5月26日,自治区人民政府在桂林召开现场会议，会议决定在桂林市东环路两侧15平方千米范围内建立桂林新技术产业开发区。1991年9月经国家科委审定，桂林新技术产业开发区由政策区和雷劈山新建区两部分组成，其中政策区面积9.38平方千米，雷劈山新建区面积为2.69平方千米，总有效面积为12.07平方千米。

1991年，开发区按总体规划面积12.07平方千米的布局，以三里店大圆盘南侧为基点，向南沿骖鸾路两侧，南至罐头厂南面的规划绿化地带，东至广西第一机床厂，西至皮革厂，在总面积1平方千米范围内建设高新技术产业园区。至2002年，先后在园区内建成10个小区，工业园区的土地征用、道路、水电网管等基础设施建设由市政府投资4000多万元。2003年起，按照"一区多园"的战略布局，拓展高新技术产业发展的空间。至2005年，高新技术开发区相继规划建设了信息产业园、铁山工业园、穿山科技园、英才科技园等高新技术产业园区。

政策区区域边界 1991年，市政府批准开发区的政策区区域边界为：北起桂林电器科学研究所北围墙沿东南方向至桂林电子工业学院北围墙；东沿桂林电子工业学院东围墙至六合路，暨沿泛绿渠至朝阳路、邮电部桂林休养所东边；南沿外东环路至环城南一路与穿山东路汇合处；西沿穿山东路向北至桂林一中，并沿桂林一中北围墙至小东江边，再沿小东江向北至龙隐路，沿龙隐路暨七星公园南围墙向东直至环城北一路，沿环城北一路向北至六合路，沿六合路向西至小东江，沿小东江向北至桂林医学院分部西围墙，再向东北至桂林电器科学研究所北围墙。

雷劈山新建区区域边界 1991年，市政府批准开发区的雷劈山新建区区域边界为：北起桂林火车东站沿横塘路东至雷劈山脚，由雷劈山向南至桂海铁路，沿桂海铁路向西北至桂林火车东站。

1997年6月，开发区、七星区两区合并为桂林高新区七星区，开发区规划纳入桂林高新区七星区规划建设，市政府不再批准新的高新技术产业开发区规划。

产业园区布局规划 1991年，桂林新技术产业开发区的产业园区以漓江路与环城南一路之间的新建区为基础，沿桂磨公路向环城南一路以南延伸。规划产业园区约750公顷。开发区设置方式为一区多园，分散布局。即一个高新产业区，下属多个产业园区，并把区内园和区外园两种形式结合起来。区内园主要结合周边的科研高教设施，利用高度密集的智力资源与生产的直接结合，转科研成果迅速产业化；区外园主要是利用现有的产业和制造装配业优势，形成高新技术产业的配套服务产业。区内园主要设置7个园区：留学生创业园、桂林电子信息城、环保产业园、医药城、张家山信息产业园、铁山工业园、英才科技园。

园区建设

20世纪90年代开始园区建设，至2005年年末，桂林高新区初步建成1基地5园区，即：一平方公里火炬产业基地、留学人员创业园、信息产业园、穿山科技园、铁山工业园和英才科技园。

一平方公里火炬产业基地 该基地位于骖鸾路两侧，毅峰路南侧，穿山东路西侧、环城南一路北侧，规划面积100公顷，由桂林市人民政府土地开发办公室负责建设。1991年3月18日在一号小区破土，5月29号奠基，10月15日正式开工建设。1995年，改由桂林高新技术开发总公司负责开发建设。至1995年年末，该基地完成道路长度11千米，雨水、污水管网21千米，供水管网5千米，供电线路6.5千米建设；完成100公顷"五通一平"，即完成道路、给水、排水（包括雨水、污水）、电力、通信等设施建设以及平整了场地，入园企业75家。2005年年末，该基地工业总产值40亿元，有在职员工7200人。

桂林留学人员创业园 该园位于开

2005年，桂林国家高新区园区建设新貌

2005 年，一平方公里火炬产业基地

发区一平方公里火炬产业基地五号小区。2001 年 4 月 9 日挂牌成立。拥有孵化场地 1.6 万平方米。至 2005 年年末，该园吸引并培育了从美国、英国、日本等国家归国的海外留学人员和国内的博士、博士后到该园创业，累计创办各类企业 110 家，“毕业”企业 9 家。

信息产业园　位于广西柑橘研究所以东朝阳乡一带。2003 年 9 月 7 日开工建设，是当年自治区重点建设项目。总建设面积 105.6 公顷，总投资 4.21 亿元。该园主要是发展电子、通信及软件产业。至 2005 年年末，第一期 48.07 公顷基础设施建设已基本完成，平整土地 48.07 公顷，完成道路长度 3723 米、供水管道 3151 米、供电线路 14978 米、雨污水管长度 6110 米、变电站（电力容量）1 个 5 万千伏安、路灯 136 个建设，绿化面积 15936 平方米，基础设施投资 14839 万元。有电子信息类企业 10 多家入驻该园，其中 7 家建成投产。工业总产值 10 亿元，利税 1.3 亿元，在职职工 1035 人。

穿山科技园　位于七星区环城南一路南侧，桂磨公路东侧。2003 年 10 月 22 日动工兴建，一期工程占地面积 0.09 平方千米。至 2005 年年末，共投资 2.2 亿元完成基础设施建设，平整土地面积 100 多万平方米，建设道路长度 500 多米、供水管道 400 多米、雨污水管 10000 多米、供电线路 15000 多米、路灯 180 多个，绿化面积 2.06 万平方米。并建成 2 万多平方米的商业、办公、生活区和 0.6 万平方米的标准工业厂房、科研中心及相应的配套设施，有 4 家企业入驻园区。

铁山工业园　位于七星区东南部，环城南一路以东，桂磨公路南北两侧，与市区相连接，距市中心 5 千米，桂磨公路、桂海铁路贯穿其中，紧靠绕城高速公路，园区中心有桂林火车东站。总规划 12 平方千米。2003 年动工兴建。分期开发建设，一期规划面积 5.52 平方千米，二期规划面积 2 平方千米。重点开发机械制造、电子信息、精细轻工等高新技术产业。至 2005 年年末，已平整土地面积 71 万平方米，建设道路长度 3200 米、供水管道 900 米、雨污水管 11000 米、供电线路 3100 米、路灯 32 个，绿化面积 7000 平方米，完成基础工业设施投资额 1.8 亿元。

英才科技园　位于七星区东部，桂林英山柴油机厂东侧，桂磨公路北侧，紧邻铁山园，与市区东外环路、绕城高速路相连接，距市中心 6 千米。该园是自治区、桂林重点建设项目，2004 年 12 月 18 日举行开工仪式，由桂林高新技术产业开发总公司负责开发建设。是以机电一体化、新材料产业为主体

穿山科技园

的综合性产业园。规划用地总面积577公顷，分期建设。一期规划用地面积126公顷，二期规划用地面积186公顷，三期规划用地面积179公顷，四期规划用地面积86公顷。2005年4月，桂林高新区正式委托桂林科赛投资公司负责一期基础设施建设。至2005年年末，已平整土地81.47公顷，填方24.3万立方米，挖方37.6万立方米，建设道路长度6070米、供水管道6231米、雨污水管12463米、供电线路13944米、路灯240个，绿化面积28680平方米，实际完成基础工业设施投资额16203万元。

漓东孵化器

创业服务

1989—1991年，桂林高新区建成并基本完善科技创业服务中心（简称创业中心）各项功能。创业中心为留学人员企业、博士企业及高科技型企业在创业初期提供办公、经营、生产场地、开发条件、政策扶持、资金筹措、项目申报、人才培训综合服务等。1995—1999年，桂林市财政每年拨出500万元扶持高新区建设；从1998年起，高新区设立科技发展基金，专用于科技三项和科技创新，2002年又开始设立孵化资金，为在孵企业提供小额短期流动资金信用借款服务。2000年10月，创业中心被科技部认定为国家级高新技术创业服务中心，也是广西第一家国家级高新技术创业服务中心。

2001年4月，桂林留学人员创业园挂牌成立。

至2002年，创业中心已建立孵化场地2.4万平方米，引入资金人民币7704万元、美元379.82万元，孵化企业160家（“毕业”企业34家），孵化项目200多项。发放创业资金225万元，支持18家高新技术企业进行产品开发和科技成果转化，完成国家级和自治区级科技攻关项目各5项，有40多项科技成果获得国家专利。完成工业总产值7.06亿元。

2002年，桂林留学人员创业园有留学人员企业20家，博士企业10家。

2003年起，创业中心把孵化重点转到高新技术项目培育、认定上。至2004年，创业中心通过搭建留学人员创业园和博士孵化器，吸引50多位留学人员、博士进驻，创办企业47家，为企业争取、引入政府和民间资金1390万元，发放创业扶持资金442万元。

2000—2005年，桂林高新区累计投入3000多万元，共建面积2.4万平方米的创业孵化场地，孵化主场地——高新创业大厦建筑面积1.6万平方米，集通信、商务、培训、产品展示、创新沙龙、健身娱乐等硬件设施为一体。2005年年末，创业中心有孵化企业137家。此外，桂林高新区还有留学人员创业园、创业工业园、大学生创业园、大学科技园等科技孵化园，总面积12.14万平方米。2001—2005年，桂林高新区共发放孵化资金632万元。这些科技孵化园从成立至2005年年末，共孵化企业207家，累计“毕业”企业90家。

人才建设

1995—2005年，桂林高新区注重人才投入，设立博士后科研工作管理站，先后建立电子信息产业、机电一体化产业、新材料产业、生物医药产业、环保产业等5个专业人才库。2005年年末，七星辖区机关、企事业单位共有各类专业技术人员1.2万名，其中博士38名，硕士293名，本科生3452名，大专生4655名；具有高级职称1364人，中级职称4273人。

第三节　产业政策

1988年9月5日，自治区人民政府颁布《广西壮族自治区人民政府关于桂林南宁新技术产业开发区的若干规定》，这是广西出台的第一部新技术产业开发区优惠政策文件。1989年11月27日，桂林市人民政府制定《关于桂林新技术产业开发区内新技术企业和新技术产品税收管理的实施办法》。

1991年，桂林高新区成为国家级高新区后，执行国家科委《国家高新技术产业开发区若干政策暂行规定》、国家税务局《国家高新技术产业开发区税收政策的规定》。高新技术企业减按15%的税率征收企业所得税，其中出口产品产值达到当年总产值70%以上的，按10%税率征收所得税；新办的高新技术企业，从投产年度起，两年内免征所得税，新办的中外合资经营的高新技术企业，合营期在十年以上的，可从获利年度起，头两年免征所得税；内资办的高新技术企业新建技术开发和生产经营用房，免征建设税(或投资方向调节税)；高新技术企业用于高新技术开发和高新技术产品生产的仪器、设备，可实行快速折旧；经海关批准，高新技术企业可在高新区内设保税仓库、保税工厂；高新技术企业生产的出口产品，除国家限制出口或者有规定的产品以外，免征出口关税。

1995年5月，中共桂林市委、市人民政府赋予桂林高新区市一级经济管理权限，实行统一领导、统一开发、统一管理的封闭式管理体制，确立“统一管理、全市共建、外引内联、政策灵活、管理创新”的发展方针。此后，自治区、桂林市和高新区又制定了一些优惠政策，主要有《广西壮族自治区外商投资企业地方所得税税收优惠规定》，桂林市委、市政府《〈关于加快园区建设步伐主动承接产业转移的决定〉实施细则》《桂林国家高新区鼓励企业做强做大奖励暂行办法》《桂林科技创业服务中心优惠政策》《桂林国家高新技术产业开发区关于鼓励留学人员、博士创业的若干规定》。

至2005年，桂林高新区主要享有国家级高新区、沿海开放地区、西部大开发和少数民族地区民族自治政策等优惠政策，同时执行桂林市及高新区对企业的扶持政策。

第四节　高新技术产业群

桂林高新区成立后，一些科研院所和民间科技人员即带项目到高新区开办企业。高新区企业由1989年的9家发展至两区合并前1996年的80多家，年工业产值由1309万元增长至9.17亿元。

从1997年起，桂林高新产业步入稳步发展阶段。至2005年，桂林高新区已初步形成电子信息、生物医药、光机电一体化、新材料、环保等具有地域特色和优势的五大主导高新技术产业群。

电子信息产业

电子信息产业是桂林高新区的支柱产业。1991年，桂林新技术产业开发区通过引进吸收和企业自主创新，开发出一批科技含量高、市场前景广阔的电子信息产品，这些产品主要有以光纤通信、数字微波通信为代表的通信设备；以光无源器件、传感器、片式电子元器件、多层印刷电路板等为代表的新型元器件产品。其中，部分产品拥有自主知识产权，部分产品达到国际先进水平。2004年，桂林高新区被自治区信息产业局授予“广西电子信息产业基地”，被自治区党委组织部、自治区人事厅授予“广西信息产业人才小高地”。2005年年末，电子信息产业有规模以上企业34家，产值32.07亿元，年产值占辖区的36.88%。上亿元以上的科技型大企业有桂林国际电线电缆集团公司、桂林NEC无线通信有限公司、桂林广陆数字测控股份有限公司、桂林鸿瑞科技发展有限公司等，科技型中小企业有桂林市金源通信有限公司、桂林市恒宇通信有限责任公司、桂林漓江信息产业集团有限责任公司等，逐步形成独特品牌的电子信息企业集群。

生物医药产业

生物医药产业是桂林高新区的优势产业。1994年，桂林新技术产业开发区的生物医药产业有桂林第三制药厂的化学药品、桂林思特新技术公司银杏叶提取物、广西罗汉果制品等。2005年年末，桂林高新区有规模以上生物医药食品企业14家，年产值17.78亿元。生物医药企业中有6家为桂林市百强重点企业，行业涉及中成药、中药饮片、保健品、化学原料药、医药中间体、医疗器械、医药制剂、生化制剂、卫生材料、药用包材、药用滑石粉、医用氧等。知名企业有桂林三金药业股份有限公司、桂林南药股份有限公司等。桂林三金药业股份有限公司主要生产西瓜霜系列和三金系列产品，已获中药发明专利权12项，中药保护品种20个，“三金”牌商标被国家工商局认定为“中国驰名商标”。桂林南药股份有限公司开发的青蒿琥酯，是WHO（世界卫生组织）等权威组织确定的抗疟基本药，是国内首家通过WHO的GMP认证的青蒿素类药物，已被WHO列入采购名单。

桂林民营企业晖昂生化药业公司工作人员正在生产车间提取紫杉醇产品

光机电一体化产业

光机电一体化产业也是桂林高新区的优势产业。1991年，桂林新技术产业开发区的光机电一体化产业有中国化学工业桂林工程公司的冷喂料橡胶挤出机、桂林康兴激光仪器厂的激光医疗仪器等。2005年年末，桂林高新区有规模以上机电一体化企业29家，工业产值8.46亿元。发展前景较好的企业有：桂林星辰电力电子有限公司、桂林华工百川科技有限公司、中国化学工业桂林工程公司、中昊力创（北京）机电设备有限公司桂林分公司等。其中桂林星辰电力电子有限公司、中国化学工业桂林工程公司等企业，具备了集研发、设计、制造、销售为一体的能力。

新材料产业

新材料产业是桂林高新区的特色产业。1991年，桂林新技术产业开发区的新材料产业有桂林辰山新技术开发公司银基电工材料和桂林地矿院试验厂的超硬合金材料等。2005年年末，桂林高新区有规模以上新材料企业13家，年产值5.66亿元。拥有广西唯一一家由科技部批准设立的工程技术研究中心，即国家特种矿物材料工程技术研究中心，该中心重点研制开发人工晶体材料、超硬材料、环保矿物材料和改性复合矿物材料及制品。电工材料、汽车安全玻璃和橡胶制品等行业也是高新区的强项。中国化工橡胶桂林有限公司的巨型工程子午轮胎项目已获得国家科技支撑技术项目支持，这是全国轮胎行业第一个获此殊荣的项目。全钢

1998年，桂林电器科学研究院生产的银氧化锡线材　　（桂林电器科学研究院　供稿）

子午线巨胎的研制成功，填补了国内空白，使公司成为世界上第四家能生产全钢子午巨胎的公司，打破了国外对中国全钢子午巨胎的技术封锁，为中国挖掘运输业的发展做出了贡献。

环保及其他产业

环保产业是桂林高新区的新兴产业。1991 年，桂林新技术产业开发区的环保及其他产业有桂林利凯特环保实业公司的希土催化剂制品、广西珠宝公司人造珠宝、饰品等。2005 年年末，桂林高新区有规模以上环保及其他产业企业 17 家，年产值 22.98 亿元。环保产业有利凯特公司的催化剂系列产品等，年产值 1.18 亿元。其他产业集中在印刷、制衣、纸业等行业，主要企业有桂林华艺彩印有限责任公司、桂林澳群彩印有限公司、桂林凯丽制衣有限公司、桂林世聪制衣有限公司、桂林洁伶工业有限公司等。桂林利凯特环保实业公司研发的陶瓷载体催化剂、金属载体催化剂等为名优环保产品，拥有自主知识产权和产品技术专利。

第五节　产品研究与开发

研究与开发

1991—1995 年，桂林高新区共承担研究开发项目 8 项，其中列入国家火炬计划 2 项，列入自治区火炬计划 6 项。桂林康兴激光医疗仪器厂的半导体激光照射治疗仪和邮电部 532 厂桂林分厂的 CZV302 型高速图文传真二类机为列入国家火炬计划项目。

1995—1999 年，桂林市财政每年拨付 500 万元用于桂林高新区的开发建设；从 1998 年起，桂林高新区设立科技三项基金，财政每年拨出专项资金，用于扶持企业研发新产品。

1991—2005 年，桂林高新区及其企业在产品研发和技改累计投入 40 多亿元，开发实施各类高新技术项目 1000 多项，具有自主知识产权的产品 400 多个，列入国家级科技计划的 90 多项。其中，2000 年，桂林星辰电力电子技术开发有限公司研发的具有自主知识产权的双电机直流消隙系统、直流脉宽伺服系统，技术指标居国际领先水平，拥有 5 项国家发明专利，已广泛运用于神舟五号、六号、七号、八号飞船等国防事业及民用领域；2001 年，桂林利凯特环保公司研制开发的陶瓷载体催化剂、金属载体催化剂等环保产品，广泛用于新车配套和在用车改造，摩托车尾气净化技术已达到国际先进水平，公司拥有多项产品技术专利；桂林晖昂生化有限责任公司的主要产品紫杉醇，是世界上比较有效的抗癌药物原料，主要用于治疗转移性卵巢癌和乳腺癌，2003 年获国家食品药品监督管理局颁发的 GMP 证书；桂林广陆数字测控公司是中国第一、世界第二大的新型电涡流式位移传感器及新一代防水型数显卡尺，2005 年 3 月获国家发明专利，高精度电子数显量具量仪产品远销欧美各国；2005 年 12 月，桂林特邦新材料公司依托广西唯一一家由科技部批准设立的国家特种矿物材料工程技术研究中心，承担“激光焊接超薄酸钛氧钾(KTP)晶体”2 个国家科技型中小型企业技术创新基金项目。

高新技术产品

电子信息类　1991 年，桂林新技术产业开发区的电子信息类产品主要有光纤通信设备、光纤开关元器件等。2005 年年末，桂林高新区的电子信息类产品主要有：微波通信设备、光纤通信设备、光纤开关元器件、数显容栅传感器、表面贴装元器件、数字光盘、可改写光盘、智能监控系统、航天电器、通信电源、激光电源、LED 大屏幕显示屏、低压电子载波抄表系统、网络计算机等。多功能电子数量卡尺系列、高精度电子数显指示表系列。

桂林广陆数字测控股份有限公司的产品有容栅线准移测量装置量系列、新型多功能电子数显卡尺系列、高精度电子数显指示表系列。其新型电涡流式位移传感器、新一代防水型数显卡尺，已获国家发明专利。

桂林电力电容器有限公司研制成功 2400 千伏、5400 千伏冲击电压发生器、半导体高压并联电容补偿装置等新产品，均为国内首创，产品行销全国，配套出口东南亚。

桂林NEC是日本NEC公司在中国首家集销售、安装、维护、咨询数字微波通信设备于一体的企业，充分利用国际先进的仪器仪表及先进的检测手段，确保对设备的维护和检测。桂林NEC主要产品为NEC-SDH微波通信设备、NEC-PDII微波通信设备，广泛用于电信、移动、联通、电力、水利、民航、石油、广播电视、交通等行业。

生物医药类 1994年，桂林新技术产业开发区的生物医药类产品主要有西瓜霜润喉片、三金片、脑脉泰、十咔扶正颗粒等。2005年年末，桂林高新区的生物医药类产品主要有：西瓜霜润喉片、三金片、脑脉泰、十咔扶正颗粒、紫杉醇、人表皮生长因子系列产品、青蒿琥酯系列产品、医用生化分析仪、物理治疗仪、激光医疗仪器、超声波牙科医疗器械。西瓜霜、西瓜霜润喉片、临床诊断试剂、盐酸左旋咪唑、磷酸左旋咪唑、布美化尼。龙血竭胶囊、复方红根草片、蛤蚧定喘胶囊、眩晕宁片、胃痛胶囊、复方罗汉果清肺糖浆等生物医药类产品。

桂林三金药业集团公司生产的中成药西瓜霜系列产品，是全国咽喉口腔用药的第一品牌，三金片西瓜霜润喉片为国家中药保护品种。2005年年末，桂林三金药业集团拥有100多种独家研制生产的中成药品种，其中"三金牌"西瓜霜系列产品成为全国咽喉口腔用药的第一品牌，三金片、西瓜霜润喉片被评为"中国中药名牌"产品，玉叶解毒冲剂等7个品种被定为国家中药保护品种，复方田七胃痛胶囊等8个品种被收录进国家基本药物目录。

桂林南药股份有限公司研制了"天和骨通贴膏"、麝香追风膏等多个拥有自主知识产权品种。1987年，公司主要股东桂林制药厂自主研发成工化学合成原料药青蒿琥酯，获得国家第1号一类新药证书，1991年获中国专利优秀奖。2000年，青蒿琥酯被世界卫生组织确认为抗疟基本药物，收入《WHO基本药物》目录。1995—2005年，桂林南药股份有限公司先后相继研究开发了抗寄生虫类、维生素类、心血管类和解热镇痛类等多个系列200余种合成原料药和制剂。

桂林晖昂生化药业公司生产的紫杉醇，是高效的抗癌药物原料，主要用于治疗转移性卵和乳腺巢癌。2003年获国家食品药品监督局颁发的CMP证书桂林市啄木鸟医疗器械有限公司研发生产的超声洁牙机系列：光固化机(4种型号)、窝洞制备工作尖(产品超过国际一流水平，国内首创)、超声骨刀(国内首创产品)、超声荡洗根管治疗针、高性能超声洁牙机等产品远销美国、德国、英国、法国、意大利、俄罗斯、巴西等80多个国家。

光机电一体化类 1991年，桂林新技术产业开发区主要有橡胶挤出机等。2005年年末，桂林高新区的光机电一体化类产品主要有：计算机控制材料试验机、计算机控制交直流伺服系统、全钢子午线巨胎生产工艺及关键设备、汽车油电混合动力系统、航空轮胎测试系统、橡胶混炼机、挤出机等橡胶机械设备、高档客车、激光雕刻机、薄膜拉伸设备、无人飞机及控制系统、光学体视显微镜、轮胎防爆装置、风动工具、气动工具、电子束焊机等光机电一体化类产品。

桂林星辰电力电子有限公司研发生产的产品交流伺服电机及驱动器、直流伺服系统，技术指标处于国际或国内领先水平，其中直流脉宽伺服系统、双电机消隙直流伺服系统等已应用于国家新一代导弹护卫舰，空军机场雷达及"神舟"1—6号、"嫦娥"1号载人飞船等科技尖端领域；双电机消隙直流伺服系统、消隙交流伺服系统，应用于"远望号"远洋测量船、"神舟号"载人宇宙飞船地面测控雷达；连续激光电源、声光Q开关驱动器，应用于固体激光加工设备，激光标刻机，印字轮激光雕刻机，是国内速度最快、稳定性最好的激光标刻系统，这两项产品为国内名优产品。

新材料类 1991年，桂林新技术产业开发区的新材料类产品有电工触头材料等。2005年年末，桂林高新区的新材料类产品主要有：航空轮胎、全钢子午线巨胎、电工触头材料、人造金刚石材料及系列产品、防菌薄膜、超细改性复合粉体材料、汽车安

1995年，桂林电器科学研究院生产的银石墨电触头材料　　（桂林电器科学研究院　供稿）

全玻璃、核径迹防伪标识材料、新型建筑材料、新型电工绝缘材料、单晶硅片、人造晶体、F 级高强度多胶粉云母带、密胺聚酯塑料、隔膜式全塑系列龙头、黄铜盘管、高压石油泵管等。

桂林电器科学研究所研发生产的模具数据与信息系统，整体技术填补了国内空白，达到了国际先进水平；SL2500 型双轴定向拉伸聚酯薄膜生产机组产品制造水平达到国际水平。新型触头材料，专用于新型远程对地导弹和大型水下军用船舰上自动电力电器，整体性能达到了国内领先水平。

昊华南方（桂林）橡胶有限责任公司研发生产的全钢子午线巨胎，大规格"力创"牌子午线轮胎硫化机。该公司著名品牌有橡胶机械、乳胶制品、橡胶制品、化工机械、巨型轮胎、航空轮胎、安全套、防化服等均为中国名牌产品。

环保类　1991 年，桂林新技术产业开发区的环保类产品主要有汽车尾气净化材料及系列等。2005 年年末，桂林高新区的环保类产品主要有：汽车、摩托车尾气净化材料及系列产品、城市污水和工业废水治理技术及设备等。

由桂林利凯特环保公司研制开发的陶瓷载体催化剂、金属载体催化剂等环保产品，广泛用于新车配套和在用车改造；摩托车尾气净化技术已达国际先进水平。

第六节　主要经济指标

1989 年，桂林新技术产业开发区技工贸总收入 0.84 亿元，工业总产值 0.13 亿元，正式投产运营的企业只有邮电部五三二厂桂林分厂、矿地院试验厂等 9 家企业，没有产品出口创汇企业。1996 年，开发区在七星辖区内已创办各类科技企业 80 多家，年技工贸总收入 9.04 亿元，工业总产值 9.17 亿元，产品出口创汇 2680 万美元。

1997 年 6 月，桂林高新区与桂林市七星区合并。桂林高新技术产业主要经济指标见表 4-1。

表 4-1　　**桂林高新技术产业 1989—2005 年主要经济指标表**

年份	技工贸总收入（亿元）		工业总产值（亿元）		出口创汇（万美元）		备注
	全市总计	其中七星辖区	全市总计	其中七星辖区	全市总计	其中七星辖区	
1989	0.84	0.84	0.13	0.13			产值为 80 年不变价
1990	1.26	1.26	0.55	0.55			产值为 90 年不变价
1991	1.42	0.85	1.43	0.86	18	18	同上
1992	1.90	1.05	1.86	1.03	25.5	25.5	同上
1993	3.36	2.53	3.48	2.62	17	17	同上
1994	4.97	3.29	5.46	3.61	384.9	384.9	同上
1995	7.29	4.77	8.09	5.29	1520	1520	同上
1996	12.97	9.04	13.15	9.17	2680	2680	同上
1997	23.11	16.15	23.82	16.65	2559	2559	同上
1998	30.06	18.93	31.74	19.99	2282	2282	同上
1999	40.01	25.99	39.27	25.51	2890	2890	同上
2000	60.54	29.19	58.60	28.25	7491	7491	当年价
2001	70.02	31.00	73.63	32.60	6034	6034	当年价
2002	84.07	32.41	86.93	33.51	8541	8541	当年价
2003	108.01	44.90	105.43	43.82	8172	8172	当年价
2004	131.55	55.51	130.51	55.07	14973	10481	当年价
2005	165.01	68.45	163.50	67.82	18707	13095	当年价

第七节　高新技术企业选介

1996年以前，七星区辖区的高新技术企业主要有桂林电器科学研究所、中国化学工业桂林工程有限公司、桂林诺基亚电信有限公司、桂林蓝宇航空轮胎发展有限公司、桂林星辰电子电力有限公司、桂林皮尔金顿安全玻璃公司、桂林利凯特环保实业股份有限公司等40余家。2005年年末，七星区辖区的高新技术企业主要有桂林国际电线电缆集团公司、桂林NEC无线通信有限公司、桂林广陆数字测控股份有限公司、桂林瀚特信息产业有限公司、桂林星辰电子电力有限公司、桂林电器科学研究所、中国化学工业桂林工程有限公司、化学工业部桂林蓝宇航空轮胎发展公司、桂林特邦新材料有限公司、桂林迪吉特电子有限公司、桂林三金药业集团股份有限公司、桂林南药股份有限公司、桂林集琦药业股份有限公司、桂林市金源通信有限公司、桂林利凯特环保实业股份有限公司等100多家，其中入驻园区的45家。

电子信息技术企业

桂林国际电线电缆集团公司　公司总部办公地位于骖鸾路41号。该公司是广西最大规模的电线电缆生产企业，拥有自营进、出口权，其前身是桂林电线厂，始建于1954年。1992年，公司成为中国第一批(50家)在国外(澳大利亚)独资建(电线电缆)厂的，集科、工、贸一体化的外向型企业。2005年10月，企业改制为股份有限责任公司，注册资本1亿元。集团拥有澳大利亚电线电缆有限公司、桂林穿山电线电缆厂、桂林飞龙电线电缆有限责任公司、桂林祥龙电线电缆有限责任公司、南宁澳宁电线电缆有限责任公司等成员企业及桂林高新区英才园交联电缆生产基地。2005年年末，该公司国内总部占地50万平方米，厂房、办公建筑面积20万平方米，总资产15亿元，在职员工1600多人。

桂林NEC无线通信有限公司　公司位于六合路133号。1995年12月，桂林NEC无线通信有限公司(简称桂林NEC)成立，是日本电气株式会社(NEC公司)与国营漓江无线电厂(611厂)投资兴办的中外合资经营企业，1996年6月投产运营。1998年7月，该公司通过ISO 9002质量体系认证；1999年9月，通过ISO 14001环境体系认证。于2002年11月25日经股权变更，转变为日本电气株式会社独资企业，总投资450万美元。桂林NEC是日本NEC公司在中国首家集销售、安装、维护、咨询数字微波通信设备于一体的企业，主要产品为NEC-SDH微波通信设备、NEC-PDII微波通信设备，广泛用于电信、移动、联通、电力、水利、民航、石油、广播电视、交通等行业。2005年年末，该公司有员工88人，90%具有大专以上文化水平。

桂林广陆数字测控股份有限公司　公司位于空明西路11号。1989年6月成立，注册资金8539.83万元。该公司是广西高新技术企业，下辖无锡广陆仪表有限公司等4家子公司。主要产品有电子数显卡尺、电子数显千分尺、电子数显指示表、智能化、数字化精密仪器表系列等产品。公司是国家机电产品出口生产基地，拥有自营进出口权，被中国银行评为AA级信用单位。公司年生产规模100万套，80%以上的

2005年，电子信息产业已成为七星区支柱产业之一

产品出口到欧美等30多个国家和地区，产量占国内的50%以上，产量、出口量、销售连续10年均以30%以上的速度增长，2003年销售收入超亿元，实现利润超千万元，居国内同行业前列。广陆系列产品被列入中国高新技术产品出口目录，获广西2000年科技进步一等奖；2003年，公司通过了ISO 9000（20000）国际质量保证体系认证和国际CE安全认证，是国家机电产品出口生产基地，拥有自营进出口权，评为2003年度中国机床工具行业精心创品牌活动十佳企业，是全国数显协会理事长单位。2005年年末，该公司有员工600人，其中科技人员占150人。

桂林鸿瑞科技发展有限公司 公司位于高新区信息产业园。2004年6月，由广东鸿瑞投资有限公司投资注册，并经国家新闻出版总署和广西壮族自治区新闻出版局批准，是从事只读类光盘复制和可录光盘生产的大型高科技企业。公司占地面积5.2公顷，总建筑面积约32000平方米。2005年年末，该公司有技术人员325人，90%技术人员具有大学本科以上学历，由计算机、通信、工业设计、工商管理等专业的一批高工、博士、硕士生等高层次人才构成公司智力层，并引进一批来自国内外精通多种光盘系统的高、中级技术人才和训练有序、经验丰富的一批高级管理人员，以及生产一线、光盘设备操作人员。

桂林市金源通信有限公司 公司位于空明西路8号。1991年，该公司成立，是国家认定的软件企业和高新技术企业，主要从事软件开发、监控、节能产品的开发。2001年，通过ISO 9001：2000质量管理体系认证。2002年，取得计算机系统集成三级资质认证。该公司以研发、销售高新技术产品为主导，自主开发的主要产品有CDK城市灯光监控系统、CDK城市灯光节能系统、各种应用软件系统等，同时承接计算机系统集成项目和安防监控项目，产品和项目广泛应用于政府、教育、市政、交通、卫生、部队、金融、企业、公检法、科研院所等领域，业务已遍及全国10多个省（市）50多个城市。2005年年末，该公司有员工90人，大学本科以上学历者占员工总数的86%以上。

生物医药技术企业

桂林三金药业集团股份有限公司 公司位于桂林市金星路1号。公司前身为桂林中药制药厂，始建于1967年，是国家重点中药厂，广西中药行业的国家二级企业；1994年改组为桂林三金药业股份有限公司公司；1997年底，三金药业500多名员工出资购买企业整体资产，国有股退出，三金药业变身为民营企业；2001年12月注册成立三金药业集团有限公司，三金药业股份68%股份转让给三金集团；2002年3月更名为桂林三金集团股份有限公司。该公司位于桂林市金星路1号，占地3.3万平方米，建筑面积2.91万平方米；是一家从事中药、天然药物研究和生产销售的医药企业集团。公司建有国家级技术中心和博士后科研工作站，博士、硕士、教授等各类专业技术人员占员工总数的45%以上。2005年，三金集团完成主要经济指标列广西医药行业第一，居中国中药行业20强前列。先后获国家科技进步奖2项，省部级科技进步奖9项，市级科技进步奖8项，其中抗肿瘤辅助药升白宁乳注射剂的研究开发项目列入国家重点技术创新项目，抗肿瘤药物阿诺宁乳注射剂临床前研究列为国家“十五”重大科技攻关项目，川芎嗪透皮控释制剂等现代中药开发平台建设列为国家发展与改革委员会企业技术中心创新能力建设项目。至2005年，公司拥有专利50项，其中发明专利16项，外观设计专利34项。三金牌商标分别被自治区工商行政管理局和国家工商行政管理局认定为广西著名商标、中国驰名商标。2005年年末，该公司有员工1800多人，其中中高级技术人员占10%以上。

桂林南药股份有限公司 2001年，该公司经自治区人民政府批准成立，以桂林制药厂（前身是

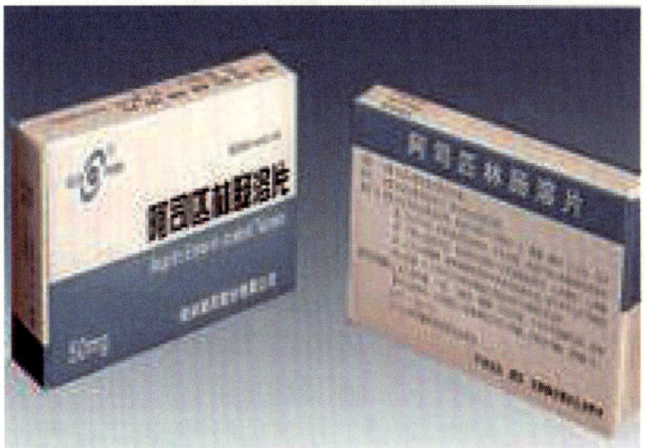

桂林南药股份有限公司生产的阿司匹林肠溶片

始创于1908年的上海唐拾义药厂,1960年与桂林制药厂合并)作为主发起人,联合桂林高新产业发展总公司、上海国际生化工程技术研究中心有限公司、桂林天和药业有限公司、桂林神龙堂有限公司4家成立公司。至2005年,桂林南药股份有限公司共研发抗寄生虫类、维生素类、心血管类和解热镇痛类等多个系列200余钟合成原料药和制剂。该公司生产的青蒿琥酯属国家一类新药,在国际上被誉为抗疟神药。2005年年末,该公司有员工1250人,其中工程技术人员494人。

桂林集琦药业股份有限公司 公司位于育才路55号。其前身是桂林市第三制药厂,1993年6月改制成股份公司,1996年更名为桂林集琦药业股份有限公司,是一家集科、工、贸于一体的国有独资企业,注册资金为5730万元。1997年,桂林集琦药业股份有限公司在深圳证券交易所挂牌上市,是广西医药行业和桂林市首家上市公司。1999年12月,该公司建立博士后科研工作站。2001年4月,公司投资2.2亿元新建产业基地集琦科技园,2003年11月竣工投产。集琦科技园有片剂、颗粒剂、胶囊剂、软胶囊剂、滴眼剂、搽剂和溶液剂6条生产线,形成单班年产片剂8亿片、硬胶囊2亿粒、软胶囊1亿粒、颗粒剂200吨、滴眼液1000万支、搽剂和溶液剂1000万瓶的生产能力;至2003年年末,资产总额为18.17亿元。2004年12月集琦商标被认定为广西著名商标。企业具有自主出口经营权,出口产品主要有虫螨克、赤霉醇、桂花浸膏等。2005年年末,公司拥有7个发明专利,在册员工1000多人。

光机电一体化产业

中国化学工业桂林工程有限公司 公司位于七星路77号。1956年,化学工业部化工设计院橡胶分院于北京成立。1969年,化学工业部化工设计院橡胶分院搬迁至桂林,更名为化学工业部桂林橡胶工业设计研究院,是一家集设计与研究开发于一身的科技型企业。1996年,该院更名为中国化学工业桂林工程公司,隶属于国资委管辖的中国化学工程股份有限公司,简称CGEC。该公司为化工、橡胶、环保工程提供服务,以工程设计为主体,并涉及工程总承包或工程管理承包的市场。产品有销钉冷喂料挤出机、两复合挤出机、三复合挤出机、四复合挤出机、挤出生产联动装置、双螺杆挤出压片机、胶片冷却联动装置、钢丝带束层生产线、0°带束层生产线、工程胎胎面缠贴生产线、工程轮胎胶囊定型机、密炼机上辅机、内衬层双挤出生产线等。2005年年末,该公司有职工527人,其中各类专业技术人员415人,教授级高工9人,高级工程师86人,中级职称165人,初级职称155人。

桂林星辰电子电力有限公司 公司位于骖鸾路28号。该公司于1992年10月成立,为集体所有制企业。1994年6月,经自治区区科委批准为高新技术企业。1995年10月,改为民营有限公司。2001年2月,通过了ISO 9001:2000国际质量体系认证。2001年4月,被人事部批准为博士后科研工作站。2001—2004年,该公司先后在深圳市、上海市设立星辰激光技术有限公司和星川电气传动技术有限公司。该公司主要产品有交流伺服电机及驱动器、直流伺服系统、激光标刻机、激光电源等,拥有所有产品的全部知识产权。产品广泛应用于军工、民用和工业领域,技术指标处于国内领先水平。1993—2005年,该公司共有50项专利,其中发明专利20项,有13项已经申请国际发明专利。产品交流伺服电机扩驱动器、直流伺服系统,应该于导弹护卫舰、空军机场雷达、海岸警戒雷达、卫星通信天线、高精度飞行测试平台和航空航天精密测试转台。双电机消隙直流伺服系统、消隙交流伺服系统,应用于“远望号”远洋测量船,“神舟号”载人宇宙飞船地面测控雷。连续激光电源、声光Q开关驱动器,主要用于固定激光加工设备,军品电源装备于新研制的光电对抗系统。该公司产品,远销美国、加拿大、韩国、马来西亚等国家,以及我国香港、台湾地地区。2005年年末,该公司有员工150人,其中具有大专以上学历95人,专业涉及激光、无线电、自动化、电机用其控制、计算机、企业管理、工业会计等。

新材料技术企业

化学工业部桂林蓝宇航空轮胎发展公司 公司位于横塘路15号。其前身为曙光橡胶工业研究设计院,于1971年成立。1992年8月,注册成立化学工业部桂林蓝宇航空轮胎发展公司,注册员工人数为300人,注册资金2000万元。该公司为中国化工集团公司中国昊华化工集团总公司下属科研院所，是桂林高新技术开发区高新技术企业。主要从事航空轮胎、特种轮胎及汽车轮胎的研究、开发、检测及生产。先后为多项国家重点型号配套，承担过“大型航空轮胎国产化”等多项国家重点科技攻关课题，取得了多项科研成果。现为化工部特种轮胎工程技术中心、化学工业特种轮胎质量监督检验中心及全国航空轮胎标准化分技术委员会所在地。至2005年，该公司已成为中国特种轮胎研究与开发中心，开发出100多种规格的航空轮胎、特种轮胎和汽车轮胎，具有一整套轮胎生产设备和完整的生产线及年产航胎8万套和20万套汽车轮胎的生产能力。2005年年末，该公司员工600多人，其中中高级技术人员占15%以上。

2002年6月，桂林电器科学研究所的聚酰亚胺薄膜生产线

（桂林电器科学研究院　供稿）

桂林电器科学研究所　该所位于辰山路1号。成立于1954年，原名第一机械工业部电器科学研究院，为中央部委直属研究院。1970年从北京搬迁至广西桂林，占地面积21万平方米。1999年7月，转制进入国资委所属的中国机械工业集团有限公司，成为科技型企业。2001年被广西科技厅认定为高科技企业。

桂林电器科学研究所专业涉及合金材料、绝缘材料、高分子材料、自动化、机械设计、机电工程、工商管理等相关专业。1991—2005年，该所先后开发了800多项科技成果，其中获国家、省、部级科技进步奖100余项。共取得科技成果70项，其中获机械部科技进步一等奖1项、二等奖5项、三等奖6项，获桂林市科技进步一等奖1项、二等奖2项。2005年年末，在职职工591人，其中专业技术人员280人；具有教授级高级工程师职称8人，高级技术职称69人，中级技术职称145人，享受政府特殊津贴5人。

桂林特邦新材料有限公司　公司位于铁山路20号。2000年，该公司成立，是一家专业从事超硬材料及其制品的产品开发、生产、检测、销售和服务的高新技术创业；注册资金1380万元。该公司是国家特种矿物材料工程技术研究中心的企业经营运作单位。2005年，公司通过ISO 9001 :2000质量管理体系认证。该公司产品主要有立方氮化硼复合片及刀具；人造金刚石系列单晶、金刚石聚晶、金刚石绳锯、激光焊接金刚石薄壁钻头，激光焊接金刚石圆锯片；地质钻头、扩孔器；宝石加工用电镀金刚石磨盘、电镀金刚石磨轮；水热法合成宝石晶体、水热法合成功能晶(KTP、ZnO)产品性能优良、质量稳定、销往全国各地并出口到美国、加拿大、澳大利亚、印度、越南等多个国家及中国台湾和香港地区。2005年年末，该公司有员工182人。

环保技术企业

桂林利凯特环保实业股份有限公司　公司位于高新区一平方公里火炬基地一号小区。1991年，该公司成立，是一家集研究、开发、生产、销售于一体的环保高新技术企业，致力于机动车尾气净化和环境综合治理。公司具备年产15万升陶瓷催化剂，配套生产汽车催化转化器10万套，建有国内第一条年产金属载体催化剂100万件的自动化生产线，是国内最大的金属载体催化剂生产厂家。1995年起，该公司进入摩托车、汽车尾气排放控制技术产品研究、开发及生产，在汲取欧洲先进的催化剂技术的同时，与清华大学、武汉理工大学、天津内燃机研究所等科研院所合作，针对国内发动机制造水平、燃油品质和道路状况进行技术研发，并获得多项产品技术专利，催化剂及净化器产品已应用于用车改造和新车配套。至2005年，该公司已具有年产30万升催化剂，配套生产汽车催化转化器15万套和摩托车催化转化器50万套的生产能力，随着新生产线的建成投产，年产金属载体催化剂可达100万件以上，是国内最大的摩托车用金属载体催化剂生产基地。该公司承担国家“十五”高技术研究发展计划（“863”计划）项目2个；是国家最早进入摩托车、汽车尾气排放控制技术产品研究、开发及生产的企业之一，在三元催化净化技术方面形成独特的优势，拥有自主知识产权和多项产品技术专利，形成一套高效实用的机动车排放污染控制技术，广泛应用于车改造和新车配套。2005年年末，该公司有高、精、尖技术员工60多人。

第五章

招商引资

2005年12月，桂林甲天下农业发展有限公司项目举行开工奠基典礼（区投资促进局　供稿）

20世纪80年代始，七星区的招商引资工作逐步兴起。1980—1987年，辖区利用外资的重点是发展旅游业，通过合资合作经营方式，先后引进外资兴建一批达到国际水准的旅游宾馆，并对部分老宾馆进行改造和装修，改变昔日“桂林山水甲天下，来到桂林睡地下”的状况。1987年9月，由市旅游公司、中国银行南宁分行信托咨询公司、香港建国有限公司、广利南投资有限公司、香港信翔有限公司合资3510万美元兴建的桂山大酒店试业。1989年，桂山大酒店经国家旅游局确认为四星级宾馆。

20世纪80年代后期，七星区利用外资的重点由非生产性企业逐步转向生产型企业。1989年，引进的桂林百事可乐饮料公司项目总投资511万美元，是当时桂林市最大的生产型外商投资企业。1992年8月，经国家外经贸部批准，桂林市电线总厂与澳大利亚大地股份有限公司合资兴办澳大利亚电线股份有限公司，项目总投资112万美元。

1994—1999年，桂林高新区七星区以招商引资为中心，进行招商体制改革，探索招商引资的新路子，与世界若干著名跨国公司和财团建立良好关系。同时，制定了招商引资的奖励政策，重奖招商引资有功人员。这五年间，辖区实际利用外资10760.5万美元，引进“三资”（中国境内设立的中外合资经营企业、中外合作经营企业、外商独资经营企业，下同）企业175家，芬兰诺基亚、日本NEC、英国皮尔金顿、美国英格索兰等跨国公司相继进入辖区并迅速发展。

1999—2002年，区政府把招商引资作为经济工作的中心任务，营造良好的引资引智创业环境，外资企业增资和新增外资企业势头良好，有10多个国家和地区的客商在辖区兴办企业。这四年间，辖区共新办外资企业112家，年均占全市外资企业50%；实际利用外资1.242亿美元，年均占全市利用外资25%。

2003—2005年，区政府依托园区的发展空间，整合现有资源和产业优势，在亲商、安商的基础上，进一步强化招商引资工作，特别是围绕优势产业加大引进大型企业和龙头企业的力度。中国香港的嘉里集团和香港华锦集团、广东的鸿瑞印刷包装集团和深圳信南投资发展有限公司投资的桂林南城百货股份有限公司、江苏科赛集团和中国昊华化工集团股份有限公司等一批有影响的企业集团先后落户辖区。这三年间，引进外资项目70个，实际利用外资4877.12万美元，引进内资项目1168个，实际利用内资21.38亿元。

1992—2005年，辖区共引进外资项目349个，实际利用外资2.75亿美元；招商引资的成果为辖区经济建设发展奠定了基础。

2003年8月，桂林市外商投资办证中心、桂林高新区投资办证中心启动 （区投资促进局 供稿）

第一节 机　　构

1979年七星区人民政府成立至1994年，区政府没设招商引资机构。1995年6月，桂林新技术产业开发区管委会设置了招商引资处（对外挂招商引资局的牌子）。1997年6月，七星区与桂林国家高新技术产业开发区合并，调整设置桂林国家高新区七星区招商部。2003 年 2 月，机构调整改设为桂林国家高新区七星区投资促进局（简称区投资促进局），人员编制 4 名，负责内引外联的招商引资及对引进国内国外投资项目进行跟踪服务工作。至 2005 年年末，区投资促进局人员编制不变。1995—2005 年，区投资促进局历任正职领导分别为：陈建军（兼）、马魁、林昊。

第二节　招商环境建设

1979 年，七星区人民政府成立。区政府注重加强投资兴业的环境建设，依托桂林市区城东高新技术开发的区位优势，不断加大区域投资环境的力度，营造良好的区域环境，以吸引国内外客商选择辖区作为投资兴业的发展基地。2003 年 8 月，集桂林市外商投资办证中心、桂林高新区投资办证中心为一体的经济工作办证大厅在七星区高新大厦正式落成启用。至 2005 年，辖区形成了较为完备的一区多园和一条龙服务的招商引资环境格局。

基础条件

1997 年 6 月，两区合并，至 2003 年，城区实施大规模市政建设和环境保护工程，使辖区具备了崭新的城市风貌、较完备的城市基础设施和良好的商贸环境。辖区山清水秀，风景如画，信息发达，交通便利，铁路、高速公路四通八达；区政府距两江国际机场 32 千米。

自然环境　桂林国家高新区七星区位于桂林市漓江东岸，东靠尧山，西面漓江，依山傍水，境内有七星公园、桂海碑林、穿山公园、尧山景区、桂林华侨旅游经济区等景区，拥有突出的自然环境优势。

基础设施　区政府距市中心广场 3 千米，交通便利。主干道自由路、漓江路、东环路和南环一路，分别经解放桥、漓江桥、虞山桥和净瓶山桥与市中心相通；七星路与桂磨大道相连直达漓江磨盘山码头。辖区通过桂林两江国际机场和桂林火车始发站与全国和世界相连。2005 年年末，辖区拥有 2 万门程控电话，中国联通桂林分公司、桂林移动通信公司、铁道通信桂林分公司在辖区内设立有机房（基站），覆盖面 100%；拥有日供水 6 万立方米的东江自来水厂、日处理 4 万吨的七里店污水处理厂和总容量 18.3 万千瓦的 4 座变电站。

文教科技　科教力量雄厚。2005 年年末，辖区境内有 14 所大、中专院校（其中普通高等院校 5 所），部（省）级及以上科研机构 8 个，国际级和部级产品检测中心 8 个，国际贸易展览、科研交流、科技培训中心 9 个，自治区人才小高地 2 个，博士 500 多名，博士后科研工作站 8 个；拥有配套的科研仪器、生产设备和教学设施，聚集了一批科技人才；区内院、校、所和高新技术企业在多项领域的研究、开发和应用方面处于国内领先水平，有的达到国际先进水平；有 26 所中小学，并全部实现了九年义务教育。

优惠政策　1988 年 9 月 5 日，自治人民政府颁布《广西壮族自治区人民政府关于桂林南宁新技术产业开发区的若干规定》，这是广西出台的第一部高新技术产业开发区优惠政策文件。1989 年 11 月 27 日，桂林市人民政府制定《关于桂林新技术产业开发区内新技术企业和新技术产品税收管理的实施办法》。1991 年，桂林高新区成为国家级高新区后，执行国家科委《国家高新技术产业开发区若干政策暂行规定》、国家税务局《国家高新技术产业开发区税收政策的规定》。

2001 年起，外来客商到桂林高新区七星区投资，可以同时享受国家级高新区优惠政策、国家西部大开发政策及少数民族自治区有关政策。桂林国家高新区除主要享有国家级高新区、沿海开发地区、西部大开发、东盟自由贸易区和少数民族地区、民族自治政策等多项优惠政策外，还自行制定实施权限范围内的招商引资和扶持企业发展相关办法。

服务效能　桂林国家高新区七星区实行一栋楼办公、一条龙服务，设立“马上办”办公室，推行项目跟踪服务，推行“限时服务”、首问负责制、“有奖投诉、承诺兑现制”，内资企业 1 天内、外资企业 3 天内办结，为项目的引进、建设提供高效、便捷、优质的服务。同时，高新区对重大项目实行“绿色通道”制度，“限时办结”制度，优质高效为企业提供全程服务。

投资成本 桂林高新区七星区企业技术及管理人员和熟练工人资源丰富，水电充足，设施齐全，功能完善，区政府还出台实施了“零收费”的办法，企业的综合运营成本较低。

创业服务 1989年7月成立桂林科技创业服务中心，由桂林新技术产业开发区管委会全额出资，是专为中小型科技企业、留学人员及博士企业提供创业服务的综合性孵化器。2000年10月，该中心被科技部火炬中心认定为广西第一家国家级高新技术创业服务中心。中心拥有包括创业大厦、创新大厦、创意产业园、大学科技园、漓东孵化楼及互联网产业基地在内的11.1万平方米孵化场地，为在孵企业提供项目申报、企业认定、企业培训、孵化资金发放、财税、投融资等一系列服务。中心还将律师事务所、专利事务所、网络服务公司等中介机构引入园区。2005年年末，该中心建立完善的孵化服务体系，拥有在孵企业300多家，其中留学人员创业、博士企业80多家。

产业优势

桂林高新区七星区是广西高新技术产业的重要基地，2005年已基本形成电子信息、生物医药、机电一体化、新材料、环保等五大具有地域特色和优势的主导产业。其中，电子信息占36.88%，生物医药占20.45%，机电一体化占9.73%，新材料占6.51%，环保及其他占26.43%，这五大产业形成了较完整配套的产业链，为同类企业来桂林投资发展提供良好的产业环境。

2003年7月，创业园服务机构举行挂牌仪式

电子信息产业是辖区的支柱产业。有桂林电子工业学院、桂林工学院等大学和桂林电器科学研究所、激光研究所等国家级研究院，为区内的电子信息产业提供强大的人才和技术支持。

生物医药产业是辖区的优势产业，拥有三个国家一类新药。三金药业的“三金牌西瓜霜的研究与开发”拥有独立知识产权的品种已达39个，获中药发明专利权12项，拥有国家中药保护品种20个，成为国内中药保护品种数量最多的企业之一；桂林晖昂生化药业有限责任公司的主导产品紫杉醇是一种天然抗肿瘤药物，产品质量达到中国和美国药典标准；莱茵生物科技有限公司、桂林实力科技有限公司是国内天然植物提取行业知名企业，形成罗汉果等标准化植物提取物系列产品50余种，建成了全国规模最大、最具特色的罗汉果甜甙生产基地；华诺威基因药业公司的表皮生长因子凝胶、表皮生长因子滴眼液两个产品被列入国家一类新药；桂林南药股份有限公司开发的国家一类新药青蒿琥脂被世界卫生组织列入采购名单；优利特、啄木鸟等医疗电子器械、医用材料产品畅销国内外。

光机电一体化产业也是辖区优势产业。桂林星辰电力电子有限公司开发的交直流伺服系统，拥有5项国家发明专利，已用于神舟一号到六号航天飞船、“远望号”测控船等尖端科技领域；桂林广陆数字测控股份有限公司是国内同行业中规模最大、世界排名第二位的企业，以高精度电子数显量具、智能化数字精密仪器仪表等为主导产品；桂林电力电容器总厂研究开发能力处于国内先进水平，自愈式无油高压并联电容器为国内首创，产品包括所有电力电容器及其成套装置在内的26个系列、400多个品种上千种规格。

新材料产业是辖区的特色产业。昊华南方（桂林）橡胶有限责任公司是国内最大的航空轮胎科研生产基地和最大的工程轮胎和防护产品基地，其中桂林蓝宇航空轮胎发展公司是国内唯一一家获得美国联邦适航局TSOA技术认证许可的公司；桂林皮尔金顿安全玻璃有限公司是中国西南地区主要的车用安全玻璃生产企业，是中国汽车厂家的主要供应

商，公司的产品还通过皮尔金顿集团的全球销售网络，远销北美及欧洲国家，产品直销日本五十铃；桂林澳群彩印有限公司专门致力于高档精美烟标的开发、设计与生产，柔印、胶印、凹印、丝印、烫金等印刷工艺在澳群得到全面体现。

环保产业是辖区的新兴产业。桂林利凯特环保实业股份有限公司是集研究、开发、生产、销售于一体的环保高新技术企业，致力于机动车尾气净化和环境综合治理，年产金属载体催化剂达500万件以上，是国内最大的摩托车用金属载体催化剂生产基地；桂林环境保护工程公司有四项专利的自主知识产权，技术性能处于国内领先水平，主导产品“含油污水处理装置”可以使炼化污水处理后达到回用循环冷却水的水质要求。

第三节　招商形式

信息招商

网络招商　1997年，桂林高新区七星区开始利用国际互联网、新华社信息网、中国金网等计算机网络广泛寻找项目投资信息，追踪有实力的大企业、大财团的动态信息，并利用计算机网络中的电子信箱功能，取代长话、传真传递资料，有效地节约了国际通信费用。

1998年，建立由工业、城建、旅游、农业综合等方面项目组成的项目库，有各种项目80多种，并汇编成7册资料，部分项目有中英文。

1999年，开通桂林国家高新开发区互联网站点，实施网上招商，拓宽了招商引资的新渠道。

2000年，建立招商项目库，并建立中英文项目资料。

2000—2005年，为满足辖区招商引资工作的需要，区政府编制《投资指南》，详细介绍辖区自然环境、产业发展、空间发展、自主创新、政策环境、服务效能等方面的优势，为客商了解七星区投资环境提供方便。建立并逐步完善政府门户网站中招商引资版面和招商项目平台，把优惠政策、考核奖励办法以及重点项目等都公布于网上，网管人员定期更新网站内容；访问者可通过网站及时把握区内外资讯动态，了解掌握投资信息，扩大项目信息传播的领域；通过网上招商，共有500家企业落户辖区。同时，区政府精选有投资前景、回报率高、市场潜力大、有合作意向的产业项目和包括高科技工业项目、基础设施项目、旅游及社会发展项目在内的功能性项目，精心策划，专业化包装，重点推出，每年均推出8至12个招商项目印制成册，在各种招商会上发放，并在高新区网站上进行发布，扩大招商引资的范围；至2005年年末，在高新区网上共发布项目招商信息1000条，共有2000家企业落户七星区。

政策招商

桂林高新区自1991年成为国家级高新区后，享受国家级高新区、沿海开放地区、西部大开发和少数民族地区民族自治政策等优惠政策，同时享受桂林市及高新区对企业的扶持政策，优惠政策吸引各类企业入驻。

2003年起，区政府设立经济办证中心，将涉及办理证照相关行政部门职能集中在经济办证大厅行使。办证中心实行一站式一条龙高效服务，对企业办证等现场审批，现场打印发放证照。

税收优惠政策　1991年起，桂林国家高新区高新技术企业减按15%的税率征收企业所得税，其中出口产品产值达到当年总产值70%以上的，按10%税率征收所得税；新办的高新技术企业，从投产年度起，两年内免征所得税；新办的中外合资经营的高新技术企业，合营期在十年以上的，可从获利年度起，头两年免征所得税；内资办的高新技术企业新建技术开发和生产经营用房，免征建设税（或投资方向调节税）；高新技术企业用于高新技术开发和高新技术产品生产的仪器、设备，可实行快速折旧；经海关批准，高新技术企业可在高新区内设保税仓库、保税工厂；高新技术企业生产的出口产品，除国家限制出口或者有规定的产品以外，免征出口关税。2001年起，辖区企业主要享有以下税收优惠政策：对国家鼓励类企业，以及汽车、医药和高新技术的企业，减按15%的税率征收企业所得税；新办的高新技术企业，经自治区科技主管部门认定后，自生产经营之日起，五年免征三年减半征收企业所得税；对高新技术企业，其进行技术转让以及在技术转让过程中发生的与技术有关的技术咨询、技术服务、技术培训的所得，年净收入在30万元以下的，可暂免征收所得税；超过30万元的部分，按适应税率征收所得税。对属于国家“火炬计划”开发范围的高新技术产品，凡符合新产品减免税条件并按规定减免产品税、增值税的税款，可专项用于技术开发，不计征所得税；生产型外商投资企业减按15%的税率缴纳企业所得税，其中，企业经营期在十年以上的，从获利年度起，享受“免二减三”即获利年度起第一年、第二年免征企业所得税，第三年至第五年减半征收企业所得税。如果实际经营期限不满十年的，应当补缴已免征、减征的企业所得税）的所得税优惠；出口外资企业在按照国家规定减免企业所得税期满后，凡当年出口产品产值达到当年企业产品产值70%以上的，减按10%的税率缴纳企业所得税；外商投资企业根据税法规定享受所得税“免二减三”期间，同时免、减地方所得税；广西区外企业、单位和个人新办符合国家产业政策的独资或联营企业，从生产经营之日起，对外来方的生产经营所得，五年内免征企业所得税；凡减半征收企业所得税是指：享受15%优惠税率的企业，按15%税率减半计算；在投资总额内进口自用先进技术设备，免征送入和进口环境增值税。

土地优惠政策 桂林高新区七星区土地优惠政策主要有：一是外商投资企业从事水利、能源、交通、城镇基础设施项目的建设用地和公益事业用地，只要符合《中华人民共和国房产管理法》第二十三条和中华人民共和国国土资源部第9号令《划拨用地目录》的允许条件规定，可按行政划拨方式取得国有土地使用权。二是外商投资项目用地，凡涉及征用农村集体土地的，必须上报自治区土地行政主管部门批准。对于商业、旅游娱乐和商品住宅等各类经营性用地，必须依法招标拍卖或者以挂牌方式出让土地。三是外商投资企业以出让方式取得国有土地使用权，不再缴纳场地使用费。四是外商投资国家鼓励类产业的项目，按照中华人民共和国国土资源部第21号令《协议出让国有土地使用权规定》协议出让最低价不得低于地块所在级别基准地价的70%，一次性缴纳国有土地使用权出让金有困难的，可与市、县土地行政主管部门签订分期付款协议。

产业招商

1997年七星区与桂林高新区合并后，区政府发挥高新区支柱产业的优势，系统整合和合理配置各类资源，大力引进龙头企业，积极组织产业配套，加长产业链，发展产业群，重点支持和优先鼓励发展新能源、汽车、橡胶、机床、农产品深加工等产业。

新能源产业方面，建立高能电池、新能源、新材料、节能伺服动力系统的制造基地，引进新型太阳能、空气能、风能、生物柴油及各种新能源产业和节能技术，形成完整配套的新型能源产业链。

汽车产业方面，抓住国家推行环保节能汽车新产品的有利时机，加速混合动力发动机与汽车产业的结合，整合伺服电机、汽车底盘、汽车安全玻璃、汽车橡胶、机动车尾气净化器、汽车空调、汽车电子、汽车嵌入式软件、汽车零配件等汽车配套企业的资源优势，引进汽车产业龙头企业，形成完整配套的汽车产业链。

橡胶产业方面，进一步整合桂林橡胶工业资源，打造中国最大的航空轮胎科研生产检测基地、橡胶机械生产基地、巨型轮胎生产基地、安全套生产基地、防化服生产基地等，形成完整配套的橡胶产业链。

机床产业方面，配合引进国内外机床的知名品牌，实现强强合作，建立桂林新的机床制造基地，做大做强桂林的机床产业，形成完整配套的机床产业和模具制造产业链。

农产品深加工产业方面，以水果深加工项目为龙头，配合引进国内外的关联企业，建立水果优良品种的种植推广基地和果酒、果汁、果酱的深加工基地，形成完整配套的农产品加工产业链。

2005年起，区政府调整发展思路，以新的措施倾力打造3大支柱产业，即：以桂林星辰电力电子公司为龙头，带动汽车动力系统及相关配套产业发展，打造汽车动力系统产业基地；以桂林漓江信息产业集团、优利特电子信息公司等企业为龙头，大力发展软件外包和软件研发，形成软件产业；以桂林广陆数字测控股份有限公司、桂林电力电容器总厂、桂林国际电线电缆集团等企业为龙头，形成电气产业。

以商招商

1990年起，区政府实施以商招商策略，发挥好落户辖区的各类企业的连带示范效应和桥梁作用，吸引他们进一步追加投资，通过他们“亲身感受”，吸引更多的客商到辖区投资办企业、上项目，实施以商招商。

1997 年，桂林高新区与美国 SEAGATE 电子技术公司、法国 SPEEDRILL、香港广兴集团公司、江苏徐工集团、广东珠海格力集团、广东宏远集团等公司建立项目洽谈联系；以外招外，在海外建立招商引资办事处，委派委托人员进行招商，以管委会和招商部名义聘请一批开发区顾问和招商人员，在香港等地设立招引办事处，委托美国加州卡洛夫金融投资公司和美国太平洋股份有限公司在海外为七星区招商，并通过一些留学生建立了高新区海外招商引资网络。全年共批准进区企业 200 家，其中三资企业 30 家。

1992—1998 年，辖区累计开办“三资”企业（在中国境内设立的中外合资经营、中外合作经营、外商独资经营企业）175 家，芬兰诺基亚、日本 NEC、英国皮尔金顿、美国英格索兰等跨国公司相继进驻并迅速发展，年产值 5000 万元以上的企业 16 家，其中年产值超亿元企业 5 家。

2005 年，辖区较大的招商项目有：江苏科赛集团投资英才科技园的建设项目，该项目 4 月与江苏科赛集团签订英才园基础设施开发建设合同，总投资 12 亿元，其中基础设施投资 2.8 亿元。香港华锦集团投资的水果深加工项目，该项目总投资 3 亿元，进行水果深加工、保鲜包装材料生产和水果外销。深圳创新能源公司投资的聚合硅胶电池项目，该项目第一期投资 500 万美元，生产手机高能电池；第二期投资 1000 万美元生产风能路灯和汽车电池。由北京盛尹达科技发展有限公司研发的高科技专利技术产品——防扎、防爆、防漏轮胎项目，项目总投资 12 亿元。创业人社区项目，该项目引入武汉创业人社区的运行模式，在辖区建设规模上的产权式创业孵化器，提升和扩大创业孵化能力。

至 2005 年年末，通过实施以商招商，共有 1000 家企业落户辖区。

参会参展招商

1995 年，区政府组织人员参加桂林市在香港和桂林两次经贸洽谈会，共引进申办了 19 个外资项目，合同总金额 1759.7 万美元，其中外资额 1044.3 万美元，占全市项目的三分之一。2000 年后，区政府开展“走出去”招商活动，每年组织人员参加“广西经贸洽谈会”“深圳高交会”“中国—东盟博览会”等大型招商活动，通过发放宣传册，召开投资环境推介会，广泛地宣传辖区投资环境，取得较为理想的招商效果。

2001 年 10 月，区政府在深圳成立桂林高新区招商部联络处，派 2 人常驻深圳工作。当年参加西安中西部投资贸易洽谈会、厦门经贸洽谈会、深圳高交会、南宁民歌节经贸洽谈会等招商引资活动，签订合同外资额达 7000 万美元。

2004 年，在首届“中国—东盟博览会”上，辖区共有 9 个签约项目，涉及高新技术、第三产业和基础设施等行业，总投资额达 37.2 亿元，项目数量和投资总额均名列桂林市各县（区）前茅。2005 年，区政府组织参加“桂、港、澳招商洽谈会”“第二届中国—东盟博览会”“第七届中国国际高新技术产品交易会”“桂浙经贸洽谈会”“厦门国际贸易洽谈会”“桂台经贸合作洽谈会”等 6 次大型招商及项目推介活动。

至 2005 年年末，通过参会参展招商引进落户七星区共有 300 家企业。

第四节　招商成果

1986 年前，七星区利用外资的重点是发展旅游业。从 1987 年 6 月起，区政府开展外引内联、发展横向联合，引进外地人才、资金和技术，利用外资的重点由非生产性企业逐步转向生产性企业。

1988 年，七星区积极引进技术和资金，开展经济横向联系。先后与广西皮革塑料工业公司、桂林市纺织工业公司、邮电部兴安通信设备厂、桂林市科技培训中心等单位磋商合作经营和技术合作，广西皮革塑料工业公司桂林实验分厂和兴安通信设备厂桂林分厂两个联营企业成立。

1992 年，辖区有“三资”（中国境内设立的中外合资经营企业、中外合作经营企业、外资企业）企业 13 家，其中年产值达 100 万元以上规模的工业企业 5 家。

1993 年，七星区以招商引资为中心，进行招商体制改革，与世界著名跨国公司和财团建立了良好的关系，并制定招商引资的奖励政策，重奖招商引资有功人员。

1994 年，辖区有产值或营业额 100 万元以上的企业 40 多家，其中涉外企业 27 家，房地产开发公司 11 家。至 1994 年年末，27 家外资企业合同总金额达 6000 多万美元，外方资金到位 1791.61 万美元，成为全市引进外资成绩突出的单位。

1995 年，七星区把发展外商投资企业，引进外资作为发展经济的重要途径，先后成立了台胞台属联谊会和工商联合会；组织有关人员参加桂林市在香港和桂林两次经贸洽谈会，共引进 19 个外资项目，合同总金额 1759.7 万美元，其中外资额 1044.3 万美元，占全市项目的三分之一以上。

1996 年，辖区新办“三资”企业 14 家，实际利用外资额 911 万美元；为发展经济，在辖区范围开展了“引进一个企业，介绍一个项目，推销一个产品，传递一个信息，推荐一个能人”的活动，并在街道开展了“凡是 1996 年实现工业产值 1000 万元以上，上缴税金 10 万元以上，管理费 10 万元以上的街道，区委、区政府奖励汽车一辆”的活动。当年，全区新办各类企业 265 家。

1997 年，七星区与高新区合并，对招商引资机构和人员进行了调整、充实，制定并实施《关于对招商引资有功人员的奖励办法》。全年引进开办各类企业 200 家，其中“三资”企业 30 家，实际利用外资 3042 万美元。

1998 年，全年利用外资 2950 万美元，在全市各城区中名列第一。

1999 年，按“抓大不放小、重在抓大；抓点不放面，点面结合；抓外不放内，内外并举”的原则，采取行政性招商与公司性招商、专业队伍与全员招商、大规模招商与小分队出击、单一产业与全方位招商相结合的方法，开辟招商引资的新途径。完成赴美国、中国香港地区招商引资洽谈活动，在深圳、厦门、南宁及中国香港地区举行的全国及自治区招商引资洽谈会上，七星区参加签约项目 12 个，占全市总数 50%。全年完成实际利用外资 2600 万美元，新办“三资”企业 30 家，新办内资企业 238 家。其中桂林澳群核径迹有限责任公司，在七星区骖鸾路 7 号小区投产；桂林华诺威有限公司投资 6500 万元，在七星区骖鸾路 4 号小区新建基因药业生产基地；桂林世聪制衣有限公司、桂林洁伶工业有限公司、桂林市大成食品有限公司、桂林—丰田汽车服务中心等在七星区骖鸾路 7 号小区置地建厂。

2000 年，启动了网上招商。在深圳、厦门、南宁举行的全国及自治区投资贸易洽谈会上，辖区的签约项目 19 项（总金额达 6000 万美元），占全市的 70%。年内新办“三资”企业 22 家，占全市的 50%；新办内资企业 255 家。当年，全区共有“三资”企业 238 家，其中年产值达 500 万元以上规模的工业企业 14 家。

2001 年，抓住加入 WTO（世界贸易组织）和西部大开发的机遇，采取全员招商、全面出击等多种形式开展招商引资工作，全年合同外资额达 7000 万元，实际利用外资 2850 万美元，占全市 34%；新办“三资”企业 28 家，新办内资企业 259 家，引进内资 39621.4 万元。成功地举办了有 130 多名海内外学人、专家和企业家参加的“海内外学人中国桂林创业行”活动，签订了 14 个高新科技合作项目。

2002 年，组织参加广西经贸洽谈会、香港招商会、深圳高交会等大型招商活动。在香港招商会引进总投资为 6500 万美元的香格里拉大酒店正式签

2004 年 7 月，桂林鸿瑞科技发展有限公司光盘生产基地、桂林鸿瑞置业园有限公司鸿瑞科技大厦奠基开工典礼

（区投资促进局　供稿）

约,深圳高交会签约的3个项目,总投资额达1.24亿美元。年内全区新入驻企业40家,其中已形成规模生产的企业20家,其产值占全区规模企业产值30%。新办“三资”企业24家,“三资”企业增资7家。全年实际利用外资2866万美元。

1999—2002年,有10个国家和地区的客商在七星区兴办企业,新办外资企业112家,实际利用外资12420万美元。

2003年,先后组织参加广西经贸洽谈会、深圳高交会等大型招商活动,取得良好招商效果。其中深圳高交会签约金额达10.46亿元,名列全广西签约金额第一。当年新办内资企业330家,到位资金2.9亿元;新办“三资”企业25家,实际利用外资2842万美元。

2004年,由香港广枫集团投入2000万美元,收购桂林市无线电五厂和桂林市无线电八厂建设的日龙电子产业基地。当年7月,广东鸿瑞科技发展有限公司投资5.3亿元在开发区信息产业园建设的光盘生产基地,举行开工典礼。当年辖区新办企业418家,总投资12.6亿元。其中投资5000万元以上的项目1个,1亿元以上的项目4个。

2005年12月31日,桂林高新区七星区科赛大厦奠基庆典举行　　（区投资促进局　供稿）

2005年,加大引进产业龙头项目的力度,当年实际利用外资1696万美元,引进内资12.6亿元。广东鸿瑞集团、江苏科赛集团、香港嘉里集团、香港华锦集团、中软集团等一批有影响的大项目和大企业进入七星区。至年末,全区共有“三资”企业300多家,其中年产值达500万元以上规模的工业企业24家。

第五节　项目服务

1992年起,七星区建立园区项目档案,加强园区项目进度管理。根据招商引资项目大兑现工作要求,对大兑现项目建立详细档案,动态掌控项目业主、项目投入、进展等推进情况。要求企业对照土地合同等有关约定,根据项目的实际情况认真制定好投资建设进度计划,加快项目实施,争取早日投产。同时针对重点项目多为续建项目的特点,着重了解项目在建设推进过程中遇到的困难,积极加以协调解决。通过座谈,项目负责人宣传了有关土地、建设、环保、项目验收等方面的新政策、新规定;项目之间要加深彼此的相互了解、实现信息资源的共享。1995年,区政府把发展外商投资企业,引进外资作为发展经济的重要途径;并注重抓大的、见效快和效益好的项目,新引进的冠群伞业有限公司、波达超声工程设备有限公司,当年引进当年

2005年7月,桂林甲天下水果加工项目签约仪式在高新大厦二楼多功能厅举行　　（区投资促进局　供稿）

便创产值500多万元；在企业办证过程中，要求有关部门为申办内资企业一周之内、外资企业半个月之内领取营业执照或批准证书；全年共引进申办涉外企业42家，合同外资额达2560.3万美元，进资额达1206万美元。

1999年，采取行政性招商与公司性招商、专业队伍与全员招商、大规模招商与小分队出击、单一产业与全方位招商相结合的方法，开辟招商引资的新途径；全年完成实际利用外资2600万美元，新办“三资”企业30家，新办内资企业238家，进入新区项目7项，跟踪项目25项。1999年出口创汇1600万美元。至2005年年末，区投资促进局对落户辖区的招商引资项目进行服务跟踪共1000项。

第六章

城乡建设

七星区城市建设一隅　（2005 年 6 月摄）

桂林解放前的东江区(今七星区境内),经济发展相对落后,街、巷不多,民国时期有坤元后街、五通后街、九娘街(今新生街)。民国年间,桂林由西往东交通靠浮桥、渡船、竹排往来。民国33年(1944),日军侵占桂林,房屋遭严重毁坏,几成废墟。次年光复后,稍有恢复。街巷基本上是泥结碎石路面,居民汲井水、挑河水饮用,烧柴草,点油灯。乡道泥泞,仅可行人。城区居民房屋多为简陋、低矮平房,农舍多为泥墙土瓦、竹木草房,人畜混居。

桂林解放后,人民政府加快了城乡建设事业,建设投资逐年增加,20世纪50年代,改造简屋、棚户,翻修道路,增设排水道,架设电网、路灯,填平臭水沟(塘),整治河流,植树造林。80年代后,居民住宅小区建设有计划地逐年铺开,先后建成三里店、羊角山、屏风住宅小区。尤以国务院1985年正式批复《桂林市城市总体规划》后,旧城改造和新区开发在总体规划下步入大规模的扩展时期。1988—2005年,七星区先后建成居(商)住小区167个。已建成的小区,水、电、路、通信网络、排水、园林绿化、娱乐设施配套齐全,居住环境大为改善。城市功能不断提升,城区主次干道基本完成综合性的升级改造,小街小巷大部完成改造,辖区93%的乡、村道路进行了水泥地面硬化处理,城区电力、电讯、给排水、污水处理系统逐步完善,公园游览设施逐年改善,风景游览的品位得以提升,宾馆、饭店建设以适应游览观光和商务往来者需要,在增加数量的同时注重档次的提升,接待设施和能力大幅提高。体育中心、会展中心的建设,加快七星城区科技、商贸,文化、体育对外交流发展。至2005年年末,七星辖区新建、改、扩建桥梁20座,道路54条,道路总长74.74千米,自来水厂1座,供水管道96.00千米,污水净化厂1座,排污管道80.40千米,雨水管道75.75千米,安装照明路灯10297盏。

第一节 机 构

市政管理局 1980年4月,七星区设置城市建设管理科,正科级单位,干部职工4名,办公地址七星路15号。1987年10月,城市建设管理科改称城市建设管理局(正科级),编制7名,办公地址自由路86号。1990年5月,成立七星区绿化委员会,区领导兼任绿化委员会主任。下设办公室,办公室设在城市建设管理局,办公室主任由城市建设管理局长兼任。1997年6月,城市建设管理局更名为市政管理局,内设市容环境卫生管理局。2005年,市政管理局编制7名,实有12名,随区政府机关办公。历任科长、局长分别为李峰、王庆国、熊良斌、林贤敏。

市容管理局 1996年6月,设立七星区市容环境卫生管理局,属七星区市政管理局职能机构,接受市市客管理局业务指导,管理、指导七星区城管监察大队,环境卫生管理站、建筑渣土管理办公室、广告管理办公室工作。2001年12月,更名为七星区市容管理局,正科级。局长由市政管理局副局长兼任(无编制),随市政管理局办公。2005年,编制5名,实有人员10人。历任局长周民进、伍顺希、阳玉清、谢文彬。

环境卫生管理站 1981年,七星区环境卫生管理站(简称区环卫站)成立,正科级事业单位,编制10名,环卫工人30人。站址设于东江菜市场。成立之初,环卫站属市环卫处领导和管理,城区对环卫站为协调关系。其管理体制经历“三收三放”(收归为市环卫处管理,下放至城区政府管理),1999年市容环卫职能移交到城区,实行两级政府(市政府、城区政府)、三级管理(市市容局、城区、街道)的市容环卫运行机制。编制49名,环卫工人74人。2000年编制56名,环卫工人90人。2003年,区环卫站搬迁至空明西路33号。2005年,环卫站编制66名,环卫工人500人。历任站长分别为罗成发、宁国兰、雷荣军(代)、王小玲、吴有建、唐林、刘雁、齐建强、董凤辉。

漓东城建监察大队　1986年,区政府设城市管理监察分队,为副科级事业单位。1987年改为中队属区城市建设管理局管理,1996年6月升格为大队,编制10名。同年12月,大队编制调整为13名。1997年7月,与原高新区城管中队合并,编制为14名。1999年6月,大队更名为桂林市漓东城建监察大队,编制25名,在册人员31名。2005年,编制25名,在册工作人员增至55名,队址设空明西路33号。历任分队长孙志坚,大队长分别为秦双息、李金桂、唐林、王顺国、温勇刚。

建设规划土地房产局　1995年6月,桂林新技术产业开发区设置建设管理处(局),对外挂城管监察中队牌子,编制6名,办公地址施家园路6号。1997年6月,桂林高新区与七星区合并,设桂林高新区七星区建设规划土地房产局(简称区建规局),增挂房屋拆迁管理办公室牌子,编制10名。办公地址迁至骖鸾路26号高新大厦。2005年,编制8名,实有干部12名。历任处长(局)伍斌元,局长刘杰华、江建和、周敏、杨金科(代)。

驻区机构

桂林市房产局第三房产管理处　1959年7月,桂林市房地产管理局成立东区房地产管理所。1981年6月,东区房地产管理所更名为七星区房管所,编制4人。1993年10月,七星区房管所更名为市房产局第三房产管理处,编制7人,办公地址在七星路41—7号。至2005年,市房产局第三房产管理处名称、地址未变。历任处长汤庚、莫莉。

七星国土资源管理分局　1987年11月,市土地管理局设立七星区土地管理所,所址在临江路临江上里21号,科级单位,编制6人,1988年增加至8名。1996年7月,更名为第三土地管理处,办公地址七星路2号。1999年3月,更名为市土地管理局第四分局。2002年更名为七星国土资源管理分局,同时增设土地执法大队,编制8人,办公地址自由路2号,至2005年未变。

历任所长:黄继荣、廖新明,处长(主任)王小玲,局长王小玲、陈景娟、黄华仲。

第二节　总体规划

1985年,经国务院批准的《桂林城市总体规划》,确定桂林市城市性质为风景游览城市、历史文化名城,七星区全部纳入市总体规划范围。

1991年7月,桂林新技术产业开发区管理委员会(简称高新区管委会)委托桂林市规划管理局编制开发区用地范围和1平方千米中心区(火炬产业基地)规划。

开发区用地范围:北起桂林电器科学研究所,东至桂林轮胎厂,南至环城南一路,西临小东江,总面积19.75平方千米。在用地范围内规划1平方千米为新建中心区。新建中心区以三里店(原拟建广西财政厅桂林干部培训中心)为基点向南沿骖鸾路(原跃进路)两侧,南至桂林罐头食品厂,东至广西第一机床厂,西至桂林皮鞋厂,规划用地面积106.5公顷。

1991年,广西壮族自治区建设委员会批复同意划定桂林三里店一带19平方千米为桂林新技术产业开发区范围,其中桂林罐头食品厂一带1平方千米为新建中心区。桂林市规划管理局根据桂林市政府《关于桂林高新技术产业开发区建设基地调整规划用地报告的批复》和广西壮族自治区建设委员会桂建规字,同意在开发区范围内设立1平方千米新建"火炬产业基地"的规划。

1992年,市政府以市政复同意《桂林新技术产业开发区1平方千米新建"火炬产业基地"规划总平面图》,并组织实施。

1996年5月,桂林新技术产业开发区更名为桂林高新技术产业开发区。

1997年6月,桂林国家高新技术产业开发区与七星区合并为桂林国家高新区七星区。依据《桂林市城市总体规划》,桂林高新区七星区委托桂林市城市规划设计研究院和上海浦东新区设计研究院编制《桂林高新区七星区分区规划》设计方案,1998年编制完成。2002年3月,桂林高新区七星区委托桂林市规划设计研究院在1998年编制的分区规划基础上重新修编《桂林高新区七星区分区规划》，2003年8月完成，2005年3月28日市政府批准实施。该规划确定高新区七星区突出高新技术产业发展，注重在发展中加强环境保护，形成科、贸、农、旅游一体化的现代新城区，规划期限为10年(2002—2012年)，对远期发展规划的主要战略性发展态势和指标研究延伸到2020年。规划期末(2012年)辖区人口规模26万人，2020年期末人口控制在30万人。

规划布局：高教区、中心商贸区、高新产业园区、生活居住区、高新农业产业示范区5大功能区，各功能区相对独立，彼此协调。高教园区：以北组团为主，向东南扩展，用地范围10平方千米，主要设置大学生公寓、教师公寓、体育中心(市级共享)和高校的教育发展用地。中心商贸区：位于中部，以金融贸易、行政办公、商业服务为主体，为开发区配套管理的中心区。高新技术产业园区：位于漓江路与环城南一路之间，沿桂磨公路向环城南一路以南延伸，产业园区用地590公顷，园区内设置留学生创业园、电子信息城、环保产业园、医药城、张家山(综合)信息产业园、铁山园、英才科技园等7个园区。生活居住区：规划用地755公顷，含北、中、南3个组团，结合各分区的科研及生产用地，就近安排居住用地，形成相对集中，具有适当规模的居住小区或居住组团。高新农业产业示范区：位于辖区的2个乡(穿山、朝阳)，示范区内设高效农业发展区、大洲岛农业观光区、花卉基地、朝阳乡无公害蔬菜基地和观光农业区、农业综合开发区园区5个。

道路交通系统：道路分为主干道、次干道和支路三级。另外分区外围有绕城过境高速公路(灵三高速)从东侧经过，结合全市交通体系，规划分区内外半环形路系统2个，并从中心向外围构成5条放射状干道道路骨架。分区内预留道路立交桥4座。规划设置停车场17个。园林绿地规划充分利用自然山水资源，以“点、线、面”相结合形式进行绿化组合，结合漓江沿岸的现代农业产业带，形成以滨水绿化和山体绿化为主的绿化系统。公共设施规划增加东二环路、桂磨路给水干管，增建消防中队3个、加压泵站1个、污水泵站10座。

园区规划

铁山产业园 该园区位于雁山区柘木镇龙门村委会卫家渡村委会范围内，距市环城南路3千米。由桂林国家高新区铁山工业园委托桂林市城市规划设计研究院编制规划，园区规划用地面积350公顷，一期规划面积150公顷，二期规划面积200公顷。规划为机械、电子、轻工等产业区。铁山产业园以信息产业、机械加工、轻工业等无污染工业为主。规划综合考虑社会、经济环境工程、技术、艺术等方面的问题，统筹解决整体与局部，近期与远期，需求与供给等各种矛盾，特别要解决产业园与城市发展关系并协调该园区规划与周边发展规划，注重生态环境保护与环境景观规划，力争社会、经济与环境三方面效益的综合提高。该规划由桂林市城市规划设计研究院2005年完成最终编制。当年，由市规划局批准实施。

信息产业园 该园位于高新区东北部，东二环路与绕城高速公路之间，规划面积1.06平方千米，园区主要为电子、通信和软件类信息产业。2004年，规划由桂林市城市规划设计研究院完成编制，当年，桂林市规划局批复实施。

英才科技园 该园区位于高新区东部，桂磨公路北侧，距市中心9千米，距桂林火车东站1千米，园区总规划面积6.3平方千米，分三期开发，一期规划用地面积84公顷，发展机电一体化、新材料、环保产业。二、三期规划用地规划分为两大类，即产业园商业和住宅用地，按使用功能划分为产业、

2007年4月27日，七星区政府区长石春莲(右一)陪同中共桂林市委书记高雄(左三)考察园区建设工作

区工业园一角　　(2005 年摄)

行政办公、商业服务、居住、公共绿地、护防绿地、道路、广场和市政设施 8 大类。各建筑以多层为主，建筑高度控制在 24 米以下，少量建筑为低层，高度控制在 9 米以下。道路规划：道路规划为大方格网状布局，道路宽度为 30 米、20 米、16 米 3 种。绿地景观规划：结合生态走廊和绿地石山等景观要素组织环境景观布局，主干道两侧各为 10 米宽绿地。沿桂磨公路两侧留出各 30 米绿地及高压线两侧防护绿地，形成园区内绿地系统。园区内各产业用地地块绿地率不低于 30%，商业及住宅绿地率不低于 28%。园区规划经多次修编，2005 年，由桂林市城市规划设计研究院完成规划编制。当年，桂林市规划局批复实施。

乡村规划

桂林解放前，辖区农村房屋大多以泥砖、石头、竹片、茅草搭盖，且建设无序，随意在江畔、山边、路旁砌筑房屋。自然村内道路狭窄，路面凹凸不平，生活垃圾、牲畜粪便任意堆集排放，环境卫生状况极差。

中华人民共和国成立后，农民生活有所改善，农村房屋建设逐年增多，但乡村建设一直是城市规划管理的薄弱环节，在各地农村旧住宅更新过程中，粗放、无规划发展的局面一直存在。

1998 年，辖区政府制定《七星区农村建设管理暂行办法》，规范农村建设事项，分步编制穿山、朝阳乡的新村建设规划。至 2005 年，先后完成 82 个自然村中的 34 个新村和旧村改造规划。其中，穿山乡、朝阳乡地处辖区近郊，穿山、七星、屏风、汇丰、和平、樟木、合心、新建、湖塘、岩前 10 个建制村是较典型的城乡接合部，按照桂林市城市总体规划要求，《分区规划》将穿山乡靠漓江东、北侧的 6 个建制村规划为商贸流通、高科技工业、专业市场和居住为主的功能区，朝阳乡的 4 个建制村规划为高新技术产业、旅游服务、观光农林、生态绿地、次商业中心圈为主的功能区。同时，依据《分区规划》要求，辖区原有城市建设用地已远不能满足城市建设需要，将穿山乡、朝阳乡的乡镇企业建设用地与《分区规划》高新产业发展用地相结合，充分利用土地资源，加速农村剩余劳动力的转移，实现城乡一体化，由城乡二元化的工业格局逐步向一元化演变，将临近东二环路、桂磨路两侧的 6 个建制村建设用地，逐步扩展为科技产业园、现代物流仓储、大型专业批发市场、现代商贸区和园林绿地。

新村建设规划注重配套设施按城市化标准设计，对城乡接合部的新村道路，按城市居住小区标准进行改造，雨、污水分流，管线下地，路面硬化，将“城中村”纳入城市建设一盘棋。结合城区的居住用地，设置新村建设用地，并进行统一规划，将这些隐性城市化人口进行转移，逐渐融入城市生活之中。

规划管理

1995 年前，由于城区未设规划职能部门，建设规划管理由建设职能部门协助市规划建设部门进行管理。建设项目审批后，给建设单位发放定点文件和建设位置图的同时，抄送所在城区政府和有关部门，城区政府对工程建设过程中的规划执行情况和建设工地管理情况进行监督和管理，对违反规划和擅自更改设计方案的建设项目进行纠正和查处，对建设工地管理情况实施监督和管理。

1995 年 5 月，桂林高新区设建设管理处（对外挂建设局牌子）。1997 年，改称建设规划土地房产局，其职能是依据市人民政府批准的开发区总体规划，受市建设规划管理局、市房产局管理局、市土地管理局委托，审批高新区内基建项目立项，核发建设用地规划许可证、审批项目建设方案，核发定点文，审批项目建筑设计方案，审核施工图，核发建设工程规划许可证、建设工程施工许可证，工程竣工验收。审核发放农房、土地、房产证、商品房交易、物业管理等业务。1995—2002 年，共发放项目选址意见书 757 份，面积 300.04 万平方米，核发建设用地规划许可证 282 份，用地面积 72 公顷，核发建设工程规划许可证 420 份，建筑面积 143.74 万平方米，核发工程竣工规划验收合格证 391 份，竣工建筑面积 101.79 万平方米，工程竣工规划验收合格单 182 份，面积 54.91 万平方米。2002 年年末，原下放给高新区七星区的规划管理职能全部由市建设与规划委员会收回，改由市建设与规划委员会在高新区七星区设立分局（高新分局）负责建设规划审批业务。桂林高新区七星区规划建设审批业务中止。2002—2005 年，高新分局发放项目建设规划定点文 349 份，建设用地规划许可证 342 份，用地面积 774.63 万平方米，建筑规划许可证 342 份，建筑面积 776.35 万平方米。桂林高新区规划建设土地房产局继续实施建设项目施工过程的行政监管，查处违法占地和违法建筑行为，调处建筑施工的矛盾纠纷等行政监管职能。行政监督的主要方式为：核发建筑工地施工牌、监督工地文明施工、受理建筑施工临时占道占地，调处城建矛盾纠纷、查处清理违章建筑等。开展文明施工、安全生产检查单项工程 1226 项，发放整改通知书 449 份。

1986 年，七星区政府依照《桂林市规划管理条例》，设立城市管理监察大队（简称城管大队），组织相关部门对城区主干道路、旅游通道、风景区、公园、绿化地、名胜古迹等保护范围内的违章建筑进行查处。首先是动员拆除，其次是对逾期不拆除的，会同市城管监察、法院、公安等部门组织强行拆除，以维护风景旅游城市和历史文化名城的自然风貌和秩序。1988 年，城区政府在“双清”（清理外来无户口人员、清理非法占地及违章建筑）工作中，对历史遗留的“老、大、难”违章建筑进行摸底调查，制定处理方案报市政府审批、实施。此后，每年都持续开展清查违章建筑活动，采取违章户自行拆除和组织执法队伍强制拆除相结合的办法，清理各类违章建筑。1986—2005 年，共依法查处各类违章、违法建筑 900 余起，总建筑面积 68 万平方米，其中，依法拆除的为 28 万平方米，动员单位、个人自行拆除的为 40 万平方米，查处在漓江非法采、挖沙 5 起。

第三节　城区建设

七星区位于市区漓江东岸，历史上称为“水东”和“漓东”，即漓水之东。桂林城东靠漓江边，旧有水东门，过横跨漓江之上的浮桥，便是水东街，清代，桂林城市跨过漓江向东发展，沿水东街（今解放桥以东）至刺门楼街（今七星公园后门）。民国十年（1921）前，桂林没有铁路，人们日常所需的百货油盐柴靠水路运输，桂林水路商贸繁荣，东江镇沿岸（今临江路、东江路）坭湾街、五通街、水东街（今自由路）、九娘庙（今新生街）逐步成为货物交易的繁华街区。房屋临街而建，商居兼用。街面用大石板拼成，小的街巷多以小石块或卵石砌铺而成。民国 33 年（1944），日军侵占桂林，东江区房屋遭严重毁坏，几成废墟。次年光复后，人民生活极度困难，只能在断墙残壁处因陋就简搭盖一些棚屋居住，其结构多以竹木为主。民国 38 年（1949），东江区有东灵街、泥湾街、九娘街、五通街、福隆街、马坪街等 15 条，街、巷是泥结碎石路面，没有公共市政设施。城区周围则是荒山野岭，杂草丛生。

中华人民共和国成立后，人民政府重视城市建设改造。20 世纪 50 年代，区境内政府用以工代赈方式，翻修道路、疏通沟渠，清除垃圾。60 年代后改建、修复、扩建惠济桥、栖霞桥、龙隐桥、社山桥、寻源桥等桥梁，将人行桥变成车行桥，小桥变大桥，木桥变成石拱桥、砼梁式桥等。1979 年 7 月，七星区人民政府成立。区政府依照城市总体规划，陆续新建普陀、环城北二、漓江、临江、环城南一、七星、龙隐等。1998年后，改造、扩建穿山、龙隐、七星、建干、栖霞、骖鸾、辅星、环城南一路等原有道路和桥梁，改变了城区的交通状况。小街小巷道路进行综合升级改造，新建自来水厂、污水净化厂，增设给排水管网，乡、村道路、村庄巷道全部铺设水泥路面，村容村貌综合改造，城区城乡面貌和市民居住环境大为改观。

旧城改造

1950年，区境内的第四区城区竹、木、草结构住房占居民住宅总数的25%，多坐落在解放桥东侧，自由路、临江路、福隆街(今栖霞路)、码坪街一带。1952年，桂林洪水泛滥，沿河一带房屋被冲毁一部分。政府为了安置受灾户，在木材缺乏的条件下，在河东街桂花园(今新生街)搭盖了60栋(座)竹屋，每栋(座)50平方米，无偿分配给灾民居住。这是桂林市城区唯一的成片建设的全竹结构房屋。1956年至1963年，部分竹屋先后拆除，改建成砖木结构的平房，以低租金给原住户居住。1959年，七星公园征用了花桥东、西两岸土地，并拆除征用土地范围内的房屋，回建及收购房屋共耗资9.06万元。

随着城市的发展，住宅供需矛盾日见突出，桂林市政府逐步增加住宅建设的投资。1969年，桂林市在东江路建设一批砖混结构单元式住宅，房屋以2—4层为主，每户建筑面积30平方米。1978—1983年，桂林市房地产局及一些企事业单位在龙隐路、七星路、漓东路、三里店兴建一些4—6层砖混结构的单元式住宅，户型以2室户为主，平均每户建筑面积45—50平方米，每户设置卫生间、厨房。

1985年，国务院批准《桂林市城市总体规划》，城市性质是风景游览城市和历史文化名城。七星区逐步开展旧城改造，多渠道筹集资金，先后对普陀路、环城北二路、建干路、东江路、七星路等路段两侧的街、巷进行成片改造。改造内容：拆除危旧房，实施三里店、羊角山、屏风花园等多层住宅小区的开发建设，先后兴建帝苑、桂山、观光、七星、山水、长城等一批宾馆酒店，逐步完善道路、供水、排水、污水净化、供电、通信等公共服务设施建设，城市市容、旅游服务和生活环境有了改善提高。1987年，启动自由路两侧旧城改造项目。自由路附近建设花桥商业街，这是桂林市重点旅游商业区，东起七星公园花桥，西至解放桥，全长300米，是游客游览七星岩、月牙山、龙隐洞等风景区的必经路段，但此区域道路狭窄、周边房屋破烂不堪，而且地势低洼，每到连续雨天，这里是内涝的重灾区。

按规划要求，花桥商业街新建三大建筑群，即解放桥东南为商业街，花桥西南为食品街，西北为文化街，道路北侧新建住宅楼，完善道路、给排水、供电、通信、路灯、绿化等基础配套设施。

自由路改造项目难度大，改造范围广，搬迁户多。这一带居民住宅密集，商业铺面多，西起解放桥，东至七星公园，南含穿山路东江市场，北连酱料厂，要打通栖霞路和穿山路一片，需拆迁公私房800多户，难度极大。另外根据当时的规划，改建后的建筑物高度控制在三层以下，加上道路等原因，新建的面积仅有5万平方米，而拆迁的面积多达7万平方米。为了使改造项目顺利推进，市政府制定了特殊政策：所有拆迁对象，不论产权属谁，一律按质作价收购，异地安置，原地新建的住房均作商品房销售，拆迁户优先认购，价格享受优惠。积极引入社会资金，鼓励、引导企业参与项目改造。

1987年10月，花桥商业街改造项目工程动工。食品街3号楼、商业街4号楼于1989年国庆节前竣工交付使用，商业街3号楼与食品街1号楼和2号楼在1990年初全部落成，其他建筑在1993年陆续建成，新建住房4万平方米，共投入资金6000多万元。道路、绿化、给、排水、供电、路灯等公共配套设施同时建设。

1992年，对施家园路片区旧民居和“城中村”综合改造，该片区原是穿山村委村民和街道居民混居地，危旧房和违章建筑多，村民保留一些菜地，没有公共服务设施，居住环境差。按照城市总体规划，该区域为商贸服务、居住用地。七星区政府引进多家房地产开发公司共同开发建设，新建60栋7至8层的小高层住房，建筑面积12万平方米，沿道路两侧底层为商业铺面。道路、给水、排水、供电、路灯等按规划建设，改造后，该区域市容环境、居民住房条件得到较大改善。

1999年，七星区进行大规模的城市基础设施和重点工程建设。按照城市总体规划，先后对龙隐路、七星路、穿山路、漓江路、东环路、穿山路等主次干道进行升级扩建改造(主干道扩宽至50米，次干道扩宽至30米)。实行统一规划、分步实施，集中人、财、物资源，提高旧城改造的效率和质量。结合旧城改造，相应规划建设公共配套设施，对旧房、危房因地制宜进行改建和拆除重建，兴建居住小区。城区道路宽畅、供水、供电、通信、路灯、路树、人行道、园林绿化、文化娱乐、体育等基础设施配套规范、齐全，道路的节点增加花坛、花带绿化，增置小游园、小广场，设置体育健身器材。至2005年末，综合改造小街小巷48条，改、扩建农贸市场8个，新建街、巷、道路节点小园林9处。

旧民居改造 20世纪50年代辖区的旧民居，受经济条件限制，只能建在小街小巷。此类房屋多数简易低层，结构多为竹木，毗邻相接，对门对户，街道狭窄，建筑密度大，火灾隐患多，一些房屋前厅兼商铺，后屋居住。街道为泥土路面，环境卫生极差，市政设施只有简易路灯。1969年，桂林市民房拆迁办公室采取统一规划、个别设计的办法，在东江路、新生街重建了一批单元式住宅，房屋以2—6层为主，底层作为商业用房，第二层以上多为外长廊的长单元式住宅，每户建筑面积25—30平方米，2层房屋结构为砖木瓦房、2—6层房屋为砖混结构，一梯服务多户，厨房和卫生间4户以上共用，每层一个水龙头，住户相互干扰较大，生活不方便。1983年，市房地产局在龙隐路、七星路、三里店兴建一些4—6层砖混结构的单元式住宅，楼高按桂林市总体规划要求，户型以2室户、3室户为主，平均每户建筑面积45—50平方米，每户设卫生间、厨房，安装自来水、排污管道，建筑标准和质量也有很大提高。1985年国务院批准《桂林市城市总体规划(2001—2010)》后，旧民居经批准在原宅基地改建为砖混结构的楼房，临街的多为商住一体，前店合宅。企事业单位的旧房多数改造为砖混或钢筋结构的经营、生产或职工住房，外观单一，俗称“火柴盒”房。

片区改造 进入21世纪后，为加快旧城改造步伐，采取划分区域，统一规划，分块建设，集公共设施建设、道路建设改造、小区开发建设于一体的综合改造，称之为片区改造。1983—1989年，桂林中房等几家房地产开发公司先后建成三里店、羊角山、屏风小区，建成住宅50栋273套住房。建筑面积11.3万平方米。已建成的小区，规划布局合理，基础设施配套齐全，环境优美、协调、整洁，住户反映良好。1990年后，七星区结合旧城改造，道路改、扩建，搬迁工业用地改住宅，农贸市场改商、住，商业集中区等，加快片区改造的进展。利用“以房养路”优惠政策，吸纳50余家房地产开发企业。

2004年，七星区启动将军塘治理改造项目。将军塘片区总面积4万平方米(其中水塘面积1.6万平方米)，周边常住人口3400人，单位、民房混居。原有道路不宽，路面坑洼不平，排水管网老化，雨季经常出现排水不畅，易形成内涝，一些住户、单位的生活污水随意向塘内排放，塘内垃圾常年没有清理，一到夏天，水塘臭气难闻，加上一些乱搭盖的违章建筑，居住环境极差。将军塘治理改造项目的治理费用采取“三个一点”办法筹集(政府出一点，原小区建设单位出一点，周围排污单位、住户出一点)，投入资金拆除违章建筑7500平方米，改造道路总长2千米，铺设人行道1.4万平方米，原有实心围墙改建为通透式围墙，清除塘内垃圾、淤泥1.5万

改造前将军塘一角 (2004年1月摄)

改造后的将军塘一角 (2005年1月摄)

立方米，修筑驳岸700米，安放叠石1768吨，安装护防石拦600米，铺设雨、污排水管2800米，四周种植桂花树、垂柳，新铺生态绿地2000平方米，安装路灯120盏，安放石桌、石凳10套，增设健身器材21件。

小街小巷改造

路面及环境改造　1979年前，辖区的小街小巷维修管护工作由桂林市政部门负责。1979年后，小街小巷管护维修工作由七星区市政科负责，维修多限于小修小补、清沟护坡，路面填平硬化。1986—1990年，区政府投入资金28万元对部分小街小巷的路面、人行道进行维护，维护面积4.32万平方米。1991—1996年，投入资金118.7万元，完成会仙路、龙隐路、东江路、七星路等17条小街小巷的路面维修，改造面积10.5万平方米。1997年，投入资金58万元对漓东街、施家园路、狮子岭路等22条小街小巷进行维修，面积8.1万平方米。1997年，加大资金投入，对辖区主要街道两侧的300栋楼房安装了泛光灯和夜景装饰灯，主要街道白天市容整洁美观，晚间景色五光十色。2003年，投入资金300万元，对七星社区、码坪社区、穿山村委江东村、和平村委染房村4个试点区域进行综合整治改造，改造内容：道路硬化、新增排水设施、拆除违章建筑、建公共绿地、增植乔木花木、建户外健身场、安装健身器材、安装路灯等，小街小巷环境卫生状况日趋改善。

2004年，七星区把完善城市基础设施和公共设施、绿化、美化城市环境延伸到小街小巷和社区。在改造中，绿化设计和改造设计同时进行，绿化建设与改造工程同步开展，绿化标准验收与工程一道进行，当年新增公共绿地2万平方米。一路一景、一街一品的绿化建设，提升了小街小巷及所在社区的环境质量，改善了人居环境。同年，市政府把实施“百条小街小巷改造工程”作为为市民办实事的第一项任务，七星区当年计划改造17条小街小巷，实际完成18条，完成投资1900万元，改造道路总长6千米，面积18万平方米，拆除违章建筑面积2.3万平方米，新建雨、污水管6千米，完成供电线路改造3千米，新装路灯1531盏，新增绿地5000平方米，种植各类乔木300株，新建休闲广场2个，安置健身器材48套，安置垃圾箱200只。经改造后的小街小巷道路实现了雨、污水分流，供电、供水、供气、电信等管线按规划统一铺设，增加了公共设施配套。

2005年，继续开展“修好市民门前路、点亮百姓窗前灯”为主题的小街小巷改造工作，并扩展到城区的主次干道。至年末，完成24条小街小巷改造工程，全年完成投资2658万元，改造道路总长8千米，面积11万平方米，拆除违章建筑27万平方米，新增绿地1万平方米，改扩建雨、污水管12千米，安装路灯1768盏，新建休闲、娱乐健身场所3处，安置健身器材28套，增设垃圾桶600个。至2005年末，共投入资金4558万元，完成42条小街小巷改造，其中2004年改造路巷为：金星路、马坪街、七星小区、空明东路、半塘路西巷、将军塘环塘路（含将军塘清淤及驳岸）、桂大路一巷、长城花园南路、七星路三巷、育才南路、漓东社区一巷、漓东社区二巷、漓东社区三巷、会仙路一巷、会仙路二巷、会仙路三巷、会仙路四巷，2005年改造路巷为：五里店路、五里店一巷、五里店二巷、会仙路七巷、会仙路八巷、会仙路九巷、一机路、一机路一巷、一机路二巷、一机路三巷、一机路四巷、田心里路、田心里路延长段、七星路一巷、青岭路、骖鸾路一巷、临江路、临江路一巷、临江路二巷、漓江路一巷、长城花园北巷、毅峰路中段、空明西路西段、骖鸾路西段。

拆墙透绿　2003年，在小街小巷改造中，将沿主干道和部分次干道两侧的实体围墙改造成具艺

2005年，投资2558万元对24条约12万平方米的小街小巷开工仪式

术造型栅栏的通透式围墙，增加街道美感，同时清理遮挡有特色城市山体视线的障碍物，开辟视野通道，展现“景在城中、城在景中、城景交融”的旅游名城的城区特色，2003—2005 年，共拆除实体围墙 2500 米，建通透式围墙 2400 米，增加绿地 5000 平方米。

街道立面改造 2003 年，城区主干道改、扩建工程完成后，实施对七星路、漓江路等 5 条道路两侧建筑物的外立面进行清洗、粉刷、增加构件等“穿衣戴帽”立面改造工程，拆除建筑物伸出窗户、阳台防盗网和有碍外观的附着物，统一店铺招牌、广告牌的规格，营造沿街立面的观感美。清洗、粉刷外墙 95 栋，面积 18 万平方米，整治、拆除不符合规划要求的广告牌（箱）、遮挡棚 258 户，面积 5000 平方米。改造后，道路沿街立面焕然一新，城市观感美增加。

公厕改造 2000 年，按照市政府的布置，七星区进行公厕改造以解决游客和市民如厕难问题。公厕改造按照“新建一批，改、扩建一批，提高一批”的建设思路和经济适用、环境卫生、设施齐全、空气清新、造型美观的建设原则，采取政府宏观指导，有关部门协调配合，以“公开招标、以商养厕”的运作方式开展。当年完成新建、改造（扩建）公厕 50 座，全部免费向社会开放。2001 年，继续实施第二阶段工作，把“补充定点、完善规划、落实责任、加强管理、扩大战果、常抓不懈”的工作目标，推进到餐饮、商店、娱乐场所的公厕改造和对外免费开放方面。公共厕所布点范围遍及城区各主次干道、旅游景区景点、旅游通道、企事业单位、商店、宾馆饭店及公共场所。这些公厕建筑造型有的似城市小品，有的似雕塑，有的风格西化，有的呈现中国古风遗韵。部分公厕安装有脚踏式冲水阀，自动感应洗手机、烘干机，空气净化器、紫外线灭蚊机、残疾人专用蹲位等设施。并以有偿方式向社会公开征集健康、幽默的楹联、诗词等作品，将精粹的厕所文化带进公厕。一部分公厕配有音响设施，摆放鲜花、木雕等艺术品，格调高雅，环境优美，得到中外游客和市民的好评。在规划设计新建和改建街区公厕时，考虑开发其商业价值，以商养厕，将临街面建成商业门面，背面为公厕；将一楼建成商业门面，二楼为公厕；对不适于建设商业门面的地段，将一楼建成公厕，二、三楼为住房；对于一些地段需要建公厕，又不能建门面或住房的，则采取异地补偿的方式给予解决。把公厕建设与相应的商业门面（住房）建设“捆绑”起来，公开招标，中标者不仅要负责公厕与门面（住房）的建设和改造，还要负责公厕建成后的长效管理，并享有公厕和商业门面（住房）的经营管理权 50 年。城区政府与中标者签订公厕建设管理承包合同，实行明确责任、随时检查、违约解约的原则。此外，旅游、园林、工商、商贸及公共服务行业的公厕作为其相应配套设施的一个组成部分，公厕建设和管理费用均由业主各自承担。市政府对公厕建设和管理给予政策扶持，减免相关行政事业收费，公厕用水，用电实行优惠，单座公厕每月按 4 吨／蹲位标准免收水费。所改造工程历经三年，至 2003 年新建、改建和开放公共厕所 73 座，全部免费向市民和游客开放。

第四节　市政设施建设

道　　路

中华人民共和国成立前，区境主要道路有建干路、东旭路、东江路、栖霞路、临江路、灵剑路、七星路等，道路总长 4.1 千米，面积 1.85 万平方米，道路是三合土拌碎石铺路面，路宽一般为 3—4 米。

桂林解放初期，道路建设尚无城镇规划指导，主要是对原有道路进行拓宽和维修。新建道路也仅为适应新建单位的增加、城镇建成区的扩大而拓路，且多为三合土碎石路面，20 世纪 50 至 60 年代，城区部分路段铺设沥青路面。改革开放后，逐年加大道路建设力度。1983 年，新建设环城北二路、普陀路（统称东环路）、七星路、漓江路、环城南一路、龙隐路。1990 年，城区道路有 44 条，道路总长 56.12 千米。这些道路均为 20 世纪 80 年代先后建设，设计等级较低，路面不平，部分路段路面龟裂，出现坑槽、涌包等情况，积水现象普遍，人行道路面大部分是水泥砼阶砖铺装和水泥砼现浇，砖块普遍松动、溅水。道路配套设施不完善，排水系统设计能力偏低，雨水、污水横流。大部分道路管线未下地，道路绿化率低，树种单一。1999—2002年，对漓江路、七星路、龙隐路、穿山路、自由路、辅星路、环城南一路、普陀路、环城北二路等城市主、次干道进行扩、改建（主干道拓宽40—58米，次干道拓宽30—40米）。2003年新建桂磨路，改建五里店路、建干路、毅峰路等。2004—2005年改建会仙路、东江路、横塘路、施家园路、六合路等。经扩、改建后的道路线型顺畅，路面平整，主、次干道增设非机动车道、人行道，通行能力提高。人行道路面采用美观耐用的天然花岗岩、大理石石材铺装。配套设施功能有较大提升，通信、供电管线全部下地，且预留部分管线空间；排水管径设计合理，雨水、污水实现分流处理；新增道路隔离带和人行道绿化带，并在漓江路开辟公交车专用道，逐步形成适应现代化城市的多层次道路系统。

2004年，七星区完成18条小街小巷改造工程任务，改造道路6千米，面积18万平方米。2005年，继续开展“修好市民门前路、点亮百姓窗前灯”为主题的小街小巷改造工程，改造范围扩展到城乡接合部的乡、村。至年末，七星区完成24条小街小巷工程改造任务，改造道路8千米，面积11万平方米。

漓江路　东起三里店大园盘，西至漓江桥东端，跨小东江，途经穿山桥，与穿山小街、施家园路、辅星路、穿山东路、骖鸾路相交，是桂林市区交通东西向的重要主干道，全长1640米。该道路始建于1980年，1988年扩建。2001年，由漓江路改造工程指挥部对该路进行改造，由桂林橡胶工业设计院设计，桂林市南方道桥修建有限公司施工，总投资638万元。工程于2001年3月开工，2001年8月竣工。按城市一级主干道设计扩建改造，道路红线宽50米，改造后的快车道宽15米，双向4车道，公交专用车道两侧各宽4米，慢车道两侧各宽4米，道路中间和两侧快慢车道设绿化隔离带宽7米，隔离带种植大叶樟和桂花树。人行道两侧各宽6米，地面铺花崗岩石板，人行道增设盲人道。路基全幅铺沥青砼路面。慢车道层采用彩色水泥砼。同时对路段两侧的旧建筑物进行立面改造，粉刷外墙，增加工艺装饰沿街骑楼5000平方米。把建苑小园盘改造为平面渠化交通。

东环路　北起虞山桥东端，南至三里店大园盘，全长4.82千米，道路红线宽44米，快车道宽14米，双向4车道，属桂林市主要环城干道。该路始建于1986年，道路原设计等级较低，至1996年，部分路段出现路面龟裂、涌包等情况，积水较严重。1997年，由桂林市南方道桥修建有限公司对环城北二路、普陀路进行改造，改造工程由桂林市市政综合设计院设计，施工单位：环城北二路一段由桂林市基础设施建设总公司和桂林市政工程管理处施工，普陀路一段由桂林市排水管理处和桂林市政总公司施工，普兰监理公司负责工程监理，工程总投资287.7万元。整个工程于1997年6月开工，1998年1月竣工。道路按原路宽和线型进行改造，增建雨、污水管，对原道路混凝土路面板断裂，错台和沥青路面龟裂，路面严重破坏的部分路基进行翻修处理，其余部分路面进行补强处理后全幅铺沥青砼路面。此次改造没有进行人行道铺装。

龙隐路　西起穿山路，东至七星公园南侧后门，全长931米。该路始建于1964年，道路宽12米，为机动车、非机动车混合道路。该路与施家园路、辅星路相交，是市中心通向三里店方向最重要的城市主干道，旧道路偏窄，已不适应城市发展需要。1974年曾改建。1999年对龙隐路进行改造，由桂林市政综合设计院按城市一级主干道扩建改造设计，桂林市南方道桥修建有限公司施工。人行道部分由桂林橡胶工业设计院设计，桂林市基础设施建设总公司施工。工程改造内容：在原有道路线型不变的基础上，道路宽度由原来的12米拓宽至红线36米，同时在两侧设置非机动车道和人行道，并在右侧非机动车道范围内铺设雨水管道。改造后的龙隐路，机动车道12米，双向4车道，沥青路面，非机动车道9米，机动车道隔离绿化带4米，人行道14米，铺花岗岩地板，人行道种植桂花树，设置庭院式路灯。工程于1999年1月动工，1999年12月竣工，工程投资900万元。

七星路　该路西起七星公园南侧后门，东接环城南一路，全长2.74千米。该路历来为桂林城至大圩，北上通中原的重要陆路道路，筑有1米宽碎石古道，北段修有三里亭，南段筑有五里亭。民国22年(1933)，道路扩宽，成为桂（林）大（圩）公路的最北一段，路宽约5米，随土坡上下，泥土路面。1959年辟建七星公园，将公园内原马坪街的居民迁至该路段，始称七星路，属桂大路一段。1966年，因该路通往越南学校，取“援越抗美”之意，七星路更名为抗美路。1972年，对路面进行扩宽修整，道路车行道扩建为10米，路面平均降坡2米，延伸至三里店广场，改铺沥青路面。1978年，抗美路复名七星路。1985年，市地名委员会正式撤销桂大路，其北段（三里店广场至环城南一路东端处）被延伸为七星路，中段与南段分别命名为七里店路和铁山路，即此时的七星路南起环城南一路东端，与七里店路北端相接，北抵七星公园后门西侧，与龙隐路相通。1987年至1989年，七星路扩建，将原宽10米的车行道改扩为14米，慢车道各宽6米，人行道扩宽为各5米，泥土路面改铺水泥阶砖。1997年在东环路改造时，对三里店大园盘至车管所段进行过改造，在原有道路线型的基础上重新铺设沥青砼面层。1999年对七星公园南后门至三里店大园盘一段进行改造扩建，原道路宽32米，全长1.03千米。扩建后道路红线宽40米，机动车道宽12米，双向4车道，非机动车道宽10米，车道间绿化隔离带宽4米，早年种植有枫香树。人行道宽14米，铺装花岗岩地板，种植桂花树，人行道铺装盲人专用道，设置庭院式路灯。该段改造和龙隐路改造同时进行，同时竣工，工程投资1100万元。2001年3月，开始进行三里店大园盘至环城南一路相交段改扩建，全长1.71千米，按城市一级主干道设计扩建改造。原道路红线宽32米，机、非混合车道。改造后该段道路红线宽50米，机动车道宽22米，双向6车道，道路中间设4米绿化隔离带，种植苏铁和灌木，非机动车道宽8米，机动车与非机动车道间设隔离绿化带4米，种植大叶樟树，人行道宽12米，铺装大理石地板，人行道增设盲人专用道，人行道种植桂花树，安装10米高杆单臂路灯。当年12月竣工。

辅星路 北起龙隐路，南至漓江路，全长980米，该路穿过望城岗，旧时称望城岭。该路始建于1983年，道路原长1000米，宽5.5米，水泥路面，无人行道。因该路北端正对辅星山，市地名委员会命名为辅星路。2000年，由桂林市政综合设计院进行道路扩建设计，桂林市政工程总公司施工，工程于2001年7月开工，11月竣工，工程投资534万元。改造后的道路，北段（龙隐路至金星路）红线宽20米，机动车道宽14米，双向4车道，人行道宽10米，铺装大理石地板，种植黄葛榕树。南段（金星路至漓江路）红线宽40米，机动车道宽20米，双向6车道，人行道宽10米，铺装大理石地板，人行道增设盲人专用道，种植银杏树，安装12米高杆路灯。

环城南一路 东起七星路与七里店路北端交点处，西至净瓶山大桥东端，全长2.305千米。与穿山东路，毂鸾路，毛塘南路相交，是桂林环城交通枢纽东西向连接的重要主干道。该路始建于1964年，原是一条乡村小路，道路宽4米，碎石路面。1983年，净瓶山大桥竣工时，该路扩建成路基宽14米，车行道宽9米，无人行道，片石基础结构，路面结构东段为混凝土路面，西段为沥青路面。该路原来修筑时等级较低，使用几年后路基有变，引起路面变形，凹凸不平，晴日尘灰弥漫，雨天积水，泥泞难行。1998年，为适应城市发展，由桂林市政综合设计院按城市一级主干道设计改造该路段。工程分五个标段，分别由桂林市基础设施建设总公司、市住宅建设总公司、市建筑安装工程公司三个公司施工，市政建设监理公司监理。1998年11月开工，2000年9月竣工，工程投资996万元。改造后的道路水泥砼路面，红线宽50米，机动车道宽23米，双向6车道，中央隔离带2米，非机动车道宽12米，机动车与非机动车道隔离带3.5米，人行道宽10米，铺水泥砼阶砖，种植黄葛榕树，桂花树。道路两侧建雨污水管，安装10米高杆路灯。

穿山小街 北起漓江路的穿山桥东端，南至穿山公园，与毅峰路西端相接，全长650米。从民国27年(1938)开始已经有了穿山小街，1952年该路又称为东江小街，1966年复名为穿山小街。穿山小街是通往穿山公园的一条旅游通道，原道路宽6米，道路西侧大多是低矮民房。2002年，由市园林局对其进行道路改造、园林景观建设和环境综合整治工

七星路 （2009年摄）

程。工程于2002年8月动工，10月竣工，工程投资2000万元。改造后的穿山小街，道路红线拓宽至20米，机动车道宽12米，人行道宽8米，铺装大理石地板，种植小叶榕树、桂花树，安装8米高杆单臂，灯罩像网球拍一样的路灯，造型独特。拆除临小东江一侧的民房，沿江建设生态园林，种植大叶榕树、桃树、桂花、银杏、柳树、水杉等大树木800多株，绿地1.2万平方米。

七里店路　西北起环城南一路东端，与七星路东南端相接，东南至朝阳乡湖塘村委马鞍村南，南接铁山路，东与横塘路衔连，西南抵桂林火车东站，全长3.15千米。该路历年为桂林通往大圩的古道中的一段，民国22年(1933)年，道路扩宽，成为桂大公路的一段。1984年以前车行道宽10米，路基片石结构，沥青路面。1985年后，陆续扩建，车行道宽14米，无慢车道、人行道。

桂磨公路　西起七星路，东至磨盘山码头。2000年，由桂林市区至磨盘山码头公路工程建设办公室对七里店路、铁山路一直延伸到磨盘山码头的道路进行了建设，工程名称为桂磨路建设项目，项目概算为5.32亿元。工程包括支线(二级公路)至磨盘山、竹江码头，全长21.6千米。由自治区交通规划勘察设计院设计，玉林市建筑安装工程公司、南宁市基础工程公司、广西公路桥梁工程总公司、中航四航局第三工程公司、桂林市建筑安装工程公司、第十一冶金建设公司、武汉市政总公司、广西弘路交通附属工程有限公司施工，育才一布朗交通咨询监理公司监理。新改建后的道路全长21.6千米，其中城市段道路长6.09千米，红线宽度58米，中间绿化带10米，机动车道宽24米，双向6车道，设计车行速度每小时60千米，非机动车道宽8米，隔离带宽6米，人行道宽10米，铺装水泥砼地砖，种植银杏、樟树、桂花。一级公路段长8.50千米，路基宽41米，中间绿化带10米，机动车道宽24米，设计车行速度每小时80千米。二级公路长3.77千米，路基宽12米，设计行车速度每小时80千米。三级公路段长3.20千米，路基宽度7.5千米，设计行车速度为每小时80千米。工程于2000年12月开工，2003年12月竣工。

横塘路　西起自七里店路南端与铁山路北端的交会点，向西可通桂林东站，东至桂轮胎厂止。全长3.15千米。桂林解放前，横塘片区曾辟作关押犯人的监狱区。解放后，曾设横塘劳改农场，横塘路逐步拓宽泥土路面，路宽3至5米。1966年，桂林轮胎厂在此建厂，道路扩宽改造，宽6.5米，片石基础，混凝土路面。1985年前，该路无正式名称，有称轮胎厂路、横塘路或雷霹山路。1985年，市地名委员会依据该路位于朝阳乡丫吉村委的横塘(村)之南，桂林地区曾于此处办有横塘农场，故命名为横塘路。1990年，道路改沥青路面。2004年，道路拓宽为9米，无人行道，路两侧植桂花树。

建干路　南起六合路西段，与灵剑溪上的葛老桥相接，北至环城北二路，全长1.30千米。民国28年(1939)，在路北的天圣山麓开办广西地方建设干部学校，始名建干路。路宽6.5米，泥土路面。1956年，在屏风山南麓设桂林地质学校，道路拓宽为13米，人行道各宽3米，道路西侧植阴香树，路面为混凝土路面。2003年，桂林市城市建设开发总公司对该道路进行改造，工程投资1100万元，由桂林市政综合设计院设计，桂林市建筑安装工程公司施工，长沙铁道学院建设监理公司监理。改造后的道路红线宽40米，机动车道宽15米，双向4车道，人行道宽11米。新增加雨、污水管道，路面结构为沥青砼，人行道铺装大理石地板，种植小叶榕树、桂花树安装路灯。工程于2003年11月开工，2004年7月竣工通车。

穿山路　北起栖霞路，南至穿山桥西端，全长2071米，沿途有东江市场、东城宾馆、中国人寿保险桂林分公司、桂山大酒店等，是漓江东岸南北交通城市主干道。桂林解放前，该路是桂林通阳朔、兴安、灌阳诸县通道之一，也是附近各自然村相连的道路。民国27年(1938)，汉民中学从南京迁于穿山麓后，便成为学校与城内联系的主要通道。该路始建于1938年，道路宽5米，泥土路面。1964年为开发三里店新区，新建龙隐桥，道路进行改建，路宽9米，混凝土路面。1989年，建设桂山大酒店时，把道路扩宽至14米，片石基础结构，沥青路面，人行道各宽7米，水泥阶砖铺面。2001年进行改造，投资744万元。其中：穿山路北段(栖霞路—龙隐桥)全长800米，由穿山路建设改造有限责任公司建设，桂林方政综合设计院设计，桂林市市政工程总公司负责排水及路基施工，桂林市南方道桥修建有限公司负责沥青砼路面施工，桂林市南方建设监理有限责任公司监理。造后的道路红线宽40米，机动车道宽11.5米，双向4车道，非机动车道宽10.5米，绿化隔离带宽3米，种植黄葛榕树、苏铁，人行道宽

12米，铺装大理石地板，设盲人道地砖，种植桂花树：穿山路南段（龙隐桥—漓江路）全长1271米，由穿山路南段改造工程办公室建设，桂林市市政综合设计院设计，第二建筑安装工程公司负责排水及路基施工，桂林市南方道桥修建有限公司负责沥青砼路面施工，桂林市南方建设监理有限责任公司监理。改造后的道路车道为12米机非混行，单侧人行道宽2米。工程于2001年10月竣工。

建成后的东二环 （2009年9月摄）

自由路 西起解放桥东端，东至七星公园大门，全长510米，是市中心过解放桥通向七星公园的主干道。该路始建于清代，碎石泥土路面，路宽3至5米。清至民国称水东街，民国25年(1936)称东旭路，1952年改名自由路，1966年改名红桥路，1978年复名自由路。桂林解放初期，自由路进行了维修扩建，路宽7米，三合土路面。1983年进行了改建，路面拓宽12米至18米，沥青路面，人行道各宽5米，路两侧植阴香树。2001年，解放桥重建时同期改造，投资18万元。桂林市第九建筑安装工程公司负责排水及路基施工，桂林市南方道桥修建有限公司负责沥青面层施工。改造后，道路红线宽50米，机动车道宽21米，沥青路面，非机动车道宽7米，人行道宽16米，种植桂花树。新铺装雨污水管。工程于2001年7月开工，9月竣工。

东二环路 1991年1月，桂林城市规划设计研究院编制完成《桂林市东二环路规划》，按城市一级主干道设计。道路南起环城南一路向北，经叠彩区大河乡跨越漓江，北至乌石街，与中山北路相连，全长9.6千米，跨越叠彩区和七星区，其中七星区段长4.58千米，道路红线宽60米，为双向6车道。工程投资5亿元。工程于2003年7月开工，2006年竣工。

表6-1 **1990年七星城区道路一览表**

路名	起止点	道路长度（米）	道路红线宽度（米）	机动车道宽度（米）	人行道宽度（米）	路面结构	新、改建时间	种植树木
靖江路	金鸡路至尧山路	3749	4	4	无	水泥	隋代始建，1966年改建	阴香
金鸡路	六合路至桂林电子工学院	1100	6	6	无	水泥	隋代始建，1981年扩建	阴香
尧山路	天圣山南至尧山西麓	2526	5	4.5	无	水泥	唐代始建，1981年改建	阴香
自由路	解放桥东至七星公园大门	513	18	9	5	沥青	清代始建，1983年改建	阴香、石山榕
上关路	惠济桥至虞山桥东	990	3	3	无	碎石泥土	清代始建，民国时期改建	阴香
七里店路	七里路至火车东站	3150	10	10	无	沥青	民国时期始建，1983年改建	
临江路	解放桥至惠济桥	1410	8	7	无	沥青	解放前始建，1966年改建	桂花
东江路	自由路至帝苑酒店	644	7	7	无	沥青	解放前始建，1966年改建	阴香
栖霞路	东江路至新桥	360	7	6.4	无	沥青	解放前始建，1966年改建	阴香
新生路	自由路至临江巷	178	6	5.2	无	三合土	解放前始建，1966年改建	桂花

续表

路名	起止点	道路长度（米）	道路红线宽度（米）	机动车道宽度（米）	人行道宽度（米）	路面结构	新、改建时间	种植树木
横塘路	七里店路至轮胎厂	2156	9	6.5	无	沥青	解放前始建，1966年改建	阴香
建干路	六合路至电力电容器厂	1100	8	8	无	沥青水泥	1931年始建，1966年改建	阴香
七星路	龙隐路至砂轮厂南	2696	22	14	12	沥青水泥	1933年始建，1972年扩建	樟树、阴香、枫香、银桦
铁山路	七里店路南至铁山	3300	6	6	无	沥青	1933年新建，1979年改修	阴香、小叶榕
六合路	新桥至激光研究所	2380	9	5至9	无	沥青水泥	1937年始建，1966年改建	樟树、桂花
穿山路	自由路至穿山桥	620	14	14	无	沥青	1938年始建，1989年改建	桂花
穿山小街	穿山桥至穿山公园	770	5	5	无	水泥	1938年始建，1989年扩建	樟树、桂花
灵剑路	六合路至吊箩山	1400	5	5	无	三合土	1943年始建	阴香
屏风路	建干路至桂林医学院分部	482	6	6	无	水泥	1956年始建，1960年改建	阴香
芳香路	六合路至秀峰区机电设备厂	374	5	4.3	无	水泥	1958年新建，1980年改建	阴香
龙隐路	龙隐桥东至七星路	641	20	12	8	沥青	1964年始建，1974年改建	桂花树、樟树
骖鸾路	漓江路至环城南一路					水泥	1964年始建，1989年改建	
五里店路	七星路至穿山东路						1964年始建	
育才路	普陀路至三金药厂	3400	6	6	无	水泥	1965年新建	阴香
青岭路	七星路至空明西路	770	4	4	无	水泥	1965年始建，1993年改建	阴香
朝阳路	普陀路至风动工具厂	2607	5.6	5.6	无	水泥	1966年扩建	阴香
空明东路	七星路至广西区建三公司桂林分公司	541	4	4	无	沥青水泥	1966年扩建	阴香、桂花
空明西路	七星路至石油六公司职工医院	570	7	7	无	水泥	1966年扩建	阴香、桂花
辰山路	建干路至味精厂	1750	6	4.5	无	沥青	1969年新建	
金星路	七星路至辅星路	418	8	7	无	水泥	1969年始建，1975年改建	樟树、阴香
会仙路	七星路至育才路西端	840	6	6	无	水泥	1970年新建	樟树、桂花
穿山东路	漓江路至桂林市皮鞋厂	1320	5	5	无	水泥	1973年扩建	阴香、桂花
小筑路	朝阳路至柑橘所	350	6	6	无	水泥路面	1975年建	阴香
竹桥路	六合路东端至竹桥村	540	5	5	无	三合土	1979年新建	阴香
漓江路	穿山桥至三里店广场	1870	26	14	12	沥青水泥	1980年新建，1988年扩建	樟树、桂花、银木、阴香
普陀路	六合路至三里店广场	2000	26	14	12	沥青水泥	1983年新建	樟树、桂花、阴香、夹竹桃

续表

路名	起止点	道路长度（米）	道路红线宽度（米）	机动车道宽度（米）	人行道宽度（米）	路面结构	新、改建时间	种植树木
环城北二路	虞山桥至六合路	2700	26	14	12	沥青水泥	1983年新建	樟树、桂花、阴香、夹竹桃
环城南一路	七星路东端至净瓶山大桥	2305	9	9	5	沥青水泥	1983年新建	夹竹桃、樟树
辅星路	龙隐路至漓江路	972	6	5.2	无	水泥	1983年始建	阴香
施家园路	龙隐路至漓江路	960	12	12	无		1985年新建	
梨园路	望城岗西南麓	455	4	4	无	水泥	1986年新建	阴香、桂花
青岭西路	青岭路至骖鸾路	200	4	4	无		1986年新建	桂花、阴香
半塘路	七星路口至育才小学	700	8	8	无	水泥	1987年新建	阴香、桂花
宣祥路	五里店路至环城南一路，通过原一机床厂宿舍区段	500	6	6	无	水泥砼	1988年新建	桂花、阴香
济民路	临江路至金王药业	260	6	6	无	水泥砼	1989年建	阴香、桂花
朝阳西路	普陀路至吊萝山	260	4	4	无	水泥路面	1989年建	阴香、桂花

表 6-2　　**2005年七星城区道路一览表**

路名	起止点	道路长度（米）	道路红线宽度（米）	机动车道宽度（米）	中央隔离带宽度（米）	非机动车道宽度（米）	人行道宽度（米）	绿化隔离带宽度（米）	路面结构	新、改建时间	种植树木
育才路	东二环路至桂林集琦药业	3431	10	6至10				6	水泥路	1970年改建	樟树、桂花
金鸡路	六合路至桂林航天高等学校	3740	8	6					水泥路	1980年改建	樟树、枫香
芳香路	六合路至市芳香厂	370	5	4					沥青砼	1985年新建	桂花
济民路	临江路至金王药业公司	260	6	6					水泥路	1989年新建	小叶榕、桂花
六狮路	虞山桥东至味精厂	1200	7	7					水泥砼	1992年改建	樟树、阴香
小筑路	奇峰小筑小区至柑橘研究所	350	14	10			4		水泥砼	1992年改建	阴香、桂花
筑西路	普陀路至柑橘研究所	500	6	6					水泥砼	1992年改建	阴香、桂花
尧山路	天圣山南至尧山西麓	2530	5	5					水泥砼	1992年扩建	阴香、桂花
骖鸾路	漓江路至环城南一路	2170	30	14			16		沥青砼	1993、2005年改建	小叶榕、桂花
穿山东路	漓江路至环城南一路	2400	30	14			16		沥青砼	1993年改建	小叶榕、桂花
上关路	惠济桥至虞山桥	1200	6	6					碎石路	1993年改建	桂花、阴香

续表

路名	起止点	道路长度（米）	道路红线宽度（米）	机动车道宽度（米）	中央隔离带宽度（米）	非机动车道宽度（米）	人行道宽度（米）	绿化隔离带宽度（米）	路面结构	新、改建时间	种植树木
朝阳路	普陀路至风动工具厂	2607	15	9至15					沥青砼	1993年改建	桂花
靖江路	金鸡路至尧山路	2870	4	4					水泥砼	1993改建	樟树、阴香
五里店路	七星路至穿山东路	2000	30	15			15		水泥、沥青砼	1993年、2005年改建	桂花、黄葛榕
毅峰路（东）	七星路至穿山东路	1500	20	10			10		水泥、沥青砼	1993年始建，2002年改建	桂花、黄葛榕、樟树
毅峰路（西）	穿山东路至穿山公园	660	30	15			15		水泥沥青砼	1993年始建，2002年改建	桂花、小叶榕
空明路（西）	七星路至穿山东路	1600	26	14			12		水泥、沥青砼	1993年始建，2003年改建	桂花
朝阳西路	东环路至吊箩山	264	4	4					水泥砼	1995年改建	樟树、阴香、桂花
毛塘路（东）	五里店路至环城南一路	518	16	8			8		沥青砼	1995年新建	桂花
毛塘路（西）	毛塘路至骖鸾路	275	16	8			8		沥青砼	1995年新建	桂花
普陀路	三里店广场至六合路	2000	50	14		12	18	6	沥青砼	1998、2001年改建	樟树、桂花
环城北二路	六合路至虞山桥	2270	44	14		12	12	6	沥青砼	1998、2001年改建	樟树、桂花
环城南一路	净瓶山大桥北至七星路东端	2305	50	23	2	12	10	3.5	沥青砼	1998改建	黄葛榕、桂花
龙隐路	龙隐桥东至七星公园南后门	931	36	12		9	11	4	沥青砼	1999年改建	桂花
七星路一期	龙隐路至三里店大圆盘	1030	36	12		10	14	4	沥青砼	1999年改建	五叶枫、桂花
七星路二期	三里店大圆盘至环城南一路北端	1710	50	22	4	8	12	4	沥青砼	2001年改建	大叶榕、桂花
穿山路南	穿山桥至龙隐桥	1280	16	14			2—6		沥青砼	2001年改建	桂花、阴香
辅星路	龙隐路至漓江路	980	20至40	14至20			10		沥青砼	2001年改建	黄葛榕、银杏
自由路	解放桥东至七星公园大门	510	50	21		7	16	3	沥青砼	2001年改建	阴香、桂花
栖霞路	自由路至六合路	350	40	14		11	12	3	沥青砼	2001年改建	黄葛榕、桂花
临江路	解放桥至二江口惠济桥	1410	15	7			8		沥青砼	2001年改建	桂花、银杏

续表

路名	起止点	道路长度（米）	道路红线宽度（米）	机动车道宽度（米）	中央隔离带宽度（米）	非机动车道宽度（米）	人行道宽度（米）	绿化隔离带宽度（米）	路面结构	新、改建时间	种植树木
漓江路	穿山桥至三里店广场	1620	50	23		9	12	6	沥青砼	2000 年 10 月改、扩建，2001 年 8 月完工	桂花、黄葛榕、樟树
穿山路	栖霞路至龙隐桥	800	40	14		11	12	3	沥青砼	2001 年 6 月改建	黄葛榕、桂花
穿山小街	漓江路至穿山公园	650	20	12			8		沥青砼	2002 年改建	小叶榕、桂花
桂磨路城市段(原铁山、七里店路)	七星路至英才园	6089	58	24	10	8	10	6	沥青砼	2003 年改建	银杏树、桂花
空明路(东)	七星路至莫家坪村	560	14	8			6		沥青砼	2003 年改建	杜荚、桂花、黄葛榕
建干路	环城北二路至六合路	1304	40	15			12		沥青砼	2003 年改建	桂花、小叶榕
梨园路	漓江路西至施家园路	580	12	8			4		水泥路	2003 年改建	黄葛榕
东二环路(七星段)	七星路至建干北路	4580	60	24.5	8	15	15	5	沥青砼	2003 年新建	樟树、桂花、重阳木
会仙路	七星路至普陀路	850	19	10			9		沥青砼	2004 年改建	樟树、桂花
横塘路	桂磨路至桂林轮胎厂	3150	9	7					沥青砼	2004 年改建	桂花
灵剑路	六合路至吊箩山	1400	5	5					水泥砼	2005 年改建	阴香、桂花
施家园路	龙隐路至漓江路	1100	16	10			6		沥青砼	2005 年改建	重阳木
六合路(东)	环城北二路至东二环路	850	35	12		9	10	4	沥青砼	2005 年改建	樟树、桂花
青岭路	七星路至空明西路	400	26	14			12		沥青砼	2005 年改建	桂花、黄葛榕
辰山路	环城北二路至味精厂	1948	10	10					沥青砼	2005 年改建	阴香、桂花
半塘路	七星路至育才路	700	13	8			5		沥青砼	2005 年改建	桂花
田心里路	七星路至田心里村	400	9	6			3		沥青砼	2005 年改建	杜英
一机路	五里店路至广西一机床厂	350	10	7			3		沥青砼	2005 年改建	桂花
导航路	空明西路至导航小区	400	14	8			6		沥青砼	2005 年改建	桂花
东江路	帝苑酒店至新生路	644	12	7			5		沥青砼	2005 年改建	桂花
新生路	东江路至自由路	178	5	5					沥青砼	2005 年改建	桂花、阴香
竹桥路	六合路至竹桥村	540	9	8					水泥砼	2005 年改建	阴香、桂花
五医路	七星路至五医院	220	14	8			6		沥青砼	2005 年新建	桂花树

桥　梁

流经辖区域内的江河有漓江、小东江、灵剑溪、朝阳小河。至2005年年末，城区新建、改扩建各类桥梁20座，其中4座为景观步行桥。

解放桥　位于解放东路东端，自由路西端，跨越漓江。据史载，漓江在宋代以前没有桥，两岸往来靠舟渡。

宋代，漓江上开始架桥，桥建在城东门（今解放桥址附近），是一座由船体相连上铺木板而成的船板桥，称东江桥或浮桥。明正德四年（1509），都御史陈金重修东江桥，并更名为永济桥。永济，为千载利民之意。永济桥的规模可从明代学者包裕所作的《永济桥记》中得知："造舟五十，铸铁柱四，各丈八尺，埋峙岸浒，半入地中。铁鋳缆二，各长百余丈，横亘舟上，索缆于柱，镇铁锚入水，以固舟，甃石块于堤，以固岸。两侧翼木为栏，以防磋跌。两岸甃石为磴，以便往来。"清代又多次重修。然而每至汛期，江水暴涨，浮桥断开，人们只能望江兴叹。

民国28年（1939），在漓江上建石墩钢木桁架上承式简支桥，是年11月破土动工，民国30年（1941）8月建成，取名"中正桥"。

民国33年（1944），日军侵犯桂林，中正桥被炸毁二、三孔钢梁。民国35年（1946），又在桥址上重新架设浮桥。

1951年，人民政府在中正桥原址，利用原墩台，建设钢木合构桁架桥，历时半年竣工。为了纪念解放桂林城，遂定名为解放桥。

永济浮桥（今解放桥）

1957年，解放桥扩建，桥宽由6米拓宽为11米。

1971年至1972年，改建为钢筋混凝土双曲拱桥，桥长239.6米，宽15米，车道为双向4车道。荷载为汽-13级，拖-60级。

1999年，重建解放桥为5跨空腹式箱型连拱造型，采用预应力钢筋砼箱型梁T构结构，简洁通透，美观新颖，气势宏伟。桥长284米，宽45米，双向6车道的机动车道，两边非机动车道各宽4.5米，人行道各宽2米，中间设2条各宽2米绿化隔离带。桥梁下部结构为四墩两台，钢筋混凝土灌注桩基础。重建工程包括主桥和配套工程（包括引道、匝道、地下通道、照明、绿化等）组成，工程投资2.54亿元。重建主桥工程设计单位为上海同济大学桥梁设计分院，监理单位为北京中铁诚业监理公司，施工单位为中铁大桥工程局。1999年12月开工，2001年9月竣工通车。

漓江桥　位于穿山桥西端，上海路东端，跨越漓江。桥型为V形钢结构，为国内首座采用"V"型结构的跨江大桥。主跨V形刚构横向由两个单室箱组成，纵向刚构是一种联合系桥，由箱形主梁、箱形挂梁、斜腿和墩座4个部分组成。桥长263米，宽18.5米，双向车道，两侧人行道，荷载为汽-20，拖-100，主孔通航6级标准。1985年9月动工，1988年3月竣工，工程总投资1421万元。大桥的设计、施工单位为铁道部大桥工程局。

虞山桥　位于环城北二路与漓江相交处，跨越漓江。虞山桥因依虞山而命名。桥头立有石柱，石柱上站立着舜帝像和大象石雕塑。虞山桥是截面呈T型预应力简支梁连续公路桥，桥长309.86米，宽20.50米。桥面上行车道宽15.5米，人行道宽2.5米，荷载汽-20级，拖-100级，最高通航水位按10年一遇洪水计，设计6级航道，通航净高度4.5米。1986年1月开工，1988年9月竣工，工程投资1300万元。虞山桥设计简洁实用，桥两侧用普通的石柱栏杆和简单的金属制扶手，扶手上涂青绿色油漆，与周边青山绿水相合。

净瓶山桥　位于环城南一路西端，跨越漓江，因附近有净瓶山而得名。1980年由上海市政工程设计院设计，铁道部大桥局施工。桥型为变高度预应力连续梁。桥长302米，宽20米，双向4

车道，两侧各2.5米栏杆人行道，荷载为汽-20级，拖-100级。通航能力：近期7级，远期6级。1980年9月工程动工，1983年5月竣工，工程投资870万元。

龙隐桥 位于龙隐路西端，穿山路东端，跨越小东江，是连接穿山路与龙隐路的重要桥梁。因附近有龙隐洞、龙隐岩而得名。环城路未修建以前，从解放桥到三里店，机动车必须经过此桥。该桥始建民国29年(1940)，为木柱多跨连续木便桥，桥长24米，宽2米。1964年改建为钢筋混凝土双曲拱桥，桥长62.2米，宽10.7米，跨径40米。1966年，龙隐桥改建成仿中国古代名桥——赵州桥的石拱桥，桥长62来，跨径40米，桥拱部分用方形石块3800块，采用佛兰式砌法，为当时桂林市第一大石桥。龙隐桥包括2个桥台、4个空腹拱，全部石块都经细琢，桥形美观，工艺精湛，与东岸的“桂海碑林博物馆”极为协调。20世纪70年代，龙隐桥第一次扩建，扩建后桥长62.2米，桥面车行道宽7米，两侧人行道各宽1.85米，桥面为沥青铺筑，荷载为汽-13级。

2001年龙隐拆除旧桥进行重建，由上海同济大学桥梁设计分院与桂林市市政综合设计院联合设计，北京中铁诚业监理公司进行施工监理，中铁大桥工程局施工。该桥采用预应力钢筋混凝土箱型梁加挂梁结构，桥型仿美国纽约中央公园内的晚桥桥型，以圆为主要构图元素，从桥栏杆的造型，到路灯装饰，离不开圆形图案，整座桥蕴含不少西方建筑特色。桥面绿化带种植杜鹃花，春暖花开，宛如两条美丽的彩带。改建后的龙隐桥，桥长73.2米，宽35米，双向4车道，绿化隔离带各宽2米，两边非机动车道各宽4米，人行道各宽3米。工程2001年2月开工，2001年9月28日竣工通车，工程投资2300万元。

穿山桥 位于漓江路西端，跨越小东江。始建于1960年，石墩木面桥，桥长66米，宽18米，荷载为汽-13级。1971年改建为钢筋混凝土双曲拱桥。桥长66米，宽18米。1972年竣工。因设计计算不当造成失误，桥台下沉、位移，1974年加固，1975年2月交付使用。

石家渡大桥 位于桂磨公路K11十300米处，是桂磨公路的重要组成部分，大桥全长361.86米，主桥为钢管砼中承式拱桥(宽44.5米，机动车双向6车道，中央绿化带宽10米，两侧人行道各宽2.5米)，引桥为预应力砼空心梁桥(宽41米)，主跨径176.8米，桥净高16.8米，分两幅独立大桥设计修建。设计洪水频率为300年一遇。大桥于2002年4月开工建设，2003年10月贯通。

花桥 位于七星公园内，跨小东江，西接自由路，其主要功能为人行游览景观桥。始建于宋嘉熙年间(1237—1240)，原名嘉熙桥，元代被洪水冲毁。明景泰七年(1456)知府何永全在原基础上架木桥，称花桥。嘉靖十七年(1538)倾圮。嘉靖十九年(1540)靖江安肃王妃徐氏“发内帑，易木为石”，建成石拱桥4孔。为减少洪水对桥的冲击，在桥的西端增筑旱桥6孔。此桥设计构思精巧，用不同的石料砌成半园弧形，风平浪静时桥的倒影恰如四轮明月从水中浮出。清康熙二十年(1681)大水，西岸复圮，广西巡抚郝浴重修，因桥头东崖有高约五六丈的柱形巨石，又改名“天柱桥”。康熙五十二年(1713)、乾隆三十三年(1768)、光绪十一年(1885)3次重修，光绪十八年(1892)建桥上雨亭。1965年二号墩下沉0.4米，桥面严重下垂，1966年投资19万元照原样修复。

栖霞桥 位于栖霞路东端，六合路西端，横跨小东江。始建于民国27年(1938)。木桁架结构。1957年、1963年进行了2次改建。1974年改建为石墩钢筋混凝土双曲拱桥，曾称“新桥”，后因桥位于栖霞路跨越小东江，故改为“栖霞桥”。桥长69.5米，宽9.8米，荷载为汽-10级。经多年使用，原桥破损严重，出现多项病害，桥面窄，交通载荷低，不适应东区发展，2003年重建。重建后桥长74米，桥宽35米，双向4车道，绿化隔离带各宽2米，非

花桥下散市后等回程船场景

机动车道各宽4米，人行道各宽3米，按城市主干道二级设计。桥梁上部结构为3跨钢筋混凝土变高度钢构连续梁，装饰肋为变截面悬壁结构，下部为箱形薄壁墩，墩身横断面为单箱四室，东岸桥台为重力式U形桥台，西岸为组合式，其他墩台为灌注桩基础，桥面铺沥青砼层。与原桥相比，改建后的栖霞桥桥位阻水面积减少，河道更宽，利于行洪。其桥造型新颖典雅，整体稳重线形优美，与花桥和七星公园相呼应。该桥由桂林市政综合设计院设计，长沙铁道学院监理公司监理施工，中国建筑第八工程局承担工程施工，工程2003年9月开工，2005年2月竣工通车，工程投资1238万元。

惠济桥　位于临江路北端两江口，即漓江的河水流入支河小东江的开口处。宋代，乘船可从这里自漓江进入小东江，沿小东江南下，到穿山公园附近，再进入漓江，惠济桥跨越小东江，始建于清代，石礅木板桥，因系民间募捐建成，取“惠民济世”之意，故名“惠济桥”，并立碑为记，民国初年，凡逢水涨，桥面木板由上关村黄陈两代看护。为治理小东江，调节小东江水位，防止漓江涨水时大量河水流入小东江，对附近居民造成影响，在两江口建一座闸桥。1981年，由市水利电力局设计，水电施工队施工，将惠济桥重建成7孔混凝土拱桥，桥长76米，宽7米，荷载为汽-10级，1982年竣工。1988年7月，桥栏杆被洪水冲毁，桥面与引道也被毁坏，当年10月，市政工程管理处对桥翻修，凿除原路面，铺筑混凝土路面，并采用钟楼式望柱仿古栏杆重新修复。

小街桥　位于江东村西端，跨小东江的步行桥，1984年建成。石墩、钢筋混凝土板桥，桥长84米，桥宽2.4米。

刘家桥　位于刘家里村东侧，跨小东江的步行桥，1986年建成。石墩、钢筋混凝土板桥，桥长60米，宽2.7米。

葛老桥　位于七星公园北侧与六合路相交处，跨越灵剑溪。始建于明代，传说该桥系葛姓人士募捐修建，故称“葛老桥”，亦称“长寿桥”。旧时为石拱桥，抗日战争毁于战火。民国35年(1946)、1963年2次重建，1974年改建为双园石拱，青石板桥面，桥长7.8米，宽6米，荷载为汽-10级。

社山桥　位于灵剑溪与环城北二路相交处，跨越灵剑溪。1987年建成，钢筋混凝土简支梁结构，桥长29米，宽40米，荷载汽-20级，拖-100级。

寻源桥　位于七星山北侧灵剑溪与灵剑路相交处，跨越灵剑溪。据说经此桥可寻找到灵剑溪源头，故名“寻源桥”。南宋淳熙十四年(1187)始建时为木板桥。旧时，因祝圣寺位于桥附近，故又称祝圣桥。1965年，市政部门投资0.41万元将老桥改建成钢筋混凝土简支板桥，桥长12米，宽3.6米，荷载为汽-8级。

双月桥　位于七星公园内花桥东侧150米处，跨灵剑溪。1973年建。钢筋混凝土结构圆拱双桥，因桥圆拱造型，与水中倒影成圆月形，且为双桥，故名“双月桥”。桥长13.7米，宽2.4米。

花园桥　位于灵剑溪与六合路相交处，花园里村东头，跨越灵剑溪。始建于民国初，石砌双曲拱桥。民国35年(1946)重修，1974年重建成钢筋混凝土双曲拱桥，桥长20.6米，宽8米，荷载为汽—10级。

七里店小桥　位于桂磨公路K0+836米处，地处七里店，故名“七里店小桥”。2003年建，该桥上部结构为预应力砼空心梁，下部为扩大砼基础，重力式V型台、双柱式桥墩。桥长37.04米，宽58米，按城市干道B级荷载设计。

马鞍小桥　位于湖塘村委马鞍村附近，故名“马鞍小桥”。2003年12月建成，桥梁上部结构为钢筋混凝土预应力空心梁，下部结构为重力式桥台，双柱四幅柱式桥墩，桥长37米，宽58米，按城市干道B级荷载设计。

訾洲桥　位于訾洲公园东端，穿山路西侧，跨越漓江支流。1976年建成3孔石拱、混凝土桥面，桥长34米，宽4.5米，荷载为汽-10级。

福隆桥　福隆园村东、跨越小东江。钢筋混凝土板桥，桥长50米，宽2.8米(人行桥)。1985年12月开工，1986年6月竣工。

供　　水

桂林市区地表水丰富且水质清澈，地表水来自漓江及其支流。地下水有孔隙水、岩溶水和裂隙水，埋藏浅，且易受污染。

1959年以前，辖境沿江居民，直接饮用漓江水，远离漓江的居民打井取用地下水饮用。1959年12月，在解放桥上安装一条管径100毫米的过河管道向东片区供水，由于供水能力限制，辖区部分居民使用自来水。1976年7月新建的东江水厂正式投产，日供水量1万立方米，缓解了东片区生产、生活用水需要。随着东片区发展，1993年新建东江水厂，日供水能力提高为6万立方米(原有老水厂随即关闭)，改善了辖区居民用水紧张状况。经多年的供水管网扩容改造，已形成城区环状供水管网，边缘地区形成树枝状供水管网，配套设施完善、管网运行安全、可靠。2005年年末，城镇居民自来水使用率达100%，农村自来水使用率达58%。

东江水厂 原水厂位于辅星路望城岗东麓，1975年兴建，投资71.9万元，1976年投入使用，日供水能力1万立方米。厂区占地面积1.14万平方米。1980年以前，取水泵船位于解放桥下游120米处靠东岸一侧，安装100千瓦机泵2组、55千瓦机泵1组、10千瓦真空机泵1组，取水能力为每日6万立方米，经管道从龙隐桥北面过小东江输至水厂。脉冲澄清池生产能力日产1万立方米。

随着城区的快速发展，生产、生活用水量日益增加，原有水厂已不适应需要，1991年，在施家园路新建东江水厂，厂区占地2..91万平方米，设计供水能力为每日10万立方米，分二期建设。主要向城区供水，同时通过漓江桥过江管道向市区均衡供水。1991年11月6日，东江水厂建设工程动工，工程内容包括：栅条反应池2座，斜管沉淀池2座，双阀滤池2座，库容5000立方米清水池2座，吸水井1座，送水泵房1座(土建按每日10万吨规模建设)，加药间564平方米，综合楼3150平方米，送水泵按每日6万吨规模安装6台(其中供水机组4台，反冲洗机组2台)。敷设DN800毫米出厂干管2条，分别向龙隐路和施家园路方向供水。工程投资2620万元。1993年7月第一期工程竣工投入使用，使城区日供水能力由每日1万立方米提高到每日6万立方米。新水厂投入使用后，老东江水厂即行关闭。1999年12月，二期工程开工建设，扩建规模为每日4万立方米。2000年11月二期扩建工程竣工通水，工程总投资额960万元。工程内容：孔室絮凝池1座，斜管沉淀池1座，双阀滤池1座，库容5000立方米清水池1座，加药间82平方米；新建机修车间2层共432平方米；将400千伏安的取水变压器更换成500千伏安；供水泵房新增1台10千伏高压机组。对加氯间进行装修改造，新购4台美国首都机器公司生产的全自动加氯机，并购置了在线余氯分析仪，浊度仪。二期扩建工程竣工后东江水厂供水能力由每日6万立方米提高到每日10万立方米，能满足城区生产、生活用水所需。

供水管网 1959年，桂林市自来水厂在解放桥桁架上安装1条管径100毫米过河管道(1970年解放桥改建时拆除)，西水东调，在自由路两侧设立数个水站，供应附近居民。这是七星城区内的第一条自来水管道。

1975年开工建设东江水厂，七星片区敷设独立供水管网。随着七星城区的发展，用水量日益增长，为解决供需矛盾，市自来水公司自1988年起，相继敷设了解放桥上游过江管、漓江桥过江管、净瓶山过江管、虞山桥上游过江管道，使七星城区的供水管网与市区供水管网形成环状系统。1993年，东江新水厂投入使用，不仅解决了东片用水紧张问题，同时还有效地平衡全市的供水量。完善管网配套，为解决城郊部分企业、单位、居民和农村居民用水，市自来水公司自20世纪90年代末开始将供水管网向郊区延伸。1999年完成横塘路至轮胎厂管径400毫米，长3.5千米管道敷设。2001年完成六合路至桂林航天专科学校管径500毫米，长5.2千米管道敷设。2003年，完成环城南一路(车辆管理所)至雁山区龙门路口4.5千米供水干管铺设。2004年，为配合小街小巷改造工程，完成将军塘、桂大社区、施家园路等8条小街小巷老小区管网改造，使老小区供水管网更加完善，供水安全可靠性进一步提高。2005年，自来水公司争取国债项目支持，用于小街小巷管道改造和重点工程配套管道改造，工程项目为换管和内衬施工。相继完成了育才路、东江路、龙隐路、普陀路、施家园路、会山路、东环路、桂磨路、英才园区等路段的干管改造。2005年年末，七星城区的自来水供应范围：东至桂林航天高等专科学校，西至漓江，南至英才园、轮胎厂，北至虞山桥区域，城区已形成环状供水管网，边缘地区形成树枝状供水管网，供水管道长度81千米，服务人口20万人。

用水增容费 在自来水供需矛盾日益突出，而国家对城市供水增容的投资有限，自来水公司本身的积累又无法满足扩大供水能力需求的情况下，市人民政府根据《广西壮族自治区城镇供水管理章程》的条款，于1987年颁发了《桂林市收取用水增容费暂行规定》，从1987年1月1日起实行。主要内容：凡在桂林市自来水供水管网上增加用水量的用户，均按所安装水表口径的大小交纳用水增容费；市属行政机关、事业单位（实行企业管理的除外）、学校、医院、体育机构、幼儿园、社会福利院、展览馆、图书馆、环卫、城市绿化等单位，免交增容费，但上述单位开设的旅馆（招待所）、餐馆、商店等营业性质的企业，都要交纳增容费；居民住宅的生活用水，在供水部门规定的额度用水量内新安装水表的，可免交增容费。超过额度用水量水表的，超出部分要交纳增容费；基建施工等临时用水，应预交增容费。用水增容费分别于1997年、1998年、1999年进行过3次调整，2000年7月取消。

表6-3　1987—1999年部分年度用水增容费征收标准

水表口径（毫米）	1987年标准（1月1日实行）（万元）	1997年标准（1月1日实行）（万元）	1998年标准（4月1日实行）（万元）	1999年标准（5月1日实行）（万元）
15	0.018	0.05	0.06	0.06
20	0.045	0.1	0.15	0.17
25	0.09	0.2	0.25	0.3
32	0.18	0.35	0.4	0.45
40	0.3	0.5	0.6	0.65
50	0.6	1	1.2	1.3
65	2	2	2.2	2.4
80	3	3	3.5	4
100	4.5	4.5	4.5	4.5
150	6	7	8	10
200	水表口径在200毫米以其以上的，增容费由市计委会同市城乡委确定	15	17	20
250		20	25	34
300		38	42	53
350		45	50	60
400		80	90	110
500		150	160	200

供水主管网分摊费　2000年7月，用水增容费取消后，为有效地维护、改造、更新现有供水立管网设施，增强企业还贷能力，促进城市供水事业发展，自治区物价局批准桂林市收取供水主管网分摊费，其收取范围、用途同用水增容费。供水主管分摊费于2002年8月取消。

表6-4　2000年7月实行供水主管网分摊费征收标准

水表口径（毫米）	15	20	25	32	40	50	65	80
征收标准（万元）	0.06	0.17	0.3	0.45	0.65	1.3	2.4	4
水表口径（毫米）	100	150	200	350	300	350	400	500
征收标准（万元）	4.5	10	20	34	53	60	110	200

供水建设基金　1994年8月1日起，征收供水建设基金，征收标准为每立方米0.10元。1996年4月，调整为每立方米0.12元，全部由市政府征收作为供水建设专项基金。

自来水价格调节基金　1997年起，为避免水价频繁变动，建立自来水价格调节基金，调节基金暂定为每立方米0.06元。调节基金专项用于弥补电价和原材料价格变动等客观因素造成的自来水经营亏损。

1998年7月，将供水建设基金并入水价，作为自来水价格调节基金。从1999年7月1日起，自来水价格调节基金全部作为自来水公司的销售收入。

自来水价格　1959年，辖区居民生活用水每吨0.35元，工业用水每吨0.18—0.25元。1966年，居民生活用水每吨0.16元，工业用水每吨0.10元。1977年，居民生活用水每吨0.12元，工业用水每吨0.10元。1990年7月，居民生活用水恢复至0.16元，生产经营用水价格调至0.16元，旅店业和其他涉外旅游定点企业用水价格由0.16元调至0.30元。1991年，居民生活用水每吨0.20元。1994年起，征收污水处理费，每吨0.048元，生活用水每吨0.368元（含污水处理费，下同）。2002年，生活用水每吨0.71元，工业用水每吨0.83元。2003年，生活用水每吨0.798元。2004年，生活用水价格调整为每吨1.35元。至2005年不变。

污水处理

新中国成立初期，七星区主要是居民区，工矿企业甚少，水污染甚微。20世纪60年代、70年代以后，随着经济的发展，陆续兴办工矿企业，造成工业废水污染，由于受当时条件限制，污水处理设施滞后，对工业废水未能采取有效措施，多未经处理即随意排放，逐渐对江河湖塘的水体造成污染。随着辖区人口增加和工业发展，水污水染逐年加剧。城市污水绝大部分直接或间接经支流、湖塘排入漓江，污染风景湖塘和漓江水体。1979年，市人民政府对严重污染漓江的工厂（车间）采取关、停、并、转等措施，控制工业废水对漓江的污染。为保护漓江和景区环境，1987年，国家拨款及地方自筹资金建成七里店污水净化处理厂。1987—2003年，先后建设龙隐桥、建干路、毅峰路3座污水提升泵站，把东区企业、居民生产生活污水抽升经压力管进入七里店污水净化厂处理。1990年，漓江七星段水质基本达到II类标准。1996年开始，桂林市对漓江干流、支流进行环境综合整治，2005年，七星区段内漓江干流水质全部达到国家地面水11类标准，支流达到111类水质标准。

七里店污水净化处理厂 位于环城南一路东段南侧，1987年9月开工新建，1989年9月竣工投入使用，工程投资2635万元。厂区占地5.47万平方米，设计污水处理能力为每日4万吨。主要承担城区生活、生产污水的处理。工艺流程采用国际上流行的凯罗瑟系统，不仅可达到5日生化需氧量和悬浮物的排放标准，而且可达到脱氮脱磷等深度处理的要求。主要构筑物有：进水泵房1座、曝气沉沙池1座、氧化沟2座，二次沉淀池4座，加氯接触池1座，污泥回流泵房1座。每组氧化沟上装有4台3米直径倒伞形曝气叶轮。1995年，新建污泥处理系统，新建脱水车间276平方米，浓缩池2座，脱水车间为框架结构，浓缩池和清水池均为钢筋砼结构。1997年，该厂对2号氧化沟进行技术改造，工艺形式改为缺氧/耗氧（A/O）工艺，将表曝方式改为微孔曝气方式，缺氧段增设推进器。2003年，该厂对1号氧化沟进行技术改造。2005年，该厂污水处理量1221.32万吨。

龙隐桥污水提升泵站 位于施家园路2号，泵站提升能力为每日3万立方米，始建于1987年9月，投资158.32万元。1988年3月竣工投入使用。原泵站安装的是立式污水泵：1台80WL、2台60WL。由于城区发展较快，人口增多，用水量增加，原有的旧泵使用时间长，设备老化、磨损严重，已不能满足需要。2000年，将8PWL泵更换为WQ800-20-75泵，2台WL泵更换为WQ800-20-75泵，污水提升能力达每日4万吨。主要设备有潜水泵（干式安装）3台、WQ800-20-75泵1台、CD1电动葫芦1台、机械格栅除污机1台、S7变压器1台、WD129AD23柴油发电机1台。

建干路污水提升泵站 位于环城北二路22号（建干路口、屏风小学旁），1999年9月始建，2000年8月投入使用。泵站采用潜水泵提升工艺，用潜水泵直接抽入压力管，再通过消能设施后，进入城市污水管网（进入建干路直径800毫米的污水管），泵站提升能力为每日2万立方米。主要设备有WQ600-15-45潜水泵（一用一备）3台，MDL、2T电动葫芦1台，FDA-A100LB4-D25机械格栅除污机1台，TFW-15-4柴油发电机1台，GGD2-16交流低压配电柜1套，电脑控制系统一套（PLC系统自动采集数据），S9-80变压器1台，减压控制柜1套。

毅峰路污水提升泵 位于毅峰路北侧江东村旁，泵站由桂林市体育馆重点工程指挥部出资建设，建设时间为2003年7月，2005年1月正式移交桂林市排水管道处管道。采用潜水泵工艺，抽升能力为每日1万立方米。主要设备有：200WQ250-15-22潜水泵2台，CD1电动葫芦1台，GGD2-35A交流低压配电柜1套，GSGS1200X20机械格栅除污机1台，JNK-1-1型水泵控制柜1套。

排　水

排水管网 桂林解放初期，辖区没有专门用于排水的管道，生活污水就近排入湖塘，雨水则自然渗透或经明渠（沟）排入江河、湖塘。1997—1990年新建污水管、雨水管和合流管。1990年，东区（七星区）排水系统建有污水管17.14千米，雨水管17.95千米。1991年，桂林城市的排水管网分为中南区管网、北区管网、东区管网。东区管网的范围为漓江以东的片区，即七星区。1995年，东区新建改造东江污水支管五通、新桥（栖霞桥）污水管，月牙路至七里店污水净化处理厂，龙隐桥反虹管，东区污水西干管，穿山路污水管，总长30千米。1996—2000年，新建辅星路压力管，改建建干路污水管。污水管总长18.50千米。2000年，城区开始大规模的城市改造，2004年进行小街小巷改造工程，在改造的道路上分别敷设雨、污水管，完善道路上的雨、污水管系统，雨水经管网排入江河，污水通过污水管网排入污水净化厂，经处理达到国家允许排放标准城镇污水净化处理厂污染物排放标准（一级B标准）后再将尾水排放。2000—2004年，新建雨、污排水管道41千米。

辖区一些区域单位地势低，雨水期间内涝严重，桂林二轻工业干校是城区的内涝地，一到雨季，校区原有的排水管口径小，排水不畅，造成校园积水达 0.8 米，影响到师生的学习、生活。2005 年，在校区新建一条长 1.62 千米，直径 1500—1800 毫米的雨水管道接入漓江路雨水管彻底解决了校区内涝问题。2005 年末，七星区共建有雨水管道 75.75 千米，污水管道 80.40 千米（其中污水压力干管 18.50 千米）。城市排水管网服务人口 16 万人。

排水设施使用费　1993 年 1 月起，自来水公司代政府收取排水设施使用费。按用户用水量的 80% 计征，每立方米 0.12 元，随水费一起交纳。1994 年起，排水设施使用费改为污水处理费。

供　电

20 世纪 50 年代初期，受电能的限制，供电范围仅在市区扩展，区境内仅有部分街道、单位和居民能用电，工业生产限量用电。1960 年后，市区建设 35 千伏供电网络开始起步，供电范围扩大到近郊。区境的供电主要由 1970 年建成的东江 35 千伏变电站出线覆盖，1974 年更新改造为 110 千伏变电站。1989 年，在骖鸾路建成三里店 110 千伏变电站，供电覆盖三里店和桂林高新技术产业开发区片域。1990 年，在穿山乡花园村建成的 11.6 千伏尧山变电站建成投入运行。1991 年，对各变电站进行大规模改造升级，形成全市环形联网供电，供电能力大幅提高，缓解了七星城区供电紧张局面，同时提高了桂林电子工业学院（今桂林电子科技大学）、桂林地质学院（今桂林理工大学）、广西师范大学、桂林航天工业高等专科学校等单位的供电可靠性和供电质量，满足城市居民生活用电需要。2002 年，加快了 10 千伏农网建设改造工程，2004 年完成二期农网改造。2005 年，七星区有 3 座 110 千伏安变电站覆盖供电，年供电量 2.4 亿千瓦时。

东江变电站　位于桂大路附近，占地面积 1.6 万平方米，是桂林市第一座 110 千伏变电站。1970 年 12 月建成，为 35 千伏变电站，35 / 10 千伏 1 万伏主变 1 台，1974 年更新改造为 110 千伏变电站，安装 110 / 35 / 10 千伏、3.15 万千伏主变 2 台，成为 20 世纪 70 年代桂林的枢纽变电站。1992 年投入更新改造资金 332 万元，建主控楼 700 平方米，更换 35 千伏构架，更新主控制保护屏，加装 4000 千伏的调开变压器，将 2 台 3.15 万千伏主变改为有载调压，为提高电压质量创造了条件。

三里店变电站　位于骖鸾路西侧，由社会集资 672.6 万元兴建，为广西首座户内式 110 千伏变电站。一期工程安装主变 14 万千伏，110 千伏进出线各 1 回，10 千伏馈线 14 回。1989 年 12 月竣工投入运行，解决了三里店高新技术产业开发区用电需求。1993 年再投资 432 万元扩建第二期工程，增装 4 万千伏主变 1 台，增加 10 千伏二段控制盘 16 面。

七星变电站　位于穿山乡花园村，占地面积 7600 平方米，其中绿地面积 6150 平方米，绿地率 80% 以上。变电站由桂林供电局设计，广西送变电建设公司承建，安装主变两台，110 千伏进出线两回，10 千伏出线 36 回。一期工程的 2 # 主变容量为 16000 千伏，1991 年建成投入运行。二期工程的 1 # 主变容量为 31500 千伏，2001 年 12 月投入运行。该站 110 千伏、10 千伏系统均为单母线分段运行，110 千伏户外断路器均采用 SW6-110 型少油断路器，10 千伏安户内采用 GZS 铠装型移开式交流金属封闭开关设备，断路器采用 ZN63A 型真空断路器和 VD4-1231-31 型，继电保护装置采用国电南京自动化微机保护综合自动化系统。10 千伏出线 14 回向附近地区的用户直接供电。

电价　1958 年，照明用电价格每千瓦小时为 0.3 元，动力用电每千瓦小时为 0.16 元。1960 年 2 月，企业实行基本电价和电度电价制，基本电价为每月每千伏安 8.5 元，电度电价为每千瓦小时 0.08 元。1960 年下半年，照明用电为每千瓦小时 0.29 元，动力用电每千瓦小时 0.15 元。1961 年起征收 10% 的地方附加费。1965 年 3 月，照明用电每千瓦小时为 0.20 元，10% 的地方附加费照常征收。普通工业用电每千瓦小时为 0.085 元，大宗工业基本电价每月千伏安为 4 元，电度电价每千瓦小时为 0.063 元，农业排灌用电每千瓦小时为 0.05 元，此价格沿用至 1990 年。1991 年，居民生活用电每千瓦小时为 0.22 元，普通工业用电每千瓦小时为 0.085 元，农业用电每千瓦小时为 0.05 元。1994 年，居民生活用电每千瓦小时为 0.29 元，营业性照明用电每千瓦小时为 0.534 元，普通工业用电每千瓦小时为 0.306 元，农业生产用电每千瓦小时为 0.144 元。1996 年，实行丰水期、枯水期电价，每年 5—10 月为丰水期，每年 1—4 月、11—12 月为枯水期，并对用电类别进行细分。

表 6-5　　桂林市七星区部分年份各类用电价格一览表

单位：元／千瓦小时

年份	居民生活用电		营业性用电		普通工业用电		农业生产用电		农业排灌用电
	丰水期	枯水期	丰水期	枯水期	丰水期	枯水期	丰水期	枯水期	不分季节
1996	0.314	0.426	0.667	0.903	0.329	0.445	0.164	0.184	0.110
2000	0.453	0.591	0.778	1.030	0.435	0.557	0.295	0.265	0.179
2004	0.450	0.594	0.798	1.066	0.478	0.629	0.295	0.295	0.179
2005	0.450	0.594	0.829	1.097	0.509	0.665	0.395	0.395	0.249

照　　明

清末，桂林设置路灯，路灯能源是植物油和煤油。管理是公私并举。城内街道是警署出油，更夫司理；城外小街小巷有住户出油当值，也有少数官商富豪，店铺悬灯于门外，方便人们夜间行走，表示积善修德。每当夜幕降临，更夫到各路灯地点添油点燃，黎明时取回，这是出现于早期的路灯。据清宣统三年（1911）4 月出版的广西警务公所第四次统计记载：桂林城区有煤油街灯 712 盏（官设 447，民设 265），其中东洲区（今区境内）官设 53 盏，民设 50 盏。民国初期，仍以煤油灯作道路照明。民国 25 年（1936）冬，城区开始部分用电力路灯。民国 33 年（1944）秋，日军陷桂，电厂机器设备遭到破坏，停止供电。民国 35 年（1946）5 月，桂林光复后恢复供电。路灯以普通钨丝白炽灯为主，式样简单。电灯杆全部用木杆，路灯也仅架设于主要街道，且照度小，电压不足，时明时暗。1949 年 11 月桂林解放时，路灯主要分布在市中山路及解放路，区境少量街巷装有路灯。

20 世纪 50 年代初城区路灯甚少，仅安装于东江路、自由路、五通路等几条主要街道。1958 年开始在其他小街小巷安装路灯。1979 年，增加建干路、六合路、栖霞路和漓江路等路灯。1986—1989 年，新增临江路、东环路、七星路、东江路、建干路、自由路、穿山路、龙隐路、六合路、漓江路等地段路灯。1990 年末，七星城区有路灯 918 盏，路灯线路总长 26.79 千米。20 世纪 90 年代初，灯型有些变化，由当初的单挑灯、马路弯灯发展到双挑燕灯、双挑五火凤凰灯等，马路弯灯逐渐被淘汰。路灯安装工程线路敷设方式基本上采用地埋式。

1999 年，在大规模的城市改造中，首次在道路两侧安装草坪灯、地埋灯、投光灯、泛光灯、庭院灯等各式各样的景观灯。2001 年，在七星路、漓江路、穿山路等道路大量使用节能灯代替第一代光源钨丝白炽灯，白炽灯与荧光灯双重优点的金属卤化物（高压钠灯）灯替代高压水银灯，具有节能、高效、环保照明。由于高压钠灯透光性好，宽 8 米以上的主干道路均使用高压钠灯。在广场和道路路口增加形式多种，高度 10—12 米的高杆灯。2005 年末，经过大规模的城市改造以后，路灯数量急剧增加，七星城区照明路灯有 10297 盏，路灯线路总长 142.7 千米。

线路敷设　1966 年前，城区采用埋木电杆架空线路安装路灯，1966 年后开始改用圆柱水泥电杆，增长使用寿命。为使城市美观，减少空中线网，试改架空线为地埋线，因使用普通塑料皮铜质导线，缘性能差，且埋设过深，电源断路时维修不便，1 年后又改为架空线路。1975 年重新采用地埋路灯线路，1986 年在漓江路地埋双层塑料皮导线，绝缘效果很好。1988 年开始在城区主要街道新建和改建的路灯线路，均为地埋双层塑料皮导线。

随着城区发展，街道扩宽，风景旅游和市民生活需要，路灯由单排向双排发展。排列方式有，双排对称式、双排交错式、圆周式、单排式 4 种。漓江路、七星路、桂磨路、龙隐路均使用双排式，三里店大园盘使用圆周式，施家园路、临江路、穿山路、环城南一路使用单排式，东环路（三里店广场至虞山桥）使用双排交错式。

灯具　清末，桂林的街灯为四方形玻璃罩油灯。民国 25 年（1936），桂林安装电灯为街道照明，路灯为无架灯，用导线将灯头和灯泡连接挂在木杆或屋檐下。再后，在主要街道采用钢丝对绷中心吊灯（在街两旁建筑物柱子上拉钢丝横跨街道），小街小巷仍为无架灯和木架灯。桂林解放后，城区路灯有了发展，小街小巷采用马路弯灯，光源及灯具、灯杆也的很大变化，1950 年至 1965 年，道路照明采用的还是第一代光源（白炽灯）。灯具以弯把伞式灯罩为主，灯杆排列大都采用单侧式，间距50至70米不等。20世纪80年代，为适应旅游城市的发展，灯型灯具由单灯向组合灯发展，自由路、七星公园使用五火蘑菇灯、五火玉兰灯，漓江路、临江路、穿山路、三里店广场使用钢筋单挑灯、五火高低水波罩灯、双挑五火凤凰灯、单挑四火水泡灯、五火水泡葫芦灯。相继增设双挑海燕灯、双挑五火凤凰灯，并逐步将道路两侧的白炽灯更换成高压钠灯，高压水银灯，小街小巷仍使用白炽灯，一般街道和次干道普及高压汞灯，主干道采用高压钠灯。路灯安装工程线路敷设方式基本上采用地埋式。灯型灯具开始由单灯变成组合灯，灯型采用钢管单挑琵琶灯，马路弯灯被逐渐淘汰。1999年，在城市改造中，普陀路、环城北二路安装10米高锥形钢管双灯、8米单臂灯、8米双挑灯等灯具。2001年，穿山路、龙隐路、七星路、漓江路、辅星路、环城南一路等路段安装高度10米单挑灯、12米双挑灯、飞蝶灯、10米槐花灯，在国际会展中心广场安装30米高杆灯。2002—2005年，对临路、东环路、建干路、桂磨路、漓江路、七星路、解放桥等路段进行亮化工程的灯具安装。在道路两侧及道路隔离带安装7米隔离带灯、4.5米庭院灯、6米柱子灯、3米变色灯、地埋灯、投光灯、泛光灯、地灯、挂灯等30余种，成“一条路一品灯一景观”的特色。

表6-6　　**1990年七星城区路灯一览表**

道路名称	道路起止点	路灯(盏)	线路长度(千米)	灯型
自由路	解放桥东端至花桥	11	0.66	钢筋单挑灯
龙隐路	龙隐桥至七星公园后门	11	0.66	钢筋单挑灯
穿山路	自由路至龙隐桥	12	0.72	钢筋单挑灯
七星路	七星公园至三里店广场	12	0.72	马路弯灯
七星路	三里店广场至石油六公司	23	1.38	马路弯灯
三里店居民区	印刷厂附近	28	1.12	马路弯灯
七星公园	公园内	34	1.36	马路弯灯
临江下里	解放桥至穿山桥	16	0.8	马路弯灯
新生街	自由路至临江巷	20	0.8	马路弯灯
古有巷	新生路至漓江	2	0.1	马路弯灯
临江巷	新生路至临江下里	2	0.2	马路弯灯
桂花园	自由路至穿山路	8	0.16	马路弯灯
福龙园	新桥以西一带	15	0.75	马路弯灯
东江路	自由路至两江口惠济桥	19	0.95	马路弯灯
松树园	东江路至栖霞路	8	0.24	马路弯灯
栖霞路	东江路至新桥	21	1.05	马路弯灯
建干路	栖霞路至东环路	25	1.5	马路弯灯
六合路	新桥至激光研究所	46	2.76	马路弯灯
漓江东路	三里店广场至桂大路	44	1.32	双挑海燕有机罩灯
漓江东路	三里店广场至榕城饭店	240	3.4	双挑五火凤凰灯
三里店广场	圆盘一周	40	0.6	五火水泡葫芦灯
临江路	解放桥至二江口	235	3.76	五火高低水波罩灯
导航站	小区内	36	1.44	马路弯灯
厕所	环卫移交路灯	10	0.4	罩灯

表 6-7

2005 年七星城区路灯一览表

道路名称	道路起止点	路灯(盏)	线路长度(千米)	建设时间(年)
穿山东路	漓江路至环城南一路	98	4.80	1993
上关路	二江口至虞山桥	40	1.90	1993
毛塘路	五里店路至环城南一路	58	2.00	1994
金鸡路	东二环路至新建村委	102	1.96	1995
六合路	栖霞桥至东二环路	186	5.52	1998
东江路	新生路至帝苑酒店	68	1.28	1998
普陀路	三里店至六合路	350	4.00	1999
环城北二路	六合路至虞山桥	450	4.85	1999
环城南一路	七星路口至净瓶山桥	128	4.45	1999
龙隐路	龙隐桥至七星公园后门	440	1.40	1999
漓江路	穿山桥至三里店大园盘	1053	3.36	2000
七星路	龙隐路至环城南一路	1034	5.40	2001
穿山路	自由路至龙隐桥	1200	1.22	2001
穿山南路	龙隐桥至穿山桥	60	1.30	2001
辅星路	龙隐路至漓江路	240	1.96	2001
自由路	解放桥东至七星公园	160	1.12	2001
栖霞路	自由路至栖霞桥	78	0.70	2001
临江路	解放桥至二江口	408	2.8	2001
空明东路	七星路至莫家坪村口	32	1.13	2001
毅峰路	七星路至穿山东路	188	4.3	2002
五里店路	七星路至穿山东路	164	4.00	2002
空明路	七星路至穿山东路	88	3.20	2002
建干路	六合路至环城北二路	168	2.60	2002
穿山小街	漓江路至穿山公园	128	1.80	2002
桂磨路	七星路至石家渡大桥	1068	36.00	2003
会仙路	七星路至普陀路	68	1.72	2003
金星路	七星路至辅星路	38	0.87	2003
横塘路	桂磨路口至轮胎厂	68	6.30	2003
导航路	七星路至导航小区	40	0.8	2003
一机路	五里店至环城南一路	36	0.70	2004
骖弯路	漓江路至环城南一路	188	4.34	2005
施家园路	龙隐路至漓江路	68	1.96	2005
梨园路	漓江路至施家园路	58	1.17	2005
东城路	环城北二路至电科所	66	1.4	2005
育才路	普陀路至东二环路	84	1.80	2005
田心路	七星路至田心里村	24	0.80	2005
朝阳路	普陀路至东二环路	60	2.00	2005
小街小巷	改造后的小街小巷	1568	15.00	2005

供　　气

中华人民共和国成立前，区境市民生活燃料以木柴、茅草为主，木炭为辅，极少数人用煤作生活燃料。1951 年市煤建公司成立，开始向包括区境内的城市市民提供生活用煤，区境的部分市民和农村仍以木柴或茅草作燃料。20 世纪 60 年代末煤成为区境市民的主要生活燃料。20 世纪 80 年代，煤在区境市民生活燃料中依然占 90% 以上。1983 年，驻区的漓江无线电厂、曙光研究所、激光研究所、石油六公司、桂林冶金地质学院（今桂林工学院），自备气源，先后开设液化石油气站，供应本单位职工用气，同时对外发展用户。1985 年前，使用罐装液化石油气的都是指标用户。由于国家指标供气，政府对液化气供应单位有一定的财政补贴，因此液化气的价格较便宜，每瓶 3 元。随着瓶装指标气的减少和购进气价的上涨，1985 年供应用户的气价升至每瓶 5 元，1987 年升至每瓶 9 元，至 1990 年升至每瓶 30 元。1990 年后，随着液化石油气源供应充足和市供气公司在辖区设置的供气网点增加，用户逐渐增多，各单位自备供气相继停止。1995 年，供气价随进气价变化，每瓶气价 40—50 元。1995 年，辖区居民使用瓶装液化气户达 60% 以上，穿山、朝阳部分农户用上了液化气。

由于瓶装液化石油气在运输、使用、安全等方面存在诸多问题，1994 年，市煤气公司开始发展管道液化石油气。1997 年，首批管道液化气在区境内的奇峰小筑住宅小区供气成功，3205 户居民受益。1999—2001 年，市燃气总公司在区境内的龙隐路、七星路、漓江路、穿山路、桂大路建设天然气中压管道 7.73 千米，向居民供应天然气，2417 户居民受益。2004 年，桂林新奥燃气有限公司扩大天然气管道建设，在区境空明东路、空明西路、漓江路、临江路、会仙路等路段敷设天然气中压管道 6.93 千米，1573 户居民使用天然气。2005 年，辖区居民使用液化气率为 96%，其中使用管道天然气 6222 户，管道天然气线路长 14.68 千米。2005 年桂林市天然气价格为：居民用户 2.9 元标方，工商业用户 3.2 元标方。

表 6-8　1997—2005 年七星城区管道燃气使用情况表

用气小区	用户（户）	使用时间（年）
奇峰小筑	3421	1997
海关小区	124	1998
骞东小区	956	2003
七星花园	406	2002
东方花园	221	2002
东方大厦	105	2002
长城花园	411	2004
隐龙居	227	2005
金桂苑	174	2005
漓江华府	37	2005
三星大厦	209	2005
漓江华府	37	2005
明珠花园	110	2005
金桂苑	174	2005
合计	6612	

表 6-9　2005 年七星区管道天然气线路情况表

路段名称	建设长度（千米）	建设时间（年）
七星路	1.16	1999
龙隐路	0.73	1999
桂大路	2..94	2001
漓江路	1.61	2001
穿山路	1.30	2002
建干路	1.19	2004
空明东路	0.51	2004
会仙路	0.81	2005
临江路	0.50	2005
施家园路	1.43	2005
穿山东路	1.50	2005
空明西路	1.00	2005
合计	14.68	

亮　　化

1989 年年末，七星城区有路灯 936 盏，灯型主要为 6 米钢管单挑灯，马路弯灯。1995 年，路灯增加至 1650 盏，灯型变化不大，主要功能是道路照明。1996—2000 年，城区进行城市改造，路灯逐步从功能照明向局部景观照明过渡，1996 年，在普陀路、环城北二路、朝阳路安装五火不锈钢花灯、10 米锥形钢管双灯、8米单臂灯、8米双挑灯等6种灯型。1998年，在三里店广场、穿山广场（漓江路建苑饭店小圆盘）增加3米2火、3米5火庭院灯、10米高双臂灯。1999年，路灯由功能照明向局部景观照明过渡，结合城市改造，在龙隐路、环城南一路增加了3.8米5火庭院灯、10米双挑灯。2001—2005年，逐步完成功能照明向局部景观的过渡，在漓江路、辅星路、七星路、穿山路等路段，国际会展中心广场，七星公园、穿山公园景区，安装10米飞蝶灯、7米庭院灯、10米双挑灯、7米圆柱灯、3米风帆灯、4米5火庭院灯、庭院灯、泛光灯、投光灯、草坪地埋灯、8米槐花灯、30米高杆灯、广场地埋灯等景观照明灯。照明设施控制逐步向智能化发展，原来的机械时钟控逐步改为智能监控基站，实现亮化自动控制模式。2000—2005年，七星区大街小巷改造48条，共安装各种路灯1568盏。2005年年末，城区主次干道及大街小巷共有各类路灯10297盏，线路总长142.70千米。

景观亮化　2002—2005年，建设以七星公园华厦之光广场、桂海碑林、穿山公园、小东江、临江路河堤、穿山小街为重点的景观亮化工程，采用地灯、投光灯、泛灯、挂灯、庭院灯、高杆灯等各种灯型搭配的亮化，形成对漓江周边山体及园林的泛光感观，为市民和游客提供夜游照明和观赏漓江山水的夜色美景。七星公园、穿山公园安装的山体泛光照明，增加人们远景欣赏效果。景区沿河岸边的亭台楼阁，江边景点的泛光和岸上建筑浑然一体，色彩斑斓，梦幻迷人，使夜游漓江更具魅力。城区主要干道两侧建筑物四周布设灯光色带，增加了城市夜间的华丽景色。

穿山路亮化　北起自由路，南至龙隐桥，全长800米，为城市次干道。建设单位为桂林市城市建设管理局，设计单位为桂林市路灯管理处设计室，施工单位为桂林市路灯管理处。工程于1995年7月开工，10月竣工，安装8米单臂高压钠灯18盏。1996年，自由路至栖霞路安装8米单桃挑高压钠灯8盏。2001年，穿山路改造工程指挥部增加道路节点14杆槐花灯（每杆72火）投光灯、庭院灯、地脚灯共1200盏，总功率80千伏安，工程投资80万元。

漓江路亮化　西起穿山桥，东至三里店广场，全长1.6千米，为城市主干道。建设单位为漓江路改造工程指挥部，设计单位为桂林市路灯管理处设计室，建设单位为桂林市桂宇照明工程处。工程于2001年7月开工，10月竣工。道路中间隔离带安装10米中杆双挑灯26杆，6米柱子灯102杆，3.8米人行道灯116杆，0.8米草坪灯107盏，在漓江路环岛（辅星路、穿山东路交汇处）安装12米高飞燕双挑灯16杆，各种灯具合计1053盏，总功率180千伏安，由智能钟控控制开启关闭，工程投资171.8万元。

临江路亮化　临江路北起二江口，南到解放桥，为城市次干道，全长1.41千米。建设单位为七星区小街小巷改造工程指挥部，设计单位为市路灯管理处设计室，施工单位为市桂宇照明工程处。工程于2005年9月开工，12月竣工。在道路西侧人行道安装单火庭院灯114盏，间距12米，在东侧安装8米单臂路灯69杆，间距25米，250瓦高压钠灯69盏，地面安装草坪灯、泛灯，共计408盏，总功率45千伏安，工程投资28.5万元。

龙隐路亮化　龙隐路东起七星公园后门，西至龙隐桥，全长930米，为城市主干道。建设单位为龙隐路改造工程指挥部，设计单位为市路灯管理处设计室，施工单位为市桂宇照明工程处。工程于2000年10月开工，12月竣工。在道路两侧安装8米双挑灯50杆，4米五火庭院花灯，葫芦灯、草坪灯等共计440盏，总功率30千伏安，工程投资30万元。

环城南一路亮化　环城南一路东起七星路七里店路交叉口，西至净瓶山大桥东端，全长2.20千米，为城市主干道。建设单位为市经济投资总公司，

三里店大园盘夜色　　(2010年摄)

设计单位为市政综合设计院，施工单位为市桂宇照明工程处。在道路两侧安装98杆双挑灯和25杆单挑灯221盏，光源采用250高压钠灯，平均杆距30米，总功率为120千伏安，工程投资68万元。

七星路亮化　七星路南起环城南一路，北至三里店广场，全长2.6千米，为城市主干道。建设单位为七星路改造工程指挥部，设计单位为市路灯管理处设计室，施工单位为市桂宇照明工程处。工程于2001年9月开工，10月竣工。在道路隔离带安装10米单臂路灯123杆123盏，光源采用250瓦高压钠灯，平均杆距30米，人行道上安装5火庭院灯665盏，光源采用110瓦高压钠灯，平均杆距25米，总功率120千伏安，工程投资120万元。

桂磨路亮化　桂磨公路城市段由环城南一路至英才园，为城市主干道，全长6.9千米。建设单位为市公路工程建设办公室，设计单位为自治区交通规划勘察设计研究院，施工单位有玉林建筑安装工程公司，南宁市基础工程总公司等公司。工程于2003年10月开工，2004年1月竣工，在道路两侧隔离带及人行道安装12米3火路灯268杆，12米3火岔道路灯共计1068盏，采用400瓦、250瓦、150瓦光源高压钠灯，总功率350千伏安，工程投资320万元。

建干路亮化　建干路南起六合路，北至环城北二路，全长1.3千米，是城市次干道。建设单位为市城市建设开发总公司，设计单位为市市政综合设计院，施工单位为市桂宇照明工程处。工程于2005年10月开工，12月竣工，在道路两侧安装8米高低双挑灯65杆130盏，光源采用250、150瓦高压钠灯，平均杆距30米，总功率120千伏安，设置路灯智能基站控制3个，工程投资56万元。

东环路亮化　东环路南起三里店广场，北至虞山桥东，全长4.4千米，为城市主干道。1995年完成第一次亮化改造，建设单位为市城市建设管理局，设计单位为市路灯管理处设计室，施工单位为市路灯管理处。在道路两侧快慢车道隔离带安装8米双挑灯150杆，成品字形交错分布，单边杆距59米，光源采用250瓦高压钠灯，共计300盏。2005年，进行第二次改建，建设单位为市城市照明管理处，设计单位为桂林市政综合设计院，施工单位为市桂宇照明工程处。在隔离带上安装10米3火高压钠灯，4.5米高人行道共317杆，共计800盏，光源采用250瓦，150瓦高压钠灯，总功率280千伏安，工程投资200万元。

第五节　园林绿化

中华人民共和国成立前，区境内东江镇附近绿化均为自由林，人工培植很少，部分街道有少量、零星和残缺不全的路树。桂林解放后，市政府重视和关注城市绿化工作，结合城市建设，开展群众义务植树活动，机关、企事业单位、学生、部队官兵成为绿化荒山、荒地、道路及主要地段绿化的主要力量。各时期采取的绿化形式各有不同。

20世纪50年代起，七星区域城镇绿化受到各级政府的重视。1952年至1954年，市政府把望城岗和五里亭列为群众造林地之一；1957年，七星山、普陀山为绿化重点。1959年，在七星后岩、会仙岩等处开展大规模的植树造林活动。1964年，群众植树重点转移到望城岗、七星岩附近、三里店等处。1981年12月13日，全国人大五届四次会议通过《关于开展全民义务植树运动决议》后，七星政府每年都组织干部、群众、师生、部队开展全民义务植树活动，对石山、公园、江河湖畔、道路、人行道进行绿化。重点绿化穿山，植树10万多株。1986年，七星区重点抓环城北二路、环城南一路等道路路树种植，共种香樟、阴香、夹竹桃等1800余株。1987—1990年，营造普陀山北侧的灵剑溪桂花林，面积6.67公顷，共4万多株。20世纪90年代始，市委、市政府提出“保护山水城，建设园林城，发展生态城”的战略构想，七星区为营造“山水城、美化园林城、发展生态城”的目标进行城市绿化工作。开展江河、公园、道路、小街小巷植树造林，与保护生态、美化城区相结合。群众植树活动持续开展，基本建成朝阳路口松林、七星后岩樟树林、花桥头、灵剑溪桂花林等，总面积20.5公顷。扩大漓江路、龙隐路、七星路、临江路边绿地13公顷。新增信息产业园、漓江、小东江沿岸绿化面积3.2公顷。2005年年末，七星区绿地总面积760公顷，建成区绿地率38%，绿化覆盖率42%，人均公共绿地11平方米，城区人均公共绿地24平方米。

道路绿化

20世纪50年代，人民政府加快了道路绿化进程。20世纪80年代，七星区主要干道开始道路绿化，次干道有部分绿化，树种单一。1990年，漓江路、环城南一路、环城北二路、普陀路及七星路的三里店广场至沙轮厂路段，全长12.64千米，分期进行绿化，机动车绿篱带种植香樟，夹竹桃、银木，人行道内侧种植阴香，外侧种植桂花树。至1990年年末，七星辖区已绿化的次干道有自由路、龙隐路、临江路、建干路、穿山路、六合路、上关路、空明东路、辅星路等22条，绿化长度16千米。1987—1991年，先后建设三里店大园盘、辅星路口平交绿岛，绿化面积5780平方米。

20世纪90年代后期，七星区开始大规模的城市道路扩建工程，加大对龙隐路、七星路一期（七星公园东门至三里店大园盘段）、二期（三里店大国盘至南环路路口）、漓江路、穿山路等路改造，新增穿山南路、骖鸾路、五里店路、空明西路、毅峰路、穿山东路等次干道和重要旅游通道的绿化。2001年，对虞山桥至三里店大园盘全长4.7千米的环城北二路、普陀路，在机动车隔离带中种植小叶女贞、黄梅素、红继木等植物。2003年，对龙隐路、环城南一路、七星路、漓江路等道路加种适应性强、分枝点高、生长快、树荫效果好的黄葛榕以及银杏和桂花等树木4000余株，辅星路新栽种102株黄葛榕和43株银杏树。对三理店大国盘及周边、甲天下广场东南侧、自由路两侧、龙隐桥头、龙隐路两侧居民区等地段的绿化进行改造提高，其中，在三里店大园盘采用了大色块模板花坛形式，用10万株黄素梅、瓜叶黄杨、黄金榕、红叶紫苏等色彩艳丽的色叶植物和独头鸡冠花等鲜花以及500平方米草皮，加上七株直径8米的海桐球构成一组凤眼图案。2004年，对部分绿化薄弱、缺少大乔木行道树的道路进行绿化整治，在龙隐路、漓江路、环城南一路、七星路、普陀路、环城北二路等路段更换行道树树种，增加道路绿化层次，使城市主干道基本达到有4排乔木的标准。实施“锦上添花”工程，在主、次干道增加种植紫薇、木芙蓉、红叶红花桃、碧桃、黄槐等灌木10万多株，并栽种海芋、百叶良姜、丝兰等地被植物3000余丛，形成高低错落的群落式自然生态景观。经过绿化种植和改造，城区道路绿化层次分明，视觉景观与自然山水完美融合。

桂磨路沿线共种植桂花树、银杏、海桐球等6452株22个品种　(2005年2月摄)

街道　广场　小游园绿化

1986年起，根据市政府的要求，七星区政府实行绿化“门前三包”（即包投资、包绿化种植、包管理），在主要街道的临街面建造一批花坛花带。1990年后，开辟一批小游园、小绿地及“三边”（山边、路边、水边）小绿地。由各城区政府建设的绿地，原则上由各辖区负责。

1992年，在道路的交叉口设置交通绿岛，供组织和疏导交通之用，先后建设三里店、穿山广场中心绿岛，市园林部门结合城市规划，对中心绿岛进行绿化布置，种植桂花、大叶黄杨、红继木、海桐等植物，适应人流、车流集散。1995年建设花桥头小游园。该园位于花桥展览馆东侧，小东江西侧，七星公园花桥大门西北侧，面积3700平方米。园内建有观景亭、花架、园路以及石凳等休息设施，绿化时种植桂花、樟树、紫藤等乔灌木。

1991—1997年，建成龙隐路、桂花园、穿山东路、花桥头东北侧游园，扩大街头公共绿地2000平方米；花桥头西北侧游园，扩大街头公共绿地3000平方米；小东江沿岸小绿地、七星路西侧绿地，扩大街头公共绿地5962平方米；花坛、花带等8处。共新增城市绿地4.1公顷，把“脏、乱、差”的卫生死角，改造成为市民游憩的场所。并先后建成七星路、施家园路休闲广场绿地和将军塘小游园。2001年建成甲天下广场绿地，面积3.8万平方米。该绿地是桂林国际会展中心的配套工程。绿地以草坪绿化为主，广场四周群落种植桂花、小叶榕、蒲葵等乔灌木群，配置大型花盆和绿篱模纹花卉花坛。2004年，七星公园、穿山公园、主干道节点、小游园和小绿地进行绿化改造提高，种植紫薇、木芙蓉、红叶红花桃、碧桃、黄槐等花灌木5000多株，栽种海芋、花叶良姜等地被植物2000多丛。对解放桥至二江口的沿江堤岸及临江路（全长1.41千米）进行绿化改造，扩建改造临江路景观游园、观景台，增加种植桂花、银杏等乔木200株。在改造穿山小街建设中，建成沿江河堤绿地，种植桂花、大叶榕、水杉、海桐等2500株。1986—2005年，扩大城区公共绿地面积15万平方米，栽种各种乔木2万多株，地表植物20万余株。

小东江沿岸小绿地

小东江沿岸小绿地位于小东江西侧，花桥至龙隐桥之间，与月牙山隔江相望，总长500多米，面积1.37公顷。小绿地建设分两年进行，1991年建设花桥至龙隐坝段；1992年完成龙隐坝至龙隐桥段。该地段过去垃圾成堆，杂草丛生，蝇蚊横飞，环境恶劣，与风景优美的月牙山、小东江极不相称。为了改变环境，修筑沿江道路1294米，安装石桌、石凳11套，种植一批乔灌木和地被植物绿地，新建、重建和维修码头6个，投资25.8万元。2001年，小东江沿岸进行绿化改造提升，增加种植桂花、小叶榕、红叶红花桃、紫薇、红花紫荆、海桐等乔、灌木2000多株。

石山绿化

桂林市区石山广布，七星区域有大小石山46座，石山绿化状况直接影响城市的生态环境质量和城市景观。七星区政府把以石山绿化为重点的绿化行动，作为城区开展全民义务植树活动的主要内容，2001年至2005年，组织动员军民、学生1万人次在穿山、塔山风景石山上种植适合石山绿化的夹竹桃、乌桕、石山榕、重阳木、酸枣、樟树、桂花、爬山虎、迎春等品种的苗木1.5万株，各类地被植物8000平方米。

单位庭院绿化

七星区境单位（机关、学校、院所、工厂、公园）庭院分布广，数量多，面积大。1960年3月29日，市委在市第五中学召开全市绿化工作现场会议，交流庭院绿化工作经验，七星街作为绿化先进单位得到表彰。20世纪70年代，区境内的桂林电力电容器厂、漓江机械厂等一批单位为绿化先进典型。20世纪80年代，市绿化委多次发动各机关、学校、企事业单位及驻桂部队开展环境绿化活动。市园林局派工程技术人员到单位帮助规划、设计，对一些经费困难的单位，免费或半费供应苗木，推动庭院绿化活动的开展。区境内的桂林冶金地质学院10年内投资25万元，在院内新建花坛49个，铺草坪6000平方米，植树5000多株，新辟苗圃1个，面积4024平方米。桂林矿产地质研究院，把院容绿化美化与精神文明建设结合起来，种植各种乔灌木4805株，修建花坛60个，新建花圃1个，全院绿化覆盖率达到48%。1990年，桂林冶金地质学院被评为全国绿化先进单位。桂林电力电容器厂、岩溶研究所、七里店污水净化厂被评为自治区绿化先进单位。1991年至1992年，桂林矿产地质研究院、七星公园评为桂林市“花园式”单位。至2005年，有条件的单位都会对庭院进行绿化，或建花圃，或放置盆栽植物。

住宅小区绿化

20世纪80年代，七星区原有居住区由于建筑密度大，人口稠密，绿化很少。80年代初，建设三里店、羊角山、屏风花园住宅小区，小区内公共设施和绿化亦同步进行。90年代后，随着城市房地产业的迅速发展，城区居住小区建设加快，各房地产商家逐步重视居住区园林绿化环境的营造，新规划建设的居民小区园林绿化率通常在30%以上，小区绿化由物业公司管护，绿化水平不断提高。涌现出七星花园、澳洲花园、奇峰小筑、樱特莱小区、东城别墅、漓江花园等一批绿化档次高（绿化率达到35%以上）、景观好的居住小区，园林绿化水平得到提高，居住区环境明显改善。

第六节　公共服务设施

桂林国际会展中心　工程于1999年4月开工，2001年11月建成投入使用，总投资3亿元。该中心位于辅星路22号，占地面积17.6万平方米，建筑总面积5.8万平方米，最大建筑高度31.5米。展区面积2.89万平方米，分大展厅6个、常设展厅6个，展厅内无立柱，均为大空间，可设国际标准展位1600个，地面荷载每平方米25吨。内设档次高、功能齐全、设备先进的国际会议厅(1300平方米)、多功能厅(460平方米)各1个，贵宾室和中小型会议室5个，并设有包括新闻、通信、仓储、货运、银行、旅游、餐饮、娱乐等服务设施和服务项目的新闻中心、商务中心。设有综合性消防系统及智能化消防报警与联动系统、综合保安监控、公共广播系统，会议系统(含舞台)的灯光、音响、同声传译、会议表决、激光、投影等设备。中央大厅设有双向自动扶梯和54.65平方米的大型显示屏。会展中心室外展场可设1000个标准展位。配套的展前广场占地10万平方米，由室外展场2.5万平方米、绿地面积3.8万平方米、大理石广场3.5万平方米组成，可停放汽车1000辆。设有大货场2个，布展车辆可直达各展厅。具备承接国际、国内大型展览和会议条件。

2002—2005年，该中心先后成功举办博鳌亚洲旅游论坛、第四十八届全国医疗器械博览会、第二届会国高新技术成果产品交流交易会、第十四届全国书市展、中华医学会心电生理和起搏分会第六次学术双年会、桂林市民营企业产品展示展销会、2004桂林房·车节、美丽的桂林“全国摄影大奖赛颁奖大会暨获奖作品展览”等展会。

桂林市体育中心　工程于2001年7月开工，2003年8月竣工，总投资2.7亿元。该中心位于穿山东路以西，毅峰路以南笔架山下，占地面积11.1万平方米，建筑面积4.3万平方米，绿地面积4.08万平方米，绿地率36.8%，道路面积2.28万平方米，广场铺装面积2.9万平方米。中心场馆设施包括体育场、游泳馆、综合训练馆、举重馆、棋院、网球馆、人工攀岩场、室外篮球场、射击馆、健身广场等。种植桂花、银杏、小叶榕600株，配以山茶、海桐、苏铁、仁继木、黄素梅、杜鹃等灌木1万余株和近万平方米的马尼拉草地。

桂林市全民健身活动中心　位于穿山东路，投资2500万元，建筑面积3000平方米，2004年12月动工，2005年5月12日建成并对外开放，分为器械区、跳操区、瑜伽区和动感单车区4个部分。拥有跑步机、动感单车以及力量训练器材100余件，可进行器械、健身操、瑜伽、动感单车等项目的健身活动。另配有淋浴间、更衣室等附属设施，还可提供桑拿、浴足等休闲服务。

健身器材　2004—2005年，七星区在主、次干道及大街小巷改造中，因地制宜安装各种健身体育器材共200余套。有跷跷板、秋千、单杆、双杆、仰

建成后的桂林国际会展中心　(2002年8月摄)

卧起坐扳、太极推柔器、骑马机、转腰训练器、儿童综合游乐器等。这些健身器材主要设置在居民小区、休闲小广场、公共游园小绿地、小街小巷人行道等场所，参加健身锻炼者以中老年人居多。

第七节　乡村建设

区境内各自然村的村民祖先，多为历代从江西、湖南、广东、安徽等外省迁入定居。村庄布局和房屋建设因地理位置、气候、民俗及生活作息的原因，而自然形成一定的形制。村庄一般依山傍水，田园环抱。桂林解放前夕，村庄之间有简易三合土便道，村内也有不规则的巷道，多以青石板或石卵铺设，以利沟通各户之间的往来。房屋内部的划分及房屋式样，具有地方特色，住房多为泥土墙，木结构，小青瓦坡屋顶，平房居多。少数富有人家房屋布置有独院式、联院式、并联式、混合式等。贫困农户的住房多以泥土或砖墙，木架构，茅草或小青瓦盖顶。农户生活垃圾、牲畜粪便随意堆放，环境与卫生状况极差。20 世纪 70 年代，在“文化大革命”中，由于“农业学大寨”及知识青年下放农村，农村部分村庄统一规划建了一批“大寨式”住房，这些房屋设计突出公有制和军事化特点，家庭生产场所和生活厨卫不配套，生活极不方便。到 20 世纪 70 年代末，农村住房格局变化不大，但茅草房和篱笆房已不存在。20 世纪 80 年代后，农村推行经济体制改革，实行家庭联产承包责任制，调动了农民生产积极性，收入逐步提高，居住条件和环境逐步改善。

乡村建设规划

1996 年 12 月，桂林市区划调整后，辖区农村与城市同步建设发展提上重要日程，为引导农民按国家、自治区、市有关法规和《桂林市城市总体规划》进行乡村建设，辖区政府按照“有利生产、方便生活、整洁卫生、节约用地”的原则，对散布在城区四周的村庄逐个地编制改造规划。在规划设计中，根据国家编制村镇规划要求下，以市总体规划为依据，以保护桂林山水自然环境为核心，合理、节约的利用土地，统筹兼顾地布置乡村各项设施，不断改善居住、交通、文教、卫生条件，特别注重保护和美化风景区自然环境，保持地方传统特色和民族风格，力求建筑与山水环境协调。同时根据各乡村的不同条件，分别规划为旅游、蔬菜、水果、城市服务等不同类型的乡村，以便于指导、推进，有利于现代化新型农村建设。1996 年，区政府根据各乡村的具体情况，提出加快乡村建设工作意见，及时制定《桂林市七星区农村建设管理暂时办法》，组织编制乡村总体规划和村庄建设规划。规划内容包括：村庄规划总平面图、单体设计(户型)、电力、给排水、道路、供电、绿化、文体活动场所。建设规划注重配套设施按城市标准设计，对城乡接合部的新村道路按城市居住小区道路标准进行改造，雨、污水分流排放，电信、照明、给水管线下地，逐步把“城中村”纳入城镇化建设改造。1998 年，区建规局在市建设规划局指导和市规划设计院的协助下开展新村规划和旧村改造规划设计工作，当年完成穿山光辉村，朝阳乡邓家村 1.08 万平方米新村规划设计。2000 年完成穿山黄莺岩等 5 个新村、3 个旧村改造规划设计。2002 年完成穿山纸马铺等 3 个新村规划。2003 年完成 6 个新村、10 个旧村改造规划设计。2004 年完成 7 个新村规划设计。2004 年，穿山村委会投入资金 100 多万元，对江东村的道路、给排水、供电等基础设施实施建设，当年有 51 户村民搬入新村。本组整体改造的自然村，不少村民经批准建造了城市建筑相仿的新楼房，农民的居住环境有了较大改善。至 2005 年末，共完成 34 个自然村的新村建设规划，17 个旧村改造规划设计。

农房建设管理

1952 年，区境农村基本完成土地改革，农民住宅的宅基地经市人民政府颁发所有权证和使用证，农民建房在较长时期属于自然发展。1982 年前，农村房屋建设管理由生产大队和生产队负责。管理程序是；农民建房由本人提出申请，经生产队和生产大队同意后，即可开工建设，审批手续极不完善。1982 年，公社开始设农房助理员，生产大队成立农房建设小组，具体管理农村建房工作。1984 年，人民公社改为乡镇后，乡政府设农房办公室，设农房助理1名。

1982—1988年，农村建房由乡镇(公社)人民政府管理和审批，本人提出申请，经自然村、村公所同意后，由乡农房办派员勘点，再报乡政府审批后，方可动工建设。1988年10月后，农村房屋建设理审批程序是：本人填写申请报告，村民小组讨论同意，村公所签署意见，乡农房员、土地员实地勘查，填写建房申报审批表，绘制宅基地占用示意图，乡政府签署意见报郊区建设局、土地局，经审查同意后发给施工许可证和土地使用通知单，建房户方可施工。房屋竣工后经验收合格，发给建筑证和宅基地使用证。

改革开放后，农村在联产承包责任制政策的引导下，农民收入增加，农民对改善住房条件的愿望随经济收入而强烈，建新房的农户增多，形成建房高峰期，1984—1990年，辖区农村有43.4%的农户建有新房，新建房屋面积近100万平方米，住房投资户均7588元。1987—1990年，农户人均住房面积分别为21.2平方米、21.7平方米、23.7平方米、24.72平方米。由于历史原因和旧的传统观念，一些人法制观念淡薄，乱搭乱建，少批多建现象比较突出。为了引导农民按照规划建设新农村，1996年12月，市区行政规划调整，郊区撤销，原郊区管理的穿山、朝阳划归七星区管辖，农房建设管理由区建设管理局负责(后改为由区建规局管理)。其管理程序和办法未变。区政府依据《桂林市城市总体规划》要求，制定《七星区农村房屋建设管理暂行办法》，规范建设管理、申报、审批和违章建筑的处理，使农村建房有法可依，有章可循。建设主管部门会同乡政府按照暂行办法对房屋建设实施全程管理和监督，从农房建设的申报到选址、定点、建设、竣工验收、产权发证等环节由专人负责，使建设有序进行。1988—2005年，共审批农户建房3553户，建筑面积52.77万平方米，核发“一书一证”509份，核发施工许可证301份，办理土地证3650份，验收核发建筑证1543份，竣工建筑面积29.26万平方米，办理集体土地使用证书439份，办理农房产权证178户。

新农村建设

20世纪80年代，随着农村经济发展，农村住房建设进入高速发展阶段，新建房屋90%以上是钢筋混凝土结构的多层楼房，砖木结构的平房呈下降趋势。2001年农村人均住房面积44.3平方米，其中钢筋混凝土结构面积为27.48平方米，砖木结构面积为17.7平方米。2005年农村人均住房面积71.25平方米，其中钢筋混凝土结构为67平方米，砖木结构只占3.5平方米。受城市建设的影响，农村房屋的外观设计和结构，逐步改变以往农村民居的建筑风格，融汇城市建筑和农村的居住习惯、农事需要为一体，户型布局注重多功能，配套、舒适、方便、卫生，部分安排农具存放和汽车库房，楼层在2—5层不等。条件好的还建有农家小院，住房条件甚至超过城市居民。在农业产业结构调整和城市建设用地的扩大后，失地农民增多，农房的建设和使用也发生了变化，邻近城市的农户，新建房屋除自住外，大部分用于出租，弥补失地后的经济收入。

由于种种原因，大部分自然村的农房建设随意性较大，新建的农房间距不足，坐落位置不规则，未留出建设基础设施的空间，出现年年建新房，年年不见新村的状况，对今后新村建设的实施可能产生一定的影响。

表6-10　　**1998—2005年七星区农房建设情况统计表**

年份	审批农民建房		办理土地证		验收核发建筑证		核发“一书一证”(份)	核发施工许可证(份)	办理集体土地证书(份)	办理农房产权证(份)
	户数(户)	面积(万平方米)	土地证(份)	年检(份)	建筑证(份)	面积(万平方米)				
1998	486	5.80								
1999	259	3.65								
2000	507	5.85	29	6235	771	16.26	208			
2001	411	7.42			190	3.96			143	
2002	632	13.28			149	3.05			134	
2003	102	2.14			125	2.10			162	178
2004	694	14.57			149	10.44			170	
2005	462	5.90			159	4.45	301	301	130	

2005 年，穿山街道光辉村委纸马铺新村建设

（王亚东 摄）

村道改造 桂林解放前，区境农村的道路为简易乡村小道，路宽1—3米，路面均为碎石泥土，一遇雨天，便成泥巴路，行路困难。解放初期，农民为晚上开会行路，各家各户都备有雨胶鞋。1958年，人民公社推行“车子化”，各村在原有小路的基础上，稍加平整、加宽，路面铺一些碎石，能通过一辆木板车。1970年，农村进行农田基本建设和推行农业机械化，各乡、村组织发动群众自力更生，挖坡填坑，拉直加宽原有村道，改造成能通拖拉机的机耕路。受资金制约，村道路面主要用三合土、片石、碎石、沙石构筑，长期受拖拉机碾压、牲畜踩踏、雨水冲刷，极易损坏，加上缺乏管护，村道仍然难走，村民生产、生活出行极为不便。20世纪70年代末改革开放后，各乡、村为解决村民行路问题，有计划地从乡、村集体收入或村民中筹集资金，对乡、村道路进行改造。从1996年起，七星区政府每年安排资金，逐年对辖区各乡村道、巷道进行路面硬化改造，道路填平拉直，路侧增加排水沟（管），路基用片石、沙石，面层铺水泥混凝土。至2005年末，辖区村委会16个、自然村89个，全部完成村委会与自然村之间的村道改造，93%的自然村小巷道路面进行了硬化改造，硬化总面积68.18万平方米，总投入资金1051万元。

村委会办公用房 1991年前，辖区村公所、生产大队、村民委员会的办公用房大多数是利用原有村民旧房、庙堂作为办公用房，部分是自行设计、自行施工建成的砖木结构建筑，部分为土坯房。不仅面积小，布局结构差，还有部分危房。1991年起，政府采取城（郊）区拿一点，乡里出一点，行政村筹一点方式，逐年安排资金投入村委会办公用房建设。至2005年，穿山、朝阳2个乡12个村委会、华侨农场旅游经济区1个村委会均已完成新办公楼建设。新建的村委会办公楼一般为2—5层，基本满足了办公需要。2005年年末，村委会办公用房总占地面积6560平方米，建筑面积1.79万平方米，总投资1592万元，其中七星区政府投资195万元（区政府给每个行政村建设办公用房补助15万元，不足部分由各村自筹解决）。

表 6-11 1983—2005年七星区村委会办公楼建设情况统计表

村委会名称	建筑年份	建设规模		投资（万元）
		占地面积（平方米）	建筑面积（平方米）	
屏风	1983 年	900	800	38
和平	1991 年	560	1500	129
西南	1991 年	250	380	40
汇丰	1998 年	460	900	57
湖塘	1999 年	120	220	28
七星	2001 年	600	1400	200
光辉	2002 年	720	1430	190
新建	2002 年	500	960	110
丫吉	2003 年	500	400	30
樟木	2003 年	500	1000	160
穿山	2004 年	350	1500	400
合心	2005 年	600	1000	180
马家坊	2005 年	500	300	30
合计		6560	11790	1592

第八节 市容管理

中华人民共和国成立前,区境内的人民生活贫困,居住条件差,没有一条完好的街道。城区三面紧靠郊区菜地、农田,树多、坑塘沟渠多,杂草丛生。街道紧邻多处死水塘,污垢纵横,臭水四溢。街上没有公共厕所,各家在吊楼上设置旱厕,卫生状况极差,夏天臭气熏人,行人无不掩鼻而过。夏秋季节,蚊虫成群,群众深受其害。桂林解放后,人民政府改善环境,清除垃圾,疏通沟渠,填平坑塘,种植树木,改造厕所,雇请专人定期清扫街道。在各街道建立群众性爱国卫生小组,向群众宣传卫生知识,动员群众参加爱清洁、讲卫生、除四害(跳蚤、蚊虫、老鼠、苍蝇)活动,建立街道每天轮流一小扫,每星期六一大扫街道的清洁卫生制度,环境卫生面貌得到改善。

随着社会发展,辖区人口增加,街道清洁卫生工作扩展到街道路面整治、市容改善、交通管理等方面。加强宣传教育,提高市民自觉维护市容意识,动员组织群众开展爱国卫生活动。当时环卫工人不多,街道居委会动员市民参与本街道的清洁,重大节日,各家各户参加卫生大扫除,清理卫生死角垃圾,市政科派人疏通沟渠、填平坑洼地,修补路面。1982—1987 年,清理水沟 6890 米,修补破损路面 9.5 万米,填平坑洼地 7404 平方米,新修水沟梁 3037 米。

20 世纪 90 年代后,市容管理已不再局限于过去搞好环境卫生等内容和做法,进而抓法规管理、厂容店貌、商业网点、广告宣传、城市交通、园林绿化、环境保护、环境卫生等各个方面。市政府为此而颁布了一系列关于市容净化美化方面的规范文件和《条例》,并把整治市容工作作为精神文明建设的一项重要内容。从组织上建立起“精神文明建设办公室”“整顿市容指挥部”等专门办事机构。

2005 年,区政府统一指挥部署,开展“三优一学”(优美环境、优良秩序、优质服务、学先进)、“军民共建文明城市”、“五讲四美三热爱”(讲文明、讲礼貌、讲卫生、讲秩序、讲道德;心灵美、语言美、行为美、环境美;热爱共产党、热爱祖国、热爱社会主义)等一系列活动;涌现出一批先进单位和先进个人,并出现了花园式工厂、学校和机关单位。

法规宣传

七星区政府依据 1962 年市人民委员会颁布的《桂林城市建设管理暂行条例》和 1973 至 1980 年市革委会作出的《关于加强城市建设管理规定》,《桂林市城市建设管理条例》及“实施细则”等管理法规进行宣传、贯彻。1992 年前,城市的建设管理均依此贯彻落实。在重大节日,设置宣传点,出动宣传车,向广大群众广为宣传。1993 年,市委、市政府提出争创国家卫生城、文明城、双拥模范城的工作目标,颁布《桂林市市容环境卫生长效管理实施方案》《关于清理整顿占道经营的通知》《关于加强犬类控制和管理的公告》《桂林市公共厕所管理暂行规定》《关于对部分有毒有害垃圾实行分类收集的规定》《桂林市户外广告设置管理办法》《桂林市实施城市建筑垃圾管理规定办法》等规章、办法,辖区的宣传、教育活动随之广泛开展。每次较大的宣传活动,都有区领导、区机关、乡政府、各街道办事处、社区干部上街设点,以文艺演出、法规咨询、分发资料、图片、版报、宣传流动车广播,集宣传、文艺、文字、横幅、图片于一体的宣传形式,1996 年,经市人大审议通过的《林林市城市市容和环境卫生管理办法》,成为城市管理执法的依据,辖区城管部门经常开展宣传咨询活动,让市民加深对市容管理办法的知晓和理解,增强市民参与城市管理意识。1993—2005 年,共开展城市管理宣传活动 80 余次,出动宣传车 40 台次,宣传板报 115 期,发放宣传资料册 1.8 万册,各类宣传资料 15 万份。各单位、社区(街道)共举办文明学习 78 期,辖区 3 个街道办事处、乡政府分别开展以创卫生城、文明城、双拥模范城为内容的文艺晚会,在农村,用放电影的形式宣传环境卫生相关知识进行教育。还注重在中小学校对学生进行城市管理相关内容的专题教育。宣传活动中,区领导参加宣传活动共 200 人次,区机关干部 1200 人次参加,受教育群众 20 万人次。

常规监管

常规监管是贯彻落实城市管理各项法规制度的一项主要日常工作。由区市容局组织协调、城管监察队伍具体实施。对一般违规行为，以教育规劝为主，对严重违规不听规劝者，则给予处罚。城市监管方式有：流动监察，组成流动监察小分队，对城市重点路段或重点区域实施流动监管、固定监管。在重点路段、商业区域，安排专人监管，对区域内的机动车、摩托车、非机动车停放、流动商贩乱摆售、乱扔乱倒垃圾等进行及时制止和纠正。区域风景点、农贸市场设置重点监管，疏导商贩进入市场，劝阻乱摆地摊，阻止景点的尾随兜售，制止车辆乱停乱放，疏导交通，维护正常的商贸秩序。1997 年后加大对沿街临时乱摆乱卖的查处力度。2000 年起针对逐渐增多的夜市摊点进行重点整治。2002 年对上关村沿河无证经营的鱼餐馆进行数次集中整治，拆除餐馆搭建的建筑物和修复损坏绿地和地面硬化，并开始聘用城管协理员，加强城管执法力量。2003 年起，对无证经营的机动三轮车、微型乘坐车的违法营运进行查扣处罚，每年集中对此类车辆进行专项整治。2000—2005 年，共依法依规监管查处城市管理的违章行为 10 万多人次，教育劝阻纠正沿街乱摆乱卖行为 5 万多摊次，取缔经教育劝阻无效的马路市场摊点 4000 余摊次，纠正、劝阻、车辆乱停乱放问题 1.8 万多辆次，查扣处罚无证营运的机动三轮车 1680 辆次，依法拆除有碍城区市容市貌或妨碍交通和市民生活的违法违章建筑物 5.7 万平方米，查处违章设置的广告牌 1605 块，查处占道经营、超门槛经营 2.34 万摊次，查处违章乱倒建筑垃圾 36 起，违章撒漏车辆 80 辆次，处置建筑垃圾 5 万多立方米。城管常规监督管理工作逐步形成制度化、规范化和常态化格局。

长效管理

1993 年起，七星区与市政府签订桂林市创建文明卫生城市工作目标责任状(2000 年改为市容环境卫生管理责任状)，确定年度具体工作目标。在市容管理职能部门内，采取“三分五定”（分段、分街、分片，定路段、定人员、定时间、定职责、定奖惩）达标责任管理，把辖区街道分为 1—3 级进行区域管理，实行监察大队包大片，层层分解。设立大专院校、旅游景区城管中队，加强各自地域管理。2000 年起，七星区每年都通过由市考评团、市容局考评、责任单位交叉考评和市民测评的城区长效管理情况考评。考评结果通过媒体向市民公示。由于城市长效管理工作取得较好成效，2005 年，“桂林市落实城市管理责任制工作现场交流会”在七星区召开。

重点整治

2002 年起，七星区每年都安排党政机关干部深入街道、单位、农村协助、配合城管队员和社区（街道）干部，对市容环卫进行重点整治。组织机关干部、企事业单位、社区干部、居民治理城区脏、乱、差，并根据各年度的情况确定重点整治区域和整治内容。重点整治的方式是经区政府选定 28 条街道为重点治理街区，并落实区机关部门为责任单位，由各责任部门包干负责区域城管综合治理的指导、协调、治理，具体整治是根据各时段城管工作的难点问题，组织市容、工商、公安、卫生、民政、环保等涉及城管工作的职能部门，每年选择其中突出问题进行 6—10 次综合性专项治理：并结合爱国卫生运动月，重大节日前，组织干部、职工、市民、学生、村民开展对市容、村容环境卫生进行重点整治等。2004 年，市容管理、环卫工作全部下放到街道办，城管工作人员也随同下放到社区。“权随责转，费随责下”，通过将工作责、权、利结合在一起的方式促进城管多元化转变。街道办负责城管、环卫具体日常事务，下放的城管人员接受城管大队和街道办的双重领导，建立健全管理制度，如工作负责制、责任追究制、收缴物品管理制、协管员和城管队员管理制、考评奖惩制度等。至 2005 年，城区机关部门与社区的责任联系相对固定，并增加区机关干部下社区协助整治区域秩序的次数和力度，形成责任联系的常态化。

固定摊点与流动商贩管理

固定摊点主要设置于农贸市场、专业市场。1980 年起，辖区固定摊点的日常管理主要由工商部门负责，工商人员对市场内各经营户商品的摆放、交易秩序、计量器具、商品质量和市场卫生进行监管。2000年起，辖区固定摊点实行“以租养场”方式，聘用专人每天清扫市场的卫生，清运垃圾，值班安保；城管人员主要负责疏导商户进入市场交易，制止商户占道摆卖和货物运输车辆乱停乱放，维护监管市场周边的秩序。

2000年起，辖区流动商贩以沿街叫卖为主，走街串巷推销，给城管工作带来难度。此类人员的行为极易造成交通堵塞、秩序混乱。对此，城管人员只能对其采取宣传，说服教育，劝说他们进入市场销售，或劝其疏导离开，尚难对其作出违规处罚。

门前三包

1984年，开始在临街部分店铺、单位门前试行“三包”办法（包卫生、包绿化、包秩序）。辖区政府与各商业门店、临街单位签订“门前三包”责任书，由商铺和单位对门前环境卫生及“三乱”（乱扔、乱放、乱吐）现象进行监管。在城区市容管理部门内，采取“三分五定”（分段、分街、分片，定路段、定人员、定时间、定职责、定奖惩）的片段管理办法，在实施过程中，增加了“门内达标”（即店铺内物品摆放、店内秩序、店内卫生）考核，形成门前“三包，门内达标”的责任管理模式，每年对责任目标进行考评，对考评结果给予奖罚，调动城管人员的工作积极性。1990年，门前“三包”工作责任制在七星路、漓江路、穿山路、东江路、普陀路等主干道推行。1992年4月，七星区成立门前“三包”管理站，6月，召开七星区130家单位参加的门前“三包”动员大会，要求辖区各单位积极参与这项工作。1993年，门前“三包”工作在辖区铺开。1991—1995年，共签订“门前三包”责任书6850户次。1996—2005年签订“门前三包”责任书2500户次。“门前三包”城市管理工作制度实施后，辖区主要街道和商业地段、商贸井然有序，街道整洁，路面干净，沿街的绿化得到有效维护，单车、摩托车、汽车按指定地点停放，城市环境面貌得到明显改善。

城管协管员

2005年起，区市政局为增强城管街区巡查力量，解决长效管理人员不足，管理工作难以到位的实际问题，聘用热心城管工作，责任心强，身体健康的人员为协管员共30名，作为城管队伍的辅助力量，经集中业务培训后上岗执勤。协管员一般都安排在街区较固定的位置，协同城管队员对责任街区的城管秩序进行动态综合治理。

第九节　环境卫生

清扫保洁

民国25年(1936)10月，广西省会迁回桂林，开始雇人打扫包括区境在内的城区街道。民国28年(1939)，广西省会警察局成立洁净队，负责城市街道清扫，每天打扫一次。1949年11月桂林解放，同年12月8日市公安局成立清洁队，派人打扫街道。20世纪50年代初期，为了加强城镇市容环境卫生工作的整治，广西省人民政府成立“卫生委员会”（该委员会在抗美援朝以后更名为“爱国卫生运动委员会”）。彼时，东江区人民政府也相应成立该组织机构。经过多年的工作实践，创建起“平时清扫保洁与开展爱国卫生突击运动相结合，专业队伍与单位、民办队伍相结合，爱国卫生运动与积肥支援农业生产相结合，统一领导与条块分工相结合”等一整套行之有效的市容治理和环境卫生办法，使城镇道路清扫保洁工作与辖区经济社会发展相适应。

20世纪60年代起，开始实行以班组为单位地段包干的清扫保洁办法，按照道路情况制定出“一扫一保”“一扫二保”等多级管理清扫保洁制度。

1991年，辖区道路拓展，清扫保洁面积不断扩大。各种清扫保洁制度亦逐步改变和完善。有“门前三包”（包秩序、包卫生、包绿化）责任制、清扫保洁地段承包责任制、评比检查竞赛责任制、道路卫生评级挂牌与单位、住户评级挂牌制度等。1981年，桂林市曾将清扫保洁任务下放给辖区管理，经历过“三放（下放城区管理）三收（收归市环卫处管理）”的转折，1988年归回市环卫处统一领导管理。1989

年环卫机构改革，实行市级和城区两级管理体制。将大部分环卫人员、设备下放到城区，环卫管理站行政上由城区政府直接领导，业务上由市环卫处负责指导和监督。清扫保洁任务按城区管辖地段，分别落实到环卫管理站具体负责。1990年全市推广环卫站经济承包制，环卫站加强领导，实行层层承包，制定检查、奖罚制度等措施，街道洁净度不断提高。2005年末，辖区清扫保洁道路90条。

街道清扫保洁　民国时期至解放初期，"清道夫"使用的工具比较简陋，以扫帚、箩筐、泥箕、扁担为主，后来才增添了一些牛拉、手拉木板车。从1956年起，区政府在一些主要街道建立居民保洁制，在清扫工人清扫街道后，由居民住户负责监督、制止行人乱扔果皮、纸屑，并随脏随扫。1961年，东江人民公社建立街道卫生组织，结合全市除"四害"，防疾病中心工作，开展群众性爱国卫生活动，坚持大街小巷每天一小扫，每星期日一大扫的制度，清除沟渠污水，清洗厕所，清洗门窗，进行环境卫生大扫除。1962年，成立有机关、公安、工商、街道、环卫、学校负责人参加的"爱国卫生运动委员会"东江分会，定期召开工作协调会，制定工作目标和工作任务，动员单位、学校、居民全面参与街道环境卫生工作，清洁环境，定期进行卫生工作检查评比，推动环卫工作长效进行。1979年各条街增加3名义务保洁员每天定期打扫街道，使街道环境有了很大改善。1980年，发动辖区119个单位共3600人次参加清理街头巷尾废渣、垃圾会战，以漓江东岸沿河，小东江为重点，清理面积25.88万平方米。1981年，清扫街道工作由城区政府管理、环卫站实施。城区设专职保洁员10人，负责道路清扫和蚊蝇滋生地的消毒工作。同年3月，七星区环境卫生管理站成立，设管理员10人，保洁员37名，负责辖区26条街道清扫保洁，1985年，清扫面积27万平方米。1987年环卫站工人增加至64人，清扫保洁街道增加到45条，面积29.2万平方米。从1996年开始推行"清扫、保洁、监察"三位一体的保洁长效管理制度，每天对一级道路实行1清扫2保洁，二级道路1清扫1保洁，三级道路1清扫。1997年清扫保洁道路48条，清扫面积96.7万平方米。2000年，道路清扫保洁范围扩大至城乡接合部的单位和城中村道路，清扫保洁道路50条，清扫面积175万平方米。

2001年3月，辖区进行环卫管理机制改革，推进环卫公司化、市场化，管理和服务剥离，形成环卫服务新体系。日常清扫服务、上门服务、收费等业务实行市场化公司运作。环卫站成立七星洁美公司，下设七星分公司、东江分公司、两乡（穿山、朝阳）等3个分公司，公司承担城区主次干道及大街小巷和城乡接合部村庄的清扫和垃圾清运业务，城区政府每年按清扫面积支付清扫费用。环卫站作为管理单位，负责制定工作目标、任务、质量评定、日常检查，奖罚制度，精简管理人员充实到一线工作，职工竞争上岗，择优聘用，同时给每一名一线工作的临时工调增一档工资（平均每月增加20元）。改革后，加强了领导，道路清扫质量有明显提高。2002年，清扫道路57条，清扫面积175万平方米。2004年，清扫道路86条，清扫面积180万平方米。随着城区建设发展和大街小巷改造工程的完成，道路、街道清扫范围扩大，2005年，城区主次干道和小街小巷实行全日制保洁，保洁道路115条，保洁面积260万平方米。

居住（商住）小区的保洁工作，由各小区的物业管理服务公司负责，普遍实行1日2扫全天保洁制度。至2005年，辖区共有居住小区168个，其中：新建商品房小区87个，有物业管理的占85%，单位自建职工住宅小区80个，有物业管理的占30%。2004—2005年，对一些无物业管理的老小区，采取城区政府出资，社区居委会聘用保洁员，对小区日常环境卫生进行轮流清扫。

农贸市场保洁　辖区农贸市场的清扫保洁工作由工商行政管理部门雇请保洁人员负责，专业市场保洁纳入市场物业管理范围。农贸市场设专职保洁员，每日清扫一次，适时冲洗摊位及通道，放置大垃圾桶，供商贩、市民投放垃圾；专业市场设专人进行巡回清扫保洁，亦放置垃圾桶、果皮箱等卫生设备。

公厕管理　桂林解放时，辖区街道、圩场设有旱式公厕，没有专人冲洗，一些公厕因年久失修有的已破烂不堪，有的已倒毁。1950年起，公厕冲洗由清洁工人兼顾，粪便由农民进城挑运。1960年后，近郊社队分别承担公厕粪便清运、公厕维修和冲洗工作。1980年，属于环卫部门管理的城区公厕，有专人保洁。所有公厕定期用盐酸洗刷，喷撒灭蚊灭蝇药物。1981年前修建的旱式厕所，靠人工挑水冲洗。1982年起，城区新（改）建的公厕改为水冲式，保洁较为方便。1991—1995年，开展改厕工程，改厕17座，改建后的公厕全为水冲式，增置水龙头，先手盆，聘请清洁工人对公厕日常保洁。1996年，公厕管理引入竞争机制，公开向社会招标，把管理和经济效益直接挂钩，管理水平得到提高。1998年，区属公厕进行全面检修，更换水管、水箱，同时鼓励和号召单位公厕向市民开放。

2000年，桂林市开展大规模城市建设和城区街道改造工程，推行“以商养厕”举措，辖区50多座公厕新建、改建、扩建任务完成。针对公厕全面开放后人为损坏和偷盗设施现象较为严重的问题，区市容局负责日常检查，加大对破坏公厕设施的监管。2001年，按照“补充定点、完善规划、落实责任、加强管理、扩大战果、常抓不懈”的方针，把公厕改造扩大到辖区机关、企事业单位，并全部免费对社会开放。2003年，预防“非典”疫情期间，政府投资20万元，对城中村的旱厕进行改造，直排式改为三格化粪池厕所。至2004年末，农村改厕268座，其中三格式厕所254座，沼气厕所14座。加强对新（改）建的公厕管理，实行“以商养厕”，公开招标，城区政府和中标者签订承包合同，明确责任，完善公厕的长效管理。对园林、商贸及公共行业建设和管理的公厕，政府给予政策支持，减免相关行政事业收费，用水、用电实行优惠。至2005年末，城区新（改）建公厕73座，均配置脚踏式或手按式冲洗阀，手动或自动洗手开关，公厕环境卫生整洁，空气清新。城区成立公厕管理办公室，定期对公厕进行保洁检查。旅游景区、景点、商场的公厕，由所在单位聘请专人负责全日清扫保洁。

街道冲洗　1988年，市环卫管理处划拨一台洒水车给区环卫站用于七星路、龙隐路、自由路、漓江路、东环路、穿山路洒水冲洗，白天洒水两次，晚间冲洗1次。2001年，城区政府拨款购置一台5吨洒水车，2005年末，城区环卫站有3台洒水车用于城区主次干道和主要街道的洒水降尘和冲洗。

保洁监管　由区环卫站配专职保洁员对辖区道路进行全程监管，管理人员持证上岗，对责任地段（区域）的日常环卫清扫保洁、上门服务等工作情况进行巡回检查监督，发现问题及时提出整改意见。保洁监督实行日常监管、法定节假日轮流值班和每月两次大夜班检查监管工作制度，确保每天检查不间断，每项监管不缺项，每位保洁员考勤不缺人。保持道路、街道小巷整洁干净的常态化，为市民提供良好的卫生环境。

垃圾收运

中华人民共和国成立前，在自由路、东江路部分街巷设置垃圾箱，垃圾由清道夫用扁担挑垃圾至一些空地、山边堆放。每天收运的垃圾仅为城区垃圾的小部分，大部分由近郊菜农进城收运。1951年开始用马车、人力板车收运垃圾，结束了挑箩筐收运垃圾的历史。垃圾收运范围扩大到自由路、龙隐路、七星路、穿山路、建干路等路段。1981年城区环卫站购置1辆跃进130型垃圾自卸车收运街道两侧住户的生活垃圾，小街小巷则用手推车收运，每天定时定点用摇铃方式召唤住户把垃圾倒入垃圾箱（桶），由汽车装运至垃圾场。1982年后，密封垃圾车配套的垃圾桶投入使用，住户把生活垃圾倒于垃圾桶，汽车定时把垃圾运走。因为垃圾桶设置在道路两旁，影响交通和市容，从1987年11月起，敞开式垃圾桶全部撤销，改用密封侧式挂桶，方便垃圾车收运。为减轻环卫工人工作强度，2003年，先后改装封闭式机动不锈钢三轮车100垃圾车。2004年购置9台柳州“五菱”微型垃圾车。1台吸粪车、1台垃圾压缩车，1台扫地车。购置140辆封闭式非机动不锈钢三轮垃圾收集车。

环卫服务　随着辖区人口的增加，生活垃圾逐年增多，环卫部门的收运力量不足，垃圾收运不及时，影响环境卫生。根据“谁排放谁负担的”的原则，从1987年起，对辖区宾馆、饭店、商场和企、事业单位实行垃圾有偿收运的办法，各单位自购垃圾桶放在环卫部门指定的位置，由环卫站收运，按月计收垃圾费用。1989年3月起在七星路、龙隐路、穿山路、自由路、漓江路等主干道路实行有偿收运住户生活垃圾（也称上门服务）试点。住户把垃圾倒入垃圾桶，由环卫工人每天上门收运。收费标准：1—3人户每月收费1.5元，4人以上户每月收费2元，按季缴费。1990年，垃圾有偿收费在辖区各路段及大街小巷推行。1992年，有偿收运垃圾扩展到农村，第一个试点村是穿山村委张家园，1998年开始在城区周边农村的莫家坪、田心里村、施家园村、江东村、汇通村推行。2000年，垃圾上门收运费每户每月5元，2004年调整为每月每户7元。至2005年末，垃圾有偿收费扩展到穿山、朝阳2乡34个自然村，有偿收运户数达5000户，收运率为34.4%。市区收运户数3万余户，收运率达100%。

粪便清运 民国时期，辖区街道私人厕所粪便均由近郊农民进城清运作肥料。运输方式靠人肩挑，从事清掏粪便的农民，每天天不亮便沿街叫唤，如遇施肥季节，粪主索价出售。一些固定户农民逢年过节要向粪主送粽子、米花糖、蔬菜之类的农产品。20世纪50年代初，仍然允许农民进城清运粪便，市人民政府规定，进城淘粪人员一律在上午9时前离城，粪桶必须加盖，不得随意停放。马车入城要附带马粪兜等，以保持街道清洁卫生。1956年2月市人民政府规定，凡居民以粪便换取农户钱物，每担限价2角，单位厕所的粪便一律免费由农户清运，以支援农业生产。从1964年10月起，居民、单位、公共厕所粪便由市环卫部门组织专业队伍清运至郊区，1968年终止粪便清运。1981年为适应旅游城市需要，恢复全市粪便统管。1983年后，城区新建楼房抽水马桶的广泛使用，部分厕所粪便排入城市排污管道，粪便清运量便逐步减少，清粪职工人数减少，1990年以后，单位、居民、公共厕所的粪便全部接入城市公共排污管网，粪便清运终止。

环卫设施

垃圾中转站 中华人民共和国成立前，解放桥头、七星路码坪街、九娘庙街江边、訾洲桥头为垃圾倾倒之处。50年代，垃圾都倒在漓江沿岸。60年代，桂林市先后建设一批垃圾中转站，环卫站收集的垃圾集中放在中转站，再用汽车转运到市郊田肥户。1980年区政府投资在环城南路建露天垃圾中转站，1983年在扩宽环城南一路时中转站拆除。1988年在临下街9号建成露天垃圾中转站(临时)，占地面积200平方米。1990年在会仙路建成占地面积85平方米的中转站，同年在建干路建成中转站，占地面积200平方米。2001年先后建成金鸡岭、六合路、空明西路3个中转站，占地面积300平方米。至2005年末，辖区有露天垃圾中转站3个，集装箱式中转站3个。

果皮箱 1980年起，在穿山路、七星路、龙隐路、漓江路、东环路、自由路等主次干道设置陶瓷图形果皮箱160个，因陶瓷果皮箱易遭人损坏，就用砖砌果皮箱代替。1992年共摆设大口型玻璃钢果皮箱200个。2005年末，城区道路和大街小巷共设摆设果皮箱600余个。果皮箱在主干道和主要街区按照每个间隔60米，次干道间隔150米摆设。果皮箱选型美观，使用方便，材质有铁皮、玻璃钢、不锈钢、大理石等。

公厕建设 中华人民共和国成立前，辖区街道、圩场设有公厕，均为旱厕，卫生条件很差，大多因年久失修而破烂不堪，有的已倒毁。一遇夏天，则臭气熏蒸，且为苍蝇滋生之所，对水源污染尤为严重。

1950年，人民政府修复公厕3座，20个蹲位。1962年，东江人民公社在花桥头圩场、东江粮店、新生街、临江里新建公厕4座，47个蹲位。公厕建设简陋，房屋为竹木结构，周围用竹篱笆围挡，全部是旱厕，由清浩工人兼顾人工挑水冲洗，卫生状况很差。1985年起，公厕由城区环卫部门负责管理，辖区政府逐年拨出专款，对原有10座公厕进行改造，改造后的公厕为砖(木)混结构，地面水磨石，内墙1.5高贴瓷砖，外墙水刷石面，冲洗改为水冲式，增置水龙头、洗手盆，使用和保洁方便。1991年在七星菜市场等地新建公厕4座，30个蹲位。2000—2004年，为适应桂林旅游城市发展需要，城区在大规模城市建设改造中，拆除一些影响市容景观的公厕。在公园、道路、小街小巷改建公厕10座，新建公厕13座。园林(公园)、商贸(宾馆、酒店、餐饮、市场)新建或改建公厕27座。新建或改建的公厕，设计新颖别致，建筑造型有的似城市小品，有的似雕塑，有的呈现中国古风遗韵，造价标准较高，内部卫生设施完善，装有脚踏式冲水阀、感应式洗手盆、烘干机、空气清新器、紫外线灭蚊灯、残疾人专用蹲位等设施，一部分公厕配有音响设施，摆放鲜花木雕等艺术作品，格调高雅。墙面贴瓷砖，地面铺花岗岩或大理石，公厕环境优美舒适，免费向社会开放，得到中外游客和市民的好评。至2005年末，七星区共新建、改造公厕73座，基本解决了市民和游客如厕难问题。

环卫工具

大扫帚从民国时期至今一直是清扫街道路面的主要工具。1951年开始使用马车、手推车收运垃圾，结束了挑箩筐收运垃圾的历史。1981年开始用2吨垃圾车收集主要道路两侧住户的生活垃圾，小街小巷改用板车收运，1978年后停止使用板车收运垃圾。辖区政府逐年加大对环卫建设的资金投入，环卫设施不断更新、增加，环卫力量相应增加。1981年，购置1辆2吨垃圾自卸车，1982年至1990年年购置2台5吨密封自卸垃圾车。2003年购置洒水车2辆。2003—2005年，改装100辆封闭式非机动不锈钢垃圾三轮车，陆续购置封闭式机动三轮车146辆，柳微机动垃圾车16辆，机动清扫车1辆。5吨吸污车一辆，粪车1辆。至2005年末，七星区环卫站共有各类环卫汽车23辆，封闭式机动不锈钢三轮车146辆，其他车辆100辆。

第十节 建筑业

建筑形式

清末民初，桂林城区已跨过漓江向东发展，区境属桂林城乡交叉的市区边隅。民国时期，居民住宅建筑类型一般分为：公馆式、普通平民式、平民式。

公馆式住宅四周建有封火墙，占地面积大，建筑有五开间、四开间、三开间和二开间，所谓“开间”是指房屋横面的构成。中间为厅堂(俗称堂屋)，两边为住房，厨房、储物间、厕所、洗澡均在后面，西侧附有披厦通道。门头(亦称大门楼)建筑较为考究，前一道门为大门，后一道为府壁门，大门门扇均以厚木拼镶而成，或加铁皮，求其坚突牢固。府壁门一般以6扇门组成，平常时以左也两扇启闭使用，遇到婚丧庆典或迎送宾客时，则启用中门或全部府壁门通行。厅堂一般为接应宾客、家人集聚的地方。其后壁正中设有半截楼台，俗称“神龛”或“香火台”以作供奉祖先牌位之用。所有房间朝着天池(亦称天井)开窗户，室内地面多用三合土拍打凝成。

普通住宅其制式类别和布局与前述大体相似，横面构成在三开间以下，延伸至多为二进，结构以木结构为主，其四周没有建筑封火墙，少数只设置两边砖墙，以作防火之用。

平民住宅由于受经济所限，一般平民未能在繁闹街市建筑或购置房屋住宅，只有在小街僻巷建房自住。此类房屋建筑大多简易矮小，有的伸手可攀屋檐，毗邻相接，对门对户，街道狭窄。其结构多以竹木为主，屋面盖青瓦或茅草，四周或间隔均以木板或竹篱编织或批灰而成。

临街住宅大多是商住合用，有前店后宅或下店上住的两层楼房。店面较高且宽畅，有的前面有骑楼，大门采用较厚实木料，分两扇或多块木板。门框、木板均为活动型，便于早卸晚装。抗日战争时期，城区人口骤增，住房紧张，出现竹篱披灰房(纸筋灰或稻草灰)、竹片房、木板房。民国33年(1944)11月至民国34年(1945)7月，日军攻占桂林期间，全城房屋化为焦土，光复后，新建房屋简陋，多以竹篱披灰为墙。

农村住宅多数为平房，房屋朝向一般是依地(山)势而定，屋顶为人字斜顶，前后倒水，少数房屋青砖砌墙，大多数为泥砖墙或青砖包泥墙的土木结构。多为三开间、一进至三进不等，中间为厅堂，两边和后面为住房、灶房以及猪圈、牛栏等，住房上建矮楼以存放谷物、杂物，也有的在前面圈养牲畜、家禽或建仓储、作坊，后面为堂屋和住房。堂屋为敞开式，前面有天井，天开前面是大门，有些农户大门外建有照壁，用于遮挡大门。

20世纪50年代，辖区新建的房屋大部分是厂房、仓库、校舍和办公用房等公共用房，同时只相应的建设了小部分出租公房。60年代，城区建设采取统一规划，临街建筑的一层多为商业用房，二层以上多为外走廊的长单元式住宅，厨房和卫生间多户共用，住户相互干扰大，生活不方便。70年代末至80年代，市房地产管理局及一些企事业单位在龙隐路、东江路、七星路、三里店一些留空地段或危、破房地段兴建一些4—5层砖混结构的单元式公房住宅，多为一梯2户，少数一梯3户，面积一般为20—50平方米，有一房一厅、二房一厅和配套的厨房及卫生间。1983—1988年，逐步兴建三里店、羊角山、屏风、住宅小区，楼高4至7层。小区的规划也改变了以前火柴盒式的简单设计，建设重点放在结合环境进行空间组合群体形象的塑造，提高土地利用率，生活设施配套方面，增加幼儿园、商业服务、自行车保管等用房，水电配套、道路、绿化、路灯等，为住户创造尽可能好的居住环境。小区住宅按不同家庭人口设计多种户型，有二房一厅、三房一厅，内设厅、卧室、阳台、厨房、卫生间。进入90年代，随着改革开放的深入，辖区住宅进入商品房开发建设时期，房屋建筑造型多样化，新建的住宅小区，注重处理好人与建筑环境的协调关系，种花、种草，美化环境。建筑以5—8层居多，户型有三房二厅、四房二厅，使用面积90—120平方米不等。2000—2005年，商品住宅小区建设注重小区园林景观化，服务设施公共化，小区配套设置停车、文化娱乐、健身、幼儿园、燃气、通信网络、商业服务等设施，建筑多采用钢筋混凝土框架结构，楼层间隔多采用混凝土现浇，楼外装饰讲究。户型有三房二厅、四房二厅二卫，每户使用面积100—150平方米。七星花园、七星新城、恒祥花园、长城花园等小区建有商住高层电梯楼。

1990年起，沿漓江路、七星路、东环路两侧新建许多大型的豪华宾馆、饭店、商业楼、市场，如国际贸易中心、东江市场、观光酒店、长城酒店、帝苑酒店。2000—2005年，兴建的宾馆、商场、会议中心呈现出规模大、豪华、风格多样的特点。建筑设计注重与周边环境景观相协调，具有浓郁地方特色，外墙多采用玻璃幕墙，厅堂高大、宽敞，楼内设普通、自动、观光电梯，消防、监控、卫生设施完善，室外设停车场。

农村住房　改革开放以前，农村住宅房屋结构大多是红砖和泥砖，盖小青瓦，一层平房居多，基本上是桂北民居的建筑风格。改革开放后，部分农房建设开始采用砖混钢筋结构，平屋顶，楼层2—3层。2000年后，受城市建设的影响，农村居民住宅建筑外观设计、户型布局、起居和生活设施设置，逐步一改以往农村民居的建筑风格，其设计融汇了城市建筑和农村的居住习惯、农事需要为一体，除厅、卧、厨卫外，还安排农机具存放和汽车库房，条件好的还建有农家小院，建筑采用砖混框架结构，楼高2—5层，平屋顶，铝合金窗户，局部用小青瓦、挑檐等修饰。平面布局功能完备，起居、厅堂、厨房、厕所配套。使用上满足日常生活需求。条件好的农户，室内装修地板砖、木地板，吊顶，安装电风扇、空调，其居住条件与城市居民无大的差别。

风景园林建筑

桂林是一座历史悠久的文化古城，从唐朝至清朝乃至近代，历史都在这里留下了灿烂的文化遗产，辖区的风景建设和开拓，发端很早。唐代贞观十三年(639)，在普陀石林建庆林观(又名东观、七星观、全真观)、寿佛寺。元和十二年(817)，开发訾家洲(今訾洲公园)建有燕亭。淳熙十四年(1187)在小东江上造嘉熙桥(后改为花桥)。在普陀山建有悠然亭、漱云亭、平亭，在穿山建有塔山(又名寿佛塔、宝塔山)等建筑。明代在普陀山寿佛洞前建寿佛庵、积圣祠。清代顺治八年(1651)建栖霞寺、月牙寺、倚虹楼、听月亭、望日楼、三圣庙、通明阁等建筑。历代这些建筑大多毁于战火，至解放前夕已存数不多，仅存栖霞寺、祝圣祠、塔山。

中华人民共和国成立后，人民政府十分重视风景、园林的开发与建设，有计划地修建景区、景点设施。1958年新建七星公园，新建和重建楼亭榭阁等20余项。1965年建成桂海碑林藏碑阁。1980年开始建设穿山公园，1981年对外开放。1983年整修靖江王陵地面建筑物。1987年修建栖霞寺。1997年6月，大型石雕壁画“华夏之光”在七星公园新改建的华夏之光文化艺术广场落成，同时对驼峰景区的景观进行了改造。同年，改造码坪清真寺。1991年重建祝圣寺。2001年扩建栖霞禅寺。

栖霞禅寺　位于七星公园内普陀山西麓的栖霞禅寺，缘起隋代高僧昙迁云游桂林后所题的“栖霞洞”，寺庙始建于唐朝。武宗会昌年间诏令毁佛，栖霞禅寺未能幸免，元至元十七年(1280)，道士唐大淳重建为全真观，明朝万历年间改为寿佛庵。清顺治八年(1651)至康熙二十三年(1684)，由临济宗浑融和尚募化在原寿佛庵遗址上重建栖霞寺，成为当时西南佛教一大名刹。咸丰初年全毁。光绪十八年(1892)，巡抚张联桂重建，耗银2600两。之后栖霞寺多次加修，抗日战争期间再次严重受损，为广西医学院所用，桂林沦陷时再毁，仅剩原寺山门1座。1985年，七星公园建栖霞旅社于该寺遗址，山门为该旅社所用。1987年，旅社将原寺山门退还佛教协会，修整后立为佛殿，仍沿用栖霞寺名。2001年4月，桂林市旅游发展总公司投资2000万元根据历史记载规模在原址再次重建栖霞寺，次年9月竣工。新寺占地1.8万平方米，建筑面积3315平方米。寺庙建有山门、天王殿、大雄宝殿、藏经阁、观音殿、钟鼓楼、东西配殿、方丈楼、僧房、斋堂、客堂、廊道及地下室。新寺取名栖霞禅寺。

2002年9月28日重光之时，获中国佛协和诸山长老高度赞誉，称之为“中国最完整、最精致的唐代风格寺庙”。

栖霞亭 栖霞亭位于四仙岩出口处，始建于宋代，1950年重建，1979年再建。采用2层楼阁形式建筑，雨篷、隔墙墙头及墙面用云纹的装饰图案，门洞建成月牙门，游人在亭内上下游览，有穿云渡月、遨游天上的情趣。从右侧达大平台，就到碧虚阁。阁分大小2亭，以廊相连。小亭可俯览洞内大厅，大亭可远眺城市全景。大亭2层，自基座层层挑出，上大下小，上实下虚，使之有架空云间之势，造成“空中楼阁”意趣。2组建筑分别用黄、绿琉璃瓦顶，朱漆红柱等古典建筑形式，结合山洞的自然地形，创造了似云中的琼楼玉宇和仙山楼阁的境界。

祝圣寺 位于六合路普陀山北麓省春岩。始建于明代，清代重修。原寺在1944年桂林沦陷时全毁。1959年市人民政府重建。1991年4月，僧人释自空与市内一些佛教信众自行募集资金，陆续重建大雄宝殿、斋堂等。1995年10月，作为正式宗教活动场所批准开放。1998年扩建三层楼僧人寮房，并修筑扩宽寺前沥青路面。该寺占地面积约3000平方米，建筑面积2000平方米。

桂海碑林 位于月牙山瑶光峰南麓。这里汇集历代众多名人佳作，碑刻如林，是桂林市碑刻最多的藏碑地，尤其是宋代摩崖石刻的数量和质量为国内首屈一指，是研究宋史的珍贵资料。为了保护碑刻并展出桂林各山岩的名碑刻拓片，1964年由市建筑设计院设计，1965年在释迦寺旧址建成桂海碑林藏碑阁，阁高3层，建筑面积316平方米，靠岩洞侧设置，以免遮挡洞内光线。游廊沿洞口前高台边缘布置，并将岩沿围成类似庭园的幽静空间，便于观览碑刻。正面构图采取不对称的横直体量对比手法，细部纹样采用壮族图案，具有民族特色。墙壁杂色块石砌筑，有强烈的装饰效果。1984年成立桂海碑林石刻陈列馆，从事石刻保护、研究、陈列和宣传。1994年更名为桂林石刻博物馆，作为旅游景点对外开放。

寿佛塔 位于小东江西畔塔山顶。建于明代，为七层六角形密檐砖塔。力言塔身呈锥形，通高13.3米，底层6面，每面边长3米。塔身第二层正北炭线刻南无无量寿佛像青石1方，因此得名。塔顶为覆钵形，上置葫芦形宝顶。1982年维修。

冷氏宗祠 位于朝阳乡冷家村西南村头。村人奉直大夫冷时松于清乾隆二十六年(1761)建造。主祠共四进，每进三开间，全深47米，宽14米，高约7米。砖木结构，青砖灰瓦，门头立石柱，内楹木柱石础。每进间有天开。逐进门头上曾悬挂“皇恩旌表”“文魁”“亚元”“进士”“源远流长”“锡类堂”等牌匾和孔子牌位，后世安放祖宗牌位。第三进横梁上书“大清乾隆贰拾六陆年岁次辛巳嘉平月谷旦建”。墙壁间嵌有建祠主持人冷时松碑刻1件。主祠左侧为文昌祠，右侧为福寿祠，主祠现存，左右祠毁于“文化大革命”期间，仅存遗址。宗祠南面有冷时松墓。冷氏宗祠是桂林市规模较大，保存较完整的一座宗祠。1986年进行整修。

七星公园大门 位于自由路东端。1989年由市建筑设计院设计，1990年建成，是具有传统风格的建筑物。大门高5.2米，宽23米，顶部采用小坡顶造型，绿色琉璃瓦，茶褐色构架。正面迎向人流的通道宽畅，右面是灰色料石墙，上书“七星公园”金色大字。左面柱上挂着七盏串灯，象征北斗七星。整个建筑与古建筑花桥风格协调，色彩与自然环境和谐，造型简洁明快，呈古风而有新意。1992年获市优秀设计二等奖、自治区优秀设计三等奖、全国建筑师杯优秀设计表扬奖，建筑画作品《七星公园大门》1991年编入《全国建筑画选》中。

商业民用建筑

花桥步行商业街 位于七星公园大门西南侧，1990年建成，为仿明清风格的建筑，建筑与山水和谐，优雅别致。建筑面积2.03万平方米，由6栋3层高的营业楼组成。道路布置体现“步行街”特色，曲折纵横，有宽有窄，穿插街道绿地，空间丰富多变，在适中部位安排小广场，设置花圃、水池、茶座，游客可在此品茗。采用低层小体量、多变的建筑体形，淡雅明快的色彩，借鉴桂北民居和传统商业街的手法，形成丰富的立体轮廓和空间组合，室内外绿化美化，与公园环境相协调。其中1号楼获市优秀设计奖、自治区优秀设计三等奖。

南城百货 位于漓江路26号，是辖境内一座现代大型综合商场，经营面积5.5万平方米。采用全玻璃幕墙，大楼正面半弧形玻璃幕墙与两侧玻璃幕墙相连。整栋建筑立面采用虚实对比手法，使玻璃幕墙与建筑实体有机组成一个整体。主入口处设计为高大、宽敞的大厅。大楼由A、B两栋建筑物构成，A栋4层是服装、百货经营区，B栋2层为家电、日用、超市经营区。大楼内设有电梯、仓库、消防、监控和卫生设施，室外有大型停车场，为宾客提供一个舒适、方便、安全的购物环境。2001年由市建筑设计院设计，2004年建成，建筑总面积5.7万平方米。

漓江民俗风情园　位于临江路北端二江口南侧，占地面积3.3万平方米。西与伏波山、叠彩山隔江相望。该园以桂北苗族少数民族传统建筑和婚嫁习俗等地方民俗风情苗寨为主题，设计运用多种不同地形、地貌环境建造体现苗族生活习俗的村落苗寨，配以层层梯田、树木，溪水潺潺穿过山寨，房屋建筑依山傍水，底层圈养牲畜，存放农具，2层为卧室、堂屋，3层用作谷仓和小孩居住。苗寨设计为典型的木结构建筑，不用一颗钉子。底层柱架粗壮，与2层重叠柱架构建，斜坡屋顶，盖小青瓦，檐口挂柱雕刻苗族民国花饰，建筑造型高低错落，朴素大方，具有浓郁的苗族建筑特色。园内设演艺厅，建筑面积2753平方米，高2层。是个可看民族文艺表演、品尝民族风味佳肴的小型剧场，地座262座，楼座6个大小包厢可容纳30—50座。舞台按一般群众性民族歌舞演出设计，采用加宽台口、半伸出舞台的方式，以增加表演面积。观众厅座席环绕舞台呈大扇形布置，以缩短视距，提高视听效果。食品供应线路与观众入、散场互不交叉。立面采用桂北传统民居风格，把传统舞台、鼓楼、风雨桥等建筑形象有机地组合到剧院建筑构图中。并通过控制建筑高度和构件尺寸，以大化小，高低错落，与园内传统的壮、苗、瑶寨建筑协调一致。1992年建成投入使用。1994年获市优秀设计一等奖、自治区优秀设计二等奖。

桂林市科技教育中心住宅楼　位于施家园6号，1986年由市建筑设计院设计，1987年由市建筑安装工程公司建设完工，建筑面积694平方米。是供高级知识分子居住的住宅，楼高5层，每户69.4平方米，户型为3室一厅，内设入口小门廊，雨具挂放和内外鞋存放的壁柜，客厅和厨房外均设有阳台，以增强通风采光，扩大活动空间。卫生间宽敞，门前有专放洗衣机及存放洗涤用品位置。厅室布置合理，面积分配恰当，使用方便。1989年获市优秀设计一等奖。

桂林市粮油贸易中心东江商店住宅　位于解放桥头、东江路东侧，1990年由市建筑设计院设计，1993年建成，建筑面积3933平方米，2至4层。底层为商店，2层以上是住宅。分2种户型，3室一厅建筑面积71.2平方米，2室一厅建筑面积54.8平方米。商店入口朝向主要道路，住宅入口放在僻静的小道上，建筑结合地势高差呈台阶式布置，并采取高低屋面作为部分用户的露台，即增加使用性，又有观赏价值。运用小坡檐，马头墙、吊脚楼等，形成参差错落，富有韵律的立面造型，与解放桥头特定的环境相协调，与东江路的整体建筑风格浑然一体。每套住宅采用从阳台入户经厨房至厅到卧室的布局，动静分开，通风采光良好。1994年获市优秀设计三等奖。

石油六公司职工住宅　位于七星路石油六公司福利区，1992年建成，建筑面积5.1万平方米，一式六栋，楼高5至6层。每户3室1厅(面积72.6平方米)。住宅平面布局紧凑、动与静分区明确，起居室大。每户设计南北向阳台，通风采光良好。各厅室均朝南，适应南方气候特点。入口有小穿堂，使脏净分离。厨厕设置各类小搁板，方便存放用具。底层设半地下室，供住房停放单车或存放杂物。建筑造型，简洁明快，总体布局活泼，设置花坛、花带，种植桂花树，为住户创造舒适环境。

施工设备

中华人民共和国成立前，区境内建筑施工使用的工具主要是瓦刀、泥抹子铣、镐、泥兜子、凿、斧、锯、墨斗、大锤、手锤、钢錾等手工操作工具。施工运输主要靠肩挑、人抬、背扛、手提。20世纪50年代后期，建工行业开展技术革新，制造一些简单的手摇绞车、扒杆，斗车、扳车等运输工具。20世纪70年代，建筑机械有电动卷扬机、蛙式打夯机，磨米石机，拌灰机等。1978年以后，国家建设重点转移到城市改造、居民住宅和公共设施上，高层建筑增加，一些大的施工企业开始自制或购置使用钢井架桥式提升机、塔式起重机，解决高层建筑施工中材料的运输问题，这一时期，建筑施工机械基本为建筑施工企业“自购、自有、自用”的装备结构。20世纪80年代后期，建筑施工钢跳板、钢管扣件、胶合大板木模逐渐代替竹架、竹跳板，小板木模。施工企业为了降低生产成本，提高工程度量，开始实行施工机械租赁。20世纪90年代后，为了提高建筑机械的利用率，降低成本，一些大的建筑公司成立建筑机械设备租赁公司，对公司承接的项目建筑施工机械实行租赁，从而带动社会民间专业建筑机械设备租赁行业的发展，租赁机械有塔吊、搅拌机、汽车吊、反铲挖土机、灰浆搅拌机、电焊机、电动卷扬机、平板震动器、空气压缩机、打桩机、钢筋成型机等。部分建筑企业自有、自购机械设备达到80%，一些规模小的施工企业自有建筑机械自有率仅占10%。

建筑企业

1988年以前，七星辖区建筑施工任务由桂林市和驻区国营建筑企业承建。1989年，七星区建筑工程公司（民营集体所有制）成立，开始承接七层以下的民用建筑安装工程。1990年后，随着建筑业的发展，一些建筑专业公司相继成立，涉及建筑基础工程、自来水工程、电力工程、园林绿化、路桥、消防、装饰等。2005年末，七星区注册登记的建筑施工企业22家。其中：国有企业4家，集体企业2家，其他16家。建筑企业资质等级：化工石油工程一级1家，公路工程二级1家，房屋建筑三级4家，地基与基础工程二级1家，三级2家，消防设施工程二级1家，建筑装饰工程、管道工程、爆破与拆除工程、送变电工程12家。建筑业年总产值10亿元，从业人数5255人。行业管理全部归口桂林市建设委员会。

中国石油天然气总公司第六建设公司 属桂林市建委代管单位。前身为1968年12月成立的石油工业部茂名石油公司林木运输站，由石油部直接领导。1972年改名为广西壮族自治区石油化工安装公司。1988年公司全称为中国石油部天然气总公司第六建设公司。1990年公司职工人数2878人，其中高级专业技术职称35人，中级技术职称206人，初级技术职称348人。2005年公司有职工3500多人，其中高、中级职称专业管理人员600多人，获得国家考核颁发的项目经理资格证书管理人员200多人，熟练技术工人2500多人。公司有各种施工机械设备3000多台，起重吊装设备能力，从16吨到3000吨级已经形成完备的吊装设备系列，其中2004年从英国引进的3000吨级门式液压顶升吊装系统是当时国内唯一一套吊装能力最大的先进吊装设备。公司施工遍及国内20多个省（市）、自治区，以及苏丹、科威特、伊拉克、利比亚等6个国家承担工程，参加了胜利、中原、南阳、南疆、田东5个油田建设。30年来，公司承建了炼油、储运、化工、轻工、电力等领域的400多项工程，全实现一次投产成功。

桂林市七星建筑安装工程公司 成立于1987年6月，系集体所有制企业。公司成立时，施工管理、技术人员30人，其中高级职称1人，中级6人，初级10人，专业技术人员13人，从业人员100人。公司成立初期只能承建一些较小的建造维修工程。随着公司技术队伍壮大和机械设备的发展，可承建一般的住宅、商住楼、教学楼等，2002年被自治区建委审批为房屋建筑工程总承包三级。2005年，公司从业人员367人，其中中、初级技术人员52人，持证技术人员119人，建筑业年总产值6000万元。公司自有机械设备87台，可承建14层以下，单跨跨度24米及以下的房屋，高度70米及以下的建筑物，建筑面积6万平方米的住宅小区或建筑群体。公司成立以来，先后承建的工程有望成岗小区、旺成苑小区、金桂园小区、码坪街商住楼、金桂苑小区（6、7、8号楼）、桂林飞龙电线电缆公司办公楼、桂林理工大学、桂林电子工业学院、桂林航天高等专科学校、桂林机床厂等单位的职工宿舍等建筑60万平方米。公共建筑项目有广西师范大学（三里店分部）田家炳教学楼、第二附属中学教学楼等。

建筑管理

建筑许可 1950年，为了引导单位和市民有序进行建设，市人民政府制定《桂林市公私建筑注意事项暂行规定》，规定所有大小公私建筑，须向市政府申报，缴验土地权状，经市政府派员勘查现场、审核建筑图、填报建筑证并确定建筑界线后，方可施工。工程竣工后，政府派员验收合格后，发给使用权状。1981年6月，市规划局制定《桂林市居民建房实施细则》，规定居民建房须向市规划局呈送经所在居委会或生产队签章的申请报告，由市规划局派员现场勘察，确定建筑平面尺寸，符合建筑条件，发放“建筑开工通知单”。施工完毕，经验收合格后发给建筑证，建房户凭建筑证到市房地局办理房屋所有权证。由于城市建设不断发展，为统一规划、统一征地拆迁、统一开发、配套建设居民住宅和商品住宅，1987年，市政府出台《桂林市房屋拆迁试行办法》，暂停审批私人新建住宅。

1980—1990年，农村居民建房由郊区人民政府审批。1992年，农民建房由市规划局审批，审批程序是：拟新建、扩建住宅的村民，须书面申请，经所在村委会、村公所、乡农房办、乡政府审查后报市规划局审批。由规划局派员现场勘查，核发建房批文，村民持批准文件，到乡农房办办理建筑证、土地使用证后方可建设施工。竣工验收后，凭相关证件办理房屋、土地产权证。1997年，七星区建设规划土地房产局（简称区建规局）负责辖区房屋建设审批，建房户（单位和个人）须有区建规局核准的规划定点文、施工许可证、建设工程选址意见书、建设工程规划许可证、用地规划许可证、工程施工许可证方可建设施工。竣工验收合格后，发给建设工程竣工规划验收合格单，建房户到相关部门办理房产权证。1998年，审批村民建房486户，建筑面积5.8万平方米。

2000年10月，七星区制定《关于村庄规划建设管理暂行办法的补充规定》，要求凡新建的房屋，必须配套建无害化卫生间，达不到要求，其新建房屋不予验收。2001年，七星区进行农房建设审批制度改革，把农房建设审批下放给乡人民政府管理。建房审批程序为，村民提出建房申请，村委会签具意见报乡农房管理所，乡农房管理所工作人员下村调查建房户家庭基本情况，确定建房地点、面积，报乡政府审批，办理建设手续，领取建设批文，房屋建好后，由区建规局组织验收，办理房屋产权证。2002年，共审批村民建房441户，建筑面积7.42万平方米，核发建筑证190份，办理集体土地使用证143份。

2003年12月。七星区印发《七星区农房审批暂竹办法》，规定村民建房由乡政府按七星区分区规划和新农村建设规划，遵循“先规划，后审批”原则进行审批建房（危、旧房改建除外）。区建规局负责新农村规划和旧村改造规划制定和向市建设规划局报批。乡政府在经批准的新农村规划范围内审批农房建设项目。

2004年，为规范农房建设审批、验收工作，七星区制定《农房验收暂行规定》，加强对1乡1办（朝阳、穿山）农房建设审批工作的监督、指导、检查，审查建房资料是否规范，公正，发现问题及时沟通纠正。2004—2005年，共计审批村民建房1156户，建筑面积20.48万平方米，核发建筑证308份，核发施工许可证301份，办理集体土地使用证300份。

质量管理　1977年前，七星辖区内的工程建设质量的日常管理工作，由施工企业生产管理部门的专职质量检查员负责。1986年以后，七星区城市建设管理科协助市建筑工程质量监督站，按照国家监督条例，对辖区范围内5万元以上的所有公共建筑和跨度在8米以上的建筑物工程质量进行监督管理。1997年，区建规局受市建设规划管理局，市房产管理局委托，负责对辖区内的建筑工程质量进行管理，严格执行《广西壮族自治区建设工程质量管理条例》，协助市技术质量检查站对涉及工程使用的材料、工程施工规范进行监管，把施工现场安全生产、文明施工、竣工验收、回访用户等都纳入质量监控范围。举办各种学习班，提高相关人员的质量意识和质量管理水平。2002年起，建设工程质量监管工作由市建设规划委员会高新分局全程负责。

2000—2005年，辖区的建设工程项目，投资额在50万元以下的，由建设方和施工方议价或协商施工，投资额在50万元以上的项目，须按报建程序进行公开招投标，招标工作由市建规委相关部门负责。

违章建筑查处　1964年8月起，市规划局负责对违章占地和违章建筑进行查处，发现违章行为，立即劝阻，责令停止施工。1979年起，由七星区城市建设管理科协助市规划局查处。1986年，市政府在《关于加强城区工作若干问题的规定》中，规定违章建筑的监督、检查、清理和拆除均由城区政府负责。辖区设城市管理监察大队（简称城管大队），配合市规划部门，查处并拆除大量位于城市主干道、风景区（点）游览通道、绿化用地范围内的违章建筑。1986年至1990年，查处各类违章建筑453起，拆除违章建筑面积1.45万平方米。2003—2005年，依法拆除城市主、次干道两侧、住宅小区周边、信息产业园、桂林体育中心、桂磨公路两侧、漓江岸边上关村等处的违章建筑158间，建筑面积9.34万平方米。拆除的地块被改造成绿化用地或休闲、娱乐、健身场地。种植树木2万株，绿化草地4万平方米，建成休闲、娱乐场地8900平方米。

第十一节　房地产业

20世纪50年代至80年代初期，城市居民一般租住公房，实行低租金、福利性租金制度。80年代后期，公租房逐步过渡到成本租金。1993年开始城镇住房制度改革，房地产业迅速发展，2005年末，辖区内房地产业累计完成投资116.45亿元，房屋建筑面积415.23万平方米，商品房总销售面积409.73万平方米。

房屋租赁

租赁制度　1951年6月，桂林市人民政府公布《桂林市公房及代管房屋租赁管理暂行办法》和《桂林市房屋标准价核算办法》，市房地科开展公房、代管房的放租收租及修缮等业务，收租工作由市财政科（后改为市财政局）办理。1958年7月，公布《桂林市公房租赁管理办法》，同年12月修订公布《桂林市公、私房屋租赁管理暂行办法》，规定租用公房的干部、职工持单位（或居委会）证明及户口到房管所申请认可后，由房管所填写租约卡片，发给租户"租约"，建立房屋租赁关系凭证用房，退房时收回"租约"和房屋，解除租赁关系。1959年7月，桂林市房地产管理局成立东区房地产管理所（隶属市房管局），办理东区房屋租赁业务。1964年6月，桂林市人委颁布《桂林市公有房地租赁管理实施暂行办法》。根据上述办法规定，租用公房的干部和职工，持单位证明到本辖区房管所联系，居民则由街委会出具证明，携带户口到本辖区房管所申请，房管所认可，发给租户租约证，建立公房租赁关系。退租时，收回租用证及房子，即解除租赁关系。1981年6月，东区房管所更名为七星房管所，办理七星区域内公、私房屋租赁业务。1985年，为纠正租赁房屋中不正之风，进行全面清理和整顿，对全市直管公房重新签订租赁合同。1989年，市房产局对公租房进行了一次治理整顿，对变更租户姓名必须坚持提供三证（即户口、身份证、单位证明），所长审批制度。为清理违章租用的空闲房屋，租用证改为直管公房使用证，租户与房管部门重新签订租赁合同（期限为4年）。从2005年起，直管公房租赁重点保障低收入居民家庭居住。

租金标准　1955年以前，桂林出租房屋的租金均以大米折算计租。1959年后，房租实行"以租养房、以租建房"办法，租金标准每平方最高0.26元，最低0.12元，区境东江公社住宅房月租金平均每平方米0.15元。1965年起，非住宅用房月租金每平方米最高0.6元，住宅用房月租金每平方米0.3元。1985年9月，市政府公布《桂林市公有非住宅房屋及装修管理暂行办法》，非住宅租用公有房屋按使用面积每平方米月租金最高15元，最低2元，对腐蚀性行业及安装机械动力等商业用房，不分地段及房屋等级，每月每平方米加收5元租金。直管公房住宅试行新房新租，月租金每平方米1.04元。1988年，对职工集资修建住宅和集资改建国家直管公房（住宅），原则上实行不低于成本租金和房改制订的租金标准。1993年，市政府重新制定《桂林市直管公有非住宅租金标准》，按使用面积每平方米月租金最高为10元，最低为5元计租。公房住宅租赁标准：租用20世纪70年代所建房屋每平方米月租金1.34元，80年代所建房屋每平方米月租金1.65元，90年代所建房屋每平方米月租金1.95元，2000年以后所建房屋每平方米月租金2.10元，此标准至2005年未变。

表6-12　　1965年七星区域房屋标准租金表

单位：元/平方米·月

房屋结构		等级	非住宅用房			住宅用房
			一	二	三	
混合结构	砖墙，木架，部分钢筋混凝土，新式玻璃窗有平顶，三合土地面，有水电	一	0.6	0.58	0.56	0.3

续表

房屋结构		等级	非住宅用房			住宅用房
			一	二	三	
混合结构	砖墙，木架，部分钢筋混凝土，新式玻璃门窗，有平顶，三合土地面，有电或水	二	0.58	0.56	0.54	0.28
混合结构	砖墙，木架，部分钢筋混凝土，新式玻璃门窗，有平顶或三合土地面，有电或水	三	0.56	0.54	0.52	0.26
砖木结构	砖墙，砖壁，本架，新式玻璃门窗，有平顶，三合土地面，有水电	四	0.56	0.54	0.52	0.26
砖木结构	砖墙砖壁，有平顶，三合土地面，有电无水	五	0.54	0.52	0.5	0.24
砖木结构	旧砖墙或砖柱，单砖或木板壁或板条批灰，有平顶，无地板，有电无水	六	0.52	0.5	0.48	0.22
木结构	木柱，木壁或竹批灰，碎砖煤砖墙，有平顶，三合土地面或地面，有水电	七	0.48	0.46	0.44	0.18
木结构	木柱，木壁或竹批灰，碎砖煤砖墙，无平顶，地板，有电无水	八	0.46	0.44	0.42	0.16
木结构	木柱，木壁或竹碎砖，煤砖墙无顶，地板，无水电	九	0.44	0.42	0.4	0.14
竹屋	木柱或竹柱上盖青瓦，竹壁或竹拄上盖青瓦或树皮	十	0.18	0.16	0.14	0.12

表 6-13　**1985 年七星区公有非住宅以房定租租金标准表**

单位：元／平方米·月

类别	地段范围	房屋结构	租金等级	租金
一类	解放东路	砖混结构	一等	15
			二等	13
		砖木结构	一等	13
			二等	11
二类	自由路，东江路口至龙隐桥	砖混结构	一等	12
			二等	10
		砖木结构	一等	10
			二等	8
三类	东江路	砖混结构	一等	9
			二等	7
		砖木结构	一等	7
			二等	5
四类	一、二、三类地段以外的所有地段	砖混结构	一等	6
			二等	4
		砖木结构	一等	4
			二等	2

注：腐蚀性行业，房屋内安装机械动力的工商业用房，不分地段每月每平方米加收 5 元

评估房地产地价

1951 年 10 月，桂林首次进行房地产评估，土地标准价分成五等 45 级，最高价每平方丈（11.1 平方米，下同），白米 1 千克，折合人民币 172 元（第一套人民币，下同），最低每平方丈白米 0.25 千克，折合人民币 0.43 元。房屋按建筑式样和材料分为 5 等 19 级。标准价计算公式为：各等级房屋每平方丈建筑价 × 现值比率 50% × 折旧费 × 地区等级率 × 面积 = 房屋标准价。房屋最高建筑费为部钢筋水泥房屋，每平方丈 1205 元，最低为全竹材料房屋，每平方丈 30.1 元。但对旅馆、酒店、茶楼、剧院、银行和仓库等，不适用深度折减率。这一标准价一直使用到 70 年代。

1984 年，地租价划分为三等三级，住宅用地每平方米月租 0.01 至 0.05 元，非住它用地加收 100%。1990 年，改地租为土地使用税，纳税标准划分为三等五级。

1992 年起，桂林市政府决定在全市范围内稳步推进土地使用制度改革，逐步实行国有土地使用权有偿、有限期出让，从原来的无偿、无期、无流动其变为有偿、有期、有流动：将过去单一的行政划拨供地方式转变为以市场机制配置土地资源为主的供地方式：土地按不同地段、不同用途收取土地使用费，并按照商业、工业、住宅等不同使用功能，使用年限分别为 40 年、50 年、70 年。

1993 年，桂林市重新划分地段级别。一级地区为小东江，建干路以西，虞山桥以南范围；二级地区为小东江，建干路以东，东江消防队，邮电疗养院，电子工业学院以西范围：三级地区：除一级、二级范围以外的地区。商业、金融业、旅游、办公用地

一级地段每平方米339—4387元(不含征地、拆迁等费用,下同);二级地段225—1371元;三级地段149—818元。住宅用地一级地区每平方米102—898元;二级地段74—314元;三级地段53—207元。工业、仓储、交通用地一级地段每平方米610—614元;二级地段43元至206元;三级地段30元至131元。

2000年8月,市人民政府印发《桂林市城区土地级别及基准地价的通知》,将城区土地级别及基准地价分为6个级别,至2005年未变。

一级土地范围:南环路,桃花江以北,翊武路以东,凤北路以南,滨江路以西。

二级土地范围:小东江,訾洲以西,除一级以外的地区。

三级土地范围:毅峰路,穿山路,环城北二路,普陀路,空明东路以西,除一、二级以外的地区。

四级土地范围:环城南一路,磨盘山,高新开发区界以西,除一、二、三级以外的地区。

五级土地范:七里店污水厂,周家村,漓江以东地区,朝阳路以北,激光研究所,黄莺岩以东,高新开发区界以南、以西地区。

六级土地范围:漓江以北的金属加工厂,英山柴油机厂,电缆厂,轮胎厂地区。

表6-14　**2005年七星区土地基准比价表**

单位:元/平方米

用途＼地价＼级别	一级地	二级地	三级地	四级地	五级地	六级地
综合地价	2416 2709—2108	1812 2107—1552	1324 1551—1043	782 1042—570	363 569—282	202 281—150
商业地价	2763 3105—2407	2016 2406—1732	1404 1731—1121	851 1120—624	403 623—303	204 302—170
住宅地价	1604 1881—1324	1053 1323—883	705 882—582	456 581—354	263 353—191	120 190—60
工业地价	708 803—602	505 601—421	344 420—284	222 283—183	143 182—112	84 111—50

注:本表单元格中数据第一行为该级别土地平均地价,第二行为平均地价的变化幅度

房地产开发

20世纪50年代至70年代,住宅建设以旧房改造为主。1983年,七星城区逐步开始住宅小区和商品房的开发建设。建房特点:由分散转为集中、由个体转为群体,统一规划、注重基础设施建设配套,成片开发。开发形式:一个小区一家或几家房地产开发公司共同开发,形成集资、合作、联建、代建、独建并举的多元化格局。专业房地产开发公司尝试建设以居住、商业综合一体的小区开发模式。起步阶段以住房预售、银行贷款、职工集资,合股引进投资为主,之后逐步过渡到市场化运作。1985年开始在三里店兴建连片住宅小区,1989年竣工面积7.72万平方米,商品房1462套。1985—1988年,建成三里店、羊角山、屏风3个商品房住宅小区。建成的小区规划科学、布局合理、环境协调,配套基础设施,深受住户欢迎。1988年,根据《桂林市职工集资修建住宅试行办法》实行集资建房。职工集资修建住宅,是在服从城市总体规划和小区规划要求下,由申请集资单位向市计委、规划、房管部门提出申请,经批准后由集资单位统一组织设计施工。集资建房主要采取4种形式:职工先集资,产权归单位,职工享有使用权。职工集资承担房屋造价成本,产权归职工所有(指有限产权),拥有使用权和继承权。单位集资联建,职工享有使用权。职工全额集资,产权归个人所有。至1994年,先后有8个单位集资280户,集资640万元,建成面积2.16万平方米。1995年以后,结合旧城改造,拆除危旧房,建设住宅小区和商业集中区,沿漓江路、七星路、东环路、施家园路、临江路等两侧,开始兴建宾馆、饭店、农贸市场,住宅小区,先后吸纳50余家房地

产开发商参与建设，房屋的建设快速发展，每年房屋竣工面积不断增加。1995—1998年建设商品房8281套，竣工面积103.7万平方米。1999—2000年建设商品房1808套，房屋竣工面积21.7万平方米。2001—2005年，建设商品房1.764万套，房屋竣工面积220.48万平方米。2005年末，七星区共建成居（商）住小区166个，其中商品房住宅小区89个、单位和私人购地自建住宅小区77个，总建筑面积348.14万平方米，3.61万套住房。建成商业用房10.8万平方米，会展、体育用房10.1万平方米，农贸市场用房6万平方米。

已建成的小区，规模在2万平方米的小区有：龙隐山庄、东江花园、东方大厦、东城景苑等18个，规模在3万平方米的小区有：长城花园、明珠花园、隐龙居、三星大厦、恒祥花园、东城别墅等28个，规模在10万平方米以上的小区有：七星花园、奇峰小筑、澳洲假日、七星新城、新天地、水晶郦城等9个。

施家园片区 位于施家园路。是七星区境内把旧民居和“城中村”进行综合改造的第一个小区。该片区域地块原是穿山村村民和居民混居地。危旧房和违章建筑较多，村民保留一些菜地，居住环境差。1992年，由多家房产公司合作开发，1995年完工，建筑面积12万平方米，60栋住房。但该片区改造工程基础设施不完善，排水管线规划考虑不周，建成后的片区每年汛期极易出现内涝，居民出行困难。2005年，对片区进行了综合整治，增设排水管道、拆除违章建筑、拓宽道路、铺装人行道，增加路灯、种植路树、设置垃圾桶等。

七星花园小区 位于穿山东路。1992年，七星区第一次尝试引进外资桂林桂加房地产有限公司开发建设七星花园小区。小区占地14.5万平方米，1993年开工建设，1995年第一期开发完成建设面积12.6万平方米，34栋商住楼（其中多层电梯楼15栋），1201套住房，投资4.5亿元，同时建设配套的俱乐部、游泳池、网球场、幼儿园、社区医疗服务站、商场、地下停车场，绿化面积4万平方米。1995年，该小区获建设部“全国城市物业管理优秀示范住宅小区”奖。

金桂苑小区 位于骖鸾路。该地块原来是市明胶厂生产用地，明胶产品在生产过程中对环境严重污染，被列为工厂搬迁项目，原用地改住宅开发用地。1998年由市兴进实业有限责任公司开发建设，2000年完工，建筑面积3.4万平方米，304套住房。

家乐小区 位于七星路。该地原是三里店简易农贸市场，2001年由家乐房地产有限责任公司实施拆除重建，2003年完工。建筑面积5.1万平方米，其中商业面积1.5万平方米、居住面积2.7万平方米、农贸市场8000平方米、地下停车场800平方米，地下1层为农贸市场，地面2—3层为商业用房，3—10层为住宅。

澳洲花园 位于环城北二路，由桂林彰泰实业开发有限公司投资兴建。2000年开始建设，2003年竣工投入使用。建筑面积6.58万平方米，商住楼21栋661套住房。小区绿化面积35%，有园林人文景观10处。2004年获建设部“全国物业管理示范小区”奖。

碧水康城 位于穿山路，由市信昌房地产有限公司开发，2003年建设，2005年交付使用。建筑面积20万平方米，22栋小高层楼房，970套住房，绿地面积8万平方米。小区中央设置2000平方米的人工湖，建筑错落于湖畔四周，临水照景。2004年获“中国名盘”“中国知名景观楼盘”称号。

樱特莱庄园 位于穿山东路，由广西中大股份公司桂林房地产开发有限公司开发，1994年建设，2000年交付使用。占地面积10.7万平方米，建筑面积16.8万平方米，126栋住房（其中私人别墅40栋），970户住户。小区配套设施有：文娱活动室、幼儿园、商店、停车场等，小区绿地覆盖率达35%。1999年，小区获得自治区建设厅颁发的“广西城市物业管理优秀住宅小区”殊荣。

表6-15 **1993—2005年七星区房地产开发部分楼盘统计表**

开发年份	楼盘名称	地址	建筑形式	开发商
1993	七星花园	穿山东路1号	多层电梯公寓	桂林桂加房地产开发有限公司
1993	东江花园	施家园路48号	多层公寓	市天河房地产有限公司
1994	樱特莱庄园	穿山东路11号	多层公寓、别墅	广西中大股份公司桂林房地产开发有限公司
1994	百合苑	环城北二路89号	多层公寓	市宏宇置业投资有限公司

续表

开发年份	楼盘名称	地址	建筑形式	开发商
1995	七星小区	七星路33号	多层公寓	市二建房地产开发公司
1995	奇峰小筑	朝阳路21号	多层公寓	东洋集团(桂林)房产开发有限公司
1996	龙隐山庄	施家园路24号	多层公寓	市天河房地产有限公司
1996	訾洲花园	穿山路8号	多层公寓	市源泉房地产开发有限责任公司
1996	达尔曼小区	穿山东路16号	多层公寓	市达尔曼房地产开发公司
1996	漓江花园	环城北二路52号	多层公寓	市星惠房地产开发有限公司
1997	望城岗	辅星路8号	多层公寓	市七星房地产开发公司
1997	漓江休闲街	东江路28号	多层公寓	市金德房地产开发有限公司
1997	龙隐一区	施家园路27号	多层公寓	市银桥房地产开发有限公司
1998	桂花园	环城北二路46号	多层公寓、电梯	市彰泰实业开发有限公司
1998	码坪街小区	码坪街11—25号	多层公寓	市漓江房地产开发有限公司
1998	羊角山小区	普陀路64号	多层公寓	市新建房地产开发公司
1998	金桂苑	骖鸾路1号	多层公寓	市七星房地产开发公司
1999	澳洲花园	环城北二路56—2号	多层公寓	市欣泰房地产发展有限公司
1999	伏波花园	临江路6号	别墅	市宏华房地产开发有限公司
2000	穿山苑	漓江路24号	商住多层公寓	市高新房产开发有限责任公司
2001	六合花园	六合路5号	多层公寓	市齐新房地产开发有限责任公司
2001	明珠大厦	七星路34号	多层公寓、电梯	市双达房地产开发有限公司
2001	黄金屋	空明西路12号	多层公寓	市铭城房地产开发公司
2001	恒祥花园	漓江路18号	多层电梯公寓	广西梧州中恒集团桂林分公司
2001	家乐小区	七星路29号	商住、多层电梯公寓	市家乐房地产有限责任公司
2002	七星农贸	七星路78号	商住、多层公寓	市高科房地产开发有限公司
2002	丰泽园	普陀路56号	多层公寓	市华鼎房地产开发有限公司
2003	七星新城	五里店络28号	多层公寓、电梯	市富荣房地产开发有限公司
2003	三星大厦	漓江路1号	多层公寓、电梯	市三星房地产开发有限公司
2003	竣龙小区	毛塘路6号	多层公寓	市兴进房地产开发有限公司
2003	香山画苑	普陀路55号	多层公寓	市金刚房地产开发有限公司
2004	漓江华府	临江路16号	多层公寓	市泰华置业有限公司
2004	长城花园	普陀路10号	多层公寓、电梯	市富荣房地产开发有限公司
2005	碧水康城	穿山东路18号	多层公寓	市信昌房地产开发有限公司
2005	香格里拉	漓江路11号	多层公寓、电梯	市鸿瑞房地产开发有限公司
2005	时代广场	环城南一路3号	多层电梯公寓	市长盛房地产开发有限公司
2005	隐龙居	施家园路21号	多层公寓、电梯	中国中房公司桂林分公司
2005	新天地	会仙路18号	多层电梯公寓	市天基房地产开发有限公司
2005	东城雅苑	环城北二路56—7号	多层公寓	市社会保障住房发展中心
2005	家旺苑	建干路29号	多层电梯公寓	市家旺房地产开发有限公司
2005	澳洲假日	环城北二路56—6号	商住多层、电梯	市彰泰实业开发有限公司
2005	东岸枫景	七星路35	多层电梯公寓	市冠泰房地产开发有限责任公司

表 6-16 1988 年至 2005 年七星区新建居住小区一览表

小区名称	地 址	户	建设年代
导航小区	空明东路 15 号	200	1985
羊角山小区	普陀路 64 号	980	1988
东江花园	施家园 48 号	206	1993
七星花园	穿山东路 1 号	2176	1993
鸾西一区	毅峰路 18 号	530	1993
施家园小区	施家园路 29 号	257	1994
广电小区	施家园 33 号	165	1994
梨子园小区	施家园路 39 号	117	1994
鸾西二区	空明西路 35 号	303	1994
鸾西三区	毅峰路 8 号	202	1994
樱特莱小区	穿山东路 11 号	970	1994
七星小区	七星路 33 号	166	1995
奇峰小筑	朝阳路 21 号	2180	1995
狮子岭小区	空明东路 11 号	325	1995
屏风花园	环城北二路 62 号	163	1995
东城别墅	环城北二路 56—4 号	278	1995
达尔曼	穿山东路 16 号	80	1996
龙隐山庄	施家园路 24 号	209	1996
三元小区	穿山东路 7 号	85	1996
訾洲花园	穿山路 8 号	28	1996
漓江花园	环城北二路 52 号	421	1996
富康苑	环城北二路 48 号	41	1996
施家园	施家园路 10 号	75	1996
望城岗	辅星路 8 号	140	1997
龙隐一区	龙隐路 27 号	172	1997
茶苑小区	七星路 17 号	130	1997
漓江休闲街	东江路 28 号	180	1997
东环新村	普陀路 53 号	72	1997
百合苑	环城北二路 89—91 号	271	1997
桃花苑	环城北二路 95 号	110	1997
旺成苑	辅星路 8 号	109	1998
辅星苑	辅星路 12 号	64	1998
龙隐二区	龙隐路 31 号	180	1998
鸾东小区	空明西路 10 号	915	1998
码坪街小区	码坪街 11—25 号	590	1998
滨江花园	东江路 25 号	61	1998
漓滨公寓	东江路 26 号	70	1998

续表

小区名称	地址	户	建设年代
玉龙山庄	穿山路1号	14	1998
东晖苑	穿山路2号	47	1998
桂花园	环城北二路46号	652	1998
汇景东城	环城北二路32号	453	1998
龙隐苑	辅星路3号	175	1999
金桂苑	骖鸾路1号	304	1999
花桥苑	东江路2号	80	1999
澳洲花园	环城北二路56—2号	661	2000
竣为公寓	漓江路9号	72	2000
航天苑	普陀路54号	200	2000
东城教师公寓	环城北二路	316	2000
恒祥花园	漓江路18号	466	2001
明珠花园	七星路75号	419	2001
黄金屋	空明西路12号	107	2001
东方大厦	七星路30号	168	2001
明珠大厦	七星路34号	112	2001
六合花园	六合路5号	93	2001
六合花园东区	六合路6号	24	2001
漓水雅苑	穿山小街2号	36	2002
家乐小区	七星路29号	219	2002
东方花园	七星路32号	220	2002
竣龙小区	毛塘路6号	62	2002
东江花园	东江二路	50	2002
丰泽园	普陀路56号	350	2002
翠竹阁	羊角山南巷11号	70	2002
利丰苑	穿山东路2号	86	2003
碧桂苑	穿山东路8号	24	2003
阳光花园	七星路81号	110	2003
晟景苑	码坪街1号	100	2003
天香佳园	漓江路13号	317	2003
三星大厦	漓江路3号	208	2003
普陀小区	会仙路16—37号	162	2003
七星新城	五里店路28号	684	2003
漓江华府	临江路16号	47	2003
东城景苑	环城北二路56—8号	88	2003
香山画苑	普陀路55号	260	2003
碧水康城	穿山东路18号	700	2004

续表

小区名称	地　址	户	建设年代
碧水云天	穿山小街 4 号	65	2004
长城花园	普陀路 10 号	417	2004
东岸风景	七星路 35 号	490	2004
骖鸾小区	骖鸾路西一巷 2 号	202	2004
朝阳山庄	七星路 25 号	134	2004
临江苑	临江路 248 号	76	2004
桂蓉苑	建干路 35 号	403	2004
景韵世家	七星路 16 号	503	2005
江山领秀	穿少小街 4 号	65	2005
国展小区	漓江路 26 号	262	2005
新天地	会仙路 18 号	745	2005
湖畔山庄	会仙路 17 号	292	2005
会仙小区	会仙路 16 号	240	2005
腾龙苑	施家园路 26 号	121	2005
隐龙居	施家园路 21 号	206	2005
公安小区	施家园路 16 号	96	2005
公园绿涛西园	七星路 3 号	437	2005
公园绿涛东园	会仙路 9 号	399	2005
兴进上城	骖鸾路 4 号	512	2005
香格里拉	漓江路 11 号	655	2005
教师公寓	五里店路 25 号	130	2005
泰和苑	骖鸾路 5 号	60	2005
时代广场	环城南一路 3 号	421	2005
世和家园	毛塘路 21 号	25	2005
日出东方	七里店路 98	502	2005
普天花园	七星路 28 号	380	2005
驼山大厦	普陀路 2 号	88	2005
绿海鑫城	辅星路 16 号	138	2005
中软现代	漓江路 28 号	399	2005
财富名城	漓江路 16 号	1210	2005
澳洲假日	环城北二路 56—6 号	1328	2005
东城雅苑	环城北二路 56—7 号	218	2005
瑞士花园	金鸡路 8 号	120	2005
家旺苑	建干路 29 号	183	2005
水晶郦城	环城北二路 29 号	1030	2005

注：以上统计不包括由单位自行集资、职工自住的小区

房地产企业选介

桂林桂加房地产开发有限责任公司 位于穿山路1号，成立于1992年7月，属中外合资企业，注册资金4000万人民币，三级资质房地产开发企业。有管理人员23人，其中专业技术人员6人。公司1993年开发的七星花园小区，占地面积27万平方米，建筑面积28.8万平方米，34栋商住楼，其中高层电梯商住楼15栋。集公寓、别墅、商业、办公、娱乐、休闲为一体。

桂林彰泰实业开发有限公司 位于环城北二路46号，成立于1992年11月，是台湾彰泰集团在桂林投资组建，注册资金248万美元。公司具有房地产开发二级资质，拥有专业技术人员36人，管理人员23人。公司先后开发建设桂花园、澳洲花园、澳洲假日等小区，总建筑面积30.2万平方米。1998年获桂林市销售第一名。公司规范的物业管理，先后获国家物业管理优秀小区、示范小区，广西城市物业管理优秀小区殊荣。

桂林市天河房地产开发公司 位于建干路23号，成立于1992年。下辖银都电力安装公司、花桥大酒店、大河物业管理公司三家全资子公司。公司先后开发的项目有城郊供电公司生活小区、屏风花园、东江花园、乐雅小区、桃花小庄等，累计开发面积20万平方米。公司曾多次获广西、桂林市“重合同、守信用企业”“先进房地产单位”“纳税大户”称号。

东洋集团(桂林)房地产开发有限公司 位于朝阳路21号，成立于1993年，是香港东洋集团投资的外资企业。有职员32人，其中专业技术人员23人。公司开发建设的奇峰小筑小区，占地面积17.6万平方米，建筑面积20万平方米，共88栋楼房，住房2180套。2001年被评为“园林式住宅小区”称号。

桂林市金刚房地产有限责任公司 位于普陀路53号，成立于1998年6月。公司有职员30人，其中各类专业技术人员26人。公司先后开发的项目有香山画苑小区、湖畔山庄小区、航天苑小区、景韵世家小区。其中，香山画苑小区项目获得国家建设部颁发的“绿色健康楼盘”牌匾荣誉，以及广西房地产协会授予的“金牌楼盘”称号。

桂林市富荣房地产开发有限责任公司 位于漓江路无线电三厂内，成立于2000年10月，是以房产开发，集装修、建筑业为一体的多元化企业。公司利用新技术、新材料、新工艺精心建设环保型建筑，为用户提供健康的生活空间。公司内设工程、财务、前期开发、销售、策划及物业管理公司等机构。先后开发的项目有长城花园、七星新城等。总建筑面积20万平方米，总投资额3亿元。

信昌房地产开发有限公司 位于穿山东路18号，成立于2002年10月。2004年公司开发建设碧水康城小区，占地面积5.5万平方米，建筑面积12万平方米。

桂林鸿瑞房地产有限公司 位于高新区信息产业园D—09号，成立于2004年。有职员36人，其中专业技术人员32人。公司开发建设的鸿瑞科技园项目，占地面积5.2万平方米，建筑面积3.2万平方米，建成办公、厂房仓库、培训、研发等8栋楼房。公司开发的香格里拉花园小区，占地3.1万平方米，建筑面积8万平方米，共建成6栋12层蝶式景观电梯楼有住房653套。

表6-17 **1995—2005年参与七星区房屋开发建设公司一览表**

企业名称	企业办公地址	开发项目
桂林市天河房地产有限公司	建干路23号	屏风花园、龙隐山庄、东江花园、东雅小区
桂林市桂加房地产开发有限责任公司	穿山东路1号七星花园内	七星花园、世纪新城
桂林市宏华房地产开发有限公司	临江路6号	伏波花园
桂林市五洲房地产开发公司	花桥街2号	鑫海国际(合作)
桂林市冠泰房地产开发有限公司	环城北二路	东岸枫景、水晶郦城
桂林市腾达房地产开发有限责任公司	紫霞巷9号	建干路1—3#楼
桂林市金源房地产开发有限公司	穿山路隐月苑1号	紫洲花园

续表

企业名称	企业办公地址	开发项目
桂林市七星房地产开发公司	辅星路	旺成苑、金桂园、码坪街商住楼、望成岗
桂林市齐新房地产开发有限责任公司	穿山路	施家园404、407#楼、翠竹阁、六合花园、富康苑
桂林市泰华置业有限公司	东江路	漓江华府
桂林高新开发区房地产开发有限责任公司	高新开发大厦	穿山苑、腾龙苑、国展购物公园
桂林市财富商业城有限责任公司	漓江路	财富名城
桂林市彰泰实业开发有限公司	环城北二路6号	桂花园、澳洲假日
东洋集团(桂林)房地产开发有限公司	朝阳路	奇峰小筑
桂林市欣泰房地产发展有限公司	环城北二路46号桂花园	澳洲花园
桂林市金刚房地产开发有限责任公司	普陀路53号	航天苑、香山画苑、湖畔山庄、景韵世家
桂林市华鼎房地产开发有限公司	骖鸾路高新大厦	丰泽园、东环新村
桂林市三星房地产开发有限公司	漓江路1号	三星大厦
桂林市源泉房地产开发有限责任公司	龙隐路、东江水厂内	龙隐苑小区、辅星苑
桂林市铭城房地产开发有限公司	漓江路36号	黄金屋
桂林市双达房地产开发有限公司	清风路村委会	明珠大厦、明珠花园(合作)
桂林市富荣房地产开发有限公司	漓江路无线电三厂内	长城花园、七星新城
桂林市金地房地产开发有限责任公司	金星路1号	三金花园
桂林市华强房地产开发有限公司	施家园1区	明珠花园(合作)
广西梧州中恒集团股份有限责任公司桂林分公司	漓江路18号	恒祥花园
桂林市家旺房地产开发有限公司	穿山路1号	家旺园
桂林市松杉房地产开发有限公司	育才路3号	澳林苑
桂林市锦丰房地产开发有限公司	六合路100号	澳龙花园、普天花园
桂林市巨通房地产开发有限公司	毅峰路1号	花鸟市场
桂林市信昌房地产开发有限公司	穿山东路	碧水康城
桂林市高科房地产开发有限公司	高新大厦附楼	七星农贸市场
桂林市天基房地产开发有限公司	穿山东路1号	新天地
桂林市鸿瑞房地产有限公司	漓江路1号	香格里拉、信息产业园
桂林市盛景房地产开发有限公司	高新区开发大厦6楼	盛景大厦
桂林市长盛房地产开发有限公司	环城南一路3号	时代广场
桂林市社会保障住房发展中心	西城路	鸾东小区、东城雅苑、鸾西1—3区、桂林医学院教工住宅区
桂林市家乐房地产有限责任公司	会仙路	家乐小区、公园绿涛湾1、2区
桂林市中大房地产开发有限责任公司	穿山路4号	樱特莱庄园
桂林市星惠房地产开发有限公司	临江路	漓江花园
桂林市中房桂林分公司	穿山路	隐龙居、花桥商业区
桂林市达尔曼房地产开发有限公司	穿山东路16号	达尔曼小区
桂林市国满房地产开发有限公司	施家园路	施家园29号、37号小区

续表

企业名称	企业办公地址	开发项目
桂林市二建房地产开发公司	七星路33号	七星小区
桂林市漓江房地产开发有限公司	七星路	码坪街小区
桂林市兴进房地产开发有限公司	文明路23号	兴进上城、竣龙小区
桂林市金德房地产开发有限公司	东江路	漓江休闲街
桂林市新建房地产开发公司	普陀路56号	羊角山小区
桂林市宏宇置业投资有限公司	环城北二路	百合苑、桃花苑、桂青园
桂林市利丰实业房产开发有限公司	漓江路	利丰苑
桂林市银桥房产开发有限公司	施家园路28号	龙隐1、2小区

经济适用房建设

1994年，桂林市开始实施“安居工程”（后称经济适用房建设）。辖区先后开发建设鸾西、鸾东、东城等经济适用房住宅小区。至2005年末，竣工投入使用的经济适用房共2529套，建筑面积22.56万平方米，并按相关政策规定，直接向桂林市无房住户和住房困难户家庭出售，2000多个中低收入家庭通过“安居工程”实现了安居梦。

鸾东小区 位于空明路10号，由桂林市社会保障住房发展中心分三期工程开发建设，第一期于1997年开始建设，第二、三期于2003年底竣工投入使用。小区占地面积6.58万平方米，总建筑面积8.89万平方米，共51栋单体楼房，915套住房，平均每套住房面积82平方米。小区配套建设有幼儿园、小学、菜市场、商场、文娱活动室。

鸾西小区 由鸾西一区、二区、三区组成，分别位于毅峰路18号、空明西路35号、五里店路8号。由桂林市社会保障住房发展中心建设。1994年开始建设，1996年全部竣工投入使用。3个小区合计占地面积3.83万平方米，总建筑面积7.56万平方米，42栋楼房，1080套住房，平均每套住房面积65平方米。水、电、通信设施完善，配套建有幼儿园，文娱活动中心，社区居委会办公用房。

东城教师公寓 位于环城北二路55号，由桂林市房改办组织桂林工学院在已规划定点的经济适用房住房建设用地上分二期开发建设，1999年开始建设，2005年竣工投入使用。小区占地2.95万平方米，建筑面积3.44万平方米、14栋楼房、316套住房，平均每套住房面积93平方米，配套设施有文化娱乐室，健身房。

东城雅苑 位于环城北二路56号，由桂林市社会保障住房发展中心建设。2005年初开工建设，2006年竣工投入使用。小区占地面积1.67万平方米，建筑面积2.67万平方米，7栋楼房，218套住房。配套设施有日用超市、菜市场、架空停车场等。

房地产管理

土地与房产登记 桂林的房地产管理，在未进行土地登记前，主要采用契税办法确认产权。民国25年(1936)，广西陆地测量局桂林土地测量队进行户地测量，根据测量成果办理土地所有权登记，由市政府发给土地所有权状，房屋不作所有权登记，只发给他项权利证明书。凡土地所有权状未设有他项权利者，土地上的房屋即属土地所有权人所有。

1950年，市政府房地科对全市私有土地产权进行“验印”，建立房地产资料，开展公私房屋总登记及旧土地所有权状换证。1951年3月，辖区开始实行租地房屋登记，由房屋所有权人自立契约，经土地业主同意，街道及区政府调查监证属实，即予登记、发证。办理登记转移、变更等房地产事项，经初审、复审属实后，通知申请人凭户籍证领取产权证。属于转移之买卖、交换、赠与、典当等事项，则交契税部门征税后，再行通知申请人领证。1953年，市政府规定：土地、房屋买卖，应由业权人到市政府房地科按规定办理转移手续。土地所有权证的发放，除已在房地产总登记时领有土地所有权的未补发外，属于没收的地主土地、公地、代管地以及分配给农民使用的土地均发给土地使用证。1987年12月，市政府公布《桂林市城镇房屋产权登记、核(换)发证实施办法》,市房地产管理部门在辖区开展城镇房屋所有权登记、核(换)发所有权证,确认房产权归属工作。1994年,配合住房制度改革,房屋产权产籍管理工作进一步规范化、制度化,开始对辖区单位自管房的核(换)发证工作。

1995年前,房产、土地管理工作由市房地产管理局、市土地局设在辖区的房屋管理处和土地分局负责。

1995年6月,成立桂林高新技术产业开发区(简称桂林高新区)建设管理局,受市房产管理局委托,负责桂林高新区范围内的房屋产权、产籍、房产建设项目管理。1997年6月,桂林高新区和七星区合并,成立桂林高新区七星区建设规划土地房产局(简称区建规局),业务范围扩展到辖区城乡。代发全市统一编号的商品房预售许可证、商品房外销许可证、房屋产籍证、房屋产权证,辖区房地产开发企业的资质审查、房地产中介评估、服务、房屋拆迁、职工集资建房、农房审批、物业管理等。

1995—2005年,共办理房屋产权证6728份,产权面积78.57万平方米;办理商品房预售备案登记5980份,面积29.12万平方米;房屋抵押登记2046份,面积27.28万平方米;商品房按揭586份,面积8.76万平方米;发放商品房预售许可证35份,产籍证82本,核换他项权证79本,期房登记证2000份,农房产权证1083本,农房租赁证19本;办理农房综合验收171栋,面积5.8万平方米。

建房审批 在国有土地上建房,由市有关部门审批。农民在集体土地上建房,1996年12月之前由郊区政府审批。1997年2月,七星区政府出台农村建房管理试行办法,其中对建房规划定点审批作出8条规定:本人申请,经村民小组讨论同意,村委会签署意见:乡政府农房助理同土地管理员实地勘查,填写建房申报审批表,绘制好宅基地位置示意图,报区建设管理局审批定点,到市土地局七星第三管理处办理土地使用手续:到区建设管理局领取建房施工许可证:房屋竣工后,经区建设管理局组织验收合格,发给建筑证。1997年,农房建设审批由区建规一局审批。至1998年末,共计办理农民建房486户。

为规范农房建设有序发展,1999—2003年,七星区先后制定《七星区村庄规划建设管理暂行办法》《七星区农房审批暂行办法》,规定村民建房由乡政府按城市总体规划、七星区分区规划和已审核通过的村庄建设规划进行审批(危、旧房改建除外)。1998—2005年,审批农村建房3553户,建筑面积58.61万平方米,核发建筑证1543份,竣工面积31.25万平方米,办理集体土地证书439份。

住房制度改革 1950—1980年,城区居民一般租住公房,实行福利性租房标准。党的十一届三中全会后,充分发挥国家、地方、企业、个人的积极性,多渠道集资建房,解决职工住房难问题。1994年,辖区按照市政府城镇住房制度改革实施方案,出售公有住房部分产权和出售公有住房使用权给个人。出售部分产权住房的价格为标准价,按新、旧住房两种价格执行:1993年新建的住房,钢筋混凝土结构住房每平方米售价为250元,砖混结构住房每平方米为210元:旧房的标准按重置价成新折扣后确定,钢筋混凝土结构住房每平方米售价为210元,砖混结构住房每平方米售价为190元。出售公有住房使用权的价格在出售公有住房部分产权价格的基础上每平方米价格降低10元。1996年,停止出售公有住房部分产权,全部按完全产权出售。1999年,停止住房的实物分配,实行住房分配货币化,各单位不再出资建设、购买住房。

物业管理

20世纪90年代前,城区居民住宅区没有物业管理机构,有管理的小区多为单位宿舍,管理职责仅限于门卫登记和传达。90年代后,随着房地产业快速发展,新建小区的建设规模逐渐扩大,配套的服务设施日趋完善,物业由“管理”向“服务”升级的过程,满足了居民不断提高对居住品质的需要,也成为房地产发展的新课题。1995年,桂林市第一家物业管理企业一桂加物业管理公司成立。公司实行总经理负责制,所有员工实行聘任制,并提出“星级小区、星级管理、星级享受”的管理口号。第一次全面地向桂林房地产行业及社会传播“物业服务”这一概念。在具体措施方面,公司投入资金植树种草,美化小区环境,落实人员每天对公共场所、公共设施进行清洁、保安24小时巡逻,并与辖区派出所设立联防点、为了丰富业主的业余生活,公司还不定期组织小区住户开展文体活动,加强住户之间的联系等等。由于小区有优质的物业管理服务,完善的配套设施和优雅的居家环境,1996年,桂加物业管理公司管理的七星花园小区被建设部评为“全国城市物业管理优秀示范小区”。

1996年,随着房地产业的快速发展,桂林市政府逐渐将物业管理纳入房地产管理范畴。加强对物业公司的指导和监督,对物业管理公司进行资质审查和培训从业人员,组织人员参加自治区第二期城市住宅小区物业管理培训班学习,接受培训并通过考试,取得物业管理上岗资格证。1997年,《桂林市住宅区物业管理试行办法》出台,明确市房地产管理局是市住宅物业管理的行政主管部门,规定物业管理公司登记注册的条件等,市房地产管理局制定《桂林市住宅小区考评验收细则》,按“一年试点,三年达标”的方针,指导试点小区建立健全管理体制,成立居民自治组织一小区业主委员会,实行民主业管理,推进物业管理社会化、专业化。1998年,经桂林市住宅小区物业管理检查团检查评比,七星区漓江花园、施家园龙隐1区、鸾西小区3个试点小区全部达标。当年,桂花园小区获建设部全国优秀示范小区。1999年,七星区物业管理企业投入物业管理建设改造资金300万元,对金桂苑、丰泽园、樱特莱庄园、鸾东小区、七星花园等小区进行整治改造,整改后,小区环境面貌焕然一新,公用设施设备管理、保安消防管理、环境卫生管理、绿化管理等方面有很大提高。共有11个小区达到市级标准,2个小区达到自治区标准。其中樱特莱小区达到建设部验收标准。2000年,澳洲花园、金桂苑、翠竹阁3个小区达到自治区验收标准,获“广西城市物业管理优秀住宅小区”。2004年,丰泽园、恒祥花园2个小区获“广西城市物业管理优秀示范小区”。2005年12月,自治区建设厅对“创优”小区进行检查验收,澳洲花园被评为广西唯一一个2004年度全国物业管理示范住宅小区。

2005年,七星区有物业管理公司26家,从业人员1500人,服务小区72个,服务面积291.61万平方米。主要企业有:市彰泰物业公司、桂加物业公司、百信物业公司、天居物业公司、东洋集团(桂林)物业公司、五洲物业公司、广西中大公司桂林物业公司、景祥物业公司、桂安物业公司等。

表6-18 **1995—2005年七星区物业管理住宅小区获奖统计表**

获奖小区	颁奖部门	获奖名称	获奖年份
七星花园	建设部	全国城市物业管理优秀示范小区广西绿色环保小区	1995 2003
桂花园	建设部	国家物业管理优秀小区	1997
澳洲花园	自治区建设厅	广西城市物业管理优秀住宅小区	2000
金桂苑	自治区建设厅	广西城市物业管理优秀住宅小区	2000
翠竹阁	自治区建设厅	广西城市物业管理优秀住宅小区	2000
澳洲花园	建设部	全国城市物业管理优秀示范小区	2004
丰泽园	自治区建设厅	广西城市物业管理优秀示范小区	2004
恒祥花园	自治区建设厅	广西城市物业管理优秀示范小区	2004

第七章

旅　　游

1998 年 7 月 2 日，美国总统克林顿访问桂林，并在七星公园骆驼山前发表环保演讲

七星区旅游资源丰富，自然景观和人文景观为一体，自古即为游览胜地。典型的喀斯特地貌，赋予七星区“山青、水秀、洞奇、石美”的自然资源。七星山、穿山、驼驼山挺拔俊秀：漓江、灵剑溪、小东江清纯蜿蜒：龙隐、七星岩、月牙岩巧夺天工：盈盈江水环绕于石峰秀林之间，形成了山环水抱、冠甲天下的自然景观，人文资源丰富，有古遗址、古建筑、陵墓、石刻、摩崖造像、自古即为旅游胜地。2005 年，有国家 4A 级景区一处，3A 级景区 2 处。主要景区有七星公园、穿山公园、尧山景区、靖江王陵等。精华景点有花桥映月、七星洞天、骆峰赤霞、龙隐灵迹、桂海碑林、靖江王陵、尧山观涛、穿山挂月、塔山清影等，已成为桂林旅游的重要组成部分。

20 世纪 80 年代以前，辖区内无专营旅游接待和服务企业。随着经济的发展，旅游人数的增加，辖区开始进行大规模旅游设施建设，旅游服务业逐渐兴十起。80 年代中期始，开发“吃、住、行游、娱乐、购物”系列旅游产品与服务，形成以自由路、漓江路、临江路为代表的观光、娱乐、餐饮一条街一和以桂山大酒店、观光酒店、帝苑酒店、七星大酒店、山水酒店等星级宾馆 11 家。有国际旅行社 4 家，国内旅行社 10 家。七星区将旅游业定位为区第三产业的龙头，并积极做好对外宣传和引进资金开发旅游资源的工作；并且不断加强对旅游市场秩序的管理，使辖区内的旅游业得以持续发展。1995 年，七星公园、穿山公园、尧山景区、靖江王陵共接待游客 145 万人次。2005 年，七星公园、穿山公园、尧山景区、靖江王陵共接待游客 123 多万人次，旅游收入 6000 多万元。

第一节　旅游资源

自然旅游资源

七星辖区的自然旅游资源主要以山青、水秀、洞奇、石美及田园风光为特征。旅游业的发展，境内旅游资源得以充分利用。青山美景开发的主要有尧山、七星山、普陀山、月牙山、骆驼山、塔山及穿山等 7 座；美石景观主要有普陀石林、玉柱石、天柱石、翠屏石、灵剑石、剑柄石、覆钟石、佛座石、清磬石等 9 处；奇洞景观主要有七星岩、元风洞、龙隐岩、龙隐洞、冷水岩、月牙岩、会仙岩、弹子岩、留春岩、省春岩、月岩、穿山岩等 12 处。同时，辖区内还有人文景观寺庙观亭、石刻、古建筑、古墓葬及近、现代名人墓葬等自然旅游资源。

奇　　山

奇山　以石山为主，境内主要景点有七星山、普陀山、骆驼山、塔山、穿山等。石山具有形态各异，惟妙惟肖的特点。似伏牛，伏虎、象骆驼、似舰桅杆，剑柄、龙池，空中挂月，诸如尧山、七星山、塔山、穿山、月牙山、龙隐岩等。骆驼山位于七星岩后，山形似一头伏地骆驼。

尧山　位于市区东郊，西南麓在七星区辖内，西北麓在叠彩区辖内，距市中心 8 千米，主峰海拔 909.3 米，相对高度 760 米，桂林多石山，而尧山独为土山，尧山西坡海拔 450 米处，秦时建尧庙，尧山之名由此而来。尧山呈南北走向，北连五将岭、摩天岭，南接乌岭等。尧山势冈峦起伏，绵亘百里，高大雄浑，其高、广为桂林诸山之冠。尧山西南侧有寿佛寺、白云观和尧庙旧址，寺前有旱涝保收的“天赐田”。在海拔 600—700 米处，原建有白鹿庵，为唐时白鹿禅师故居，亦称玉皇阁。海拔 200 米处，明时建祝圣庵，又名茅坪庵。尧山脚下，有明代靖江王墓群 300 多座。尧山山体南北延伸，高大雄浑，状如伏牛，因此又称牛山。尧山处于尧山—雁山背

尧山冬雪 （1998 年 1 月摄）

斜的北段，沿背斜西侧发育尧山—雁山断裂，北偏东走向。尧山组成的岩性主要为中下泥盆系的砂岩和页岩，与山下市区分布的上泥盆统灰岩石山有明显区别。尧山西南有全国保存最完整的明代藩王墓群靖江王陵，规模宏大辉煌，是一处自然风光和古代陵墓集中的风景名胜区。2000 年获 AAA 国家级旅游景区，为桂林市首批文明风景旅游示范点。尧山以变幻莫测、绚丽多彩的四时景致闻名于世。春天，漫山遍野的杜鹃花将一座层峦叠嶂的大山打扮得姹紫嫣红；夏天，满山松竹、阵阵碧涛、山川竞秀、郁郁葱葱；秋天，枫红柏紫、野菊遍地；冬天，雪花飞扬，白雪皑皑、冰花玉树，别有一番情趣。尧山被认为是欣赏桂林山水的最佳去处，千峰环野绿、青水抱城流的桂林美景尽收眼底。1992 年 9 月，尧山建成电动登山索道，为游人提供了方便。景点有卧佛景观、尧山索道、尧山滑道、茶博苑、桂林山水高尔夫休闲俱乐部、尧山天赐锁壁、水月观音天赐圣泉、尧山杜鹃、尧山云海。

七星山 位于自由路东端七星公园内。东对吊罗山，北望屏风山，南有会仙山、骆驼山，辅星山。灵剑溪自北蜿蜒而来，绕流至西面花桥处汇入小东江。山由普陀山，月牙山南北两组山峰组成。海拔 276.8 米，相对高度 126.8 米，山体面积 51.5 万平方米。山主要由上泥盆统质纯石灰岩组成。北魏郦道元《水经注》称为弹丸山。唐代称东观山，以栖霞洞前建有东观（东庆林观）而名。宋代元符二年（1099）周刊《释迦寺碑》载：“其山号弹丸，盘踞南北数里。七峰巑岏，赛空摩天，状如弹丸，布散联络，总会其数，宛若天象，故土俗又号七星山。”七星山岫峰骈列，连绵起伏，远望如玉簪，如彩屏，如伏虎。清代诗人黄东昀赞他：“北斗悬列宿，南天标七峰。峰峰有异态，朵朵青芙蓉。”山洞多，皆窈窕幽奇，共有大小岩洞 43 个。总长 5222.5 米，总面积 4.47 万平方米。洞内乳石纷呈，千姿百态，蔚为奇观，山道曲折，林木蓊郁，亭台错落。

普陀山 为七星山的主山，原名为栖霞山，因唐代于山上建有栖霞寺，又有洞名栖霞洞而得名。普陀山名出于宋代，元丰元年（1078）曾布迁栖霞洞侧元庆林观于曾公岩前，在观址建普陀山寺，因以得名。山呈东西走向，有六峰。

普陀山西麓有元风洞，夏凉冬暖。明代俞安期的诗这样形容它：“深洞贯阴岩，寒飚生不绝，悬泉石罅垂，炎月吹成雪。”进入普陀山门，旁有护碑亭，亭内有唐代著名书法家颜真卿写的“逍遥楼”碑，碑背面刻有宋代李彦弼写的《湘南楼记》。二碑原置于桂林东城上的湘南楼，楼毁后移到这里。登山进入“超尘净境”门，过小亭，到小蓬莱长廊，廊外是普陀石林。唐太宗时代，某地方官曾从这里取奇石献给朝廷，后用它刻书法家欧阳询写的《九成宫礼泉铭》碑，陈列于御苑。地方因而在此造庙，太宗还为之亲笔题额“庆林观”三字，观庙已无存。再进，为二层楼阁的普陀精舍。阁后有观音洞，阁前有“永泉”。泉北侧一岩如拱蓬，本名普陀岩，却被明末一位耳聋的道士误刻上“碧虚岩”三字。穿岩而过便到玄武阁，阁南墙上园窗外的石壁刻有“龟蛇合一”浮雕。从阁后穿过白鹤洞、四仙岩，就到七星岩。

月牙山 位于普陀山南面，山椭圆形，岩层平缓，略向东南倾斜，山腰岩如新月，明正德十年（1515）陈彬等修山路时发现，取名月牙岩，山也因岩名月牙山。山西南麓有龙隐洞，因其蜿蜒曲折，宋人称为回穴。熙宁七年（1074）张觐等游山时称山为回穴山，而至明代俞安期、张鸣凤又因洞名龙隐而称山为龙隐山。山北有一数丈高的石柱，矗立如剑柄，名剑柄石，沿小东江岸边的石级南行，傍崖临江建有二层楼阁“小广寒”与“襟江阁”，二阁依傍势高低不一，以飞虹式的云梯相连，游人观景十分方便。山东面有一小峰名辅星山。山南有隐真岩，为唐以来桂林道家修炼之地，旧建玉皇阁。山北有剑宝岩，岩口下临峭壁。山西北有丹桂岩，曾在洞内

七星公园月牙楼　　（覃帆　2000 年摄）

发现石器时代古文化遗存。

骆驼山　位于七星山南面，近曾公岩及七星岩出口。海拔 160.4 米，相对高度 10 米，南北长 70 米。山形极像一头伏地骆驼，又像古代的酒壶，亦名壶山。过去这一带遍种桃花，花开如红霞一片，桂林八景之一的“壶山赤霞”，就是指此。传说这壶山是一位叫做雷酒人的酒壶所化，他为了桂林不被水淹，要魔王把十万斛水化成酒，盛在这壶里让他喝，他未喝完就醉死了，原先他就有遗言，说他死后要葬在壶嘴处，以堵住余水，免余水漏出成灾。

塔山　位于小东江西岸，东对穿山，西濒漓江，南眺净瓶山，北望七星山、海拔 194 米，相对高度 44 米，山体面积 2.75 万平方米。因山顶有明代寿佛塔，故名宝塔山、塔山。山形远望如舰行江上，塔如桅杆，故又名军舰山，当地俗称荷叶山。塔山孤峰耸寺，东面稍缓，其余三面均为绝壁，西面一峰裂出，自峰顶直剖峰脚，与主峰若离，如巨蛇昂首，又似擎天巨柱。明代徐霞客在其《游记》中曾有描述：“若岐若含，亭亭夹立，盖山以脆薄飞杨见奇也。”山下多枫树，秋日有“塔山红叶”美景。山形塔影倒映小东江上，雅致清丽，人称“塔山清影”，2010 年，被列为桂林新二十四景之一。

穿山　位于小东江东岸，东为平畴，南望漓江，净瓶山，西峙塔山，北有螺丝山，邻江东村。海拔 298 米，相对高度 148 米，山体面积 25.25 万平方米。山有穿洞，相传是伏波兰将军马援站在漓江上游的伏波山山上一箭射穿，因而名穿山。穿山五峰逶迤，状若雄鸡，西东为首尾，南北为两翼，中峰为背，西峰上的月岩，恰是鸡的眼睛，与漓江西岸的斗鸡山（又称龟山）隔江相望，犹两鸡相斗，栩栩如生。明孔镛有“巧石如鸡欲斗时，昂冠相距水东西。红罗缠颈何曾见，老杀青山不敢啼”之句。又五峰耸立，形如笔架，亦有“笔架山”之谓。西峰上有洞，分上下两层，下层南北贯通，高 9 米，宽 13.3 米，长 31 米，如当空皓月，宋称月岩，或题为“空明”，又有空明山之名，见于宋代桂州通判胡掜题刻“空明山”。明俞安期诗云“穿石映圆辉，明明月轮上，树影挂横斜，还如桂枝长”。山多岩洞，在山体不同高度的位置上公布有 30 余小岩洞，高者高出小东江 60 多米，低者与江面相当，其间层层叠叠，组成多层洞府，总长 1531.2 米，总面积 9608.3 平方米，脚洞、穿洞居多，其特点是廊道、厅堂、竖井、裂隙状洞道相结合，洞内乳石仪态万千，巉岩起伏，勾连曲折，风姿独具。其中以穿山岩(1979 年发现）最为瑰丽，规模最大，洞内有许多精美石钟乳，石枝、鹅管、晶针、石花为桂林岩洞中罕见，是该岩的独有特色。由山北麓沿磴道可登临至穿岩，又名月岩，南北贯穿，岩北有上岩，与月岩交叠，有铁梯通连。宋代已开辟为游览胜地，并作为当时桂林水路游览线上的一个重要景点，在穿洞洞壁犹存宋代摩崖石刻 5 件。1980 年建立穿山公园，北峰顶建穿北亭，可登临远眺。1982 年成立穿山公园管理处对其进行

塔山　　（覃帆　2003 年摄）

穿山　（覃帆　2005 年摄）

管理，相继种上 7 万株苦楝树，修建了亭台水榭、驳岸曲桥等。

美　　石

普陀石林　位于七星公园内普陀山半山腰普陀精舍前，高 9 米，面积约 150 平方米。奇石横列，呈不规则多边形。唐代时，桂林地方官曾取为贡石，深得太宗李世民喜爱，名之为“瑞石”，陈列于御苑品赏，还特将当时书法大家欧阳询所写的《九成宫醴泉铭》镌刻于石上，又命出任桂州总管的李靖去产地考察，后知产于普陀山，于山前敕建道院，御书“庆林观”，今已无存。自此，“瑞石”名扬天下。

玉柱石　位于普陀山白鹤洞内。石上接洞顶，下连洞底，洁白如玉，晶润不斜，形圆如柱，故名玉柱石，人或以为鹤足，以符洞名。

天柱石　位于自由路东尾、花桥东头，北畔灵剑溪。高约 10 米，状如巨柱，挺拔孤矗，又似芙蓉，亭亭玉立，故名天柱石、天柱峰、芙蓉石。石顶端石缝长有一棵小叶榕，浓荫四垂，婆娑如伞。石北壁题刻宋崇宁五年（1106）六月十九日，清光绪十一年（1885）的洪水标记，约高出石旁花桥桥面 1 米。石峰下曾有清代署名词人况周颐旧宅（今无存），况氏常用特别的“天柱峰下人家”朱文小印盖在词笺上。清代彭光铺《天柱峰》诗云：“弹丸溪上峰，一枝森寒玉。上有摩崖书，临流几回读。依稀洪武年，水浸古苔绿。”

翠屏石　位于普陀山西北麓寿福洞南侧。高 7.5 米，呈不规则多边形，苍翠如玉屏，石壁题刻清代佟钧“翠屏寒雨”四字，故名翠屏石。列为桂林名石之一。石下还斜卧一石，状如醉汉倚屏仰天呼号，名“呼云石”，上刻清代何抒书“呼云”二字。

灵剑石　位于普陀山西北麓弹子岩前。高约 15 米，面积约 110 平方米，独耸灵剑溪畔，又形如笔架，主峰突似剑戟，因名。石上摩崖刻“灵剑石”三个大字。

剑柄石　位于月牙山玉衡峰北。高 14.4 米，形如插入山中露出的剑柄，故名。石孤峭耸峙，顶端绿树宛如剑穗，石壁题刻“列翠之屏”四篆字。列为桂林名石之一。

覆钟石　位于屏风山屏风岩内。石高约 6 米，形如覆钟，是绿色，因名。又水滴琮琮有声，清越如钟鸣。

佛座石　位于天圣山南麓佛岩内，石呈纯白色，石乳凝成，玲珑空透，形如莲台佛座，故名佛座石。四壁乳石呈现出观音、古树、莲花、贝叶诸形，境若佛堂。

清磬石　位于天圣山北麓峭壁新岩内。石呈乳白色，石质晶莹，满悬洞中，如结成的巨大冰条。以木或石击之，铿然有声，音韵清越，因名清磬石，境界奇绝。

奇　　洞

七星岩　位于七星公园内的普陀山西北侧山腰上，洞口高出地面 37 米。此洞原是一段地下河道，分为上下两层，其间高差为 25—35 米，长度分别是 1100 米和 1090 米，上下层之间有多处竖穴相通。现供游览观光的是上层，游程长 814 米，最高 27 米，最宽 50 米，最窄处仅容一人通过，底面积 1.76 万平方米。七星岩发育比较完全，景物十分丰富，宛如一座保存完好的地下宫殿，洞内有石钟乳、石笋、石柱、石林、石幔、石花，种类繁多，变幻无穷，组成一幅幅绚丽多彩的图景。以雄伟、宽广、曲折、深邃、奇特绚丽著称。

七星岩是国家最早开发的游览和进行科学考察的著名洞穴之一，迄今已有 1400 多年游览、考察的历史。在唐、宋时便已成为游览胜地，时称游览之盛与西山齐名。隋唐时称栖霞洞，洞口旧有隋开皇十年（590）高僧昙迁隶书题写的“栖霞洞”榜书。

七星公园的七星岩　　　　　　（覃帆　2000年摄）

宋代曾称仙李岩、碧虚岩。至民国年间，被命名的景点已有50余处。桂林解放后，对岩洞内景点进行了重新调查和整理，装配灯光，分为6大洞天、2大洞府。其中第一洞天，长约134米，宽20—30米，高15—27米，是岩中最高的洞段，洞壁上有明代进士张文熙题书的“第一洞天”巨榜。著名的景点除第一洞天外，还有古榕迎宾、边寨风光、群英聚会、银河鹊桥、石林幽境、孔雀开屏、叶公好龙、蟠桃送客等40多处。历代文人墨客在洞内洞外留下石刻甚多。有的已随着时代的变迁消失，现存的有宋范成大的《碧虚铭》、柯梦得的《方公祠迎送神曲》、梁安春的《七星岩·西江月》和明代张文熙的“第一洞天”。

元风洞　位于普陀山西麓。洞口西向，低隘，属脚洞，洞道长250米，高3—24米，宽2—15米，洞底面积1945平方米。地面由外往里倾斜下降，入洞50余步有一泓潭水横列，清澈凉碧。洞又与其他山洞相通，空气可对流。盛夏炎日，风自洞中来，凉气爽然，“凄肌森襟，没骨侵心”。秋冬时节，风照和暖。据测，洞温终年为20℃左右。洞口题刻“温凉别况”四字，道出了洞内冬暖夏凉的特点。洞因风得名，宋代时称为风洞，也称玄风洞。民国时期，当地人曾于洞内栽植芫荽，也称“芫荽洞”。历代赞辞颇多，宋代张孝祥《风洞》诗：“应怜岭海长炎热，乞与清凉万窍风。”明代俞安期《玄风洞》诗：“深洞贯阳崖，寒飕生不绝。悬泉石罅垂，炎月吹成雪。”洞以风招人，南宋赵少隐于洞口筑“来风亭”。明代吕调阳又建“七星庵”于洞前，清代改称“文贤庵”“闵子祠”，今已无存。仅存洞壁宋代李彦弼、曹迈，明代周进隆等诗文题名石刻10余件。

龙隐岩、龙隐洞　位于七星公园内月牙山瑶光峰西北麓。龙隐岩为山体旁侧岩厦，高9.5米，宽15.0米，深24.5米，底面积200平方米。龙隐洞为山麓穿洞，高8—12米，宽8—20米，长64米，底面积645平方米。龙隐岩洞口西向，洞呈穹隆状，高广虚明，前有小东江自北向南纵贯龙隐洞，横流龙隐岩下。龙隐岩与龙隐洞在北宋以前名称无区分，其得名是因为龙隐洞有一条宛如龙迹的天沟，蜿蜒贯穿于洞顶，生成于洞穴形成发育的初期，沟壁布满水流溶蚀的波状流痕，酷似龙身印下的痕迹，鳞甲毕肖。又名龙影，以喻龙去影存。龙隐岩，明代又称龙腾岩，谓龙已绝地上飞天，又以虚广穹隆如布袋而称为布袋岩。宋代淳熙二年(1175)，范成大撰写《桂海虞衡志》如对两岩名称加以区分，称临水穿洞为洞，半壁岩厦为岩。然而明清时仍常混用，无区分。古时游龙隐岩洞，率泛舟由龙隐洞南口面入，看左右翠壁峥嵘，仰观洞顶龙迹天成，由北口登龙隐岩，复临深溪，坐看山水清韵。龙隐岩南隅高处有一悬洞，岩北另有一小洞乳石璎珞悬挂，其中一石如螺，故洞名海螺洞，洞外有个小台似僧人坐禅的禅台，台西近岩口北角处有一石柱，形如层龛重洞。岩顶有石涡，形如藻井。又岩内有水自岩顶滴落石穴中，浮液晶莹，琤然作清响，四时不绝。宋人酌以试新茗，明人名为滴玉泉，清人以水石之声有绕梁之妙，目为秋胡弹琴处，龙隐岩洞在宋代已有“先贤评桂山，推尔居第一”之誉。当时建有释迦寺(桂州四大名寺之一)，环翠阁，骖鸾亭等建筑。明代有准堤阁、万象阁、怡云亭，张鸣凤在《桂胜》里称：“宋游最盛，铄题之众，至环两岩，使壁无完石，他岩未之有也。”今存唐至清代摩崖石刻223件。1964年，辟为桂海碑林博物馆。

冷水岩　亦称曾公岩，位于七星公园内，普陀山天权峰的南麓，洞口朝向西南，高4—20米，宽10—50米，深约180米，底面积2000平方米。岩内有一条清澈的涧水横断在洞口，涧水清冷澄碧，因名冷水岩，涧水名玉溪，洞因此又称玉溪洞，民间称为大岩。宋代元丰三年(1080)，桂州知府曾布率僚属游七星山风洞后，于榛莽中发现该洞，“屈曲而入，则流水横其中，碧乳垂其上，周环四视，其状如

雕镌刻镂,殆出于鬼工而不类于融结者”。于是构长桥跨中流而渡游人,并命洞穴为曾公岩。从游僚属共人,各赋诗1首,刘谊并作《曾古岩记》刻于洞口中岩壁。旧时,冷水岩为游七星岩的进出洞口,由洞口深入,经过一条狭长的洞道,可通七星岩第三洞天的花果山景点。洞口左侧另有洞道可通下层的地下河。至民国年间,曾公岩还被列为游览岩洞的第五十景。抗日战争时期在岩内修筑防空洞,今已封闭。

月牙岩 位于七星公园内月牙山瑶光峰西北半山腰,高3米,宽5—6米,深20米,底面积120平方米。明代正德十年(1515)陈彬等人从花桥右侧环龙隐山峰西北开辟石径,修筑至龙隐洞的通道,在峭壁间得一岩穴,左右石壁宽如列屏,石室开朗平坦。隔江遥望,如新月初生之状,因名为月牙岩。后山亦因此更名为月牙山。清代,岩口建有月牙山寺。“翠竹报其上,涧水灌其下,牧童渔叟,讴歌盘桓于洲诸之上。”岩外有石状如莲房,名莲房石。岩内有悬流如线,色澄味甘,僧人汲取以烹茶待客,成为一代名胜。寺毁于抗战烽火。1963年,旧址新建“小广寒”楼阁,并于岩中修清代文昌阁旧址修建襟江阁,又建飞虹桥连接两阁。登阁眺望,则近处有丹枫紫柏,花桥成波,远处螺峰千点,簪山带水宛在画图中。因称“南洲胜境”。

会仙岩 位于七星公园东南隅,会仙山西北麓。洞口高约4米,宽约10米,深约15米,底面积约75平方米。洞口西向,近面为普陀山,岩前宽平开阔,有塘水澄碧。清寂景色,恍若世外。宋代陶弼诗云:“寂寂长冥洞,涓涓湫石泉。风萧闻夜半,鹤驭认云边。煮茗雪安老,披蓑访稚川。”旧时相传有人曾在此遇吕洞宾。明代正德六年(1511)冬,“靖江王府门副潘文起因作寿域于母塘岭,携酒肴,速朋俦以游观”,从游有宗室及王府属官共26人。潘感“身际盛世,得以放浪于林泉之间,真地行之神仙也,请提斯岩为会仙”,因此得名。今岩中尚遗有当时部分人的题诗和刻像,洞则已被封堵大半。

弹子岩 位于灵剑路普陀山东北麓。洞高6—9米,宽4—8米,深65米,底面积280平方米。弹子岩之名见南朝郦道元《水经注》:“漓水又南合弹丸溪,水出于弹丸山。山有涌泉,奔流冲激。山崖及溪中,有石若丸,自然珠园,状如弹丸矣,故山水即名焉。”后水于是咸指弹子岩为溪水所出,而涌泉久已堙塞无水。岩前有地百亩,平坦开阔,灵剑溪横流于前。宋代淳熙七年(1180),经略使刘火亨于岩前亦买地为圃,修建亭台桥梁,为游宴之所,当时号为“桂林胜游之最”。岩内现遗留有宋代石刻8件。明代俞安期有诗题咏:“石壁挺嶣峣,岩肩覆空阔。隐几见平原,遥山两飞越。”

留春岩 位于灵剑路普陀山东北麓,留春岩至弹子岩东50米。洞高3.5—4米,宽4—6米,深18米,底面积69平方米。旧志记载洞可通七星岩,今洞内已封闭。岩洞旧无留春岩名,清代康熙三十六年(1697),赵炯修(栖霞寺志)寻访至该岩,见“游人不至,胜境若闷”,因此名为留春岩。并题诗:“胜地由来不易寻,江流曲曲入山阴。弹丸久已失灵濑,宝剑何年劈玉岑。”据临桂县志记载:“省春岩旧志皆谓弹子岩。”岩内有《乳床赋》石刻,记载了宋代淳熙八年(1181)梁安世、刘昌诗、李秩、邵端程、徐之茂、孟浩等7人在岩内对石钟乳所以凝结形成千变万化之物象的讨论。今洞荒废,游人罕至。

省春岩 位于灵剑路普陀山东北麓,西距留春岩150米。洞高6—8米,宽25—30米,深12—16.5米,底面积约410平方米。岩内形如广厦,岩覆如檐。岩分三洞,东洞多垂挂钟乳,如钟如莲,可通七星岩,中洞宽广如堂,有石门与东洞相通,西洞则形如侧室,洞口开敞。宋代淳熙七年(1180),经略使刘火亨等6人会于岩下,“共钦弹丸新岩”。省春岩名始见于南宋刘希旦省春岩题诗:“省春岩畔点春衣,傍洞山泉浸洞矶。”岩前平田广穑,一望豁如,宋代地方官吏每年春季在此观稼省耕。岩下平石上并建有可供更衣和宴息的楼阁。明代杨芳有诗写岩前早春景色:“长江照眼浑疑雪,远树含烟半似云。”岩旁建有祝圣寺,后废,今已恢复。

月岩 位于穿山公园西峰山腰。岩南北贯穿,空明近园,远望如明月高悬,故名穿岩、月岩或空明岩,始见于宋代嘉定十五年(1222)桂州通判胡槻于岩壁的题刻。岩高9米,宽13.3米,长31米,底面积412平方米,高出山麓小东江39米。岩通透旷敞,俨然拱形亭廊,四壁平整如人工剜刻,顶有悬石,形状奇特,可据此览胜,北望或南望,群峰叠嶂,碧流芳洲,宛然如画。宋代已成游览胜地,壁向犹存宋刻5件,其中胡槻有《游月岩》题诗盛赞该处风光:“石磴巃嵸嵚几许层,坐来心迹自双清。冉冉烟云脚底生。”岩北另有一岩,名上岩,高6米,宽8米,深16米,底面积128平方米。两岩交叠,其间相隔2米的岩层,架有铁梯相连。

穿山岩　位于穿山山体的中部。岩洞总长1531米，其中主洞长349米，宽3—5米，最宽处28米，高2—7米，局部最高处32米，底面积3184平方米。洞口原被粘堆积物填塞，岩洞处于密封状态。1977年在人工开挖过程中被发现，因山而名穿山岩。岩洞为不规则溶洞，洞道曲折回环，是一个在更新世晚期才形成的洞穴。洞中石钟乳的年龄仅在3.4万年左右，一些石幔、石笋的年龄更短，有的至今仍在生长。由于长期封闭，石乳钟、石笋、石柱、石盾、石幔、石花、石枝、石田等堆积物保存完好，色泽鲜艳，洁白如玉。尤其奇特的是洞中丛生着许多针状石管或鹅管，长十几厘米，最长者可达1.5米以上。是由饱含碳酸钙的地下水从岩石隙缝中渗出，悬于洞顶，因浓度高，裂隙小，久悬而不落，随着水分蒸发，二氧化碳溢出，碳酸钙重新结晶，周而复始，于是成了长短不一，晶莹空透的石管，成为穿山岩最具特色的景观。1988年，经初步修整后，开放供游人参观，游程517米，有天鹅湾、水帘洞、珍珠洞、雪莲花、荷花池、仙田绿花、长寿海龟等25处灿烂多姿的自然景观。

秀　水

漓江　发源于兴安、资源县交界的越城岭猫儿山老山界。漓江流入桂林城区，流经七星区王家碑、六狮洲、滩头、上关、九娘庙、訾洲、江东上村、下关、白果树、马家坊、上车头、下车头、沙洲、竹江等自然村。

漓江历史上曾名桂水、桂江、癸水、漓水，东江，明代称府江，民国称抚江，新中国成立后定名漓江。漓江在七星境内全长30.84千米。

漓江自北流经七星区境内，是桂林城中心最繁华的河段。河床主要由砾石、砂岩组成，泥质少，自净能力较强，水流平缓，江水晶莹，清澈如镜。宋代诗人刘克庄在诗中生动地描写道：“千峰环野立，壹水抱城池。”七星区段东岸有辰山、穿山、塔山。乘船自北而南或自南而北，可观赏东西两岸辰山、虞山、铁封山、鹦鹉山、叠彩山、伏波山、象山、穿山、塔山、南溪山、斗鸡山、净瓶山等诸山景色。

小东江　属漓江支流，北起七星区上关二江口，沿漓江东岸环绕向南流，经阳家背、福隆园，在花桥汇自东而来的灵剑溪水，继续南流经张家园、施家园、江东村、穿山园，于穿山西南麓重新汇入漓江，全长5.8千米，河床平均宽约50米。旧时江水澄清，潺溪曲折，延水放舟，可以观赏普陀山、花桥、月牙山、龙隐洞、穿山、塔山诸名胜，为桂林城东著名的风景游览水道。龙隐岩内现遗留有宋代绍圣三年(1096)摩崖石刻，记载了当时梁才甫携家人乘舟从伏波山还珠洞出发，在二江口处沿小东江登龙隐岩，再下漓江，溯宁远河过雉山，游寿宁寺的游程。后人有诗写小东江景色：“大小二江口，一泓往向东，支流清似练，长举田如弓。水绕峰峦秀，泽润物产丰。”现沿江景观又增加有惠济桥(新桥)、漓江民俗风情园、桂海碑林博物馆、龙隐桥、桂山大酒店等处，但水道已有多处堵塞，除花桥至龙隐洞段和穿山公园一段外，已无往昔舟游之便利。

灵剑溪　属漓江支流，又名拖剑水、灵建江、建溪、剑江。源于叠彩区辖大河乡潘家村以东尧山西南山麓，经七星区穿山乡观音山、屏风山、社山复南流，萦绕普陀山西北麓，经省春岩、留春岩、弹子岩，于葛老桥、花桥汇入小东江，注入漓江。全长10.9千米，流域面积8.15平方千米，七星区段5.72千米，流域面积4.65平方千米。灵剑溪流经普陀山一段，旧时又称弹丸溪，始见称于南北朝时郦道元所著《水经注》。省春岩前，明代创建有祝圣寺，留春岩前，溪畔有灵剑石，突如剑戟，为桂林名石。弹子岩西北，溪上有宋代淳熙十四年(1187)詹仪之建的寻源桥，桥下江流汇为深潭。

訾　洲

訾洲，位于漓江及其汊河之间，象鼻山之东，解放桥之南，长2500米，宽500米，面积约125万平方米。据唐代莫休符《桂林风土记》记载：“先是訾家所居，因以名焉。洲每经大水，不曾淹没，相承言其浮也。”故洲称訾家洲，简称訾洲，也称浮洲。又洲头高地隆起如蛙头，中部突起似蛙背，因形取义，故旧时俗称老蛙洲。洲突起水滨，沿江群山簇拥遥列，东可望七星山，东南可望穿山、塔山，西北可观叠彩山、伏波山、独秀峰，西南可观象鼻山、雉山、南溪山、斗鸡山。每当细雨蒙蒙，烟波渺渺之时，洲上江村绿树浸没于轻纱薄雾之中，若隐若现，宛若蓬莱仙境，被称为桂林奇景“訾洲烟雨”，自元代已列入桂林八景之中，诗人吕思诚以《訾洲烟雨》为题赋诗称赞：“分合滩头见訾洲，訾洲烟雨水云秋。空蒙细縠沙头簇，散乱跳珠波面浮。鸥鹭飞翔来上立，蛟龙腾跃此中游。蓑衣箬立垂杨外，时有渔人横钓舟。”秋日有“訾洲红叶”醉人景色。訾洲开发始于唐代元和十二年(817)，裴行立时任桂州刺史兼桂管观察史，他临江营建了燕亭、崇轩、飞阁、闲馆等风景建筑，使訾洲成为宴游胜地。柳宗元作《訾家洲亭记》盛赞此事，并称訾洲胜甲天下，陆宏休作《訾家洲诗》亦称：“新春蕊绽訾家洲，信是南方最胜游。”自此，訾洲游人不断，题诗不绝。宋代张孝祥诗：“一雨使清凉，风回百草香。甲云山米家画，竹水辋川庄。”十分生动地描绘了訾家洲景色。旧有望月台、裴中行祠、佛灵庵，久圮。今洲上变成渔村，建有訾洲果园，橘柚成片，还设有花圃，翠竹成林，花草芳香，田园秀色，境地依然清幽。

七星公园 （覃帆 2000年摄）

第二节 建筑 陵园 墓葬

建 筑

栖霞寺 位于七星岩下山边，清顺治八年(1651)至康熙二十三年(1684)，由临济宗浑融和尚募化在原寿佛庵遗址上建造，为当时西南佛教一大名刹。咸丰初年全毁。光绪十八年(1892)，巡抚张联桂重建，耗银2600两。抗战时，为广西医学院所用，桂林沦陷时再毁。仅剩原寺山门1座。1987年，旅社将原寺山门退还佛教协会。2001年，桂林旅游发展总公司出资重建，2002年9月落成，新寺占地面积18000平方米，建筑面积3315平方米，建筑风格大多沿用旧制，唐风古韵、典雅庄重，是目前国内最大的唐式建筑风格寺庙。主要建筑有天王殿、大雄宝殿、观音殿、藏经阁和钟鼓楼等。

月牙山寺 位于月牙山月牙岩。始建于清，楼房式，上为观音殿，下为大雄殿，民国33年(1944)日寇陷桂时全毁。光复后在原址重建观音阁。1963年，将观音阁拆除，改建为两层的“小广寒”，有悬桥与襟江阁相通。

普陀精舍 位于普陀山半山腰，第二道山门“超尘静境”后的山坡上。原是普陀寺的旧址，从唐代开始就供奉观音，因年久失修，早已废除，曾做个供奉抗战阵亡将士灵位的纪忠祠。1959年重建，更名为普陀精舍。依山而建，为红粉墙、硬脊翘檐、坡顶绿瓦的二层楼阁式建筑，长17.3米、深12米，总建筑面积400平方米，正屋开敞，楼上四面开窗，上有观景厅。入门有天然石屏，登楼可眺望市区景致，视野开阔。楼后面有观音岩，岩壁上刻有《摩诃般若波罗蜜多心经》经文。

方公祠堂 位于七星辖区龙隐岩附近。南宋绍兴年间方信孺建，现尚有方公祠堂碑记摩崖。方公在幼时曾随父住过桂林，嘉定六年(1213)他任广西提点刑狱和转运判官，在桂林为官六年，为政清廉，曾捐盐钱24万扶助宜州建成龙溪书院，又捐40万买学田，为人称道。他考察桂林山水遍及，留下刻23件，是桂林石刻中重要的一部分，数量也最多。故地方上很敬仰方公。

冷氏宗祠 位于辖区朝阳乡冷家村。始建于乾隆二十六年(1761)，宗祠共四进，每进三开间，长47米，宽14米、高约7米。砖木结构，青砖灰瓦，门头立石柱，内楹木柱石础。每进间有天井。逐进门头曾悬挂“皇恩旌表”“文魁”“亚元”“进士”“源远流畅”“锡类堂”等牌匾和孔子牌位，后进安放祖宗牌位。第三进横梁上书“大清乾隆贰拾陆年岁次已嘉本月平月谷旦建”。墙壁间嵌有建祠主持人冷时松碑刻1件。主祠左倒为文昌祠，右侧为福寿祠，主祠现存，右右祠毁于“文化大革命”期间，仅存遗址，宗祠南面有冷时松墓。冷氏宗祠是桂林市规模较大，保存较完整的一座宗祠。1984年公布为桂林市文物保护单位。1986年进行整修。宗祠一直由市文物部门维修，本村负责看护，保存完好。

寿佛塔 位于穿山小东江西畔塔山顶，始建于明代，为七层六角形密檐砖塔。塔身呈锥形，通高13.3米，底层六面，每边长3米，塔身第二层正北面嵌刻南无量寿佛像青石1方，故名。塔顶为覆钵形，上置葫芦形宝顶。1966年公布为桂林市文物保护单位，1982年市文物部门曾维修。

庆林观 位于七星公园普陀山半山普陀精舍前，即普陀石林处。后在山后曾公岩前(或动物园)。始建于唐代，相传唐太宗李世民时，广西地方官曾取桂林奇石进贡朝廷，因贡石透、瘦、漏，深得太宗喜爱，称为瑞石，特置御苑，供百官品赏，后令桂州总管李靖考察产地，因而在此建了一个观，李世民赐名庆林，并题书了“庆林观”三字匾，又称此石为普陀石林。至宋元丰二年(1079)，桂州知府曾布将庆林观迁建于普陀山后曾公岩前，并在庆林观原址新建普陀寺。桂林沦陷时观屋全毁，现仅存生长于观墙上的一株大榕树。

七星观 位于七星公园普陀山玄武洞下。南宋景定时建，清康熙六年(1667)广西巡抚金祖光重修。是普陀山重要的道观建筑，明代在旁摩崖了一组龟蛇玄武大浮雕，保存至今。

码坪清真寺 位于七星公园骆驼山西侧，始建于清康熙十年(1671)，原为一组四合院式建筑，有大殿、经堂、望月楼、邦克楼、水池房、塔布房等，可容500人聚礼。广西伊斯兰教经学院曾设寺内。后屡经兵燹，又多次修复。1944年再次被日军焚毁，1948年重修，1987年重建，建筑面积1127平方米，新寺四合院粉墙碧瓦，古朴典雅，是漓江以东的穆斯林信教公民集会礼拜最重的场所。

祝圣寺 位于六合路普陀山北麓省春岩。始建于明代，清代重修。原寺在1944年桂林沦陷时全毁，1959年重建。1991年，僧人释自空与市内一些佛教信众募资陆续重建大雄宝殿、斋堂等。1995年10月，作为正式宗教活动场所批准开放。1988年扩建三层僧人寮房，并修筑扩宽寺前沥青路面。该寺占地面积3000平方米，建筑面积2000平方米。

月牙楼 位于月牙山北玉衡峯东麓。坐南朝北。依山而筑，三层，飞檐碧瓦，月门窗棂，轩敞通透，宫灯高悬，极具传统建筑风格及典雅装潢。桂林书画名人黄燕客书匾。1963年，郭沫若莅桂来到此楼后，诗兴即涌，赞美之：“月牙楼是画廊楼，八面奇峰豁远眸。毋怪楼中无一画，画图难及自然优。”月牙楼保留了历史悠久的桂林部分素食。建于1959年。

花桥 位于七星公园内，跨小东江，西接自由路。该始建于宋，原名嘉熙桥，元代被洪水冲毁。明代在原桥基上“架木为桥”，并以附近花木繁茂，更名花桥。后倾圮，清重建，建风雨亭。桥全，长134.66米，宽5.3米，高约7.7米水桥4孔，旱桥6孔，桥廊高4米，桥廊为硬山顶，盖琉璃瓦，木柱，汉白玉栏杆，桥头两侧砌筑堤岸。1966年修复。

1963年公布为广西壮族自治区文物保护单位。

石　刻

桂林桂海碑林 桂林桂海碑林摩崖石刻，相传隋开皇十年(590)，高僧昙迁至桂，在七星岩洞口题书“栖霞洞”三字。

桂海碑林石刻位于七星景区月牙山瑶光峰南麓，由龙隐洞、龙隐岩两处摩崖石刻组成，是全国文物保护单位，现已建立博物馆。馆内分为龙隐岩龙隐洞摩崖石刻、新碑阁散碑展览、桂林诸山摩崖石刻精品拓片陈列三部分。龙隐岩、龙隐洞自古即为桂林游览胜地，历代游人到此或题名题榜，或题词题记，或摹刻名人书画，形成两洞内外“摩崖殆遍，壁无完石”的碑林奇观，故称桂海碑林。计有唐至民国时期石刻213件，其中唐代1件、宋代111件、元代1件、明代42件、清代26件、年代无考32件，是桂林石刻最集中、最典型的地方。内容涉及政治、经济、军事、文化、民族关系等，形式有诗词、曲赋、铭文、对联、图像等，真、草、篆、隶、行诸体齐备，为古代书法艺术之林，具有极高的史料价值和书法艺术欣赏价值。

七星区境内留刻颇多。主要分布在普陀山周麓的七星岩、四仙岩、朝云洞、普陀岩、玄武洞、寿佛岩、元风洞、曾公岩、弹子岩、留春岩、省春岩多处，约251件。各有重碑，各有奇事。

朝阳洞“山高水深” 位于七星岩下的朝阳洞石壁，是南明永历年唯一石刻，是安徽桐城进士、南明永历礼部尚书兼东阁大学士方以智留刻。书法师出二王，功底颇深。

栖霞洞(七星岩)“方信孺游”　位于栖霞洞，是桂林摩崖石刻中唯一的印章排列、篆字书写的奇碑。方信孺，福建甫田人，字孚若，嘉定六年(1213)任广西提点刑狱和转普陀山摩崖石刻运判官，连任6年，颇有政绩。七星区七星岩俞献可三人题名，是难得的垂针篆。原文：“河间俞献可、上谷燕肃、赵郡李诰，圣宋天禧二年孟秋月中元同游。燕肃、朱瑞刊”。其中的燕肃，善书画，此刊就是他的所作的垂针篆。他还是指南车、记里鼓车及欹器、《莲花漏法》的发明者。

龙隐岩《元祐党籍碑》　位于龙隐岩，是全国仅存二件的政治迫害石刻：碑文分三部，第一部分是奸相蔡京要谋害“党人”缘由；第二部分他提出的“党人”名列，达309人之众；第三部分是93年后，被害人梁焘的曾孙梁律，重刻此碑于桂林龙隐岩的经过。当时，全国曾下令遍刻此元祐党籍碑，以惩罚示众。伤害极广，造成了一场残酷的政治迫害。后来受蒙蔽的宋徽宗有所感悟，下令全国毁其碑。而广西桂林和融水县尚留下后裔重刻碑。

龙隐洞《梅公瘴说》石刻　位于龙隐洞，是古今难觅的官诫碑，在龙隐洞外壁。原是四川人梅挚所作的《梅公瘴说》，宋绍熙元年(1190)在桂林为官的朱晞颜读后有感，将其复刻在此。梅挚曾于北宋景祐年间出知昭州(今平乐县)，听到了岭南“瘴气”伤民之说，联想到官场一些丑恶腐败，归纳了“五瘴”：急征暴敛的租赋之瘴、良恶不白的刑狱之瘴、昏晨醉宴的饮食之瘴、侵牟民利的货财之瘴、盛栋姬妾的帷薄之瘴。他认为这五瘴是“民怨神怒”之源。1963年，郭沫若到此读了此碑，赋诗赞“梅公瘴说警人心”！

桂林桂海碑林博物馆的“龙隐”石刻　（覃帆　2000年摄）

曾公岩摩崖石刻　位于普陀山后的曾公岩内外。曾公岩原叫冷水岩，宋元丰元年间(1078)，南昌人曾布以龙图阁待制知桂州兼广西经略安抚使，在桂一年，曾考察到此岩。他描述岩内景观连“最为奇观的天台雁荡也比不过”，于是取名曾公岩。此岩一直封存，有摩崖石刻26件，宋代居多，占22件，有题记、诗文、铭文、题名、题榜。主要留刻是宋代《刘谊曾公岩记并陈倩、曾布等七人唱和诗》石刻。

会仙岩靖藩摩崖石刻　位于会仙路会仙山北麓。岩旁右侧有清泉。明清时代，会仙山小巧玲珑，相对高度约65米，山麓的岩却是宏大，泉水清甜，生态环境极好，且在古道旁。因靖江藩王的王子王孙偶尔一次到此聚会、留刻，并命名“会仙岩”。“会仙”非指神仙来临，指王府的宗室们有过光临。据留刻在此周垚《会仙岩记》，明正德六年(1511)十月十五日，靖江王府的门副潘文起等官差带领王府宗室的规、约两辈的辅国将军、辅国中尉等26人，到莫家坪母塘岭(即将军塘附近的杨观墓所在的莫家坪)“作寿域”，即生前先选好墓地，有时去祭生圹。回归时到此岩休息(“宴客于此”)，在此狂饮狂欢，还人人作诗绘肖像，摩崖其中，共25件刻像并诗，最高寿者是74岁的仓裕。这批摩崖绘像石刻成为靖藩宗室可贵的历史资料。桂林解放后，桂林装潢印刷厂开辟此岩洞作仓库，使石刻多数不存，仅存4幅画像、3件题字。已属市级文物保护单位。

穿山摩崖石刻　位于穿山月岩及山的西麓。有宋至现代6件。古代石刻中，以南宋嘉定十二年(1219)广南西路经略安抚使胡榥在此穿洞中摩崖的“月岩”“空明山”及咏月岩诗著名，他点题了此岩的独特与形象处。现代石刻中，以哲学家梁漱溟、词学家及汉民中学校长任中敏的留刻著名。梁漱溟在抗战时期来桂三年，后两年在附近的无锡国学专科学校和汉民中学任教。晚年他因怀念此处，特书“锲而不舍，精义入神”及小记寄刻这里。市文物部门于20世纪90年代，又将任中敏于1943年5月为尹瘦石所作的《管子·四维篇》飞白横幅摩崖在月岩。任中敏精于小篆，尤工画印，为人题字署名时不用印章，都临时画印。经他所画的白文，刀痕宛然，功底扎实，人称“飞白”。他还由画白文印章扩展到书出白文横幅，成为又一绝招。1992年10月，著名文艺理论家谭伟雏来桂林游览到此岩，惊现二公的留刻后，作词纪其事：“穿山洞，忽晤半塘(任师晚年笔名半塘)翁，‘古趣盎然’读手泽，‘锲而不舍’见梁公，再拜两奇峰”。山麓还有1件汉民中学到此复校之初，1938年、1939年及1940年上半年教职员的题名留念，是以各人的亲笔签名摩崖。

陵园　墓葬

靖江王陵　位于尧山西南麓。明洪武三年(1370)，朱元璋颁封其侄孙朱守谦为靖江王，五年修建府第，九年就藩桂林，开始营造陵墓，至清顺治七年(1650)，传十四王，历时280余年，其中二世至十二世就葬在此。是全国现存不多的藩王陵园，是全国现存最大，保存最完好的明代藩王墓群，素有“岭南第一陵”之称。

明代靖江王陵墓群有320余座，其中，妃合墓11陵，子袭王位的次妃墓4陵，历代将军、中尉、郡主、王亲藩戚等300余座。1963年公布为自治区重点文物保护单位。

1996年升为全国重点文物保护单位。

张同敞墓　位于朝阳乡新建村委唐家村东面。墓园呈长方形，占地面积1500平方米，周砌片石矮墙，倚岭势坐北向南。中轴线上布局有陵门、祭亭、墓冢三部分。陵门系长方形条石门框、羽扇木门，石门额刻：“光禄大夫宫詹兵部侍郎翰林学士别山张公暨德配一品许夫人神道”。祭亭为歇山式小青瓦，抬梁木构架，由四方形四砖柱支撑，内置方石祭桌。墓冢圆形，夫妇合葬，高1.5米，直径3米，以长方石错缝浆砌，冢后以长方石砌成弧形扶手，扶手直径6.4米。墓碑中行题刻：“大明督师右司马追赠江陵伯谥文烈张公别山日益德配许夫人之墓”，系民国“瞿张二公殉国纪念会”重立，李济深书；扶手右碑中刻：“皇清赐溢忠烈臣胜朝督师大司马别山张公暨德配许夫人墓”，系清嘉庆十三年(1808)地方人士仝立；右碑题刻：《重修张公墓及纪念亭记》，为1943年4月瞿、张二公殉国纪念会董事白堃公等志。

1966年公布为桂林市重点文物保护单位。

王鹏运墓　位于七星区育才小学内。墓向朝北，墓冢圆形，直径3米，通高1.6米，长方形青料石围砌，冢碑高1米，宽0.67米，碑上额线刻“午山子向”，碑中门阴刻“皇清诰授通议大夫礼科给事中显考王公幼霞府君之墓”，建于光绪三十二年(1906)十月初七日。墓右侧有王运鹏夫人曹氏墓，规制相同。两墓的弧形墓围用片石围砌，为近年修复。

1966年公布为桂林市文物保护单位。

岑毓英墓　位于市东郊尧山西南岑家岭。墓园呈长形，占地面积1800平方米，周筑夯土矮垣，依山势坐东向西。墓前序列四方棱柱形华表、品字牌坊及坊联、八角亭，以及对列的御祭碑、马、虎、羊武将、文官等石像生。与其夫人江氏墓平列，男左女右，均呈圆形，高1.6米，直径3米，两墓之后共一弧形“扶手”，均以石灰岩条石错缝围砌，石作精细。牌坊额题：“皇清诰封光禄大夫太子太保云贵总督晋赠太子太傅岑襄勤公墓道”。墓碑中行题刻：“皇清诰授光禄大夫晋赠太子太傅太子太保头品顶戴云贵总督谥襄勤显考岑公彦卿府君墓”。建于清光绪十六年(1890)。

1984年公布为桂林市重点保护单位。

何信墓　位于尧山西麓尧庙遗址内。墓园呈长方形，占地约300平方米。墓冢月牙形，高1.5米，长9米，宽1.4米，以石灰岩长方条石错缝围砌。墓依尧山山势坐东向西。墓冢前嵌立墓碑、烈士传略、李崇宗仁与白崇禧祭文、空军四烈士公祭委员会祭文、广西省政府代电共石刻5件。墓碑石刻李宗仁题书“为国牺牲”4字，中行题刻“空军第八队何副队长信号德璋之墓”。建于1938年5月。

1984年公布为桂林市重点文物保护单位。

钟毅墓　位于桂林茶叶研究所北200米东干渠西侧，墓园呈长方形，占地面积600平方米，无围墙，有台基。墓冢圆形，坐东朝西，以石灰岩长方石围砌，高1.6米，直径5米。墓碑额刻青天白日徽，中行题刻“陆军中将前第一七三师师长钟公讳毅字天任府君之墓”。建于1941年。

1984年公布为桂林市重点文物保护保护单位。

裴邦焘墓　位于七星岩灵剑路东傲南侧。墓圆形，坐西朝东，长条石围砌，高1.4米，宽2.8米。墓前树立“裴邦焘烈士之墓”碑，建于1927年。

1984年公布为桂林市文物保护单位。

白鹏飞墓　位于七星公园普陀山北麓。墓圆形，坐南朝北，料石围砌，高1.2米，宽2.5米。墓碑中行题刻“前广西大学校长白公讳鹏府君之佳城”，墓后扶手正中嵌白色大理石，刻沈尹默撰书墓志铭，墓石立石刻谢和庚书“高风亮节”题词。建于1948年。

1987年公布为桂林市文物保护单位。

李征凤墓　位于七星公园内。墓为圆形，坐西朝东，高1米，宽3米，占地面积87平方米，料石围砌，墓前树立“中共原桂林县支部书记李征凤烈士墓”碑。建于1994年。

1988年公布为桂林市文物保护单位。

张曙墓　位于七星公园普陀山北麓灵剑溪畔。墓圆长方形，占地面积234平方米，四周砌以装饰矮墙，墓为长方体混凝土结构，红水泥米石抹面，坐南朝北，长5米，宽2.8米，高1.4米。墓前用白水泥雕塑花圈，墓碑为白色大理石，中行题刻郭沫若书“音乐家张曙同志之墓”。1975年从柘木迁葬于普陀山北麓。

2000年公布为广西壮族自治区文物保护单位。

梁漱溟墓　位于穿山公园西麓。墓呈方形，边长5.1米，坐西朝东，青白条石砌筑，中央立方形墓碑，中行题刻赵朴初书“梁漱溟先生之墓”东侧建“梁漱溟先生生平”碑墙。建于1998年。

2006年公布为桂林市文物保护单位。

陈光墓　位于七星公园普陀山下。墓为半球形，砖石围砌，表面为红色水磨石，高1.46米，直径3.7米。墓前树立纪念塔，通高约9米，四方柱形，正西题刻“陈光烈士纪念塔”，顶部塑红色五角星。塔座分两层，下层为五角星形，第二层为四方形，塔基正面嵌有石刻记述陈光烈士生平事迹，侧面刻有建国初期桂林首任市委书记、市长、军代表等人的题词。塔后是红色圆形衣冠墓，四周建有大理石起伏状围栏，四周松柏环抱。建于1951年11月。

2000年公布为广西壮族自治区文物保护单位。

三将军及八百壮士墓　位于七星公园普陀山半山腰博望坪。墓园坐东朝西，园中建有方尖碑形纪念碑，高6.3米，正面题刻“陆军一三一师师长阚公维雍、桂林城防司令部参谋长陈公济桓、陆军第三十一军参谋长吕公旃蒙殉职纪念碑”，背面题刻蒋介石、李宗仁、白崇禧等题“英风壮节”“浩气常存”“英灵永峙”的挽词。国民党政府1946年3月公葬三位将军的遗骸于此，修纪念塔和墓园以示纪念。1982年重修墓园。现墓地呈葫芦形，坐东朝西，宽16米，长20米，占地320平方米。八百壮士墓冢长方形，均以料石围砌，高1.2米，宽5.5米，长6.2米。墓碑刻“八百壮士墓”，墓旁建有纪念亭（忆昔亭）。建于1946年。

2000年公布为桂林市文物保护单位。

第三节　风景名胜

七星公园

七星公园　位于漓江东岸，东靠普陀路，南临龙隐路，西濒小东江，北接六合路，因园内有七星山、七星岩而得名。公园占地面积为137.4万平方米，其中山地面积57.7万平方米，占总面积的42%，游览面积60万平方米，园内绿化覆盖率达84%，是桂林市面积最大、景致最集中、游客最盛、历史最悠久的综合性公园。集山清水秀、洞奇、石美四绝于一体，俨然成为桂林山水与文化的缩影。主要风景游览点有普陀山、月牙山、骆驼山、七星岩、元风洞、龙隐洞、龙隐岩、曾公岩、普陀石林、花桥、桂海碑林、华夏之光广场、动物园、天然奇石馆、盆景艺苑、沙洲游乐园等。1991年，七星公园接待国内国外游客216.1万人；1995年，七星公园接待国内国外游客110万人；2000年，七星公园接待国内国外游客157.6万人；2005年，七星公园接待国内国外游客92.6万人。

七星公园开拓于唐代，自隋唐时期起就已成为游览胜地，至今长盛不衰。七星岩洞口现存“栖霞

桂林市七星景区　（覃帆　2005年摄）

洞”3字，是隋开皇十年(590)高僧昙迁题刻的。唐贞观十三年(639)检校岭南抚慰大使李靖在普陀山石林建杞玄元皇帝李耳的道院，唐太宗题名为“庆林观”，七星岩洞口建无量寿佛寺，岩内老君台上建老君祠。

宋代元丰二年(1079)，桂州知府曾布迁庆林观于普陀山后冷水岩，原址改建普陀寺，设有观音殿和大雄殿。宋代元风洞口建来风亭，灵剑溪与小东江汇流处建嘉熙桥。龙隐岩内建释迦寺，洞口建骖鸾亭、环翠阁。还建有寻源桥、簪带亭、令公庙、平亭、漱云亭、悠然亭等。

南宋嘉熙年间(1237—1240)，建“嘉熙桥”。

元代至元十七年(1280)在普陀山玄武洞建全真观。

明代，建有拥翠亭、祝圣祠、葛老桥、碧虚楼、七星庵、辅星阁、邀月亭、万象阁、怡云亭等。景泰七年(1456)，桂州知府何永全在原嘉熙桥桥基上“架木为桥”，并以附近花木繁茂，更名为花桥。嘉靖十九年(1540)花桥改建为11孔石桥。

清代，建有普同塔、雁璜塔、绿漪书屋、通明阁、三圣庙、伴月亭、月牙寺、双忠亭、倚虹楼等建筑。顺治八年(1651)浑融和尚在无量寿佛寺旧址建栖霞寺，寺内有大雄宝殿、韦驮殿、环碧堂、静惠堂、回廊等近60间，此外还有修竹亭、听月亭、白莲池。康熙二十年(1681)广西巡抚郝浴重修花桥，在桥上盖长亭以歇憩观景。

民国35年(1946)为纪念抗日战争期间桂林防守战中牺牲的将士，在普陀山博望坪建三将军墓和八百壮士墓及“纪忠亭”(又名忆惜亭)。

因年久失修和抗战期间日军飞机轰炸，至桂林解放前夕，七星风景区内的园林建筑大部分被毁，山上植被遭破坏，游览地仅有七星岩一处，两条山道残破不堪，有效使用面积仅4万平方米。

20世纪50年代初期，修整七星岩及月牙山登山道，新建、重建栖霞亭、摘星亭、揽月亭、伴月亭、文昌亭、纪忠亭、玄武阁、碧虚阁、红玉桥及超尘净境门、小蓬莱长廊等。1956年6月17日，七星岩的电灯安装和整理工程竣工，正式对游人开放，结束了过去打着火把、油筒照明游七星岩的历史。1957—1958年，发动群众先后在普陀山、月牙山等处种植大批马尾松、圆柏、侧柏等，这些树木均已生长成林。1958年，七星公园管理处成立。庆祝广西壮族自治区成立和国庆10周年时又上一批项目，把普陀山与月牙山、辅星山之间的东灵街和码坪街的居民全部搬迁，开辟普陀山的新景区，修筑贯通公园东西的道路，新建月牙楼，将原普陀寺的观音殿改称丛翠堂，大雄殿改为普陀精舍，并将旧建筑全部拆除重建，重修了博望亭等。

1980年，在普陀山东侧建成动物园。由于龙隐岩是桂林历代留存碑刻比较集中的地方。1963—1964年，在龙隐岩口修建一座陈列馆，把分散在桂林各山岩、风景点的重要碑刻制成拓片，集中展示，岩馆连成一体，称为“桂海碑林”。同年在骆驼山东侧建驼峰茶社，花桥西北端建花桥展览馆，并发动群众在普陀山前后及龙隐洞前种植大片桂花林。1965年，因花桥桥墩下沉，按原样对花桥进行了修复，同年修建了环绕普陀山的风景游览道，长1747米，宽4米。

1974年9月，建成沙洲游乐园，保留园内原有的银桦、香樟等大树，增植桂花、篙竹、黄竹等，安装游乐设施、修建配套设施。1974—1976年，先后建成普陀山门、拱星山门、桂海碑林大门、公园东大门、护碑亭、八角廊，重修碧虚阁。1977—1978年，改造驼峰小区，新辟盆景艺苑。

1981年，在七星岩后岩，建倚霞轩。1983年，将动物园西侧狗熊池(地名)填平开辟“置石草坪”。1987年，建新花圃1.2万平方米，1988年重建豁然亭，完成盆景艺苑二期工程建设。

1990年，建成公园花桥大门。1992年，开辟月季园。1993年，开辟杜鹃园。1994年新建公园葛老桥大门，扩建葛老桥。

花桥　位于七星公园正门，始建于南宋嘉熙年间(1237—1240)，故初名“嘉熙桥”，是桂林最古老的石拱桥，构思独特，巧夺天工，桂林市著名古建筑之一，是广西壮族自治区级文物保护单位。又因桥东侧突兀高耸着一块“天柱”巨石，形如柱础，人们将此桥唤作“天柱桥”。明代改建时，时值春夏，桥两岸盛开鲜花，山花烂漫，繁花似锦，桥影花姿，故名“花桥”。

花桥是典型的多孔薄墩连拱石桥，拱墩之薄使桥拱孔几乎相连，是一座虚实关系处理十分恰当的实腹拱桥，它横跨在小东江与灵剑溪江交汇之处，历经多次洪水毁损后，进行重建和修复。明代景泰七年(1456)，桂林知府何永全在原桥基上“架木为桥”。嘉靖十九年(1540)，靖江王妃徐妃捐钱重修为石桥，据其东岸高于西岸的地势，在桥西增建旱桥七孔用于汛期排洪，将原五孔桥改为11孔桥。清代该桥修复5次。康熙二十年(1681)，在重修花桥时，又在桥上盖长亭，以作防雨护桥、歇息观看景之用。1949年前，石桥部分桥墩下沉，桥栏崩塌。

1966年，投资19万元照原样修复。整修后的花桥全长134.46米，由水、旱两段组成，其中旱桥长76.66米，宽5.3米(其中一孔封闭，现今只有6孔)。水桥长58米，宽6.9米，(桥面青石板还是明代产品)。桥上建有风雨长廊，桥的亭廊顶覆盖绿色琉璃瓦，桥面青石板还是明代产品，具有浓郁的古典风格和民族风格。桥下依原样重修为四孔，拱圈倒影水面，状如满月，有“花桥虹影”美誉，今列入桂林新二十四景之一。

动物园　位于普陀山东侧，1959年建成开放。初建时占地面积1万平方米，建有猛兽房、鸟舍、禽房等，饲养狮子、金钱豹、丹顶鹤、孔雀等观赏动物。1966年由重庆动物园引进一只大熊猫。20世纪70年代引进华南虎、棕熊、黑叶猴等。20世纪80年代先后建成兽医室、熊猫馆、珍奇灵长馆、斑马馆、火烈鸟馆、猴山等。占地面积2.3万平方米，饲养60多种珍稀动物，其中有国家一级保护动物:熊猫、金丝猴、扬子鳄、黄腹角雉、白颈长尾雉、黑叶猴等;国家二级保护动物鲵、鬣羚(苏门羚)、黑熊等，还有日本熊本市赠送的两匹斑马、4只火烈鸟。1981年，动物园与广西师范大学生物系合作，进行黄腹角雉人工饲养和繁殖研究，1986年此课题获桂林市科研成果二等奖。1991年进行猕猴的驯化，把建园后历年放养、扩散到普陀山的猴群引到登山道和山下草坪，供游人观赏、戏逗。

沙洲游乐园　位于七星公园花桥北侧沙洲上，面积4万平方米，1974年9月建成，与乐园相配套的项目有:通往沙洲的双虹桥、运输桥、小卖部、休息亭、小号手雕塑等，初建时由桂林市一些工厂赠送和安装了秋千、天桥、电动风车、旋转飞机、浪板、浪船、滑梯等53种游乐设施。70年代后期增设了电动转马。80年代以后，园内陆续增置小火车、电瓶车、碰碰船、碰碰车、自控飞机、海洋球、“小灵通”“变形金刚”、赛车、转转车、转转船、“浪卷珍珠”、游船、“双人飞天”游乐城、“乐多多”、高空脚踏车、“林中飞鼠”“激流勇进”等游乐项目。

盆景艺苑　位于七星公园骆驼峰南侧，1977年开始在原盆景生产场上扩建，1978年9月一期工程完工，1988年5月完成二期工程建设，面积达4355平方米。全苑分水石、桩景、乳石3个景区。水石景区从入口到山水廊，设置了各种吸水石、水边石制成的盆景;桩景区，从山水廊到水榭，陈列各种树桩盆景和室外树桩;乳石景区，从水榭到出口，陈设各种钟乳石盆景，有各类盆景1000多盆、分别陈列在窗洞、景窗、景门、挑板、地景、博古架上。植物配置新颖，有草坪、竹林、树丛、藤架等多种形式。苑内建有鱼池、跌泉、溪流、叠石、隔墙、平桥、曲廊、水榭、亭台。

月季园　位于骆驼山东北侧倚霞轩周围，1992年建成，占地5500平方米，建设总投资20万元。展示品种以月季为主，共有粉后、黑旋风、白衣勇士、黄金世界等近70个品种，6000多株。整个月季园分主景区、次景区，园内建有圆形喷水池、圆形花桥、花台、太极图式花坛、园路、园路宽1.2—2.5米，采用混凝土压花路面，沿边及花路图案内镶嵌河卵石，以桂林特产的槟榔石作花台、边石、桌凳、踏步等，突出地方特色。在植物配置上，花坛、花台以低矮的雀舌黄杨、瓜子黄杨镶边，缀以富有南园风景的鱼尾葵、假槟榔、棕竹、棕榈等亚热带树种，在图案式花坛中配以桂花球、黄杨球立体构图，坡地铺种天鹅绒草，散点置石数块，缀以鸢尾数丛，共同烘托月季主题。

杜鹃园　位于月牙山北侧，1993年建成开放，占地4200平方米，建设投资25万元。杜鹃园以一座清新淡雅的石亭—杜鹃亭为构圆中心，起伏的土坡、曲折的园路、绿茵的草坪，与古树奇石有机组合，更衬托出杜鹃花的风姿。园内共植春鹃、夏鹃、西洋鹃等6个品种的杜鹃花335株，辅种3200平方米的马尼拉草，配植红枫、红继木、银夏柳、鸢尾、葱兰等园林植物，使杜鹃园的花期、花色、姿态、季相变化更为丰富。

“华夏之光”壁画　位于普陀山西北麓，1997年建成，壁画弧形，长106米，高6米。“华夏之光”四字出自美籍华人，著名物理学家李政道先生的手笔。壁画由中央艺术学院袁运甫教授、袁佐、袁加三人用两年多的时间绘刻而成，其图案体现了中华民族七千年的光荣历史。壁画前建成820平方米用石板铺成的舞台，舞台前左右建有喷池，供游人观赏，舞台下面还建成用石板铺设1400平方米的平台，演出时便于观众观看演出，平时便于游人游览。“华夏之光”与月牙楼之间铺设1.25万平方米的草皮，草皮中央用石板铺一条4米宽的通道，通道中央竖一24吨重青石雕宝鼎，供游人观赏。

桂林天然奇石馆 位于七星公园的骆驼山东侧，占地2600多平方米，为庭院式园林建筑，悬廊吊柱，颇具广西民居特色。古桂树亭亭如盖，小池凝碧，芳草如茵。馆名出自90高龄篆刻家钱君匋手笔，体近汉简，风神潇洒。馆内设醉石亭、奇形、奇韵、奇采、遴珍4个展厅和一座商场。展览面积约800平方米，商场面积136平方米。商场有天然奇石、书籍画册，旅游工艺品等。奇石馆1995年5月落成，同年10月18日正式开馆。全部藏石均为向科生个人收藏，分别来自十多个国家、地区、全国二十多个省市，共分十多个大类，50多个石种，珍品2000余件，其中有四亿年前一米多长的震旦角石，三亿两千万年前的生物礁化石，极为罕见的有51只三叶虫的巨型化石等，令人赏心悦目，叹为观止，大饱眼福。

桂林天然奇石馆，是全国最大的天然奇石馆，为桂林山青、水秀、洞奇、石美四大奇迹增添了一景，为游客游览桂林增添了一个全新的景点。

桂海碑林博物馆 位于七星公园月牙山西南麓。占地面积为2875.76平方米，建筑面积1218平方米。1963年，龙隐岩、龙隐洞摩崖石刻被列为自治区文物保护单位。1984年，成立桂海碑林石刻陈列馆；1994年，更名为桂林石刻博物馆；1997年，更名为桂海碑林博物馆。

该馆是保护、研究、宣传桂林石刻的历史类专题博物馆，负责对桂林诸山石刻进行清理，保护，维修及拓片资料采集工作，现馆藏拓片1000余件，碑林由龙隐岩、龙隐洞、摩崖石刻、新建碑阁组成。

龙隐岩、龙隐洞早在唐代起已成为旅游胜地，宋初建有释迦寺，元符二年，广西经略程节于龙隐岩建骖鸾阁，环翠阁，明代相继建准提阁，万象阁，怡云亭等建筑，历代游人题名题诗，形成了岩洞内外“摩岩殆遍，壁无完石”的碑林奇观。现存摩崖石刻200余件，为桂林石刻荟萃之地，其历史悠久，上至唐昭宗乾宁元年，下至民国三年，时间跨越千年，内容丰富多彩，涉及政治、军事、经济、文化、民族、宗教各方面，形式多样，题名、题记，题榜，诗词，曲赋，记事等体裁，书法俱全，真、草、篆、隶异彩纷呈，反映了桂林各时代的重大事件和社会风貌，体现了作者对当时社会的评价和自己命运的归宿。其中，宋蔡京《元祐党籍碑》记录了北宋时期的一次震惊朝野的党派斗争，此碑是国内唯一保存完整的石刻，是研究“元祐党争”的重要实物资料，宋《平蛮之将题名》记载了狄青平定侬智高起兵反宋的重大历史事件，《五君咏》以颜延之的诗文，黄庭坚的书法，梁章矩的藏本著称于世，堪称“三绝”。石曼卿《钱叶道卿题名》是北宋早期著名书法家石曼卿仅存的石刻作品，范仲淹赞其书法为“颜筋柳骨，散落人间，宝为神物”。清李宜民镌刻五代高僧贯休《十六尊者像》，其面部形态，表情，衣着，饰物无一雷同，线条流畅，体现出高超的绘画艺术和精湛的刻石工艺，具有珍贵的历史、艺术价值。

该馆先后接待了杨尚昆、李瑞环、钱其琛、迟浩田、布赫、宋平、钱正英、叶选平、丁关根、吴官正、华建敏、李铁映、李岚清、周铁农、尉健行、黄孟复、贾庆林等党和国家领导人到博物馆考察。

1998年，桂海碑林保护性开发工程，总规划面积4.08万平方米(包括山体)，建筑总面积约2080平方米，总投资1100万元工程分两期进行。其中，一期工程投资565万元，主要内容是修建大门、绿化庭院、防止露天碑刻的碑面风化、为山岩上的碑刻清淤排水、建立小型石刻的陈列展示柜等。2001年4月，一期工程的主体项目碑林大门工程竣工。碑林大门建设项目于2001年1月开工，由大门、贵宾接待室、碑廊、售票处、讲解员休息室组成，建筑面积为266.5平方米，投资额180万元。大门整体风格为重檐式仿古建筑，主体为砖混结构，盖亚光黑灰色

桂海碑林博物馆大门　　（2003年3月摄）

中国瓦；墙体由方块青石叠砌，镶嵌花岗石碑刻5件；碑廊陈列明清散碑石刻23件。2004年，一期工程竣工。二期工程2004年做规划，2006年动工，投资1500万元，主要工程：园区改造、旧陈列馆改造和桂林石刻文化陈列等

2000年，七星公园成为国家首批AAAA级景区，国家重点风景名胜区、桂林的核心景区，并通过ISO 1400I国际环境管理体系和ISO 900国际质量管理体系认证。

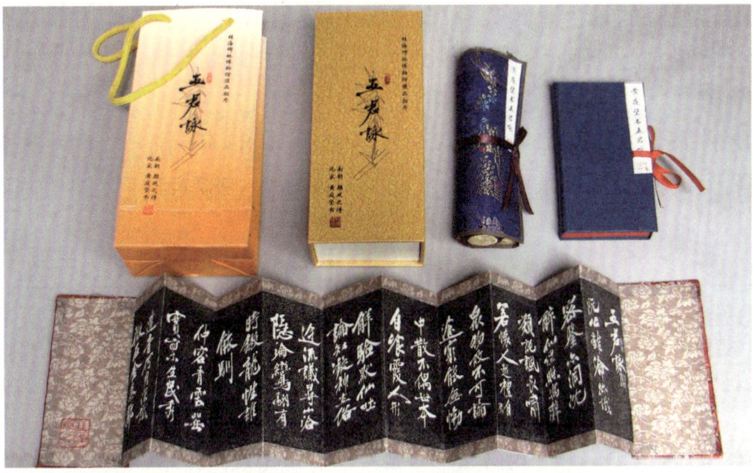

桂海碑林文化产品——《五君咏》袖珍拓片系列

（2005年摄）

穿山公园

该公园位于七星区域西南部小东江东岸。园内有穿山、塔山、月岩、穿山岩和寿佛塔等胜景，小东江自北而南，曲贯两山之间。1990年，公园面积29.47万平方米，建成游览面积12.48万平方米。1991年，穿山公园接待国内国外游客25.8万人；1995年，穿山公园接待国内国外游客12万人；2000年，穿山公园接待国内国外游客14.1万人；2005年，穿山公园接待国内国外游客8.7万人。

早在宋代，穿山便是游览桂林山水的环行水路游览线上的一个景点。地方官吏胡槻于南宋嘉定十五年(1222)在穿山西峰山腰的月岩南口刻“月岩”二字。以后历代都有人到此游览并写下许多赞美诗句。明代在与穿山相望的一座山上建有八角七层实心砖结构的寿佛塔，故山从此以塔为名。

1977年，因开凿防空洞在穿山腹发现一处新奇的岩洞——穿山岩。1980年成立公园管理处，开始建设穿山公园，人工开凿穿山岩的进出洞口，清除洞内1万多立方米黏土，安装景灯、路灯，铺筑岩洞游览道路。1981年2月5日，正式对游人开放。穿山岩是桂林市继七星岩、芦笛岩之后开发的又一个大型风景溶洞。洞内有许多精美的石钟乳、石笋、石幔、石盾，特别是晶莹内烁的鹅管、卷曲的石枝、雪白透明的水晶石、石头开花长毛，形成穿

穿山公园的月岩——山水的眼睛

（2001年4月摄）

穿山公园穿山洞的四连体石盾

（2000年摄）

山岩独有的景色。1981年，修筑穿山游览山道，在穿山北峰顶建穿山亭，同年3月2日—3日，组织发动全市271个共青团基层组织出动6600多人次，在穿山种下垂柏、苦楝等6.67万株。1981—1983年，国家拨专款治理小东江，增大水面游览面积。1987年，在穿山岩洞口依山就壁建成400平方米的洞口建筑，具有售票、休息、购物等功能。1988年，在小东江岸边建成面积370平方米的水榭。1992年，修筑公园内小东江沿岸的驳岸，并在江中修筑一座人工岛，建曲桥两座，使穿山和塔山风景游览区连成一体。

表7-1　　**2005年七星公园、穿山公园主要亭台楼阁一览表**

建筑名称	位置	建筑时间	建筑面积（平方米）	投资（万元）
玄武阁	普陀山北半山腰	始建元代，1989年重建	141	8.80
栖霞亭	普陀山四仙岩口	始建宋代，1950年重建，1979年再建	32	
碧虚亭	七星岩口	始建宋代，1956年重建	215	6.45
超尘净境门	普陀山北半山腰	始建宋代，1956年重建	6	
文昌亭	普陀山北半山腰	始建明代，1956、1988年重建	77	4.00
小蓬莱长廊	普陀山北半山腰	始建清代，1956年重建	81	
伴月亭	月牙山道上	始建清代，1958、1978年重建	9	0.27
揽月亭	月牙山瑶光峰顶	1958年新建，70年代改建	12	0.22
摘星亭	普陀山天玑峰	1958年新建，1978年重建	12	0.30
普陀精舍	普陀山半山腰	始建宋代，1959年重建	336	4.02
博望亭	普陀山天权峰	1959年新建，1986年重建	76	6.93
月牙楼	月牙山北麓	1959年新建	1200	12.87
襟江阁	月牙山月牙岩旁	1959年新建	110	3.30
纪忠亭	普陀山博望坪	1946年新建，1959年重建（又名忆昔亭）	10	0.20
小广寒	月牙山月牙岩	1963年新建	116	3.48
驼峰茶社	骆驼峰下	1964年新建	427	8.54
豁然亭	七星岩南出口	1965年新建	40	1.44
桂海碑林藏碑阁	月牙山龙隐岩	1968年新建	316	5.00
毛泽东诗词廊	普陀山西北麓	1973年新建	337	12.00
双虹桥	灵剑溪	1974年新建		3.20
儿童乐园休息亭	儿童乐园	1974年新建	28	0.78
普陀山门	普陀山西北麓	1974年新建	27	0.54
护碑亭	普陀山西北麓	1974年新建	16.4	0.50
八角亭	普陀山曾公岩	1974年新建	80	2.40
芙蓉亭	花桥芙蓉石上	1975年新建	4	1.20
盆景艺苑	骆驼山南麓	1978年新建，1988年扩建	4355	
穿北亭	穿山北峰	1981年	12.25	
小白楼	月牙山北麓	1985年新建	156	4.00
洞口建筑	穿山岩洞口	1986年	435	9.00
倚霞轩	普陀山东南麓	1986年新建	759	20.00
水榭	小东江岸边	1987年	370	15.00
拥翠亭	普陀山半山腰	1987年	36	3.00
公园花桥大门	花桥西头	1990年新建	90	38.00
月季园	骆驼山东麓	1992年新建	5500	20.00
杜鹃园	月牙山北麓	1993年新建	4200	25.00
湖心亭	小东江人工岛上	1993年（含桥2座）	56	37.00
公园葛老桥大门	普陀山西北麓	1994年	79	55.00
山门	穿山月岩下	1995年	140	10.90

尧山景区

该景区位于桂林市东郊，距市中心 8 千米，主峰海拔 909.3 米，相对高度 760 米，是桂林市最高的山峰。因周唐时在山上建有尧帝庙而得名。景区规划总用地面积为 4.5 万平方米；1991 年，景区建成游览面积 3000 平方米；至 2005 年年末建成游览面积 4 万平方米。1992 年 9 月，尧山自然风光和明代靖江王墓群建设成为桂林风景名胜区。1995 年，尧山景区接待国内国外游客 8 万人；2000 年，尧山景区接待国内国外游客 12 万人；2005 年，尧山景区接待国内国外游客 14 万人。

尧山山势大致南北延伸，高大雄浑，状如伏牛，俗名牛山。尧山山体断层自两亿年前的印支运动，7000 万年前的燕山运动及 200 万年前的喜马拉雅运动中，尧山不断地推向高处，成为桂林群山的最高峰。远在 16 亿—8 亿年前，尧山原为海底，在 4 亿年前的广西运动抬升为陆地，其后又降为浅海，3.6 亿年前再由砂岩与页岩组成，经亿万年来，以物理风化为主，岩体缓慢地破坏，形成平缓的“土山”，至今表层的碎屑堆积物仍留存在山坡与山麓。

尧山以变幻莫测、绚丽多彩的四时景致闻名于世，被誉为欣赏桂林山水的最佳去处。尧山还是一个风水宝地，有全国保存最完整的明代藩王墓群靖江王陵，规模宏大辉煌，在此出土的梅瓶名扬四海。

史书记载，尧山原是桂林古海中的岛屿，也是当时桂林唯一的土山，最高最大。《郡国志》云：广州尧山，高四千丈，自番禺、交阯见之。有飓风，风发屋折树翻湖焉。尧山上曾建有尧庙、后寿佛寺和白云观。海拔 200 米处，明代时建有祝圣庵（又名茅坪庵）；海拔 650 米左右，唐代时建有白鹿禅寺，为白鹿禅师故居（亦称玉皇阁）。尧山脚下有明代靖江王陵和抗清英雄张同敞墓。

尧山冈峦起伏，气势磅礴，植被丰茂，杜鹃遍野。冬季山顶时有积雪，明亚震直《尧山冬雪》诗云：“朔风从东来，吹落遥空雪，洒向尧山顶，相看最奇绝。”尧山以变幻莫测，绚丽多彩的四时景致而闻名。春天，尧山满山遍野的杜鹃花将一座层峦叠嶂的大山打扮得姹紫嫣红；夏天，尧山满山松竹、阵阵碧涛、山川竞秀、郁郁葱葱；秋天，尧山

尧山滑道　(2005 年 8 月摄)

尧山烟云　(2000 年 10 月摄)

尧山索道　(1992 年 8 月摄)

枫红柏紫、野菊遍野，金黄碧绿；冬天，尧山雪花纷扬、白雪皑皑、冰花玉树，别有一番情趣，站在尧山顶极目四望，尧山前水田如镜，村舍如在画中，千峰环野，一水穿城的景色必会使您心中生出“一览众山小”的豪情。尧山是全国著名古迹名胜。

1992年5月，尧山索道全套引进奥地利DOPPE LMATYR索道公司先进技术，装备有自动报警、电视跟踪等安全防护系统。索道全长1416.18米，高差423.3米，设双人吊椅和吊厢175个，上站位于山顶电视发射台附近，下站位于靖江王陵旁，索道单向运行时间为20分38秒：每小时运送量5072名，乘索道由山下直达尧山之巅，极目远眺，峰海山涛，云水烟雨的桂林山水风光尽收眼底。尧山上的滑道属富斯特滑道，国内较少见，他蜿蜒盘旋在尧山上，大部分设在茂密的森林中，很多地方步行难以到达且穿过了两座涵洞，两旁有许多奇松怪石和名花异草。滑道全长1000米，弯道18个，高低落差150米，平均坡度15度，好似一条巨龙。滑道的设计最高时速为每小时80千米，当前限制在每小时35千米。滑道由香港盛华集团同桂林索道游乐公司共同合资兴建，聘请德国专家勘测设计，并全部采用德国威港公司先进技术和设备建成。

靖江王陵

王陵位于七星辖区内尧山西南麓，是靖江王朱守谦及其子孙的王陵，南北15千米，东西7千米，王陵和宗室坟地，占地666.7万平方米。1991年，靖江王陵接待国内国外游客13万人；1995年，靖江王陵接待国内国外游客15万人；2000年，靖江王陵接待国内国外游客8.6万人；2005年，靖江王陵接待国内国外游客7.8万人。

历代靖江王除第一代朱守谦和第十三代朱亨嘉死于外地，其余11王即悼僖王（朱赞义）、庄简王（朱敬佐）、怀顺王（朱相承）、昭和王（朱规裕）、端懿王（朱约麒）、安肃王（朱经扶）、恭惠王（朱邦宁）康僖王（朱任昌）、温裕王（朱履焘）、宪定王（朱任晟）、荣穆王（朱履裕）均葬此。现明显可识的墓葬有王、妃和葬墓11座，厚葬次妃墓3座，其他将军、中尉、宗室、王亲藩戚等墓300余座。在陵墓成立了古墓文物博物馆，馆藏从王墓群出土的文物92件。

靖江王墓群依其地面规制及死者身份可分成六类。第一类是王妃合葬墓，即通常所说的王陵，共10座，级别最高，墓园面积占地20多万平方米，布局一般为长方形，两道围墙，三券陵门（外围墙）、三开间中门（内围墙）、五开间享殿与高大的宝城（墓冢）处于同一轴线，以神道相通，神道两侧序列守陵狮、墓表和狻猊、獬豸、狴犴、麒麟、武士控马、大象、秉笏文臣、男侍、女侍等石作仪仗，一般为11对，有些王陵在秉笏文臣后面还立有神道碑，有些在陵门内或外建有厢房。第二类是次妃墓，共4座，级别次于王、妃合墓，墓园布局与王妃合墓相仿，但面积及建筑略小，石像生少2对。第三类是未袭而卒的世子（长子）墓和别子辅国将军墓，级别低于次妃墓，石像生只有7对或更少。第四类是奉国将军墓，墓园面积、石像生少于辅国将军墓。第五类是中尉墓，分镇国中尉墓、辅国中尉墓、奉国中尉墓三级，墓园面积、石像生依次减少，一般只有一道围墙和墓碑，无享堂和石像生。第六类是县君、乡君等女性宗室墓及靖江王宫媵墓，级别最低，无围墙和石像生，仅有墓冢和墓碑。据记载，靖江王墓及次妃墓都是由礼部和广西布政司委官依制营造。但因埋葬时间的早晚而在规制、规模上有所变化，总体上是规制由繁变简，规模由大变小，制作由粗变精。其中最早的第二代悼僖王陵及第三代庄简王陵的占地面积分别为21万平方米、5.8万平方米，均超过亲王占地3.33万平方米的规定，且墓冢高大，石像生粗犷雄浑。弘治至隆庆时期营造的昭和王陵、端懿王陵、安肃王陵、恭惠王陵的茔地则在2.87万—1.47万平方米之间，石作精巧华丽，万历、崇祯时期营造的康僖王陵、温裕王陵、宪定王陵、荣穆王陵的茔地缩小到0.67公顷，石作精致细腻，置放拥挤。其余四类墓则由靖江王府或墓主家人建造，也因时间早晚而呈现相似的变化。这种变化是靖江王府以及明朝由盛而衰的真实反映。

表 7-2　　1997 年七星辖区各游览线路车费及综合服务费标准

单位：元／人

线路	游览景点	综合服务费	车费	
			普通车	空调车
市内一日游	七星公园、奇石馆、民俗风情园	10.00	12.00	18.00
市内东线一日游	靖江王陵、尧山风光、七星公园	10.00	12.00	18.00
市内西线一日游	伏波山、七星公园、民俗风情园、穿山公园	10.00	12.00	18.00
市内古文化一日游	明王城、靖江王陵、桂海碑林、独秀峰	10.00	12.00	18.00
冠岩一日游	草坪风光、冠岩、民俗风情园	10.00	20.00	25.00

第四节　管理　服务

桂林市旅游局负责全市旅游市场的全面管理。七星区工商、公安、卫生防疫、交通等执法部门配合市旅游局的工作。至 2005 年，旅游事宜均由市旅游局统一管理。七星辖区内主要旅游机构实体有七星公园、穿山公园、尧山景区、靖江王陵管理处，负责管理辖区的各项设施和服务工作。

旅 行 社

20 世纪 80 年代初，随着旅游业的发展，七星辖内开始兴办旅行社。1988 年，有旅行社 4 家，其中一类旅行社 2 家，二类旅行社 2 家，之后，随着游客人数日益增多，旅行社也逐步发展。1996 年 10 月，国家将旅行社分为国际旅行社和国内旅行社，取消一、二、三类旅行社划分。2005 年年末，辖区有国际旅行社 4 家，国内旅行社 10 家。国际旅行社有中国青年旅行社广西分社、桂林市环球国际旅行社、桂林市运通国际旅行社、桂林市山水国际旅行社。国内旅行社有广西金嗓子旅游有限公司、广西老年旅游桂林公司等。

驻区主要旅行社选介：

中国青年旅行社广西分社。该社属共青团广西壮族自治区委员会的国营企业。该社创建于 1979 年，位于育才路 10 号。该社内设办公室、人事科、行政科、宣传科、散客科、接待部、外联部、运输科、业务科、财务科和开发科。1990 年有职工 135 人，其中有英语导游员 24 名，日语导游员 20 名。其他小语种导游员 6 名，粤语导游员 15 名。1992 年 6 月，升为一类旅行社。在桂林与外商合资经营两家豪华酒店，在广西北海市建有度假村，有下属企业 7 个。

桂海旅行社有限责任公司。该公司于 1988 年成立，位于七星路 18 号。该公司拥有涉外星级大酒店，配备大、中、小型豪华旅游车，购物商场及娱乐美食中心等设施；拥有优秀的外联人员和一流的导游员，年年评为“桂林十强旅行社”。

广西老年旅游桂林公司。该公司于 1992 年 11 月 24 日在龙隐路 18 号 17 栋注册成立。该公司主要经营国内公民旅游业务，为老年人来桂医疗、康复、保健提供服务，开发抗衰老的保健用品，销售旅游工艺品，土特产品，糖烟酒，饮料，中药材，注册员工人数 13 名，注册资本 140 万元，该公司以接待国内游客为主的综合性公司，可为客户、旅游团队提供一流的服务，有桂林各大酒店的关系网络，有较好的购机、车票能力，能够确保团队及会议客人返程卧铺票，并按时返程。

广西金嗓子旅游有限公司。该公司于 1998 年 5 月 29 日成立，位于栖霞路 6 号。该公司主要经营国内旅游服务、设计、制作国内各类广告、体育活动承办等，注册员工人数为 20 名，注册资本 2624 万元。

表 7-3

2005 年七星区境内国际旅行社统计表

序号	名称	地址	电话
1	中国青年旅行社广西分社	育才路 10 号	2149128
2	桂林市运通国际旅行社有限公司	龙隐路 18 号	5810890
3	桂林市环球国际旅行社	施家园路 6 号	2189789
4	桂林市山水国际旅行社有限公司	骖鸾路 8 号	2887628

表 7-4

2005 年七星区境内国内旅行社统计表

1	桂林市美之旅旅行社	东江二路东江花园 2-3-2 号	5815799
2	桂林市桂海旅行社有限责任公司	穿山路花桥商业街 3 号楼 3A	5810835
3	桂林市华厦旅行社有限责任公司	穿山路花桥商业街 3 号	5840099
4	桂林市东方旅行社	自由路 19 号花桥街 2 号	5802109
5	桂林市大地旅行社有限责任公司	东江花园二路 2 号	5805926
6	广西航空旅游有限责任公司	自由路 26 号 1 号楼 2 栋	2845628
7	广西志年旅游公司桂林公司	普陀路 12 号	5813184
8	桂林市邮电旅行社有限责任公司	朝阳路 12 号	5864210
9	广西金嗓子旅游有限公司	栖霞路 6 号	5857823
10	桂林市康迪旅行社	栖霞路 48 号	5802929

宾馆饭店

1990 年以前，辖区内有宾馆 4 家（桂林帝苑酒店、桂山大酒店、观光酒店、松圆度假村、七星大酒店）。1990 年后，陆续建起不同档次的各类宾馆饭店。有涉外宾馆饭店 4 家（帝苑酒店、桂山大酒店、观光酒店、七星大酒店）。1989 年，桂林市涉外饭店（酒店）转为星级饭店。2005 年，有星级饭店 11 家，其中 5 星级 1 家（帝苑酒店）4 星级 3 家（桂山大酒店、观光大酒店、金龙大酒店），3 星级 6 家（七星大酒店、金嗓子大酒店、山水大酒店、桂星酒店、邮电宾馆、花桥大酒店），二星级 1 家（国际饭店）。星级饭店有客房 2321 间，床位 4466 张。

驻区主要旅游宾馆酒店选介：

帝苑酒店。该酒店位于七星区漓江东畔临江路，建于 1987 年 5 月，原名为桂林花园酒店。该店原由中国青年旅行社广西分社与香港中国贸易发展有限公司合资 1500 万美元兴建，为四星级旅游宾馆。1987 年 5 月 30 日试业。自 1990 年 8 月 20 日起由中国青年旅行社总社、日本大东兴产株式会社组成的合作组织依法取得花园酒店全部固定资产的所有权。新业主于 1990 年 3 月 18 日接管酒店，更名为帝苑酒店，重新开业经营，酒店由日本航空开发公司管理。酒店占地 1.15 万平方米，建筑面积 3.17 万平方米。酒店内有豪华套间、标准套间、大床间、江景房、标准间共 333 间，床位 657 张，是一家集商务、会议、旅游于一体的国际豪华酒店；餐饮部设有中餐厅、西餐厅、钢琴酒吧和日本餐厅，能满足客人的不同口味，酒店设有卡拉 OK、网球场、游泳池、健身房、麻将、桑拿等娱乐休闲设施。1996 年 4 月 18 日升为五星级宾馆。

桂山大酒店。该酒店位于七星区穿山路 42 号，为一座园林式四星级旅游宾馆。由市旅游公司、中国银行南宁分行信托咨询公司、广利南投资有限公司、香港信翔有限公司合资兴建。总投资 3510 万美元。1987 年 9 月 15 日试业。员工 1086 人，酒店占地面积 12.3 万平方米，建筑面积 5.7 万平方米；设有总统房、豪华套间和标准房 607 间，其中标准客房 267 间、江景房 300 间、行政楼层数码 E 房 20 间、豪华套房 16 间、豪华复式套房 2 间、独立临江总统套房一栋，共 1136 张床位。

酒店内设有中西餐厅，配有大型舞台、同声传译设备、多媒体投影仪（培训）等会议设施、全天候票务、电脑、翻译、秘书、旅游等完善的商务服务项目，室外有游泳池、保龄球、网球场、桑拿按摩中心等休闲娱乐场所、大型停车场等

观光酒店。该酒店位于七星区漓江路 20 号，毗邻国际会展中心，前临穿山、背靠七星公园、交通便利。由市旅游局与香港坚盛发展有限公司合作兴建，为三星级宾馆。投资总额 1500 万美元，建筑面积 21707.9 平方米，客房 304 间，600 张床位；1990 年 11 月 6 日试业，12 月正式开业。客房内配置闭路电视，卫星接收，国际电话，宽带上网等设施，拥有中西式餐厅，及干杯吧卡拉 OK，健身房、桑拿浴、按摩、英式桌球、麻将、游泳池等休闲娱乐场所。

松园度假村、七星大酒店。松园度假村位于七星区漓江路 9 号，是市旅游局直属的国营三星级旅游涉外企业，原名榕城饭店。1983 年 8 月 13 日试业，1984 年 1 月 16 日正式开业。1987—1988 年先后扩建装修，1989 年 1 月 2 日更名现名复业。七星大酒店位于七星区漓江路 9 号，是松园度假村与香港中国国际旅行社贸易公司及桂林市海外旅游总公司合资 3784 万人民币兴建的，1990 年 10 月 15 日开业。占地面积 11 万平方米，其中人工湖 2000 多平方米，建筑面积共 5.2 万平方米，有豪华、标准客房 462 间、925 张床位。

表 7-5　　2005 年七星辖区星级宾馆（饭店）一览表

序号	名称	成立时间	星级	房间	床／张	地址	电话	传真
1	帝苑大酒店		5 星	333	642	沿江路 186-1 号	3118888	5875951
2	桂山大酒店		4 星	607	1136	穿山路 42 号	5813388	5814851
3	观光大酒店		4 星	271	530	漓江路 20 号	5882688	5813328
4	金龙大酒店		4 星	118	212	漓江路 11 号	5808888	5808886
5	七星大酒店		3 星	197	392	漓江路 17 号	5812311	5814898
6	山水大酒店		3 星	180	361	七星路 48 号	5815151	5815151
7	花桥大酒店		3 星	46	87	自由路花桥 1 号	5848228	5848128
8	桂星大酒店		3 星	229	429	七星区 18 号	5815400	5813435
9	金嗓子大酒店		3 星	158	310	栖霞路 6 号	5815629	5857821
10	邮电宾馆		3 星	108	207	朝阳路 12 号	5862516	5862590
11	国际饭店		2 星	75	160	漓江路 1 号	5814200	5813743

餐饮设施

1979 年前，辖内餐饮业多为国营和街道集体饮食服务部门经营，网点少，设施简陋。20 世纪 80 年代，经济体制逐步改革，餐饮业随着旅游业的兴起和物质条件的改善而迅速发展。各宾馆、饭店、招待所均设有餐厅不同档次、不同规格的各式酒楼菜馆、饮食店、米粉店遍辖区的大街小巷，中西饮食、名牌菜系、地方风味等品种繁多，为市民和游客提供就餐服务。90 年代中期，在漓江路、自由路、七星路开发吃、住、行、游、购物系列旅游产品与服务。辖区的夜市摊，主要集中在五通街、半塘路、建干北路、骖鸾路、施家园，品种主要有油茶、烧烤、油炸串、凉粉、清补凉、煮田螺、桂林米粉、铁板烧等地方风味食品。

第五节　旅游休闲

名　　菜

抗日战争时期，七星区域的粤菜有白龙粤菜馆、馥榕酒家、太平酒家、广东酒家；上海菜有五芳斋；北方菜有天津食堂、河北食堂；桂南菜有半酣园、小三元；四川菜有美丽川、嘉陵川、锦江川菜馆等。20 世纪 50—70 年代，七星区域主要有粤菜、川菜、桂北地方菜、潮州菜等。

20 世纪 80 年代起，七星辖区的旅游宾馆、饭店引入淮南菜、闽南菜、杭州菜、西北风味菜等。此外，辖区涉外宾馆还开设西餐厅，菜系有法国菜、英国菜、美国菜、意大利菜等。

20 世纪 90 年代后，七星辖区的地方特色菜及地方风味小吃，得到不断地发掘和整理。主要以马蹄、白果、板栗、荔浦芋、沙田柚、竹鼠、漓江鱼、鳝鱼、蛤蚧等地方特产为原料和辅料制作，已形成以地方菜为主体，与国内、国外其他菜相结合的菜肴。

清蒸漓江鱼　取漓江鲜活鲤鱼为原料。制法是将鲤鱼刮鳞、去鳃、剖腹除去内脏洗净，在鱼身两侧锲柳叶花刀。用料酒、精盐摸擦鱼全身内外，放在长鱼碟内，鱼身下垫几根长葱，将配料摊入，再撒上调味品，入笼蒸至鱼刚熟出笼、弃除垫底的长条葱，用蒸出的原汤汁勾稀薄芡，撤胡椒粉，烧红香油淋鱼身，趁热上菜。特点是鱼形成整、肉质细嫩、味道鲜美。

生焖狗肉　每到冬季，桂北地区民间就有吃狗肉的习惯。制法是将狗肉切块，放入生铁锅中干炒干爆，炒至肉香水分干，再放砂姜、八角、橙皮等料调味，添汤长时间焖煮而成，可盛碟上席，也可用炭炉边煲边吃，味香浓扑鼻。

白果炖老鸭　采用老鸭与桂北产白果炖制而成。制法是将白果剥硬壳后，经水煮胀，洗去外膜衣，雕挤去内芯。将光老鸭切成小方块放入沸水锅中焯去血腥水，捞起放入炖盅，加入白果及配料、调味品，盖上盅盖，用旺火炖至鸭块质烩、汤味浓，取出笼，撒入胡椒粉，淋香麻油即成。特点是鸭肉质烩，白果滑嫩，汤清微苦，四季皆宜。

荔芋扣肉　选用荔浦县特产的芋头及带皮五花肉为主要原料。做法：将芋头切成日字长方块用油炸香脆，五花肉水煮透后油炸至肉皮起泡，切成块，与芋头块相间隔排在扣碗内，加入豆腐乳、青蒜、料酒等配料，用旺火蒸至肉香味透，出笼勾芡即成。特点是色泽金黄、形整齐大方、质绵软、味浓郁、芋香浓烈、肥而不腻。此菜在桂林的筵席上是一道主菜。民间有“无扣不成席”之说。

脆皮欢喜　是桂林的一道传统名菜，在喜庆婚宴上往往作为第一道菜上席，取其彩头好，宾主皆大欢喜之意。制法将前夹猪肉剁茸，拌入马蹄、香菇、葱白及调味品，再取网油将肉馅包成条状，蒸熟后挂脆皮糊浆，油炸，再改刀装盘。此菜形好，色金黄、外皮酥脆，肉馅香鲜滑嫩。

荷叶鸭　原料大都取自桂林土特产。做法是取土鸭宰杀后，将板栗、香菇、鸡胗及调味品与熟糯米饭调成馅，灌入鸭腔内，刀口处封口，将鸭焯水和走红，用荷叶包好上蒸笼蒸透，食时打开荷叶置于菜盘中，另用上汤调芡淋上即可。此菜外部有荷叶之清香，与内部浓香交融，风味独特。日本国《旅游指南》曾作介绍。

三花醉鸡　取桂林三花酒和本地三黄土鸡为原料。制法是将宰杀的鸡入热锅煎香并使其外皮呈金黄色，取砂锅（煲）一个，爆姜葱、香料，放入鸡、汤水及调味品，再投进三花酒，用文火煲（焖）至鸡熟烂入味即成。

马蹄炒鸡球　制法是选个大皮薄、肉质细嫩甜脆马蹄去皮。净鸡肉打“十字花刀”，再改切三角形小块，调少许味料腌制后将鸡肉滑油。炒锅爆姜片、葱白，放入鸡球、马蹄翻炒即可。此菜鸡肉滑嫩香鲜，配料清甜爽口，果味香浓。

桂林竹板鱼　原料为漓江鲤鱼。制法是将活鲜鲤鱼除去内脏、洗净，将葱姜蒜茸和调料混合擦在鱼全身腌味，然后把毛竹砍成一尺长左右，将鱼夹在竹内，用竹篾片将两头捆好，用木炭火烤一个半小时左右，两边慢火烤至竹子出油，有竹香味时即可上席。其特点是鱼香肉嫩、鳞脆，有竹香味，具有桂林地方特色。1987 年参加广西民族创新菜比赛中获奖。

红扣竹鼠 以桂北地区的山乡竹林出产竹鼠，营养价值很高，民间有“一鼠胜三鸡”之说。制法是先将竹鼠宰杀切大块，放入水锅煮熟，再热油炸至皮黄肉红，再切长方形块，排放扣碗后淋味汁，上蒸笼蒸熟透，食时反扣菜碟，味美郁香。

蛤蚧炖全鸡 原料为三黄仔鸡1只、雌雄鲜活蛤蚧一对。制法是将三黄仔鸡放尽血、去毛，由鸡背开刀取去内脏，洗净斩去爪子，放入沸水中焯水。再将蛤蚧杀后去内脏，去皮，去眼珠和脑水，尾巴留一节皮，用酒搓擦蛤蚧肉身，杀菌除异味，入沸水中焯血水，放入装鸡的汤盅中，鸡胸朝上，蛤蚧放两旁，加姜片、葱结、精盐、料酒、火腿片、桂圆肉以及高清汤盖上醢盖，上笼蒸炖。然后取出，弃去姜片、葱结，趁热上席。特点是鸡成整形、蛤蚧成双、汤清见底、味美。此是滋补名菜，1988年参加全国第二届烹饪大赛获金牌奖。

提篮明虾果 原料为鲜明虾、黄心马铃薯、面包糠。制法是将马铃薯削皮后洗净、切细丝，用清水漂洗捞起后放入沸水锅中焯水，随即捞起挤干水分，加干芡粉拌匀，把一些马铃薯丝按入特制提篮模型具内，先炸成篮提耳、再炸篮筐，然后安装炸成有提耳的提篮，炸至外表金黄色、质地香脆、捞起沥干油，用圆碟盛装。将鲜活明虾摘去虾头、剥去虾壳，留虾尾不剥壳，从虾背片开虾身，取出虾肠拍平虾身，放入碗中加入配料及调味品拌匀，裹上面包糠放入油锅，炸至虾卷曲成圆球形，捞起沥干油放入提篮中，碟边以香菜叶小花点缀即成。1987年广西民族创新菜比赛中获创新第一名立功奖。

风味小吃

七星辖区的风味小吃别具一格。桂林解放后，七星区域的风味小吃店，不少居民和近郊农民制作小食品为副业，肩挑手提或头顶簸箕，沿街叫卖，借以养家活口。由于经营者多，互有竞争，促使风味小食品制作精益求精，从而形成独特的七星区地方风味。

20世纪80年代初，七星区域有20多个品种地方风味小吃，分别是桂林米粉、水糍粑、千层糕、蕉叶粑、高粱粑粑、炒糖粑、酥油香、盐糖果、绿豆沙、芝麻糊等。至2005年，七星辖区收集整理出30多个品种地方风味小吃，其中有桂林米粉、桂花糕、千层糕、马蹄糕、椰椰糕、桂花软糕、荔芋糕、桂花炒糖粑、蕉叶粑、高粱粑粑、炒糖粑、水糍粑、酥皮荔芋虾、酥油香、金银油堆、豆蓉糯米饭、八宝糯米饭、裹蒸粽、盐糖果、花香马蹄、散子、绿豆沙、芝麻糊、大肉咸汤圆等。

桂林米粉 用大米加工而成，可口价廉。新中国成立前，全是手工榨制，以北郊的睦邻村和佛山脚的农户加工生产为多。东郊临桂大村也有加工生产，城里少数米粉店有自榨自卖的。制作米粉要经过泡米、洗米、磨米、压浆、发酵、做团、煮团子、榨粉、煮粉、捞粉、团粉11道工序，费时40—50小时。

桂林风味米粉，因佐料和烹调方法不同，大致分为5个品种：生菜米粉。佐以猪肝、瘦肉片、粉肠（即猪小肠），撒上葱花，淋上小麻油、鲜红辣椒少许和数叶生菜。顾客入店随买随煮，特点是汤清滚热、味道鲜甜。卤菜米粉。卤水鲜美，配菜有清脆松口的锅烧肉、叉烧、卤猪（牛）肝和卤猪（牛）肉等。煮时将米粉团放入滚开的水中冒热搅散，滤干水倒入碗内，加入卤水、热油、铺上卤菜，再撒上油炸花生米或油炸黄豆，葱花或芫荽、蒜末、油淋辣椒粉。吃起来香滑利落，鲜美爽口，滋味无穷。牛腩米粉。与生菜米粉同属一类型，不同的是配菜以炖得酥烂浓香的牛腩下粉，浇上牛腩卤汁，味佳。原汤米粉。亦属生菜粉的范畴，区别在于米粉刚出榨，由冷却的大水缸中捞出来，不必入锅再烫即盛入碗中，以榨米粉的原汁为汤，加上各种配菜、桂林豆腐乳汁。这种米粉汤白色浓稠，味微酸，如能加上刚出锅的香脆油条，蘸着汤汁吃，其味鲜美。 马肉米粉。是桂林著名的传统风味米粉之一。有“不吃马肉米粉，不知天下之美味”的佳话。此风味始于清道光年间，于街头小摊叫卖。其后相继设店经营：有会仙楼、又益轩、义利居、艳香居等十几家。马肉米粉的经营一般在寒冬腊月，配菜主要是腊马肉。米粉在马肉汤中汤热，随粉勺一捞，顺势将汤带入小碗之中。每小碗米粉放入几片马肉，有腊排马肉、板肠、大蒜丝、熟油及少许麻油。吃马肉米粉重在吃马肉和马骨汤。要趁热吃。

桂花糕 制法是先将优质大糯浸泡软心后，捞出揉干水分与干净河沙一同拌炒至熟透发松，筛去河沙，将米磨成粉，然后铺在通风阴凉处润粉数天，取预先煮好的糖浆和少许熟花生油淋于粉中擦成湿润粉团，先铺一层于木框中，撒上蜜桂花，再铺上粉，压紧，用铜板走光，取出木框，切成方块即成。

马蹄糕 以黏米为主,加五分之一糯米粉,倒入模具内,黄糖粉撒面和包心,蒸熟而食,因模具似马蹄而得名。

桂花软糕 以糕粉为主料,加入桂林产桂花糖和白糖制成软糕,柔软细腻,口味芬芳清香,是夏秋之美点。

桂花炒糖粑 选优质大糯,淘洗干净后浸泡,待米粒软心后,磨成米浆,用细布口袋吊干水分,然后将得出的糯米粉团加白糖揉搓均匀,出小坨,入热油中炸成金黄色,捞出。另起锅放入黄糖、桂花糖溶化,倒入炸好的糍粑,边加热边拌炒,直到黄糖粘裹于糍粑上即可食用。其特点是,色泽油亮金黄,形似金钱,香甜软糯。

蕉叶粑 将半干的糯米浆拌糖浆包芝麻糖馅,用芭蕉叶包裹蒸熟,因有蕉叶之清香而得名。

高粱粑粑 以糯性高粱用水浸后磨成浆,压至半干用芝麻糖为馅做成粑粑,蒸熟出笼后裹以豆粉,成为具有特殊香味之杂粮小吃。

炒糖粑 将压至半干的糯米湿粉制成胚子,包糖馅心,将油烧至50度左右,放入黄糖或糖粉,胚子熟后浮出油面捞出即成,故名"炒糖粑"。

水糍粑 压得半干的糯米浆做成扁圆形,包入芝麻糖馅下笼蒸熟,裹大米、黄豆炒熟磨成香粉,裹香粉而食,因黏糍性大而得名。

酥皮荔芋虾 用荔浦芋作原料。将芋头洗净,上笼蒸熟,制成芋茸,加入熟澄面、猪油、精盐、白糖、味精,搓匀揉透,制成芋角皮,包入用鸡肉、香菇、冬笋炒成的三丁馅,制成橄榄形,一端用莲花形酥皮覆盖,并插一只漓江鲜虾尾。入油锅炸呈金黄色,表面起风巢,莲花开成瓣捞出即成。其特点是,形似花蕾,外酥松里软滑,甘香可口,曾在全国第二、第三届烹饪点心大赛中获银奖。

酥油香 原为回族食品,将面粉用水、油、蛋合面,加入糖和小苏打,成型后裹芝麻下油锅炸熟,酥脆香甜。

金银油堆 将半干的糯米粉搓糖浆,做成球形,油炸后制成空心油堆,再将白糖和白糖制成的软糕夹入油堆内,既有油堆的脆香,又有软糕的滑爽可口,因软糕是黄白二色,故名"金银油堆"。

豆蓉糯米饭 将浸泡过的糯米蒸熟成饭,包入豆蓉、芝麻、葱花而成。

八宝糯米饭 以糯米蒸成饭,加橘饼、冬瓜糖、桃仁、红枣、莲子、白果、豆沙等料,加入酒和白糖制成糯米饭。

裹蒸粽 以糯米为主,包入绿豆蓉、荔芋、板栗、猪肉等料,用荷叶包裹蒸透而食,故称"裹蒸粽"。

盐糖果 以半干糯米粉为料,中包豆沙糖心,炸熟起锅趁热裹粉(炒香糯米加入炒香黄豆、芝麻、花生和白糖一起碾成),其味香甜可口。

花香马蹄 用马蹄糕做成,既有蛋糕香味又有马蹄糕的滑爽。

油鲜子 回族食品,以生熟麦面粉混合做皮,以腊肉丝、板鸭丝、冬笋丝、韭菜等炒制后做馅,煎熟,皮香脆,馅鲜美,上碟后加香菜、麻油、酱醋辣椒等食用,味极鲜美。因其做工复杂,用料价高,近几十年来极少上市,几近失传。

大肉咸汤圆 以优质糯米浸泡后磨成浆,压至半干,以猪肉(肥瘦搭配)及牛肉成比例,加香菇、虾仁、冬笋等为馅,做成小圆球煮至浮于水面即熟,以猪骨汤装碗。

娱乐休闲

20世纪80年代以前,辖内饭店、招待所均无专门的娱乐和健身设施(场所)。80年代起,新建的宾馆饭店,逐渐增加游泳池、台球、网球、乒乓球、机械健身、桑拿按摩等各种康乐设施。1988年起,涉外宾馆开始设置小型舞池、卡拉0k设施。2000年,有6家卡拉0k厅和4家咖啡厅、酒吧、音乐茶座。2005年,辖区与旅游相配套的文化娱乐设施日臻完善,产业规模增大。较大的娱乐场所有漓江民俗风情园,梦幻漓江剧场,桂林山水高尔夫球场等。

梦幻漓江剧场 位于七星路95号。该剧场是"桂林梦幻漓江演艺传播有限公司"于2001年9月成立。由国家A类演出公司北京"天创国际演艺制作交流有限公司"和香港"宏亚资本服务有限公司"投资千万元创建的中外合作企业。《梦幻漓江》100多名演员分别来自国家级艺术团体,其杂技和舞蹈节目曾荣获国际金奖和全国金奖。公司下设总经办、月光马戏芭蕾剧院、营销部、计调部、计财部、接待部、保安部和工程部,演职员工共150人。《梦幻漓江》通过不同场景和一流的声、光、电舞台效果的运用,采用芭蕾和杂技这种亚洲首创的完美组合,充分展现漓江的历史变迁、山水景观和人文情韵。至2005年年末,该剧场已连续演出150余场,接待中外游客3万多人次。

漓江民俗风情园 该园位于临江路二江(漓江、小东江)口的交汇处,此处水面宽阔,视野极佳,不仅白天便于游客参观游览,夜间更是欣赏漓江月色与渔火的好去处;由桂林漓江游览公司与台湾华骋公司合作兴建,占地面积3.6万平方米,1992年建成。园中集中展示了广西壮族自治区4个主要少数民族(壮、侗、苗、瑶)的民族建筑、民俗民风及文化,是一处融观赏性和参与性于一体的综合娱乐场所;园内杉木青瓦,屋檐层叠,古朴典雅的民族寨楼,鼓楼和风雨桥,极富民俗色彩的图腾柱群;醇香的过寨酒,独特的民族婚礼“背新娘”,浓厚质朴的民俗气息。广场演出原始粗犷,场景壮观,有壮族的板鞋舞,苗族的芦笙踩堂,侗族的多耶等参与性节目;斗鸡、斗马、上刀山、射弩等民族游乐活动充满刺激和奇趣;综合演出厅每晚都有一台具有浓郁少数民族地方色彩的歌舞表演,硬气功、绝技表演和民族服饰展示。至2005年年末,该园共接待中外游客30万多人次。

桂林山水高尔夫球场 该球场位于尧山西南麓,由台湾山水公司投资1亿元人民币兴建,于1995年11月12日开业。占地面积166.67万平方米,为72杆标准的18洞球场,主长7000余码,是桂林市第一家高尔夫球场。俱乐部主要以球会友,是一座集休闲、度假、观光、娱乐、养身的综合性高尔夫度假俱乐部。球场内环境清幽、高雅、脱俗,为顾客精心规划设计而成。球道设计动线明畅,全长8400码,27洞的球场,有30套高尔夫球具供出租,专业球童服务。其果岭草由台湾引进,球道草是广州的中山草。山水高尔夫还拥有豪华的度假饭店,有西餐厅、酒吧、卡拉OK厅等。拥有150间豪华房间。其骑马场已基本兴建好,有马匹6匹。红土球场硬式网球、游泳池正在兴建中。提供24小时餐饮、娱乐、医疗保健。购物等全方位服务,是一个集运动、休闲、度假于一体的绝佳去处。至2005年年末,该球场共接待中外游客2万多人次。

漓江高尔夫球场 位于桂林华侨农场东南部,磨盘山码头,竹江外事码头之间,距离市区17千米,距两江国际机场42千米,总占地面积400万平方米,2001年5月开业。主体项目国际标准18洞高尔夫球场,球道占地面积100万平方米,球道总长度7150码,标准杆72杆。球场利用周围依山傍水,奇峰挺拔独特的地理环境使自然野趣和人文景观兼收并蓄。前九洞乐山,峰峦起伏,后九洞乐水,一览漓江之景,水池河川蜿蜒于球道、秀峰和奇石之间,步换景移,挥杆者与游览者乐在其中。至2005年年末,该球场共接待中外游客5000多人次。

2003年秋季,几个外国友人兴致勃勃游览骆驼山

桂山大酒店保龄球 位于桂山大酒店一层,是广西第一家保龄球馆,设备由美国保龄球公司生产,总造价18万美元,设有6个标准球道,球道用高压玻璃钢制成厚5厘米,可受万吨压力,耐用,光滑,每个球道有10个保龄球,球有几种重量,分男、女用,球为内木质,外玻璃钢,并有回球机,打油机,数字显示机,记分台等设施设备,提供酒水及各类小吃。至2005年年末,该球场共接待中外游客6000多人次。

餐饮休闲

20世纪90年代中后期,七星辖区的一些餐饮业主人在自己的经营场所免费为顾客提供扑克,麻将、字牌,以此招揽生意,顾客以休闲为主。餐饮休闲与餐饮业的区别在于前者是经休闲为主来吸引顾客,顾客主要是休闲,玩耍,娱乐、餐饮;后者是以丰富美食吸引顾客。

2000 年起，七星区域内的尧山脚下和桂磨路大桥附近出现了 30 多家农家休闲山庄。2005 年，七星辖区有规模的休闲餐饮 100 多家，主要经营水煮漓江鱼、醋血鸭、黄闷鸡、干炒山老鼠、涮羊肉、烧卤熟肉等地方风味小吃。

至 2005 年年末，七星区域与旅游休闲业直接相关的住宿和餐饮业有 300 多家。

第八章

工　　业

位于七星区金星路1号的桂林三金药业总部　　　　（覃帆　2005年摄）

中华人民共和国成立前，桂林市东附廓区（今七星区域）是桂林市经济比较落后的区域，位于城乡接合部，只有少数的个体工商户；手工业者较少，手工业经济主要生产农用锄、犁、铁铲和日常生活所需刀、竹筷、纺染织、针织品等产品，多是个体经营，主要分布在东江路、穿山路、自由路一带；当时，七星区域的农村仅有少数从事简单农具和生活用品生产的个体手工业。

中华人民共和国成立后，桂林市东郊区（1949年12月18日，桂林市东附廓区更名为桂林市东郊区；1950年4月，成立桂林市东江区公所）个体手工业有竹、席、藤等手编工业；街道办集体工业有榨糖、榨米粉、磨豆腐、发豆芽等食品加工业。1952—1955年，七星区域由个体经营逐步向街道办集体工业发展。1956年，桂林市实行对个体工商业的社会主义改造；七星区域手工业生产由农业生产合作社组织经营的集体工副业生产转入公私合营企业和集体所有企业。

20世纪60年代至70年代，国家把桂林作为“大三线”（西南、西北为大三线，中部及沿海地区省区的腹地为小三线），先后在七星区域兴建桂林市漓江机械厂、桂林轮胎厂、桂林无线电一厂、桂林电力电容器厂、桂林市第三制药厂、桂林中药制药厂、桂林电线厂、桂林有色金属加工厂等国有工厂。

20世纪80年代，基于七星辖区的科研、教育、人才和项目优势，桂林市委、市政府决定申报并经广西壮族自治区政府批准成立桂林新技术产业开发区。1991年3月，桂林新技术产业开发区被国务院批准为国家级高新技术开发区。至90年代中期，辖区科研院所和大专院校先后创办了桂林光通电子工程公司、桂林超硬材料公司、桂林辰山新技术开发公司、桂林橡胶设计院新技术开发公司、桂林矿产地质研究院试验厂等公有制科技企业。辖区先后引进开办桂林利凯特公司、桂林诺基亚公司、桂林NEC（日本电气公司）公司、桂林皮尔金顿公司、英格索兰（桂林）工具公司、桂林百事可乐等中外合资、合作、独资公司。与此同时，辖区科技人员带项目到高新区内创办的民营科技企业，在高新区优惠政策的扶持下也得到了快速发展。

1995—2005年，辖区乡镇企业和高新技术产业迅速发展。工业在所有制成分、产业结构和产品品种质量档次等方面发生了巨大变化，非公有制经济比例逐年上升，节能低耗和适应市场的产业日渐取代传统产业，高新产品、名特优产品的市场份额不断扩大。2005年年末，辖区主要的工业企业法人单位400多家，其中高新技术企业136家，2005年全部工业产值86.95亿元，工业增加值34亿元，占辖区地区生产总值的57.50%。

表8-1 **1987年—2005年七星区工业产值统计表**

年份	产值（万元）	备注	年份	产值（万元）	备注
1987	462	80年不变价	1997	175300	两区合并
1988	582	80年不变价	1998	210400	90年不变价
1989	2069	80年不变价	1999	268500	90年不变价
1990	6455	90年不变价	2000	297400	当年价
1991	10403	90年不变价	2001	343202	当年价
1992	14393	90年不变价	2002	352657	当年价
1993	33812	90年不变价	2003	561835	当年价
1994	52162	90年不变价	2004	705983	当年价
1995	76867	90年不变价	2005	869499	当年价
1996	140300	90年不变价			

说明：1989年至1996年产值包含辖区内高新产业产值；本表2003年以前数据不含辖区内桂林市直属大中型国有工业数据

第一节　机　　构

1950—1955年10月，桂林市东郊的第四区、第三区人民政府配备了手工业干事。1955年10月—1959年，七星区域的东江和漓江两个街道办事处配备了工业生产干事。1960—1961年，东江人民公社（区公所）体制扩大，设立工交部。1962—1979年6月，公社体制调整，东江公社和漓江公社配备工业生产干事，穿山人民公社、朝阳人民公社街道工业由桂林市街道工业局管理。

经济贸易局

1979年7月，七星区人民政府成立，区人民政府设立生产管理科，人员编制3名。1984年12月，更名为经济管理科。

1988年7月，经济管理科更名为计划经济委员会，人员编制3名。

1997年6月，桂林高新技术产业开发区（简称桂林高新区）与七星区合并为桂林高新区七星区，设置了经济贸易科技局，人员编制4名。2001年12月，更名为经济贸易局。经济贸易局加挂科技局、安全生产监督管理局、安全生产委员会办公室、旅游局牌子，人员编制5名。至2005年保持不变。

1979—2005年，工业部门历任正职领导分别为：廖启祥、杨启华、王国才、赵加添、梁尚林、熊良斌、徐新能、李飞影。

安全生产监督管理局

2001年12月，七星区设置安全生产监督管理局，在经济贸易局挂牌。安全生产监督管理局职能一直由经济贸易局执行，其负责人由经济贸易局相关负责人兼任。历任局长为：刘飚、罗进禄。

第二节　街道工业

个体手工业

1950—1954年，东江区有个体手工业户316户，从业人员733名，主要从事农用锄、犁、铁、铲、刀、竹筷、织布等手工生产劳动，并有一些从事染织生产。个体手工业户，生产工具简陋，多数是木制机，铁制机，产量低。

1953年10月，全区有个体手工业组织21个，共计780户，从业人员1588人。这些手工业所生产的品种，绝大部分都是供给农村生产或生活的用品，另一部分是从事染织生产，花布、白布销售。个体手工业家庭，资金共计5.28亿元（旧人民币）。这些供销生产组在1953年第三季度转为合作社。金星组由35个个体户组成，从业人员69人，生产机子有48台（其中铁木机15台），资金共5232万元（旧人民币）。

1954年第二季度，区人民政府按照市委、市政府的统一部署，开展对私人工商业户、手工业者的社会主义改造。第四区人民政府参加对手工业者加工任务的分配和加工订货检查，将分散无计划的个体手工业纳入了国家计划的轨道，遏制了手工业这种自发涣散势力，提高产品质量；实行生产流水作业，协作分工，使生产量提高30%以上，并建立合作社2个（包含97户），生产组13个（包含379户），建社建组率达到60.9%。1954年6月，区人民政府组建了生产合作社。当年组成手工业合作社7个，生产合作组10个，共437户，从业人员1092名，资金588万元（旧人民币）。

1956年，桂林市实行对个体工商业的社会主义改造，七星区域个体手工业逐步转入公私合营和集体所有制企业。

集体所有制工业

1955年10月，撤销桂林市第三区人民政府，所辖区域分别成立桂林市东江街道办事处和桂林市漓江街道办事处，东江街道办事处办起织布、棕麻、棉胎、棉线、竹器、五金等集体性工厂和1个牛奶场的个体私营工业；漓江街道办事处组建渔业、河沙、水上运输等3个队的个体私营工业。

1956年初，七星区域个体私营工业向集体工业转变。

1956年，东江和漓江两个街道办事处有织布厂、棕麻厂、棉胎厂、棉线厂、竹器厂、五金厂、渔业、河沙、水上运输等生产企业；年生产总值达55948元。

1958年5月，中共桂林市委召开全体委员会议，传达党的八大二次会议正式提出的总路线。6月7日起，东江和漓江两个街道办事处兴起"大办工业"运动，拉开辖区全面"大跃进"运动的序幕。同年10月，辖区贯彻执行党中央提出来的"小、土、群"三字方针（即小转炉、小平炉、土法炼钢、群众运动），不少居民开始收集废旧金属（主要是生铁），一时间捡破铜烂铁之风兴起，有些居民干脆将自家用的铁器（诸如：铁锅、铁凳、铁产、铁门等铁器制品）都贡献出来，共收集到铁金属3769千克，全部投炉炼铁，支援钢铁工业。辖区组织力量挑砖、挑沙、砌炉，参加大炼钢铁的有200余人，炼出钢铁90多千克。同年，东江人民公社贯彻党的"鼓足干劲，力争上游，多快好省地建设社会主义"总路线，大办工业企业，兴办和扩大红砖厂、铸造厂、五金厂、玻璃厂、石英粉厂、棕麻竹器厂、缝衣厂；漓江街居民的木船、渔船、板车分别组成运输队。1958年11月，东江街道办事处和漓江街道办事处合并，成立桂林市东江人民公社，年末，东江人民公社办有各种工厂、作坊组、生产组（队）共23个（其中生产厂5个、手工业4个、服务业9个、加工厂2个、其他3个），就业工人655人，全年完成产值14.43万元。

1960—1963年，受自然灾害的影响，工业生产处于"困难时期"，因缺原料而停产。1963年起，为贯彻执行中央提出的"以农业为基础，工业为主导"的方针，东江公社办有织布厂、棉巾厂、棉线厂、棉胎组、竹器组、棕麻组、五金组、牛奶场等集体企业；漓江公社办有水上船运输队、河沙队、渔业队等，公社企业逐渐恢复正常生产。

1966年5月—1976年10月的十年"文化大革命"，受极"左"思想影响，东江、漓江两个公社的经济建设遭受到严重破坏，工厂停工，工业生产陷于瘫痪状态。1977年初，工厂逐步恢复生产。

1979年，东江公社、漓江公社办有13家小型独立核算的集体所有制工业企业。年末，企业职工总人数999名，工业总产值178.43万元，实现利润总额11.8万元。

1979年7月，七星区人民政府成立，东江公社、漓江公社的13家集体所有制工业企业归属区集体企业。是年，13家企业共完成工业总产值166.36万元，玻璃厂、棉线厂、棕竹厂、服装厂、塑料厂、铸造厂、服务站、漓江五金厂、棕麻厂、运输队、竹器厂11个单位超额完成全年计划，完成利润13.44万元。

1980—1984年，区人民政府推行经济责任制，辖区内的棕竹厂、制衣厂、线袋厂、塑料厂、铸造厂、竹器厂、食品厂等14家企业，从业人员660名。1980年，区属工业总产值193.22万元；1984年，区属工业总产值394万元。

1985—1987年，区属企业共开发20多种新产品，区政府先后为8家企业筹集发放51万元贷款，扶植企业发展生产，安置319名待业人员就业，安排临时就业人员达7188人次。

1988年，区属企业完成工业总产值582万元，其中经委口径完成475万元、其他企业完成工业总产值107万元。

1989—1993年，辖区共新办拉丝厂、羽绒制品厂、卷拉闸门厂、电子电器厂等区属集体企业63家。

1993年，光华电器元件厂、穿山电器厂、市东江电器厂、民政东江电器厂、市七星区星辰电子元器件厂、市劲力电器厂、市七星电器厂等30多家集体企业实行股份制。

1997年起，七区辖区区属集体企业逐步改制，有的关闭，有的重组，有的改制为国有企业。

2005年，七星区的漓江羽绒制品厂、穿山电器厂、市东江电器厂、民政东江电器厂、市七星区星辰电子元器件厂、市星光电子显示器厂、市丹桂无线电厂、桂林市工艺美术厂、桂林市织锦厂等50多家集体企业，有的关闭，有的改制为国有企业，有的改制为个体企业。

企业选介

七星卷闸门厂　该厂位于毅峰路，1988年建成投产，小型集体所有制企业，主要生产卷闸门、拉闸门。1990年末，职工人数46名，年生产能力7500平方米，工业总产值165.5万元，销售收入110.9万元，固定资产原值12.4万元、净值11.2万元，利润总额34

万元。1992 年，该厂因经营不善及资金不足被关闭

华强玻璃厂 该厂位于码坪街，1972 年投产，主要生产食品包装瓶。1990 年，职工人数 37 名，全年工资总额 0.6 万元、工业总产值(1990 年不变价格计)6.5 万元，工业净产值(按现行价格计)1.6 万元，固定资产原值 54.3 万元、净值 43.9 万元，生产能力 86 吨，销售收入 22.8 万元，利润总额 -12 万元。1993 年，该厂因资金短缺关闭。

新星电器厂 该厂位于码坪街，1988 年投产，主要生产游戏机。1990 年年末，职工人数 56 名，固定资产原值 26.9 万元、净值 24.5 万元；全年工资总额 4.3 万元、工业总产值(90 年不变价计)142.6 万元、工业净产值(按现行价计)31.4 万元、销售收入 232 万元、利润总额 3.2 万元。1992 年 6 月，该厂组建成立漓江消防器材厂。

桂林市工艺美术厂 该厂位于桂林市漓江路 39 号，占地 7200 平方米，建筑面积 4102 平方米。前身为华文雕刻工艺合作社，1972 年，更名桂林市工艺美术厂，属集体企业。主要产品有竹木雕、石雕、玉雕、中国画、柞蚕丝沙发坐垫套、长毛绒玩具等。设有办公室、技术科、生产科、业务科、供销科、财务科、国画车间、竹木石雕车间、玩具车间、机修班、保管室、工艺品展销厅、书画厅。1990 年全厂在职人员 116 名，年产值 60.5 万元，销售收入 38.01 万元，利润 1.83 万元，固定资产原值 104.18 万元，净值 67.04 万元。1997 年 6 月，该厂因市场需要进行了改制，由区属集体企业改制为个体企业，主要经营桂林米粉、桂林米粉制作、桂林米粉卤水、酸豆角，桂林豆腐乳，中草药，餐饮投资及连锁策划。

桂林市织锦厂 该厂位于桂林市穿山路 19 号，占地面积 1.9 万平方米，建筑面积 1.17 万平方米，其前身为 1958 年 9 月成立的桂林织带厂，1965 年更名为桂林市织锦厂。1969 年，市、自治区命名桂林市织锦厂为“自力更生，艰苦奋斗”先进企业，并作为“厂小贡献大”的典型，在全国工业生产会议上受到周恩来总理的表扬。1981—1989 年，该厂平均年产值 225 万元，年销售收入 256 万元，年利润 7.8 万元。1990 年，该厂在职人员 274 名，年产值 165.17 万元，销售收入 257.63 万元，利润 9.93 万元；固定资产原值 176.22 万元，净值 115.66 万元；主要产品有各种带类产品、丝织产品、西服呢、锦绫等，除在广西区内销售外，还销往广东、湖南等省区。1997 年，该厂因市场需要进行了改制，由区属集体企业改制为个体企业。

第三节 乡镇工业

1950—1980 年，七星区域乡镇企业的类型主要是集体企业、私营企业、联办企业及少部分企业公司；行业结构主要有林场、果园场、苗圃场、水产养殖场、畜禽养殖场等农业企业，农机修造业、建材业、饲料加工业、塑料加工业、油漆化工业、农副产品加工业、工艺品加工、纸品加工业等工业企业，建筑业，商业饮食服务业及其他企业。

20 世纪 60 年代末至 70 年代初，原郊区的穿山乡、朝阳乡“创办”的乡镇企业有农机修造厂、农副产品加工厂、建材厂、建筑业及各种手工艺加工等企业，规模较小。

1978 年 12 月，中共十一届三中全会后，农村普遍实行联产承包责任制，农村生产力得到解放。1979 年，七星区人民政府成立，区政府对乡镇企业实行一系列优惠政策，鼓励和扶持乡镇企业发展各种形式的乡办企业、联办企业、户办个体企业，安排剩余劳动力就业。

1990 年，乡镇企业进入大发展时期。企业产品突破了砖、瓦、灰、沙、石和日用品的范畴，往钢铁、塑料和电线电缆等方面发展。其中穿山汇丰轧钢厂、汇丰塑料厂、朝阳钢铁厂、穿山电线电缆厂等企业年产值均超过 100 万元。

1996 年 12 月，穿山、朝阳两乡从市郊区划归七星区管理。1997 年，桂林高新技术产业开发区与七星区人民政府合并，当年全区有乡镇企业 1235 家，共完成工业总产值 35000 万元，上缴税金 1133 万元。

1998 年，穿山、朝阳两个乡抓住辖区高新技术产业发展的机遇，积极组建企业集团和村工业园建设，穿山乡七星村委组建“七星集团”公司，协助七星村委的工业园在光辉村征地面积 1.33 公顷。当年，两乡共新办企业 28 家，并发展第三产业，积极抓住工商部门对农贸市场管办脱钩的机遇，开办农贸市场和开发市场周围门面，辖区开办市场5个，开发门面106个。区企业服务站新开发门面10个。穿山乡七星村委投资120万元在六合路建成1个农贸市场，建门面摊位600个，开发商业门面，推进城乡一体化建设，安置农村的剩余劳动，提高农民收入。

2002年，穿山、朝阳两个乡共引进企业114家，引进资金5000万元，其中房地产公司5家，引进资金3000万元。

2003年，穿山工业园建成开业，引进第三产业企业42家，并新增一批临街临路的商业门面，加大商业、服务性方面的投入。

2005年，桂林高新区七星区落实用地0.33公顷，帮助桂林市桂宜玻璃钢制品有限公司搬迁入。同年，辖区有乡镇企业2959家，企业固定资产投入1754万元，营业总收入86935万元，总产值64333万元，实现利润1765万元，上缴税金1397万元。

第四节　国有和民营工业

国有工业

桂林解放初期，七星区域工业以个体手工业为主，随着集体经济的兴起和个体工商业改造及公私合营进程，集体所有制成分逐步扩展。1949年年末，桂林国有工业——桂林印刷厂，在七星区域落成。20世纪60年代起，七星区域国有工业形成，主要有桂林漓江无线电厂、桂林星火机械厂、桂林市无线电一厂、桂林市无线电三厂、广西第一机床厂、桂林轮胎厂。1960—1980年，七星区域国有工业处于快速兴起、稳健发展期；1981—1996年，辖区国有工业处于鼎盛阶段。除原有国企外，辖区内科研院所、大专院校也在桂林高新区开办企业，如桂林电科所的辰山新技术发展公司、桂林矿地院的试验厂、桂林激光所的光通电子工程公司、桂林曙光所的蓝宇航空轮胎发展公司、桂林橡胶工业设计院的橡院开发公司、广西师范大学的师大化工厂、桂林电子工学院的电子仪器厂等。1997—2005年，辖区国有工业经历关、停、并、转、改、合的变革历程，一批大中型国有企业有的关停，有的并转，有的改制。如关停的国有企业有桂林无线电五厂、桂林无线电八厂等；兼并的国有企业有桂林市香料总厂、桂林味精食品总厂、桂林星火机械厂、桂林轮胎厂、桂林第一机床厂、桂林制药厂、桂林第二制药厂等；改制的国有企业有桂林印刷厂、桂林电线厂、桂林市无线电三厂、桂林漓江无线电厂、广西英山柴油机厂等。至2005年年末，除科研院校办国企外，辖区国有工业企业主要还有桂林印刷厂、桂林漓江无线电厂、桂林星火机械厂、桂林轮胎厂、广西英山柴油机厂、桂林市食品饮料总厂等。

2005年，国有企业完成工业产值13.07亿元，占辖区全部工业产值的15.03%。

民营工业

桂林解放初期，七星辖区民营工业主要是个体手工业。1980年后，特别是20世纪90年代末至21世纪初，民营工业有了很大发展，私营有限公司、私营合资公司、私营股份制公司，上市股份制公司和其他类型有限公司不断兴办，部分国有企业、集体企业也通过并、转、改、合等多种形式加入民营企业。民营企业在七星区域工业经济中的比重逐年加大，民营工业涉及的行业从日常生活用品到工业生产资料的生产，从低端传统产品到高端装备制造。特别是民营科技企业，产品进入民生、国防、科研及出口市场，产业涉及电子信息、光机电一体化、生物医药、新材料、新能源等领域。

至2005年年末，七星区域的民营工业企业主要有桂林星辰电力电子有限公司、桂林广陆数字测控技术有限公司、桂林澳群彩印有限公司、桂林皮尔金顿安全玻璃有限公司、英格索兰（桂林）工具有限公司、桂林百事可乐饮料有限公司等。

企业选介

桂林漓佳金属有限责任公司　该公司位于七星区铁山路4号。桂林漓佳金属有限责任公司前身为桂林有色金属加工厂，建于1976年；1986年，桂林有色金属加工厂更名为桂林漓佳金属有限责

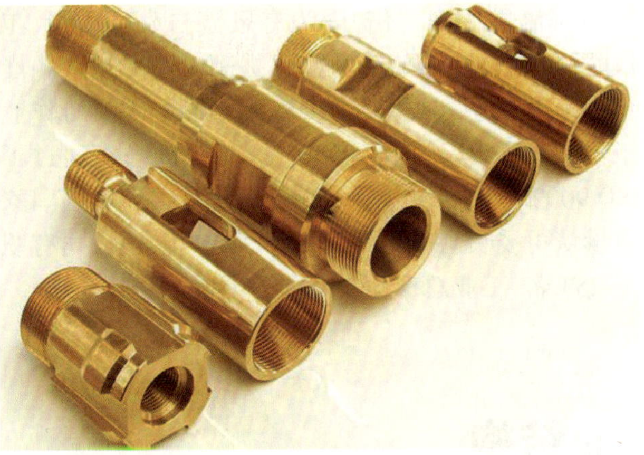

2005年,桂林漓佳金属有限责任公司生产的石油行业用铜合金管

(桂林漓佳金属有限责任公司 供稿)

任公司。该公司是广西壮族自治区唯一的综合性有色金属加工企业。生产铜、铝9个品种44个规格的管材、棒材、排型材。1993年,桂林有色金属加工厂有色金属材料总加工量1436吨,产值2753万元。2001年5月,桂林市有色金属加工厂与中国东方资产管理公司、中国华融资产管理公司签订债转股协议,转股金额9219万元。2002年,成立桂林漓佳金属有限责任公司。该公司的ISO 9001质量管理体系分别通过中国方圆标志认证委员会、德国TUV(从事检验、实验质量保证和认证的国际性检验认证机构之一)、挪威DNV(从事管理体系)认证。主要产品为各种牌号的铜及铜合金管、棒、排材和铝合金管、棒、排、型材,铜及铜合金年生产能力达1.50万吨。产品广泛应用于汽车、机械、电子、热交换、卫浴、石油、五金、建筑、装饰等行业,产品远销美国、英国、澳大利亚和中东等国家和地区。2005年年末,该公司有员工450名,实现工业总产值2.49亿元,销售收入2.48亿元,税收760万元。

桂林星辰电力电子有限公司 该公司位于七星区骖鸾路28号。1992年10月,桂林星辰电力电子有限公司成立。该公司的主产品有双电机消隙伺服系统、油电混合动力汽车引擎、交流伺服系统、直流伺服系统、伺服电机等,有彩色激光标刻机、连续激光电源、脉冲激光电源、声光Q开关驱动器等激光产品;产品广泛应用于军工、民用和工业领域,技术指标处于国内领先水平;产品销售美国、加拿大、韩国、马来西亚等国家及中国香港特区、中国台湾地区。1994年6月,经自治区科学技术委员会批准为高新技术企业。1995年10月,改为民营有限公司。2001年2月,该公司通过ISO 9001 : 2000质量体系认证。2001—2004年,该公司在深圳市、上海市设立星辰激光技术有限公司和星川电气使动技术有限公司。该公司重点发展的绿色节能项目(油电混合动力汽车电磁引擎、节能型注塑机用交流伺服系统、风力发电机变桨伺服系统和油田抽油机专用伺服系统)均取得成功。2005年,该公司有员工99名,工业总产值6685万元。

桂林皮尔金顿安全玻璃有限公司 该公司位于七星区南环一路。1995年2月,桂林皮尔金顿安全玻璃有限公司成立。该公司是生产制造汽车安全玻璃的专业厂家,总投资1.2亿元。1995—2004年10月,为中英合资企业;1999年,该公司获得英国标准协会颁发的ISO 9002质量体系认证证书,同时通过以美国三大汽车公司质量体系要求为标准的QS 9000质量体系认证,是国内同行业中第三家获得此证书的汽车安全玻璃生产企业;2004年,该公司通过ISO 14001质量体系认证。2004年,英国皮尔金顿集团购买该公司所有股份,桂林皮尔金顿公司成为首家皮尔金顿独资公司。该公司是中国西南地区主要的车用安全玻璃生产企业,是上汽通用五菱、柳汽、重庆长安、江西昌河、桂林大宇、湖南长丰等汽车厂家的主要供应商;该公司的产品通过皮尔金顿集团的全球销售网络远销北美及欧洲国家,产品直销日本五十铃;该公司产品全部通过欧共体ECE、美国DOT及中国安全玻璃质量标准认证,是国内首批取得国家安全认证和采用国际标准的企业之一。2005年,该公司有职工605名,年产汽车安全玻璃50万台套,列全国同行业八强,当年工业总产值9327万元。

英格索兰(桂林)工具有限公司 该公司位于七星区朝阳路55号。1997年10月16日,英格索兰(桂林)工具有限公司成立,是美国英格索兰公司以控股90%的方式与桂林风动工具厂合资创办的一家气动工具专业生产公司的民营企业。注册资金为600万美元,总投资1000万美元。该公司按美国英格索兰公司的质量标准和技术要求,引进先进的生产设备和工艺生产y18、yt23、yt24,这三种国内最通用的凿岩机型。以上型号的凿岩机以结构简单、安全可靠、维修方便而著名,更以性能好、效率高、重量轻、噪音小等优点倍受用户青睐,广泛应用于矿山、巷道、涵洞、隧道掘进和各种工程作业中钻凿不同方位、不同角度的炮孔，是冶金、煤炭、铁路、交通、水利及国防石方工程中不可缺少的重要工具。同时，该公司还引入美国英格索兰的产品进行组装和生产。如 m121 型气锤、pb35as8、pb50as1、mx60、mx90 等型号风镐，前者用于汽车工业除锈、打磨，后者用于建筑业房基、路基、路面再施工工程，后者重量从 18 千克到 39 千克不等，比国内风镐重一到三倍，因为有风镐自身的重量，工作时可极大地减轻劳动强度，提高劳动效率。各产品都配有一系列配套工具，配用不同的工具可作业于不同的环境。1998 年 12 月 9 日，该公司通过了 ISO 9002 劳氏质量体系认证，获得英国和美国国家质量认可委员会认可的证书。2005 年，该公司有职工 253 名，工业总产值 14004 万元。

第五节　工业结构

七星区工业经过多年的转型升级和创新发展，到 2005 年，已初步形成电子信息、生物医药、光机电一体化、新材料和环保等五个具有地域特色和优势的主导产业。其他传统产业大多数也采用新技术、新工艺、新设备进行改造升级。工业经济在辖区全部经济中的比重和效益贡献率均超过 50%。

表 8-2　　2005 年七星区工业(产值)结构统计表

产业划分	规模企业数(家)	工业总产值(亿元)	产业产值占比例 %	备注
电子信息	34	32.07	36.88	
生物医药	14	17.78	20.45	
机电一体化	29	8.46	9.73	
新材料	13	5.66	6.51	
环保及其他	17	22.98	26.43	含环保、印刷、纸品、食品、饮料等
合计	107	86.95	100	

电子信息业

1991 年，桂林新技术产业开发区通过引进吸收和企业自主创新，电子信息企业得到稳步发展。至 2005 年年末，七星辖区有规模以上电子信息类企业 34 家，年产值 32.07 亿元，规模企业家数和年产值分别占辖区的 31.77% 和 36.88%，电子信息业成为七星辖区经济发展的最大主导产业。行列涉及电力电容、电力和通信电线电缆、光通信和微波通信设备、电子元器件、电子测控仪器等。

生物医药业

1996 年，七星辖区的生物医药产业有桂林中药制药厂、桂林市第二制药厂、桂林第三制药厂等。至 2005 年年末，七星辖区有规模以上生物医药企业 14 家，年产值 17.78 亿元。生物医药企业中有 6 家为桂林市百强重点企业。行业涉及中成

桂林华诺威基因药业公司（覃帆　2000 年摄）

药、中药饮片、保健品、化学原料药、医药中间体、医疗器械、医药制剂、生化制剂、卫生材料、药用包材、药用滑石粉、医用氧等，形成较为完整的生物医药工业格局。

光机电一体化业

1996 年，七星辖区的光机电一体化产业主要有中国化学工业桂林工程公司、广西英山柴油机厂、英格索兰（桂林）工具有限公司、桂林星火机械厂等。至 2005 年年末，七星辖区有规模以上机电一体化企业 29 家，工业产值　8.46 亿元。行列涉及橡胶机械、交直流伺服系统、材料检测系统、风气动工具等。

新材料业

1996 年，七星辖区的新材料产业主要有化学工业部桂林蓝宇航空轮胎发展公司、桂林皮尔金顿安全玻璃有限公司等。至 2005 年年末，七星辖区有规模以上新材料企业 13 家，年产值 5.66 亿元。行列涉及橡胶制品、电工材料、汽车钢化玻璃、人造超硬材料、防伪标识材料等。

百事可乐饮料（桂林）有限公司

（覃帆　2003 年摄）

环保及其他产业

1996 年，七星辖区的环保及其他产业以桂林利凯特环保实业有限公司、桂林印刷厂、桂林美术陶瓷厂、桂林百事可乐饮料有限公司、桂林市食品饮料总厂为主。至 2005 年年末，七星辖区有规模以上环保及其他产业企业 17 家，年产值 22.98 亿元。环保业有机动车尾气净化装置等，年产值 1.18 亿元；其他产业涉及印刷、纸品、食品、饮料等行业，年产值 21.8 亿元。

第六节　工业体制改革

所有制结构改革

桂林解放至改革开放初期，辖区工业的所有制结构比较单一。除了极少数个体私营手工业外，集体所有制和全民所有制成分占主导地位。

随着改革开放的深入，市场经济逐步取代计划经济的一统天下，特别是桂林国家高新技术产业开发区民营科技企业的兴起，加速了辖区工业所有制结构调整进程。

据 2005 年七星区第一次全国经济普查，经过体制改革后，截至 2004 年 12 月 31 日，辖区主要有工业企业法人单位 406 个，就业人员 31473 人；工业个体经营户 489 户，就业人员 2405 人。在工业企业法人单位中，国有企业及国有独资公司有 43 个，占 10.59%；集体企业 54 个，占 13.30%，私营企业 128 个，占 31.53%；港澳台投资企业 22 个，占 5.42%；外商投资企业 21 个，占 5.17%；其余类型企业 138 个，占 33.99%。

从普查数据看，七星辖区工业企业的所有制结构特点十分明显。国有及国有独资企业加上集体企业等国家公有制企业，占企业总数的 23.89%，而私营企业 128 家，占 31.53%，加上港澳台投资、外商投资和其余类型企业，非公有制企业总数为 309 家，占辖区工业企业总数的 76.11%。

管理体制改革

企业领导体制改革　1949 年 12 月，桂林市军事管制委员会根据中共中央提出的“按各系统自上而下，原封不动，先接后分”的原则，先后对官僚资本企业进行集中统一管理。1954年，驻七星辖区的桂林印刷厂等国营企业试行“一长制”管理制度，即厂长对企业负全部责任，企业的一切重大问题如人权、物权、经营权等均由厂长决定并贯彻执行。

1956年，工业企业领导体制实行集体领导和个人分工负责相结合的制度，在企业行政管理方面实行党委（党支部）领导下的厂长负责制；企业行政领导者和党组织、工会、共青团的领导者，在党委（党支部）集体领导下进行工作；在民主管理方面实行党委（党支部）领导下的职工代表大会制，企业党组织主要是加强对企业生产行政工作的领导和监督。企业行政领导者，是在国家工业管理机关的直接领导下，依靠党组织的集体领导和广大职工群众的支持，负责管理和指挥整个企业。

1968年，区属各企业组织相继成立革命委员会，企业领导体制由原来的党委（党支部）领导下的厂长负责制改为革命委员会一元化领导体制。企业生产管理机构实行军事化编制，一度把原来的生产技术、供销、财务、行政、政工科（股）改革生产、后勤、政工3个组；生产车间、工段、班组改为连、排、班编制。这种体制破坏了生产管理的正常秩序。

1980年，七星区人民政府贯彻执行中共中央“调整、改革、整顿、提高”八字方针，重新建立健全企业管理组织机构和规章制度，落实各项经济政策。工厂管理逐步转变为国家计划经济与市场调节相结合的管理体制，开始推进企业经济承包责任制和厂长负责制。1984年，企业整顿后，在工厂中全面推行党委保证监督下的厂长负责制，厂长对企业的生产经营全面负责，企业党组织保证党的路线、方针、政策在企业生产经营中贯彻执行，保证国家计划的顺利完成，对企业生产经营中的重大问题起监督保证作用。

扩大企业经营管理自主权 1979年以前，七星辖区内工业企业属于高度的计划经营管理体制，企业生产的产品品种、生产数量、产品销售、生产原材料的采购等，均由企业主管部门统一管理，企业只管按分配的指标数生产。1980年，七星区人民政府贯彻市革命委员会《扩大企业经营管理自主权试点实施方案》，七星区域的桂林星火机械厂、桂林市无线一厂、桂林市无线二厂、桂林市无线三厂、广西第一机床厂、桂林轮胎厂、桂林电线电缆厂等20多家集体所有制企业进行管理体制改革。改革后，企业拥有部分产品自主权和原材料采购权，同时实行部分利润留成，企业开始由单纯的“生产型”向“生产经营型”和“外向型”转变。产品的自销权不断扩大，生产指令性计划逐步缩小，指令性计划品种，由1978年的42种，减小到1988年的5种；国家统配的生产资料指令性计划品种，由1979年的256种，减小至1988年的24种。1992年后，区政府贯彻市政府的有关文件精神，赋予企业的生产经营权、产品定价权、产品销售权、物资采购权、留用资金支配权等。资产处置权、人事管理权、机构设置权、联营兼并权、工资资金权、投资决策权、进出口权、劳动用工权、拒绝摊派权也逐步落实。利改税的改革在区属工业企业中取得成效。1992年，桂林市制革厂被列为第二轻工业部唯一的转换企业经营机制的试点单位，积极开展劳动、分配、人事三项制度的改革，极大发挥职工积极性。扩大横向经济联系，除巩固与自治区外贸土畜产公司联营外，又与香港百顺公司合资开办“桂林市百顺皮革有限公司”，使企业向多元化，股份化方向发展；是年，经第二轻工业部批准，进行第三期技术改造，投资800万元，扩建一条猪皮服装革生产线，设备仍将从德国、意大利引进，扩建后生产规模将达到中型企业，年产猪皮（自然张）50万张，折合牛皮25万张。

2003年12月21日—22日，在海军疗养院召开高新区七星区加快发展工作研讨会议

岗位责任制 1955年，桂林市在辖区桂林印刷厂进行“双定”（定员、定额）工作的试点，然后在面上推广。通过“双

定”工作，对企业进行技术测定、改善劳动组织、节约劳动力、对加强企业管理、发展生产、提高劳动生产率，都起到了积极作用。1958 年，受左的思想影响，企业“双定”工作受到冲击，处于停顿状态。“文化大革命”期间，“双定”管理机构被撤销，劳动无记录，效率无考核。1978 年，七星辖区贯彻市革命委员会“关于企业要做好编制定员和劳动定额工作，提高劳动生产率”的规定，多数工业企业修订了劳动定额标准。1983—1985 年，辖区区属工业企业在开展整顿过程中，把加强定额管理，扩大定额面，提高定额水平，作为企业管理的一项重要内容认真抓紧落实。经过整顿验收的企业，定额面达到 95% 以上，工时利用率达到 80% 以上，定额均衡率 91%—96%，平均提高 5%—12%。经七星区人民政府和工业企业单位的共同努力，辖区工业企业的“双定”工作基本上形成制度化和规范化。1992 年起，辖区区属工业企业普遍开始实行全员劳动合同管理，在企业内部设立的管理岗位、业务岗位、技术岗位、操作岗位一律实行公平竞争、择优上岗。通过加强岗位责任制的管理，使员工的劳动态度、工作表现、思想素质、基础知识、操作技能、业务水平都得到提高。同时，实行一岗多职，各岗位满负荷，实现了企业增产、员工增收。

优惠政策　1989—1993 年，七星区人民政府制定《关于进一步搞活经济的若干规定》《关于利用外资外商发展经济的若干规定》《关于加快经济建设步伐的几点措施》等优惠政策和措施，并成立人才交流站，建立人才库，为企业解决人才的需求，聘请高级经济师，组成七星区经济发展智囊团，为辖区的经济发展献计献策。这五年间，辖区共新办七星拉丝厂、桂林市七星卷拉闸门厂、桂林电了电器厂等工业企业 63 家，其中外资企业 9 家。至 1993 年末，辖区有工业企业 110 多家，年产值达 500 万元以上企业有 3 家，年产值达 300 万元以上企业有 4 家。

1994—1996 年，由于“三高一低”（高投入、高消耗、高污染、低效益）、关税政策、信贷担保等方面的变化，给企业的经营带来困难，造成企业流动资金严重短缺，产品销售渠道狭窄，加上原材料、能源、运输费用增加较快，各种费用有所增加，严重制约企业的发展。部分企业不能适应市场的变化，七星区经济管理部门调控手段较少。1996 年年末，七星区年产值 100 万以上的工业企业有三分之一已处于停产、半停产状态，亏损企业增多。七星区委、区人民政府根据国家新的政策和市政府给城区的政策，重新研究制定下发《关于进一步搞活经济的若干规定》及《关于扶持区级重点工业企业发展若干办法的通知》，帮助企业向金融单位贷款，给部分重点工业企业以贷款贴息；加大对区属企业固定资产投入，仅 1996 年，投入固定资产超过 7500 万元。

1997 年，高新区、七星七合并后，辖区各类企业享受统一的相关优惠政策。

经营体制改革

承包经营责任制　1986 年，七星区 4 家工业企业，如桂林味精食品总厂（2003 年 10 月下放为区属工业），按照市人民政府《桂林市国营企业实行上交利润责任制的办法》，进行承包经营试点，承包期 3 年。

1987 年后，又有一批工业企业签订一定三年的第一轮承包经济合同，承包面达 90% 以上。第一期承包的形式主要有两种：上缴利税责任制和企业经济责任制。

1988 年，七星区积极推行企业目标管理体制，对区建筑安装工程公司等 4 个公司和企业，实行效益与产值、产量、税收、安全生产等经济指标挂钩的经济承包制；企业内部积极推行多种形式的经营责任制，积极推进职称改革，经过评定，区属企事业单位共有 77 人分别获得工程会计、统计等系列的中、初级职称。辖区积极引进技术和资金，开展经济横向联系。先后与广西皮革塑料工业公司、市纺织公司、邮电部兴安通信设备厂、市科技培训中心等单位磋商合作经营和技术合作。广西皮革塑料工业公司桂林实验分厂和兴安通信设备厂桂林分厂两个联营企业已经成立。

1989 年 11 月，工业企业进行第二期承包。第一期承包企业全部转为第二期承包。承包年限由 1—3 年改为 1—5 年。桂林市无线电一厂选择 5 年的承包期，其余选择 1—4 年不等。第二期承包形式主要有：上缴利润基数包干，上缴利润递增包干；对还贷任务重的企业实行还贷承包；对微利企业实行实现税利承包；对亏损企业实行扭亏、减亏承包。第二期承包合同，按照重新修订的承包实施办法，改为按年度审核、年度兑现奖惩。

对完成承包合同的企业，市人民政府按规定给予承包奖励。

1992 年 7 月，市政府在对原承包经营责任制实施办法进行修改、补充、完善的基础上，下发《桂林市工业企业承包经营责任制实施办法》。1992 年末，辖区又有一批企业按新的实施办法签订了第三期承包合同。

2001 年，桂林轮胎厂压缩亏本的载重胎生产，加大工程胎和市场销售较好的小胎生产量，减少成本；公司采取“抓两头、卡中间”的办法，控制和降低原材料采购成本，提高销售价格，狠抓生产过程的中间投入和经营管理的薄弱环节，将亏损降到最低点。该厂对大宗原、辅材料按物资类别分期分批公开招标，择优选用，对零星材料及设备配件则实行定点比价采购审批制度，全年采购成本比上年下降 6% 以上。

2002 年，桂林轮胎厂重新修订承包方案，完善经济承包责任制，在分厂实行全额计件（计时）分配责任制。同年，轮胎产品产量为轮胎外胎 63.21 万条，其中载重汽车轮胎外胎 38.82 万条。

风险抵押承包 1987 年 4 月，一批工业企业执行《桂林市国营企业经济责任制实施办法》，实行全员风险抵押承包。按照国家增收、企业多留、员工收入稳步增长，企业经营者得到一定利益又要承担一定经营风险的原则，企业经营者代表全体员工与政府签订承包合同。同时，交纳一定数额的风险抵押金。辖区工业企业自实行风险抵押承包后，经营效果明显好转，成功地实现了所有权与经营权的分离，企业成为依法经营、照章纳税、独立自主、自负盈亏、自我发展的经济实体；企业的经营责任、经营权力、经济效益和经营风险均系于经营者，责任明确，利益直接，责、权、利结合较好，强化了经营者的责任感和事业心；风险抵押合同对职工的利益、待遇也有明确的规定。全员风险抵押承包，企业员工奖金按交纳风险抵押金的比例和对企业贡献的大小进行分配，把竞争机制引入了企业，个人利益与企业经营状况关系更为密切，克服吃“大锅饭”的现象，激发员工的积极性和主动性。

逐级责任承包 1984 年，国有工业企业按照社会主义市场经济的要求，在完善企业承包经营责任制的基础上，实行逐级责任承包。把联产、联利、联责的内部经济责任制逐步发展到各车间单独核算，自计盈亏的厂、车间、班组三级经济核算制。1992 年 6 月起，桂林市无线电一厂着手转换经营机制。首选把车间和销售部变为独立核算、自负盈亏、有经营权的经济实体，将总厂 26 个科室调整为“五部一行”（党群工作部、计划经济部、技术开发部、厂部、生活服务部和厂内中心银行），强化总厂调控职能，提高总厂管理效率，并实行“一厂多制”，改善内部投资环境，外引内联，建立 5 家合资、合作企业，全面盘活存量资产。上述措施使该厂很快产生活力，半年内扭转了亏损，1993 年实现盈利，1994 年产值首次超亿元。2001 年，该厂与广西桂林斯壮微电子有限责任公司合作投入运营，并与桂林桂风机械总厂以职工入股方式分别组建了桂林盈达电子科技有限公司和桂林兴科龙机械有限公司。2003 年，结合工业园建设，推进该厂“退二进三”（退出第二产业，进入第三产业）搬迁改造项目，进一步优化了工业布局。

兼并 1987 年 8 月，经市轻工食品工业公司的建议，市人民政府决定，将经营不善、亏损严重的北门糖果厂划归七星辖区的桂林味精食品总厂，并更名为冷饮糖果厂。这是桂林市企业兼并的首次尝试，产生了良好的效果，冷饮糖果厂迅速扭亏为盈，1988—1990 年，实现利润达 100.36 万元。1996 年末，桂林味精食品总厂采用合伙租赁形式改制。

1997 年，桂林市香料总厂因资金短缺，处于半停产状态，亏损额已达 1300 多万元，总负债 2700 多万元；1—6 月，该厂做了被兼并前的准备工作；7 月，该厂完成内部清产核资，同时在组织落实、安全保障、转变观念及各种材料收集等方面做了大量工作，经反复与收购方协商后，于 11 月被桂林集琦集团有限公司兼并。同年，桂林市无线电三厂对分厂实行改制，实现扭亏。

1998 年，桂林市无线电三厂成立三分厂，安排 70 余名下岗职工。通过与外界合作，盘活存量资产，解决再就业问题。该厂与广东通达电器公司合建桂林市桂三电子实业有限公司，安置 50 余名待岗职工。发展第一、三产业拓宽就业门路。建立企业内部劳务市场，通过转岗培训，择优上岗。安置一批富余或下岗人员 180 余人次，做到下岗职工有人管，再就业有人抓，生活费用按月照发，无一人被推向社会。年内，获得 ISO 9000 系列标准论证，对企业全面提高素质以及参与国际市场竞争发挥了积极作用。2001 年，实现产值超亿元，生产规模有较大的增幅。

1998—1999年，桂林电缆厂由于资金、市场等原因，经营出现困难，1999年1月—6月，基本处于停产状态，市电子机械局果断决策，支持国际电线电缆集团公司对该厂实行托管经营，经过3个月的托管，盘活了该厂的存量资产，年末完成工业产值1800万元，安置10多名员工重新上岗。

2000年，桂林制药厂与桂林市第二制药厂合并。2001年6月，桂林制药厂以净资产（包括二百余种产品品种的生产批文和知识产权）出资占股94.475%，与桂林天和药业股份有限公司、上海国佳生物工程技术发展研究中心有限公司、桂林神龙堂生物制药有限公司、桂林高新技术产业开发总公司等四家企业共同发起设立桂林南药股份有限公司。2002年3月，桂林制药厂以49%的股份与澳大利亚商人合资设立桂林澳林制药有限责任公司。2003年12月，桂林制药厂引进战略合作伙伴——上海复星医药（集团）股份有限公司，并于2004年3月组建桂林制药有限责任公司（上海复星医药占60%股份，桂林制药厂占40%股份）。2004年4月，桂林制药有限责任公司在湖南湘西凤凰县投资设立凤凰江山科技有限责任公司。2005年，桂林制药有限责任公司投资重庆康乐制药有限责任公司，占股51.57%。

至2005年，全区兼并的企业有20对，其中跨行业兼并5对，跨地区兼并15对。

股份制改革

1987年，在大中型企业推行经理（厂长）负责制。同年，七星区的部分工业企业为补充流动资金，试行股份合作制，其形式以内部职工入股为主，股数不限。1990年起，七星辖区部分工业企业采取内部员工集资入股的形式，解决企业资金短缺的问题。

1999年，桂林商标装潢印刷厂改制为桂林市先资彩印包装有限公司，成为全市工艺美术系统第一家股份制企业。当年完成工业总产值2176万元，产品销售收入2971万元，实现利税288万元，实现工业增加值1130万元。该公司取得明显的经济效益，主要采取转换企业机制：桂林商标装潢印刷厂为完成国有企业股份制改制任务，相继进行精简机构、定员定岗定资、全额计件、合理分流富余人员等改革整顿，将原有的19个部门精简为9个，实现同工同酬、按劳分配、调动广大职工的积极性和创造性；实施科技兴厂，该厂购进电脑设计系统，加速新产品的设计和开发，发挥3台进口四色胶印机的生产能力，抢占市场，签约为桂林三金药业集团公司、桂林三花股份有限公司、河南众生集团、贵州神奇药业有限公司、成都通联药业有限公司等国内知名企业提供包装。2000年，工艺美术公司适应市场的需求，积极调整产品结构，采用新技术、新材料、新工艺开发新产品，组织技术力量开展竹雕（浮雕）工艺品项目，填补广西壮族自治区这一项目空白，被广西壮族自治区科委列入新产品开展项目计划。先资彩印包装股份有限公司开发了隐形防伪油墨印刷工艺和隐形防伪印刷并附带检测仪的新技术，使产品包装防伪技术填补国内空白，被中国包装技术协会评为“全国200强先进包装企业”称号。

桂林三金药业集团股份有限公司前身为桂林中药制药厂，桂林中药制药厂是国家重点中药厂，广西中药行业唯一的国家二级企业。1967年，桂林中药制药厂建厂；1989年，桂林中药制药厂与中国药材公司实行全方位联营，1994年改制组成桂林三金集团公司；2001年12月，桂林三金股份有限公司设立；2002年3月，桂林三金股份有限公司更名为桂林三金药业集团股份有限公司。2005年，桂林三金药业集团股份有限公司完成销售收入7.8亿元，实现利税2.9亿元，主要经济指标连续14年位列广西医药行业第一，并稳居中国中药行业20强前列。

1987年至2005年，七星辖区共有25家企业完成股份制改革。

第七节　安全生产

宣传教育

1980年，区人民政府落实国家有关安全生产的政策、法令和法规，要求区属企业领导切实树立安全生产观念，做到“安全第一，预防为主”。1981年，重点抓好思想教育，向干部、群众宣传安全生产、文明生产的重要意义，同时做好事故的预防工作。1987年，宣传《广西壮族自治区劳动保护条例》《中华人民共和国交通规则》《中华人民共和国消防条例实施细则》及桂林市、七星区有关安全生产的具体规定，纠正玩忽职守、违章操作行为。1993年，区属企业利用黑板报等宣传园地定期宣传安全生产，对职工进行教育。1996年起，贯彻市委的有关规定，每年开展“安全生产周”活动，在全区范围内进行学习、宣传、教育等基础工作，要求企业采取各种形式把安全生产工作开展起来，利用标语、横幅、宣传画进行安全生产宣传教育，使安全工作落实到企业的各个角落。区属各企业定期、不定期地对员工进行防火、防盗、急救、消防器材使用及用电常识等安全知识教育，提高全体员工的安全素质。2003—2005年，宣传安全生产专项治理，组织召开单位领导参加的辖区人员聚集场所消防疏散通道、安全出口专项治理工作会，组织辖区企业员工参加安全生产法律知识考试和知识竞赛活动，发放宣传资料，进行安全生产事故警示图板巡回展等。

目标管理

1988年—2005年，七星区政府对安全生产一直实行年度目标管理。根据辖区企业的情况，每年与重点企业签订安全生产目标管理责任状。要求企业杜绝重大伤亡事故，每年千人死亡率低于0.15‰，千人重伤率低于0.45‰，工伤事故频率低于9‰，无一次性直接经济损失5000元（含5000元）以上的火灾事故，无爆炸事故和重大设备事故。对完成目标管理指标的，区政府给予奖励，对玩忽职守、忽视生产安全、有章不循或无章可循，不尊重科学造成重大伤亡事故和重大经济损失的，除重罚外，并给予行政处分直至追究刑事责任。区政府与企业签订安全生产目标管理责任书，企业向政府上交安全生产保证金。企业针对各自的具体情况，修订和完善安全生产制度和措施，把安全生产任务分解到车间、班组和个人。

督促检查

1987年1月，七星区安全委员会成立，当年5月下设办公室；2001年12月设置安全生产监督管理局，作为区安委会的执行机构。每年上半年和下半年分别对区属企业进行一次安全生产大检查，企业每季度检查一次，科室、车间每月检查一次，年末全区进行安全生产评比。全区性的安全生产大检查，内容主要有9项：各单位领导对安全工作的重视程度；生产、交通、防火等安全领导小组的建立和活动情况，各行业（工种）的规章制度建立健全及执行情况；下生产计划、订合同、搞承包有无安全工作的条款和措施；对易燃、易爆物品、单位、场所以及仓库、旅社、建筑工地的安全防火措施；车辆的完好率及其管理制度的建立和执行情况；对新工人和特殊工种人员的教育、培训、考核情况；有害、有毒作业场所的防护措施，尘毒浓度的达标情况；位于各街道的集体、个体的旅社、饮食店和商业网点的安全措施；改善劳动条件的措施和安全技术劳动保护措施情况。七星区安全生产大检查，根据各企业的不同情况有所侧重，重点针对安全生产目标管理未达标的企业，逐个督促指导其解决存在的问题。辖区历年生产安全事故率和伤亡人数均控制在上级下达的指标范围内。

2005年，七星辖区未发生重、特大工业生产安全事故。

第九章

商　　贸

桂林国际会展中心　（覃帆　2005年2月摄）

1952年秋，桂林市成立南郊区、东郊区（今七星辖区）、西郊区3个供销合作社，各设1个门市部。1953年12月26日起，粮食实行统购统销。1954年1月起，油脂油料实行计划收购。同年，东、南、西3个郊区供销社撤销，成立近郊区供销合作社。

1955—1956年，随着粮油统购统销和农产品预购工作的开展，集贸市场缩小，工农业产品自由集散的市场逐步为计划供应所代替，猪肉、牛肉、鸡、鸭、鱼、蛋等副食品上市量少。1956年2月，对小商小贩进行社会主义改造。全郊区有小商小贩197户，从业人员250人。除进厂转行者外，其余参加公私合营，成立合作商店。1956年12月起，城市居民购买猪肉执行凭票、定量、定时、定点、计划供应。郊区供销社统管郊区农村商业、饮食及服务业。

1957年8月31日起，七星辖区执行市人民委员会制定的《桂林市市场管理暂行办法》，凡属国家收购或统一收购的粮食、油脂、油料、棉花、烟叶、麻、土纸、中药材等60多种物资一律不准上市，农民自留的部分需要出售时，售给国家委托的收购商店。1958年，供销社与国营商业合并。近郊区各供销社改为国营商店，由市商业局统一领导。

“文化大革命”期间(1966—1976)，国营商业遭到严重破坏，经营商品服务项目减少，服务质量下降。1968年下半年取缔小商小贩，关闭集市贸易，集体商业盲目转为国营，商业网点减少，短缺商品增多，凭票证供应商品增加，导致吃早点难、住宿难、买肉难、理发难等，给群众生活带来诸多不便。

1978年起，商业体制进行一系列改革，国营、集体、个体一齐上。取消工业品统购包销方式，放开农副产品及小商品的价格，企业在完成统一的商品生产计划后，增产的产品可以自销。开展横向经济合作，形成多种经济成分、多种经营方式、多条流通渠道和减少流通环节的商品流通体制，促进市场的繁荣。

1979年，七星区人民政府成立。1980—2005年，七星辖区的国营、股份制、个体私营，集贸市场、副食品市场、综合商场，烟草、石油、医药、粮油、餐饮及服务等商贸稳步发展。

2005年，七星辖区共有集贸市场15个，其中专业市场12个；民营及个体商贸从1980年的20多家增加到2005年的995家，从业人员由100余名增加到4536名；商贸零售业额18.36亿元，批发业销售总量38.96亿元。

第一节 机　构

1960年6月，七星区域的东江区公所设立财贸部、工交部，负责东江区范围内的百货、食品、土产、油脂、五金、交电、化工、医药、药材、煤建、信托、石油、盐业等工作。

1961—1978年，七星区域的商贸工作由市革命委员会商业局管理。

1979年7月，七星区人民政府成立，商贸部门设商业服务科和供销财务科，实有人员3名，负责对七星辖区的商贸管理。

1980年9月，七星区政府供销财务科撤销，分设供销科、财务科及商业服务科，实有人员3名，负责对七星辖区的商贸管理。

1984年，七星区政府商业服务科撤销，设供销科及财务科，实有人员3名，负责对七星辖区的商贸管理。

1997年，桂林国家高新技术开发区与七星区合并，设置经济贸易科技局，位于骖鸾路26号，属机关行政单位，正科级，内设综合处和科技产业处，实有人员4名。2001年12月，更名为经济贸易局（对外增挂科学技术局、安全生产监督管理局、科学技术协会牌子）。至2005年年末，机构性质、级别、内设机构保持不变，人员编制4名。

1979—2005年，七星区商贸部门历任局（科）长为杨启华、梁尚林、肖立华、徐新能、李飞影、谭玉成。

第二节　商业所有制结构

20世纪50—60年代(合作化时期),七星辖区贯彻国家对资本主义工商业进行社会主义改造的政策,实行全行业的公私合营,出现了手工业生产合作社、合作店。

20世纪60年代起,随着国家的科研所及高等院校搬迁桂林东部,七星辖区内开始发展国营商业。

“文化大革命”期间,由于受“左”的影响,部分合作商店过渡到国营商业;从事个体经营的小商小贩被迫停止营业。

20世纪90年代起,随着社会主义市场经济的深化,国营、集体门市部逐步减少,股份制经济、私营经营、个体经营等民营经济越来越多。七星辖区出现了一批股份制经营、私营经营企业,如南城百货、喜洋洋、好又多、华荣、桂怡等大型商场,糖、烟、酒、糕点、奶制品等副食品专柜这些商品占了很大的比例,品种丰富。

个体私营商业

1978年12月,中共十一届三中全会召开,七星辖区个体私营经济得到复苏与发展。依桂林市规定,凡是社会需要、国有和集体工商业又不能全包下来的,均允许个体户在七星辖区内开业经营,并开始对原有的个体商业户进行登记发证工作;登记条件:凡有正式户口在桂林的城镇街道待业青年、社会闲散人员和有一定传统技术的退休工人,根据自己的技术专业和经营能力提出申请,经所在街道居委会或有关部门领导签署意见,市政府和工商局批准,即可从事经营。当年,七星辖区经营范围仅是一些民用的生活必需品,如饮食业、日用百货、小商品、干鲜果菜等,受多种因素的限制,七星辖区的个体私营商业发展缓慢。

1981—1986年,是个体私营商业允许发展阶段。这一阶段,七星区政府依据国家政策进一步放宽,除鼓励城镇个体商业发展外,并允许农民从事个体商业经营,允许农民进城务工经商,允许个体商业户“请一两个帮工,带三五个学徒”。个体商业户可凭营业执照在市内外经营,可以从事政策允许的农副产品和部分工业品的贩运。1985年,七星辖区个体私人商业及其他部门附设商业、饮业、服务业、网点等32家,从业人员218名。

1987—1992年,是鼓励个体私营商业发展阶段。为促进个体私营商业发展,七星区政府及有关部门采取以下措施:简化办理手续,缩短办照时间;创造一些宽松环境和给予一些优惠条件让一些经济能人来辖区经商办企业;成立办证中心,将有关部门集中在一起办公,实行一条龙服务;搞好优质服务,为经营者排忧解难;积极为经营者解决子女入托、入学等问题;提供经济信息,帮助推销商品;切实维护经营者的合法权益,不得向经营者乱收费、乱罚款、乱摊派,不得向经营者预收管理费;加强对经营者的监督管理,保护合法经营,取缔非法经营,维护正常的经济秩序。

1993—2005年,是个体私营商业放手发展及提高发展阶段。七星区政府依据国家对个体私营商业发展放宽政策。发展速度放开,能上多快就上多快;发展比例放开,能搞多大规模就搞多大规模,有条件的可以组建企业集团;注册资金放开,只要达到注册要求资金额的70%,就可以先行登记发照;经营范围放开,只要不是国家明文规定不准个体私人经商的都可以经营;经营方式放开,只要不违法,采取什么方式提高经济效益都可以。1994年,全区有个体工商业企业1008家,从业人员3100名。2005年,全区有个体商业户675家,从业人员2680名,注册资金2860万元;私营商业企业320家,从业人员1856名,注册资金1067万元。

国营商业

20世纪60年代起,随着国家的科研所及高等院校搬迁桂林东部,七星辖区内开始发展国营商业。

1970—1978年,七星区境的国营商业按照“三固定”(固定供应区域、固定供应对象、固定价格扣率)模式实行商品调拨供应,工业品由商业统购包销。

1979年,七星区人民政府成立。商业体制进行了一系列改革。1980年,商业部门对地方产品的收购逐渐采取计划订购、选购、代销、联销等多种形式，价格也逐步放开。

1982年，桂林市在商品流通领域进行“三多一少”（多种经济成分、多种经营方式、多种流通渠道及减少流转环节）改革，个体、集体、工厂自销、商业兼营的户数迅速增多，多种经济成分竞争更加激烈。同年，桂林市小型企业开始推行经济包干责任制试点工作。七星区选了1—2个企业实行试点。

1983—1984年，商业企业按照国家要求先后实行第一步和第二步利改税。

1985年，部分小型企业实行“国家所有、集体经营、照章纳税、自负盈亏”的经营方式，中型企业实行经理（厂长）负责制。1986年，小型企业全面推行承包经营责任制。

1987年，在大中型企业推行经理（厂长）负责制。同年，七星区的部分商业企业为补充流动资金，试行股份合作制，其形式以内部职工入股为主，股数不限。

1993年，七星辖区国有商业股份制企业45家，商品销售额为1.15亿元。

2000年，七星区国有商业股份制企业38家，商品销售额为1.98亿元。

2005年，七星区国有商业企业29家，且大部分经过改革已成立股份制企业，商品销售额为1.31亿元。

股份制商业

20世纪90年代初，七星辖区的股份制商业随社会的变化发展逐步兴起。

1991年5月，上海首家以发展连锁经营为特色的超市公司—联华超市股份有限公司落户七星辖区—穿山路4号。

1992年，市政府成立股份制试点工作小组，负责组织和指导不同形式的试点工作。同年，七星区成立股份制领导小组，开始对部分国有商业企业开展股份制试点工作。对部分小型企业实行了改、租、卖，对部分大中型企业逐步实行了股份制改革。股份制商业有国有企业实行改革以后成为股份制商业和重新组建的民营股份制商业两种。

1993—1996年，是桂林市商贸部门推进商业体制改革和加快发展的时期。七星辖区的桂林五洲旅游股份有限公司、中国石油天然气股份有限公司广西桂林销售分公司，经过改制后效益提高显著，销售、利税得到同步增长。民营股份制企业是改革开放后，特别是20世纪90年代初出现的新型企业，它比国有商业股份制有更多的优点：发展迅速、效益稳定、市场竞争力强。

1994年，桂林华荣公司在七星辖区骖鸾路20号成立。

1995年，广西联华超市股份有限公司桂林分公司在七星区穿山路6号成立，经营面积400多平方米，经营商品品种有500多种，年销售额400多万元。

2003年，好又多连锁超市有限责任公司在七星区七星路成立。同年，12月16日，七星辖区成立首家华荣自选商店（普陀路12号）。

2004年2月，惠芝林公司在七星辖区成立，该公司位于施家园路，属一家私营企业，有员工12名，占地面积85平方米，主要经营日用品、化妆品、洗涤用品等。同年6月，七星辖区广西师范大学育才校区便利店成立首家好又多自选商店（半塘路文化市场）。

2005年，七星辖区股份制商业企业共有桂林五洲旅游股份有限公司、中国石油天然气股份有限公司广西桂林销售分公司、桂林华荣公司、联华超市股份有限公司、好又多公司、惠芝林公司等20多家，其中：荣华荣超市12家，在职员工80名，经营总面积1650多平方米，经营品种共有4000多种；联华超市3家，总面积1000多平方米，在职人员72名，有1000多种品牌的商品负责代理和分销，年销售额1500多万元；好又多超市8家，在职员工61名，经营总面积1195平方米；惠芝林店2家，在职员工17名，总面积145平方米，主要经营日用品、化妆品、洗涤用品等，每月客流量5000名，年营业额70多万元。

第三节　流通体制及改革

20世纪80年代起，七星区粮食流通体制逐步向建立适应社会主义市场经济的粮食购销体制转变，粮食市场向“放而有管，管而不死，购销方便，调度灵活”的社会主义粮食市场过渡。

1991—1993年，桂林市粮食流通体制改革实行计划经济与市场调节相结合的粮食经营和价格“双轨制”。逐步建立粮食储备，增强宏观调控能力，保证粮食市场供应和粮价基本稳定。同时，逐步建立粮食批发市场，开展有组织的余缺调剂，搞活粮食流通。

1993—1995年，桂林市在国家宏观调控下积极稳妥地放开粮食价格和经营，实行“保量放价”（即保留粮食定购数量，价格随行就市），改进粮食定购“三挂钩”与奖售化肥、奖售柴油和预购定金挂钩政策，取消国家食油收购计划和食油定量供应政策，取消食油指令性调拨计划，长达40年的粮食统购统销制度彻底结束。

1996—2000年，推行敞开收购、顺价销售、收购资金封闭运行三项政策，加快国有粮食企业自身改革。

1998年11月23日，桂林市人民政府印发《桂林市粮食流通体制机构和企业改革实施方案的通知》。全市按照政企分开、中央与地方责任分开、储备与经营分开、新老财务挂账分开、完善粮食价格机制并实行并轨的“四分开一完善”原则，全面实施粮食流通体制改革。落实“三项政策一项改革”的政策措施，即：按保护价敞开收购农民的余粮，粮食收购企业实行顺价销售，粮食收购资金封闭运行，加快国有粮食企业自身改革，确立自主经营、自负盈亏的新机制。明确各级粮食行政管理部门职能，明确其人员为公务员；全市粮食收储业务与附营业务分离，组建市、县储备粮管理公司负责本级储备粮管理工作，对本级储备库进行垂直管理。落实储备粮规模，建立粮食风险基金制度。次年7月，桂林市人民政府制定进一步完善粮食流通体制改革政策措施，适当调整粮食保护价收购范围，完善粮食收购价格政策，调减粮食定购任务，调减粮食储备规模，继续加强收购市场管理，加快国有粮食企业改革步伐。完善各级人民政府层层负责的粮食工作行政首长责任制。

2000年，早籼稻、玉米、小麦退出保护价收购范围，调整粮食收购价格，调减粮食定购任务，完善粮食超储补贴办法。

2001年8月，实行市长负责制，坚持保护价敞开收购农民余粮的政策，加快国有粮食企业的改革步伐。年末，全市启动“一取消两放开”（取消粮食定购任务、放开粮食购销市场、放开粮食购销价格）为主要内容的粮食流通体制改革。粮食价格完全由市场供求形成，适当扩大了市、县储备规模以增强宏观调控能力，粮食风险基金补贴完全包干给地方，建立起粮食生产和流通的行政首长负责制。

2002年年初，正式实施取消粮食定购任务、放开粮食购销市场和放开粮食购销价格的改革。

2004年起，进一步深化改革，按照有利于粮食生产、有利于种粮农民增收、有利于粮食市场稳定、有利于国家粮食安全的原则，全面放开粮食收购市场，农业税不再缴纳实物，农户直接用现金到财政部门缴纳农业税。

2005年，全面取消农业税，农户种粮不再交纳公粮，中国施行几千年的“皇粮国税”退出历史舞台。

1993—2005年，桂林市先后对七星辖区的粮油综合加工厂、市面粉厂、郊区粮所、粮油商业公司、饲料公司等单位进行改革，职工一次性安置。市、区直属国有粮食企业累计安置职工600多人，占原有职工80%，发放安置补偿费700多万元。驻七星辖区的市、区粮油综合加工厂、饲料公司、郊区粮所等8家企业进行关、停、撤并或重组。2005年年末，七星辖区的市直国有粮食企业2家，在册职工65人，七星区市直国有粮食企业改革基本完成。

第四节 粮油购销

民国时期至中华人民共和国成立初期，七星区域的粮油购销均在农民完成税赋后，结余部分在集市上自由交易。

1952年9月，市政府在东郊区公所设财粮助理。1953年末，国家实行统购统销政策，粮油实行国家计划购销，取消自由贸易。1954年4月，东郊区公所成立财粮股。1955年9月近郊区公所设财粮股。

1961年2月，成立郊区区公所粮食管理科。同年6月后，郊区区公所粮食管理科下辖雁山、柘木、穿山、大河、朝阳、二塘、甲山等7个粮管站。

1968年10月14日，成立郊区粮油管理所，属市粮食局领导。

1979年7月，七星区人民政府成立后，辖区有粮油管理所1个，粮管站2个，粮店5个，粮油代销点7个，主要负责辖区的粮食统购经销。1979年起，粮油市场开放。农民在完成国家粮油统购任务后，可上集市交易。

20世纪80年代初起，七星辖区农民(除烈军属、五保户、特困户外)可不用国家返销粮。1988年，政府取消油料统购任务。

1991年起，七星区粮油工作由计划经济体制逐渐向市场经济体制转变，粮油征购、销售都发生巨大变化。

居民粮油统销

1953年12月29日，市政府颁布《桂林市粮油计划供应暂行实施办法》，在全市实行粮食统销。居民口粮属于统销范围，一律按照市政府统一规定的供应标准、销售价格和供应办法销售。居民的口粮供应，分为固定人口和流动人口两类。固定人口凭户口册或粮食部门发放的购粮证，按每人每月15千克的标准。过往旅客按每人每日0.75千克标准控制供应。医院、疗养院、机关团体、学校、企业等所需粮食每月造出计划送市粮食统购统销指挥部批准，粮食部门按计划供应。1955年10月1日，实行居民以人定量供应办法，市政府公布《桂林市粮食定量供应各类人口定量标准》。根据市民的劳动差别、年龄大小和生活习惯不同，划分为特重体力劳动、重体力劳动、轻体力劳动、机关团体工作人员与公私企业人员和店员及其他脑力劳动者、大学中学学生、一般居民共6大类32个等级。

食油统销定量供应至1988年正式结束，1988年7月1日起，食油价格全部改为议价供应，七星辖区居民可随时到市场购买。

城市居民的食油于1954年3月9日实行统销。由市粮食局油脂公司统一供应。1957年4月后，转为由市粮食局统一发证，按统销价格和既定标准供应。统销初期，每人每月按0.5千克供应。党政机关、团体、学校、部队等人员的粮油按标准凭购油证到指定供应点购买。为照顾医院、托儿所、回民等的实际情况，供应数量灵活掌握。城市流动人口，居住15天以上者可持临时户口申请供应食油，居住城市的按居民标准供应，居住农村的按郊区农民标准供应。15天以下不予供应。1960—1961年，因自然灾害，油料连年减产。1961年3月起，东江区居民粮油调减到每月人均二两(16位制)。以后随着农业生产的好转，居民口油定量标准逐步调高。1965年8月，东江区居民粮油定量标准调整至每月人均0.25千克，城市回民、佛教徒及少数民族每月人均0.5千克。国际友人、外籍专家、留学生均按实际需要量供应。城市居民口粮以人定量供应政策一直沿用至1992年，在执行过程中，根据工种的变化以及粮食生产的情况，多次进行调整。对一些城镇居民因工作、劳动或一些特殊需要国家给予粮食补助，城市居民粮食统销至1992年末结束。

城镇居民口粮 1991—1992年，城镇居民的日常口粮实行凭证(票)定价定量定点供应，机关、学校、团体、企事业单位的集体饭堂也按此模式到指定的国有粮店购买粮食，不足部分通过议价粮弥补。全市统一规定基本口粮为每人每月15千克，定量超过15千克部分属于改为议价粮的工种粮，15千克及以下按定量标准供应。1992年适当提高统销价格，平价粮实行购销同价。

1993年粮食价格放开经营后，居民口粮完全由市场供应，取消城镇居民定量口粮标准和供应指标，粮票停止使用。销售价格放开后，对职工每人每月补贴3.5元，大、中专学生，民办教师、城镇优抚对象每人每月补贴2.5元。

1994年对部分城镇居民实行定向补贴，重点保证供应大中专院校学生口粮和全市米粉用粮。1995年10月起，对全市大中专、技校学生，民政优抚对象等实行定向口粮挂牌限价供应政策，定向口粮供应的粮源为市内收购的定购粮。供应品种为标一米、标二米和玉米，以标一米为主。

1998年起，取消定向口粮供应。2001年5月1日起，取消城镇居民粮食转移证。

菜农口粮 七星区域的菜农主要集中在穿山、朝阳的乡村，属郊区人民政府管辖。菜农口粮由郊区粮食管理所管理。菜农凭票(证)到指定的穿山粮店等购买粮食。1991年供应菜农约3.2万人口粮5878吨。1992年供应菜农口粮2310吨。1993年放开粮价、放开经营后，菜农的口粮进入市场购销。

1991年农村生活安排用粮，按调整后的统销价格供应；1992年按比例价供应。“两户两属”(城乡五保户、特别困难户，军属、烈属)和水库移民口粮定量供应，正常年景以户为基础一定三年不变，灾荒年重新确定。“两户两属”由当地政府粮食部门和民政部门进行调查摸底，建立档案，共同审核后发给粮食供应证，实行“钱粮挂钩、钱随粮走”，民政补钱，粮所（站）供粮的办法。水库移民易地搬迁时供应口粮，生产自给后停供。

1993年全面放开粮食价格和经营后，农村生活安排的原则是“政府、民政、粮食”三结合和“保量放价”。有困难的农户由国家给予补贴；水库移民口粮价差补贴，由安置经费或库区维护基金专项经费中缴给自治区财政统一安排，或所在市县解决等。

1994年，农村生活安排由乡镇政府和民政部门负责安排，粮食部门按照“保量、部分限价”的原则供应。

1995—1996年，七星区域的农村“两户两属”和水源林区等缺粮户实行定向口粮供应。

1997年起，农村生活安排用粮逐年减少。2002年购销市场化改革后，农村生活安排按市场价格供应。

粮油市场

1993年1月，粮食购销价格和经营全部放开，市民可在集贸市场购买粮食，随着社会主义市场经济的不断深入发展，供应的单位逐步增加，经营大米的专业户越来越多，大米的种品越来越多，集贸市场有优质米销售，超市、大商场有优质包装米，每袋5千克、10千克、20千克等，超市出售除包装米之外，还有各种散装米出售，米的品种有：水晶米、稻香米、瑶家大米、力源大米、东北大米、泰国大米等。价格一般每千克3—4.5元。食油供应主要在大商场和超市，有10多个品种，如花生油、葵花籽油、茶籽油、菜籽油、橄榄油、大豆油、玉米油、芝麻油和调和油等。2005年，七星辖区粮油类商品销售额2064万元。

市场销售　1993年下半年，桂林市市场粮价大幅上涨，粮食销售量大幅增加，月均销量6500吨。为加强调控，建立健全粮食储备制度并建立粮食风险调节基金。粮食部门积极做好议价粮销售，平抑市场粮价，1994—1995年，桂林市粮价水平在自治区各地市保持最低。1995年对议购粮，米、面复制品等销售价格实行差率控制。粮价实行专人负责、专人管理，坚持调价备案制度，严格执行粮价政策，开展粮价大检查，没有出现违反粮价政策的现象。

1996年，桂林市人民政府对各主管局实行物价调控目标责任制。市粮食局将市内粮店改造成连锁店，年末连锁店达到18个，零售额大幅增加。粮食主要品种在市区范围内实行统一调配、统一经营，实行调价备案、作价申报和价格调控制度，压缩库存，扩大销售，8月份后商品周转粮库存从4万多吨降到0.6万吨左右，减少了贷款利息和价格下跌带来的价差损失。

1997年起，市粮食局建立信息联网，编辑印发《经济动态与粮油信息》内部刊物，加强信息沟通与服务，促进粮食经营。1998年实施粮食批发准入制度。2000—2005年，结合种植业结构调整，重点把议价粮购销放在优质品种上。

1991—2005年，议价粮累计销售226.37万吨，平均每年销售议价粮15.09万吨。其中：销售量最低为1991年6.96万吨，最高为2003年21.12万吨。

粮食定购与保护价格　1991年，粮食定购实行保护价收购：每50千克早籼稻谷35元、杂优谷35.5元、晚籼稻谷36元，略高于定购价格。1992年4月1日起适当提高粮食定购价格。在国家规定的现行定购价格基础上，分品种每50千克中等质量标准提价额为：小麦5.9元，早籼稻2.4元，晚籼稻4.0元，玉米3.0元。

1993年农村收购实行合同价。1994年6月，粮食收购价格每50千克中等标准质量早籼稻谷49.5元，中晚籼稻谷59.4元，小麦51元，玉米46元。凡向国家交售达到或超过5000千克定购粮（原粮）的农户，按每千克0.06元的标准给予奖励。1995年恢复国家定购，定购粮收购价格为中等早籼谷60元每50千克，中等晚籼谷70元每50千克，同时农民每交50千克定购粮给予1.5元化肥差价补贴。1996年提高定购粮收购价格，取消价外补贴，实行粮肥挂钩，农民每交售50千克定购粮（不含公粮），从粮食风险基金给予1.5元化肥差价补贴。每50千克定购粮收购价格为早籼稻70元、中晚籼稻84元、小麦72元、玉米65元。1997年定购粮价格维持1996年水平不变，取消化肥补差，再次实行保护价收购，略低于定购价。

1998年起，定购粮价格和保护价逐年调低。当年每50千克早籼稻谷定购价60元、保护价55元，晚籼稻定购价70元、保护价60元，允许地、市上下浮动5%；玉米定购价65元，保护价60元。早优质稻和晚优质稻在其定购价基础上提高20%计价，中籼稻按在早籼稻收购价基础上提高一个等级定价。

1999年，每50千克中等标准早籼稻定购价53元、保护价51元，晚籼稻定购价58元、保护价56元，玉米定购价53元、保护价51元；优质稻收购价格分别在早、晚籼稻基准价的基础上浮10%至50%；中籼稻收购价格在早籼稻基准价基础上提高一个等级定价。2000年，从新粮上市起，早籼稻谷和玉米退出保护价收购的范围。每50千克早籼稻谷和玉米定购价均为45元，允许地市根据实际情况下浮5%；优质稻谷按购得进，销得出的原则，由企业自定；中籼稻定购价、保护价均为54元，晚籼稻定购价为58元、保护价56元，中籼稻和晚籼稻等级差价为2元。2001年，夏粮收购维持上年定购价格政策不变，对晚籼稻实行定购价与保护价并轨，并轨后的晚籼稻保护收购价格为每50千克57元，中籼稻定购格和保护价均为55元，玉米43元，优质稻谷的收购价格在中等早籼稻谷定购价格的基础上浮10%至50%。

2002年起，全部取消保护价收购，取消粮食定购任务，放开粮食购销市场和购销价格。2005年，实施最低收购价格预案，每50千克早籼稻谷70元、中晚籼稻谷72元。

粮食统销价格 1991年5月1日，七星区统一调整平价粮统销价格，每50千克籼米特制、标一、标二、标三分别提高到30元、28元、25元、24元，优质米为36元，特制一等面粉、特制二等面粉、标准面粉分别为39元、34元、28元。原粮参照相关成品粮调价幅度相应调整。每50千克特制粉面条54元，标准粉面条41元。

1992年4月1日，实行购销同价。城镇居民定量口粮和军供粮统销的几种粮食，每50千克中等质量标准品提高后的统销价为：特制米43元，标一米40元，标二米36元；特制一等面粉53元，特制二等面粉46元，标准面粉40元；黄玉米（二等）22元，白杂玉米（二等）21.70元；军供大豆48元，军供绿豆78元。平价米面制品销售价格相应调整，特制粉面条每50千克统销价68元，标准粉面条54元，波纹面饼74元，玉米粉32元，玉米片31元，特制面条72元。

1993年1月1日，取消统销价格，实行市场定价。

定向口粮供应价格 1995年10月1日，实行定向口粮供应。每50千克定向口粮价格：早籼标二米92.4元，晚籼标一米107元，特制米115元，玉米60元，特制一等面粉112元，标准面粉98元。1996年1月1日后每50千克调整为：标一米116元，标二米102元，玉米69元。1998年起，实行顺价销售。

第五节 农贸市场

清代，漓江东岸至花桥一带逐步发展成为闹市，近邻各乡的农副产品多集中在此销售。花桥集市以花桥桥下的旱桥孔为主要场地，全市各菜市场的小贩都来这里买卖新鲜蔬菜、瓜果，兴旺时交易范围延伸到龙隐洞的跳石边，交易十分活跃。民国时期，七星区域有花桥、六合圩2个市场。花桥市场以经营副食品为主，兼营蔬菜、水果等；六合圩市场主要经营生猪、耕牛等。新中国成立初期，七星区域有农贸市场2个，副食品和蔬菜以花桥市场为最大，既有零售又有批发，生猪市场在六合圩（今六合市场），市场规模与当时人口的需要基本适应。

1950—1953年，贯彻国家自由贸易政策，市场逐渐繁荣活跃。1955年，七星区境内新建了东江市场。1978年，党的十一届三中全会后，工商行政管理部门投资开发建设的农贸市场自己收费管理。1999年初，工商部门按照国务院关于市场“办管脱钩”精神，5月，桂林市市场开发服务中心成立。工商行政管理部门不再负责市场的开发建设，只负责监督管理市场，整个市场的开发建设工作由市场开发服务中心负责，真正做到“办管脱钩”。市场开发服务中心履行商品市场的发展规划、区域布局、政策调研、招商引资，培育市场的职能。主要承担对自由市场开发、建设、经营、维修以及市场配套设施，提供包括市场水电供应、卫生保洁、防火安全、市场设施维修改造等各种服务。坚持市场建设“谁投资、谁受益”的原则。因此，市场的税金、摊位费

樟木农贸市场　（覃帆　2004 年摄）

等费用全由市场开发服务中心收取。1993—2005 年，七星辖区共扩建或新建集贸市场 15 个，除东江集贸市场、东环集贸市场由市场开发服务中心独立开发建设外，其他 13 个集贸市场由乡镇企业办、村委会、房地产开发公司联合开发或者由某单位独家开发。

东江市场

东江市场前身是清代七星公园花桥底集市，20 世纪 40 年代末，成为桂林市最大的集市，既有零售又有批发，蔬菜批发量占全市批发量的 80% 以上。

1955 年，市政府为治理花桥风景区的秩序，在花桥南边新建了桂花园市场（后称东江市场）。1978 年 11 月，东江市场迁至新生街旁的垃圾塘（今为穿山路旁）。

1981 年，重建东江市场，市场占地面积 2680 平方米，为钢架玻璃瓦结构，水泥地面。肉类行建有水磨石木案板 50 台，水产行建有鲜活水产品池 8 个。80 年代初期，东江市场的成交额约占全市市场成交额的 50%，是桂林市最大的农贸市场，是唯一附设生猪交易的集市。

1990 年年初，东江市场拆除，新建一座 3 层钢筋水泥结构永久性室内市场；1993 年 9 月 25 日竣工投入使用，由桂林市工商局负责管理。1999 年，工商局与所办市场办管分离后，农贸市场移交给桂林市市场开发服务中心经营管理。整个市场占地面积 3306 平方米，总建筑面积为 1.22 万平方米，摊位 385 个，门面 34 个，属于七星区比较大型的农贸市场，两层地面建筑还带有宽大的地下室，地上一层主要经营肉类、禽蛋、水产品、蔬菜、水果、土特产、日杂、大米等，第二层是经营小百货、服装、小五金等商品，地下室经营活家禽和油漆家具，每年的摊位和租金约 80 万元，日客流量约 1.2 万人次；市场有管理人员 12 人，负责整个市场的财务管理、保安工作和清洁卫生等。2005 年，东江市场年成交额为 6000 万元。

果蔬批发市场

1996 年，七星区屏风果蔬批发市场为适应农副产品流通供应需求，在环城北二路百合苑小区的空地上搭盖钢棚架，开办水果蔬菜批发市场，占地面积 1 万平方米，吸引外地客商从外地调进大量农副产品批发供应桂林市区及周边县、镇、乡的经营户，交易活跃，效益渐增，形成桂林市最大的果蔬批发市场。由于该市场交易场地小，很多交易只能在道路边进行。专业设施不全，难以满足大批量农副产品的仓储和交易。另外，市场靠近城市主干道，每天大量运送货物的车辆进出，人流、物流量大，严重影响交通秩序，市场管理难度大，卫生状况很差，仓储设施简陋，不规范，存在严重的消防隐患，急需另辟新的市场。1999 年 3 月，桂林市汇东果菜批发市场有限责任公司筹建于位于七星区汇丰村 16 号，主营业务为农副产品批发。2005 年，七星区政府规划在桂磨路西侧、东二环路南侧新建果蔬、干杂专业批发市场。

家乐商贸城

家乐商贸城位于七星路 29 号，2000 年 8 月动工，2002 年 9 月建成投入使用。该商贸城是在原三里店菜市场、市食品公司、副食品公司、七星劳动服务公司、绿色调味品厂、屠宰场、七星区环卫站公厕、朝阳乡西南村委会、桂林药材批发站、三里店药店等十家单位原址上拆迁修建的。商贸城是集商、住综合连体建筑群，楼高 12 层，占地面积 8700 平方米，总建筑面积 4.2 万平方米，地下室为停车场、设备房、农贸市场（含饮食门面 3 家）1 至 2 层为商业铺面，建筑面积 9000 平方米，3 层以上为住宅。

桂林七星辖区汇东果菜批发市场　　（覃帆　2005 年摄）

六合市场

六合路市场位于建干路的交汇处，前身为路边市场，常常交通堵塞，脏、乱、差现象严重，群众反映强烈。2002 年 1 月，穿山乡七星村委会投资 140 多万元在附近建起了农贸市场，市场占地面积 3333 平方米，为钢架棚和部分钢筋混凝土结构，共有门面 55 个 825 平方米，摊位 406 个，每年租金、摊位费近 20 万元，主要销售肉、禽、蛋、水产品、蔬菜、土特产、日杂、小百货、大米等，日客流量约 1000 人次。年成交量超过 1000 万元，七星村委派出 6 位同志专管市场工作，另聘用 4 名保安员和保洁员，加强市场的有效管理和安全保卫及清洁卫生工作，彻底根治了原路边市场脏、乱、差和交通堵塞的状况，同时解决村民卖菜难的问题，也为村民提供了部分就业机会。

七星农贸市场

七星农贸市场位于七星路 81 号。2004 年，该市场是一个窄狭的农贸市场，由嘉信集团公司负责管理，由于农贸市场面积不大，摊位和门面不能满足顾客的需要，2005 年初，该市场由锦江房地产开发公司收购，公司对市场进行拆除重建，于 2005 年末竣工。重建后市场由锦江市场开发有限公司管理，整个占地面积 6000 平方米，建筑面积为 1.1 万平方米，为双层混凝土结构，一楼菜市场，面积 5202 平方米，设有摊位 400 个；二楼服装百货区，面积为 5853 平方米。工程总投资 4500 万元（含三楼以上部分住房）。四周为门面，共计 62 个，面积为 5000 平方米。市场主要经营肉类、禽蛋、水产品、蔬菜、土特产、大米、日杂、服装、百货等。平均日客流量为 1.3 万人次，摊位和二楼租金 200 余万元，门面全部一次性出售。该市场配有管理人员 12 人，包括出纳、会计、保安人员等，另聘 7 名保洁员，负责市场的财务管理、安全保卫和清洁卫生工作。

表 9-1　　**2005 年七星辖区集贸市场基本情况一览表**

市场名称	地址	开办单位	兴建扩建年月	经营面积（平方米）	摊位（个）	经营范围
东江市场	穿山东路	市场开发服务中心	1993.10	6000	385	肉类、禽蛋、水产品、蔬菜、土特产、日杂、百货、服装、大米、家具等
花鸟市场	环城北二路	百花市场有限责任公司	1997.5	26600	200	鱼、鸟、宠物、花卉、盆景、古玩、古董、日用百货、茶叶、紫砂壶、花卉工具等
汇东果菜批发市场	环城北二路 90 号	果批市场管理服务有限公司	2000.3	17400	150	苹果、梨子、橘子、柑橘、果批蔬菜、大蒜、辣椒等
屏风市场	建干路与东环路交叉路口	屏风市场有限公司	2000.6	3200	408	肉类、禽蛋、水产品、蔬菜、土特产、小百货、米等
穿山苑市场	漓江路（核工饭店旁）	逸林广告策划有限责任公司	2000.10	1900	136	肉类、禽蛋、水产品、蔬菜、干货、土特产、日杂、百货、服装、大米等

续表

市场名称	地址	开办单位	兴建扩建年月	经营面积（平方米）	摊位（个）	经营范围
樟木市场	穿山东路樟木村委会办公楼后	樟木村委会	2000.12	1000	130	肉类、禽蛋、水产品、蔬菜、土特产、日杂、百货、大米、批发
莺东市场	空明西路与青岭路交叉路口	星欣市场物业管理有限公司	2001.10	700	100	肉类、禽蛋、水产品、水果、蔬菜、干货、日杂、百货、大米等
六合圩市场	六合路西口	七星区六合圩市场管理有限公司（七星村委）	2002.1	3333	406	肉类、禽蛋、水产品、蔬菜、土特产、日杂、小百货、大米等
家乐市场	七星路家乐商贸城	家乐房地产开发有限公司	2002.7	原有5000；现正在改造，改造后为8600	300	肉类、禽蛋、水产品、蔬菜、土特产、豆制品、腊味、日用百货、服装、水果、盐卤、肉丸、生杂粉、纸品、干杂、大米等
光辉市场	桂磨公路光辉村委会办公楼后	光辉村委会	2004.1	500	80	肉类、禽蛋、水产品、蔬菜、土特产、日杂、百货、服装、大米等
山边综合市场	七星公园北侧，灵剑溪旁	七星村委	2004.3	300	60	中草药、旧书、鸟类、旧电器等
东环市场	东环路羊角山小区西头	市场开发服务中心	2004.9	2564	200	服装、大米、蔬菜、肉类、干货、水产品、土特产、日杂、
朝阳乡农贸市场	朝阳路奇峰小筑大门斜对面	朝阳乡企业办	2005.1	3000	108	水果、蔬菜、肉类、大米、家禽、蛋类、干货等
福隆园市场	帝苑酒店后面	七星村委	2005.9	700	97	肉类、禽蛋、水产品、蔬菜、土特产、日杂、大米等
七星农贸市场	七星路	锦江市场开发有限公司	2005.3	11590（一楼菜市场5600，二楼服装百货区5990）	400	肉类、禽蛋、水产品、蔬菜、土特产、日杂、百货、服装、大米等

第六节 批发零售业

抗日战争爆发后，特别是民国27年(1938)，上海、南京、汉口和广州等大城市先后沦陷，内地的工商业店铺迁移到桂林。当时文人荟萃，人口剧增，是商业空前繁荣的时期。主要行业有百货、杂货、五金电器、水面、匹头山货、盐业、国药、新药、酒业、烟丝、瓷铁、竹木、纸业、图书文具、银饰、旅店、摄影、生猪、屠宰、饮食等。中华人民共和国成立前，七星区域的副食品供应较少，只有自由路、东江路、穿山路一带有稀少的商店进行副食品供应。

1950—1978年，七星区域副食品一些主要产品糖、烟、酒、糕点、食盐等都是由国营公司商店经营。

1979年，市场放开，百家经营。糖、烟、酒、糕点、饮料、奶制品等副食品市场繁荣兴旺。

1984年12月1日，桂林烟草专卖局及桂林烟草分公司（后改桂林烟草公司）成立。烟草统一批发，统一管理，零售商店、集体和个体户经批准也可以经营。

2005年，七星区域饮料类和烟酒完成商品销售额5854万元，其中饮料类3189万元、烟酒类1665万元。

批发业

1990年前，七星辖区的批发市场发展缓慢。

1991年起，随着经济的快速增长，七星辖区的批发市场得到稳步的发展。

1993年10月，桂林市东江批发市场首进七星城区。

1996年，喜洋洋购物广场批发在七星区三里店落成。

1997年5月，桂林市花鸟市场在七星区环城北二路成立批发部。

2000年6月，桂林市屏风果蔬批发市场在七星区东环路成立。

2002年7月，桂林市家乐商贸城在七星区七星路落成。

2004年9月，桂林市东环批发市场在七星区东环路开业。

2005年9月，桂林南城百货在七星区漓江路开业。

2005年，七星辖区批发业销售总量38.96亿元。

至2005年年末，七星区域以三里店为中心，东至广西壮族自治区柑桔（橘）研究所，南至桂磨公路交接处，西至漓江，北至虞山桥区域，形成了商贸集中区，主要批发市场有家乐商贸城、汽车商贸城、屏风果蔬批发市场、市喜洋洋购物广场、会展购物公园（含桂林南城百货）、东环市场、财富名城、市花鸟市场、七星农贸市场等10多家。

零售业

水上商店——排口。清末至民国初，漓江上有许多排口，排口犹如矩形大船，有一至三层不等，每层高约一丈。其上有各种经营，第一层是糖烟酒百货，第二层是餐馆，第三层是娱乐厅，有彩调、桂戏演出。排口成为水上人家休息时的活动中心。入夜，排口灯火通明，它们像一座座鳞次栉比的高楼大厦，屹立于江中，气派壮观，辉煌无比。周围大小船只在船头都吊一只灯笼或马灯，照得江水晶亮闪烁。排口或船只用纸或布写明新到货物，如广东海鲜、鱿鱼、虾米，香港洋杂百货，上海单车、手表，杭州丝绢，湖南山货，四川药材等，并配专人向客人介绍商品的质量和用途，便于人们选购和订合同、请客设宴。《王打鸟》《隔江看亲》《漓江九滩十三险》等剧目精彩纷呈，猜拳声、戏曲声、叫卖声汇成一片，辖区漓江江畔呈现一幅浓郁民俗风情图画。

1953年，对私营零售商业进行社会主义改造。1956年年末，桂林东部辖区有合作商店4个，合作小组32个，参加人数500多名。1958年至1962年，百货货源短缺，供应紧张，市商业部门采取“城乡兼顾，保证重点，照顾一般”的原则安排城乡市场。

1963—1966年，辖区市场上日用百货商品、糖酒副食品供应好转，多数商品改为扩大销售。

1967年后，辖区受“文化大革命”影响，许多日用百货供不应求，肥皂、手表、自行车、缝纫机、电视机、名牌收音机等商品凭票供应；牛肉、猪肉等副食品凭证票定量供应，牛肉每人每月0.8千克（回民每人每月1.25千克），猪肉每人每月0.4千克。在这期间，零售网点合并、升级、转业、关停；至1976年，辖区只剩下50多个销售点。

1978年12月，中共十一届三中全会召开，改革商品流通体制，城区逐步建立起“多渠道、多形式、多成分、少环节”的流通体制，给商品销售带来活力，国营商业零售企业积极扩大购销业务，零售规模不断扩大，零售额逐年增长。1978年，七星区域仅有个体商业户23家，从业人员23名，资金6865元，个体户人数占七星区域人口总数的0.05%。

1979年，集市贸易逐步开放，个体牛肉商贩增多，国营公司供应回民，每人每月1.25千克；次年菜牛改议价收购，供应回民牛肉按国家牌价每月定量为1千克。

1985年2月，肉食品价格放开，政府给回民每人每月补贴2.2元，每年分两次发放；节日对回民的牛肉供应，由市政府给予购销价差补贴，由国营食品部门组织供应。同年，猪肉购销价格放开，同时取消凭票供应，并给市民每人每月补贴2.2元，全年分两次发给。

1990年，七星辖区有个体商业户118家，从业人员708名。

1995年，七星辖区有个体工商业326家，从业人员965名。

2005年，七星辖区个体商业、私营商业发展到995家，从业人员4536名，注册资金3927万元；零售商业、饮食、服务网点遍布七星区域大街小巷，市场兴旺繁荣，居民购买方便；全年零售业额18.36亿元。

第七节 商店 商场 超市

商 店

中华人民共和国成立初期，七星区域的自由路、花桥街、小东江一带有零星的几家小商店，主要经营烟酒、小食品、衣布等。进入20世纪70年代，随社会的发展及生活的需要，辖区的商店逐渐增多，主要分布在自由路、花桥街、东江路、建杆路、龙隐路一带，七星区域的便民小商店共计20多家。

20世纪80年代起，党的十一届三中全会后，七星辖区的民营副食品小商店，在街道、居民小区、学校、厂矿周边都设有个体小商店，占地面积小，从业人员一般为1至2人，营业时间较长，商品多，方便居民购买。

2000年，七星辖区共有便民营小商店500多家。2005年年末，七星辖区共有便民营小商店900多家。

综合商场

综合商场需场地面积宽大，经营的商品门类多、品种多，有日用百货、纺织品、五金化工产品、钟表、金银首饰、服装、鞋帽等商品。这些门类商品，国家实行计划经济管理时期，由国营公司经营，市百货公司、市纺织品公司、市五金交电公司、市日杂公司在七星辖区的自由路、东江路、穿山路设有几家百货商店、五金交电商店及日杂商店。1996年，在三里店国贸展览中心，成立了喜洋洋有限公司，公司是经营百货、超市、家电、服装的综合性购物中心；是七星辖区一家较大型的综合性民营商场。2000年，政府对旧城区进行改造，改扩建自由路、穿山路，这些商店随之搬迁。2005年9月，由深圳南城百货(集团)控股有限公司投资在漓江路成立了南城百货(桂林)店，填补了七星辖区无大型商场的空白。2005年年末，七星辖区共有联华公司、喜洋洋公司、桂林佳用商贸有限责任公司、南城百货有限公司等4家大型综合商场。

联华公司 桂林联华超市股份有限公司创建于1991年5月，身前为桂林佳用有限责任公司，2005年11月正式更名。2005年年末，在七星辖区的穿山路、朝阳路、龙隐路开设有3家连锁店，面积合计为3110平方米，主要经营食品百货，包括南北干货、面包糕点、粮油食品、厨用调料、速冻食品、散装食品、烟酒饮料、奶制品、糖果电器、数码产品、文化用品、生活用品等，年销售970万元。公司本着“顾客第一，诚信第一”及“为民、便民、利民”的经营理念和宗旨，为顾客营造了良好的购物环境。

喜洋洋公司 喜洋洋(集团)有限公司是一家民营股份制现代企业。公司成立于1996年，位于三里店七星路26号国贸展览中心内，公司占地1万余平方米，分上下两层，有员工200多人。公司是以百货、超市、家电有机结合为一体的综合性购物中心。商场一楼主要经营服装、鞋子、床上用品；二楼主要经营食品百货，包括蔬菜水果、生鲜熟食、南北干货、面包糕点、粮油食品、厨用调料、速冻食品、散装食品、烟酒饮料、奶制品、糖果电器、数码产品、文化用品、生活用品等。货品齐全丰富，经营品种近2万种。1996年公司刚成立时全市仅此1家，至2005年在全市发展到9家。

桂林佳用商贸有限责任公司 2002年，桂林佳用商贸有限责任公司成立。是年在桂林设立第一家分店——桂林佳用乐群超市。2002年4月在穿山路6号开设大型综合性超市——桂林佳用七星超市，营业面积1800平方米，2004年10月，在上海路开设桂林上海路购物广场店，营业面积为8500平方米。2005年7月改称桂林市联华超市有限公司，2005年12月，辖区的群众路店开业，营业面积900多平方米。至2005年，该公司在全市有门店8家，经营面积1.3万平方米，共有员工500余名，门店分布在上海路、文明路、穿山路、乐群路、群众路等，主要经营食品百货，包括南北干货、面包糕点、粮油食品、厨用调料、速冻食品、散装食品、烟酒饮料、奶制品、糖果电器、数码产品、文化用品、生活用品等。

南城百货有限公司 南城百货(集团)控股有限公司(简称南城百货有限公司)是全资投资的大型连锁购物商场，总经营面积5000平方米，总投

2005 年 9 月，七星区漓江路 26 号桂林南城百货有限公司开业　　（覃帆　摄）

资 1.6 亿元；2005 年 9 月 14 日，该公司商场开业。公司商场地处桂林市漓江路 26 号，甲天下广场旁，是住宅、大学学府、高新技术产业园区密集地。该公司开业，填补了辖区无大型商场网点的空白，拉动和改变了桂林市商场销售机制。该公司引入全新的经营理念，容百货、超市、家电有机结合为一体的综合性购物中心。三大业态（百货、家电、超市）为顾客提供全面和优质服务，便利的停车场，舒适的环境，完美的一站式购物。商场 A 区一至四楼为品牌百货经营区，主要经营化妆品、皮具箱包、黄金珠宝、钟表眼镜、女装、职业服饰、中老年装、特色装、流行饰品、精品男装、床上用品、家居用品、婴儿用品、童装、童鞋、玩具等；B 区一、二楼为超市、家用电器、运动品牌经营区，主要经营运动服饰、休闲装、体育用品、健身器材、文化用品、图书、数码产品、家电、厨房电器、音像制品、小家电及办公用品、蔬菜水果、生鲜熟食、南北干货、面包面点、粮油食品、厨用调料、罐头食品、速冻食品、散装食品、酒水饮料、宠物食品、名酒名烟、休闲食品、奶制品、糖果饼干、保健品、日化用品、居家用品、日杂用品、妇幼用品、药品洋参、茶艺，货品齐全丰富，经营品种达 5 万多种。生鲜区购物环境的“园林化”，超市区的“大众化”，百货区的“精品化”及家电区的“专业化”，共同构成了南城百货的经营风格和特色。

超　　市

20 世纪 90 年代初，七星辖区的超市迅速发展成为一种新型商场，商场本着“顾客满意第一、营业利润第二”及“为民、便民、利民”的经营宗旨和理念，以商品齐全新颖、价格低廉实惠、质量保证、环境舒适、服务周到热情、营业时间长、自由选购方便、常用的副食品及小百货基本上可一次购齐，赢得广大消费者的青睐和满意。2003 年 12 月 16 日，七星辖区成立首家华荣自选商店。2004 年 6 月，七星辖区成立首家好又多自选商店。至 2005 年年末，七星辖区主要有华荣、好又多、惠芝林等三家自选商店。

华荣公司　1994 年，桂林市华荣自选商店有限责任公司（简称华荣，下同）成立，是以商业零售为主的私营企业，经营品种有食品、糖酒、日用百货、办公用品、文具等。自营运以来，华荣秉持“顾客满意第一、营业利润第二”的经营宗旨，以货品齐全新颖、保证质量、购物环境舒适轻松、服务热情，赢得广大消费者的喜爱。

2003 年 12 月，七星辖区成立 4 家华荣自选商店。至 2005 年年末，七星辖区华荣超市共有 12 家，经营商品有 4000 多种，在职员工 100 多名，经营总面积 1827.07 平方米。

好又多公司　2001 年，桂林好又多自选商店有限责任公司成立，是以商业零售为主的私营企业，

好又多自选商店（七星区骖鸾店）　　（覃帆　2005 年摄）

经营品种有食品、糖酒、副食、日用百货、肉类、蔬菜等1500多种商品。该公司坚持"顾客满意第一、营业利润第二"及"为民、便民、利民"的经营宗旨和理念，以货品齐全新颖、价格低廉实惠、质量保证、环境舒适、服务周到热情，赢得了广大消费者的信任。好又多自选商店建立了自己的一套完整的经营模式和管理方法。2004年6月，七星辖区成立首家好又多自选商店。至2005年年末，七星辖区好又多自选商店发展到8家，在职员工75名，经营总面积1294平方米，主要经营食品、糖酒、副食、日用百货等。

惠芝林 该店位于施家园路南端38–47号，属一家私营企业。2004年2月21日开业，有员工12名(含试用工)，占地面积85平方米，主要经营日用品、化妆品、洗涤用品等。2005年，该店本着"顾客第一、唯一第一"及"为民、便民、利民"的经营观念和宗旨，为顾客营造良好的购物环境。每月客流量5000名，每月营业额在7万元。

表9–2 **2005年七星辖区华荣公司超市一览表**

店名	地址	开店时间	经营范围	营业面积(平方米)	人员配置(人)
长城店	七星区普陀12号J K L幢一层2号	2003.12.16	食品、糖酒、副食、日用百货等	115	7
龙隐店	龙隐路2–6号综合楼地层1号	2003.12.17	食品、糖酒、副食、日用百货等	210	6
漓江店	漓江路52号	2003.12.17	食品、糖酒、副食、日用百货等	186	8
七星店	七星路63号	2003.12.28	食品、糖酒、副食、日用百货等	67.9	9
东江店	东江二路2号门面16号	2004.03.25	食品、糖酒、副食、日用百货等	152.25	6
新星店	七星路41号1–5–6号门面	2004.07.02	食品、糖酒、副食、日用百货等	149.82	6
普陀店	普陀路53号	2004.11.05	食品、糖酒、副食、日用百货等	260	7
屏风店	环城北二路46号桂花园22栋6号	2004.12.06	食品、糖酒、副食、日用百货等	80.85	6
骖鸾店	骖鸾路2号金桂苑2号楼门面	2005.01.28	食品、糖酒、副食、日用百货等	110	6
花桥店	花桥街3号楼1幢一层门面	2005.01.28	食品、糖酒、副食、日用百货等	140	6
澳洲店	环城北二路56–3号澳洲花园2栋	2005.03.28	食品、糖酒、副食、日用百货等	90.83	6
穿山店	穿山东路2号利丰园1栋4号	2005.04.06	食品、糖酒、副食、日用百货等	89.94	7

表9–3 **2005年七星辖区好又多公司超市一览表**

店名	地址	开店时间	经营范围	营业面积(平方米)	人员配置(人)
师大便利店	半塘路文化市场C栋3号	2004.06.11	食品、糖酒、副食、日用百货等	145	8
施家园便利店	施家园路37号10号—14号	2004.09.26	食品、糖酒、副食、日用百货、肉类、蔬菜	252	8
桂花园便利店	环城北二路46号	2005.01.30	食品、糖酒、副食、日用百货等	80.85	7
龙隐桥便利店	施家园路5号隐龙居小区一层1.2.3	2005.04.12	食品、糖酒、副食、日用百货等	170	8
空明西路便利店	市七星空明西路7号C栋1–7	2005.05.18	食品、糖酒、副食、日用百货	185	9
辅星路便利店	市辅星路12–3号	2005.07.21	食品、糖酒、副食、日用百货等	155.32	8
骖鸾路便利店	市骖鸾路2号金木桂苑2#楼2#	2005.08.20	食品、糖酒、副食、日用百货等	122.33	7
七星路便利店	七星路65号1栋1–4	2005.11.08	食品、糖酒、副食、日用百货等	84.9	6

表 9-4　　2005 年七星辖区惠芝林公司门店一览表

店名	地址	开店时间	经营范围	占地面积（平方米）	人员配置（人）
施家园店	七星区施家园 38 号	2004.02.21	日用百货、化妆品、洗涤用品、美容美发用品、文体用品	85	12
家乐店	七星路 204-5-6 门面	2005.09.08	日用百货、化妆品、洗涤用品、美容美发用品	60	5

第八节　烟草　石油　医药

烟　草

20 世纪 50 年代初，桂林市卷烟货源充裕，敞开供应。1959—1965 年，卷烟短缺，实行凭票定量供应，适当照顾高级干部和知识分子，保证国际友人，结婚凭结婚证供应甲、乙级烟 1 至 2 条。1963 年 10 月，对计划外卷烟实行高价销售。1965 年，卷烟生产形势好转，高价烟全部转为平价烟，凭票供应。此后，除少数名优烟继续凭票限量供应外，其余敞开供应。

1984 年，国务院《烟草专卖条例》及 1992 年国家《烟草专卖法》规定，烟草及制品的生产、运输和经营均实行许可证制度。1984 年，桂林市成立烟草专卖局，大力整顿卷烟批发渠道。1988 年，设立七星区烟草监督管理所，专门负责七星辖区烟草专卖的监督管理工作，人员 5 名，办公地点在市中山南路可成里。

1993—1994 年，国营、集体、个体等经营烟草，必须经市烟草专卖局批准，并在各地实行委批（代批）点。按照烟草经营管理规定，实行谁办证谁供货的原则，全市经营户只能在桂林烟草部门进货，到各县、到外地进货或贩卖走私烟或无证运输、无证批发、零售，都属违反规定，要受到查处。

1999 年，在七星路设立卷烟专卖零售店，作为市烟草专卖局办的直接销售店；营业面积 20 平方米，营业人员 4 名，年收入 81 万元。2005 年，七星路卷烟专卖零售店年收入 86 万元。

2005 年，七星辖区有各种类型的个体商业户 900 多家，其中经营烟草专卖 100 多家，零售卷烟合计 785 万元。

石　油

石油商业在桂林分为中国石油化工股份有限公司广西桂林石油分公司（简称中石化，下同）和中国石油天然气股份有限公司广西桂林销售分公司（简称中石油，下同）两家企业。中石化办公地点在叠彩区九华山，中石油办公地点在穿山东路 12 号体育中心。

1985 年 5 月，七星区域三里店加油站开业，成为七星区域首家加油站；该加油站经营面积为 968 平方米，人员配置 20 名，年均经营收入 8.76 亿元。

2001 年 4 月 28 日，中石油成立，公司在册员工 407 名，有油库 1 座，总库容量 4.41 万立方米，油罐车 11 辆，固定资产 387.11 万元。2001 年 6 月，中石油在七星辖区环城北二路 12 号设加油站 1 座，面积 289 平方米，人员 10 名，经营年收入 129 万元。2005 年，中石油销售成品油 13.47 万吨，销售收入 6.4 亿元，利润 0.34 亿元。

2005 年，根据中石化广西桂林分公司的统一要求，公司由过去“坐商”向“行商”转变。将主要精力和财力放在开拓批发市场上，主动上门联系业务，提高批发市场占有率。2003 年批发量 2.13 万吨；2005 年批发量 3.40 万吨。桂林市区的加油站由 2003 年 9 座增加到 2005 年的 20 座，市场占有率 11.52%。2005 年年末，七星辖区的中石化有三里店加油站、顺发加油站、东环加油站、七星店加油站等 4 个。

表 9-5　**2005年中石化桂林分公司七星辖区加油站基本情况一览表**

名　称	地址	开业年月	经营面积（平方米）	人员配置（名）	经营收入（万元）
三里店加油站	桂大路32号	1985.05	968	20	87634
顺发加油站	桂竹路扒头岭	2001.03	278	2	78
东环加油站	环城北二路	2001.06	289	10	129
七星店加油站	桂磨公路	2001.10	102	2	91

医　药

中华人民共和国成立初期，桂林的东部（今七星辖区）医药十分缺乏，市民看病、购药都需渡江（漓江）或过解放桥。1963年4月，桂林市医药公司与桂林地区医药分公司合并为中国医药公司广西壮族自治区桂林批发站。中药、西药中的一、二、三类主管品80%以上由部或自治区管理，药品由一级站购进。

20世纪70年代起，随桂林东部的兴起，七星区域的医药业得到稳步的发展。

1987年起，药品改为自由选购。各地二级站、三级站或药厂都召开展销供货交流会，签订供货或产销合同，组织药品货源，扩大地产药品销售。1990年年末，七星辖区的医药站经营医药品种有1万多种，下设零售药店，批发经营部若干个。

依据国家《药品监督管理法》和各级政府《关于药品监督实施细则》，2003年1月1日，国家开放国内药品批发、零售服务市场，允许“私人药房”面市。开办药品零售商店，经营业主应向商店设置地的市级药品管理机构提出申请。受理申请的药品监督管理机构应当自收到申请之日起30个工作日内，依据国务院药品监督管理部门的规定，结合当地常住人口数量、地域、交通状况，业主筹建药店情况，经验收批准后发给“药品经营许可证”方可开业经营。药店的营业人员身体健康，卫校毕业，高中毕业有专业知识，经当地药监部门举办培训班培训考试合格，拿到培训证后方可在药店应聘上岗。个体药店进药渠道是放开的，可以到生产厂家进药，也可以到一些大药房进药。药品监督部门和工商部门对所进的药品价格严格审查把关。零售药应从具有“药品生产许可证”“药品经营许可证”的合法企业购买，以保证药品质量。

2003年、2004年，七星辖区的龙隐路、七星路、漓江路、辅星路、穿山路、建杆路、六合路、骖鸾路、东环路等主要路段，相继开设“私人药房”20多家。2005年1月，七星辖区的利康、吉安堂等多家药店开业。仅2005年，七星辖区共开办私人药店33家，营业人员215名，当年经营总收入624万元。

七星区漓江路23号的桂林漓东药店　（覃帆　2005年摄）

表 9-6

2005 年七星辖区药店开业一览表

企业名称	地址	开业时间	经营收入(万元)
利康药店	六合路六合花园	2005.01	16
民健药品连锁有限公司寿昌堂药房	空明路 32 号	2005.01	18
安康药店	环城北路 85 号	2005.01	18
吉安堂药店	东江路 29-3 号	2005.01	18
飞龙堂药店	穿山路花桥商业街	2005.01	18
吉安堂药店	东江路 29-3 号	2005.01	18
康裕药房	东江二路 5 号	2005.01	22
漓东药店	漓江路 23-1-2 号	2005.01	23
永生堂药店	码坪街西侧 23 栋	2005.01	20
七星万康药堂	七星路 81 号	2005.01	22
千芝堂药店	穿山乡东环市场汇丰村 16 号	2005.01	10
湖南恒康药品零售连锁有限公司七星路分店	七星路 1 巷 20—1-2 号	2005.01	20
三山大药房有限公司安新分店	辅星路 15 号	2005.01	23
三山大药房有限公司金鸡分店	金鸡路南侧	2005.01	23
三山大药房有限公司七星分店	穿山东路 8-2 号	2005.01	18
万和药店	七星路 63 号	2005.01	16
杏霖春药业连锁启荚加盟店	施家园小区 1-6 栋 1-7 号	2005.01	18
杏霖春药业连锁东江加盟店	东江二路东江花园 6-8 号	2005.01	18
杏霖春药业连锁辉星加盟店	漓江路 18 号	2005.01	23
杏霖春医药连锁有限责任公司澳洲花园分店	环城北二路 56-2 号	2005.01	20
养生堂药房	朝阳路奇峰小筑	2005.01	18
一品堂药房	东江路 25 号鸿业房产 30 号	2005.01	16
益仁药房	穿山乡三联村公所 18 号	2005.01	28
三金大药房有限责任公司屏风店	环城北二路屏风花园 15 栋 23 号	2005.01	14
回生堂药店	穿山路花桥街 1 号	2005.01	22
高新区承元药店	漓江路 33 号	2005.01	16
高新区屏风药店	环城北二路 85 号	2005.01	16
恒和药房	奇峰小筑 A-101 号	2005.01	18
安吉堂药店	奇峰小筑 D-9 号	2005.02	20
三山大药房有限公司朝阳分店	奇峰小筑翠峰苑 29 号	2005.03	20
康福堂药店	朝阳乡新建村	2005.10	16
安济堂药店	朝阳乡农贸市场东侧 1 号楼	2005.11	18
集琦大药房连锁有限公司穹东店	穹东小区 55 栋 1-4 号	2005.11	20

第九节 饮食 服务

饮 食

七星辖区的饮食分为筵席馆、饮食店、面馆、小吃店、米粉店、冷饮等多种自然行业。中华人民共和国成立初期至“文化大革命”时期,机构组织进行一系列的改革,至1978年,桂林的饮食业和服务业分家,分别组建市饮食公司和服务公司。1982年3月,饮食合作总店改名为第二饮食公司,实行独立经营,自负盈亏,国营饮食门店多处于商业繁华区,以承办筵席宴会为主,兼营风味小吃;集体饮食经营门点多处于较偏僻地段,以经营风味小吃为主,兼营大众客饭。

1987年,为恢复和发展桂林传统风味小吃,经过传统风味小吃研究会整理,确定78种风味小吃,其中尤以桂林米粉历史悠久,长盛不衰。有众多的专业米粉店,不少餐厅饭馆也兼营。

1990年,七星辖区饮食业(包括国营、集体、个体)经营网点92个,至90年代中后期,多数饮食业都以个体承包和个体经营为主,餐馆、饮食店、大排档、面馆小吃店、米粉店、冷饮店等多种形式越来越多。

2005年年末,七星辖区各种饮食业共有276家,其中较著名的大餐馆有:小南国、金龙寨、绿岛阳光、长城酒店、北海渔村、湘水情、澳门酒家、钓鱼山庄、椿记烧鹅、味道制造、阿甘酒家、君临天下、鄂根湘大酒店、花桥大酒店等14家;大排档、小食馆主要有:老山羊饭店、文桥腊血鸭、大鹏红福饮食、德克士喜洋洋、北国村、农家精品川味鱼庄、一品香大排档、驼峰牛排、北涮涮馆、老北京鸭头火锅、工农兵食堂、小木屋野菜馆、车马炮家味馆等13家;面馆、小吃店、冷饮店之类有:甜园甜品店、石记包子店、东北桂香饺子馆、牛原面馆、老牌得月楼饭馆店、万里香冷饮小吃店、东北一大馅饺、御品香烧腊坊、家面馆、天津包子店、沈宇坊臭豆腐、油茶食府、西北食府、西安同来面馆、麦香坊、河南会石馆等17家;较有名的米粉店有:荣贵米粉店、红鼻子米粉店、担子米粉店、香轩老牌米粉店、阿秀米粉店、刘伯娘米粉店、品轩提子米粉店、螺蛳粉店、全州正宗红油米粉店、明桂米粉店等10家。

服 务

中华人民共和国成立初期的服务业包括旅店、客栈、理发、照相、洗浴等行业。大多数是独资经营的夫妻小店,少数是合股经营大中店。

1950—1977年,七星区域服务行业进行一系列改革,把一些个体、股份制强行纳入社会主义公有制,实行国营、集体服务业,挫伤了职工积极性。1978年,逐步放开,恢复和发展个体经营和合股经营,积极性充分调动起来,经营的户数和经营的项目也逐步增多。

1985年,七星辖区有国营店、集体店、个体店、私营店、股份店等多种体制。服务项目有宾馆、旅店、照相、洗相、理发、美发、染发、干洗、水洗、修理单车及单车出租、打字、复印、浴室、按摩等多种服务。

1995年,随着改革开放的深入,社会主义市场

七星区漓江路桂林观光酒店(四星级) (覃帆 2000年摄)

经济的发展，许多外商从境外到桂林，参与经营饭店和酒店及其他行业，有的成为合资经营，有的成为合股经营，有的成为独资经营。同年，七星辖区的照相、洗相都是以个人和家庭式开办为主；洗发、理发、美发都是个人和合股式开办较为普遍，特别是一大批年轻人出现在洗发、理发、美发行业中，他们业务新、技术精、实行全套服务，很受男、女青年的欢迎，生意也比较红火；干洗、水洗衣服都是家庭式较多；浴室、按摩大多数在饭店、酒店租用房子开办的较多。所有的服务项目都是以私人开办、联营开办为主，国营店、集体店逐步退出市场。

2005年年末，七星辖区主要的饭店和酒店有：桂林帝苑酒店、桂林桂山大酒店、桂林观光大酒店、桂林金龙国际大酒店、桂林七星大酒店、桂林山水大酒店、桂林桂星酒店、桂林凯斯顿大酒店、桂林花桥大酒店、桂林金桑子大酒店、桂林邮电宾馆、桂林大庆宾馆、桂林国际饭店等，共有旅店78家、废旧收购店58家、印刷复印19家、网吧68家、机动车修理店70家、歌舞娱乐厅21家、游戏机室34家、洗浴按摩室16家、美容美发店165家。

第十节　进出口贸易

20世纪80年代前，七星区域的经济发展较缓慢，进出口贸易由桂林市和东郊区的商贸部门负责管理。1979年，七星区人民政府成立，辖区的进出口贸易，由七星区商贸部门负责管理。“八五”期间是七星区经济发展最快的时期。“八五”期间，七星区根据市委、市政府给予城区的优惠政策，开展招商引资工作，先后制订下发《关于进一步搞活经济的若干规定》《关于加快经济建设步伐的几点措施》《关于利用外商投资发展经济的若干规定》等文件。通过宣传及政策的招引，辖区的企业总数由1990年20多家发展至1995年500多家，其中涉外企业65家，占桂林市涉外企业总数的12%。仅1995年就引进和申办涉外企业42家，合同外资额达2560.3万美元，进资额达1200万美元。

出口贸易

20世纪90年代起，七星辖区的出口贸易开始兴起。

1995年，辖区出口贸易交货值1.31亿美元（含桂林国家高新区在内，下同）。出口的产品有电焊机线、电子元器件、塑料制品、柴油机、重晶石、汽车轮胎、收录机等18个产品。出口国家和地区有印度、尼泊尔、埃及、南非、意大利、英国等13个海外市场。

1996年，辖区出口贸易交货值9852万美元，出口产品有中成药（盐酸左旋咪唑）、柴油发电机组、机床附件、电线、重晶石等26种；出口国家和地区41个，主要为美国、澳大利亚、越南、日本、法国等。

1997年，辖区出口贸易交货值1.17亿美元，出口产品有整套轮胎、中成药（盐酸左旋咪唑）、布电线、传输设备、收音机、收录机、中西药等28个品种；出口的国家（地区）为50多个，主要有美国、澳大利亚、伊朗、日本、法国、越南、荷兰、新加坡等。

1998年，辖区出口贸易交货值1.33亿美元；出口产品有服装、西服套装、收录机、影碟机等19个产品；出口的国家（地区）主要有美国、澳大利亚、日本、新加坡、印度等。

1999年，辖区出口贸易交货值0.91亿美元，出口工业制成品中，机电产品为1958.12万美元，占总出口额的21%；出口品种为173个，主要产品有电动工具、收录机、其他电线、布电线、中成药（盐酸左旋咪唑）、其他橡胶制品、整套轮胎、其他有机化工品等；出口贸易国家（地区）为53个，主要有美国、澳大利亚、日本、泰国等。

2000年，辖区出口贸易交易值1.04亿美元，其中机电产品出口0.25亿美元，占总出口额的24%；出口品种162个，主要有有机化工品、整套轮胎、其他橡胶制品、西成药、汽车配件、布电线、矿山机械、无线电元件、自行车、收录机等；出口国家（地区）为58个，主要有美国、澳大利亚、日本等。

2001年，辖区出口贸易交货值0.91亿美元，其中机电产品出口0.22亿美元，占总出口额的24%；出口品种181个，氟钽酸钾、其他有机化工品、整套轮胎、其他橡胶制品、西成药、汽车附配件、布电线、矿山机械、橡胶机械、其他量具等；出口国家（地区）为60个，主要有美国、澳大利亚等。

2002年，辖区出口贸易交货值1.10亿美元，其中机电产品出口0.22亿美元，占总出口额的20%；出口品种206个，主要有整套轮胎、布电线、电线、中成药、西成药、抗寄生虫药、矿山机械、汽车配件、橡胶制品、其他有机化工品、其他有色金属材料及制品、自行车类及配件、其他工具等。出口国家（地区）为74个，主要有香港、美国、日本等。

2003年，辖区出口贸易交货值1.29亿美元，其中机电产品出口0.30亿美元，占总出口额的23%；年内出口品种218个，主要有布电线、控制电缆、通讯电缆、整套轮胎、其他橡胶制品、汽车配件、复印机零配件、量具、矿山机械、橡胶机械、有机化工品、西成药、保健品、自行车等产品。出口国家（地区）为80个，主要有美国、日本、澳大利亚等。

2004年，辖区出口贸易交货值1.10亿美元，其中机电产品出口0.52亿美元，占47%；年内出口品种204个，主要有整套轮胎、其他橡胶制品、汽车配件、复印机零配件、量具、矿山机械、橡胶机械、有机化工品等。

2005年，辖区出口贸易交货值1.55亿美元，实现出口业绩的企业137家，主要有电线电缆、铜芯合金管、抗疟药（青蒿琥酯）、整套轮胎、量具、矿山机械、橡胶制品、有机化工品、西成药、汽车配件日用杂品等产品。出口国家（地区）为106个，主要有美国、澳大利亚、欧盟、日本、东盟、韩国等。

表9-7　1991—2005年七星辖区出口创汇情况一览表

年份	创汇总量（美元）	同比±%
1991	18	—
1992	25.5	41.67
1993	17	-33.33
1994	384.9	216.12
1995	1520	294.91
1996	2680	76.32
1997	2559	-4.51
1998	2282	-10.82
1999	2890	26.64
2000	7491	159.2
2001	6034	-19.45
2002	8541	41.55

续表

年份	创汇总量（美元）	同比±%
2003	8172	-4.32
2004	14973	83.22
2005	18707	24.94

进口贸易

20世纪90年代前，七星辖区进口贸易业务往来较少。90年代起，七星辖区的进口贸易得到稳步发展。

1991—1995年，七星辖区进口贸易总额0.75亿美元。

1996年，辖区进口贸易总额0.76亿美元；1997年，产品进口额0.78亿美元，比上年增长2.23%；进口品种55个，主要有硬脂酸金属盐、烷烯炔化工品、注射针剂、汽车零件、微波通讯设备、收录机机芯及散件等；进口的国家（地区）为荷兰、日本、南非、奥地利、新加坡、韩国等19个。

1998年，辖区进口贸易总额1.06亿美元；进口品种58个，主要有皮革、酯化工品、胺化工品、航空设备、电信设备等19个品种；进口的国家（地区）主要有南非、芬兰等14个。

1999年，辖区进口贸易总额0.96亿美元，进口品种58个，主要品种有酯化工品、已内酰胺、天然橡胶、注射针剂、汽车零件、成套设备、电子元器件、电信设备及器材、收录机芯及散件、电动工具等；进口贸易的国家（地区）21个，主要有南非、芬兰等。

2000年，辖区进口贸易总额1.33亿美元，进口品种49个，主要有钽铌矿砂、其他醇化工品、酯化工品、汽车零配件、电子元器件、电信设备器材、收录机芯及散件、其他工具等；进口的国家（地区）18个，主要有芬兰、南非、韩国、日本、德国等。

2001年，辖区进口贸易总额0.93亿美元，进口品种45个，主要有机械木浆、钽铌矿砂、其他化工原料、天然橡胶、汽车电器零件、其他汽车零件、光纤维通信设备、电子元器件、电信设备器材、其他工具等；进口国家（地区）20个，主要有韩国、芬兰、南非、日本、意大利等。

2002年，辖区进口贸易总额0.97万美元，进口品种39个，主要有天然橡胶、其他电子元件、其他无线通信设备及器材、其他工具、其他抗菌素、化工原料、汽车电车、摩托车及配件等；进口的国家（地区）23个，主要有南非、韩国、芬兰等。

2003年，辖区贸易总进口贸易总额0.97亿美元，进口品种有42个，主要有酯化工品、天然橡胶、饮料罐装设备、通信设备及器材、电子元器件、各类器械等；进口的国家（地区）20个，主要有韩国、日本、芬兰等。

2004年，辖区进口贸易总额549.26万美元，进口品种有39个，主要产品有酯化工品、天然橡胶、磨具、电信设备及器材、电子元器材、其他汽车、电车、摩托车及零件、抗菌素、工农具等；进口的主要国家和地区有日本、韩国、南非等。

2005年，辖区进口贸易总额525.32万美元，进口品种有30多个。主要产品有酯化工品、天然橡胶、磨具、电信设备及器材、电子元器材、其他汽车、电车、摩托车及零件、抗菌素、工农具等；进口的主要国家和地区有日本、韩国、南非等。

进出口贸易的主要企业简介

20世纪90年代起，七星辖区的进出口贸易的商业企业逐步兴起。至2005年年末，辖区的进出口贸易的主要企业有桂林优利特集团有限公司、桂林轮胎厂、桂林市第二制药厂、广西第一机床厂、桂林市第三制药厂、桂林集琦药业股份有限公司、桂林美术陶瓷厂、桂林制药有限责任公司等20多家。

桂林优利特集团有限公司　该公司前身成立于1954年，1984年从日本京都第一科学株式会社引进中国第一条尿液分析仪和专用试纸的生产线。1985年，中国第一台尿液分析仪MA-4210诞生在桂林优利特。是中国医学检验诊断产品制造商、供应商和服务商，产品涵盖尿液分析系统、血细胞分析系统、生化分析系统、免疫与分子诊断试剂、POCT诊断产品等医学检验领域。优利特与美国合资建立英美特生物技术有限公司，挂牌成立了桂林英美特生物技术研究所，引进世界领先的抗体制造技术及分子生物学相关技术，成为全球优秀的免疫诊断和基因诊断产品供应商。该公司厂区占地面积1万平方米，共有仪器和设备330台（套），具备年产各种医疗电子仪器上万台，配套诊断试剂上亿条的生产能力。1997—2005年，该公司共获13项国家专利授权，其中发明专利2项、实用新型专利6项、外观设计专利5项。2005年年末，该公司产品出口全球国家和地区共计72个，国内设有营销服务中心52个、特约维修站332家。

桂林轮胎厂　该厂位于七星区朝阳乡横塘路80号。1965年4月筹建，1969年有职工900名，当年建成炼压、成型、硫化、内胎、机修、动力等6个车间，生产建筑面积为1.49万平方米。生产出载重和农用轮胎7个规格的品种，共11567条，工业总产值375.4万元，实现税利3.78万元，亏损21.5万元，全员劳动生产率为5978元。1988年3月，该厂试制成功36.00—51—58PR无内胎巨型工程机械轮胎；1993年6月通过国家级鉴定，该轮胎重约2.8吨，外直径为3.2米此种巨型轮胎当前世界上只有美国、法国等少数几个国家能够生产。桂林轮胎厂生产的巨胎，平均行驶里程达3.5万千米，超过国家规定的2.6万千米的标准，达到国际先进水平。1993年3月，桂林南方橡胶（集团）公司拿出轮胎厂的部分资产与香港盛毅置业有限公司合作，组建成合资企业。1993年末，该有职工3170名，其中高级工程师22名，工程师53名；固定资产1.6亿元，建成轮胎生产线4条，拥有生产轮胎的主要设备共900多台，其中从海外引进的巨胎成型机、巨胎帘布筒贴合机、微机控制胎面缠绕机、四辊压延机、销钉式冷喂料供胶压出机组和前后联动装置、三复合胎面压出机组等主要装备。能生产载重汽车轮胎、工程机械轮胎、轿车轮胎、农用车辆轮胎、工业车辆轮胎等5个系列，产品品种规格63个，从小轮胎4.00—8到巨型工程轮胎36.00—51均能生产，综合年生产能力达100万套。“火炬”牌轮胎畅销全国28个省、市、自治区，远销美国、巴西、菲律宾、尼泊尔等22个国家。同年，该厂完成工业总产值5.15亿元，实现税利7921.9万元，纯利润724.64万元，全员劳动生产率16.30万元。1999年，该厂完成新产品开发项目10项。按照质量体系要求，对生产全过程实施监控，加强对重要环节、部位的检测，使轮胎产品质量从合格率不达标到达标，并稳步提高。“八五”至“十五”期间，该厂由于外部和内部原因，长期陷于亏损停产状态。2006年3月，该厂由昊华南方（桂林）橡胶有限公司收购。

桂林市第二制药厂　该桂林市第二制药厂始建于1965年，位于桂林市七里店路43号，占地20万平方米，总建筑面积5.2万平方米；工程总投资215万元，兴建青霉素分装车间和水针车间，1969年投产。70年代至80年代初，又投资320万元，兴建了玻璃车间、安乃近车间和红霉素车间，生产直管粉针瓶、安乃近原料药和注射用乳糖酸红霉素等产品。“七五”计划后，又投入700多万元，对主要生产车间进行技术改造。该厂是广西壮族自治区级先进企业，广西精神文明先进单位，属国家二级计量单位。1990年，有固定资产978万元，完成工业总产值2063万元，销售收入1852万元，实现利税92万元。1991年，在自治区百家企业劳动竞赛中夺得铜杯奖，1992年获广西经济效益先进单位称号；1993年初完成工业产值5004万元，销售收入4693万元，实现利税298万元。至1993年年，该厂有固定资产1340万元，有6个生产车间，基本采用机械自动化操作。能生产针剂、原料药、兽用药、散剂等65种产品。常年生产的有青霉素粉针、先锋霉素V钠针、青蒿琥酯针、低分子右旋糖酐等40多种。其中注射用乳糖酸红霉素获自治区优质产品称号，注射用青蒿琥酯获国家经委颁发的“技术开发优秀成果奖”，广西经委颁发的“工业新产品百花奖”。产品畅销全国各地，部分产品远销东南亚、欧洲、拉丁美洲和非洲等地。

2000年，桂林市第二制药厂改制成为股份制企业，并入桂林制药厂。

广西第一机床厂 该厂是机械工业部定点生产机床的专业厂家，始建于1966年。1988年，该厂从宜山县迁至桂林市环城南一路8号。1993年，该厂占地面积23.5万平方米，工业建筑面积3.5万平方米，有员工1700名，其中工程技术人员136名（高级职称16名）；设有冷热加工、装配、油漆等9个车间6个分厂；固定资产原值4096.84万元，生产主要设备435台，其中引进DIX175坐标镗床、KE滚齿机等37台套；具备研制、生产数控车床、加工中心等机电一体化产品的技术力量；主要产品有C6140A、C6146A、C6150A等数控、数显和普通型的20多个品种36个规格的车床、小批生产TM-450车削中心、TM-618加工中心，以及磨具、砂布等，其中C610A、C6240A等4个品种获广西优质产品奖，并远销美国、德国、智利、东南亚等10多个国家和地区。同年，该厂出口产值达507万元。1991至1995年，该厂出口额达1290万元。1997年，该厂以产品换回5台设备和一批生产急需的铸件及外协作项目，针对生产中出现的质量问题开展QC小组活动进行攻关，该厂的大拖板钻孔技术获桂林市QC成果一等奖、自治区先进成果奖。1999年，该厂拟破产。2003年，广西第一机床厂破产。

桂林市第三制药厂 该厂位于育才路55号，属国家高新技术企业。1967年开始筹建，1971年末试产。占地21.73万平方米，建筑面积5.18万平方米。1990年拥有固定资产（原值）1802万元。该厂是“以药为主，多种经营，原料药与制剂并举、中西结合”的中型制药企业，由四环素原料药车间、红霉素原料车间、综合制剂车间以及动力供给、给排水系统等部分组成。共有抗生素原料药和中西药制剂2大类7种剂型60多个品种。原料药产品主要有四环素盐酸盐、四环素碱、红霉素碱、金霉素和土霉素。1990年，四环素碱、盐年产量为141吨，完成工业总产值2871万元，销售收入2483万元。具有广西一流水平的现代化制剂车间，年产片剂、胶囊11亿片（粒），冲剂200吨。主要有肤炎宁搽剂、海珠神珍珠明目滴眼液、卓丹止泻灵、四环素片、红霉素片、头孢氨苄胶囊等。1975至1992年，该厂产品远销10多个国家，出口产值达1.1亿元。1993年，该厂改制成为股份制企业。1996年，更名为桂林集琦药业股份有限公司。

桂林集琦药业股份有限公司 该公司位于桂林市骖鸾路8号，是一家集研究、生产和销售为一体的高新技术制药企业。桂林集琦药业股份有限公司前身是1969年创办的桂林市第三制药厂；1993年，桂林市第三制药厂改制成股份公司；1995年，引进中国农业大学的技术，国内第一家生产阿维菌素。1996年，更名为桂林集琦药业股份有限公司，1997年在深圳证券交易所挂牌上市，是广西医药行业和桂林市首家上市公司。1999年12月，经国家人事部批准，公司建立了博士后科研工作站。2001年4月，该公司投资2.2亿元新建产业基地集琦科技园，2003年11月竣工投产，集琦科技园的主要生产设备和检测仪器达到世界先进水平，集琦科技园的片剂、颗粒剂、胶囊剂、软胶囊剂、滴眼剂、搽剂和溶液剂共六条生产线、七种剂型已全部通过药品GMP认证。形成单班年产片剂8亿片、硬胶囊2亿粒、软胶囊1亿粒、颗粒剂200吨、滴眼液1000万支、搽剂和溶液剂1000万瓶的生产能力。经过公司多年的品牌建设，“集琦”商标于2004年12月被广西区工商行政管理局认定为广西著名商标。企业具有自主出口经营权，出口产品主要有：虫螨克、赤霉醇、桂花浸膏等，1991—2005年，累计出口额

1569.55万元，主要出口到越南、法国等国家。2005年，该公司拥有7个发明专利；有在职员工1879名，总资产7.58亿元，净资产3.55亿元。实现主营业务收入1.8亿元，实现利润2739万元，实现净利润1397万元。

桂林美术陶瓷厂 该厂位于七星区漓江东路74号，占地面积6654平方米，总建筑面积6000平方米，属园林式建筑，该厂融产品生产与商场经营为一体，是桂林重点参观、购物中心之一，年接待外宾6万余人次。产品有美术陶、彩绘、陶瓷壁画、石刻等4大类400多个品种。1975年初，第二工艺美术厂制陶车间成立美术陶瓷试制小组；1977年，美术陶瓷厂筹备处成立；1978年产值1.86万元，1985年产值8.1万元。1986年，美术陶瓷厂成立，当年产值9.6万元。1987年至1990年，该厂平均年产值52.74万元。1990年年末，该厂产值76.9万元，销售收入132.38万元，利润17.15万元，固定资产原值198.45万元，净值157.92万元。1992—1993年，该厂实施儿童玩具生产项目——广西公仔开发项目，总投资640万元，引进国外先进的燃气窑炉，把厂区改造成集生产、旅游观光、销售为一体的园林式工厂。1997年，该厂产品有98类瓶型，为增强市场竞争力，积极研制开发新产品—树脂工艺品。该项目投资66.16万元，品种400多种；同年生产的题材为“桂林山水”“鹿铃铛”“圣经故事”“圣诞吊饰”“胸针耳环及项链”等工艺礼品，大的有0.5米高，小的仅有1.91厘米高。产品远销巴西、美国等地区及国家。1999年10月，为喜迎澳门回归祖国，该厂设计制作99件回归绝版纪念瓶。纪念瓶的图案以腾飞祥龙和盛开莲花为主题，象征中华民族自立于世界民族之林和中国对澳门行使主权，预示着中国人民在2000年农历龙年中幸福平安；99件作品风格各异，造型独特，设计新颖，且每件作品都配有一本精致的收藏证书，由桂林市公证处公证，纪念瓶模具当场销毁，纪念瓶具有较高的收藏价值。2005年，该厂有员工13名，注册资本153万元，年产值72.78万元。

桂林制药有限责任公司 1991年，桂林制药厂有固定资产2186万元，职工1143名，其中各类专业技术人员251名，完成工业总产值7595万元，实现销售收入5110万元，创利税287万元。2000年，桂林制药厂与桂林市第二制药厂合并。2001年6月，桂林制药厂以净资产(包括二百余种产品品种的生产批文和知识产权)出资占股94.475%，与桂林天和药业股份有限公司、上海国佳生物工程技术发展研究中心有限公司、桂林神龙堂生物制药有限公司、桂林高新技术产业开发总公司等4家企业共同发起设立桂林南药股份有限公司。2002年3月，桂林制药厂以49%的股份与澳大利亚商人合资设立桂林澳林制药有限责任公司。2003年12月，桂林制药厂引进战略合作伙伴——上海复星医药(集团)股份有限公司，并于2004年3月正式组建桂林制药有限责任公司(上海复星医药占60%股份，桂林制药厂占40%股份)。2004年4月，桂林制药有限责任公司在湖南湘西凤凰县投资设立凤凰江山科技有限责任公司。该公司是一家以生产化学药品为主的股份制企业。生产的品种有：片剂、胶囊剂、生物制剂、化学合成原料药、水针剂、粉针剂、输液等近200个品种，主要产品有：青蒿琥酯片(针)剂、交沙霉素片剂、阿莫西林胶囊等。所有生产线均通过国家GMP认证，并成为广西最大的化学合成制药企业和全国化学制药重点企业之一，其多个产品出口欧美、非洲、东南亚等50多个国家和地区。2005年，桂林制药有限责任公司拥有职工1300多人，生产原料药281.93吨、片剂45.53亿片、胶囊剂1.61亿粒、注射剂5182.47万支、输液266.31万瓶，完成生产产值2.19亿元，实现利税3428万元，出口额突破千万美元。

第十章

农　　业

2004 年,朝阳乡种植的葫芦

桂林市七星区属中亚热带季风气候区，具有夏长冬短、雨热同季的特点，年均气温18.8℃、降雨量1872毫米、无霜期309天、10度以上积温为5944℃。由于光、热水资源比较充足，土壤构成比较复杂，适宜多数农作物的种植，且四季皆宜择时择地进行一年多熟栽培。高新七星区种植业历史悠久，耕作、栽培有较为深厚的基础及不少的传统生产经验，仍为现代农业所利用或资发展借鉴。在漫长的生产过程中，兼收广种，栽培农产品种繁多，到二十一世纪初期粮食作物，经济作物特别是蔬菜、果树、饲料及引进种类上百种，涉及植物分类多达30多个科，使用当地及引进品种达100多个。著名传统产品有驰誉国内外的桂林马蹄，有为数众多、食用品质极佳的各类名优蔬菜。1996年年末，桂林市区划调整，穿山乡、朝阳乡等农村从郊区划归七星区政府管理。同年，穿山乡、朝阳乡的农业生产纳入七星区政府工作。1997年七星区农村可用耕地849.07公顷，2000年下降到735.93公顷。2005年，全区农林牧渔业总产值14839万元，其中农业产值5734万元，牧业产值8166万元，渔业产值614万元，服务业产值323万元，林业产值2万元，粮食播种面积466公顷，总产量2336吨，森林覆盖率37%，农业机械总动力2.05万千瓦。

第一节　机　　构

1996年前，七星区农业方面的工作由郊区农业局、林业局、农机局和畜牧水产局及其二层机构管理。1997年，高新区七星区政府设置农村工作办公室，骆刚任办公室主任，1998年，陆新元任办公室主任（兼）。2002年，刘祖军任办公室主任。农村工作办公室对外增挂高新区七星区农业局、高新区七星区林业局、高新区七星区水力电力局、高新区七星区农机局、高新区七星区畜牧水产局、高新区七星区乡镇企业管理局、高新区七星区农业区划办公室的牌子，实行多块牌子一套人马的管理形式，正科级单位。2003年更名为高新区七星区农村工作局，至2005年未变。2005年年末，行政编人员7名，事业编制人员6名。办公地址在市骖鸾路26号高新开发大厦。

第二节　体制改革

土地改革

1949年前，桂林市土地为封建私有制，地主富农掌握着农村的大部分土地。

1950年3月至1951年夏，今朝阳乡、穿山街道办事处土地改革工作在郊区政府主持下展开，没收地主部分耕地、征收富农多余耕地，分配给同村及附近没有田地或少田地的贫农、雇农。封建土地所有制改为农民土地所有制。农民既获得土地所有权也获得土地使用权、经营权，有效的促进农业生产发展。1950年，穿山等5个自然村参加土地改革有3380人，土地149.8公顷，人均土地量0.04公顷，其中地主（含工商业建地主）、富农及公地、庙会地25.94公顷，占土地总面积的17.3%，5个村的农民3251人，人均占有土地0.04公顷，其中有678人没有土地，占人口总数的20%，而地主、富农83人，人均占有土地0.31公顷，是农民人均占有土地8倍以上。

1952年土地复查，开展查田定产，给农户发放土地证书，根据农户田地土质贫瘠肥瘦具体情况确定生产亩产，按亩产确定各户上缴国家公购粮数量。1953年1月，市人民政府决定西郊、南郊、沙河村、东郊区洲堤、祝江、黄莺岩、彭家岭等村，所有没收和征收的农业土地归国家所有，对分得土地的农民发给国有土地使用证，对私有农业土地者发给地产所有证。

合作社

1951年年末，在一些生活比较富裕的农民中，开始出现收买土地，出租土地、雇工、放高利贷、囤积粮食、商贩投机，或追求高价发展副业生产等现象。一些经济脆弱或遇天灾人祸，或婚丧疾病，耗尽钱财的农民，迫不得已以出卖土地房屋，甚至出去打工，生活处于困苦之中。如窑头乡大村有农民77户，土改后两年中，出现买卖房屋的1户，卖方为贫农，买方为中农；出卖土地的有7户，其中贫农占4户；买进土地的7户，其中中农占6户；出租土地的有7户，中农1户，贫农3户。

1953年2月，中共桂林市委和市人民政府召开桂林市第四届第五次各界人民代表会议，制定《关于发展农业生产合作社的决议（草案）》，把“积极稳步地开展农业互助合作运动，使分散的农村经济逐渐组织起来”作为辖区的主要工作，决定在1952年互助合作薄弱的基础上，积极发展互助组，解决当时有的农户因劳力、耕牛、农具等生产资料不足出现的雇工、出租土地和买卖田地的现象。市区工作组到农村帮助农民组织生产合作社，即成立初级社，其中1955年2月，第四区农村共建有农业生产合作社、信贷合作社（具体多少个不详），参加互助组的农户占农户总数的85%。1956年，将原有的初级农业生产合作社和互助组以及变工组合并为高级农业生产合作社。土地、耕畜、大型农具等生产资料归集体所有，取消土地报酬，实行生产劳动统一指挥，集体劳动记工，产品、现金全部按劳分配。农民个人即失去了土地所有权也失去了土地经营权。

人民公社

1958年，区境高级农业生产合作社合并为人民公社，当时分别有属于郊区管辖的穿山人民公社、朝阳人民公社。1959年，人民公社管理体制实行公社、大队、生产队三级所有，队为基础，统一领导，分级管理，权力下放。在经营管理上实行公社、大队、生产队核算，各负盈亏，分配计划由生产队决定，适当积累，合理调剂，劳动产品等价交换，社员出工记工分，按劳分配，承认差别。1960年11月，中共中央发出《关于农村人民公社当前政策问题的紧急指示信》，开始整风整社，重申“三级所有，队为基础，是现阶段人民公社的根本制度”，彻底清理“一平二调”［新中国成立初期盛行一时的农村基层组织“人民公社”内部所实行的平均主义的供给制、食堂制（一平），对生产队的劳力、财物无偿调拨（二调）］，坚决退赔，纠正共产风、瞎指挥、强迫命令、特殊化歪风，重点解决公社与大队、小队的关系。1961年，贯彻中共中央关于国民经济实行“调整、巩固、充实、提高”的八字方针，执行《农村人民公社工作条例（修正草案）》（即农业60条），实行三级所有，队为基础，即以生产队为基本核算单位的公社、生产大队和生产队三级所有的集体所有制经济体制。1966—1976年“文化大革命”期间，突出政治，以阶级斗争为纲，限制社队多种经营和生产大包干，社员家庭副业当作“资本主义尾巴”被限制发展，群众的生产积极性受到影响，生产徘徊不前。

1996年12月，桂林市区区划调整，郊区政府撤销，原属郊区管辖的穿山乡、朝阳乡划归七星区。穿山乡管辖七星、穿山、和平、樟木、光辉、屏风、三联、汇丰8个村民委员会，43个自然村，151个村民小组，人口2.52万人。朝阳乡管辖西南、岩前、新建、合心、丫吉、湖塘6个村民委员会，34个自然村，62个村民小组，人口0.89万人。2003年11月，桂林华侨农场（挂华侨旅游经济区牌子）整体移交七星区管理。2005年7月，穿山乡改为穿山街道办事处，所辖村民委员会8个未变。至2005年，区辖共有村民委员会16个、自然村89个、村民小组181个；村民委员会成员70人，其中主任16名、副主任16名、文书12名、委员26名。

联产承包责任制

1978年，辖区的朝阳公社、穿山公社部分农户自发试行生产责任制，公社对其做法进行压制，农户采取一个生产队分成无数个生产小组的形式开展生产责任制。1979年8月，朝阳公社、穿山公社农业生产百分之九十采取了家庭联产承包责任制，农业生产经营权和产品支配权完全归农户本人。1980年1月，辖区农户全部推行家庭联产承包责任制，公社还派出承包责任制工作组帮助农户与生产队签订联产承包合同，解决处理在推行联产承包责任制过程中的土地、耕牛、大型农机具、财产等问题。把集体所有制的耕地及山林承包给农户经营、管理。1985年，按照中共中央《关于一九八四年农村工作的通知》精神，由郊区人民政府颁发土地承包经营证给农户，承包期为15年。承包期内的农产品除完成上交国家、集体的外，其余归承包农户自行处理。农户自主经营，自负盈亏，生产积极性、生产技能得以充分发挥。

1997年11月，根据中共中央办公厅、国务院办公厅《关于进一步稳定和完善农村土地承包关系的通知》，七星区政府在朝阳、穿山两乡开展延长土地承包期签订工作，在原农村土地承包基础上，实行“增人不增地，减人不减地”的原则，延长农户的承包期。耕地（旱地、水田）再延长30年承包期，林地延长50—70年。1998年1月，七星区完成土地延包工作。全区共发放土地延包证5364本（其中穿山乡3687本，朝阳乡1677本），参加承包的农户共5364户，发包水田、旱地共计841.87公顷，收取土地承包手续费共17.63万元。经过抽查，没有发现错漏现象。

第三节　种 植 业

1996年12月，桂林市区区划调整前，七星区无农业。1996年12月郊区政府撤销，原属郊区管辖的穿山乡、朝阳乡划归七星区，种植业无历史统计数字。2000年总产值5380万元，占当年种植业总产值14.07%，2005年全区种植业6345万元，占当年种植业总产值6.43%，年均增长率为3.3%。

粮食作物

七星区粮食作物主要有水稻、红薯、芋头、玉米、黄豆、豌豆、高粱、小麦等。水稻是辖区粮食作物的主要品种，播种面积及粮食产量占粮食作物比例的80%以上，品种以籼稻为主，兼有极少糯稻。除水稻外有红薯、芋头、玉米、黄豆、豌豆、高粱、小麦等品种称为杂粮，均为零星少量种植，主要为补助农民一年中主粮不足及家养牲畜、家禽饲料之用。

水稻　水稻是七星区朝阳乡、穿山乡和华侨旅游经济区竹江、马家坊村委的主要粮食作物。1949年解放前以单季稻为主，品种主要有花壳黏、四川麻、观音黏、齐头黄等中、迟熟品种，这些中季水稻品种径秆高度在1.3米以上，叶片宽且长（及易倒伏），分蘖能力差，不耐肥、生育时间较长，穗形松、散、短，产量很低，平均每公顷产稻谷在750—800千克。

20世纪50—60年代，水利灌溉工程逐步完善，农田排灌科学化，许多旱地改水田，并采用先进栽培技术，逐步改单季稻为双季稻。早稻引进五月早、夜花粘、二步早、胜利早、南顺299等，晚稻引进中山白、516白花等新品种。

60—70年代，改良稻株形态，改稀植为合理密植，改高秆改为矮秆，改单季稻为双季稻，矮秆水稻生育期90天至105天，品种耐肥抗倒，适宜密植，主要矮秆水稻品种有青珍珠矮、铁谷矮、二九矮、矮脚南特等；引进生育期105天至125天的中熟品种胜矮、广宁、广水1号等。在同等条件下矮秆品种均比高秆品种每公顷增产750—1500千克。

1974年后，逐步引进推广早稻早熟品种红梅早、春红二九青等，晚稻推广团结一号、广二矮等，团结一号公顷产5250千克，比60年代的老品种增产40%左右。70年代末试种“三系”杂交稻获得成功。利用杂交品种具有的强大的杂种优势，大力发展杂交水稻，对粮食增产起到重大作用，在同等条件下，“三系”杂交稻比矮秆常规稻公顷产高750—1050千克，这些品种株高在0.7米至1.0米，具有耐肥、抗倒伏、早熟、高产等特点，公顷产均在5250千克左右。

80年代普遍推广的主要品种有威优系列的35号、49号、6号等，这些品种米质好、抗逆性强，增产潜力比矮秆常规水稻增长20%—25%左右。晚稻主要有汕优桂99、桂33、桂402、技优36、特优63、汕优华联2号等。

90年代早稻、中稻、晚稻品种逐步增多，辖区主要以杂交优质系列品种为主，主要品种有汕优62、汕优66、桂99等,米质好产量高。1997年,推广杂交水稻464.8公顷,占水稻种植面积83%,同年引进杂交水稻新组合威优191试种3.34公顷,全生育期109天,公顷产7500千克;八优63试种3.34公顷,全生育期116天,公顷产8755千克;美国稻试种3.34公顷,全生育期129天,公顷产6150千克,试验获得成功。1998年,推广杂交稻480公顷,占水稻播种面积的92%;1999年,推广植交水稻460公顷,占水稻种植面积92%以上,平均公顷产6058.5千克,比全年平均公顷产增282.75千克。同年在朝阳乡推广培两优288,八两优63等二系杂交稻6.67公顷,平均公顷产6375千克,最高产量达8400千克/每公顷,具有很大的推广价值。20世纪末,水稻品种主要有金优、优Ⅰ和汕优系列,中培优288,培两优99,八两优63等,进入二十一世纪水稻品种更换频繁,农户大多根据需要自由选择水稻品种。

2006年12月13日,七星区在朝阳乡开办"农业课堂",现场传授培种植技术

2003年起,引进推广良种18个,其中引进水稻新良种8个:分别为培两优88、中优99、中优253、中优53、金优253、华优桂99、金优99、新香优207。这些品种的生育期都在120—140天,适合朝阳乡种植,公顷产6000—6750千克。全年水稻良种率达91.6%。

2005年,高新七星区稻谷播种面积320公顷,总产量2064.44吨,其杂交优质稻占总面积的95%,占总产量98%。

红薯 红薯是七星区穿山乡、朝阳乡和华侨旅游经济区的主要杂粮和养猪饲料,年种植面积占粮食播种面积的8%—12%左右。品种主要有本地黄心薯、花心薯及灌阳的懒人薯、广东的无忧饥、秤砣薯等。一般单产就有1.5—1.8吨。1998年以前无统计数字,1999年、2002年、2005年,全区红薯种植面积分别为80公顷、86.67公顷、53.33公顷,总产量分别为2160吨、2184吨、1432吨。至2005年,没有做什么有效的良种引进或品种改良。

玉米 辖区农民种植的玉米没有规模,品种单一、产量低、成熟期晚。主要品种有普通的黄玉米、白玉米等。1985年,开始在辖区推广杂交玉米,产量比过去有所提高,从过去的公顷单产1500千克提高到3000千克左右。2001年,引进"超甜28号"等优良新品种进行试种。验收结果"超甜28号"鲜棒产量每公顷18000千克,比普通杂交玉米高每公顷3000千克,而且提早15—20天上市,平均每公顷增收19200元。至2005年,因城市不断向辖区延伸,土地面积大幅度减少,玉米种植面积不足4公顷。

2006年4月19日,外国嘉宾参观七星区桂林华侨旅游经济区芽苗菜生产基地

其他杂粮作物 辖区其他杂粮作物有高粱、芋头、大豆、矮脚豆、青皮豆等,至2005年均未形成规模种植,大都分散在各农户的田头地尾,也没有引进改良品种的推广。零散种植主要分布在朝阳乡区域,面积不足14公顷,产量也不高。

表 10-1　　1997—2005 年七星区部分年份粮食产量一览表

年份	1997	1998	1999	2000	2001	2002	2003	2004	2005
面积(公顷)	603	621	613	556	501	463	493	441	465
产量(吨)	240	2976	3011	3084.4	2736.2	2490.9	2518	2267.3	2336.1

经济作物

七星区传统经济作物品种主要有花生、芝麻、马蹄、西瓜、甘蔗、棉花、苎麻、水果(柑、橙、柚、梨为主)、蔬菜等。

蔬菜　辖区的穿山乡、朝阳乡和华侨旅游经济区的竹江、马家坊村委,是桂林市主要蔬菜种植基地之一,20 世纪 50 年代、60 年代、70 年代蔬菜种植区在穿山乡的穿山、七星、三联、汇丰、樟木队、清风、安新等大队。80 年代后,朝阳乡的西南、丫吉、新建等大队的农民开始种植蔬菜。80 年代,市蔬菜公司投资 39.50 万元在穿山乡蔬菜区建尼龙大棚温室 173 座、面积 2 万多平方米,以育苗为主,结合生产(温室大棚产量高,产品上市早)。1990 年,朝阳乡被列为桂林市洋葱生产基地。1998 年,全区蔬菜总产量 3.9 万吨,1999 年,蔬菜总产量 4.35 万吨。2000 年,共建蔬菜大棚 125 个,折合标准棚 94 个(一个标准棚为 180 平方米)16920 平方米,有效地促进七星区农业结构调整的发展。2001 年,引进推广优质蔬菜品种 30 多个,推广种植反季节蔬菜 333.5 公顷。2002 年,桂林市制定的《无公害蔬菜生产技术规划》,统一标准规范,农业部门举办各种形式蔬菜种植技术短训班、现场会和科技下乡活动,向菜农宣传无公害蔬菜知识,传授无公害蔬菜生产技术。年内,朝阳乡新建的“桂蔬高新示范园”通过自治区农业厅、自治区技术监督局认证,2003 年,蔬菜产量 6.11 万吨。2005 年,共筹集资金 16.83 万元,对和平村头蔬菜大棚基地进行 29 座钢架大棚的二期建设,区、村、办公投入 14.81 万元,农户自筹 2 万元,二期建设的大棚在当年 4 月底投入使用,使和平村蔬菜钢架大棚数达 110 座,形成了初具规模的无公害生产基地,全区蔬菜复种面积 1620.67 公顷,产量达到 4.6 万吨。2005 年,全区蔬菜总产量 6 万多吨。

蔬菜品种　20 世纪 50 年代、60 年代,七星区蔬菜品种主要有福隆园牛腿南瓜、桂林扭叶菜花、桂林朝天辣椒、桂林长豆角、桂林匙羹白菜、桂林雪萝卜、桂林球茎甘蓝、玻璃生菜、桂林肉丝瓜、桂林瓠子瓜等。80 年代蔬菜品种引进开始受到重视,90 年代蔬菜品种增到 12 个大类(茄果类、豆类、薯芋类、葱蒜类、瓜类、绿叶菜类、白菜类、根菜类、甘蓝类、水生蔬菜类、多年生菜类、食用菌类)60 余种,计 160 多个品种。1998 年,推广大棚蔬菜和反季节蔬菜技术,引进外地新品种。2001 年引进日本甜夏阳白、台湾 998 白肉长豆角、特选蜜枣南瓜、广东黑皮冬瓜、泰国白芹、早青一号、农乐节瓜、粤一号黄瓜、丰杭丝瓜、雅缘一号丝瓜、绿宝石苦瓜等 30 个优质新品种试种。这些品种经试种验收,泰国白芹亩产达 2000 多千克;绿宝石苦瓜最大的单瓜重量为 0.85 公斤,广东黑皮冬瓜最大的单瓜重量为 7.5 千克。2002 年引进蔬菜、花生新品种 38 个,其中引进蔬菜新品 23 个,西瓜新品种 12 个,花生新品种 2 个,果树新品种 1 个。主要有樱桃番茄、泰国苦瓜、翠竹长身苦瓜、新丰青菜、东方夏王、台湾亚蔬 6 号、小番茄、小天使、广东黑冬瓜、夏杭萝卜、韭菜花、99-1 黑美人西瓜、99-2 黄皮红肉小型瓜、99-3 花皮黄肉小型瓜、密黄 1 号、中豌 6 号、黑珍珠玉米、超甜 8 号玉米、大红石榴、梧油 6 号以及七星区农业老专家农艺师培育的花生新品种 5-2 选等。

桂林华侨旅游经济区种植的冬瓜　　(2005 年摄)

引进品种试种观察结果：华农大的翠竹长身苦瓜试种示范面积0.02公顷，公顷产3990千克，公顷产值12.00万元；杭热50大白菜种植面积0.34公顷，公顷产1.5万千克，公顷产值1.5万元；台湾亚蔬6号小番茄试种面积0.01公顷，公顷产4.12万千克，公顷产值8.25万元。2003年，引进泰国萝卜、韩国抗热大白菜、抗热小白菜、大肉二号苦瓜(F1代)、粤丰2号辣椒、茂椒四号(F1代)、金旺369小番茄、长丰红茄，共试种示范0.67公顷，推广种植30公顷，其中大肉二号苦瓜、茂椒四号、泰国萝卜抗热大白菜长势良好，抗病力强，产量高。如大肉二号苦瓜瓜长45厘米，粗径8厘米，单瓜达0.35千克，公顷产4.02万千克。茂椒四号长20厘米，粗2.5厘米，公顷产4.8万千克。2005年，引进优质蔬菜、瓜果品种35个，泰国苦瓜、正大丝瓜、日本甜瓜、黑美人西瓜等均具有高产量、瓜形好，能提早上市的特点，获得较好的经济效益。

荸荠　荸荠又称马蹄、地栗，属莎草科多年生草本植物。七星区的朝阳乡、穿山乡种植面积占市郊范围内荸荠面积的第三位。桂林马蹄以球茎呈扁圆状、顶芽短小、皮色暗红、肉质细腻、入口清甜、消渣等特征区别于外地马蹄，为当地长期生产用种。1963年，引入贺州马蹄产品种植，自60年代末至80年代末，为解决马蹄产量高品质稍差的矛盾，穿山、朝阳、柘木等乡镇每隔3—4年即调种一次，以更换生产用种。1989年，引入菲律宾马蹄产品进行种植获得成功。华侨旅游经济区的马家坊村和竹江村自90年代开始种植马蹄，1991年后，只有零星种植自用，没形成规模。

西瓜　西瓜在本地属于传统物种，主要品种有马铃瓜，洗手瓜等，大多为零星种植。20世纪的70年代前主要栽种马铃瓜。自1981年起，推广产量高、质量好的杂交一代瓜，以及单倍体无籽西瓜、杂交西瓜。1981年引入广东新澄1号，并普及种植后，成为80年代末期主要栽培品种。无籽西瓜自1986年发展广西2号种植后，继续推广更替广西3号和5号，无籽西瓜还作为延后栽培的主要品种。桂林华侨农场90年代中期开始种植无籽西瓜，产量和质量均较高，逐步得到推广。2001年引进香西瓜，2002年引进99-1黑美人西瓜。2005年，还引进“黑美人”“黑美女”两个品种，几年引进的品种试种均获得成功，这些品种种植面积每年在133.34公顷。果型较大，单瓜重5—10千克，椭圆形、黑皮或花皮西瓜较受欢迎，如甜王五号、庆抗17等品种。

花生　花生是本地的传统植物，50年代前，辖区主要种植本地挖籽花生，产油率低收获时费时费工。60年代，改种出油率高的扯籽花生，推广品种有越南豆(种皮为红色)、珍珠豆，70年代末推广品种主要为粤选58。1984年引入抗青枯病高产品种鲁花3号，以解决轮作用地不足、连作易发病的问题。2001年，引进“桂花17号”“梧油6号”两个花生新品种作示范推广。这两个花生品种，抗青枯病力较强，籽粒饱满，公顷产量高达6900—7500千克，比“粤选58”增每公顷3750—4500千克，比“鲁花三号”增每公顷2250—3000千克，这两个品种逐步取代原有的当家品种。扯籽花生推广后，挖籽花生极少栽培。2005年，七星区广大农村普遍种植扯籽花生，穿山、朝阳、华侨农场共种花生233.34公顷左右。

水果　桂州水果的栽培在公元8世纪时就有记载，到清代桂州的水果栽培种类已经比较繁多。1949年解放前，辖区种植的果树大多在房前屋后，田头地尾，零星种植，没有规模，种类主要有柚、枇杷、板栗、李、梨、柿、桃等。解放后至20世纪70年代，虽然经过土地改革及大量的土地开垦，但贯彻落实的是以粮为钢的政策，水果生产仍然没有得到大的发展。1979年，辖区引进日本二宫白、长十郎、菊水、湘南2号在穿山乡、朝阳乡一带种植，由于品种不太适合当地种植，没有形成规模而逐步淘汰。1983年辖区引种椪柑、四川红橘、南丰蜜橘、蕉橘在穿山乡和华侨农场试种成功，面积约64.67公顷，总产量259吨，80年代中后期为丰产期，90年代初因柑橘黄龙病影响而开始滑坡，停种。1987年，引入欧美杂交种巨峰品种群，巨峰、高尾、黑白大林、先锋、龙宝、红瑞宝、红富士等以及大粒康拜尔、康拜乐早生、白香蕉、吉香、吉锋(巨锋与吉香杂交种)系列多个品种，在朝阳乡和华侨农场一带种植地，面积约200公顷，总产量1360吨。1998年引进早蜜梨、新九梨、桂花梨、黄花梨、丰水、幸水、西子绿、新世纪、早美酥等品种，在华侨农场和朝阳乡试种，试种获得成功，面积76公顷，总产量326吨。2000年起推广，随着柑橘类黄龙病的影响产量面积逐年减少。2004年停种。

病虫害及防治

水稻病害及防治　辖区内水稻病害主要有稻

瘟病、赤枯病、白叶枯病等。20世纪60年代前均有零星发生,危害较轻。随着新品种的引进、施肥量的增加和栽培密度的加大,纹枯病逐步加重,成为水稻主要病害。主要表现症状:苗期到穗期都会发生。先在近水面叶鞘基部形成水渍状,暗绿色,后扩大为椭圆形、中央灰白色、边缘褐色病斑,严重时茎秆倒伏。该病早、晚稻均有发生,早稻重于晚稻。60—70年代发病较轻,80年代后逐年严重。

稻瘟病 早稻、晚稻均有发生,糯稻重于粘稻,山边冷水田重于平原田。症状:发生在穗颈和小枝梗上,初期病斑为褐色,边缘呈退绿的水渍状,后期变黑枯死或折断,造成秕谷甚至白穗。病因:本病为半知亚门真菌性病害,在气温24℃—28℃、相对湿度90%以上,阴雨连绵阳光不足的情况下,最容易发生。防治措施:选用抗病品种,并轮换使用;妥善处理病谷稻草,防止传播蔓延;加强田间管理,合理施肥,防止偏施氮肥;药物防治:在出现急性型病斑、全田出现3—5个发病中心时,实施化学防治。可以使用农药:三环唑、春雷霉素、富士一号,对未达到防治指标的田块,不施药。

赤枯病 为生理性病害,每年有不同程度的发生。该病的发生与气候有关,早稻分蘖期,气温不稳定,山边低洼水田易发生;稻田若缺铁锌等微量元素更容易引发赤枯病,采取增施锌肥、磷肥、钾肥,排水晒天等措施均有一定效果。药物防治常采用敌克松600—100倍兑水喷杀。

白叶枯病 20世纪80年代后,大量引进水稻新品种,品种来源复杂,某些组合品种的不抗病和带菌,导致水稻白叶枯病发病逐年加重。20世纪60年代前,采取石灰水选种,赛力散浸种消毒,80年代至2005年采用强氯精浸种消毒,对稻瘟病、纹枯病、细条病、稻曲病有较强的抑制和杀灭效果。农药防治,20世纪50年代,大多采用三环唑、稻瘟净等。20世纪80年代后,大多采用井冈霉素防治纹枯病,用代森胺、代森锌、灭病威等农药防治细菌性褐条病。

水稻虫害及防治 20世纪50—60年代,水稻主要虫害有稻飞虱、稻纵卷叶螟、稻苞虫、三化螟、稻瘿蚊等。20世纪50—60年代,主要采取冬季荒田、放水浸田、烧光田边杂草、拔除禾兜等办法杀死过冬螟虫,摘除卵块、晚上点灯诱蛾杀死成虫等办法消杀虫害。70—80年代,对三化螟多用杀虫脒、杀虫双,控制好第二代、第三代、第四代的防治,防治枯心病苗掌握在卵化期,防治白穗在水稻破肚露穗时用药。采取施用甲六粉或六六六粉,于幼虫三龄前拌细土撒入田中,后期多用杀虫脒、杀虫双、甲胺磷等进行喷杀,稻飞虱虫害主要用有机氯农药混合粉拌细土撒施禾兜。80年代后期至21世纪初期的2005年,对水稻虫害的防治,主要是根据农业技术推广部门提供的病虫预测预报,及时采取有效地防治措施,对稻飞虱、稻纵卷叶螟、稻苞虫、三化螟、稻瘿蚊等水稻的主要虫害用药一般是毒杀蜱、吡虫啉、杀虫脒、杀虫双等。

稻飞虱。症状:成虫和若虫群集水稻基部刺吸,使水稻基部受害,其排泄物常引起霉菌滋生,严重时使大片稻秆变黑枯死,烂秆倒伏,造成减产,甚至颗粒无收。习性:稻飞虱属迁飞性害虫。一年发生5—6代,5月成虫迁入早稻田为害,以6月中、下旬发生的第二代和7月上、中旬发生的第三代为害早稻最严重。稻飞虱的生长发育适温为20℃—30℃。在迁入季节,如雨日频繁、雨量大,有利于其降落迁入,常是大发生的重要条件。田间环境阴暗潮湿,有利于种群数量的增长。防治措施:加强预测预报;保护天敌;在若虫孵化高峰至二、三龄若虫盛期,分蘖期每丛有虫10头、孕穗期每丛有虫5头用扑虱灵、吡虫啉等喷杀。

稻纵卷叶螟。症状:为害水稻叶片的尖端,卷成2cm左右的叶苞,吸食叶肉,留下白色表皮,造成秕粒而减产。习性:本虫属迁飞性害虫。一年发生5代。第一代5月中、下旬为害早稻分蘖,第二代6月中、下旬为害剑叶。防治措施:点灯诱杀、保护天敌、分蘖期每50丛有幼虫25头、孕穗期每50丛有幼虫15头即可用药,常用药有杀虫双、杀螟杆菌、敌百虫。20世纪50—60年代,主要采取冬季荒田、放水浸田、烧光田边杂草、拔除禾兜等办法杀死过冬螟虫,摘除卵块、晚上点灯诱蛾杀死成虫等办法消杀虫害。70年代至80年代,对三化螟多用杀虫脒、杀虫双,控制好第二代、第三代、第四代的防治,防治枯心病苗掌握在卵化期,防治白穗在水稻破肚露穗时用药。稻纵卷叶螟的药物防治在70年代前大多采取施用甲六粉或六六六粉,于幼虫三龄前拌细土撒入田中,后期多用杀虫脒、杀虫双、甲胺磷等进行喷杀,稻飞虱虫害主要用有机氯农药混合粉拌细土撒施禾兜。80年代后期至21世纪初期的2005年,对水稻病虫害的防治，主要是根据农业技术推广部门提供的病虫预测预报，及时采取有效地防治措施，对稻飞虱、稻纵卷叶螟、稻苞虫、三化螟、稻瘿蚊等水稻的主要虫害用药一般是毒杀蜱、吡虫啉、杀虫脒、杀虫双等。

蔬菜虫害及防治 虫害。蔬菜的主要害虫有小菜蛾、斜纹夜蛾、蚜虫、菜青虫、大猿叶虫、豆荚螟、地老虎、黄守瓜等。随着蔬菜复种指数增加，危害频率增加。

虫害防治。20世纪50年代菜农对防治蔬菜虫害采取传统的土办法，如深耕晒土、轮作、及时治理田园杂草、施用石灰、谷壳灰等，以驱避和抑制害虫产卵及卵的孵化，杀死螨类和地下害虫。70年代，提倡生物防治，推广杀螟杆菌防治害虫。80年代推广颗粒病毒防治害虫、青虫菌防治鳞翅目害虫等。90年代蔬菜复种指数大幅度提高，连作普遍，一些菜农一味依赖化学农药，忽视了综合防治，当害虫产生抗药性后，盲目增加用药浓度，如乐果的浓度由原来的800—1000倍变500倍，防治效果仍不理想。甚至蔬菜上禁用的甲胺磷农药也被拿来在蔬菜上使用，有的农户今天用药，明天就采收上市，因而造成农药中毒。目前防治蔬菜害虫提倡谨慎用药，常用农药为菊酯类农药。90年代末提倡生产无公害蔬菜或大棚无公害蔬菜，深受用户的欢迎。

蔬菜病害及防治 病害。蔬菜的常见病害有十字花科软腐病、霜霉病、病毒病、根肿病；瓜类疫病、枯萎病、白粉病、炭疽病、细菌性角斑病、豆类叶斑病、锈病、茎基腐病、白绢病；莴苣霜霉病、菌核病等。

病害防治。20世纪50年代防治蔬菜病害，多以人工拔除病株，堆起发酵或晒干后烧掉，或耕翻晒土，实行轮作，高畦栽培，发病初期淋茶麸水等传统办法，这些办法成本低，效果好，无污染。60年代，化学农药得到广泛应用，效果明显。70年代，随着时间的推进，复种指数的提高，农药使用量不断增加，病虫抗药能力增强，防治药物从使用单一农药到使用混合农药。80年代提出“预防为主，综合防治”的植保方针，强调预防，多种有效措施控制病害，采取生物防治方法，收到明显效果，又减少污染。

“万元田”建设

1999年，辖区通过调整产业结构，提高经济效益，每亩田平均产值达到万元以上，“万元田”项目开始实施。全区当年万元田实施面积167.93公顷，总产量1260.15吨，总产值2540.46万元，公顷产值15.12万元。

2000年，全区落实“万元田”项目覆盖2个乡，13个村委4558户。项目面积253.34公顷，示范面积44.56公顷，总产量65.62吨，总产值4396.53万元。达到万元以上的面积210公顷，平均公顷产值18.45万元。

2001年，朝阳乡、穿山乡9个村委，4586户，实施“万元田”项目面积237.21公顷，其中：示范点7个，示范面积44.67公顷，总产量46.22吨，平均公顷产值17.87万元。

2005年，全区4261户实施“万元亩”项目，面积226.67公顷，其中：示范面积53.34公顷，总产值3594.8万元，平均公顷产值15.86万元。

大棚蔬菜基地

1998年，七星区开始在和平村委、岩前村屯推广良种，发展竹木结构大棚，遮阳网栽培夏秋蔬菜早熟品种，采取间种、套种、混种等措施种植蔬菜示范点，以点带面，实施面积167.93公顷，总产量12606.15吨，总产值2540.46万元，公顷产值15.12万元。

桂林华侨旅游经济区田地长出大南瓜 （2005年摄）

2000年，共建蔬菜大棚达125个，折合标准棚94个，有效地促进了全区农业结构调整的发展。为鼓励农民建设蔬菜大棚，凡建竹木大棚的每个补助400元，建钢架棚的每个补助800元。2002年，穿山乡建成的蔬菜大棚278个。2003年，抓好蔬菜大棚生产和333.34公顷（含复种）反季节蔬菜的种植。2004年，采取“四个一点”的办法，即区、乡、村、农户各出一点的办法，解决蔬菜大棚基地建设资金投入问题。区、乡、村共投入36.45万元，用于扶持菜农构建从浙江引进的钢架大棚，建立大棚蔬菜生产示范基地。农户55户自筹资金11.26万元，建立蔬菜大棚共81个14652.1平方米，当年12月底竣工。2005年，完善大棚蔬菜基地建设，新建大棚29个，投入资金16.83万元。

农业技术推广

粮食种植技术　20世纪80年代中期，粮食生产新技术推广应用得到全面展开，先后推广水稻（早稻）尼龙防寒育秧技术、旱育稀植栽培技术、塑盘育秧抛秧技术、玉米地膜栽培及营养杯育苗技术。

早稻尼龙防寒育秧技术。早稻尼龙防寒育秧技术具有提早播期、防寒保温、防止烂秧、培育壮秧等优点。比传统的露地春分秧提早7天至10天。早稻尼龙防寒育秧技术自1986年推广使用至2005年农民早稻育秧仍在使用。

水稻旱育稀植栽培技术。90年代中期在辖区推广，1996年9月19日至23日连续5天（日最低温度17℃）寒露风天气影响，造成辖区晚稻严重减产，但当年推广试行水稻旱育稀植栽培实用技术的53.34公顷稻田仍然获得增产，平均公顷增315千克。

水稻抛秧栽培技术。1996年9月19日—23日，连续5天（日最低温度17℃）寒露风天气影响造成晚稻严重减产，但当年推广试行水稻旱育稀植栽培实用技术的3.34公顷稻田仍然获得增产。

蔬菜种植技术　1998年，推广大棚蔬菜和反季节蔬菜技术。安装大棚10座1.8万平方米，栽种反季节蔬菜123.8公顷，提高了经济效益，为农村经济培育了新的增长点。2000年引进现代设施“荷兰温室大棚”项目。2002年，推广安装杀虫灯28盏，减低蔬菜的含药量降低种植成本。2005年，安装“佳多”频柜式杀虫灯作试验，效果很好，很快全面推广应用。全区当年安装“佳多”频柜式杀虫灯200多盏，受益面积373.34公顷。

农业产业化

农业产业化在七星区推广时间较晚，至2005年底高新七星区共有2家农业产业化龙头企业，5个农民专业合作社。

桂林花桥食品有限公司　是原桂林市酱料厂经企业改制后成立的一个新兴企业。公司的主要产品有“花桥”牌辣椒酱、酱油、“香和”牌豆腐乳。年生产规模分别为8000吨、10000吨、2000吨(2亿块）。年生产加工销售本市农产品数量8450吨。2005年，销售收入4275万元，上缴税金339.83万元，实现净利润227.9万元。其中具有悠久生产历史的“花桥”牌桂林辣椒酱、以其独特的生产工艺和产品风味享有“桂林三宝”的美誉，是广西名牌产品和国家原产地地理标记保护产品。辣椒酱、酱油、食醋、腐乳均获得全国工业产品生产许可证。“花桥”牌商标自1992—2005年连续被评为“广西著名商标”。2007年11月，经桂林市人民政府批准，桂林花桥食品有限公司被评为桂林市第二批农业产业化重点龙头企业。

桂林高新区伯林生物技术有限责任公司　是一家从事经济作物良种培育、繁殖、高产栽培的企业，所培育的“伯林”系列罗汉果优良品种已成为目前的主栽品种，2005年销售收入134.7万元，上缴税金6.9万元，实现净利润2.9万元。2008年经桂林市人民政府批准，公司被评为桂林市第三批农业产业化重点龙头企业，同时被授予广西“高新技术企业”。

无公害农产品建设　2003年，朝阳乡在邓家建成无公害示范基地1个，巩固养殖业的发展。至2005年，已形成“肉鸡养殖公司＋农户＋产供销”一条龙格局。

2004年，推进无公害农产品生产宣传和培训，制订无公害蔬菜小册子7000册发放到农民手中，宣传严禁使用高毒、高残留农药宣传单10500多份，树立永久宣传牌11块，加强市场准入制度宣传。

表 10-2 1997—2005 年七星区主要农作物生产情况统计表

年度	农作物播种面积（公顷）	粮食作物		经济作物播种面积（公顷）	其他农作物		
		面积（公顷）	总产量(吨)		播种面积（公顷）	蔬菜	
						面积（公顷）	产量（吨）
1997	690	560	2853	80	50	26	6100
1998	761	620	2975	76	65	30	6250
1999	638	500	2888	73	90	58	20130
2000	576	433	2425	70	123	85	42500
2001	669	500	2916	68	131	98	45328
2002	657	474	2768	69	154	116	50370
2003	717	433	2610	64	168	130	53300
2004	716	420	2222	61	195	156	54680
2005	757	414	2189	57	226	176	56365

第四节 养 殖 业

七星区畜禽养殖品种有猪、牛、羊、鸡、鸭、鹅、兔等，分布在朝阳乡、穿山乡、华侨旅游经济区，经过长期饲养形成了地方品种，20 世纪 80 年代中期至 21 世纪初期不断引进外来品种，经过适应性饲养繁殖，利用引进品种进行杂交改良，丰富本地品种资源。1996 年前，全区无历史统计数字。1997—2005 年，畜牧、水产养殖数量逐年有所增加。

畜禽养殖

猪 民国 27 年(1938) 位于桂林市郊区良丰的广西畜牧场首次引进巴克夏猪、汉普夏猪、杜洛克猪等品种，所产生的杂交猪开始在辖区有少量的饲养。1949 年前，辖区农村饲养的生猪大多是本地猪，又名“两头黑”，具有抗寒性能好、耐粗饲、发病少、产崽多等优点。1952 年，桂林市郊区良丰广西畜牧试验场从香港引进巴克夏猪与本地的猪杂交，所培育出来的猪成了本地一段时期农村饲养首选品种。20 世纪 70—90 年代末，桂林市种畜场不断引进培育出生长快、适应性强、瘦肉率达 56.1% 的新系列优良猪种在辖区推广，分别有长白猪、广西白猪、杜洛克猪、二元杂交瘦肉型等猪。

1997 年，辖区生猪饲养量得到较快的发展。生猪饲养量 86353 头（其中出栏 62191 头，存栏 24162 头）；1998 年，生猪出栏量为 70866 头，比上年增加 8675 头，增长 11.28%；2000 年，畜牧业产值占七星区农业总产值 52%，全区共有百头猪场 20 个，年出栏生猪 6.9 万头；是年起全区重视抓好生猪的品种改良工作，推广和引进新品种养殖，大力发展“三元杂交瘦肉型猪”，采取广泛宣传，提供信息，协助引种等措施为养殖户服务。生猪出栏 9.67 万头。2001 年瘦肉型猪在上年引进试养成功的基础上又有新的发展，全区二元杂母猪年末存栏 500 头，比上年增长 6%，其中当年引回的 60 头母猪既继承了外源猪种饲料转化率高、瘦肉率高的优点，又继承了源猪种产仔率高的优点、市场竞争力强。年末“三元杂猪花”出栏已达 12500 头。朝阳乡瘦肉型猪饲形成一定的规模，饲养量年出栏 3500 头以上，以寨山脚村为龙头，冷家、欧家等村协同饲养，形成产销一条龙发展格局。2002 年，开始淘汰山东猪及二元杂瘦肉型猪，发展三元杂瘦肉型猪。至 2005 年，三元杂瘦肉型猪的饲养量占 98% 以上，本地的“两头黑”在辖区很少见有人饲养。2005 年，七星区生猪规模养殖场达 169 个。

牛 主要牛品种有黄牛、水牛、奶牛。1980 年前，农户分散饲养的黄牛、水牛主要用作生产农耕役用。1980—2005年，饲养的黄牛、水牛少部分作生产农耕役用，大部分发展为商品牛，未成规模。1997年年末，全区黄牛、水牛存栏1665头。2000年，黄牛、水牛存栏1432头，有奶牛175头。2005年年末，黄牛、水牛存栏1285头，有奶牛300头。

羊 大多是本地品种，体型不大，受旅游环境要求影响，饲养数量零星稀少，一般为农户小量饲养于偏僻石山灌木丛中。1998—2005年，出栏山羊2000只，羊肉产量28吨。

2005年1月，七星区组织农业专家讲授梅花鹿养殖知识

家禽 辖区农户有饲养鸡、鸭、鹅等家禽的传统习惯。民国26年(1937)广西种畜场曾引进来航鸡、杂种鸡、北京鸭；解放初至20世纪70年代初，广西畜牧试验场先后从外地引进芦花鸡、澳洲黑鸡、红岛鸡、新浦鸡等蛋肉兼用型的品种与本地鸡杂交，这些引进培育的新品种均未能在民间普及。至20世纪70年代末的改革开放前，农户饲养的鸡、鸭、鹅等家禽几乎全是本地土鸡、土鸭(即本地自繁自养的品种)，本地家禽的饲养品种体型小、觅食能力强、肉质鲜美、香味可口，为人们所喜爱，但生长慢。80年代初，桂林市种畜场分别引进红布洛、星布洛、白洛克鸡及引进北京鸭双桥Ⅰ、Ⅱ系，樱桃谷鸭、蛋鸭等品种。这些品种的引入开始在民间普及，还出现了养鸡场、养鸭场。90年代至21世纪初，先后引进AA鸡、三黄鸡、狄高肉鸡、良风花鸡、绍兴鸭、龙岩鸭、美国野鸭等养殖大户的形式引入辖区。鹅、鸽子、孔雀、兔、鹌鹑、犬等在民间散户有少量饲养。1997年，家禽出栏23万羽，年末存栏17万多羽。2002年，规模家禽养殖场30多个，家禽年出栏40多万羽，年末存栏27万多羽。2005年，家禽年出栏57万多羽，年末存栏37万多羽。

水产养殖

辖区属亚热带季风气候，年降雨量丰富，春夏温暖，秋冬少霜雪，全年10℃以上的温度在230天左右，有利于鱼类的生长，漓江、小东江等可以养鱼，自然鱼类有上百种以上。农民有水产养殖的悠久的历史，20世纪80年代以前辖区的淡水养殖属零星状态，80年代后因市场经济的作用，辖区农民养鱼开始呈规模化发展，除在旧有的场所养鱼外还大量地将水稻田开挖成鱼塘，水产养殖逐步有些规模。1997年，水产养殖面积2505亩，总产量701吨。2000年，渔业生产主要是以“万元水面”工程为突破口，发展新品种养殖，朝阳乡引进全州禾花鱼12万尾。调整养殖模式、发展休闲式养殖基地。全区改鱼塘380亩，发展休闲式养殖基地8个共260亩。2003年，水产养殖面积2677亩，总产量918.1吨。2005年水产养殖25户，启动鱼塘规模3000平方米项目，铺设碎石路200米；鱼塘周边砌高1.5—2米水泥砖基脚、在鱼塘中间用水泥砖砌两条塘基，将鱼塘分成3个。两条分隔基长、宽、高分别为42米×1米×1.8米，22米×1米×1.8米，两侧砌砖，中间填土充实。建简易房50平方米。全年水产养殖水面2586亩，总产量1018吨。2005年，全年水产养殖水面2760亩，总产量1089吨，占全区农林牧渔业总产值的6.8%。

表10-3 **1997—2005年七星区畜牧、水产产量表**

畜牧水产	年份	1997	1998	1999	2000	2001	2002	2003	2004	2005
猪(头)	存栏	24162	25398	30275	33070	31715	29043	34719	29686	30152
	出栏	62191	70866	50365	69203	77002	83406	95202	90728	96383

续表

畜牧水产	年份	1997	1998	1999	2000	2001	2002	2003	2004	2005
牛(头)	存栏	1653	1432	1045	880	823	815	1255	1328	1313
	出栏	12	147	96	2	0	0	48	24	41
羊(头)	存栏	730	450	390	400	400	490	1994	1627	1418
	出栏	258	295	210	479	510	492	774	1054	1374
家禽(羽)	存栏	87400	103300	113570	124500	141726	126090	140827	126525	169560
	出栏	237200	266300	294310	313759	337556	391512	426925	402598	536910
水产品	养殖面积(亩)	2505	2550	2610	2682	2692	2670	2677	2282	2383
	产量(吨)	701	645	710	753	805	864.3	918.1	829.9	903.4

疫病及防治

畜禽疫病防治 七星辖区内畜禽疫病主要有炭疽病、牛瘟、猪瘟、布氏杆菌病、鸡新城疫(鸡瘟)等。防治办法主要由畜牧管理部门组织相关兽医技术人员对畜禽作监测,清除病畜禽,对病源地进行消毒处理。对种畜禽特别是引进畜禽进行严格检疫。对猪牛等畜禽作常规的春秋两次全面综合防疫。解放初期,对严重危害牲畜生存的牛瘟、猪瘟疫病,畜牧部门组织技术人员进行免疫注射。60年代前主要采取对雏苗做免疫,至70年代末仍然采取免疫注射的办法预防牛瘟、猪瘟的发生。20世纪80年代中期,畜禽的防疫工作进入法制程序,规定每年的春秋两季对畜禽作预防注射,做到乡不漏村,村不漏户、户不漏禽、禽不漏针。家禽疫病的防疫。80年代根据国家的有关规定要求,家禽疫病的防疫得以全面展开。90年代对畜禽的疫病防治达到98%以上(受孕、病畜禽不计)。

1999年,畜牧工作重点是春秋防疫工作,七星区防五指挥部下发《关于做好牲畜春防工作的通知》《关于进一步做好以防五为中心的秋冬防疫工作的通知》,穿山乡和朝阳乡在春防中共注射单联双联疫苗、猪瘟苗2.39万头,占存栏99.17%,家禽免疫6.12万羽,占存栏的89.47%。秋防注射三联苗和猪瘟苗共1.92万头,密度达98%,家禽8.8万羽,密度达99.8%。1999年牲畜5号病流行期间,全区共扑杀病牛55头。

2001年,畜牧家禽病害防治实行目标责任制,区政府与朝阳乡、穿山乡签订动物防疫目标责任状,层层负责,齐抓共管;组织兽医防疫人员进行集中统一注射防疫,月月补针制度和对外来猪仔实行验证制度。对外来仔猪严查“三证”;对自产仔猪实行窝边免疫;对奶牛注射五号苗外,按照国家按准注射了1次无毒炭疽苗;对生猪实行免疫注射时,每个猪栏都由防疫员实行1次统一消毒;对牛实行免疫注射时,实行1牛1包消毒药;对家禽养殖户要按照自治区、桂林市禽流感病疫防制的有关规定做好预防工作。2001年,全年使用牛、羊五号苗1.2万毫升,猪五号苗7万毫升,禽流感苗299瓶、37.38万头份,猪瘟苗4万头份,猪瘟—猪肺疫—猪丹毒三联苗12000头,猪肺疫苗(出败B型苗)250头份,仔猪副份寒苗600头份,猪链球菌苗5000头份,鸡新城疫Ⅰ、Ⅱ系3万头份,鸡法氏囊苗2.5万头份,鸡瘟一传支二联苗14头份,鸡新一支一法三联苗2.5万头份,鸭瘟、鸭肝苗分别4000头份和2000头份,禽出败苗2.4万头份,狂犬疫苗400头份,狂犬五联苗12头份,牛无毒炭疽苗400头份,兔瘟苗500头份,确保七星区畜禽免疫密度和畜牧家禽业安全生产。全年畜禽免疫、实免猪瘟10.9万头,免疫率99.01%;猪5号病免疫10.48万头95%,猪肺疫和猪丹免毒免疫数均为10.56万头,牛5号病免疫1111头,占96.5%,鸡新城免疫92.14万羽次,免疫100%,禽出败免疫14.85万羽,禽流感苗免疫鸡25.6万羽。对外来仔猪查“三证”的结果,100%注射了五号苗和猪瘟苗。猪、牛、禽的死亡率分别为0.21%,0和3.90%。

2003年,牲畜防治免疫重点是五号病,使用猪五号苗8万毫升,免疫猪28270头,扣除怀孕猪,不足月乳猪、病猪,加上外购小猪(异地已免疫),实际免疫密度100%。使用牛、羊5号苗0.3万毫升,免疫牛736头,羊691只,免疫率均达100%。已免疫的猪100%挂耳标,免疫证发放率100%,发放专用消毒药230公斤。使用禽流感三联苗154瓶,3.85万毫升,免疫鸡147390万羽。另经查出规模场自行免疫的有34.8万羽,全区禽流感三联苗鸡49.5万羽,免疫100%。山羊痘使用疫苗210瓶,1000头份,免疫羊691只,免疫率达100%。扑杀5号病猪3头,扑杀率100%。

2004—2005年,七星区动物疫病防治工作均达到桂林市的标准。建立健全重大动物疫病紧急预案。完善全区禽流感防控免疫工作方案,建立禽流感防控工作值班制度,保证禽流感防控工作及时、有效的实施。投入16万元免疫家禽70.95万羽,免疫牲畜7.67万头,免疫率均达到100%。2005年,防疫工作重点放在穿山街道办事处和朝阳乡的规模养殖场。特别加强对穿山和朝阳水产畜牧兽医站村级动物防疫员队伍的建设和管理,建立起各村动物登记卡,就各村畜禽养殖场面积,存栏、购入、卖出、出生、死亡、饲养等情况进行调查,整理、分类,分品种登记入档。保证各项动物疫病防控措施的落实,提高对重大动物疫情早发现、早反应、早处置的防控能力。

鱼病　敌害及防治。危害辖区鱼类的主要疾病有烂鳃病、肠炎病、出血病、赤皮病,另外还有水霉病、打印病、黏孢子虫病、白头白嘴病、年轮虫病、鱼虱病、小瓜虫病等。对草鱼危害最为严重的有烂鳃病、肠炎病、出血病、赤皮病,死亡率达60%以上。每年的5月、6月是鱼病的高发期。鱼类动物性敌害主要有水蛇、蛙类、水蜈蚣,其次水老鼠、鸬鹚、翠鸟、田鳖等,直接杀死、吃食或吸吮鱼类的血液和毒害鱼类;植物性敌害主要有青泥苔、水网藻。解放初期,常用生石灰和茶麸清塘消毒防治鱼病。20世纪60年代后,采用内服药、外用药及注射方法防治鱼病。方法是:体外消毒,主要使用要用漂白粉、茶麸、生石灰,其次使用高锰酸钾、硫酸铜、晶体敌百虫、碘酊、甲醛、硫酸亚铁合剂等;用鱼服康、碘胺类、灭菌灵、抗菌素等进行口服治疗;本地人通常也用草药,大多用樟树叶、辣蓼、苦楝、大蒜等,也有用大叶桉、大黄、穿心莲、乌桕等。另外也采用对草鱼烂鳃病、肠炎病、赤皮病用灭活鱼苗注射液注射。对水藻网、青泥苔等植物性敌害一般用硫酸铜、生石灰泼洒消除。对昆虫类动物性敌害利用其趋光性进行夜间诱捕或生石灰毒杀。防治得当效果在90%以上。

第五节　林　　业

七星区区境内的林地大部分集中在朝阳乡的尧山一带,其余在华侨旅游经济区的竹江村和马家坊村有零星分布,另外就是公路两旁和漓江东岸的绿化带林木等。辖区森林为旅游、公益生态林,受到严格的管理保护,不准损毁或砍伐。

森林资源与树种

2005年,七星区共有林地面积3320.1公顷,其中森林地面积1092.5公顷,灌木林地面积2157.2公顷,其他林地70.4公顷,森林覆盖率35.31%。林种结构由用材林、经济林(含竹林)、特用林、薪炭林和防护林五大林组成。马尾松占森林面积的60%以上,主要分布在尧山,可作用材林、薪炭林,也可以作风景林。杉木因受地理和气候因素的影响,种植不多。樟树、苦楝树、桉树是零星分布,是“四旁”(村旁、水旁、路旁、房旁)植树的主要品种。红椎、阔叶树主要用作防护林、特用林,以保持水土、美化环境。湿地松生长迅速、树干通直、材质好,出材高、抗松毛虫危害能力强,常用于低产林的改造。

桂花是桂林的市花,桂花树属常绿树,冠形美观,入秋开花,香飘满城区,是庭院绿化、街道植树的优选品种。桂花树的种植历史悠久,朝阳乡唐家里村有1株近千年的“桂花王”树,高13.75米,冠幅14.7米,基围4.1米,生长旺盛,繁花满枝。

植树造林

清光绪三十四年(1908)在七星区朝阳乡尧山脚下的义宾村和三甲村之间设广西农林实验场,育苗试验面积9.53公顷。以开展引种育苗,进行人工育苗试验。人工培育的树种主要树种有松、桉、乌桕、白杨、苦楝、柏、相思、杉树等，同时还培育一批风景大苗，如千头柏，杨柳、桂花等。并在朝阳乡、穿山乡范围内试种。民国35年(1946)育苗11.58万株，至民国38年(1949)累计育苗248.07株。主要引进树种有千头柏、小叶合欢、旱莲、相思、黄槐、中国槐、美国白杨、垂柳和桂花等9种风景用苗和花卉等，在漓江、小东江边、朝阳、穿山各村屯道路、农户房屋前后试种。1949年后，辖区的大面积的植树造林所需苗木主要靠购买或上级林业部门调拨完成。农村社队育林造林工作主要是群众自己采种，在菜地和旱地上育苗。至1979年7月，东江公社、漓江公社合并成立七星区，漓江绿化、四旁绿化等植树造林主要是桂林市林业局协调调进苗木，调入的树种主要有湿地松、樟树、苦楝树、桉树等。1996—2005年，主要引进防火林木荷木在尧山林区种植，具体面积数字不详。

封山育林

辖区村民有封山育林的良好习惯，村前村后、零星小块边缘山地不论大小，多则连遍的荒山，少则几亩或几分地角田尾给以育林，尤其是后山、村旁一概封禁，不予砍伐，俗称长山。1949年前，辖区封山育林1085公顷，以马尾松为主，兼有苦楝树、樟树、香椿树、桂花树、桉树，毛竹类、阔叶树类。1950年后，辖区人民政府贯彻国务院关于《森林保护条例》《保护森林制止乱砍滥伐》的布告，执行《国家森林法》，教育村民封山育林，保护林木，严禁破坏辖区的自然风貌。1980年后，封山育林列入林业建设的重要渠道。1986年3月，桂林市政府发布《关于对尧山风景区实行封山育林的布告》，辖区人民政府负责实施。七星区成立134人的护林队，负责尧山景区花木进行保护。护林员坚持巡逻守卡。先后对破坏尧山风景林木花卉的人员依法处理537人次，使破坏尧山景区林木花卉的现象得以控制，至2005年年末，七星区政府按照1989年国家林业部门发布的《封山育林管理办法》，组织区、乡、村的力量加强护林协调配合，严格执行国家有关封山育林法律、法规和乡村制订的封山育林的禁约。对封山育林发放补助费，对群众封山育林给予鼓励。多年来封山育林取得良好效果。朝阳乡的尧山200多公顷林地花卉，沿漓江东岸的石山育林郁郁葱葱。

表10-4 **1998—2005年七星区各类植树造林情况表**

年份	面积(公顷)	株	年份	公顷(公顷)	株
1998	72.47	92000	2003	14.89	23700
1999	56.87	76000	2004	11	26200
2000	42	105000	2005	77	6520
2001	5.14	69290	合计	252.4	424940
2002	18.54	26130			

森林保护

防治病虫害 辖区森林虫害主要是马尾松毛虫，蝗虫、线虫病等。主要虫害松毛虫其发生面积大、分布范围广繁殖能力强。成灾时针叶尽食，最后导致松树枯死。据桂林市志记载：民国35年(1946)，市东附廓区发生松毛虫害，3200株马尾松受害枯死。新中国成立后辖区的松毛虫危害每4—6年内发生一次，受灾松树呈火烧状。据市1990年组织进行的第一次森林资源病虫害及检疫对象调查发现，全市森林病害有24种，虫害有39种，主要危害是松毛虫。建国前后均有发生，辖区森林均受到一定破坏。1986年，尧山风景区松林发生松毛虫危害，虫口密度每株1500条，受危害面积66.67公顷，用农药喷洒，幼虫死亡率在75%以上，经防治后损失木材80立方米左右。1987年尧山一带又发生松毛虫危害，林业部门组织灭虫队伍，选用溴氰氯醋杀虫剂喷洒多次，幼虫死亡率达95%以上，同时还使用白僵菌生物防治，使受害的33.34公顷马尾松得以保全。1995年尧山一带发生松毛虫危害，受损面积20公顷。2000年，蝗虫害大爆发，虫害面积约66.67公顷,如发生在漓江沿岸一带的蝗虫,尧山林区发生松毛虫、松毒蛾等虫害,区政府和市林业局,投入防治经费近3万元,经过努力达到100%的防治率。

2002年,2月和5月2次采用目测调查法,对全区36片总面积450公顷的松树林进行了全面的普查,不留空白不留死角,达到100%的普查面。共查出松树枯死木486株。对普查出来的枯死木一一作了仔细地辨认和鉴定。经过鉴定,属于不明枯死木的严格按照《市松材线虫病防治实施方案》规定的要求,依照比例采集病株上、中、下部位和枝条,编号后注明采集地点、时间及时送森防站镜检。全年共报送立木检样44株;对所有的枯死木集中烧毁处理,同时在枯死木树兜喷药掩埋,阻隔断病源的传播途径。同时在尧山主要松林区安放诱捕器3个,设置诱木点2处,常年固定观测点5片,指派专人从事日常的监测、记录、采样填报工作,每3天一次将诱捕到的松墨天牛送市森防站镜检,每10天对诱木点观察1次,对产有虫卵的诱木运到市森防站统一的观测栏内,密切做出进一步检测。全年共报送诱捕到的松黑天牛52只,更换刻槽产卵诱木2批。从市森防站反馈的信息看到年底七星区没有发现有松材线虫病源体。2003年,在尧山设固定监测点,安放诱捕器3个,对松树线虫病进行防治,安放诱捕器3个,诱木堆2堆,派专人每3天观察1次,与此同时对全区大小36块、总面积约450公顷的松树进行一次全面的清查松树枯死工作,提取124份枯木样本送市森防站镜检。对尧山索道周围约53.34公顷面积的松毛虫进行了彻底的药物扑杀。组织乡、村干部进行普查,不留空白、不留死角;对查出的枯死树木按照要求取出样木送检后,全部进行彻底烧毁,不留后患,保证免遭松材线虫病危害。2004年,对尧山200多公顷的松林适时进行喷洒白僵菌生物药粉,有效地抑制松毛虫害的发生和危害。为准确预测预报森林病虫害,在林区设立18个测报点,在尧山设立8个测报点。每月的12 16日到点上观察,18—20日上报市局。测报点测报的情况对指导七星区森林病虫害防治起了重要作用。2005年,七星区森林病虫害防治达到100‰的防治效果,检测面积333.34公顷。

至2005年,由于林业部门加强了防治工作,没有再出现松毛虫大规模的危害松树的现象。一般采取生物防治和化学药物防治两种,或两种相结合的办法,控制虫情的发展蔓延,幼虫的死亡率一般在85%以上,最少也有50%以上,效果最好的可达90%以上。

森林防火 1985年前,辖区森林防火由桂林市、郊区的森林防火部门负责。1986年辖区成立护林防火指挥部,配有护林防火风力灭火枪12支、对讲机10机、BP机16个、移动电话1部等通信设备。成立有680多人的护林防火民兵应急分队,在尧山等林区布立护林防火禁约宣传板106块。2000年添置防火车1辆,1986—2005年,七星区财政森林防火项目支出42.8万元。发生森林火警5起,森林火灾13起,防火及时,没有发生重大经济损失。

防火指挥部1986年制订《七星区森林防火森林火灾的预防扑救和处理工作》,春秋冬森防期,研究部署全区的森林防火工作,并与两个乡镇签订《森林防火目标责任制》,明确职责任务和奖惩办法;2个乡镇成立森防指挥部,按照上级的要求认真抓好森林防火具体工作的落实。反复抓宣传教育工作。树立大型钢架防火宣传标语牌书写永久性标语、刷新标语38条,印发各类宣传资料。坚持防火值班制度。进入防火期,区、乡、村三级有干部24小时值班。做好林区的巡查抓好护林员的管理工作。出动宣传广播车边宣传边巡查,强化野外用火管理,减少森林火警火情的发生。勤查勤走,严防死守;抓扑火队伍的训练,提高扑火队伍的能力。提高快速反应和扑救森林火灾的能力。通往林区的交通道口和林区竖立大型永久性防火标语15条,标语23条。仅1999年共发防火宣传材料6000多份,受教育人数达3.5万人。14所中小学共236个班开展森林防火知识教育课,增强未成年人的森林防火意识。每年的清明节派员或出动宣传车在通往尧山路口向群众宣传防火的法律法规及防火知识,在奠祭时防止火灾的发生。秋冬干燥季节,区、乡、村三级领导干部坚持24小时值班,做到早发现、早报告,早处理。检查锻炼队伍,提高快速反应和扑救森林火灾的能力。建设防火林带。2001—2005年,建成尧山2.5千米生物防火林带5条,种植荷木树苗71000多株,折合面积43.34公顷。建立护林扑救队,制定森林防火预案,发生火灾即按《预案》处置。

花　卉

1998年,七星辖区开始有农户种植花卉,面积2.67公顷;2000年开始形成一定规模,境内共有花卉种基地7个，种植面积18.67公顷。出圃品种20多个，11万盆(株)。2003年，筹建一个列为自治区花卉发展的14个重大建设项目之一，规划总面积200公顷，以桂林名城为依托的花卉产业为基础，花卉旅游为支撑，花卉文化为内涵的花卉旅游产业园区。2005年，辖区有花卉种植面积103.34公顷，其中较大的桂花苗木36.67公顷，其他花卉66.67公顷，从业人员118人，年产值120万元。

第六节 水 利

灌溉水源

20世纪70年代前，辖区灌溉用水主要是抽取漓江、小东江水和自然地表水进行灌溉。70年代后，辖区的穿山乡、朝阳乡主要依靠青狮潭东干渠供水为主。当时青狮潭东干渠供水比较正常，水量比较充足，东干渠设计流量为每秒2.8立方米，正常流量达到每秒2.8立方米，枯水节季流量为每秒1.8立方米，有少量电灌电泵作补充。90年代中后期，由于农村生产体制改变等各方面的原因东干渠水流到了处于尾水的穿山乡、朝阳乡，水量严重不足；加上对水渠缺乏管理，渠道不畅通，供水不正常，水费难收，至2004年，已全部停止供水。90年代中期开始，随着城市的扩张，城郊的土地面积逐年减少，灌溉水源主要依靠抽取漓江水、小东江水和自然地表水。

水利设施

90年代中期始，随着城市的扩张农田水利设施损毁严重，灌溉水源主要依靠提取漓江、小东江和自然地表水。穿山、朝阳两乡有各种抽水机30多台，共700多千瓦。2005年，穿山乡有各种抽水机6台，120千瓦，朝阳乡14台，300千瓦，灌溉面积266.67公顷。地表水有皎霞冷水池、冷水塘水池、挂子山凉水井水池、岩前葛家村水池和大塘水池等几处供水，灌溉面积33.34—53.34公顷。2005年，朝阳乡有各种抽水机18台，270千瓦，灌溉面积125.74公顷。华侨旅游经济区的灌溉水资源主要是依靠少量的地表水和抽取漓江水灌溉。水利工程有竹江和马家坊两村委修建三面光水渠9500米，电灌、电泵10台，212千瓦，灌溉面积133.34公顷。

1997年，穿山乡、朝阳乡完成水利冬修73处，总投入52万元，其中群众自筹35.3元，区乡村投入6.7万元，市有关部门支持10万元，投入劳动累计4.5万个工日，完成三面光渠道4850米；清淤4580米，新建水泵站2座；新建水池59个，改善灌溉面积361.14公顷，建防洪堤高6米长150米。1998年，投资218万元，修复三面光渠道5250米，渠道补漏1364米，渠道清淤5650米，修复水毁洞堤4处，1450米，投资56.75万元，其中，国家投资25万元，自筹31.75万元。新建水池57个，新建排洪闸1处，水堤2处，新建人畜饮水工程1处，改善灌溉面积298.47公顷，恢复灌溉面积10.34公顷。1999年，新修三面光渠道4350米，浆砌石渠道2000米，渠道防渗补漏1400米，修建抽水机站5座，排洪闸2处，新修水池16个，渠道清淤5220米。修复穿山白果树河堤1100米；樟木渡头河堤50米，小东江河堤2460米；三联防洪堤123米。2000年，新修三面光水渠3800米，渠道清淤1200米，新修水闸2个，

2005年5月，区机关干部清理东干渠场景

新修蓄水池10个，新修抽水机站房3个，维修抽水机站房5个。2001年，修三面光水渠6550米，修抽水机站房2个，水池48个，改善灌溉面积270公顷。

2002年，修水堤2处、三面光水渠5545米、蓄水池24个，维修水渠962米。2003年，建水渠6840米，水池53个，水池55个，返洪管3处，水利清淤3000米，建灌溉机房1个，抽水机1台。2004年，修三面光渠道8000多米，新修水池2888.5立方米，维修水沟710米。

2005年，辖区完成改水项目3个，投资8万元完成朝阳乡寨山脚村改水工程；投资8万元完成华侨旅游经济区马家坊村人饮工程；投资90万元完成穿山乡汇丰村改水工程。投资180万元修建和平、樟木防洪堤。筹资5万元解决华侨旅游经济区竹江村10公顷土地灌溉问题，建抽水机站1座。投入资金137.3万元，修建三面光渠道10198米，排污水渠4296米，建电灌站1座，新建水池60个。2005年年末，辖区农用灌溉渠道总计三面光渠道48543米，排污渠道5006米，普通水渠9800米，水池377个，抽水机站15个。

灌　溉

有效灌溉　20世纪60年代至80年代，辖区的朝阳乡、穿山乡有效灌溉面积650—850公顷。1997年，朝阳乡、穿山乡农业有效灌溉面积750公顷，实际灌溉面积700公顷。2003年，辖区的朝阳乡、穿山乡、华侨旅游经济区有效灌溉面积830公顷，实际灌溉面积720公顷。2005年，全辖区有效灌溉面积790公顷，实际有效灌溉面积670公顷。

机电灌溉　20世纪70年代中期始有机电灌溉，特别是70年代末80年代初实行家庭联产承包责任制以后，机电灌溉面积逐渐增多，朝阳乡、穿山乡1997年划入辖区前无法统计，1998年七星区农业机电灌溉180公顷。随着农村体制改革的逐步深入等原因，农业机电灌溉面积大量减少。2001年220公顷，2003年200公顷，2005年90公顷。

防汛抗旱

1996年，穿山乡人民政府、朝阳乡人民政府从郊区人民政府划归七星区人民政府管理以后，区、乡政府均相应设立防汛抗旱指挥机构，区一级防汛抗旱指挥机构由区长任指挥长，分管副区长、武装部长担任副指挥长，有关职能局第一把手为成员。下设防汛抗旱办公室，由农工局局长任主任，办公室成员汛期24小时值班。各乡相应设立防汛抗旱指挥部，由政府主要领导负责指挥，下设副指挥长和成员若干。区防汛指挥部根据本辖区防汛抗洪的实际，制定本辖区年度防汛预案。一旦灾情发生，立即启动防汛预案。

1998年6月18日、6月24日，桂林发生百年罕见的洪灾，七星区农业生产遭受严重损失，在洪灾到来之际，启动防汛预案，全区干部职工奔赴险区，组织人力、物力投入抗洪抢险，在樟木和白果村防洪堤抢险中，组织村民600余人，调运沙袋7000余个，由于抢险及时，使灾情降低。

2004年，出现自1951年以来持续时间最长的旱情，全区220公顷蔬菜和400多村民生活饮水受到严重影响。全区共投入抗旱资金20万元，组织抗旱救灾1.9万人次，维修抽水井50多口，购买小型抽水机60多台，出动抗旱机械2320台(次)，抗旱保苗面积共241.34公顷，挽回的受灾面积共214.67公顷。同年底，争取漓江防洪堤建设项目3个，投入经费180万元；新修三面光水渠8000多米，其中主渠道900多米，投入资金60万元；新修水池2888立方米，投入资金20.22万元；铺设水管1200多米，投入资金12.4万元；维修水沟710多米，投入资金1.47万元。

第七节　农机具

新中国成立前，七星辖区内的农业生产使用农具有木制犁、人工戽斗、脚踏龙骨水车以及锄、耙、锹、镰、刀、石磨、碓、竹筛、箩筐、粪框等人力农具，有的传统农具至今还在使用。解放后，人民政府把实现农业机械化作为建设社会主义现代化农业的战略目标，推广新式农具，改善旧的耕作工具，逐步发展农业机械化。20世纪50年代初期，东江区农村农民推广新式步犁、双轮双铧犁。1965年，穿山乡和朝阳乡两乡富裕些的大队生产队开始购有中型拖拉机 2 台，农忙季节帮各生产队犁耙田，农闲时用于跑运输增加集体经济收入。70—80 年代，百分之七十的大队、百分之五十的生产队购买了拖拉机、插秧机、小型收割机等现代化农机具。柴油抽水机、电动抽水机等得到广泛应用。70 年代末至 80 年代初，实行家庭联产承包责任制以后，个体承包农户根据自身条件，自由选购农机具。集体性质的农机具及大型的农机具被淘汰，小型农机具开始进入农民家庭。先后有手动和电动喷雾器、小型耕作机、电动脱粒机等现代农业机械在辖区农业生产中推广使用。

美丽的绿色家园——穿山街道穿山村一角

（刘昌逸　2005 年摄）

1996—2005 年，全区农机具动力有了长足发展，90 年代，农村经济发生深刻变化，商品经济迅速增长，乡镇企业飞速发展，城乡物资交流日益增多，辖区有农用拖拉机、抽水机（电动抽水机、柴油抽水机、手摇泵抽水机等）、推土机、农用运输车等 370 台现代农业机械在辖区推广应用。

1998 年，机犁、机耙面积完成 433.33 公顷，服务总收入 5845 万元，机械化、半机械化脱粒面积 400 公顷；完成化肥深施面积 166.67 公顷。

2000 年，拥有农机作业值 910 万元，拥有农业机械总动力 14381 千瓦，其中汽车 36 辆 3634 千瓦，农用运输车 40 辆 4230 千瓦，多功能拖拉机 29 台 430 千瓦，方拖 114 台 1250 千瓦，手拖 120 台 1050 千瓦，微拖耕整机 110 台 435 千瓦，农业动力机械 407 台 3352 千瓦。投入春耕生产的拖拉机耕整机 175 台，完成机犁机耙面积 634 公顷，完成排灌面积 750 公顷，化肥深施面积 135 公顷。

2005 年，各类拖拉机 989 台，农业机械总动力 20522 千瓦，其中汽车、农用运输车共 260 多辆。

表 10-5　　**2005 年七星区各种农具情况表**

项目		单位	总数	动力（千瓦）
农机总动力		千瓦	—	20522
各类拖拉机拥有量		台	989	20322
其他	大中型拖拉机	台	7	218
	变形拖拉机（多功能）	台	300	3028
	小型拖拉机	台	7	78
	小型翻斗拖拉机	台	4	46
	耕整拖拉机	台	703	3119
农用载重车		台	30	4002
农用运输车		台	182	3079
大中型机拖拉机机引农具		套	3	189
小型机引农具		套	1565	—
农业动力机械		台	704	3013
其中农用排灌机械		台	677	2559
机耕面积		公顷	490	—
犁耕面积		公顷	33	—
机械脱粒面积		公顷	510	—

20世纪60年代末，穿山、朝阳公社分别设有拖拉机站（农民集体单位），统一管理、调度、使用和维修公社的农机具。至70年代，拖拉机站同时负责养护和维护各大队的农机具，柴油指标分配。80年代初，拖拉机站被取消，其拖拉机年检、油料分配职能由乡农机站负责。80年代中期，开始出现私人开设的农机维修点（站），穿山乡、朝阳乡农机站配合郊区农机局负责对本辖区的农机维修站点检验，同时对其维修资质进行监督管理。1997—2005年，穿山乡、朝阳乡农机站受桂林市农机局委托，在七星区农工局管理下，全面负责辖区农机修理站点资质检验，对其维修质量进行监督。

第十一章

交通　邮政　电信

2005年，三里店大圆盘　　（李新华　摄）

第一节　交　　通

漓江是古代桂林北出湘衡、南通广州的重要水道，民国时期，水运皆为桂林交通的主要方式。七星区段（穿山乡下关—上关）是岭南与中原之间客货运输集散转运枢纽。民国后期，水运逐渐被公路、铁路运输所取代，水路货运日减。20世纪80年代，漓江成为旅游黄金水道。至2005年，区境公路分别与1条县道衔接。

古　　道

古道路幅宽为1米左右，路面铺筑材料有块石、板石、条石、砾石等。传统运输是肩挑、背驮、马拉，运输工具主要有轿子、马车、牛车。

桂林通大圩古道　是桂林北上中原的重要陆上道路，筑有1米宽碎石古道，是秦代开拓的驿道。清代扩建，列为干线驿道。从桂林监狱进入区境，境内长约5千米。

金鸡路　是桂林与灵川相通的古道，始建于隋代。从今桂林航天工业高等专科学校入区境，境内长约3.75千米。

公　　路

县（乡）公路

桂（林）大（圩）公路　民国36年（1947年10月）通车，经横塘至大圩止，全长19千米，2003年，桂磨公路建成后，区境长12千米。

尧山公路　从朝阳乡新建村委起，至尧山大头山，四级简易公路，全长9.3千米，路面宽3.5米，1987年11月竣工。后改为四级沥青公路。

乡村公路　2005年年末，七星区有竹林路、金鸡路、朝阳路、横塘路等乡村公路20条，总长35.5千米。其中乡道5条，总长12.45千米，村道16条，总长23.05千米。等级公路7.5千米，等外级公路28.03千米。每个自然村均通公路。

专用公路

桂（林）竹（江）旅游专用公路　从平山路口321国道K613十100米岔道，经柘木、奇峰镇、华侨农场至竹江码头，全长21.3千米。清末始建桂林至奇峰镇大马路，民国时期逐步拓宽为简易公路。1962年修筑奇峰镇至华侨农场的简易公路。1983年，修筑从桂林飞机场北端出口处经柘木、华侨农场至竹江码头的水泥混凝土路面公路。路面宽7米。1985年竣工。

磨盘山进港公路　从竹江公路17千米加800米岔道起，至磨盘山客运港止，全长3.05千米。1990年12月动工兴建，路面宽6米，投资182万元，1992年6月竣工。

桂（林）蘑（盘山）公路　为市区至磨盘山旅游客运码头的旅游专用公路，公路起点于环城南一路与七星路交汇处，沿桂林至大圩公路经桂林市第二制药厂、英山柴油机厂至柘木镇龙门村委下力脚村越过桂海铁路，经石家渡大桥跨漓江，经华侨农场杨梅村至磨盘山码头，支线（二级公路）至竹江码头，全长21.6千米。2003年9月建成通车。

汽车站

桂林客运站桂东临时客运服务站　1996年设立，位于解放桥西侧，后搬至七星公园西门。1997年又搬至穿山乡三联村委会。服务站车场面积

自由路　　（覃帆　2005年摄）

1200平方米，有工作人员9名，2003年开通微机联网售票。服务站循环发往兴安高尚21班，发往灵川灵田11班，发往正义3班。每天往返灵川大圩、大境、海洋、高尚、小平乐、潮田等过境车辆57台次。2005年，因城市建设改造，客运服务站取消客运。

2005年，交通拥堵的青岭路

公路交通工具

客运人力车　客运人力车又称黄包车或东洋车。民国22年(1933)，七星区域始有客运人力车。民国35年(1946)，市政府奉省政府电令，禁止使用客运人力车；同年，七星区域取消客运人力车。民国37年(1948)恢复使用客运人力车。1956年起，客运人力车逐步被淘汰，最后一辆于1958年停止运营。

人力三轮车　人力三轮车又称人力脚踏三轮车。民国时期，人力三轮车可用于客运。1956年3月，七星区域成立三轮车运输合作分社。1965年后，人力三轮车逐年被革新机动车代替。1980年后，市区路面交通日渐拥挤，人力三轮车发展受控制。1990年，七星辖区有个体营运人力三轮车24辆；2005年，七星辖区个体营运人力三轮车不足10辆。

货运人力车　人力板车用于城区短途搬运。载重量一般在400至600千克。民国24年(1935)6月，省公路局特许人力板车在公路上行驶，并且发展很快。民国29年(1940)，七星区域有人力板车57辆。抗战胜利后，七星辖区有人力板车35辆。1980年后，人力板车逐渐被汽车所代替，1990年后城区已无营运板车。

自行车　单人脚踏骑行的代步车，俗称“单车”。民国时期，只有富人骑用。1950年，七星辖区有自行车85辆；1960年为1107辆；1979年发展到2万多辆；1990年增到6万多辆；2000年后，家庭轿车、摩托车、电动助力车增加，自行车减少。2004年，农村每百户家庭有自行车168辆。

马车　1950年，七星区域有营运马车3辆。1956年5月，七星区域成立马车运输合作分社，共有马车23辆。1960年后，马车被机动车逐步取代。1985年，七星区专业运输企业淘汰马车。

摩托车　1980年，七星辖区少部分居民用摩托车作为代步工具。1990年起，摩托车已进入七星辖区的平民百姓家庭，成为上下班的交通工具，与自行车同为城市交通的主流。2000年，辖区多数家庭拥有一辆摩托车。2002年后，摩托车在市区被电动助力车逐步替代。2005年，辖区农村每百户家庭拥有摩托车46辆。

乘用汽车　2005年抽样调查，辖区每百户居民有轿车3.1辆，农村每百户家庭拥有汽车5辆。

货运汽车　2005年，农村每百户家庭有农用货运汽车2辆。

营运出租车　1990年，辖区国营、集体、个体经营的出租车共有85辆，主要车型有桑塔纳、皇冠、夏利、迪赛、马自达、斯柯达、蓝鸟、白茹、驰豹、本田、凌志等。至2005年年末，辖区公司、个体经营的出租车共有275辆，主要车型有桑塔纳、皇冠、夏利、迪赛、马自达、蓝鸟、大众、驰豹、本田等。

水　　路

七星辖区的水路主要以漓江航道过境为主，北起南洲大桥(王家碑)，南至桂磨大桥(竹江村)。漓江在区境内流长30.84千米。

护岸建设　漓江两岸台地多属疏松的沙质土、黄土和砂卵石底沙质面土，抗洪水、波浪冲刷力差，随着货运、漓江旅游运输的发展，机动船增多，马力增大，漓江浪击，洪水冲刷，河岸崩塌日趋严重。1982年起，市政府分期拨款进行治理和建设，截止1988年第一批治理工程完工，共拨款276.63万元，修建漓江护岸2.36万米。1988—1990年，实施漓江护岸建设第二批治理工程，共完成投资164.64万元，建设护岸16处1.23万米，新建沿江码头29

座，维修旧岸墙143米。1997年，桂林市开始实施漓江护岸工程，主要采取混凝土（浆砌石、干砌石）斜坡式矮堤、重镀锌铁丝网笼护堤、混凝土预制花格护坡、干砌块石护坡、草皮护坡、泥结卵石护岸等措施。

码头

磨盘山客运码头 桂林至阳朔漓江一日游的内宾游览始发码头。1990年12月动工兴建，一期工程投资1132万元，建设6个泊位，码头长360米，停车场1万平方米，候船楼2611平方米，1993年10月竣工并投入使用。1997至2002年，磨盘山客运码头开始二期、三期扩建工程，扩建后的码头泊位11个，码头总长700米，码头陆域面积为18万平方米，水域面积为5万平方米，最大靠泊能力为100吨，年吞吐能力为800万人次。

竹江客运码头 桂林至阳朔漓江一日游的外事游览始发码头，1985年，码头建成使用，2005年有泊位8个，码头总长400米，靠泊能力为100吨，陆域面积为3.33万平方米，水域面积为3万平方米，年吞吐能力为500万人次。

渡口 桂林解放前，七星区域渡口种类有官渡、义渡和民渡三种。官渡设于重要交通道口和驿道的江河两岸，由官府置舟，配备渡夫，渡运往来商旅，不收过渡船资，经费由官府按岁支给，如訾洲渡口等。义渡是地方绅士出资或募捐设置，过往行人免收渡资，有东窑村渡口，民渡多由村民筹集或按户收取谷物雇船夫摆渡，方便本村与邻村往来，亦有由渡夫径自向过往行人收取渡资的。至2005年，七星辖区主要有东窑村、訾洲、石家渡等3个渡口。

东窑村渡口 该渡口设置时间无考，为横水民渡。始设于民国后期。主要用于东岸村民过河种植果树和农业生产，运送农产品，由村集体投资，木质船舶，指定村民管理。1991—2005年，该渡口一直沿用。

訾洲渡口 訾洲，又名訾家洲，位于解放桥下游东岸，与滨江路码头和象鼻山隔江相望，南北长1300米，东西宽约150—300米，民国以前，訾洲渡为官渡，后改为民渡。洲头、洲中、洲尾均有渡船摆渡。訾洲开发较早，唐元和十二年（817）桂管观察使裴行立曾把訾洲辟为花园，栽奇花异草，建亭台楼阁。至元代，“訾洲烟雨”列为桂林八景之一，观光人流络绎不绝。随訾洲居民的逐渐增加，渡口又成了居民出行的重要交通工具。中华人民共和国成立后，外来居民不断迁入桂林，訾洲渡口日趋繁忙。因此洲上建造了船舶修理厂。訾洲渡口从洲头、洲中可横渡至滨江路，洲尾设渡口通往象鼻山，又称宜山渡，象山设公园后，渡口通至象鼻山下游的安新洲。訾洲渡口至2002年9月尚有5艘渡船，訾洲1号、4号、5号、8号、10号共85个客位。因訾洲开发，船厂及洲中建筑物一并拆除，乘渡人员日渐减少而停渡。

华侨农场车渡口 也叫石家渡渡口，在大圩古镇上游3千米处，河西岸是桂林市华侨农场，东岸位于灵川县大圩镇石家渡村，原址在现石家渡村下游500米处，渡口建立之初，主要用于敢兴村村民生活用渡口，1960年成立华侨农场后，渡口扩建而成车船渡渡口，长30米，宽20米，用水泥混凝土建成，是石家渡车渡和交通主要码头，由于漓江从净瓶山大桥以下至阳朔段无过江公路桥，大圩、柘木及附近乡村车辆从此渡过江最为便捷，所以渡口十分繁忙，渡船装载吨位小，只能渡运小型农用车辆及摩托车。渡口有渡船2艘，分属渡口两岸村民所有。2003年10月，桂磨公路石家渡大桥建成，渡口停止使用，车辆和行人经大桥往来。

水上交通工具

渡船 中华人民共和国成立前，渡船是区境内群众生活物资运输常见的交通工具，专门用以运送货物的木质帆船，船头方形，船身稍长，船舷两则设踏行平板，以便船工握篙撑渡，中间货仓门呈半拱形，载重10吨左右，空船吃水深度20厘米。主要以载货为主。1950—1990年，渡船以载人为主，兼装货物。1991年后，随着公路交通的发展，渡船逐年消失。

圩船 桂林解放后至70年代，圩船是群众过河赶圩的短程运输交通运输工具。1980—1990年，漓江沿岸的乡镇一般3天1个圩日，各乡镇圩日相互错开，每逢圩日，村民乘圩船赶圩，来往方便。1991年后，随着公路交通发展，圩船逐年减少。2005年，圩船停止使用。

泥驳船 没有动力推进装置，无自航能力，靠机动船带动，主要用于货物运输。驳船可以单只或编列成队由拖船拖带或由推船顶推航行。其特点是设备简单、吃水浅、载货量大，可航行于狭窄水道和浅水航道。可根据货物运输要求随时编组，适合内河各港口之间的短途货物运输。

漓江(七星区渡头段)河面上的泥驳船　(覃帆　2000年摄)

机动驳船　设动力推进装置,具有自航能力。按用途分有客驳和货驳两种。客驳专运旅客,船上设生活设施,一般用于小河客运。货驳用于货物运输,按所运货物分为干货驳,矿砂驳,煤驳,油驳等。货驳一般不设起重设施,靠码头的装卸机械装卸货物。按建造材料分有钢驳、木驳、水泥驳。按船形分有普通驳和分节驳。普通驳首尾两端斜削呈流线型,船上备有锚和舵。分节驳两端呈箱形(全分节驳),或一端斜削,另一端呈箱形(半分节驳)。分节驳结构简单,施工方便、造价低,分节驳组成的船队,航行阻力小,提高载货量,因此得到广泛应用。由于机动船普及,2005年,机动驳船逐步淘汰。

竹筏(排)　一般用多根直径15厘米左右的竹子或塑料管捆扎而成,两头微翘。为捕鱼和载物渡河工具,区境沿河各村村民家庭备有。

摩托艇　由高强度玻璃钢制作,艇尾安装大功率汽油机作动力,时速每小时40—60千米。主要用于水上巡逻、水上安全检查等。2000年,七星区政府购置2艘用于防洪抢险,社会存量不详。

铁　路

20世纪70年代前,七星辖区没开通铁路。1974—2005年,七星境内仅有一条桂海铁路及桂林火车东站(货运)。

桂海铁路　桂海铁路是桂林市的一段货运地方铁路,该铁路从湘桂铁路桂林站南端接轨,经瓦窑、大圩、袁家、洞沙至海洋铁矿,全长46千米,为运送海洋铁矿石而建。其中桂林南站至大圩站段17.7千米办理货运营业。

1958年9月18日,桂海铁路动工建设。临桂、永福、兴安、阳朔、灌阳、龙胜等县组织民工19920人负责路基土石方及涵渠施工,柳州铁路局专业队负责桥梁、通信、信号施工。至1959年3月,完成桂林洞沙段路基38千米土石方128.72万立方米,小桥5座共300米,涵渠55座共472.8米,完成投资228.15万元,约占设计预算总额30%。同年6月,因缩短基本建设战线而停建。

1961年,桂林电厂扩建,利用桂海线桂林至平山段路基,在约4千米处铺轨至电厂。1966年5月,铁路与地方合资在桂海线4.13千米处开设平山货场。1967年1月1日交付运营,改名桂林南站,由桂林北站管理。

1970年11月,桂海铁路复工。由桂林市、桂林专区、柳州铁路局联合组成桂海铁路会战指挥部,组织民工和铁路工人1.3万多人参加施工,同年12月9日开工。1971年5月,袁家一带发生洪水,已完成的路基被洪水冲毁2千米,经重新施工修复,至1972年5月,铺轨通车至袁家,先后共完成路基土石方76.11万立方米,桥梁3座共350.77米(漓江、黄沙河、马料河桥),涵渠68座共1064.56米(包括新建和复修),铺轨26.87千米,其中正线22.83千米,房屋建筑3852平方米及通信、信号等设施,共投资

桂海铁路(七星区穿山乡和平村委段)(覃帆　2003年摄)

800.60万元。

1973年10月，因海洋山铁矿蕴藏量小和品位偏低，海洋铁矿停建，桂海铁路等二期工程停工，未再复工。

1974年2月，桂林市为开发东区经济，自治区投资60万元，在桂海线12千米处开设桂林东站，设有2股道和卸煤线等。因海洋铁矿停建，桂海线每年运量不足12吨。1976年8月1日起，桂林南站至大圩站正式开办营业，并在桂林南站与湘桂铁路办理交接业务。1982年，拆除袁家站和桂海线正线5.3千米，只留下桂林南站至大圩站17.7千米办理营业。

桂海铁路建设，除自治区、柳州铁路局和桂林市3方出资修建外，1973—1990年，柳州铁路局每年在地方铁路年度计划内安排线路、路基大修，另新建大圩站货物站台、雨棚、硬化地面、修建职工住宅等，共计完成投资380.99万元，其中使用更新改造资金194.28万元，设备大修资金186.71万元。至1990年年末，桂海铁路主要设备有：铁路总延长21.71千米，其中正线17.71千米，站线4千米，桥梁5座共399米，涵渠55座共868.6米，铁路用地69.28公顷。大圩站设桂海铁路管理站，有跃进型蒸汽机车1台作调车之用。

1973—1997年，桂海线共完成货物发送量195.62万吨。1992年10月1日，由柳州铁路分局管理的桂海线划归广西地方铁路公司管理。

表11-1　**1973—1990年部分年份桂海线货运量统计表**

单位：万吨

年度	货物发送量	年度	货物发送量
1973	0.70	1986	9.13
1976	7.80	1987	8.83
1978	15.70	1988	7.12
1980	5.82	1989	8.67
1985	7.92	1990	9.70

1991—2005年，桂海铁路因桂林电厂、平山货场的改制拆迁及货运量逐年递减，桂林南站至大圩站的通车数量也随之递减。

桂林火车东站　1974年2月，为适应桂林开发东区经济，自治区投资60万元，在桂海线12千米处开设桂林火车东站，设有2股道和卸煤线等。桂林火车东站距桂林火车南站8.4千米，距桂林火车站12.03千米，距大圩火车站9.16千米；桂林火车东站以货运为主，不设客运。东站设有5股道；桂林火车东站的调车任务由南宁铁路局柳州机务段的东风5型内燃机车担当。

第二节　邮　　政

邮政支局（所）

光绪二十六年(1900)，桂林府设邮政局，设窗口开办邮政营业，未设分支机构。民国3年(1914)3月，在桂林成立广西邮务管理局，在辖区水东街（今自由路）设邮政支局。民国5年(1916年)因业务清淡停办。中华人民共和国成立后，区境邮政营业支局（所）或业务代办处不断增加，中途也有撤并。2005年，七星区有七星邮政营业处、东江邮政支局、广西师范大学大学生公寓邮政所、普陀路邮政代办处等14个邮政支局（所）及代办处。

营业支局（所）

民国3年(1914)3月，广西邮务管理局在水东街（今自由路）设立邮政支局。民国5年(1916)，邮政支局因业务清淡停办。民国26年(1937)7月，抗日战争爆发后，桂林外来人口增加，邮政业务迅速增长。民国28年(1939)3月29日，设东江路第二邮政支局(今东江路口)。民国33年(1944)11月，桂林沦陷前夕，第二邮政支局撤销。民国34年(1945)7月28日，桂林光复。民国36年(1947)秋，增设东旭路邮亭(今自由路与临江路交汇处)。

1950年3月，东旭路邮亭撤销，改设自由路邮政所。1966年，援越路(今六合路)设邮电服务点。1970年，桂林轮胎厂设邮电所。1973年，为适应桂林对外开放的需要，撤销六合路服务点，增设三里店邮电所(今七星路8号，2000年因城建改造而撤销)。1983年，东江邮电所改为东江邮电支局。1988年1月1日，在漓江路11号设七星邮电营业处。

穿山路花桥邮政所　　(覃帆　2005年摄)

1990年，区境内有七星分局营业处(漓江路11号)、花桥邮电支局(穿山路2号)，三里店邮电所(七星路8号)、桂林轮胎厂邮电所(轮胎厂内)、华侨农场邮电所(农场场部)。有邮政报刊图书销售点12处，集邮品销售点5处。

2000年，区境内有邮政局(所)共18处，其中设在农村的局所2处，可提供邮政全功能服务的5处，电子化局所4处；邮政报刊图书销售点14处，集邮品销售点5处。

2002年12月，区境内设有七星邮政营业处、东江邮电支局、广西师范大学大学生公寓邮政所、普陀路邮政代办所、桂林电子科技大学邮政代办所、横塘路邮政代办所。2003年11月，增设华侨农场邮政所。

2005年年末，七星区内有邮政营业处、局、代办所等7处。邮政报刊图书销售点20处，集邮品销售点6处。

邮政业务

投递　光绪二十六年(1900)，桂林邮政局开办时有信差1人，步行投递城内信件，每日投递1次。宣统三年(1911)，信差增至5名。民国3年(1914)，城内投递界分为6个邮件投递段，城外信件交邮政代办所、信柜捎转。民国29年(1940)，市内投递全部为自行车班。民国33年(1944)，有5个投递段专投进口快信(包括平快信件)。同年11月，桂林沦陷后通信中断。民国34年，抗战胜利后通信逐渐恢复。民国38年投递段道有市区11个，郊区6个。

中华人民共和国成立后，对投递段道进行调整，1952年市区有9个，每日投两次；郊区6个，每日投1次。1954年，由于城区逐渐发展，报刊业务量逐步增加，市区投递段道增到11个。1958年“大跃进”和人民公社化时，投递面不断扩大，为了把当天下午由火车邮路送到的《广西日报》投到用户手中，市区段改为日投3次。1964年后，工厂逐步增加，居民住宅区扩大，邮件报刊投递数量增多，市区投递段增到16个，郊区段6个。市及郊区6个公社、53个大队、590个小队全程邮路190千米，为逐日班。郊区投递员除投送邮件报刊外，并送汇款及小包邮件到户，实行4带(带邮票、印油、信封、糨糊)，代用户寄包裹、汇款、代订报刊。每日12点前投入信箱的市区内互寄信件，当天下午可以投递。70年代贯彻“队队通邮”的指示精神，1971—1974年，增加郊区5个摩托车投递段241.3千米和5个自行车投递段194.5千米。1978年起，增加1个投送大户的汽车段道。

1980年10月1日起，分为南北两个投递区。北区为中山中路分局投递范围：南至阳桥，北至乌石街，东为七星区；南区为中山南路分局投递范围：阳桥以南市区以及奇峰、雁山、大埠乡、华侨农场、草坪乡、西达路口村。

1988年7月1日起，增设七星分局投递区，将中山中路分局的七星区划归其投递。1990年年末，七星分局市内投递段9个，郊区段7个，投递点共

748个，360千米。

至2005年年末，七星区域办理邮政业务共14处，共有员工68名，负责七星辖区97平方千米20多万人口（包括外来人口）的函件、包件、电子汇兑、特快专递、办理邮政储蓄等邮政业务，以及报纸、信函、刊物等投递；每天投递段道远达20多千米，每天报刊、信函投递量上万张（件）。

函件 中华人民共和国成立前，七星区境的函件只有信函。1973年，桂林市正式对外开放，国内外游客逐年增加，函件业务量上升，1978年，恢复高等学校招生考试制度，邮寄各种复习资料和辅导材料的函件大量增加。1990年，函件种类主要包括信函、明信片、印刷品、盲人读物4种。函件按寄达地区的不同，分为本埠函件和外埠函件；按处理手续的不同，分为平常函件和给据函件，给据函件包括挂号信函、特种挂号信函、保价函件、保价印刷品等；按承担赔偿责任的不同，分为保价函件和非保价函件；按运输工具的不同，分为水、陆路函件和航空函件。

桂林市函件业务的种类，随着经济和社会的发展变化进行了多次调整。1991年1月1日，对各级人民法院按挂号信函在国内寄递的诉讼文书，可作附回执邮件交寄。1991年5月，停办有声信函业务。

1992年7月1日，开办国内邮政电子信函业务，该业务采用传真方式将通信内容的复制件投交收件人，具有速度快、服务水平高、安全方便等特点。1992年9月，开展贺年（有奖）明信片的发行销售业务。1992年12月，桂林建立起商业信函业务处理中心，开办商业广告信函业务。1995年4月起开办“中国邮政礼仪（邮资）信函”业务。1995年11月1日，恢复办理国内邮简业务，并将国内邮件回执业务扩大到单位交寄的挂号信函。1996年12月20日，开办“中国邮政回音卡”业务。1998年7月1日起停办邮政快件业务。1999年8月20日，国家邮政局首次正式发行普通邮资明信片（回音卡）。2000年1月1日起，国内邮件回执业务扩大到个人用户交寄的给据邮件。至此，机关、企业、团体和个人用户交寄的国内给据邮件（不含国内特快专递邮件）均可办理回执业务。辖区函件业务量：2000年为643.7万件，2005年为285.3万件。

包裹 随社会的变化，邮政包裹于20世纪80年代起逐步发展。1980年，各类邮政包裹均按给据邮件处理，确定除纸质品包裹外，对所有包裹全部保价。为满足用户的不同需要，各类邮政包裹可作普通邮件或快件、特快专递邮件交寄，并可办理特殊服务的存局候领业务。1996年12月1日，取消纸质品包裹业务种类，原纸质品包裹收寄内容一律按印刷品寄递。1999年12月1日，对国内包裹的最大重量放宽到35千克，最大尺寸以能装入2号袋为限。辖区包裹业务量：2000年7.26万件，2005年9.32万件。

汇兑 1980年，邮政汇兑业务种类有国内邮政汇兑、国际和港澳邮政汇兑。国内邮政汇兑主要有普通汇款、快件汇款、电报汇款。1990年7月1日，快件汇款停办。1999年1月20日，入账汇款业务开办。1999年2月26日，开办邮政礼仪汇款业务。2001年，开办电子汇兑业务。七星区邮政部门开出国内汇票数：2000年10.61万张，2005年5.92万张。

漓江路七星邮政支局（章帆 2004年摄）

邮政快件 1990年，七星区与国内196个大中城市之间可办理邮政快件业务。邮政快件业务办理主要有快件信函、快件汇款、快件包裹等，收寄时作给据邮件处理。寄件人认为贵重的资料或物品，还可作保价邮政快件交寄。价值在300元（1996年11月1日起改为1000元）及以上的，如：照相机、手表、怀表、金银饰品、外国铸币、珠宝玉器、贵重药材等使用邮政快件时，必须按保价快件交寄，每件最高保价金额为5000元。1998年7月1日，邮政快件业务取消。

特快专递 国际特快专递业务包括定时业务和特需业务，是寄邮件的一种。根据内件性质分为信函类、文件资料类和物品类三种，除信函类外，进出口国际特快专递邮件均需海关监管和检查。七星区特快专递业务量：1998年3.64万件，2001年4.51万件，2005年14.64万件（1998年前七星辖区的邮件数量无资料可查）。

邮政编码 1980年7月1日，邮电部颁布邮政编码，由6位数组成，前两位数字代表省（市、自治区），第3位数字表示邮区，第4位数字表示市、县，后两位数表示投递信件的邮电局、所。七星区邮政编码为541004，华侨农场为541204；由于宣传不够、客观条件不成熟于年末暂停实施。

1987年，邮电部重新推行邮政编码。1988年7月起，桂林市党政军机关、团体发寄的信函，开始书写单位所在地的邮政编码。1989年1月起，大中学校、企事业等单位发寄信函开始书写单位所在地的邮政编码。个人交寄信函也要求书写其所在地的邮政编码。市邮电局向社会提供和出售邮政编码牌在街道及各大单位门前钉挂，并在各营业窗口设置邮政编码查询台。1989年9月1日起，寄自市区城镇（含乡政府所在地）没有书写收、寄信邮政编码的信函，邮局将信件退回寄件人补写后再寄，对不能区分乡镇所在地或农村交寄的信函可暂不退。同年年末，七星辖区出口信函邮政编码书写率达到43%。1990年，七星分局营业处出口挂号信邮政编码书写率达96%，平信达91%。1990年后，规定印制使用符合统一规格的信封、信袋并实行函件邮编自动分拣。至2005年不变。

第三节 电 信

民国24年(1935)9月，东江区、东附廊区开通电话；同年11月，开通自动电话，供军政机关使用。民国33年(1944)11月，桂林沦陷，电信通信全部中断。次年7月，桂林收复，电信通信业务逐渐恢复。

1978年改革开放以后，七星区域的国民经济快速发展，电信通信网络日趋完善，设备不断更新，操作方式由人工发展到自动，由模拟式向数字化飞跃，电信通信服务于千家万户，程控电话、用户电报、传真电报、无线寻呼、移动通信等新型的电信业务迅速发展，2005年年末，七星区拥有程控电话2万门，中国联通桂林分公司、桂林移动通信公司、铁道通信桂林分公司在辖区内设立有机房（基站），覆盖面100%；为国民经济及旅游事业的发展、方便民众的生活发挥了重要作用。

电信业务

电报 光绪十三年(1887)桂林设立官电分局，开通电报通信。初时主要为军政机构服务，民国2年(1913)改称电报局后增办民用电报，去报由报差投送。1990年，实有电报电路9路：至南宁2路，市内至中山中路营业处、中山南路营业处、七星分局营业处、阳桥支局、奇峰支局、民航站、地区水文站各1路。

至1991年年末，电报基本覆盖整个七星区。去报可选择设于辖区的邮电分支机构办理。电报类别在各个时期有所不同，在8至12种不等；客户可视情办理普通电报或加急普通电报。至90年代末，因网络飞速发展，网络代替了电报。

市内电话 民国元年(1912)在市凤凰街（今中山中路北段）安装磁石交换机，开通仅供军政机关使用的电话，至民国17年(1928)才向民众开放市内电话。是年，开通长途电话，民众始可通过电话与外埠沟通联系。民国27年(1938)，开通4位号码的自动电话，实现自主拨号通话。民国35年(1946)，自动电话交换机复通，磁石式人工交换机停用。

1959年，采用共电式电话交换机。1977年，采用国产纵横制自动电话交换机。1981年，市内自动电话扩容，纳入自动电话交换网，电话全部实现自动化。

改革开放后，市内电话发展迅猛，继1981年市内电话全部实现自动化后，1988年由自动电话交换机升级为程控电话交换机，电话号码由4位升至6位，电话开始进入普通百姓家。1994年建成桂林本地电话网，电话号码由6位升至7位。至2005年，七星区市内电话每百户30.74部。

农村电话 1953年，桂林邮电局接管地方电信，改称为县内电话。1954年，桂林的县内电话只管辖市郊乡、镇人民委员会和代管国营农场和生产合作社，乡人民委员会。1958年，农村成立人民公社、生产大队和生产小队。区域内穿山、屏风、樟木、和平、西南5个生产大队装有电话。1968年，农村电话由市话台经转，1972年，穿山、朝阳2个公社16个生产大队通电话。

1977年，市内电话网络向郊区发展，农村电话逐步接入市话交换机。1984年1月，市邮电局不再经营农村电话业务，区域内农村电话网络全部纳入市内电话网络。2002年，七星区农村居民每百户家庭安装电话73.33部，2005年，移动电话普及，农村居民每百户家庭有移动电话104部。固定电话42部，呈逐年减少。

有线传真 有线传真即用户传真。1986年，桂林开通用户传真业务，在市内电话线上安装传真机，传输文字、表格、图像真迹，喻为远距离“复印”。至2005年，有线传真已为七星区内的党政机关、社会团体、企事业单位广泛应用。

无线寻呼 1989年，桂林开通无线寻呼，为单位移动通信，用户使用市内电话通过无线寻呼中心，向携带无线寻呼机（又称BB机、BP机）的被叫发送寻呼信号，再通过回拨电话达到沟通联系目的。七星区有部分人使用无线寻呼机，方便了日常工作、生活中的沟通联系。因移动电话的普及，无线寻呼通信关网，2005年停止营业。

移动电话 1992年，桂林开通模拟移动电话（俗称手机），用户可随身携带，使电话沟通联络更为便捷。初期价格较高，辖区的企事业单位多数仅为重要岗位人员公费配置。1995年，桂林开通数字移动电话。1999年，桂林市推出“本地通”模拟移动电话，扩大了用户普及面。七星区民众，特别是企事业单位工作人员使用移动电话的人数逐年增多。2000年，桂林市根据用户需要设“本地通”（适用于桂林市范围）、“八桂通”（适用于广西全境）、“神州行”（适用于全球范围），供用户选择。城乡民众普遍选择使用移动电话，成为民众生活的重要组成部分。2002年，中国联合通信桂林分公司开通CDMA系统业务，辖区移动通信信号覆盖率达100%。2005年年末，七星区移动电话用户城区每百户165.23部。农村每百户104部。

小灵通 2001年，桂林市开通无线市话（即小灵通），适用于在市区活动范围人群使用。七星区有部分民众选择小灵通代替移动电话使用。2002年系统升级后实现大桂林漫游通话。2005年，大部分民众选择小灵通代替移动电话使用。

大灵通 2003年，桂林市开通流动市话（即大灵通）。大灵通除电话功能外，2004年，桂林市开发一呼双响、短消息、悦铃等时尚新业务，还可开通电影热线、工商热线和运动热线等业务，为民众丰富生活提供服务。

网络通信 1999年，桂林市开通综合数字网，又称“一线通”，能把多种类型的业务如电话、数据、传真、可视电话、会议电视等在一个通信网内实现。2001年，桂林市建成多媒体互联网，与国内其他互联网实现高速互联，并设有国际出入口与国际互联网连接。2003年，七星区人民政府开设电子政务，纳入桂林市电子政务局域网，区政府开发公文办理及公文传输软件，开始办公自动化尝试，实现公文网上流转、办理文件过程的全程监督。

互联网

电子政务 2002年，桂林市信息化办公室组织完成《桂林市信息化发展规划(2002—2010)》的编写，并通过由自治区计划委员会组织的以中国科学院戴汝为院士为组长的专家组的评审。2003年，七星区人民政府职能部门建立计算机局域网，建立单位网站或设立网页。实施辖区电子政务网络中心建设，有30多个机关部门与之链接，初步形成辖区电子政务网络的基本框架。2004年，七星区信息化办公室开始组织实施电子政务宽带骨干网络工程。

企业信息化 2002年，七星辖区的桂林三金药业集团公司建立企业信息管理系统。7月1日，桂林海关正式运行海关无纸通关模式，审单、查验和放行环节全部实现电子化无纸作业。8月，桂林市首家由网吧业主自行发起，并获得民政部门批准的七星区网吧协会成立，辖区100多家网吧中的80多家业主成为协会会员。

2003年，市政府确定桂林三金药业集团公司等13家企业作为桂林市企业信息化建设的试点企业。有36家企业（包括16家自治区级技术中心企业和13家桂林市企业信息化试点企业）进入自治区企业信息化“百企行动”计划。

2004年，桂林市被自治区科技厅列为广西制造业信息化试点城市，燕京啤酒（桂林漓泉）股份有限公司、桂林广陆数字测控股份有限公司等2批共20家企业被自治区科技厅列为自治区信息化试点企业。桂林市计划、科技、经济、信息等部门安排投入配套资金380万元，由市科技局牵头组织实施桂林制造业信息化示范项目（包括制造业信息化网络平台和示范企业的信息化项目）。2004年9月30日，市政府与中国计算机软件与技术服务总公司（简称中软总公司）在桂林达成中软（桂林）软件基地项目合作框架协议，同意中软总公司在桂林国营华侨农场建设软件基地项目。桂林市机床行业推广应用中心、桂林市制造业信息化推广应用中心、桂林市生产力促进中心等中介机构积极为企业提供需求诊断、方案设计、咨询论证、实施、监理、人员培训等服务，对桂林企业信息化建设发挥了重要作用。其中以CAD（计算机辅助设计）为代表业务的桂林市机床行业推广应用中心成为广西五大计算机应用推广服务中心之一。

至2005年年末，七星区被评为自治区级示范企业2家，市级示范企业8家；企业信息化技术在辖区企业中得到了较好的应用，大、中型企业CAD普及率达100%。

文教与社会信息化　2002年，桂林通卡有限责任公司开通“桂林一卡通系统工程”。该工程依托银行，通过整合各方资源，实现通用卡在金融、公用事业等多个领域的应用。至年末，七星辖区建有“七星网”“广西师范大学新闻网”“桂林电子工业学院网”“桂林工学院网”等10多个网站。桂林教育网已完成市区11所院校和科研单位的联网，成为中国教育网在广西的2个中心节点之一。

2003年10月，七星辖区的辰山社区网站开通。

2004年，七星区应急救援指挥中心成立。该中心可有效连接110、120、海事管理等安全生产分管部门的信息操作平台，对重特大危险源进行适时监控，对灾害信息进行汇集、显示、综合和分析，编制和实施安全应急救援预案，指挥、调动救援队伍及一切可用资源，减少因事故造成的损失。

2005年，桂林市教育部门在基本完成市区学校“校校通”网络的基础上，开展“班班通”网络建设。七星辖区的七星小学、穿山小学、龙隐路小学先后建成“班班通”网络；10月，桂林市“村村通”广播电视工程建设完成，七星辖区共完成16个村点。

机　　构

2002年，桂林电信分公司在七星区设立了东江电信分局。同年，铁道通信桂林分公司在七星辖区设了6个机房（站）；中国移动通信集团广西有限公司桂林市七星分公司建立20多个基站。至2005年，七星辖区联通信号、移动信号覆盖率达95%以上。

广西电信桂林分公司移动通信　2002年，桂林电信分公司在七星区设立了东江电信分局，开通程控交换机总容量达112382门，其中东江交换机房容量为49602门，接入网容量为24200门，用户66490门，基本覆盖七星区域的范围。在七星区域的主干道新建IC卡电话亭，安装IC、IP、201卡电话，还办理了来电显示、小灵通、宽带网服务。2005年年末，辖区开通程控交换机总容量56626门，接入网容量36240门，用户78566门。

铁道通信桂林分公司　2002年，在辖区内的桂星大酒店、鸾东居民住宅区、桂林民族师范学校、漓江住宅花园、广西师范大学学生公寓城、羊角山居民住宅小区等地设有6个机房（站）；通信管道建设完成每千米40孔，网络覆盖面达60%，并新增了宽带网业务。至2005年，辖区内设有14个机房（站），通信管道建设完成每千米96孔，网络覆盖面达95%，宽带网业务74280户（家）。

中国移动通信集团广西有限公司桂林市七星分公司　2002年，中国移动通信集团广西有限公司桂林市七星分公司在七星辖区内建立屏风住宅花园、桂林电子工业学院、东郊加油站、龙隐路广西区党委干部休养所、施家园、广西师范大学二站、七星邮政分局东江基站、七星区政府、桂林广西第一机床厂、英山柴油机厂（横塘）、桂林七星农机修造厂、花桥邮电分局、桂星酒店、广西师范大学印刷厂、七星区人民法院、鸾西基站、桂林轮胎厂、桂林林业专科学校等20多个基站，移动通信覆盖面98%。至2005年年末，七星辖区范围内移动通信覆盖面为98%。

中国联通公司桂林分公司　至2005年年末，CASM基站在七星辖区内已开通高新开发区火炬大厦、NEC等20多个基站，联通信号在辖区的覆盖率达99%（GSM网络），95%（CDMA码分多址）。

第十二章

经济综合管理

2002年9月，全国乡镇企业东西合作经贸洽谈暨产品展销会在桂林国际会展中心召开

桂林高新七星区经济管理工作包括计划、统计、审计、工商行政管理、物价管理、国土资源管理、安全生产监督管理等七个方面。1979年年末，七星建立城区，1982—2005年，先后编制辖区的中、长期计划，取得预期效果。统计工作从兼职统计人员发展到设立专门统计机构，统计内容项目和专业统计日趋完善。严肃审计工作，开展对本级财政预算执行情况、财务收支、经济责任制的审计；开展财政、税务、物价大检查；开展经济监督，经济评价和经济鉴定及审计调查和专项审计。工商行政管理重点抓好市场管理、企业登记、经济合同、经济检查、个体经济等方面的管理，加强对个体劳动者的教育，维护消费者权益。协助桂林市物价部门做好物价监督和物价管理，维护人民群众的利益，维护社会的安定团结，促进国民经济发展。认真贯彻国家、自治区人民政府、桂林市政府对土地资源的管理、政策，落实土地登记、变更、农田保护区、土地延包、土地开发利用政策，严格查处违法侵占国有和集体土地的行为。利用开展安全生产专项整治，安全生产大检查和“百日安全生产无事故”活动，查处各类生产事故，抓好安全培训，维护辖区的安全稳定。

第一节 计　划

机　构

1996年6月，桂林市城区进行调整，原桂林市郊区所辖的朝阳乡、穿山乡划归七星区属地。1997年6月，高新开发区与七星区合并成立新的七星区政府，设置综合发展局，内设综合发展处、计划经济处。2002年，七星区党政机构进行改革，改称综合发展计划局。2004年7月，更名为综合发展和改革局，对外挂统计局、国民经济动员办公室牌子，专职人员6人，全部为行政编制人员。至2005年，机构设置名称没有变更。

2005年，皮尔金顿等一批外资企业落户桂林国家高新区

计划编制与执行

20世纪的50年代初期至70年代末期，七星区（街道、公社）政府（办事处、革委会）实施的主要是桂林市有关部门编制的计划。70年代末至80年代初，七星区政府开始编制辖区的中、长期计划，计划年限与每届人大任期相同。计划的项目和内容依据国家、广西区人民政府、桂林市政府的要求而定。20世纪80年代至90年代初，计划的内容主要有主要经济计划指标、社会事业发展计划、企业经济发展。90年代末，增加国内生产总值、社会固定资产投资、社会商品零售额、粮食作物播种面积、水果种植面积及总产量，牲畜饲养数、水产品总产量、建筑业产值、引进外资、农民人均纯收入等。进入21世纪，

增加第一产业增加值、第二产业增加值、第三产业增加值。区计划部门按程序先编制出计划草案，送区政府常务会议审定后，提交区人民代表大会审议批准，形成法令性文件，下达各系统和基层单位执行。区综发展局编制年度计划前，上年度的10月开始调查摸底收集资料，预测分析，上下相结合，计划部门按程序先编制出计划草案，送区政府常务会议审定后，提交区人民代表大会审议批准，形成法令性文件，下达各系统和基层单位执行。实施过程中综合发展局负责检查计划执行情况，总结经验，找出差距，分析原因，提出努力方向，报区委、区政府和上级主管部门作出进一步指导计划执行的决策。

中外专家在桂林中昊力创机电设备有限公司装配生产线
（王亚东　2005年摄）

1996—2005年，共编制3个五年计划，即"九五""十五""十一五"，"九五"计划时间是1996—2000年，"十五"计划时间是2001—2005年，"十一五"计划时间是2006—2010年。

"九五"计划编制　1995年，七星区编制了"九五"计划。1997年6月区划调整，高新区和七星区合并为高新七星区，高新七星区发改委根据要求，对合并后的辖区经济社会发展状况进行调查，对未来发展前景进行重新研究分析，于8月完成1998—2000年辖区经济社会发展主要目标建议稿。

主要指标　工业总产值27.27亿元，全社会固定资产投资5.8亿元，财政总收入9379万元，国内生产总值19亿元，技工贸总收入45亿元，利用外资3705万元，商业总收入9.9亿元，城镇居民人均可支配收入8399元，农民人均收入4147元等。

执行结果　2000年，七星区实现工业总产值29.74亿元，社会固定资产投资5.81亿元，社会消费品零售总额2.7亿元，城镇居民可支配收入6997元，农民人均收入3389元，财政总收入2.02亿元。

"十五"计划　七星区"十五"计划由七星区综合发展局牵头编制，2000年10月完成征求意见稿；12月，中共七星区委就"十五"计划作建议说明；2001年1月，七星区第七届人大三次会议审议批准执行。

主要指标　国内生产总值年增长18.84%，其中第一产业年均增长86.7%，第二产业年均增长18.47%，第三产业年均增长24.5%；工业生产总值年均增长18.82%；全社会固定资产投资年均增长10%；社会消费品零售总额年均增长10.76%；财政收入年平均增长17.19%；城镇居民人均可支配收入年均增长6%；

执行结果　2005年，七星区实现地区生产总值59.89亿元，其中第一产业增加值0.96亿元，第二产业增加值35.37亿元，第三产业增加值23.56亿元。

"十一五"规划编制　贯彻中共十六大精神及以人为本，全面、协调、可持续发展的方针政策，落实自治区第八次党代会、自治区党委八届三次会议精神，围绕加快富民兴桂新跨越，全面建设小康社会的宏伟目标。规划于2005年7月编制，以创新为主线，以项目为重点，重点发展以光纤、微波通信产品、光盘、软件为龙头的电子产业、现代办公设施、伺服电机系统、汽车配件、电子数显量具产品、生物医药产品、保健食品产业、航空轮胎、汽车安全玻璃的新型材料产业；高效复合催化剂产品、多孔PE过滤管产品等环保产业；聚合硅胶电池、风能设备的新能源产业。实现高新技术产业跨越式发展。

表 12-1　　1984—1990 年七星区主要经济指标计划与实现情况表

年份＼经济指标	工业总产值(80 年不变价万元)				商业营业额(当年价万元)				备注
	计划		实现		计划		实现		
	总量	年均 ±%	总量	同比 ±%	总量	年均 ±%	总量	同比 ±%	
1984		5.00				5.00			计划按不低于全市年均增长 5% 的第六个五年计划安排
1985		5.00				5.00			同上
1986		10.00				10.00			计划按不低于全市年均增长 10% 的第七个五年计划安排
1987		10.00	462			10.00	356		同上
1988	508	10.00	582	25.97	392	10.00	1132	217.98	同上
1989	640	10.00	760	30.58	1245	10.00	662	-41.52	同上
1990	836	10.00	925	21.71	728	10.00	851	28.55	同上

说明：本表不含域内桂林市直属国有大中型工业企业数据

表 12-2　　1991—1995 年七星区主要经济指标计划与实现情况表

年份＼经济指标	工业总产值(90 年不变价万元)				商业营业额(当年价万元)				备注
	计划		实现		计划		实现		
	总量	年均 ±%	总量	同比 ±%	总量	年均 ±%	总量	同比 ±%	
1991	1065	15.00	1763	90.59	979	15.00	1113	30.79	计划按高于全市年均增长 8% 左右的第八个五年计划安排
1992	2027	15.00	4093	132.16	1280	15.00	1823	63.79	同上
1993	4707	15.00	7616	86.70	2096	15.00	10034	450.41	同上
1994	8758	15.00	16014	59.60	11539	15.00	12326	22.84	同上
1995	18416	15.00	23938	49.48	14175	15.00	14725	19.68	同上

说明：本表不含域内桂林市直属国有大中型工业企业数据

表 12-3

1996—2000 年年七星区主要经济指标计划与实现情况表

指标 / 年份	1996 年				1997 年				1998 年				1999 年				2000 年				备注
	计划		实现		计划		实现		计划		实现		计划		实现		计划		实现		
	总量	年均±%	总量	同比±%	总量	年均±%	总量	同比±%	总量	年均±%	总量	同比±%	总量	年均±%	总量	同比±%	总量	年均±%	总量	同比±%	
国内生产总值(亿元)											9.05				10.23	16.42			12.2	17.00	总量按改价，同比按可比价
工业总产值(亿元)	2.75	15.00	4.86	103.08	5.59	24.00	17.53			24.00	21.04	20.02		24.00	26.85	27.61		24.00	29.74	10.76	
全社会固定资产投资(亿元)						12.00	4.12			12.00	4.78	15.18		12.00	5.33	11.51	5.30	12.00	5.91	10.95	
社会消费品零售总额(亿元)											1.57				1.86	18.67			2.7	45.00	
财政收入(亿元)						13.00	0.84			13.00	1.03	23.00		13.00	1.64	59.38		13.00	2.02	22.86	
农业总产值(亿元)			0.88		1.01	15.00	1.04	18.62		10.00	0.96			10.00	1.04	12.6		10.00	1.14	9.50	
实际利用外资(万美元)							3042				2950	−3.06			2600	−11.86			2760	6.15	
城镇居民人均可支配收入(元)						13.00				13.00				13.00			8399	13.00	6997		
农民人均纯收入(元)						10.00	2999			10.00	3390	13.04		10.00	3153	−6.99		10.00	3389	7.48	1999 年要求进行调整
商业营业额(亿元)	1.69	15.06	5	239.67	5.75	15.06	5.5	9.96			1.57				1.86				2.70	45.00	1998 年按消费品零售统计
备注					1997 年 6 月七星区与高新区合并，多数数据不可比																

说明：本表不含域内桂林市直属国有大中型工业企业数据

表 12-4

2001 年—2005 年七星区主要经济指标计划与实现情况表

指标 / 年份	2001 年				2002 年				2003 年				2004 年				2005 年				备注
	计划		实现		计划		实现		计划		实现		计划		实现		计划		实现		
	总量	年均±%	总量	同比±%	总量	年均±%	总量	同比±%	总量	年均±%	总量	同比±%	总量	年均±%	总量	同比±%	总量	年均±%	总量	同比±%	
地区生产总值(亿元)		18.84	14.24	18.58		18.84	16.81	16.51		18.84	40			18.84	49.93	15.20		18.84	59.16	16.30	总数按现价，同比按可比价
工业总产值(亿元)		18.82	34.32	15.40		18.82	35.27	2.75		18.82	56.18			18.82	70.6	25.66		18.82	86.95	23.16	
全社会固定资产投资(亿元)		10.00	6.87	16.19		10.00	7.53	10.74		10.00	12.56			10.00	13.88	10.52		10.00	16.28	17.31	
社会消费品零售总额(亿元)		10.76	3.81	41.05		10.76	4.57	20.00		10.76	11.72			10.76	14.04	19.81		10.76	16.16	15.10	
财政收入(亿元)		17.19	3.01	49.16		17.19	3.36	11.65		17.19	2.89			17.19	3.27	13.21		17.19	3.88	18.79	
农业总产值(亿元)			1.24	11.52			1.34	8.40			1.39	3.73			1.31	−2.44			1.56	8.87	
实际利用外资(万美元)			2850	3.26			2866	0.56			2842	−0.01			399	−85.96			1696	324.93	
城镇居民人均可支配收入(元)		6.00	7547	786		6.00	7852	4.04		6.00	8246	5.02		6.00	9025	9.45		6.00	10018	11.00	
农民人均纯收入(元)		6.00	3592	5.99		6.00	3804	5.90		6.00	4009	5.39		6.00	3828	−4.51		6.00	4035	5.41	
备注									2003 年起实行在地统计，多数指标不可比。												

说明：本表 2003 年以前不含域内桂林市直属国有大中型工业企业数据

表 12-5　　1999—2002 年七星区第七届人民政府主要经济计划与实现情况表

经济指标＼年份	1999 年				2000 年				2001 年				2002 年				备注
	计划		实现		计划		实现		计划		实现		计划		实现		
	总量	年均±%	总量	同比±%	总量	年均±%	总量	同比±%	总量	年均±%	总量	同比±%	总量	年均±%	总量	同比±%	
国内生产总值(亿元)			10.23	16.42			12.2	17.00	14.5	18.84	14.24	18.58	17.23	18.84	16.81	16.51	实际增长按可比价计算
工业生产总值(当年价亿元)	25	18.80	26.85	27.60	32	19.18	29.74	10.76	35.34	18.82	34.32	15.40	41.99	18.82	35.27	2.75	1999 年起采用当年价
全社会固定资产投资(亿元)	5.2	8.00	5.33	11.51	5.8	10.00	5.91	10.95	6.5	10.00	6.87	16.19	7.15	10.00	7.53	10.74	
社会消费品零售总额(亿元)			1.86	18.67			2.7	45.00	2.99	10.76	3.81	41.05	3.31	10.76	4.57	20.00	
财政收入(亿元)	1.22	18.5	1.64	59.38	1.8	9.15	2.02	22.86	2.37	17.19	3	49.16	2.77	17.19	3.36	11.65	
农业总产值(亿元)	1.01	5.00	1.04	12.60	1.09	5.00	1.14	9.50	1.2	5.20	1.24	11.52	1.26	5.20	1.34	8.40	
实际利用外资(万美元)	2400		2600	−11.86	2700		2760	6.15	3000		2850	3.26	3000		2866	0.56	
城镇居民人均可支配收入(元)			6473				6997	8.10	7417	6.00	7547	7.86	8000	6.00	7852	4.04	
农民人均纯收入(元)			3153	−6.99			3389	7.48	3592	6.00	3592	6.00	3808	6.00	3804	5.90	
备注									从 2001 年起按七星区经济与社会发展第十个五年计划执行。								

表 12-6　　2003—2006 年七星区第八届人民政府主要经济计划与实现情况表

经济指标＼年份	2003 年				2004 年				2005 年				2006 年				备注
	计划		实现		计划		实现		计划		实现		计划		实现		
	总量	年均±%	总量	同比±%	总量	年均±%	总量	同比±%	总量	年均±%	总量	同比±%	总量	年均±%	总量	同比±%	
地区生产总值(亿元)	19.98	18.84	40		47.54	18.84	49.93	15.20	59.34	18.84	59.16	16.30					实际增长按可比价计算
工业总产值(亿元)	41.91	18.82	56.18		66.75	18.82	70.6	25.66	83.89	18.82	86.95	23.16					
全社会固定资产投资(亿元)	8.28	10.00	12.56		13.82	10.00	13.88	10.52	15.27	10.00	16.28	17.31					
社会消费品零售总额(亿元)	5.06	10.76	11.72		12.98	10.76	14.04	19.81	15.55	10.76	16.16	15.10					

续表

经济指标 \ 年份	2003年				2004年				2005年				2006年				备注
	计划		实现		计划		实现		计划		实现		计划		实现		
	总量	年均±%	总量	同比±%	总量	年均±%	总量	同比±%	总量	年均±%	总量	同比±%	总量	年均±%	总量	同比±%	
财政收入(亿元)	3.94	17.19	2.89		3.39	17.19	3.27	13.21	3.83	17.19	3.88	18.79					
农业总产值(亿元)	1.41	5.20	1.39	3.73	1.41	5.20	1.31	−2.44	1.38	5.20	1.56	8.87					
实际利用外资(万美元)	3000		2842	−0.84	3000		399	−85.96	3000		1696	324.93					
城镇居民人均可支配收入(元)	8323	6.00	8246	5.02	8741	6.00	9025	9.45	9567	6.00	10018	11.00					
农民人均纯收入(元)	4032	6.00	4009	5.39	4250	6.00	3828	−4.51	4058	6.00	4035	5.41					
备注	从2003年起实行在地统计，部分指标数据不可比。																

计划监督管理

20世纪80年代改革开放前，计划以年度指标为依据，对计划执行情况进行检查监督，检查督查形式有日常检查、半年检查和年终检查。进行半年和年终检查结束时，七星区计划部门提出计划执行情况报告，向七星区人民政府、七星区人大常委会汇报并请求审议。90年代后，随着规划体制的改革，七星区计划部门对计划的检查监督主要依靠经济杠杆和市场供需进行宏观调控、微观协调和信息服务，通过对市场经济效益的评估，发现计划执行过程中存在的问题和薄弱环节，找出原因，提出克服的办法。工作中计划部门对项目的管理，按照区人民政府和上级计划部门的有关规定进行。在建设领域固定资产投资的项目审批，规定投资总额必须在上级部门核定的投资额度内。2000年，国家为扩大内需，刺激经济增长，采取积极的财政政策，加大固定资产投资建设力度，暂停投资方向调节税，并取消了投资许可证制度。

2002年开始，根据《桂林市人民政府关于印发桂林市基本建设投资项目登记备案暂行办法的通知》，七星区人民政府对部分项目取消了审批制度，对不需要中央政府、自治区政府、桂林市政府及七星区政府投资，符合国家鼓励发展的产业，符合七星区发展规划及专项规划在七星区政府审批权限内的自有资金的基本建设项目实行登记备案制。进一步简化项目审批程序，缩小行政审批的范围。2003年，印发了《桂林高新区七星区基本建设和固定资产投资项目计划管理暂行办法》。

第二节　统　　计

机　　构

1991年以前，七星区统计工作由计划、经济管理部门设专人负责。1992年1月，七星区设计统计科。1997年6月，桂林国家高新区和七星区合并，统计局在综合发展和改革局挂牌。2004年，共有编制6名，另外招聘工作人员2人。2005年年末，在职13人，其中行政编制5人、工勤1人、区招聘5人，另外招聘工作人员2人。历任统计局负责人覃年、饶志年、钟海。

统计报表

20世纪50年，境内各单位执行桂林市统一的统计报表制度，按报表的填报周期分月报、季报、半年报和年报。60年代，专业统计报表有工业、农业、基本建设、商业、物资供应、劳动工资等分类报表。1993年，执行国家统计局颁发的国家统计报表制度，统计内容包括农业、工业、建筑业、交通运输业、批发零售贸易业、住宿餐饮业、房地产业、服务业、劳动工资、全社会固定资产投资等。2000年后，分行业进行统计，分设农业和农村、工业、交通和能源、贸易、餐饮和旅游、劳动工资和服务业、房地产、建筑业及固定资产投资、城镇居民可支配收入等综合报表。

人口普查

第一次人口普查　1953年，第一次全国人口普查与选举工作同时进行，普查项目分姓名、性别、年龄、民族4项。东江区公所有17602人，其中男9169人、女8433人，性别比为108.73。

第二次人口普查　1964年，第二次全国人口普查。普查项目由原来的4项增加本人成分、文化程度、职业3项。东江公社有16213人，其中男8891人，女7322人，性别比为121.43。

第三次人口普查　1982年，第三次全国人口普查。普查项目由1964年的7项增到19项，按人填报13项：姓名、与户主关系、性别、年龄、民族、常住人口的户口登记状况、文化程度、行业、职业、就业人口状况、婚姻状况、妇女生育的子女数和现在的存活的子女数、1981年育龄妇女生育状况。按户填报的6项：有户的类型、本户住址编号、人数、1981年出生人数、1981年死亡人数、常住户口外出1年以上人数。人口普查分3个阶段进行：第一阶段是组织准备；第二阶段是调查登记；第三阶段是手工汇总、编码、资料整理。1981年7月1日零时在东江派出所所辖区的8条街，29个单位5458户，24063人中进行普查试点。1982年7月1日—25日，全面调查，将辖区14条街68个集体单位划分为14个普查区，114个普查登记站，配普查员，辅导员160多人，普查工作人员50人，合计214人。统计结果，七星区有11239户50935人，其中男28698人，女22237人，性别比为129.06。与普查登记前1981年年末人数48923相比，增加2012人。

第四次人口普查　1990年，第四次全国人口普查。普查项目由1982年的19项增到21项；按人填报13项增加2项：1985年7月1日常住地状况、迁来本地原因。按户填报6项与第三次人口普查相同。普查分4个阶段进行：第一阶段准备；第二阶段普查登记；第三阶段以普查小区为单位，逐级进行手工过录汇总和议查补漏；第四阶段按全国规定统一质量验收标准，检查验收，经过互查、复查再上计算机汇总。全区共有19个居民委员会，197个企事业单位，分为三里店、东江、漓江3个片，下设36个普查区，211个调查小区，此次普查选调普查指导员38人，普查员223名，陪调员50名，区、各片人普办工作人员31名。统计结果，七星区有19421户79965人，其中男性43709人，女性36256人，性别比为120.56；集体户316户17380人，家庭户19105户62585人。与第三次人口普查相比，增加29030人。

第五次全国人口普查　2000年11月1日零时为标准时间进行了第五次人口普查。此次普查采用长表和短表两种表(长表约占总表数的10%)，短表反映人口基本状况的项目，长表包括短表所有内容和有关迁移、教育、经济活动、婚姻家庭、住房等情况的项目，总项目48项。统计结果，高新区七星区有66631户，占全市区总户数的27.42%，其中家庭户57065户，集体户956户；总人数228297人，占全市区总人数的29.76%，其中男123350人，女104947人，性别比例117.54。年龄结构为：0—14岁27064人，15—59岁180193人，60岁以上21040人，分别占总人口的11.85%，78.93%，9.22%。

经济普查

2005年1月—4月，高新(七星)区进行第一次全国经济普查，普查的标准时点为2004年12月31日，时期资料为2004年度。普查对象为高新区七星区内从事第二、第三产业活动的全部法人单位、产业活动单位和个体经营户。普查范围：辖区内从事采矿业，制造业，电力、燃气及水的生产和供应业，建筑业，交通运输、仓储和邮政业，信息传输、计算机服务和软件业，批发和零售业，住宿和餐饮业，金融业，房地产业，租赁和商务服务业，科技研究、技术服务和地质勘查业，水利、环境和公共设施管理业，居民服务和其他服务业，教育，卫生、社会保障和社会福利业，文化、体育和娱乐业，公共管理和社会组织等。普查内容有:单位基本属性,从业人员状况,单位财务状况,生产经营情况,生产能力等。普查结果:2004 年年末,高新区七星区从事第二、第三产业的法人单位共 1317 个,其中企业法人 1062 个,就业人数 57631 人,事业法人 96 个,机关法人 38 个,社会团体法人 13 个,其他法人 108 个;产业活动单位 1602 个,其中多产业法人所属的产业活动单位 417 个;个体经营户 6197 户。

基本单位普查

2002 年 1 月—6 月,高新区七星区进行第二次基本单位普查,普查的标准时间为 2001 年 12 月 31 日,普查资料的调查年度为 2001 年。普查结果:高新七星区有法人单位 1408 个(内资企业 1322 个,外商投资企业 27 个,港、澳、台商投资企业 59 个),从业人数 67771 人,其中第一产业 10 个,从业人数 110 人;第二产业 561 个,从业人数 39983 人;第三产业 837 个,从业人数 27678 人。企业法人单位 1131 个,从业人数 53942 人,其中第一产业 12 个,从业人数 125 人,第二产业 517 个,从业人员 38744 人,第三产业 602 个,从业人员 15073 人。事业法人单位 111 个,机关法人单位 49 个,社会团体法人单位 36 个,居民委员会 24 个,村委会 14 个,民办非企业 43 个。产业活动单位数 2064 个,从业人数 86453 人。1140 个企业法人单位中,农林牧渔业 12 个,制造业 509 个,采掘业 3 个,电力、燃气及水的生产和供应业 5 个,建筑业 44 个,交通运输、仓储和邮政业 10 个,批发和零售、住宿和餐饮业 277 个,金融业 8 个,房地产业 53 个,社会服务业 166 个,水利管理业和地质勘查业 3 个,教育 9 个,卫生、体育和社会福利业 4 个,文化、体育和娱乐业 9 个,科学研究和综合技术服务业 26 个,其他行业 2 个。

统计监督

20 世纪 50—60 年代初,辖区内没有设立统计机构,对统计工作缺乏监督管理,期间的一些重要统计数字严重失实,降低了统计资料的真实性。1979 年 7 月,七星区政府成立后,对统计工作的职责、内容、制度等做出规定,强化统计监督职能,统计管理工作逐步走上正轨。1989 年,七星区开展统计法监督、检查工作,按自查、互查、重点检查三个阶段顺序进行,保证统计数字的真实性、准确性。1996 年,辖区 23 个应自查单位开展自查自纠;七星区人大常委会对区机关各部门、区属各企业(事业)单位贯彻执行统计法律法规的情况进行检查。1998 年,对辖区的工商企业就统计质量开展自查自纠,对 61 个商业统计单位的统计质量进行抽查,针对出现的问题,提出了整改意见。2002 年,统计部门对瞒报、拒报、迟报统计报表的单位发出《责令改正通知书》《统计报表催报通知书》等 30 多份。2003—2005 年,对辖区相关单位每年进行一次统计执法检查。

第三节 审计监督

机　　构

1990 年 9 月,七星区政府设立审计科,负责区机关和区属事业单位的财政收支、财务收支往来的审计监督工作。此前的这些工作由桂林市审计局相关的工作部门负责。1997 年 6 月,桂林国家高新区与七星区合并,撤销审计科,设立财政审计物价局,下设审计物价处。2001 年 12 月,审计物价处改称审计局。2005 年 2 月 18 日,桂林市高新区七星区审计局在七星区纪律检查委员会挂牌办公,编制人员 2 名。历任审计局负责人王翠凤、徐巧玲、张楠、徐芳。

经济责任审计

行政单位领导经济责任审计　2000—2005 年,七星区审计局(科、处)根据区委、区政府的安排和区委组织部的委托,对区行政单位的 9 名领导任职期间实施经济责任审计。经审计,这些单位的主要领导任期内财务上均未发现个人有违法违纪行为,经济活动合法合规,但在财经管理专业方面的知识较欠缺，对财务的监管不严，管理不够到位，内控制度不健全，单位财会人员业务知识有待进一步提高，主要表现：未规范使用收款票据，某单位在财务管理和账务处理上未按规定使用“桂林市行政事业单位一般收款收据”收取房租、水电、土地管理费、企业管理费共计71.11万元；车辆超编购置问题，某单位未经上级车辆编制主管部门核准，购买小汽车2辆，开支34.91万元，未列入增加固定资产；发放补贴、奖金未按规定代缴个人所得税行为；存在白条支出现象，某单位白条支出67750元；购固定资产未入账，经费报销手续不够完备，有些单位的原始凭证手续不全，票据背面缺少经办人签字；会计记账核算不规范；银行账户开设过多，专款未存专户。

事业单位领导经济责任审计　2002—2005年，对辖区事业单位的3名正职领导任职期间的财务收支情况进行审计。经审计，未发现个人有经济问题。

企业单位领导干部经济责任审计　1979—2000年，分别对51个企业单位进行审计，审计纠正违纪金额115.9万元，促进提高经济效益168.54万元。查处虚报冒领、挪用公款4万余元，移交检察机关立案2件2人。2001—2005年，七星区审计局对辖区5家企业主要领导任职期间的财务收支情况进行审计。经审计，未发现重大经济问题，但查出了财务管理上的漏洞：某企业因会计科目设置不合理，出现应调账处理金额52.8万元，应交税金21.4万元的问题；某厂账面存在不良资产208.95万元，因未实施应收款项定期催收制度，造成应收款项损失165.19万元，经营管理方面存在陈旧存货长期积压未经处理，造成存货盘亏91.48万元；某单位存在长期投资股权转让未作账务处理，递延税款科目使用不当，专项资金支出中更支认股款，部分经济业务未及时进行会计处理；某企业的“在建工程”科目长期不清理，已完工工程没有即使核销，已购车辆未及时入固定资产账进行管理，会计核算与工程项目管理脱节，固定资产处理报废手续不齐全；某公司回收参展商废旧物品收入11.14万元，私设“小金库”和账外账。

财务收支审计

行政单位财务收支审计　1999—2005年，区审计局（区审计物价处）对七星街道办事处8个单位的财务收支情况进行审计。审计结果，这些单位制度基本健全，账目清楚，白条报账现象明显减少，教育附加费和计生事业收费做到专款专用，未发现重大违犯财经纪律行为，但存在账务处理、票据使用、固定资产登记、经费管理使用等欠规范问题，主要为：某单位桂C牌照的三台汽车未登记固定资产账合计62.51万元，以上车辆是征地单位为解决街道办协助征地拆迁工作而购置并赠送的车辆；对外投资担保损失，某单位担保损失106.84万元；会计核算不规范，某单位存在暂付款科目列支59.23万元；未依法代扣代缴个税，某单位发放奖金70054元未代扣代缴个人所得税；存在公车上私户问题，某单位购小车2辆上私人户。

事业单位财务收支审计　1999—2005年，区审计局（区审计物价处）对区属4个事业单位的财务收支情况进行审计。经审计，这些单位均较好地贯彻执行财务“收支两条线”管理政策和物价部门规定的收费标准，没有发现重大违规违法问题，但存在某些需要加以重视和纠正的行为，主要为：记账欠妥，某单位因区财政拨入的42500元补助款和上级部门拨入的36100元补助款列入的是“专用基金”科目并未列入“上级补助”科目而造成账面相差78600元；账务处理欠规范，某单位对已取得的产品销售款，已销售或报损、报废的产成品、在产品，与其他单位的往来款项等账务，没有视不同情况进行分别清理，使得会计核算结果未能完全准确反映出单位的资产、负债及净资产状况；报销凭证把关不够严格，经费报销手续不够规范，某些单位未按规定使用“桂林市行政事业单位一般收款收据”来收取房租、水费、管理费、培训费等涉及金额27.48万元，无物价部门批准的收费许可进行收费涉及金额3.94万元，大项维修支出把关不够严的经费2.01万元，将招待费2.71万元列作其他商品服务支出；存在小金库问题，某单位私设小金库6.47万元里用于个人补贴49175元；固定资产及低值易耗品等实物管理不规范，某单位购入玩具14.15万元未增加固定资产。

企业单位财务收支审计　1991年，区审计局（区审计物价处）对辖区17个国有企业单位进行审计，共查出违纪金额10万余元，为单位增加利润2.5万元，为国家增税1.5万元，移交区检察机关立案2件。1993年，对七星区5个企业单位进行审计，查出损失浪费金额1.8万元，促进提高经济效益金额21.5万元，纠正违纪金额23.2万元。1994年，对七星区 12 个国有企业单位进行审计，查出损失浪费金额 8.4 万元，促进提高经济效益金额 123.54 万元，纠正违纪金额 19.19 万元。1995 年，对辖区 9 个国有企业单位进行审计，纠正违纪金额 14.8 万元，促进增收节支 48.3 万元。1996 年，对辖区 8 个国有企业单位的进行审计，纠正违纪金额 48 万元，增加财政收入 9 万元，减少支出 12 万元。1997—2005 年，无企业单位财务收支审计。

专项审计

辖区 2002 年前无专项审计的内容。2002 年 6 月，区审计局对区农村社会养老保险事业管理所 1997 年 1 月—2002 年 4 月的农村养老保险基金和经费收支进行专项审计。经审计，区农村社会养老保险基金的收支和财务收支基本符合国家财经法的规定，未发现挤占挪用基金现象。

2002 年 11 月，区审计局对朝阳乡卫生院门诊楼建设项目专项资金进行审计调查，发现工程款项核算过程中原始单据不全、手续不完备、核算不规范的问题。

2003 年，对朝阳乡 2001—2002 年农村人畜饮水国债项目专项资金、合心中心学校 2001—2002 年度学校收费进行专项审计。审计发现：农村人畜饮水国债项目资金做到专款专用，存在没有设立国债专户、部分会计资料不完整、原始凭证不规范的问题，查出合心中心校违规使用收入票据 12370 元，违反规定收费 4220 元。2004—2005 年无专项审计。

协助办案

2003 年前，辖区审计局没有协助办理有关经济案件的工作。

2003—2005 年，区审计局协助区纪委、区组织部对辖区 7 个事业单位的财务收支情况和群众举报事项进行调查，查出管理不规范金额 55.92 万元，违规金额 121.05 万元，移送七星区纪律检查委员会处理 1 人。

第四节　工商行政管理

机　　构

1963 年，桂林市市场管理委员会始设东区市场管理办事处。1964 年 9 月，东区办事处更名为东区市场管理所。1965 年 3 月，将东区市场管理所改名为东区工商行政管理所。1979 年 11 月，改称为七星工商行政管理所。1988 年 2 月，改称市工商行政管理局第四分局，设人事秘书股、市场管理股、个体经济登记管理股、个体劳动者协会分会，下辖市场管理所。1993 年 10 月，成立桂林高新技术产业开发区工商局，隶属桂林国家高新技术产业开发区管委会，业务接受市工商局指导。1996 年 9 月，更名为桂林市工商行政管理局高新技术开发区分局。2001 年 3 月，桂林市工商行政管理局第四分局与桂林市工商行政管理局高新技术开发区分局合并。2002 年 6 月，更名为桂林市工商行政管理局七星（高新）分局，简称七星分局（下同），设政秘科、登记注册科、监管与执法科、东江工商所、三里店工商所、屏风工商所 6 个科（所）。2005 年年末，七星分局有工作人员 52 人。

企业登记

1950 年起，第四区按照桂林市人民政府发布的《桂林市工商业营业登记暂行办法》，开展对辖区工商企业进行摸底登记，国营、公私合营、公营、私营及合作社等具有固定门市或制造厂家，均需向桂林市工商局申请登记，民国时期政府所发的所有证件注销。1955 年，第四区登记全民所有制工业 10 家，集体所有制工业 3 家，手工业生产合作社 3 家。1963 年桂林市工商管理部门对东江街道办事处、漓江街道办事处的国营、集体、公私合营企业进行全面清理整顿，重新登记。1979 年，对辖区具备企业法人资格的工商企业核发企业法人营业执照或营业执照，办理集体企业登记注册 239 户、街道企业

79户。1981年，对商业、饮食业、服务业、交通业进行全面登记，注销假集体企业1户。同年9月，辖区163家企业换发营业执照。1984年，工商企业开始换发全国统一的营业执照。1988年企业登记开始从营业登记转向法人登记。1991年，新办集体企业67家，办理变更登记58家，注销登记11家，对111家集体企业全部主动上门办理年检；新登记个体工商户124家，比上年增长3%，个体登记已达815家。查处无证经营者85人，罚款600元。1992年，加强个体登记管理上采取简化手续，方便登记；讲清规定，停业、歇业、转迁自愿；根据区域情况，收费标准灵活机动；加强检查，查处无证经营等措施。全年新登记个体工商户352家，比上年增加111家，查处无照经营25家。1993—1995年，新登记注册集体企业208家，其中法人企业119家(含公司6家)。营业登记89家。同时加强企业年检和个体工商户验照工作，把好审查关，严格规范市场主体经营资格，对逾期年检的企业分别给予批评教育或罚款。

2006年3月17日，七星区工商联召开2005年年会

1996—2002年，桂林市工商行政管理局第四分局在执行企业登记管理工作方面，更注重采取改革措施简化办证程序，边办执照边补办手续，实行加快办理执照制度，放宽经营范围，允许各行各业机关单位办经济实体，外商投资企业直接注册登记等。对企业改制登记设及面广，业务难度大等情况，采取预约上门等办法为改制企业服务。开办工商注册登记咨询服务热线，执行电子叫好，设立咨询专窗，对个人独资企业、合伙企业进行登记。改善办照环境，改革年检登记，实行个体工商户滚动验照。桂林市工商行政管理局第四分局主要负责辖区内的个体工商户、个人独资企业、合伙企业、注册资本100万元以下的私人有限责任公司及集体企业登记管理，经营范围涉及洗车、运输、车辆维修、旅行社、婚介、中介以及专业建材市场内的个体工商户及企业等由桂林市工商行政管理局生产资料、生产要素管理分局登记。

2002—2005年，2002年桂林市工商行政管理局第四分局更名为桂林市工商行政管理局七星(高新)区分局。执行企业登记注册管理工作推行“首问负责制、主办负责制、限时办理制、预约服务制和延时服务制”。登记窗口实行“一站式服务”，做到“一人一条龙”，即：受理、审查、打照、收费，全部均由一人办理完成，90%来办理企业营业执照的申请人，从受理到发照，都可以领取执照，办照速度名列全国的前列。2005年，七星分局累计登记注册企业达到789家，其中，有限责任公司735家，个人独资企业38家，个人合伙企业16家，变更登记670家，注销吊销营业执照269家；办理企业年检1845家，名称预先核准1115家，新发展个体工商户702家。

市场管理

民国时期，七星辖区有花桥底菜市、六合路牛市。1954年，有东环、花桥2个菜市。1955年4月，在花桥南边新建桂花园菜市场(后称东江市场)，将花桥一带的摊点、菜担全部迁入桂花园市场营业。1957年后，相继修建东江市场、三里店市场、东环市场、石化市场、电力电容器市场、轮胎厂市场等。1978年11月，东江市场迁至新生街(即今市场所在地)。1990年年初，东江市场改建，新建1座3层钢筋水泥结构永久性室内市场。1993年10月竣工投入使用，市场占地面积7645平方米，总建筑面积1.3万平方米，使用面积9500平方米，有固定摊位750个。1999年年初，工商行政管理体制改革，工商管理部门将市场办职能从工商部门分离出去。1999年5月，桂林市市场开发服务中心成立，工商行政管理部门只负责管理市场，市场的开发建设工作由市场开发服务中心负责，真正做到“办管脱钩”。

1992—2000年，七星工商分局主要对辖区集市贸易市场施行管理和监督，对各类市场的卫生管理、肉食管理、物价管理，维护市场秩序，活跃城乡物资交流，支持辖区第三产业发展，鼓励发展个体私人经济，收取市场管理费、个体工商管理费、服务费，查处无照经营，调解市场买卖纠纷，打击生产和销售假冒伪劣商品，查处掺杂使假，短斤少两、非法倒卖野生动物，取缔非法活动。

2001—2005年，七星工商分局围绕食品安全、保护知识产权、打击商业欺诈等方面，开展食品安全专项整治，加大商品侵权和虚假广告的查处力度，开展打击无证经营、制造和销售假冒伪劣商品等各类违法活动，落实《无照经营查处取缔办法》为重点，狠抓市场主体准入秩序，查取经济违法、无证经营、广告、商标等案件，每年的“3·15”国际消费者权益日开展宣传活动，维护消费者的权益，消费者申诉解决率95%。出动执法人员5000多人次，检查各类市场100多个，经营摊点4100多个，查处各种违章违法行为1900多起，维护了市场秩序。各类商品市场由1996年的8个发展到2005年38个。

2005年，七星工商分局3个工商所分别组织召开食品关口前移会议，与辖区食品经营单位分别签订《食品安全质量责任书》和《商品质量公开承诺书》。全年七星分局开展专项整治16次，出动车辆196台次，人员815人次，查处违法违章经济案件357件，其中无照经营302件，一般案件55件。

经济合同管理

1981年12月，国家颁布《中华人民共和国经济合同法》。1982年5月，国务院确定：中央及地方各级工商行政管理部门，统一管理经济合同。规定对不同部门之间所订立的经济合同负责监督、检查和合同纠纷的调解与仲裁；查处违法经济合同；监督、检查各有关部门管理好本系统的经济合同等。

1982—2005年，随着改革开放的深入，市场调节范围的扩大，经济合同制日益成为加强企业之间经济联系的纽带。七星工商分局逐步将工作重点转移到帮助企业搞好经济合同管理的基础上，开展经济合同法规的宣传工作；帮助企业在机构、制度、人员上“三落实”，强化企业对经济合同的管理，帮助企业在自我完善、自我约束的基础上，1987年下半年率先在工业、商业（供销）、物资系统的企业中开展“重合同、守信用”活动，认定无效合同，推进企业信用体系建设，营造和谐安全的市场交易环境。至2005年，七星工商分局连续18年（1988—2005年）获得荣誉称号的单位有4家；连续17年（1989—2005年）获得荣誉称号的单位1家。连续16年（1990—2005年）获得荣誉称号的单位1家。

商标管理

至2005年，七星工商分局尚未设专职机构负责商标管理，只是将商标管理贯穿于日常监管和行政执法中。加大商标法律法规宣传力度，增强企业商标意识。引导辖区企业、事业单位、个体工商户和其他经济组织对其生产、制造、加工、拣选、经销的商品或者提供的服务项目，向商标局申请商品或服务商标注册，创立自身品牌；对注册商标使用管理，促使商标注册人正确使用依法核准注册的商标，保证商品和服务质量；注册商标专用权的保护，严厉查处侵犯他人注册商标专用权的违法行为；四是帮助和指导辖区企业将在市场上享有较高声誉、为相关公众所熟知的商标，申报认定广西著名商标和中国驰名商标，提升商品知名度和企业形象。2003—2005年，查取侵犯商标案7件。

广告管理

七星工商分局的广告管理工作起步较晚。根据桂林市工商局《关于部分科室分局职能调整的通知》，2003年2月起，各辖区工商分局负责对户外广告、印刷品广告、店堂广告、临时性广告的监督管理。2003—2005年，七星工商分局依法对虚假违法广告、违禁广告和与消费者生活密切相关的药品、食品、化妆品、烟草、医疗、房地产等广告的管理，查处广告经营中广告违法案件26起。

消费者权益保护

1986年5月，消费者协会七星分会成立，该协会由消费者代表及有关部门代表组成的群众性组织。该协会对商品和劳动服务进行社会，受理消费者投诉，保护消费者利益。1994年，《中华人民共和国消费者权益保护法》实施。桂林市工商行政管理局第四分局协同市消费者协会第四分会结合“3·15”国际消费者权益日，通过展出查处的部分假冒伪劣商品、放录音；在汇东果菜批发市场、屏风市场、乐群市场、漓江路、龙隐路等辖区内的主要市场及路段各悬挂宣传横幅、张贴宣传标语。在屏风市场、乐群市场前开展纪念“3·15”国际消费者权益日活动，宣传国家消费者权益保护法，发放宣传资料300多份，接待顾客咨询300多人次。七星工商分局全年共处理消费者投诉29起，为消费者挽回经济损失500余元。1995年，七星分局共受理消费者投诉80起，为消费者挽回经济损失6000多元。

1996—2005年，七星工商分局共受理消费者投诉12750多起，挽回经济损失共计35.9万多元。

第五节 物价管理

行政事业性收费管理

至2005年年末，七星区政府尚未设置专职的物价管理机构，有关的物价管理事宜大都通过工商部门负责布置开展统一完成。

1986年3月，桂林市政府发出《关于对各种收费实行统一管理的通知》，对各种收费进行管理。七星区开始统一辖区中小学的收费标准。1988—1989年，辖区对行政性收费项目进行清理，取消不合理收费项目38项，降低收费标准9项。1991年起，贯彻中央《关于坚决制止乱收费、乱罚款和各种摊派的决定》精神，七星区开始给符合收费条件的行政事业单位核发收费许可证，要求收费单位亮证收费、公示收费标准，实行财政专项收费制度。1995年起，开展行政事业性收费年审工作，先后对医疗卫生收费、中小学学杂费、托儿所收费、社会力量办学、职业学校、民政、市政等部门的收费项目进行审核。制止自上收费项目、超标准收费等行为。1997年，对农村提留统筹款收取工作进行检查，检查总额31.8万元（教育费附加20.8万元，优抚金7.3万元，村提留3.9万元），农民人均负担11.9元，无乱收费行为。1998年，清理农村中小学校代收费用以及结婚登记、计划生育、农村提留统筹等收费项目，无超标收费、乱集资、乱罚款、乱摊派现象。2001年开始，实行桂林市统一开通的“12358”价格举报电话。2003年因全国性非典型性肺炎疫情，辖区出现爆发性乱涨价现象，板蓝根、食盐、醋、口罩等商品价格飞涨。辖区组织药监、公安、工商行政管理部门进行突击检查，依法处罚乘机涨价的单位和个人，刹住乱涨价风，价格违法行为得到遏制。2005年起，开通网上投诉平台。同时辖区教育局定期对区属学校代收费情况进行检查。对涉农价格（收费）管理，整顿、规范教育收费行为，全区有收费单位及其部门268个，办理收费许可证192个。

部分商品价格

粮油 清道光十八年(1838)前后，大米每斤18文，茶油每斤80文。民国26年(1937)，大米每斤0.065元（法币，下同），花生油0.285元。民国31年(1942)，大米每斤7.5元，花生油30元。民国37年(1948)改用金圆券，当年9月大米每斤0.16元，花生油0.75元。民国38年二月，大米每斤59.17元，花生油284元，4月，大米每斤32520元，花生油171092元。

1951年4种主要粮食（大米、面粉、玉米、大豆），平均每50千克9.03万元（第一套人民币）。1953年粮食统购统销价格每50千克8.16万元（第一套人民币），销售价9.92万元（第一套人民币）。1960年4种主要粮食价格平均每50千克10.73元。1966年大米销售价每50千克14.9元，至1990年未变。花生油1954年每50千克60元；1961年88元；1964年90元；1979年88元，至1988年粮油市场放开时没有大的变化。1988年7月油价放开后，每千克4.5元。1991年辖区农民出售每50千克13—26元，1995年每50千克56—62元，2000年每50千克56—70元，2005年每50千克75—95元。

蔬菜 清道光十八年(1838)前后普通青菜每斤2—3文。民国25年(1936)，豆芽每斤0.25元（法币），民国35年(1946)，普通青菜每斤31元（法币）。

表 12-7　　**1955—1990 年七星区部分年份 6 种小菜零售价格表**

单位：元／公斤

年份	1955	1960	1975	1980	1985	1986	1987	1988	1989	1990
大白菜	0.10	0.13	0.14	0.15	0.20	0.33	0.45	0.50	0.54	0.60
四季豆	0.10	0.11	0.12	0.15	0.40	0.90	0.95	0.96	0.96	0.98
白萝卜	0.05	0.10	0.08	0.11	0.20	0.40	0.45	0.54	0.53	0.60
莴笋	0.10	0.12	0.15	0.18	0.35	0.70	0.90	0.85	0.90	0.93
黄瓜	0.05	0.10	0.10	0.15	0.25	0.28	0.55	0.80	0.90	0.95
茄子	0.08	0.12	0.15	0.20	0.25	0.30	0.51	0.85	0.90	0.95

猪肉　20 世纪 50 年代初，猪肉销售实际每千克 1 万元（第一套人民币）。1956 年每千克 1.5 元。1960 年前后（政府定价）每千克 1.8 元，集市价每千克 1.5—2.0 元，1965 年每千克 1.8 元，凭票供给直至 1978 年。1979—1985 年，每千克 2.1 元。1985 年 2 月，猪肉销售价格放开，每千克月 4.5 元，1990 年每千克 6.8 元。1995 年、2000 年、2005 年猪肉价在 9 元、10 元、13 元左右徘徊。

鲜鱼　1949 年前后，鲢鱼每千克 0.5 万元（第一套人民币）左右，鲈鱼每千克 0.7 万元（第一套人民币）左右。20 世纪 60 年代，辖区的淡水鱼每千克价格为草鱼 1.2 元、鲈鱼 1.0 元、鲢鱼 0.8 元左右。

表 12-8　　**1991—2005 年七星区农贸市场主要农产品价格表**

单位：元／公斤

品种＼年份	1991	1992	1993	1994	1995	1996	1997	1998	1999	2000	2001	2002	2003	2004	2005
大米	1.20	1.40	2.00	2.10	2.60	2.60	2.40	2.20	2.30	2.20	2.30	2.40	2.60	2.70	2.80
面粉	1.00	1.20	1.80	1.90	2.40	2.40	2.20	2.10	2.20	2.10	2.20	2.20	2.30	2.40	2.60
面条	1.40	1.60	2.20	2.10	2.80	2.80	2.60	2.40	2.60	2.40	2.60	2.60	2.80	2.80	3.00
花生油	8.40	6.40	8.40	10.40	10.60	9.60	10.20	10.00	8.60	8.40	7.40	8.40	10.10	10.80	11.60
茶油	8.80	6.60	8.40	10.00	10.60	10.00	10.40	10.60	10.00	10.00	10.00	11.20	12.00	13.00	14.00
菜籽油	6.40	4.80	7.00	8.80	8.00	8.00	7.80	7.80	8.20	6.40	5.90	6.40	8.00	6.60	6.60
猪化油	8.60	6.20	8.20	9.00	10.00	8.60	9.00	8.60	8.00	8.00	8.00	9.00	9.80	60	10.00
猪肉	4.40	5.60	7.00	8.00	9.00	9.00	9.80	9.20	9.60	10.00	10.60	10.20	11.80	12.00	13.00
牛肉	4.00	5.00	6.20	7.00	8.00	9.00	10.80	10.20	10.60	11.00	12.00	13.00	14.00	15.00	15.60
菜牛	2.40	3.00	3.70	4.20	4.80	5.40	6.50	6.10	6.30	6.60	7.20	7.80	8.40	9.00	9.40
生猪	2.40	3.10	3.90	4.40	5.00	5.00	5.40	5.10	5.30	5.50	5.90	6.20	6.50	6.60	7.20
山羊	1.90	2.50	3.10	3.50	4.50	4.50	4.70	4.70	4.70	4..80	5.00	5.30	5.60	6.00	6.50
鸡肉	4.60	6.00	7.40	8.40	9.60	9.60	10.40	9.80	10.20	10.60	11.20	11.80	12.40	12160	12.60
鸭肉	3.00	3.80	4.80	5.40	6.00	6.00	6.20	6.20	6.40	6.80	7.20	7.60	7.80	8.00	8.00
鸡蛋	2.60	3.40	4.20	4.80	5.50	5.50	5.90	5.60	5.80	6.10	6.40	6.70	7.10	7.20	7.20
草鱼	3.00	3.80	4.60	5.00	6.00	6.20	6.20	6.20	6.40	6.80	7.20	7.40	7.60	7.60	8.00
鲤鱼	3.40	4.00	5.00	5.00	6.40	6.60	6.60	6.80	7.00	7.20	7.60	7.80	8.40	8.60	8.60
鲢鱼	2.60	3.00	3.80	3.80	4.80	5.00	5.00	5.20	5.40	5.40	5.80	6.00	6.40	6.80	7.00
四季豆	0.60	0.70	0.80	0.80	0.90	1.00	1.00	1.00	1.10	1.20	1.30	1.30	1.40	1.60	1.80
大白菜	0.40	0.50	0.60	0.60	0.70	0.80	0.80	0.80	0.90	1.00	1.00	1.10	1.20	1.20	1.40
白萝卜	0.30	0.50	0.60	0.70	0.70	0.70	0.70	0.80	0.80	0.90	0.90	1.00	1.10	1.10	1.20
莴基笋	0.50	0.60	0.70	0.70	0.80	0.90	0.90	0.90	1.00	1.20	1.00	1.20	1.30	1.40	1.60
黄瓜	0.40	0.60	0.70	0.80	0.90	0.90	1.00	1.00	1.00	1.00	1.10	1.00	1.10	1.20	1.40
茄子	0.40	0.50	0.70	0.80	0.80	0.90	0.90	0.90	1.00	1.00	1.00	1.10	1.10	1.20	1.30

桂林腐乳　1962年，大块腐乳分甲、乙两个等级，甲级价格每万块出厂价400元，批发价440元，零售价每块0.05元。乙级每万块出厂价320元，批发价352元，零售价每块0.04元。市场上出售的大部分是坛装的乙级品。此价执行到80年代。1983年，每块零售价调至0.045元。1985年价格放开，1989年起，腐乳零售价每块0.1元，1991年每瓶(250克)零售价1.9元，1995年2.00元，2000年2.5元，2005年2.8元。

桂林辣椒酱　1957年，桂林辣椒酱零售价每千克1.13元，1959年每千克0.9元，1964年每瓶(250克)0.68元，1980年3月每千克2.16元，8月每瓶(250克)0.7元，1985年后价格随行就市，1991年每瓶(250克下同)4元，2000年每瓶5元，2005年每瓶6元。

自来水　1949年前后，辖区居民生活用水价格每吨0.4万元(第一套人民币)，1953年0.40万元(第一套人民币)。1957年每吨0.35元，工业用水每吨0.18—0.25元，1966年候的一段时间居民生活用水0.16元，工业用水0.10元。1990年生产经营性用水每吨0.16元，居民生活用水0.16元。1994年后征收污水处理费每吨0.048元。2003年居民生活用水每吨0.798元，2004年污水处理费每吨0.60元，居民生活用水每吨1.35元。2005年未变。

电价　1958年辖区照明用电价格每千瓦小时0.30元，动力用电价格每千瓦小时0.16元。1960年2月，企业实行基本电价和电度电价制，基本电价为每月每千伏安8.5元，电度电价为每千瓦小时0.08元。1961年起，征收10%的地方附加费。1965年3月，照明用电价格每千瓦小时0.20元，10%的地方附加费继续收取。普通工业用电每千瓦小时0.085元，大宗工业基本电价每月千伏安4元，电度电价每千瓦小时为0.063元，农业排灌用电每千瓦小时0.05元。此价至1990年止。1991年，每千瓦小时电价：居民生活用电0.22元，普通工业用电0.085元，农业用电0.05元。1944年居民生活用电0.29元，营业性照明用电0.534元，普通工业用电0.306元农业生产用电0.144元。1996年实行丰水期、枯水期电价，至2005年未变。

表12-9　**1996—2005年七星区部分年份各类用电价格表**

单位：元/千瓦小时

年份	居民生活用电		营业性用电		普通工业用电		农业生产用电		农业排灌用电
	丰水期	枯水期	丰水期	枯水期	丰水期	枯水期	丰水期	枯水期	(不分季节)
1996	0.314	0.426	0.667	0.903	0.329	0.445	0.164	0.184	0.110
2000	0.453	0.591	0.778	1.030	0.435	0.557	0.295	0.265	0.179
2004	0.450	0.594	0.798	1.066	0.478	0.629	0.295	0.295	0.179
2005	0.450	0.594	0.829	1.097	0.509	0.665	0.395	0.395	0.249

表12-10　**1994—2004年七星区部分年份中小学主要收费标准表**

单位：元/学期

年份	学费			择校生费			杂费			借读生费		住宿费	
	普通高中	职业高中	示范高中	高中普通	职业高中	示范高中	高中	初中	小学	初中	小学	公寓	公寓(8人间)
1994	55			650	650		55	40	30	500	300	45	
1996	60	180		650	650		55	40	30	600	400	50	
2000	330	330	450	1000	1000	1300		70	50	550	450	65	200
2002	390	390	590	1300	1300	1700		85	60	600	500	65	200
2004	390	390	590	1300	1300	1700		165	115	600	500	65	200

价格监督检查

辖区物价检查无物价决定权，只有协助桂林市物价局进行物价管理和物价监督检查的职能。物价管理的形式为：贯彻执行国家的物价政策，组织实施上级的价格和收费调整方案；负责本城区市场价格监测，了解市场价格变动趋势并定时上报时物价局；负责拟定和调整权限范围内的商品服务价格的标准；依法实行价格监管，维护价格秩序；组织实施价格监督检查等工作。

20世纪30年代前，辖区的物价相对比较稳定，集市贸易产品价格随行就市，抗日战争爆发后，物价大幅上涨或暴涨。以民国26年(1937)上半年零售物价指数为100，民国27年为132，民国29年为209，民国31年为42990，民国35年十月为5891倍，民国36年五月47万倍，民国37年八月为399万倍。

1950—1952年的新中国成立初期，辖区因生活、生产等各种物资供不应求，一些私商乘机抢购商品，囤积居奇，哄抬物价。境内采取多种形式不间断地开展物价监督检查活动，监督工商企业店（摊）做好明码标价，按国家规定的价格出售商品、收取服务费，制止乱涨价乱收费和短斤少两及掺杂使假等变相涨价行为。1953年起，培义区（第二区）执行桂林市政府稳定市场物价的一系列措施，严厉打击不法商人和不法分子，制止物价涨势。通过登记发证，加强对工商户的管理，控制物价。1956年起，境内除部分小商品与农副产品价格由企业和商贩自定外，绝大多数各行业商品价格、非商品收费价格，由国家与桂林市两级物价部门审定、核批，实行全市统一价格。20世纪60年代，物价检查重点是查处逃避核价和抬价销售行为，取缔无价证券的非法买卖，检查食品、交电商品的价格和非商品收费项目及标准。1966—1976年，实行价格冻结。70—80年代，主要检查处理企业、个体商贩擅自提价行为。

1980年始，物价管理模式由计划经济体制逐步向市场经济体制转变。1984年前重点改革农产品价格和调整价格结构，实行“以调为主，以放为辅”的方针，传统的价格管理制度开始松动。1985年始，每年元旦、春节、国庆节前后，均开展物价大检查。重点检查副食品市场和日用工业品市场的商品价格，发现问题及时处理。1986年始，开展以“米袋子”“菜篮子”等生活必需品和服务收费为重点的市场价格监督检查。1988年，开展对生产资料市场价格的治理整顿。

1991—1995年间，主要是对辖区商品最高限价的执行单位和个体工商户进行全面检查，其中石油液化气的设施安装和规定气价进行检查，保证石油液化气市场的物价的平稳。贯彻国家计划委员会发出的《关于商品和服务实行明码标价的规定》通知，在辖区内开展对所有商场、店铺、服务行业的收费单位进行宣传和检查工作，加强对少数重要生活必需品价格的监督控制。

1996—2000年，按照桂林市经济工作会议精神和桂林市物价局实现的调控目标，实行责任制，形成对市场的物价齐抓共管局面，开展调查核实、规范管理辖区内的饭店、餐饮业价格等级；开展汽车、摩托车配件销售行业的专项检查，对公用电话亭收费比较混乱的现象，辖区协助市邮政部门共同加强对辖区内公用电话经营收费点的全面检查。检查了450多家，处理违章乱收费90多户。将“物价计量信得过”活动推广到个体经营户，此后参加活动的单位和个体经营户逐年增多。辖区先后有桂林百货大楼、文昌桥水果店等企业和个体经营户被评为“物价计量信得过”单位（经营户）。

2001—2005年，随着辖区面积的逐步扩大和住宅小区的开发增多及单位宿舍物业管理收费的现状，辖区组织相关部门对这些单位进行物业管理费专项检查；开展“黄金周”节假日的旅游景点门票收费专项检查；开展“非典”疫情期间，药品市场价格监管，严肃查处辖区内医疗机构乱收费的单位，稳定非常时期药品供应价格水平，加强对其他日用品的物价监督，使消费指数和零售商品指数控制在规定的差率内。开展涉农收费检查，举办街道社区、农村基层价格监督员业务培训班，把价格监督管理辐射到街道社区，乡镇村屯。2005年，针对群众反映强烈的价格热点问题，或有价格欺诈嫌疑的企业（店铺），会同七星区人大、政协、各街道办事处、乡镇组成物价检查小组，对辖区农贸市场的粮食、副食品价格，石油公司各加油站成品油价格，煤气公司的供气价格及商店的明码标价情况进行重点检查，减少群众对价格的投诉。

第六节　国土资源管理

机　　构

1987年11月，七星区成立土地管理所，事业单位，隶属桂林市土地管理局，编制6名，次年11月，定位于区（科）级单位。1989年5月，配备土地监察员。1996年7月，七星土地管理所更名为第三土地管理处。1997年10月，桂林市批准设置3个分局，七星区第二土地管理处暂时保留。2002年机构改革，更名为桂林市国土资源局第四分局。2005年1月，改称桂林市国土资源局七星国土资源管理分局，增设分局土地执法监察大队，与分局实行两块牌子一套人马制，均为桂林市国土资源局派出机构，实行公务员管理，正科级单位，编制8名。

土地资源调查

土地清查　明洪武年间(1368—1398)，桂林清丈田地，制成鱼鳞图册（当时的地籍册），以确认地权，作为缴纳田赋的依据和保护产权的凭证。内载各户田地的简单图形、亩分、四至、地名等项，画线分界，互相毗连，状如鱼鳞，故名。清代亦依此清丈及编制鱼鳞图册。现存南溪山石壁的清《刘仙岩形胜全图》石刻，其内容即为清康熙二十三年(1684)桂林县令张遴《核复祝圣观田记》，文字、地图各占一半，绘制了尧山祝圣观地势及田、地、塘、坝、荒地等的分布形状、界址、田块亩分。民国25年(1936)，国民政府对桂林县城区东至黄莺岩的灵剑溪，南至黑山，西至桃花江，北至蒋家岭进行测量，将土地分为宅地、水田、园地、湖塘、畲地、其他地（空荒地）6类。民国29年(1940)一月，桂林撤县建市后，桂林市政府又进行了第二次土地清查，范围：东至尧山、大头岭、十里亭，南至柘木圩、李家村和滟塘村，西至芦笛岩、侯山、金山，北至乌石街、石巷屯和柑中村，另有东附廓、柘太、西南附廓、北附廓和三合5个区。这次调查，将土地分为石山、林地、耕地、荒山、荒地、河湖池沼、宅地、其他地8类。民国35年(1946)，桂林市政府根据前土地清查资料进行汇总，将土地分为田地、宅地、园地、畲地、菜地、空地、荒地、墓地、牧地、山地、池塘、湖及其他地共13类。1951—1954年，区境农村开展土地改革，废除封建土地权属，土地权属归农民个体所有。国家从法律上确认耕者有其田，拥有土地所有权和使用权。后来经过农业互助组、农业生产合作社和人民公社的变革，土地权属逐步由个体农民过渡到集体和全民所有制。农村土地，在土地改革时未分给农民的和1962年9月贯彻《农村人民公社工作条例修正草案》时未确定给农民的，属于国有；国家建设依法征用的土地因停建、缓建，无论耕种与否，仍属国有；开发利用国土，所有权不变，依法开发利用者只享有使用权，没有所有权。1981年，境内农村推行家庭联产承包责任制，土地经营权与所有权分离，承包户拥有使用权，土地集体所有权不变。单位和个人用地，均需办理征（使）用地审批手续。1984年，桂林市政府废除城市私人土地所有权，城区各机关、团体、部队和企事业单位以及个人使用的土地，包括宅地、街道、水面和闲置的空地等，一律属于国家所有。1986年，国家颁布《中华人民共和国土地管理法》，用法律确定城市市区的土地属于全民所有（国家所有），农村和城市郊区的土地，除法律规定属于国家外，均属集体所有。

土地概查　1984年4月—1985年5月，结合桂林市第二次土壤普查，对桂林市农业土地资源状况进行调查（简称土地概查）。这次概查采用全国农业区划委员会制定的土地概查技术规程，将土地利用类型分为耕地、园地、林地、疏林草地、牧草地、居民点及工矿用地、交通用地、水域、特殊用地、未利用地共10大类。

土地详查　1987年10月—1990年1月，桂林市进行土地利用现状调查（简称土地详查），采用全国农业区划委员会制定的两级分类，统一编码排列，其中一级分为8类，二级分类视情况而定，郊区在二级分类44类之下进行了三级分类41类。1998年，桂林市七星区所属两个乡土地利用面积分布情况：穿山乡土地总面积1343.8公顷，其中：耕地528.7公顷，园地161.9公顷，林地240.4公顷，牧草地9.4公顷，居民点及工矿用地216.0公顷，交通用地42.9公顷，水域139.1公顷，未利用地221.4公顷。朝阳乡土地总面积3705.4公顷，其中：耕地982.3公顷，园地97.0公顷，林地471.7公顷，牧草地316.0公顷，居民点及工矿用地376.9公顷，交通用地23.0公顷，水域120.4公顷，未利用地13183.1公顷。依据国务院《关于开展第二次全国土地调查的通知》的要求，从2008年9月初开始，对辖区进行了第二次土地现状调查（农村土地调查）。调查的方法是利用2006年航摄像片制作的1∶10000正射影像图（1980西安坐标系）以及相配套的电子数据为基础资料，配合土地详查成果资料和基本农田划定、调整资料，按《土地利用现状分类》(GB/T21010–2007)规定进行作业。经调查，七星区土地面积7073.77公顷，其中：耕地954.98公顷，园地193.76公顷，林地1480.69公顷，牧草地215.91公顷，居民点及工矿用地3446.48公顷，交通用地153.49公顷，水域547.71公顷，未利用地80.76公顷。

土地变更调查 1996—1998年,桂林市进行土地详查后的土地变更调查,基本查清1990年土地详查结束后,至1998年10月31日,七星区的土地利用地类变化情况。

土地资源 2005年年末,七星区土地总面积7074公顷,其中农业用地3906.6公顷。农业用地中耕地972公顷,园地316.3公顷,林地1682.3公顷,草地245公顷,设施农业用地580.7公顷(指水域及水利设施用地),其他土地110.3公顷。村镇及工矿、交通运输用地3167.4公顷。土地为红壤、石灰性土和冲积土,有机质含量高,疏松肥沃。以砂页岩、石灰岩发育而成的红壤和石灰性土为主,有机质含量和肥力中等。有稻田、旱地、菜园、自然土壤4大土类,39个土种。

土地登记

初始土地登记 1988年11月,七星区开始办理土地使用权登记。凡使用国有土地的单位和个人,均向桂林市土地管理局的指定地点,按时进行申请。单位办理申请登记须持单位介绍信、批准用地文件、原权属证件以及现状地形图,无用地证明文件者,应详细申报用地经过,并由上级单位出具证明。个人办理申报登记时,应随带户口、图章、批准用地文件,原权属证件,无用地文件者,应详细申报使用土地的经过和提供其他旁证。申请登记的单位和个人,必须如实填写《土地登记申请书》。这次土地登记称为初始土地登记。1989年5月,转入地籍调查,桂林市土地登记发证办公室组织一批技术人员,在七星区临江上里和东江路共72户私房用地进行权属调查实地丈量试点,随后大面积展开工作。经过审核达到"权属合法,界址清楚,面积准确"条件的单位用地3宗,面积4.8万平方米,私人用地325宗,面积1.37万平方米。经广西壮族自治区土地管理局检查组检查合格,通过验收,颁发国有土地使用证328本。1990年,继续丈量和颁发私房用地国有土地使用证,至年底完成七星区的权属调查任务。七星区分为三个街区,共41个街坊,面积6.3平方公里。调查619宗地(含组合宗、下同),共圈定界址点7357个。丈量私房1300户。1991年年末,城区权属调查工作基本完成。

变更土地登记 初始土地登记后,土地所有权、使用权及他项权利发生转移、分割、合并、终止,登记的土地用途发生变更,土地所有者、使用者、他项权利者更改名称或通讯地址的,除按规定办理有关手续外,还要求用地者及时办理变更土地登记。1997—1998年,桂林市第四土地管理分局办理私人住宅用地的土地变更登记234宗,用地面积12451平方米,其中赠予30宗,面积797平方米,继承140宗,面积5439平方米,转让64宗,面积6215平方米。至2005年年末,七星辖区共办理土地登记23468宗,农村宅基地使用证587宗。

基本农田保护

基本农田保护区划定 1995年前,区境内对农田耕地只作一般性保护,没有划定基本农田。1995年2月15日,自治区土地管理局下发《关于下达各地、市土地利用总体规划与基本农田保护区各项主要规划指标的通知》。1995年5月28日,桂林市基本农田保护办公室发出《关于分解下达两县、郊区土地利用总体规划与基本农田保护区各项主要规划指标的通知》,基本农田保护区划定工作至1995年年末全面完成。七星区基本农田保护区指标2个,朝阳乡1996年耕地面积970.8公顷,保护面积669.07公顷,保护率69.00%;穿山乡1996年耕地面积527.4公顷,保护面积30.33公顷,保护率5.75%。

2000年12月,七星区政府根据市政府办公室转发的市土地管理局、市农业局《关于开展基本农田保护区调整划定工作的意见》,七星区的基本农田保护面积调整,穿山乡不设基本农田保护区,朝阳乡设1个基本农田保护区。调整后朝阳乡基本农田保护面积为396.73公顷。

基本农田保护区管理 1996年12月,桂林市人民政府发布《市人民政府批转市土地管理局关于搞好我市基本农田保护管理意见的通知》,就全市基本农田保护区的划定、领导和管理机构及职责、保护措施、保护制度等作明确规定。各级人民政府要禁止任何单位和个人闲置、荒芜基本农田,坚决制止耕地不合理占用。1995年10月,穿山、朝阳乡人民政府与所辖有基本农田保护任务的12个行政村委签订《基本农田保护责任书》,规定:要把基本农田保护工作作为村委会领导班子任期目标责任制的重要内容,实行一把手负总责,调动整个社会力量齐抓共管;基本农田被占用的,村委会应适时在本行政村内调整补充,保持基本农田面积相对稳定,应按照"占多少,垦多少"的原则,在用地一年内组织开垦新耕地,并经上级组织验收,有条件的要先垦后用。2004年6月,朝阳乡人民政府根据基本农田保护面积调整后的具体情况,与6个行政村重新签订《基本农田保护责任书》,责任书除重申上述责任外,补充规定了"五不准":严格执行基本农田保护制度,不准除法律规定的国家重点建设项目之外的非农建设占用基本农田;不准以退耕还林为名,将平原、平坝地区耕地条件良好的基本农田纳入退耕范围;不准占用基本农田进行植树造林,发展林果业;不准以农业结构调整为名,在基本农田内挖塘养鱼和进行畜禽养殖,以及其他严重破坏耕作层的生产经营活动;不准占用基本农田进行绿色通道和绿化隔离带建设。对原设立的基本农田保护标志进行了维修,并重新埋设保护牌2个,界桩12个。

土地利用规划

1950年起,辖区内所有用地均采取行政划拨方式,实行无偿使用,不收地价。农村自农业合作化后土地归集体所有。土地使用缺乏严格管理。1979年后,建设单位征用今七星辖区集体土地,需有桂林市建设规划局定点批文、桂林市土地管理局准许征地通知,经郊区土地管理部门审核、勘察,由郊区人民政府批准。1991年,郊区人民政府对今七星区乡村建设用地审批权限为耕地0.2公顷以内,其他土地0.67公顷以下,超出权限数量的由市级以上行政机关审批。1994年6月,桂林市人民政府依据土地管理法第十五条"各级人民政府编制土地利用总体规划"的规定及《国务院办公厅转发国家土地管理局关于开展土地利用总体规划工作报告的通知》《自治区人民政府批转自治区土地管理局关于开展编制土地利用总体规划工作意见的通知》等有关文件编制《桂林市土地利用总体规划》。规划的范围是全市(包括城区、郊区、阳朔县、临桂县)范围的土地,土地面积为4247.82平方千米。其中市区(包括城区和郊区)土地面积561.07平方千米,占全市土地总面积的13.21%。

规划期限以1994年为基期年,2010年为目标年,并展望到2020年。以国民经济五年计划划定规划时段。

高新技术产业开发区用地:高新技术产业开发区位于市区东郊,南至净瓶山路,北至松圆度假村,东至第一机床厂和广西区四建公司预制场,西至市制革厂和市一中,总面积1.34平方千米(合134.19公顷)。

表12-11　**1996—1998年穿山乡土地利用面积分布情况表**

单位:公顷

年份		1966年	1997年	1998年
耕地		527.4	537.4	528.7
其中	灌溉水田	62.1	62.6	62.6
	旱地	23.5	23.7	23.7
	菜地	442.3	448.5	442.4
园地		23.9	23.9	23.9
其中	果园	23.9	23.9	23.9
林地		60.4	60.4	60.4
其中	有林地	22.8	22.8	22.8
	灌木林	0.9	0.9	0.9
	苗圃	36.7	36.7	36.7
天然草地		9.4	9.4	9.4
交通用地		42.9	42.8	42.9
其中	铁路	5.7	5.7	5.7
	公路	28.7	28.7	28.7
	农村道路	8.5	8.5	8.5

续表

年份		1966 年	1997 年	1998 年
居民点及工矿用地		207.7	207.7	207.7
其中	农村居民点	144.7	144.7	144.7
	独立工矿用地	55.1	55.1	55.1
	特殊用地	7.9	7.9	7.9
水域		135.4	139.9	139.9
其中	河流水域	27.8	27.8	27.8
	滩涂	27.9	27.9	27.9
	坑塘水面	57.4	61.9	61.1
	沟渠	22.3	22.3	22.3
未利用土地		234.7	222.9	221.4
其中	裸岩、石砾地	85.5	85.5	85.5
	田坎	149.2	137.4	135.9
	沼泽	0.00	0.00	0.00

表 12-12　　**1996—1998 年朝阳乡土地利用面积分布情况表**

单位：公顷

年份		1996 年	1997 年	1998 年
耕地		970.8	983.2	982.3
其中	灌溉水田	723.8	724.2	723.9
	望天田	0.4	0.4	0.4
	旱地	246.6	258.6	258.6
园地		97.0	97.0	97.0
其中	果园	97.0	97.0	97.0
林地		472.9	472.9	471.7
其中	有林地	163.7	163.7	163.7
	灌木林	309.2	309.2	309.2
天然草地		316.0	316.0	316.0
居民点及工矿用地		374.5	374.5	376.9
其中	农村居民点	87.0	87.0	89.4
	独立工矿用地	174.0	174.0	174.0
	特殊用地	113.5	113.5	113.5
交通用地		23.0	23.0	23.0
其中	公路	9.4	9.4	9.4
	农村道路	13.6	13.6	13.6
水域		120.4	120.4	120.4
其中	河流水面	0.7	0.7	0.7
	坑塘水面	93.8	93.8	93.8
	沟渠	25.9	25.9	25.9
未利用土地		1330.8	1318.4	1318.1
其中	裸岩、石砾地	1082.8	1082.8	1082.8
	田坎	248.0	235.6	235.3

第七节　安全生产管理

机　　构

1981年5月，七星区成立安全生产委员会办公室（设在区生产计划科，1988年7月设在区劳动人事局，1999年设在区经济贸易局），有专职人员2人。1986年，全区街道居民委员会成立安全防火检查小组共128个，有队员631人。1999年，2个街道办事处和穿山乡、朝阳乡政府相继成立消防安全领导小组。根据自治区人民政府桂政发文件规定，桂林市机构编制委员会同意，2001年12月七星区经贸局增挂安全生产监督管理局牌子，编制2名。至2005年不变。历任局长：刘飚、罗进禄。

常规管理

1949年桂林解放前，七星区境内没有安全生产管理机构。1950年起，人民政府逐步建立健全安全生产管理机构。培义区和第二区协助市有关部门开始对私营工商企业进行安全生产检查管理。七星区政府成立后，安全生产检查监督，除平时组织各项专业检查外，每逢夏季防暑降温及重大节假日期间，进行全面检查。1980年始，每年5月开展“安全生产月”活动，运用广播、黑板报、专刊、标语等进行广泛宣传。1981年始，每年举办新工人上岗前培训、特殊工种技术培训，防火知识培训等，每期培训不少于80人；每年评选安全生产先进集体和先进个人。1981—1990年，进行定期或不定期安全生产检查，查出安全隐患近百项，查处事故责任人70余人，拆除危害安全生产和生活的违章建筑80多处。1991年制定《七星区安全生产目标管理实施办法》《七星区工业企业安全生产标准化班组评审办法》，区属12家企业与区政府签订安全生产责任书，企业法人每人每年交纳保证金2000元，是年安全生产标准化班组建设达标率25%。至1996年，区安全生产委员会对319个单位进行68次大检查和21次例行检查，提出整改意见168条，发出整改通知书43份，下达劳动安全监察指令16份，改正率达93%以上。1996年，针对一些企业领导人对安全生产不够重视，个别企业安全规章制度不健全，安全隐患措施不严，安全生产停留在口头上，明显的事故隐患也未能引起企业领导人重视等问题，辖区安全生产委员会办公室一方面采取“一票否决制”用于政府与企业法人签订的承包经营合同书，另一方面利用各种形式强化企业法人安全生产第一责任人的在教育。其次全年与区属的43家企业签订“七星区安全生产目标管理责任书”，规定“本责任书不受企业各种人事关系变更的影响”条款。结合全国性的“安全生产周”活动，安全生产工作落实到企业的各个角落。1997年，七星区与国家级高新技术开发区合并，增加了安全生产工作量，及时与国家高新开发区分管领导达成安全工作共识，消除安全隐患。1999年，高新七星区与2个乡镇、2个街道办事处、创业中心等七个经济管理系统签订《高新（七星）区安全生产管理规定》责任状，缴纳安全管理押金。开展百日安全无事故活动，组织区属参加安全生产知识考试，涉及407家企业和约8000职工合格率达100%。各企业的特殊工种要持证上岗。开展不定时的检查安全措施落实情况，查出大小隐患60多处，查封1处，检查企业65家，投入整改资金18.5万元。对煤气站、油库、压力容器、桥吊、电梯等视为安全工作的重中之重的专项检查。

2000年、2001年，重点落实江泽民总书记“3·12”重要批示及国家、自治区有关安全生产的政策法规，加强安全生产检查和事故隐患整改力度。单位主要领导在签订安全生产管理目标责任书的同时，每人每年缴纳安全风险奖励金3000元。2002—2005年，抓好常规安全生产基础工作的同时，组成以辖区安全监督局牵头，经贸局、文化局、两个乡镇、两个街道办事处、创业中心、分局消防科、交警大队等部门组成的工作组，对辖区的所有工矿企业、歌舞娱乐厅、公共聚集场所、校园、石油液化气站、农用运输车辆、水上交通、道路交通、森林防火等作不定时检查排查。检查发现和纠正火灾隐患425处，查处消防违规行为46起，提出整改意见130余次，下达限期整改通知书60多份、停产停业通知书4份。组织企业参加全国总工会开展的“安康杯”活动,实现辖区各类企业中60%以上的职工接受基本安全生产知识的普及、学习、培训。2005年,七星区安全生产四项主要考核指标完成较好:全区建筑、非煤矿山等企业发生死亡事故为零,工矿、商贸等企业发生死亡事故为零。

专项整治

1990—1999年,每年对二级消防重点单位、企业生产污染、危险性设备进行整治,清查安全隐患,堵塞漏洞。2000年9月,对穿山乡汇丰建材市场内的生产、仓库、住人“三合一”的消防安全问题作了召开专门会议,按公安消防的具体要求整改,限期1个月内达到整改要求,达不到要求的作停业处理。2000—2005年,重点整治易燃易爆、危险化学毒品等高危险物品以及人员密集场所及采石场和被列为市级重大安全隐患的企业。其中2003年,对所有人员密集场所逐个排查、督查,发出整改通知书32份,督促整改火灾隐患163多处,依法处罚10个单位;159家企业进行安全整改;交通安全隐患重点路段设置反光柱和警示牌,交通事故死亡人数比上年下降49%。

事故处理

2005年前,国家没有统一的安全生产事故调查处理条例。2007年3月28日国务院第172次常务会议制定通过《生产安全事故报告和调查处理条例》。根据生产安全事故(以下简称事故)造成人员伤亡或者直接经济损失情况,事故一般分为特别重大事故(造成30人以上死亡,或者100人以上重伤或急性工业中毒,或者1亿元以上直接经济损失的事故);重大事故(造成10人以上30人以下死亡,或者50人以上100人以下重伤,或者5000万元以上1亿元以下直接经济损失的事故);较大事故(造成3人以上10人以下死亡,或者10人以上50人以下重伤,或者1000万元以上5000万元以下直接经济损失的事故);一般事故(造成3人以下死亡,或者10人以下重伤,或者1000万元以下直接经济损失的事故)。(上述内容所称的“以上”包括本数,所称的“以下”不包括本数)七星(高新)区调查处理生产安全事故坚持实事求是、尊重科学的原则,及时准确地查清事故经过、事故原因和事故损失,查明事故性质,认清事故责任,总结事故教训,提出整改措施,并对事故责任者依法追究责任。重大事故、较大事故、一般事故,负责事故调查的人民政府应当自收到事故调查报告之日起15日内做出批复;特别重大事故,30日内做出批复,特殊情况下,批复时间可以适当延长,但延长时间最长不超过30日。

2001年9月21日,辖区某项目工地发生1名工作人员从16米高的网架上跌落,伤者在送医院途中因伤势过重死亡的事故。组织双方多次沟通协商事情得以解决。11月20日,朝阳乡第一采石场发生1人死亡的工伤事故。直接经济损失6.2万元。矿山采石场主抓安全生产教育管理力度不够,操作人员按章作业落实不到位,作业人员安全意识差,在险石、松石等危险没有彻底清除前就在作业打炮眼,不按操作程序作业。安全管理员督促检查管理不严。失事后,七星区相关领导、部门,首先责成朝阳乡所有矿山企业立即停业整顿,达不到安全生产要求一律不许复工。高新(七星)区安全委员会及时召开相关部门的安全生产会议,调查妥善处理善后事宜工作方案。事后市、区、乡安全委员会有关人员在朝阳乡召开“11·20”工伤事故调查分析汇报会。业主负主要责任,承担赔偿死者抚恤费4.3万元,全部医疗费和死者亲属往来食宿费共计1.9万元。对朝阳乡第一采石场工伤死亡事故,在全区范围内通报批评。

2003年10月1日,“国际商贸城”购物中心建设工地发生围墙倒塌至2人受伤事故。责任方与受害方自己多次协商无效的情况下,辖区安委会及时介入,使问题得以最后解决。

2005年7月31日,辖区张牙山人房洞在排除险石时,2名施工人员违章操作,险石坠落,造成施工人员1死1重伤事故。辖区安委会及时介入,使问题得以最后解决。直接经济损失9万元。

第十三章

财政　税务　金融

2000年,在中国国际高新技术成果交易会上,七星区成功签订一批投资项目

第一节 财 政

1950年4月，东江区公所成立至1959年，其财务部门的业务由市财政局主管；1960年6月，东江区公所调整为东江人民公社管委会，建立公社一级财政，其财务由公社自管。1962年，区一级财政撤销，本级政府财政由市财政局主管。1979年9月，七星区成立供销财务科，区政府财务直属市财政。此后，随着市财政对七星区财政管理体制的改变，全区财政收入逐年增长。1995年，七星区实行一级财政体制。1996年，全区财政收入2380万元。1997年6月，高新区与七星区合并，区政府财政重点支持高新产业园区的建设，落实支持企业发展的各项资金，增加招商引资工作的投入，不断壮大财源基础。全区财政总收入由1998年的1.03亿元增至2005年3.88亿元，财政总支出由5388万元增至32622万元。区本级财政收入由4916万元增至13511万元，区本级财政支出由4263万元增至25424万元。

机 构

七星区财政局 1979年9月，七星区成立供销财务科。1980年9月，单设财务科，人员编制3名。1995年5月，财务科更名财政局。1997年6月，设立财政审计物价局。2001年12月，财政审计物价局更名财政局，增挂审计局牌子。2002年4月，财政局下设会计核算中心，属区财政全额拨款事业单位，主要负责城区行政事业单位的会计集中核算工作。中心设有主任、副主任各1人，会计3人，出纳1人。2005年，七星区财政局（简称区财政局）有工作人员15人，其中会计核算中心6人，办公地址在骖鸾路26号高新开发大厦。历任科长冯玉玺；历任局长全丽莉、孟力。

乡财政所 1985年3月，穿山乡、朝阳乡分别成立财政所，穿山乡财政所有工作人员5人，朝阳乡财政所有4人。财政所行政上由乡人民政府领导，业务上受市财政局领导，经费纳入市财政预算，由乡财政所包干使用，节约留用。1986年5月，乡财政所移交郊区政府管理。1996年12月，穿山乡、朝阳乡划归七星区，其乡财政所亦由七星区财政局管理。2005年，穿山乡财政所有工作人员7人；朝阳乡财政所有6人。

管理体制

1960年，市政府对东江人民公社采取“收入全额上缴，超收按比例分成，支出分别拨款，包干使用，结余全留公社”的管理体制。1962年，公社在财政管理上降为市财政的一个报销单位，暂不作一级财政，不参与各项收入分成；公社的行政支出、优抚和救济费支出由市财政直接拨款，其他各项事业费原则上由市主管部门直接拨款和管理。公社主要负责农业税的征收和结算业务，国家拨给的行政费、优抚救济费等的管理，监督检查公社范围内其他各项拨款的使用。

1979年9月—1984年12月，市政府对七星区实行“报账式”的财政管理体制。区政府财务经费由市财政全额拨付，接受市财政局日常检查监督。1985年，区政府财政实行“定收定支，收入上交，超收分成；支出下拨，超支不补，结余留用，一定三年不变”管理体制。1988年调整为“收入上交，基数递增，超收全留；支出下拨，超支不补，结余留用，收支两条线”管理体制。1995年，建立七星区一级财政，实行分税制财政管理体制。1997年，市政府下达《关于调整四城区财政管理体制的决定》《关于对高新技术产业开发区实行分税制财政管理体制的决定》，明确区财政的收支范围、定额上解、超基数分成等一系列财力分配模式。1999年1月，七星区政府对乡财政实行“核定收支基数、超收分成、超支不补、减收减支”的财政管理体制。1999年6月，市政府下发《关于调整市辖区财政管理体制的决定》，对七星区的收支范围进行调整。2000年起，七星区人民代表大会每年审议一次区政府提交的财政预算（草案）报告，将财政工作纳入法制化管理轨道。

2003年1月1日起，按照《桂林市人民政府关于进一步完善市辖区财政管理体制的决定》，实行

2003 年，高新区七星区开展税法宣传活动

新的市辖区财政管理体制，市财政与七星区财政确定收入分成比例，实行当地征税、划分税种、分税分成。具体划分为：资源税、印花税、车船使用和牌照税、屠宰税、农业税、农业特产税归七星区财政固定收入；增值税的地方分成部分、企业所得税的地方分成部分、个人所得税的地方分成部分、营业税、城市维护建设税、城镇土地使用税、土地增值税、房产税，由市级与区级五五分享；七星区行政区域内的金融保险业税收、契税、固定资产投资方向调节税、耕地占用税和教育费附加收入归市财政固定收入。非税收入和基金收入继续沿用分级管理的办法。

2005 年，自治区开始实行新的财政体制，其主要内容是一般预算收入中的增值税、企业所得税、个人所得税、营业税分别按不同比例，由自治区集中入库，作为自治区本级财政收入。

财政监督管理

1995 年，七星区实行一级财政后，除开展财政日常监督外，亦开展不同形式的检查、监督。1996 年，区财政局对政府各职能部门的预算外资金进行清查，摸清家底，扼住“三乱”（乱收费、乱摊派、乱罚款）；1998 年，与纪检监察部门对区直机关部门及事业单位进行财务大检查，配合中介机构对七星区基建决算情况进行审核，共审核项目 24 项，审核金额 1680 万元，核减金额 108 万元。2001 年，审核项目 28 项，审核金额 1420 万元，核减金额 152 万元。

2002 年 4 月，区财政局设立会计核算中心，主要负责城区行政事业单位的会计集中核算工作。2004 年 12 月止，全区有 25 所中小学、幼儿园的财务纳入会计核算中心集中管理，统一核算。

2004 年起，区政府派驻财务总监参与区政府投资（包括财政拨款、借款、以政府资产抵押担保、以房养点、以房养园等筹措的各项资金）的重点工程重大财务事项管理。同年，区财政局与区纪检委、区监察局联合组成检查小组，对区属 18 所中小学校的预算外收费情况进行全面检查；对穿山乡、朝阳乡的农房收费进行监督，确保国家政策落实到位。

2005 年，区财政局会同审计部门对穿山乡政府的财务收支进行审计，查出应补交个人所得税金额 41.55 万元，违规白条支出金额 6.78 万元；对辖区 22 所中小学实行“一费制”收费情况进行检查。组织开展清理党政机关及事业单位用公款为个人购买商业保险的工作，查出金额 52 万元。

财政收入

1979 年 7 月—1994 年，七星区财政收入为市财政的行政经费划拨。其中 1990 年划拨 56.49 万元，1991 年划拨 62.09 万元，1992 年划拨 67.2 万元。

1995 年，七星区政府实行一级财政后，区财政收入来源于税收收入和非税收收入，以增值税、营业税和所得税为主。1996 财政收入 2380 万元。1997 年 6 月，高新区与七星区合并后，财政收入大幅度增加。1998 年财政收入增至 10293 万元。1999 年增加城市维护建设税、教育费附加等非税收入。2001 年，本级财政收入增长 74%，主要是招商引资进入的高新技术企业开始正常经营，国税入库增加。2002 年，国家推行所得税收入中央和地方分享的改革，相应减少地方财政的一般预算收入。本级财政收入 17958 万元，比上年减收 314 万元，下降 1.71%。

2003 年，按新财政体制改为属地管理，区财政收入完成 28877 万元，按新体制口径计算，比上年增收 1195 万元，增长 4.32%。主要增收项目有增值税、营业税、企业所得税、个人所得税；减收主要项目为行政性收费收入，减收 83.9%。

2005 年，增加上划自治区收入 4923 万元，本级财政收入 13511 万元。

表 13-1　　　　**1997—2005 年区财政总收入情况表**

单位：万元

年份	合计	上划中央收入	上划自治区收入	区本级财政收入					
				小计	工商税收	农业税和农业特产税	企业所得税	城市维护建设等税	非税收入
1997	8368	4576		3792	3583	36	173		
1998	10293	5377		4916	3127	36	1343	410	
1999	16405	8865		7540	5118	34	1306	1027	55
2000	20155	9649		10506	7677	61	1445	1058	265
2001	30062	11792		18270	11989	50	3773	2072	386
2002	33573	15615		17958	12423	38	1585	1152	2760
2003	28877	15133		13744	9178	41	1293	2585	647
2004	32693	16970		15723	9678	26	2046	2615	1358
2005	38836	20402	4923	13511	7877		1969	2672	993

财政支出

1979 年 9 月—1994 年，七星区政府财务支出主要是行政管理支出。其中 1990 年支出 56.08 万元，1991 年支出 59.37 万元。

1997 年，区财政支出对高新园区建设和高新企业发展给予倾斜，基本建设支出大幅增加。1997 年基本建设支出 250 万元，1998 年 914 万元，1999 年 1351 万元。

2001 年，财政支出 16628 万元。区本级财政支出 15010 万元，增长 65%。其中基本建设支出 5183 万元，增长 260%，主要增加支持桂林市重点工程建设支出。

2002 年，区本级财政支出 18089 万元，增长 21.07%。其中基本建设支出 7560 万元，增长 45.86%，主要增加桂林国际会展中心二期工程、道路改造及 1 平方公里新区基础设施建设工程项目支出；支农及农林水事业费等农业方面支出 227 万元，增长 22.70%，主要增加修建农村道路以奖代补经费支出；文教卫及其他部门事业费支出 4790 万元，增长 37.21%，主要增加区内环境卫生清扫设备及景观灯光改造等城市维护建设经费支出；教育费附加支出 216 万元，增长 61.19%，主要用于配套安排市财政专项补助区属学校教学楼建设经费；其他支出 686 万元，下降 40.81%，集中财力保新增重点支出项目，银行贷款还贷未作安排。

2003 年，区本级财政支出 18501 万元，增长 2.28%。用于增加园区建设工程项目支出，预防非典型肺炎经费和公检法部门“打防控”体系建设经费支出。

2004 年，区本级财政支出 18710 万元，增长 1.13%。主要用于增加教育、卫生、农业、社会保障补助、退伍军人安置支出。

2005 年，区本级财政支出 25424 万元，增长 35.88%。

表 13-2　　　　**1997—2005 年区财政总支出情况表**

单位：万元

年份		1997	1998	1999	2000	2001	2002	2003	2004	2005
区本级财政支出	基本建设支出	250	914	1351	1438	5183	7560	6600	8463	12531
	企业挖潜改造	230	1059	1376	1337	868	934	823	86	446
	农业支出	66	134	158	157	185	227	198	215	251
	水利和气象支出							32	24	26
	林业支出							21	28	38

续表

年份		1997	1998	1999	2000	2001	2002	2003	2004	2005
区本级财政支出	文体广播事业费	26	34	54	99	123	205	262	397	419
	教育支出	323	492	866	1001	1473	1898	2090	2254	2683
	科技三项费用和科学支出	25		550	798	1210	975	1344	536	376
	医疗卫生支出	9	22	21	99	125	247	298	361	458
	其他部门事业费	55	250	390	1003	1722	1972	1884	952	1367
	抚恤社会福利救济费	2	48	43	68	36	213	320	409	374
	社会保障补助支出					202	6	200	576	808
	国防支出		14		27	31	45	61	41	48
	行政管理费	430	787	857	1226	1567	1884	2046	2012	2088
	公检法司支出	155	169	204	180	422	415	675	752	903
	城市维护费	103	33	229	629	570	650	569	893	1295
	专项支出					134	217	288	100	65
	其他支出	47	307	739	1023	1159	641	790	611	1248
	小计	1721	4263	6838	9085	15010	18089	18501	18710	25424
上解支出		679	1125	1132	1070	1618	2128	4596	5844	7198
支出合计		2400	5388	7970	10155	16628	20217	23097	24554	32622

第二节 税　　务

1950年1月，桂林市人民政府税务局成立，同时废除国民政府的杂捐杂税，调整征收机构，在第四区开征工商业税等10个税种。1953年，第一次修正税制，试行商品流通税，调整货物税税目、税率、修订营业税。采用多种税、多次征收的复税制。1963年，改进工商所得税负担和征收办法。1973年起，调整工商税目、税率，复税制名存实亡。1983年6月，全面实行第一步利改税，1984年底进行二步利改税，财政收入从税利并存逐步过渡到完全以税代利。1985年开征的税种有16种，1990年发展到24种。1994年，国家实施分税制改革，税务机构分设国税系统、地税系统。市国家税务局、市地方税务局分别在辖区设立国家税务、地方税务分局。1995年，七星区政府开始各项税收征管工作，是年税收有工商税（即增值税、营业税、个人所得税，下同）和企业所得税。2000年，税收有工商税、企业所得税、城市维护建设税等。2005年，征收工商税59486万元、企业所得税17306万元、城市维护建设税2649万元。

机　　构

1950年1月，市税务局在第四区境内设立下关、东江税务所。1960年8月，下关、东江税务所下放到城区人民公社，组成东江人民公社财税所，行政上归人民公社领导，税收业务由市税务局主管。1961年4月，东江人民公社税务所收归市税务局。1979年5月，市税务局在七星区设立东区税务查征站。1990年设立东区税务分局，分局下设若干个税务所和查征站、检查站，负责七星区内的企事业单位和个体工商户的税收征管工作。1994年，国家实施分税制改革，撤销市税务局，成立市地方税务局和市国家税务局，分别设立若干个分局，负责高新（七星）区地方税和国家税的税收征管、检查工作。

桂林市高新技术产业开发区国家税务局 1994年4月8日，成立桂林市税务局高新开发区分局，主要负责高新区范围内税收征收和管理工作，内设办公室、计征所和稽核所3个机构。同年10月，工商税制改革，市人民政府实行分税制的财政管理体制，撤销桂林市税务局，设立桂林市国家税务局，下辖若干分局，其中桂林市税务局高新开发区分局更名为桂林市国家税务局高新开发区分局。2005年6月，基层税务机构改革，桂林市国家税务局高新开发区分局更名为桂林市高新技术产业开发区国家税务局（简称高新区国税局），为正科级全职能局，内设办公室、综合业务股、征收管理股、政工股、计划征收股。全局有工作人员47人。办公地址桂林市空明西路13号。

2005年，地税七星分局到市汇通小学召开税法知识座谈会
（地税七星分局　供稿）

1994—2005年，历任局长莫小华、尹伟中、蒋建明。

桂林市七星区国家税务局　1994年12月，成立桂林市国家税务局东区分局，分局内设办公室、东江市场税务所、企业所等机构。1996年7月，征管机构改革，内设机构改设为办公室、税政股、征收所、检查一所、检查二所。1997年3月，内设机构调整为综合股、计征所、管理所、稽核所。2005年5月，桂林市国家税务局东区分局更名桂林市七星区国家税务局（简称七星区国税局），为正科级全职能局，内设办公室、政工股、综合业务股、计划征收股、征收管理股5个机构。全局有工作人员40人。办公地址桂林市七星区新生街40号。1994—2005年，历任局长陈秋德、商云龙、黄坤才、赵仁伟、傅千弘。

桂林市地方税务局七星分局　1994年4月，成立桂林市地方税务第五分局。1999年4月机构调整，更名桂林市地方税务局高新（七星）分局。2002年4月，更名为桂林市地方税务局七星分局（简称地税七星分局）。2005年，内设办公室、收入规划核算和财务管理股、人事教育股、征管和科技发展股、法规税政股、监察室、稽核征收服务股7个机构；下设朝阳分局、第一税务所、第二税务所、第三税务所4个分支机构。全局有工作人员60人。办公地址桂林市七星区新生街40号。

1994—2005年，历任局长黄建华、朱建农、袁理斌。

征管范围

2002年5月，国家税务总局副局长程法光（前排左一）到高新区国税局考察
（高新区国税局　供稿）

桂林市高新技术产业开发区国家税务局　1994—2000年，主要负责高新区12.3平方公里范围内的所有非个体纳税人以及市区范围内的高新技术企业的税收征管工作。该范围内的个体户和非高新技术企业征税由七星区国税局负责。2001年，征管范围扩大，形成北起龙隐桥中心沿龙隐路右侧至三里店大圆盘；东至环城南一路中线与七星路中线交接处；沿环城南一路南至净瓶山大桥；西起龙隐桥中心沿小东江中线接漓江中线至净瓶山大桥的管辖范围。2004年7月，原桂林市国家税务局涉外分局撤销，市区范围内的外商投资企业税收管理划归该

局管理。

桂林市七星区国家税务局 1995—2005年，征管范围：东从黄土村、桐子园至尧山大头岭（尧山脚底）；北从尧山大头岭（尧山脚底）、靖江王陵、挂子山、茶科所、金鸡岭、黄莺岩、彭家岭、电科所至王家碑；西从王家碑、六狮洲、上关村、临江路、訾洲、下关村、九娘庙至大洲；南从大洲、净瓶山大桥东头、和平村、纸马铺、漓佳金属公司、英才园至黄土村。

桂林市地方税务局七星分局 1994—2005年，负责全区地方税征管工作。征管范围：东以灵川地域界线为界；南以育才路、泛绿渠、环城南一路与七星路交界路口、七里店路、干渠、铁路、漓江为界；西以漓江为界；北以辰山路、尧山变电站、驾驶培训中心、茶叶研究所、靖江王陵、大头岭、灵川地界为界。

税种及征收

桂林解放后，根据政务院1950年1月颁布的《全国税政实施要则》，下关、东江税务所，在区境内开征工商业税、印花税、货物税、房地产税、屠宰税、交易税、特种消费行为税、使用招牌税、盐税、利息所得税10个税种。

1953年，根据国家"保证税收、简化税制"的精神和统一部署，试行商品流通税，调整货物税税目、税率，修订营业税、取消特种消费行为税，粮食、土布改征货物税，停征药材交易税。修正税制后，区境内开征的税种有：商品流通税、货物税、工商业税、盐税、印花税、屠宰税、牲畜交易税、房地产税、文化娱乐税、车辆使用牌照税、利息所得税11个税种。这时期由于多种经济成分并存，采取多种税、多次征收的复税制。

1958年10月，根据国务院《中华人民共和国工商统一税条例（草案）》，将原货物税、商品流通税、营业税和印花税合并简化为工商统一税；对连续生产的中间产品，除特殊规定外，一般不再征税；在原税负的基础上，调整个别产品税负。工商统一税实施后，区境内开征工商统一税、工商所得税、牲畜交易税、车辆使用牌照税、屠宰税、城市房地产税、盐税、关税、利息所得税。1959年停止征利息所得税。1960年8月起，税款征收由东江人民公社财税所负责征收。1961年开始征收集市交易税。1966年停征文化娱乐税。1968年起，税制进一步简化。1969年9月起，税款由桂林市财税管理站革命委员会负责征收；1971年由桂林市财政局革命委员会负责征收。

1972年7月，工商统一税及其附加、城市房地产税、车船使用牌照税、屠宰税合并为工商税，实行单一税制。对国营企业只征收工商统一税，对集体企业只征收工商税和工商所得税。税目由108个简化为44个，税率由141个简化为88个。城市房地产税、车船使用牌照税和屠宰税只对个人和外侨征收。

1979年5月起，税款由桂林市税务局其下属机构负责征收。

1985年后，开征集体企业所得税、集体企业奖金税、事业单位奖金税、城市维护建设税、国营企业工资调节税、私营企业所得税、印花税、特别消费税、城镇土地使用税。1990年，除工商所得税取消外，开征的固定税种有24种，及国家能源交通重点建设基金、国家预算调节基金2种。

1994年4月，分税制实行后，桂林市国家税务局和桂林市地方税务局及其下属机构按照各自的征管范围划分和征收税种进行税务征收工作。

1995年，七星区实行一级财政，区政府开始组织税收工作。区境税收的具体工作由高新区国税局、七星区国税局和地税七星分局执行。征收的税种主要有增值税、消费税、企业所得税，营业税、地方企业所得税、个人所得税。2005年征收的税种有增值税、消费税、企业所得税、储蓄利息个人所得税、出口货物退（免）税、营业税、个人所得税、土地增值税、城市维护建设税、车船使用税、房产税、资源税、城镇土地使用税、印花税等。

增值税 1994年1月1日开征。由高新区国税局和七星区国税局按各自征收地域划分范围进行征收。征收对象包括在七星区从事销售、进口货物，提供加工、修理、修配劳务（以下简称应税劳务）的各类企业、单位、个体经营者和其他个人。增值税实行价外税，在征收管理上分为一般纳税人和小规模纳税人，在规定标准以上即从事货物生产或提供应税劳务的纳税人年销售额100万元以上或从事货物批发或零售的纳税人年销售额在180万元以上，经申请审批后认定为一般纳税人，符合规定条件的可以领购使用增值税专用发票和按规定取得进项税额的抵扣权。一般纳税人基本税率为17%或13%。小规模纳税人按6%的征收率征收，不能领购增值税专用发票，不得抵扣进项税额。从1998年7月1日起，商业企业小规模纳税人的增值

税征收率由6%调减为4%。2005年高新区国税局征收入库增值税31583万元,七星区国税局征收入库9090万元。

消费税 1994年1月1日开征。由高新区国税局和七星区国税局按各自征收地域划分范围进行征收。征收对象仅限于烟、酒及酒精、化妆品、护肤护发品、贵重首饰、鞭炮、焰火、汽油、柴油、汽车轮胎、小汽车、高档手表以及高尔夫球具等奢侈品。计税依据是应税消费品销售额或销售量,采用从价定率、从量定额征收或者二者复合征收的方法,税率为3%—50%不等。2005年,高新区国税局征收入库消费税64万元,七星区国税局征收入库103万元。

企业所得税 1991年7月1日起,征收外商投资企业和外国企业所得税(简称涉外企业所得税)。基本税率为30%,地方所得税税率为3%。不在七星区内设立生产、经营机构及场所的外国企业,其取得的来源于七星区内的股息、利息、租金、特许权使用费和其他所得按20%的税率征收预提所得税。1994年1月1日起,高新区、七星区国税局按国家税收法律,对取得应税所得、实行独立经济核算的区内企业或者组织(外商投资企业和外国企业除外)开始征收内资企业所得税,征收对象包括国有企业、集体企业、私营企业、联营企业、股份制企业,以及有生产、经营所得和其他所得的其他组织。2000年1月1日起,独资、合伙性质的私营企业按《中华人民共和国个人所得税法》征收个人所得税,不再是企业所得税的纳税人。2002年前,国税部门负责中央企业和七星区境内外商投资企业、外国企业的企业所得税,地税部门负责的企业所得税包括国有、集体、私营企业的企业所得税。2002年1月1日起,新办的企业其企业所得税改由国税部门征收管理。内资企业所得税采用33%的比例税率。同时,对小型企业实行两档低税率,即对年应纳税所得额在3万元以下(含3万元)的企业,按18%的税率征收企业所得税;对年应纳税所得额超过3万—10万元(含10万元)的企业,按27%的税率征税。如果企业以前年度发生亏损,可用当年应税所得进行弥补,按弥补亏损后的应纳税所得来确定适用税率。2005年高新区国税局征收入库企业所得税5752万元,七星区国税局征收入库209万元。

出口货物退(免)税 1994年1月1日,国家建立以新的增值税、消费税制度为基础的出口货物退(免)税制度。1995—1996年,出口退税率由原来的对出口产品实行零税率调整为3%、6%和9%三档。1998年调整为5%、13%、15%、17%四档。2004年1月1日调整为5%、8%、11%、13%和17%五档。2005年,分期分批调低和取消部分"高耗能、高污染、资源性"产品的出口退税率,同时适当降低纺织品等容易引起贸易摩擦的出口退税率,提高重大技术装备、IT产品、生物医药产品的出口退税率。2005年,出口货物退(免)税为5191万元。

营业税 1994年1月1日开征。由地税七星分局征收。征收类型及税率:交通运输业税率3%;建筑业3%;金融保险业5%;邮电通信业3%;文化体育业3%;娱乐业5%—20%;服务业5%;转让无形资产5%;销售不动产5%。2005年,征收入库营业税8945万元。

地方企业所得税 1994年1月1日开征。由地税七星分局征收。2000年1月1日起,独资、合伙性质的私营企业按《中华人民共和国个人所得税法》征收个人所得税,不再是企业所得税的纳税人。2002年之前,地税部门负责的企业所得税包括非中央直属的国有企业和集体、私营企业的企业所得税,国税部门负责中央企业和境内外商投资企业、外国企业的企业所得税。2002年1月1日起,新办的企业其企业所得税改由国税部门征收管理。2005年,地方企业所得税征收11345万元。

个人所得税 1993年10月31日开征。由地税七星分局征收。个人所得税实行分类征收,超额累进税率与比例税率并用,征税对象包括:工资、薪金所得;个体工商户的生产、经营所得;对企、事业单位的承包经营、承租经营所得;劳务报酬所得;稿酬所得;特许权使用费所得;利息、股息、红利所得;财产转让所得;偶然所得。2000年1月1日起,对个人独资企业和合伙企业不再征收企业所得税,只征收个人所得税。工资、薪金所得,适用于5%—45%超额累进税率;个体工商户的生产和经营所得、对企事业单位的承包经营和承租经营所得、个人独资企业和合伙企业的生产经营所得适用5%—35%的五级超额累进税率;稿酬所得、劳务报酬所得、特许权使用费所得、财产租赁所得、利息、股息、红利所得,偶然所得和其他所得适用20%的比例税率。2005年,个人所得税征收9755万元。

土地增值税 1994年1月1日开征。由地税七星分局征收。土地增值税实行四级超率累进税率。即增值额未超过扣除项目金额50%,税率为

30%；增值额超过扣除项目金额50%，未超过扣除项目金额100%的部分，税率为40%；增值额超过扣除项目金额100%，未超过扣除项目金额200%的部分，税率为50%；增值额超过扣除项目金额200%的部分，税率为60%。对建造普通标准住宅且增值额未超过扣除项目金额20%的，以及因国家建设需要依法征用、收回的房地产免征土地增值税。2005年，土地增值税征收3137万元。

城市维护建设税 1985年1月1日开征。1994年之前由东区税务分局征收，1994年4月后由地税七星分局征收。城市维护建设税是依据纳税人缴纳的增值税、消费税和营业税（以下简称“三税”）税额而征收的一种附加税。征收税率按照纳税人所在地的不同，分别规定为7%、5%、1%三个档次。即：纳税人所在地为城市市区的，税率为7%；所在地为县城、镇区的，税率为5%；所在地不在城市市区、县城、镇区的，税率为1%。2005年，城市维护建设税征收2649万元。

房产税 1986年10月1日开征。1994年之前由东区税务分局征收，1994年4月后由地税七星分局征收。房产税的计税依据为房产原值一次减除10%—30%后的余值或租金。房产税的税率分为从价计征和从租计征两种。即：从价计征的房产税，税率为1.2%，以房产余值为计税依据；从租计征的房产税，税率为12%，依据房屋出租的租金收入征收。2005年，房产税征收1081万元。

城镇土地使用税 1998年9月27日，国务院发布《中华人民共和国城镇土地使用税暂行条例》，并于当年11月1日起正式实施。由地税七星分局征收。2005年，城镇土地使用税征收721万元。

车船使用税 1986年10月1日开征。1994年之前由东区税务分局征收，1994年4月后由地税七星分局征收。征收范围为在七星区境内公共道路或者航道上行驶的车辆和船舶，根据车船的种类分别规定每辆或每吨的税额。2005年，车船使用税征收10.82万元。

表13-3　　**1994—2005年高新区国税局主要税种征收统计表**

单位：万元

税种 年度	增值税	消费税	企业所得税		个人所得税	合计
			内资	涉外		
1994	289	305	56			650
1995	495	311	64			870
1996	1427	309	71	—	—	1807
1997	2793	333	79	—	—	3205
1998	3285	339	101	—	—	3725
1999	4768	352	42	—	—	5162
2000	6216	322	109	—	—	6647
2001	7031	248	399	—	—	7678
2002	7944	287	524	—	—	8755
2003	12570	67	205	—	151	12993
2004	34097	153	299	2424	384	37357
2005	31583	64	123	5629	94	37493

注：统计口径为自治区国税局统计口径，数据统计截至2005年12月

表13-4　　**1998—2005年七星区国税局主要税种征收统计表**

单位：万元

税种 年度	增值税	消费税	企业所得税	储蓄利息 个人所得税	合计
1998	2175	6	450		2631
1999	2028	6	1218		3252

续表

年度 \ 税种	增值税	消费税	企业所得税	储蓄利息个人所得税	合计
2000	2503	8	1064		3575
2001	2784	9	1393		4186
2002	3336	7	1309		4652
2003	5373	60	125	16	5574
2004	8259	158	40	29	8486
2005	9090	103	209	19	9421

表 13-5　　2000—2005 年地税七星分局主要税种征收统计表

单位：万元

年度 \ 税种	营业税	城市维护建设税	地方企业所得税	个人所得税	合计
2000	1494	351	620	344	2809
2001	3169	789	2364	796	7118
2002	4898	976	3487	1595	10956
2003	6856	1973	6127	7551	22507
2004	7895	2352	10530	6741	27518
2005	8945	2649	11345	9755	32694

征收管理

发票管理　1995 年，高新区国税局、七星区国税局对工业生产企业购进货物（包括外购货物所支付的运输费用）必须在购进的货物已经验收入库后，对商业企业必须在购进的货物付款后，对一般纳税人购进应税劳务必须在劳务费用支付后，才予以申报抵扣进项税额，防范不法分子虚开增值税专用发票骗取税款抵扣。2001 年，高新区国税局、七星区国税局、地税七星分局开始在商业企业中推行税控收款机的试点工作，将收款收据全面纳入税务机关管理，抑制私自印制、销售、非法开具收款收据的现象。2002 年，地税七星分局在娱乐业、服务业推行使用税控收款机 325 户。2003 年，高新区国税局、七星区国税局、地税七星分局通过推行有奖发票强化商业税源控管，同时完善“定额加发票”征收方式，实行超定额征税程序，在纳税人验旧换新购买发票时，通过电脑核定发票销售额，超定额部分进行补税，对商业行业纳税户的经营收入实现有效监控。2004 年，继续开展城区有奖普通发票的推行工作，扩大中奖覆盖面，调动广大消费者索取发票的积极性。2004 年 10 月 1 日起，在管辖区推行使用裁剪式普通发票。

信息化建设　1994 年，高新区国税局、七星区国税局、地税七星分局信息化应用从单机向网络发展。1996 年开设微机局域网，实现税收征管新模式。管辖区内纳税人通过微机申报纳税，户籍管理、申报管理、重点户税源管理和纳税户税负管理等均实现微机化。1998 年，高新区国税局、七星区国税局按照“金税工程”的要求，应用增值税一般纳税人税款预征模块，将 10 万元版增值税专用发票全部纳入微机税控管理。2001 年 7 月 1 日，“金税工程”开通。2004 年“金税”各业务系统升级和整合，国税局完成防伪税控系统网络版软件安装、设置和数据迁移，失控发票快速反应系统安装和配置，“金税”稽核系统升级。2005 年 2 月，地税七星分局的征收管理系统进行全面升级。7 月 1 日，高新区国税局、七星区国税局实行中国税收征管信息系统 V1.1，征管数据省级集中，网上申报系统和财税库行联网系统省级集中运行，税务管理和纳税服务实现网络化、科学化、精细化。同年7—12月，高新区国税局、七星区国税局平均纳税申报率分别达到98.96%和98.82%。

税源监控　1994年，高新区国税局、七星区国税局加强重点税源管理，对年纳税额在100万元以上的税源大户派专人进行管理，专管人员深入企业了解产、供、销及资金运行情况，对其纳税情况实行全面监管、监控和监缴。对重大项目和外来施工建筑项目的征管设置专项管理岗，实施专人专管，将采集项目的内容、进度及其他涉税信息，输入电脑并进行工程进度、付款时间与纳税数据的详细对比，防止纳税申报不实情况的发生。2002年组织人员对个体税收定额、旅游行业税负和定点屠宰税收进行深入细致的调查，对管辖区内的所有定额、定税个体户重新核定其定额，对专业市场及各菜市场实行专人两班制管理。同时，继续加强对特殊行业的税收监控，对“双定”户实行以“票”控税，凡发票销售额超过定额20%以上的予以补征税款；对加油站和旅游定点购物企业实行以“机”控税，推广税控加油机和税控收款机；对冶炼业、制砖业、食品加工业、水泥制品业等耗电量大的小规模纳税人实行以“电”控税，通过以电定产、以产定销、以销定税的办法，加强税收监管。2003年，抓建材、电脑、家电、手机等行业小规模纳税人的建账建制工作，实现由查定征收向查账征收的转变，减少税款征收的随意性。2005年，高新区国税局、七星区国税局管辖区内经营家电、电脑、手机、液化气、汽车配件、自行车销售、汽车修理7个行业的个体户建账率分别达到84%和86%。同年，七星区国税局的重点税源主要集中在橡胶轮胎、电力电容、有色金属、机械、电子、房地产等行业，入库税收超过100万元的重点税源企业有20多家，入库税收占全局税收收入比例约80%；入库税收10万—100万元的企业有70多户，入库税收占全局税收收入比例13%。地税局的重点税源为制造、建筑安装和房地产等行业，其前100名纳税户纳税额占全局税收收入的60%左右。

纳税申报方式　1991年，纳税申报方式由税务部门上门收税改为纳税人自行到纳税服务厅申报纳税。2000年，高新区国税局、七星区国税局对征管业务流程进行调整，完善和规范个体工商户纳税申报方式，与中国农业银行桂林分行联合在管辖区内实行“双定”户持卡到农行网点缴纳税款完税，实现100%持卡缴税。2001年，地税七星分局推行“银税一体化”工作。2002年，改革个体持卡纳税户申报方式，由个体工商户每月到农行网点申报纳税，改为由农行在每月申报期内按照税务机关核定的税额直接从储蓄账户扣缴税款，提高纳税申报的效率。2003年7月1日起，对增值税一般纳税人实行纳税申报“一窗式”管理、“一站式”办结。2005年，地税七星分局有1578户个体工商纳税户通过“银税一体化”系统划款缴税共360多万元。

纳税服务　高新区国税局、七星区国税局和地税七星分局按照国家税务总局“依法治税、从严治队、科技加管理”的治税方针，严格执法，文明服务，简化和公开办税程序，推行首问责任、限时服务、提醒服务、延时服务、预约服务等多种服务方式。2003年，高新区国税局、七星区国税局推行增值税专用发票认证、报税、纳税申报一窗办结。2004年9月，高新区国税局、七星区国税局对办税程序重新进行梳理和内部整合，对征管“一窗式”服务和增值税一般纳税人“一窗式”管理进行有机结合，实现真正意义上的“一窗式”服务。2004年，七星区国税局获得自治区级文明单位称号。2005年，高新区国税局、七星区国税局按要求规范办税服务厅环境、税收业务流程、税收服务标准，实现融涉税事项为一窗、集全能服务为一人、汇集信息处理于一机的“一窗式”管理、“一站式”服务。

2004年7月7日，高新区国税局办税服务厅

（高新区国税局　供稿）

第三节 金　　融

桂林解放后，桂林市金融业逐步发展。1989年起，各专业银行先后在七星区内设立营业网点，支持辖区经济发展。2004—2005年，有3家保险公司在辖区设立分支机构，开展财产保险业务。

银　　行

货币　桂林解放后，市面交易以银圆为主，同时流通第一套人民币。面额有1元、5元、10元、20元、50元、100元、200元、500元、1000元、5000元、10000元、50000元。1950年2月1日起禁用银圆。

1955年3月1日起，区境流通国家发行的第二套人民币。面额有1分、2分、5分；1角、2角、5角；1元、2元、3元、5元。以1元兑第一套人民币1万元。1957年12月1日，流通1分、2分、5分硬币及10元券。3元、5元、10元券为苏联印。

1962年4月20日起，区境流通国家发行的第三套人民币。面额有1角、2角、5角；1元、2元、5元、10元。1964年4月15日，公开限期收回苏联1953年版3元、5元、10元券。第三套取消3元券。1980年4月15日起增发1角、2角、5角硬币；1元硬币。

1987年4月27日起，区境内流通国家发行的第四套人民币。面额有1角、2角、5角；1元、2元、5元、10元、50元、100元。自1955年实行第一套人民币后首次发行50元及100元高面额券。

1999年10月1日起，区境内陆续流通国家发行的第五套人民币。面额有1元、5元、10元、20元、50元、100元。

2005年8月31日起，区境内流通第五套人民币2005年版5元、10元、20元、50元、100元纸币和不锈钢材质1角硬币。

存款　民国35年(1946)，今七星区境内有邮政储金户400余户，占桂林邮政储蓄户约24%。1986年，储蓄户600余户，存款50余万元，占桂林储蓄户存款的26.88%。1998年，七星辖区邮政储蓄余额1.61亿元。2001年2.65亿元，2005年增至5.65亿元。

桂林解放后，市内各专业银行的办事机构在今七星区辖区开办企业存款、财政性存款、团体存款、农村存款、信托存款、居民储蓄存款等。1989年起，各专业银行先后在辖区设立营业网点，开展存款等业务。2005年年末，各专业银行驻区分支机构各项存款余额共66.20亿元。其中，桂林市城区农村信用合作社联合社驻区营业机构各项存款余额3.45亿元，中国工商银行桂林分行驻区营业机构16.67亿元，中国农业银行桂林分行驻区营业机构18.40亿元，中国银行桂林分行驻区营业机构6.50亿元，中国建设银行股份有限公司桂林分行驻区营业机构5.44亿元，交通银行股份有限公司桂林分行驻区营业机构8.68亿元，桂林市商业银行驻区营业机构7.06亿元。

贷款　1979年，七星区政府成立后，随着经济的不断发展，各专业银行相继在七星区设立分设机构，促进七星区三大产业发展。2005年年末，各专业银行驻区分支机构各项贷款余额共28.68亿元。其中，桂林市城区农村信用合作社联合社驻区营业机构各项贷款余额2.90亿元，中国工商银行桂林分行驻区营业机构5.35亿元，中国农业银行桂林分行驻区营业机构9.52亿元，中国银行桂林分行驻区营业机构1.95亿元，中国建设银行股份有限公司桂林分行驻区营业机构1.69亿元，交通银行股份有限公司桂林分行驻区营业机构2.79亿元，桂林市商业银行驻区营业机构4.48亿元。

驻七星区银行机构

中国人民银行桂林市中心支行　位于七星路28号。1950年1月1日成立，时名中国人民银行桂林支行。1992年12月1日，从桂林市中山中路348号搬迁至现址。该支行下辖临桂、灵川、阳朔、永福、龙胜、兴安、资源、全州、灌阳、平乐、荔浦和恭城12个县支行，内设18个科室。1999年1月1日，更名为中国人民银行桂林市中心支行，行政隶属人民银行广州分行领导，下辖支行未变。

中国人民银行桂林市中心支行大楼外景　　　　　　　（2005 年摄）

国家外汇管理局桂林市中心支局　位于七星路 28 号。1985 年 1 月 19 日成立。1999 年 1 月 1 日，国家外汇管理局桂林分局更名为国家外汇管理局桂林市中心支局，下设国家外汇管理局阳朔支局。

桂林市城区农村信用合作社联合社　位于漓江路 49 号。1986 年 7 月成立，时名为桂林市郊区农村信用合作社联合社（简称郊区信用联社）。1991 年，在辖区设有联社营业部、穿山乡信用社（含七星分社、和平分社、清风分社、安新分社）和朝阳乡信用社。1997 年 11 月，更名为桂林市城区农村信用合作社联合社（简称城区农村信用联社）。2005 年，城区农村信用联社在辖区设有联社营业部、穿山乡信用社（含七星分社、屏风分社、和平分社、樟木分社、三联分社）和朝阳乡信用社。

中国工商银行桂林分行桂林市高新技术开发区支行　位于花桥美食街 6 号。1992 年 7 月成立。2005 年，支行在辖区设有高新支行营业部、东江支行、三里店支行、汇通支行、屏风支行、漓江支行、澳洲花园支行、桂大路支行、体育中心分理处 9 个营业网点。

中国农业银行桂林分行七星支行　位于漓江路 32 号。1993 年 8 月成立。2005 年设有六部一室：综合管理部、经营核算部、客户部、个人业务部、信贷管理部、理财中心部、营业室。支行在辖区设有营业室、桂林高新支行、桂林三里店支行、朝阳分理处、建干分理处、师大分理处、金鸡岭分理处、横塘分理处、穿山分理处 9 个营业网点，从业人员 73 人。

中国银行桂林分行驻区支行（分理处）　1989 年 6 月，中国银行桂林分行在辖区设三里店分理处营业点，此后，陆续设立支行（分理处）。2005 年设有高新区支行、七星路支行、花桥分理处、普陀路分理处、国展中心分理处、桂大路分理处、东环路分理处、建干路分理处 8 个营业网点，从业人员 61 人。

中国建设银行股份有限公司桂林分行桂林高新技术产业开发区支行　位于漓江路 21 号。1992 年 8 月成立。桂林高新技术产业开发区支行下设办公室、业务部、会计部、营业部和营业网点 1 个。1996 年驻区营业网点发展到 6 个，1998 年增至 10 个，从业人员 120 多人。2004 年股份制改革，驻区原营业网点改制为独立支行后，高新支行改为单独一个网点，内设综合业务部、营业部。

2005 年，分行在辖区设有高新支行营业部、解放桥支行、六合路支行、电子学院支行、建干路支行、城东支行、普陀路支行 7 个营业网点。

桂林市城区农村信用合作社联合社办公楼

（阳林茂　2004 年摄）

交通银行股份有限公司桂林分行驻区支行 1991年7月，交通银行股份有限公司桂林分行在七星路18号成立桂林开发区支行。1994年设区高新支行、桂花园支行。2005年，在辖区设有开发区支行、高新支行、桂花园支行3个营业网点。

桂林市商业银行驻区支行 1989年6月，桂林市商业银行在辅星路3—1号成立辅星路支行。此后，陆续在辖区成立支行。2005年，有辅星路支行、三里店支行、建干路支行、东环路支行、七星支行、高新支行6个营业网点，从业人员53人。

邮政储蓄网点 1990年，桂林市邮政局在辖区漓江路11号设立邮政储蓄点七星营业处。此后，在辖区陆续设立储蓄点。1998年设有邮政储蓄点8处，2000年邮政储蓄点增至10处，2005年有11处。

保　险

七星区境内的财产保险始于民国27年(1938)，为银行质押放款配套业务。主要险种有火险和运输险。1950年，有火险、货物运输险。火险分为普通火险、简易火险和团体火险3种，保期1年。货物运输保险主要为水陆交通运输提供保险，保期以货物的运输时间为准。1951年，开办团体人身险、在农村开办耕牛保险。1953年，停办耕牛保险。

1981—1983年，在境内先后开办机动车辆及第三者责任险、家庭财产及附加盗窃险、自行车险、养老保险、国内旅游人身意外伤害险。1985年，开办养鱼险，1987年增办养鸡、生猪险。1991—2000年，境内财产保险主要是中国人民保险公司桂林分公司和太平洋保险公司桂林分公司承保。保险种类主要有工程险类、国有资产险类、家庭财产险类、农业险类、消费险类、产品责任险类、服务责任险类、安全责任险类、抵押贷款险类等。

2001—2005年，境内保险种类有中国人民财产保险股份有限公司桂林市分公司承保的财产险、运工险、货运险、保证保险等5大类；中国平安财产保险股份有限公司桂林中心支公司承保的企业财产损失险、家庭财产损失保险、建筑工程保险、安装工程保险、货物运输保险、机动车辆保险、船舶保险、能源保险、一般责任保险、保证保险、短期健康保险、意外伤害保险等；华安财产保险股份有限公司桂林中心支公司承保的企业财产保险、家庭财产保险、货物运输保险、建筑安装工程保险、机动车辆保险等；天安保险股份有限公司桂林中心支公司承保的机动车辆保险、非水险、特种风险、水险、意外伤害保险及健康保险等；大地财产保险股份有限公司桂林中心支公司承保的企业财产保险、货物运输保险、建筑安装工程保险、机动车辆保险、家庭财产保险、责任保证保险等。

2005年，驻区华安财产保险股份有限公司桂林中心支公司实现保费收入1715万元，天安保险股份有限公司桂林中心支公司实现保费收入1200万元，大地财产保险股份有限公司桂林中心支公司实现保费收入126万元。

第十四章

中国共产党地方组织

2004 年 7 月 1 日，桂林国家高新区工委、桂林市七星区委庆祝中国共产党建党 83 周年大会

1936年12月，中共桂林委员会在东江成立，并举行第一次委员会议。1938—1939年夏，中共中央南方局领导人周恩来、徐特立、叶剑英，中共广西省工委领导人陈岸，均在东江一带活动过。1939年夏至1940年秋，中共桂林特别支部的机关设在坤元街（今临江上街北段），后迁至汇通路观音山。1945年11月，中共广西省工委领导人钱兴在月牙山厄子口召集桂林党组织负责人传达中共“七大”会议精神和南方局的有关指示会议。1949年1月，中共省城工委在桂林市东郊（今穿山乡）江东村122号（今穿山街道办）召开全省城干部会议，成立中共桂林市城市工作委员会，陈光任书记，陈光将中共桂林市工委设在江东村122号房内。市城工委在此领导开展桂林市工人、学生运动。1950—1956年，境内的中共党组织领导全区人民镇反肃特、清匪反霸、民主改革、抗美援朝、土地改革、“三反”（反贪污、反浪费、反官僚主义）、“五反”（反行贿、反偷税漏税、反盗骗国家财产、反偷工减料、反盗窃国家经济情报），贯彻落实《中华人民共和国婚姻法》等政治运动，开展农业、手工业和资本主义工商业的社会主义改造，恢复发展生产、繁荣城乡经济、稳定物价、巩固新生的人民政权。1957—1966年，东江街道办事处、漓江街道办事处支部委员会重点全力抓基础工业建设。1966—1976年的“文化大革命”期间，辖东江街道办事处、漓江街道办事处中共党的组织建设和社会主义建设事业受到干扰。1978年12月中共十一届三中全会后，东江人民公社、东江街道办事处、漓江街道办事处党组织，制定工业学大庆计划及为辖区“右派”摘帽子。1979年7月，成立中国共产党七星区委员会（简称中共七星区委），1980年6月6日，召开中共七星区委第一次党的代表大会，依法选举产生中共七星区委第一届委员会，新成立的中共七星区委贯彻落实党的路线、方针、政策，领导全区人民拨乱反正，对历次政治运动造成的遗留问题进行甄别、改正。为“四类分子”摘帽子，彻底清算“三种人”（追随林彪、江青反革命集团造反起家的人、帮派思想严重的人和打砸抢分子）。至1985年7月，中华人民共和国成立后历次政治运动中及“文化大革命”期间造成的冤、假、错案全部得以纠正，落实党的各项政策。1986—2005年，中共七星区委先后研究制定出台《推行经济责任制方案》《关于加快市场建设搞活商品流通的决定》《关于发展居委会经济的若干决定》《关于促进招商引资的鼓励办法（试行）》《关于加快七星区经济发展步伐的办法（试行）》《关于进一步加快发展第三产业的意见》《关于加快经济发展的若干规定》等政策性决定。至2005年，中共七星区委共召开7次党的代表大会，依法选举产生中共七星区委各届党的领导班子。是年末，中共七星区委下辖党组14个、总支19个、支部417个，党员8822人。

第一节 机　构

领导机构

1953年1月，中华人民共和国成立后桂林市区第一个党的机关基层组织—中共桂林市第四区人民政府分支委员会，隶属中共桂林市人民政府总支委员会领导。1954年6月，第四区改为第三区，中共第四区分支委员会撤销。1955年2月，成立中共桂林市第三区人民政府支部委员会。1955年10月，桂林市撤销市辖区，设立街道办事处，第三区人民政府撤销。1958年8月，成立中共东江街道委员会。1960年3月，成立中共东江区公所委员会。1960年6月，调整为中共东江人民公社委员会。1963年，东江公社由县（处）级调整为乡科级。党委调整为中共东江人民公社支部委员会。1966年6月“文化大革命”开始后，党组织受到冲击，处于瘫痪状态，停止活动。1975年3月，重新建立中共东江公社委员会。1979年7月，成立中共七星区委员会。区委机关驻地设在自由路86号，1981年迁移到码坪街15号，1997年迁移到骖鸾路26号，至2005年未变。

表14-1　**1980年至2005年中共七星区委历届书记、副书记、常委一览表**

届次	职务	姓名	性别	籍贯	民族	任职起止时间
一	书记	苏耕春	男	河北乐亭	汉族	1980年6月—1984年7月
		李德富	男	广西灵川	汉族	1984年7月—1985年4月
	副书记	孙永禄	男	河北河间	汉族	1984年7月—1985年4月
		林国材	男	广西桂林	汉族	1984年7月—1985年4月
	常委	邱玉山	男	河北南宫	汉族	1980年6月—1985年4月
		汪玉理	男	安徽怀远	汉族	1980年6月—1985年4月
		鞠洪成	男	山东荣成	汉族	1980年6月—1985年4月
		胡兆习	男	山东玉莲	汉族	1981.05增补市委任命
		李德富	男	广西灵川	汉族	1984.07增补市委任命
二	书记	李德富	男	广西灵川	汉族	1985年4月—1987年5月
	代书记	吴旺才	男	广西桂林	汉族	1987年6月—1988年4月
	书记	吴旺才	男	广西桂林	汉族	1988年4月—1988年9月
	副书记	吴旺才	男	广西桂林	汉族	1985年4月—1987年5月
		刘培均	男	江苏吴江	汉族	1985年4月—1988年9月
		李超群	男	广西南宁	汉族	1985年4月—1988年9月
	常委	张宝庆	男	安徽定远	汉族	1985年4月—1988年9月
		李桂芬	女	广西蒙山	汉族	1985年4月—1988年9月
三	书记	吴旺才	男	广西桂林	汉族	1988年9月—1991年9月
	副书记	刘培钧	男	江苏吴江	汉族	1988年9月—1991年9月
		李超群	男	广西南宁	汉族	1988年9月—1991年9月
		黄喜生	男	湖南洞口	汉族	1988年9月　1991年9月
		陆新元	男	广西临桂	汉族	1991年4月—1991年9月
	常委	阳元金	男	湖南衡阳	汉族	1988年9月—1991年9月
		莫照山	男	广西上林	汉族	1988年9月—1991年9月
		赵素华	女	广西桂林	汉族	1991年8月—1991年9月
四	书记	吴旺才	男	广西桂林	汉族	1991年9月—1993年9月
	副书记	刘培钧	男	江苏吴江	汉族	1991年9月—1992年4月
		黄喜生	男	湖南洞口	汉族	1991年9月—1993年9月
		陆新元	男	广西临桂	汉族	1991年9月—1993年9月
		李国光	男	广西柳城	汉族	1993年9月—1993年9月
	常委	许绍初	男	广西容县	汉族	1991年9月—1993年9月
		阳元金	男	湖南衡阳	汉族	1991年9月—1993年9月
		赵素华	女	广西桂林	汉族	1991年9月—1993年9月
		梁尚林	男	广东山水	汉族	1993年9月—1993年9月

续表

届次	职务	姓名	性别	籍贯	民族	任职起止时间
五	书记	王祥柏	男	广西兴安	汉族	1993年9月—1998年11月
	副书记	李国光	男	广西柳城	汉族	1993年9月—1997年6月
		黄喜生	男	湖南洞口	汉族	1993年9月—1997年6月
		陆新元	男	广西临桂	汉族	1993年9月—1998年11月
	常委	许绍初	男	广西容县	汉族	1993年9月—1994年3月
		梁尚林	男	湖南道县	汉族	1993年9月—1998年11月
		赵素华	女	广西桂林	汉族	1993年9月—1997年6月
		李桂芬	女	广西蒙山	瑶族	1993年9月—1998年11月
		何秋明	男	湖南道县	汉族	1996年5月—1997年6月
		阳元金	男	湖南衡阳	汉族	1993年9月—1997年6月
		王广玲	女	安徽阜阳	汉族	1997年6月—1998年11月
		林业江	男	广东阳春	汉族	1997年6月—1998年11月
		赵佑生	男	广西临桂	汉族	1997年6月—1998年11月
		周冬秀	女	广西桂林	汉族	1997年6月—1998年11月
		宾泽文	男	广西全州	汉族	1998年8月—1998年11月
六	书记	王祥柏	男	广西兴安	汉族	1998年11月—2002年10月
	副书记	陈建军	男	广西贺州	壮族	1998年11月—1999年11月
		郑小鋭	男	湖南隆回	回族	1998年11月—2002年10月
		陆新元	男	广西临桂	汉族	1998年11月—2002年10月
		宾泽文	男	广西全州	汉族	1998年11月—2002年10月
	常委	刘杰华	男	江西上饶	汉族	1998年11月—2002年10月
		赵素华	女	广西桂林	汉族	1998年11月—2002年10月
		李桂芬	女	广西蒙山	瑶族	1998年11月—2002年9月
		王广玲	女	安徽阜阳	汉族	1998年11月—2002年10月
		林业江	男	广东阳春	汉族	1998年11月—2000年3月
		赵佑生	男	广西临桂	汉族	1998年11月—2002年10月
		周冬秀	女	广西桂林	汉族	1998年11月—2002年10月
		曾德云	男	湖南武岗	汉族	2000年3月—2002年10月
		谢广林	男	江西吉安	汉族	1999年6月—2002年10月
		林贤敏	男	广西平乐	汉族	2000年7月—2002年8月
七	书记	郑小鋭	男	湖南隆回	回族	2002年10月—2006年7月
	副书记	王广玲	女	安徽阜阳	汉族	2002年10月—2006年7月
		余秋平	男	湖北黄陂	汉族	2002年10月—2006年7月
		宾泽文	男	广西全州	汉族	2002年10月—2006年7月
	常委	梁荣军	男	广西恭城	瑶族	2002年10月—2006年8月
		江建和	男	湖北新洲	汉族	2002年10月—2006年8月
		韦天喜	男	广西临桂	汉族	2002年10月—2006年8月
		粟冯军	男	广西恭城	瑶族	2002年10月—2005年10月
		吕良军	男	广西玉林	汉族	2002年8月—2005年8月

纪律检查委员会

1979年设立，人员编制2人，纪委书记由区委副书记兼任，1983年5月，七星区纪律检查委员会升格为区级领导班子。1980年6月，中共七星区第一届委员会第一次会议选举产生中共七星区纪律检查委员会(简称区纪委)。此后区纪委由区党员代表大会直接选举产生各届纪检委员5人至11人。至2005年历经七届纪律检查委员会。第一届至第四届没有设常委。第一届设书记1名，副书记1名；第二届、第三届各设书记1名，副书记3名；第四届设书记1名，副书记2名；第五届设常委5名，书记1名，副书记2名，第六届设常委5名，书记1名，副书记2名；第七届设常委5名，书记1名，副书记1名。区纪委办公地点设在区委办公楼内。历任纪委书记为林国材、吴旺才、李超群、许绍初、李桂芬、宾泽文。

工作机构

1950年1月至1979年7月，境内中共组织设有工作机构时段为：1953年1月，成立中共桂林市第四区人民政府分支委员会，1960年3月至6月，中共东江区(公社)委员会，设置组宣部。1960年6月至1964年6月，中共东江人民公社委员会，设置办公室、组织部、宣传部。1975年8月至1979年7月，中共东江人民公社委员会，下设办公室。其余时段未设有党组织工作机构，各项工作由支部(党委)委员分管。

1979年7月，中共七星区委员会成立，设有办公室、组织部、宣传部。1981年增设政法委员会，政法委员会设专职副书记1人；1985年10月，增设设社会主义精神文明建设领导小组办公室(在宣传部挂牌)；1990年8月，增设统一战线工作部。1997年6月，桂林国家高新技术开发区(简称桂林高新区)与七星区合并，党委工作部门的设置没有变动，中共高新区工委、七星区委办公室与管委会、政府办公室合署办公(增挂督查办公室、信访办公室、保密委员会牌子)，一套人员两块牌子、两项职能。2002年，中共桂林高新区工委、七星区委工作机构调整设办公室(工委、区委与管委、政府办公室合署办公)，挂督查室、保密委员会办公室、信访办公室、法制办公室牌子。组织部挂统战部、直属机关工作委员会、经济工作委员会、机构编制办公室、老干部局、劳动人事和社会保障局、民族宗教事务局牌子。宣传部挂社会主义精神文明建设委员会办公室牌子。政法委员会挂司法局、社会治安综合治理委员会办公室、处理土地、山林、水利纠纷办公室牌子。纪律检查委员会与监察局合署办公。一套人员两块牌子。2004年11月，党政办公室增挂漓江风景名胜区管理办公室。2005年3月，审计局从财政局分出，在纪律检查委员会挂牌。

组织部　1960年3月至6月，中共东江区(公社)委员会设有组织部、宣传部。除此之外的时期，至1979年8月，七星辖区各个时期党委(支部)未设立党的专门组织机构，组织工作由党委(支部)委员分管。

1979年9月，中共七星区委员会组织部成立。1999年5月组织部增挂劳动人事局、老干局、直属机关工委、统战部、编制委员会办公室牌子，2005年在职人员7人。1979—2005年历任组织部长：张庆、张国华、李超群、莫照山、赵素华、王广玲、粟冯军。

宣传部　1960年3月，东江人民公社委员会成立始设宣传机构。1979年7月，中共七星区委设立宣传部，设置办公室、理论科、宣传科、教育科、调研科。1985年10月，中共七星区委宣传部增设精神文明建设领导小组办公室。2005年，中共七星区委宣传部设办公室、干部科、理论科、党教科、宣传科(外宣科、区委对外宣传小组办公室)、新闻科，区精神文明建设委员会办公室(以下简称区文明办)。区委宣传部下属事业单位有区传播中心、区互联网新闻宣传管理中心办公室。2005年在职人员3人。历任部长：瞿希昌、李枝芳、何秋明、林业江、曾德云。

统战部　1990年8月，中共七星区委员会设立统战部，行政编制1名。1994年，七星区统战部增挂七星区民族事务委员会、七星区宗教事务管理局两块牌子。1998年，七星区党委统战部七星区民族事务委员会、七星区宗教事务管理局两块牌子合为七星区民族宗教事务局牌子。2005年，中共七星区委统战部行政编制4名，事业编制2名。

纪检监察局　1979年7月，中共桂林市七星区委员会成立。七星区纪律检查委员会是区委的一个工作部门。七星区纪律检查委员会书记由区委副书记兼任。1988年3月，七星区监察局成立，编制5名。5月，七星区委纪检会升格为中共七星区纪律检查委员会。1993年5月，七星区纪委与七星区监察局合署办公，人员编制5人，实行两块牌子，一班人员。2005年2月，七星区审计局从七星区财政局分出与纪检监察合署办公。

第二节　党的代表大会

中共七星区第一次党的代表大会

1980年6月6日至7日，中共七星区第一次党代表大会在自由路86号召开，出席大会的正式党员89名，其中预备党员1名。会议讨论和通过中共七星区委工作报告；选举产生中共七星区第一届委员会委员15名，候补委员2名，纪律检查委员会委员5名，选举出席中共桂林市第五次代表大会代表和候补代表。

中共七星区第二次党的代表大会

1985年4月12日至13日，中共七星区第二次党代表大会在七星路召开，出席大会的正式党员代表43名，候补代表4名。会议听取和审议通过中共七星区委《团结起来，开创经济建设的新局面》工作报告。会议选举产生中共七星区第二届委员会和纪律检查委员会；选举产生中共七星区第二届委员会委员11名，候补委员2名，区纪律检查委员会委员4名。选举出席中共桂林市第六次代表大会代表和候补代表。

中共七星区第三次党的代表大会

1988年9月22日至24日，中共七星区第三次党代表大会在码坪街15号召开。出席大会正式党代表62名，特邀代表5名，列席代表15名。大会听取和审议通过中共七星区第二届委员会《加强党的建设，夺取七星区深化改革和两个文明建设的新胜利》工作报告；听取和审议通过中共七星区纪律检查委员会工作报告；选举产生中共七星区第三届委员会委员13名，候补委员2名，纪律检查委员会委员5名。

中共七星区第四次党的代表大会

1991年9月9日至12日，中共七星区第四次党代表大会在码坪街15号召开。出席大会正式党代表84名，区机关中层党员领导干部列席会议。大会听取和审议通过中共七星区第三届委员会《团结奋进、开拓创新，为振兴七星区奋斗》的工作报告；听取和审议通过中共七星区纪律检查委员会《加强党风党纪建设为改革开放和经济建设服务，保证和促进我区各项工作的顺利进行》工作报告；选举产生中共七星区第四届委员会委员19名，候补委员2名，纪律检查委员会委员7名。

中共七星区第五次党的代表大会

1993年9月26日至29日，中共七星区第五次党代表大会在码坪街15号召开，出席大会正式党代表87名，列席代表14名。会议听取和审议通过中共七星区第四届委员会《务实创新，真抓实干，努力开创全区两个文明建设新局面》的工作报告；听取和审议通过中共七星区纪律检查委员会《加强党风廉政建设，深入反腐，为推进改革、建设和发展服务》工作报告；选举产生中共七星区第五届委员会委员19名，候补委员2名，纪律检查委员会委员9名。

中共七星区第六次党的代表大会

1998年11月9日至13日，中共七星区第六次党代表大会在（骖鸾路26号）桂林高新开发大厦会议厅召开，出席会议正式党员代表165名，列席人员24名。会议听取和审议通过中共七星区委员会《抓住新机遇，寻求新突破，努力实现世纪之交新的跨越》的工作报告；听取和审议通过中共七星区纪律检查委员会《加强党风廉政建设，为改革、发展和稳定服务》工作报告；选举中共七星区第六届委员会委员22名，候补委员4名，纪律检查委员会委员9名。

中共七星区第七次党的代表大会

2002年10月15日至17日，中共七星区第七次党代表大会在高新开发大厦（骖鸾路26号）多功能厅召开，出席会议的正式党代表167名。会议听取和审议通过中共七星区第六届委员会《深入贯彻“三个代表”重要思想，为全面推进七星区现代化建设而努力奋斗》的工作报告；听取和审议通过中共七星区纪律检查委员会《与时俱进，开拓进取，不断推进七星区党风廉政建设和反腐败斗争》的工作报告；选举产生中共七星区第七届委员会委员25名，候补委员4名，纪律检查委员会委员9名；选举出席桂林市第二次党代会代表12名。

第三节　重要决策

1956年至1957年，中共桂林市东江街道办事处、漓江街道办事处联合支部委员会开展整风运动，党支部发动群众给党组织提意见和建议，帮助党支部改进工作，监督党员克服缺点，改进作风工作。

1960年6月至1961年6月，东江人民公社党委开展整风整社、“三反”运动（反贪污、反浪费、反官僚主义）、形势教育和建党工作。

1961年至1970年12月，东江人民公社、漓江人民公社开展“斗、批、改”、清理阶级队伍、城市居民下放农村、“一打三反”（打击现行反革命活动，反对贪污盗窃、反对投机倒把、反对铺张浪费）、工业学大庆、农业学大寨等一系列活动。

1977年，东江人民公社党委、漓江人民公社党支部开展整党整风运动，揭批江青反集团的罪行，消除十年“文化大革命”动乱造成的政治上、思想上的混乱。

1985年5月，中共七星区委开展整党，党员重新登记工作。围绕经济建设的中心，进行干部调整和精简机构，干部人事制度改革工作。1988年，决定在辖区推行企业经营承包责任制，领导制定《七星区企业承包责任制实施方案》，使企业承包责任制不断完善，促进了企业生产的发展。

1991—1994年，中共七星区委认定经济工作的指导思想是以发展集体经济为重点，制定出台《关于发展居委会经济的若干决定》《关于促进区街经济发展的奖励办法》《关于促进招商引资的鼓励办法（试行）》《关于进一步搞活经济的若干规定》《关于利用外资发展经济的若干规定》《关于加快七星区经济发展步伐的办法（试行）》等推进经济建设的政策规定。确立“两块三层次”即“区、街、委一齐上，集体、个体、私营同发展”的战略指导方针；增加“荣誉奖、企业贡献奖、发展鼓励奖”等奖励项目；确定奖励招商引资的范围，将所涉及的项目纳入全区经济发展计划，促使合作项目快上马。1995年，中共高新七星区委制定封闭式管理体制和开放式发展模式（“统一管理、全市共建、外引内联、政策灵活、管理创新”的20字发展方针，突出环境保护、高科技工业开发与高科技农业开发相结合、高新技术产业与旅游相结合、现代文明新城区）。1996年，中共高新七星区委制定建设经济强区、城管名区、文明新区，跨入全国城区先进行列，以具有典范性、展示性、开放性、辐射性的“窗口”城区新形象跨入新世纪的总体思路和战略。1997年，中共高新七星区委制定《关于进一步加快发展第三产业的意见》，明确把第三产业作为全区经济发展的主要增长点，建立起结构合理、特色明显、带动和促进第一、二产业协调发展的第三产业新格局。

1998—2005年，高新七星区委先后研究制定出台促进七星区经济社会发展的若干规定办法：《关于加快经济发展的若干规定》《税收优惠政策》《区创业中心优惠办法》《企业奖励试行办法》《桂林国家高新区管委会关于引进人才的暂时规定》《科技型中小企技术创新基金项目匹配资金的实施办法》《科技型中小企业技术创新基金项目补助经费的管理办法》《博士后科研工作站管理暂行办法》《桂林留学人员创业园管理暂行办法》《关于鼓励留学人员、博士创业的若干规定》《关于人才引进的暂行规定》《经济与社会发展“十五”计划和到2010年长期规划》《高新区七星区鼓励企业做大做强奖励办法（试行）》，创建“一区多园”“桂磨路高新技术产业带”“漓东科技新城”决定等。

第四节 组织建设

基层党组织

1950—1958年，辖区政府、街道办事处党员少，设独立党支部。1959—1979年，东江人民公社、漓江人民公社设党委，按党员的分布情况设有机关、街道、社办工厂等党支部。1979年7月，中共七星区委成立，先后设立七星区人大党组、七星区政府党组、七星区人民法院党组、七星区人民检察院党组、七星区人民武装部党委、地矿部科技中心临时党委、区直机关党总支、公安分局党总支、区计划经济委员会党总支（后改为经贸科技党总支）、街道党总支（1997年12月）等。

1999年，区直属机关成立党工委、配备1名专职副书记，负责区机关的党组织建设；2002年，成立经济党工委，强对区属公有企业和非公有制企业的党建工作，在抓好国有和国有控股企业党组织建设的同时，着重抓非公有制企业中的党建工作，采取“条块结合，以块为主”的形式，在区属27家有党员的非公有制企业中，建立23个非公有制企业党支部；2004年9月，成立一机联合社区（毛塘路社区）党委；2005年12月，成立桂大社区党委。

2005年末，区直属机关工委设有党总支部1个，党支部27个；街道设有社区居民委员会28个，其中东江街道办事处12个、七星街道办事处，每个村（社区）设有党组织（基层党工委13个、党总支部8个、党支部235个），共有党员7642名；非公有制企业60家设有党支部43个，有党员870名。

发展新党员

1953—1955年，第四区人民政府党支部、第三区人民政府党支部先后发展12名新党员。1958—1961年，七星区域发展新党员5名。1970—1976年，东江和漓江两个公社党支部发展新党员4名。1979年，七星区人民政府成立。1979年7月至1998年12月，七星辖区发展新党员229名。1999—2005年，发展新党员491名。至2005年末，七星辖区共有中共党员8822名，其中女党员2728名，少数民族党员805名。

创先争优

1982年起，七星区委在全区基层党组织中开展“创先争优”（创建先进党组织、优秀共产党员和优秀党务工作者）活动，活动以改革开放新形势下，开拓创新地发挥党的基层组织战斗堡垒作用和党员先锋模范作用为主要内容，扬正气、立标杆、树榜样，加强和改进党的建设，成为加强基层党组织和党员队伍建设的一项经常性重要活动，结合“七一”进行评选表彰。1982年评选先进党支部2个，优秀共产党员17名。1990—1998年评选先进基层党组织51个，优秀共产党员362名、优秀党务工作者87名；2005年评选先进基层党组织28个，优秀党员210名，优秀党务工作者30名。

2005年3月15日，区委中心组开展集中学习牛玉儒先进事迹活动

干部队伍建设

思想政治教育 1978年12月，中共

十一届三中全会召开后，党员干部主要学习三中全会制定的党的基本路线、方针、政策、毛泽东著作、邓小平理论，开展坚持四项基本原则的教育，反对资产阶级自由化思潮，进行真理标准讨论的补课，推动解放思想，破除僵化，保证十一届三中全会路线的贯彻。随着改革开放的推进，学习邓小平理论、反腐倡廉的各项政策及规定、中央关于经济体制改革的决定以及社会主义市场经济各项政策法规，开展坚持四项基本原则的教育，反对资产阶级自由化思潮。

1985—1986 年，贯彻《中共中央关于整党的决定》，中共七星区委开展整党工作，分学习文件、对照检查、整改、组织处理和党员登记 4 个步骤进行。参加整党的党员 152 人，予以登记的党员 143 人，不予以登记的党员 8 人，自动退党 1 人。1987 年，各党支部开展整党检查，将检查情况交全体党员评议，有 35 个支部党风明显好转，6 个支部开始好转，4 个支部没见好转。

1996 年，七星区委在干部队伍中开展“三严四自”（严格要求、严格管理、严格监督、自重、自省、自警、自厉）教育，分区委中心组、中层干部、一般干部三个层次进行。

2000—2001 年，七星区委组织区级领导班子和领导干部为重点对象的“三讲”（讲学习、讲政治、讲正气）教育，指导区属 16 个党委、140 个党支部、2560 名党员深入开展“三讲”专题学习活动。2001 年，开展以农村为重点的“三个代表”重要思想学习和“思想解放再讨论”活动。

2005 年，七星区委在党员中开展保持共产党员先进性、学习实践科学发展观以及开展“创先争优”等教育学习活动。

2005 年，七星区开展共产党员先进性教育活动

干部培训　1979 年，中共七星区委成立，区委选送干部参加自治区政府、桂林市政府举办的各类业务培训班以及文化、学历培训班学习，并结合区委、政府自身实际，制定干部培训计划，组织各类学习培训班。

2001 年，组织 13 名机关干部参加学历培训，139 名干部参加桂林市举办的计算机（电脑）基础知识、英语基础培训学习。

2003 年，5 名干部完成专升本，3 名干部完成本升研学历的学习，选送特别优秀的干部到国外深造。按照中央 5 年内对所有在职干部轮训一遍的要求，制订《2003 年—2007 年高新区七星区在职干部全员培训计划》，形成政治理论培训板块、知识更新培训板块、能力提高培训板块、实践锻炼培训板块等培训模式，全面组织实施大规模的干部培训活动。

2003—2005 年，共选派 105 人次参加上级党委组织的重点培训，区内举办各种培训班 248 期，县处干部参加培训时间累计达到 3 个月以上，一般干部参加培训时间累计达到每年 12 天。

干部管理选拔　七星区委干部管理工作逐步做到科学化、制度化、规范化。1997 年，落实《国家公务员暂行条例》，制订实施《桂林国家高新区七星区国家公务员制度实施方案》。重视干部的培养、选拔工作，执行中央颁布的《党政领导干部选拔任用工作条例》，先后制订施行《关于干部推荐、考察、任用工作责任制的暂行规定》等 13 个干部制度改革文件，对干部任免工作程序、干部考核实施细则、干部交流实施办法、不胜任现职领导干部的认定标准与调整办法、推行竞争上岗、领导干部任前公示、领导干部重大问题请示报告制度、谈话制度、诫勉制度、离任审计制度等作出详细规定，逐步建立和形成科学有效的制度体系。选拔干部中，遵照党管干部、任人唯贤、德才兼备、群众公认、注重实绩等原则，坚持把乡作为干部培养选拔的重要源头和基地，推行领导干部公开选拔、竞争上岗、任前公示、试用期制及干部聘任制，对干部“德、能、勤、绩、廉”等进行全面考核，择优提拔任用，形成公开、公平、竞争、择优和有利于优秀人才脱颖而出的良好环境。

离退休干部管理 七星区委离退休干部的管理由组织部门1名干部兼管。1998年4月，七星区委设置老干部局，配备1名专职干部，负责离退休老干部的管理工作。按政策和要求落实老干部的政治、生活、医疗待遇。每年区委召开两次以上离退休干部会议，向老干部通报全区经济建设、重大项目建设、市政建设和管理，财政收支，社会事业发展等情况。每年给老干部订有《半月谈》《中国老年》《桂林日报》《桂林晚报》等报纸杂志。按时足额发放离退费并视财政情况给予一定的生活补贴；重大传统节日给离退休干部发放慰问金或慰问品；安排专项资金保障老干部活动场所的建设和维修。离退休干部除纳入桂林市医疗保障体系享受规定的医疗保障外，对生活不能自理的住院干部，需要雇请护理人员陪护的，发放适当陪护费。2000年始，离休干部住院陪护费每天12元，退休每天10元。每两年组织老干部进行一次身体检查。每年春秋两季，组织老干部到县（区）风景点参观游乐，组织老干部参加一些力所能及的体育竞赛活动。2005年末，桂林高新区七星区机关离退休干部共有128名，其中离休干部12名，退休干部116名；享受厅（局）级待遇2名、县（处）干部27名、一般干部职工99名。

2005年4月，七星区离退休党支部载誉归来

基层党组织建设

桂林解放后至1958年，七星区政府、街道办事处党员少，设独立党支部。1959—1979年，东江人民公社、漓江人民公社建有党委，按党员的分布情况建有机关、街道、社办工厂等党支部。1979年7月，中共七星区委成立，加强对积极分子的培养，加强基层组织建设，先后建立区人大党组、区政府党组、区人民法院党组、区人民检察院党组、区人民武装部党委、地矿部科技中心临时党委、区直机关党总支、公安分局党总支、区计划经济委员会党总支（后改为经贸科技党总支）、街道党总支等。

1999年，区直属机关成立党工委，配备1名专职副书记，负责区机关的党组织建设；2002年，成立经济党工委，加强对区属公有企业和非公有制企业的党建工作，在抓好国有和国有控股企业党组织建设的同时，着重抓非公有制企业中的党建工作，采取“条块结合，以块为主”的形式，在区属27家有党员的非公有制企业中，建立23个非公有制企业党支部；2004年8月，成立一机联合社区党委（毛塘路社区）；2005年11月，成立桂大社区党委。

2005年末，区机关建有中共党总支部1个，党支部27个，有党员310名；建有社区居民委员会28个，其中东江街道办事处建有社区居委会12个、七星街道办事处建有社区居委会16个，每个社区建有党组织，其中基层党委14个、党总支部18个、党支部347个，共有党员7642名；有党员的非公有制企业60家，建有党支部43个、有党员870名。

第五节 宣传工作

理论学习

1950—1954年，中共桂林第四区工委组织辖区党员、干部坚持每周2小时的学习制度。学习《政治经济学》《新民主主义论》《中国革命与中国共产党》《政治常识读本》《怎样做一个共产党员》等。1954—1957年，第三区委（1954年6月，第四区改称为第三区）工委组织辖区党员每个月上1次党课，党课教材为《农村党员课本》（中南局宣传部编），学习《党的知识读本》《农业合作化》有关政策和毛泽东《关于正确处理人民内部矛盾问题》等。1958—1962年，组织学习《党的社会主义建设总路线》《中央关于人民公社问题的指示》及《中共中央八届八中全会》文件，学习中央制定的《农村人民公社工作条例（草案）》和毛泽东《大兴调查研究之风》等。1963—1976年，组织学习中央关于开展社会主义教育运动及有关"文化大革命"运动的一系列文件。1979—1982年，组织干部职工学习中共十一届三中全会文件，贯彻"解放思想、开动脑筋、实事求是、团结一致向前看"的指导方针，组织党员干部进行"实践是检验真理的唯一标准"的讨论，批判"两个凡是"，对党员干部进行彻底否定"文化大革命"的教育，纠正"左"的错误；组织党员干部开展批判林彪、江青反革命集团极"左"错误，肃清其流毒的活动。1983—1987年，区宣传部组织干部职工学习《以经济建设为中心》《坚持两个基本点》《建设具有中国特色的社会主义》《加强和深化经济体制改革和政治体制改革》《坚持四项基本原则，反对资产阶级自由化》和《建设有中国特色的社会主义》的学习。1987年，七星区参加学习《政治经济学》的干部有79名，应参加考试的49名，经过考试及格以上的47名，及格率98%；区宣传部按桂林市委的要求给经考试获得及格的干部颁发单科合格证书；抓好普法教育和法律常识的电视讲座。1992年，组织全区党员干部对党史、党建的理论学习，区委书记，区人大常委会主任，区政府领导等分别就党史、党建的专题内容在全区党员、干部会上作中心发言。1993—2000年，组织干部职工开展《社会主义市场经济理论》的学习与讨论。邀请市委讲师团及区领导上辅导课、观看有关市场经济电教片，举办各种类型的学习班。进行党的基本理论和基本路线教育，开展爱国主义、集体主义、社会主义和英雄主义教育活动。开展讲学习、讲政治、讲正气的"三讲"活动。组织党员干部以"三讲"专题学习为主线，开展"三个代表"重要思想、邓小平党建理论、西部大开发战略、党的基本理论和基本知识、党风廉政等理论学习和警示教育、台湾局势等形势教育。

2001—2005年，开展学习"三个代表"重要思想的教育活动，利用讲座、电化教育、形势报告会等形式，重点开展"三个代表"重要思想、"发展是硬道理"的战略思想、"七一"讲话专题学习及WTO知识讲座、科技报告会。结合学习十六大精神及自治区党委八届三次全会报告，桂林市委、市政府《关于贯彻落实党的十六大精神加快经济社会发展的若干意见》的学习；区委宣传部在区机关、乡、街道办事处、事业单位开展保持共产党员先进性教育活动。

时事政治宣传

新中国成立初期，中共桂林第四区工委开展抗美援朝保家卫国的宣传活动。开展《中华人民共和国土地改革法》《中华人民共和国婚姻法》及"三反"（反贪污、反浪费、反官僚主义）、"五反"（反行贿、反偷税漏税、反盗骗国家财产、反偷工减料、反盗窃国家经济情报）的宣传。1954—1957年，中共桂林第三区工委主要宣传党在过渡时期的总路线，宣传农业合作化的优越性和粮油统购统销政策，宣传《中华人民共和国宪法》。1958年，中共桂林第三区工委学习、宣传、贯彻中共中央提出的"鼓足干劲，力争上游，多快好省地建设社会主义"的总路线，辖区内出现"比、学、赶、帮、超"的"大跃进"热潮。1962年，中共桂林第三区工委主要宣传国民经济"调整、巩固、充实、提高"的八字方针和中共中央关于农村人民公社的政策。1963—1965年，中共桂林东江人民公社革命委员会主要宣传《中共中央关于目前农村工作若干问题的决定（草案）》《中共中央关于农村社会主义教育运动中的一些具体政策的规定（草案）和（修正草案）》、中共中央《关于农村社会主义教育运动中目前提出的一些问题》的通知。宣传雷锋、焦裕禄等事迹。1966—1976年，"文化大革命"期间，中共桂林东江、漓江人民公社革命委员会主要宣传"以阶级斗争为纲""阶级斗争一抓就灵"等内容。1978年，中共桂林第三区工委在辖区内宣传"实践是检验真理的唯一标准"和中共十一届三中全会精神。

1979—1981年，在辖区内宣传《中共中央关于加快农业发展若干问题的决定》，宣传、贯彻中央关于国民经济实行"调整、改革、整顿、提高"的方针及中共中央《关于进一步加强和完善农业生产责任制的几个问题》的通知，全面推行联产承包责任制。

1982—1984年，主要宣传、贯彻《中共中央关于经济体制改革的决定》《全国农村工作会议纪要》，完善联产承包责任制，对党员和干部进行“两个不变”（土地集体所有制长期不变，联产承包责任制长期不变）的教育。1990年，评出自治区级文明单位3个、市级文明单位15个、七星区级文明单位21个。

1992—1999年，加强对七星区经济工作的宣传。同时开展向李正海学习活动，在广大党员、干部、群众中弘扬艰苦创业精神，在建立社会主义市场经济体制中自觉地造就有理想、有道德、有文化、有纪律的“四有”新人。宣传企业典型1个、个人典型3个；给市级报刊、电台、电视台、杂志共投稿198篇，用稿102篇，其中“我身边的共产党、文华杯”《居民心中的巨人》一文获三等奖；论文7篇；参加全市板报比赛3次，分别获第一、二名；发送宣传资料3900多份；编集《宣传简讯》13期；组织广西电视台、桂林电视台、桂林人民广播电台及《桂林日报》《桂林晚报》《桂林乡情报》等媒体对七星区的经济工作进行全面采访报道，发报道12000篇（条）；拍摄录像资料48个小时，图片资料8000幅，起草综合材料120多份370万字，整理领导讲话录音50多万字。编发《漓东开发要报》38期40000多份、编辑出版《近期要闻》40多期；多次组织举办“漓东之光”参加“漓江之声”文艺演出。

2000年，七星区共在国家、自治区、桂林市级各种新闻媒体共刊播稿件515篇（条），其中国家级45篇、省级40篇、市级430篇，仅《人民日报》刊发稿件20篇，中央电视台播发新闻2条、国际频道播出专题1部，新华社播发通讯稿3条。年内，反映高新区快速发展的专题片《创造明天》在中央2套、4套的“今日中国”栏目中用中英文两种语言滚动播出；在国家级《中华英才》杂志宣传专版1期、科技部《发现》杂志专版1期、在《人民日报》国内版、华南版、海外版各组宣传专版1期；全年共编发《漓东开发要报》27期8100份、编发《近期要报》14期。2001年，在国家、自治区、桂林市各种新闻媒体共刊播稿件500多篇，其中在三级党报上发稿220篇；在国家级及境外媒体发稿38篇（条）；有110篇新闻作品被自治区级以上新闻单位采用。年内，桂林电视台、桂林广播电台及《桂林日报》《桂林晚报》发系列报道16篇；在海内外学人中国桂林创业行各新闻媒体集中刊发宣传桂林、七星高新区的稿件79篇。2002年，在国家、自治区、桂林市各种媒体刊播新闻宣传稿件546篇，其中国家级139篇，省级83篇，市级324篇，仅《人民日报》就刊发稿件56篇，中央电视台、国际频道播出专题片1部，新华社播发通稿46条，桂林电视台《热点访谈》专题节目3期。年内，组织录制介绍高新区建设发展情况的电视专题片1部，制作5000张多媒体光碟，推出全新的桂林高新区画册，修改完善高新区招商投资指南，编辑《漓东开发要报》20多期。2003年，区宣传部围绕防“非典型肺炎”开展卫生防疫知识宣传，印发10万份防“非典型肺炎”宣传资料和7万份《致全区人民的一封信》、7000多册《农村预防“非典型肺炎”知识》发放到辖区所有住户手中。在国家、自治区、桂林市各种媒体上稿580篇，其中，国家级报刊、电台、电视台58篇，省级报刊、电台、电视台96篇，市级报刊、广播电台、电视台426篇，《桂林日报》《桂林晚报》头版头条8篇。2004年，区委宣传部邀请和接待新华社、中央电视台、广东采访团、亚洲卫视、《泰国华文报》、巴基斯坦周刊、广西电视台、今日广西杂志社及《广西日报》等的采访报道，在国家、自治区、桂林市各种媒体共刊播各类稿件712篇，其中，国家级68篇、省级196篇、市级118篇。1月，创办《工作导报》，全年共出版《工作导报》4期；5月，开展“告别陋习　树立新风”读书活动内容的征文48篇、合理化建议26条、金点子44条、照片27张、漫画23幅，并推荐参加自治区的各类读书评比活动。

2005年，七星区开展“弘扬和培育民族精神、全面建设小康社会”、围绕纪念红军长征胜利70周

2001年6月1日，区文明办开展未成年人思想道德教育活动

年、中国人民抗日战争暨世界反法西斯战争胜利60周年，以多种形式开展群众性纪念活动和爱国主义教育、革命传统教育，激励广大群众增强爱国意识，积极入社会主义现代化建设事业；组织第三个“公民道德宣传日”活动为契机，学习贯彻《公民道德建设实施纲要》。

精神文明建设

1981年，七星区开展以讲文明、讲礼貌、讲卫生、讲秩序、讲道德，心灵美、语言美、行为美、环境美和热爱祖国、热爱社会主义、热爱中国共产党的“五讲四美三热爱”活动。动员辖区干部职工群众相互激励，相互约束，共同为社会主义新人，建设社会主义新型的社会关系努力，重点解决生活工作环境“脏、乱、差”问题。1982年始，七星区每年组织社会各方面力量清理，扫除“黄、赌、毒”场所，净化社会环境。1985年10月，七星区委成立社会主义精神文明办公室（简称精神文明办）。重点文明单位的创建管理，创建文明卫生城，军民共建和拥军优属，学雷锋树新风活动。1996—1997年，制定实施《关于加强七星区社会性、群众性精神文明建设五年规划》《创建文明城市三年规划》《参加市容“南珠杯”竞赛活动三年规划》。区委、区政府发动辖区机关、企事业单位干部职工居民参加“告别脏话，做文明桂林人”活动。在城区开展创文明单位、文明行业，街道开展文明小区、文明楼院、文明市民、五好文明家庭、军民共建等活动，动员干部职工居民3.5万人次治理脏、乱、差，清除卫生死角。组织城建、城管、环卫、工商、公安、交警等部门，抓市容环境的综合治理，签订“门前三包”协议约7000份，清楚乱贴小广告1.3万多张，维修街道路面约26万平方米。1998—2000年，加大思想道德建设力度，围绕“建文明城市，树文明形象”，重点突出全国军民的抗洪精神，开展向抗洪英雄李向群学习、军民共建创文明窗口、文明市场、文明村镇、青年文明号等群众性精神文明创建活动。组织15场英雄报告会有1万多人参加，辖区110多个单位开展“学英雄、件行动”，2万多人上街义务为市民服务，清理街道垃圾和淤泥1000多吨。2001—2005年，实施“1234567”工程，提出“让心灵与山水同美”的要求，抓好树三观（世界观、人生观、价值观），讲三德（社会公德、职业道德、家庭美德），教育，提倡“四共精神”（共鸣社会精神、共献社会爱心、共张社会正气、共培社会净土）。落实《公民道德建设实施纲要》，组织观看《郑爱民》《牛玉儒》等录像片，弘扬社会正气；结合纪念红军长征胜利70周年，抗战暨世界反法西斯战争胜利60周年，开展爱国主义、革命传统教育，宣传革命先烈，弘扬民族精神。结合保持共产党员先进性教育活动，提高城市文明程度和市民素质。全区有180多个单位被评为自治区、桂林市辖区级文明单位。

第六节　统一战线

民主党派工作

七星区委统战部成立前，辖区仅有中国农工民主党建有基层组织，其他各民主党派成员各自参加该党派桂林市委员会统一组织的活动。中共十一届三中全会后，各民主党派在辖区逐步发展新成员。1990年8月，中共七星区委统一战线工作部成立，将统一战线工作的重点放在建立和完善辖区中国共产党领导的多党合作与政治协商制度。以组织实地考察、座谈会、区情社情通报会等形式，把中共七星区委、区政府的重要决策通报辖区内各民主党派并征求意见，共商区内社会经济发展大计，接受各民主党派的监督。协助辖区内的各民主党派建立、发展和整顿基层组织。帮助各民主党派学习中共十一届三中全会后所确立的路线、方针、政策。引导工商联、各民主党派加强与区外、海外商会的联络，组织参与高新七星区的招商引资、对外联谊等重要活动。1999年1月，中国人民政治协商会议桂林市高新七星区委员会成立，为各民主党派建言献策、参政议政提供了有效平台。至2005年，辖区内的中国国民党革命委员会（简称民革）、中国民主同盟（简称民盟）、中国民主建国会（简称民建）、中国民主促进会（简称民进）、中国农工民主党（简称农工）、中国致公党（简称致公）、九三学社（简称九三）7个民主党派建有基层组织37个，成员373人。2001—2005年辖区内的民主党派人士中，民主同盟有3人担任广西壮族自治区政协委员、4人担任桂林市政协委员、1人担任高新七星区政协副主席；民主促进会有1人当选广西壮族自治区人大代表、1人当选桂林市人大代表、4人当选桂林市、高新七星区政协委员；农工民主党有4人当选高新七星区政协委员；九三学社有12人当选桂林市政协委员。当选为各级人大代表和政协委员的民主党派人士，工作中认真履行参政议政、政治协商、民主监督、服务社会的职能，围绕高新七星区经济社会的发展，提出各种建议、议案、提案，参与祖国和平统一大业的工作。

工商联联络与沟通

1994年，七星区工商联首批发展的会员36人，其中：企业会员26人、私营个体经济会员6人、“三资”企业会员1人、经济科技界会员3人。2005年，七星区私营工商业者100多人，参加区工商业联合会86人。

学习培训 1995—1996年，组织会员及非公经济人士学习《邓小平文选》1至3卷、《邓小平建设有中国特色社会主义理论学习纲要》、中共十四届四中、五中、六中全会精神；选送工商联3名副会长、5名会员参加广西社会主义学院、桂林市工商联组织的学习培训班。1997—2001年，先后组织区工商联会长、副会长及部分会员学习、讨论中共十五大报告、学习自治区、桂林市有关文件精神；学习中共十五届三中全会有关文件。撰写论文5篇，辖区工商联合会会长王志仁发表《落实十五大发展非公有制经济》论文1篇，获中国政府期刊学报全国二等奖。推荐吕虹为广西非公有制经济人士高科技成果民营企业家，并获成果奖；推荐周碧蓉为桂林市优秀企业家。选送工商联2名会长。

2002—2005年，组织会员及非公经济人士学习中共十六大精神、邓小平理论、“三个代表”思想，推荐优秀非公有制经济人士参加自治区和中央党校培训。组织会员和非公有制经济人士学习中共十六大和十六届三中、四中全会精神，自治区党委、政府关于加快民营经济发展和鼓励民营企业参与国有企业改革等规定，学习桂林市委、市政府加快非公有制经济发展的一系列政策；在全区非公有制经济人士中开展“学习新政策、促进新发展、实现新进步”学习活动。举办企业负责人和中层管理人员培训班23期，参训人员1200多人次，聘请香港知名专家和市内知名律师讲授加入世贸组织、企业管理的有关知识。

公益活动 1994—2000年，区委统战部先后组织商会会员回馈社会活动。组织工商联干部、会员1300名，在辖区开展“学雷锋奉献日”活动，设立医疗、修理、咨询等八个服务项目，受服务群众7000多人次。组织民营企业家135名，为穿山乡、朝阳乡24名贫困儿童就学资助2600元；组织发动工商联副会长以上干部向市慈善事业基金会捐款2.3万多元；为生活特困企业职工、民政接济、农村扶贫对象捐款4300元。

2002年，组织辖区桂林集琦集团公司、桂林南药股份公司、桂林彰泰房地产实业公司等10多家企业募捐人民币3.5万元，衣物1万余件救济特困户；2003年，组织工商联会员及非公有制经济人士，捐资捐物折款20万元，桂林彰泰房地产实业公司总经理黄海涛捐资120万元支持桂林市开展韩日周活动、支援兴安县水灾灾民、全州县东山瑶族贫困乡发展经济、荔浦县花篢乡大江村小学开展教学活动。2004年，组织会员为桂林华侨农场3所中小学捐赠桌椅150套、29寸彩色电视2台，折款2万多元，为辖区残疾人捐款1.5万元用于发展养殖；桂林彰泰实业有限公司为资源等县少数民族地区捐款6万元；桂林高新珠宝有限公司为雁山镇三合村小学捐款8万元修建水塔，解决师生饮用水问题。全年，区工商联会员、非公有制经济人士为扶贫济困捐款、捐物折款共38万余元。2005年，七星区非公有制经济人士扶贫助学3人、赈灾捐款捐物折款6万多元、解决社会就业1600名。

侨务　港澳台事务　宗教事务

侨务 1960年，桂林华侨农场成立，主要安置1960年回国的印尼归侨和1978年回国的越南难侨，是广西安置归难侨的老场之一；1997年，在桂林华侨农场地域范围内成立桂林华侨旅游经济区。2003年5月，桂林华侨旅游经济区整体划归七星区人民政府。2005年，桂林华侨旅游经济区有总人口4079名，其中归侨454名，难侨272名，侨眷416名。

1995年5月，七星区台胞台属联谊会第一届理

事会吸收会员34名，其中男代表28名、女代表6名；2005年，七星区域内有侨胞776名，其中台胞1名(已回大陆定居)，台属48名，海外侨胞1名；印度尼西亚回国定居的侨民454名，从越南回国定居的侨民272名。年末，七星区有台胞、港澳同胞、海外侨胞等在桂林国家高新技术开发区、七星区投资兴办企业33家，经营项目涉及食品、餐饮、保健品、制药、文化娱乐、房地产开发、酒店客房、通信和通信设备生产等行业。

宗教事务 1950—1990年，辖区宗教事务由市统战部和宗教组织机构统一管理。1990年8月，中共七星区委员会设立统战部。1994年，七星区统战部增挂七星区民族事务委员会、七星区宗教事务管理局两块牌子。1998年，七星区委统战部七星区民族事务委员会、七星区宗教事务管理局两块牌子合为七星区民族宗教事务局牌子。

1997—2001年，区委统战部每年举办一期统战委员、统战联络员培训班；与七星区普法办等单位在辖区繁华地段设点开展民族宗教咨询和宣传；妥善处理好码坪清真寺的鱼塘被填时与群众产生的纠纷。1997年，与执法机关，清理、劝退朝阳乡马王庙留食留住的外来信教群众，先后取缔穿山乡的“三圣庙”、朝阳乡的马王庙；1998年，码坪街清真寺被评为自治区先进集体；1999年，码坪街清真寺被评为自治区伊协“五好”清真寺。

2002年，区委组织开展对寺庙管理人员及宗教信徒进行党的宗教政策法规等知识教育，禁止利用宗教场所进行非法活动，对朝阳乡内的4个村小组及穿山乡部分村民参与非法受教的苗头，会同有关部门及时掌握了解情况，采取措施，防止事态扩大；协调处理七星公园与七星街码坪街的回民及码坪清真寺因风俗习惯、土地使用、环境保护、环境卫生、商业门面经营及污水排放等问题发生的纠纷，区委统战部及时介入协调沟通，避免事态的扩大。2003年，会同区委宣传部、政法委开展《中华人民共和国宗教法》宣传周活动，发放资料5000余份。协调、处理台资企业经济纠纷，为台资企业做好服务。2004年，开展《中华人民共和国民族区域自治法》颁布二十周年纪念宣传活动，在辖区各街道、社区设立8个宣传点进行纪念宣传活动，发放资料2800份，宣传板报20块，横幅18条，接待咨询人员280人。针对穿山乡有村民非法修建土地庙行为，及时会同有关部门找涉事村民做工作，宣传党的宗教政策及相关规定，组织人员对非法修建的土地庙给予拆除。2005年，加强《民族区域自治法》《宗教事务条例》宣传教育，组织分管统战工作的领导、统战委员、民族宗教干部、宗教团体、宗教教职人员举办学习培训班2期，150多人次；朝阳乡及各街道办事处组织开展对基层干部、党员、群众进行民族宗教政策法规知识的宣传教育，受教育1600多人次。驻辖区民主党派基层组织及成员，开展各类调研活动6次，31人参加，撰写各类调查报告、提案、建议和意见35篇(条)，其中一些调研报告、提案、建议被区委区政府采纳。

公益活动 1994年，七星区东江街道办五通街台属利用自身的门面为街道办企业3家，1月至6月营业额达18万元；侨属为街道办企业一次投资3万元，1至6月，工业产值达50万元。1999年，组织16名在桂林市投资办企业的台商对朝阳乡西南中心小学捐资助学，捐赠价值11640元的教学设备及学习用品。1997—1999年，七星区三所寺庙(清真寺、栖霞寺和祝圣寺)捐赈灾款7500元。1998年，祝圣寺建一栋400平方米三层楼70多个床位的宿舍楼；1999年投资17万元修建一条500多米长的水泥路。2004年6月，栖霞寺和祝圣寺两位负责人到桂林华侨农场为归国华侨张荣德等4家困难职工捐款3000元人民币。清真寺、新疆饭店投入6万元，解决部分少数民族下岗职工就业问题。2002—2004年，清真寺、新疆饭店捐助龙隐小学贫困学生学习生活费6000元。2005年，驻辖区民革总支引进资金25万元，资助桂林华侨旅游经济区(华侨农场)小学建设。2005年，七星区委统战部出资1万元，用于码坪清真寺北经堂、阿訇等处维修和改造，确保宗教场所活动的安全正常开展。

海外及港澳台联谊

1995年5月16日，七星区成立台胞台属联谊会，加强台胞台属的联系，振兴七星区的经济发展。2004年9月23日，桂林国家高新技术开发区管委会、七星区人民政府与市台商企业投资协会在七星大酒店举行台商、台胞、台属代表中秋联谊会；在桂林的台商企业界人士、七星区域台胞、台属代表及有关单位领导170多人参加活动。2005年，开展对七星区域海外统战工作对象的调查、摸底工作，完善辖区内留学生、港澳台企业家、旅居定居港澳台、国外乡亲其国内亲属等工作对象的信息档案资料。

第七节 纪检监察

廉政建设

1980—1984年，七星区纪律检查机关先后组织党员、干部学习《关于党内政治生活的若干准则》，中央纪律检查委员会的文件、十一届六中全会《决议》，《中共中央关于整党的决定》、十二大报告，关于党政机关和干部不得经商等文件。为使党内政治生活正常化，区纪律检查坚持“三会一课”（定期召开支部党员大会、支部委员会、党小组会，按时上好党课）制度，半个月过一次组织生活，定期上党课。1985—1989年，区纪律检查机关贯彻执行中共十一届三中全会的路线、方针、政策，坚持四项基本原则，履行纠风的职责，维护党的章程，严格执行党的纪律，纠正党内的不正之风，同违法乱纪行为作斗争。1990—1992年，区纪检监察机关，学习、贯彻落实党的十三届四中、五中、六中、七中全会精神和中纪委文件，抓好党员的党风党纪和廉政建设教育。严肃党的政治纪律，维护四项基本原则；制定各种制度措施，加强廉政建设。1993—1995年，区纪委监察局发挥纪检监察两种职能作用，以反腐败斗争为重点，加强监督检查，积极查办违纪案件，纠正行业不正之风，搞好廉政建设。1996—1998年，区纪检监察机关抓好全区党员、干部的廉洁自律，制定下发《关于在区直机关各部门建立廉政制度的通知》《关于建立科级干部廉洁自律的规定》《中层干部廉洁自律登记表》；落实中纪委第八次全会和市纪委三次全会精神，开展党风党纪和廉政教育；建立健全和完善各项廉政制度；对科级干部一年两次的廉洁自律情况进行检查；抓好区党委和乡（科）级领导干部一年一度的廉洁自律专题民主生活会；抓好无违纪党支部竞赛活动，1997年，20名党员撰写20篇论文，参加市纪委反腐倡廉论文评比，获二等奖1篇、三等奖3篇、优秀奖1篇；组织广大党员观看《泰安人案警示录》《从光明走向深渊》《欢笑声中学准则》等党纪录像教育片8场次，观看党员干部850人次。1998年抓好党风廉政建设和反腐倡廉的教育。全区订《党纪》223份、《监察之声》134份、《纪检监察工作政策法规选编》378册，发至区、乡机关每个党员、干部及农村、街道党支部；抓好无违纪党支部的竞赛活动，经检查评比，全区有30个党支部评为七星区无违纪先进党支部。组织党员干部550名，参加《中华人民共和国行政监察法》知识竞赛；“七一”期间，开展《中华人民共和国行政监察法》咨询活动；用教育录像片对党员干部进行教育，组织党员干部观看《沉沙》《常州风云》等录像8场、观看人员787人次；举办骨干培训班6期，参加人员436人次，学习党的基本知识、法律法规等；组织区直机关科级以上领导干部60多名到广西桂林监狱听取犯罪人的现身说法。1999—2001年，区纪检监察机关学习党的十五大三中、四中和中纪委三次、四次全会精神，学习江泽民总书记在纪念中国共产党成立七十八周年座谈会上的重要讲话和中共中央关于共产党员不准修炼邪教“法轮大法”的通知等有关文件，解决世界观、人生观问题，促进纪检、监察机关队伍建设，思想上、政治上与中央保持高度一致；与区委组织部、宣传部共同研究制定《邓小平论党风廉政建设和反腐败》《中华人民共和国行政监察法》的学习计划；组织机关党员、干部观看教育录像片6次，受教育人数880人次；组织全区党员、干部观看电影《生死抉择》《代号9898—广东湛江特大走私受贿案的透视》《胡长清案件警示录》。2002—2005年，区纪检监察机关依据机构改革，人员变动和换届等工作情况，及时调整区党风廉政建设和反腐败工作领导小组，明确工作职责，使党风廉政建设和反腐败工作时时有人抓，处处有人管；把廉洁自律工作与经济工作统一布置，统一检查，形成了自上而下，齐抓共管的局面；区委、区政府与各单位（部门）签订党内廉政建设责任状，明确反腐纠风工作牵头单位，使反腐领导体制和工作机制真正得以落实。组织全区党员干部上廉政课，开展正反两方面的典型教育，组织党员干部观看电影《郑培民》《信天游》《擒鼠记》《贪》等纪录片，为全区党员干部购买《实施纲要》182册，《党员勤政廉政手册》169册。

纠正不正之风

1990年，七星区纪检监察机关同有关部门落实对上级布置的干部、职工建私房、超标准住房和用公款装修住房等问题的清查工作；纪检监察机关查处违纪违规案件28件，涉案106万元。1997年，七星区纪检监察机关贯彻落实党中央、国务院关于厉行节约，制止奢侈浪费行为的“八条规定”，停建在筹建的区政府综合办公大楼（预算投资额2500万元），区直机关停购小汽车（100万元）；对全区接待用餐实行主管领导审批，全年节约接待费30多万元；停止用公款安装住宅电话、扩购移动电话，节约资金10多万元。2001年，七星区纪检监察机关对区直机关、各单位（部门）开展专项“小金库”的执法监察，全区被检查的单位（部门）44个，设有“小金库”的4个，金额45万元。2004年，联合有关部门组成检查组对辖区农资市场进行检查，查封无证经营店2家，收缴散装、过期种子和农药一批；督促规范工程招投标和政府采购行为，参与完成各项政府采购248.96万元。年内，对原有接待制度进行修改和完善，取消原来的实报实销制、餐馆定点制、签单转账制，实行年度接待最高限额制，现金支付制和指定领导审批制。全年，七星区领导接待费开支与上年同期相比下降了48%。2005年，创新管理制度，对原有车辆维修、油料管理、差旅费管理、话费管理、水电费管理等制度进行改革，车辆维修实行公开招标，油料实行“加油卡”，差旅费实行标准限额，通信话费实行包干到人，水电管理落实“一户一表”。全年车辆维修、油料和差旅三项费用与上年度同期相比下降25%。

查办违纪案件

1950—1979年，辖区党组织围绕党在各个时期的工作重心，查处党员领导干部中出现的贪污腐化、包庇反革命、强迫命令、丧失立场、失密泄密、铺张浪费、官僚主义、不服从组织、参与武斗、赌博嫖娼等违纪案件，依照党纪党规严格处理党员干部7人（不含后来甄别平反人员）。

1993年，七星区纪检监察部门查处嫖娼案1件，给予大过处分的副科长级干部1人；查处经济案件1件，为集体挽回经济损失1310元，查清举报失实件2人次。1998年，落实党中央、国务院关于厉行节约、制止奢侈浪费行为的“八项规定”。处理移动电话52部、住宅电话130部、BP机150部，收回折旧款13.18万元。2000年，区纪委对区直机关各单位（部门）及事业单位开展专项“小金库”的执法监察，全区被检查的单位（部门）44个，设有“小金库”的4个，金额45万元。2004年，收到群众对机关效能电话投诉14起、书面投诉5起；对群众投诉，区纪委、监察机关全部进行调查核实，对存在的问题，督促有关部门限期整改，并将整改结果及时给投诉者做出回复。

2005年，区纪委对《中华人民共和国行政许可法》贯彻执行情况进行监督检查；全区公务员对《中华人民共和国行政许可法》的学习覆盖面、考试合格率为100%，全程参与全区政府各部门的行政审批事项清理；受理群众投诉方面，收到群众对机关效能电话投诉12起、书面2起，与上年相比下降20%。年内，纪委主要领导人同下级党政负责人谈话5人次，领导干部任前谈话12人次，诫勉谈话2人次，对35名拟提拔任用干部进行廉政鉴定。

社区和村委会干部管理

换届监管　1995年起，七星区纪委加强对社区、村委干部的换届监管。至2005年末，七星区纪委查处16起辖区社区、村委干部换届选举中违纪现象。

财务监管　1995年起，七星区纪委加强对社区、村委会的财务监管。当年，七星区纪委查处辖区财务工作违纪行为3起。2000年起，辖区城中村改造过程中，七星区加强对社区、村委会的财务监管，建立一套完善的社区、村委会会计出纳制度，定期对社区、村委会的财务进行审计，并建立社区、村委会干部财务公开制度，让百姓参与到对社区、村委会干部的财务监督。至2005年，七星区纪委查处辖区社区、村委会财务工作违纪行为10起。

日常工作监督　1990年起，七星区加大对社区、村委会的日常工作的监管力度。1995年，七星区纪委查处日常工作违纪现象3起。1998年，七星区纪委查处日常工作违纪现象4起，2003年，七星区纪委查处日常工作违纪现象2起，1990—2005年，七星区纪委查处日常工作违纪现象25起，1995—2005年，七星区政府依法调解日常工作纠纷300多起。1995—2005年，七星区政府对社区、村委会干部的教育培训共30多场次转变辖区社区、村委会干部观念，培养按制度办事的意识。

严格执法 2000年起，七星区纪委加强对社区、村委会干部严格执法，畅通辖区小区、街道、自然村、屯的举报渠道。严厉查办严重侵害群众利益与民争利等方面的案件，以及党员干部失职渎职造成国有、集体资产损毁、流失的案件。坚持在法律和纪律面前人人平等，对违法违纪案件发现一起，查处一起。2005年，七星区纪委开通电话、信件、邮件、短信、论坛等举报渠道，完善基层群众举报渠道，警醒辖区社区、村委会干部。2000—2005年，七星区纪委查处执法不严的违纪现象8起。

队伍建设

1980—2005年，区纪检监察机关按照中纪委、自治区纪委、市纪委要求，努力建设一支政治坚强、公正清廉、纪律严明、业务精通、作风优良的高素质的纪检监察干部队伍。完善信访举报、案件检查、案件审理、纠风、执法监察、巡视等工作规范，建立科学严密的工作程序和业务流程。按照促进反腐倡廉建设科学化的要求，加强制度宣传教育，强化制度执行情况监督检查，切实查处违反制度的行为，提高制度执行力和约束力。1985年，明确除纪检机关的专职纪检干部外，根据新党章的规定和市纪检委员会的指示，每个党支部的组织委员兼纪检员，如没有组织委员的支部，即由支部书记兼任。1995年，围绕经济建设中心，服务于经济建设，从稳定大局出发，积极开展信访工作。区纪委、监察局配有1名兼职的信访干部，各党支部明确了1名支委或1名党员做信访联络员。1997年，建立信访联系网络。年内，全区各党支部都确定1名支委或党员做信访联络员，以加强信息的沟通。2001年，培训基层信访干部，做到信访工作网络化、制度化、规范化，全面推行信访工作“三项监督”（信访教育、信访事前和信访信息）制度，发挥信访举报的积极作用。2002年，机构改革和换届选举，区、乡纪委书记都由同级党委副书记担任，加强纪检监察队伍的力量，乡纪委均配备1名副书记。2003年，建立街道办事处的纪检组织，配备纪工委书记和专职纪检干事，充实街道纪检干部队伍。2004年，区纪检监察机关共完成学习笔记10万余字，撰写论文3篇；加强信息工作，宣传和报道七星区学习贯彻两个条例的生动典型事迹，在市广播电台、《桂林日报》《风纪纵横》、桂林明镜网等媒体进行有关活动的报道5篇，当年共报送信息7条，其中自治区采用1条、市纪委采用3条。

2005年，区纪检监察机关在党风廉政宣传教育、农村基层党风廉政建设、教育收费、企业主要负责人廉政自律等方面进行调研，共完成调研文章8篇。七星区纪委、监察局评为2005年度全市纪检监察调研工作先进集体三等奖。

第八节　其他工作

党　史

1987年，成立中共七星区委组织史资料编纂领导小组，区委分管组织工作的副书记任组长，组织部长任副组长，负责领导中共七星区委组织史资料收集编纂工作。1996年3月完成《中国共产党广西壮族自治区桂林市七星区组织史资料》第一卷的编纂出版。1998年3月，开始中共七星区组织史（第二卷）资料收集编纂，1999年8月完成资料收集编纂工作，2001年5月内部出版。2005年设立中共七星区党史办公室，组织编写《中国共产党桂林市七星区党史历史》。

保　密

1981年，成立七星区保密委员会，由七星区委办公室负责日常工作，依照《保守国家机密暂行条例》《中华人民共和国保守国家秘密法》适时组织城区党政机关、公检法机关工作人员学习保密工作的法规，针对多数人对城区“无密可保”的行为，特别是改革开放后，信息渠道广泛，透明度逐步加大容易产生的保密观念淡薄问题，对照保密法规查找问题，增强新时期做好保密工作的自觉性。文书保密方面，区委办公室配专职机要保密员，负责区党政机关的机要文书的收发、管理、清退工作，监管机要文书的阅办。保密文件每年清退1至2次，按规定每年将应清退的文件交还桂林市机要部门。防止口头泄密。党政机关内部文件资料采取烧毁或粉碎的处置办法，防止未经处置的内部资料流入社会或当废纸出卖。对新闻报道、外事交往、统计数字对外公布等进行防泄密的严格审查把关。至2005年年末，七星区政府机关未发生重大泄密。

第九节　重大社会政治活动

建立人民政权

1949年11月桂林解放。1950年4月，成立桂林市东江区人民政府，为桂林市人民政府派出机构。在桂林市委、市政府领导下组建东江区公所党支部委员会。按原行政区划接管街道政权，恢复生产、安顿民生。东洲街、泥湾街、五通街、坤元街、新桥街（含阳家里、建杆里、六合路、黄家碑、六狮洲等自然村）、东灵街、桂花街、福隆园街、新生街、临下街、穿山街（含张家园，龙隐、下关、訾洲、江东、白果树、九娘庙、穿山园、刘家里等自然村）、漓江街（上至新码头，下至龙门，漓江两岸的渔民、船民）12条街（村），调整为花桥街、河东街、穿山街、新桥街、码坪街、漓江街6条行政街。各街成立街道居民委员会，居民委员会下设居民小组，民主选举产生街道居民委员会主席。废除民国时期保留下来的街、村保甲制，实行街民民主自治。废除保甲制度，建立街道委员会，民主选举街道代表委员及居民小组长，初步建立基层的新政权。1953年10月，组织解放后的第一次普选，选出第三区各届人民代表会议代表49名、1954年1月召开第三区第一届一次各届人民代表会议，由代表选举产生第三区人民政府区长、副区长。

抗美援朝

1950年6月朝鲜战争爆发。中共东江支部委员会自10月开始，充分使用各种报告会、演讲会、控诉会、广播、漫画等形式，组织干部居民揭露美帝国主义的侵略本质，对全区公所人民进行爱国主义、国际主义教育。发动组织全辖区各界的上万人举行反侵略集会游行示威，2万多人次参加的保卫世界和平、保卫祖国签名活动。1.2万人在街道爱国主义公约上签名。动员群众捐款购买飞机、大炮，以实际行动支持抗美援朝。至1951年底，全辖区各界群众捐款共计8.6亿元（第一套人民币）。

土地改革

七星区域农村土地改革分三期进行。第一期，1951年3月至5月，在临桂县领导下，在临桂县第二区（柘木区）管辖的行政村（今朝阳乡辖的各行政村及穿山街道办辖的屏风、汇丰、和平、光辉、樟木等行政村）进行；第二期，1951年11月2日至1952年1月23日，在第四区人民政府领导下在祝汇街进行；第三期，1953年1月至1954年5月，在新桥街、穿山街等城区的14个自然村进行。这期土改属菜农区域，人多地少，贫雇农平均每人分得土地0.46亩。土地改革过后，各地都建立以贫雇农为骨干的农民协会组织、民兵组织、妇女组织和青年团组织；市、区政府还组织工作组，到农村进行土改复查，查阶级成分划分是否有错漏，土地、财产分配是否有不公等遗留问题，并予以解决。

农业合作化

1951年12月，中共中央颁布《农业生产互助合作的决定（草案）》。经过土地改革以后的区域内农民，在市、区人民政府的领导下，在农业生产中自愿、互利组成临时互助组和常年互助组，实行劳动互助、耕畜、农具互借、资金互帮、等价交换的集体合作。1952年春，辖区参加互助组的农户占总户数的32.5%。年末，区域内农村参加互助组的农户占总农户的34.6%。1953年3月，中共中央公布《关于农业生产互助合作的决议》。1954年1月，响应中共中央公布《关于发展农业合作社的决议》，区域内农民在巩固发展互助组的同时，开始转办农业生产合作社。2月桂林市第一个蔬菜农业生产合作社在樟木乡吴家里村成立，入社农户7户，其中贫农4户，中农3户，社员22名。1954年初，区域内成立的农业生产合作社共7个184户，初级蔬菜生产合作社共3个98户。同时，区域街道成立手工业（织布）生产合作社、信贷合作社和劳动队。1955年冬至1956年春，初级社转为办高级农业生产合作（简称高级社）。高级社土地属集体所有，社员劳动按工分计酬，实行“按劳取酬，多劳多得”，对失去劳动力的社员实行“五保”。1956年，区域内基本完成对农业，对手工业，对资本主义工商业的社会主义改造。农业合作化使生产资料私有制向集体所有制转变。

“三反”“五反”运动

1951年12月，第四区在党政机关开展反贪污、反浪费、反官僚主义的“三反”运动。运动初期党政领导干部进行民主检查，针对铺张浪费、官僚主义现象进行批评和自我批评。1952年初，运动重点转入查处大的贪污分子阶段，共查出贪污金额32.9万元（第一套人民币）。运动中采取了逼供、体罚等做法。

1952年6月至12月，第四区在个体工商业中开展反行贿、反偷税漏税、反盗骗国家资产、反偷工减料、反盗窃国家经济情报的“五反”运动。在工商业者中进行守法经营教育，发动群众检举揭发，批评教育不法私商。运动中对少数人处分过重，复查时予以了纠正。

1960年6月，东江区公所（公社）在事业单位中开展以“反对贪污、反对浪费、反对官僚主义”为内容的新“三反”运动。东江区公所（公社）下辖的41个单位、2100多人参加运动，检举揭发有贪污行为的96人，行窃行为的19人。

整风和反右派

1957年，东江街道、漓江街道办事处贯彻中共中央关于整风的指示，在中共党员中开展反对官僚主义、主观主义、宗派主义为内容的整风运动。邀请党外人士座谈，以大鸣、大放、大字报的形式向党组织提出批评、建议。东江街道、漓江街道共贴出各类大字报2万多张，提出不少意见及一些偏激和错误的言论。年底，整风运动脱离运动初期正确处理人民内部矛盾的方向转向对敌斗争，从党内整风转为了“反右”斗争，导致运动严重扩大化，一些干部受到不公正的待遇。运动于1958年结束。1978—1979年，中共东江公社委员会、漓江公社委员会为右派分子摘帽、改正、平反，恢复政治名誉，安排工作，按有关政策补发抚恤金。

“大跃进”及人民公社

1958年6月，东江街道办事处、漓江街道办事处宣传建设社会主义总路线，开展“大跃进”及人民公社化运动。10月全境动员机关、街道、企业、学校全民“大办钢铁”。同年11月，东江人民公社成立，管辖东江街道办事处和漓江街道办事处所辖区域。实行政社合一，工、农、商、学、兵五位一体制。生活集体化，在农村实行“五集体”（集体食堂、集体幼儿园托儿所、集体敬老院、集体耕牛栏、集体厕所），社员自留地、家畜、大件工具、零星果树，均属集体所有。贯彻中共中央提出的多快好省地建设社会主义总路线、大办农业、大办粮食、大办水利的“大跃进”时期，辖区调动7000劳动力修青狮潭东、西干渠和漓江反虹管，调800人组成水利团参加修青狮潭坝首工程；办农械厂、榨糖厂、砖瓦厂、陶瓷厂、造船厂等工业企业，办幼儿园、托儿所、敬老院、医院等公益事业。东江人民公社扩大红砖厂、碘粉厂、石英粉厂、棕麻厂、缝衣厂，建立渔业队和运输队。办集体食堂6个，托儿所、幼儿园28个。出现了“五风”（刮“共产风”、瞎指挥风、浮夸风、强迫命令风、干部特殊化风）等左的偏差。

1960年11月至1961年2月，东江人民公社贯彻中共中央《关于农村人民公社当前政策问题的紧急指示信》（即十二条），纠正“大跃进”中的“五风”错误，落实党的农村人民公社各项政策。1984年7月至10月，公社改为乡、镇，生产大队改为村民委员会，生产队改为村民小组，人民公社的三级管理体制结束。

“文化大革命”

1966年5月16日，中共桂林市委贯彻《中国共产党中央委员会通知》（简称“五一六通知”）部署开展“文化大革命”运动。8月，桂林市委贯彻执行《中国共产党中央委员会关于无产阶级文化大革命的决定》（即“十六条”），桂林“文化大革命”全面发动，境内中小学校开始停课“闹革命”，干部职工也卷入其中，每天用半天时间搞运动。随后迅速出现红卫兵组织，红卫兵组织从批判所谓“修正主义教育路线”发展到冲击社会、破四旧（旧思想、旧文化、旧风俗、旧习惯）、任意抄家，一时间境内的庙宇、佛像、文物和居民家中的古董、字画等被砸毁、破坏，更改带有所谓封建意识和资产阶级色彩的街、道、巷的名称。“大串联”开始后，社会秩序遭到严重破坏。从此，在“左”的思想指导下，境内陷入“文化大革命”内乱，党的建设遭到破坏，国民经济遭受严重损失。1976年10月，以中共中央粉碎江青反革命集团为标志，结束“文化大革命”。

拨乱反正

1983年4月，中共七星区委成立处理“文化大革命”遗留问题领导小组及其办公室。遵照中共中央关于处理“文化大革命”遗留问题的指示，组织干部、群众学习中央、广西有关“处遗”文件，开展彻底否定“文化大革命”的教育，清除“左”的思想影响，消除派性，重点处理乱杀人乱打死人问题，清查死亡原因和人数，处理善后。至1985年5月，平反冤假错案，清退被抄家的财物，清理干部队伍中的“三种人”，给受冤者恢复名誉，对死难者家属给予抚恤，使辖区“文化大革命”的遗留问题得到解决。干部群众在彻底否定“文化大革命”教育中提高了觉悟，促进了安定团结，为拨乱反正、实现党的工作重点的转移、进行改革开放创造了条件。

家庭联产承包制

1980年9月，七星区委贯彻中共中央《关于进一步加强和完善农业生产责任制的几个问题》的通知，允许“三靠队”（吃粮靠返销、生活靠救济、生产靠贷款的生产队）放开推行联产承包责任制。1981年6月至1982年，区域内农村所有生产队全部推行联产承包责任制。穿山公社10个大队，157个生产队，3984户，实行包产到户的有11个生产队602户，占生产队总数的7%；实行大包干的生产队146个3382户，占生产队总数的93%；朝阳公社6个大队，46个生产队，1340户，全部推行大包干的做法。

1997年11月，区委、区政府贯彻中共中央、国务院“关于农村实行土地承包再延长30年不变”的政策，执行“大稳定、小调整”“增人不增地，减人不减地”的原则进行第二轮延长土地承包期工作。1998年1月，区域内延长农村土地承包期工作全部完成。全区共发放土地延包证5364本（穿山乡3687本，朝阳乡1677本）。参加承包的农户5364户，发包土地1045.88公顷，其中水田536.28公顷，旱地509.60公顷（穿山乡水田4.89公顷，旱地369.07公顷；朝阳乡水田531.39公顷，旱地140.53公顷）。

党政机构改革

政企分开　1985年，中共七星区委贯彻“政企分开”和“简政放权”的原则，原来由政府统管的经济财务、劳动人事等权限全部下放给各企业，辖区政府不再包揽企业的产、供、销等事宜，由企业直接面向市场，成为自主经营、自负盈亏、独立核算的经济实体。1997年，将辖区内的一些依靠企业管理费维持生存的行政性管理公司改制，脱离政府管理，依法自主经营、独立承担一切民事责任。随着企业改革的深入，政府的职能逐步由“管理型”向“服务型”转变。

党政机构调整　1985—2002年，七星区党委、政府机构进行了3次改革、调整。1985年初，区政府科室由11个精简为8个，新设司法局，干部总数由108人减为61人。1997年，遵循精简、统一、效能原则进行党、政机构改革。对党政机关各科室进行定员定编，调整后的政府设部门16个。2001年，围绕转变政府职能对党政机构进行改革，行政编制按27.65%的比例精简，干部总数由128人精减至91人。

民主政治建设

恢复人民代表大会制度　1976年“文化大革命”结束后，人民代表大会制度恢复并逐步完善。

1980—2005年，七星区召开8届人民代表大会。1984—2005年，朝阳乡召开8届人民代表大会；穿山乡召开5届人民代表大会。区乡人民代表大会讨论决定地方重大事项，区人民代表大会行使任免权和法律监督权，对“一府两院”（区人民政府、法院、检察院）的工作提出批评和建议。

建立政治协商制度 1978年中共十一届三中全会后，辖区内7个民主党派（中国国民党革命委员会、中国民主同盟、中国民主建国会、中国民主促进会、中国农工民主党、中国致公党、九三学社）陆续在辖区发展新成员并建立和完善基层组织。1995年辖区工商联成立。1999年，中国人民政治协商会议七星区委员会成立。区政协定期召开全体会议并列席人大会议，听取、协商、讨论“一府两院”工作报告，组织政协委员调查研究，为中共七星区委、区人民政府建言献策、参政议政。

基层民主政治建设 1986年，城区街道居民委员会由任命制改为选举制。1999年始，村民委员会实行直选制。2001年开始，开展创建村民自治模范区活动。至2005年，农村全面实行村务公开制度。

第十五章

地方人民代表大会

2002年3月，七星区第七届人民代表大会第四次会议召开　　（区人大　供稿）

1954年1月28日—29日，经桂林市人民政府批准，第四区首次召开人民代表大会（简称区人大）第一次会议，选举产生第四区第一届政府的区长、副区长。区人民代表大会的召开，标志着人民民主专政新政权的巩固。此后，辖区建制几经变动，至1979年7月成立七星区人民政府，恢复区建制之前，没有召开区人民代表大会。

1980年9月—2006年2月，先后召开七星区第二届、第三届、第四届、第五届、第六届、第七届、第八届人民代表大会共33次会议。听取和审议区人大常委会和“一府两院”（区人民政府、区人民法院、区人民检察院）的工作报告132次，并作出相应决议；收到代表建议、批评和意见1500余件，根据代表的议案，作出《关于在七星区公民中开展法制宣传教育的第二个五年规划的决议》等重要决议和决定；依法选举产生区人大常委会主任、副主任、委员和政府区长、副区长、法院院长、检察院检察长共150人次，选举出席历届桂林市人民代表大会代表198名。

1980年9月—2006年2月，代表大会闭幕期间，区人大常务委员会依法召开常委会共180次，听取和审议区“一府两院”专题报告260余项，并作出《关于用五年左右时间在本区公民中普及法律常识的决议》《关于在七星区公民中开展法制宣传教育的第二个五年规划的决议》《关于在七星区开展执法检查的决定》《关于在我区推行执法责任制的决定》和《关于在我区公、检、法机关实行重大事项报告的决定》等重大决议和决定。同期组织人大代表对辖区机关和有关职能部门贯彻执行国家法律法规和地方条例的情况进行检查监督，有效地促进了依法行政工作。组织人大代表视察共60余次；对区“一府两院”国家机关工作人员任免或接受辞职435人次。

第一节　机　　构

领导机构

区人民代表大会选举产生的人大常委会，由主任1人、副主任若干人、常务委员若干人组成。依照《中华人民共和国宪法》和《中华人民共和国地方各级人民代表大会和地方各级人民政府组织法》赋予的职权，区人大常委会履行职责，对本级人民代表大会负责并报告工作。人大常委会是人民代表大会的常设机构，常委会主任、副主任为专职，委员一般为兼职。任期与人民代表大会每届时期相同。

七星区第二届人大常委会主任、副主任、委员共13人；第三届人民代表大会常务委员会主任、副主任、委员共15人；第四届人大常委会主任、副主任、委员共13人；第五届人大常委会主任、副主任、委员共15人；第六届人大常委会主任、副主任、委员共15人；第七届人大常委会主任、副主任、委员共17人；第八届人大常委会主任、副主任、委员共17人。

表15-1　　1980—2006年七星区历届人大常委会主任、副主任名录

届次	职务	姓名	性别	籍贯	民族	任职时间
二	主任	孙永禄	男	河北河间	汉	1980年9月—1984年11月
	副主任	邱玉山	男	河北南官	汉	1980年9月—1984年11月
		胡兆习	男	山东玉莲	汉	1980年9月—1984年11月
		李嘉球	男	广西临桂	汉	1980年9月—1984年11月

续表

届次	职务	姓名	性别	籍贯	民族	任职时间
三	主任	杨克中	男	天津武清	汉	1984年11月—1987年11月
	副主任	王兆丰	男	江苏海岸	汉	1984年11月—1987年11月
		汪玉理	男	安徽怀远	汉	1984年11月—1987年11月
		李嘉球	男	广西临桂	汉	1984年11月—1987年11月
四	主任	杨克中	男	天津武清	汉	1987年11月—1990年10月
	副主任	王兆丰	男	江苏海岸	汉	1987年11月—1990年10月
		孙以礼	男	广西蒙山	汉	1987年11月—1990年10月
五	主任	杨克中	男	天津武清	汉	1990年10月—1993年11月
	副主任	王诚信	男	湖南衡阳	汉	1990年10月—1993年11月
		梁若湘	女	广东罗定	汉	1990年10月—1993年11月
六	主任	王诚信	男	湖南衡阳	汉	1993年11月—1999年1月
	副主任	梁若湘	女	广东罗定	汉	1993年11月—1999年1月
		许绍初	男	广西容县	汉	1994年3月—1999年1月
		曾雄胜	男	广东高州	汉	1997年3月—1999年1月
七	主任	郑小猊	男	湖南隆回	回	1999年1月—2002年10月
	副主任	许绍初	男	广西容县	汉	1999年1月—2002年10月
		梁若湘	女	广东罗定	汉	1999年1月—2002年10月
		曾雄胜	男	广东高州	汉	1999年1月—2002年10月
		王庆国	男	安徽凤阳	汉	1999年1月—2002年10月
八	主任	郑小猊	男	湖南隆回	回	2002年10月—2006年10月
	副主任	赵佑生	男	广西临桂	汉	2002年10月—2006年10月
		曾德云	男	湖南武岗	汉	2002年10月—2006年10月
		唐龙华	男	广西灌阳	汉	2002年10月—2006年10月
		刘　翔	男	山西阳泉	汉	2002年10月—2006年10月

工作机构

1980年9月，区人大常委会成立。1980年10月，设立人大常委会工作办公室。1990年9月，根据市编办《关于调整桂林市各城区人大常委会办事机构的通知》，设立法制工作委员会、财政经济工作委员会、教科文卫工作委员会。1999年1月增设城乡建设环境保护工作委员会、人大代表联络委员会。2001年12月，机构改革，将5个专门委员会合并为综合工作委员会。至2005年末变。

办公室　1980年10月设立，在职人员6人。2005年在职人员2人。历任主任：王兆丰、唐小仁（女）、海金明（女）、周民进、白法开、张哲（女）。

法制工作委员会　1990年9月设立，由5名委员组成。1997年1月撤销，1999年3月复设，2001

（区人大　供稿）

年12月再次撤销。历任主任委员:白法开、周政军、秦文枝。

财政经济工作委员会 1990年9月设立,由7名委员组成。1997年1月撤销,1999年3月复设,2001年12月再次撤销。历任主任委员:张宝庆、刘飚、覃军。

科教文卫工作委员会 1990年9月设立,由7名委员组成。1997年1月撤销,1999年3月复设,2001年12月再次撤销。历任主任委员:白法开、雷雪芳(女)。

城乡建设环境保护工作委员会 1999年1月设立,由5名委员组成。2001年12月撤销。主任委员:银交生。

代表联络委员会 1999年1月设立,由8名委员组成。2001年12月撤销。主任委员:蒋晓荣。

综合工作委员会 2001年12月设立,由27名委员组成。主任:赖翠萍(女)。

第二节 人民代表大会代表

代表产生

1953年9月,桂林市第四区成立选举委员会,组织领导人民代表的选举工作。采取自上而下联合提名和自下而上酝酿、讨论相结合的方式,由中国共产党、民主党派、政权组织、人民团体共同协商提出初步名单,交由各选民小组、独立选区充分讨论,最后综合各方面意见确定代表候选人正式名单进行选举。1954年1月,第四区首次人民代表大会举行。采用等额选举的办法选举产生桂林市第四区第一届人民代表大会代表(简称人大代表)43名。

1979年七星区成立后,历届人大代表选举,均根据《中华人民共和国宪法》《中华人民共和国地方各级人民代表大会和地方各级人民政府组织法》《中华人民共和国全国人民代表大会和各级人民代表大会选举法》等规定和自治区、桂林市选举工作会议精神,成立选举委员会,将辖区划分为若干个选区,经过宣传发动、选民登记、民主推荐协商候选人、投票选举等法律程序,由选民直接选出区人大代表。选举结果经代表资格审查委员会审查并予以公布。第一届、第四届、第五届任期3年,第二届、第七届、第八届任期4年,第六届任期5年。

表15-2 七星区第一届至第八届区人大代表选举主要情况表

届次	选举时间(年、月)	全区总人口数	选民数	选区数	人大代表数		中共党员数	
					总数	女性	人数	占代表总数%
一	1954.1	18285			43			
二	1980.9	41028	31000	46	100	33	63	63.00
三	1984.11	64339	45298	51	121	38	71	58.68
四	1987.11	75000	55537	60	111	32	75	67.57
五	1990.10	80000	61665	62	116	47	72	62.07
六	1993.11	95000	68510	71	116	38	78	67.24
七	1999.1	154134	109055	93	147	40	99	67.35
八	2002.10	180000	141727	90	156	44	106	67.95

注:1954年1月召开的桂林市第四区第一届人民代表大会,代表结构无资料可考故未列入统计。依据中共桂林市委关于沿革历史衔接之规定,视第四区第一届人民代表大会为七星区第一届人民代表大会

代表结构

第一届区人大代表43人,代表的构成无详细资料可考。

第二届区人大代表100人,其中男性代表67人、占67%,女性代表33名人、占33%;中共党员代表63人、占63%,非共产党员代表37人(其中民主

党派人士2名)、占37%;少数民族代表6人。

第三届区人大代表121人,其中男性代表83人、占68.60%,女性代表38人、占31.40%;中共党员代表71人、占58.68%,民主党派(含无党派人士)代表6人、占4.96%,群众代表44人、占36.36%;少数民族代表11人,占9.09%;大中专54人,占44.63%,高中、初中、小学学历67人,占55.37%。

第四届区人大代表111人,其中男性代表79人、占71.17%,女性代表32人、占28.83%;中共党员代表75人,占67.57%;少数民族代表10人,占9.01%;大中专(含高中)以上59名,占53.15%。

第五届区人大代表116人,其中男性代表69人,占59.48%,女性代表47人,占40.52%;中共党员代表72人,占62.07%;民主党派代表5人,占4.31%,非党派人士代表39人,占33.62%;侨胞、侨民代表1人,占0.86%;一线工人代表10人,占8.62%;少数民族代表12人,占10.3%。

第六届区人大代表116人,其中男性代表78人、占67.24%,女性代表38人、占32.76%;中共党员代表78人、占67.24%;民主党派代表7人、占6.03%;无党派人士代表31人、占26.72%;少数民族代表13人,占11.2%;大专以上62人、占53.45%,中专(含高中)28人、占24.14%,初中以下26人、占22.41%。

第七届区人大代表147人,其中男性代表107人、占72.79%,女性代表40人、占27.21%;中共党员代表99人、占67.35%,民主党派和无党派人士代表48人、占32.65%;少数民族代表15人、占10.20%;大专以上代表83人、占56.46%,中专(含高中)40人、占27.21%,初中以下24人、占16.33%。

第八届区人大代表156人,其中男性代表112人、占71.80%,女性代表44人、占28.20%;中共党员代表106人、占67.95%;民主党派和非党派代表50人、占32.05%;少数民族代表9人,占5.8%;大专以上106人、占67.95%,中专(含高中)39人、占25%,初中以下11人、占7.05%。

第三节　历届人民代表大会会议

第一届人民代表大会会议

桂林市第四区第一次会议于1954年1月28日—29日在张家园举行,出席代表43人。会议听取和审议冯德本代表选举委员会作的选举工作总结和区政府工作报告;选举产生冯德本等11人为桂林市首届人民代表大会代表;选举产生区人民政府区长冯德本、副区长蔡汉杰。

第二届人民代表大会会议

第一次会议　1980年9月12日—17日在穿山路64号(穿山公社礼堂)召开。出席会议代表100人,列席21人。会议听取和审议孙永禄作的《政府工作报告》,听取和审议王毅作的《法院工作报告》和刘志成作的《检察院工作报告》,并作出相应决议。会议依法选举产生区第二届人大常委会主任孙永禄,副主任邱玉山、胡兆习、李嘉球,委员王海涛、代秀清(女)、李彩文(女)、吴树和、胡光亚、骆仲培、夏炎、曹和元、程勇勃(女);依法选举产生区人民政府区长林国材,副区长汪玉理、鞠洪成、甘焕玉;依法选举王毅为区人民法院院长、韩向阳为区人民检察院检察长。会议收到议案47件。

第二次会议　1981年11月25日—27日召开。出席会议代表97人,列席21人。会议听取苏耕春作的关于学习中共十一届六中全会《决议》的辅导报告;会议听取和审议林国材作的《政府工作报告》,孙永禄作的《人大常委会工作报告》,王毅作的《法院工作报告》和韩向阳作的《检察院工作报告》,并作出相应决议。会议听取第一次会议代表议案共45件办理情况的报告。

第三次会议　1982年12月15日—17日召开。出席会议代表97人,列席21人。会议听取和审议林国材作的《政府工作报告》,孙永禄作的《人大常委会工作报告》,王毅作的《法院工作报告》和韩向阳作的《检察院工作报告》,并作出相应决议。会议收到议案30件。

第四次会议　1984年9月4日—5日召开。出席会议代表94人,列席14人。会议听取和审议汪玉理作的《政府工作报告》,孙永禄作的《人大常委会工作报告》,王毅作的《法院工作报告》和韩向阳作的《检察院工作报告》,并作出相应决议。

第三届人民代表大会会议

第一次会议 1984年11月21日—23日在龙隐路39号(原区政府招待所礼堂)召开。出席会议代表121人,列席32人。会议听取和审议汪玉理作的《政府工作报告》,孙永禄作的《人大常委会工作报告》,王毅作的《法院工作报告》和刘志成作的《检察院工作报告》,并作出相应决议。会议依法选举产生区第三届人大常委会主任杨克中,副主任王兆丰、汪玉理、李嘉球,委员于振德、马容芳(女)、马忠勤(女)、孙以礼、李美英(女)、易空、赵援朝、莫凤群(女)、海金明(女)、黄癸川、蒋子才;依法选举产生区人民政府区长刘培均,副区长张宝庆、谭哲;依法选举黄培为区人民法院院长,刘志成为区人民检察院检察长。依法选举产生人民陪审员16人。

第二次会议 1985年9月24日—26日召开。出席会议代表116人,列席31人。会议听取和审议刘培钧作的《政府工作报告》,杨克中作的《人大常委会工作报告》,黄培作的《法院工作报告》和刘志成作的《检察院工作报告》,并作出相应决议。依法选举产生出席桂林市第八届人民代表大会代表55人。

第三次会议 1986年3月25日—27日召开。出席会议代表113人,列席56人。会议听取和审议刘培钧作的《政府工作报告》,王兆丰作的《人大常委会工作报告》,黄培作的《法院工作报告》和刘志成作的《检察院工作报告》,并作出相应决议。会议作出《关于整顿自由路、穿山路、七星路的秩序和给各街道解决固定垃圾点的议案》的决议。

第四次会议 1987年4月1日召开。出席会议代表111人,列席29名。会议听取和审议刘培钧作的《深化改革、开拓前进、进一步开创全区工作的新局面》工作报告,杨克中作的《人大常委会工作报告》,黄培作的《法院工作报告》和刘志成作的《检察院工作报告》,并作出相应决议。会议听取第三次会议代表议案、建议、批评和意见办理情况的报告。

第四届人民代表大会会议

第一次会议 1987年11月3日—7日在区政府机关驻地——码坪街15号召开。出席会议代表111人,列席29人。会议听取和审议刘培钧作的《政府工作报告》、杨克中作的《人大常委会工作报告》、黄培作的《法院工作报告》和刘志成作的《检察院工作报告》,并作出相应决议。会议依法选举产生第四届人大常委会主任杨克中,副主任王兆丰、孙以礼,委员于振德、阳元金、江桂香(女)、陈国琼(女)、宋传家、罗汉昌、莫凤群(女)、龚荣卿、蒋子才;依法选举产生区人民政府区长刘培均,副区长李国光、朱全成、苏韧(女);依法选举黄培为区人民法院院长、李克强为区人民检察院检察长。

第二次会议 1988年3月18日—19日召开。出席会议代表110人,列席34人。会议听取和审议刘培钧作的《政府工作报告》,杨克中作的《人大常委会工作报告》,黄培作的《法院工作报告》和李克强作的《检察院工作报告》,并作出相应决议。会议补选常委会委员1人。

第三次会议 1989年3月9日—11日召开。出席会议代表108人,列席25人。会议听取和审议刘培钧作的《政府工作报告》,黄培作的《法院工作报告》和李克强作的《检察院工作报告》,并作出相应决议。大会表彰1988年度优秀人民代表和优秀人民代表小组。

第四次会议 1990年2月19日—21日召开。出席会议代表106人,列席27人。会议听取和审议刘培钧作的《政府工作报告》、杨克中作的《人大常委会工作报告》、黄培作的《法院工作报告》和李克强作的《检察院工作报告》,并作出相应决议。会议听取第三次会议代表建议、批评和意见办理情况的报告。大会表彰1989年度优秀人民代表和优秀人民代表小组。

第五届人民代表大会会议

第一次会议 1990年10月23日—29日在区政府驻地——码坪街15号召开。出席会议代表116人,列席27人。会议听取和审议刘培钧作的《政府工作报告》、杨克中作的《人大常委会工作报告》、黄培作的《法院工作报告》和李克强作的《检察院工作报告》,并作出相应决议。会议依法选举产生第五届人大常委会主任杨克中,副主任王诚信、梁若湘(女),委员王刚、白法开、江选谦、陈能作、张宝庆、张泽淦、周民进、杨炎玲(女)、杨明辉、唐玉英

1993年3月，七星区人大代表投票选举区人民政府区长
（区人大　供稿）

（女）、蒋惠钟、雷雪芳（女）；依法选举产生区人民政府区长刘培均，副区长李国光、苏韧（女）、王庆国；区人民法院院长黄培，区人民检察院检察长李克强。依法选举出席桂林市第九届人民代表大会代表52人。

第二次会议　1991年3月22日—23日召开。出席代表115人，列席人员36人。会议听取和审议刘培钧作的《政府工作报告》、杨克中作的《人大常委会工作报告》、黄培作的《法院工作报告》和李克强作的《检察院工作报告》，并作出相应决议。会议通过关于继续开展代表创“双优”活动的决议。

第三次会议　1992年3月18日—21日召开。出席会议代表114人。会议听取和审议刘培钧作的《政府工作报告》、杨克中作的《人大常委会工作报告》、黄培作的《法院工作报告》和李克强作的《检察院工作报告》，并作出相应决议。会议听取第二次会议代表建议、批评和意见办理情况的报告。大会表彰1991年度优秀代表和优秀代表小组。

第四次会议　1993年3月20日召开，依法补选李国光为区人民政府区长（区长刘培均调走），并作出《关于在七星区公民中开展法制宣传教育的第二个五年规划的决议》。

第六届人民代表大会会议

第一次会议　1993年11月30日—12月4日在区政府驻地——码坪街15号召开。出席会议代表116人，列席35人。会议听取和审议刘培钧作的《政府工作报告》、王诚信作的《人大常委会工作报告》、黄培作的《法院工作报告》和谢运有作的《检察院工作报告》，并作出相应决议。会议依法选举产生区第六届人大常委会主任王诚信，副主任梁若湘（女），委员田丽芳（女）、申春荣（女）、白法开、刘增有、朱保全、邹节明、杨明辉、赵佑生、唐振杰、徐维升、郭纯青、海金明（女）；依法选举产生区人民政府区长李国光，副区长梁尚林、苏韧（女）、王国庆；依法选举黄培为区人民法院院长、谢运有为区人民检察院检察长。

第二次会议　1994年3月24日—26日召开。出席会议代表115人，列席36人。会议听取和审议李国光作的《政府工作报告》、王诚信作的《人大常委会工作报告》、黄培作的《法院工作报告》和谢运有作的《检察院工作报告》，并作出相应决议。会议增选许绍初为区人大常委会副主任，补选常委会委员1人。

第三次会议　1995年3月14日—15日召开。出席会议代表113人，列席38人。会议听取和审议李国光作的《政府工作报告》、王诚信作的《人大常委会工作报告》、黄培作的《法院工作报告》和谢运有作的《检察院工作报告》，并作出相应决议。会议听取第一、二次会议代表建议、批评和意见共107件处理情况的报告。

1993年11月，七星区第六届人民代表大会第一次会议召开
（区人大　供稿）

1995年3月，七星区第六届人民代表大会第三次会议召开

（区人大　供稿）

第四次会议　1995年8月16日—17日召开。出席会议代表112人。会议选举产生出席桂林市第十届人民代表大会代表43名。

第五次会议　1996年3月26日—27日召开。出席会议代表110人，列席43人。会议听取和审议李国光作的《政府工作报告》、王诚信作的《人大常委会工作报告》、黄培作的《法院工作报告》和谢运有作的《检察院工作报告》，并作出相应决议。会议听取第三、四次会议代表建议、批评和意见共00件办理情况的报告。大会依法补选常委会委员1人；表彰1995年度优秀代表和优秀代表小组。

第六次会议　1997年3月27日—28日召开。出席会议代表118人，列席61人。会议听取和审议李国光作的《政府工作报告》、王诚信作的《人大常委会工作报告》、黄培作的《法院工作报告》和谢运有作的《检察院工作报告》，并作出相应决议。会议听取第五次会议代表建议、批评和意见共67件办理情况的报告。大会补选曾雄胜为区人大常委会副主任；表彰1996年度的优秀代表和优秀代表小组。

第七次会议　1998年3月12日—13日召开。出席会议代表115人，列席60人。会议听取和审议王祥柏作的《政府工作报告》、王诚信作的《人大常委会工作报告》、黄培作的《法院工作报告》和谢运有作的《检察院工作报告》，并作出相应决议；表彰1997年度的优秀代表和优秀代表小组。

第八次会议　1998年10月8日—9日召开，出席会议代表115人。会议依法选举出席地市合并后桂林市第一届人民代表大会代表25人。

第七届人民代表大会会议

第一次会议　1999年1月6日—9日在区政府机关驻地——骖鸾路26号高新开发大厦多功能会议厅召开。出席会议代表147人，列席42人。会议听取和审议王祥柏作的《政府工作报告》、许绍初作的《人大常委会工作报告》、周茂基作的《法院工作报告》、廖明东作的《检察院工作报告》，并作出相应决议。会议依法选举产生区第七届人大常委会主任郑小税，副主任梁若湘（女）、许绍初、曾雄胜、王庆国，委员于石生、王竟华、白法开、刘增有、阳明、周政军、海金明（女）、黄海涛、银交生、蒋继生、覃军、谭永红；依法选举产生区人民政府区长陈建军，副区长赵素华（女）、刘杰华、肖立华、熊良斌、赵佑生；依法选举周茂基为区人民法院院长、廖明东为区人民检察院检察长。

第二次会议　2000年1月20日—22日召开，出席会议代表93人。会议听取和审议王祥柏作的《政府工作报告》、郑小税作的《人大常委会工作报告》、周茂基作的《法院工作报告》和廖明东作的《检察院工作报告》，并作出相应决议。会议听取第一

2000年1月，人大代表投票选举区人民政府区长

（区人大　供稿）

次会议代表建议和意见共46件办理情况的报告。大会依法选举王祥柏为区人民政府区长；表彰1999年度的优秀代表和优秀代表小组。

第三次会议　2001年1月16日—17日召开，出席会议代表128人。会议听取和审议王祥柏作的《政府工作报告》、郑小税作的《人大常委会工作报告》、周茂基作的《法院工作报告》和廖明东作的《检察院工作报告》；审查和批准桂林高新区七星区经济与社会发展"十五"计划的报告及区人民政府关于2001年全区国民经济和社会发展计划的报告，并作出相应决议。会议听取第二次会议代表建议、批评和意见共30件办理情况的报告；表彰2000年度的优秀代表和优秀代表小组。

第四次会议　2002年3月6日—7日召开。出席会议代表128人。会议听取和审议余秋平作的《政府工作报告》、郑小税作的《人大常委会工作报告》、裴邕作的《法院工作报告》和廖明东作的《检察院工作报告》，并作出相应决议。审议和批准高新区七星区2001年区财政预算执行情况和2002年财政预算（草案）报告。会议听取第三次会议代表建议、批评和意见共35件办理情况的报告。

第八届人民代表大会会议

第一次会议　2002年10月20日—23日在区政府机关驻地——骖鸾路26号高新开发大厦多功能会议厅召开。出席会议代表156人，列席38人。会议听取和审议余秋平作的《政府工作报告》、郑小税作的《人大常委会工作报告》、裴邕作的《法院工作报告》、廖明东作的《检察院工作报告》，并作出相应决议。会议依法选举产生区第八届人大常委会主任郑小税，副主任赵佑生、曾德云、唐龙华、刘翔，委员于新建、韦龙明、文美英、邓桂平、申春荣（女）、李志雄、张哲（女）、张惠行、孟滨、莫玉玺（女）、黄海涛、赖翠萍（女）；依法选举产生区人民政府区长余秋平，副区长江建和、赵素华（女）、肖立华、阳明；依法选举裴邕为区人民法院院长、廖明东为区人民检察院检察长。依法选举出席桂林市第二届人民代表大会代表23人。

第二次会议　2003年2月12日—13日在高新开发大厦多功能厅召开。出席会议代表138人，列席40人。会议听取和审议余秋平作的《政府工作报告》、郑小税作的《人大常委会工作报告》、裴邕作的《法院工作报告》和廖明东作的《检察院工作报告》，并作出相应决议。审议和批准高新区七星区2002年财政收支预算执行情况及2003年财政预算（草案）报告。会议听取第一次会议代表建议、批评和意见共35件办理情况的报告。

第三次会议　2004年2月18日—23日在高新开发大厦多功能厅召开。出席会议代表132人，列席41人。会议听取和审议余秋平作的《政府工作报告》、郑小税作的《人大常委会工作报告》、裴邕作的《法院工作报告》和廖明东作的《检察院工作报告》，并作出相应决议。审议和批准高新区七星区2003年财政收支预算执行情况及2004年财政预算（草案）报告。会议听取第二次会议代表建议、批评和意见共51件办理情况的报告。

第四次会议　2005年1月16日—18日在高新开发大厦多功能厅召开。出席会议代表145人，列席43人。会议听取和审议余秋平作的《政府工作报告》；审议和批准高新区七星区2004年财政收支预算执行情况及2005年财政预算（草案）报告。

第五次会议　2006年2月28—3月1日在高新开发大厦多功能厅召开。出席会议代表137人，列席46人。会议听取和审议余秋平作的《政府工作报告》、郑小税作的《人大常委会工作报告》、裴邕作的《法院工作报告》和廖明东作的《检察院工作报告》，并作出相应决议。审议和批准区政府关于高新区七星区2005年财政收支预算执行情况及2006年财政预算（草案）的报告。

第四节　人民代表大会常务委员会会议

区人大常委会会议一般每两个月召开1次，有特殊需要时，临时召集会议，由主任召集主持或委托副主任召集主持。主要议题是：听取和审议区政府各工作部门、法院、检察院的工作报告及进行人事任免事项等。

第二届区人大常委会召开会议19次，建立各项会议制度和工作制度；讨论审议、监督检查区人民政府、人民法院和人民检察院的工作；听取和审议区人民政府关于办理代表提案工作情况报告；讨论和审议决定有关人事任免等工作；本届人大常委会任免国家机关工作人员 26 人。

第三届区人大常委会召开会议 20 次，听取和审议区人民政府有关经济、文化、卫生、教育、民政、计生、城管、普法教育、综合治理和对代表建议、批评和意见的处理情况的汇报；区人民法院、区人民检察院的工作报告；审议批准区司法局《关于用五年左右时间在本区公民中普及法律常识的规划》，并作出相应决议。制定《七星区人大常委会工作条例》《七星区人大常委会对区“一府两院”监督办法》《关于任免国家机关工作人员的暂行办法》。本届人大常委会任免国家机关工作人员 55 人。

第四届区人大常委会召开会议 20 次，听取和审议“一府两院”有关经济、文教卫等 52 项工作报告；每年举行 1 至 2 次“七星区经济工作研讨会”，邀请有经济技术和企业管理专长的人大代表参加，研讨本区经济发展方向，并提出建议，如：“七星区工业发展以生产与人民生活密切相关的产品为主的战略”和“经济管理中，确定和坚持以销定产的生产经营方针”等建设性意见得到区政府采纳。本届人大常委会任免国家机关工作人员 56 人。

第五届区人大常委会召开会议 23 次，听取和审议区人民法院关于刑事审判、民事审判、经济审判、行政审判等工作报告 8 次；区人民检察院关于刑事检察、经济检察、法纪检察等工作报告 6 次；区公安分局关于社会治安综合治理工作报告 3 次；听取和审议区政府有关经济、文教、卫生、计划生育、城建城管、民政及办理人大代表建议和意见等情况汇报 59 次。其间，人大常委会作出《关于在七星区公民中开展法制宣传教育第二个五年规划的决议》《关于在七星区开展执法检查的决定》《七星区人大常委会监督工作程序的暂行规定》等。本届人大常委会任免国家机关工作人员 50 人。

第六届区人大常委会召开会议 38 次，审议区“一府两院”各项议题 117 项；补选桂林市第九届人大代表 3 名，桂林市第十届人大代表 1 人。先后制定《七星区人大常委会组成人员守则》《七星区人大常委会议事规则》《关于办理代表建议、批评和意见暂行办法》。本届人大常委会任免国家机关工作人员 113 人。

第七届区人大常委会召开会议 30 次，听取和审议“一府两院”关于经济、财政、市政管理、土地开发、建设规划、爱国卫生、计划生育、基础教育、民政、行政监察、“三五”普法、法院工作、检察院工作、社会治安综合治理等各项议题 41 项；制定通过《关于在我区推行执法责任制的决定》《关于建立冤案、错案责任追究制度的决定》《关于在我区公、检、法机关实行重大事项报告的决定》和《关于在我区建立执法工作程序的决定》等。本届人大常委会共任免国家机关工作人员 95 人。

第八届区人大常委会召开会议 30 次，听取和审议“一府两院”工作报告和区人民政府有关基础教育、文化、卫生、民政、市政管理、计划生育、建设规划、社会治安综合治理、普法和依法行政等方面议题 34 项；补选市二届人大代表 3 名。2004 年批准《区人民政府关于以本级财政为园区基础设施建设项目贷款提供还贷资金的议案》，2005 年批准《区人民政府关于以本级财政为生物医药城项目贷款提供还贷资金的议案》。本届人大常委会共任免国家机关工作人员 40 人。

第五节　主要工作

法律监督

1980 年 9 月—1987 年 11 月，第二至第三届区人大听取和审议区计划生育办公室关于贯彻《广西壮族自治区计划生育管理条例》的工作报告；民政局关于贯彻《中华人民共和国城市居民委员会组织法》的方案和实施情况的报告。司法局贯彻全国人大常委会《关于加强法制教育维护安定团结的规定》，实施普法教育计划和执行情况报告，并作出《关于用五年左右时间在本区公民中普及法律常识的决定》。同时，组织代表对辖区单位普法教育情况进行视察。

1987 年 11 月—1990 年 10 月，第四届区人大听取和审议区人民政府关于普法教育工作安排和进展情况报告；关于落实《广西壮族自治区计划生育管理条例》的工作报告；区公安分局关于贯彻《中华人民共和国治安管理处罚条例》工作报告，提出相应建议和意见。1989年，区人大常委会组织一次为期一个季度的执法大检查，重点检查执法机关、执法部门、执法人员对《中华人民共和国宪法》《中华人民共和国地方各级人民代表大会和地方各级人民政府组织法》《广西壮族自治区计划生育管理条例》《中华人民共和国婚姻法》《广西壮族自治区劳动保护条例》《中华人民共和国刑法》《中华人民共和国民法通则》和《中华人民共和国民事诉讼法》等十几个法律法规的执行情况。

1990年10月—1993年11月，第五届区人大听取和审议区有关部门贯彻《中华人民共和国城市居民委员会组织法》、刑事审判、民事审判、经济审判、行政审批、刑事检察、经济检察、法纪检察等方面工作报告。组织人大代表对辖区单位贯彻执行全国人大常委会《关于加强社会治安综合治理的决定》《中华人民共和国义务教育法》和《中华人民共和国民族区域自治法》等政策法规情况进行专题视察，提出建议。同时，深入到辖区3个派出所、18条街道、30多个企事业单位调查执法工作情况。1991年9月，区人大常委会作出《关于在七星区开展执法检查的决定》，成立七星区执法检查领导小组，组织对区"一府两院"、公安、工商、税务、土地、城建等机关和部门进行重点执法检查，参加检查工作人员332人次。

1993年11月—1999年1月，第六届区人大组织人大代表对区有关部门贯彻执行《中华人民共和国环境保护法》《中华人民共和国农业技术推广法》《中华人民共和国土地管理法》《中华人民共和国义务教育法》《中华人民共和国人民警察法》《中华人民共和国法官法》《中华人民共和国产品质量法》《中华人民共和国妇女权益保障法》《广西壮族自治区产品质量监督管理条例》和《广西壮族自治区扶贫开发条例》等21个法律法规的情况进行检查。在每年的执法检查中，常委会成立执法检查领导小组和办公室，制定执法检查实施方案，有组织、有计划地进行。同时，组织人大代表对《广西壮族自治区计划生育管理条例》和全国人大常委会《关于加强社会治安综合治理的决定》等法律法规、决定的执行情况进行专项视察。

1999年1月—2002年10月，第七届区人大组织人大代表对区有关部门贯彻执行《中华人民共和国科学技术进步法》《中华人民共和国农业法》《中华人民共和国建筑法》《中华人民共和国残疾人保障法》《中华人民共和国工会法》《中华人民共和国公路法》《中华人民共和国水法》《中华人民共和国城市居民委员会组织法》《中华人民共和国食品卫生法》《中华人民共和国乡镇企业法》《中华人民共和国行政诉讼法》和《中华人民共和国消防法》等法律法规的情况进行检查，并提出意见和建议。专题听取和审议各年度普法情况工作报告，建立健全落实执法责任制和错案责任追究制。

2002年10月—2006年10月，第八届区人大组织人大代表对区有关部门贯彻执行《中华人民共和国传染病防治法》《中华人民共和国预算法》《中华人民共和国行政许可法》和《中华人民共和国水土保持法》等法律法规的情况进行检查，提出建议，督促整改，保证法律法规在本区的正确贯彻执行。召开专题会议，听取和审议区人民法院、区人民检察院执法情况的报告；区公安分局关于社会治安情况的报告。根据《中华人民共和国预算法》《广西壮族自治区预算监督条例》，2003—2005年，对区国民经济的运行情况和财政预算执行情况进行阶段性的跟踪调查和视察，每年听取和审议区政府上半年国民经济计划执行情况和财政收支预算执行情况的报告。建立健全信访制度，办理群众来信来访。本届人大共接待群众来访371人次，来信125件。

代表活动

第二届区人大常委会，组织人大代表158人次开展视察活动4次、视察单位（街道）149个。主要对物价、市场管理、市政建设、环境卫生等方面进行视察，并提出建议和意见。其中，关于维修桂林市东江展览馆西小巷路面的建议，得到市政府的重视，责成有关单位在短时间内，对长277.4米、宽3.5米、面积为970.90平方米的巷道进行维修。该项目投资1.24万元，其中市政府拨款0.7万元，单位捐款0.54万元。

第三届区人大常委会组织人大代表75人次，以代表小组形式，就市政管理、食品卫生、环境卫生等方面进行视察2次，视察单位和街道90个；组织代表对区属企业经济体制改革的落实情况进行调查2次。

第四届区人大常委会组织代表对区属单位普法教育情况进行专题视察；同时，每年，区人大常委会经济工作委员会对区属企业生产经营、企业管理、产品销售等方面进行视察，并提出建议和意见。

第五届区人大常委会组织区人大代表和市人大七星区代表团代表对辖区单位贯彻执行全国人大常委会《关于加强社会治安综合治理的决定》《中华人民共和国义务教育法》《广西壮族自治区计划生育条例》和《中华人民共和国民族区域自治法》等法律法规的情况进行专题视察 4 次；经济工作专题视察 4 次，对辖区桂林电力电容器厂、桂林味精总厂、广西第一机床厂、桂林电缆厂、桂林无线电一厂、桂林无线电二厂、桂林帝苑酒店、桂林旅游车船公司等 100 多家企业生产经营情况进行调查，并提出建议。

第六届区人大常委会组织区人大代表和市人大七星区代表团代表对人民群众普遍关心的热点、难点问题进行视察 13 次，对执法情况进行专项视察；组织财经工作委员会和部分代表对经济工作进行专题调查、视察 25 次，视察各类企业 261 家，提出意见和建议 134 条；组织法制工作委员会、科教文卫工作委员会对辖区企事业单位、乡村、学校、街道和公、检、法系统等 333 家单位进行调查、视察，提出建议和意见 133 条。同时，组织市人大七星区代表团代表开展视察活动 3 次，对辖区大中型企业关于劳动、人事、分配三项制度改革整顿情况和七里店污水处理厂废水污染周边乡村农田、鱼塘情况进行视察；对七星路、龙隐路的改造和桂林市阳光学校办学情况进行视察，并写出有建设性意见的视察报告上报桂林市人大。

第七届区人大常委会组织代表对区国民经济的运行情况和财政预算的执行情况进行阶段性的跟踪调查和视察；对辖区企事业单位、公、检、法系统等共 132 家单位进行调查、视察，提出建议和意见 87 条。同时，组织区人大代表和市人大七星区代表团代表对七星路、龙隐路、穿山路、漓江路、穿山路南段、骖鸾路的改造工程进行视察。对桂林国际会展中心和桂林家乐商贸城的规划方案进行审议，提出修改建议。

第八届区人大常委会组织区人大代表和桂林市人大七星区代表团代表，对辖区将军塘，金鸡路、青岭路一带及一机小区、会仙小区等小街小巷建设改造工程进行视察。同时，对施家园住宅小区进行视察，其建议与呼吁，得到市、区人民政府的重视。其间，市、区两级政府共投资 2800 多万元，对施家园街道和住宅小区进行综合整治，长期困扰着 1.5 万余名居民的环境卫生和出行问题得到彻底解决。

人事任免

七星区第二至第八届区人大常委会依法行使人事任免权，对区“一府两院”国家机关工作人员进行任免和接受辞职。其中，第二届人大常委会共任免国家机关工作人员 26 人。第三届人大常委会按照区人大常委会《关于任免国家机关工作人员的暂行办法》的规定，共任免国家机关工作人员 55 人。第四届人大常委按照区人大常委会修改的《关于任免国家机关工作人员的暂行办法》，共任免国家机关工作人员 56 人。第五届人大常委会共任免国家机关工作人员 50 人。其中任命区人大办事机构负责人 5 人；区人民政府副区长 1 人；区政府委办局正职 13 人；区人民法院庭长和副庭长 4 人，审判委员会委员 12 人；区人民检察院副检察长 1 人，检察委员会委员 4 人，检察员 3 人；免去区“一府两院”机关工作人员职务 7 人。第六届人大常委会共任免国家机关工作人员 113 人。其中，任命区人民政府副区长 6 人、代区长 1 人，接受辞去区人民政府区长职务 1 人、副区长职务 1 人，任免区政府委办局（科）等工作人员 22 人；任免区人大机关工作人员 14 人，接受辞去区人大常委会委员职务 2 人；任免区人民法院工作人员 39 人，接受辞去区人民法院院长职务 1 人；任

人大代表到农村开展调研活动　　（区人大　供稿）

免区人民检察院工作人员25人,接受辞去区人民检察院检察长职务1人。第七届人大常委会共任免国家机关工作人员95人。其中,选举区人民政府区长1人,任命区人民政府副区长4人,代区长1人,区人民法院代院长1人,副院长2人,区人民检察院副检察长3人;接受辞去区人民政府区长职务2人、副区长职务3人,区人民法院副院长1人,区人民检察院副检察长3人;任免区人民政府委办局(科)政府工作人员17人;任免区人大机关工作人员8人;接受辞去区人大常委会委员职务3人;任免区人民法院工作人员26人,区人民检察院工作人员20人。第八届人大常委会共任免国家机关工作人员40人。其中,任命区人民政府代区长1人、副区长3人,接受辞去区人民政府区长、副区长职务2人,任免区人民政府委办局(科)工作人员9人;接受辞去区人大常委会委员职务3人;任免区人民法院、区人民检察院工作人员20人,任命区人民法院陪审员2人。

第六节　代表批评和建议

七星区人民代表大会召开会议时,主席团、区人大常委会、区人民政府、代表10人以上联名,均可向大会提出议案、批评和建议,经议案审查委员会进行审查后,再提请主席团讨论并决定是否提交大会审议。

第二届区人大,共收到代表的议案、批评和建议186件,其中80%的议案、批评和建议得到落实,重点解决维修九娘庙堤坝、增设三里店小学、扩建东江菜市场、开通花桥至石油六公司公共汽车及治理小东江污染等问题。

第三届区人大,共收到代表的议案、批评、建议和意见222件,内容涉及市政建设、环境保护、社会治安、交通和公共设施建设等。其中,修建东区下水道、医院和小学校等建议,被纳入桂林市“七五计划”;修建漓江护堤、整治小东江、增开电容器厂公共汽车线路等建议,于1987年以前得到落实;对本级政府职权范围内的建议41件,交由有关部门全部办理并答复代表。

第四届区人大,共收到代表的建议、批评和意见207件。其中,市政府职权范围的有159件,通过市人大代表转给市政府有关部门;本级政府职权范围的48件,交由有关部门全部办理并答复。内容涉及市政建设和管理,民政救济、劳动人事等。

第五届区人大,共收到代表的建议、批评和意见175件。其中,市政府职权范围的101件,通过市人大代表转给市政府有关部门;区政府职权范围的74件,交由有关部门办理,对涉及市政府职权范围内的代表建议和意见,邀请市有关部门负责人到本区座谈,协商解决。群众反映强烈的龙隐路、西霞路、六合路、东江路等10多栋居民楼生活用水紧张和建设三里店菜市场内公厕等问题,得到市政府的重视,市长助理组织相关部门领导,到龙隐路召开现场办公会,研究解决问题的措施和办法,使问题在较短时间内得以解决。

第六届区人大,共收到代表的建议、批评和意见388件。人大常委会召开建议交办会4次,建议办理协商会4次,较好地促成码坪街、六合街居民楼生活用水问题,导航小区、龙隐、辅星、桂大、建干、新生、东环等处道路维修问题,修建垃圾转运站和公厕等群众反映较强烈的问题得到解决。桂林电视台就七星区办理代表建议、批评和意见工作进行过专题采访报道。

第七届区人大,共收到代表的建议、批评和意见234件。人大常委会召开建议交办会4次,建议办理协商会4次和建议督办会6次。促成尧山和桂林轮胎厂一带的单位供水问题,施家园小区脏、乱、差问题,将军塘周围一带安装路灯等问题得以解决。

第八届区人大,共收到代表的建议、批评和意见115件。人大常委会召开建议交办会4次,建议办理协商会4次和建议督办会6次。使长期困扰横塘社区周边单位的饮用水问题,五通街居民区夜市摊油烟污染和扰民等问题得到解决。

第七节　乡人民代表大会

1954年1月，穿山乡召开乡第一次人民代表大会，选举产生乡行政领导人。此后，由于基层政权机构的不断变更、行政区域随之变动，至1987年11月共召开8次人民代表大会，选举产生乡、公社的行政领导人。1987年11月6日—9日，穿山乡、朝阳乡分别召开乡第九届人民代表大会第一次会议，选举乡长、副乡长。之后，乡人民代表大会依法如期召开，并依法进行换届选举。乡人民代表大会代表由选民按差额选举方式直接选举产生。至2005年11月，穿山乡、朝阳乡分别召开14届人民代表大会。每一届代表大会的第一次会议均进行乡人大主席团主席、副主席和乡人民政府乡长、副乡长的选举。乡人民代表大会一般每年召开一次，特殊情况可召开两次。会议主要是听取和审议乡人民政府工作报告，乡人大主席团工作报告，并作出相应的决议；对人大主席团主席或政府领导因工作调整或调离本乡而进行补选。

穿山乡人民代表大会

第九届乡人民代表大会第一次会议，于1987年11月6日—7日召开。出席会议代表58人。会议听取和审议通过乡人民政府工作报告；选举产生乡人民代表大会主席团（以下简称乡人大主席团）常务主席1人，常务副主席1人；选举产生乡长1人，副乡长2人。

第十届乡人民代表大会第一次会议，于1990年10月24日—25日召开。出席会议代表61人。会议听取和审议通过乡人民政府工作报告和乡人大主席团工作报告；选举产生乡人大主席团常务主席1人；选举产生乡长1人，副乡长3人。

第十一届乡人民代表大会第一次会议，于1993年11月12日—13日召开。出席大会的代表60人，其中中共党员代表24人，妇女代表21人。会议听取和审议通过乡人民政府工作报告和乡人大主席团工作报告；选举产生乡人大主席团常务主席1人；选举产生乡长1人，副乡长3人。

第十二届乡人民代表大会第一次会议，于1996年9月18日—19日召开。出席会议代表56人，其中中共党员代表25人，妇女代表17人。会议听取和审议通过乡人民政府工作报告和乡人大主席团工作报告；选举产生乡人大主席团主席1人；选举产生乡长1人，副乡长3人。

第十三届乡人民代表大会第一次会议，于1999年11月9日—10日召开。出席会议代表56人，其中中共党员代表27人，妇女代表12人。会议听取和审议通过乡人民政府工作报告和乡人大主席团工作报告；选举产生乡人大主席团主席1人；选举产生乡长1人，副乡长3人。

第十四届乡人民代表大会第一次会议，于2002年7月25日—26日召开。出席大会的代表56人，其中中共党员代表25人，妇女代表12人。会议听取和审议通过乡人民政府工作报告和乡人大主席团工作报告；选举产生乡人大主席团主席1人；选举产生乡长1人，副乡长3人。

1987—2005年，历任穿山乡人大主席团主席蒋金生、周继清、于石生、聂云、莫玉犁（女）。

朝阳乡人民代表大会

第九届乡人民代表大会第一次会议，于1987年11月8日—9日召开。出席会议代表34人，列席代表18人，特邀代表1人。会议听取和审议通过乡人民政府工作报告；选举产生乡人民代表大会主席团常务主席1人，常务副主席1人；选举产生乡长1人，副乡长2人。

第十届乡人民代表大会第一次会议，于1990年10月22日—23日召开。出席会议代表47人，其中妇女代表18人。会议听取和审议通过乡人民政府工作报告和乡人大主席团工作报告；选举产生乡人大主席团主席1人；选举产生乡长1人，副乡长2人。

第十一届乡人民代表大会第一次会议，于1993年11月15日—16日召开。出席会议代表47人，其中中共党员代表17人，妇女代表12人。会议听取和审议通过乡人民政府工作报告和乡人大主席团工作报告；选举产生乡人大主席团常务主席1人；选举产生乡长1人，副乡长2人，科技副乡长1人。

第十二届乡人民代表大会第一次会议，于1996年9月13日—14日召开。出席会议代表46人，其中中共党员代表18人，妇女代表15人。会议听取和审议通过乡人民政府工作报告和乡人大主席团工作报告；选举产生乡人大主席团主席1人；选举产生乡长1人，副乡长2人，科技副乡长1人。

桂林华侨旅游经济区石家渡大桥　　(2004年摄)

第十三届乡人民代表大会第一次会议，于1999年11月1日—3日召开。出席会议代表46人，其中中共党员代表24人，妇女代表13人。会议听取和审议通过乡人民政府工作报告和乡人大主席团工作报告；选举产生乡人大主席团主席1人，副主席1人；选举产生乡长1人，副乡长3人。

第十四届乡人民代表大会第一次会议，于2002年7月24日—25日召开。出席大会的代表46人，其中中共党员代表25人，妇女代表11人。会议听取和审议通过乡人民政府工作报告和乡人大主席团工作报告；选举产生乡人大主席团主席1人；选举产生乡长1人，副乡长3人。

1987年11月—2005年12月，历任朝阳乡人大主席团主席：蒋继生、秦涛、于新建。

第十六章

地方人民政府

2004年4月21日,七星区人民政府在高新开发大厦多功能厅举行表彰大会

民国22年(1933),成立桂林县城区东附廊乡公所。1949年12月,设东郊区公所,作为桂林市政府的派出机构。

1950年10月,桂林市东江区公所改称桂林市第四区人民政府。之后,七星区域先后设置为桂林市东郊区公所、第三区人民政府、东江人民公社、东江人民公社管理委员会、郊区人民政府。1979年7月,成立七星区人民政府。1996年12月,桂林市郊区穿山乡、朝阳乡划归七星区管辖。1997年6月20日,七星区与桂林国家高新技术产业开发区合并;6月,七星区政府由码坪街15号迁至骖鸾路26号高新开发大厦综合办公大楼办公。1980年9月至2006年,七星区召开第二届至第八届人民代表大会,选举各届人民政府领导班子。

第一节 机　　构

20世纪30至40年代
民国时期政权机构

民国19年(1930),桂林县划为5镇5乡,今七星境内有东江镇和东附廊乡。

东江镇　民国22年(1933),区境属桂林县,成立桂林县城区东江镇公所,辖15条街。民国29年(1940)3月,桂林确定市区范围后,以八桂、白龙、境风、义南、东江、凤北6镇为城区,辖区东江镇辖码坪街、东灵街、东洲街、漓江街、九良上街、九良下街、汲湾街、五通街、坤元街、福隆街、新桥街、六合街、祝圣街、汇通街、准堤街等15条街。镇公所驻地水车街。

东江区公所　民国31年9月,乡(镇)改为区,为桂林市东江区公所,所辖街道不变。区公所下辖15条街公所。区公所设区长1名、副区长1名、助理员5名、雇员3名、警士7名、有警察15名,负责民政、财政、户政等工作。街公所设街长1名、副街长1名、街民大会代表1名。历任区长周鉴、黎济民、龙光,副区长唐世珍、张义、彭振南。

东附廊乡公所　民国22年(1933),成立桂林县城区东附廊乡公所。东附廊乡辖15个街(村)、216甲,共2623户,11858人。乡公所设乡长1名、副乡长1名、乡民代表大会主席1名、民政、户籍专职若干名。乡公所内设民政、警卫、经济、文化4股,各股主任分别由乡长、副乡长、国民兵团队附和国民中心校教员兼任。村(街)设村(街)长1名、副村(街)长1名、村(街)民大会代表1名。民国31年6月,桂林市东附廊乡辖穿山村、周江村、渡东村、岭马村、龙门村、彭家里村、临竹村、社中村、西南村、李家山村、新建村、横塘村、同心村、上庄村、六狮洲村15个村、199甲,2962户,20843人。

东附廊区公所　民国31年9月,东附廊乡公所改为东附廊区公所,区公所驻地三里亭,下辖行政村与乡辖时不变,直至1949年11月22日,桂林市解放。历任区长章文彬、黄有清、黄濬、莫定堃、周家鼎,副区长彭彰光、莫定坤、周家鼎、冷观清、彭钦懿。

中华人民共和国成立初至
七星区成立前政权机构

解放初七星区境为第四区,1950年合并改称第四区人民政府,1955年改为第三区人民政府,1958年撤区设东江、漓江两人民公社,1960年两公社合并为东江公社,次年又恢复原两公社,1979年撤公社置七星区(县级)。七星区在桂林城区东部,漓江东岸,因境内七星山得名。

东郊区公所　1949年12月18日,桂林市东郊区公所成立,除区长外,区公所设置有民政、公安、武装、财粮助理等专职人员,未设工作部门。1950年4月,东郊区(时辖15个行政村)公所撤销,所辖

行政村除穿山村、六狮洲村划归东江区公所外，其余13个行政村划归临桂县成立龙门区人民政府。区政府设有区长、副区长、文书、民政助理、财粮助理、文教助理、公安员、会计、通讯员等。区治驻地三里店。

东江区公所　1950年4月，成立桂林市东江区公所，为桂林市人民政府派出机构；区公所设有区长、文书、公安、武装、民政助理、财粮助理、文教助理等专职人员。区治驻地栖霞路。辖东灵、东川、泥湾、五通、坤元、福隆、新桥（包括阳家里、建干路、六合路、王家碑、六狮洲等自然村）及街道。

第四区人民政府　1950年10月，东江区公所撤销，改称第四区人民政府，为一级政权，隶属市政府领导，区府设置区长、副区长、秘书、民政助理、财粮助理、文教助理、农业干事等。

第三区人民政府　1954年6月1日，桂林市行政区划调整，第四区人民政府改称第三区人民政府。区府组织机构、人员编制、隶属关系、管辖范围保持不变。1955年10月27日，第三区人民政府撤销，所辖区域改由新设立的东江街道和漓江街道管辖。区长冯德本、刘世国；副区长蔡汉杰。区治驻地张家园。

东江人民公社　1958年11月1日，东江、漓江两个街道合并，成立桂林市东江人民公社，辖东江、漓江两个街道原来所辖范围。1960年3月，撤销东江、漓江两个街道，成立桂林市东江区公所（公社），区公所设区长（社长）、副区长（副社长）及生产部、福利部、财贸部等工作部门。区治驻自由路。

东江人民公社管理委员会　1960年6月，东江区公所改称东江人民公社管理委员会，设社主任（社长）、副主任（副社长）。工作机构设办公室、工交部、福利部、文教卫生部、财贸部、政法部、农业部、统计室。公社辖花桥、临上、临下三个管理区、10个街委会，临竹、西南2个生产大队。机关驻地七星公园普陀山下，1962年3月，从东江公社析出成立漓江人民公社，地址七星岩普陀山下公园内，公社编制7人。1968年4月，东江人民公社革命委员会成立，地址自由路86号。1979年东江公社撤销。

漓江人民公社　1955年10月27日，漓江街道成立。1958年11月1日，与东江街道合并，成立桂林是东江人民公社，1962年3月，漓江人民公社从东江人民公社析出成立，编制7人。1969年8月，漓江人民公社革命委员会成立。地址自由路86号。1979年漓江公社撤销。

表16-1　**1949—1979年6月七星区域人民政府领导人更迭名录**

机构名称	职务	姓名	性别	籍贯	任职时间
桂林市东郊区公所	区长	陈相廷	男	黑龙江	1949年12月—1950年4月
桂林市东郊区公所	区长	段富贵	男		1950年4月—1950年10月
桂林市第四区人民政府	区长	段富贵	男		1950年10月—1950年12月
		梁　族	男		1950年10月—1951年8月（兼）
		冯德本	男		1951年8月—1954年1月
	副区长	宋荣九	男		1950年11月—1951年11月
		李克斌	男		1952年8月—1953年1月
		蔡汉杰	男		1954年1月—1954年1月
桂林市第四区第一届人民政府	区长	冯德本	男		1954年1月—1954年6月
	副区长	蔡汉杰	男		1954年1月—1954年6月
桂林市第三区人民政府	区长	冯德本	男		1954年6月—1954年8月
		刘世国	男		1954年11月—1955年10月
	副区长	蔡汉杰	男		1954年6月—1955年10月
桂林市东江区公所（公社）	区（社）长	黎碧珍	女		1960年3月—1960年6月
	副区（社）长	高玉文	男		1960年3月—1960年6月
桂林市东江人民公社管理委员会	主任（社长）	吴　纪	男		1960年6月—1961年6月
	副主任（副社长）	黄冠中	男		1960年6月—1961年6月

续表

机构名称	职务	姓名	性别	籍贯	任职时间
桂林市漓江人民公社管理委员会	主任(社长)	刘肇坤	男		1962年3月—1962年5月
		黎碧珍	女		1965年8月—1966年2月
	副主任(副社长)	黎碧珍	女		1962年5月—1965年8月
		黄志民	男		1965年11月—1966年5月
桂林市东江人民公社管理委员会	主任(社长)	全德康	男		1961年6月—1962年5月
		冯显庭	男		1962年5月—1963年4月
	副主任(副社长)	高玉文	男		1961年6月—1963年4月
桂林市东江人民公社管理委员会	主任(社长)	冯显庭	男		1963年4月—1966年1月
		高玉文	男		1966年1月—1966年5月
	副主任(副社长)	高玉文	男		1963年4月—1966年1月
东江人民公社管理委员会	主任(社长)	高玉文	男		1966年5月—1967年3月
漓江人民公社管理委员会	主任(社长)	黄志民	男		1966年5月—1967年3月
东江人民公社管理委员会	主任(社长)	张万清	男		1969年3月—1975年3月
漓江人民公社管理委员会	主任(社长)	甘焕玉	女		1975年3月—1976年10月
东江人民公社管理委员会	主任(社长)	张万清	男		1975年3月—1979年7月
漓江人民公社管理委员会	主任(社长)	甘焕玉	女		1976年10月—1979年7月

七星区人民政府

领导机构 1979年7月，七星区人民政府成立。至2005年，七星区经历第一届人民政府(1979年7月—1980年9月)、七星区第二届人民政府(1980年9月—1984年11月)、七星区第三届人民政府(1984年11月—1987年10月)、七星区第四届人民政府(1987年10月—1990年10月)、七星区第五届人民政府(1990年10月—1993年10)、七星区第六届人民政府(1993年10月—1998年12月)、桂林国家高新技术产业开发区管委会七星区人民政府(1997年6月—1999年1月)、七星区第七届人民政府(1999年1月—2002年10月)、七星区第八届人民政府(2002年10月—2006年10月)等共9届领导。

表16-2　**1979年至2005年七星区人民政府区长、副区长名录**

机构名称	职务	姓名	性别	籍贯	任职起止年月
桂林市七星区人民政府(1979年6月—1980-年9月)	区长	孙永禄	男	河北河间	1979年7月—1980年9月
	副区长	鞠洪成	男	山东荣成	1979年7月—1980年9月
		汪玉理	男	安徽怀远	1979年7月—1980年9月
		甘焕玉	女	广西桂平	1979年7月—1980年9月
桂林市七星区第二届人民政府(1980年9月—1984年11月)	区长	林国材	男	广西桂林	1980年9月—1984年11月
	副区长	汪玉理	男	安徽怀远	1980年9月—1984年11月
		鞠洪成	男	山东荣成	1980年9月—1984年11月
		甘焕玉	女	广西桂平	1980年9月—1984年9月
桂林市七星区第三届人民政府(1984年11月—1987年10月)	区长	刘培钧	男	江苏英江	1984年11月—1987年10月
	副区长	张宝庆	男	安徽怀远	1984年11月—1987年10月
		谭　哲	女	湖南祁东	1984年11月—1987年10月

续表

机构名称	职务	姓名	性别	籍贯	任职起止年月
桂林市七星区第四届人民政府（1987 年 11 月—1990 年 10 月）	区长	刘培钧	男	江苏吴江	1987 年 11 月—1990 年 10 月
	副区长	李国光	男	广西柳州	1987 年 11 月—1990 年 10 月
		朱全成	男	湖南衡阳	1987 年 11 月—1990 年 10 月
		苏　韧	女	广西灵川	1987 年 11 月—1990 年 10 月
桂林市七星区第五届人民政府（1990 年 10 月—1993 年 11 月）	区长	刘培钧	男	江苏吴江	1990 年 10 月—1992 年 4 月
	区长	李国光	男	广西柳州	1993 年 3 月—1993 年 11 月
	副区长	李国光	男	广西柳州	1990 年 10 月—1993 年 3 月
		苏　韧	女	广西灵川	1990 年 10 月—1993 年 11 月
		王庆国	男	安徽凤阳	1990 年 10 月—1993 年 11 月
桂林市七星区第六届人民政府（1993 年 11 月—1999 年 11 月）	区长	李国光	男	广西柳州	1993 年 12 月—1997 年 6 月
	代区长	王祥柏	男	广西兴安	1997 年 6 月—1999 年 1 月
	副区长	梁尚林	男	广东三水	1993 年 12 月—1997 年 6 月
		苏　韧	女	广西灵川	1993 年 12 月—1997 年 6 月
	副区长	陈建军	男	广西贺州	1997 年 6 月—1999 年 1 月
		梁尚林	男	广东三水	1997 年 6 月—1998 年 8 月
		赵素华	女	广西桂林	1997 年 6 月—1999 年 1 月
		苏　韧	女	广西灵川	1997 年 6 月—1999 年 1 月
		王庆国	男	安徽凤阳	1997 年 6 月—1999 年 1 月
		宁　济	男	湖　南	1997 年 6 月—1999 年 1 月
		刘杰华	男	江西上饶	1997 年 6 月—1999 年 1 月
		张　高	男	广西南宁	挂职 1997 年 10 月—1999 年 1 月
桂林市七星区第七届人民政府（1999 年 1 月—2002 年 10 月）	区长	陈建军	男	广西贺州	1999 年 1 月—1999 年 11 月
		王祥柏	男	广西兴安	1999 年 11 月—2002 年 2 月
		余秋平	男	湖北黄陂	2002 年 3 月—2002 年 10 月
	副区长	赵素华	女	广西桂林	1999 年 1 月—2002 年 10 月
		刘杰华	男	江西上饶	1999 年 1 月—1999 年 11 月
		肖立华	男	广西桂林	1999 年 1 月—1999 年 11 月
		熊良斌	男	湖南临湘	1999 年 1 月—2000 年 11 月
		张　高	男	广西南宁	挂职 1999 年 1 月—2000 年 1 月
		赵佑生	男	广西临桂	1999 年 9 月—2002 年 10 月
		周冬秀	女	广西桂林	2000 年 3 月—2002 年 10 月
		唐龙华	男	广西灌阳	2001 年 9 月—2002 年 10 月
桂林市七星区第八届人民政府（2002 年 10 月—2006 年 10 月）	区长	余秋平	男	湖北黄波	2002 年 10 月—2006 年 7 月
	副区长	江建和	男	湖北新洲	2002 年 10 月—2006 年 7 月
		赵素华	女	广西桂林	2002 年 10 月—2006 年 10 月
		肖立华	男	广西桂林	2002 年 10 月—2006 年 10 月
		阳　明	男	广西桂林	2002 年 10 月—2006 年 10 月
		何曙光	男	广西龙胜	2003 年 6 月—2006 年 10 月
		吕稚敏	男	湖南邵阳	挂职 2004 年 11 月—2006 年 11 月
		林业江	男	广东阳春	2003 年 6 月—2006 年 10 月

工作机构 1979年7月，七星区人民政府成立，工作部门设办公室、生产计划科、文教卫生科、商业服务科、供销财务科（对外挂物资供销公司）、街政科等6个科室。1980年1月，街政科改为民政科；同年4月，增设市政管理科；同年9月，撤销供销财务科，分设供销科、财务科，增设劳动工资科和爱国卫生运动委员会办公室。1982年2月，设立计划生育办公室。1984年，机关机构改革。七星区人民政府工作部门设办公室、民政科、劳动人事科、经济管理科、文教卫生科、财务科、计划生育办公室、司法局等8个部门。1987年，增设监察局，恢复市政管理科和爱国卫生运动委员会办公室，共11个工作部门。1988年，依据市机构编制委员会办公室文件精神，七星区人民政府所设经济管理科、城市建设管理科、劳动人事科、民政科、文教卫生科，分别对外挂七星区人民政府计划经济委员会、城市建设管理局、劳动人事局、民政局、文教卫生局的牌子。1990年7月6日，七星区老龄委员会办公室成立，同年，设立审计科。1991年，区计划生育办公室更名为区计划生育委员会。1992年1月13日，设立区统计科。1996年，成立七星区市容环境卫生管理局，下设市容环境卫生监察大队和环境卫生管理站。1997年2月18日，七星区农村工作办公室（增挂农业局、林业局、水利电力局、农机局、畜牧水产局、乡镇企业管理局、副食品办公室、农业区划办公室牌子）成立。

1997年6月，市委、市人民政府决定：桂林国家高新技术产业开发区（简称桂林高新区）与七星区合并。依据市机构编制委员会办公室文件《关于高新区、七星区政府机构设置、人员编制和领导职数配备的通知》精神，桂林国家高新技术产业开发区、七星区政府工作机构设党政办公室、综合发展计划局、招商部、经济贸易科技局、建设规划土地房产局（增挂房产拆迁管理办公室牌子）、市政管理局（增挂市容环境卫生管理局牌子）、社会发展局（增挂文化体育局、民政局、教育局、计划生育委员会、卫生局牌子）、农村工作办公室（增挂农业局、林业局、水利电力局、农业机械化管理局、畜牧水产局、乡镇企业管理局、副食品办公室、农业区划办公室、漓江农业示范带办公室牌子）、财政审计物价局、工商局等10个局（室），增挂17个局（室）的牌子。上述工作部门内设机构：党政办公室设有秘书处、行政接待处、信访督查办公室、“三产”办公室；综合发展计划局设有综合发展处、计划统计处；招商部设有综合处、项目处、招商二局、招商五局、招商六局；经济贸易科技局设有综合处、科技一处、科技二处、科技产业处；建设规划土地房产局设有建设规划处、房产处；市政管理局设有市政建设处、市容环保处、园林绿化处；社会发展局设有体卫处、民政处、文教处、计划生育委员会；农村工作办公室设有综合处；财政审计物价局设有财政处、审计物价处。根据《国家公务员暂行条例》及国家公务员制度实施方案的要求，桂林国家高新区管委会、七星区人民政府取得市编委同意，对外挂牌局可下设1个领导职位，1998年4月27日下发文件，任命对外挂牌各部门的副职，原各部门内设的机构自行消失。

1998年7月21日，桂林高新区企业资产交易促进中心成立，与七星区经济贸易科技局一套人马，两块牌子。1999年6月，市政管理局增设渣土管理办公室、广告管理办公室。2001年12月，桂林国家高新区管委会、七星区人民政府工作机构设有：党政办公室、综合发展计划局（增挂统计局、国民经济动员办公室牌子）、经济贸易局（增挂科技局、安全生产监督管理局牌子）、招商部（增挂经济贸易对外合作局、外商投资管理办公室牌子）、建设规划土地房产局、财政局（增挂审计局牌子）、社会发展局（增挂教育局、民政局、文化和体育局、卫生局、计划生育局、拥军优属拥政爱民领导小组办公室、老龄委员会办公室、爱国卫生运动委员会办公室牌子）、市政管理局（增挂市容管理局、旅游局、绿化委员会办公室牌子）、农村工作局（增挂“三高”农业示范带办公室牌子）。9个部门、增挂19个局（室）的牌子。

2002年3月27日，桂林高新区、七星区会计核算中心成立。2004年7月，经济贸易局（增挂安全生产委员会办公室牌子）。同年，综合发展计划局改为综合发展和改革局。至2005年，桂林国家高新区管委会、七星区人民政府，共设置9个部门、挂21个局（室）的牌子。

党政办公室 1979年7月，成立七星区人民政府办公室与党委办公室合署办公简称党政办，内设文秘处、行政接待处、信访督查办公室、“三产”办公室。1997年6月，桂林高新区与七星区合并，设党政办公室。1998年4月，党政办调整内设机构，设督查办公室、信访办公室、保密办公室。2001年12月，党政办内设督查办公室、保密委员会办公室、信访办公室、法制办公室。至2005年未变。历任领导张德安、李桂芬、梁朝德、王诚信、熊良斌、周民进、赵素华、谢广林。

综合发展和改革局　1960年3月，东江区公所（公社）设置生产部。1979年7月，七星区人民政府设生产计划科。1997年7月，桂林高新区与七星区合并，设立综合发展局（增挂区统计局牌子）。2001年12月，综合发展局改为综合发展计划局（对外增挂区统计局、区国民经济动员办公室牌子）。2004年7月，综合发展计划局改为综合发展和改革局（对外增挂区统计局、区国民经济动员办公室牌子），至2005年不变。

经济贸易局　1960年6月，东江区公所设立财贸部、工交部。1979年七星区人民政府设商业服务科、供销财务科。1980年9月，分设供销科、财务科。1984年商业服务科撤销。1997年，桂林高新区与七星区合并，设置经济贸易科技局（增挂科技局的牌子）。2001年12月，改为经济贸易局，至2005年不变。

投资促进局　七星区投资促进局的前身为区招商部，1997年6月成立。2004年7月，改为投资促进局，至2005年不变。

市政管理局　1980年4月成立市政管理科，1987年10月改为城市建设管理局，1988年7月改为市政管理局。1997年6月改为市容环境卫生管理局。2002年1月，增挂旅游局、绿化委员会办公室的牌子，至2005年不变。

社会发展局　1997年6月，桂林高新区与七星区合并，桂林高新区管委会与七星区人民政府设社会发展局（增挂文化体育局、民政局、教育局、计划生育委员会、卫生局牌子），至2005年不变。

2003年8月11日，位于辖区的桂林市政府办证大厅正式启用

教育局　1960年6月，东江人民公社管委会设文教卫生部。1979年7月，七星区人民政府工作机构设文教卫生科，1988年7月改为文教卫生局。1997年6月，改设教育局，在社会发展局挂牌子，至2005年不变。

卫生局　1960年6月，设立文教卫生部。1979年6月设文教卫生科。1988年改为文教卫生局。1997年6月，改设卫生局，在社会发展局挂牌子，至2005年变。

文化体育局　1960年6月，设文教卫生部。1979年6月，七星区人民政府设文教卫生科，1988年7月，改为文教卫生局。1997年6月，工作机构设社会发展局，增挂文化体育局牌子，至2005年不变。

人口与计划生育局　1982年2月，成立计划生育办公室，1991年10月，改为计划生育委员会。1997年6月，社会发展局内增挂区计划生育委员会牌子。2004年计生委改为人口与计划生育局，至2005年不变。

爱国卫生运动委员会办公室　1980年9月，成立爱国卫生运动委员会办公室。1997年6月，在社会发展局挂牌子，至2005年不变。

老龄工作委员会办公室　1990年7月6日，老龄工作委员会办公室成立。1997年6月，老龄委办公室在社会发展局挂牌子，至2005年不变。

民政局　1960年3月，设立福利部。1979年7月，设街政科，1980年1月，改为民政科。1988年7月，改为民政局。1997年6月，在社会发展局增挂民政局的牌子，至2005年不变。

司法局　1960年6月，设立政法部。1984年7月，设司法局。至2005年不变。

劳动人事局　1980年8月，设立劳动工资科。1984年12月，改为劳动人事科。1988年8月，更名为劳动人事局。1997年6月，区委组织部内设劳动人事处、人才交流中心。1998年4月，由劳动人事处改为劳动人事局。2002年1月，改称劳动人事和社会保障局。至2005年不变。

财政局　1979年7月，设供销财务科，1988年7月，财务科改为财政局。1997年6月，设财政审计物价局。2002年，财政审计物价局改为财政局。至2005年不变。

监察局 1987年12月,设立监察局。2005年2月,区监察局与区纪委合署办公,至2005年不变。

建设规划土地房产局 1997年6月,设立建设规划土地房产局(增挂房屋拆迁管理办公室牌子),至2005年不变。

工商行政管理局 1993年10月,设高新区工商行政管理局,1996年9月,更名为市局第四分局;2002年6月,更名为市局七星分局,至2005年不变。

统计局 1980年6月,设统计室。1992年,设统计局。1997年设立综合发展局,对外加挂区统计局的牌子。1998年恢复统计局。2001年综合发展计划局对外增挂区统计局牌子。2004年综合发展计划局改称综合发展和改革局,对外增挂区统计局牌子,至2005年不变。

农村工作局 1960年6月,设农业部。1997年设农村工作办公室。1998年,七星区机构调整,农村工作办公室(增挂乡镇企业局、漓江农业示范带办公室牌子)。2002年改为农村工作局至2005年不变。

第二节　基层政权

1950年4月,东江区公所辖12条街6个行政街(含14个自然村)。1954年1月,第四区人民代表大会第一次会议召开时,第四区人口4509户18785人。1955年5月,从第三区划出9个自然村的农业户,归近郊区管辖。1955年12月,撤区成立东江街道办事处和漓江街道办事处,共辖10个街道居民委员会,人口3508户11822人。1960年6月,东江人民公社管理委员会下辖10个街道居民委员会和新建、西南2个生产大队,人口2190户46287人。1979年7月,七星区人民政府成立,辖9个街道居民委员会。1982年年末,七星区有人口11396户51739人。1997年12月,七星区下辖东江和七星2个街道办事处、穿山乡和朝阳乡,28个街道居民委员会,14个村民委员会。辖区人口31167户141015人,其中城镇人口19957户120902人,乡村人口11210户20113人。2003年11月,桂林华侨农场整体移七星区管理。桂林华侨旅游经济区在桂林华侨农场内设立,两块牌子一班人员。下辖竹江、马家坊2个村民委员会。2005年8月,穿山乡人民政府撤销,改为七星区穿山街道办事处,下辖8个村民委员会。2005年末,桂林高新区七星区辖朝阳乡、东江街道、七星街道、穿山街道、桂林华侨旅游经济开发区,共有街道社区居民委员会28个、村民委员会16个、自然村82个,区域面积97平方千米,总户数(统计口径)46735户,总人口数209999人。

第三节　施政方式

召开会议

辖区行政机关召开施政会议分例会和非例会两类。例会召开时间,参加人员、议题、会议地点通常是固定的;非例会为政府召开的某一专题会议或现场办公会议,开会时间,参加人员、议题、地点因会议的议题而定。

东江区公所会议 区政务会议 每月1次。区长、副区长、各股室负责人参加,区长主持。会议主要内容商定施政计划和各股室汇报工作等。

工作汇报 每旬1次。区长、副区长各股室负责人参加。由区长或副区长主持。会议汇报、检查的事项有各股室工作情况;过去工作小结:主管业务有关法令的实施情况、利弊得失;商定部署下旬工作及股室间需协调的事宜等。

国民月会 会议讨论上级政府及区公所的工作、街道(村)的所有事宜,会议由街道(村)自行主持,参会者街(村)民代表,政府派人参加并传达讲解政府法令,报告时事。国民月会是广西省政府为推行地方自治、训练民众、实行国民精神动员而举办的基层例会。每次会议除市、区政府各科、股派

员分赴各街(村)进行辅导外，还动员各级学校每月派教师率经过培训的高年级学生分片到各街(村)参加宣传辅导，宣传具体内容由政府事前拟定。民国29年(1940年)3月宣传国民道德须知，抗战节约，不成功则成仁精神；7月宣传防空知识，宣讲发放国民身份证的意义。

区民代表会议 东江区公所民国22年(1933)成立，按照民国时期选举法规定，每街(村)选出代表2人，组成区民代表会议，每年开会4次，会期3天。区民代表为基层民意机构，直接代表民众向政府请求各项事项及传达意见。区民代表履行职责至1949年11月解放军进城。

第四区人民政府 1949年底至1955年，辖区经过镇压反革命、民主改革、民主建政等一系列重大社会改革运动，实行新旧两种政权、两种社会体制的交替，废旧立新，百事待兴。据1952年年底调查，有31个市、区领导机关，经常向街道布置工作任务，基层干部兼职最多的达9个，街道会议1个月多达68次。面对如此繁杂的工作局面，区政府作出规定，重点是减少和控制会议，减少兼职。1953年3月，第四区政府规定，凡是需要召开全区性干部会议或有关单位的干部会议，必须经区政府正、副区长同意后方能召开。

行政会议 每周召开1次，区政府全体干部参加，会议布置、研究、汇报工作。

街主席会议 全区各行政街主席、文书参加，布置、研究、汇报街道工作。每月根据需要召开。

生活检讨会 区政府全体干部参加，总结讲评本月政务及个人工作情况。每月召开2次。

1955—1979年不设区，区机关会议中断。

人民公社会议 1958—1965年，辖区经历了大跃进，建立政社合一的人民公社，党政之间分工比较模糊，从整风整社到“四清”，运动一波接一波，贯彻政治运动的精神，各次运动中干部群众都经受考验，从党政机关到居民小组，层层开会，会议次数规模越来越多越来越大，千人大会到万人大会，通过开会广泛发动群众投身到声势浩大的运动中去。1966年6月，东江、漓江公社召开会议，传达中共中央关于开展无产阶级文化大革命的“五一六通知”和广西壮族自治区党委、中共桂林市城市工作委员会关于开展无产阶级文化大革命的部署。6月16日，东江、漓江公社的中小学开始停课“闹革命”公社干部每天搞半天“闹革命”运动。8月8日，中共中央发出《关于无产阶级文化大革命的决定》(即十六条)，公社通过会议向全体干部、职工、学校师生宣传贯彻，开展大鸣、大放、大字报、大辩论，大会小会批判声讨“三家村”。1967年初，各单位先后成立“造反派”组织，两个公社被“造反派”夺权，党政组织处于瘫痪状态，各级党委和政府的政策和指示精神不能通过正常的会议渠道传达贯彻。1968年底，东江、漓江两个公社分别成立革命委员会。公社革命委员会通过召开各种会议，举办各种学习班，成立各种专案组等形式，推行一条从上到下的极“左”路线；在辖区接连开展“斗、批、改”运动；“一打三反”(打击现行反革命破坏活动，反对贪污盗窃，反对投机倒把，反对铺张浪费)运动；清理阶级队伍，辖区内掀起大检举、大揭发、大批判、大清查高潮。随意扩大批斗、搜查范围。1970年底统计，两个公社的工人纠察队、红卫兵组织搜查辖区6条街道206户。各种形式的批斗会、批判会充斥大街小巷。1971—1974年，辖区先后开展“批陈整风”“批林整风”“批林批孔”运动。开展社会主义教育运动，社会清队工作。1976年5月，开展“批邓反击右倾翻案风”运动，批判“三株大毒草”(《论全党全国各项工作的总纲》《关于加快工业发展的若干问题》《中国科学院工作汇报提纲》)。大部分会议成为阶级斗争的工具和批判矛头的风向标。

七星区人民政府会议 1979年7月，七星区政府成立，政府会议制度化日臻完善。1980年2月，七星区政府制定《桂林市七星区人民政府办公制度(试行)》，对区政府机关的例行办公会议作出规范。

区长办公会议 每周召开1次。区长、副区长，区政府办公室主任参加，主要研究处理政府日常工作的有关问题。

行政办公会议 每周召开1次。区长、副区长，区政府办公室主任、秘书、各科(室)科长(主任)参加。主要讨论日常工作，包括传达上级指示精神，听取各科室工作汇报，部署、协调全区的各项工作任务等。

科务会议 每周1次。科(室)全体人员参加，研究科(室)工作。

七星区政府在执行上述会议制度过程中，为提高会议的质量和效率，对其制度逐步进行完善，至20世纪90年代末已经规范化、制度化，区人民政府实行全体会议、常务会议、区长办公会议和专题会议(含现场办公会)制度。区长办公会仍是每周1

次，参会人员有区长、副区长，办公室主任，政府调研员，武装部领导，财政、发改委、监察三局局长；特殊情况时，安排与会议有关部门负责人或相关人员列席。由区长或常务副区长召集并主持会议。

桂林国家高新七星区人民政府会议 1997年6月，桂林国家高新技术产业开发区与七星区合并，实行一班人员两块牌子。全区政务主要通过党政常务会议决定。党政常务会议参加人员为高新区工委（区委）、高新区管委（区政府）领导班子成员。会议主持人为区委书记、区长。1997—2005年，先后召开党政常务会议186次，研究和决定事项951个。

党政常务会议 不定期召开参会人员高新区工委（区委）、高新区管委（区政府）领导班子成员。主要研究决定政府日常工作的有关问题，会议主持人为区委书记、区长。

三大班子领导会议 不定期召开参会人员高新区工委、管委（政府）、区人大班子领导成员（简称三大班子领导会议，下同）。

专题会议 不定期召开。由区委（管委）书记或政府区长主持，分管区领导和相关部门领导参加会议。主要就某一个专项议题作出决定。

调查研究

1980年9月—1984年11月，七星区政府主要对辖区的物价、市场管理、市政建设、环境卫生等方面进行视察，并提出建议和意见。其中，关于维修市东江展览馆西小巷路面的建议，得到市政府的重视，责成有关单位在短时间内，对长277.4米、宽3.5米、面积为970.90平方米的巷道进行维修。

1984年11月—1990年10月，区政府就市政管理、食品卫生、环境卫生等方面进行视察，视察单位和街道90个；2次组织代表对区属企业经济体制改革的落实情况进行调查。对区属企业生产经营、企业管理、产品销售等方面进行视察，并提出建议和意见。

1990年，区人民政府深入基层调查研究200余人次，为企业解决流动资金50多万元、钢材10吨、水泥60多吨、汽油柴油10多吨；从机关和街道，抽调9名干部组成工作组，对辖区194个单位8万人口，进行残疾人员普查登记，查出有残疾人员的单位110个，残疾人610名，为377名办残疾证，安排46名残疾人就业。

1994—1998年，区政府组织有关人员对人民群众普遍关心的热点、难点问题进行视察，对辖区大中型企业关于劳动、人事、分配三项制度改革整顿情况和七里店污水处理厂废水污染周边乡村农田、鱼塘情况进行视察。

1999—2002年，区政府对辖区经济、文化、教育、卫生、社区建设、重点工程、城市建设、农村建设及社会治安等问题进行调研、视察44次，形成调研视察报告36份。并对桂林国际会展中心和桂林家乐商贸城的规划方案进行审议，提出修改建议。

2002—2005年，区政府组织相关人员对辖区将军塘，金鸡路、青岭路一带，一机小区和会仙小区等小街小巷建设改造工程进行多次视察。同时，对施家园住宅小区进行多次视察，其建议与呼吁，得到了市、区人民政府的高度重视。其间，市、区两级政府共投资2800多万元，对施家园街道和住宅小区进行综合整治，长期以来困扰着1.5万余名居民的环境卫生和出行问题得到彻底解决。

1997年6月，桂林国家高新区与七星区合并大会在高新开发大厦举行

颁布文告

民国33年（1944）桂林沦陷前夕，5月桂林市政府发布自由疏散令，7月成立疏散委员会，9月11日城防司令部发布强制疏散令，全城机关、百姓一律在14

日正午前离城。东江区公所同时发布告示，指令居民迅速疏散到大圩一带，没有特别通行证的不许逗留桂林。告示张贴于区公所及区内交通要道处向全社会公告。民国34年(1945)7月28日，沦陷8个多月的桂林收复。东江村公所发布安民告示，告知全体市民各安本业，同时告知政府临时办公地点和领取救济物资地点。市区两级政府所决定的各种救急措施、政令和相关信息，主要是通过发布告示的形式告知市民。涉及辖区内的信息在区公所临时办公地点张贴，涉及公共团体和全市的内容在市政府张贴。一些涉及面广的告示，如救济、收容贫病市民，防治瘟疫，维护治安，捉拿奸细等，除在治所张贴外，还在辖区内的醒目地点张贴。

1950年1月1日，市军管会布告，宣布解散反动党派及特务组织。辖区的一些积极分子挨家挨户宣传布告内容，配合军管会对辖区的反动党派和特务组织人员进行清查。4月东江区公所成立，市政府的法规、政令除用文件下达给下属街村执行外，对于涉及面广、社会影响大，或与广大群众有密切关联的事项和工作，则尽快通过新闻发布、广播、通知、通告、布告下达。上级各项方针政策决定等精神，区公所负责向辖区居民宣传、落实。20世纪50年代初，政府部门发布的告示较多，往后各级政府组织不断健全完善，张贴告示的形式渐少，但处理一些涉及面广的社会问题仍然会使用这种传统的形式告示人民群众。如清理整顿书画市场，桂林市政府从1982—1987年三次发布管理办法，告知市民遵守。七星区政府围绕每一次的告示制定相应的内容实施办法告示全区。同时及时组织城区的相关职能部门落实市政府规章制度。

1992—2002年，七星区政府全面执行“公文”制度。政府及各工作机构将其行政执法的内容和

范围等有关事宜向社会公告，政府部门制定行政执法责任制，在政府大楼的大厅内上板公示，推进管理信息发布制度化。1992年初，区人民政府为辖区的经济长足发展战略，有效的落实自治区党委扩大会议、自治区对外开放的会议精神，先后制定公告《关于进一步搞活经济的若干规定》十一条优惠政策。《关于加快经济建设步伐的几条措施》《关于利用外商投资发展经济的若干规定》。1995年，对企业实行激励政策，制定出台公告《关于进一步搞活经济的若干规定》《关于扶持区级重点工业企业发展若干办法的通知》《关于一九九五年度区属企业开展创先活动的若干奖励办法》等，并注意政策的兑现。1996年，制定公告《关于执行发生重大治安事故追究责任和赔偿制的责任的暂行规定》；对暂住人口管理制定《辖区暂住人口的管理规定》，制定《七星区第三个五年法制教育规划》公告等。2000—2005年，七星区机关、朝阳乡及3个街道办、1个经济开发区都制作了长期的宣传栏单位的通讯地址、公开接待和时间、联系电话、办事程序、办事时限。各行政村，社区居委会都制作有3块以上长期宣传栏，让村(居)民知晓政府的有关政策法规和公民义务等信息，为政府与群众的沟通联系提供服务。

基层工作队

依据各个不同时期中心工作特点的需要，区政府派出专门工作组(队)到基层了解情况、督促检查指导，把抓点联系当作一项经常性的工作。

1951年，开展镇压反革命和街道民主改革。东江区公所派出工作队进辖区街道了解情况，成立街道民主改革委员会，有计划、有步骤地开展街道民主改革运动。

1952年，继续开展肃清反革命分子和封建残余分子的斗争。东江区公所派出工作组，进驻五通街、泥湾街、码坪街、花桥街、七星街，深入发动群众，进行民主建政试点工作。

1953年，组织贯彻婚姻法工作队，到各组、各街道、各户进行宣传。区公所抽调得力干部以及积极分子进驻街(村)1个月。年底组织工作队进村入户宣传选举法，引导辖区的选举工作。

1954年，工作队驻村入户，宣传发动群众整顿农会组织，划分地主的土地和财产，给无地或土地

少的农户分配土地，建立农村互助组。辖区的土地改革至5月结束。

1960年，东江人民公社落实中共中央“关于农村人民公社当前政策问题的紧急指示信”精神，抽调近百人组成工作组，到辖区的各生产队、组，帮助开展“整风整社”运动，处理纠正社队盛行的“一平二调”共产风，稳定三级所有队为基础的公社所有制体制。

1964年，桂林市“四清”（清思想、清政治、清经济、清组织）工作队进驻东江人民公社、漓江人民公社，开展社会主义教育运动。进村的工作队采取秘密串联、“有枣无枣打三杆”的工作方法，狠揭基层单位的“阶级斗争盖子”，揭发、批判面不断扩大，挫伤了部分干部或工作积极分子的积极性。

1972年，落实自治区党委《关于在城市、县城的街道铺开社会清队工作意见》，桂林市“清队”办派工作队进驻东江人民公社、漓江人民公社，全面展开社会“清队”运动。对群众开展排队摸底，分清阶级阵线。还发动群众揭发检举，展开大鸣、大放、大字报、大辩论的“四大”运动。

1975年，毛泽东思想宣传队进驻东江公社、漓江公社及所属的机关、企事业单位，以“堵资本主义的路，迈社会主义的步”为中心内容。发动群众割“资本主义尾巴”，批“野马”副业，批自留地产品商品化。挫伤了干部群众发展生产的积极性。

1976年底，东江公社、漓江公社派出工作组，下街道进工厂调查研究，组织批斗“现管分子”，对那些受江青反革命集团和派性影响较深的干部群众进行帮扶教育工作。

1984—1987年，区政府组织人员对区属企业、事业单位进行财务、税收、价格检查，严肃财经纪律，堵塞经济漏洞，纠正违反财务制度和税收政策的行为。

1990年，区政府组织有关人员，对区属塑料厂等企业严格财经纪律，将有限资金用在生产经营上。对执行财经纪律好的单位和个人，进行肯定和表扬，对执行不好、违反规定的单位和个人，进行批评教育直至采取行政措施，使企业管理人员和财务人员受到执行财经纪律的教育。

1992年，开展2次计划生育工作检查。全区计划生育率达96.34%，一孩放环、二孩结扎率达88.5%，晚婚率达95.45%，全区工厂、企业、街道无多胎、无计划外生育。1993年，开展三次辖区计划生育工作检查，清查流动人口5000多人次，实现全年无多胎，无计划外二胎。

2001年，组织机关干部下工厂、农村、街道、企业、学校，与群众“三同”（同吃、同住、同劳动），了解民情、体察民意、解决民忧，为民办实事、好事，办事坚持“一站式”服务，在全市率先推行“首问责任制”。

2002年以后，为加快社会主义新农村建设，大量的工作队进村入户，驻单位指导工作的行动逐步少了。相关事宜由各个部门各司其职依法行政，除处理少数重大或突发事件，一般不派工作组（队）。

试点推广

20世纪80年代末起，区政府对一些工作采取先试点后推广的措施。

1988年，七星区进行“母子保健保育”试点，试点单位儿童入保率达82.10%。

1994—1998年，区政府把办好学校教育作为立区之本的大事来抓。自1996年12月接管学校工作以来，两年来投资700多万元办学校教育事业；努力解决了一些学校的遗留问题，改善了办学条件，加强师资队伍建设，基本普及了九年义务教育和基本扫除了青壮年文盲，在1996年获全国“两基”达标先进县（区）的基础上，1998年又顺利通过国家级验收，并被评为扫盲工作先进单位。这5年，卫生工作有新的进展，两乡14个村委会100%建立了农村合作医疗制度，并得到巩固和发展。分别获自治区“灭鼠达标先进单位”和市“灭蟑先进单位”及爱国卫生工作目标管理一等奖。

2000年，七星区人口管理试点工作受到自治区的肯定，自治区流动人口管理现场会在七星区召开，会议肯定七星区的经验并予推广。

2003年，七星区政府实施《公民道德建设实施纲要》，广泛开展“改陋习、树新风”、创“五好家庭”、创“文明窗口”、创“文明社区”“文明单位”“文明城区”活动，并建立5个创“文明社区”示范点，开展全民共建活动。

2004年，七星区“创城”工作成效显著。年内共投入资金340万元，新增100辆不锈钢密闭式垃圾运送车，购置9辆密闭式小型机动垃圾运输车等，改建了2座垃圾中转站，设置了600多个果皮箱。

新增100名城管协管员和100名清扫保洁员，实行动态式城市管理。解决了普院路周边餐馆长期占道经营问题，拆除了东江路、东环路违法建筑，取缔了朝阳路马路市场并建成了规范化新市场，加强了"城中村"卫生整治和基础设施建设，使得一批城市管理中的老大难问题得到根本性解决。七星区的“创城”工作已通过国家环保模范城验收和国家卫生城调研考核。

2005年，推行农村综合改革实验点，进行撤1个乡设立街道办事处的农村工作新机制探索；同年，七星区建立和改善重大疾病防治体系和社区卫生服务网络，获全国社区卫生服务示范区称号；同年，建设“平安七星”开展“五个一百”（企业、小区、街道、班级、科室组各100个）“平安”创建工程，分别在农村、社区和驻区单位进行试点，搜索社会治安综合治理的新措施、新办法。创建流动人口“旅店式”管理模式、城郊接合部立体防控模式、散居居民自治设岗值班封闭式管理等经验。科技强警，装备防爆设备，建立电子视频监视网络；公、检、法、交警工作纳入全区工作年度考核；组建巡防大队，归口公安分局管理，形成由公安牵头、巡防、群防、联防、物防、技防相互推动的社会治安综合创新格局。七星区率先进入广西首批平安县（区）行列。

编制计划

1950年4月成立东江区公所至1978年的七星区人民政府，辖区政府（公社管委会、革命委员会、街道办）施政的基本方式是按照上级经济计划部门下达的经济指标，制定本辖区的年度各项计划，组织生产经营活动，不能单独编制自己的生产经营计划。1979七星区人民政府成立，开始自己编制辖区国民经济和社会发展计划，编制的计划从季度、年度等短期专项计划到编制管理实施中长期经济社会发展规划。1981年编制1981年至1984年的辖区社会经济计划，此后1985—2000年历届区政府起止年限编制同步的社会经济的发展规划。1997年高新七星区合并，2001年按照国家及桂林市政府国民经济社会发展规划相对应的年限和序号编制七星区政府国民经济发展的五年计划，2005年底编制“十一五”七星区经济与社会发展规划。

第四节　政务纪要

民国时期主要政务

民国初期，东附廓区公所负责对各街（村）重大事情，由街（村）长召开街（村）民大会，征得街（村）民通过。对街（村）的壮丁进行登记，组织壮丁放哨守卡，维护社会治安，收缴各种捐税；开展社会救济、发放救灾物资。组织村街民众，修筑马路。“七七”卢沟桥事变以后，组织本乡团兵，参加桂林县举办的民团后备队的受训补习，科目有连教练、连攻击、连防御、连对抗、夜间演习、防空防毒演习等。民国27年(1938)10月，东附廓区公所及各村（街）执行桂林县关于防霍乱流行的政令，检查各户清洁，粉厂不清洁的予以取缔等。民国三十年(1941)执行市政府的政令，动员乡民禁止熬酒，以节粮食消耗。民国32年(1943)5月连日大雨，漓江水暴涨，发生洪灾，九良上、九良下、福隆、坤元、五通、淮堤、新桥、六合、祝圣、泥湾、汇通等街受灾，数十间房屋倒塌，六合路、建干路、栖霞路、龙隐岩等处木桥冲垮。户政人员对各街（村）户进行调查，调整门牌。区公所协同市政府及时将桥修复，政府发给灾民银圆876元及救济物品。

民国33年(1944)6月日军侵入桂林前夕，东附廓区公所奉市政府命令组织辖区机关、团体、工厂企业、市民紧急疏散。通过召开会议动员部署，人员来往密集处张贴政府疏散命令。9月12日，市城防司令部发布强制市民疏散令，限期3天。漓江码头一时人满为患，疏散出来的人群形成难民潮，码头多次出现争船争渡溺死人事件。民国34年(1945)7月28日日军溃退，东江区公所成立相应的救济组织，组织人力物力，以工代赈建造简易房屋临时解决市民住宿困难；从联合国善后救济总署驻桂林救济机关、教会组织、社会团体领取救济粮食、衣物、药品等分发给市民。民国35年(1946)9月，辖区九良上街、东洲街发生霍乱,区公所紧急出动员,将患者送医院抢救,在辖区强制注射霍乱疫苗,在交通要道设置注射点,无注射证者谢绝通行。实施大扫除,饮水消毒,控制疫情蔓延。

民主建政

1950 年 6 月至 7 月,东江区人民政府,在辖区各街道,进行民主改革运动,召开群众控诉会,由苦主上台控诉恶霸、特务、封建把头、旧街长的罪行。开展废除旧街道政权,改造旧社会制度,建立街道人民政权。1951—1953 年,第四区人民政府领导街道在民主改革的基础上进行民主建政,打击封建残余恶霸势力,清算恶霸地主,封建把头和敲诈钱财的帮会组织和反动会道门首领。组织抽调干部 20 多人下基层指导、帮助民主改革、民主建政工作,与农民"三同"(同吃、同住、同劳动)。贯彻执行上级人民政府"依靠贫雇农,团结中农,有步骤的、有分别的消灭封建剥削制度,发展农业生产"的路线,做好积极分子的培养和街道干部的选拔,将原东江区下辖的东洲街、泥湾街、五通街、坤元街、新桥街(含阳家里、建杆里、六合路、黄家碑、六狮洲等自然村)、东灵街、桂花街、福隆园街、新生街、[illegible]、穿山街(含张家园,龙隐、下关、訾洲、江东、白果树、九娘庙、穿山园,刘家里等自然村)、漓江街(上至新码头,下至龙门,漓江两岸的渔民、船民)12 条街(村),调整为花桥街、河东街、穿山街、新桥街、码坪街、漓江街 6 条行政街。成立街道居民委员会 13 个,居民委员会下设居民小组 208 个,民主选举产生街道代表 51 人,居民委员会主席 13 人。废除民国时期保留下来的街、村保甲制,实行街民民主自治。1951 年 3 月始,在今朝阳乡辖的各行政村及穿山街道办辖的屏风、汇丰、和平、光辉、樟木,祝汇街,六狮洲,新桥街、穿山街等七星区域分三期先后进行土地改革,1954 年上半年结束。之后,开展查田定产和农业合作化运动,大多数农户参加互助合作社。

发展经济

抗日战争爆发后,一些沿江沿海及各地的工商业陆续迁来桂林,一时间桂林成了抗战的大后方,同时也促进了辖区的经济繁荣发展。东江区公所业发展有食品厂、水厂、药厂、米厂等小型民营企业。组织个体作坊生产毛巾、土布、竹、木制日用器具、酒、香油、酱油、辣椒酱、腐竹等供应市场,特别是花桥牌辣椒酱,豆腐乳等本土特产更是受到迁移到内地各界同胞和市民的喜爱,带动了辖区手工业的发展,沿江码头街道开厂近 10 家,70 多家大小商铺鳞次栉比。民国 33 年(1944)桂林沦陷,辖区沦为一片焦土,脆弱的经济生产受到沉重打击。战后政府及驻地各社会慈善机构团体组织各方力量重建,至 1949 年始终没达到原有的繁荣和规模。

1953 年,对农业、手工业和资本主义工商业进行社会主义改造,个体手工业者组织起来,成立手工业(织布)生产合作化。1955 年,东江街道办事处办起了织布、棕麻、棉胎、棉线、五金等小工厂。1956 年工业总产值 5.59 万元。1958 年,办了红砖厂、碘粉厂、石英粉厂、棉麻厂、缝衣厂等,总产值 7.24 万元。1959 年工业总产值 37.93 万元,是上年的 5.24 倍。至 1959 年底,公社组织街道各种加工服务性小厂和生产组织共 30 个,从业人员 571 人,其中妇女占 98%,在两个月内完成产值 12178 元。以 1960 年为例,辖区养猪 662 头,养牛 39 头,养羊 30 头,养鸡鸭 50167 只。在种植业方面,有耕地面积 178 亩,菜地 3.86 公顷,主要生产青麻、花生、芋头、红薯、蔬菜等 18 种农作物,总产量 247104 斤,产值 7991.95 元。1964 年,完成渔业产量 11140 千克,比上年同期增长 7%;完成 153173 根青竹的运输工作;挖河沙 2100 余方,收入 8100 元。1964 年,畜牧场共饲养奶牛、土牛 29 头,牛奶日产达 42.5 千克,充实了辖区市场副食品的供应。带领全体社员学习大寨精神,走大寨道路,他们挖田埂、填水沟,大搞造田造地,把 108 条田埂铲平,将原来的 187 块小田平整为 92 块大田,将五条水沟填平造田十余亩,为多产粮食闯出一条新路子。和平大队党支部充分发动群众,争时间、抢速度,利用冬季农闲时间,狠抓水利建设,使全大队 70% 以上的耕地实现了水利灌溉;同时,为壮大集体经济,积极开展多种经营活动,利用荒地、路旁、河边、地角等扩大果树种植面积,种植柑橘、柚子等果树 33.33 公顷。1979 年,加速城区工业的发展。1980 年工业总产值 193.22 万元。1984—1987 年成立专业公司,发挥企业自主权,扩大外引内联,工业总产值从 384 万元上升到 463 万元,平均每年递增 6.44%。1988—1990 年,组织、引导企业职工参加全市工交系统开展的"五比、五保"竞赛活动,调动职工积极性。工业总产值从

583万元上升到925万元，平均每年递增25.95%。1991—1993年，落实区委、区政府制定的3个政策性文件，新办工业企业134家。工业总产值从1637万元上升到12262万元，平均每年递增136.67%。行业有电子、化工、服装、机械制造、加工、旅游工艺、医药等。1991年七星区经济排在自治区16个城区的末位，1993年七星区经济上升到自治区16个城区的第二位。1994—1998年，贯彻"抓住机遇，深化改革，扩大开放，促进发展，保持稳定"的方针，制定《关于一九九四年度区属企业开展创先立功活动的若干奖励办法》，开展"引进一个企业、介绍一个项目、推销一个产品、传递一个信息、推荐一个能人"活动，推进"两个根本性转变"，1997年，七星区与桂林国家高新技术产业开发区合并，街道工业发展迅速。高新七星区工业总产值从1994年的1.6亿元上升到1998年的31.72亿元，平均每年递增81.71%。1999年，新增规模以上工业企业30家。1999—2002年，高新七星区规模以上工业总产值从27.6亿元上升到42.16亿元，平均每年递增15.17%；工业总产值从39.65亿元上升到85.70亿元，平均每年递增28.21%。2003—2005年，高新七星区规模以上工业总产值从65亿元上升到163.5亿元，平均每年递增58.60%。

工业园区建设　高新七星区对新工业园区建设按照"政府引导、市场运作、利益共享、统一规划、分步实施、滚动发展"的思路进行，采取"投资多元化、经营市场化、管理企业化"方式发展。2000年，完成电子城拆迁、环保产业园的征地、生物医药城的前期准备工作等。2001年，建立中国桂林留学人员创业园，引进留学人员企业和博士企业7家。投资2500万元，完成高新区一平方公里科技工业园的30多项基础设施建设，改造人行道、拓宽绿化带、进行占地3万平方米的轻钢结构标准厂房建设等，入驻新区企业12家。桂林医学城全面启动，建成华诺威、晖昂、神龙、斯达等药业公司生产基地。2002年，投资建设留学人员创业园企业孵化基础建筑面积2.6万平方米，入园企业49家，其中中外合资企业1家，留学人员8家，博士企业2家。2003年，进行信息产业园、穿山科技园、医药城的征地、拆迁和基础设施建设；综合产业园孵化大楼和信息大厦兴建。2003年11月，七星区整体接收桂林华侨农场。与苏桥工业园、秧塘工业园、铁山工业园配合，制定"一区多园"管理办法。2004年，落实市委、市政府《关于进一步加快桂林国家高新技术产业开发区建设的决定》，强化高新区的管理服务职能。高新七星区办证投资中心升格为桂林市办证投资中心，为投资者提供"一站式"服务。2002—2005年，区委、区政府按照市委、市政府"一区多园"的发展战略，投资3.42亿元，其中财政投入1.35亿元，银行贷款5000万元，企业和乡村集体经济组织投入1.57亿元，建了信息产业园、英才科技园、穿山科技园、医药城二期、综合产业园、中软基地等高新技术产业园区，总面积6平方千米，相当于原1平方千米集中区的6倍。

发展高新科技产业　1984—1987年，七星区开发新产品20项，使先进技术与科研成果转化为生产力。1990年开发新技术、新产品、创办新企业13家。1991—1993年，七星区与驻区科研院校所联合开发新项目30多项，创办21家新企业，创产值3000万元。1994年，成立科技经济顾问团，聘请区内外科技人才106人为顾问团成员。1994—1998年，累计实施国家级火炬计划项目和国家科技部中小企业创新基金项目38项、自治区科技项目11项、市级科技项目15项。经国家认定的高新科技产业企业112家。其中：1996—1997年，全自治区高新区综合指标考核，七星区连续两年获得第一名。1998年七星区高新技术产业工业总产值19.8亿元(1990年不变价)，占全区工业总产值79.20%，五年高新产品产值平均每年递增58.17%。1999年贯彻中共中央、国务院《关于加强技术创新，发展高科技，实现产业化的决定》，七星区推进高新技术产业化进程，全区高新技术产业企业和孵化企业产值达25亿元，占全区规模以上工业总产值的91%。2000—2002年，继续实施国家火炬计划和其他科技计划项目、自治区和市科技计划项目，以企业为主体，以产品创新为核心的创新体系不断向前推进。建立高新区博士后工作站、中国桂林留学人员创业园，引进留学人员企业和博士企业，发展孵化企业。三年累计开发具有自主知识产权产品342个，经国家认定的高新技术产业企业154家，其中，产值超亿元的11家，超5000万元的20家。广陆数控技术有限公司研制生产的高精度数显量具量仪，成为全国最大、世界排名第二的生产基地；星辰公司研制生产的高直流伺服系统，拥有五项国家专利，用于"神舟一号"发射远程监控系统中，进入国家尖端科技领域。2003年起，每年拿出500万元，作扶持企业技术创新专项资金。当年企业投入技术改造资金 1.7 亿元，新上项目扩大生产规模的企业有 33 家。橡胶工业新技术开发有限公司的轮胎复合挤出机组产品，为国家高新技术创新项目，占领全国市场的 60%。至 2005 年，累计开发各类高新技术项目 1300 项，其中列入国家级计划项目 135 项，具有自主知识产权项目 682 项，高新技术产品 276 个，形成电子信息、生物医药、光机电一体化、新材料、新能源、环保产业为主体的高新技术产业体系。2004—2005 年高新技术产业工业总产值平均每年递增 24.03%。

推进农村经济发展 20 世纪 70 年代，辖区的农村区域穿山乡、朝阳乡的年总收入近 460 多万元。其中农业收入近 300 万元，社队企业收入近 165 万元，年农民人均纯收入 100 元。80 年代始，农村推行以家庭联产承包为主的责任制，农民人均年纯收入 150 元。90 年代初，农村进行产业结构调整，发展优质、高产、高效（简称“两高一优”）农业，农民人均年纯收入 760 元。1996 年农民人均年纯收入 2600 多元。1997 年，农村经济结构进一步调整，城郊接合部的城中村，发展牧业产业和农贸市场，加强工业园区周边的配套服务产业经济跟进。1997 年农民人均年纯收入 2900 多元，穿山乡获桂林市“乡镇之星”称号。2000 年农民人均年纯收入 3400 元。2001 年始，加大投入农业基础设施建设，2005 年，农民人均纯收入 4000 多元，当年乡镇企业有 1489 个，营业收入 8.59 亿元，其中工业企业收入 3.99 亿元，占总收入 46.46%。固定资产投资 1339 万元，企业总产值（当年价）6.31 亿元，其中工业企业产值 5.63 亿元，占 89.00%。实交税金 1386 万元，利润总额 1755 万元。

发展第三产业 1978 年前，区域内自由路、临江路、六合路、七星路、穿山路等地段有零星布局的国营商店、穿山供销社、朝阳供销社、郊区供销联社的门市部。1979 年始，调整商业布局，个体和集体商业、餐饮业、服务业迅速发展。1984—1987 年，社会商业零售总额（不含家电）从 90.05 万元上升到 612 万元，平均年递增 89.42%。建筑劳务收入从 101.75 万元上升到 222 万元，年均递增 29.7%。20 世纪 80 年代，辖区内先后建有花园酒店、桂山旅游宾馆、国际饭店、外贸宾馆、桂星酒店、松园度假村、建苑饭店、观光酒店等上档次的旅游设施，接待国内外游客的能力增强。1988 年社会商品零售总额突破千万元大关，达 1132.26 万元。1990 年七星区社会消费品零售总额 2051 万元，建筑劳务收入 412 万元。2000 年，成立第三产业办公室，落实发展第三产业的各项措施，全年区属商业企业营业额 7.8 亿元，是 1995 年的 5.13 倍，年均递增 38.69%。社会消费品零售总额 2.7 亿元。2001—2005 年，辖区房地产业和校园经济成为第三产业的经济增长点。2002 年社会消费品零售总额 4.57 亿元。2005 年社会商品零售总额 16.16 亿元，5 年平均每年递增 43.03%。第三产业在地区生产总值的比重从 2002 年的 30% 上升到 39.3%。

招商引资 1988 年 9 月，七星区成立东江信用社，从信用社取得贷款资金，解决区直企业资金的困难。1989 年，与市资金管理所、市军转办等单位借贷资金，缓解资金紧缺。1992 年，制定《关于利用外商投资发展经济的若干规定》优惠政策，利用国际经贸洽谈会和中国金鸡百花电影节经贸洽谈会的机会，引进资金新办企业 180 家，“三资”企业 13 家，外资合同总额 2.2 亿元人民币，到位 1183 万元。与驻区单位联办企业 10 家，开发 20 多个项目，创产值 1000 万元。1993 年底，七星区累计办新企业 363 家，其中“三资”企业 22 家，涉外企业合同金额 6 亿多元人民币，资金到位 4000 多万元。1994 年政府制定《关于 1994 年开展创先立功活动的若干奖励办法》引进企业和资金。1995 年参加桂林市在香港和本市举办的两次大型经贸洽谈会，引进项目 19 个，合同金额 1759.7 万美元。全区当年有涉外企业 65 家，引进的冠群伞业有限公司和波达超声工程有限公司，当年创产值 500 万元。1993—1998 年引进外资企业 175 家，利用外资额 1.08 亿美元。

1999—2002 年累计新办外资企业 112 家，“三资”企业达 280 家。2002 年，参加香港招商会，引进总投资 6500 万美元的香格里拉酒店正式签订协议；参加深圳高新技术交流会，签订 3 个项目总金额 1.24 亿美元。全年新办“三资”企业 21 家，利用外资 2866 万元。2003—2005 年，成立区投资促进委员会，2003 年深圳高交会签约 10.46 亿元人民币。当年新办外资企业 25 家，实际利用外资 2842 万美元。2004 年，广东鸿瑞集团、香港广枫集团、详联集团、中软集团、深圳新开元，还有留美博士亚麻酸等项目落户辖区，总投资 12.6 亿元。中软集团公司落户华侨经济开发区建设鸿瑞光盘软件基地，投资 5.3 亿元人民币。2005 年引进江苏科赛集团、香港嘉里集团、香港华锦集团，全年利用外资 1696 万美元，引进内资 12.6 亿元。"十五"期间，累计实际利用外资 1.07 亿美元，规模以上工业出口交货值 1.55 亿美元。

城市建设和管理　市容环境整治　20 世纪 80 年代前市容环境治理大多是除四害（跳蚤、蚊虫、老鼠、苍蝇）、清理垃圾、疏通沟渠、填平坑塘改造厕所、打扫地（路）面街道等。80 年代后辖区政府把市容环境整治，当作为民办实事的大事来抓，成立相应的市容管理机构，主抓市政建设市容管理工作，结合 1980 年桂林市革委作出的《关于加强城市建设管理规定》《桂林市城市建设管理条例》及"实施细则"，1993 年桂林市委、市政府提出的争创国家卫生城、文明城、双优模范城的工作目标，颁布《桂林市市容环境卫生长效管理实施方案》《关于清理整顿占道经营的通知》《关于加强部分有毒有害垃圾实行分类收集的规定》《桂林市户外广告设置管理办法》《桂林市实施城市建筑垃圾管理规定办法》，1996 年桂林市人民代表大会审议通过的《桂林市城市市容和环境卫生管理办法》等法规的精神为城区管理执法依据，结合辖区具体情况制定出相应的条例由市容管理单位组织协调、城管监察队伍进行宣传、具体实施。依靠群众的支持和各单位相关部门的配合，制定市容环境卫生管理的长效机制，经常开展重点整治，加强固定摊点与流动商贩的管理，推行门前三包（包卫生、包绿化、包秩序），逐年增加保洁员及保洁设备，对主要街道进行全日保洁和洒水冲洗，保持道路、街道小巷干净的常态化。加强城中村卫生整治，强化各类市场规范管理；清除"牛皮癣"、推广垃圾袋装、"控犬"、除"四害"等。

2005 年，劳动保障就业服务走进社区

小街小巷改造　1979 年前辖区的小街小巷维修管护由桂林市政部门负责。1979 年七星区政府成立，小街小巷管护维修由辖区市政科负责，至 1996 年只限于小修小补、清沟护坡，路面填平硬化。1997—2005 年，辖区政府逐年加大资金投入，先后对漓东街、施家园路、狮子岭路等 41 条小街小巷进行维修、改造，街道两侧安装泛光灯、夜景装饰灯。对七星社区、码坪社区、穿山村委江东村、和平村委染房村等社区村屯进行综合整治改造。改造内容主要有道路硬化、新增排水设施、拆除违章建筑、修建公共绿地、增植乔木花木、修建户外休闲娱乐健身场、安装健身器材、安装路灯、增设垃圾桶等。

绿化美化亮化建设　执行《城市管理条例》《城市绿化美化管理条例》，1979 年前设七星区之前属郊区，城区亮化比较差。1979 年后城区政府执行《城市管理条例》《城市绿化美化管理条例》，七星城区路灯 1989 年末不足 1000 盏，至 2005 年七星城区主次干道及大街小巷大部分装有各类路灯，实现了亮化自动模式。同时对七星公园华夏之光广场、桂海碑林、穿山公园、穿山路、小东江、临江路河堤、漓江路、穿山小街、龙隐路、环城南一路、七星路、桂磨路、建干路、东环路实行景观亮化。20 世纪 80 年代，七星区政府加快城区道路绿化速度，1990 年，七星区绿化了漓江路、环城南一路、环城北二路、普陀路、七星路、自由路、穿山路、龙隐路等路段，全长达 16 千米。2004 年至 2005 年对部分绿化薄弱、缺少大乔木行道树的道路进行绿化整治。在进行主次干道及大街小巷绿化的同时，开展街道广场和小游园绿化、小东江沿岸绿化、单位庭院绿化、石山绿化、住宅小区等绿化美化工作。

第十七章

中国人民政治协商会议地方组织

2000年1月，政协七星区第一届委员会第二次会议召开　　（区政协　供稿）

中国人民政治协商会议桂林市七星区委员会（简称区政协）成立于1999年1月。1999—2005年，区政协围绕高新区七星区的经济建设、政治建设、文化建设和社会建设，履行政治协商、民主监督、参政议政职能。第一、第二届委员会的政协委员们共提出提案416件、工作建议700余项，开展经济、社会调查研究，形成调查报告36个；促进国家法律法规和方针政策在全区的贯彻落实，对全区17个政法机关和政府职能部门的工作进行民主评议28次，对辖区16个执法机关和“窗口”单位进行民主监督；组织慈善会、政协委员和国外友人为患重病儿童及农村贫困户捐款30余万元；组织经济促进会为辖区企业排忧解难；为推动政协工作的制度化、规范化、程序化建设，先后制订52项工作制度。动员、组织政协委员和各民主党派成员为全区经济发展引进资金5.67亿元。

第一节　机　　构

政协委员会

政协筹备小组　1998年5月4日成立，区委书记王祥柏任组长，区委副书记郑小[illegible]、陆新元和区委组织部部长王广玲（女）任副组长，成员：王芳（女，组织部副部长）、黄焱辉（女，统战部部长）。筹备工作领导小组下设办公室，办公室主任由王广玲兼任，工作人员从有关部门抽调。

政协第一届委员会　1999年1月5日，政协桂林市七星区第一届委员会第一次全体委员会议，依法选举产生区政协第一届委员会主席、副主席、常务委员。主席陆新元，副主席苏韧（女）、吴吉祥（兼职）、包惠明（兼职）。常务委员马文辉、王芳（女）、王志仁、邓国保、龙培芬、麦永雄、杨虹（女）、李彬、李惠娥（女）、陆铿荣、陈国平、莫小华、黄焱辉（女）、梁龙源。

政协第二届委员会　2002年10月20日，政协桂林市七星区第二届委员会第一次会议，依法选举产生区政协第二届委员会主席、副主席、常务委员。主席陆新元，副主席黎兴华、吴吉祥（兼职）、包惠明（兼职）。常务委员马文辉、邓健、安文广、杨虹（女）、张志诚、陈国平、岳福武、袁天星、莫小华、莫福旺、郭纯青、唐义军、梁龙源、梁绪忠、梁朝德、彭益君（女）、雷学超。

表17-1　**1999—2006年七星区政协历届主席、副主席名录**

届次	职务	姓名	性别	籍贯	民族	任职时间
一	主席	陆新元	男	广西临桂	汉	1999年1月—2002年10月
	副主席	苏　韧	女	广西灵川	汉	1999年1月—2002年10月
	副主席	吴吉祥	男	陕西绥德	汉	1999年1月—2002年10月
	副主席	包惠明	男	广西博白	汉	1999年1月—2002年10月
二	主席	陆新元	男	广西临桂	汉	2002年10月—2006年10月
	副主席	黎兴华	男	广西阳朔	汉	2002年10月—2006年10月
	副主席	吴吉祥	男	陕西绥德	汉	2002年10月—2006年10月
	副主席	包惠明	男	广西博白	汉	2002年10月—2006年10月
	副主席	梁朝德	男	广西龙胜	壮	2005年1月—2006年10月

工作机构

办公室　1999 年 2 月设置,为政协综合协调办事机构。至 2005 年历任主任为李惠娥(女)、张志诚。

提案社会法制委员会　1999 年 2 月设置,为政协专门委员会,委员 8 人,主任梁绪忠。2002 年 2 月撤销。

经济科技委员会　1999 年 2 月设置,为政协专门委员会,委员 8 人,主任蒋仁兴。2002 年 2 月撤销。

教文卫体委员会　1999 年 2 月设置,为政协专门委员会,委员 7 人,副主任赖翠萍(女,主持工作)。2002 年 2 月撤销。

综合专门委员会　2002 年 2 月机构改革,撤销提案社会法制委员会、经济科技委员会、教文卫体委员会,设置综合专门委员会。至 2005 年,历任主任:梁绪忠、张水旺、莫玉(女)。

第二节　政协委员

委员产生办法

根据《中国人民政治协商会议章程》第四十一条的规定:第一届委员会依照政协委员产生的条件、要求、协商程序,由参加本届委员会的各党派、人民团体、各民族和各界人士协商提名,形成委员候选人名单,经区政协筹备小组审议后,报请中共七星区委常委会研究决定。第二届政协委员的产生,依照区第一届政协委员产生的条件和要求、协商程序,提出政协委员的协商人选,经第一届委员主席会议审议同意后,报经中共七星区委常委会议审核同意,由常务委员会议协商决定。

委员构成

政协第一届委员　91 名:其中,中共党员委员 36 名,占委员总数的 39.6%;民主党派委员 19 名,占委员总数的 20.8%;无党派委员 36 名,占委员总数的 39.6%。妇女委员 31 名,占委员总数的 34.1%。少数民族委员 14 名,占委员总数的 15.4%。大专以上学历的委员 64 名,占委员总数的 70.3%。设经济、科技、农林、教文卫体、民主党派工商联、少数民族等 19 个界别。

政协第二届委员　102 名:其中,中共党员委员 14 名,占委员总数的 13.7%;非中共党员 88 名,占委员总数的 86.3%。妇女委员 26 名,占委员总数的 25.5%。少数民族委员 16 名,占委员总数的 15.7%。大专以上学历的委员 72 名,占委员总数的 70.6%;研究生以上学历的委员 12 名,占委员总数的 11.8%。设经济、农林、特邀、民主党派工商联、人民团体、教文卫体、宗教少数民族等 11 个界别。

第三节　历届政协委员会议

政协第一届委员会全体委员会议

第一次会议　1999 年 1 月 3 日—5 日在高新开发大厦多功能会议厅举行,会议应出席委员 91 名,出席会议 91 名。中共桂林国家高新区工委副书记、政协七星区筹备工作领导小组副组长陆新元在开幕会上讲话。会议听取《筹备成立区政协工作的情况报告》。会议选举产生区政协第一届委员会主席、副主席、常务委员。中共桂林国家高新区工委、七星区委书记王祥柏和新当选的区政协主席陆新元在闭幕会上作讲话。

第二次会议　2000 年 1 月 17 日—19 日在高新开发大厦多功能会议厅召开,99 名委员出席会议。会议听取并审议通过陆新元作的《区政协常委会工作报告》、梁绪忠作的《关于一届一次会议以来的提案工作报告》；听取并协商讨论《区政府工作报告》和其他报告；通过一届二次会议的各项决议。

会议期间，收到委员提案38件，立案14件。教文卫体委员会、经济科技委员会、社会法制提案委员会就“加强农村小学教师队伍建设”“完善辖区文化设施”“加强占道经营管理”“七星区经济工作难点与建议”等专题作大会发言。

第三次会议 2001年1月11日—12日在高新开发大厦多功能会议厅召开，97名委员出席会议。会议听取并审议通过陆新元作的《区政协常委会工作报告》、苏韧作的《关于一届二次会议以来提案工作情况的报告》；听取和协商讨论《区政府工作报告》《区法院工作报告》《区检察院工作报告》《桂林市七星区国民经济和社会发展第十个五年计划纲要（草案）》和其他报告；通过一届三次会议的各项决议。

会议期间，收到委员提案52件，立案22件。民主党派和区政协有关专门委员会就“区文化工作”“公检法执法公正工作”“高新技术产业管理和服务工作”等专题作大会发言。

第四次会议 2002年3月3日—5日在高新开发大厦多功能会议厅召开，97名委员出席会议。会议听取并审议通过陆新元作的《区政协常委会工作报告》、苏韧作的《关于一届三次会议以来提案工作情况的报告》；听取和协商讨论《区政府工作报告》和其他报告；会议增选常务委员3人。通过一届四次会议的各项决议。

会议期间，收到委员提案60件，立案40件。6名委员就“优化环境、强化服务、关心支持”“农村社会治安”“社区卫生服务”“区中小学法制教育”“弘扬自信、自立精神，积极迎接‘入世’挑战”等6个专题作大会发言。

政协第二届委员会全体委员会议

第一次会议 2002年10月18日—20日在高新开发大厦多功能会议厅举行，102名委员出席会议。会议听取并审议通过陆新元作的《区政协常委会工作报告》，吴吉祥作的《关于一届会议以来提案工作情况的报告》。听取和协商讨论《区政府工作报告》《区法院工作报告》《区检察院工作报告》；选举产生政协七星区第二届委员会主席、副主席、常务委员；通过区政协第二届委员会第一次会议的各项决议。

会议期间，收到委员提案64件，立案62件。

第二次会议 2003年3月4日—6日在高新开发大厦多功能会议厅召开，104名委员出席会议。会议听取并审议通过陆新元作的《区政协常委会工作报告》、黎兴华作的《关于二届一次会议以来提案工作情况的报告》；听取和协商讨论《区政府工作报告》《区法院工作报告》《区检察院工作报告》及区财政预决算报告；补选张水旺、周宁、席国际为区政协第二届委员会常务委员；通过区政协第二届委员会第二次会议的各项决议。

会议期间，收到委员提案14件，立案5件。2名委员就“民营高科技企业的发展”“劳动法规执行”等专题作大会发言。

第三次会议 2004年2月17日—19日在高新开发大厦多功能会议厅召开，111名委员出席会议。会议听取并审议通过陆新元作的《区政协常委会工作报告》、黎兴华作的《关于二届二次会议以来提案工作情况的报告》；听取和协商讨论《区政府工作报告》《区法院工作报告》《区检察院工作报告》及区财政预决算报告和其他报告。会议补选喻超为区政协第二届委员会常务委员；通过区政协第届委员会第三次会议的各项决议。

会议期间，共收到委员提案66件，立案46件。4名委员就“发挥高新区经济职能作用”“七星区非公有制经济”“七星区城市管理”和“辖区公民道德建设”等专题作大会发言。

第四次会议 2005年1月26日—28日在高新开发大厦多功能会议厅召开，112名委员出席会议。会议听取并审议通过陆新元作的《区政协常委会工作报告》、黎兴华作的《关于二届三次会议以来提案工作情况的报告》。听取和协商讨论《区政府工作报告》《区法院工作报告》《区检察院工作报告》及区财政预决算报告和其他报告。会议补选梁朝德为区政协第二届委员会副主席，张志诚为区政协第二届委员会秘书长；通过区政协二届四次会议的各项决议。

会议期间，共收到委员提案67件，立案36件。3名委员就“园区建设”“社区建设”和“农村产业结构调整”等专题作大会发言。

第五次会议　2006年2月21日—23日在高新开发大厦多功能会议厅召开,95名委员出席会议。会议听取并审议通过陆新元作的《区政协常委会工作报告》、黎兴华作的《关于二届四次会议以来提案工作情况的报告》;听取和协商讨论《区政府工作报告》《区法院工作报告》《区检察院工作报告》《桂林市七星区国民经济和社会发展第十一个五年计划纲要(草案)》和其他报告;通过区政协第二届五次会议的各项决议。

会议期间,共收到委员提案55件,立案36件。有5名委员就"社会保障体系建设""未成年人思想道德建设""农村饮水安全""加快桂林国家高新区发展""和谐社会建设"等专题作大会发言。组织委员们参观园区建设和小街小巷改造工程。

第四节　政协常务委员会会议

政协第一届常务委员会会议

一届一次常务委员会会议　1999年2月8日召开。会议同意李惠娥(女)为政协桂林市七星区办公室主任,梁绪忠为区政协提案社会法制委员会主任,蒋仁兴为区政协经济科技委员会主任,赖翠萍为区政协教文卫体委员会副主任,增补3人为区政协委员;通报1999年区政协工作重点。

一届二次常务委员会会议　1999年6月29日召开。会议通过区政协各专门委员会21位委员名单和政协桂林市七星区委工作细则、提案工作方法等工作制度。会议同意卢信钦、周学谦为区政协提案社会法制委员会副主任,陈国平、朱明日为区政协经济科技委员会副主任,周春海、徐安农为区政协教文卫体委员会副主任,增补5人为区政协委员。会议通报中共七星区委《关于加强人民政协工作的意见》。会上,副区长肖立华通报全区"两个文明"建设的情况。

一届三次常务委员会会议　1999年9月17日召开。会议通过高新区七星区经济科技发展促进会章程。通报拟在《广西政协报》专版介绍区政协暨部分委员创业纪实简要情况以及区政协委员"七个一"活动情况。

一届四次常务委员会会议　1999年12月30日召开。会议通过《区政协常委会工作报告》《关于评选优秀提案和先进承办单位暂行办法》及区政协一届二次会议议程(草案)和关于《区经济工作的难点及其建议》等4个专题报告,增补1人为区政协委员;决定通报表彰提案工作、"七个一"活动以及社情民意信息工作先进集体和先进个人。

一届五次常务委员会会议　2000年3月29日召开。会议同意2000年度调研工作要点,听取一届二次会议后的提案工作情况和2000年第一季度社情民意信息工作情况以及全区城市管理工作情况的报告;通过2000年委员学习课题。

一届六次常务委员会会议　2000年7月11日召开。会议通过政协七星区委《关于提案审查的具体规定》《关于联系党派、专访委员的规划(暂行)》;通报《重大问题决策制度》等制度。听取市政管理工作情况汇报,并就搞好市政管理工作进行研究。

一届七次常务委员会会议　2000年9月29日召开。会议听取七星公安分局、区检察院、区法院执法工作情况汇报,并作民主评议。会议同意1人因工作调动辞去区政协常务委员的请求,通过《关于开展民主监督的几点意见的请示》和《关于加强政协委员活动管理的规定(试行)》。

一届八次常务委员会会议　2000年12月22日召开。会议讨论高新区七星区《经济与社会发展"十五"计划和到2010年长期规划(草案)》和高新区七星区《关于制定国民经济和社会发展第一个五年计划的建议》;通过《区政协常务委员会工作报告(草案)》《区政协提案工作报告(草案)》和拟在区政协一届三次会议上关于文化、经济、政法和高新产业等4个专题发言(草案)。

一届九次常务委员会会议　2001年3月29日召开。会议同意向执法机关"窗口"单位选派30名政协委员作为执法监督员、形象监督员和行风监督员,协商政协委员专题调研的有关事项;听取2000年区财政预算、收支执行情况及经济工作情况。

一届十次常务委员会会议　2001年6月25日召开。会议通过《关于优秀文章的评选办法》,同意

2 人辞去区政协委员请求，免去 3 人区政协委员职务，增补 7 人为区政协委员。

一届十一次常务委员会会议 2001 年 10 月 25 日召开。会议修改并通过《关于先进委员组、优秀政协委员评选条件及实施办法》《关于政协提案承办先进个人的评选办法（试行）》；听取和评议区经贸科技局、区财政物价审计局的工作；通报区政协机关人员赴外学习考察的情况。

一届十二次常务委员会会议 2001 年 12 月 29 日召开。会议协商讨论《区政府工作报告》，协商决定区政协一届四次全会有关事项；通过《区政协常委会工作报告（草案）》和《区政协提案工作报告（草案）》。听取全区 2001 年度“两个文明”建设的工作报告。

一届十三次常务委员会会议 2002 年 1 月 16 日召开。会议任命张志诚为区政协办公室主任，梁绪忠为区政协综合专门委员会主任，卢雪琴为区政协委综合专门委员会副主任；同意 2 人辞去区政协常务委员职务，2 人辞去区政协委员职务；增补 2 人为区政协委员，3 人为区政协常务委员，提交全体委员会议选举。

一届十四次常务委员会会议 2002 年 4 月 23 日召开。会议任命周学廉、卢信钦为区政协综合专门委员会兼职副主任，同意 3 人辞去区政协委员职务，增补 6 人为区政协委员，免去 3 人区政协委员职务。通报区政协委员提案、立案及 2002 年开展民主评议单位的情况。

一届十五次常务委员会会议 2002 年 7 月 10 日召开。会议通报区政协上半年工作情况；研究重大调研课题。会上，区长余秋平通报全区上半年“两个文明”建设情况。

一届十六次常务委员会会议 2002 年 9 月 13 日召开。会议讨论审议区政协第一届常委会工作报告和提案工作报告。通过优秀提案和“七个一”活动情况以及表彰人员名单。

一届十七次常务委员会会议 2002 年 10 月 14 日召开。会议审议通过区政协二届一次会议议程、参加单位、名额分配和委员名单。通过区政协第二届委员会常务委员建议名单。

政协第二届常务委员会会议

二届一次常务委员会会议 2002 年 12 月 17 日召开。会议听取区劳动人事局、农村工作局关于劳动和农业法律法规执行情况的汇报，并对其工作进行评议。

二届二次常务委员会会议 2003 年 2 月 27 日召开。会议同意吴吉祥辞去区政协第二届常务委员、副主席职务，1 人辞去区政协常务委员职务，增补 4 人为区政协委员，2 人为区政协常务委员，提交全体委员会议选举。同意修改区政协有关暂行规定，确定区政协二届二次会议议程和时间。

二届三次常务委员会会议 2003 年 7 月 15 日召开。会议听取全区上半年“三个文明”（物质文明、政治文明、精神文明）建设情况；评议和通报上半年七星公安分局、区检察院、区法院、区教育局、区文体局、区卫生局 6 家单位的民主评议情况；会议同意胡家臣任区政协综合专门委员会副主任，免去卢雪琴（女）区政协综合专门委员会副主任职务。

二届四次常务委员会会议 2003 年 10 月 24 日召开。会议同意 1 人辞去区政协常务委员、政协委员职务，1 人辞去区政协委员职务，增补 6 人为区政协委员。会议通报区政协 2003 年 1 月—9 月的工作情况和 6 个调研课题的进展情况以及本年度对区公、检、法、教、卫、文 6 个部门执法工作进行民主评议的具体安排；审议确定举行第二次全体委员学习会的有关事项。

二届五次常务委员会会议 2004 年 2 月 1 日召开。会议提名区政协常务委员候选人 1 人，增补区政协委员 2 人。会议对区公、检、法、教、卫、文 6 家单位执法工作情况进行评议；讨论通过第二届常委会工作报告和提案工作报告；确定二届三次会议议程；通过区政协 2004 年度工作要点。

二届六次常务委员会会议 2004 年 3 月 9 日召开。民主评议七星公安分局 2003 年度公正执法工作情况；确定 2004 年度民主评议单位，2004 年度委员学习的内容；通报二届三次会议期间，委员对区政协提出的建议落实的情况、政协监督方式改革的基本思路。

二届七次常务委员会会议 2004 年 7 月 15 日召开。会议通报 2004 年七星区上半年“三个文明”建设情况，民主评议单位的情况，民主监督方式改革的情况，区政协上半年工作情况。

二届八次常务委员会会议 2004 年 10 月 26 日召开。会议通报区政协委员完成“七个一”、调研视察情况；专题研讨常委班子成员履职的工作。

二届九次常务委员会会议　2005年1月19日召开。会议对区党政办、司法局的工作进行民主评议；审议二届四次会议有关事项；讨论修改《政协常委会工作报告》《提案工作报告》；审议通过表彰各种先进的具体名单。

二届十次常务委员会会议　2005年3月30日召开。会议同意1人因工作变动辞去区政协常务委员职务；通报2005年第一季度工作情况；确定区建规局、计生局为2005年民主评议单位；确定2005年度四大调研课题；学习《中共中央关于进一步加强多党合作和政治协商制度建设的意见》。

二届十一次常务委员会会议　2005年7月14日召开。会议对区建规局、区计生局的工作情况进行民主评议；审议通过有关政协制度；同意1人辞去区政协常务委员职务，免去3人政协委员职务，增补2人为政协委员。

二届十二次常务委员会会议　2005年10月14日召开。会议通报政协各委员组的活动情况；确定下半年委员学习主题；同意莫玉 任区政协综合专门委员会主任，增补2人为政协委员。

二届十三次常务委员会会议　2006年1月18日召开。会议对区建规局、区计生局2005年度工作情况进行民主评议；协商讨论政协常委会工作报告和提案工作报告及七星区“十一五”规划纲要；确定二届五次会议有关事宜；审定2005年度先进集体和先进个人名单。

二届十四次常务委员会会议　2006年8月11日召开。会议任命梁贵和为区政协办公室主任，并提名为区政协秘书长；同意1人辞去区政协常务委员职务的请求；协商综合专门委员会委员和兼职副主任的事宜，选派“三员”的人选；通报经济促进会及慈善会的筹备情况；通报撰写调研报告的进展情况。

第五节　主要工作

参政议政

区政协第一届委员会，协商讨论《七星区国民经济与社会发展“十五”计划》，向中共七星区委提出修改建议12项。提出关于建立重大问题通报制度、新建住宅小区的计划生育管理、建立东区少年宫及人才引进等切实可行的建议。1999年7月，建立信息网络，出版《七星民情》专刊如实反映社会现实和人民群众普遍关心的热点、难点问题。其中，关于《在城市改造中更应文明执法》《近郊农民对电子信息城规划用地控制批建农房有意见》和《鼠约加工场岂能设在住宅小区》等信息，得到市人民政府的高度重视。关于《市民要求修建空明路东段》《建议尽快疏通七星路三巷路污水管道》《在菜地里建房的问题亟待处理》《建议加强市民的交通法规教育与监管》《建干路居民希望整治全路夜市》等民情信息，得到区政府重视和落实。

区政协第二届委员会，协商讨论《七星区国民经济与社会发展“十一五”规划》和中共桂林高新区工委、七星区委《关于制定国民经济和社会发展第一个五年计划的建议》。向中共七星区委、区政府提出工作建议18项，其中得到中共七星区委、区政府采纳16项。组织政协委员就七星区经济、社会发展大事进行调查研究，提出意见形成提案建言献策。其中《关于制定七星区“十一五”国民

桂林市政协办公室副主任苏甲杏给七星区信息员上课

（区政协　供稿）

经济和社会发展规划的若干建议》《关于我区民营企业发展面临的困难和急需解决的问题》《关于我区民营企业流动资金贷款的建议》《关于发展朝阳乡丫吉村城市农业问题的建议》《关于创立风险投资机制，促进我区高新技术产业发展的建议》《关于发展民营高科技企业的建议》《关于重视农村土地遗留问题，保持社会稳定的建议》《关于社区建设的几点建议》等提案得到中共七星区委、区政府的重视。

民主监督

区政协第一、第二届委员会认真履行民主监督职责，对区政府办公室、市政管理局、经贸科技局、财政审计物价局、劳动人事局、农村工作局、教育局、计生局、建设规划土地房产局及七星公安分局、区人民法院、区人民检察院等政府职能部门和执法机关的工作进行28次民主评议。在开展评议前，组织委员深入社区、村委会、企业、学校等单位，调查研究、听取汇报、查阅资料，召开座谈会，听取居民、村民、学生家长和教职员工及社会各界人士的意见，形成评议材料，为区政府决策提供依据。组织委员深入基层对辖区经济（企业的领导班子和生产经营情况）、文化、教育（中小学校教师队伍建设情况）、卫生、重点工程、城市建设管理（市容、市貌及占道经营）、社会治安等问题进行调研，对公安、教育等政府职能部门的工作开展民主评议。向执法机关和公园、景区等“窗口”单位选派48名政协委员担任执法监督员、行风监督员和形象监督员。

2004年10月9日，区政协委员开展行风评议活动

（区政协 供稿）

提案交办

区政协第一、第二届委员会依照《中国人民政治协商会议章程》要求，围绕全区改革、发展和稳定中的重大问题和人民群众关心的热点、难点问题，建言献策。两届委员会共收到委员提案471件，立案428件。提案中经济类81件、城市建设类191件、教文卫体类102件、社会法制类42件。所有提案全部办复，提案所涉建议90%以上被采纳落实。

区政协提案审查委员会根据提案工作条例的立案标准和审查程序，对征集到的委员提案逐一审查，符合立案的进行立案，召开提案承办单位负责人会议，并将提案交承办单位办理，对于不符合立案的，作为工作建议向桂林市和七星区有关单位移送。对重点提案实行全程跟踪督办。“关于整治将军塘的环境卫生，治理会仙路污水的建议”“关于解决整治大专院校周边环境的建议”“关于高新开发区一平方公里交叉路口建立标识牌的建议”等提案得到解决。

视察调研

区政协第一、第二届委员会组织委员就七星区经济、文化、教育、卫生、社区建设、重点工程、城市建设、农村建设及社会治安等问题进行调研、视察44次，形成调研视察报告36份。其中《关于我区农村小学教师队伍建设的调查与思考》《关于我区经济工作的难点及其建议》《关于完善辖区文化设施的几点建议》《关于我区社区卫生服务的调查与建议》《关于园区建设的调查与建议》《关于加快桂林国家高新区发展的建议》《关于我区和谐社会建设的几点建议》《关于七星区农村饮水安全情况的调查与建议》《关于农村社会治安情况的调查与建议》《关于加强占道经营管理的几点建议》等调查报告得到区政府的重视。《关于我区农村小学教师队伍建设的调查与思考》的调查报告被《桂林政协》采用。

引进资金

区政协第一、第二届委员会号召委员为七星区的经济建设出谋献策，注重组织委员为区经济建设引进项目和资金。至2005年，委员们共为高新区七星区引进企业131个、引进资金5.67亿元。

服务基层

1999年1月—2002年10月，区政协第一届委员会组织委员开展文化、科技、卫生、法律“四下乡”活动，为农民群众提供文化、科技、卫生和法律知识，共发放科普资料、农业种养技术资料、健康指导资料3万多册（份），免费诊治村民5000多人次，提供法律援助1000多人次，向农民传授种植技术5000人次，举办文艺演出12场。1999年1月—2005年12月，区政协第一、第二届委员会组织委员为人民群众办好事、实事共600多件，向学校和幼儿园捐款12万元，捐赠电脑17台、桌椅460套，为农村、街道居民解决实际问题85个。重点协调解决临江北路部分居民和一些企业职工自来水饮用问题；桂大等7个社区居委会部分街道无路灯问题和道路维修问题；桂林矿产地质研究院30多户职工宿舍10多年受饭店油烟和噪声污染问题。

1999年1月—2002年10月，区政协第一届委员会组织委员们为村、街道解决实际问题46个。区政协第二届委员会与外国友人建立友好关系，募集资金，救济弱者，扶贫帮困。2003年11月，与在桂林经商的外国友人联手建立慈善会。12月，与澳大利亚、美国、新西兰、德国的10名外国友人建立友好关系，从澳大利亚募集资金10.2万元，国内募集1.1万元，用于救助重病儿童5名和特困户及残疾人15名。2004年，慈善会筹集资金21.1万元（其中海外捐款17.4万元）。春节期间，慰问区内13位特困户；资助11名特困生；5月，组织举办“潘赛缇”足内翻治疗法学术研讨会，邀请加拿大和德国的专家到桂林传授知识，并现场演示“潘赛缇”足内翻治疗法，同时为13名患有先天性足内翻的儿童做免费手术治疗。2005年，为国家“明天计划”、全市残疾人演唱会和社会福利院捐款1.5万元；资助特困户12户、特困生11名，救助重病儿童4名；为桂林华侨农场学校捐款25万元；为辖区居民办好事、实事181件，为学校、幼儿园和农村捐款7万多元、电脑5台、课桌椅275套。

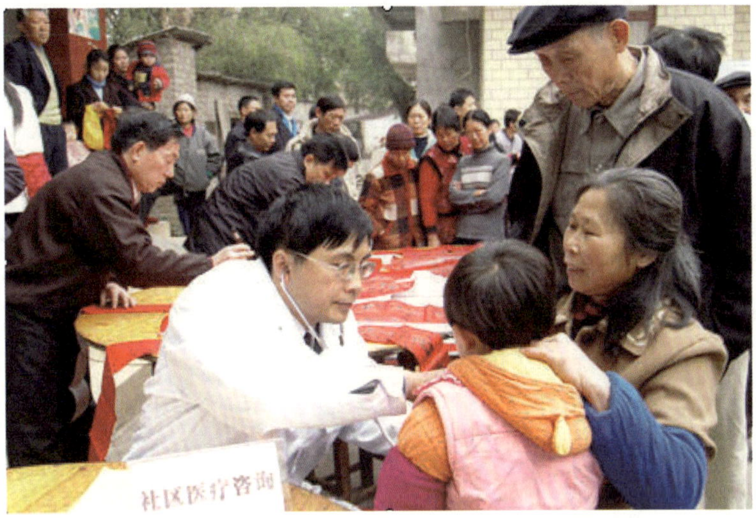

2005年1月，七星区开展文化、科技、卫生“三下乡”活动
（区政协　供稿）

2004年，桂林市、县、区政协工作交流会在七星区召开
（区政协　供稿）

对外交往

区政协第一、第二届委员会注重与各民主党

和谐家园夕照　　（沈绪建　2005 年摄）

派、工商联桂林市各界及港澳同胞、海外侨胞的联络。实行区政协党组成员走访辖区民主党派支部和市工商联组织负责人的制度。组织召开各民主党派负责人座谈会，归侨、侨眷代表座谈会，经济界委员座谈会，区政府机关部门负责人座谈会，与广西师范大学侨联共同组织归侨、侨眷开展活动，利用政协全国性会议介绍高新区优惠政策，加强相互之间的联系，增进友谊。1999—2005 年，先后接待自治区政协副主席 3 位，自治区政协考察团 5 批 150 多人次；全国各地政协考察团 108 批 1700 多人次。

第十八章

民主党派　群团

2004 年 8 月 9 日，全国妇联基层建设工作检查组到东江街道五通社区检查指导工作

20世纪初，群众团体在桂林市相继组成，七星区境陆续有工人、农民、学生及各界进步人士加入桂林市群众团体，参加反帝反封建、宣传新思想新文化。20世纪20—40年代，七星区境各界进步人士支援北伐战争、抗日战争及反内战、捐资办学、护厂护校、反“三征”（征兵、征粮、征税）等运动。1949年11月22日，桂林解放，七星区境逐步建立群众团体组织。1950年，七星区境成立工会组织、共青团组织、妇女组织、农民协会组织。1956年起，桂林市民主党派组织先后在七星行政区域设置分支机构，作为参政党的组织与中共七星区地方组织合作共事，共谋行政区域社会、经济各项事业的发展。1991年，七星区成立残疾人组织。1995年8月，七星区成立工商业联合会组织（简称工商联）。2001年1月，七星区成立科学技术协会组织（简称科协）。2005年年末，七星区有工商联、工会、共青团、妇女联合会、残疾人联合会、科协等群众团体组织。各民主党派、工商联、群众团体组织团结和带领各自成员，贯彻落实中国共产党的方针政策，积极投身改革开放，建设有中国特色社会主义事业；各群众团体开展立足岗位作贡献为主要内容的劳动竞赛、技术革新、岗位练兵、创先争优等活动。各民主党派、工商联、群众团体组织加强自身建设的同时，积极参政议政，建言献策，参与民主管理，协调各方关系，维护合法权益，为政治文明、物质文明、精神文明建设发挥了作用。

第一节　民主党派

1956年起，桂林市的市级民主党派组织先后在七星行政区域设置分支机构。1989年12月，中共中央出台《中共中央关于坚持和完善中国共产党领导的多党合作和政治协商制度的意见》，把中国共产党领导的多党合作和政治协商制度，作为中国的一项基本制度明确下来，同时确定民主党派在中国政治生活中的参政党地。1994年，七星区民主党派基层组织（支部）20个，会员总数286名。2005年年末，七星区建有中国国民党革命委员会七星区委员会、中国民主同盟七星区委员会、中国民主建国会七星区委员会、中国民主促进会七星区委员会、中国农工民主党七星区委员会、中国致公党七星区委员会、九三学社七星区委员会等民主党派地方组织7个，基层组织（支部）共有30个，会员总数568名。

中国国民党革命委员会七星区组织

组织建设　2003年10月，国民党革命委员会（简称民革，下同）七星区总支部成立，由民革桂林广西师范大学支部、民革桂林工学院支部、民革桂林橡胶设计院支部、民革桂林科技支部4个支部组成。2004年，民革七星区总支部党员为73名；总支设有主委1名、副主委2名。2005年年末，民革七星区总支部下设民革桂林广西师范大学、民革桂林电子科技大学（原桂林电子工业学院）、民革桂林理工大学（原桂林工学院）、桂林橡胶工程公司、桂林市职业教育中心等5个支部，民革七星区总支部党员有125名。总支设有主委1名、副主委3名。

思想建设　2004—2005年，民革七星区总支注重政治思想建设。各支部按总支制定的学习制度，组织党员学习中共中央的各项政策，国家的法律、法规，重点学习《反分裂国家法》，并聘请专家作贯彻执行这一法规的专题报告，加深全体党员对中共中央关于台湾问题的方针政策的认识，全体党员表示将为反对“台独”，促进台湾问题解决，促进祖国统一大业做出贡献。

参政议政　2004—2005年，民革七星区总支组织党员积极参加参政议政的活动，深入社区和企业进行调查研究，搜索资料，先后撰写完成《建立新型社区》《建设和谐社会须从和谐社区抓起》《投资环境的调研与思考》等专题报告，并递交给桂林高新区七星区的区委、人大、政府、政协，其中《建立新型社区》《投资环境的调研与思考》分别评为桂林高新区七星区2004年度、2005年度优秀调研报告。

公益活动　2004—2005年，民革七星区总支组织全体党员开展捐助送温暖活动，共为全市特殊家庭、特困户、贫困生捐款捐物6万余元。

中国民主同盟七星区组织

中国民主同盟广西师范大学总支

组织建设　1987年9月，民盟广西师范大学总支成立。民盟广西师大总支，是一个高级知识分子集中的组织，高学历、高职称、高素质的人才结构；在发展新盟员时，既强调学历，更重视思想政治素质，要求对民盟要有正确的认识，动机要纯。1990年，民盟广西师范大学总支建有师大王城校区支部、师大育才校区文科支部、师大育才校区理科支部等3个支部。至2005年年末，七星辖区有民盟七星区总支、民盟广西师范大学、民盟桂林理工大学3个总支，共有盟员51名，其中博士（含在读）7名，94%的盟员具有高级职称。

思想建设　1987—2005年，民盟广西师范大学各支部按总支加强政治思想建设要求，以报告会、座谈会形式，组织盟员学习中共中央制定的基本路线、方针和各项政策；学习邓小平理论、“三个代表”重要思想和科学发展观。中共十六大召开后，各支部组织盟员学习中共十六大精神，座谈学习“三个代表”重要思想，并联系盟员的亲身体验，畅谈坚持中国共产党领导的必要性和社会主义制度的优越性；牢记和发扬民盟与中国共产党亲密合作共事共同的优良传统。1996年，民盟广西师范大学总支带领全体盟员到红军突破湘江烈士陵园凭吊先烈，感受社会的发展变化。2004年，民盟广西师范大学总支组织全体盟员到广西民盟发源地——贺州市黄姚镇参观学习，“重走黄姚，再学盟章”，使盟员进一步认识到盟员要做民主党派优良传统的传承者。

参政议政　1990—2005年，民盟广西师范大学总支盟员中有3名是自治区政协委员，其中常委1名；市政协委员4名，其中副主席1名、常委1名；七星区政协副主席1名。他们直接参与商讨政府的大事要事。支部坚持每月开展组织生活，盟员共论时事，为社会主义建设服务。

公益活动　1990—2005年，民盟广西师范大学总支开展“智力支教、教育扶贫”活动。1990年，民盟广西师范大学总支与阳朔县普益乡留公村小学结成扶贫助学对子，与小学老师进行教学、教育经验交流、培训教师。1995年，盟员李海举教授与普益乡留公村小学商定，资助2名家庭贫困生上学，直到毕业。2000年，沈家庄、秦素琼两名老师分别受聘于“广西21世纪园丁工程(A类)、(B类)”导师，服务于广西全区基础教育第一线。1990—2005年，民盟广西师范大学总支盟员捐献衣服200多件、书籍几万册（本）及一些体育用品，送给阳朔县普益乡留公村小学；民盟广西师范大学总支盟员与阳朔县普益乡留公村小学学校领导、教师座谈，帮助解决在教学科研上的疑难问题。1995—2005年，杨毅老师，坚持每年1000元支助2名贫困学生；秦素琼老师到灵川县灵田乡中学义务讲学，向农村中学教师们普及心理学知识，传授心理健康教育的技能。2000—2005年，沈家庄老师参与广西各旅游景点的评审工作。

中国民主同盟桂林工学院总支

组织建设　1987年11月，民盟桂林冶金地质学院（桂林工学院的前身）支部成立，有盟员10名。1996年5月，改为总支，建有民盟桂林工学院一、二、三、四、五等5个支部，有盟员40名。2005年，中国民主同盟桂林工学院总支建有5个支部，盟员56名，盟员中教授11名、副教授19名、高级讲师6名、高级实验师2名、高级工程师2名、副编审1名、讲师10名、其他职称5名；盟员中高学历居多，有硕士生导师10名、博士3名、硕士8名、在读博士研究生3名。

思想建设　1987—2005年，民盟桂林冶金地质学院、桂林工学院总支和支部组织盟员学习邓小平理论、“三个代表”重要思想、科学发展观，结合盟员的思想进行座谈讨论，提高盟员政治素质，在政治上、思想上与中国共产党保持一致。2005年，民盟桂林工学院总支积极参加民盟桂林市委组织的各项学习、考察及调研活动。

参政议政　1987—2005年，民盟桂林冶金地质学院、桂林工学院有盟员先后担任桂林市政协常委、委员、市科协常委和七星区政协副主席、区人大代表等，他们在职期间，认真开展调研活动，了解社情民意，提出反映社情民意的提案或建议。

公益活动 1991年，民盟桂林冶金地质学院支部开展送温暖活动，给龙胜各族自治县江底乡中学捐献衣服100多件、书籍几百册(本)及一些体育用品。1998年，民盟桂林工学院一支部给龙胜各族自治县伟江乡小学赠送价值5000多元学习用品。2000年，民盟桂林工学院五支部给灌阳县黄关乡小学赠送学习用品价值8000元。2003年，民盟桂林工学院总支与龙胜各族自治县江底乡中学建立支教点；同年，民盟桂林工学院总支给龙胜各族自治县江底乡江底中学赠送联想电脑1台、教学软件1套、专著《汉字形义评解》20多本及其他书籍。2005年8月，民盟桂林工学院总支给全州县石塘镇马安岭小学赠送课桌80张、椅子50张、讲台8个。民盟桂林工学院总支被民盟广西委员会评为1997—2002年先进总支。

中国民主同盟七星区总支

组织建设 2005年3月，中国民主同盟七星区总支成立，共有盟员84名，其中主委1名、副主委5名。

思想建设 2005年，民盟七星区总支开展学习实践科学发展观活动，引导区内民盟会员主动参与“我为桂林建设做什么”大讨论活动；组织盟员参加自治区、市级有关部门的学习培训3期。

参政议政 2005年，民盟七星区总支发挥盟员的优势，突出重点、保持特色，撰写调研报告2篇，为中共区党委、区政府科学决策提供参考。

公益活动 2005年，民盟七星区总支组织盟员开展捐款捐物送温暖活动，共为辖区特困户、贫困生捐款捐物2万余元。

中国民主建国会七星区组织

组织建设 2001年3月，民主建国会桂林高新区七星区委员会(简称民建七星区，下同)支部成立，支部有会员11名。随着经济社会的发展，支部加强了组织建设。2003年7月，民建七星区总支成立，设主任1名；副主任6名；民建桂林市高新区七星区综合支部主任莫小华，民建桂林市高新区七星区民营支部主任席国际，民建桂林市七星区科教支部主任徐安农，民建桂林市高新七星区联谊支部主任陈华龙；民建七星区会员发展到50多名；同年6月，由支部改建为总支委员会，下设4个支部，总支由11名委员组成。2005年年末，民建七星区总支共有3个支部，会员有53名。

思想建设 2001—2005年，民建七星区支部、总支采取“二个结合”办法进行。学习内容与会员的工作相结合，支部成员中多数是民营企业的董事长、总经理、公司主管，分布在各个行业；有一批教授、经济学家及政府公务人员，他们有着较深的理论知识和政策水平；支部利用会员优势和特点，进行国情、区情分析、经济理论、管理案例的学习。开展学习中国共产党十六大精神与如何加快民营经济的发展相结合进行研讨。集体学习与个人学习相结合，会员学历不一，支部组织会员集中学习外，教会会员自学，不断提高文化和思想政治水平。

参政议政 2001—2005年，民建七星区支部、总支积极参与市委会、区委会的集体提案，为提案建言献策。如《建立风险投资机制，促进高新产业发展》《实施会展经济战略，全面提升全市旅游业的经济效益》等提案。支部经常召开研究会，收集七星辖区民营经济生存与发展中的突出问题。2003年9月，总支一些企业的会员应邀参加了南宁召开的“广西首届民营企业家与自治区党政高层领导恳请交流会”。

公益活动 2001—2005年，民建七星区支部、总支充分发挥会员交际广、交流多、信息多的优势和特长，通过会员的牵线搭桥，引进外来投资项目6个，投资金额7亿元。会员开展捐资助学，扶贫帮困，送温暖，慰问解放军等活动，会员傅婵娟坚持多年，每月慰问市养老院的孤寡老人。2002—2005年，席国际等会员带着慰问金、礼品慰问驻桂林部队官兵。席国际荣获2004年首届广州军区颁发的“爱国拥军民营企业家”称号。

中国民主促进会高新区七星区组织

组织建设 桂林市第一中学和桂林民族师范学校分别于1956年8月和1956年11月建立民进桂林市委员会支部。桂林市第十五中学、桂林市杂技团，分别于1989年3月和1989年6月相继建立民进桂林市委员会支部。至2005年，中国民主促进会高新区七星区(简称民进七星区，下同)组织设有总支主任1名、总支副主任2名、总支部委员6名。会员主要对象是文化艺术、教育界的高层人士，经本人自愿申请、填表，支部通过，报经市民进委员会批准，即成为正式会员。

思想建设　2000—2005年，民进七星区总支部委员会组织学习邓小平理论、"三个代表"重要思想、科学发展观及中共十六大精神；组织会员参加自治区、桂林市、七星区等有关部门的学习培训共6期。

参政议政　1980—2005年，民进七星区委员会会员邓先知曾选为民进桂林市委员会第二、三、四届常委，市政协第一、二、三届委员会委员；会员田光萱曾选为民进桂林市委员会第四届委员会委员，市政协第四届委员会委员；会员唐自健曾选为民进桂林市委员会第五届委员会委员，当选市八届人大代表；会员马乐升曾选为民进桂林市委员会第七届委员会委员，市政协第五届委员会委员；会员杨虹曾选为政协七星区一届委员会常委；会员林士荣曾当选为市一届人大代表；会员张性模曾选为自治区第四、五届人大代表，民进中央第四届代表大会代表，民进市委会第四届委员会委员。他们积极参加市人大、市政协、区政协组织的各项视察活动和各种会议，建言献策，发挥了参政议政作用。

公益活动　2000—2005年，民进高新区七星区总支部委员会共向桂林市、七星区委报送工作信息20余条、向灾区捐款捐物30多万元。

农工党七星区组织

组织建设　1997年，七星辖区的漓江无线电厂建立1个支部，有会员25名，会员分别来自漓江信息集团、桂林电子工业学院、激光研究所（中国电子科学技术集团公司第三十四研究所）、桂林柑橘研究所等4个单位的主治医生、主管护师、高级工程师、高级农艺师、副教授、副译审、经济师。广西师范大学建立1个支部，有成员10名，是该校的教师、讲师、教授等高级知识分子。2004年7月，农工党七星区总支委员会成立，设总支主任1名、副主任3名、委员4名。至2005年年末，农工党七星区总支有会员32名，主要由桂林电子科技大学博士支部及原来的漓江无线电厂支部组成。

思想建设　1990—2003年，农工党漓江厂支部的理论学习，主要是结合国际国内形势，社会上的热点问题进行。形式有参加市统战部组织的报告会，统战理论研讨班的学习；开展"讲学习、讲政治、讲正气"及学习"三个代表"重要思想活动，在讨论中，农工党支部成员畅所欲言，提高思想认识；同时，开展揭批"法轮功"歪理邪道的讨论，揭露"法轮功"邪教组织的政治阴谋和种种害人的罪行。农工党支部成员自费订阅党刊《前进论坛》。2004—2005年，农工党七星区委员会组织会员学习邓小平理论、"三个代表"重要思想、科学发展观，结合会员的思想进行座谈讨论，使会员与中国共产党保持一致。

参政议政　2004—2005年，农工党漓江厂支部成员李剑峰、汪德南、申建国、龙培芬等人曾担任七星区政协委员。龙培芬是七星区政协一届委员会的常委，多次被评为七星区政协的优秀委员；市政协委员成员汪德南在1998年政协桂林市七届四次会议上提出的关于《严格执行中小学生不准进游戏机室的禁令，以利青少年健康成长》及《关于进一步加强桂林市汽车尾气污染治理工作的建议》等提案，被桂林市文化、公安等部门采纳；龙培芬等成员对七星区辖的城市建设、绿化美化、环境卫生、环境保护、节约水资源、菜市场管理等问题提出了意见和建议。一些建议被市政府和七星区政府采纳。

公益活动　1993—2002年，农工党支部连续九年举办"国际科学与和平周"活动，支部成员为群众解答各种技术、卫生医疗等方面的问题。2001年11月，在桂林漓江无线电厂卫生所举行"国际科学与和平周"活动，农工党市委会从市各大医院调来心血管、肿瘤、妇科、小儿、骨科、中医等专家，并带来先进的B超、X光仪等医疗设备，帮助群众义诊和医疗咨询；"国际科学与和平周"期间，农工党支部共为300多人作B超、心电图、X光检查，看病人数600多人次。2003—2005年，农工党七星区支部的高级农艺师会员，参加市委会组织的"科技三下乡"活动10多人次，向果农讲授果树栽培、病虫害防治的技术。

致公党七星区组织

组织建设　1987年9月，致公党广西师范大学支部成立，有会员16名。1991年6月，致公党桂林电子工业学院支部成立，有会员8名。广西师范大学、桂林电子工业学院两所高校的致公党成员，多数是学校的教学骨干。1996年，致公党七星区委员会在七星辖区建有广西师范大学、桂林电子科技大学（原桂林电子工业学院）、七星区一支部、七星区二支部等4个支部。同年6月，致公党七星区一支部、二支部按成员所在单位的区域划分组建的，一支部有会员26名，二支部有会员19名。致公党成员主要是科研院所的工程师及专业技术人员。2005年，致公党在七星区辖区范围内有4个支部，分别是广西师范大学支部（会员26名）、桂林电子科技大学支部（会员12名）、七星区一支部（会员26名）、七星区二支部（会员17名）。

思想建设 1996—2005年，致公党七星区委员会组织会员学习邓小平理论、“三个代表”重要思想、科学发展观，结合会员的思想进行交心活动，引导会员与中国共产党保持一致。

参政议政 1996—2005年，致公党七星区委员会积极参加致公党桂林市委组织的各项学习、考察和调研活动。

公益活动 1996—2005年，致公党七星辖区4个支部的会员，多数是辖区内大专院校、科研院所的教授、高级工程技术人员，他们充分发挥成员的专业技术特长，为社会主义物质文明和精神文明建设作贡献。会员白晓军（广西师范大学艺术学院美术系副教授），他的中国画作品多次入选全国性美术作品大展并获奖，在瑞典、日本、韩国等国家和台湾地区举办个人画展，出版有《白晓军画集》两集，发表学术论文数篇。会员麦永雄（广西师范大学中文系教授）负责主编教育部教材《东方文化与东方文学》主译影视理论专著两本，参编参译著作10本，发表论文40多篇。致公党七星区一、二支部的会员，开展捐资助学捐赠办公、课桌一批给荔浦县三河乡东里小学，捐赠给荔浦县马岭镇永旺小学教室用吊扇8台，捐赠给灵川县灵田乡四益小学图书250多册及新式防渐黑板10块等教学用品。

九三学社七星区组织

组织建设 1979—2000年，九三学社桂林市委员会以“支社”为基层组织单位，七星辖区有广西师范大学、桂林工学院、桂林电子工业学院、中国有色桂林矿产地质研究院、桂林市东区、桂林电器科学研究所等6个支社。2001年，九三学社七星区域有桂林工学院（社员43名）、中国有色桂林矿产地质研究院（社员34名）、广西师范大学（社员27名）、桂林电子工业学院（社员25名）、桂林市东区（社员18名）、桂林电器科学研究所（社员17名）、中国地质科学院岩溶地质研究所（社员12名）、中国电子科学技术集团公司第三十四研究所（称激光研究所，社员8名）等8个支社，各支社负责人为主任委员（简称主委），共有社员184名，社员中具有高级职称127名、中级职称57名，本科以上学历168名，女社员65名；桂林市政协委员12名，其中政协常委2名；七星区人大代表3名，其中常委1名；七星区政协委员5名，其中常委1名。2005年年末，九三学社七星辖区共有支社9个、社员217名。

思想建设 2000—2005年，九三学社七星区域支社组织社员学习全国及自治区统战工作会议精神、《中共中央关于进一步加强中国共产党领导的多党合作和政治协商制度建设的意见》。通过学习，七星辖区社员认识到中国共产党领导的多党合作和政治协商制度不仅是国家的一项基本政治制度，而且要长期存在和发展，社员必须与执政党同心同德，紧密合作，共同为实现中华民族的伟大复兴而团结奋斗。

参政议政 2000—2005年，九三学社七星区域支社社员认真履行职能，了解社会热点、难点，深入社会，开展调查研究。向市、七星区人大、七星区政协提出建议、政协提案87件，其中《关于保障“失地农民”正常生活，保障社会稳定的建议》提案荣获2005年度市政协优秀提案奖；《大桂林世界经典峰林岩溶地质公园规划的建议》《关于广西矿产资源开发与环境保护的建议》分别被九三学社广西区委采纳为参加自治区政协会议的集体提案及自治区政协大会发言材料。七星区政协委员及支社联合撰写政协大会发言材料4篇，其中《十六大精神指航向，乘风破浪再腾飞》《关于七星区社会保障体系建设调查与建议》等3篇调研报告获评政协七星区委员会优秀调研报告。

公益活动 1990—2005年，九三学社广西师范大学支社多次组织有经验的大学教师，为市委定点扶贫的灵川县中学老师讲课；先后捐献教学仪器及设备，价值约6万元。九三学社广西师范大学支社、桂林理工大学支社为灵川县灵田乡中心小学、灵川县大圩镇中学、兴安县榕江镇连塘小学、临桂县两江镇信果小学、永福县广福小学等10所中小学校捐献学习用具、教学设备，总价值约4万元。九三学社七星辖区支社组织开展向“桂林市社会福利院儿童献爱心活动”，共计捐款人民币3000余元，并给孤儿们送去衣物、玩具及食品。九三学社桂林电子科技大学支社全额资助4名困难中学生的读书学习。2005年，九三学社七星辖区支社引智工作取得进展，有博士后社员1名、高级职称社员2名。

第二节　群　团

工会组织

1949年11月，桂林解放，东江区人民政府组织群众进行生产自救，发展生产，帮助漓江航运工人成立了航运工会。1979年，七星区人民政府成立；同年，七星辖区有广西师范大学育才校区、桂林工学院、桂林电子工业学院等3个工会组织。1994年起，七星区人民政府机关单位、区属企事业单位先后建立了职工工会委员会。1997年，穿山、朝阳两乡，东江、七星两个街道办事处均成立工会组织；高新技术产业企业成立工会组织，并在区党委、区政府的领导下，积极开展活动；同年6月，为适应和推动七星区域经济快速发展和各项工作的需求，充分发挥工会组织的作用，中共桂林国家高新区工委、七星区委研究决定，成立城区工会委员会，有基层工会组织160多个，会员2700多名。至2005年，七星区建有城区工会委员会1个，基层工会组织200多个，共有会员26968名。

组织建设

航运工会　中华人民共和国成立初期，七星区境漓江街漓江上的航运工人，在东江区政府的帮助下，成立航运工会；在漓江上从事水上运输的船民大都参加航运工会，以维护自身的利益，1954年，东江区政府撤销后，航运工会随之消失。

区机关工会委员会　1994年6月，七星区机关工会委员会（简称区工会，下同）成立，并召开首次全体工会会员大会（区机关干部、职工都是会员），民主选举产生七星区机关首届工会委员会，委员会由7名委员组成。委员会第一次全体会议，选举产生了主席1名，副主席2名，并报经市总工会批准。以部、委、办、科（室）为单位，建立工会小组。区工会主席为专职干部。

区城区工会委员会　1997年6月，桂林高新区与七星区合并，区机关、乡机关、区属企事业单位160多个，先后成立了工会，有会员2700多名。为适应和推动七星区域经济快速发展和各项工作的需求，充分发挥工会组织的作用，中共桂林国家高新区工委、七星区委研究决定，成立城区工会委员会。依据《中华人民共和国工会法》和《中华人民共和国工会法中国工会章程》的有关规定，1998年7月，在桂林高新区开发大厦多功能厅召开了区城区工会代表大会，到会代表59名。会上民主选举产生工会委员会委员9名，经费审查委员会委员3名，女职工委员会委员5名。三个委员会选举产生后，分别召开第一次委员会，选举产生区城区工会委员会主席1名，副主席1名，区工会经费审查委员会主任1名，女职工委员会主任1名，副主任1名。1998年8月，报经市总工会批准，城区工会主席江选谦。2000年，城区工会有基层工会组织157个、会员3900多名。2002—2003年4月城区工会主席徐芳。2005年年末，七星辖区建有基层工会组织200多个，会员26968名。

2003年7月2日，桂林高新区七星区城区工会第二次代表大会召开，出席大会的正式代表106名，特邀代表和嘉宾25人。大会选举产生区工会第二届委员会，委员13名。区工会第二届委员会经费审查委员会委员3名；区工会第二届委员会女职工委员会委员5名；出席桂林市工会第二次代表大会的代表5名。在区城区工会第二届委员会第一次委员会议上，黄赐月当选为工会副主席（只设副主席，没设正职）。大会总结1998—2003年期间工会的工作情况，159家企业建立工会组织，两个乡（朝阳、穿山）、两个街道办事处（东江、七星）建立工会组织，两个乡的企业建立联合工会，全区健全工会三级网络。维护职工的合法权益，建立执法监督机制；按《劳动法》，在部分外资、国有、股份制企业中职工签订劳动合同，成立劳动争议调解委员会，积极参与劳动争议仲裁案件的调解。厂、校工会积极参与厂务、校务工作，检查督促本单位的重大问题，职工关心的热点、难点等问题。以经济建设为中心，开展精神文明建设活动，在职工中开展《公民道德建设实施纲要》知识竞赛，“职工之声”文艺演出活动。

主要工作

学习培训　1992—1997年，区工会组织学习党的基本理论和基本路线教育，学习《社会主义市场

1992 年 2 月 25 日，七星区召开"五好"家庭标兵户表彰会（覃帆　翻拍）

2000 年 8 月，七星区开展"世纪父母读书"演讲比赛活动（覃帆　翻拍）

2004 年 5 月，七星区开展"弘扬民族精神、继承革命传统""手牵手、并肩行"主题活动启动仪式（覃帆　翻拍）

经济理论》，开展爱国主义、集体主义、社会主义和英雄主义活动。

1998 年，区城区工会委员会工会组织各基层工会，结合形势，组织职工学习中共十五大精神，邓小平关于全心全意依靠工人阶级的理论，学习马克思主义的唯物论和无神论，积极参与揭批"法轮功"邪教组织违反科学的歪理邪说，破除迷信，相信科学，与党中央在政治上保持高度一致，维护职工队伍的稳定。1998 年，基层工会干部参加了市总工会举办的法律培训班，并获得劳动法律监督员资格。

1999 年，桂林集琦药业集团工会，举办企业三项制度改革学习班，全体会员参加学习，在企改中充分体现工人当家作主的作用。各中小学的教职员工会，组织教师开展教学改革和再学习的活动，以提高素质教育的质量。一些企业工会，组织职工学习《中华人民共和国劳动保障法》，依照法定程序修订和续签了劳动合同，依法维护职工的合法权益。

2001 年 4 月 20 日，区城区工会委员会表彰"三个文明"建设中做出贡献的先进集体和先进个人，其中评为"职工之家"称号 2 个、评为先进"职工小家"称号 4 个、评为"先进工会工作者"称号 25 名、评为"工会积极分子"称号 34 名。

2003 年 4 月 29 日，区城区工会委员会表彰"三个文明"建设中做出贡献的先进集体和先进个人，其中被评为"职工之家"称号 9 个、被评为先进"职工小家"称号 7 个、被评为"先进工会工作者"称号 29 名、被评为"工会积极分子"称号 49 名、被评为"优秀职工之友"称号 8 名，被评为"优秀职工"称号 25 名。

2005 年 4 月 28 日，区城区工会委员会表彰"三个文明"建设中做出贡献的先进集体和先进个人，其中被评为"职工之家"称号 10 个、被评为先进"职工小家"称号 7 个、被评为"先进工会工作者"称号 32 名、被评为"工会积极分子"称号 51 名、被评为"优秀职工之友"称号 9 名、被评为"优秀职工"称号 21 名。

2000—2005 年，各基层工会组织会员学习"三个代表"重要思想、《公民道德建设实施纲要》，在广大职工中倡导爱岗敬业，诚实守信，乐为奉献的职业道德风尚，并学习《中华人民共和国工会法》《中华人民共和国劳动法》《中华人民共和国工会法中国工会章程》等法律法规，增强了职工的法制意识。

扶贫助学 1994—1997 年，七星辖区工会开展捐款捐物活动，共捐款 1.8 万多元及衣物 2000 多件。

1999 年春节，区城区工会委员会解困办公室，慰问下岗困难职工 82 名，送去慰问金 20400 元；7 月，区城区工会委员会组织临桂县黄沙乡受助 8 名贫困学生参加桂林荷花展活动。

1999 年 7 月，七星区组织临桂县黄沙乡受助学生参加桂林荷花展活动 （覃帆 翻拍）

1998—2000 年，区城区工会委员会组织开展捐款捐物活动，共捐款 12570 多元及衣物 1600 多件。1999 年春节，区城区工会委员会解困办公室，慰问下岗困难职工 82 名，送去慰问金 20400 元。2000 年春节，区城区工会委员会慰问困难职工 66 名，送去慰问金 13200 多。在开展"姐妹献爱心"活动中，会员捐款捐物，帮助 3 名特困职工，解决其子女上学的学费问题。同时，帮助 24 名下岗职工参加再就业技能培训，有 14 名重新走上了工作岗位。

2004 年，区城区工会委员会组织基层工会开展春节送温暖活动，慰问困难职工 28 名，共为困难职工和残疾人捐款 1.8 万元，捐赠衣物 3 万多件。帮助 160 名下岗失业人员再就业。

2005 年，区城区工会委员会组织帮扶贫困学生上学 9 名，帮扶资金 4500 元；在抗冰冻、抗震救灾中，各基层工会为灾区共捐款 98.68 万元。

文体活动 1998—2005 年的"三八妇女节""五一劳动节""教师节""国庆节""元旦节""春节"，城区工会、机关工会及各基层工会开展气排球赛、篮球赛、歌咏比赛、诗歌朗诵比赛、拔河、乒乓球赛、保龄球赛、健身操等文化体育活动，同时各基层工会根据本单位的实际，组织广大职工开展技能比赛。

1998 年"五一节"，区机关工会，举办庆"五一"火炬接力赛，化妆舞比赛。

2000 年"三八妇女节"，组织妇女开展健身操比赛，七星区工会妇女健身操队参加全市妇女健身操比赛，荣获一等奖；区女职工委员会参加市总工会举办的"女职工之家"评选活动，荣获二等奖。2000 年国庆节，举办了有各基层工会参加的国庆"革命歌曲"比赛，与有关部门共同组织 259 人参加的国防军事训练活动。每年教师节，教育工会举办丰富多彩的文艺表演及语文、数学基本功教学竞赛活动。

2001 年 3 月 6 日，七星区纪念三八妇女节健身操比赛 （覃帆 翻拍）

1999—2005 年，每年的"五一节"，区城区工会委员会，举办 600 多名职工参加的庆"五一"多项体育比赛。

维护职工权益 1950—1979 年，七星辖区中小学校、普通高校教育工会（小组）反映教职工意见，为教职工解决一些困难。1979—2000 年，各学校教育工会和教师代表会议行使民主管理学校的权利，为办好学校教育建言献策，并维护教职工利益。2002 年，区工会针对辖区 4 家企业多年拖欠职工工资的问题，与区劳动、经贸部门组成联合调查组，帮助 102 名职工追回工资 42.65 万元。2005 年，区工会在基层工会开展“四五”普法教育，工会干部职工的参与率、学完率、考试合格率均达到 92% 以上。1979—2005 年，区工会与劳动、经贸等部门共同联合调查、仲裁劳动纠纷案件 36 起，参与调解、撤诉劳动纠纷案件 50 多起，调处率为 100%，调处成功率为 75%；协调职工工资集体平等协商的企业 16 个，占 0.06%；签订劳动合同的企业 2480 多家；受理会员来信来访 185 件，办结率为 100%；培训下岗、失业职工 2000 多人次，协调帮助再就业 308 人次；为特困职工家庭解困 87 户次；参与安全生产检查 16 次。

共青团组织

组织机构

1950 年 4 月，东江区成立了中国新民主主义青年团东江区公所支部，团支部由东江区公所、东江公安分局及各派出所的青年团员组成。1957 年 5 月，中国新民主主义青年团更名为中国共产主义青年团（简称共青团）。1966 年，中国共产主义青年团东江区公所支部改设为共青团东江区公所总支部委员会。

1979 年 7 月，七星区政府成立。1981 年 9 月，建立共青团七星区委员会，区委任命海金明（女）为共青团七星区委员会副书记（书记暂缺）。1988 年 7 月 28 日，区委调整徐维升为共青团桂林市七星区委员会副书记（书记暂缺）。1992 年 11 月 4 日，区委任命徐维升为共青团七星区委员会书记。1994 年 12 月 13 日，选举最明为共青团桂林市七星区第五届委员会副书记（书记暂缺）。1999 年 12 月 28 日，选举周海斌为共青团桂林市七星区第六届委员会副书记（书记暂缺）。2003 年 3 月 25 日，周海斌为共青团桂林市七星区第七届委员会书记、陈建安为共青团桂林市七星区第七届委员会副书记。

1996 年 12 月，市调整行政区，穿山、朝阳两乡划归七星区管理，穿山、朝阳两乡建有团委。

1997 年 6 月，高新开发区与七星区合并，共青团员增多，团组织发展壮大。1998 年，共青团七星区委员会有基层团委 4 个，团支部 23 个，共青团员 1310 名。2000 年，共青团七星区委员会有基层团委 4 个，团支部 23 个，共青团员 1311 名。2005 年，共青团七星区委员会有基层团委 5 个，团支部 43 个，共青团员 1563 名。

1979—2005 年，共青团七星区委员会历任领导分别为海金明（女，副书记，书记缺）、熊宏明、徐维升、阳明（副书记，书记缺）、周海斌。

表 18-1　1988—2005 年七星区共青团组织情况统计表

年度＼项目	基层团委	团支部	团员总数
1988		18	
1989		18	
1990		18	
1991		18	
1992		18	
1993		18	
1994		15	
1995		15	
1996		15	
1997	4	15	
1998	4	23	1310
1999	4	23	1318
2000	4	23	1311
2001	4	28	1377
2002	4	32	1443
2003	4	36	1471
2004	4	39	1514
2005	5	43	1563

共青团组织代表大会

第一次代表大会　1981 年 9 月召开，出席大会的代表 32 人，大会选举产生共青团七星区第一届委员会，海金明（女，回族）任副书记（书记暂缺）。

第二次代表大会　1987 年 7 月，召开区团员大会，大会选举产生共青团七星区第二届委员会，团委工作由熊宏明负责。

第三次代表大会　1988 年 7 月召开，出席大会的代表 30 人。徐维升做工作报告，选举产生共青团七星区第三届委员会。徐维升任副书记（书记暂缺）。

第四次代表大会　1991 年 7 月 30 日召开，出席大会的代表 30 人。团委副书记徐维升代表团三届区委做工作报告，大会选举产生了共青团七星区第四届委员会。徐维升继续任副书记（书记暂缺）。1992年11月，徐维升任书记。

第五次代表大会 1994年12月12日，区第五次团代会在区政府四楼会议室召开，出席大会的代表32人，阳明代表团四届区委做工作报告，大会选举产生了共青团七星区第五届委员会。阳明任副书记（书记暂缺）。

第六次代表大会 1999年12月28日召开，出席大会的代表68人，大会听取和审议了共青团七星区第五届委员会工作报告；选举产生了共青团七星区第六届委员会。周海斌任副书记（书记暂缺）。

第七次代表大会 2003年3月21日召开，出席这次大会的代表64名，周海斌代表区团委做工作报告；选举产生共青团七星区第七届委员会，周海斌任书记，陈建安任副书记。

主要活动

1950年4月，东江区建立的区域第一个团支部后，团组织逐步发展扩大，先后建立了团总支、团委，团组织成为各条战线上的生力军和党的得力助手。团组织和团员在社会主义改造和建设社会主义时期，积极参加生产自救、民主改革、民主建设、镇压反革命、土地改革、抗美援朝、经济建设、学习文化、科学知识当中。在社会主义建设新时期，组织团员和广大青年，积极投身到改革开放、工农业生产等经济建设的大潮中，开拓进取、勇于创新，为全区社会主义物质文明建设和精神文明建设做出了积极的贡献。1979—2005年，七星区加强团的组织建设，充分发挥团员生力军、突击手的作用；团组织注重加强自身的思想和组织建设，结合劳动生产、各时期的工作和形势，组织团员和青年上团课，学习政治理论，提高团员和青年的政治思想素质，增强使命感和责任感；在工作、劳动生产中，培养青年，吸收先进青年加入团的组织；团员不断增加，团的组织不断扩大。

政治思想教育 七星区域团的组织，首先是采取上团课的形式，对团员和青年进行团的知识教育，提高他们对共青团的认识。在各个时期，结合中心工作，学习党的路线、方针和政策，提高团员、青年贯彻党的路线、方针和政策的自觉性。20世纪60年代，七星区域团组织开展向雷锋学习的活动，采用报告会、座谈会、墙报、黑板报等形式，宣传雷锋的事迹，提高团员、青年的政治思想觉悟。20世纪70年代，七星区域团支部或团总支、团委，注重对团员和青年的政治思想教育和理想前途教育，法律和纪律教育以及团的知识教育。20世纪80年代，七星区团委注重组织团员、青年反复学习《邓小平著作选读》（青年读本），举办学习论文比赛，提高团员、青年的开拓创新的意识。1991—2005年，共青团七星区委坚持组织团员、青年上法纪课，增强团员、青年的法制观念和组织纪律性，并进行社会公德、职业道德教育，争做有文化知识、遵纪守法、热心为民的团员和青年。

学先进活动 社会主义改造和建设社会主义时期，七星区域的团组织结合民主改革、民主建政等政治活动，结合恢复生产，发动和组织团员、青年开展劳动竞赛活动；在“大跃进”“人民公社”化运动中，共青团七星区委员会组织团员、青年开展植树造林、除“四害”（老鼠、苍蝇、蚊虫、蟑螂）等活动。

20世纪60、70年代，七星区域的各级团组织号召团员、青年向雷锋学习活动。在社会主义建设新时期，在精神文明建设和物质文明建设中，共青团七星区委员会开展争做“四有”（有理想、有道德、有文化、有纪律）新人的活动，带领广大团员和青年积极投身经济建设之中，穿山、朝阳两乡团员组织农村团员、青年参加农业科技培训和种养技能学习班，通过培训学习，掌握1—2项实用技能，一些团员利用学到技术，办起了养猪、养鸡、养鱼场，成为致富的带头人。

1980—2000年，共青团七星区委员会带领穿山、朝阳两乡团员组织农村团员、社区团员、进步青年参加农业科技和各种技能培训、学习班，用学到的技能应用于工作、生产之中，成为工作岗位的带头人。

2002年，全国开展创建“青年文明号”活动，七星区三里店派出所获自治区级“青年文明号”先进集体，七星花园、桂花园社区获全国“全国青年文明社区”称号。

2000—2005年，共青团七星区委员会组织朝阳乡、东江街道办、七星街道办、穿山街道办的团员组织、农村团员、青年积极分子参加农业科技培训和技能学习班，部分团员利用学到的技能办起养殖场和加工厂，成为七星辖区技能创造财富的新人。

推荐优秀青年加入中共党组织 共青团组织作为共产党的助手和后备军。1979—2005年，共青团七星区委员会（简称团区委，下同）推荐优秀共青团员加入中国共产党和培养吸收优秀青年加入团组织作为组织建设的重要工作。1984年团市委召开先进青年作为加强思想建设和组织建设的重要内容，每年制订团员发展计划，作为向党组织推荐优秀团员入党的计划，向所在党组织提出推荐意见，与党组织共同做好培养工作；开展“党建带团建”活动，在提高团组织整体素质的同时，促进了推优工作的落实。每年向党组织推荐优秀团员特别是优秀团干作为党的发展对象。1979—2005 年，团区委向党组织推荐优秀团员 50 名，其中有 46 名加入中国共产党。

扶持青年就业创业 1995—2005 年，团区委推进青年就业创业见习基地和青年就业创业连锁超市建设，共建设青年创业就业见习基地 48 个，其中：申报国家级基地 3 个，市级基地 15 个，七星区本级基地 30 个；为青年提供就业见习岗位 3850 多个，帮助 2600 多名青年通过见习实现就业；依托区就业服务中心建成青年就业创业连锁超市。2000—2005 年收集发布单位用工信息 2000 多条，建成青年人才信息库，帮助 500 多名青年实现就业。在创业就业培训方面，积极争取辖区各方面力量的支持，共举办各类培训班 120 期，培训青年共计 8000 多名。在创业扶持方面，成功创建七星区“青年就业创业一条街”；联合区委组织部实施“青年上山下乡创业计划”，适应时代发展需要，区团委完成各项青年就业创业培训、扶持任务，为青年就业创业提供了强有力的培训支持。

学雷锋为民服务 1963 年，团中央号召团员、青年向雷锋学习。七星区域各级团组织坚持开展向雷锋学习，为民做好事的活动。机关、企业事业单位和农村的团员青年积极主动照顾孤寡老人，为希望工程捐赠。1995—1998 年，区团委共捐款 3.4 万元，资助 132 名失学儿童重返校园；组织家电修理队、自行车修理队、缝纫队、理发队、法律咨询队等为民服务队，青年志愿服务队，定期或不定期上街下乡为群众服务，并经常组织团员、青年上街打扫卫生，以培养团员、青年为民服务的意识和无私奉献的精神。2001 年，组织下属 18 个团组织在三里店大圆盘开展学雷锋活动，并组织部分团干到灵川县大圩镇植树。2002 年，组织辖区 2200 名青年志愿者到桂林国际会展中心、三里店大圆盘、解放桥、漓江路等交叉路口当交通协管员。1999—2005 年，区团委发动社会各界爱心人士为寒门学子捐款，共捐款 55939 元，资助 33 名寒门学子圆了大学梦；组织辖区单位 80 多家、青年志愿者 600 多名，为群众提供理发、电器维修、自行车修理、身体健康检查、保健知识咨询等便民活动；开展青年志愿者清洁活动，组织广大团员青年 2000 多名，为穿山桥头、小东江东岸、六合社区等地的卫生环境，清运垃圾 20 余吨。

公益活动 1980 年，区团委动员青少年参与植树造林，美化生活环境，辖区兴起植树、护绿、爱绿、兴绿的热潮。2001 年，区团委开展“漓江行动”活动，动员团员青年为母亲河——漓江捐款，共筹集捐款 1530.9 元；上交团市委 7848.8 元；并组织青年志愿者 400 名为漓江洗脸。2002 年，区团委组织青年志愿者积极参与城市大管理行动，坚持 3 至 6 月的第一个星期六都组织青年志愿者参与城市管理行动；组织青年志愿者在全国旅游会议期间配合城管管理街道；发动团员用自己的钱买树苗，在朝阳乡丫吉村荒地上种植 535 棵东魁杨梅树，5 年后挂果，将给该村集体带来经济收入；与穿山乡七星村委联合开展吸毒人员帮教工作。1980—2005 年，区团委组织辖区的优秀青年教师到灵川、龙胜、平乐、荔浦、恭城等县支教，并捐赠书桌、教学用具、教学仪器等物品，共计 60 多万元。

文体活动 中华人民共和国成立初期，七星区域组织以团员、青年为主的文工团，以文艺形式，宣传党的路线、方针和政策和国家的法律。社会主义建设时期，每年春季，组织团员、青年植树造林，春

1997 年 8 月，七星区开展妇女干部军事训练活动

（覃帆 翻拍）

游等;“五四”青年节,请革命前辈讲述革命历史,搞野营军训的活动,并开展唱革命歌曲,知识竞赛、论文比赛等活动,以提高团员、青年的政治思想觉悟,增长团员、青年的科学、文化知识。组织区属各级团组开展篮球赛、徒步漓江、青年羽毛球赛、青年气排球赛、党团知识竞赛等文化活动,增强团组织的凝聚力和号召力。

2001 年,区团委组织 30 多名团干到共建单位装甲团过军事日,团干们参观了李向群纪念馆、部队装备、士兵内务、打靶和下连队与士兵共餐,体验战士们的生活;在建团 80 周年之际,举办“永远跟党走”联欢晚会。

1992 年 7 月,七星区举行“少年之家”活动开幕式
(覃帆 翻拍)

2002 年,区团委组织举行“五四”表彰活动和羽毛球比赛;组织非公企业团支部到七星公园搞户外比赛;与工会、妇联一起组织人员参加《中国青年报》的《公民道德建设实施纲要》竞赛;选派人员参加团市委的“为团旗争辉”演讲比赛。

2001 年和 2002 年,市第十四届、第十五届青春艺术节,七星区团委组织团员青年参加青春艺术节活动的开幕式、青年歌手大赛、主持人大赛、“为党旗争辉”演讲比赛、“交通安全在我心中”交规知识暨小交警技能比武大赛、“新世纪、新桂林”青少年书画摄影大赛等项目,并获得多个集体和个人奖项。2002 年,七星区团委荣获市组委会颁发的优秀组织奖。

2004 年,桂林市举行第十六届青春艺术节,以“青春、健康、时尚”为主题,开展青工技能大赛、十大青年歌手大赛、创城长跑大赛、东盟知识竞赛、flash 动画宣传片制作大赛、少先队鼓号队大赛、青春形象大赛、原创 DV 大赛等 10 个项目,七星区团委组织 5 万人次参加,共获 16 个奖,其中一等奖 3 个、二等奖 5 个、三等奖 8 个。

2000—2005 年,区团委参与七星区庆祝中华人民共和国建国大型群众歌会、七星区“七星伴月月更明”迎国庆·庆中秋文艺晚会、七星区庆祝中华人民共和国建国 60 周年辖区篮球大赛和气排球大赛、中国·桂林创新创意文化节等重大活动的筹办工作。

“少年之家”活动 1992 年 7 月,七星区举行“少年之家”活动开幕式。1995 年,区团委在辖区的小学学校成立“少年之家”。1995—2005 年,区团委与区妇联在暑、寒假期,组织少年儿童开展“少年之家”活动 60 多场次,慰问驻桂解放军,举行游园会、诗歌比赛、野炊、学雷锋做好事等活动。辖区小学学校学生在交警队的指导下,建立少年小交警队,放学时维持校门的交通秩序。同时,增强小学生的遵守交通规则的意识。2000—2005 年,区团委与区妇联联合相关单位,心系儿童,关注教育,“六一”儿童节期间,开展节日慰问、“小手拉大手”“关爱留守儿童”“关爱服刑人员未成年人子女”亲子教育等形式多样的主题活动 20 多场次,帮助未成年人健康成长。

妇女联合会

1950—1978 年,七星区妇女联合会(简称妇联,下同)带领广大妇女投身改革开放,参与地方经济建设,促进社会进步及服务妇女儿童等工作。1979—2005 年,围绕区党委、政府不同阶段的工作重心,不断丰富“双学双比”活动的内涵,实施“巾帼科技致富工程”,探索建立农村、社区“科技示范点网络”,深化“巾帼建功”活动,以“巾帼社区服务工程”“巾帼文明岗”“文明示范岗”创建活动为重点,着力抓好扶助下岗女工再就业小额贷款。积极构建妇女维权组织网络,推动社会化维权网络的形成;实施妇女参政、女性素质工程,促进了妇女人才成长;把“五好文明家庭”作为“家庭文明工程”的重要载体,对全区家庭提出家庭教育科学化、家庭建设平安化、家庭成员知识化、家庭生活文明化、家庭环境绿美化的“五化”要求;在农村、社区开展美德在农家、小区活动,开展“春蕾计划”、“平安家庭”、家庭文化建设和家庭教育宣传实践活动。

组织机构

中华人民共和国成立初期的桂林第四区人民政府、第三区人民政府设置民主妇女联合会，配备专职妇女主任，负责妇女工作。1950 年 10 月，桂林第四区召开妇女代表工作委员会（妇女代表工作委员会，简称妇代会）。大会选举产生了第四区民主妇联执行委员会（执行委员会，简称执委会）。第四区民主妇联委员会设主席 1 名、委员 9 名。1950—1955 年，历任桂林第四区妇联主席为覃乔英、廖玉英、王素珍。1955 年 10 月，撤销第四区人民政府，成立街道办事处时期，东江和漓江两个街道办事处，仍设置妇联。1958—1966 年 5 月，东江和漓江人民公社革命委员会时期，东江和漓江人民公社继续设置妇联组织，各街道居民委员会均建有妇代会组织。

1979 年 7 月，七星区人民政府成立，设置七星区妇女联合会（简称区妇联，下同）机构，并配备专职妇女干部。1979 年 12 月，选举甘焕玉为七星区妇联主任。1985 年 5 月，选举莫凤群为七星区妇联主任。1990 年 11 月，莫凤群退休，唐玉英任七星区妇联主任。1993 年 12 月，选举海金明为七星区妇联主席。2001 年 12 月，海金明退休，申春荣任七星区妇联主席。2003 年 7 月，选举周清华为七星区妇联副主席（主席暂缺）。同年 8 月，周清华任七星区妇联主席。

1996 年 12 月，朝阳乡、穿山乡划归七星区管理。1997 年 12 月，成立东江、七星街道办事处。1998 年，东江街道办事处、七星街道办事处设置妇联，配备兼职妇女干部。2002 年，东江、七星街道办事处妇联及教育部门妇委会，25 个社区妇代会，穿山、朝阳乡妇联及 14 个村委妇代会进行了换届。2005 年，穿山乡改为穿山街道。2005 年年末，七星区一乡（朝阳乡）、三个街道（穿山、东江、七星）、教育部门、28 个社区、14 个村委均设置了妇联或妇代会组织。

东江区民主妇女联合会 1950 年 4 月，成立东江区民主妇女联合会。在东江区党的领导及区妇联的努力下，东江区内的 40 多名妓女获得新生。广大妇女在东江区民主妇联的发动和组织下，投入恢复生产、清匪反特等工作中。

第四区民主妇女联合会 1954 年 5 月 10 日—11 日，召开妇女代表大会，出席大会正式代表有 45 名、特邀代表 9 名；妇女代表大会选举产生第四区民主妇联执委会委员及执委会主任王素珍（1954.3—1954.6 任职）。

第三区民主妇女联合会 1954 年 6 月，第四区改称为第三区，第四区民主妇女联合会改称为第三区民主妇女联合会。选举产生第三区民主妇联执委会委员及执委会主任王素珍(1954.06—1955.10 任职)。

东江街道办事处妇女工作委员会 1955 年 10 月，经市妇女联合会第八次执委会研究，撤销各区妇联组织，在街道办事处设妇女干事。东江街道办事处配备了 1 名妇女干事，漓江街道办事处因只管辖 2 个居委会，没有配备妇女干事。1956 年 4 月 20 日，市妇联在《关于建立街道妇女工作委员会的通知》中，要求根据全国妇联副主席章蕴关于为了便于妇联的领导和配合街道办事处的工作，可以吸收街道办事处辖区内基层妇女代表会主任组成街道妇女工作委员会的讲话精神，成立街道妇女工作委员会（妇女工作委员会，简称妇委会）。按市妇联的要求，1956 年 5 月，成立东江街道办事处妇委会，漓江街道办事处没有成立妇委会。

东江人民公社妇女联合会 1958 年 11 月，东江、漓江两个街道办事处合并成立东江人民公社，东江街道办事处妇女工作委员会改名为东江人民公社妇女联合会，东江人民公社妇女联合会主任为陈如艳(1958.11—1960.3 任职)。1960 年 3 月，成立东江区公所（公社），东江人民公社妇女联合会随之改称为东江区公所（公社）妇女联合会，中共桂林市委员会任命俞曼为妇联主任(1960.3—1960.6 任职)。1960 年 6 月，东江区公所（公社）改名为东江人民公社，管辖范围扩大，人员编制增加，东江区公所妇女联合会改名为东江人民公社妇女联合会，配备了正、副主任各 1 名。

漓江人民公社妇女联合会 因城市人民公社的体制调整到 1958 年公社初期的规模，公社只管辖社办企业、街道居委会，公社妇女联合会也相应作了调整，漓江人民公社妇女联合会不设主任，工作由公社女干事兼管。1962 年 3 月，经市委批准，成立了漓江人民公社，配备了兼职的妇女干事，建立了妇女联合会，由兼职的妇女干事兼管妇联工作。

穿山乡妇女联合会 1961 年，成立穿山人民公社妇女联合会。1984 年 10 月，改称穿山乡妇女联合会，隶属市郊区妇女联合会的领导。1996 年 12 月，穿山乡妇联随同穿山乡一起划归七星区管理。

朝阳乡妇女联合会 1961 年，成立朝阳人民公社妇女联合会。1984 年 10 月，改称朝阳乡妇女联合会，隶属市郊区妇女联合会领导。1996 年 12 月，朝阳乡妇联随同朝阳乡一起划归七星区管理。

第四区、第三区民主妇女联合会组织 1952年，第四区、第三区政府民主妇女联合会建立了花桥街、新桥街、河东街、码坪街、穿山街、漓江街等6条行政街妇女代表会组织，并先后召开妇女代表大会，选举产生该街妇女代表会；各街妇女代表会主任一般都由街主席兼任。

东江人民公社妇女联合会组织 1958年11月—1962年3月，东江人民公社妇女联合会下级组织有五通街、新生街、泥湾街、河东街、花桥街、码坪街、七星街、六合街、临下街、漓江街(1958年11月，成立东江人民公社时，漓上、漓下两条街合并为漓江街)等10个妇代会。1960年6月，东江人民公社的体制和管辖范围扩大，街道也增加到了10条，各街道居民委员会经选举，产生了妇女代表工作委员会。1962年3月—1966年5月，东江人民公社妇女联合会下级组织有五通街、临下街、泥湾街、新生街、花桥街、河东街、七星街、码坪街等8个妇代会(1962年9月，六合街居民委员会合并到泥湾街居民委员会)。

1992年1月27日，七星区召开妇联三届五次执委(扩大)会

(覃帆 翻拍)

漓江人民公社妇女联合会组织 1962年3月，成立漓江人民公社，管辖原漓江街道办事处的范围，漓江人民公社另成立妇女联合会，两个公社的街道均建有妇代会。漓江人民公社妇女联合会下级组织(1962.3—1966.5)有漓江街妇代会1个。

妇女代表会组织 1987年11月—1999年2月，七星区妇联加强全区各街道妇女代表会、区属企事业单位妇女委员会的建设，对新设立的街道居民委员会，新创办和新引进的企业，区妇联及时帮助建立起妇代会或妇委会，对早建立的街道妇代会、企事业单位的妇委会多次进行调整，建立和健全学习和工作制度，以便充分发挥其团结、联系广大妇女的纽带和桥梁作用。(街道妇女代表会主任一般由街道居民委员会主任或副主任兼任，企事业单位的妇女委员会主任，一般由该单位的女领导干部兼任)

街道妇女代表工作委员会组织有临上街、六合街、五通街、花园街、泥湾街、河东街、漓江街、花桥街、临下街、新生街、龙隐街、码坪街、七星街、桂大街、狮子岭街、大圆盘街、梨子园街、漓东街、月牙街、五里店街、会仙街、穿山街等22个。

区直企业单位妇女代表工作委员会组织有丽晶食品厂(1995年撤销)、漓江羽绒制品厂(1995年撤销)、七星涂料厂(1995年撤销)、七星塑料厂、榕城针织厂、区建筑安装工程公司、区第二建筑安装工程公司、区劳动服务公司、区新星电器厂、漓江消防器材厂、东江城市信用社(1996年撤销)、区物资公司(1996年撤销)、区商业公司(1997年撤销)、东江旅社等14个。

区直单位妇女代表工作委员会组织有地矿部科技交流中心、区人民法院、区人民检察院、区七星公安分局、区农村社会养老保险所、区环卫站、穿山中学、朝阳中学、穿山小学、七星中心校、跃进中心校、樟木小学、西南中心校、合心中心校等14个。

代表大会

第四区妇女代表委员会 1950年10月，东江区公所改称为第四区人民政府。同月，根据全国妇女代表大会关于“地方性妇女组织应以妇女代表会议为主要形式”的决议，由区民主妇女联合会召开妇女代表会，(多少人参加)选举产生第四区妇女代表委员会。区妇女委员会委员9名，主席覃乔英(1950.10—1951.2)、廖玉英(1951.2—1952.4)、王素珍(1952.4—1954.3)。

七星区第一次妇女代表大会 1979年12月27日—28日召开，出席大会的正式代表110名。大会议程：听取区妇联的工作报告；选举区妇联第一届执委会委员，大会审议通过了区妇联副主任程勇勒作的《全区妇女团结起来，为实现新时期七星区妇女工作任务而努力奋斗》的工作报告。大会选举产生区妇联第一届执委会委员，执委会主任1名，副主任1名，委员11名。

七星区第二次妇女代表大会 1985年5月29日—30日召开，出席大会的正式代表80名、列席代表7名、特邀代表25名。大会议程：听取及讨论区妇联第一届会执委会的工作报告；选举区妇联第二届执委会委员；选举出席桂林市第八次妇女代表大会代表。大会审议通过区妇联主任莫凤群作题为《在改革中前进　开创妇女工作新局面》的工作报告；民主选举产生区妇联第二届执委会委员11名，执委会主任1名，副主任2名。

七星区第三次妇女代表大会 1988年11月25日—26日召开，出席大会的正式代表84名。会议议程：听取及审议区妇联第二届执委会的工作报告；选举区妇联第三届执委会委员。大会审议通过区妇联主任莫凤群作题为《树立“四自”意识，投身改革和建设，为实现新时期七星区妇女工作任务而努力奋斗》的工作报告；选举产生区妇联第三届执委会委员13名，在区妇联第三届执委会第一次全会上，选举产生主任1名，常委7名。

七星区第四次妇女代表大会 1993年12月16日—17日召开，出席大会的正式代表85人。会议议程：听取及审议区妇联第三届执委会的工作报告。选举区妇联第四届执委会委员。大会通过区妇联主任唐玉英作题为《全区妇女团结起来，为振兴七星而奋斗》的工作报告；选举产生区妇联第四届执委会委员11名，在区妇联第四届执委会第一次全会上，选举产生主席1名、常委5名。1997年2月，在区妇联召开一次执行委员会全会上，补选2名常委。

1999年4月9日，七星区召开第五次妇女代表大会

（覃帆　翻拍）

七星区第五次妇女代表大会 1999年4月9日召开，出席大会的正式代表84人。会议议程：一是听取及审议区妇联第四届执委会的工作报告；二是选举区妇联第五届执委会委员。大会通过区妇联主席海金明作题为《高举邓小平理论伟大旗帜，团结动员全区妇女为建设现代化的新城区而努力奋斗》的工作报告；选举产生区妇联第五届执委会委员13名。在区妇联第五届执委会第一次全会上，选举产生主任1名、常委6名。

七星区第六次妇女代表大会 2003年7月17日召开，出席大会的妇女代表115名。会议议程：大会听取审议并通过区妇联第五届执委会的工作报告；选举区妇联第六届执委会委员。大会通过区妇联主席申春荣代表上届妇联执委会作的工作报告。选举产生区第六届妇联执委会委员13名。在区妇联第六届执委会第一次全会上，选举产生副主席1名（主席暂缺）、常委7名。

表18-2　　第一至第六届七星区妇女联合会主任（席）、副主任（席）、常委名录

届次	换届年月	主任（主席）	副主任（副主席）	常委	备注
一	1979.12	甘焕玉	程勇勃		未设常委
二	1985.5	莫凤群	王燕群		未设常委
三	1988.11	莫凤群 唐玉英	雷雪芳	莫凤群、唐小仁、海金明、王燕群、陈国琼、唐玉英、张敦雯（1991年11月补选）	莫凤群于1990年11月退休
四	1993.12	海金明		申春荣、张敦雯、陈开凤、唐小仁、海金明、崔顺妹、曾继红	
五	1999.4	海金明 申春荣		申春荣、李搽妹、吴翊、徐芳、顾冬梅、崔顺妹	申春荣于2002年1月任职
六	2003.7	申春荣	周清华	周清华、崔顺妹、廖玉娟、覃丽、张钧、刘文、黄赐月	

主要活动

劳动生产　1949年，中华人民共和国成立，妇女翻身得解放，七星区境的妇女在党组织和妇女联合会的发动组织下，积极参加劳动生产，开展生产自救，参加农业生产合作社，手工业（织布、棕麻、棉线、竹器）生产合作社，成为自食其力的劳动者。

1958年，“大跃进”“人民公社化”时期，七星区境妇女联合会组织妇女办起了集体食堂、托儿所、幼儿园、参加社办工厂、生产组（队），开展争当技术能手、“三八红旗手”活动。

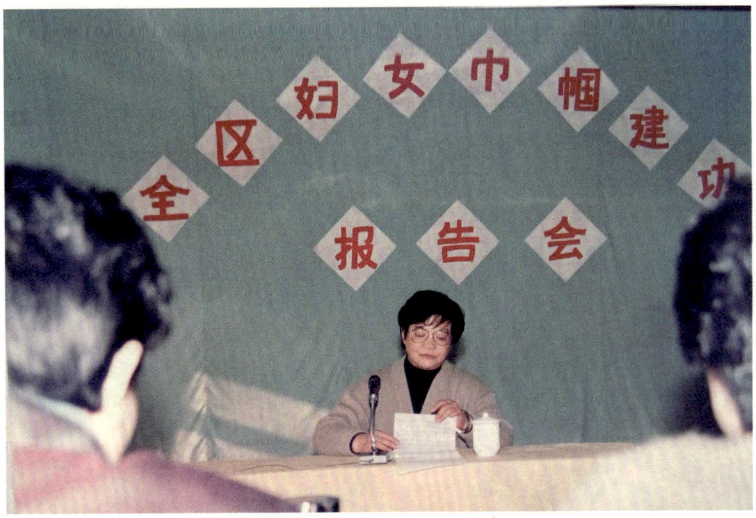

1991年12月，七星区开展全区妇女巾帼建功报告会活动（覃帆　翻拍）

1960年，七星街居民委员会主任陈碧珍、穿山公社穿山村村民邓梅秀评为全国“三八”红旗手；樟木村获全国“十姐妹妇女丰产组”荣誉称号。

1966—1976年，“文化大革命”时期，七星区境的妇女，响应毛主席的号召继续坚守工作和生产岗位。

1976年10月，“文化大革命”结束，1978年12月，党的十一届三中全会召开，进入社会主义现代化建设的新时期，七星区境妇女贯彻执行党的十一届三中全会制定的路线、方针和政策。

1979年7月，七星区党委、区人民政府成立，党委、政府以经济建设为中心，坚持改革开放。7至12月，全区兴办了厂、队13个，街道服务点、组36个，共有职工1233名，其中女职工841名，占职工总数的68.21%。

1983年9月，穿山乡穿山村村民梁曼葶被评为全国“三八”红旗手。1984年，东江旅社职工梁连秀被评为自治区“三八”红旗手。

1985年，辖区妇女发扬自尊、自爱、自重、自强“四自”精神，积极参加工业、商业、街道社会工作。七星区妇联评选出自治区“三八”红旗手1名、市“三八”红旗手6名。在区属工业战线上，有女职工193名，占职工总数的46.3%；在商业战线上，有女职工75名，占职工总数的61.5%。在党的教育培养下，在各种生产、工作岗位上的妇女干部的不断成长，在工厂、公司有女厂长、女经理；在机关有女区长、女部长、女科长、女法官；在街道干部中，女性占80%。各条战线上女职工，尽职尽责，作出了重大贡献。

1985—1988年，七星区16个街道妇女代表工作委员会创办集体企业69个，这69个集体企业的职工，女性占三分之二以上。1988年，有26名妇女骨干创办集体企业，全年生产总值62万元，获利9.6万元，上缴税款4万多元。

1990年，七星区妇联开展“精通一门技术，提一条合理化建筑，搞一项技术革新，增收节支100元，创一流工作水平”的“巾帼建功”活动。辖区广大妇女发扬“四自”精神，积极投入“巾帼建功”活动。

1991年12月，七星区妇联开展全区妇女巾帼建功报告会活动。

1992年，七星区街道经济创工业、商业产值合计350.24万元，利税15.9万元。同年3月7日，七星区举行1991年度优秀妇干表彰暨纪念“三八”国际劳动妇女节82周年大会。同年，七星区建筑安装公司女职工朱建平获自治区“巾帼建功”先进个人；“三八”妇女节期间，区妇女联合会表彰“巾帼建功”先进个人9名。

1993年，区妇联组织贯彻《中华人民共和国妇女权益保障法》，激发广大妇女增强“四自”意识；组织街道妇女干部新办经济实体40个，年缴税金23万元。区妇联评为桂林市先进妇女组织。

1994—1998年，街道妇女新办经济实体610个，上缴税金468万元（1996年12月，穿山乡、朝阳乡划归七星区管理，据1998年统计，穿山乡以妇女为主的种养专业户有500多户，朝阳乡丫吉司公村妇女熊细妹养鸡年产12000多只，走上脱贫致富之路）。区妇联评为七星区1996年度先进集体。1997年，穿山乡在农村妇女中开展“双学双比”活

1992 年 3 月 7 日，七星区举行 1991 年度优秀妇干表彰暨纪念“三八”国际劳动妇女节 82 周年大会　　（覃帆　翻拍）

动，有 97 名妇女评为乡级以上“双学双比”能手和种养能手；全乡广大妇女争做“四有”（有理想、有道德、有纪律、有文化）“四自”新女性，有 113 名妇女评为乡“巾帼建功”先进个人，有 2 名女干部担任乡党政领导，有 5 名妇女担任了村委会的干部，乡小学有 5 名女教师担任小学的正副校长，有 13 名妇女担任厂长或经理、主任。

1999—2003 年，开展“巾帼建功”“双学双比”活动，七星区妇联在穿山乡、朝阳乡建立巾帼科技种养示范基地 2 个；全区涌现出妇女种养能手 35 名，七星、东江两个街道妇女代表工作委员会，兴办家政、幼托等实体，帮助 13 名下岗女工获得小额贷款，安置 324 名妇女再就业。七星区妇联获 2001 年度桂林市妇联工作一等奖、2002 年度桂林市岗位责任制特等奖、2003 年度桂林市岗位责任制一等奖。

2004—2005 年，七星区妇联开展“巾帼建功”“双学双比”服务活动，在穿山乡（2005 年改为办事处）、朝阳乡建立了种养示范基地 4 个；组织穿山、朝阳两乡妇女干部和种养能手到恭城瑶族自治区县、雁山区等县、区参观学习种养先进技术和致富经验。七星区妇联荣获 2004 年度桂林市“巾帼建功”先进单位荣誉称号。七星区妇联荣获 2004 年度、2005 年度桂林市岗位责任制特等奖。

学习　中华人民共和国成立前，妇女受欺压，上学校读书学文化极少，绝大多数不识字。中华人民共和国成立后，桂林第四区人民政府（七星区境）妇女联合会发动和组织妇女参加识字班学文化识字。1950 年 4 月，《中华人民共和国婚姻法》颁布后，区民主妇女联合会积极宣传《中华人民共和国婚姻法》，努力提高妇女维护自己和儿童的合法权益，积极参加民主改革、民主建政等工作。参加劳动生产，开展和平签名运动，反对美国侵略朝鲜。配合党的中心任务，组织妇女进行政治学习。有 6 名妇女选举担任街主席或副主席，有 23 名妇女担任了居民小组等街道干部。

1960 年，是持续“大跃进”的一年，东江人民公社妇女联合会号召全公社妇女进一步深入贯彻党的“鼓足干劲，力争上游，多快好省地建设社会主义”总路线，积极投身社会主义建设。

1978 年，党的十一届三中全会后，区妇女联合会组织妇女学习党的十一届三中全会制定的路线、方针和政策，揭批“四人帮”鼓吹的“妇女落后”“妇女无用”等谬论，妇女要进一步解放思想，积极投入社会主义经济建设。

1986—1988 年，辖区青年妇女学文化、学技术，走自学成才之路，积极参加函大、电大、业大等高等教育学习，达到大专文化程度 13 名。七星区妇联组织妇女学习《中华人民共和国宪法》《中华人民共和国婚姻法》《中华人民共和国财产继承法》等

2001 年 3 月，七星区妇联开展巾帼社区服务研讨会活动　　（覃帆　翻拍）

法律知识。

1991年，七星区妇联获全国、自治区税法宣传教育先进单位。

1992年，《中华人民共和国妇女权益保障法》颁布实施，区妇女联合会组织妇女学习《中华人民共和国保护法》，增强妇女的法制意识。

1994—1999年，七星区妇联举办邓小平理论、妇幼保健、卫生知识、种养技能等讲座学习班20期，培训基层妇女干部1100多人次，组织广大妇女学习《中华人民共和国妇女保障法》《中华人民共和国婚姻法》《中华人民共和国继承法》。

2001年6月，七星区开展新婚姻法学习宣传咨询活动

（覃帆　翻拍）

2001年，七星区妇联组织妇女学习新《中华人民共和国婚姻法》《中华人民共和国预防法》；举办城乡妇女干部《中华人民共和国婚姻法》学习班4期，培训妇女干部236名；深入农村为妇女讲《中华人民共和国预防法》5次，参加妇女250多名；深入居委会、村委会、企事业单位等地方宣讲新婚姻法17次，参加妇女950多名；组织执委、宣讲组成员上大街开展新婚姻法宣传咨询活动2次，发放宣传资料6000份。

2004年，七星区妇联围绕全区经济建设和社会各项工作，举办区机关、乡、办事处、社区妇女干部各类培训，学习"三个代表"重要思想，开展"保持共产党员先进性教育"活动，学习新婚姻法。

2005年，七星区妇联学习贯彻国务院新修改的《中华人民共和国妇女权益保障法》《中华人民共和国未成年人保护法》《公民道德实施纲要》等法律法规。

维护妇女合法权益　1949年11月22日，桂林解放。七星区妇联发动和组织妇女学习1950年国家颁布的第一部《中华人民共和国婚姻法》，发动妇女揭发检举封建恶霸，欺压妇女的罪行，妇女政治生活上获得了新生，婚姻获得了自由，同时获得参加劳动、工作、学习文化的权利。中华人民共和国成立前东江新生街的妓女院，中华人民共和国成立后被取缔，40名妓女获得新生，人民政府安排她们走上自食其力的生活。在社会主义改造和民主建政运动中，妇女骨干分子担任街委会主任、街妇女主任，负责调解处理婆媳矛盾，夫妻矛盾，维护家庭和睦，维护妇女的尊严。

20世纪80年代，七星区妇联多次举办基层妇女干部法律培训班，邀请法院领导授法律课，各街道妇代会开展"维护妇女儿童合法权益"宣传活动，以墙报、专栏、标语等形式广泛宣传。法院在街上设咨询点接待群众的询问。

1980—1984年，区妇联协同街道妇代会调解临上街、河东街、五通街等街道处理多起丈夫打骂妻子、第三者插足破坏家庭幸福，父母亲虐待女儿的事件。1984年2月，在市、区委统一部署，开展了维护妇女儿童合法权益、宣传月活动，区妇联在区委统一领导下，积极投入活动之中，与党委宣传部共同举办了骨干培训班，抽调区属各单位抓妇女工作的骨干40名，通过学习明确目的要求，回单位后，进行广泛的宣传；有条件的单位贴出大幅红标语、各街出黑板报、法院设立法律咨询站；受教育面95%，并解决3名虐待妇女儿童的案件。

1985—1987年，区妇联向广大妇女宣传《中华人民共和国宪法》《中华人民共和国婚姻法》《中华人民共和国继承法》等国家法律法规，共接待妇女来信来访35人次，反映侵害妇女儿童权益问题，协同街道妇代会处理家庭纠纷6件。

1992年10月，成立由公安分局、区检察院、区法院、区司法局、区妇联等12个工作部门组成的七星区维护妇女合法权益领导小组，负责调查处理涉及侵犯妇女的权益的事宜。当月，"维权"领导小组组织政法机关，在本辖区内开展了两次打击卖淫嫖娼行动，抓获卖淫嫖娼人员15名。

1989—1993年，区妇联接待妇女来访100多人次，对反映涉及侵权问题，进行了处理；区妇联关心儿童健康成长，在辖区内创办8个“少年之家”，让少年儿童有活动场所。

1996—1997年，区妇联接待处理13名妇女反映诉丈夫打妻子问题，切实维护了妇女的切身利益。

1994—1998年，区妇联接待处理朝阳乡18名妇女反映土地征用费补偿问题。

2001年，七星区妇联荣获桂林市“万家学习新婚姻法”活动先进单位。

2002年，在区、街道、社区三级妇女组织中，分别建立由142名组织的28个维权服务站。七星区荣获2002年度桂林市重视支持妇女工作先进单位。

2003年，区妇联贯彻《公民道德建设实施纲要》《中华人民共和国妇女权益保障法》《中华人民共和国未成年人保护法》。

2004年，七星区妇联荣获桂林市实施妇女儿童发展规划先进集体荣誉称号。

七星区妇联荣获1998—2005年桂林市维护妇女儿童合法权益贡献奖。七星区荣获1999—2005年桂林市维护妇女儿童合法权益贡献奖。

1999—2005年，区、乡、街道办妇联接待1233名妇女反映丈夫打骂妻子等暴力问题，并一一作及时的处理；并为53名受侵害妇女提供法律援助；农村出嫁女儿700多名，反映土地征用费补偿问题，多年得不到合理解决，经多方协调，多数出嫁女儿土地补偿基本上得到解决，她们的合法权益得到维护。

2005年年末，在区、乡、街道妇女联合会及社区妇女代表大会三级妇女组织中建立维权服务站69个、巾帼志愿者服务队47支、社区家长学校28个。

参政议政　1950年，第一部《中华人民共和国婚姻法》颁布实施。社会主义现代化建设新时期，妇女参政议政意识增强，人数增多。1988年，七星区有11名妇女担任区属企事业单位的经理或厂长等职务，区党政机关有11个部门的正、副职领导由妇女干部担任。1992年，修改的《中华人民共和国婚姻法》《中华人民共和国妇女权益保障法》等法律法规颁布实施后，妇女的政治地位不断提高，妇女参政议政和社会事务管理人数越来越多，辖区的街道居民委员会主任、区属工厂厂长、公司经理中，妇女占35%。2005年年末，七星区有50多名妇女担任区属企事业单位的经理或厂长等职务，区党政机关有14个部门的正、副职领导由妇女干部担任。

1980年，七星区第一次人民代表大会100名代表中，妇女代表有33名，占代表总数的33%。

1984年，七星区第二次代表大会121名代表中，妇女代表有38名，占代表总数的31%。1987年，七星区第三次人民代表大会111名代表中，妇女代表有32名，占代表总数的29%。

1990年，七星区第四次人民代表大会116名代表中，妇女代表有47名，占代表总数的41%。

1993年，七星区第五次人民代表大会116名代表中，妇女代表有38名，占代表总数的33%。

1999年，七星区第六次人民代表大会147名代表中，妇女代表有40名，占代表总数的27%。

2002年，七星区第七次人民代表大会167名中、妇女代表有55名，占代表总数的33%。

2006年，七星区第八次人民代表大会186名代表中，妇女代表有67名，占代表总数的36%。

1998年，政协七星区第一届委员会91名委员中，妇女委员31名，占委员总数的34%。

2002年，政协七星区第二届102名委员中，妇女委员26名，占委员总数的25.44%。

2006年，政协七星区第三届委员会128名中，妇女委员35名，占委员总数的27%。

精神文明建设　1958—1966年，东江人民公社妇联在街道妇女代表工作委员会中开展团结协作好、勤俭持家好、六好公民竞赛运动好、关心妇女群众利益好、学习好的“五好”竞赛活动。

1978年，党的十一届三中全会后，区妇联组织广大妇女积极参加物质文明和精神文明的建设，街道妇代会发动家庭妇女打扫街道卫生，自发组织夜间巡逻队，维护社会治安，以讲故事的形式教育少年儿童。

1980年，区妇联开展创“五好家庭”（即好夫妻、好婆媳、好家长、好邻里、好儿子等）活动。1981年“三八”节，评为七星区“五好家庭”代表有86名、好家庭10户、好妈妈18名、好婆媳14对、好夫妻19对、好邻居25名、好妇代会2个。

1982年，区妇联把抚育、培养、教育儿童、少年作为工作重点，宣传早期教育的重要性；组织基层妇代会、保教人员、独生子女家长参加市家庭教育研究会举办的幼儿早期教育报告会；组织11条街道群众听录音；“六一”前，区妇联依据市妇联发出为儿童空好事的倡议，动员辖区各单位赠送教具、玩具；辖区有小学生1000多名，给小学生安排暑假活动，区妇联做精心准备，整个假期有游园、讲故事、书法、图画、体育比赛、大扫除等项目；5月，区委、区政府表彰精神文明建设中的先进集体和先进个人共101名(其中妇女72名)，出席市表彰大会先进个人21名(其中妇女18名)。

1983年，评为七星区“五好家庭”代表有103名，出席桂林市“五好家庭”表彰大会的代表有55名。1985年，七星区妇联评选出席自治区“五好家庭”表彰会代表2名、出席桂林市“五好家庭”表彰会代表7名。

1986—1987年，区妇联采取培训妇女骨干、好人好事的典型教育，“五好家庭”户演讲等形式，开展“五好家庭”“五好楼(院)”“五好”居民小组活动，在广大妇女中敬老爱幼，邻里团结、助人为乐、移风易俗、计划生育等好人好事。1986年，区妇联评出“五好家庭”631户；1987年，区妇联评出“五好家庭”814户，“五好楼(院)”“五好居民小组”各7个，桂林市“五好家庭”标兵户19户。

1991年，区妇联为支援灾区，组织妇女捐款3.5万元，为市南门桥扩建工程捐款4683元，并组织辖区1958名母子为边防战士送上1200条毛巾、694双鞋垫，以及香皂、手帕、袜子一批。

1988—1992年，区妇联开展以家庭文化建设为主要内容的“五好家庭”活动，在街道组织“大众读书会”“舞狮队”“武术队”“彩调队”“舞蹈队”等，这五年，区妇联评出“五好家庭”254户、“五好家庭”标兵户226户，“五好楼(院)”9个。荣获桂林市“五好家庭”标兵户20户，五通街赵惠娟家庭评为自治区“五好家庭”标兵户。

1993—1998年，区妇联开展以弘扬社会公德、职业道德、家庭美德、“五好家庭”创建活动，倡导和发扬讲文明树新风的社会新风尚。

1995年，区妇联举办迎接世界妇女代表大会召开的文艺游行活动，街道、辖区20多个单位400多名妇女儿童参加，参加游行活动的有腰鼓队、秧歌队、彩车等。1996年，区妇联开展“春蕾计划”“巾帼扶贫”“五好家庭”活动；举办七星区妇女体育运动会，参加人数达300多名；七星区妇女联合会获自治区妇女联合会、广西青少年儿童基金会授予“爱心献春蕾”活动先进集体称号。1997年，区妇联加强家庭美德宣传教育，开展“讲文明、树新风、家庭志愿者服务”活动，并在七星辖区内开展学习竞赛、“巾帼建功”竞赛、“双学双比”竞赛、“三八”工作竞赛等四竞赛活动。1998年夏，漓江发生洪水，七星辖区多条街道被淹，一些农田、菜地被洪水浸泡，全区有6000多名妇女参加了转移财物、维护农田等抗洪抢险工作，洪水后广大妇女积极主动清理街道淤泥，打扫环境卫生。服务行业的妇女，开展“巾帼文明岗”“文明示范岗”活动。

2001年，区妇联评为桂林市实施“春蕾计划”先进单位。2002年，在区、街道、社区三级妇女组织中，由259名组成的26支“巾帼志愿者服务队”，23个社区建立社区家长学校。2003年，区妇联成立“巾帼志愿者服务队”29个，开展活动107次，参加人数1424名；为下岗女工安置再就业230名，扶贫帮困办实事计33件，投入金额7230元，参加人数442名；建立“文明示范岗”5个，在各级妇女组织中建立妇字号服务项目14个，参加人数61名。

1999—2005年，区妇联在精神文明建设中，开展倡导遵纪守法、明礼诚信、团结友善、勤俭自强、敬业奉献的社会新风尚活动和“五好家庭、社区家长”活动，建立“巾帼社区”服务队25个，清扫社区卫生，治安巡逻，守护庭院等。七星区妇联评为2003年桂林市“五好文明家庭”创建活动先进协调组织、评为2003年桂林市实施“春蕾计划”先进单位、评为2004—2005年度桂林市实施“春蕾计划”先进单位。

1991年6月，七星区召开巾帼文明行动动员会

（覃帆　翻拍）

2005年年末，区妇联共创建五好文明家庭86个、文明楼院16个、五好文明家庭标兵户26户；学习型家庭29户、绿色环保家庭受自治区、桂林市、七星区表彰25个；63个单位、196名个人被评为七星区“平安家庭”创建活动及“不让毒品进我家”活动先进单位和先进个人；五通社区获自治区“五好家庭”创建活动先进集体称号；羊角山社区作为“巾帼绿色示范点”受全国表彰；羊角山社区获全国“平安家庭”创建活动先进示范社区称号。

工商联合会

1994年年末，七星区共有个体工商户1111户，从业人数1767人，注册资金387.1万元，年销售总额457.3万元；私营企业12户，从业人员100人，注册资金206万元，年总产值110万元；个体合伙24户，从业人员76人，注册资金29万元；区属和区管工商企业427家，从业人员5000多人，年产值1.6亿。2000年，七星区共有个体工商户2000多户，从业人数3000多人，注册资金500多万元，年销售总额750多万元；私营企业30多户，从业人员200多人，注册资金100多万元，年总产值300多万元。2005年，七星区共有个体工商户3000多户，从业人数4500多人，注册资金1000多万元，年销售总额1500多万元；私营企业50多户，从业人员600多人，注册资金2000多万元，年总产值600多万元。

组织机构

1995年8月8日，中共七星区委统战部依据自治区、桂林市委的指示，成立七星区工商业联合会，七星区工商业联合会受中共七星区委统战部领导。同年8月18日，在区政府所在地码坪街召开《七星区工商联第一次会员代表大会》，大会选举产生会长王志仁，副会长鲁荣芬（女）、喻超、钱学旺、许燕、邱月明（女）。七星区工商业联合会首批发展的会员共36名，其中企业会员26名、私营个体经济会员6名、“三资”企业会员1名、经济科技界会员3名。

1997年6月，桂林国家高新技术产业开发区与七星区合并，成立桂林国家高新区七星区工商业联合会（简称区工商联，下同），执委班子没有变化。1998年4月，区工商联对执委班子作调整，增补黄海涛、朱光文、乐鸿、罗丰等4名为执委会委员，周碧蓉为副会长兼秘书长，黄海涛、朱光文、乐鸿、唐义军、邱月明为副会长。2002年，区工商联发展新会员18名。2003年，区工商联发展新会员8名。2004年，区工商联合会发展新会员6名。2005年，区工商联合会发展新会员5名。至2005年年末，区工商联共有会员73名。

代表大会

1995—2007年，七星区工商联共召开三次会员代表大会，选举产生第一、二、三届执行委员会。

七星区工商业联合会第一届执委会 1995年8月18日，区工商联第一次会员代表大会在区政府（码坪街）召开，出席会议的会员代表35名。大会的议程：一是听取和审议七星区工商业联合会筹备领导小组关于成立七星区工商业联合会的筹备工作情况报告；二是选举七星区工商业联合会第一届执行委员会。大会选举产生了七星区工商业联合会第一届名誉会长、顾问、会长、副会长、秘书长、副秘书长、执行委员。名誉会长王祥柏、李国光、黄喜生、梁尚林、黄焱辉（女），顾问吴旺才、覃北云、庞中华（女）；会长王志仁，副会长鲁荣芬（女）、喻超、钱学旺、许燕、邱月明（女），秘书长周继祥，副秘书长张梅修（女）、周碧蓉（女），执行委员鲁荣芬（女）、张梅修（女）、邱月明（女）、许燕、王志仁、喻超、钱学明、何达刚、周继祥、周碧蓉（女）、黄旺国。

七星区工商业联合会第二届执委会 2002年4月3日，区工商联第二届会员代表大会在区政府（骖鸾路26号高新开发大厦多功能厅）召开，出席会议的会员代表49名。大会议程：一是听取和审议区工商业联合会会长王志仁作的第一届执委会工作报告；二是选举产生高新区七星区工商业联合会第二届执行委员会。由执行委员会第一次会议选举产生了七星区工商业联合会（商会）第二届会长、副会长、秘书长、执行委员。会长黄海涛，副会长王志仁、邓家辉、白先德、邱月明、何孟隆、杨洪铭、唐义军、周碧蓉（女）、席国际、殷立夫、黄益富，秘书长周碧蓉（女），执行委员李亚、吕虹（女）、赵春荣、蒋理、谢庆奎。

七星区工商业联合会第三届执行委员会 2006年6月23日，区工商联第三届会员代表大会在区政府（骖鸾路高新区开发大厦多功能厅）召开，出席这次大会的会员代表有65人。会议议程：一是听取和审议由会长黄海涛作的第二届执委会工作报告；二是选举产生区工商联第三届执委会。大会对第二届执委会工作报告做出了决议。选举产生了区工商联第三届执委会。由执行委员会第一次会议选举产生了会长、常务副会长、副会长、秘书长、执行委员。会长邓家辉，常务副会长林弘、于新建(2006 年 10 月任职)，副会长罗进禄、黄海涛、席国际、江喜科、周碧蓉(女)、李春、唐义军、吕虹(女)、赵春荣、刘小林、程家顺、徐小富，秘书长李春，执委谢庆奎、张毅东、周明、覃全、莫力林。

主要活动

学习教育 1997—2005 年，区工商联把非公有制经济人士的政治理论学习，政治思想建设放在首位。

1998 年，区工商联组织民营企业学习邓小平理论及中共十五大文件精神；全年，撰写论文 5 篇，区工商联会会长王志仁发表理论文章《落实十五大发展非公有制经济》论文 1 篇，获中国政府期刊学报全国二等奖。

1999 年，区工商联组织会员学习中共十五届三中全会有关文件，学习《邓小平建设有中国特色的社会主义理论》。

2000—2001 年，区工商联聘请教授讲课，举办培训班等形式开展学习活动，多次组织会员学习中共十五大精神，江泽民“三个代表”重要思想，会长王志仁撰写的《落实党的十五大精神，发展非公有制经济》论文，获国家期刊学报二等奖。

2002 年，区工商联组织工商联干部、会员学习邓小平理论、中共十五大精神、江总书记的“七一”讲话及“三个代表”重要思想。订阅《中国统一战线》《广西统一战线》《广西商会》等报纸杂志。

2003 年，区工商联组织会员及非公有制经济人士学习十六大文件、邓小平理论、“三个代表”重要思想；加订《台湾工作通讯》《台声》等报纸杂志，发至会员小组，并开展学习新政策、促进新发展、实现新进步活动。年内，区工商联组织 120 多名会员参加了市举办的信息沙龙讲座培训班的学习；会长黄海涛、副会长席国际被自治区工商联选送到中央党校非公有制经济人士理论培训班学习。

2004 年，区工商联组织会员和非公有制经济人士学习中共十六大和十六届三中、四中全会精神，自治区党委、政府关于加快民营经济发展和鼓励民营企业参与国有企业改革等规定，学习桂林市委、市政府加快非公有制经济发展的一系列政策；在全区非公有制经济人士中开展“学习新政策、促进新发展、实现新进步”学习活动。

2005 年，在全区非公有制经济人士中开展“学先进、求进步，争做优秀社会主义建设者”教育活动；组织 60 多名会员参加了市委统战部、市工商联组织召开的全国、自治区优秀社会主义建设者事迹报告会，听取了 6 名代表介绍先进事迹；组织会员和非公有制经济人士学习中共十六大和十六届三中、四中全会精神，自治区党委、政府关于加快民营经济发展和鼓励民营企业参与国有企业改革等规定，学习桂林市委、市政府加快非公有制经济发展的一系列政策。

2004—2005 年，七星区工商联合会共举办 15 期培训班，组织 500 多人次会员学习党的十六大报告和中共中央《关于完善社会主义市场经济体制若干问题的决定》、国务院《关于鼓励支持和引导个体私人非公有制经济发展的若干意见》等文件。

公益事业 1996—2005 年，区工商联安排下岗职工、待业人员就业 4 万多人；为扶贫救济，捐资助学、支援灾区、少数民族贫困地区和社会文化体育公益事业、慰问驻桂部队捐款捐物共计 500 多万元。

1996 年，区工商联合会会员捐资 1 万多元给市福利院的儿童，为灾区捐款、物共计 1.8 万元，12 名会员捐款 5300 元给本区朝阳乡 14 名家庭经济困难儿童，支持他们继续上学。

1997 年，区工商联会员共捐款 4 万多元的药品，3 万多元的衣物、9 万多元的现金给长江、松花江流域受灾地区。慰问驻桂部队现金 1 万多元，衣服 4800 多件，价值 2500 元，生猪 8 头，价值 5600 元。

1998 年，长江、松花江、嫩江流域发生了 50 年一遇的特大洪灾，区工商联共向灾区捐款 9 万多元及 7 万多元的药品、衣物；并开展慰问驻桂林 53013 部队抗洪英雄活动，向部队送去现金 1 万元、T 恤衫 4800 多件(价值 7500 元)、生猪 8 头(价值 5600 元)、锦旗 2 面。区工商联会员企业桂林彰泰集团实业有限公司总经理黄海涛，在临桂县庙头镇与外商合资，共投资 3000 万元兴建二和水泥厂(年产值销售达 2000 万元、每年交纳税金近 100 万元、安置 100 多名农村富余劳动力)。3 月，区工商联组织工商联干部会员 39 名，到辖区开展“学雷锋为民服务”活动，设立维修家电、医疗、修理自行车、理发、咨询等八个义务服务项目，服务群众 700 多人次；5 月，参与市工商联牵头的为下岗职工“再就业送温暖”活动，组织 14 个民营企业老板参加公开招聘下岗职工活动，活动当天达成招工意向 158 人次，其中录用了 46 名下岗职工；辖区非公有制企业安排下岗职工再就业达69人次；8月，下拨2600元，资助穿山、朝阳两个乡24名贫困儿童就学。

1999年，区工商联会长王志仁，副会长黄海涛、许燕、乐鸿、朱光文等向桂林市慈善事业基金会捐款2.3万元；为特困企业职工生活困难、民政接济、农村扶贫捐款4300元。

2002年，区工商联组织会员企业向灾区募捐活动，捐款3.5万元、衣服1万余件；桂林彰泰集团实业有限公司为市少儿彩艺大赛活动捐资5万元，资助平乐县小学3000元；桂林星达贸易公司慰问武警部队捐物2万元、资助100名失学儿童就学4万元；桂林市高新珠宝有限公司向桂林慈善事业捐款、资助穿山乡樟木小学、建军节慰问部队共计3万元，并救助一名离家出走的6岁男孩；桂林金马房地产公司捐赠给市福利院物品折款1万元，并资助3名失学儿童重新上学。

2003年，区工商联会员、非公有制经济人士捐款和捐物折款共130万元，其中桂林彰泰集团实业有限公司捐120多万元，支持兴安、全州受灾群众和荔浦县贫困学校及市韩日周活动；桂林星达贸易公司捐献给荔浦县贫困学校29寸彩电2台，价值达7000余元；桂林市高新珠宝有限公司捐款10万余元慰问部队及贫困学生职工。

2004年，区工商联组织会员为桂林华侨农场3所中小学捐赠桌椅150套、29寸彩色电视2台，折款2万多元，为辖区残疾人捐款1.5万会用于发展养殖场业；桂林彰泰集团实业有限公司为资源等县少数民族地区捐款6万元；桂林市高新珠宝有限公司为雁山镇三合村小学捐款8万元用于修建水塔，解决师生用水问题。全年，区工商联组织会员、非公有制经济人士为扶贫济困捐款、捐物折款共38万余元。

2005年，区工商联与桂林市相关部门举办了民营企业招聘周活动，有民营企业参加招聘15家，解决就业岗位160个，解决就业人员380名；并给与违法犯罪分子搏斗英勇牺牲的安徽省安庆县民工鲍光蛇家属捐慰问金5000元。同年6月，区工商联在市中心广场举办向谭老师献爱心活动中，共捐资2.5万元；7月，给荔浦县中学捐款1万元的建材用于校舍建设；9月，赞助“平遥国际摄影大展”5万元；给资源等县少数民族地区捐款6万元支持当地的经济发展。全年，七星区非公有制经济人士扶贫助学3名、赈灾捐款捐物折款60多万元、解决社会就业1600名。

争先创优 1996年起，区工商联开展争创先进会员、先进集体活动。

1997年，七星区工商联荣获自治区工商联先进工作者2名，市工商联先进工作者8名，七星区工商联先进集体6个、先进工作者7名。

1998年，推荐桂林星辰电力电子有限公司总经理吕虹为广西非公有制经济人士高科技成果民营企业家，并获成果奖；推荐桂林市毕生医药连锁有限公司董事长周碧蓉为桂林市优秀企业家。

1999—2003年，七星区工商联荣获自治区工商联先进工作者12名，市工商联先进工作者36名，七星区工商联先进集体18个、先进工作者30名。

2004年，桂林彰泰集团实业有限公司评为“国家物业管理示范小区”，并荣获自治区工商联系统2002—2004年度先进单位；桂林市高新珠宝有限公司董事长席国际评为自治区工商联系统2002—2004年度先进个人和广州军区“爱国拥军优秀民营企业家”称号；七星区工商联、桂林市星达贸易有限公司、桂林市科海电子贸易有限公司，评为市统战部、市工商联系统2002—2004年度先进单位；周碧蓉、徐小富、项方大、程家顺评为市工商联系统2002—2004年度先进个人；桂林高新地质博物馆被市科协定为桂林市青少年教育基地。推荐西麦公司董事长谢庆奎等3名为自治区和桂林市优秀中国特色社会主义事业建设者。

2005年，桂林电力电子有限公司总经理吕虹、桂林广陆数字测控股份有限公司董事长彭朋、桂林市高新珠宝有限公司董事长席国际等3名被评为桂林市优秀中国特色社会主义建设者。

参政议政

1998年，区工商联推荐王志仁为自治区政协委员，新桂林市第一届政协常委；推荐副会长许燕、黄海涛，秘书长周碧蓉等为桂林市第一届政协委员；选出七星区人大代表1名(黄海涛)，并推荐王志仁、邓国保、乐鸿、朱光文、唐义军、邱月明、何孟隆等7名为七星区政协委员。

1999年，推荐黄海涛为七星区人大代表并当选为常委，推荐区政协委员13名，其中当选常委2名、出席区妇联代表2名。

1999年6月，七星区推荐工商联合会会员周碧蓉到党外干部培训班学习，以七星区政协委员身份，写出合理化提案2条。

2002 年，推荐任人大代表、政协委员共 31 名，其中自治区代表政协委员 2 名、市人大代表（政协委员）9 名、七星区代表 20 名。

2004 年，推荐桂林彰泰实业有限公司总经理黄海涛、桂林高新珠宝有限公司董事长席国际 2 名非公有制经济人士参加市委统战部、市工商联在灵川县召开的经验总结交流会。

2005 年，七星区工商联合会会员周碧蓉在区政协会议上提出的《关于改造施家园脏乱差》的提案，受到市政府及七星区政府的重视并被采纳，七星区和市政府投资改造施家园小区，受到社会及人民群众的称赞。

区工商联第一届执委会期间（1995 年 8 月—2002 年 4 月），推荐自治区政协委员 2 名、市政协委员 4 名（任常委 1 名）、七星区人大代表 2 名（任常委 1 名）、七星区政协委员 9 名（任常委 2 名）。

区工商联第二届执委会期间（2002 年 4 月—2006 年 6 月）推荐桂林市人大代表 2 名、市政协委员 2 名、七星区人大代表 3 名、七星区政协委员 10 名。

农民组织

中华人民共和国成立后，七星区域的农民组织有农民协会和贫下中农协会。在中国共产党领导下，七星区域的农民组织在社会主义建设中发挥重要作用。1950 年，执行政务院《农民协会组织通则》，七星区域农村普遍建立农民协会（简称农会）。1957 年 12 月—1958 年 3 月，撤去小乡合并成大乡，七星区域农会不再设立，其活动终止。1964 年，执行《中华人民共和国农下中农组织条例（草案）》，七星区域农村在社会主义教育运动（简称社教）中，各生产队成立贫下中农协会小组（简称贫协小组），大队成立贫下中农协会委员会（简称大队贫协，下同）。1966 年 12 月，受“文化大革命”红卫兵运动冲击，七星区域贫协组织停止活动。1970 年，七星区域贫协组织活动重新恢复。1984 年，人民公社改为乡（镇），各级贫协组织不再设立。

农民协会 1950 年 8 月，根据政务院《农民协会组织通则》，七星区境的彭家岭、李家山、新建、西南、横塘、渡东、周江、冷马、卫庄、龙门等 10 个行政村成立农民协会，农会会员 1488 人、农会小组 120 个，有 8 个行政农会配合区政府，开展减租退租工作，退出粮食 15.04 吨。

1951 年 3 月—8 月，七星区境内农村进行土地改革（龙门区管辖的部分），土改中，农会协助工作队，划出阶级成分，建立贫农团，没收地主土地，征收富农和其他公田的土地，分配给无地和少地的农民，使“耕者有其田”。朝阳公社纸马铺和庄家村共 153 户，土改前无田地的农民有 69 户，占 45%，田地少的农民 61 户，占 40.13%；土改后，无地和少地的农民分得田地，朝阳公社西村每户均有田地 4.81 亩。

1952 年 1 月—9 月，七星区境内进行土改复查，各村农会配合工作队，解决错划、漏划阶级成分或分配不公等土改遗留问题。同年 2 月，西南乡人民政府成立，乡政府成立前，成立乡农农民协会。西南乡农会主席、乡长、乡文书同为脱产干部。同年 9 月，东郊区农民协会成立，东郊区农会下辖白石潭、董家港、互助、大河、临竹（以上今属叠彩区）、新建、西南、三联 8 个乡农民协会。新选三联乡、和平乡、樟木乡农民协会主席。

1953 年，七星区境内乡农会协助区、乡政府，贯彻党在过渡时期的总路线，执行中央《关于互助合作的决议》，组织互助组，成办农业生产合作社，开展以农业生产为中心的互助合作运动。同年年末，执行国家粮食统购统销政策。

1954 年 3 月—5 月，区域内（四区，原东江区）新桥园街和穿山街辖 14 个村的菜农进行土地改革，土改后各村成立农会。4 月，七星区域樟木乡吴家里村蔬菜生产合作社成立，入社贫农 4 户、中农 3 户、社员 22 人，为七星区域内第一个蔬菜生产合作社。

1955 年，穿山乡人民委员会、新桥园乡人民委员会成立，各乡成立农会。同年，各农会配合区、乡政府人民委员会落实农业“三定”（定产、定购、定销）。

至 1956 年 1 月，七星区境内农村成立初级农业（蔬菜）生产合作社 90 余个，入社农户达 97.55%。90 余个初级社合并成立 8 个高级社。同年夏天，遇旱 40 天，受旱面积达 70%，各农会协助各高级社，发挥集体力量坚持抗旱。

1957 年 12 月—1958 年 3 月，七星区境撤去小乡成立大乡，各农会不再设立和开展活动。

贫下中农协会 1963 年 10 月—1964 年 2 月，中共桂林市委派出工作队，到七星区域的朝阳公社西南和合心大队，进行农村社会主义教育运动试点。运动中把组织革命队伍，成立贫下中农组织作为一项重要工作。各生产队成立贫下中农协会（简称贫协，下同）小组，由思想立场坚定、劳动好、觉悟高、政治纯洁的贫下中农担任贫协小组长。贫协小组长是生产队领导班子主要成员，大队成产贫下中农协会委员会，设主席、副主席、委员若干名，由大队贫下中农代表大会选举产生，报公社党委批准。在中国共产党的领导下，大队、生产队贫协，负有监督和协助社、队干部工作的职责，在参政、生产、决策中，发挥骨干带头作用。

1964年3月7日—11日，桂林市召开1963年度农业先进集体、先进生产（工作）者代表大会，会议号召学大寨、赶光辉。光辉村是穿山公社的一个生产大队，1961年从和平大队析出分设，全大队2个自然村153户740人；大队成立时负3000多元债务，欠款户136户，占农户88.89%；贫农出身的大队党支书周桥弟、大队长秦钱有、副业主任李姑娘，发动和依靠贫下中农，团结广大社员群众，自力更生，勤俭办社，打破单种粮食的陈规，发展养猪、养鸭、养兔、种菜、种马蹄、种水果、种西瓜等；建抽水机站、修水渠、贫下中农和社员群众，徒步往返30千米，从鲁山水泥厂将18.5吨水泥用肩挑回来；3年后，光辉村社员人均年收入从1960年的30元上升到1963年的128元。社员欠大队的借款3200元全部还清；当年将超产粮29吨支援灾区。民兵带柴油抽水机到兴安县高尚区两河公社支援抗旱，使受旱严重的80亩田获得丰收。光辉3年脱贫致富的经验成为辖区内农村社员学习追赶的榜样。在这次贫下中农代表会上发言的，还有穿山公社安新大队第五生产队贫协小组，发言的题目“打破常规，大胆实验”。这个队的下中农社员白水生，1962年参加公社主持的科学种菜学习班回队后，组织贫下中农科研小组，进行“自留春包菜种”和“牛角茄子提前半个月播种”的试验，经多次反复实践，于1963—1964年获得成功，增加生产队的经济收入，使包菜一年有三个季度上市供应市场，牛角茄子提前收获上市，缓解市场淡季供求的矛盾，免除从日本高价购种和从外地引种因种子不能而造成经济损失。1963年全队超支户占50%，1964年消灭超支户，社员欠银行的贷款和大队的借支款，全部还清。1964年粮食总产量70吨，比上年增产16.67%，经济收入翻了6番。同年4至8月，朝阳、穿山两个公社全面开展社会主义教育运动，运动中，各生产大队、生产队，都成立贫下中农协会和贫协小组。公社成立贫下中农协会委员会，设贫协主席、副主席、委员若干人。贫农、下中农加入贫下中农协会，须本人申请，填申请表、生产队贫下中农协会小组讨论通过，贫协小组长签字盖章，尔后通知本人并张榜在生产队公布。申请词统一为“我自愿加入贫下中农协会，遵守协会组织原则，积极响应党和毛主席的号召，模范地遵守和执行党和国家的政策法令，坚决地与资本主义和封建主义势力作斗争，在生产中起骨干带头作用，努力发展集体生产，坚决地走社会主义道路”。

1964年开春，朝阳公社西南大队南村生产队共33户186人，生产队买肥料缺资金，贫协小组长徐七连，自己带头，并发动10名贫下中农，将自家的稻谷借支共500多千克，换回买肥料的钱；生产队养鸭缺资金，贫农朱三连、朱万喜，将自家的子鸭苗赊给队里；生产队长早出工，选重活，妇女队长带动妇女割柴草烧石灰卖，增加队里的收入；全队学大寨、赶光辉。1965年3月7日—11日，桂林市召开郊区贫下中农代表大会，朝阳公社西南大队南村生产队贫协主席（也称贫协小组长）徐七连在大会作《发展多种经营，巩固集体经济》的发言。同年6月29日，穿山公社召开贫下中农代表大会，出席会议的有各大队贫协主席、副主席、委员、生产队贫协组长、生产队长、大队干部、公社干部、企业负责人等340人。出席自治区贫下中农代表会议的代表周冬有、秦八嫂，作了会议概况介绍和会议精神传达。屏风大队贫协干部与大队干部当夜回队召开会议传达会议精神，动员各生产队扩种晚糙面积，多打粮食，支持越南抗美斗争。

1966年12月，由于“文化大革命”红卫兵运动冲击，七星区境内的各级贫协组织活动停止。

1968年11月，贯彻毛泽东主席“在农村，则由贫下中农管理学校”的指示，公社成立教育革命委员会，大队成立教育革命领导小组，派出贫下中农代表到各小学参加管理学校。1969年初，派贫下中农代表到基层供销社、公社卫生院参加管理，公社、大队、生产队，成立以“干部、贫下中农代表、知青”三结合的再教育小组，做上山下乡知识青年的安置和思想教育工作。

1969年12月—1970年，开展农业学大寨，贫下中农带头开荒造田，穿山公社跃进（和平）大队第一生产队贫协副主席（副组长）秦长嫂，一心为公，把自家养的3头大肥猪全部卖给国家，在她的带动下，全队社员自觉完成国家生猪派购任务。

1974年11月19日，市第二届贫下中农代表大会召开，朝阳公社合心大队第四生产队贫协小组在会上作《以党的基本路线为纲，办好社会主义农业》的发言。发言说：合心四队，过去是“三靠队”（吃粮靠返销、用钱靠贷款、生活靠救济），超支户多，水利修不起，全队280亩田全部是岸水田，1970至1973年，生产队贫下中农在“农业学大寨”中，回忆旧社员的一首歌谣“有女没嫁冷家村，山又高来林又深；粮食没有好收成，吃着芋头当菜心”。贫下中农带头兴修水利，两个冬春修了5条全长13千米的水渠，建桥15处，实现稻田95%灌溉自流化。

1974—1976年，七星区境内的贫协组织逐步健全、完善。各公社的贫协均配有专职或兼职干部。各大队第二届贫下中农协会委员会均已换届成立。大的生产大队贫协委员会委员11名，小的大队贫协委员会委员5名。委员年龄呈阶梯结构，“老、中、青”三结合，均配有年轻的青年和一定比例的女委员。穿山公社10个大队贫协第二届委员会，均于1974年11月成立；朝阳公社各大队第二届贫协委员会委员，均于1976年7月成立。以跃进、光辉、樟木、屏风、清风、丫吉、岩前7个大队贫协统计，共有大队贫协委员49名，成分全是贫农，其中主席7名、副主席11名，其他委员31名。女委员16名，占32.65%。据樟木、屏风、光辉、岩前4个大队贫协资料，4个大队贫协委员30名，其中最高年龄为60岁，最小年龄为18岁，平均年龄：光辉49.8岁、屏风39.11岁、樟木39.85岁、岩前37.86岁。女委员最多为樟木大队贫协5名，占45.46%，其次是丫吉大队3名，占42.86%。1975年，辖区内农村公社、大队、生产队贫协，按照自治区党委文件精神，做好从中农中区分下中农的工作。同年9月，朝阳公社西南大队报公社党委批准区分为下中农的有6户，土改中已划为佃农直接定为下中农的7户。朝阳、穿山两公社，从中农区分出下中农有231户924名。

1974年11月，朝阳公社第二届贫下中农代表大会召开，出席大会代表90名，选举产生公社贫协第二届委员会委员11名。朝阳公社贫协第三届委员会于1978年8月选举产生。

1975年9月，穿山公社第二届贫下中农代表大会召开，选举产生穿山公社贫下中农第二届委员会委员17名。委员中，年龄最大的57岁，最小的18岁，中共党员占47.06%，女委员占23.53%，初小以上文化82.35%，全部是贫农成分，平均年龄36.12岁。

贫下中农参加劳动管理。1977年，朝阳公社丫吉大队第一生产队劳动管理松懈，凡需下劳动力，只要生产队干讨论通过即可，结果全队有13人下了劳动力，有的身体好，40多岁就下劳力，极大影响生产队社员劳动积极性。后公社党委决定，生产队的贫协要参加劳动管理，凡下劳动力的，需经生产队贫下中农协会小组讨论通过，大队审查、报公社批准。这一规定执行后，随意下劳动力的没有了。

贫下中农把政治学习放在文化生活的首位。1977年4月，《毛泽东选集》第五卷出版发行。穿山公社穿山大队26个生产队的贫下中农协小组，在大队党支部统一安排下，以政治夜校为阵地，坚持学习《毛泽东选集》第五卷，并于同年9月9日前通读完。贫下中农参加社会治安管理。同年7—8月，朝阳、穿山两公社，派出贫下中农代表，协助公安机关等部门，举办法制教育学习班，对犯有贪污盗窃、投机倒把、干坏可的重点对象进行法律教育。1974年至1977年，区内朝阳、穿山两个公社贫协会员的发展工作。至1977年年末，两公社共有贫协会员8078名，占应入会人数的90%。公社贫协委员28名（其中穿山17名、朝阳11名）。大队贫协16个，委员97名，生产队贫协小组167个，组长、副组长429名。

1977年11月28日，穿山公社七星大队贫协主席黄光玉，在市贫下中农第三届代表大会上作《贫下中农办科学，促蔬菜生产发展》的发言。1974年起，黄光玉与7名贫下中农，成立七星大队科研小组，黄光玉担任科研组组长，在大队党支部的领导下，开展试种秋黄瓜、花柳菜留种、大萝卜杂交、蔬菜病虫害生物防治、制造土农药等项科研项目。对解决蔬菜淡季、增加花色品种做出贡献，被评为市先进科研小组，出席市科技战线先进代表会。

1979—1982年，七星区境内贫下中农协会由市农业办公室党组领导。贫下中农贯彻党的十一届三中全会路线，执行中共中央《关于加快农业发展若干问题的决定》，推行农业生产责任制。1982年，穿山、朝阳两公社包产到户，11个生产队602户，执行大包干的生产队192个，4722户，占总户数的88.69%。

1984年8月—9月，人民公社改为乡镇，七星辖区各级贫协组织逐步消失。

残疾人联合会

组织机构

1991 年 4 月，七星区残疾人联合会（简称区残联，下同）成立。区残联是残疾人的地方性群众组织，是残疾人自身代表的组织、社会福利团体和事业管理机构融为一体的综合性残疾人事业团体，区残联设执行理事会管理日常事务。主要负责残疾人的文化体育、康复、办理残疾人证、就业指导、残疾人信访、捐资助残等工作。1991 年年末，七星辖区的七星街道办事处、东江街道办事处、穿山乡、朝阳乡及桂林华桥农场成立残疾人联合会。2003 年，成立盲人残疾人协会、肢体残疾人协会。2005 年年末，七星辖区残联下属单位有朝阳乡、东江街道办事处、七星街道办事处、穿山街道办事处、桂林华桥旅游经济区等 5 个残联组织；辖区 28 个街道社区成立“二站一会”（残疾人社区康复站、社区志愿者联络站、社区残疾人协会）。历任残疾人联合会负责人刘江林(1992—2000)、曹仕聪(2000—2004)；理事长银交生(1992—2000)、卢雪琴(2000—2005)。

1991 年，七星辖区共有在册残疾人 495 名。1995 年，辖区共有在册残疾人 763 名。2000 年，辖区共有在册残疾人 1350 名。2005 年，进行残疾人普查，同年年末，辖区在册残疾人 4967 名，其中肢体残疾 1443 名、视力残疾 525 名、听力语言残疾 420、智力残疾 519 名、精神病残疾 1409 名、多种残疾 651 名。

2003—2005 年，七星区残联连续三年获桂林市残联目标考核奖。

代表大会

1991—2005 年，七星区残联共召开代表大会 4 次。

第一次代表大会 1991 年 4 月 6 日—7 日，在码坪街区政府召开。出席大会代表 28 名。大会选举产生七星区残疾人联合会第一届主席团委员 5 人，主席刘江林，副主席胡凤鸾；执行理事会理事长银交生，执行理事会副理事长胡凤鸾（兼）。

第二次代表大会 1995 年 4 月，在码坪街区政府召开。出席大会代表 30 名。大会选举产生七星区残疾人联合会第二届主席团委员 5 人，主席刘江林，副主席胡凤鸾；执行理事会理事长银交生，执行理事会副理事长胡凤鸾（兼）。

第三次代表大会 1999 年 4 月，在码坪街区政府召开。出席大会代表 30 名，大会选举产生七星区残疾人联合会第三届主席团委员 5 名，主席曹仕聪，副主席胡凤鸾；2000 年 4 月，银交生辞去理事长职务，执行理事会理事长卢雪琴，执行理事会副理事长胡凤鸾（兼）。

第四次代表大会 2003 年 4 月，在骖鸾路高新大厦召开。出席大会代表 32 名，大会选举产生第四届主席团委员 6 名，主席曹仕聪，副主席胡凤鸾；执行理事会理事长卢雪琴，执行理事会副理事长胡凤鸾。

主要活动

维护残疾人合法权益 中共七星区委和区人民政府贯彻落实《中华人民共和国残疾人保障法》及各级有关扶残助残的优惠政策和保障措施，动员和组织社会力量为残疾人奉献爱心，维护和保障残疾人合法权益，从各个社会层面上为残疾人排忧解难。

1998 年起，区残联为残疾人办理“中华人民共和国残疾人证”，保证残疾人享受工商、交通、教育、医疗、卫生、文娱等方面的优惠政策，享受窗口行业的优先服务和特殊服务。上街设点，宣传《中华人民共和国残疾人保障法》，宣传中华民族扶贫济困、助残扶残的传统美德，号召各界人士加入助残扶残行列。

1991—2005 年，区残联通过受理残疾人来信来访，依照相关的法规维护残疾人的合法权益，协调、督查残疾人权益受到侵害问题的解决或提供法律援助；调处涉及残疾人的矛盾纠纷，维护社会和谐。

至 2005 年，区残联共接待和处理残疾人及残疾人亲属来信来访 1106 件次、协助执法部门处理侵害残疾人案件 35 起、开展残疾人法律援助服务 65 人次，并认真落实残疾人有关优惠政策；共有志愿者 1000 多名加入助残行列。

残疾人普查和康复 1991—2005 年，依据《中华人民共和国残疾人保障法》，七星区政府注重残疾人的康复，联系市医疗机构为辖区 387 名贫困白内障患者免费进行复明手术，进行小儿麻痹后遗症矫治手术 20 多例。1991—2005 年，七星区政府利用全国“助残日”开展捐资助残活动，共获资金 10 多万元；每年元旦、春节、中秋节开展助残捐资慰问活动，共捐款（物）约 60 万元。

1996 年，七星区新生街 1 名精神病患者家庭经济困难，七星区残联请市民政局联系免费送进市精神病医院治疗。

1997年,七星临下街有一户精神患者住院欠市精神病医院治疗费2000元,因其家庭困难,七星区残联帮助解决了费用。

1999年起,每逢元旦、春节、“全国助残日”期间,七星区委区政府对特困残疾人进行慰问;至2005年年末,七星区政府共发放特困残疾人慰问金14余万元。

2002年,国家实施城市居民最低生活保障前,七星辖区长期享受救济的贫困残疾人45名,临时救助128名。

2003年起,实施最低生活保障政策,七星区享受低保的残疾人共552名,其中享受救助的农村贫困残疾人156名。

2005年,区残联组织发动辖区各大、中、小学生为残疾人清理家庭卫生、修理家用电器,免费为残疾人看病30人次,捐献衣物6万余件,募捐5200元。同年,区残联组织辖区特困残疾人子女在校读书共506名,给残疾人家庭子女上学捐资15万元,发放助学补贴11.09万元。

2003—2005年,七星区残联为4名下肢、1名上肢残疾人换装假肢;为30名下肢残疾人捐赠了轮椅,为15名盲人配发盲杖,对449名残疾人进行家庭康复训练指导服务。在辖区残疾人综合服务中心开展智力残疾人和精神病患者工疗、娱乐疗康复项目,接受工疗的智力残疾和重度残疾270名;智障儿童训练,培训智障残疾人家长3批178人次,在训智障和孤独症儿童24名;低视力康复训练,为低视力验配助视器4名,肢体残疾训练300名;盲人定向行走训练50名;为成年人配助听器40名,假肢装配18名,发放各种辅助器具353件。

扶助就业 依据《中华人民共和国残疾人保障法》,为妥善安置残疾人的就业和生活,七量区政府采取了集中安置和分散按比例安置相结合的办法。1980至2005年,共安置在国营、集体所有制及事业行政单位就业的残疾人共855名(不包括个体和务农人员)。帮助残疾人213名,先后办起糖烟酒小卖店、公用电话亭、书报亭、家庭麻将、扑克、卡拉OK娱乐室,自行车、摩托车修理部等。

依据自治区桂政办关于由地方税务机关代收残疾人就业保证金有关问题的通知,至2005年年末,七星区与市残疾人就业服务中心联合征收残疾人就业保障金累计1165家次,累计入库金额1005万元,返还七星区402万元。按保障金使用规定,共表彰147家次支持残疾人就业工作、主动接收安置残疾人就业,自觉缴纳残疾人就业保障金的先进单位。2003年,从事个体根雕作业的辖区残疾人刘国强参加自治区残疾人职业雕刻比赛,获木雕项目二等奖。

文体活动 1991—2005年,每年的“助残日”,七星区残联组织辖区残疾人开展适合残疾人的卡拉OK、游园活动、文艺会演等联谊活动。并组织残疾人参加桂林市举办的“漓江之声”、声乐器乐比赛等文化活动。

七星区残疾人赵龙勋,1990年荣获桂林市“漓泉杯”舞会歌曲大奖赛三等奖,1991年获“漓江之声”声乐演唱一等奖,1992年获桂林市“青春艺术节”十大歌手奖,1993年获“中国残疾人文艺会演”声乐独奏二等奖,2001年获自治区残疾人演出二等奖。

2002年,七星区残联组织3次卡拉OK唱歌活动,组团参加桂林市首届残疾人声乐、器乐比赛,获优秀组织奖,团体总分第一。

2003年,七星区残疾人周映松参加“漓江之声”获演唱三等奖,参加第三届全国残疾人艺术会演。

2004年,七星区残联组织残疾人参加桂林市“我在祖国怀抱中”摄影比赛活动。

1990—2005年,七星区残疾人坚持体育锻炼,参加各级各项体育竞技比赛活动。

七星区残疾人李秀英1990年参加广西壮族自治区残疾人游泳锦标赛获第三名;1993年,参加自治区残疾人运动会田径铅球投掷获第三名;2005年,参加全国轮椅锦标赛篮球女子队获第三名。

七星区残疾人周映松,2002年参加自治区残疾人105公斤举重比赛获金牌,在国家级比赛中获第三名;2003年,参加自治区残疾人运动会48公斤级举重获第一名,获全国第五届残疾人运动员体育道德风尚奖。

七星区残疾人王佶,2003年参加在南京举办的全国第六届残疾人运动会举重比赛获40公斤的项目女子组第三名;2004年参加在江西举办的全国残疾人举重锦标赛44公斤级银牌。

科学技术协会

组织机构 2001年前,七星辖区的科学技术协会工作是由市科学技术协会统一组织。

2001 年 1 月，桂林高新七星区科学技术协会成立（补充有多少编制，内设机构）（简称区科协，下同），科技大会上选举产生科协主席杨力。2005 年 3 月，桂林高新七星区进行区科协领导班子的人员调整，选举、通过了科协主席为杨力（连任）；在辖区的街道办、乡及华侨旅游经济区重新选举科协委员，充实基层科协组织。2005 年年末，区科协有会员 2350 名。

科普活动 1980—2005 年，七星辖区科技系统的科普咨询工作，主要以科协所属学会、协会、研究会、厂、所和科协的科技人员为依托，发挥科协人才、智力、联系面广的优势，面向社会，开展科技咨询服务活动。

1982—1984 年，辖区开展科技咨询项目 58 项，大部分为工程设计项目，有锅炉改造、工厂技改等项目，取得了良好的经济效益和社会效益。如桂林市织锦厂地处七星岩风景区附近，厂里一台锅炉能耗大，污染严重，环保部门要求该厂停止使用。1982 年，市科技咨询公司组织科技人员帮助进行技术改造，获得成功，降低耗能量，减少污染。

2001 年，区科协组织区企业参加广西科技活动周，参展人员 42 名，参展项目 63 项。同年，从北京购回农业新技术光盘 40 多套，建成了高新区农业新技术光盘资料库，向农民播放科普录像 20 场，传授农业技术 12 场，组织 8 家企业参加在市中心广场举行的科普游园活动。

2002 年 5 月，全国科技活动月期间，区科协以标语、横幅、科普板形式进行大力宣传。并与市科技情报所的专家多次下乡开展科普工作，带去科普挂板 18 块，推出 19 个农业新品种项目，发放资料 1300 份，咨询达 1000 人次。区政府拨出 1 万元科技资金扶持穿山、朝阳两乡农业项目，下乡播放科技录像 36 场，观看人数达 1500 人次。

2003—2004 年，区科协重点以深圳高交会、北京科博会、科技活动周、十月科普大行动、中国—东盟博览会等大型活动为平台，积极开展高新技术成果展示、科技讲座、科技下乡、科普咨询、科技培训等多种形式的科普活动。这期间，共组织企业参展参会 500 多人次，制作科普宣传展板 150 余块，发放宣传资料、书籍 230 种，近 6 万多份，组织举办大小各类科普讲座 383 次，受益农户 150 户，培训人群 50000 多人次。2003 年 10 月，新星科文命名桂林高新珠宝有限公司地质矿产博物馆为首批“桂林国家高新区七星区青少年科技教育基地”。

2005 年，区科协组织企业参加广西科技活动周高新技术产品交易会为本区历年之最，参展企业达 30 家，展出项目 50 项，许多项目的技术水平居国内领先，如桂林虹膜公司研制的“虹膜生物测定之控制系统”，桂林兴技公司的“显微图像自动计算焊点分析控制系统”，桂林正翰科技开发有限责任公司的“离子交换纤维”等一批项目具有高科技含量和创新性。参展人员 70 多名，会上组织推介和签约项目 6 个，参展企业与客户达成合作意向 500 万元，签订金额 2500 万元，科技活动周取得了圆满成功。同年，区科协建立健全辖区科普网络。

科普知识竞赛 2000 年 10 月，七星辖区的桂林航天工业高等专科学校、桂林工学院组织师生参加以“迎接知识经济新时代”为主题的科普电视演讲竞赛决赛。这是七星区首次参加科普知识竞赛。

2000 年 10 月 18 日，市科普联合会与市委宣传部、市科委、市教委、市科协、市教育电视台联合举办以“迎接知识经济新时代”为主题的科普电视演讲竞赛决赛，决赛选手通过预赛产生。参赛选手刻苦钻研，认真准备，围绕 21 世纪的电子商务浪潮，纳米技术、网络与现代战争、跨人绿色的 21 世纪等内容展开角逐；七星辖区桂林航天工业高等专科学校的刘艳丽获一等奖，桂林工学院的扶彬、王永梅获三等奖。

2002 年 3 月 4 日，市科协、科技局、教育局、环境保护局、体育局、共青团、市委、市妇女联合会在全市开展青少年科技大赛。大赛分竞赛和展示两项活动，竞赛项目包括青少年科技创新作品和科学研究论文和少年儿童科学幻想绘画展览。七星辖区的桂林市第一中学杨茜（参赛作品：会飞的翅膀）、何丹和蒋国秀（参赛作品：桂林市第一中学校园中植物群落的调查）获一等奖；桂林市民族师范学校的何国秀（参赛作品：营养袋装置架）获二等奖。

2005 年，市教育部门开展各种科技竞赛，区科协组织辖区学生 200 多名，参加航模制作活动，有 5 名参加市级 flash 创作大赛，5 名参加网络电视大赛，有 30 份电脑绘画作品参加市级比赛；东江小学、穿山小学、阳光学校 10 名学生参加市里纸桥过车大赛；穿山中学的学生制作科技手工作品 532 份。

第十九章

公　　安

2005 年 9 月 20 日，自治区政法委书记彭祖意（前排右三）到桂林市公安局七星分局考察

（七星分局　供稿）

光绪三十一年(1905),广西省警察局在桂林城东的东洲(今七星区东江小学一带)设立东洲警察分局。民国期间称东江分驻所。

1950年2月,成立东江分局,下辖上关、下关、漓江、六合四个派驻所。1952年7月,撤销东江分局,改在东江区人民政府内设治安股,协助桂林市公安局管理下属的四个派出所。“文化大革命”期间,公安机关由人民解放军实行军事管制,军代表主持公安工作。1979年12月28日,桂林市公安局七星分局成立(以下简称七星分局)。下辖东江、漓江、园林三个派出所。2005年7月,七星分局消防科与桂林市消防支队东江中队合并成立武警七星消防大队。至2005年末,七星分局共设有10个科室,8个派出所,干警276人,所辖面积为97平方千米。驻辖区内的公安机关有:市公安局交通警察支队、治安巡逻防暴支队、出入境管理处(支队)、机动车辆检测中心,行政拘留所、第二看守所、第二戒毒所、便衣警察支队、反恐怖警察支队、法制支队、人民警察培训学校等。

七星分局成立后,正处在我国改革开放的初期,社会治安状况极为复杂,整顿社会治安秩序是公安工作的当务之急。从1980年起,先后开展打击“杀人、抢劫、爆炸、强奸等暴力犯罪”的“严打”及“打黑除恶”“打击盗抢机动车辆”“打击严重暴力犯罪”“整治突出治安秩序”“缉枪治爆”“追逃”等专项斗争和专项会战,至2005年,共立案28907起,破案16191起,逮捕4742人,劳动教养2920人,抓获逃犯89人,社会治安逐步好转。

1980至2005年,七星分局加强社会治安管理,依靠群众,在街道、企事业单位、机关、学校普遍建立了治安保卫组织,实行社会治安的综合治理;集中力量快速处理突发事件;在特种行业严格实行治安责任制,对枪支、弹药、危险物品实行严格管理,采取“拉网式”集中清查收缴社会上的枪支、弹药和爆炸物品;查禁赌博、毒品、淫秽物品以及卖淫嫖娼;打击、取缔“传销”行为。完善户口和居民身份证的管理制度、扎实做好第二代居民身份证的换发工作,加强流动人口的管理,实行流动人口申领“暂住证”和房屋出租登记管理制度,认真做好党和国家领导人和重要外宾在七星区视察、访问以及途经本辖区的警卫工作,确保警卫对象的安全。随着城市建设的快速发展,交通问题日显突出。七星交警大队以“压事故、保畅通”为目标,实行“三定”(即定人、定岗、定责任),坚持“五整顿”(即:整顿驾驶员队伍、整顿路面行车秩序、整顿危险路段、整顿机动车生产改装企业、整顿交通运输企业)、“三加强”(即:加强责任制、加强宣传教育、加强执法检查)的做法,注重对路面监控的科学管理。七星辖区未发生重大恶性交通事故。武警七星消防大队坚持“预防为主,防消结合”的方针,实行“谁主管、谁负责”的治安消防责任制。1987—2005年共发生火灾428起,伤20人,亡8人,经济损失130余万元。未发生群死群伤恶性火灾事故。截至2005年,七星区财政先后投入1000多万元,用于基础设施和武器装备等建设,结束了“无房派出所”历史。

七星分局坚持从严治警和全心全意为人民服务的宗旨,涌现出一批先进集体和先进个人。至2005年末,荣获公安部授予的全国先进集体有3个(均为三里店派出所荣获),全国总工会授予的全国先进个人1人,自治区授予的自治区先进集体4个。七星分局两次被授予“自治区优秀公安局”。

第一节 机 构

清末警察机构

光绪三十一年(1905),广西省警察局在桂林城东设东洲警察分局。宣统元年(1909)7月将东洲警察分局改为东洲警区,警区设区官、巡官、巡长、巡警等。

民国时期警察机构

民国元年(1912)广西设警视厅,省城桂林,下设东洲警区和东洲区、行春、文昌4个警察分驻所。

民国23年(1934)4月,桂林警察局下设东江分驻所。民国26年(1937)7月,省会警察局下设东江等4个分局,东江分局下设上关、下关分驻所及宪警检查所。

民国35年(1946),抗战胜利后,设立东江分局和下关分局。

人民公安机构

1950年2月,桂林成立八桂、培义、凤北、东江4个分局,辖区属东江分局。东江分局管辖东洲、上关、下关、漓江、六合派驻所。1952年7月,各派驻所改为派出所,撤销八桂、培义、凤北、东江4个分局改在4个人民政府内设治安股,协助市公安局指导各派出所的工作。1966年起,“文化大革命”期间公安机关由人民解放军实行军事管制,由军管会派军代表主持公安工作。

七星公安分局 1979年12月28日,成立七星公安分局,办公地点临时设在花桥头市展览馆内,1980年2月,搬到漓江路14号。1980年设立治安股、侦破队。1981年,增设立预审科,治安股改名为治安科,侦破队改名刑侦队。1982年增设立内保科。1985年增设立消防科。1989年增设立政保科、户政科。1992年设立法制大队。1997年设立办公室。2001年12月政保科改名为国内安全保卫大队。2005年,内设机构为:办公室、预审科、治安科、内保科、消防科、政保科、户政科、刑侦队、法制大队、国内安全保卫大队,管辖东江、三里店、穿山、朝阳、七里店、漓江、石门、尧山8个派出所,276名公安干警。

七星公安分局历任局长:龙金恩、黄宗武、吴武成、丁竹山、申宁、于志勇、孔力军,历任政委:秦德二、谢维生、周桥生、邓吉荣。

派出所 1950年,成立六合派驻所、漓江派驻所、东洲派驻所、上关派驻所、下关派驻所。1952年,派驻所改为派出所,1955年,上关派出所、下关派出所合并成立东江派出所,撤销六合派出所、东洲派出所。1958年2月,成立屏风派出所、穿山派出所,同年10月撤销。1960年恢复屏风派出所,1964年撤销。1981年,成立朝阳派出所、三里店派出所、恢复穿山派出所。1998年2月成立七里店派出所。1999年12月尧山派出所由靖江王陵文物管理处划归七星分局管辖。2004年4月石门派出所由雁山分局划归七星分局管辖。2005年,七星公安分局下辖8个派出所,分别为漓江派出所、东江派出所、朝阳派出所、三里店派出所、穿山派出所、七里店派出所、尧山派出所、石门派出所。

桂林市公安局交通警察大队七星中队 于1987年5月成立,办公地址在叠彩路27号。1990年改名为桂林市公安局交通警察支队七星交通警察大队,办公地址设在七星区普陀路51号。大队设大队长1名,教导员1名,副大队长2名。大队下设东江中队、三里店中队、高新中队、桂磨中队、直属中队、巡逻中队。

武警桂林市七星消防大队 七星公安分局于1985年9月设立消防科,办公地址设在七星区漓江路(七星分局内)。1990年6月桂林市公安局消防支队东江中队成立,驻地在七星区桂大路,有干警20人。2005年7月七星分局消防科与桂林市消防支队东江中队合并组建成立武警桂林市七星消防大队,营区地址在七里店路38号,面积8447.90平方米,在编人员30人。

第二节 打击刑事犯罪

1979年以前七星分局未成立，刑事案件由桂林市公安局管辖。

1980年，七星分局认真贯彻“从重从快”打击刑事犯罪的方针，组织各种力量，加强侦查破案工作，全年共破获刑事案件240起，其中大案18起，逮捕29人，劳动教养32人。

1981—1982年，七星分局共摧毁抢劫、偷盗等各种犯罪团伙35个，查获团伙成员150人，侦破各种刑事案件396起，打击处理各种违法犯罪分子5004人，其中，逮捕131人，劳动教养88人。

1983年起，七星分局贯彻实施中共中央《关于严厉打击严重刑事犯罪的决定》和依法“从重从快，一网打尽”的方针，依靠广大人民群众、与有关部门紧密配合，严厉打击严重刑事犯罪分子的破坏活动。开展突击破案和反盗窃、打流窜等专项斗争。至1986年，开展了3个战役，共挖出犯罪团伙47个，破获刑事案件489起，其中重特大刑事案件91起，打击处理违法犯罪分子4616人，其中，逮捕422人，劳动教养192人，社会治安明显好转。

1987年始，七星分局开展反盗窃、反抢劫、反扒窃等专项斗争。

1988年中秋之夜，穿山公园内发生一起恶性凶杀案，分局刑侦队全部出动，仅用5分钟就赶到现场，在三里店派出所的紧密配合下，经过严密堵截、查访，7个小时便将以周某某为首的5名犯罪嫌疑人抓获，成功破案。

1989年2月，七星辖区建筑工地有不少单位报告建筑材料经常被盗。三里店派出所在工作中仔细捕捉线索，抓获了以赖某某为首的团伙，来自桂平、柳州、三江、玉林以及湖北等地共7名流窜盗窃团伙被一网打尽，破获了该团伙自1988年11月至1989年1月期间在七星区辖区建筑工地的盗窃案16起，如数追回了被盗财物并归还失主。至1990年，打掉各种犯罪团伙277个，成员1337人。共破获各类刑事案件1774起，其中重特大案件364起，逮捕391人，劳动教养212人。

1991—1995年，七星分局采取多警种协同作战，重点打击杀人、抢劫、盗窃、强奸和持枪作案等带有黑社会性质的犯罪团伙，以及各种严重经济犯罪。5年共破获刑事案件2850起，其中重特大案件523起，打掉犯罪团伙262个，成员1118人，其中逮捕485人，劳动教养290人。

1996年5月起，七星分局开展破大案，打团伙的打击刑事犯罪活动专项斗争。七星刑侦大队获取一私藏枪支团伙的线索，将私藏枪支的5名嫌疑人抓获，缴获苏制手枪一支，子弹7发，并抓住犯罪嫌疑人交代问题时避重就轻的心理，深挖不放，破获了发生在1994年的一起特大抢劫“的士”杀人案。

1998年11月9日晚，在南溪山公园抓获了当年11月1日绑架杀害3岁儿童李某某的犯罪嫌疑人兰某。1999年5月29日，两名歹徒将桂林旅游专科学校16岁学生张某某在七星公园月牙山杀害后，打电话向张母索要3万元巨款，分局专案组历经4昼夜连续作战，将犯罪嫌疑人李某某、胡某某抓获。

至2000年，共破获刑事案件5165起，其中重特大案件1919起，打掉犯罪团伙308个，成员1490人，抓获各类违法分子6290人，逮捕1462人，抓获逃犯43人，劳动教养1149人。

2003年1月，广西区公安厅副厅长文起洁（右五）到三里店派出所调研指导工作 （七星分局 供稿）

2001—2004年，七星分局开展“打黑除恶”“打击盗抢机动车辆”“严重暴力犯罪”“缉枪治暴”“追逃”等专项斗争和专案会战。2001年4月，东江派出所、穿山派出所分别捣毁“七星社”“天意会”两个横行学校的恶势力团伙。5月26日，破获了发生在望城岗小区龙隐园的杀人碎尸案。

2002年6月22日，辖区发生一起抢劫杀人案，犯罪嫌疑人被广西师范大学保卫处控制，刑侦大队接到报警后，迅速赶到现场，对犯罪嫌疑人进行突审，很快查到杀人现场和埋尸地点，不到4个小时就成功破案。

2003年1月以来，挂子山村一伙恶势力，横行乡里，寻衅滋事，村民敢怒不敢言，分局得知这一情况后，组织朝阳派出所和刑侦大队协同作战，经过认真仔细地侦查、取证，打掉了这一带的恶势力团伙，逮捕3人，劳动教养4人，老百姓拍手称快。

至2004年，七星分局共立各种刑事案件11142起，其中重特大案件5085起，破获各类刑事案件4388起，其中重特大案件2131起，逮捕1338人，劳动教养884人，共抓获逃犯25人。

2005年6月27日发生在羊角山小区女大学生被抢劫杀害的“6·27”抢劫杀人案和见义勇为的安徽青年鲍某某被刺身亡的“7·25”杀人案均在较短时间侦破，犯罪分子受到严惩。当年立刑事案件2468起，其中立特大案件1356起，破获各类刑事案件708起，特大案件405起。

1980—2005年，七星分局共立各种刑事案件28907起，其中立重特大案件11826起，破获各类案件16191起，其中破获特大案件5511起，依法提请逮捕犯罪嫌疑人4742人。

表19-1　**1980—2005年七星分局打击刑事犯罪一览表**

年份	立刑事案（起）	其中立重特大案（起）	破刑事案（起）	其中破获特大案（起）	逮捕人犯（人）	送教养（人）
1980	240	12	132	18	29	32
1981	286	15	264	22	56	80
1982	242	16	132	16	63	38
1983	231	25	164	22	128	108
1984	155	26	117	18	135	17
1985	176	40	143	28	46	21
1986	85	23	65	23	113	46
1987	146	45	147	42	82	50
1988	343	65	335	59	97	60
1989	849	191	600	140	112	33
1990	974	163	692	123	100	69
1991	803	187	905	147	98	59
1992	714	167	860	146	127	47
1993	711	223	556	112	103	58
1994	800	258	520	122	130	75
1995	916	358	529	118	157	126
1996	789	325	741	274	237	149
1997	1465	560	1017	395	293	238
1998	1604	828	1083	345	296	260
1999	1761	878	1152	457	330	242
2000	2007	980	1172	448	306	260
2001	2489	1315	1186	627	310	290
2002	3044	1527	1192	578	302	234
2003	2783	1217	984	434	351	220
2004	2826	1026	795	492	375	140
2005	2468	1356	708	405	366	143

第三节　治安管理

特种行业管理

1980年以前辖区特种行业由桂林市公安局统一管理。

1981年，七星分局组织对辖区特种行业进行了一次整顿，将特种行业进行了登记，分别召开了收旧门市部、旅店职工会议，制定了安全防范措施。

1982年，七星分局成立工作小组，对“三小”（小旅社、小饭店、小书画店）进行整顿，恢复送号薄的制度，重申住店验明证件，无证不准住宿的制度，打击流窜犯、流氓团伙和经济犯罪。对特种行业进行了逐个调查、登记并约法监督，同时不定期对个体店进行查夜，至1984年共查出变相赌博9起，流氓奸宿5起10人。整治了自由路废旧收购门市部，堵塞了违法分子的销赃渠道，为加强特种行业的管理积累了经验。

1985年七星分局开展对治安警、管段警、旅社、招待所从业人员进行治安管理知识的教育和培训。至1987年，七星分局对辖区96家旅社、招待所，（床位5051张、从业人员706人），其他特种行业19摊，影院和录像点2家，公共复杂场所15家等场所进行经常性检查和整顿。查处了花桥、东江旅社容留卖淫嫖娼活动并停业整顿。对61家废旧收购点进行整顿，取缔48家，保留13家。

1988年由七星区政法委牵头，与辖区旅店业签订了“治安承包合同书”，改进了过去单纯由公安部门管理旅店业的工作方法。采取签订承包责任制和交保证押金的形式，加强管理。至1989年，七星分局与45家行业场所签订治安协议，还开办了首届旅店业法人代表治安管理培训班，参训人员96人。

1990—1992年，七星分局对辖区特种行业208家进行登记和普查，对其中旅店业和娱乐场所139家、废旧业23家、印刷（复印）45家、刻字37处，电子游戏机室9家、录像厅4家、舞厅5家的人员进行治安防范工作培训。

1993年起，七星分局规范特种行业管理，加强教育培训，不定期地进行检查整治，使其法制化和规范化，发挥其特有的服务作用，对登记在册的特种行业，均签订治安责任书。至1998年，依法查处取缔了长城酒店和松园度假村的按摩服务场所，取消无证雕刻个体摊2个。发出《整改通知书》22份，开办行业场所法人“治安常识”培训班5期，参训人员270人。与辖区280家行业场所负责人签订了“治安目标管理责任书”，召集会议8次，共560人参加。

对行业场所实行二级审批和三级管理制度。共检查309家（次），查处涉赌游戏机室23家，取缔无证采石场1家。

对行业场所1472家的从业人员进行治安培训9期4200人，查处无证经营的影碟放映室3家、电脑游戏室37家、桌球室12家、打印复印店5家。

1999—2004年，七星分局重点整治带有桑拿按摩的行业场所48家。先后组织26次，对1023家行业场所进行清查。整治或取缔废旧收购点4家、游戏机室90家，音乐茶座34家，录像厅4家，网吧36家、歌舞厅8家、按摩发廊157家，协助破获重大案件56起。

2005年，七星分局对辖区内的49家旅店业、25家茶座、34家游戏机室、17家娱乐场所进行了治安大检查，发现隐患95处，当场发出整改通知书42份，限期整改53处。

危险物品管理

1979年以前，辖区危险物品由桂林市公安局管理。

1980—1989年，七星公安分局对辖区街道、单位、水上船只进行了2次大检查，共收缴炸药584900千克、雷管21505枚，导火索1309米。年检枪支433支，办理枪证25支，共458支，其中气枪300支、火药枪147支、猎枪11支，收缴违法枪支20支。

1996年，七星分局收缴非法火药枪5支、气枪10支、小口径手枪1支，步枪子弹800余发，管制刀具650把。

1997 年起，七星分局开展“缉枪治爆”专项行动，至 2003 年共收缴各类枪支 1198 支，子弹 3029 发，火药一批，管制刀具 500 把。

2004—2005 年，七星分局组织警力 113 人次到基层单位清查，收缴非法枪支 197 支（自制砂枪、气枪、猎枪、小口径步枪等）、仿真枪 100 支，其他枪支 142 支，子弹 185 发，雷管 7 枚，85 式迫击炮弹 1 枚，自制手枪 4 支，管制刀具 310 把，剧毒物品氰化钾 500 千克，锑屑 1 瓶，消除了重大社会治安事故的隐患。

“扫黄打非”行动

1979 年以前，辖区的“打黄扫非”工作由桂林市公安局管理。

1980 年，七星分局针对辖区出现的卖淫嫖娼、制作贩卖淫秽录像、聚众赌博等多发案件，按照市公安局的布置，开展了一系列的“扫黄打非”行动。

1981 年，七星分局认真贯彻《广西壮族自治区禁止赌博条例》，开展打击“聚众赌博”专项行动，至 1984 年 9 月共抓获赌博人员 158 人，举办了 3 期赌博人员学习班。

1985 年起，七星分局开展查处播放淫秽电影、电视、录像等专项斗争。查处 4 个播放淫秽录像团伙，成员 23 人，收缴淫秽录像带 22 盒，扣押彩电 10 台、放像机 4 台、录像机 3 台，收缴下流黄色手抄本 15 本，捣毁卖淫窝点 4 个，抓获卖淫女 18 人，嫖客 40 人，淫秽扑克牌 120 副。至 1990 年，共抓获犯罪嫌疑人 1172 人。其中，逮捕 19 人、劳动教养 5 人、刑事拘留 5 人、收容审查 70 人、治安处罚 1060 人。捣毁赌博窝点 46 个，缴获赌具 40 副，赌资 2655 元。

1991 年，七星分局实施打击卖淫嫖娼的专项整治活动。至 1996 年共查处卖淫嫖娼案件 421 起，查处卖淫团伙 8 个，捣毁卖淫窝点 3 个，处理卖淫嫖娼人员 575 人。查处介绍卖淫嫖娼案 11 起，处理 12 人；查处淫秽物品案 25 起，缴获淫秽录像带 517 盒。查获赌博团伙 11 个，查处赌博案件 350 起，处理 1245 人。

1997—1998 年，七星分局先后组织了 3 次大规模的抓赌行动，出动警力 650 多人次，共查处赌博案件 35 起，收缴赌资 8.4 万元，处理 161 人，其中劳动教养 1 人、行政拘留 15 人、罚款 145 人。同时分局开展“禁毒”专项打击行动，查获毒品案件 27 起，抓获嫌疑人 28 人；缴获海洛因 8.1 克，抓获吸毒人员 115 人，逮捕 22 人，劳教戒毒 24 人，强制戒毒 59 人。

2001 年，七星分局开展打击毒品犯罪专项行动。至 2004 年共破获毒品案件 78 起，其中重大毒品案 32 起，逮捕 144 人，劳动教养 182 人，强制戒毒 226 人，缴获海洛因 2491.55 克

2005 年，七星分局在打击非法“传销”活动中，多次与工商行政管理部门联合行动，出动警力 2000 多人次，先后端掉传销窝点 32 个，打掉传销团伙 10 个，查处传销人员 737 人，其中，逮捕 11 人、刑事拘留 31 人、劳动教养 3 人、教育遣散 692 人，查获涉案资金 10.78 万元。另外查处一起重大贩卖淫秽光碟案，缴获淫秽光碟 139 张，刑事拘留 1 人，查处卖淫嫖娼案件 10 起，贩卖淫秽制品案 6 起。

2001 年 5 月，桂林市公安局七星分局干警在进行法制宣传

（区司法局 供稿）

群防群治

1997 年以前，七星分局的工作主要放在打击犯罪上。

1998 年后，七星分局采取“打、防、控”一体化模式，增强综合治理能力，除不断加强“严打”的力度外，在防、控方面，辖区大部分单位都建立了治安、调解、帮教等组织。至 2004 年底，共有专职治安员 1718 人，义务治安员 1611 人，调解员 467 人，帮教组织成员 593 人。全区 21 个社区和 14 个村委会都建立了

2002 年 8 月，桂林市公安局七星分局干警向群众介绍电子监控网络中心　　（七星分局　供稿）

警务室，每个警务室夜间都有人值班，还建立了人民调解室、流动人口管理站，组建 100 人专业巡防队，还配备了专用的巡防车。居民区有义务护楼队，厂矿、大专院校以及各个自然村都组建了义务巡防队共 1000 多个，有 8000 多人。

2005 年，区政府出资在辖区内建设了城市监控报警网络系统，在重要部位安装了 150 多个电子监控探头（老百姓俗称为“天网”），七星分局设立电子监控指挥中心。系统建成以来，先后 17 次为大型安保活动提供了全程监控服务，为兄弟单位查询、刻录资料 352 条，为破案提供线索 1502 条，帮助破案 550 多起。

第四节　警卫工作

桂林是著名历史文化名城，山水甲天下，是旅游的胜地，七星辖区内著名的风景点有七星公园、穿山公园、靖江王陵、桂海碑林、漓江和磨盘山码头、竹江码头等，常有外国贵宾和国家领导人经停辖区视察、访问和游览。

1980 年以前经停七星辖区视察、访问和游览的外国贵宾和时任国内国家领导人的安全保卫任务由桂林市公安局负责。

1981 年起，每当有外国贵宾和国家领导人经停七星辖区，七星分局都要投入警力，根据不同时间、不同地点、不同人员，多套方案，确保安全。

6 月 2 日，原比利时国王博杜安一世和王后一行人等游览漓江。同年 10 月 23 日，丹麦王国首相安高・约思森游览漓江。

1982 年有 3 个原国家的总统和首相到桂林访问和游览漓江。10 月 16 日德意志联邦共和国总统卡尔・卡斯腾斯，10 月 21 日巴基斯坦伊斯兰共和国总统齐亚・哈克上将，卢森堡大公国首相皮埃尔・维尔纳等 30 余人在桂林参观游览。

1983 年 5 月，原葡萄牙共和国总统拉马洛・埃亚内斯，7 月 16 日特立尼达和多巴哥共和国总理乔治・马克尔、钱伯斯，8 月 21 日泰国武装部队最高司令沙友德・格莲上将一行 10 人，9 月 6 日约旦哈希姆王国国王侯赛因・伊本・塔拉勒和王后，10 月美利坚合众国总统乔治・布什夫妇等游览漓江。

1986 年 1 月 29 日，时任中央军委主席邓小平视察七星公园，七星分局派出 80 余名干警，具体分工，责任到人，对公园的四个进出口，各街道路口进行监控，保证了视察的顺利和安全。同年 3 月 21 日，新西兰总理戴维・朗伊，5 月 16 日荷兰陆军总司令赫拉夫中将，10 月 22 日冰岛共和国总理赫尔曼松在桂林参观和游览。

1987—1989 年，七星分局派出 200 余人次警力，对访问和游览路段及现场实施管控，保证了 3 月 1 日美国原国务卿舒尔茨，5 月联合国秘书长佩雷斯・德奎利亚尔夫妇，6 月 20 日美国前总统吉米・卡特和夫人，1989 年 3 月 2 日泰国武装部队最高司令兼陆军司令差瓦利等游览漓江的安全警卫。

1990 年 11 月 19 日—20 日，时任中共中央总书记江泽民视察七星辖区桂林轮胎厂、电子工业学院（今电子科技大学）、桂林美术陶瓷厂，并为该厂题词，参加警卫任务的干警定时间、定任务、定地点，高度警惕，认真负责，确保安全。

1991 年出动了 300 余名干警，保证 1991 年 1 月原巴基斯坦陆军参谋长贝格上将、5 月冈比亚共和国总统达乌达・凯拉巴・贾瓦拉、9 月 14 日新加坡总统黄金辉、9 月 21 日意大利总理安德烈奥蒂、11 月 27 日朝鲜国防部长吴镇宇等游览漓江的安全警卫任务。

1992—1997年，七星分局派出干警700余人次，保证了1992年9月22日—23日原印度尼西亚最高评议院主席马拉登·庞加贝游览漓江，12月7日中共中央政治局常委、中央军委副主席刘华清视察桂林轮胎厂，12月8日中共中央政治局常委、国务院总理李鹏考察漓江，1993年1月中共中央政治局常委、国务院副总理朱镕基视察桂林国家高新技术产业开发区企业，4月13日中共中央政治局常委、全国政协主席李瑞环考察漓江，9月25日尼泊尔国王比兰德·比尔·比克拉姆·沙德瓦游览漓江，1994年3月30日澳大利亚外交部部长加里思·埃文思在桂林的参观访问，1995年11月3日由菲律宾参议院主席冈萨雷斯的参观访问，1996年3月10日中国国际科学和平促进会会长程思远视察桂林国家高新技术产业开发区（并为高新技术产业开发区题词："贺桂林高新技术产业开发区百尺竿头，更上一层楼。"）等9批次外国贵宾和国内国家领导人的考察、参观和游览的安全警卫任务。

1998年7月2日，七星分局全力做好原美国总统克林顿在七星公园访问的安全警卫工作。针对七星山山体连绵、树木花草茂密、山高、壁险、洞多、地形复杂等特点，提前对现场进行搜索，排除险情。当天，调动100多名警力，从解放桥头到龙隐路段，七星公园的四个进出口、各交通要道进行严密的管控，既不影响群众的正常生活秩序和游客的参观游览，又确保安保工作万无一失。克林顿在七星公园内的驼峰茶社就环保问题与7名中国环保专家进行了45分钟的圆桌座谈。会后，克林顿在驼峰山下的草坪上发表演讲，访问取得圆满成功。

1999—2004年，七星分局派出干警1000余人次，完成了16批次时任外国元首和国内国家领导人在辖区的视察、参观访问和游览的安全警戒任务，1999年5月新加坡总统李光耀，2000年8月萨摩亚总理伊拉埃帕·萨伊莱·马利埃·莱额奥，同年10月泰国王后诗丽吉、12月新西兰总督麦克尔·哈迪·博伊斯等游览漓江，2001年4月时任国务院副总理吴邦国视察桂林国家高新技术产业开发区，2002年7月毛里求斯总理阿内罗德·贾拉纳特，2003年4月科摩罗联盟总统阿扎利·阿苏马尼游览漓江，4月中共中央政治局常委中央政法委书记罗干，7月全国政协副主席阿不来提·阿不热西提、李兆焯考察漓江、七星公园、桂海碑林，11月瑙鲁代总统纳马拉克，越南副总理武宽到桂林国际会展中心参加亚洲博览旅游论坛，2004年2月国务院副总理回良玉，9月约旦王国参联会主席哈利上将，密克罗尼西亚前总统法尔科姆，10月全国人大常委会副委员长李铁映等，共1500余人到辖区七星公园、桂海碑林、驼峰、七星岩洞考察游览。

2005年，七星分局派出干警500余人次全年完成10批次时任外国领导人和国内国家领导人的视察、参观游览的安全警戒任务。5—10月全国政协副主席毛致用，比利时王国国王阿尔贝，全国政协副主席白立忱，全国政协副主席黄孟炎、原国务院副总理李岚清，奥地利国防部长京特·普拉利，泰国第一副总理颂奇等考察、参观游览七星公园、驼峰、桂海碑林、民族风情园、桂林国际会展中心，越南总理阮晋勇到辖区广西师范大学、育才学校参观访问。

第五节　户政管理

人口信息管理

清末广西省警务公所在行政科下设户政股管理省城（今桂林市）及全省户籍。民国时期，广西省会警察局在行政科设户籍室，警察分局派驻所设户籍人事登记处。民国35年以后，按国民政府修正的《户籍法》规定，全市户政由桂林市政府户政室掌理，警察机关协办，省会警察局在行政科设一名科员主办户籍业务，各分局指定一名局员兼管户籍。

1949年12月，桂林市公安局在治安行政科设户籍股，负责全市户口调查、统计、管理工作，50年代起，各派出所设户籍干事一人。

1950年3月起，桂林市人民政府公安局颁布《桂林市市民户籍申请登记办法》，在城区进行户口登记。至1958年2月《中华人民共和国户口登记条例》颁布后，户口管理制度进一步完善。桂林市公安局东江分局设统一格式的户口登记簿，发给每户居民1本填报，派出所留底存查，规定居民：在有出生、死亡、迁出、迁入婚姻等户口变动时，要向户口登记机关当地派出所申请登记变更。

1988年底，七星区人口总户数为15446户，总人口66260人，其中男性37430人，女性28830人，非农业人口66065人，农业人口195人。

1989年七星公安分局成立户政科，管理七星辖区的户籍，各派出所有户籍管理民警。

1996年底，桂林市政府调整区划将原郊区政府管辖的朝阳乡、穿山乡划归七星区管理。朝阳乡人口8433人，穿山乡25787人，户籍由七星分局管理。

1997年底，全区人口总户数为31167户，总人口141015人。其中男性77259人，女性63756人；非农业人口104412人，农业人口36603人。

1997年开始推行户籍微机管理，至2000年全面实现户籍管理微机化。户籍登记在册增加监护人项目。2003年底，桂林市将雁山区管辖的华侨旅游经济区划归七星区管理，有人口4050人，户籍实行微机联网管理。2004年底人口统计总数为45045户，总人口204042人，其中男性105700人，女性98342人；非农业人口166189人，农业人口37853人。

2005年底，七星区在册常住人口46736户，人口209999人，其中男性108411人，女性101588人；非农业人口171697人，农业人口38302人。

表19-2　　**1988—2005年七星区人口情况一览表**

年份	户数(户)	人数(人)	其　中			
			男性(人)	女性(人)	农业人口(人)	非农业人口(人)
1988	15446	66260	37430	28830	195	66065
1989	16065	68352	38616	29736	282	68070
1990	16639	69998	39549	30449	97	69760
1991	17255	71515	40352	31161	333	71182
1992	17550	72972	41246	31726	34	72938
1993	17783	759232	43152	32771	36	75887
1994	17999	78836	44943	33893	0	78802
1995	18914	83843	47007	36836	1	83842
1996	19458	88197	49244	38953	44	88153
1997	31167	141015	77259	63756	36603	104412
1998	31969	141312	77126	64186	33623	107689
1999	33195	146400	79749	66651	33630	107751
2000	35516	156222	84623	71599	34020	122202
2001	37760	168758	91156	77602	34161	134592
2002	39889	184509	99514	84995	34555	149954
2003	41912	195322	104180	91142	35020	160302
2004	45045	204042	105700	98342	37853	166189
2005	46736	209999	108411	101588	38302	171697

居民身份证管理

1986年以前的人口管理由桂林市公安局负责，实行市民申请户籍登记，在城区进行户口登记后，又设人口卡片，登记后每个家庭发放户籍登记本。

1987年3月七星分局有组织、有计划安排群众在指定的照相馆照相，指定专人验收、编写整理，使办证工作顺利进行，至1990年12月，七星区开始办理居民身份证发证工作。年满16周岁的46383

人，全部办理了身份证，办证率100%。

2000年，第五次全国人口普查，各派出所按照“五个统一”（即人口信息、居民户口簿、居民身份证、常住人口登记表册及微机信息统一），对身份证号码重、错号进行纠正，保证身份证号码的统一性和准确性。

2005年5月11日，七星分局按照《中华人民共和国居民身份证法》和公安部《关于印发〈全国换发第二代居民身份证工作宣传提纲〉的通知》编制了《全区换发第二代居民身份证工作宣传手册》，对常住人口信息清理纠错、补登工作，对辖区20万常住人口信息进行全面的核对查实，将年满16周岁以上人员(16.7万人)的人像全部扫描进微机，采集率达91.9%，至2005年末为30431人换发了第二代居民身份证。

暂住人口管理

1950年，桂林市公安局规定对临时宿客和住户，当天要报当地公安派出所备案。1951年7月，中华人民共和国公安部《城市户口管理暂行条例》规定，来客住宿超过3日者，须向当地公安派出所报告。1958年《户口管理条例》颁布，规定暂住3日以上的由住房户申报暂住登记、离开申报注销。

80年代实行对内搞活、对外开放政策后，城乡经济快速发展，外来经商和务工人员不断增多。1985年7月，七星分局按照《关于城镇暂住人口管理的暂行规定》，规定外来人员“暂住时间超过3个月，年满16周岁以上的人，须申领暂住证”，暂住人口需要租赁房屋的由房主带领房客并持有关证明到公安派出所申报登记。

1986年，七星分局实行暂住人口申请“暂住证”制度。1987—1992年，申请办证率达85%以上。聘请管理人员，设立暂住人口管理站，在外来人口集中的建筑队、包工队、运输队建立治保组织，协助派出所管理暂住人员。1992年换发了“私房出租安全许可证”，严格租房制度。1995年开始执行公安部《租赁房屋治安管理规定》《暂住证申领办法》。1996年，朝阳乡、穿山乡划归七星区管辖后，在城乡接合部，流动人口特别多，1997年统计数暂住人口达2万多人。七星分局不定期组织警力对出租房、招待所、旅店、建筑工地进行清查，派出所与业主、房主签订“治安管理责任书”，对不办证的依法处罚。

2005年七星区有暂住人口3.5万人，办理暂住证率达90%以上。

“农转非”户口管理

1950—1985年“农转非”户口由桂林市公安局管理。

1955年，桂林市开始劝止和限制农民迁入城市，控制城市人口盲目增长。1977年11月，国务院批转《公安部关于处理户口迁移的规定》下达后，按照“从农村迁往城镇，由农业人口转为非农业人口，从其他城市迁往北京、上海、天津3市的要严加控制；从乡镇迁往市、从小城市迁往大城市、从一般农村迁往市镇或国营农场、蔬菜队、经济作物区，予以适当控制”的原则，办理户口迁移手续。

1986年，七星分局按照桂林市政府人口机械增长控制办公室的要求，每年下达人口机械增长指标，严格控制。按政策规定，既严格控制城市人口增长，又为改革开放、搞活经济服务，同时还为群众排忧解难。因此，认真做好申请“农转非”工作，由派出所逐级上报到桂林市公安局审批。

1988年6月，桂林市公安局把“农转非”审批权下到分局，七星分局实行“政策、指标、审批”三公开（申请名单、评议小组意见、审批结果上榜公开）。此举，既控制了城市人口增长，又有利于群众监督，保障合理迁移，增加了公安工作的透明度。

1990年，根据桂林市政府《关于桂林市外来人员入户问题的暂行规定》，审批“农转非”的审批权收归桂林市公安局。

2003年起，七星分局根据桂林市公安局的有关规定，凡在桂林市区购买房子25平方米以上的可以办一个“农转非”人员；个体私营企业每年向国家交税一万元以上的可以办一个“农转非”人员。办理结婚登记的不受限制，随时办理；大学本科毕业生在桂林工作的不受限制，随时办理。至2005年申请入户桂林市七星辖区的人口有14677人。

第六节　驻区消防　交警　监所　出入境管理

消防管理

1984年之前的消防工作由桂林市消防大队管理。

1985年，七星分局消防科成立之初仅有一台微机、打字机、照相机和一辆汽车。

自桂林市消防大队始至武警桂林市七星消防大队成立，按照“政治合格、军事过硬、作风优良、纪律严明、保障有力”的新时期建军总要求，以人员管理为重点，以纪律建设为核心，大力加强部队正规化建设。贯彻“练为战”的指导思想，强化灭火救援技能训练，官兵练就了一身过硬灭火施救的本领。突出抓好灭火救援战备执勤，圆满完成了桂林消防安全保卫任务。大队6次荣获公安部“基层建设先进单位”、荣立集体三等功1次，2人荣立二等功，57人荣立三等功。

1985年起，七星分局消防科根据国家消防法律法规规定，对机关、团体、企事业单位和居民住宅的消防工作进行监督检查；对新建、改建、扩建装修等工程项目进行防火审核；对科研、政府机关等实行消防重点管理；对容易发生，群死群伤恶性火灾事故的宾馆、商场、集贸市场、高层建筑、易燃易爆等场所开展安全消防专项治理。推行治安消防承包责任制，贯彻执行“谁主管、谁负责”原则，当年同辖区127家单位签订了《治安消防承包责任书》。建立健全消防制度，加强队伍和基础设施的建设。二级以下防火单位有义务消防队34个。

2002年8月，消防东江中队成功扑救东江路火灾
（七星消防大队　供稿）

1991年，七星分局消防科与桂林市消防大队东江中队投资消防经费53万余元，配置消防器材2187件。增配了5辆执勤战斗车，其中2辆水灌车，1辆抢险救援车，1辆干粉车，1辆登高平台消防车。还装备了破拆链锯、无齿切割机、绝缘剪刀、便携式双用救援钳、通讯救生安全绳、侦检可燃气体探测仪等灭火抢险器材。担负桂林国家高新区七星区的执勤灭火战斗任务，还担负着灵川县的大圩、海洋、朝田等乡镇的执勤灭火任务。

至2002年，七星分局消防科与桂林市消防大队东江中队在辖区先后开展40次专项治理，派出检查人员100多人次，检查单位、场所3000多个。消除了一大批隐患，遏制了群死群伤火灾事故的发生。消防科经常开展消防安全宣传教育，增强了人民群众的消防安全意识。

2003年始，七星分局消防科和桂林市消防大队东江中队以穿山东社区和辰山社区为试点，投入资金0.8万元，完善了消防组织和消防设施建设，以点带面，使辖区消防安全落到实处。

七星区是大中专院校及中小学较为集中的区域，学校的消防工作尤为重要。武警七星消防大队选派40名经验丰富的民警担任学校的法制副校长或辅导员，给学生上法制课和进行消防知识传授，先后演练500多次，使广大师生增强了法制观念，掌握了基本的消防知识。对校园进行消防安全检查231次，发现问题及时下发通知进行整改。至2005年武警桂林市七星消防大队成立。组织派出所分管基层建设的副所长、管段民警及18个社区、3个村委会共21个警务室负责人参加了消防监督员培训，通过考试，都拿到了“消防监督检查证”；为辖区群众上消防知识课26次，培训2000多人次；指导社区居民开展灭火演练12次。与市电视台联合制作了“珍惜生命，关注消防”节目；建立宣传报道网络，配备摄像机、数码相机等设备，增强了消防意识。每年都开展“安全生产月”、“119”消防宣传周活动，开放消防站45次，接待学生和市民18619人次。

表 19-3　　1987—2005 年七星区火灾及损失情况一览表

年份	火灾(起)	烧伤(人)	烧死(人)	直接经济损失(万元)
1987	5	0	0	0.6
1988	9	0	0	1.3
1989	3	0	0	0.3
1990	18	0	0	16.98
1991	6	0	0	0.27
1992	6	0	0	0.50
1993	13	0	0	5.11
1994	11	1	1	7.26
1995	19	0	0	10.53
1996	5	0	0	4.54
1997	14	0	0	7.12
1998	41	2	3	7.47
1999	33	3	0	14.30
2000	52	9	2	0.38
2001	42	0	0	13.70
2002	48	4	1	14.00
2003	53	0	0	7.79
2004	23	0	0	8.35
2005	27	1	1	12.43

交通安全管理

1987 年 5 月七星交警中队成立之初，管辖东环路、漓江路、三里店路、七星路、环城南一路等 5 条主要干道，道路总长 37.8 公里的交通管理。

1990 年起，七星交警中队更名为七星交警大队，组织民警苦练交通管理的基本功，定期或不定期进行考评；规范执法行为，制定路面执勤、查纠交通违法、处理交通事故等岗位的执法程序和工作规范，公正、文明执法。建立勤务制度，全面实施路面执法量化管理，提高路面“见警率”和“管事率”。提高服务水平，建立和推行“值日警官制”“首问责任制”“限时办结制”“一站式”交通事故快处快撤，夜班工作制等便民利民举措。

1995 年开始，七星交警大队开展“压事故、保通畅”和以“路面为中心，带动其他各项交通管理工作”的宣传。《中华人民共和国道路交通安全宣传实施条例》颁布实施，七星交通警察大队利用广播、电视、板报、网络等形式进行了广泛宣传，提高了辖区群众遵守交通法规的意识。在查处交通违法环节中注意对车主及驾驶员进行批评、教育及宣传，开展道路交通安全法“五进”（进农村、进社区、进企业、进学校、进家庭）活动；在辖区小学开展少年交警活动，推进了交通安全教育的“娃娃工程”。

1997 年 8 月，区委书记王祥柏（坐者左四）等区领导与七星交警大队干警宣传交通法规　（七星交警大队　供稿）

2000年起，七星交警大队交通管理，实行“三定”（即：定人、定岗、定责任）责任制。七星辖区在解放桥东十字路口、漓江路甲天下广场十字路口、普陀路会仙路口、环城路建干路口、龙隐路龙隐小学门口、龙隐桥西、辅星路北口、六合路口、石油六公司路口、东二环路等重要路口、路段设置了红绿灯，辖区道路画人行横道线（俗称“斑马线”）267处，停车线35处，设有4个交通岗亭。大队领导主要负责日常工作的组织管理和督促检查，各中队负责工作的具体落实，中队民警在日常工作中主要负责辖区道路交通程序的管理和指挥疏导，确保道路交通的安全畅通。对主干道的重点路口和交通复杂、易堵路口实行全天候监控，坚持定点、定时、定员与巡逻相结合，确保畅通，防止事故发生；对二级公路的管理，则安排专门警力，采取巡逻的方式全方位管控；至2005年，辖区有驾驶员87248人，机动车46750辆。以“五整顿”（即：整顿驾驶员队伍、整顿路面行车秩序、整顿危险路段、整顿机动车生产改装企业、整顿交通运输企业）、“三加强”（即：加强责任制、加强宣传教育、加强执法检查）为载体，确保道路畅通，预防重特大交通事故。

出入境管理

民国26年（1937），广西省会警察局先后设外事科员、外事科、外事秘书，负责签发外侨居留证和查验入境外国人护照。解放后，桂林市公安局户政部门办理出入境手续。1964年8月，成立外国人事务管理科（简称外事科），“文化大革命”期间被撤销，1978年11月恢复，1986年更名为出入境管理处。

1985年11月22日，《中华人民共和国外国人入境出境管理法》（简称外管法，下同）和《中华人民共和国公民出境入境管理法》颁布后，出入境管理部门认真贯彻执行，认真办理到桂林的华侨和港、澳、台胞的户口申报、居留。对非法入境、非法居留、违章旅游或违反治安管理以及违法犯罪的境外人员，严格按照外管法和有关法规进行处理。办公地址：施家园内。

1986—2005年，共办理出国（境）证照16.42万余人次；查处弄虚作假、骗取出国（境）证照470余起；办理奔丧、探视危重病人等急事急办、特事特办1330余件。对申请出国（境）的中国公民，严格把关，依法审批，实行证照单向工作流程，从接待、审批、打印证照、盖章至发放证照，互相制约、互相监督，保证依法审批和证照的质量。

期间境外临时到桂林人员共1078.98万人次。对桂林的“三资”企业、外企代表、文教人员、留学生等境外长住人员进行公开的行政管理，依法给长住桂林的境外人员办理出入中国国境的相应种类的签证、居留证、暂住证，并建立个人档案。坚持对长住境外人员年终验证制度，与“三资”企业和大专院校建立外管联络员制度，与工商行政管理等部门互通信息制度，随时掌握境外人员入境、居留、暂住、离住、离境等信息。

2003年5月，七星交警大队干警在甲天下广场维持交通秩序（七星交警大队 供稿）

监所管理

清末，桂林城区东部未设监狱和看守所（以下简称监所）。监管囚犯的工作由省城（桂林）在宣统二年（1910）10月成立的广西模范监狱（地址：桂林西清门孔明台内）监管。

民国时期桂林城区东部未设立监所，监管囚犯的工作由清末广西模范监狱改称的桂林监狱（现中山北路219号）监管和桂林地方法院看守所收押。

中华人民共和国成立后至1981年，桂林城区东部仍未设立看守所，人犯的监管和收押由在原国民党桂林监狱旧址成立的桂林监狱监管和桂林市人民法院看守所收押。

1981年4月，原海洋监狱搬迁至桂林市东部，1987年1月恢复广西第三监狱名称，1995年1月广西第三监狱更名为桂林监狱。

1984年9月，桂林市公安局拘役所成立。

1996年7月，桂林市公安局成立戒毒所，1999年4月桂林市公安局第一、二强制戒毒所合并成立桂林市公安局第一强制戒毒所。

1996年12月，桂林市公安局收容审查所更名为桂林市公安局第二看守所。

2005年巡逻在城市街头的小精灵

2002年经广西壮族自治区人民政府批准，广西英山监狱搬迁，监区用地608亩。

监所安全管理。1982年至1987年，监所依照《中华人民共和国监狱法》《中华人民共和国看守所条例》建立健全监所收押、值班、提审、巡逻、安全检查、接见、械具使用、生活卫生、看病就医等规章制度。制订定点、定岗、定人员和定任务工作责任制，实行制度与目标考核挂钩。实行24小时值班、每小时巡逻一次，常规安全检查每日小检查、每月大检查二次。

1988年起，监所执行“惩罚与改造相结合，以改造人为宗旨”的工作方针，实施对罪犯的劳动改造，进行岗前技能培训和劳动安全知识教育，严格执行劳动时间和在规定时间内完成的工作任务，改变罪犯存在的好逸恶劳、不劳而获的思想。

开展对监管人犯中执行关押、亲属接见、送钱送物等安全检查，及时发现和制止企图自杀、逃跑等案件11起。

1999年开始，监所开展对保外就医，监外执行罪犯逐一清理等安全大检查，对请假不归的罪犯及时追回，查出安全隐患47处，硬件设施方面隐患53处。

2003年，监所开展“排查事故隐患，确保监所安全”的大整改；加强监所技防设施建设，安装完善监所监控系统，周界高压电网，被监管人员报警装置和安全检查门；至2004年，共排查出管理工作和安全设施隐患293起，及时整改。

监所实施对罪犯的思想改造。有计划地组织罪犯学习国家的法律、法规和时事政治；采取集体教育和个别教育相结合、常规教育和辅助教育相结合、狱内教育和社会教育相结合，至2005年共上教育课4503课，进行集体谈话350万人次，个别谈话580万人次。通过教育转化，监所收到检举犯罪人线索176条，破获重大案件70起，一般案件71起，深挖犯罪线索1672起，破获案件600起，逮捕犯罪嫌疑人370人。共收押拘留人员32027人。共收治吸毒人员3312人，经过治疗脱瘾出所2156人。

第二十章

检　　察

2003年9月，自治区人民检察院副检察长陈普生(右四)陪同越南检察代表团到七星区人民检察院参观访问

(区检察院　供稿)

清末以前，桂林城区东部未设检察机构。清光绪三十三年(1907)，检察职权由广西高等检察厅、桂林地方检察厅、临桂县(今桂林市)检察厅行使。

民国时期，桂林城区东部的检察职能，仍沿前清旧制，由桂林地方检察厅行使。1916年改为桂林地方法院检察处后，由检察处行使。

中华人民共和国成立后，桂林城区东部仍未设立检察机构，检察职权的行使在1951年由桂林市人民检察署行使。1955年，由更名后的桂林市人民检察院行使，1968年，检察院被撤销。

1980年1月，七星区人民检察院(简称，区检察院)成立，开展法律监督工作。建院之初，人员少，办案设施设备简陋，检察人员克服困难，主要办理刑事案件，开展打击杀人、抢劫、强奸、盗窃、流氓及其他严重破坏社会秩序的刑事犯罪分子。当年批准逮捕案件20件38人，向人民法院起诉16件31人。

1982年起，刑事案件增多，出现团伙流窜作案犯罪，以及拐卖妇女、儿童，强迫、引诱、容留妇女卖淫的新特点，区检察院实施“从重从快，一网打尽”的方针，贯彻《全国人大常委会关于严惩严重危害社会治安的犯罪分子的决定》，集中全院的人力物力，开展“严打整治”斗争，经过几年的严打整治，社会治安好转。1990年后，刑事犯罪出现暴力犯罪和带黑社会性质犯罪的团伙，盗窃、抢劫、故意伤害案件增多。区检察院及时开展专项打击行动，有效遏制犯罪上升的势头。

随着经济体制改革和改革开放的不断深入，经济犯罪案件也逐年上升。区检察院把打击经济犯罪工作放在第一位，重点打击贪污受贿犯罪，检察长亲自办案，集中警力查办案件，到辖区140多个单位、12个乡村贯彻宣传最高人民法院、最高人民检察院联合发布的《最高人民法院、最高人民检察院关于贪污受贿、投机倒把犯罪分子必须在限期内自首坦白的通告》。

2000年后，区检察院重点查办经济犯罪案件中的窝案、串案，深挖隐藏较深的经济犯罪分子，至2005年共立案查处贪污受贿案件132件146人，决定逮捕17件21人，提请起诉案件57件62人。

区检察院依法保护公民的人身权利和民主权利，重点查处国家机关司法人员、行政执法人员徇私舞弊、刑讯逼供、非法拘禁、玩忽职守等案件，至2005年决定立案侦查28件36人。

为方便群众告状，畅通举报犯罪渠道，解决群众告状难问题，区检察院安装专用举报电话，后又加装了语音举报自动受理系统，并向社会公布，全天候接受群众的举报。设立专门的接待群众来信来访接待室，建立接待首办责任制、首问责任制、检察长接待日制度。5次荣获桂林市人民检察院授予“文明接待室”称号，4次荣获广西壮族自治区检察院授予“文明接待室”和“文明接待示范窗口”称号，2次荣获最高检察院授予“文明接待室”和“文明接待示范窗口”称号。

区检察院开展对区法院民事行政案件审判的法律监督，实施“敢抗、会抗、抗准”的方针，以抗诉为工作重点，立案公开、审查公开、结论公开，至2005年，决定立案审查民事行政案件36件36人。

区检察院强化内部监督，防止和及时纠正在办理案件中违法和执法不公等问题，增强执法透明度，广泛接受公民对区检察院执法活动的监督，2000年实行了人民监督员制度，从人大、机关、团体、企事业单位聘请5名监督员。至2005年共办理4件监督案件。

2002年5月，七星区人民检察院荣获全国检察机关“文明接待室”称号

（区检察院　供稿）

第一节 机　　构

七星区人民检察院

2005年10月，七星区人民检察院荣获中共中央社会治安综合治理委员会颁发的全国预防青少年违法犯罪工作先进集体

（区检察院　供稿）

1980年1月，桂林市七星区人民检察院（简称区检察院）成立，行政编制10名，实有检察干警6名，下设办公室。1980至1981年，区检察院在自由路一间10.7平方米的民宅办公。1982—1988年，搬迁至七星路4号，有3套民宅办公，办公面积95平方米。1989—2001年10月，搬迁至桂林市会仙路，办公楼面积600平方米。

1980年，区检察院设立办公室。1982年3月，增设立经济检察科、刑事检察科、法纪检察科；1984年8月，成立信访科、监所检察科，刑事检察科中分设出刑事检察一科、刑事检察二科。1987年3月，信访科更名为控告申诉检察科。1988年10月，法纪检察科更名经济法纪犯罪举报站。1989年12月，撤销监所检察科。1991年5月，设立民事行政检察科。1996年，经济检察科更名为反贪污贿赂局。1998年6月，刑事检察一科更名为审查批捕科，刑事检察二科更名为审查起诉科。1998年7月，设立政工科。2002年，设立检察技术科，经济法纪犯罪举报站更名为反渎职侵权检察科，审查批捕科更名为侦查监督科，审查起诉科更名为公诉科，控告申诉检察科增挂举报中心、刑事赔偿办公室牌子，合署办公（一个机构三块牌子）。2004年，设立人民监督员办公室。

至2005年年末，区检察院编制42名，实有人员36人。共设有办公室、政工科、侦查监督科、公诉科、反贪污贿赂局、反渎职侵权检察科、民事行政检察科、控告申诉检察科（增挂举报中心、刑事赔偿办公室）、检察技术科、人民监督员办公室，共计10个科、局、室。

表20-1　　1980—2005年七星区人民检察院检察长名录

职务	姓名	民族	性别	籍贯	任职时间
检察长	韩向阳	汉	男	广西兴安	1980年9月—1984年11月
	刘志成	汉	男	湖南衡阳	1984年11月—1987年10月
	李克强	汉	男	河南杞县	1987年11月—1993年11月
	谢适有	汉	男	广西阳朔	1993年12月—1998年9月
	廖明东	汉	男	广西荔浦	1998年9月—2006年12月

驻辖区检察机关

桂林市雁山区人民检察院　1982年3月，桂林市郊区人民检察院在安新洲成立，1996年改名为雁山区人民检察院；办公驻地搬至漓江路，主要负责雁山辖区的法律监督工作。

桂林市城郊地区人民检察院　1996年，桂林市城郊地区人民检察院在七星路成立，主要负责驻桂林市辖区的劳改、劳教、监狱、看守所等的法律监督工作。

第二节 刑事检察

侦查监督

1979 年以前，未设立批捕机构，批捕业务由桂林市人民检察院行使。1980 年，区检察院建院之初，受理的批捕案件，主要是严重危害社会治安秩序的杀人、放火、抢劫、强奸及其他严重破坏社会秩序的 5 种现行犯罪分子。为保证批捕的准确性，采取以下措施：对主要犯罪事实要查清；对可能判处徒刑以上刑罚的人犯要核准；采取取保候审、监视居住等方法，尚不足以防止发生社会危害性而有逮捕必要的，依法作出批准逮捕决定；对同级人民代表大会代表，因犯罪应依法逮捕的，则报请同级人民代表大会常务委员会同意和上级人民检察院批准后决定逮捕；提前介入侦查机关的侦查活动掌握案情；捕前讯问犯罪嫌疑人。至 1981 年，共受理侦查机关提请逮捕的案件 55 件 109 人，经审查批准逮捕 101 人；办案采取重大案件提前介入、及时掌握案情、加快办案速度、审查提请批准逮捕的有 23 人。不批准逮捕案件 4 件 6 人。

1982 年起，区检察院贯彻“依法从重从快，一网打尽”的方针和《全国人大常委会关于严惩严重危害社会治安的犯罪分子的决定》，与公安、法院配合，严厉打击重要刑事犯罪分子。严厉打击的重点主要有 7 个方面：流氓团伙分子；流窜作案犯罪分子；杀人、放火、爆炸、投毒、贩毒、强奸、抢劫和重大盗窃分子；拐卖妇女、儿童、强迫、引诱、容留妇女卖淫的犯罪分子和制造、复制、贩卖内容反动、淫秽的图书、图片、录音带、录像带的严重犯罪分子；有现行破坏活动的反动会道门头子；劳改逃跑犯、重新犯罪的劳改释放和解除劳动教养人员以及其他通缉在案的犯罪嫌疑人；书写反革命标语、传单、挂勾信、匿名信的现行反革命分子。在“严打”斗争中，仅 1983 年就受理公安机关提请逮捕的案件 131 件 207 人，是上年度的 3 倍，批准逮捕 151 人，是上年度的 2.5 倍。

1984 年，区检察院刑事检察科分设出刑事检察一科，专门负责审查侦查机关，提请逮捕的刑事案件。至 1986 年共受理侦查机关提请逮捕的案件 347 件，逮捕犯罪嫌疑人 608 人。经审查决定批准逮捕 472 人。不批准逮捕案件 71 件 100 人。

1987—1988 年，盗窃案件明显上升，区检察院及时调整打击重点，开展反盗窃和深挖团伙的专项斗争。在专项斗争中，批准逮捕犯罪嫌疑人 36 人。两年共受理侦查机关提请逮捕案件 93 件，犯罪嫌疑人 263 人。经审查，批准逮捕案件 76 件，139 人。不批准逮捕案件 11 件 16 人。

1989 年，北京春夏之交政治风波期间，区检察院坚持维护社会治安秩序，打击各种刑事犯罪活动，共受理侦查机关提请逮捕案件 161 件 284 人，经审查批准逮捕 239 人。不批准逮捕案件 3 件 5 人。

1990 年，区检察院把打击严重破坏社会治安秩序的严重刑事犯罪分子作为重点，在办案中严格把握事实和证据，区分罪与非罪的界限，确保办案质量。当年在审查批捕刘某伤害案时，证据证实刘某是在其妹被莫某等 5 人围攻调戏，刘某出面劝阻，让其妹脱身离开现场；但莫某 5 人对刘某怀恨、泄愤、围打刘某，其在不得已情况下，将莫某的眼划伤，刘某属于正当防卫，作出不批准逮捕的决

1992 年 6 月，七星区人民检察院检察官出庭支持公诉
（区检察院 供稿）

定。至1991年共受理侦查机关提请逮捕案件134件228人，经审查后决定批准逮捕201人。不批准逮捕案件13件18人。

1992年始，区检察院实施决定逮捕前提审犯罪嫌疑人核实证据，严格把准批捕关，同时开展打击卖淫嫖娼、拐卖妇女儿童的专项斗争。当年出警25人（次）参加社会治安综合治理“扫黄”，参与严打专项治理统一行动5次。

1992—1995年，区检察院共受理侦查机关提请逮捕案件322件518人，经审查决定批准逮捕案件283件，462人。不批准逮捕案件26件36人。

1996年起，区检察院严打抢劫、强奸、拐卖妇女、故意伤害、盗窃等五种严重危害社会稳定的犯罪，开展专项打击暴力犯罪和带黑社会性质犯罪团伙。仅1996年5—8月就受理和批准逮捕案件52件93人；1997年受理提请逮捕的人数上升62.2%，批准逮捕人数上升63.9%。至1997年，共受理侦查机关提请逮捕案件364件555人，经审查决定批准逮捕案件315件477人。不批准逮捕案件32件51人。

1998年刑事检察一科更名为审查批捕科。区检察院强化监督制约机制，推行执法责任制；积极稳妥推行主诉和主办检察官责任制。2000年9月，王某等4名犯罪嫌疑人多次在桂林市第一中学门口抢劫学生的钱，9月4日下午王某等人又将该校在校学生张某强行拉至小树林中殴打，致张某多处受伤出血，造成学校学生恐慌不安。区检察院及时批捕王某等4人，维护了学校的教学秩序，保护了学生的身心健康。1998—2001年，共受理侦查机关提请逮捕案件1109件1752人；经审查决定批准逮捕案件913件1342人。不批准逮捕案件170件368人。

2002年，审查批捕科更名为侦查监督科；检察职责由原来的审查批捕为主，转变为审查批捕、立案监督、侦查监督三项职责并重，共受理侦查机关提请批准逮捕案件273件482人；经审查后批准逮捕案件233件385人。不批准逮捕案件31件86人。

2003年后，区检察院突出打击黑恶势力犯罪和爆炸、杀人、绑架、抢劫等严重暴力犯罪及盗窃、抢夺等影响人民群众安全的多发性犯罪；确保案件质量，建立有效办案机制，审查批捕时把证据材料着眼于起诉，对重大、疑难的批捕案件，必须对当事人进行问话；对重大、疑难案件的批捕，科室讨论，再由检察长或检察委员会讨论决定。2003—2005年，共受理侦查机关提请批准逮捕案件1090件1766人；经审查批准逮捕案件911件1423人。不批准逮捕案件136件265人。1980—2005年，区检察院共依法追捕犯罪嫌疑人50件70人。

公 诉

1979年以前，未设立公诉机构，公诉业务由桂林市人民检察院行使。1980年，区检察院建院第一年，克服人员少、条件差、任务重、业务不熟悉等困难，依照《中华人民共和国刑法》和《中华人民共和国刑事诉讼法》，对侦查机关移送的审查起诉案件依法进行审查。当年受理公安机关移送起诉案件21件被告39人。经审查，向区法院移送起诉案件16件31人，决定免予起诉2件3人。

1981年起，区检察院针对抢劫、盗窃、伤害等案件频发，实施从重从快打击的方针。审查起诉的案件中，一个月内办结的案件有29件57人，占当年起诉案件的80%。在办理周某、黄某抢劫案时，分别用4天和11天时间办结起诉。至1983年，共受理侦查机关移送起诉案件156件，被告267人。经审查，向区法院移送起诉案件137件233人。决定免予起诉案件12件20人。不起诉案件2人2人。

1984年，区检察院从刑事检察科中分设出刑事检察二科，专门负责审查侦查机关提请起诉的刑事案件和向区法院移送起诉。全年共受理侦查机关移送起诉案件62件106人。经审查，向区法院移送起诉案件45件85人。决定免予起诉案件11件14人。不诉案件2件2人。

1985年，区检察院在办案中，严格区分罪与非罪界限，提高办案质量。至1988年，共受理侦查机关提请起诉案件155件，298人。经审查，向区法院移送起诉案件142件270人。决定免予起诉案件8件21人。不起诉案件1件3人。

1989年，北京春夏之交政治风波期间，区检察院起诉科干警坚守岗位，维护社会稳定，保证审查起诉工作的顺利开展。全年共受理侦查机关提请起诉案件62件98人。经审查，移送七星区法院起诉案件54件87人。决定免予起诉案件8件11人。

1990年，区检察院针对盗窃案件上升的趋势和特点，开展重点打击盗窃犯罪的专项斗争，至1994年，向区法院移送起诉盗窃犯罪案件64件83人。

2005年3月，七星区人民检察院干警在东江小学进行法制宣传（区检察院 供稿）

1999年，区检察院突出打击黑恶势力犯罪和爆炸、杀人、绑架、抢劫、盗窃等影响人民群众生命和财产安全的多发性犯罪。2000年，朝阳乡毛家村与岩前村因山林土地纠纷，程某、刘某等5人组织，煽动部分村民持械斗殴，致死2人，伤多人，严重扰乱社会治安秩序，办案人员深入现场，深入群众获取确凿证据，向区人民法院起诉程某、刘某等犯罪嫌疑人，使5人获刑。至2001年，共受理侦查机关提请起诉案件675件1019人。经审查，向区法院移送起诉案件643件，974人，决定不予起诉案件26件29人。

1995年起，区检察院实施主诉检察官办案责任制，直接起诉权试点，直接起诉各种刑事案件16件19人。庭审制度改革由原来的“纠问式”改为“控辩式”。为更好揭露证实犯罪，出庭采用多媒体示证系统，节约办案资源，提高办案效率和出庭公诉水平。至1997年，共受理侦查机关提请起诉案件419件676人，经审查，向区法院移送起诉案件324件517人。决定免予起诉案件42件70人。

1998年，区检察院刑事检察二科更名为审查起诉科，重点开展打击杀人、抢劫、走私贩卖毒品犯罪。全年共受理侦查机关提请起诉案件238件337人。经审查，向区法院移送起诉案件233件315人。决定不予起诉案件3件5人。

2002年初，区检察院刑事检察科更名为公诉检察科。实施“公正执法，加强监督，依法办案，从严治检，服务大局”的方针。当年受理侦查机关提请起诉的案件233件400人。经审查，向区法院提起公诉案件200件340人，决定不予起诉案件7件8人。

2003年起，区检察院开展强化诉讼监督，公正执法，创新业务、队伍管理，执法保障等规范化、专业化。至2005年，共受理侦查机关提请起诉案件928件1475人。经审查向区法院提起公诉案件903件1452人。决定不予起诉案件13件19人。

1980—2005年，区检察院依法向区法院提起公诉案件2947件4716人，共办理追诉案件19件26人。

表20-2 **1980—2005年七星区人民检察院起诉案件统计表**

年度	受理审查起诉		提起公诉		免予起诉		不起诉	
	件	人	件	人	件	人	件	人
1980	21	39	16	31	2	3	2	3
1981	38	78	34	68	1	2	1	1
1982	33	54	30	49	3	5	0	0
1983	85	135	73	116	8	13	1	1
1984	62	106	45	85	11	14	2	2
1985	24	42	22	35	1	4	1	3
1986	49	106	46	101	1	3		
1987	46	97	42	87	4	10		
1988	36	53	32	47	2	4		

续表

年度	受理审查起诉		提起公诉		免予起诉		不起诉	
	件	人	件	人	件	人	件	人
1989	62	98	54	87	8	11		
1990	54	93	44	73	7	17	1	1
1991	72	113	58	90	12	21		
1992	60	87	53	79	7	8		
1993	61	98	48	75	11	20		
1994	69	117	57	95	10	17	1	1
1995	108	176	80	137	23	31		
1996	111	207	84	150	17	37		
1997	200	293	160	230	2	2	34	57
1998	238	337	223	315			3	5
1999	212	314	207	309			5	5
2000	234	369	228	360			6	9
2001	229	336	208	305			15	15
2002	233	400	200	340			7	8
2003	311	490	301	471			4	7
2004	333	531	327	524			5	5
2005	284	474	275	457			4	7
合计	3265	5243	2947	4716	130	222	92	128

第三节 反贪污贿赂

1981年以前，未设立反贪污贿赂机构，此业务由桂林市人民检察院行使。1982年，区检察院首次受理贪污贿赂案。至1984年，共受理贪污贿赂职务犯罪案件线索7件7人，立案查办贪污贿赂案件3件3人，提请逮捕案件1件1人，挽回经济损失1.19万元。

1985—1988年，区检察院针对经济案件线索少，查处难等问题，实施“一要坚决、二要慎重，务必搞准”的原则，深入厂矿、企业、机关等收集线索，调取证据。

1986年，桂林榕城饭店贸易商城业务员杨某利用职务之便，将商城10万元以收预付款的名义汇给湖南省冷水滩市城乡贸易公司，并从中收受好处费4000元的贪污受贿案。榕城商城得知此事后，通过长沙市棉麻土产公司将该10万元追回，由杨负责将款转回饭店商场，杨趁机又将4万元截下，占为己有。立案后，迅速取证，证实杨某已构成犯罪，后起诉到法院，法院以贪污罪、受贿罪判处杨某有期徒刑15年。至1988年，共受理举报案件线索32件45人，决定立案侦查11件14人，提请逮捕犯罪嫌疑人3人，提请起诉案件4件5人，决定免予起诉3件4人，挽回经济损失11.58万元。

1989年起，区检察院贯彻《最高人民法院、最高人民检察院关于贪污受贿投机倒把犯罪分子必须在限期内自首坦白的通告》(以下简称《通告》)，及时组织宣传“两高”的《通告》，出动大小车辆50余台次到140多个单位发送《通告》，在辖区近30个单位进行宣读《通告》，先后有6名犯罪嫌疑人投案自首，并如实交代犯罪事实，退还赃款，受到宽大处理。至1993年共受理举报案件线索118件118人，决定立案侦查37件37人，提请逮捕案件2件2人，提请起诉案件6件6人，决定免予起诉案件11件12人，挽回经济损失77.03万元。

1994年始，区检察院坚持“不懈地深入开展反腐败，查办大案要案工作，不管案件涉及什么人，都要一查到底，依法处理”的要求，把查办贪污贿赂案件摆在全院工作的首位。1997年，在查办桂林市五洲旅游股份有限公司钦州信息咨询服务有限责任公司副总经理边某、邓某挪用公款案中，涉案金额大、人员多，涉及总公司的领导层，此案取证范围不仅在广西境内，还牵涉外省及港澳地区，给办案工作增加了很大的难度，办案人员态度坚决，工作细致，取证扎实客观，保证了办案质量。此案追缴赃款22万元。至1997年，共受理案件举报线索114件123人，决定立案侦查案件35件38人，提请起诉案件10件11人，决定免予起诉6件7人，挽回经济损失268.7万元。

1998—2000年，区检察院按照修改的《中华人民共和国刑事诉讼法》和《中华人民共和国最高人民检察院关于刑事诉讼法实施若干问题的规定》，针对讯问时间由原来的24小时缩短为12小时等新规定。克服畏难情绪，加强学习，深化对依法办案与查处腐败案件的认识，强化侦查意识，依法综合运用各种侦查手段，提高突破案件的能力。依法查处国家干部，重点查办国有企业中的腐败案件。2000年就查处国家干部贪污贿赂案件3件，国有企业干部贪污贿赂案件4件。3年共受理案件举报线索35件77人，决定立案侦查16件18人，提请逮捕案件3件3人，提请起诉案件14件16人，挽回经济损失170万元。

2001年后，区检察院贯彻“公正执法，加强监督，依法办案，从严治检，服务大局”的方针，纠正“重打击，轻预防”的思想，严厉查处国有企业中的贪污、贿赂犯罪案件。2001年接到群众举报“桂林漓江无线电厂多名干部贪污、挪用公款”，办案人员深入企业调查取证，查实该厂干部文某贪污公款5万余元；在办案中注意发现新的犯罪案源，查实该厂干部严某挪用公款10.7万元重大案件；通过办案，发动群众，深挖隐藏较深的犯罪分子，又查实该厂干部李某挪用公款30万元的特大案件。2002年，区检察院为辖区国家机关、企事业单位、学校、等40余个单位，提供法律服务，发放预防犯罪等法律法规宣传资料600多份，给漓江无线电厂发出检察建议3份，给干部职工上法制课一次。

2005年区检察院共受理举报案件28件33人，决定立案侦查6件6人，提请逮捕3件3人，提请起诉5件5人，挽回经济损失13.37万元。

1982—2005年，区检察院受理贪污贿赂等职务犯罪案件线索450件491人，立案查办132件146人，追缴赃款851.2万元。

表20-3　**1982—2005年七星区人民检察院办理贪污贿赂等案件统计表**

年度	受理案件		立案		逮捕		起诉		不诉		追缴赃款（万元）
	件	人	件	人	件	人	件	人	件	人	
1982	3	3	3	3	1	1	1	1	0	0	1.19
1983	0	0	0	0	0	0	0	0	0	0	0
1984	4	4	0	0	0	0	0	0	0	0	0
1985	4	5	2	3	0	0	0	0	0	0	0.44
1986	7	9	5	7	2	3	2	3	3	4	3.20
1987	12	22	1	1	0	0	2	2	0	0	7.94
1988	9	9	3	3	0	0	0	0	0	0	2.3
1989	36	36	7	7	0	0	1	1	5	6	6
1990	28	28	5	5	1	1	1	1	3	3	29.73
1991	26	26	12	12	1	1	4	4	3	3	33.5
1992	15	15	10	10	0	0	0	0	0	0	3.2
1993	13	13	3	3	0	0	0	0	0	0	4.6

续表

年度	受理案件		立案		逮捕		起诉		不诉		追缴赃款（万元）
	件	人	件	人	件	人	件	人	件	人	
1994	19	19	6	6	0	0	0	0	2	2	26
1995	23	26	4	4	0	0	1	1	0	0	144.7
1996	34	35	11	12	0	0	4	4	4	4	76
1997	38	43	14	16	0	0	5	6	2	3	22
1998	16	16	3	3	0	0	1	1	0	0	10
1999	23	25	6	8	0	0	6	8	0	0	60
2000	36	36	7	7	3	3	7	7	0	0	100
2001	27	31	8	8	0	0	8	8	0	0	0
2002	16	21	7	12	1	4	0	0	0	0	300
2003	22	24	3	3	1	1	3	3	0	0	7.03
2004	11	12	6	7	4	4	6	7	0	0	0
2005	28	33	6	6	3	3	5	5	0	0	13.37
合计	450	491	132	146	17	21	57	62	22	25	851.20

第四节　反渎职侵权

1981年以前，未设立反渎职侵权机构，反渎职侵权业务由桂林市人民检察院行使。1982年，区检察院法纪检察科首次受理渎职侵权案件1件，未立案。

1983年始，区检察院坚持“有法必依，违法必究”和“法律面前人人平等”的原则，克服人少任务重的困难，坚决查处侵犯公民人身权利和民主权利等犯罪案件。至1987年，受理举报案件24件29人，立案审查1件1人。

1988—1990年，区检察院贯彻最高人民检察院发布法纪检察案件立案标准，组织干警及时到辖区内工厂、企业、街道、机关等100余个单位发放立案标准资料，并在许多公共场所宣传栏张贴宣传。实施《最高人民检察院关于渎职侵权犯罪案件立案标准的规定》，结合本辖区的实际情况，开展法纪检察工作。3年共受理举报案件10件25人，均已办结。

1991年起，区检察院为了维护宪法和法律规定的公民的人身权利和民主权利，重点查办重大责任事故、玩忽职守、非法拘禁、刑讯逼供、非法搜查等案件。至1995年，共受理举报案件40件40人，经审查决定立案侦查11件11人，均已办结。

随着我国法律法规不断的建立和修改完善，公民法律意识不断提高，保护公民的人身权利和民主权利得到有效实施，但仍时有侵犯公民的人身权利和民主权利的案件发生，1996年起，区检察院重点查办司法人员、行政执法人员徇私舞弊、刑讯逼供、非法拘禁，国家工作人员玩忽职守和重大责任事故等案件。区检察院查办某派出所原警官莫某刑讯逼供案，犯罪嫌疑人具有一定的反侦察能力，拒不交代犯罪事实，侦查员排除困难，全面收集证据，在事实和证据面前，莫某不得不承认其犯罪事实；1999年9月，查办某侦查机关刑侦大队原警官阳某等3人刑讯逼供案。4年共受理举报案件53件59人，决定立案侦查10件15人，提请逮捕案件1件1人，提请起诉案件1件3人。

2000—2001年，区检察院在查案过程中，注重调查研究，搞好犯罪预防和延伸服务工作，深入辖区各国家机关、企事业单位、学校、纪检监察部门等40余个单位开展“渎职侵权”举报宣传，为群众提供法律咨询，发放宣传资料。

2002年，区检察院法纪检察科更名渎职侵权检察科。当年受理举报案件线索5件6人，决定立案侦查1件2人。深入辖区各机关企事业单位等40

余个单位，开展“渎职侵权”、犯罪举报案件宣传，发放宣传资料800余份。

2003年起，区检察院渎职侵权检察科实施量化管理，强化办案责任，加强调查研究，开展犯罪预防工作。至2005年，共受理渎职侵权举报案件20件24人，决定立案侦查2件2人，提请起诉2件2人。

1982—2005年，区检察院共受理渎职侵权案件167件199人，立案侦查28件36人。

表20-4　　1982—2005年七星区人民检察院办理渎职侵权案件统计表

年度	受理案件		立案		逮捕		起诉	
	件	人	件	人	件	人	件	人
1982	1	1	0	0	0	0	0	0
1983	3	3	0	0	0	0	0	0
1984	2	2	0	0	0	0	0	0
1985	3	3	0	0	0	0	0	0
1986	5	8	0	0	0	0	0	0
1987	10	12	1	1	0	0	0	0
1988	4	19	0	0	0	0	0	0
1989	2	2	0	0	0	0	0	0
1990	4	4	0	0	0	0	0	0
1991	2	2	1	1	0	0	0	0
1992	6	6	2	2	0	0	0	0
1993	4	4	1	1	0	0	0	0
1994	12	12	4	4	0	0	0	0
1995	16	16	3	3	0	0	0	0
1996	14	18	3	5	0	0	0	0
1997	20	22	5	6	0	0	1	1
1998	7	7	1	1	0	0	0	0
1999	12	12	1	3	1	1	1	3
2000	9	9	1	3	0	0	0	0
2001	6	8	2	2	0	0	0	0
2002	5	6	1	2	0	0	0	0
2003	7	9	0	0	0	0	0	0
2004	11	12	1	1	0	0	1	1
2005	2	2	1	1	0	0	1	1
合计	167	199	28	36	1	1	4	6

第五节　控告申诉检察

1979年以前，未设立控告申诉检察机构，此业务由桂林市人民检察院行使。1980—1984年，群众来信来访主要由区检察院办公室负责接待，共受理和接待群众来信来访255件330人，根据业务的不

2000年12月，七星区人民检察院干警资助困难学生活动

（区检察院 供稿）

同分流到主管部门办理。

1985年，区检察院信访科成立，受理群众来信来访45件45人。

1986年起，随着严厉打击刑事犯罪和严重经济犯罪斗争的深入开展，广大人民群众的法制观念不断提高，区检察院对群众来访做到热情接待、耐心听取并记录意见和反映的问题；对来信进行登记和答复，对举报的案件，组织人员核查，做到件件有着落。至1990年，区检察院共接待群众来信来访454件455人次，受理控告申诉、各类案件举报线索130件。办理结案130件130人。转反贪污贿赂、反渎职侵权部门办结34件34人。

区检察院发扬为人民群众排忧解难和为人民群众服务的宗旨，接访中耐心做好解释和答复工作，结合办案积极撰写检察建议书。开展法制宣传教育工作，组织干警深入到工厂、学校、街道进行法制宣传，为化解矛盾、预防犯罪、稳定社会发挥了积极的作用。1991—1995年，共接待群众来信来访406件423人次，受理控告申诉、各类案件举报线索106件123人，转刑检、反渎职侵权、反贪污贿赂部门办结50件67人。

1996年，区检察院安装专用举报电话，并向社会公布；更换举报中心的牌子。当年受理举报案件线索131件131人。

1997年，区检察院开始实施“检察长接待日”制度，每月在规定的日期，区检察院检察长、副检察长亲自接待群众来访，接受群众的控告申述、举报，本年度受理的97件控告申诉案件中，检察长办结的达43件。

1999年，区检察院重新修缮专为群众来访的接待室，配置电脑等现代化设备受理举报，制作检务公开栏，申请设立3万元举报奖励基金。

2000年，区检察院在原有专用举报电话的基础上又加装了语音举报自动受理系统，并向社会公布，24小时接受人民群众举报。坚持开展创建“文明接待室”活动，不断完善“文明接待室”软硬件建设。当年接待群众来信来访89件89人，受理举报案件51件51人，其中贪污案18件18人，贿赂案8件8人，挪用公款案9件9人，渎职侵权案7件7人。

2002年，区检察院结合全国举报宣传周及“预防职务犯罪，大家来参与”为主题的举报宣传活动，发放宣传资料2000余份，接受群众咨询50余人次。至2005年区检察院共接待群众来信来访1176件1298人次，受理控告申诉各类案件举报线索388件。

1980—2005年，区检察院共受理和办结控告申诉案件2274件2551人次，其中检察长接待和办结案件392件491人次。

区检察院于2001年和2005年2次荣获最高人民检察院授予“全国文明接待室”“全国文明接待示范窗口”称号。

1999年2月，七星区人民检察院干警与资助困难学生座谈

（区检察院 供稿）

表 20-5　　1980—2005 年七星区人民检察院办理控告申诉案件统计表

年度	受理案件		办结		其中			
					检察长办结		各业务部门办结	
	件	人	件	人	件	人	件	人
1980	32	32	32	32	0	0	32	32
1981	46	46	46	46	0	0	46	46
1982	32	71	32	71	0	0	32	71
1983	44	81	44	81	0	0	44	81
1984	101	101	101	101	0	0	101	101
1985	45	45	45	45	0	0	45	45
1986	117	117	117	117	0	0	117	117
1987	136	136	136	136	0	0	136	136
1988	40	40	40	40	0	0	40	40
1989	99	100	99	100	0	0	99	100
1990	62	62	62	62	0	0	62	62
1991	164	164	164	164	0	0	164	164
1992	65	65	65	65	0	0	65	65
1993	58	58	58	58	0	0	58	58
1994	86	86	86	86	0	0	86	86
1995	33	50	33	50	0	0	33	50
1996	131	131	131	131	0	0	131	131
1997	97	97	97	97	43	43	54	54
1998	232	232	232	232	20	20	212	212
1999	90	113	90	113	43	66	47	47
2000	89	89	89	89	46	46	43	43
2001	110	110	110	110	60	60	50	50
2002	121	121	121	121	36	36	85	85
2003	104	130	104	130	47	70	57	60
2004	98	143	98	143	48	80	50	63
2005	104	131	104	131	49	70	55	61
合计	2336	2551	2336	2551	392	491	1944	2060

第六节　民事行政检察

1990 年以前，未设立民事行政检察机构，此业务由桂林市人民检察院行使。1991 年，区检察院首次受理民事行政案件。当年受理 3 件 3 人，均未立案。

1992 年起，区检察院积极、认真、稳妥地开展民事行政检察工作，本年共受理人民法院的判决，裁定书 38 件(其中民事案 13 件，经济纠纷案 25 件)，受理不服区法院已生效的判决裁定申诉案 6 件 6

人。其中民事案、经济纠纷案各3件3人，均已审查结案。

1995年，区检察院审查区法院民事、行政、经济案件的判决和裁定书共29件，立案审查民事伤害赔偿案1件1人。1996年，区检察院受理当事人不服区法院已生效的判决、裁定的民事行政申诉案件，首次提请抗诉案件1件1人。至1999年，区检察院共收到七星区人民法院送交的判决或裁定书335件，受理不服七星区人民法院判决或裁定的申诉案41件41人，立案审查13件13人，审结13件13人，向人民法院提出口头纠正意见4件，提请抗诉2件2人，提出书面检察建议1次。

2000年，区检察院贯彻"敢抗、会抗、抗准"的工作要求，办理民事行政案件以抗诉为工作重点。全年共立案审查民事行政案件5件5人，提请抗诉5件5人，桂林市检察院支持抗诉案3件3人。

2002年始，区检察院办理民事行政案件，做到立案公开，审查公开，审查结论公开，提高办理民事行政案件的透明度。至2004年，共受理民事行政案件43件43人，立案审查17件17人，提请桂林市检察院抗诉案件14件14人。

2005年，区检察院共受理当事人不服人民法院生效的判决、裁定的民事行政申诉案件12件12人，经审查决定立案6件6人，提请抗诉案件6件6人，桂林市检察院支持抗诉案件5件5人。

1991—2005年，区检察院共受理当事人不服区法院的生效判决、裁定书390件，受理申诉案件96件96人，决定立案审查36件36人，提请抗诉案件22件22人。

第七节 执法监督检察

1979年以前，区检察院未成立。1980年，区检察院首次对公安机关的侦查活动实行监督。在审查陈某、彭某盗窃案件时发现，侦查机关在搜查陈某的住处时，没有开具和出示搜查证就对陈某住所进行搜查。及时向侦查机关提出纠正意见，并得到采纳。

至1982年，区检察院开展对侦查机关、人民法院等的法律监督工作，对事实不清、证据不足的案件退回侦查机关补充侦查7件9人，建议侦查机关撤案2件6人；对已构成犯罪而侦查机关未报捕的案件，决定追捕5件10人；对侦查机关在侦查活动中存在的问题，提出纠正意见和检察建议8件13人。出庭公诉中向审判人员提出检察建议3件5人。

1983年起，区检察院对侦查机关的侦查活动和区法院的审判活动实行监督。在审查黄某聚众斗殴，故意伤害案起诉时，区检察院发现有7名同案犯未被追究；决定追捕、追诉同案7名被告人，起诉后法院作有罪判决。至1986年，区检察院对已构成犯罪，侦查机关未报捕的案件决定追捕12件20人；对事实不清、证据不足退回侦查机关补充侦查的案件18件34人；建议侦查机关撤案12件38人；对侦查机关在侦查活动中的违法违规问题提出纠正意见和检察建议15件24人。在审查起诉时，对已构成犯罪应当追究刑事责任，侦查机关未提请起诉的案件依法追诉3件4人；出庭公诉中向审判人员提出纠正意见和检察建议3件4人。

1987—1990年，区检察院重点对侦查机关的侦查活动是否合法实施监督。1987年，在审查某派出

2000年，七星区人民检察院荣获桂林市授予的"青少年维权岗"称号时青年干警合影 （区检察院 供稿）

所原民警杨某抢劫、敲诈勒索、贪污案时，发现该派出所原民警阳某伙同杨某一起实施了敲诈勒索、贪污犯罪行为，但侦查机关未报捕。检察院及时向侦查机关提出报捕意见，并通报上级政法机关，依法逮捕了阳某，经法庭开庭审理依法判处阳某有期徒刑2年。

1990年，在审查杨某、蔡某盗窃案时，发现同案犯罪嫌疑人党某、余某参与多次作案，应追究刑事责任，但侦查机关未报捕，检察院发出追捕同案犯党某、余某的逮捕通知书，使2人受到法律的惩处。至1990年，在审查批捕中依法决定追捕4件5人；对事实不清、证据不足的案件退回侦查机关补充侦查的案件15件32人；侦查机关撤案17件31人；向侦查机关发出检察建议2件2人。

1991年始，区检察院在审查、批捕和起诉中，对有罪不报捕，违反法定程序的行为提出纠正意见。在办理唐某、阳某故意伤害案时，发现同案犯罪嫌疑人郑某未报捕，经查实，郑某先动手打人，被害人挣脱后跑走，郑某又追上去用刀捅伤被害人，其行为已构成故意伤害罪；区检察院即向侦查机关提出抓捕郑某的意见，作出追捕郑某的决定。1993年，在审查批捕中加强对侦查机关的侦查监督，对事实不清、证据不足退回侦查机关补充侦查的案件3件6人；追捕漏网案犯5件5人；建议侦查机关撤案3件6人，提出检察建议6件6人；在审查起诉中提出纠正意见1件1人。

1994—1998年，区检察院实施新修改的《中华人民共和国刑法》和《中华人民共和国刑事诉讼法》等法律法规，对法院在审判活动中的违规行为实行监督，建立和完善不起诉案件制度，发出检察建议12件12人。区检察院向侦查机关发出《说明不立案理由通知书》1件3人；发出《立案通知书》监督立案1件2人；提出纠正违法意见7次。加强对侦查活动的监督，建立《刑事检察错案责任追究制度》，对事实不清、证据不足退回侦查机关补充侦查的案件18件29人；发出检察建议15件16人。

2001年2月27日，区检察院对林某破坏广播电视设施案，向侦查机关发出《说明不立案理由通知书》和《立案通知书》，5月8日侦查机关立案侦查。至2002年，区检察院在办案中退回侦查机关补充侦查案件5件5人；侦查机关撤案30件40人；依法追捕9件12人。受理立案监督线索12件12人；向侦查机关发出《说明不立案理由通知书》11份：监督侦查机关立案11件11人；提出检察建议11件11人。审查起诉中，通过出庭支持公诉对庭审活动是否按照法定程序进行，审判是否公平公正，维护诉讼当事人的合法权益，量刑是否适当进行监督；依法提请抗诉2件2人，提出检察建议8件8人。

2003年始，区检察院重点纠正执法不严，司法不公，有罪不究等现象，对侦查机关应当立案而未立案的情况，至2004年发出《说明不立案理由通知书》13件13人；《立案通知书》12件12人，依法立案监督12件12人。加强对侦查活动的监督，依法追捕2件2人；退回侦查机关补充侦查38件64人；对侦查机关不随案移送犯罪嫌疑人照片、作案工具，取证不规范，执行逮捕后随意变更强制措施不通知检察机关，侦查期限超期等问题，发出纠正意见55件55人，均得到采纳。

2005年区检察院对无罪判决的案件2件2人，依法提请抗诉，后法院改判为有罪判决。

第八节　检察技术

1979年以前，区检察院未设立检察技术机构，此业务由桂林市人民检察院行使。1981—1999年，区检察院购置警务用车2辆，电脑5台。

2000—2001年，区检察院在新建办公技术综合楼内建成计算机局域网，信息点70个，电脑36台，实现本单位内部联网，信息互通、资源共享。在办公楼一楼大厅内用400平方米场地建成群众来访接待大厅，安装了面积3平方米的电子显示屏等设备，便于接待群众来访。在办公楼六楼用420平方米场地建成与桂林市检察院、自治区检察院联网的电视电话会议厅，安装了投影机、投影幕、音响、灯光等，建成集电教学习、会议于一体的多功能会议厅。用40平方米的场地建成办案使用的全过程监控的录音成像系统。配备出庭公诉用的多媒体示证设备一套。配置15组轮执档案柜、空调、除湿机、电脑存查的一级档案室。2001年，

1999 年 5 月，七星区人民检察院干警到驻桂部队开展向李向群英模学习活动 （区检察院 供稿）

为加强技术队伍建设和提高技术能力，为技术科配备了一名计算机网络管理人员、培训了一名司法会计人员。

2002—2003 年，区检察院采用检察技术设备办理文证审查 43 件，司法会计 2 件、照相 37 件、摄像 12 件，监控 12 件，技术协助 13 件。同时认真做好密码传真工作，收发文达 1097 页，无错漏、丢失、泄密现象。

2004—2005 年，区检察院加强计算机网络的建设，组织干警学习计算机网络知识，充分利用网络办公。购买多媒体示证系统，提高出庭效果。使用视听技术，对犯罪嫌疑人供述和辩解通过录音录像的方式，进行收集固定证据，采用技术手段办理案件 30 件，其中视听技术 26 件，文证审查 3 件；提供视听资料 26 份，为打击犯罪起到重要作用。

第二十一章

法　　院

2001年8月，七星区人民法院干警在七星路进行禁毒法制宣传　　（区法院　供稿）

清末以前，桂林城区东部未设审判机构。清光绪三十三年(1907)，实行司法行政与审判分离，设立审判厅(今桂林市)，宣统二年(1910)，桂林广西高等审判厅、桂林地方审判厅和临桂(今桂林市)初级审判厅行使审判职能。

民国时期，审判机构仿清末旧制，城区东部未设立审判机构，审判业务由临桂初级审判厅、桂林地方审判厅行使。

桂林解放后，城区东部仍未设立审判机构，审判业务由桂林市人民法院行使。

1979 年 12 月 15 日，七星区人民法院正式成立(以下简称区法院)。主要建立公开审判制度、人民陪审员制度、辩护制度等，重点办理刑事和民事案件。1983 年刑事案件增多，区法院审判实施从重从快，重点审判杀人、抢劫、强奸、流氓、重大盗窃等犯罪分子，至 1989 年对被告人 1038 人作出有罪判决，治安形势好转。开展打防结合，探索预防青少年犯罪的审判工作，实行未成年人不公开审理，对罪行较轻、初次犯罪、对社会危害不大的青少年罪犯适时宣告缓刑。1999 年，七星区法院实施审判方式改革，刑事审判方式由原“审问式”改为“控辩式”；民事案件的审判实施依靠群众调查研究，调解为主，就地解决的方针，重点审理离婚案件，积极推行民事审判方式的改革，由过去的“纠问式”改为“辩论式”，通过对民事案件的繁简划分，建立一步到庭和证据展示制，提高审判效率。

随着国内市场经济的发展，跨省市地区的经济往来明显增多，经济合同纠纷案件增加，案情复杂，区法院及时受理、立案、审判，主动为企业提供法律服务，对大中型企业的案件，优先安排审理。至 2001 年，共审理经济纠纷案件 3795 件，审理结案率 94.5%，针对被执行人难找，执行财产难寻，协助执行人难求，应执行财产难动的执行难问题，实施耐心做思想工作，使债务人自觉履行义务，采取查询、冻结、扣划账方式执行标的，开展清理积案、突击办理执行案件等活动，对有履行能力拒不执行的当事人，实施拘留强制执行。至 2005 年，共执行结案 3604 件，执行结案标的 22086.32 万元。

2002 年 11 月，新建成七星区人民法院办公大楼外观

(区法院　供稿)

2002 年后，为方便公民告状，维护公民的合法权益和诉求，对群众的来访做到热情接待，耐心解答，及时组织人员进行查实。至 2005 年共接待群众来信 52038 件，来访 108967 人次；通过审判监督程序，对当事人提出的申诉案件进行复查或再审，共受理审判监督案件 108 件，立案 94 件，审结率 100%；受理刑事复查案件 548 件，经复查事实清楚、证据确凿、定性准确、量刑适当的 483 件，发回重审维持原判的 14 件，对适用法律不当的 51 件做了改判。

第一节 机 构

七星区人民法院

1979年12月15日，七星区人民法院成立，共设刑事审判庭、民事审判庭、办公室三个内部机构。全院共有在编干警14名。1980年1月2日正式挂牌。办公地点在今桂林市自由路综合楼1-2-3-4号（今解放桥东头）。1982年办公地点搬迁至龙隐路（今龙隐路39号）。1983年3月，增设经济审判庭。1987年1月至4月，先后增设信访科和执行庭、行政庭。1987年办公地点迁至会仙路7号（今会仙路13号）。1990年2月，撤销信访科，组建告诉申诉庭。1996年10月增设桂林高新开发区专门法庭。1997年7月7日，市中级人民法院将原桂林市郊区人民法院管辖的穿山人民法庭划归七星区人民法院管辖，8月，设立穿山法庭。1998年3月，告诉申诉庭改为立案庭，增设审判监督庭、政工科。2000年9月，桂林高新开发区专门法庭、穿山法庭撤销。2002年2月，设立法警大队。2002年，人民法院内部机构调整，撤销经济审判庭，成立民事审判第二庭；原民事审判庭改称民事审判第一庭。2002年区财政投资580万元在七星路中段建成主楼9层、附楼6层，建筑面积9100平方米的审判工作大楼。2002年11月，七星区人民法院从会仙路13号搬迁到新建的审判大楼办公（今七星区七星路85号）。2003年10月，成立人民法院执行局。与执行庭实行一班人员，两块牌子，人员编制、领导职务不变。2005年，内设刑事审判庭、民事审判一庭、民事审判二庭、行政审判庭、审判监督庭、立案庭、执行庭、法警大队、政工科、办公室，定编42人（增加政法专项编制5名）。

2002年，桂林市人大领导、七星区领导在区法院新办公楼落成仪式上　　（区法院　供稿）

表21-1　　1980—2005年七星区人民法院历任院长名录

职　务	姓　名	籍　贯	任职时间
院　长	王　毅	河北苗城	1980年9月—1984年11月
	黄　培	广西藤县	1984年11月—1998年9月
	周茂基	广西岑溪	1998年10月—2002年10月
	裴　邕	江苏泗洪	2002年10月—

驻区机构

桂林市中级人民法院　桂林市中级人民法院驻地2000年6月从秀峰区榕荫路5号搬至新址——七星区毅峰路19号。

桂林市中级人民法院工作机构设：办公室、政治部、立案庭、刑事审判第一庭、刑事审判第二庭、民事审判第一庭、民事审判第二庭、行政审判庭(增挂赔偿委员会办公室牌子)、审判监督庭、执行庭(挂执行工作局牌子)、研究室、司法警察支队、司法行政装备管理科(增挂法医技术室牌子)、监察室(与纪检组合署办公)等15个职能部门及机关党委办公室,设院长1名,副院长5名。

桂林市中级人民法院管辖:阳朔县、临桂县、灵川县、全州县、兴安县、永福县、灌阳县、资源县、平乐县、荔浦县、龙胜各族自治县、恭城瑶族自治县、秀峰区、叠彩区、象山区、七星区、雁山区等12个县与5城区。

雁山区人民法院 1984年9月郊区人民法院成立,办公地址在七星区辖穿山东路4号。1997年3月撤销郊区人民法院,成立雁山区人民法院,办公地址未变。2005年,工作机构设:办公室、信访科、刑事审判庭、民事审判庭、经济审判庭。雁山区人民法院审理该区雁山、草坪、大埠、柘木共4个乡镇的刑事、民事、经济纠纷等案件。

第二节 刑事审判

1979年七星区人民法院成立之初,即设立刑事审判庭,此后又相继建立公开审判制度、人民陪审员制度、辩护制度,使刑事审判工作有法可依,执法必严。

1980年,区法院受理的第一起刑事案件是刘某的抢劫案。因犯罪嫌疑人是桂林柑橘研究所示范场的工人,审判的地点选择在柑橘研究所的礼堂进行,当时到庭旁听的群众坐满了礼堂。经过法庭调查,根据罪犯的犯罪事实和性质,对被告判处有期徒刑5年。是年,受理案件27件,审理结案27件,判处64人有罪。

1981—1983年,区法院对严重危害社会治安的犯罪分子实行从重从快惩处,3年间共受理杀人、抢劫、强奸、流氓、重大盗窃、拐卖人口等案件245件,判处被告385人有期徒刑。其中,王某强奸案,区检察院1983年2月17日提起公诉,区法院3月8日审结宣判,仅用20天时间。

1984年始,区法院实施“从重从快,一网打尽”方针,重点打击杀人、抢劫、强奸、流氓、重大盗窃、拐卖人口和强迫、引诱、容留妇女卖淫等7个方面的犯罪分子。至1985年,共受理案件133件,判处193人有期徒刑。

随着社会主义市场经济的逐步发展,经济领域的违法犯罪活动日趋增多,新类型案件不断涌现,经济犯罪案件数量逐年增加。1986年起,七星区法院贯彻全国人大常务委员会《关于从重从快打击严重破坏经济犯罪的决定》文件精神,重点打击抢劫、强奸、伤害、流氓等严重危害社会治安的刑事犯罪分子和诈骗、贩毒、盗窃公物等严重破坏经济秩序的犯罪分子。至1988年,这两类案件的审判占审判案件总数的一半以上。

2000年3月,七星区人民法院刑事审判庭法官在研究案件
(区法院 供稿)

1989年,在北京春夏之交政治风波期间,七星区法院始终坚持党的路线、方针和政策,维护社会治安秩序,依法办案不动摇。审判重点是抢劫、强奸、伤害、流氓等严重危害社会治安的刑事犯罪分子和诈骗、贩毒、盗窃公物等严重破坏经济秩序的犯罪分子。全年审结两种刑事案件37件,占刑事结案总数的52.1%,判决被告56人,占判决被告总数的55.4%。全年共受理各种刑事案件71件,被告113人。审结的71件中,其中抢劫案9件,强奸案2件,伤害案3件,流氓案1件,盗窃案41件,诈骗案6件,贩毒案1件,

敲诈勒索案1件，招摇撞骗案2件，脱逃案1件，侮辱案1件，结案率100%。全年共判决被告113人有期徒刑。

1990年，区法院打防结合，抓好青少年犯罪审判工作。先后对18名罪行较轻对社会危害不大的青少年罪犯宣告缓刑。1996年，区法院开展“增强公仆意识，大局意识，公正意识，效率意识，廉洁意识”活动，积极参加社会治安综合治理，建立联系小组，深入企业、农村、学校宣传法律。1997年，派出干警10人，建立社会治安联系点7个，给1000余人上法制课，提高辖区民众的法律意识，从源头上预防犯罪。

1999年，区法院实施审判方式改革，刑事审判由审问式改为控辩式，做到事实查证。质证、举证、控告、答辩均在法庭上进行，当庭公开宣判，公开公正的审理案件。当年审理结案各类刑事案件260件（其中含部分刑事附带民事案件），审理结案260件，结案率100%。

2000年后，区法院实施公正与效率相结合，改进审判作风，严格审判纪律，制定《七星区人民法院关于杜绝超审限案件的规定》《七星区人民法院关于加强和完善纪律作风建设的规定》《七星区人民法院关于干警接待当事人和群众的若干规定》。至2004年，共受理各类刑事案件1425件，判决被告人1982人有期徒刑。

2005年，区法院以“公正司法，一心为民”为宗旨，依法从重打击严重危害社会治安和严重妨碍经济发展的犯罪案件；树立“罪刑法定、无罪推定、疑罪从无”的司法理念；严守诉讼程序，有效防止超过审判时限和超期羁押的现象发生。全年受理各类刑事案件285件，审结285件，结案率100%。判处被告人479人有期徒刑。

区法院实施对已判决的案件进行复查，实事求是、有错必纠。至2005年共受理复查刑事案件548件，经复查对犯罪事实清楚、证据确凿、定性准确、量刑适当的497件案件维持原判；对适用法律不当的51件做了改判。

表21-2　　1980—2005年七星区人民法院刑事审判审理案件统计表

单位：件、人

年份	收案	结案	判处罪犯(人)
1980	27	27	64
1981	42	42	89
1982	58	58	87
1983	145	145	209
1984	89	89	136
1985	44	44	57
1986	70	70	109
1987	80	80	106
1988	50	50	68
1989	71	71	113
1990	60	60	60
1991	72	72	93
1992	66	66	72
1993	54	54	73
1994	90	90	127
1995	106	106	147
1996	120	120	172
1997	179	179	246
1998	225	225	325
1999	260	260	315

续表

年份	收案	结案	判处罪犯(人)
2000	218	218	357
2001	233	233	331
2002	328	328	388
2003	303	303	452
2004	343	343	454
2005	285	285	479
合计	3618	3618	5129

第三节　经济审判

1982 年以前七星辖区未设立经济审判机构，无审判案件记载。1983 年 3 月，区法院成立经济审判庭。当年受理经济纠纷案件 4 件，审结 3 件，结案率为 75%，诉讼标的 17230 元。

1984 年起，区法院贯彻中共中央关于“法院要加强经济案件的审判工作，要对城市和乡镇集体经济和个体经济的发展，给予法律保护”的决定，区法院加强与经济部门的联系，深入调查研究，针对案件被告有的躲避，找不到当事人，案件难办；有的被告是“皮包”公司，判决后执行困难；有的合伙经营做生意，负债后谁都不愿负责，互相推诿等问题。采取加强领导，齐抓共管，副院长亲自抓，院长督办等方法；并及时召开审判委员会，分析新情况，新问题，破解疑难案件。积极受理各种经济纠纷案件，调整并增加审判人员，加班加点办案；加强对已判决、已调解生效案件的执行力度，兑现生效判决；严格控制和减少非业务性开支，保证办案经费。1986 年，克服人员、经费不足的困难，先后派出 8 人次到河南省沈丘县、贵州省贵阳市、四川省成都市及平乐县调查办案；对桂林市的当事人，白天找不到就晚上去找，直到找到当事人、解决问题为止。全年受理案件 52 件，审理结案 46 件，审结率 88.46%。至 1988 年，共受理经济纠纷案件 211 件，审理结案 186 件，解决诉讼标的 641.30 万元。

1989 年，随着国内市场经济改革的深化，跨省、市、地区的经济往来明显增多，经济合同纠纷也随之增加。区法院贯彻“积极受理，及时审结，就地执行”的方针，坚持审判为经济建设服务。针对当时经济纠纷案件量大、案情复杂等特点，对诉至区法院的经济纠纷案件，只要符合立案条件的就及时受理和审判；对大中型企业所诉的经济纠纷案件优先安排审理；对于一些有经济纠纷又有思想顾虑的企业，积极做好思想工作，引导他们运用法律武器保护企业的合法权益。办案中，团结协作，克服困难，组织力量，主动出击。与此同时做好犯罪预防工作，举办辖区厂矿企业经理、厂长、供销人员学习班，有 250 多人参加，通过学习《中华人民共和国经济合同法》和《中华人民共和国工矿产品购销合同条例》等法规，使他们懂得了依法订立经济合同的重要性和方法，减少了纠纷的发生。至 1993 年，赴外地(省、市)23 个，派出办案组 89 个，办案人员 228 人(次)，办结案件 226 件。共受理经济纠纷案件 555 件，审理结案 511 件，解决诉讼标的 1655.88 万元。

1994—1997 年，区法院坚持以改革开放和经济建设为出发点，开展经济审判活动，以推动和保障社会主义市场经济的健康发展作为重要任务。这一时期经济审判面临一些新情况、新问题，主要是企业有债不诉的多；难以清偿债务的多；被告在外地的多；转移资产、空壳公司应付债权人和法院的多。针对这些问题，采取组织审判人员到厂矿企业宣传《中华人民共和国民事诉讼法》关于诉讼时效的有关规定和社会主义市场经济的客观规律；了解企业的债权债务情况，主动为企业提供法律咨询和服务；急企业之所急，想企业之所想，对起诉到法院来的案件，及时调整力量，组织办案小组抓紧时间办案;重点审理好辖区范围内大中型企业的案件;加强审判和执行的协调配合,保证案件审结后,债权人的合法权益得以实现;不断探索和创新庭审方式的改革,讲求诉讼经济和效率,提高办案质量。1995年,河南省杞县一公司欠桂林市建设印刷厂货款45万元,上海申威药材公司欠桂林刘三姐集团货款60万元,当事人催款半年未果,诉至区法院后,法院立即派人到被告所在地办案,经过多方努力,终于把货款追回。全年受理经济案件253件,审结251件,审结率为99.2%,解决诉讼标的3276.78万元。1996年,审理借款合同纠纷案49件,旅游接待团费纠纷案27件,被告均在外省市;办案人员出差150余天,为当事人追回欠款125.80万元。为金融机构收回欠款430万元。4年共受理经济纠纷案件912件,经审理结案887件,解决诉讼标的7692万元。

1998年始,区法院积极推行审判制度的改革,由过去的"纠问式"改为"辩论式",改变过去大包大揽的审理方法,实行"一步到庭"和"排期开庭"的审理方式;做到一切事实查证、举证、质证、控告、答辩均在法庭上;当庭公开宣判,以公开促公正。全年共受理经济案件218件,审结215件,审结率98.6%。至2000年,共受理经济纠纷案件688件,经审理结案676件,解决诉讼标的2933.40万元。

2005年,区法院集中审判力量重点审理对涉及国有大中型企业的案件,同时,平等保护集体、外资等多种经济实体的合法权益,全年共受理各类经济案件384件,审理结案305件,结案率79.4%。

表21-3　　1983—2005年七星区人民法院经济审判案件统计表

单位:件

年份	收案	结案
1983	4	3
1984	19	16
1985	32	26
1986	52	46
1987	35	30
1988	73	65
1989	105	97
1990	87	77
1991	112	101
1992	174	160
1993	182	173
1994	205	191
1995	253	251
1996	225	222
1997	229	223
1998	218	215
1999	234	232
2000	236	229
2001	273	269
2002	296	292
2003	263	261
2004	324	311
2005	384	305
合计	4015	3795

注:2002年2月经济审判庭变更为民事审判第二庭,之后的经济审判案件业务和统计归到民事案件的统计之内

第四节　民事审判

1980年，区法院设立民事审判庭，专门实施对民事案件的审判。民事审判贯彻“依靠群众、调查研究、调解为主、就地解决”的民事审判方针；在办案中宣传法律，坚持忠实于法律制度，忠实于人民利益，忠实于事实真相；坚持公开审判，接受群众监督。当年就受理各类民事案件61件。其中离婚案47件、抚养纠纷案3件、赡养纠纷案4件、继承纠纷案2件，房屋纠纷案2件、财产纠纷案1件、侵犯财产案1件、干涉婚姻自由案1件。审结47件，结案率为77%。

1981年起，区法院针对民事案件数量迅速上升，而且种类多，范围也扩大，离婚、借贷、租赁、房屋买卖和继承纠纷在持续增长，重点做好调解工作，切实掌握当事人的思想动态，及早发现危险苗头，及时正确地做思想疏导工作，采取有力措施处理好有凶杀、自杀苗头的案件。1983年，在审理闫某某和秦某离婚案中，秦某因做了对不起妻子的事而内疚，对妻子坚决要求离婚想不通，扬言“好不了，死也要死在一起”，办案人员掌握这一情况后，积极做秦某的思想工作，消除他极端的思想苗头，顺利办结这起离婚案。至1984年，辖区十四条街道，41个企事业单位，建立了50个调解组织，共有调解员373人。共受理民事案件369件，经审理结案326件，其中调解结案133件。

1985—1990年，离婚案件多发，区法院实施“依法适时判决，着重调解”的原则，防止民事案件转化为刑事案件。1987年，在审理邹某某诉桂某离婚案，审判员在审理中，发现桂某语言不多，情绪反常，立即提醒邹某某提高警惕，防止意外发生，几天后邹某某发现桂某在其枕头下藏着一把菜刀，邹某某告诉法院后，办案人员赶到桂某处对其进行批评教育，使桂某承认错误并将刀收缴。当年审理离婚案件201件，债务案件30件，房屋纠纷案件21件，抚养案17件，赡养案5件，收养案2件，继承案5件，赔偿案3件，侵权案4件，轻微伤害案2件，侮辱案2件，财产案3件。至1990年，共受理民事案件885件，经审理结案872件，其中审结离婚案件614件。

1991年始，区法院受理案件数逐年增多，受理案件的种类也增多，出现了一些新类型案件，受理了房屋搬迁纠纷案件5件、劳动争议纠纷案件26件、房地产纠纷案件7件、建筑工程承包合同纠纷案件4件等，七星区法院采取自愿、合法的调解原则，使纠纷得到合法、合情、合理的解决。至1994年，共受理民事案件970件，经审理结案970。其中离婚、抚养、继承等婚姻家庭类案件数量始终居民事审判案件之首，占70%以上。借款、侵权、赔偿、相邻纠纷案件数量分别占15%、7%、5%、2%。

1995—1996年，区法院实施排期开庭，公开审理；强化庭审功能，职权分明；强化当事人举证责任，举不出证，负败诉责任；强化合议庭，独任法庭的职责。两年共受理民事案件706件，经审理结案703件，其中调解结案471件，其中婚姻家庭纠纷案33件，债务纠纷案397件，侵权纠纷案10件，人身损害赔偿案13件，房产纠纷案18件，解决诉讼标的677.64万元。

1997—1998年，随着对外开放的扩大，涉外案件增多。区法院在办理涉及台湾地区台南市市民连某某、李某某夫妻诉桂林市某公司职员唐某一案时，连某某、李某某请求确认坐落在桂林市七星路一套二房一厅住房为原告所有，并提出诉讼保全申请；办案人员立即立案审理，既严格依法办理和保护当事人的合法权益，又考虑涉台统战和台商投资的各方面效果和影响；主动向市政府台办领导汇报征求意见，积极做双方的思想工作，后双方达成了调解协议；被告将其所有的产权归原告所有，原告补偿被告应得的差价款。结案后，双方都非常满意。1998年2月10日，在办理台湾地区台南市市民李某某诉桂林市民赵某、胡某合同纠纷案时，李某某多次到法庭反映其入境签证经延期后又快到期，不能再办理延期的情况，法庭急当事人之所急，主持双方当事人进行调解，双方当事人对事实没有争议，但对个别问题未能达成一致，法庭及时作出判决，使李某某在3月中旬离境前领到了判决书，对此表示满意，感谢法官依法办案。至1998年，区法院共受理民事案件1613件，经审理结案1613件，审结率为100%。其中审结房产纠纷案4件，建筑承包合同纠纷案5件，抚养纠纷案5件，合伙经营纠纷案2件。

1999年后，区法院严格执行程序法和实体法，按照平等、自愿、公开、诚实信用、意思表示一致的原则，积极推行民事审判方式改革，通过对案件的繁简划分，建立“一步到庭制”和“证据展示制”，提高简易程序和当庭宣判率；改革庭审方式，由过去的“纠问式”改为“辩论式”；做到一切事实、查证、举证、质证、控告、答辩均在法庭上。至2002年，共受理民事案件3648件，经审理结案3634件。

2003—2004年，区法院在审理一些新类型案件和集团诉讼案件中，针对涉及法律、法规和政策多，诉讼参与人多，工作难做，社会影响大的特点；加强对民商事案件的研讨工作，对疑难案件和上诉后改判或发回重审案件及时进行分析研究，总结经验，以调解为主，努力化解矛盾。两年共受理民商事案1839件，经审理结案1765件，解决争议标的金额6174.77万元。

2005年，区法院坚持“重调解，保平安”方针，全年共受理民商事案件1208件，诉讼标的4395.24万元，审理结案1149件，审结率95.12%。解决争议标的3385.56万元。

1980—2005年，区法院共受理民事案件11154件，经审理结案10993件，受理争议标的11247.65万元，解决争议标的10237.87万元。

表21-4 **1980—2005年七星区人民法院民事审判审理案件统计表**

单位：件

年份	收案	结案
1980	61	61
1981	75	75
1982	105	105
1983	86	86
1984	98	98
1985	35	35
1986	111	111
1987	133	130
1988	207	194
1989	207	204
1990	213	211
1991	212	190
1992	217	215
1993	263	263
1994	273	271
1995	409	404
1996	607	602
1997	792	792
1998	821	821
1999	997	997
2000	858	858
2001	809	796
2002	987	987
2003	1230	1230
2004	601	576
2005	747	681
合计	11154	10993

第五节　行政审判

1986年，区法院首次受理行政审判案件。当年受理行政案件3件，其中行政赔偿案1件，不服公安机关拘留决定2件。经区法院调查调解，其中调解结案1件，原告撤诉1件，终止诉讼1件，已全部审结。

1987年4月，区法院设立行政庭。8月受理唐某某不服桂林市公安局和七星分局裁决的治安行政案件；审理期间，伤害当事人刘某某按照公安机关的裁决，赔偿了受害人唐某某的住院费1340元，营养费、误工费500元；唐某某于10月4日向区法院提出撤诉，区法院批准撤诉而结案。

1988年起，区法院依据《中华人民共和国行政诉讼法》加强对行政机关由行政行为所发生的案件的审理和监督，保证国家机关依法行使管理职能，保护公民的合法权益。

1991年，区法院受理金某某诉桂林市公安局治安处罚复议案，经法院一审和二审审理，被告方所做的复议处理显失公平，均裁决撤销被告的复议裁决。至1997年，共受理行政诉讼案件10件，审理结案10件，结案率100%。

1998年，桂林市开展大规模城市建设改造，由房屋拆迁征用土地导致的行政诉讼案件也随之增加。区法院在审理案件时，做到重程序、重实据、重说理教育，严谨细致的审理好每一件案件。至2004年共受理行政诉讼案件87件，经审理结案87件，审结率100%。

2005年，区法院受理案件14件，审理结案14件，审结率100%。

1986—2005年，区法院共受理行政诉讼案件115件，经审理结案115件，审结率100%。

表21-5　　1986—2005年七星区人民法院行政庭审理案件统计表

单位：件

年份	收案	审结	行政非诉案
1986	3	3	—
1987	1	1	1
1988	1	1	1
1989	—	—	—
1990	—	—	1
1991	2	2	1
1992	—	—	8
1993	1	1	—
1994	—	—	2
1995	—	—	—
1996	3	3	9
1997	3	3	7
1998	3	3	32
1999	6	6	122
2000	11	11	82
2001	14	14	37
2002	18	18	16

续表

年份	收案	审结	行政非诉案
2003	28	28	6
2004	7	7	19
2005	14	14	107
合计	115	115	451

第六节 告诉 申诉

1980年，信访工作主要由办公室负责，接待群众来信来访，区法院在处理时，属该院管辖的交各业务科室办理，不属于该院管辖的转有关部门处理。共接待群众来信来访159件。其中离婚案56件，赡养案13件，抚养案3件，盗窃案2件，通奸案4件，强奸案4件，诈骗案2件，诬告案3件，撤诉案1件，非法同居案1件，接养纠纷案3件，破坏家庭案5件，调戏妇女案1件，家庭纠纷案7件，干涉婚姻自由案2件，伤害案11件，不执行裁决案1件，合同纠纷案1件，房产纠纷案1件，其他38件。

1981—1986年，区法院共接待群众来信来访279人次，立案909件。其中立离婚案373件，抚养案20件，房屋纠纷案9件，虐待案15件，继承案11件，强奸案2件，伤害案16件，重婚案2件，诈骗案2件，侮辱诽谤案1件，报复陷害案1件，其他案457件。

1987年元月，区法院设立专门机构——信访科，配备专职人员，制定处理人民来信来访工作制度和院长接待日制度。对群众的来访做到热情接待；对群众提出的有关法律问题，耐心解答；对申诉有道理的，组织人员进行复查，做到件件有着落，事事有回答。全年共接待群众来信来访580人次，其中立刑事案8件（含审判监督件），立民事案156件，立行政案1件，调解简易民事纠纷案30件，转有关部门处理的247件，作其他处理的140件。

1988—1989年，区法院共接待群众来信4736件，来访236人次，立案564件，其中立民事案397件，立经济案164件，立行政案1件，立刑事案2件。

1990年，区法院信访科改名告诉申诉庭。全年接待来访843人次，接收来信344件，经审查立刑事自诉案件1件，立民事案件121件，立经济案件76件，立申诉复查案3件。

1991年起，区法院优化立案工作，实施立案专门化，管理规范化，工作效率化，建立信访件签收登记制度、审查答复制度，文明接待制度，交办事项反馈制度等。至1995年接待群众来信来访10940人次，立案2615件，其中立刑事案127件，立民事案1376件，立经济纠纷案857件，立其他案255件。

1996—1997年，区法院制定了《七星区人民法院关于接待群众来访的规定》，对接待人民群众的信访进一步完善，明确规定平时接待群众信访，由告诉申诉庭办理，每月1、11、21日为院长接待日，由法院正、副院长轮流接待。共接待群众来信

2003年10月，区法院组织干警在穿山乡进行法律宣传

（区法院 供稿）

13418件，来访17501人次，立案2818件，其中立民事案1258件，立经济纠纷案527件，立执行案549件，立行政案6件。

1998年3月，区法院告诉申诉庭改为立案庭，审理和审核全院的各类案件，符合立案条件的移交各业务主管部门审理。至2004年，七星区法院共接待群众来信29286件，来访50792人次，立案3534件，其中立民事案2633件，立经济纠纷案446件，立行政案23件，立审判监督案16件，立执行案416件，2004年立案庭被桂林市中级人民法院评为“文明窗口”称号。

2005年，区法院共接待群众信访6250件7900人次，其中解答法律咨询529人次，回复信件33件，复查申诉案件52件，调解息诉案件40件。连续两年被自治区高级人民法院授予“文明窗口”称号。

1980—2005年，区法院共接待群众来信52038件，接待群众来访108967人次，立民事案件6518件，立经济案件2105件，立执行案件965件，立刑事案件4099件，立行政案件30件。

第七节　审判监督

1980年，区法院开展审判监督工作，主要是受理当事人不服判决又不提出上诉、而提出申诉的案件，或上级监督机关和上级法院指定再审的案件，至1981年，受理刑事申诉案件63件，经审理维持原判决61件，改判2件。

1983年起，区法院实施以事实为依据、以法律为准绳，有错必纠，至1989年，共受理申诉案件88件，审理结案88件，维持原判决62件，改判26件。

1990—1998年，区法院实施公开、公平、公正，平等保护当事人合法权益，共受理申诉案件76件，经审理结案76件，其中维持原判决62件，改判14件。

1999年区法院依据《广西壮族自治区人民法院关于立案、申诉、听证制度的规定》，改变以往立案操作不规范的做法，对再审申请进行公开听证，增强审判工作透明度，维护当事人的诉讼权利，把好再审案件的质量关。至2004年，共受理申诉案件73件，立审判监督案件67件，经审理结案67件。

2005年，区法院实施“依法纠错”的司法理念，维护社会稳定和裁判公信力，全年受理再审案件34件，重新审理34件。结案率100%。1998—2005年，七星区法院共受理审判监督案件108件，立案94件，经审理结案94件。

表21-6　**1998—2005年七星区人民法院审判监督庭审理案件统计表**

单位：件

年份	收案	立案	结案
1998	1	1	1
1999	10	5	5
2000	6	5	5
2001	7	7	7
2002	4	4	4
2003	10	3	3
2004	36	35	35
2005	34	34	34
合计	108	94	94

第八节 案件执行

1979—1986年,七星区法院秉着"谁审理、谁执行",案件包案到底的原则,民事案件和经济案件的调解和判决生效后的执行工作均由民事和经济审判庭主审法官负责执行。共受理执行案件258件,其中经济案89件,民事案169件。

1987年1月,区法院设立执行庭,执行庭受理执行案件,严格实行审执分立,判决后需执行的案件有民事、刑事、经济、行政案件。执行方法是思想教育和强制措施相结合,依靠当地党委和有关部门的支持,依法执行并注重当事人的经济利益和社会效益。同时还不定期地开展执行会战。当年共受理执行案件47件,其中经济案26件,民事案19件,行政执行案2件。申请执行的总标的109.14万元。已执行完毕26件,部分执行21件,已执行的标的65万元。其中经济案10件,民事案14件,行政执行案2件。执行标的35.01万元,部分执行的案件13件,已执行标的75476元。

1988—1990年,区法院针对财产执行难,有的被执行单位和个人转移财产,有的被执行人躲避,有的被执行人在外省,面对这些困难,采取加强执行力量,抽调10多人协助执行工作,想尽办法查找被执行人;主动与有关单位联系,多渠道解决执行问题,采取强制措施,强制执行。3年共受理执行案件324件,受理申请执行标的938.49万元,实施执行结案142件,执行结案标的402.62万元。

1991年始,区法院针对不自动履行义务且又有偿还能力的债务人,经过多次做工作,仍不履行义务的,采取查询、冻结、扣划账款的方式实施执行。领导亲自办案与指导相结合;耐心疏导与强制执行相结合,审判与执行相结合。被执行人蒋某某以办砖厂急需资金为名,先后向刘某某,葛某某,唐某某,谢某某,廖某某等五人借款15000元。1991年6月30日期满后债务人不履行义务。为此,债权人向区法院申请强制执行。受理后,依法发出公告,限被执行人十天内付清借款。否则变卖其坐落在电力电容器厂泵房旁的私房。公告期限满后,被执行人拒不偿还借款。为此,七星区法院以35000元变卖其房屋一座(140平方米),用于偿还其所欠上述债务;余款退还给被执行人,使五位申请执行人的合法权益得到保护。至1992年,共执行案件329件,执行完毕221件,结案率为80.1%,申请执行标的949.92万元,执行标的594.86万元,在办结的执行案中,有14件采取强制措施执行,有113件自动履行结案。

1993年,区法院开展两次"清理积案,突击办案"活动。第一次是从5月15日起至8月31日止,共办结各类案件174件,占当年1—8月办结案件数的47.15%。其中办结民事案件87件,办结经济案件42件。分别占1—8月结案数的50.9%和42%。在清理的174件积案中,被告在外省的就有62件。法院先后组成22个办案组共52人次,由两名副院长和五名庭长任组长,奔赴全国16个省市区办案。第二次是从10月1日起至11月30日止。共复查审结各类案件56件,解决诉讼标的244.65万元。这次办案分两部分进行。组成10个办案组,由一名副院长和五名正副庭长分别带队,奔赴宁夏、北京、上海、广东、湖北、陕西、浙江等省市,对被告在该地的案件进行审理和执行。原、被告在桂林市的案件,则由院长统一组织协调。做到审执结合,审判人员在审理案件的过程中,尽力查清被告在银行的存款账号、物资库存等情况,并依法进行了冻结或查封。共受理申请执行案件176件,申请执行标的566.02万元,已执行完毕103件,部分执行的50件,结案率为58.19%,执行标的389.06万元,占总标的的68.7%。

1994年起,区法院推行审判与执行分离的做法,使生效的法律文书及时得到执行,有效地保护当事人的合法权益,维护法制的尊严。针对不同情况,采取不同执行措施;对有履行能力而拒不履行的,坚决采取强制措施执行;对确实暂无能力履行,但经过一段时间的生产和工作可以恢复履行能力的,决定暂缓执行或分期执行;对确已无能力且无法再恢复履行能力的,及时终止执行。

1994年11月5日,在桂林市召开了一次被执行人会议,共有22名被执行人参加会议。会后有14名被执行人交付了案款25万多元。主动出击,采取强划存款、查封财产等措施。11月份，全院从各庭、室抽调20名干警组成七个小组，分赴全国各地执行案件16件，执行回案款65万多元。共受理申请执行案件157件，申请执行标的762.86万元，已执行完毕135件，结案率为86.62%，结案标的677万元。至1998年，共受理各类执行案件1130件，申请执行标的金额6859.46万元。经审理结案1065件，执行结案标的6385.34万元。

1999年始，区法院贯彻执行《中共中央关于转发〈中共最高人民法院党组关于切实解决人民法院执行难问题的报告〉的通知》及时组织学习、宣传。采取召开债务人会议，督促债务人履行债务，清理积案，全面部署执行工作，制定了具体的执行措施：请政府部门协助，摸清企业债权债务及偿还能力；组织清理三角债，缩短债务链；债权转股；放水养鱼；债权转租赁权、经营权；以劳务抵债、以无形资产抵债；委托管理；以不动产抵债；破产抵债；执行和解。

当年，是全国法院执行年。区法院清理积案分三个阶段；从1999年11月至2000年春节，案件执结率和标的执结率达到75%；2000年6月底案件执结率和标的执结率达到85%；被执行人有履行能力的所有案件都在规定的期限内执结，从而实现收结案的动态平衡和良性循环的目标。全年立执行案件316件(含旧存案54件)，总标的1794万元；执结309件，执结标的1756万元。案件执结率和标的执结率占立案的97.78%和97.89%，部分执结的39件，执结标的496万元，占立案的11.07%。至2001年，共受理执行案件997件，申请执行标的8951.98万元，经审理结案949件，执行结案标的6507.83万元。

2002年，区法院对追索赡养费、抚养费、抚育费以及生活陷入困境等弱势群体的申请人，立案后，马上优先予以执行；对重大、疑难和当事人提出异议的案件，一律采取执行合议制度和听证制度，确保执行案件的公开公正；对一些拒不执行法院生效判决的赖账者，采取搜查、拘传、拘留等强制措施，使案件执结率和标的执结率得到提高。共收执行案件345件，总收案标的3575万元，全部执结案件313件，实际执结标的3321万元。

2003—2004年，区法院针对“被执行人难找，执行财产难寻，协助执行人难求，应执行财产难动”的执行难问题，实行重大执行合议制，主要事实调查听证制；对历年执行积案进行重点清理；寻找突破口，通过查找被执行人身份证，从而查其银行存款等方法，使一些过去认为是无法执结的“死案”得到执行结案；对赖账者和重点工程的拆迁“钉子户”采取有力的强制措施。采取司法拘留措施45次，拘留48人次，对妨碍执行工作被处罚款的有3人，采取搜查措施12次，涉及被搜查人员30多人。查封扣押财产118次，强制拆迁2次。维护弱势群体，对14名下岗工人申请执行的劳动争议案及谭某某申请执行的人身损害赔偿案，法院在最短的时间内一次性为他们全额执行回款12.32万元及19.74万元。两年共收执行案件698件，申请执行标的7008.64万元，执行案件544件，实际执结标的3530.66万元。

2005年，区法院强化执行措施，全年采取拘留措施32次，拘留32人次；采取搜查措施6次，强制搬迁49次，扣押财产12次。共受理执行案件297件，收案标的1082.09万元，已执行241件，部分执行14件，执结标的879.95万元，实际执结率81.31%，与去年同比增长21.31%。

1987—2005年，区法院共受理执行案件4343件，受理申请执行标的30040.74万元，执行结案3604件，执行结案标的22086.32万元。

表21-7　**1987—2005年七星区人民法院执行庭审理案件统计表**

年份	收案(件)	执行总标的(万元)	执结案(件)	执结标的(万元)
1987	47	109.14	26	65.00
1988	70	185.3	30	63.90
1989	105	326.23	39	173.72
1990	149	426.96	73	165.00
1991	143	474.34	72	210.5
1992	186	475.58	149	384.36

续表

年份	收案(件)	执行总标的(万元)	执结案(件)	执结标的(万元)
1993	176	566.02	103	389.06
1994	157	762.28	135	677.00
1995	188	1135.16	183	1105.80
1996	270	1460.33	253	1271.69
1997	314	1864.33	296	1783.85
1998	201	1637.36	198	1547.00
1999	316	1749	309	1756.00
2000	312	4528.40	284	2324.33
2001	369	2674.58	356	2437.50
2002	345	3575	313	3321.00
2003	310	4415.56	224	2014.13
2004	388	2593.08	320	1516.53
2005	297	1082.09	241	879.95
合计	4343	30040.74	3604	22086.32

第九节 审判制度

审判方式

1979年12月区法院成立，就以实施保护公民的人身、民主、财产权利为宗旨，在实践中探索审判制度的建立和改革。先后成立审判委员会，对重大疑难案件进行集体民主讨论，后作出决定，允许公民到法庭旁听；以公开审判为重点，以审判长为主审的庭审制度，审理案件时，从受理、阅卷、讯问被告人、核实证据、查清事实、准确定罪量刑。至1984年公开审理刑事案件212件，对286名被告人作出有罪判决，民事案件以审判长为主审的“究问式”审判方式，以调解为主、审理结案153件，结案率92.1%。

1997年，随着我国改革开放的深入发展，之前的审判方式在许多方面已不适应客观形势发展的需要，主要是庭审功能难以得到有效发挥，不利于保证办案质量，耗费人力、物力和时间过长，不利于提高审判效率，诉讼活动公开性差等，七星区法院实施审判方式改革，确定新的审判方式，开庭前对案件只进行程序性审查，对案件事实的认定必须通过庭审、控诉、辩护，审判人员职责分明，法官只就起诉指控的事实进行审理，证据不足不认定有罪。由公诉人提出、被告人同意、法院决定适用简易程序等，由过去的“审问式”改为“控辩式”的审判方式，从而改变那种法官大包大揽的审理方式。在民事经济案件审判方式改革中，主要采取排期开庭，公开审理；重点发挥庭审功能，使法官有职、有权、有责，强调当事人的举证责任，举不出证据负败诉责任；落实合议庭，独任法官的职责，改变过去的“究问式”为“辩论式”的审判方式。在审理案件中，做到一切事实查证、举证、质证、控告、答辩均在法庭上进行，当庭宣判以公开促进公正的案件审理。

至2005年，刑事案件审结时间由改革前的45天减少到30天以内。民事、经济、行政等案件的审结时间改革前的6个多月减少到3个多月的时间。适用简易程序的案件，7天内审结，适用简易程序的案件占审理结案案件52%，当庭宣判占审结案件的37%。

人民陪审员制度

区法院从建院之初就实行人民陪审员制度，

1994年8月,首次颁发法官证书仪式　　（区法院　供稿）

认真履行人民陪审员的权利。人民陪审员参加合议庭审判案件,对事实认定、法律适用独立行使表决权;合议庭评议案件时,实行少数服从多数原则;人民陪审员同合议庭其他组成人员意见分歧时,将其意见写入笔录。必要时,人民陪审员可以要求合议庭将案件提请院长决定是否提交审判委员会讨论。区法院审理第一件刑事案件时请了2名人民陪审员出席。在审理过程中审判人员和人民陪审员一起审阅案卷,共同分析案情,共同进行法庭调查,研究运用法律正确定性量刑。

1990年起,区法院进一步规范人民陪审员工作。对社会上反映较大的刑事案件、民商事案件和行政案件、当事人有较大争议的案件等,都请人民陪审员出庭,使区法院对各类案件的审理更加合法、公开、公正。在审理未成年人案件时,专门从七星区团委、妇联、市一中聘请三名热心从事失足青少年教育的干部、老师担任青少年法庭的特邀陪审员。开庭时,请他们参加合议庭,除对案件提出定罪量刑意见外,还和审判员一起对青少年被告进行法纪教育。

2005年,区法院贯彻《全国人民代表大会常务委员会关于完善人民陪审员制度的决定》《最高人民法院、司法部关于人民陪审员选任、培训、考核工作的实施意见》,当年提请七星区人大常委会重新审核,批准任命人民陪审员2名。

第二十二章

司法行政

1999 年 8 月，中共七星区委书记王祥柏(左二)等领导在三里店大圆盘向群众发放普法资料

（区司法局　供稿）

清末、民国时期，七星辖区没有专门的司法行政机构，实行审判与司法行政合一的体制。

桂林解放后至 1985 年，七星辖区未设立司法行政机构，司法行政职能由桂林市人民法院和桂林市司法局行使。1986 年 1 月，成立七星区司法局（简称区司法局），首次业务是在七星辖区开展第一个五年规划期的普法工作（简称“一五”普法），成立普法领导小组，制定五年普法规划，确定普法对象和内容，实施领导带头学法用法，培训骨干、定期检查，扎实学好规定的法律法规等。接着实施二五普法、三五普法、四五普法，四个五年的普法工作，经桂林市普法考核验收小组和广西壮族自治区普法考核验收小组的考核验收均达标，四次被评为桂林市广西壮族自治区普法先进城区，同时开展基层基础调解工作，将矛盾和纠纷化解在街道居民委员会、村委会，稳定辖区社会。做好预防青少年犯罪和“两劳”人员（劳改、劳教释放人员）的帮教工作，预防重新犯罪，以及法律服务和律师业务在辖区内都有较快的发展。

第一节　机　　构

七星区司法局

1986 年 1 月成立七星区司法局，为七星区人民政府管理司法行政工作的职能部门，行政编制人数 4 名，实有人数 2 名。1988 年区司法局成立诚泰法律服务所。1992 年 5 月成立七星区律师事务所，有专职律师 3 名，兼职律师 4 名。至 2005 年，区司法局行政编制 4 人，实有人数 4 人。历任局长周发爱、周政军、秦文枝。

司 法 所

1996 年 12 月，朝阳乡、穿山乡划归七星区人民政府管辖，乡人民政府设有司法办公室，分别配有司法人员 2 名。1998 年，司法办公室改称司法所。2003 年 5 月，东江街道办事处和七星街道办事处分别设立司法所，各配司法人员 2 名。至 2005 年 12 月，辖区 4 个司法所均达到一级司法所标准，共有司法人员 8 名。

第二节　法制宣传

民国时期，七星辖区的法制宣传教育工作由桂林市政府负责。

新中国成立后，桂林市人民法院兼管法制宣传教育工作，市人民政府定期或不定期派员深入辖区各街道宣传法律知识。

1986 年 1 月，七星区人民政府成立司法局，辖区的法制宣传工作由司法局承担，司法局根据区委及区人民政府各阶段的工作重点，向辖区居民宣传相关法律知识，提高公民遵法、守法意识。1986 至 1987 年，辖区严厉打击严重刑事犯罪活动期间，区司法局配合公安局、检察院、法院开展法制宣传工作，重点宣传刑事诉讼法，张贴标语 1000 余张，悬挂横幅 24 条，发放宣传资料 2 万多份，举办法制宣传栏 73 期，在街边设立法律咨询点，接待群众咨询 200 人次。1988 年，以《法制教育资料汇编》为主要教材，聘请法律专家为区机关干部、区属企事业单位员工和管理人员以及街道干部上法律知识课。1989年上半年，北京春夏之交政治风波期间，区司法局在辖区设立法制宣传点，向群众发放《时事法律知识问答》等宣传资料，提高辖区公民明辨是非能力。

1990年，区司法局与区妇联、共青团、区红十字会联合举办以“维护妇女儿童合法权益”、《中华人民共和国传染病防治法》《中华人民共和国宪法》为主要内容的宣传周活动。同时开展“6·26”国际禁毒日法制宣传、“12·4”全国法制宣传日活动。地点均选在三里店、解放桥东侧等繁华热闹地段，展出法制板报、法制宣传图片，向群众发放宣传资料，接待解答群众提出的法律咨询问题。1992年，以《全国人大常委会关于加强社会治安综合治理的决定》颁布一周年为契机，区司法局联合相关部门在辖区内开展法制宣传周活动，利用多种形式进行宣传发动，召开各种宣传动员会1688场次，参加人员7万余人，出墙报、板报347期，书写和张贴标语2495条，广播宣传538次。1994年5月31日，《中华人民共和国民族区域自治法》颁布10周年纪念日，根据市委、市人民政府的布置，辖区的街道、企业、学校三大块组织活动，利用各种宣传工具进行宣传，区(党委、人大、政府)领导成员带头上街开展咨询活动，共接待咨询60多人次，发放宣传资料3000多份，收到良好的效果。1995至1996年，辖区贯彻中央关于“法制教育要从娃娃抓起”的指示精神，协助区属中小学开展法制教育，通过报刊、闭路电视、文艺专场演出等形式进行法制宣传活动。

2001年，区属14所中小学均聘请了法制副校长，负责对中小学生开展法制宣传教育，提高中小学生的法制意识，预防和减少青少年犯罪。同时，配合区委和区人民政府对七星路、穿山路的两路改造工程做好法律、法规的宣传教育工作。

2003年3月，法制宣传周活动期间，七星区普法办公室协调、组织有关部门在辖区内开展了形式多样的法制宣传活动，驻区各大专院校结合校园周边环境整治，自编本校特色的法制宣传资料发到校内各年级、班，各校均设立法律咨询点，接收学生的法律咨询。区人民政府在辖区3个农贸市场及七星公园、三里店大圆盘、解放桥景区东侧等地开展法制宣传和法律咨询活动，共设立法律咨询服务点14个，发放法制宣传资料4.3万余份，悬挂大型横幅60余条，书写、张贴标语1500多条，出法制宣传板报155块，出动法律宣传车8台次，在辖区流动宣传。是年，针对辖区农村土地纠纷时有发生的情况，司法局派员利用晚上时间深入相关自然村上法制课4场，参加听课群众300多人次，有效地化解了矛盾。全年出动宣传车10余台次，深入农村、街道以及城乡接合部开展各项法律宣传活动，较好地营造了公民学法、懂法、用法的良好氛围。全区共协调、组织公安分局、检察院、法院等执法部门开展法制宣传、法律咨询服务活动8次，发放各种法制宣传资料5万余份。

2005年，区司法局继续做好预防和减少青少年犯罪工作，协调、组织公安分局、区检察院、区法院等政法机关到辖区14所中小学上法制教育课，受教育人数1.3万人次；组织辖区大中专院校召开预防青少年犯罪现场会1次。

第三节　普法教育

1985年，中共中央、国务院作出关于用5年时间在公民中普及《中华人民共和国宪法》《中华人民共和国刑法》《中华人民共和国刑事诉讼法》等法律常识教育的决定(以下简称“普法教育”)。1986年3月，七星区政府成立普法教育领导小组(后改称依法治区领导小组)，区委书记任组长，区人大常务委员会主任、区人民政府区长任副组长，小组成员由区委宣传部、区法院、区检察院和区司法局的主要负责人组成，由区司法局负责普法日常工作，具体领导、组织和协调普法教育工作。

1986年起，七星区政府按照中共中央、国务院的统一部署和市委、市政府的具体安排，对区属人员实施第一个五年普法教育。以后，每五年为一个规划期连续实施普法教育，至2005年，七星区完成了4个五年普法教育。

“一五”普法

1986—1990年，七星区实施首个五年普法教育，由区委宣传部和区司法局制定《七星区五年普法规划》，区委和区人民政府部署五年普法工作；对普法对象进行调查、摸底，将普法对象登记造册，征订和发放普法学习资料；选择普法试点，摸索普法教育经验。

经过调查摸底确定了，“一五”普法对象是七星区机关干部，区检察院、区法院人员，区属企事业单位员工，辖区街道居民（不含学龄前儿童、精神病人及有生理缺陷不能参加学习人员和65岁以上人员）。普法的重点对象为区属各级领导干部及青少年，共计1477人，其中区属机关133人（副处级以上领导15人、科级及其以下118人），区属企事业单位273人，街道居民1071人。

“一五”普法期间，普法内容有《中华人民共和国宪法》《中华人民共和国刑法》《中华人民共和国刑事诉讼法》《中华人民共和国民法通则》《中华人民共和国民事诉讼法（试行）》《中华人民共和国经济合同法》《中华人民共和国婚姻法》《中华人民共和国继承法》《中华人民共和国兵役法》《中华人民共和国民族区域自治法》《中华人民共和国治安处罚条例》，合称十法一条例。根据形势变化，1990年增加学习《中华人民共和国行政诉讼法》《中华人民共和国集会游行示威法》。

期间，选择五通街作为教育试点，由区人大机关、法院、检察院、司法局、妇联、七星公安分局等单位领导担任教员，讲解十法一条例；取得经验后，集中培训普法骨干，举办培训班三期，参加人员260人。此后，各街道、企事业单位相继展开普法教育。

区机关、区属企事业单位每年安排不少于6个半天工作时间集中学习法律知识，区领导担任主讲；组织开展形式多样的宣传活动。围绕区委、区政府的中心工作，有针对性地举办普法图片宣传，设立专门普法宣传橱窗、板报、墙报，每月更换一次；同时对普法内容开展法律咨询、法律知识竞赛和法制宣传日（周、月）等活动。“一五”普法期间，七星区共办普法宣传专栏30余期，出墙报、板报300余期。

“一五”普法期间，辖区有街道居民委员会18个、16个村民委员会、28个社区居民委员会，居民文化程度参差不齐，年龄不一，德育问题的理解程度不同，家务事多。区普法机构和普法人员针对不同单位、不同行业、不同对象的特点，选择与其生产、生活密切相关的法律知识，提高普法教育的有效性；普法工作与依法治区相结合，以提高辖区的文明程度和法制化管理水平为重点。

按照年度普法计划，采取集中辅导、分散自学、单元考试的方法进行。一个普法规划期，集中辅导在8次以上，由普法讲师团成员给普法对象讲解有关法律内容，举办专题法制讲座，组织专场电视录像法制教育等；个人自学不少于40学时，要有学习笔记，方便检查；每单元学习完结后，统一组织考试，参考率均达90%以上，及格率达100%，颁发普法合格证书。

1990年，区普法教育领导小组制定考核验收工作方案和标准。考核验收分单位自检自评、区考核验收、桂林市及自治区考核验收4个步骤进行。着重考核：区各级领导带头学法用法、依法决策、依法管理、依法办事情况；司法行政人员和行政执法人员公正执法、依法行政、保障公民和法人合法权益的情况；企事业单位干部、职工依法生产、依法经营、依法管理的情况；辖区公民法律意识、法律素质的提高以及用法律约束自己的行为、保护自身合法权益的情况。由桂林市及自治区普法考核验收组考核验收。七星区“一五”普法教育工作被评为自治区和桂林市的普法先进城区。

“二五”普法

1991—1995年，七星区实施第二个五年普法教育。1991年区政府成立“二五”普法领导小组，区属各级部门相继成立“二五”普法领导机构，在总结“一五”普法的经验和存在不足的基础上部署“二五”普法，针对个别单位组织不力、重视不够、时间保证不足进行深入动员，提出了“二五”普法规划和要求。

1991—1995年，“二五”普法对象是七星区机关干部，区法院、区检察院人员，区属企事业单位员工，辖区街道有接受教育能力的公民，共计118个单位67523人。普法的重点对象为副处级以上领导干部、行政执法人员和司法行政人员、企事业单位的负责人。

“二五”普法期间，普法内容有《中华人民共和国宪法》《中华人民共和国行政诉讼法》《中华人民共和国民族区域自治法》《中华人民共和国婚姻法》《中华人民共和国义务教育法》《中华人民共和国集会游行法》《中华人民共和国国旗法》《中华人民共和国国徽法》《全国人大常委会关于惩治走私、制作、贩卖、传播淫秽物品的犯罪分子的决定》，以及

《广西壮族自治区计划生育条例》等。

普法采取集中辅导、分散自学、单元考试的方法进行。

1992 年,“二五”普法启动阶段,对各单位的学习辅导员进行先行培训,区司法局组织学习培训 4 次,参加人员 300 余人;组织 67 个单位 78 人参加桂林市司法局组织的普法培训班学习培训 3 次;张贴宣传标语、悬挂横幅、发放普法教育宣传资料 10 余万份。

坚持每年不少于 6 个半天的集中学习时间,提高学习质量。集中学习时,主要由七星区(党委、人大、政府、政协)班子的领导担任主讲 4 次,区法院、检察院、司法局、公安分局等单位领导主讲 8 次,普法讲师团成员给普法对象讲解法律内容领会要点等 3 次。

区普法领导小组给普法对象在自学期间发放普法教材 1100 多册,个人自学期间不少于 40 个学时,每月定期检查学习笔记,举办学习《中华人民共和国宪法》的知识竞赛,参赛单位 68 个 22600 人。1994 年,区司法局组织辖区 67 个单位 78 人参加桂林市普法培训班学习 3 次。开展宣传日(周、月)活动 46 次,出动普法宣传车 58 台次。

1995 年“二五”普法验收由桂林市普法领导小组统一出考卷,区普法领导小组组织对区属领导干部进行普法考试验收,参加普法考试人员 21 人,组织对机关干部进行普法考试验收,参加普法考试人员 118 人;基层各单位自行组织对本单位普法对象进行普法考试验收,参考率达到 95%,合格率 100%。

普法验收着重考核区各级领导带头学法用法,依法决策、依法管理、依法办事的情况;司法行政人员和行政执法人员公正执法、依法行政,保障公民和法人合法权益的情况;企事业单位干部职工依法生产、依法经营、依法管理的情况;辖区公民法律意识、法律素质的提高,以及依法规范言行,维护自身合法权益的情况。经桂林市和广西壮族自治区普法考核验收组的考核验收,七星区“二五”普法被评为广西壮族自治区、桂林市普法先进城区。

“三五”普法

1996—2000 年,七星区政府实施第三个五年普法教育。

1996 年 7 月,中共七星区委、区人民政府批转了《区委宣传部、司法局关于在全区公民中开展法制宣传教育第三个五年规划》,区人大常委会作出了《关于三五普法宣传教育的决议》,对“三五”普法工作的指导思想、目标任务、方法步骤、组织领导、岗位目标管理责任制,都作出了具体的要求。召开辖区 118 个单位 300 余人参加的“三五”普法动员大会。开展宣传月活动,出动宣传车 25 辆次,开展法律咨询、法制宣传、法律服务等活动 230 次,各单位每月一次更换板报、墙报、宣传橱窗等,进行普法宣传。

“三五”普法对象是辖区所有干部、知识分子、工人、学生、个体工商人员、企事业单位管理人员和其他一切有接受教育能力的公民,共计 105700 人。普法的重点对象为副处级以上领导干部、行政执法人员和司法行政人员、企事业单位的负责人、青少年及辖区内务工、经商的外来人员。

“三五”普法期间,科级以上领导干部重点学习邓小平关于社会主义民主与法制建设理论,《中华人民共和国宪法》《中华人民共和国国家赔偿法》《中华人民共和国行政处罚法》《中华人民共和国行政诉讼法》《中华人民共和国国家公务员暂行条例》等;企事业单位负责人重点学习《中华人民共和国企业法》《中华人民共和国公司法》《中华人民共和国劳动法》《中华人民共和国工会法》《中华人民共和国企业转换经营机制条例》等;工商行政管理部门、街道居民委员会、企业单位组织、外来务工、经商人员重点学习《中华人民共和国刑法》《中华人民共和国民法》《中华人民共和国劳动法》《中华人民共和国治安管理处罚条例》《广西壮族自治区计划生育条例》等。

1997 年,七星区在“三五”普法中注重抓住各级领导干部的普法用法,区委组织部、人事局、普法办公室制定了《干部学法用法考核制度和建立学法用法登记卡档案制度》。每月进行一次区党委中心组学法,各级党组支部每星期一次学法活动,各级领导先学,参加学习率达 100%,参加考试率达 100%,达标率达 100%,优秀率达 68%。

“三五”普法中,七星区重视组织依法治区工作,在辖区范围内开展以基层依法治理为基础,地方依法治理为主体,行业依法治理为支柱的依法治理实践。开展政务公开、警务公开、检务公开、审务公开、厂务公开、校务公开、村务公开等,推行执法

2002 年 7 月，七星区举办新婚姻法学习宣传培训班

（区司法局　供稿）

责任制、错案追究制，使依法治理工作制度化、规范化、法制化。至 2000 年，七星区辖两乡（穿山乡、朝阳乡）、两办（七星街道办、东江街道办），25 个行政村、42 家国有企业、31 所学校，结合学习法律，依法治理活动取得成效，98% 的企业单位、95% 的乡镇村委会等都聘请了法律顾问，重大决策都能实行集体讨论、律师把关，避免决策失误而造成重大损失的现象发生。经桂林市、广西壮族自治区普法考核组考核验收，七星区“三五”普法被评为广西壮族自治区和桂林市普法先进城区。

“四五”普法

2001—2005 年，七星区实施第四个五年普法教育。

2001 年是“四五”普法的开局之年，区政府针对“三五”普法工作中存在的个别单位开展普法依法治理工作的必要性和重要性认识不到位，对流动人口、合资企业的普法工作未能实施有效的管理，投入普法工作的财力未能适应普法工作的需要等问题，有针对性地提出了“四五”普法的指导思想、目标任务、方法步骤和要求。提出在“四五”普法中，要实现由提高群众的法律意识向提高群众法律素质的转变，全面提高公民特别是区属各级领导的法律素质；实现由注重依靠行政手段管理向注重运用法律手段管理的转变，全面提高全区社会的法制化管理水平。

“四五”普法对象是有接受教育能力的公民，共计 135848 人，普法的重点对象是七星区各级领导干部、行政和司法执法人员、学生、青少年、企事业单位负责人、农村居民以及居住在辖区的务工、经商的外来人员。

“四五”普法期间，七星区“四五”普法内容有《中华人民共和国国家通用语言文字法》《中华人民共和国大气污染防治法》《中华人民共和国婚姻法》《中华人民共和国种子法》《中华人民共和国专利法》《中华人民共和国海关法》《中华人民共和国产品质量法》《中华人民共和国人口与计划生育法》《中华人民共和国药品管理法》《中华人民共和国农村土地承包法》《中华人民共和国安全生产法》《中华人民共和国政府采购法》《中华人民共和国城市房屋拆迁管理条例》《中华人民共和国城市道路管理条例》《中华人民共和国婚姻登记条例》《中华人民共和国信访条例》《中华人民共和国个人存款账户实名制规定》等。

“四五”普法中，调整充实普法领导小组，针对领导变动、分工不同的情况，及时调整七星区普法领导小组。各级党政主要领导亲自抓、负总责，两乡两办辖区各单位都配齐配强普法领导小组，落实了办事机构，有专职和专人负责。人大、政协每年进行视察、检查活动两次，定期审议四五普法规划落实情况。

落实“四五”普法的经费和教材，区、乡两级政府把普法依法治理工作所需要经费列入财政预算，确保到位，专款专用，规定按总人口计算，城区每人每年不少于 0.2 元，乡镇每人每年不少于 0.3 元。

建立宣传教育队伍，深入进行“四五”普法宣传，指定各级党委宣传部门为“四五”普法宣传机构，每月、季、年进行定期的普法宣传。2001 年 3 月，在全区召开由乡镇、街道办事处（村委会、居委会、街道居民委员会）、各企事业 400 多个单位，600 余人参加“四五”普法动员大会。会后各部门、各单位又进行了深入动员。全年 13 次组织普法领导小组，公安、检察院、法院，区行政执法部门等 16 个单位，各个部门 300 余人次，出动宣传车 15 台次，上街入校宣传“四五”普法，发放宣传资料 8 万余份，展出各种宣传图片 400 余幅，受教育人员达 8700 余人。

2002 年开始是实施“四五”普法的重要阶段，重点是国家领导干部、国家公务员。落实领导干部

2004年9月，七星区机关干部在穿山中学参加普法考试
（区司法局　供稿）

每月一次中心组学法制度化和每季度一次法制讲座制度，公务员的自学时间每年不少于40次60个小时，集中学习不少于8场次12小时。抓好西部大开发与法制保障，城市建设管理与法治保障，行政复议法和执法责任制等4个专题的法制学习教育。采取培训骨干、集中学习、专题辅导、举办讲座、研讨会、交流会等形式，每年举办5期乡村干部、大中型企业领导培训班，进行市场经济法律的学习和培训。2003年，举办村民委员会、居民委员会和自然村普法骨干培训班4期，举办辖区妇女维权法律学习班25个。

抓好对青少年的普法教育，各学校结合本校实际，落实每周一次的学习时间和学法内容，普遍推行法制副校长制度，实行校务公开，学生参加学法人数达90%以上。外来务工人员、个体私营企业经营者、下岗职工和农民是四五普法的难点，七星区普法领导小组对外来务工人员和个体私营企业经营者落实每人一册法治读本，组织一次法制培训，开展一次法制教育活动，每人发给一本学法用法笔记本，进行一次法律知识考试。对下岗职工，劳动部门把普法教育纳入下岗职工再就业培训的重要内容，在课时上落实，各发放救济金单位，利用发放时机进行法制教育，街道居委会每年组织下岗职工进行一次法制教育。对农村农民的普法教育，采取编发一本法制教育读本，落实每户一册，每年开展一次送法下乡活动，每个行政村建立一支法制宣传队伍，每个自然村建立一个法制宣传栏，每季一次更换法制宣传内容，每个村委会建立一所农村普法学校，每个自然村设立一个普法学习中心户，每年进行一次遵纪守法光荣户评选。

2004年，七星区组织区法院、区检察院、区工商、区税务、区城管、区卫生等15个行政执法部门200多人上街开展法律咨询活动，展出普法图片200多幅，发放普法资料3万多份。至2005年，七星区“四五”普法参加学习率达到90%以上，农民参加学习率85%以上，城镇居民参加学习率达到89%以上，机关企事业单位达95%，每年普法考试参加考试率达90%以上，达标率达95%以上，经桂林市、广西壮族自治区“四五”普法考核验收组考核验收，七星区“四五”普法被评为桂林市、广西壮族自治区普法先进城区。

第四节　人民调解

调解组织

桂林解放初期，七星辖区无调解组织，人民调解工作由桂林市人民法院管理。

1952年，七星辖区街道经过民主建政，建立6条行政街居民委员会，居民委员会的治保委员兼任调解委员，负责调解、处理邻里、婆媳之间、家庭之间等民间纠纷。这一体制一直延续到1985年12月。1985年之前，调解工作由桂林市人民法院和司法局管理。

1986年1月，七星区人民政府设立司法局，加强了街道居民委员会的组织建设，在各居民委员会内设立调解委员会，主任由居民委员会的党支部书记兼任，设委员3人和若干名调解员。当时辖区有街道调解委员会18个，调解人员87人，调解人员均为兼职。调解委员会属群众性的调解组织，在区政府领导和区法院指导下开展工作，区司法局对其进行业务培训和指导，以提高他们的政策水平和业务能力，当年办培训班一期，培训调解人员 34 人。1988 年，全年共办调解人员业务培训班 6 期，培训街道办主任、街道居民调解委员会主任、委员和调解员 180 余人次。1989 年，辖区新设立圆盘街居民委员会，街道居民调解委员会增加到 19 个，调解人员 96 人，4 月，《中华人民共和国人民调解委员会组织条例》颁布实施后，七星区人民政府及时组织辖区街道居民委员会和区属企事业单位的调解委员会（调解领导小组）主任（组长）及调解委员、调解员办班学习，先后办培训班 2 期、培训人员 300 多名。1990 年，辖区新成立漓东街、会仙街、狮子岭街 3 个街道居民委员会，同时相应成立了街道居民调解委员会。1992 年，辖区街道居民调解委员会增加到 62 个，调解人员 312 人。1994 年，调解委员会 77 个，调解人员 1129 人。

1996 年 12 月，桂林市区行政区划调整，原桂林郊区的朝阳乡、穿山乡划归七星区管理。1999 年，七星区居民调解委员会增加至 197 个，调解人员 1256 人。

社区调解委员会以每 3 个居民小组建立一个调解小组，辖区农村则以自然村（生产队或村民小组）建立调解小组，每个调解小组设 2 至 3 名调解员，形成三级调解网络，各调解组织实行分工负责制，即调解委员会管面，调解小组管片，调解员管户，使街道（农村）的民间纠纷能及早发现，及时解决。为使调解渠道更为畅通，及时掌握信息，每个居民小组均确定了 1 至 2 名信息员，作为调解小组的补充和延伸。2005 年，辖区的调解组织进行调整，1 个乡、3 个街道办事处、28 个社区居民委员会、16 个行政村村民委员会，以及辖区的企事业单位共成立调解委员会（调解领导小组）205 个，调解人员 1285 人。企事业单位的调解组织设在工会内，其调解工作由工会具体负责。

调解活动

1986 年，辖区的人民调解工作，坚持“调防结合，以防为主”的工作方针，加大人民调解工作的力度，将人民调解工作纳入法制化轨道。辖区民间经常发生邻里、家庭、婚姻、经济、赡养、继承等方面的纠纷。调解员或调解信息员通过日常生活接触，发现纠纷苗头，及时反馈给调解委员会调解处理，以避免矛盾激化，将矛盾解决在萌芽状态。辖区民间纠纷，以家庭纠纷和邻里纠纷为主。当年，辖区发生民间纠纷 284 起，其中：家庭纠纷 110 起，邻里纠纷 92 起，分别占纠纷总数的 38.73%、32.40%，其他纠纷 82 起（婚姻 26 起，继承、赡养、抚养、赔偿各 3 起，债务 2 起，其他 7 起），占 28.87%

1991 年，区政府将调解辖区民间纠纷的重点放在防止纠纷激化上，加强信息反馈，把纠纷调解与社会治安综合治理结合起来，全年防止纠纷激化 5 起。

1995 年，七星区成立民间纠纷排查领导小组，由一名副区长任组长，深入到街道和区属企事业单位具体布置，防止纠纷激化。根据辖区的特点，区政府提出以“两劳”回归（劳改、劳教释放人员）人员为排查的重点，以五通街、六合街等城乡接合部为重点排查地段，以邻里纠纷、债务纠纷、生产经营纠纷为重点纠纷，并实行了“三定”（定人员、定职责、定时间）“一包”（包干负责）。通过排查，抓好落实，同年，辖区无民间纠纷案件转化为刑事案件；辖区 126 名“两劳”回归人员无重新犯罪。

1996 年，七星区人民政府将民间纠纷排查工作制度化，对辖区人民调解组织建设和制度建设进行了充实。七星区民间纠纷排查化解工作坚持经常性排查与集中排查相结合。开展经常性排查工作，随时了解、发现、掌握矛盾纠纷和苗头隐患。着重加大社区、企业排查力度，并建立定期分析、定期通报制度，确保矛盾纠纷信息准、情况明、底数清，做到心中有数、应对有策、化解有效。重大政治活动、重要节庆日等，组织开展集中排查。坚持属地为主、条块结合。区属各部门、各单位负责组织排查本系统、本行业内的矛盾纠纷和苗头隐患；各企业负责组织排查本企业、本区域的矛盾纠纷和苗头隐患，形成以块为主、条块结合，全覆盖、无疏漏的大排查网络，确保排查全面准确。对排查出的矛盾纠纷，按事由、时间、地点、单位、涉及人数、重点人员、事态发展预测、办理情况等要素逐案逐人逐项登记建档，填写《矛盾纠纷排查化解工作台账》，逐级实行矛盾纠纷排查“零报告”制度。坚持信息汇集与分析研判相结合。及时准确和全面有效地收集信访信息，加强综合分析研判，增强工作的预见性和主动性，至 2000 年，辖区共发生民间纠纷 3952 起，各级调解组织成功调解纠纷 3822 起。

2001 年始，区各级调解组织，区别不同情况，

2001年9月，七星区党委、人大、政府、政协领导在三里店大圆盘进行法律宣传 （区司法局 供稿）

实施分类化解。对排查出的问题，法律法规和政策有明确规定且能立即解决的，及时解决到位；对群众诉求合理、但法律法规和政策没有明确规定或规定不够完善的，研究相关法律法规和完善政策，积极推动解决；对当事人提过高要求的，耐心细致地做好心理疏导、理顺情绪工作，防止矛盾激化；对诉求不合理、但生活确有困难的，采取政府救助、社会救济、民间互助、干群结对帮扶等方式，使其基本生活得到保障；对以上访为名制造事端、煽动组织闹事的违法人员，及时收集、固定、移交相关证据，依法进行处理。关口前移，健全完善超前化解矛盾纠纷的工作机制，推动化解工作进社区、进企业。推广村级信访室、群众诉求中心、社区协警员等预防和化解矛盾纠纷的成功做法，积极倡导创建平安社区、平安企事业单位活动。对复杂矛盾纠纷和上级交办的重要信访事项，明确责任人和解决时限，实行挂牌督办。采取多种方式，积极协调化解。积极引导群众通过行政复议、司法诉讼、仲裁等渠道化解矛盾纠纷，做到“案结事了”；综合运用人民调解、行政调解和司法调解的方式，充分发挥律师等专业人员、社会志愿者、人大代表、政协委员以及群众自治组织、行业组织和社会中介组织等多方面的作用，整合社会资源参与化解矛盾纠纷；及时协调不同群体间的利益关系，对于涉及人数多、政策性强、群众反映强烈的疑难复杂矛盾纠纷，采取信访听证等方法进行化解。整合工作资源，及时就地化解矛盾。把信访、维稳、综治、民政、司法和工会、共青团、妇联等工作资源有效整合起来，编织维护群众合法权益，促进社会和谐稳定之网。需几个部门参与化解的矛盾纠纷，明确牵头单位和配合单位的责任，共同研究解决；对职权范围内无法解决的问题，逐级上报，上下联动共同解决。至2004年，辖区共发生民间纠纷6141起，各级调解组织成功调解纠纷5967起。

2005年，区各级调解组织实施，确定重点问题，领导包案化解。对涉及面广、时间跨度大、容易激化矛盾、带有普遍性的疑难复杂问题，实行领导包案、一包到底。对可能引发群体性事件的突出矛盾纠纷，组成专门工作组，明确责任单位，制定化解方案，确保及时化解。健全完善政策，注重源头化解。从政策源头分析查找原因，研究解决预防和化解办法，防止因政策不落实、不完善、不周到引发矛盾纠纷。区财政加大投入力度，为解决疑难复杂矛盾纠纷，提供必要的财力支持。当年，七星辖区共发生民间纠纷1417起，成功调解纠纷1375起。

1986—2005年，辖区民间共发生各类纠纷14782起，成功调解14118起，调解成功率95.51%；防止民间纠纷激化329起，防止群体性上访65起，制止群众械斗13起。

表22-1 1986—2005年七星区调解民间纠纷统计表

年份	发生数(起)	调解成功数(起)	调解成功率(%)
1986	284	239	84.15
1987	157	114	72.61
1988	171	171	100
1989	256	232	90.63
1990	440	287	65.23
1991	299	289	96.66

续表

年份	发生数(起)	调解成功数(起)	调解成功率(%)
1992	290	274	94.48
1993	286	271	94.76
1994	521	514	98.66
1995	568	561	98.77
1996	842	798	94.77
1997	1049	1021	97.33
1998	402	402	100
1999	651	625	96.01
2000	1008	978	97.02
2001	1128	1091	96.72
2002	1487	1450	97.51
2003	1728	1678	97.11
2004	1798	1748	97.22
2005	1417	1375	97.03
合计	14782	14118	95.51

注:1996 年 12 月,原桂林市郊区的朝阳乡、穿山乡划归七星区管辖,1997 至 2005 年的数据包含该两乡的统计数

第五节　安置帮教

桂林解放后至 1985 年,辖区对刑满释放人员和解除劳动教养人员(简称“两劳”回归人员)的安置帮教工作由桂林市政府及桂林郊区政府有关部门负责。

1986 年 1 月,七星区设立司法局,逐步接管了“两劳”回归人员的安置帮教工作,对辖区预防和减少犯罪起到了积极作用。同年,桂大街居民委员会组成帮教小组 6 个,对本街道上有劣迹的青少年进行帮教;五通街组织帮教小组 16 人,走访 39 个失足青少年 15 人次,并对失足青少年进行宣讲法律。

1990 年,辖区 18 条街道和企事业单位共有帮教小组 131 个,成员 428 人,对 263 名帮教对象进行帮教,经帮教,当年表现好的有 207 人,占 78.71%;表现差的有 18 人,占 6.84%。桂大街共有 8 名“两劳”回归人员和失足青少年,街道居民委员会组织帮教,帮助“两劳”回归人员和失足青少年解决就业问题;“两劳”回归人员和失足青少年,无重新犯罪。

1991 年,辖区帮教小组 143 个,成员 630 人。同年,接收“两劳”回归人员 138 人,通过帮教,重新犯罪的 9 人,占 6.52%。

1992—1993 年,辖区接收“两劳”回归人员 158 人,法院判处监外执行人员 25 人,共计 183 人,分布在辖区的 60 多个单位和街道。区人民政府采取两项措施对“两劳”回归人员进行帮教。抓好教育。各单位(街道)利用多种形式对“两劳”回归人员进行教育。五通街请区司法局人员到街道讲法律知识课,其他街道、单位的党支部成员、领导干部主动上门谈心和请家长、亲戚朋友协助教育,有的单位组织帮教对象到市外参观学习和参与慰问烈、军属等活动,让“两劳”回归人员做对社会有益的人。安置就业。辖区街道和各单位采取“内安”(内部安排就业)、“外荐”(向社会推荐)、“自就业”(支持“两劳”回归人员搞个体经营,协助找生产经营场地,协助办营业执照)的办法,多渠道帮助解决“两劳”回归人员的就业问题。辖区广西第一机床厂对“两劳”回归人员实行优惠政策,除发给生活费外,奖金分配与正式职工相同。1992、1993 年“两劳”回归人员的重新犯罪率分别为 1.04%、1.26%。

1999年2月，七星区成立街道居民委员会安置帮教站，对“两劳”回归人员全面开展安置帮教工作。同年接收“两劳”回归人员32名，经帮教，无重新犯罪。

2000年起，七星区将帮教“两劳”回归人员工作列入年度司法工作管理目标考核内容，对“两劳”回归人员进行认真摸底排查和教育管理，做到底数清、情况明，管理措施到位，不漏管，不脱管，并逐步落实安置帮教优惠政策，使帮教工作逐步走上规范化、制度化。

2005年，辖区朝阳乡、穿山乡和七星街道办事处、东江街道办事处均成立以分管副书记为组长的安置帮教领导小组，有安置帮教对象的街道（行政村）居（村）民委员会也成立了安置帮教工作站，指定专人负责。对“两劳”回归人员建立1人1档案工作台账，实行统一管理，同时组织党员、街道（村委会）干部和“两劳”回归人员家属组成的“三帮一”帮教小组，采取“两定一包”（定对象、定责任、包转化）和“四有”（有帮教人员、有帮教措施、有组织领导、有检查落实）的方法，把帮教工作管理落到实处，定期或不定期地上门走访，了解情况，切实为他们解决一些生产、生活中的实际困难。每半年对“两劳”回归人员评估一次，年底对其进行一次考察评比，同时制定下年度的帮教措施。评估和考察评比情况资料全部列入帮教对象的个人档案。对解除劳动教养满3年、刑满释放满5年的，根据跟踪档案管理的记载，符合解除帮教条件的，解除帮教。七星区针对“两劳”回归人员个人思想包袱较重，社会上一部分人对他们另眼相看等情况，采取多种形式，动员社会力量关心、支持“两劳”回归人员的安置帮教工作，做到“三不”（不嫌弃、不歧视、不纠缠旧账）、“四个一样”（政治上一样对待、经济上一样支持、工作上一样信任、生活上一样关心）。在安置就业上，采取三项措施：落实农村“两劳”回归人员土地承包和加强过渡基地及就业基地建设；加大就业技能培训，协调就业培训部门增加对“两劳”回归人员劳动技能培训，为他们就业安置、自谋职业创造条件；协调民政部门给予最低生活保障，对丧失劳动能力、基本生活困难的，协调民政部门给予适当生活救济，并将其纳入辖区最低生活保障范围。

2000—2005年，辖区共接收“两劳”回归人员160人，帮教率100%。经每年度的年终考察，无人重新犯罪。

第六节　法律服务

1985年之前的法律服务工作由桂林市司法局和法院实施。1986年，区司法局成立，开展了为辖区居民法律服务工作。

1988年6月，七星区司法局成立诚泰法律服务所，对外实行有偿服务。至年底，与区劳动服务公司、物资公司、制剂厂3家单位签订了担任法律顾问协议书，并接受和受理法律咨询、代写法律文书、参加调解纠纷110件；为注重社会效益，法律服务所对前来咨询的80人次实行免费。

1989年，接待法律咨询150余人次，代写法律文书30多份，协助办理公证5件；为区劳动服务公司提供法律服务，使之挽回3万元的经济损失。

1991年，区司法局根据国家司法部提出的“开展质量效益年”要求，制定了“抓好区属企业的法律顾问工作，带动其他法律服务”的工作计划，连续与区属3家企业签订了担任常年法律顾问的协议，为其起草法律文书20多份，主持调解顾问单位之间经济纠纷1起，代理参加诉讼4起，挽回经济损失5万余元；为2位残疾人代写法律文书，维护了当事人的合法权益。

1993年，与12家企事业单位签订担任常年法律顾问协议，定期与不定期上门与顾问单位研讨法律事务，提出司法建议，起草法律文书50余件，代理诉讼18件，为顾问单位挽回经济损失80多万元。

1996年，起草法律文书40余件，代理诉讼10余件，办理各类案件50多起，为委托单位挽回经济损失100多万元；依法辩护，使一人减刑，一人缓刑。对生活困难的老、弱、病、残当事人，七星区司法局视具体情况对相关费用予以减免，全年共免费提供法律咨询300多人次，免费代写法律文书50多件。

2001 年 12 月，七星区司法局向群众发放法制宣传资料
（区司法局　供稿）

2001 年，辖区朝阳乡、穿山乡的司法所和诚泰法律服务所共代写法律文书 58 件，民事案件代理 51 件，协办公证 4 件，解答法律咨询 212 人次。

2003 年，民事案件代理 89 件，代写法律文书 130 件，协办公证 18 件。

至 2005 年，七星区司法局和法律服务所共为辖区的 34 家企事业单位担任法律顾问，代理诉讼案件 59 件，代理非诉讼案件 2 件。为群众代写法律文书 348 件，为困难群体提供法律援助 6 次，为顾问单位和群众挽回经济损失 762 万元，协办公证 100 多件。

第七节　律师事务

1991 年之前，七星辖区无法律事务所，律师业务由桂林市司法局律师事务所实施。

1992 年 5 月，区司法局成立七星区律师事务所，办公地址设在七星路码坪街 12 号；设有专职律师 3 名，兼职律师 4 名。同年，代理诉讼 8 件，挽回经济损失 80 余万元。

1993 年，七星辖区专职律师增加至 4 名，兼职律师增加至 14 名，代理诉讼 18 件，挽回经济损失 170 余万元，并使 1 人依法减刑。同年，经自治区司法厅批准，更名为桂林市南方律师事务所。

1995 年，七星辖区专职律师 5 名，兼职律师 12 名，全部办理了律师注册登记。同年，代理诉讼 10 余件，办理各种案件 40 余件，挽回经济损失 100 多万元；通过辩护，依法使 1 人减刑、1 人缓刑。

1997 年 6 月，桂林市南方律师事务所易名为广西古方律师事务所，同时与区司法局脱钩，改制为合伙制的律师事务所。同年起，辖区先后成立桂林市中远律师事务所、桂林市中纬律师事务所、桂林市桂安泰律师事务所、桂林市嘉宸律师事务所等 4 个律师事务所。同年，代理诉讼 20 余件，办理各种案件 60 余件，挽回经济损失 150 多万元；通过辩护，依法使 2 人减刑、1 人缓刑。

2000 年，七星辖区专职律师 10 名，兼职律师 6 名，全部办理了律师注册登记。同年，代理诉讼 15 件，办理各种案件 50 余件，挽回经济损失 120 多万元；通过辩护，依法使 1 人减刑、2 人缓刑。

2005 年，七星辖区共有律师 18 名，其中专职律师 12 名、兼职律师 2 名、合伙人律师 4 名。同年，代理诉讼 20 余件，办理各种案件 60 余件，挽回经济损失 180 多万元；通过辩护，依法使 1 人减刑、1 人缓刑。

至 2005 年，七星辖区共有 5 家律师事务所，律师 41 人；辖区律师事务所直属桂林市司法局管理。

第二十三章

军　　事

1998年5月，区机关干部参加军事活动日　　　　（区武装部　供稿）

七星区位于桂林市城区的东部，漓江之畔，石山多，岩洞多，最高峰是尧山，主峰海拔 909.3 米，相对高度 760 米，交通方便、地理位置显要，具有重要的军事价值，也是防御抗击侵略的重要屏障。

清朝时期，七星区域成立了广西团练总局东关分局、东洲分局；民国时期，成立了东江自卫队。抗日战争时期，曾发生过国民党军队英勇抗击日军，八百壮士牺牲于七星岩洞内的战事。解放前夕，中共桂林市城工委领导迎接桂林解放的各项斗争。1949 年 11 月，成立了人民武装部等地方武装组织，并有驻军及武警部队。

七星区是国防建设的重要城区，中华人民共和国成立后，第四区人民政府建立了第一支民兵组织——第四区工人纠察大队，维护社会秩序，保卫基层人民政权。人民公社时期，建立了民兵武装连。1979 年，七星区政府成立，设立了七星区人民武装部（以下简称区武装部）。1996 年 4 月，区武装部收归军队建制，加强民兵组织建设，有民兵营 25 支、民兵 7355 人。2005 年，建有民兵营 38 支，共有民兵 8250 人；建有应急分队、防火分队等 28 支队伍，基干民兵 1200 人。这些队伍，多次协同驻桂部队、武装警察部队参加抢险救灾。七星区人民政府被评为自治区 1998—1999 年度、2003—2004 年度征兵工作先进单位。

第一节　地方武装

团　练

清咸丰元年六月（1851 年 8 月），广西省城桂林成立团练总局。桂林城区设 12 个分局，其中七星区域有东关分局（今七星公园内）、东洲分局（今解放桥东面）。分局设团长 1 人。城区有常备团练 200 余人，按规定 18—50 岁男子概为壮丁者，每户出 1—2 人，丁多者每户 3—4 人，集资养勇一家养数人或 3—5 家供养 1 人。

自卫队

民国 35 年（1946 年），东江区、东廊区成立民众自卫队，是一支“防共剿共”、镇压人民的反动武装。有官 14 人，兵 574 人，隶属桂林市民众自卫总队领导。

东江人民武装部

1950 年 4 月，建立东江区公所新政权。1955 年 10 月，撤销区政府，成立东江街道办事处和漓江街道办事处。1958 年 11 月，东江和漓江两个街道办事处合并成立东江人民公社，这一时期未设立军事机构。1960 年，东江人民公社定为县（处）级单位，管辖范围和职权扩大，设置了人民武装部，配备 1 名武装干事。1961 年 6 月，东江人民公社进行调整，武装部随之撤销，武装干部调离。

1996 年 8 月，七星区武装部领导与七星区领导召开军地共建座谈　（区武装部　供稿）

七星区人民武装部

1979年7月，七星区人民政府成立，设置区武装部(正科级)，同年8月，任命巫宗兴为区人民武装部副部长，配备了1名武装干事。

1986年8月，广西壮族自治区人民政府、广西军区决定，市辖区人民武装部升格为副县级单位，桂林市委编委，确定区武装部行政编制为6名，设有部长、政委、参谋等。

1995年12月20日，《中共中央、国务院、中央军委关于县(市、区)人民武装部收归军队建制的通知》，从1996年4月1日起，区武装部收归军队建制，称中国人民解放军桂林市七星区人民武装部。隶属桂林警备区和七星区党委、政府双重领导。区武装部编制员额16人，其中军官10人、职工6人；设有部长、政委、副部长各1人；工作机构设军事科、政工科、后勤科；区武装部驻地设在码坪街13号。

表23-1　　1985—2005年区人民武装部历任政委、部长一览表

职务	姓名	性别	民族	任职时间
部长	阳元金	男	汉	1985年6月—1996年4月
	赵佑生	男	汉	1995年7月—1999年9月
	林贤敏	男	汉	1999年4月—2002年5月
	钟益春	男	汉	2002年12月—2004年4月
	黄岳飞	男	汉	2004年5月—
政委	江选谦	男	汉	1986年6月—1996年4月
	韦天喜	男	汉	1996年4月—2000年5月
	吕良军	男	汉	2000年5月—2005年12月

基层人民武装部

乡人民武装部　1962年2月穿山乡(2005年改为穿山街道)和朝阳乡(1996年12月两乡划归七星区管理)设立了人民武装部，并配备了部长、武装干事各1名。乡人民武装部既是乡党委的军事部，又是乡政府的兵役工作机关。在乡党委、乡政府和上级军事机关的领导下，负责承办本乡民兵、预备役、征兵和战时动员工作，组织民兵参加社会主义物质文明和精神文明建设，担负战备和治安勤务，抢险救灾等任务。战时组织民兵参军参战，配合部队作战，保卫后方，支援前线等任务。穿山乡8个村民委员会和朝阳乡6个村民委员会都建有民兵营。

辖区单位武装部　1987年12月至2005年，为加强民兵、预备役建设，区武装部根据上级有关文件规定，经七星区党委批准，协助辖区石油工业部第六工程公司、桂林轮胎厂、广西第一机床厂、桂林无线电一厂、桂林无线电三厂、桂林工学院、广西师范大学、桂林电子科技大学、桂林医学院、桂林电力电容器厂、桂林漓江无线电厂等单位先后建立了武装部，并配备了专职武装部长、干事，工厂、学校武装部负责本单位的民兵、预备役、兵役学生的军事训练等项工作。

街道人民武装部　2000年4月6日，区武装部根据桂林市委议军会议和市编委、桂林警备区司令部、政治部《关于乡(镇)、街道办事处人民武装部机构设置、人员编制及干部配备等问题的通知》精神，东江街道、七星街道，于2000年6月，正式挂牌成立了街道人民武装部。街道人武部设办公室、国防教育室、情况研究室3个部门。街道人武部部长由街道工委副书记或街道办事处主任兼任。

第二节 驻 军

1998年9月，七星区召开驻区部队抗洪救灾表彰会
（区武装部 供稿）

中国人民武装警察部队桂林市消防一支队特勤中队 1998年12月建队，正连编制，隶属桂林市武警公安消防一支队领导。

中国人民武装警察部队桂林市消防一支队东江消防中队 1990年10月建队，正连编制，直属市公安消防一支队领导。

特勤中队和东江消防中队的主要任务是：担负桂林市灭火及社会抢险救援任务，保卫桂林市人民生命财产安全，维护社会稳定。

中国人民武装警察部队桂林市消防一支队驻七星公安分局消防科 1985年9月设立。消防科的职责和主要任务：依法负责七星辖区97平方千米范围内的街道、各种建筑、公共娱乐场所、集贸市场、易燃易爆场所、消防重点保卫单位、居民住宅小区等，依照国家《中华人民共和国消防法》进行消防监督工作。

中国人民武装警察部队桂林市支队二大队 中国人民武装警察部队广西壮族自治区总队桂林市支队二大队组建于2005年7月，编制为正营级单位，驻地为桂林市七星辖区的东郊雷劈山。下设第四、第五、第六3个中队，均为连级单位。

解放军广西桂林警备区狮子岭离职干部休养所 1981年6月，在七星区朝阳乡合心村民委员会田心村的狮子岭建所，正团级编制，设所长、副所长、政治协理员、文秘干事、助理员、管理员、医师、护士、士兵等38人，安置离职休养干部102名。

解放军总参谋部桂林地区军事代表室 1971年9月，进驻七星区码坪街11号，编制为正团级单位。承担对广西壮族自治区、贵州省内多家军用通信装备企业研制生产的通信装备的采购、检验验收、质量监督等工作。

解放军空军和海军驻桂林地区军事代表室 前身为空军、海军广西订货联络组，始建于1970年，1978年更改为现名，编制为团级单位。主要任务是负责军品订货。驻地为七星路三巷。

解放军空军桂林场站导航连远距导航站（空军95285部队） 始建于1966年5月，编制为排级单位。主要任务是为飞机着陆导航。驻地为朝阳乡狮子岭。

解放军总装备部长沙军事代表室 1982年进驻七星路桂林星火机械厂（301厂）内。编制为团级单位，主要任务是担负广西地方军工企业军械产品的订购、验收和广西地方军工动员生产的监督管理工作。

第三节 兵 役

制 度

明代推行“寓兵于民”的方针，立民兵万户，有事用以征战，事平复还为民。实行世兵制（人丁一经入军，一家便为军户，世代相继，不许变更）为主，募兵制为辅的兵役制度。永乐中期，桂林卫所旗军募兵1112人。正统元年（1436）世兵制改为募兵制，二年开始募民壮。自愿效劳者，人给布两匹，月粮二斗，所募民壮就地操练。

清顺治八年(1651)建立绿营兵时，实行的是由汉人组成的经制兵，后逐步过渡到世业兵制，即用本地人当兵，不得以外来无户籍的人充当，应募者须报实姓名、年龄、籍贯，取具保结，签立一份本人自愿当兵的契约，入伍后不能自由退伍，须到不能操练和差役或50岁才能退伍，建立“余丁”制度，从各营中扣除一些粮食来收养营兵子弟，兵员出缺时，从兵员家庭中抽丁补额，不足则从家庭中抽补，仍不足则从兵员家庭所在地村坊中抽补。道光三十年(1850)太平军起义时，绿营兵已无战斗力，遂改为招募，招募对象主要是失业农民和城市无业游民，组成防勇。

民国元年至民国18年(1912—1939)，沿用清代募兵制，采用随缺随招随补的办法进行，招募兵员时，先由政府划定招募地区，设招募站，张贴布告进行招募。民国19年(1930)，李宗仁、白崇禧、黄绍竑等桂系推行“寓将于学，寓兵于团，寓征于募”的民团制度，兵员从民团中征调，征调程序分为壮丁调查、抽签、征调、交兵等4个步骤。民国二十六年采用征兵制度，所有适龄壮丁到所在地乡(镇)抽签，本人不在或无故不到的由直系亲属或所在地的村、街长代抽。抽签结束，由乡(镇)的村、街长当众唱读，造册登记，报市政府备案。凡中签者均按体格检查分为甲、乙、丙、丁4个等级。民国30年(1941年)3月规定，每年抽签1次，分4期征集，以3月、6月、9月、12月的第一日为交兵日。

新中国的兵役制度，1950—1954年，兵员征集，沿用革命战争时期的扩军方法，实行志愿兵兵役制度，对人民群众进行宣传教育，号召青年公民为保卫革命胜利果实，保卫新生革命政权，支援抗美援朝，加强地方部队建设，自愿报名参军。

1955年，实行义务兵役制。1984年，国家新的《中华人民共和国兵役法》第二条规定:“中华人民共和国实行以义务兵役制为主体的义务兵与志愿兵相结合，民兵与预备役相结合的兵役制度。公民必须依照法律规定履行兵役义务。”

1979年7月，成立七星区人民政府，设置区武装部，是地方党委的军事部，同时兼同级人民政府的兵役机关，在地方党委、政府和上级政府及军事机关的领导下，负责本区域的兵役登记，现役征集，民兵、预备役以及上级赋予的其他工作。每年征兵时，七星区成立征兵工作领导小组，组长由区主要领导担任。征兵领导小组下设办公室，办公室设在区人武部，负责征兵的具体工作。机关、团体、企事业单位和乡政府、街道办事处均成立征兵工作领导小组，区辖单位按照《中华人民共和国兵役法》的规定，完成兵役工作任务。

兵员征集

民国时期现役招募征集　民国时期，每年征兵不断，民国34年(1945)抗日战争胜利后，新桂系兵追随蒋介石打内战，大量征集兵员，桂东师管区根据国防部命令，重新颁发《征兵实施办法》，具体分为:体检、抽签、征集、交拨、督征、监拨、奖惩7个程序实施。民国35年(1946)，征集21—35岁壮丁服役，采取抽签与志愿应征相结合的办法。东江区中签应征有12人，东附廓区中签应征者有14人。志愿者，东江区有12人，东附廓区有3人。民国36年(1947)两次征兵，第一次第一期，从2月开始，按人数的3.63%应征，凡21—35岁的壮丁，除免征、缓征、禁征者外，均由村、街组织壮丁到乡、镇、区公所，分年龄梯次抽签，签号由市政府派出的乡(镇)、村、街长去村、街制备，届时由壮丁本人抽签，如本人因故不到，由其直系亲属或所在村、街长代抽，抽签结果由村、街长当众宣读，造册登记，上报市政府备案。第一期，东江区征集33人，东附廓区征集20人。第一期刚结束，又进行第二期征兵，东江区征集15人，东附廓区征集13人。12月进行第二次征兵，为桂林市自卫队特编队征集新兵，东江区、东附廓区各征集5人。民国37年(1948)10月，广西保安司令部颁布《募补新兵办法》，在桂林市区扩募新兵，东江区招募新兵2人，东附廓区招募新兵5人。民国38年(1949)，广西省政府推行“一甲一兵一枪”的“总体战方案”，大量征兵，加上过境国民党军队抓兵抓夫，适龄壮丁纷纷逃避，为完成征兵任务，各村村长、街长带着警察下到村、街抓壮丁，深夜派人到旅店搜查，如有适龄者，不问情由，抓去充数。

新中国现役征集　1989年之前，七星区人民政府主要是协助桂林市政府、市兵役机关完成征兵任务，1989年后，按照《中华人民共和国兵役法》，每年征兵，七星区党委、区政府和区武装部将征兵工作作为重要工作来完成，并根据国务院、中央军委的征兵命令和桂林市征兵工作会议精神，加强对征兵工作的领导,成立征兵工作领导小组。领导小组组长由区委书记或区长担任,副组长由区政府一名副区长、区武装部部长、政委担任,成员有区民政、财政、纪检监察、宣传、公安分局等部门的领导,领导小组下设办公室,办公室设在区武装部,负责征兵工作日常事务。

区武装部在每年征兵工作时,都要开展宣传教育发动工作,层层召开征兵工作动员大会。挂横幅,出板报,张贴标语,电视、广播宣传。组织辖区单位、街道居民委员会,在本单位、本街道张贴征兵工作内容的标语,悬挂横幅。召开应征青年及其家长座谈会,动员应征青年积极报名,家长要支持子女响应祖国的号召参军。召开各类座谈会300多人次。在征兵期间,组织宣传车在辖区20多条街道进行巡回宣传。在繁华中心地段设点宣传,散发兵役宣传资料,区征兵工作领导小组的领导亲自接待群众,进行咨询,解答群众提出的问题。通过这些征兵宣传活动,使征兵工作家喻户晓。

征集新兵时的体格检查由征兵领导小组安排到定点医院对报名应征的适龄青年进行身高、体重、视力、胸部透视、抽血样检、内外科等检查,合格后方可应征。1991年起,征集新兵的身体条件,按国防部1991年颁发的《应征公民体格检查标准》,严把身体素质关,对报名应征青年,基层单位将目测表、卫生院(室)的初检表和统一组织的体检表,对三表进行核对,衡量其身体素质,筛选合格后统一组织体检,送检人数是应征人数的4倍。对承办体检任务的医务人员先进行培训,学习体检标准,明确责任。体检做到送检人、表、照片、号码相符。体检时按身高、体重、视力、辨色、血压、听力、嗅觉、外科、内科、五官科、X光透视检查、肝功能和乙型肝炎表面抗原检查(1985年新增项目)、艾滋病和吸食毒品检测(2005年新增项目)、总检的顺序进行。各科均合格的由总检医生最后下结论。

区武装部在征集新兵的政治条件上,按照公安部、总参谋部、总政治部1990年颁发的《关于征集公民服现役的政治条件的规定》和有关文件规定进行。先由基层单位进行社会调查,了解现实表现情况。对体检合格的应征青年,由区征兵办公室政审组进行总审,应征青年的政治条件主要放在现实表现上。政审进行"五访"(访学校、访派出所、访干部、访知情人、访家长)、"五查"(查年龄、查学历、查户口、查现实表现、查家长和家庭主要亲属的政治态度)。对外出打工的应征青年,要进行多渠道、多方位的内查外调,采取核审和复查等办法,确实调查清楚其现实表现。

区武装部依照征集新兵的有关规定和要求,经过政治审查和身体检查,符合政治、身体条件的应征青年较多,区征兵办公室工作人员与接兵部队干部一起,逐一进行家访,征求应征青年本人及其父母亲的意见,做好去留的思想工作。现实表现好、身体素质好,文化程度高,本人和家长要求强烈者优先。本着择优定兵的原则,最后由区征兵办公室与接兵部队代表集体定兵。

区武装部在定兵后至新兵离家前,街道、社区、乡政府、村委会及单位召开入伍青年及家长座谈会,向家长表示祝贺,并做好思想巩固工作,向入伍青年赠送学习纪念品,鼓励参军青年到部队后好好学习锻炼。送兵的当天,街道社区、乡政府和单位敲锣打鼓,给穿上军装的新兵戴上大红花送到区武装部集中,区征兵办公室举行隆重的欢送仪式,区征兵领导小组领导致欢送词。最后,区征兵办公室协助新兵办好党、团组织关系转移手续,送兵接兵双方办好交接手续,区征兵办工作人员协助接兵部队干部送到指定的部队报到。

兵役登记

区武装部按《中华人民共和国兵役法》第十三条规定在每年的3月份,召开基层单位人武部部长会议,部署对当年12月31日年满18岁的男性公民进行兵役登记工作,依法确定应服兵役和免服兵役及不得服兵役的人员;落实预征对象。适龄青年接到兵役登记的通知后,携带本人的居民身份证、户口簿和毕业证书,按时到指定的地点参加兵役登记,接受身体目测及政治和文化的初步审查。经过初审合格的公民,为应征公民。凡确定为应征公民的,在征兵期间应根据当地兵役机关的要求自觉应征。

第四节 民 兵

民兵组织

桂林市工人纠察总队第四大队 1950年6月，东江区公所，根据桂林市军事管制委员会的命令，为保卫工厂，防止敌特破坏，维护社会治安，在厂矿、各街道委员会成立了工人纠察队，参加人员主要是工人、店员。工人纠察队是按民兵组织形式建立起来的群众武装组织，无统一规定。东江区工人纠察队编为桂林市工人纠察总队第四大队。1952年11月，广西军区《干字第22号令》，任命孙清发（区工作委员会委员）为大队长。

东江人民公社革命委员会武装民兵连 漓江人民公社革命委员会武装民兵连"文化大革命"中后期，1968年4月和1969年8月，东江公社和漓江公社相继成立了革命委员会。在桂林市城市人民公社武装部的领导下，为贯彻落实"抓革命、促生产、促工作、促战备"的方针，1971年12月，两个公社成立了武装基干民兵连，恢复了民兵组织活动。东江人民公社共有基干民兵101人，漓江人民公社共有基干民兵46人。武装民兵连的连长、指导员由公社革命委员会的党政领导担任，具体工作由专职或兼职武装干部负责。1975年5月，东江人民公社革命委员会配备了一名专职武装干部，漓江公社革命委员会指定一名干部兼管民兵工作。1979年成立七星区人民武装部后，由区武装部管理民兵工作。

七星区民兵组织 1979—1986年，区武装部主要是负责区属单位、街道的民兵组织工作，1986年，扩大到负责辖区单位的民兵工作。区武装部围绕建设一支规模适当，布局合理，专业对口程度高，技术含量重，能适应未来高科技战争需要的民兵队伍，进一步完善兵员动员体系，为战时实施快速兵员动员、城市防空等展开民兵整组工作。全区的民兵、民兵组织不断发展壮大。区人武部每年对民兵组织进行整组，转退超龄民兵，吸收符合民兵年龄青年，退伍军人加入民兵组织。1987年，全区33个厂矿企事业单位有民兵组织（其中有基干民兵组织的23个单位）。

1990年5月，根据桂林市军分区关于《组建民兵应急分队（连）》的指示，七星区组建了民兵应急连（分队），分别由区政府有关部门、辖区的桂林轮胎厂、广西第一机床厂、桂林无线电三厂等41个企事业单位组成。民兵应急分队的人员以基干民兵和退伍军人为骨干，由年龄18—35岁的男性公民，政治思想好，身体健康，具有一定的军政素质和文化水平，热爱民兵工作的人员组成。民兵应急分队（连），队长由区武装部一名负责军事的副部长担任，副队长由一名军事参谋担任，指导员由区委、区政府一名中层领导担任。另配备一名军医和一名司务长。每人配发迷彩服1套、安全帽1顶、军用水壶1个、军用挂包1个、解放鞋1双，枪支弹药等战斗装备集中存放备用，还有盾牌120套、头盔120个、警棍120根、电棒9根、冲锋舟1艘、橡皮艇2艘、便携式灭火器3台。

1998年开始，区武装部在辖区高科技企业和专业性较强的单位，组建了分队。

民兵预备役 1950年6月后，在中国人解放军退伍、复员、转业的军士和士兵，服现役一年以上的编入第一类预备役，不满一年的编入第二类预备役。在国民党军队服过役的按其军事素质，对符合服预备役条件的分别编入第一类预备役或第二类预备役。1956年、1957年继续进行了登记。1958年9月，实行"全民皆兵"后，民兵预备役登记停止。1980年恢复民兵预备役登记，登记对象分为预备役军官登记和士兵登记。预备役军官登记包括：退出现役转入预备役的军官，确定服军官预备役的退出现役的士兵，确定服军官预备役的高等院校毕业的学生，确定服军官预备役的专职人民武装干部和民兵干部，确定服军官预备役的非军事部门的干部和专业技术人员。士兵预备役分为第一类和第二类。第一类的对象是：经过登记服士兵预备役的35岁以下的退出现役的士兵，经过登记服士兵预备役的35岁以下的地方与军事专业对口的技术人员，其他编入预备役部队和预编到现役部队的28岁以下的预备役士兵。第二类的对象是：除服第一类士兵预备役的人员外，编入民兵组织的人员；其他经过登记服士兵预备役的35岁以下的男性公民；服满第一类士兵预备役的人员，转服第二类预备役。编入预备役部队和预编到现役部队的28岁以下预备役士兵，29岁转入第二类士兵预备役。预备役士兵年满35岁，退出预备役。

预备役登记对象的年龄是：预备役士兵为18—35岁；担任预备役军事、政治、后勤军官平时服预备役的最高年龄：排级40岁，连级45岁，营级50岁，团、师级55岁；预备役专业技术军官的服预备役的最高年龄是初级50岁，中级55岁，高级60岁。凡触犯法律，被逮捕、判刑、被剥夺政治权利的不登记。凡身体无残疾、无慢性病，或虽有慢性病，但不影响正常训练、参战的人员，均需进行预备役登记。

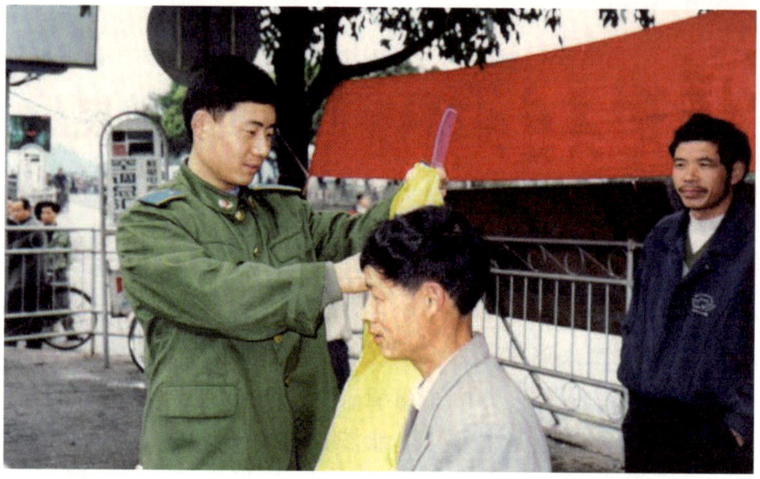

1997年3月，区武装部官兵开展学雷锋活动帮群众理发

（区武装部　供稿）

1992年4月1日后，被批准服预备役的转业干部，在到地方工作单位报到前，先到区武装部办理预备役登记手续。已登记服预备役的转业干部、退伍士兵，每年进行一次统计核对。转业干部以每年3月31日为准，由区武装部会同组织、人事部门进行核对。退伍士兵以6月30日为准，由区武装部会同机关、乡、街道、厂矿企事业单位进行核对。对超龄的，因身体条件变化不适合服预备役的以及残废的人员作消除登记；对调出区、出国、被逮捕、判刑、剥夺政治权利的人员作注销登记，并将消除登记卡片报区武装部；对漏登的，包括各类人员中符合服预备役条件而未登记的，外地调入的和可恢复预备役登记的人员，进行补登。经登记，1980年，七星区有退伍军人服预备役人员165人；1985年，七星区有退伍军人服预备役人员172人；1990年，七星区有退伍军人服预备役人员140人；1995年，七星区有退伍军人服预备役人员155人；2000年，七星区有退伍军人服预备役人员208人；2005年，七星区有退伍军人服预备役人员89人。

民兵政治教育

20世纪50年代，辖区民兵政治教育围绕剿匪反霸、土地改革、镇压反革命、抗美援朝等中心任务，进行阶级爱国主义、国际主义教育。进行回忆对比，控诉地主恶霸剥削、压迫劳动人民的罪行，提高民兵的阶级觉悟，自觉地把保卫人民翻身解放，当家作主人与祖国的安全、维护世界和平联系起来，激发民兵参加维护社会治安、保卫新生的人民民主政权的热情和积极性，出现踊跃报名参军，支援前线保家卫国的热潮。

1953—1956年，辖区民兵进行党在过渡时期总路线学习和教育，提高对农业合作化、手工业社会主义改造的认识，农村民兵积极参加互助组，农业生产合作社，走集体富裕的道路，城区民兵积极参加社会主义改造，坚定走社会主义道路的积极性。

1958—1965年，辖区民兵进行“鼓足干劲，力争上游，多快好省地建设社会主义”的总路线教育，学习毛泽东著作，开展学习雷锋的活动。激励民兵热爱党，热爱社会主义，热爱祖国，为国家经济建设贡献力量。1966年后的“文化大革命”期间，民兵的组织和教育处于停止状态。

1978年起，区武装部组织民兵学习实事求是的思想路线，进行以经济建设为中心，坚持四项基本原则，改革开放的教育。至1992年，组织民兵学习邓小平理论，深入改革开放，抵制无政府主义、自由主义思潮，坚定四项基本原则，维护经济改革的稳定发展和社会秩序的安定。1993—2005年，区武装部组织民兵学习十四大，十五大，十六大精神，坚持党的基本路线不动摇，学习邓小平理论、“三个代表”重要思想和科学发展观，充分发挥民兵在新时期的经济政治建设、国防建设中的作用。

民兵军事训练

1950—1957年，东江区主要组织农村民兵训练，利用农闲时间和季节，采取小型分散的训练方法，学习射击、投弹、站岗、放哨等基本知识，训练时间每月 3—5 天。

1958—1965 年，开展大办民兵师活动。民兵训练以村扩展到城市。训练对象主要是民兵干部和武装基干民兵。训练内容以射击、投弹、刺杀、战术、队列等科目。训练方式小型、就地、分散、业余的原则。每年训练时间 10 天。期间开展大练武高潮。1964 年推广"郭兴福教学法"，掀起大练兵、大比武热潮。

1966 年起，在"文化大革命"期间，民兵训练停止。

1973—1980 年，区武装部落实《中国人民解放军总参谋部 1973—1975 年民兵军事训练纲要》和《中国人民解放军总参谋部 1977—1980 年民兵军事训练纲要》的规定。主要进行投弹、射击、战术，"三打"（打飞机、打坦克、打伞兵）和"三防"（防原子弹、防化学、防细菌）等科目训练。城区民兵进行巷战、街垒战、地道战训练。

1981 年区武装部对民兵训练进行改革，减少训练人数，只训未经过训练的基干民兵；精简内容，主要进行射击、投弹、爆破、队列、单兵战术和战斗勤务训练，缩短训练时间，每年训练 20—30 天。至 1995 年共训练民兵 5840 人，其中民兵干部 50 人，步兵 240 人，专业分队民兵 320 人，应急分队民兵 606 人，试点院校学生军训 4624 人。

1996 年开始，区武装部按照中国人民解放军总参谋部颁布的《民兵军事训练大纲》的要求，实施规范化训练，统一训练内容，统一训练时间，统一考核标准，建立健全训练、管理、生活制度，保证参训人员时间、内容、质量的落实。区武装部对民兵应急分队、专业技术分队、民兵对口专业分队进行重点的训练。至 2005 年实际进行训练的人数占应训练人数的 134.84%，合格率 99.9%。

1995 年 9 月，七星区民兵应急分队汇报表演

（区武装部　供稿）

第五节　国防动员与国防教育

国防动员

1979 年，辖区积极加强人民武装动员建设，动员民兵积极应征，踊跃参军，保证兵员补充；动员民兵配合部队作战和单独执行敌后作战任务；动员民兵带领群众发展生产，巩固后方，担负支前、抢救伤员等战场勤务。2000—2005 年，按照上级统一部署进行了 3 次兵源潜力调查，调查的主要内容和方法是结合每年的民兵整组 5 项工作，抓好兵役登记，准确掌握全区适龄青年、应征青年、缓征、不得征集的人数，通过复退军人登记、核对，准确掌握各种专业技术人员的人数、专业及分布情况。建立资料档案和数据库，为战时兵员动员提供可靠依据。先后制订了《中国人民解放军七星区武装部战时兵员动员方案》《中国人民解放军七星区武装部战时兵员动员后勤保障方案》《中国人民解放军七星区武装部兵员动员政治工作预案》，并根据国际形势的发展变化，进行修订完善。

交通战备动员　1960 年后辖区内各大中型企业 1400 多家及大专院校、科研单位，均有客车、货车、小车、特种车共 1600 多辆，战争一旦发生，这些车辆可以担负全区人口的疏散及各种军用物资和民用物资的运输任务。

1979 年，区国防动员委员会设交通战备办公室。随着国民经济的发展，桂林市人民政府和区人民政府，为促进经济的发展，贯彻国防战备要求，加大了七星区的道路交通基础设施建设，至2005年新建了环城南路、东环路、东环二路、环城北路，改造扩建了龙隐路、七星路、穿山路、漓江路、建干路等多条主干道，扩建了解放桥、龙隐桥、新桥。交叉道口设立了交通指示标牌，便于各种车辆的行驶。区人民政府和乡人民政府，还加大了乡村道路建设的投入，对全区1乡、1街道、1经济区共84个自然村的道路进行了硬化建设，道路交通条件的改善，对战时的物资运输、人员疏散，将起到积极作用。

国民经济动员 2000年7月，在桂林市国民经济动员办公室的统一组织下，七星区经济动员办公室、区统计局对17个大类，337项指标分别进行了调查，调查的主要内容是：军需必备物资生产及储备情况；规模以上工业企业主要产品生产与库存情况；给养商品的生产与社会存量情况；交通运输能力、交通能源供给、交通运输设备结构和修理能力情况；医疗卫生机构、医疗设备、医疗技术人员现状及药品生产情况；工程机械修理能力情况，科技人员及专业维修人员情况；建筑施工设备，建筑材料生产及储备情况。调查方法以全面调查为主，抽样调查为辅。2002年4—5月，根据广西壮族自治区经济动员办公室统一部署，按照国家新制定的潜力调查指标体系再一次进行了调查。通过调查登记，摸清了七星区的工农业生产、交通运输、医疗卫生，建筑业等基本情况，为制订、修改完善国民经济动员计划、规划提供了可靠的依据。

至2005年七星区国民经济动员办公室，对辖区企业进行了调查登记、汇编，共有2567家。其中机械工程技术人员481人，焊工628人，车工226人，无线电工程师185人，修理工296人，仪表工程师74人，修理工196人，水工20人，气工13人，管道工49人，电工工程师88人，变压器工18人，架线工123人，网络工程师53人，发动机工程师2人。建筑施工企业6家，有技术人员242人。有发电机28台，挖掘机2台，推土机6台，塔式起重机3台，自卸车6台，施工升降机34台，砼搅拌机47台，打桩机3台，发电机1台。医院2所，有放射医生3人，护士43人，手术医师6人，救护车2台，手术台（室）4台，X光设备4台，麻醉机2台、呼吸机2台，心脏起搏器1台，担架40付。汽车修理厂1家，有修理技术人员20人，年维修能力大修108辆，中修12000辆，各种设备18台。加油站3个，能储备汽油91吨，柴油43.5吨，汽车加油口9个，柴油加油口3个。货车4—8吨有38辆，8吨以上5台，客车40座以上131辆。

国防教育

教育对象 区武装部按照国家《中华人民共和国国防教育法》的规定，对辖区公民进行国防教育，重点对象是青少年学生和民兵、预备役人员。正在学校读书的小学生、中学生、大学生是祖国未来的建设者和保卫者，抓好这些人的国防教育，对国家的国防建设大业具有举足轻重的作用。主要方法是结合学校教育进行。区武装部每年派政治教员到辖区各中、小学校给学生讲授有关国旗、国歌、国徽，热爱人民军队的教育辅导课，讲述一些爱国英雄模范的事迹，由学校组织瞻仰烈士陵墓。高中学生和大专院校学生的国防教育，结合军训进行，由学校邀请驻军的政治、军事教员对他们进行军事训练的同时，进行国防教育，由政治教员授课，讲述当前国际和国内形势，国防理论、国防法规、军事技能等爱国主义、革命英雄主义教育。对民兵、预备役人员，采取每年集中军训时上辅导课，单位和个人订阅《广西武装》《国防》等刊物的书籍进行教育。区武装部还在厂矿和企事业单位的民兵中开展国防知识竞赛，发放国防知识竞赛测试卷。1987年，发放竞赛试卷130份，平均分数为84分。2001年，

1998年9月，区武装部官兵开展为群众服务活动

（区武装部　供稿）

区装武部组织《中华人民共和国国防教育法》知识竞赛，全区共有3897名民兵、预备役人员参赛。

辖区的教育基地有七星公园内的陈光烈士墓、尧山革命烈士纪念碑、普陀山上博望坪（霸王坪）抗日三将军烈士墓及八百抗日壮士墓等。

教育内容 区武装部以国防知识、国防法规、爱国主义、革命英雄主义等教育为主。国防知识教育主要进行国防科普知识以及国旗、国歌、国徽、军旗、军歌以及人民防空、战地自救等基本知识的教育。国防法规教育主要是通过组织民兵预备人员、干部、职工学习《中华人民共和国宪法》《中华人民共和国国防法》《中华人民共和国兵役法》《中华人民共和国人民防空法》《中华人民共和国民兵工作条例》《中华人民共和国民兵装备管理条例》《中华人民共和国征兵工作条例》等法律、法规、条例，使受教育者了解国防法律的基本内容，增强法制观念，自觉履行国防义务。爱国主义教育主要从4个方面入手：大力宣传中国地大物博、人口众多、山河壮丽、灿烂文化和悠久的历史；宣扬历史上和当代的著名人物和爱国主义者；开展学校英模活动，发扬革命英雄主义精神；宣讲近代中国被侵略、掠夺的历史。通过宣传教育激发受教育者热爱祖国、建设祖国、保卫祖国的热情。革命英雄主义教育以英雄模范为榜样，鼓励青年、民兵预备役人员在民兵训练、抗洪抢险、创先争优，民兵工作三落实中，发扬不怕苦不怕累、排除万难去争取胜利的精神，争当标兵、争当英模，为国防建设多做贡献。

教育方法形式 以学校教育、集中教育和结合其他工作开展教育为主。学校教育主要是在大专院校和中小学校开设国防教育课，大专院校教学课时为60课时。每学年新生入学均开展1至2周军事训练，进行国防教育和学习军事基本知识。开展集中教育主要在开展一年一度的民兵整组等5项工作时，组织民兵学习有关法律法规，进行遵纪守法教育。在民兵预备役人员军事训练期间，重点进行民兵性质、任务和“反腐蚀、反渗透、反和平演变”教育，克服和平麻痹思想，增强国防观念。每年基干民兵受教育面达95%，普通民兵达90%。另外，区委、区政府还利用每年拥军优属或发放优抚费时召开烈军属会议，对参会人员进行热爱祖国、保卫祖国、参军光荣、为增强国防力量多作贡献的教育；利用清明节学生祭扫烈士墓，“五四”青年节、“七一”中国共产党诞生纪念日党团员开展活动的时机进行爱国主义、团史、党史教育。结合其他工作开展教育主要是结合民兵整组，民兵军事训练、执行急、难、险、重任务时进行组织纪律、条令、条例、民兵性质、任务、《中华人民共和国国防法》《中华人民共和国人民防空法》等内容的教育，增强法纪观念、组织纪律观念、增强“兵”的意；结合每年征兵工作，进行《中华人民共和国兵役法》教育，提高适龄青年报名参军的积极性，促进征兵工作开展。结合军（警）民共建，对共建单位的干部、职工进行国防教育，组织对单位干部、职工到部队参观学习，观看部队战士军事表演和军队的先进装备，组织他们参加实弹射击，野营拉练，增强国防观念和战备意识，结合党政机关领导干部过军事日活动，增强领导干部的国防观念和抓好本单位民兵预备役的责任感。结合民兵、武装部争先创优活动，对武装部干部、职工、民兵进行革命英雄主义教育，促进争先创优工作开展。

第六节 人民防空

民国时期的防空由广西省组织，解放后至1979年由桂林市人民防空办公室统一组织指挥。

人防工程设施 1979年10月，成立七星区人民防空办公室，行政编制4人，办公地点设在老人山脚下（市人防办内）。区人防办历任主任：高振安、王锡允、王秀菊（女）、雷庆寿。1985年，成立了七星区人民防空委员会，负责组织指挥全区的防空袭工作。

区人防办结合本区的地理位置和人口密集等情况，制定了防空袭人口疏散方案和战时紧急疏散方案。

警报器设置 七星辖区警报器统一由桂林市配置，警报信号由市统一规定、统一发放，辖区接信号后，相继发放，1950年初，警报设备以悬挂红绿灯球代替。1951年在独秀峰顶安装小型手摇警报器一台，音量小，1962年改成大型警报器，音量可覆盖全城。1969年市区增配电动报警7台，另配手摇报警器11台。1972年城区内设“7001”警报信号传递机1台，电动报警器6台，其中七星岩设电动警报器1台。1983年增设电动报警器6台，其中七星岩增设1台。1985年全市设置不同种类的警报器，七星岩设置的是改碉堡式警报器。1992年，七星岩警报器改建成碉堡式设施。1999年，桂林市采用无线遥控集中控制和分散单控警报相结合的方式，对分布在全市的56台警报器统一发放或根据命令分散发放警报信号。2000年11月，市人防办新增报警器5台，其中七星区政府办公大楼安置1台。为提高全民国防意识和人民防空意识，市人防指挥部确定从2000年起，每年的11月30日(日军空袭桂林纪念日)，组织一次空袭警报鸣放演练：辖区人防指挥部接市人防指挥部统一发放的警报信号后，相继发放防空警报信号15分钟。

通信网络 1962年，七星区指挥部设70部共电式总机一部，与区委、区政府、区公安分局、医疗救护、交通运输、工程抢修、道路桥梁、消防、治安、防化、供电、供水、广播等单位、部门各设一对专线，以便随时沟通。以上线路在接到战争命令24小时内，由区通信专业队负责全部开通。无线通信主要是以10瓦单边带电台加入市指挥部第一指挥网。

防空预案 1985年，七星区贯彻桂林市人民政府〔1985〕21号文件和88号文件，(批转市人防办《关于制订市、区两级防空袭预案的意见》)，成立拟定防空袭预案办公室，分别拟制了区级防空袭预案和防空片(含大单位)级防空袭预案。1992年2月起实施《关于修改桂林市战时防空袭预案的意见》及2月4日桂林市人防委扩大会议精神，七星区对1985年防空预案进行了修正，对口接收人口疏散的灵川县同时修改了接收预案。1999年再次进行了修改。修改后的方案计划更加切合实际，接近战时防空要求。并通过了市人防委领导会议审定批准。

第七节　重要战事

马之骦率精兵东渡漓江抗击清军 清顺治元年(1644)年二月清军将领李成栋、屠列鳌率10万精兵与明军将领瞿式耜、马之骦在桂林城展开激战。六月二十六日清晨，明军督标副将马之骦带精兵千人东渡漓江，绕到清兵后方。黎明，焦琏与副将白贵饿着肚子，冒雨督兵冲击敌营，马之骦放炮助威，清兵措手不及，抛甲弃马，尽气狂奔。瞿式耜搜括公署米粮，蒸饭送到军中。天将黑，雨未息鸣金收兵。二十七日，焦琏身先士卒，奋力冲阵，清兵弃甲而奔，马之骦督兵渡江截击，追杀20里才收兵。

太平军攻打桂林 清咸丰二年(1852)二月二十八日，太平军前锋抵达桂林，从东南西三个方向围攻桂林。河东岸的太平军近万人，主要扎营在花园里、菜园里、王家碑、栖霞寺、望城岗、福隆园、下关等地。太平军水军有船40余只，停泊于訾洲、塔山一带漓江河段。

清军向荣、刘长清所辖湘、桂、川2000余人守城。钦差大臣赛尚阿移营阳朔指挥，先后调遣署临元镇总兵王锦秀、徐州镇总兵松安、镇远镇总兵秦定三、泗城府知府李孟群、右江道张敬修、侍卫开隆阿等率兵2万余人从永安出发驰援。湖南提督余万清率兵1000人，江忠源率募勇1200人南下增援。秦定三、常禄等部驻扎在漓江河东岸的上关、东江的猫儿山、六狮洲均有清兵驻防。

从三月初一起，太平军连续以云梯攻城，清军用滚烫的油、开水等浇泼，太平军未能取胜。后太平军又改用吕公车攻城，也被清军破解。太平军围攻桂林城逾月未果，人员伤亡较重，武器、粮食又接济不上。城外清兵增多，长此僵持对太平军不利，遂决定放弃攻打桂林，取道北上入湘。为了隐蔽撤围的目的，迷惑清军，太平军连日派出小分队朝东、南、西三城门的清军发起攻击。同时，扎营河东的太平军向猫儿山的清军发起猛攻。三月二十八日清晨，太平军1000余人从花园里分数路包抄猫儿山清军。又在五通庙附近设伏，欲诱敌聚歼。清军固守不出，太平军即改变计划，从花园里、菜园里、王家碑三路直攻猫儿山清军营盘。双方展开激战。二十九日，太平军数千人又从码坪街、栖霞寺一带再次向猫儿山攻击，清军不知是计，忙于应战。太平军则于四月初一深夜兵分两路，东路从斗鸡山渡过漓江，西路由庙头圩经卫家渡过漓江，经灵川县灵田圩、海洋平北上。驻河东的太平军则出乌岭，经灵田向兴安挺进。

桂林保卫战 民国33年(1944年9月29日)，侵华日军总司令部下令第六方面军实施桂、柳作战，以侵占大陆交通线上桂、柳两据点为目的。10月，日军7万人进犯桂林。中国军队守护桂林市的是桂林城防司令部(司令韦云淞中将，参谋长陈济桓中将)所辖第三十一军部(军长贺维珍少将、参谋长吕旃蒙少将)、第三十一军的一三一师(师长阚维雍少将)、第四十六军的一七〇师(师长许高扬少将)、第七十九军九十八师的二九四团(团长王卓如)、第四战区直属第六炮团(团长陈某)，兵力共2.5万人。10月28日，日军第五十八师团突破国军灵川防线，沿桂全公路向北郊推进。日军第四十师团经灵田圩侵入东郊。中国军队严阵以待，以中正桥(今解放桥)至甲山连接线为界，城北及东江为一三一师防区。开战以后，中国军队凭防御工事杀伤进犯之敌，东郊、北部各据点，双方拼死争夺。11月7日傍晚，日军二三五联队侵占普陀山，用火焰喷射器封锁洞口，中国军队三九一团余部退守栖霞洞(今七星岩洞)，除团长谭泽文等10余人摸黑从后岩潜逃外，其余824人俱被日军毒杀洞内。9日零时，日军以重炮连续、密集袭击城区，掩护诸部攻城。1时，日军第四十师团二三六联队从中正桥至伏波山之间，强渡漓江成功，抢占桥头3座大碉堡。防守象鼻山的炮兵见状，猛烈炮击日军之后续部队。并夺回桥头堡。拂晓，日军由空军控制桂林上空，在重炮和坦克掩护下，全线展开总攻。在城东，日军第四十师团主力于13时30分再次组织渡江，被中国军队炮火压制，不得逞。日暮，日军第四十师团得到军团倾巢增援，大举渡江。守军黄昏从西突围离城，留守部队经过11个昼夜的浴血奋战，终因寡不敌众，阚维雍、陈济桓、吕旃蒙3位将军和800余守城壮士，为国英勇捐躯。

2005年，七星区民兵训练场景

第二十四章

教　　育

1999 年 9 月，七星区召开先进教育工作者表彰大会　　（区教育局　供稿）

清康熙五十六年(1717),巡抚陈元龙于七星岩栖霞洞前建阜成书院。

民国29年(1940),东江镇有小学3所,东附廓乡2所。民国31年(1942)在东江镇开办幼稚园1所。民国34年(1945),在七星岩山下开始办中等专业技术学校。民国36年(1947),今七星区境内有小学16所,中学3所,中等专业技术学校2所。

1949年12月,中国人民解放军桂林市军事管理委员会文教接管部成立,开始对境内各类学校进行接管、改造、整合。1951年,今七星区域内有市立小学4所,私立小学1所。1952年,在市民中广泛开展扫盲工作,举办群众业余文化学习班,90%以上的中青年入学识字。1956年,国家重工业部在建干路屏风山下开办桂林地质学校(今桂林工学院)。此后,中等、高等教育学校(分校)陆续在区境内建立。1963年,各中小学校以教学为中心,加强"基础知识、基本技能"教学,教学质量明显提高。1966—1976年"文化大革命"期间,学校正常的教学秩序受到干扰,教学质量下降。1978年12月,中共十一届三中全会召开后,各校依据教育工作条例,恢复和健全各种规章制度,教学质量不断提高。1986年起,集中力量抓小学教育的入学率、巩固率和合格率。1989年11月,全区实现普及初等(小学)教育。1992年开展基本普及九年义务教育、基本扫除青壮年文盲(简称"两基")达标活动。1993年通过自治区"两基"达标验收,为全市首个"两基"合格城区。自治区人民政府授予七星区"普及九年义务教育城区""扫除青壮年文盲城区"称号。1996年,穿山乡、朝阳乡划归七星区后,兴起农民技术培训。1997年起,区教育局陆续接管辖区内原由市教育局管理的幼儿园、小学和部分中学。1998年通过国家级扫盲验收。1999—2002年,全区共投入中小学教学设施建设资金1127.8万元。2002年,全区实验教学普及工作通过自治区级评估验收,成为"普及实验教学县(区)"。

2005年,七星区有普通中学14所,在校学生11532人;小学32所,在校学生13017人;幼儿园39所,在园儿童5597人。其中,区政府直管的公办中学5所、小学15所、幼儿园2所;政府指导的单位办小学6所、民办学校11所,单位办幼儿园7所、民办幼儿园30所。驻七星区中等职业学校和普通高等学校有18所。其中,中等职业学校12所,在校学生2万多人;普通高等学校6所,在校学生10万多人。中等职业学校中,有自治区直属2所,市直属10所;普通高等学校中,有自治区直属2所,自治区与桂林市共管以自治区管理为主1所,中央与自治区共建3所。

第一节　私　　塾

据《广西年鉴》民国22年(1933)的统计,东附廓区开办的私塾有彭家岭、岭头、渡头、莫家里、龙家、西村、横塘、岩前、皎霞等村塾。学生所学课程,由塾师排定,教材由浅入深,循序渐进。一般先必读《三字经》《千字文》《百家姓》《弟子规》《朱子家训》《五言诗》《增广贤文》,继而《孝经》《幼学故事琼林》,以至《声律启蒙》、四书、五经、《古文观止等》。采用复式教学,个别传授的方法。通常是令学生立于塾师的案旁,塾师范读,学生跟读;塾师讲解,学生细听。然后回座位自行温习,朗读成诵,直至背诵无误。区境内民间私塾无固定的修业年限,一般多在五六年之间,且随时可由家长决定退学。学费收取比较灵活,学费的多少由学生家长与塾师双方议定。同年,村街设置国民基础学校,乡镇设置中心国民基础学校,废除私塾和私立小学,学龄儿童进入国民学校就读。

第二节　学前教育

幼儿园设置

民国 31 年(1942)年四月，桂林市政府会同北平香山慈幼院桂林分院联合开办东江镇幼稚园。

中华人民共和国成立后，1951 年在自由路开办第一所公办幼儿园——花桥幼儿园。幼儿园使用市文教局编写的教材，开设语言、计算、体育、认识环境(含社会、自然)、图画、手工、音乐等课程。1959 年后，区境内的企业、事业单位相继开办幼儿园，1965 年有幼儿园 4 所。1967 年，广西省干部子女学校幼儿部由市正阳路迁入今七星区六合路 57 号。1975 年幼儿园增至 16 所。1979 年 11 月，教育部《城市幼儿园工作条例》颁发试行后，辖区内幼儿园开设语言、计算、常识、音乐、美术、体育、游戏等课程。在教学方法上，以“保教并重”为原则，改变“灌注式”教学方法，重视上课、游戏、体育、劳动、绘画、郊游、参观与日常生活相结合，帮助幼儿从多渠道获得信息。1990 年，全区有幼儿园 23 所，在园幼儿 2042 人。其中公办幼儿园(七星幼儿园、华侨幼儿园)2 所，在园幼儿 337 人；企事业单位办幼儿园 21 所，在园幼儿 1705 人。1991 年，区境内幼儿园使用广西壮族自治区统编教材，设语言、计算、体育、音乐、美工、常识 6 门课程。1993 年，七星幼儿园、花桥幼儿园进行“幼儿发展课程”试验。1996 年后，幼儿园围绕重视幼儿活动的组织过程和发挥幼儿的主体性的课题进行研究，七星幼儿园被定为桂林市素质教育研究试点。1997 年，七星幼儿园通过自治区验收，确认为自治区示范幼儿园；是年 12 月，广西师范大学实验幼儿园被确认为自治区示范幼儿园。1998 年幼儿园增设双语教学和思想品德教育课程。1999 年 7 月，桂林市人民政府将幼儿园管理权限下放城区。此后，七星区教育局对辖区幼儿园实行业务统管、经费自管、人事分管(公办教师由区教育局管理、集体办幼儿园员工由主办单位管理、民办幼儿园员工由幼儿园自行管理)的制度。2000 年，全区有幼儿园 44 所，其中公办 2 所，企事业单位办 10 所，民办 32 所，在园幼儿共 2433 人。2003 年 3 月，广西师范大学实验幼儿园派教师参加西部地区“做中学”儿童科学教育(让所有学前和小学阶段儿童有机会亲历探究自然界奥秘的过程)师资培训班，接受来自法国的科学教育培训专家为期一周的培训。2005 年，全区有幼儿园 39 所，共 242 个班，在园幼儿 5597 人。其中公办幼儿园 2 所，在园幼儿 316 人；单位办幼儿园 7 所，在园幼儿 1767 人；民办幼儿园 30 所，在园幼儿 3514 人。全区 3—5 周岁幼儿入园率为 98%，学前一年(学前班)入园率 99%，幼儿园专任教师学历合格率 100%。

幼儿园选介

桂林市七星幼儿园　1950 年，广西省干部子女学校幼儿部创办于市正阳路。1967 年迁至六合路 57 号。1971 年更名桂林市七星幼儿园，是全日制幼儿园。幼儿园建有长廊连接的 2 层教学楼 4 幢，教职工宿舍楼 3 幢。教学楼分设教室、音乐室、资料室、医务室、办公室、接待室等。室外场地宽阔，置有大型玩具飞机、摇船、转椅、爬杆、滑梯等。1977 年，幼儿园获国家体委授予的“第三届运动会群众体育先进基层单位”称号。1990 年有大、中、小班 6 个，在园幼儿 210 名。教职工 40 人，其中幼教特级教师 1 人，高级教师 2 人，一级教师 8 人，二级教师 1 人。

1972—1990 年，先后接待美国、日本、法国、德国、新加坡等 10 多个国家的外宾和中国港澳同胞参观达 3 万多人次。1994 年 8 月，桂林市人民政府拨款 182 万元重建 3 层教学楼 1 幢，建筑面积 2260 平方米，1995 年投入使用。1997 年被确认为自治区示范幼儿园。2004 年 2 月在毛塘路新办幼儿寄宿分园。2005 年，幼儿园占地面积 5253 平方米，园内绿化面积达 48%，幼儿活动室有 18 间。每班配有电视机、幻灯机和音响网络系统等现代化多媒体教学设备，以及钢琴等其他种类丰富、数量充足的教具和日常用具。幼儿园共 7 个班，在园幼儿 220 人；教职工 49 人，其中高级教师 8 人。是国家“九五”计划重点课题幼儿试验基地、广西幼儿园课改试验基地、桂林市科研示范园和双语试验园。

广西师范大学实验幼儿园 1958年，广西师范学院幼儿园创办于桂林王城，1994年迁至育才路20号，更名广西师范大学实验幼儿园。1997年12月被确认为自治区示范幼儿园。校园占地面积4920平方米，建筑面积2851平方米，绿化面积达到50%；配备有科学实验室、陶艺室、舞蹈室、建构室、感觉统合训练场、角色游戏室、器乐室、游泳池等。2001年“幼儿园创新课程的构建与研究”课题被中国教育学会批准立项，并开展实验研究。同时，承担着幼儿园适应性发展课题的实验研究和全国教育科学重点研究课题子课题“区域尝试活动与幼儿创新能力培养”的实验研究。2005年有11个班，在园幼儿384人；教职工43人，其中高级教师16人；专任教师本科以上学历占85%。是桂林市教育科研示范学校、自治区卫生保健甲类幼儿园、广西幼儿园园长培训考察学习基地、广西幼儿师范学校学习基地、广西师范大学教育科学学院学前教育系实习基地。

嘉天下幼儿园 1965年，桂林轮胎厂于横塘路77号创办全日制幼儿园。2004年6月，桂林轮胎厂将幼儿园对外公开招标，改为民办，更名“嘉天下幼儿园”。校园占地面积4496平方米，建有工字形连接的3层教学楼，有教室、资料室、医物室、教师办公室、园长办公室，接待室等21间。各班配有电视机、CD机、白板、投影仪、电子琴、儿童图书等。1000多平方米的户外活动场地，有大型滑梯、淘气堡等玩具。2005年有12个班，在园幼儿350人。有教职工24人，其中学前班教育专业教师8人，小教专业毕业3人，高中毕业1人。

新艺幼儿园 1986年8月，石油六公司在空明路7号创办全日制幼儿园。校园占地面积2500平方米，绿化面积500平方米；建有长廊连接的2层教学楼2栋。教学楼分设教室、幼儿宿舍、音乐室、资料室、医务室、办公室、接待室厨房等。置有电视机、幻灯机、钢琴、手风琴、脚踏风琴、收录机、儿童图书等教具。室外置有转动地球仪、摇船、转椅、爬杆、滑梯、独木桥、快乐城堡等大型玩具。1991年被评为自治区一级幼儿园。1989年，获国家石油部授予的“石油系统先进基层办学单位”称号。2001年8月，石油系统改制，幼儿园对外公开招标，由个人举办，更名新艺幼儿园。2005年有14个班，在园幼儿380人。教职工43名，其中具有幼师资格的专业教师29名，具有小学高级教师职称1人，一级教师职称8人，二级教师职称5人。

表24-1　**2005年七星区幼儿园基本情况表**

	名称	园址	开办时间	校园面积（平方米）	建筑面积（平方米）	班数（个）	教工（人）	在园幼儿（人）
公办	七星幼儿园	六合路57号	1950年	5253	2260	7	49	220
	花桥幼儿园	新生路二巷15号	1951年	824	223	4	16	96
单位办	广西师范大学幼儿园	育才路20号	1932年	5100	2680	11	43	384
	电科所幼儿园	辰山路2号	1970年	4600	3400	11	20	250
	无线电一厂幼儿园	会仙路6号	1970年	1700	800	10	18	205
	广西区四建东江幼儿园	空明路4号	1970年	1500	900	10	17	180
	电容器厂幼儿园	建干路37号	1972年	1600	950	11	18	200
	石油六公司幼儿园	空明西路7号	1986年8月	1250	2500	14	43	380
	漓江机械厂幼儿园	六合路66号	1990年	2398	841	8	32	168
民办	嘉天下幼儿园	横塘路77号	1965年	4800	3500	12	24	350
	狮子岭幼儿园	空明路11号	1990年3月	680	960	4	10	76
	龙隐路幼儿园	龙隐路	1991年3月	360	249	4	7	86
	临上幼儿园	东江路29号	1991年7月	210	552	4	10	90
	新苗智力幼儿园	福隆园203-1号	1995年6月	200	500	4	8	70
	花园幼儿园	花园村282号	1996年7月	300	400	4	8	80
	春芽幼儿园	六合路87号	1996年7月	370	460	5	10	109
	东方日出幼儿园	环城北二路46号	1997年	1183	760	5	12	100
	红星幼儿园	刘家里45号	1997年4月	900	820	4	10	98
	苗苗幼儿园	彭家岭154号	1998年3月	700	400	4	8	79

续表

	名称	园址	开办时间	校园面积（平方米）	建筑面积（平方米）	班数（个）	教工（人）	在园幼儿（人）
民办	小星星幼儿园	环城北二路号	1998年3月	550	560	5	9	100
	朝阳幼儿园	田心里120号	1998年4月	890	520	6	11	115
	小太阳幼儿园	环城北路11号	1998年11月	1518	2360	6	25	169
	腾龙施家园幼儿园	施家园31号	1999年6月	1200	650	5	14	100
	东方日出新世纪幼儿园	毅峰南路1号	1999年7月	1500	875	5	11	120
	新桥幼儿园	建干路91号	1999年10月	470	870	4	7	61
	小天使幼儿园	七星路89号	2000年7月	1920	3682	11	38	320
	宝宝幼儿园	龙隐路10号	2000年10月	530	246	3	9	70
	三里店英文艺术幼儿园	七星路	2000年10月	1700	1400	5	18	118
	东新幼儿园	六狮洲26号	2001年12月	500	280	4	10	92
	金贝贝幼儿园	辰山路1号	2002年2月	870	300	5	8	100
	扬帆幼儿园	毅峰南路18号	2002年7月	1000	960	5	15	100
	大成儿童书苑	横塘路55号	2003年4月	3800	560	3	7	80
	东城幼儿园	环城北二路56号	2004来3月	542	342	4	10	80
	穿山幼儿园	漓江路41号	2004年4月	950	320	5	10	100
	东江园林幼儿园	普陀路34号	2004年4月	5000	1500	8	30	220
	红太阳幼儿园	空明东路5号	2004年4月	1230	900	9	12	150
	小博士幼儿园	漓江路1巷8号	2004年6月	1400	800	5	12	130
	天天幼儿园	环城北二路52号	2004年9月	6000	1200	4	10	90
	澳洲花园E贝幼儿园	环城北二路56-3	2005年10月	2154	1317	4	15	61

学前班

1983年，七星区域内的公办小学（东江小学、樟木小学）开始办学前班，对5—6岁的学龄前儿童进行为期一年的学前教育。1985年后，区域内公办小学相继开办学前班。使用广西编印的《幼儿学前班课本》或接力出版社学前班教材。一般设语言、计算、常识、音乐、美术、体育等课程。1990年全区小学设学前班14个，在学儿童461人，教师29人。2000年民办小学亦开始办学前班。2005年，全区小学设学前班36个，其中分布在城区26个，农村10个。入学儿童共1303人，教师59人。其中民办小学设学前班5个，入学儿童204人，教师10人。

表24-2　**1983—2005年七星区域学前班统计表**

年度	班数（个）	在学儿童（人）	年度	班数（个）	在学儿童（人）
1983	2	72	1995	17	617
1984	2	76	1996	21	637
1985	5	188	1997	23	786
1986	9	337	1998	23	788
1987	9	341	1999	23	823
1988	10	371	2000	27	964
1989	11	390	2001	31	1092
1990	14	461	2002	32	1104
1991	14	477	2003	34	1157
1992	16	583	2004	36	1217
1993	16	605	2005	36	1303
1994	17	618			

第三节 小学教育

学校设置

民国23年(1934)推行国民基础教育,村(街)设立国民基础学校(简称基础校)、乡(镇)设立中心国民基础学校(简称中心校)。民国29年(1940),今七星区域内有乡(镇)中心校2所,基础校2所。其中东江镇中心校有22个班,在校学生1255人;基础校有7个班,在校学生201人。东附廓乡中心校有5个班,在校学生151人;基础校有16个班,在校学生529人。民国30年(1941),在穿山村开设私立汉民中学附属小学校(私立汉民小学)。据民国36年(1947)统计,区境内小学有16所,在校学生1705人。其中市立小学有第四中心校、第七中心校2所,12个班(其中高小5个班),在校学生706人。村(街)国民学校有东洲街国民学校、九良上街国民学校、福隆街国民学校、六合街国民学校、六合村国民学校、三联村国民学校、六狮洲国民学校、彭家岭国民学校、西南村国民学校、穿山村国民学校、周家村国民学校、龙门村国民学校12所,15个班,在校学生602人。私立小学有石阳小学、成德小学、汉民小学3所,10个班(其中高小3个班),在校学生397人。

1950年3月,市文教局成立,对全市各小学校进行恢复、调整。九良上街国民学校改为市立第四小学;私立汉民小学改为市立第七小学;东洲街国民学校与东灵街国民学校合并,成立市立第四初级小学;泥湾街国民学校与五通街国民学校、福隆街国民学校合并,成立市立第五初级小学校。小学校经调整、改造,至1951年,区域内有小学校5所,在校学生1716人。其中市立小学有第四小学、第七小学、第四初级小学、第五初级小学4所;私立小学有石阳小学1所,4个班级,在校学生444人。1952年始,小学改以所在的街道命名。1954年,郊区政府于朝阳乡西南村开办西南中心校;桂林民族师范学校于六合路校园内成立附小。1958年,郊区政府将安新、屏风、三联等小学合并,于福隆园村成立市立七星中心校;郊区政府于穿山乡和平村开办跃进中心校;于穿山乡樟木村开办穿山小学分校(1988年8月更名樟木小学)。1960年,于东郊石门开办桂林华侨农场小学。之后,陆续有企事业单位开办子弟学校。1967—1977年,增办8所。1981年9月,市政府于七星路开办三里店小学,1989年更名龙隐小学。

1990年,区域内有小学校20所,318个班,在校学生11531人。其中公办学校10所:自由小学、东江小学、汇通小学、龙隐小学、育才小学、穿山小学、跃进中心校、西南中心校、七星中心校、樟木小学;企事业单位办学校10所:桂林民族师范附小、桂林华侨农场小学、桂林轮胎厂子弟学校、第二制药厂职工子弟学校、广西第一机床厂职工子弟学校、工业部桂林电器科研所子弟学校、石油六公司职工子弟学校、桂林电力电容器总厂子弟学校、桂林第三制药厂职工子弟学校、广西区建四公司子弟学校分校。1993年,自由小学改制为特殊教育学校,取名培智学校,1999年2月,因桂林市重建解放桥,学校迁至解放西路14号。1999年,按属地管理原则,七星区接管市属小学4所:育才小学、龙隐小学、汇通小学、东江小学。此后,驻区部分企业开办的小学亦陆续划归七星区管理。1999年8月,接管广西第一机床厂职工子弟学校,更名桂林市英才小学。1999年9月,在空明西路建立民办阳光学校。2000年10月接管桂林轮胎厂子弟学校,更名桂林启明星小学。2003年11月接管桂林华侨农场小学,更名桂林市石门小学。2004年8月接管石油六公司子弟学校,小学部更名桂林市石油小学。同年,桂林民族师范学校合并于桂林工学院,桂林民族师范学校附小更名桂林工学院附属小学;桂林市竹江小学划归七星区管辖。

2005年,全区有小学32所,其中公办小学校15所(由区政府管理),企事业单位办6所,民办11所。分布在城区25所,乡村7所(公办4所,民办3所)。共有349个班,在校学生13017人;教师771人,其中公办学校教师538人。

表24-3　　2005年七星区小学基本情况表

校名		开办时间	校址	班数(个)	教师(人)	在校学生(人)
公办小学	穿山小学	1941年	漓江路41号	24	57	1045
	东江小学	1945年	东江路72号	11	25	443
	汇通小学	1947年	六合路86号	17	41	758
	竹江小学	1950年	竹江村	6	13	173
	跃进中心校	1952年	和平村周家1号	15	40	409
	西南中心校	1954年	朝阳乡西南村朝阳路	16	40	409
	七星中心校	1958年	辰山路2号	22	56	811
	樟木小学	1958年	穿山东路16-1号	12	24	536
	石门小学	1960年	东郊石门华侨农场	6	14	138
	合心中心校	1965年	育才路36号	11	39	296
	启明星小学	1967年	横塘路57号	12	27	482
	英才小学	1972年	环城南1路16号	15	31	607
	石油小学	1972年	七星路95号	12	18	455
	龙隐小学	1981年	七星路5号	23	55	1007
	育才小学	1988年	育才路16号	26	58	1262
单位办小学	二药厂子弟小学	1967年	七里店43号	1	9	40
	电科所子弟小学	1972年	环城北2路62号	6	15	218
	电容厂子弟小学	1975年9月	建干路59号	6	9	256
	区四建二小	1975年8月	空明西路	7	13	263
	三药厂子弟小学	1982年8月	育才路55号	4	9	31
	工学院附属小学	2004年11月	建干路10号	12	24	572
民办小学	阳光小学	1999年9月	空明西路10号	20	50	749
	黄莺岩小学	1999年10月	黄莺岩村	6	9	174
	蓝田小学	2000年2月	六狮洲8号	9	18	385
	鹏程小学	2000年4月	福隆园22组461号	6	8	143
	永和小学	2000年9月	东环路	7	15	302
	新力小学	2000年9月	空明东路10号	6	9	162
	英特小学	2000年11月	奇峰小筑小区内	7	9	173
	光明小学	2001年8月	穿山乡白果树村	6	11	240
	春蕾小学	2002年	建干路	6	6	82
	狮子岭小学	2004年8月	空明东路5号	6	8	151
	兴桂小学	2004年9月	栖霞路2号	6	11	245

学　制

民国29年(1940),按广西制定的国民学校编制,市区小学设初级班、高级班、短期班,学制分别为4年、2年、2年或1年。民国35年(1946)起,市区小学分低、中、高3个年级,各年级学制为2年,共6年;街(村)小学学制四年。

1950年春,按《桂林市小学教育暂行实施办法》的规定,小学实行“四二制”,即初小4年,高小

2 年。1952 年按教育部和省文教厅通知，从一年级新生起实行五年一贯制。1954 年 2 月，改五年一贯制为“四二制”。1960 年试行五年制。20 世纪 60 至 70 年代，小学经历五年学制、六年学制、五年学制。1983 年，各小学从一年级新生起改为六年制，至 2005 年未变。

课　　程

民国29—35年(1940—1946)，小学课程设国语、算术、常识(社会、自然)、公民训练、工作(劳作、美术)、唱游(体育、音乐)、集团活动、社会服务。民国 35—38 年(1946—1949)，采用省编教材，课程设国语、算术、自然、社会、公民、劳作、音乐、图画、体育、童子军。

1950 年，小学基本课程有国语、算术、常识、音乐、图画、体育，高年级增设自然、历史、地理、政治常识。1952 年，各小学执行教育部颁发的《小学暂行规程》，开设语文、算术、自然、历史、地理、体育、图画、音乐等课程。1955 年，按照广西教育厅通知，小学增设手工劳动课，劳动正式列入教学课程。1957 年，小学五、六年级增设政治常识教育课，采用广西编印的参考教材。

1963 年，全日制小学增设周会、生产知识课。1968—1977 年，各小学统一使用自治区编印的九年制语文、算术、常识试用教材(小学五年)。

1981 年，小学增设思想品德课，1986 年增设书法课，1988 年增设卫生保健课，1989 年，增设环境保护常识教育课程，采用自治区编试用教材。

1991 年，各小学增设写字课，5 年级增设英语课。1993 年，各小学开设必修课、选修课、活动课。必修课有思想品德、语文、数学、社会、自然、体育、音乐、美术、劳动。选修课有电子计算机、环境教育、乡土教材。1996 年秋季学期，小学英语课程从四年级起开设，2001 年从三年级起开设。

2002 年，育才小学被列为自治区基础教育课程改革实验校，从 2002 年秋季起，开始进行新课程改革试验。一至二年级开设品德与生活、语文、数学、外语、体育与健康、音乐、美术、劳动等国家课程，三至六年级增设科学和综合实践活动两门国家课程。一至四年级开设普通话口语训练、民族团结教育，一至六年级开设环境保护，三至六年级开设心理素质教育，四至六年级开设成长教育、广西社会等地方课程。

2003 年 4 月，自治区教育厅批准七星区为“国家基础教育课程改革试验区”。区辖 22 所基础教育阶段学校开始新一轮课程改革实验。5 月 9 日，区教育局下发《关于印发〈七星区基础教育课程改革实验工作方案〉的通知》，成立基础教育课程改革领导小组及课程改革专家工作组。领导小组下设办公室，课程改革专家工作组下设顾问组及学科组。学科组分设小学组及初中组。同时，制定《七星区学校课程开发与管理的方案》，要求各校开齐课程，开足课时，维护课程计划的严肃性，利用校内外各种设施、资源，因地制宜，挖掘、开发具有地方特点，适合经济、社会发展和有利学校、学生发展需要的地方课程和校本课程。地方课程主要有《桂林历史》《桂林地理》《走遍桂林》《桂林职业技术教育》《环境教育专题教育》《广西社会》等，校本课程主要有穿山中学的《绿证培训》，育才小学的《纸雕》《主题式探究作业》《学做现代文明人争当育才小能人》，英才小学的《古典诗文诵读》等。2004 年秋季学期，小学全部进入基础教育课程，实行调整后的九年义务教育课程。小学一至二年级开设品德与生活、语文、数学、外语、体育与健康、艺术(音乐、美术)、劳动等 7 门国家课程，三至六年级开设品德与生活、语文、数学、外语、科学、体育与健康、艺术(音乐、美术)、综合实践活动等 8 门国家课程。小学开设地方课程有：一至四年级的普通话口语训练、民族团结教育；一至六年级的环境保护；三至六年级的心理素质教育；四至六年级的成长教育、广西社会等。

教　　学

民国期间，今七星区境内各乡镇、村街小学，采取集体主义之自我教育与集团活动之生活教育方式。除“教师讲，学生听”的注入式教学方法外，强调推行“小先生制”，运用“互教共学”“以做为学”“教训合一”三者结合的集体教育方法。

中华人民共和国成立之初，学校普遍推行课堂的民主讨论的教学方法。1953 年开始推行“《红领巾》教学法”。课堂上注意启发学生的积极思维，运用谈话法向学生提出问题。20 世纪 60 年代初，盛行串讲法(教师对课文中难懂的地方逐字逐句地讲析，再将意思连串起来讲述，帮助学生准确地理解文章的思想内容)。80 年代的教学方法主要是变

2005年，汇通小学老师与学生开展有效信息活动
（区教育局　供稿）

“授”为“学”，把重点放在指导学生“学”；重视能力的培养，坚持“双基”（基础知识和基本技能）教育；在传授知识、培养能力的过程中，注重发展学生智力。

2000年课程改革开始后，教学方法在不断变化，从根本上理顺学生是学习主体与教师是教学主导的关系，调动学生学习积极性、主动性和创造性的意识被逐步放在首位。2005年小学课堂教学方法多种多样：有讲授法、谈话法、演示法、参观法、实验法、练习法、讨论法、读书指导法、实习作业法等，教学方法的使用呈现出丰富多彩的状态。

招生考试

招生　民国时期，村街国民基础学校初级班招收本村街6周岁至12岁的学龄儿童及12—18岁失学少年。乡镇中心国民基础学校高级班招收本乡镇国民基础学校毕业生，或具有同等文化程度者。分春秋两季招生。私立小学招生由学校自招，无统一规定，时间在公立学校录取放榜之后。

1950年初，初小入学年龄为7周岁，工农子女入学年龄适当放宽。各校在市文教局领导下自行进行招生工作。1952年，市文教局下达招生计划到各校，各校按规定招收辖区内的适龄儿童入学，是年实行秋季招生制。1961年起，普及小学教育。1965年，全区学龄儿童全部入学。“文化大革命”前期，小学教育处于自流状态。1972年后，小学教育逐步加强。1984年城区入学率为100%，辖区农村入学率为95%以上。

1991—1992年，区内公办小学每年秋季招生一次。每年6月底，年满7周岁学龄儿童的家长持户口簿、儿童出生证、儿童免疫证到户口所在地片区的小学报名入学。小学招生要求“三个一致”，即家长与儿童户口一致，户口与学校所在地一致，家庭住址与户口所在地一致。父母只有一方户口在本市区的学生可以报名在小学借读。1993—1998年，小学入学年龄改为6岁半。1999—2005年，小学入学年龄改为6周岁，其他招生办法不变。

考查考试　民国时期，小学生学业成绩考查包括日常考查、临时测验、学期考试和毕业考试。按分数定等级，90—100分为甲等，80—89分为乙等、60—79分为丙等，60分以下为丁等（不及格）。毕业考试及格者由学校照章备办毕业证书，不及格者待次年举办毕业考试时准予补考一次，仍不及格者学校发给在学证明书。

桂林解放初期，学生学业成绩考查记分法为5分制，以3分为及格。1958年后，记分法为百分制，以60分为及格。毕业考试不及格者予以补考，补考及格者由校长发给毕业证书，不及格者予以留级。

1966—1976年“文化大革命”前期，考查考试被取消，基本不实行升留级制度。1972年，市教育局制定《中小学几种暂行规章制度》，规定学生成绩考核应根据学科内容，可采取开卷、闭卷或口试、书面与实际操作相结合等办法。1977年后，逐步恢复考查与考试制度。学生学业成绩考核包括平时作业检查、单元练习、综合练习、单元测验、段考和期考，期终对所有学科成绩按百分制综合评定。小学毕业考试和升学考试实行“二考合一”考试，由市教育局统一命题，统一组织考试，全市统一评卷标准。1984年起，学生成绩考核包括学业和操行两方面。1986年，按国家教委规定取消初中入学考试，小学应届毕业生考试即为初中入学考试。1994年起，城区内各小学学生毕业成绩，由毕业班期末考试成绩与平时成绩决定。期末考试成绩占40%，平时成绩占60%，两部分成绩之和满60分为及格，各科目成绩均及格者发给毕业证书。有一科以上不及格或操行评定、体育考试评定不及格者发给结业证书，发结业证书人数不超过毕业生人数的3%。1995年起取消小学毕业升学考试而直接入初中。2000年起，城区内小学学生的学业成绩考核取消百分制，采用A（优秀）、B（良好）、C（及格）、D（不及格）四个等级评定。2003—2005年，全区所有小学生的学业成绩考核都采用A(优秀)、B(良好)、C(中等)、D(及格)、E（不及格）五个等级评定，平时作业成绩占40%，上课表现成绩占10%，期末考试成绩占50%。

学校选介

桂林市育才小学 位于育才路16号。创办于1989年。校园占地面积16865平方米，建筑面积8000平方米，建校总投资350万元。建有4层基本教学楼与办公楼成环形连接相通。教学楼设微机、电教、书画、自然等教室和音乐、体育、科技活动、书报阅览室等。电教室设有中华学习机和投影电视机。体育活动场地近5000平方米，设有篮球、排球、小足球场和200米环形跑道。1990年，有21个班，在校学生927人，教职工39人，其中小学高级教师13人、一级教师5人。2002年，该校获全国“小公民道德建设创新实践活动”一等奖。

2005年，该校园占地面积14000多平方米，校舍建筑面积7600多平方米。该校各类教室器械均按国家一类小学标准配备，有图书室、阅览室、微机室、语音实验室、多媒体教室、科学实验室、校园网主控室、音乐室、美术室、科技活动室；有篮球、排球、小足球球场和劳动体验教育基地。该校是桂林市科研示范先进学校、桂林市艺术示范学校，自治区、桂林市基础教育课程改革实验先进学校，获自治区“绿色校园”称号。2005年，有教学班26个，在校学生1262人；教职工60人，其中小学高级教师29人。桂林市优秀教师16人，桂林市骨干教师4人，市级C类人才培养对象2人。

桂林市龙隐小学 位于七星路5号(七星公园东侧)。创办于1981年，时名三里店小学。1989年更名龙隐小学。1990年，有教学班27个，在校学生1097人。1999年下放七星区政府管理后，区政府投资100万元，该校自筹资金30余万元对该校办学条件进行改善。

2005年，该校园占地面积14260平方米，校舍建筑面积6981平方米。建有多功能综合大楼，装备了计算机教室、舞蹈室、音乐室、美术室、心理咨询室、劳技室、图书阅览室、语音室、仪器室、实验室等。学校有200米跑道简易田径运动场1个，篮球场2个，排球场1个，羽毛球场1个。图书室藏书26555册。有教学班23个，在校学生1007人；教职工63人，其中小学高级教师32人。桂林市优秀教师3人，桂林市骨干教师2人，市级C类人才培养对象2人。1984—2005年，共获得全国、自治区、桂林市集体荣誉81项。

桂林市汇通小学 位于六合路86号。创办于民国36年(1947)，时名乌龟石小学。曾更名汇通路小学、汇通小学、朝阳公社汇丰小学、朝阳公社中小学校。1979年，复名市立汇通小学。1990年，有教学班23个，在校学生944人。

2005年，该校园占地面积10685平方米，校舍建筑面积6000平方米。图书室藏书15889册。教学设施有网络教室、语音室、多功能教室、仪器室、实验室、图书室、音乐室、美术室、体育室等。该校拥有篮球场、排球场、羽毛球场、单双杠、乒乓球等体育活动场所。有教学班17个，在校学生758人；教职工47人，其中小学高级教师26人。是教育部“国家校本研究制度建设基地”项目学校，完成的科研课题有：《小学生自主探究性学习与开放思维培养的研究》（自治区C类，“十五”规划课题）、《关于小学综合实践活动课程资源开发与利用的研究》《小学数学开放思维培养方式的研究与实验》等。

桂林市东江小学 位于东江路72号。创办于民国34年(1945)，时名桂林市第四分小。曾更名东江路小学、劳动路小学。1979年更名东江小学。1990年，有教学班12个，在校学生944人。

2005年，该校园占地面积6397平方米，建筑总面积4444平方米。教学设施有电脑、劳技、自然实验、音乐、体育器材、图书、电教、仪器、卫生、广播等专用教室。该校注重学生德育、智育、体育、美育的全面发展，童声合唱在“漓江之声”文艺会演和全市中小学童声合唱比赛中多次获一等奖。学生书画作品参加全国、自治区、桂林市比赛多次获一等奖。有教学班11个，在校生443人；教职工28人，其中小学高级教师12人。

桂林市穿山小学 位于漓江路41号，创办于民国30年(1941)，时名私立汉民小学，校址于穿山村。1949年12月，学校由市文教部接管，1950年更名为桂林市第七小学。1952年，校园被漓江洪水冲垮，灾后市教育局拨款另建校舍于现址，更名为桂林市穿山小学。1958年被确定为自治区重点小学。1987年确定为郊区实验小学。1990年，有教学班17个，在校学生 739 人；荣获首届全国"六一"杯小学教学竞赛组织奖。1994 年被评为自治区"爱科学月"先进集体。

2005 年，该校园占地面积 13020 平方米，建筑面积 8000 平方米。该校拥有多媒体教室、自然实验室、美术室、音乐形体室、电子备课室、图书阅览室、微机室、荣誉室等。有教学班 24 个，学生 1045 人；教职工 66 人，其中小学高级教师 41 人。学校获"全国主题读书活动先进集体"荣誉。

桂林市阳光小学　位于空明西路 10 号。创办于 1999 年 9 月，属私人办学学校。是一所经过桂林市教育局审批的民办全寄宿制双语改革试验学校。2003 年被确定为"桂林市双语教育实验学校"。

2005 年，该校园占地面积 8000 平方米，建筑面积 1.1 万平方米。该校分设幼儿园和小学部。设多媒体教室、实验室、电脑室、电子琴教室、音乐舞蹈室、语音室、美术室、心理咨询室、少先队室、3 个图书阅览室、2 个校医务室。有教学班 20 个，学生 749 人，教师 50 人。教师中大专学历 45 人，获中级职称 3 人、高级职称 2 人。同年被确定为"全国教育科学'十五'规划重点课题基础教育阶段双语教育研究实验基地"。

1999—2005 年，来自日本、韩国、美国、澳大利亚等国家及港、澳、台地区的就读学生 36 名。

桂林市蓝田小学　位于环城北二路六狮洲 8 号。创办于 2000 年 2 月，是一所经七星区教育局批准成立的民办小学(股份制)。2002 年，该校开展中华文化经典诵读活动，得到各级政府和社会各界人士的支持。2004 年，该校正式启动中华义理经典教育工程。同年，全国小学阅读教育研究中心授予该校为全国小学阅读教育研究中心核心学校。全国多家媒体曾多次对学校实施中国传统文化特色教育、办学条件等情况进行采访报道。2005 年，该校园占地面积 2300 平方米，建筑面积 1460 平方米，有教学班 9 个，在校生 385 人，教师 18 人。

第四节　中学教育

学校设置

民国 27 年(1938) 二月，南京私立汉民中学迁至穿山村办学。民国 30 年(1941) 一月，在区境东郊冷家祠成立桂林市立中学，9 月，学校迁址栖霞村望城岗。民国 31 年(1942)，在东灵街(今解放桥东侧)成立广西省立师范学院附属实验中学。民国 32 年(1943) 二月，南京私立汉民中学更名国立汉民中学。民国 36 年(1947) 二月，广西省立师范学院附属实验中学随师范学院迁往南宁。民国 37(1948)年一月，桂林市立中学迁入孔明台新校址(今中山北路 15 号)。

1950 年，奉省令国立汉民中学更名桂林市第一中学，改为公办中学。1956 年在建干路屏风山西侧创办桂林市第四初中。1966 年，在漓江路望城岗南侧创办桂林市穿山中学(时名桂林市穿山农业中学)，开设初中班。1968 年，在朝阳庄上村建立桂林市朝阳初级中学(初名朝阳"五七"中学)。同年，民办漓江中学迁三里店更名民办"五七"中学。1971 年，桂林市第四初中开设高中班，改为桂林市第四中学。1972 年，桂林电子工业学校、漓江无线电厂、激光研究所、桂林无线电二厂、广西柑桔研究所、桂林茶叶科学研究所等单位联合建立漓江子弟中学。1979 年，市人民政府接办三里店民办"五七"中学，迁址漓江路羊鼓岭，更名为桂林市第十五中学。1981 年，在横塘路开办桂林地区高级中学。1982 年，在桂林华侨农场石门场部成立桂林华侨农场中学。1984 年，漓江子弟中学更名桂林电子工业学院附中。1988 年，广西师范大学于 1984 年在育才路开办的子弟学校小学部并入桂林市育才小学，学校更名广西师大第二附属中学。1990 年，辖区有普通中学 11 所，其中，公办中学有桂林市第一中学、桂林市第四中学、桂林市第十五中学、穿山中学、朝阳初级中学 5 所，城区单位办中学有广西师大第二附属中学、桂林电子工业学院附属中学、石油六公司子弟学校初中部、桂林轮胎厂子弟学校初中部、广西第一机床厂子弟学校初中部、华侨农场中学 6 所。共有在校学生 4875 人，其中高中生 801 人。1994 年，广西师大第二附属中学更名广西师大附属外语实验中学。同年 5 月，在桂磨公路起点南侧开办桂林市任远高级中学，属私人办学学校，是桂林市首家全寄宿制民办高级中学。1996年12月，郊区政府撤销，穿山乡、朝阳乡辖区内的穿山中学、朝阳中学划归七星区管理。1999年3月1日，桂林地区高级中学更名桂林市第十八中学，更名后其自治区重点中学性质不变，办学模式不变，年内开始面向市区招生。2000年10月，区政府收编桂林轮胎厂子弟学校，中学部更名桂林市火炬中学；广西师大附属外语实验中学更名广西师范大学附属外国语学校，转为民办公助管理体制。2003年11月，区政府收编桂林华侨农场中学，更名桂林华侨中学。2004年，区政府收编石油六公司子弟学校，中学部更名桂林市石油中学。

2005年，七星区有普通中学14所，其中公办8所，民办6所。初级中学有桂林市火炬中学、桂林市朝阳初级中学、桂林市华侨中学、桂林市石油中学、桂林电子工业学院附属中学、桂林市飞龙中学、桂林市才华学校7所；完全中学有桂林市第一中学、桂林市第四中学、桂林市穿山中学、广西师范大学附属外国语学校、桂林任远中学5所；独立高中有桂林市第十八中学、广西师范大学附属体育中学（班）2所。在校学生共11532人，其中公办学校在校学生7870人，企事业及民办学校在校学生3662人。桂林市穿山中学、桂林市火炬中学、桂林市朝阳初级中学、桂林市华侨中学、桂林市石油中学均由七星区教育局管理；桂林市第一中学、桂林市第四中学、桂林市第十八中学由桂林市教育局直接管理，其余由企事业单位及私人管理。

表24-4　　2005年七星辖区普通中学基本情况一览表

	校名	校址	开办时间	初中		高中		教职工（人）
				班数（个）	在校学生（人）	班数（个）	在校学生（人）	
公办	桂林市第一中学	骖鸾路5号	1937年	25	1247	19	877	181
	桂林市第四中学	屏风路2号	1956年	23	1034	18	869	147
	桂林市穿山中学	漓江路35号	1966年	18	913	6	287	78
	桂林市火炬中学	横塘路76号	1967年	6	181			28
	桂林市朝阳初级中学	漓江路36号	1968年	7	301			37
	桂林市华侨中学	竹江路7号	1968年	3	113			18
	桂林市石油中学	七星路95号	1968年	8	286			32
	桂林市第十八中学	横塘路17号	1981年			34	1762	119
企事业及民办	桂林电子工业学院附属中学	六合路123号	1972年	10	392			42
	广西师范大学附属外国语学校	育才路20号	1984年	24	1200	13	720	123
	桂林任远中学	桂磨公路起点南侧	1994年	7	236	12	582	116
	广西师范大学附属体育中学（班）	育才路15号	2001年			3	102	35
	桂林市飞龙中学	临江路234号	2001年	9	275			28
	桂林市才华学校	六狮洲8号	2002年	4	155			16

学　　制

民国27年（1938），国民中学，学制分为前期2年，后期2年。民国31年（1942），国民中学按《修正广西国民中学办法大纲》规定，改实行四年一贯制。

1950年，中学学制为“三三制”，即初中3年，高中3年。1960年秋起，学校进行九年一贯制改革试验，即高中2年、初中2年、小学5年“一条龙”学制。1961年秋，停止九年制试验，中学恢复“三三制”。1969年秋，中学实行“二二制”，即高中2年，初中2年。1973年秋，初中恢复三年制，高中仍为二年制。1981年秋起，高中恢复三年制。至2005年，中学学制“三三制”未变。

课　　程

民国27年（1938），国民初级中学设公民、青年军训、卫生、国文、英文、算术、自然（植物、动物、化学、物理）、历史、地理、劳作、图画、音乐课程。高级中学增设体育、生物学、国史、论理等课程。民国36年（1947），国民各中学设公民、国文、英语、数学、物理、化学、历史、地理、生物、体育、军训课程。

1950年3月，全区中学按《桂林市中等教育暂行实施办法》规定，设置课程和安排教学计划。1952年，采用教育部审定或指定的教材，中学课程设语文、数学、物理、化学、生物、地理、历史、外国语、体育、音乐、美术、中国革命常识、时事政策。1954年秋，初中停授英语课程。1956年，中学语文分为汉语、文学两科。1958年，中学增开生产劳动课，高中英语课改授俄语。1961年，初中、高中均恢复英语课。1969年，各中学采用自治区编的语文、数学、政治等科新教材；算术、代数、几何、三角合编为数学；物理、化学改编成工业基础知识、农业基础知识；政治课改为毛泽东思想课。取消历史、地理课。1972年，重新开设物理、化学课，恢复历史、地理等课程。1978年开始，二年制高中毕业班实行文、理分科教学。文科班不设物理、化学课。理科班不设历史、地理，增加数学科的教学内容。1980年取消农业基础知识课，恢复图画、音乐课；1981年，初中增开生物、生理卫生课，生物课亦列入高中课程。1988年秋季学期起，城乡初中一年级开设公民课，二年级开设社会发展简史课，三年级开设社会主义建设课，高中一年级开设共产主义人生观课，二年级仍开设辩证唯物主义常识课，三年级开设政治常识课；城区初中增开"三防"（防核武器、防化学武器、防生物武器）课。1989年，中学增设卫生保健知识课。

1991年，普通高中设语文、数学、外语、政治、历史、地理、物理、化学、生物、体育、音乐、美术、劳动技术等必修课。高中毕业会考科目为语文、数学、外语、政治、历史、物理、化学、生物、地理。学生各科成绩分为ABCDE五个等级，成绩在D等以上及格。对考试科目及格，思想品德符合毕业标准，社会实践和体育成绩达到标准的高中毕业会考生，由自治区考试管理中心发给高中毕业会考合格证书。1993年，初中设语文、数学、外语、政治、历史、地理、物理、化学、生物、体育、音乐、美术、劳动技术等必修课。选修课有电子计算机、环境教育、乡土教材。选修课和活动课被列入课程表。

2001年秋季学期起，初、高中开设信息技术课；部分高中开设研究性学习课程。初中开设思想品德、语文、数学、外语、历史、地理、物理、化学、生物、体育与健康、音乐、美术、综合实践活动等国家课程；民族团结教育、成长教育、广西社会、三防教育、环境保护等地方课程。高中开设思想政治、语文、数学、信息技术、外语、物理、化学、生物、历史、地理、体育和保健、音乐、美术、综合实践活动等必修课程；二年级分文、理科班后，设有数学、信息技术、物理、化学、生物、历史、地理以及地方和学校选修课。2004年秋季学期起，全区普通高中全部开设研究性学习课程。

表24-5　**2005年七星辖区普通中学秋季学期课程设置情况表**

节数／年级／课程	初一	初二	初三	高一	高二	高三	
						文科班	理科班
思想政治	3	3	2	2	2	2	2
语文	6	6	6	4	4	1	4
外语	3	3	3	4	4	4	4
数学	4	4	4	4	4	4	4
信息技术	2	2	1	2			
物理		2	3	2	2		3
化学			3	2	2		3
生物	2	2			3		3
历史	2	2	2	3	2	3	
地理	2	1		3		2	
体育与健康	3	3	3	2	2	2	2
综合／研究性学习	3	3	3	3	3	3	3
艺术	2	2	2	1	1	1	1

教　学

民国时期的教学，一般是教师讲，学生听的注入式方法。民国25年(1936)，按省规定，教学上偏重与为学生适应乡村建设需要做准备，以实现社会教育与学校教育合作的理想，要求各学科均须采取“从做中教，做中学，达到一面学，一面用”的教学方法。

1951年，中学推行凯洛夫的“五个环节”（组织教学、检查复习旧课导入新课、讲授新课、巩固新知、布置作业）的教学法，并开展校与校，学科与学科之间互相观摩听课。1958年各学校学习、推广平果中学的“教学经验”，师生自编教材，实行集中上课，单科独进。教师通过抛纲(指教材纲要)、破纲、立纲进行教学。不少教师还采用现场课、讨论课、调查研究课、田头课、车间课和农民、工人、学生上讲台讲课等多种形式，实施边劳动边教学，以能者为师，提倡“百花齐放”，推行“教无定本、教无定法、教无定时、教无定人”的教学方式。1961年各学校依据教学大纲，循序渐进，落实“双基”，反对“满堂灌”，贯彻“少而精”。语文课采用“谈、讲、练”综合的教法。数学课培养学生的逻辑思维，注重教学中的反复性。外语进行听、说、读、写全面训练。1966年“文化大革命”开始后，基本否定以课堂教学为主的原则。各中学强调阶级斗争教育，以学工、学农、学军为主，忽视基础理论和基本知识的教育。

1976年10月“文化大革命”结束后，正常的教学活动逐步恢复。各中学开展教学教法的改革试验，要求教师做到以教师为主导，以学生为主体；重在训练，既注重基础知识传授，又注重发展学生智力；废除“满堂灌”，坚持“少、精、活、实”；既重视课内，亦重视课外；语文课推行“读、讲、议、练”相结合的教学法。数学课推广“讲解、阅读、练习、讨论”相结合的教学法。英语课推行“听、说、读、写”教学法。化学课采用“读、做、议、讲、练”的程序启发式教学法。物理课运用“提高课堂知识和训练的密度教学法”，生物课则采取“直视教学法”和“电化教学法”。

20世纪90年代，各校全面贯彻执行党的教育方针，全面推行素质教育，注重面向学生，在发展和培养学生创新精神和动手能力方面下功夫。根据学生不同年龄段特点，制定德育层次递进目标，以课堂教育为主渠道，寓德育于丰富多彩的活动中，德育有针对性，实效性。学科教育注重抓基础。

2000—2005年，学校的主要教学方法有以语言形式获得间接经验的教学方法(讲授法、谈话法、讨论法、读书指导法)，以直观形式获得接间经验的教学方法(演示法、参观法)，以实际训练形式形成技能、技巧的教学方法(练习法、实验、实习作业法)。

招生考试

招生　民国25年(1936)，中学入学录取标准由广西省府统一规定，各校依照标准办理。民国32年(1943)，桂林考区举行统一招生。民国36年(1947)，春秋两季区境内公、私立中学招生由各校自行举办。民国38年(1949)春季，公私立高初中恢复统一招生。

1950—1951年，今七星区区域内的中学自行招生。1952年，全市秋季统一招生，录取时对报考的青年工人、农民和工农子女的入学年龄、文化程度适当放宽。

1966—1976年，基本不实行升留级制度。小学毕业班学生直接升入初中。初中毕业生由学校采取推荐与选拔相结合的办法，安排升入高中。1976年10月，考试制度恢复后，凡参加小学毕业考试成绩合格者，由市教育局根据义务教育法“学生就近入学”的原则，按学生父母户口所在地就近划片安排升入初中。1995—2005年，小学毕业生实行免试就近升入初中。由区教育局组织小学毕业会考后，市教育局按学生父母户口所在地就近划片安排升入初中。各招生学校对教育局分配的学生，不得拒收，各公办初中学校亦不得自行接收借读生。

1991—2005年，中考录取按照各类高中段学校招生计划，划定各类型学校最低录取分数(等级)线(辖区普通高中由市招生办划定)，根据德、智、体、美、劳全面衡量，以文化考试成绩为主，严格按照考生志愿从高分到低分择优录取。

考查考试　民国时期，中学生学业成绩考查包括日常考查、临时测验、学期考试和毕业考试。日常考查成绩占30%，临时测验成绩占30%，学期考试成绩占40%。

1952年，中学生学业成绩包括平时考查、阶段考查及学期考试。平时考查及阶段考查成绩占60%，学期考试成绩占40%。采用百分制记分法，以60分为及格。1963年起，学校按市教育局规定，

每学期考试2次，即期中考试和期末考试。“文化大革命”期间，考试与考查被取消。“文化大革命”结束后，逐步恢复正常的考试与考查制度。1977年，中学开始实行包括平时考查、单元测验、段考与期考的学习成绩考核制度。是年10月全国高考制度恢复后，高中毕业班学生通过参加全国高考升入大学。

1982年起，初中毕业班学生参加自治区教育厅组织的升学考试（中考）。1986年，按国家教委规定取消初中入学考试，小学毕业考试即为初中入学考试。1987年，初中、高中毕业生学业成绩评定办法按市教育局规定执行，即毕业考试成绩占60%，期评的成绩占40%。经评定各科成绩及格或经过一次补考及格，操行和体育亦合格者，发给毕业证书。1989年起，初中毕业考试与中考实行“二考合一”的会考，由自治区教委统一命题，市教育局组织考试。1992年起，普通高中阶段学校实行高中毕业会考制度。由自治区统一命题，市教育局组织考试。各科成绩分为A、B、C、D、E五个等级，E等为不及格。成绩不及格者允许参加补考1次。1998年，高中会考科目成绩调整为A、B、C、D四个等级，D等不及格。考查项目成绩分及格、不及格两等。凡政治品德表现（包括社会实践）合格，会考成绩达到学籍管理中毕业生文化课成绩合格标准、体育达到合格标准的学生，发给毕业证书。2000年，初中毕业考试与中考分开进行。毕业考试原则上由市教科所统一命题，各县（区）组织考试；中考仍然由自治区教育厅统一命题。2001年起，不单独安排高中毕业会考学科补考，学生有考试科目不及格的，允许参加下届相关学科考试；凡普通高中应届生毕业会考有1门（含一门）以上学科不及格者，不发毕业证书，只发结业证书，且不能参加当年的高考。2002—2005年，初中毕业考试由学校统一组织，中考由桂林市组织命题，报考生参加全市统一考试。

学校选介

桂林市穿山中学 位于漓江路35号。1966年创办，时名桂林市穿山农业中学，1973年更名桂林市郊区一中，建校初期是初级中学。1986年更名为穿山中学，1988年后为完全中学。1996年12月划归七星区后，区人民政府投入200多万元，改善办公、教学条件和校园环境。1998年学校有高、初中教学班19个，在校学生905人，教职工82人，其中高级教师9人，一级教师30人。2005年，该校占地面积2.6万平方米，校舍建筑面积8360平方米。该校教学设施达到自治区普通高完中一类标准。拥有远程教育设备、电脑室、语音室、音乐室、体育教学室、物理实验室、化学实验室、生物实验室、田径运动场1个、足球场1个、篮球场3个、排球场2个。图书馆藏书14964册。有教学班24个，在校学生1200人，其中高中6个班，学生287人，初中18个班，学生913人；教职工78人，专任教师中有高级教师16人，一级教师35人。

桂林市第十八中学 位于横塘路17号。1981年创办，时名桂林地区高中，是桂林地区行署办全寄宿高级中学。1999年更名桂林市第十八中学，仍为高级中学。2001—2005年高考上线率文科、理科均居广西重点中学前两名，获免试保送清华大学、北京大学等重点高校学生达23人。2003年5月，成为广西壮族自治区示范性普通高中。2005年，校园占地面积9.50万平方米。拥有足球场1个、篮球场6个、排球场及网球场6个，7层现代化综合科技大楼，配备大屏幕彩电的标准教室60多间，有电脑460台。有教学班34个，在校学生1762人；教职工119人，其中专任教师96人。专任教师中有特级教师1人，中学高级教师28人，一级教师30人，桂林市学科带头人6人，教学能手7人，奥林匹克国家级高级教练3人、一级教练10人。在历届数学奥林匹克竞赛中获广西前三名有16人，获全国一等奖有53人。

广西师范大学附属外国语学校 位于育才路20号。1984年创办，时名广西师范大学第二附属中学，1994更名广西师范大学附属外语试验中学。1997年，经自治区教育厅批准，转为“公有民办”办学体制，是桂林市第一所公办转民办的学校。同年开办高中，成为完全中学。2001年，该校更名广西师范大学附属外国语学校。2001—2004年，该校先后获得“全国语文学习科学试验学校”“国家基础教育试验中心外语试验学校”“广西德育先进学校”“广西绿色学校”“广西21世纪园丁工程教育教学中学英语学科研究基地”。2005年，校园占地3.07万平方米。有教学班37个，在校学生1920人，其中初中24个班，学生1200人，高中13个班，学生720人；教职工123人，其中特级教师5人，中学高级教师47人。2005年，该校被授予广西首批示范性特色学校称号。

桂林任远中学 位于桂磨公路起点南侧(七里店光辉一路)。1994年5月创办,时名桂林任远高级中学,属私人办学学校,是桂林市首家全寄宿制民办高级中学。2001年3月改为完全中学,更名桂林任远中学。2002年2月由象山区翠竹路迁至七星区七里店光辉一路。该校建有教学楼、办公楼、公寓式宿舍楼,餐厅和篮球场、田径运动场,物理、化学、生物等实验室,电脑室、图书室、阅览室、音乐室、体育室。2002年成为北京师范大学教学实验基地。2005年,校园占地面积40000平方米,建筑面积15000平方米。有教学班19个,在校学生818人。其中,高中教学班12个,学生582人;初中教学班7个,学生236人。教职工116人,专任教师62人。专任教师中特级教师2人、高级教师22人、一级教师7人。

第五节　成人教育

扫　盲

民国35年(1946)七月,广西妇女运动委员会在东江镇国民基础学校开设一个妇女识字班。

1952年,第四区开办速成识字班。各行政街办有速成扫盲班。1954年,第四区各行政街开办速成扫盲班,西南乡、新建乡、临竹乡、三联乡、樟木乡及和平乡亦开展冬季扫盲活动。1955年,穿山乡开始举办农民业余文化学习。至1960年,全乡扫除青壮年文盲75%以上。1966年“文化大革命”开始后,扫盲工作受影响,1972年恢复扫盲工作。1978年,按照国务院《关于扫除文盲的指示》:“不仅要扫除现有的少青壮年的文盲,同时要抓好普及小学教育,以防止新文盲的产生,并采取各种形式组织已脱盲的学员继续学习。”辖区单位、街道和乡村从知识青年、干部、群众中选拔人员担任扫盲教员。以民教民、能者为师。实行责任制,层层包干,分类指导,集中突破,分批脱盲。1981年,朝阳、穿山公社基本扫除文盲(非文盲占同龄总人数的75%),在桂林市农民教育工作会议上受到嘉奖。1987年,辖区单位职工非文盲人数占同龄职工总数的98%以上,居民非文盲数占同龄居民总数的90%以上。

1990年,全区有青壮年文盲或半文盲4118人。1991年,七星区采取因地制宜,堵、扫、提高并举的方法,继续开展青壮年脱文盲工作。穿山乡、朝阳乡分别成立成人中心校,各配备教育专干1名。1991—1995年,全区有扫盲学校2所,专职教师6人,兼职教师42人。1996年接受扫盲教育234人,其中231人脱盲。1997—2000年,共举办扫盲班21个,接受扫盲教育249人,其中247人脱盲。2001—2005年,参加脱盲巩固学习386人,共扫除青壮年文盲386人,脱盲巩固率达100%。

农民技术培训

1950年12月14日,政务院批准中央教育部颁布的《关于开展农民业余教育的指示》,指出要有计划有步骤地开展农民业余教育。1951年,市郊区成立农民业余学校,组织农民参加业余文化学习。1958年12月23日,穿山人民公社樟木大队冀家里开办农民艺术专科学校。第一期学员47名,课程设有戏剧、音乐常识、乐器使用和舞蹈等。1960年国民经济处于困难时期,农民艺术专科学校自行解散。1963年,穿山人民公社办业余初中班1个,高小班2个,学员70人。1985年,穿山、朝阳乡分别成立成人教育中心校,学校分别设在穿山、朝阳乡政府办公楼内,各校有专任教师1人。是年,2所学校共举办果树栽培、水产养殖等技术培训班8个,培训280人次。1996年12月,穿山乡、朝阳乡划归七星区。1997—1998年,区政府投入成教经费8.24万元。1998年,穿山、朝阳乡成人教育中心校分别配备专职教师1人,兼职教师4—5人;两个乡共14个村委会均成立成人文化技术学校。各学校利用乡政府、村委会议室,穿山中学、朝阳中学教室等场地,结合农令时节和农作物生长的特点,对农村基层干部、党(团)员、种养业户、农民技术骨干等进行实用技术培训。全年共举办培训班100多期,培训3816人次。1999年年初,成立区、乡“绿色证书”(农民技术资格证书)领导小组办公室。依靠成人

2004年8月，七星区成人文化技术学校聘请专家在田间为农民培训

文化技术学校，聘请农业、科技、畜牧水产、水果等方面的专家、农艺师、技术员对广大农民进行“绿色证书”培训。1999年，穿山乡举办实用技术培训36期，培训1836人次，举办“绿色证书”培训3期，获得证书63人。培训内容主要有花卉培植，科学养猪、养兔、养犬及疫病防治，果树、蔬菜种植及病虫害防治，淡水养鱼等。2000年，辖区乡、村成人文化技术学校共举办实用技术培训173期，培训4616人次，举办“绿色证书”培训3期，获得证书126人。培训内容主要有种养、农产品加工储运、市场经济信息、商品生产流通、经营管理等。2001年，穿山、朝阳两个乡参加“绿色证书”培训358人。2001—2005年，穿山、朝阳乡成人技术学校共举办实用技术培训300余期，培训2.6万人次。培训内容有莴苣抽薹原因及控制技术、蔬菜菌核病发生规律与防治对策、春季果树管理技术、红薯喂猪有讲究、蔬菜新品种种植技术、网箱养鱼、秋季蔬菜病虫害防治、高温季节蔬菜种植技术、百日养猪法、秋冬淡水养鱼注意事项、禽流感防治知识、樱桃及西红柿栽培技术、秧苗管理和草皮及花卉栽培技术等。其间，获得“绿色证书”农民2000余人。

表24-6　2000—2005年七星区农民实用技术及“绿色证书”培训统计表

年　度	穿山乡(人)	朝阳乡(人)
2000年	1776	2840
2001年	1230	3086
2002年	3460	3112
2003年	1230	3868
2004年	1368	2852
2005年	1940	3756

职工培训

1950年10月，桂林市职工业余学校开办后，东江区职工开始参加学校文化补习。1951年，市总工会成立职工业余学校7所。区境内职工根据本人具体情况选择学校参加学习。1958年8月，穿山乡开办干部红专学校，分脱产、业余两种形式，设党训、技术、文化3个班。1966年“文化大革命”开始后，市职工业余学校陆续停办。1978年恢复。1983年，国营漓江无线电厂职工中专在区境内成立，招收无线电技术专业中专学历生，开设机械制造、电子技术、机电管理工程、工业企业管理、无线电技术等专业。

1985年，七星区一些职工干部参加以市职工业余学校为阵地的中学文化课补习。是年8月，部分职工参加全市职工干部高中毕业统一考试，凡参加考试各科均及格者，由市教育局发给职工干部高中毕业证书，承认高中毕业学历，考试成绩载入档案。1988年，全区职工干部学习的特点亦转向注重岗位技术培训、进修。1989—1998年，全区参加实用技术培训近万人。1999年7月，穿山乡举办第一期农函大班，由乡技术推广站、计生办及成教部门联合办班，采用多面多层次培训的方式，全方位对党员、企业职工进行培训，首期学员83人，取得结业证书63人。2002年，全区参加各类技术培训1.12万人次，2004年1.30万人次，2005年1.40万人次。

第六节　中等职业技术教育

学校设置

民国26年(1937),广西省立特种师资训练所从南宁迁桂林复校,民国31年(1942)更名广西省立桂岭师范学校,民国36年(1947)由东门外横塘村迁至今七星区建干路建校,设先修班1个,简师班6个,在校学生250人。民国34年(1945),广西省立桂林职业学校从平乐迁至七星岩山下建校,省立桂林初级工业实用职业学校奉令拨入该校。民国36年(1947)六月,平乐职业学校纺织专业拨归该校。是年开设机械、土木、纺织、印刷等专业共7个班,在校学生219人。

1950年,广西省立桂林职业学校更名为广西桂林高级工业学校;1951年,广西桂林高级工业学校更名为中南工业部第六工业学校。同年,省立桂岭师范学校更名为广西民族师范学校。1952年,中南工业部第六工业学校撤销。1953年,广西民族师范学校更名为广西省桂林民族师范学校。1958年12月,广西省桂林民族师范学校更名为广西桂林民族师范学校,由自治区教育厅主管,市教育局代管;1973年,该校转为桂林行署教育局主管;1980年,改属自治区教育厅与桂林行署教育局双重主管。

20世纪70年代后,国家部级、省市级单位在七星区境内相继建立中等职业教育学校。至1990年,有中等职业教育学校15所。其中,由桂林市和桂林地区业务主管部门管理的学校12所:桂林市戏曲学校、桂林漓江无线电中专学校、桂林市经济管理干部学校、桂林地区农业机械化学校、桂林地区林业学校、桂林地区民族干部学校、桂林电子工业学院附属中学、桂林市交通技工学校、中国天然气总公司第六建设公司技工学校、桂林电力电容器厂技工学校、桂林轮胎厂技工学校、桂林汽车运输公司技工学校;自治区所属学校2所:广西二轻工业管理学校、广西桂林民族师范学校;国务院部属学校1所:桂林航天工业管理学校。1992—2005年,桂林市先后开办桂林技工学校、桂林市职业教育中心学校等。3所不能适应劳动力市场需求的技工学校停办。

2005年,七星区境内有中等职业教育学校14所。其中,由桂林市业务主管部门管理的学校12所:桂林市经济管理干部中等专业学校、桂林工业中等专业学校、桂林市艺术学校、桂林林业学校、桂林市机电工程学校、桂林市民族干部学校、广西电子中等专业学校、桂林市职业教育中心学校、桂林市交通技工学校、桂林工业技工学校、桂林市高级技工学校、中国石油天然气第六建设公司技工学校;自治区所属学校2所:广西二轻工业管理学校、广西桂林民族师范学校。

学校简介

桂林民族师范学校　位于建干路21号。前身为广西省立特种师资训练所,民国24年(1935)创办于南宁,民国26年(1937)迁至桂林横塘,民国31年(1942)更名广西省立桂岭师范学校,民国26年(1947)迁至现址,设先修班和简师班。1951年更名为广西民族师范学校,1953年更名为广西省桂林民族师范学校,1958年改今名。1980年,面向桂林、柳州、梧州三地市招生,全校设师范普通班、体育班2个专业。1988年获国务院授予的"全国民族团结进步先进集体"称号。1996年在校内建立桂林小学教师培训中心,协调、指导桂林、柳州、梧州三地区小学教师的培训工作。1999年与广西师范大学联合办学,学制中师3年、专科2年。2000年,在校学生1854人,其中普通话中师学生1554人。教职工197人,其中专任教师153人。专任教师中高级讲师49人、讲师63人、国家级普通话测评员3人。2004年8月,桂林民族师范学校整建制并入桂林工学院。全校历年获自治区级荣誉称号有35人次,获国家级有3人次。

广西二轻工业管理学校　位于漓江路6号。20世纪70年代初成立,时名桂林市第二轻化工业局干部学校。1985年升格为自治区直属中专学校,更名广西二轻工业管理学校,是一所集普通中专、成人中专、职业中专、岗位培训为一体,以普通中专教育为主的中等专业学校。2000年一年级新生起，学制由4年改为3年。2005年，该校占地面积9934平方米，建筑面积22512平方米，在校学生2025人，教职工70人，其中专任教师51人。专任教师中高级讲师12人，讲师26人。开设计算机及应用、汽车运用与维修、数控技术应用、模具设计与制造、机电设备安装与维修、现代物流管理、会计(电算会计)、旅游服务与管理、市场营销专业。

桂林市机电工程学校　位于横塘路11号。1974年创办，时名桂林地区农业机械化学校。1998年更今名。2005年，该校占地面积56871.4平方米，建筑面积28193.94平方米，在校中职学生2236人、短训学生2462人；有教职工136人(含临时聘请)，其中专任教师54人。专任教师中高级讲师8人，讲师29人。开设数控技术应用、汽车摩托车运用与维修、机电设备安装于维修、模具设计与制造、计算机及应用、电子技术应用、电子电器应用与维修专业。学制3年。

桂林市交通技工学校　位于辅星路1号。1978年创办，时名桂林市汽车运输技工学校，是省部级重点技工学校、广西“十佳”技校、自治区职业教育先进单位。1987年更今名。2005年，该校占地面积34560平方米，建筑面积41604平方米，在校学生1054人，教职工69人。开设汽车驾驶与维修、旅游服务、机械加工、计算机应用与维修、漓江游船导游服务、汽车营销与策划专业。学制3年。

桂林林业学校　位于靖江路1号。1978年创办，时名桂林地区林业技工学，1985年更名桂林地区林业学校。1998年更今名。2000年一年级新生起，学制由4年改为3年。2005年，该校占地面积86667平方米，建筑面积37663平方米，在校学生1515人，教职工107人。开设园林3+2、园林绿化3+2、现代林业技术3+2、计算机应用与维护3+2、园林、林业、电子商务、计算机及应用、电子与信息技术、旅游服务与管理、园林规划设计与施工、现代物流管理、饭店服务与管理专业。

桂林市民族干部学校　位于横塘路10号。1981年创办，时名桂林地区民族干部学校。1998年更名桂林市民族干部学校。2005年，该校占地面积17572平方米，建筑面积4162平方米，在校学生420人，教职工28人。开设电子电器应用与维修、电子技术应用、电子商务、计算机及应用、计算机网络技术、饭店服务与管理、旅游服务与管理专业，以及饭店服务、电焊、氧焊、电工专业短期培训。学制3年。

桂林市艺术学校　位于会仙路1号。1981年创办，时名桂林市戏曲学校，设戏曲专业，是年招生47人。1993年更今名。开设戏曲、杂技、魔术(学制5年)、舞蹈(学制3至4年)、声乐、器乐(学制3年)等专业，每年3至8月招收国家计划新生，年龄11岁至17岁。2005年，该校占地面积2700平方米，建筑面积1680平方米，在校学生159人，教职工42人。该校是桂林市唯一公办中等艺术专科学校，亦是广西艺术学校桂林分校。

桂林市经济管理干部中等专业学校　位于环城北二路16号。1981年11月创办，时名为桂林市工业交通管理干部学校，1985年更名桂林市经济管理干部中等专业学校。1993年与桂林橡胶工业中等专业学校(1995年更名桂林工业中等专业学校)合并，实行一套班子两块牌子办学模式。1994年再与桂林工业技工学校合并，实行一套班子三块牌子的办学模式，1999年与桂林地区经济管理干部中等专业学校合并，2004年被自治区教育厅评为重点中等职业学校，是一所融学历教育和企业岗位培训、技能培训为一体的综合性学校。该校占地面积44694平方米，建筑面积29815平方米。2005年在校学生1164人，教职工174人，其中专任教师92人，高级讲师17人，讲师52人。开设财务会计、市场营销、计算机、电子商务、旅游服务、高分子材料加工工艺(橡胶)、印刷技术、电子技术、家电维修、机械制造、数控技术、模具钳工等专业。开办企业厂长(经理)、企业中层干部、企业班组长、企业生产及管理骨干培训班；中级工商管理、高级工商管理等培训班。

广西电子中等专业学校　位于六合路133号。1983年创办，时名国营漓江机械厂职工中专，1985年更名国营漓江无线电厂职工中专，1994年更名广西电子成人中等专业学校，2004年更今名。2005年，该校占地面积30726平方米，总建筑面积9789平方米，在校学生570人，教职工39人。开设电子技术应用、计算机及应用、电子商务专业。学制3年。

桂林市高级技工学校　位于五里店路6号。1992年开办，时名桂林市技工学校。1999年被认定为省部级重点技工学校。2002年更名桂林市第一技工学校。2004年被认定为国家级重点技工学校。2005年更今名，该校占地面积74000平方米，建筑面积32000平方米，在校学生2300人，教职工158人。开设数控技术与机械加工、汽车维修与驾驶、模具制造技术、机械维修技术、机电一体化、电子技术应用、电工与制冷技术、计算机应用与维修、导游与景区管理、服装打板工艺与设计、焊接技术、电脑广告、电子商务产品销售、旅游英语与宾馆管理专业。学制3年(部分专业2年)。该校是国家高技能人才培训基地、国家职业技能鉴定所、国家级汽车维修专业实训基地,先后被评为全国、全自治区职业教育先进单位。

桂林市职业教育中心学校 位于穿山东路10号。2003年,桂林市整合市区公办职业教育资源,调整职业教育布局,将桂林市旅游职业中等专业学校、桂林市商业中等职业技术学校、桂林市第二中等职业技术学校、桂林市第三中等职业技术学校等4所中等职业学校合并,投资1.4亿元,组建桂林市职业教育中心学校(又名桂林市旅游职业中等专业学校)。校园占地面积14万平方米,总建筑面积8.26万平方米。2005年9月完成一、二期工程建设,正式投入使用。学校开设幼师、旅游日语、旅游英语、导游、饭店服务与管理、旅游服务与管理、计算机及应用、烹饪、美容美发、工艺美术、电子电器、汽车应用与维修、制冷、现代物流管理、模具设计与制造、数控技术与应用、电子商务、药剂等专业。2005年年末有教职工239人,在校学生3609人。学制3年。

中国石油天然气第六建设公司技工学校 位于横塘路45号。成立于1978年,由中国石油天然气第六建设公司出资创办的全日制学校,是国家高技能人才培训示范基地、全国职工职业技能实训基地、广西高技能人才培训基地,设有国家级电焊技能大师工作室和广西区先模创新工作室。2005年,该校占地面积93000平方米,建筑面积31612平方米。在校学生600多人,教职工40余人。开设焊工、铆工、管工、电工、仪表工、钳工、起重工等专业,学制三年。1978—2005年,该校为石油、石化、核电、冶金、船舶等行业培养出4000多名技能人才,其中2人获全国劳动模范,40多名获得全国技术能手、全国青年岗位能手、全国最美青工、中国石油十大杰出青年、技能专家、广西区十大金牌工人、技术状元等荣誉。

第七节 普通高等教育

院校设置

民国29年(1940)二月,广西省立医学院从南宁迁至七星岩的栖霞寺。民国36年(1947)七月,迁离七星区境,迁入市叠彩区叠彩山南面新址。

中华人民共和国成立后,1956年1月,重工业部于今辖区建干路屏风山下建立桂林地质学校。1960年,广西壮族自治区直属桂林医学院于今环城北二路109号,建立学院分部。1976年,广西壮族自治区直属广西师范学院于育才路建立学院分部。1978年,冶金工业部将桂林地质学校改建为桂林冶金地质学院。1979年9月,航空航天工业部于金鸡路东端乌岭西开办桂林航天工业管理学校。1980年5月,电子机械工业部将六合路观音山下的桂林机械专科学校升格改建为桂林电子工业学院。1985年,桂林市人民政府于骖鸾路开办桂林市旅游专科学校。1993年12月,桂林冶金地质学院更名为桂林工学院,直属中国有色金属总公司管理。1994年2月,桂林旅游专科学校更名桂林旅游高等专科学校,同年桂林航天工业管理学校升格为桂林航天工业高等专科学校,直属国家航天工业部管理。1997年12月,桂林旅游高等专科学校改为广西壮族自治区人民政府与桂林市人民政府双重领导,以自治区人民政府领导为主。1998年7月,桂林工学院改为中央与广西壮族自治区人民政府共建,以广西管理为主。1999年4月,桂林航天工业高等专科学校改为中央与广西壮族自治区人民政府共建,以广西管理为主。2002年2月,桂林电子工业学院改为中央与广西壮族自治区人民政府共建,以广西管理为主。2005年10月,桂林旅游高等专科学校部分系、部,由骖鸾路校区迁入雁山区境的新校区。

2005年年末,区境内有普通高等教育院校6所。其中,广西壮族自治区直属院校2所:广西师范大学(主校区)、桂林医学院;由广西壮族自治区人民政府与桂林市人民政府双重主管,以自治区人民政府管理为主的院校1所:桂林旅游高等专科学校;中央与广西壮族自治区人民政府共建,以广西管理为主的院校 3 所：桂林工学院、桂林电子工业学院、桂林航天工业高等专科学校。

院校简介

广西师范大学　其前身为民国十七年(1928)十月成立的广西大学。1953 年全国高等学校院系调整，撤销广西大学，以该校文、理各系留下的人员为基础，在崇信路广西大学原址组建广西师范学院。1954 年 7 月，学院迁至市区王城内。1976 年 5 月，在辖区育才路 15 号(原援越学校旧址)成立分部(育才校区)，设中文、外语专业，在校学生 650 余人。1978 年 12 月生物系、体育系迁入分部。此后，在王城本部办学的院系陆续迁入，形成王城和三里店两地办学的格局。1983 年，广西师范学院更名为广西师范大学。

2005 年，该校有育才、王城、雁山 3 个校区。育才校区占地面积 48.69 万平方米，是主校区。设有二级学院 22 个，独立学院 1 个。校级研究所 24 个，附属中学 2 所，幼儿园 1 所。拥有博士学位授权二级学科 3 个，硕士学位授权二级学科 87 个、专业硕士学位授权点 1 个，全日制普通本科专业(不含漓江学院)47 个，国家文科基础学科人才培养和科学研究基地 1 个，中小学骨干教师国家级培训基地 1 个，教育部基础教育课程研究中心 1 个，省部共建教育部重点实验室 1 个，自治区重点实验室 1 个，自治区高校重点建设实验室 6 个，自治区重点学科 10 个。学校教学科研仪器设备总值 10173 万元，图书馆藏纸质图书 217 万册、电子图书 10 万册。有各类学生近 4 万人，其中全日制本科生 13545 人，硕士研究生 3251 人，外国留学生 506 人，中外合作办学项目学生 400 人，研究生班学员 2000 人，函授本专科学生 11581 人，各种长短期培训班学生近 1 万人。有专任教师 1051 人，其中博士生导师 3 人，教授 159 人，副教授 345 人；在岗博士 176 人，在读和委培博士 79 人，具有硕士以上学位 582 人。该校是自治区直属重点师范大学。

桂林工学院　其前身为 1956 年创建的桂林地质学校。坐落在七星公园北面的屏风山下。1960—1970 年，校名几经变更。1978 年经国务院批准，正式命名为桂林冶金地质学院。1990 年，该院以招收本科生为主，兼招硕士研究生、专科生、函授生及夜大生。

2005 年，该校有桂林、南宁两个校区，占地面积 47.28 公顷，教学科研仪器设备总值 8818 万元，图书馆藏纸质图书 108 万册、电子图书 77 万册。设有教学系(部)11 个，二级学院 5 个，开设本科专业 44 个，涵盖理、工、文、管、经、法、农等七大学科，有硕士学位授权点 35 个。2005 年年末，全日制研究生、本专科在校学生 1.5 万人，其中硕士研究生 1100 多人。有教职工 1369 人，其中专任教师 819 人。专任教师中，有博士生导师 9 人；教授 74 人，副教授 252 人；博士 61 人，硕士 351 人。校址位于建干路 12 号。

桂林电子工业学院　其前身为 1960 年创建的桂林机械专科学校。1980 年 5 月升格改建为桂林电子工业学院。

2005 年，该校有西校区、东校区和尧山校区，占地面积 183.73 万平方米，校舍建筑面积 58.83 万平方米，教学科研仪器设备总值 1.14 亿元，拥有教学用计算机 4050 台，多媒体语音实验室座位 8469 个；图书馆藏书刊 130.3 万册，中外文现刊 1788 种，引进美国 IEL 等中外文电子文献数据库 31 个。有教学单位 15 个(含应用科技学院和成人教育学院)，拥有本科专业 39 个，联合培养博士点 1 个，硕士点 34 个，部级重点学科 7 个，自治区重点建设学科 4 个，省部级重点实验室 4 个。有各类学生 17125 人。其中硕士研究生 862 人，博士研究生、联合培养博士研究生 46 人，留学生 24 人。有教职工 1393 人，专任教师 846 人，其中博士生导师 13 人；教授 74 人，副教授 252 人；博士 61 人，硕士 351 人。校址位于金鸡岭路 1 号。

桂林医学院　其前身为民国 24 年(1935)成立的广西省立桂林高级助产护士学校。1958 年升格为桂林医学专科学校。1960 年在今辖区环城北二路 109 号，成立分部(东城校区)，次年秋季 1961 级新生及基础部、各教研室搬迁到东城校区，设护理、药学、医疗专业，在校生 370 人。1987 年更名桂林医学院。该校是广西壮族自治区直属普通高等学校。

2005 年，该校设东城、乐群校区，占地总面积 17.01 公顷，建筑面积 16.82 万平方米，其中东城校区占地面积 14.2 公顷，是该校的主教学区。建有 3 个专业学院(系)，设有 5 个学院(临床学院、药学院、生物技术学院、基础学院、继续教育学院)，拥有 6 个本科专业[临床医学、医学检验、护理学、护理学(国际交流方向)、药学、生物技术]和 5 个高职专业(临床医学、药学、护理学、口腔医学、生物技术)，1 个省市级重点学科。专职教师 367 人，其中教授 31 人，副教授 107 人，讲师 92 人，助教 73 人。有各类在校生共8751名,其中普通全日制本科生4653名,专科生723名,继续教育学生3375名。

2005年,该校获“全区普通高等学校毕业生就业工作先进集体”“广西高校学生社团发展论坛先进集体”,《华夏医学》被选入中国期刊全文数据库(CJFD)全文收录期刊、中国学术期刊综合评价数据库(CAJCED)统计源期刊。

桂林航天工业高等专科学校 创建于1979年,始称桂林航天工业管理学校,坐落在七星区金鸡岭2号。1994年,升格而更名为桂林航天工业高等专科学校。1994年秋季,该校正式面向全国招生。2004年,该校被教育部确定为承担数控技术及应用专业领域技能型紧缺人才培训任务的院校。该校是自治区职业教育攻坚示范性高等职业院校。

2005年,该校占地面积41.96公顷,建筑面积21.27万平方米;图书馆藏书43.1万册。学校开设工商管理、计算机、机械工程、电子工程、动力工程、外语、人文与社会科学、经济与贸易等8个系和继续教育中心,共36个专业。有自治区级教学改革试点专业2个,自治区高等职业教育示范性实训基地1个。有在学生7076人,教职工470人,其中专任教师335人。专任教师中,有高级职称教师92人,研究生学历教师78人,广西高校百名中青年骨干教师2人。该校与桂林电子工业学院、桂林工学院等本科院校联合举办专科升本科教育,2005年选拔各类专业优秀在校专科生若干人直接升入本科相应或相近专业学习。

桂林旅游高等专科学校 创建于1985年11月,坐落在七星区骖鸾路,始称桂林旅游专科学校。1988年增挂桂林旅游培训中心牌子。1994年2月,学校更名桂林旅游高等专科学校。该校是自治区职业教育攻坚示范性高等职业院校。

2005年,该校有骖鸾、雁山(正在建设中)两个校区,校园占地面积76.81公顷,校舍建筑面积15.57万平方米;图书馆藏纸质图书42.59万册、电子图书41.70万册;建有导游模拟实验室等实验室44个;教学科研仪器设备总值2318.92万元。设有6个系3部,开设专业25个。有国家级教学改革试点专业1个,自治区级教学改革试点专业2个。有各类在校生7615人,其中:普通高等教育大专生6136人,成人高等教育生603人,自考生860人,留学生16人。有教职工456人,其中专任教师344人、外教8人。专任教师中正高级职称13人,副高级职称92人;研究生学历及硕士以上学位教师139人。

桂林旅游高等专科学校是首批被批准成为东盟旅游教育培训基地的10所旅游院校之一,与美国、英国、澳大利亚、韩国、越南、瑞士等多个国家的20余所院校建立有合作关系;该校也是联合国世界旅游组织旅游教育委员会附属成员及重点支持单位,与联合国世界旅游组织在专业改造方面有合作项目,联合国世界旅游组织为学校的办学理念、竞争能力以及目标群体进行长远定位,并为学校设计教学计划,提供教学资源和技术支持;该校亦是中国旅游协会旅游教育专业委员会常务理事单位、国家旅游局全国旅游饭店及旅行社总经理、部门经理岗位资格考试定点单位、自治区旅游局导游资格考试培训基地、自治区旅游人才培训基地、桂林市旅游产业人才小高地建设单位。

第八节 基础教育行政

机　　构

1950年4月,东江区公所设文教助理员1人。1960年东江人民公社设宣传部兼管教育。1966年5月—1968年3月,公社未设教育工作机构,由分管干部负责教育工作。1968年4月—1979年7月,由公社革命委员会政工组兼管教育。

1979年9月设立七星区文教卫生科,编制3名。1988年7月,文教卫生科更名文教卫生局。1997年6月,桂林国家高新技术开发区与七星区合并,区政府工作机构进行调整,设七星区社会发展局文教处。1998年4月,文化与教育分立,单独成立七星区教育局,有工作人员5人。对全区小学、幼儿园以及学前教育、成人教育、社会力量办学实行区一级行政管理;农村中学实行两级政府(区、乡)管理,农村小学、幼儿园实行两级政府(区、乡)三级(区、乡、村)管理。2005年,区教育局有工作人员8人。办公地点位于码坪街15号。历任科长：曹春海、龚荣卿；局长：王燕群、龚荣卿、唐玉英、海金明、王凯捷、梁贵和、张永红、李瑞华。

管理体制

行政管理　民国期间，省立桂岭师范学校由广西省教育厅审查并批准立案。国立汉民中学由国民政府教育部管理，校长由教育部任命。镇（乡）中心学校、基础学校等初等小学由中心国民学校校长管理。幼稚园由县（市）教育科（第三科）管理。

中华人民共和国成立后，城区小学、中学由市文教（教育）局直接领导，穿山乡、朝阳乡中小学由郊区人民政府管理。公办幼儿园由市教育局主管，机关、企事业单位办的由办园单位主管，业务由市文教（教育）局指导。1960年7月—1961年4月，桂林地市合并期间，辖区中小学、幼儿园由东江城市人民公社党委管理。1961年5月，地市分立后恢复原管理体制。1984年，根据《中共中央关于教育体制改革的决定》，基础教育由市、县（区）、乡三级管理。1991—1998年，市城区公办小学、中学由市教育局（教育委员会）直接管理。市城区公办幼儿园由市教育局（教育委员会）主管，机关、企事业单位办的由办园单位主管，业务由市教育局（教育委员会）指导。1997年春季学期，原郊区所属穿山乡、朝阳乡的学校移交七星区管理。1999年秋季学期，辖区内市属公办小学、幼儿园下放给区政府管理。企事业单位办的中小学亦陆续移交区政府管理。由区教育局负责各中小学校教师的调任，校舍的修建，教学教育设施配备，教育资金的调配、监督等行政工作。市属高中、高完中、初中学校仍由市教委直接管理。2005年，由区政府直管的幼儿园2所，小学15所，中学5所。

学校管理　民国期间，小学堂长、监督改称校长，主持校务，下设教务和事务两部，分管教务和财务。中学堂改为中学校，监督改称校长，实行校长负责制，一直沿用至桂林解放前夕。

桂林解放后，中小学实行校长负责制。1957年后，中学实行党支部领导下的校长负责制。1968年，中小学成立革命委员会，实行"一元化"领导。1978年，取消革命委员会，小学实行党支部领导下的校长分工负责制，中学恢复党支部领导下的校长负责制。1985—2005年，区境内小学、中学、中专学校、技工学校实行校长负责制，即校长负责的、党支部保证监督的、教职工民主管理的领导体制和运行机制。民办学校实行董事长及监事会管理体制下的校长负责制。

"两基"工作

1988年，城区小学普及率为99%以上，小学毕业生合格率为90%以上，初中毕业生中考合格率为60%以上。1989年11月，七星城区实现普及初等（小学）教育。1992年开展基本普及九年义务教育、基本扫除青壮年文盲（简称"两基"）达标活动。1993年6月20日至26日，自治区人民政府派出"两基"评估验收团，对七星区24所中小学、9个居民委员会进行检查，城区适龄儿童入学率、在校学生辍学率，初等和中等教育完成率、教师合格率和扫盲率等27个指标均达到或基本达到国家和自治区规定的验收标准，自治区人民政府授予七星区"普及九年义务教育城区"和"扫除青壮年文盲城区"称号，在广西率先完成"两基"达标任务。1996年被评为全国"两基"达标先进县（区）。1997年，对城乡适龄儿童实行政府通知入学制度，建立学生辍学报告和通报制度，控制学生辍学流失现象。1998年，全区小学入学率达100%，辍学率控制在0.35%以下。1998年，城区扫除青壮年文盲工作通过国家级验收。1999年针对农村"普九"工作的薄弱环节，抓整改。区、乡、校共投入资金52.5万元（其中区人民政府投入23.70万元，乡人民政府投入7.50万元，学校自筹21.30万元），改善办学条件，加强小学"五室"、中学"七室"建设。是年，七星区城市"两基"工作和农村"普九"工作分别通过自治区级的复查和验收。2000年，区委、区政府下发《关于依法保障适龄儿童少年按时入学的若干规定》《关于巩固学额防止学生辍学的若干规定》《关于多渠道筹措教育经费的实施办法》等文件，建立每学期的学籍审查制度和"普九"年度审查制度，以巩固"普九"成果。2002年起，把控制学生辍学工作纳入法制轨道，对拒送适龄儿童入学的家长强迫其履行义务；把防止学生辍学的责任落实到政府、学校和家庭。成立区、校防辍工作领导小组，层层签订防辍工作责任状。是年，七星区被评为自治区"两基"工作先进单位。2003年城市、农村初中在校生学年内辍学率分别控制在1%和3%以下，城市、农村小学在校生学年内辍学率分别控制在0.5%和1%以下。2005年，全区有7至12岁适龄儿童7614人，小学阶段入学

1999年，七星区改善中小学办学条件，推行素质教育
（区教育局　供稿）

率100%，辍学率为零，毕业率为100%；有13—15周岁适龄少年3286人，初中阶段入学率为100%，辍学率为0.73%，毕业率97%以上，15周岁人口中文盲率为零，15周岁和17周岁人口中初等教育完成率为100%。七星区是全国首批普及九年义务教育和扫除青壮年文盲县（区）。

教　　师

师资　民国38年(1949)，东附廓区所属17所国民基础学校的教师中，有1人中师毕业，具有同等学历的合格教师占26%。

桂林解放后，各学校教师的学历逐步提高。2000年，七星区有区属中小学、幼儿园16所，共有教师710人。其中小学专任教师558人，中师以上学历549人，学历合格率98.39%;中学专任教师152人，大专以上学历147人，学历合格率96.7%；中小学校长岗位培训合格率100%。2005年，区直管中学5所、小学15所、幼儿园2所。中小学、幼儿园共有教师894人，其中具有本科学历的257人，占教师总数的28.75%；大专学历418人，占教师总数的46.76%；中专以下学历219人，占教师总数的24.50%。中学共有教师181人，其中高级职称的30人，占教师总数的16.57%；中级职称的105人，占教师总数的58.01%；初级职称的27人，占教师总数的14.92%。小学教师656人，其中中级职称443人，占教师总数的67.53%；初级职称167人，占教师总数的25.46%。幼儿园教师57人，其中中级职称20人，占教师总数的35.09%；初级职称25人，占教师总数的43.86%。教师学历合格率为100%。

待遇　民国29年(1940)，《桂林市国民基础学校教师职员支薪办法》规定，工资以教师资历为标准，初中毕业初任教师者，月薪为国币25元，高中、师范毕业为40元，专科及大学毕业者则由65元起叙薪。

1950年8月，东江区公办中小学校教师工资与机关干部相同，按桂林市《评薪暂行办法》规定，实行计分制工资标准。1952年7月起，按政务院《关于全国各级人民政府、党派、团体及所属事业单位的国家工作人员实行公费医疗预防的指示》规定，公办学校教职工实行公费医疗待遇。1956年4月1日，教育部决定在普通教育、师范教育事业单位进行工资改革，实行新工资标准，执行货币工资。1972年，穿山公社、朝阳公社民办教师（中小学中不列入国家教员编制的教学人员）工资按“民办公助”的原则解决，国家补助占45.31%，大队统筹占54.42%，学校收入补助占0.27%，人月均工资24.57元。20世纪70年代后期开始，民办教师陆续转为公办教师。1979年11月，中小学试行班主任津贴制度，小学班主任每月津贴4至6元，中学班主任5至7元。1985年，民办小学教师人月均工资50元，中学教师55元。1986年后，民办教师工资由公助和民办部分构成，公助、民办各占50%。1987年10月起，公办幼儿园、中小学教师月工资标准提高10%。1990年，民办中小学教师月工资78.25元。1993年10月起，七星区按照自治区政府工资改革的有关规定，对所属国家机关和事业单位职工工资水平实行职级工资制。事业单位专业技术人员实行专业技术职务岗位工资制，其基本工资由技术职务工资和津贴构成，津贴在工资构成中占30%—50%；事业单位管理人员实行职员职务等级工资制，其基本工资由职务工资和津贴构成，津贴在工资构成中占30%—50%。1995年10月起，每隔2年，凡年度考核合格，教职工与国家机关工作人员同等晋升一档职务工资。1996年后，民办教师全部转为公办教师，享受公办教师同等待遇。2000年10月起，特级教师每人每月享受80元津贴。2000年12月21日，市人民政府印发《桂林市城镇职工基本医疗保险暂行规定》。公办中小学幼儿园教职工参加基本医疗保险。2001年，区人民政府特将原空明东路4号1块10787平方米土地划拨为建设教师公寓用地。项目共建成楼房6幢共

165 套住房，总建筑面积为 20396 平方米。2005 年，公办中小学幼儿园在职教职工，人年均工资为 15330 元。男教师教龄满 30 年，女教师教龄满 25 年，退休后享受退休时全额工资。

个人荣誉　1990 年 4 月，穿山中学邓建昆当选为桂林市第七次党代会代表。1999—2005 年，教师中有 588 人次被评为自治区、市、区级优秀个人。其中 1 人获全国优秀少先队辅导员，1 人获广西壮族自治区劳动模范，1 人获广西“五一劳动奖章”，1 人获桂林市劳动模范荣誉称号，2 人被评为特级教师，1 人被评为广西“21 世纪园丁工程”A 类骨干教师、广西优秀教师暨记个人二等功；4 人担任区人大代表，2 人担任区政协委员。

教育经费

经费来源　民国初年，区境内中小学继承清末的经费来源和各种附加税捐。民国十九年(1930)后，公办学校经费多由政府拨款，另有附加税捐和学生交学费。私立学校则多为自筹款办。

桂林解放后，区境内教育经费以市政府拨款为主，实行多渠道筹措，包括：收学杂费、社会集资、捐资、征收教育费附加和勤工俭学收入等。

1996 年 12 月，区政府接管原郊区设在穿山乡和朝阳乡的中小学。1998 至 2005 年，教育经费以区政府拨款为主，同时实行多渠道筹措，来源渠道为：国家财政性教育经费(含预算内教育经费、各级政府征收用于教育的税费、企业办学经费、勤工俭学收入用于教育的经费)，社会团体和公民个人办学经费，社会集资办学经费，事业收入费(主要是学、杂费)和其他收入经费。2003 年区财政拨款 1925 万元，2004 年 2154 万元，2005 年 2542 万元。

捐资、集资　1986 年 7 月，日本朋友高山邦彦捐款 40 万日元为东江路小学购置钢琴。

1990 年，汉民中学校友、爱国华侨苗某设苗氏奖学金。从当年起，每年以人民币 3000 元奖给市一中考上大学的高中毕业生和参加升高中考试的前八名者。1994 年，香港广播电视有限公司董事长、香港邵氏影视公司董事长邵逸夫向广西师大二附中(今广西师范大学附属外国语学校)捐款 80 万元港币。同年 4 月，日本国友人、市荣誉市民永野义孝捐赠 1 台钢琴给汇通小学。同年 8 月，市政府从救灾捐资款中拨 182 万元(香港华南赈灾基金会捐资 150 万元港币)、市旅游发展基金会捐资 30 万元人民币给七星幼儿园，重建钢结构三层教学楼一栋。1997—1998 年，工商四分局资助光辉小学 1400 元购置文具用品和体育器材；电科所、柑橘所、供电所资助三联小学 5000 元解决用水问题；区工商联资助穿山、朝阳两乡 62 名贫困儿童就学并送去价值 14300 元的文化用品。4 家高新企业捐资 4 万元为新建小学新建教室 2 间。

2001 年 8 月，香港著名实业家田家炳先生捐资 250 万元兴建桂林市第四中学教研大楼，工程于 2002 年 10 月动工，2003 年 6 月竣工。楼高 5 层，建筑面积 5000 多平方米。2003 年，4 名区政协委员为幼儿园、学校捐款 10.30 万元和一批课桌椅。2004 年，自治区教育厅邵逸夫基金会资助 300 万元，新建十八中邵逸夫体育馆。2005 年，美国支显宗基金会捐款 25 万元为华侨农场学校进行旧房改造。区政协委员为学校和幼儿园捐款 7 万元、电脑 5 台，课桌椅 275 套。

学杂费　1950 年 3 月，市军管会文教接管部制订各级学校经费暂行实施办法规定，中小学校每学期杂费暂行实物(大米)收费，标准如下：公立小学 5 千克，私立小学不超过 40 千克；公立初中 70 千克，私立初中 140 千克；公立高中 80 千克，私立高中 180 千克。1953 年，中小学生每学期学费为 2 元，1955 年为 3 元。1964 年调整收费标准，学费为小学 2 元、初中 3.5 元、高中 4.5 元；杂费为小学 0.5 元，初、高中 2.5 元。

1986 年秋季，辖区各中小学收费标准为：学费，所有小学、初中免收，高中按原标准 4.5 元执行；杂费，小学 1—3 年级 3.5 元、4—6 年级 9.5 元，初中 13.5 元，高中杂费 14.5 元。

1991 年春季，辖区中小学执行新的收费标准。学费：小学、初中免收，高中 15 元，职高按各专业分别收 40—150 元。杂费：小学 10 元，初中 15 元，高中(含职高)20 元。讲义费：小学 2 元，初中 3.5 元，高中(含职高)4 元。班会费：小学 1 元，中学 2 元。微机上机费：3 元。

1996 年秋季学期，桂林市调整城区学校部分项目的收费标准。学费：小学、初中免收，高中 60 元，职高 180 元，职高实验实习按各专业分别收费 200—350 元。杂费：小学 30 元，初中 40 元，高中 55 元。

2000 年 7 月，桂林市再次调整城区中小学收费标准。杂费：小学 50 元，初中 70 元。学费：普通高中(含普通职高)330 元，重点高中(含重点职高)450 元。

2004 年秋季学期，市区义务教育阶段学校推进“一费制”收费办法。收取城市初中普通生杂费 165 元，借读生 600 元；小学普通生 115 元，借读生 500 元；建制镇所在地学校初中普通生 140 元，小学普通生 90 元。

办学条件

1997 年七星区政府接管辖区中小学后，1999 年区、乡、校共投入资金 52.5 万元改善其办学条件（其中区政府投入 23.70 万元，乡政府投入 7.50 万元，学校自筹 21.30 万元）。

2004 年，穿山小学危房改造工程项目竣工投入使用

（区教育局　供稿）

2000 年—2005 年，区政府筹集资金 950 万多万元，不断完善教学设施。至 2005 年，区属中学共有功能室 52 间，总面积 2252 平方米，一类中学 20 间、二类中学 32 间。各中学有物理、化学、生物仪器室和药品室，仪器室设防火、防盗设施，危险物品有专人柜管理。全区小学共有功能室 130 间，总面积 5228 平方米，各校综合实验室 1 至 2 间。中、小学校教学仪器设备按不同类型标准配齐，配齐率分别为 95% 和 96%。教学仪器设备达到一类的有 6 所学校，占一类学校总数的 100%，达到二类的有 9 所学校，占二类学校的比例为 100%，达到三类的有 6 所学校，占三类学校的比例为 100%。区属中小学共配备液晶投影仪 7 台（套）、彩电 132 台，视频展示台 47 套，电脑 966 台。各校各年级均配有语文、数学、物理、化学、英语、历史、地理光盘，部分中学配有“习题库”软件，小学各校均配有教学资源库，共有教学资源库计算机 215 台。

2002 年后，区政府对学校加大装备的投入和建设，分批分阶段落实完成教育部印发的《中学体育器材设施配备目录》和《小学体育器材设施配备目录》中的必配类（一类必配或二类必配）和选配类的设备。2005 年，中小学体育器材设备配备有：接力棒、跳高架、皮尺、体操棒、长短绳、跳箱、体操垫、毽子、广播体操图等达一类的有 6 所学校，占一类学校的比例为 100%；配备有：小篮球、小篮球架、软式排球架、小足球等器材，达二类的有 9 所学校，占二类学校的 100%；达三类的学校有 6 所，占三类学校的 100%。

2003—2005 年，新建育才小学综合楼、穿山小学科技楼、七星中心校综合楼、英才小学（育才小学高新校区）教学楼等项目，新增校舍面积 11919 平方米。2005 年，小学生均校舍面积 6.27 平方米，初中生均校舍面积 12.21 平方米。D 级危房率为零，实现了校校无危房。

教学教研

桂林解放后，各中小学陆续建立各科教学研究组，研究教学进度、教学重点、教材分析和教学方法；各科教学中的思想政治教育内容及其方法。随着学校日常教学管理和教育科研的需要，各校设立教务处或科研处，负责组织和管理全校的教研工作。

1996 年 12 月，区教育局设立教研室，有教研员 4 人。1999 年，教研员人员增至 9 人。主要负责组织和指导区直管中小学的教学研究活动，并与学校开展各项课题研究工作。

2003 年，制定《七星区基础教育课程改革实验方案》《七星区基础教育课程改革培训方案》，引导学校在课程设置、课堂教学模式、教学评价、学法指导等方面的研究，推进全区中小学基础教育课程改革。

1997—2005 年，区教育局、教研室及各中小学课题组有 51 个课题在自治区级立项。在“十五计划”（2001—2005 年）期间，有 33 个课题全部结题，其中自治区 C 类课题有 2 个，市级 B 类课题 4 个，市级 C 类课题 10 个。各中小学校教师在区（县）级、市级、省（区）级、国家级的教育教学课堂教学、论文、案例设计比赛以及课题研究和著作发表等各种竞赛中共获奖 3972 人次。其中 2005 年全区各中小学集体获县级以上奖励 108 次，获教育教学荣誉称号 306 次，教师著作、论文、教案、课题研究获奖 351 人次，教师课堂教学获奖 102 人次，学生获奖 1368 人次，共计获奖 2235 人次。2005 年，区教研室有教研人员 9 人。

第二十五章

科学技术

2004年4月，桂林国家高新区召开高新区电子信息产业发展座谈会

清光绪三十四年(1908),广西农业试验场在桂林市东郊成立,为广西历史上第一个技术试验场所(这是桂林历史上第一个科研机构)。因政局变化及经费困难,民国元年(1912),广西农业试验场停办。中华人民共和国成立后,七星辖区科研院所和大专院校云集,科学技术工作具有相当好的基础和雄厚的研发实力。20世纪90年代中期,桂林市人民政府放宽科技市场准入,支持发展民营科技企业,鼓励高等院校、科研院所、企事业单位科研人员和留学回国人员以及社会人员投资创办科技型企业,促进高新技术产业发展,七星区域的高新技术企业达100多家。随着国家对外开放政策的进一步实施,七星区域科研机构和科技企业对外合作渠道增加,对外科技交流日益频繁,对外合作取得长足发展。七星区科研部门围绕服务社会和谐安定,服务企业创新增效,服务“三农”(农村、农业、农民)脱贫致富的主题,全面开展产品研发生产、科普宣传培训及技术推广工作。1998—2005年,七星区共实施各级科技计划项目791项,共获科技项目拨款2.03亿元。2005年年末,七星区境内共有部属、自治区属、市属科研机构13家,科研人员2711人;13家科研机构累计取得科技成果3246项。

第一节 科研机构

清光绪三十四年(1908),广西农业试验场在桂林市东郊成立,为广西历史上第一个技术试验场所,这是桂林,也是七星区域第一个科研机构。广西农业试验场因政局变化及经费困难,于民国元年(1912)停办。

1970年,第一机械工业部电器科学研究院、冶金部地质研究所相继从北京迁至七星区境内。1972年10月13日,燃化部根据战备需要在七星区境内的横塘路55号成立军工配套科研生产单位——桂林轮胎研究所。1973年,中国地质科学院岩溶地质研究所在七星区境内的七星路50号成立。1975年,电子工业部激光通信研究所迁至七星区六合路98号。

1980年,位于七星区青岭路29号的桂林市科委工业实验室改称为桂林市科委工业实验所;1986年,更名为桂林市自动化技术研究所。1988年,七星辖区设立桂林高新技术产业开发区技术开发部。

2005年年末,七星区域共有部属、省(自治区)、市属科研单位13家,其中中国化学工业桂林工程公司、桂林电器科学研究院、桂林矿产地质研究院、中橡集团曙光橡胶工业研究设计院(又名桂林蓝宇航空轮胎发展公司)、中国电子科技集团公司第三十四研究所、地质部桂林岩溶地质研究所、广西柑桔研究所、广西茶叶科学研究所等部属、自治区属科研单位8家,桂林市自动化研究所、桂林计量测试研究所、桂林市蔬菜研究所、桂林市花卉研究所、桂林市林业科学研究所等桂林市属科研单位5家。

桂林高新区七星区科学技术局

1988年,桂林新技术产业开发区成立之初设立的高新技术产业开发区技术开发部是桂林高新区七星区科学技术局(简称区科学技术局)的前身,高新技术产业开发区技术开发部部长董磊恒。1994年,桂林高新技术产业开发区技术开发部更名为技术处。1995年,技术处更名为招商引资局。1996年,桂林高新区将招商引资局中的科学技术工作分离并归入企业发展局。1997年,桂林高新区与七星区合并,桂林高新区的企业发展局组成经济贸易科技局,位于骖鸾路26号,属机关行政单位,正科级,内设综合处和科技产业处,实有人员4名。1998年,经济贸易科技局加挂科学技术局牌子。2003年,经济贸易科技局改为经济贸易局,加挂科学技术局牌子,人员编制4人。至2005年年末,区科学技术局机构性质、级别、内设机构保持不变,人员编制4名。

中国化学工业桂林工程公司（原化工部橡胶工业设计研究院）

该公司前身为化学工业部化工设计院橡胶分院，1956年成立于北京。1969年，化学工业部化工设计院橡胶分院从北京迁至七星区七星路77号，成为七星区境内首家部级驻区科研机构，并更名为化学工业部桂林橡胶工业设计研究院。1996年，桂林橡胶工业设计研究院更名为中国化学工业桂林工程公司，隶属于国资委管辖的中国化学工程股份有限公司。该公司是一家集设计与研究开发于一身的科技型企业。1970—2005年，该公司共完成800多项国内外工程设计、工程咨询、工程总承包及建设监理任务，涉及多个工业领域。该公司承担国内众多大型轮胎工厂的工程设计服务，并为美国、法国、日本、德国、韩国等国家的世界著名轮胎公司在中国的大型建设项目提供了工程设计和工程总承包服务。该公司完成450多项橡胶加工设备的研发任务。2005年年末，该公司有职工380人，专业技术职称346人，其中教授级高级工程师2人、高级工程师73人、中级技术职称95人。至2005年年末，该公司共有30多项工程设计、建设监理和设备开发项目荣获国家、部(省)及市级优秀设计奖、科技进步奖。

桂林电器科学研究院

1954年，电器科学研究院成立，原名第一机械工业部电器科学研究院。1970年，电器科学研究院从北京搬迁至桂林，为中央部委直属研究院。1999年7月，桂林电器科学研究院转制进入国资委所属的中国机械工业集团有限公司，成为科技型企业。

1991—2005年，该院共取得科研成果多项，其中获得部级科学技术进步奖与自治区科学技术奖共38项，拥有专利技术20多项。该院专业涉及合金材料、绝缘材料、高分子材料、自动化、机械设计、机电工程、工商管理等相关专业，是电工材料(绝缘材料、电工合金为主)产品质量监督检测中心和绝缘材料国家商检局认证实验室，以及机械部第16计量站的所在地。2005年，该院在职职工591人，其中专业技术人员280人；具有教授级高级工程师职称8人，高级技术职称69人，中级技术职称145人，享受政府特殊津贴5人；占地面积21万平方米，建筑面积11.6万平方米，总资产近2亿元(其中固定资产9000万元)。至2005年年末，该院承担国家部、委下达的各类科研任务，共取得研究成果650多项，其中获国家、省部级科技进步奖64项。

桂林矿产地质研究院

桂林矿产地质研究院原为冶金部地质研究所（前身为重工业部矿物原料检验所）。1970年，冶金部地质研究所迁至桂林。1983年，划归中国有色金属工业总公司，更名为中国有色金属工业总公司矿产地质研究院。1999年7月，转制为科技型企业，更名为桂林矿产地质研究院，并归属广西壮族自治区人民政府管理，是自治区30家大中型直属企业之一。该院位于七星区辅星路，占地面积12公顷，建筑面积11万多平方米。拥有总资产6.4亿元。该院下设有研究所、分院和研究中心10个，全资、控股和参股公司11个。主要承担国家科技攻关项目、省部级重点项目，技术服务、技术开发及成果产业化等任务。2005年，该院在册职工421人，从事科技工作334人，专业技术职称226人，其中教授级高级工程师17人、高级工程师89人、工程师120人，博士22人(含在读)、硕士32人，有国家有突出贡献中青年专家3人，享受政府特殊津贴优秀专家23人。至2005年年末，该院共完成科研项目2200多项，科研成果获国家科技进步奖、全国科技大会奖、国家发明奖等共18项，其中特等奖1项，一等

驻区的中国有色桂林矿产地质研究院

（覃帆 2002年摄）

奖 1 项，二等奖 6 项；获省部级科研进步奖 275 项，其中二等奖以上 76 项。

中橡集团曙光橡胶工业研究设计院

该院又名桂林蓝宇航空轮胎发展公司，位于桂林市七星区横塘路 55 号，始建于 1972 年 10 月 13 日，原名“桂林轮胎研究所”，是原燃化部根据战备需要而成立的军工配套科研生产单位。1974 年，燃化部将该所更名为“曙光橡胶工业研究所”并定为秘密级管理单位。1979 年，该院更名为“化工部曙光橡胶工业研究所”。1996 年 6 月，该院更名为“化工部曙光橡胶工业研究设计所”；同年 12 月，该院更名为“化工部曙光橡胶工业研究设计院”。1999 年 7 月，国家十个部委局 242 个科研院所改制，该院由事业单位转制为科技型企业，并进入中联橡胶总公司，更名为“中橡集团曙光橡胶工业研究设计院”。2004 年，该院进入国资委直属大型央企中国化工集团公司，先后隶属于中国昊华总公司、中国化工橡胶总公司等中国化工集团旗下的二级专业公司。2005 年年末，有职工 380 多人，其中具有高、中级专业技术职称 108 人，教授级高级工程师 7 人，高级工程师 31 人，工程师 71 人；化工部评定享受政府津贴专家 7 人；各类学科带头人 6 人；拥有固定资产 1.2 亿元，占地面积 39 公顷。

1973—2005 年，该院开展自主创新，在产品研发领域共获得各类科研成果 160 多项，其中获国家级、省部级成果 77 项；共获各类奖励 36 项，其中国家发明四等奖 1 项、国家科技进步奖一等奖 1 项、国家科技进步奖三等奖 1 项、国家级新产品 7 项，两次被评为全国军工配套先进单位。

中国电子科技集团公司第三十四研究所

该所作为中国第一家从事光通信系统整机技术研究的专业化科研单位，于 1971 年在成都成立，原为电子工业部激光通信研究所（又名桂林激光通信研究所）。1975 年，迁建桂林市东郊朝阳乡竹桥村，地址为桂林市六合路 98 号。1975 年，该所在国内第一次成功地运用光纤传输图像信号。1978 年，在桂林架设了中国第一条 1.8 千米长的光纤通信室外传输系统。“八五”“九五”期间，该所承接多项大型光纤数字通信网络技术研究任务，并开展了对 SDH 技术及 SONET 相关技术的研究。2005 年年末，该所有职工 712 人，其中专业技术人员 522 人；具有副高级以上职称 51 人，中级技术职称 206 人；国家级、省（部）级专家 20 人，教授级高级工程师与高级工程师 50 人，工程师 200 人，享受国家政府特殊津贴专家 20 人，部级优秀专家和优秀科技青年专家 8 人，自治区优秀专家 4 人；有总资产 3 亿元，其中固定资产 1.8 亿元。1975—2005 年，该所承担多项各类科研任务及国家重点科研项目，取得各种科研成果 300 多项，开发出具有国际先进水平的产品有光传输设备、光网络设备、光无源器件及专用仪器等，并为部队、公安、交通、电力、电信、广播电视、工矿企业等部门承建 500 多项光纤通信实用化工程，获国家示范工程 5 项，获各种奖励和优质工程项目达 200 多项。

2000 年中橡桂林（中国化工橡胶桂林有限公司）

（区科技局　供稿）

中国地质科学院岩溶地质研究所

该所创建于 1973 年。位于七星区七星路，隶属国土资源部。1979 年，地质部将原驻桂林的中国地质科学院岩溶地质调查大队改建成研究所。该所在所内有中国岩溶地质馆和多种专门实验室，所外有研究基地 10 处，主办《中国岩溶》期刊。2005 年年末，在职职工 152 人，其中科技人员 132 人；科技人员中，博士（含在读）28 人，硕士（含在读）31 人，本科及大专学历 87 人；研究员 21 人（1 人为中国科学院院士），副研究员及高级工程

1982 年，中国岩溶地质馆开馆　　（区科技局　供稿）

师 51 人，中级技术职称 48 人。1979—2005 年，该所完成科技部、国土资源部和广西科技厅等部门的科研项目和地方国民经济建设中的技术服务项目共 500 多项，获省（部）和市级奖 50 多项，出版专著 50 多部，发表科学论文 800 多篇，被 SCI 收录 50 多篇，核心期刊论文 150 多篇，形成岩溶动力学与全球变化、岩溶资源评价与开发利用、岩溶生系统与石漠化治理、岩溶地质灾害防治与环境保护、岩溶景观与洞穴资源评价等五个优势研究领域，在岩溶地质学科研究方面，走在世界前列。

广西壮族自治区柑桔研究所

1965 年 12 月，广西壮族自治区柑桔研究所成立，位于七星区普陀路 40 号，成为七星辖区首家自治区科研机构。隶属于自治区农业厅，属公益性科研事业单位。该所占地面积 40 公顷，主要从事柑橘和其他水果的品种选育、高产栽培、病虫害防治、果品贮藏保鲜等技术研究和开发。1997 年 12 月，该所增设下属单位——广西壮族自治区果蔬研究所，业务范围增加蔬菜品种选育、高产栽培、病虫害防治、贮藏保鲜等。2005 年年末，有在职人员 126 人，专业技术人员占 65 人（其中高级职称 17 人、中级职称 26 人）。1991—2005 年，广西壮族自治区柑桔研究所先后在兴安县、北海市、扶绥县、鹿寨县等地建立果蔬示范基地，为广西各地培训柑橘栽培综合技术人才 67 万人次；收集保存有柑橘优良品种（品系）196 个，其中已脱毒优良单株 130 个；茎尖嫁接脱毒技术在自治区内处于领先地位，独家拥有柑橘无病毒材料；共取得科研成果 55 项，获得科技奖 30 项，其中获国家级科技奖 4 项、自治区和省部级科技奖 17 项。

广西茶叶科学研究所

1966 年，创办桂林市茶叶试验示范场，位于七星区金鸡路 17 号。1979 年，桂林市茶叶试验示范场更名为广西茶叶科学研究所，是广西唯一省级应用型茶叶研究机构，公益性事业单位。该所位于桂林市金鸡路 17 号尧山风景区内，隶属于广西科技厅、广西农业厅，占地 32 公顷，其中科研试验茶园、生产茶园、茶树品种资源圃（收集国内外茶树品种、品系达 609 个）、苗圃共 23 公顷。该所收集国内外茶树品种、品系达 448 个，种植有桂绿 1 号、凌云白毫、福云 6 号、福云 7 号、福鼎大白、福鼎大毫、金萱、丹桂、金观音、春兰等优良茶树品种。建有设备功能齐全的大型专业良种繁育基地广西茶树良种苗木繁育场，年繁育茶树良种苗木 6000 万株以上。1991—2005 年，该所先后在三江、龙胜、南丹、昭平、金秀等 40 多个县和自治县建立 60 多个茶叶科技扶贫和技术服务点，开展技术培训，服务面积达 2.67 万公顷；共获得科技奖 41 项次，其中国家级科技奖 1 项、自治区级科技奖 6 项、林业部和农业部奖 4 项；选育出桂红 3 号、桂红 4 号、桂绿 1 号

"桂林毛尖"茶叶产品分别于 1985 年、1989 年获农业部优质产品奖
（区科技局　供稿）

3个国家级良种及8个优良品系，并获名优茶奖13个。2005年年末，该所有职工72人，专业技术人员占49人(其中高级职称9人、中级职称11人)。

桂林自动化技术研究所

该所是桂林市科技局的直属事业机构，位于青岭路29号。该所初期为桂林市科委的工业实验室，主要针对本市工矿企业的自动化课题开发、电子技术的推广应用及计算和信息中心的策划发展。1980年，改称为桂林市科委工业实验所。1986年，更名为桂林市自动化技术研究所。2000年前，该所位于市榕荫路3号，2000年迁至市高新技术开发区鸾东小区青岭路29号，隶属于桂林市科学技术局。1991—2005年，该所研制开发项目共12项，其中“汽车、摩托车用高效节油净化器”项目通过国家汽车质量监督检验中心检测，与麦格威公司合作的电动自行车项目在1999年全国电动自行车大赛中获特等奖。2002—2005年，该所与企业联合开发的“多媒体农村科技信息点播系统”，分别在市科技局、科技厅立项，同时与科技厅网络中心达成“三农”网、“多媒体农业科技信息点播系统”推广应用与“1183110”共建的方案，实施后经鉴定获得广西科技进步二等奖。2005年年末，有职工25人，其中高级职称2人、中级职称10人。

桂林市计量测试研究所

民国23年(1934)十月，在今七星区七星路79号，建立广西度量衡行政室。1984年12月，更名为桂林市计量测试研究所。1998年12月，桂林市计量测试研究所和桂林地区标准计量所合并为桂林市计量测试研究所。该所是桂林市计量检定、校准、检测中心，系社会公益型事业单位。该所建立涉及长度、力学、温度、电学、无线电、时间频率、声学、光学、电离辐射、化学等计量专业93项社会公用计量标准，开展检定项目187项、校准项目179项、检测项目3项。2005年年末，该所共有职工72人，其中科技人员63人(高级职称8人，中级职称23人，初级职称25人)。该所占地面积1.9万平方米，有固定资产原值1204万元，其中专用设备资产原值为483万元。

桂林市蔬菜研究所(桂林市花卉研究所)

该所位于七星区环城北二路97号，占地面积4.13公顷。该所前身为桂林市良种繁殖场，始建于1961年7月。1965年，改为桂林市农业技术推广站。1977年5月，更名为桂林市农业科学研究所。1980年，增挂桂林市蔬菜研究所牌子，实行两块牌子一套人马的管理。1987年前，行政级别为正区级(科)单位；1987年8月，行政级别升格为副处级单位。1998年，桂林地市合并定名为桂林市蔬菜研究所。2001年5月，增挂桂林市花卉研究所，实行两块牌子一套人马的管理。

1980年前，该所主管单位为桂林市农林局；1980—1984年，由市蔬菜局主管；1985—1991年，由郊区政府主管；1992—2005年，由市农业局主管。设有办公室、生产科、科技科等3个正科部门。2001年，该所在距离市区15千米的桂阳公路旁，建成“桂蔬农业高新技术试验示范园”。示范园占地面积6.67公顷，建起6连栋大棚1个，普通大棚70个，大棚面积1.4万平方米，水面0.6万平方米，种子冷藏库1座，办公楼1栋。引进各类蔬菜新品种100多个进行比较试验和比较观察；与中国科学院生物发育所合作开展航天育种研究，已选育出桂航一、二、三号3个优质航天辣椒新品种，并通过自治区农业厅新品种审定。2005年，该所进行新的科研项目12个，有两项已结题，并申报桂林市科技进步成果奖。1977—2005年，该所是广西从事蔬菜栽培技术研究的农业科研单位，通过与国内外专家的交流及经过科技人员的潜心攻关研究，获20多项科研成果，其中获自治区科技进步成果奖4项，桂林市科技进步成果奖15项，多项科研成果填补了国内的空白。“甲天下牌增产剂”荣获首届中国农业博览会广西优秀产品奖，1998年获市委、市政府科技重奖。引进培育红椒一号、桂林紫长茄、桂豇一号、桂林长豆角、朝丰一号(二号)牛角椒、桂林本地芹、桂林小节瓜、桂林牛腿南瓜、比斯塔番茄、美满番茄、桂林红宝石番茄、樱桃番茄、白背菜等26个优良品种。其中“红椒一号”累计推广面积超过2万亩，产值达9500多万元。引进推广番石竹、非洲菊、百合、玫瑰、剑兰、洋桔梗等鲜切花品种，年产各类鲜切花40多万枝，其中非洲菊、郁金香占桂林市生产量的50%以上。

2005年年末，该所有在职人员54人，科技人员

28 人，其中高级专业技术职称 2 人、中级专业技术职称 18 人。

桂林市林业科学研究所

1959 年，桂林地区林业科学研究所成立，位于七星区尧山路 1 号。1998 年，该所更名为桂林市林业科学研究所。该所地处桂林市尧山，地跨桂林市叠彩区大河乡、七星区朝阳乡，管辖面积 200 公顷，其中各类实验林地 100 公顷、生态科普园 10 公顷、林业造林育苗基地 5 公顷、绿化苗木和花卉基地 5 公顷。与靖江王陵古遗址考古公园和尧山风景区相融，交通网络密集，桂林绕城高速公路尧山出口 2 千米。该所属桂林市林业局二层单位（副处级），内设机构有办公室、科研科、技术推广科、森林保护科。1991—2005 年，该所主持和主要参加完成的科研项目有 40 项，其中：获国家级科技奖 1 项，获自治区和省部级科技奖 16 项次，其他级别科技奖 2 项次。2005 年年末，在编人员 52 名（科技人员 39 名），其中教授级高级工程师 2 名，高级工程师 6 名，中级职称 11 名，初级职称 20 名；享受国务院特贴专家 2 名、广西优秀专家 1 名、广西新世纪“十百千人才工程”第二层次人选 2 名、教授级高级工程师 4 名。拥有林学、经济林、植物生理、生物技术、森林生态、森林经理、森林病虫害防治、园林、计算机、财会、经济学等专业技术人才，组建了用材林（松、杉、桉、竹）、经济林（银杏、油茶、油桐、板栗）、珍贵树种、园林花卉、食用菌等研究团队，能承担国家级、省级和市级试验攻关项目和推广项目。

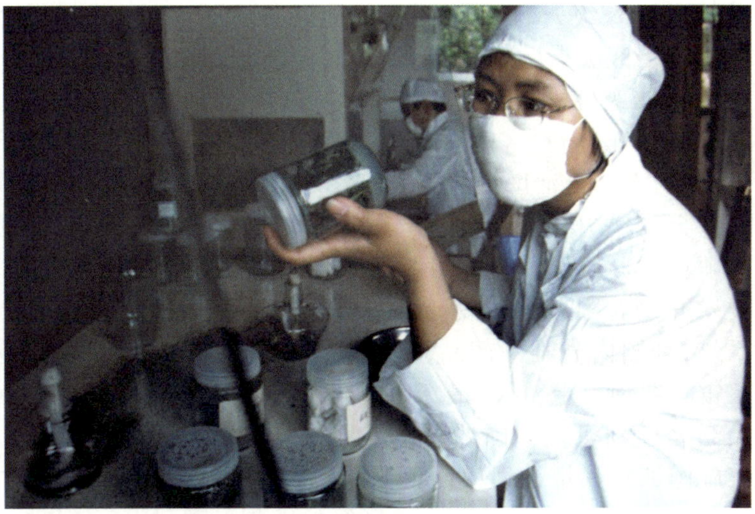
2003 年桂林市林科所生物组培中心　　（区科技局　供稿）

至 2005 年年末，该所与澳大利亚、新西兰、韩国等国家，与南京林业大学、浙江林业大学、江苏农学院、广西植物研究所、广西大学林学院、广西师范大学生命科学学院、广西生态职业技术学院等科研院所、高等院校开展技术合作和攻关。先后主持和主要完成的科研项目 46 项，获国家、省区及厅级科技进步奖 36 项次，参加出版专著 32 部，发表科技论文 160 多篇。

1998 年桂林市林业科学研究所　　（区科技局　供稿）

第二节　科技项目与经费

20 世纪 90 年代末起，随桂林市科学技术的发展，七星区区委、区政府加大对科技项目的投入力度。至 1998 年，七星区累计实施高新技术项目 164 项，其中国家级火炬计划项目和其他国家级共 38 项，自治级火炬计划项目和其他自治区级项目共 11 项，市级科技项目 15 项。1999 年，七星区启动新产品试制费、中间试验费、重大科研项目补助费等“科技三项费用”；同年，七星区实施高新技术项目 25

项，其中国家级火炬计划项目和其他国家级项目共6项，自治区级火炬计划项目和其他自治区级项目共7项，市级科技项目12项。

2000年，七星区建立高新技术企业科技信息网，向国家和自治区推荐了40多个项目，获得科技基金拨款700多万元，广陆量具厂的数显量具仪项目获自治区科技进步一等奖；桂林星辰数字技术开发有限公司开发的双电机直流消隙伺服系统，是国内外唯一产品，已经应用于国家载人宇宙飞船项目上，该厂最新研制开发的高科技产品激光标刻机优于国外同类产品。全年七星区实施国家级火炬计划项目4项，国家科技部中小企业创新基金项目2项，自治区级技术创新项目7项，自治区科技开发项目19项发基地项目，已经国家计委、信息产业部批准立项建设；华诺威基因药业基地、斯达药业等一批新建新技术企业建成，产值超亿元企业12家，超5000万元企业20家。

2001年，七星区发展以高新技术为特色的现代工业，全年，实施国家科技部中小企业创新基金项目1项，自治区技术创新项目25项，自治区科技厅科学与科技开发项目7项。

2002年，七星区累计实施高新技术项目682项，开发具有自主知识产权产品342个，45%处于国内领先水平，5%处于国际先进水平。

2004年，七星区获市、自治区科技项目34项，科技部创新基金2项，财政部成果转化资金1项。

2005年，七星区共组织实施国家科技计划项目7项，自治区科技计划项目9项，市级科技计划项目12项，本级科技计划项目23项，获政府资金投入1280.1万元。

1998—2005年，七星区共支持科技计划项目188项，资金4221万元，同时获得市科技计划项目立项238项，资金2936万元；自治区科技计划项目立项261项，资金7798万元；国家科技计划项目立项104项，资金5383万元。

第三节　科技推广运用

特种轮胎与橡胶制品

1973—2005年，中橡集团曙光橡胶工业研究设计院在橡胶产品研究开发方面形成了两大专业特色：特种轮胎和橡胶制品。特种轮胎方面，主要以航空轮胎、地面特种越野轮胎等产品为主；橡胶制品方面，主要以防化服、电磁辐射防护服、密封件及胶带制品为主。承担着国家航空轮胎、地面特种越野轮胎和化学防化服、航天服密封层、火箭推进剂专用防护服、军用避火服、电磁辐射防护服等重要产品的研发、生产、检测的重任，是国内最早专门从事航空轮胎研究和最早生产化学防化服的企业和公安部、总装备部、中石化定点生产企业，是国家唯一的特种轮胎专业科研单位，是国内航空轮胎、特种轮胎和特种橡胶制品重要的生产基地和主要供应商。该院是中国第一家、世界第四家获得美国联邦航空管理局(FAA)的适航认可的航空轮胎企业，也是国内唯一同时获得中国民用航空局航空轮胎适航认证(CTSOA)和美国适航认可的航空轮胎企业，是中国人民解放军总装备部授予的武器装备承制单位和国防科工局授予的武器装备科研生产许可单位，是中国合格评定国家认可委员会“国家实

2005年，中橡集团曙光橡胶工业研究设计院研制的大型矿山自卸车（区科技局　供稿）

验室认可”单位和中国轮胎标准委员会航空轮胎分技术委员会(TC31/SC8)所在地，是中国航空轮胎行业的领军企业。

岩溶地质

1973—2005年，地质部桂林岩溶地质研究所是中国地质学会岩溶专业委员会和洞穴专业委员会的挂靠单位，由该所主办的《中国岩溶》是中国唯一公开发行的岩溶学术性刊物。岩溶动力学重点实验室为国土资源部、广西壮族自治区重点实验室；岩溶生态系统与石漠化治理重点实验室为国土资源部重点实验室。主要职责和任务是，立足西南八省(市、区)，面向全国，承担基础性、战略性和前瞻性岩溶地质研究和调查评价工作；开展岩溶动力系统运行规律研究，发展现代岩溶学理论；承担岩溶矿产资源、洞穴资源调查评价及石漠化调查研究和治理工作；承担岩溶水文地质、灾害地质调查研究和监测评价工作；建设全国岩溶地质数据库，开展岩溶地质信息化社会服务；开展相关地质科学技术研究和国际交流与合作，为联合国教科文组织国际岩溶中心提供支撑；进行分析测试、地下水示踪等新技术、新方法的研究和推广应用；开展岩溶研究的科技开发、技术服务工作。

光通信

1975—2005年，中国电子科技集团公司第三十四研究所建成以光通信系统、光网络技术、光通信整机、光通信仪表、光无源器件、光通信工程为主体，并形成光通信、光电系统技术应用和信息感知与安防三大专业板块为骨架的专业方向，是集科研、生产、工程以及军、民、贸于一体的科技型单位，在国内最早实现了图像信号光纤传输，最早开通光纤传输数字信号的室外试验线路，最早将三次群光通信设备用于市话中继，最早将光通信用于铁道的专用通信系统，最早参与了环西太平洋海底光缆工程，最早开展多项光器件和光通信仪器研究并取得成果等等，并且还参与了国家863项目、“神舟”系列飞船，“嫦娥工程”、“神光-III工程”等国家及国防重大工程建设任务，通过了ISO9001：2000质量体系认证、GJB9001A-2001军工质量管理体系认证和国家武器装备科研生产单位一级保密资格认证，是国家电子系统工程甲级设计单位，乙级施工单位；国防二级计量单位；是广西区振兴科技先进单位；广西区文明单位。

茶叶

广西茶叶科学研究所科研、生产茶园实行无公害技术管理，在广西率先通过无公害茶叶生产基地认证。1991—1995年，共派出科技人员80多人次，分别到三江、昭平、龙胜、金秀等地开发良种茶苗供应、栽培、茶园管理技术指导、加工厂设计、机械安装、调试、茶叶销售及技术人才培训等服务。该所遵照科技部“稳住一头，放开一片”的科研体制改革方针，加强对重点科研项目的研究，开发了方便油茶、袋泡茶等新产品，并分流出一部分科技人员从事技术服务工作。至2005年年末，该所围绕广西茶叶生产实际，积极开展茶树资源、育种、栽培、加工、病虫害防治、新产品开发等方面的研究及技术服务工作，共获得科技成果30多项，其中获国家科技进步二等奖1项，省部级二等奖1项、三等奖11项，地市级一等奖2项、二等奖9项、三等奖5项；发明专利5项，实用新型专利2项，林业部推广特等奖4项；选育出桂红3号、桂红4号、桂绿1号、桂香18号、尧山秀绿5个国家级良种，桂香22号1个自治区级良种，以及国家级优质资源7个，优良品系28个。该所发挥专业优势，围绕广西茶产业开展技术服务与科技交流活动，与各产茶市有关部门及桂林市部分大专院校建立“结对共进”合作单位21个，成立广西茶叶科技服务星火学校5个，建立技术服务点80多个。

电子

1986—2005年，桂林自动化技术研究所研发了多种新产品：多功能H型应急灯项目获广西区科研成果奖；研制的电子游戏机，质量好，销售旺，通过转让技术带动了一批乡镇企业的发展；电冰箱自动稳压器通过了技术鉴定；光控消毒自动控制系统应用于广西植物研究所等相关的实验室和生产基地；多功能医用呼唤器应用于雁山医院等用户；自动化高温控制系统，广泛应用于工矿企业；新型节能水泥烧结转炉，在融水水泥厂应用获得成功；楼宇自动对讲系统、防盗自动报警开关门等防盗设备用于市商业局等客户；“汽车、摩托车用高效节油净化器”，通过了“国家汽车质量监督检验中心”检测，获国家专利2项，产品试销全国31个省、市、县（区）；微波通信集中监控系统，能集中监测各微波工作站点的工作状态，完成设备自检；多媒体多信道调频光端机，用于电视节目和数据的传输。此外还研制了教学用仿真铁路系统、仿真铁道机车调度台、新型数字电子万用表、电子治疗仪电源板、C5燃气炉电子泵和高压电子打火器、新型中文编辑机、节能灯延时控制器、竞赛用数字抢答器、自动测速仪、电子自动售油系统、电脑多频治疗仪，超声波心脑血管治疗仪、紫、红外线组合扫描消毒系统、大功率（5.2千瓦以上）汽车永磁起动机、电动自行车用永磁直流无刷直驱式电机、双气隙永磁无刷直流电动机、摩托车用高效节油新型调压整流器等产品。

触头材料

1991—2005年，桂林电器科学研究院依照“一体两翼”框架，推行科研开发与规模产业并举，实施“科技为先导，产业为依托”的发展战略，创建了电子材料工程研究中心、精密模具工程技术研究中心和电子束巴顿国际工程研究中心，形成市场、科研、开发、生产一体化的工程技术中心体系。所属辰山科技发展总公司触头材料公司，主要产品有铜铬触头、铜钨触头、银基触头、真空及高压触头材料，年销产值近3000万元；特种塑料公司生产干式不饱和树脂塑料、氨基塑料、脲醛塑料，年销售收入400万元；凯杰印制电机公司开发的精密型、普通型印制电机20多个品种，并从美国引进一条生产线，总投资3500万元，形成年产印制电机40万台的能力，为国内汽车空调器的国产化及电动自行车的开发应用提供了性能优异的电机。下属华能公司、金格公司相继通过ISO 9001：2000质量管理体系认证，金格公司还完成了美国安全实验室对PT类塑料的UL认证工作。

柑　　橘

广西柑桔研究所主要从事以柑橘为主的果蔬种质资源收集、保存、鉴定与评价，新品种引进、脱毒、保存、筛选与应用，新品种选育，优质高效安全栽培，病虫害综合防控与检测，采后处理及贮藏保鲜，无病毒苗木繁育等方面的共性关键技术研究与推广工作。1993年11月，该所投资25万元建成复配农药中试车间，1994年试产螨速跷、胺酮乳油、锈螨特等复配农药，1995年创产值80万元。1998年初，该所投资40余万元筹建了组培中心，并于当年生产出新台糖22号组培苗50余万株。该所建有广西区唯一的柑橘无病良种单株母本园，收集柑橘优良单株70余个，并通过茎尖嫁接脱毒（脱毒技术在区内是领先），为广西区柑橘业的健康发展提供重要的种质资源和技术保障。至2005年年末，该所无病良种柑橘苗圃已初具规模，每年可提供网室内培育的无病良种柑橘苗木30万—50万株，解决了广西区柑橘品种混杂现象和防止柑橘黄龙病的发生及蔓延。

林　　木

桂林市林业科学研究所主要研究及服务领域：林木良种选育、林木丰产栽培技术、经济林果、森林生态、森林保护、森林生物工程、园林花卉、森林旅游等。该所主要开发的技术及服务范围：林木良种开发、名优林果开发、花卉种苗培植、组织育苗、化学除草、林果竹病虫害防治、林果竹低产林改造、林业规划设计、林业项目可行性研究、园林设计与绿化工程施工等，并承接绿色工程、种子工程、园林绿化工程、公路绿化工程项目的设计与施工以及林业技术培训、花卉租摆和林果花卉病虫害综合防治等业务。1998—2005年，桂林市林业科学研究所做了大量实效工作，建立各类林木和花卉试验示范基地100多公顷，是广西油茶和银杏良种繁殖基地；建立现代化林木组培实验室2个，可年产1000万株林木组培苗，是桂北地区较大规模的良种壮苗培植基地；并在市、县、乡、村四级建立300多人的林业科技推广网络。

第四节　科技普及

科普宣传

1979年，七星区人民政府成立，七星区的科普工作主要以辖区学会、协会、研究会、企业、院所、学校和科协的科技人员为依托，发挥科协人才、智力、联系面广的优势，面向社会，开展科技咨询服务和科普活动。

1982—1984年，七星区开展科技咨询项目58项，大部分为工程设计项目，有锅炉改造、工厂技改等项目，取得了良好的经济效益和社会效益。桂林市织锦厂位于七星岩风景区附近，该厂1台锅炉能耗大，污染严重；市环保部门要求该厂停止使用。1982年，驻七星区的市科技咨询公司组织科技人员帮助市织锦厂对锅炉进行技术改造，获得成功，降低能耗量，减少环境污染。

2001年，七星区组织区企业参加广西科技活动周，参展人员42人，参展项目65项。同年，从北京购回农业新技术光盘40多套，建成了高新区农业新技术光盘资料库，向辖区农民播放科普录像20场，传授农业技术12场，组织8家企业参加在市中心广场举行的科普游园活动。

2002年5月，全国科技活动月期间，七星区以标语、横幅、科普桂板形式进行宣传，并与市科技情报所的专家下乡开展科普工作，带去科普挂板18块，推出19个农业新品种项目，发放资料1300份，咨询达1000人次。区政府拨出1万元科技资金扶持两乡农业项目，下乡播放科技录像36场，观看人数达1500人次。

2003年10月，"科普大篷车"进校园活动

（区科技局　供稿）

2003—2004年，七星区以十月科普大行动、中国——东盟博览会等大型活动为平台，积极开展了高新技术成果展示、科技讲座、科技下乡、科普咨询、科技培训等多种形式的科普活动。期间，七星区共组织企业参展参会500多人次，制作科普宣传展板150余块，发放宣传资料、书籍230种，6万多份，组织举办大小各类科普讲座383次，受益农户150户，培训人群5万多人次。2003年10月，桂林高新区命名桂林高新珠宝有限公司地质矿产博物馆为首批"桂林国家高新区七星区青少年科技教育基地"。

2005年，七星区组织企业参加广西科技活动周高新技术产品交易会，参展企业达30家，展出项目50项，许多项目的技术水平居国内领先，如桂林虹膜信息技术有限公司研制的"虹膜生物测定之控制系统"，桂林市兴技显微图像技术有限公司的"显微图像自动计算焊点分析控制系统"，桂林正翰科技开发有限责任公司的"离子交换纤维"等，并组织6个推介和签约项目，达成合作意向500万元（人民币），签约金额为2500万元（人民币），科技活动周取得了圆满成功。同年，七星区进行区科协领导的人员调整，选举通过新科协主席人选，并加强了科协组织网络的建设，在辖区的街道办、乡及华侨旅游经济区重新选举充实了基层科协组织负责人。

科技竞赛

2000年10月18日，市科普联合会与市委宣传部、市科委、市教委、市科协、市教育电视台联合举办以“迎接知识经济新时代”为主题的科普电视演讲竞赛决赛，决赛选手通过预赛产生，七星辖区桂林航天工业高等专科学校学生刘艳丽获一等奖，桂林工学院学生扶彬、王永梅获三等奖。

2002年3月4日，市科协、科技局、教育局、环境保护局、体育局、共青团市委、市妇女联合会在全市开展青少年科技大赛。大赛分竞赛和展示两项活动，竞赛项目包括青少年科技创新作品、科学研究论文和少年儿童科学幻想绘画展览。七星辖区桂林市第一中学的杨茜(作品:会飞的翅膀)、何丹和蒋国秀(参赛作品:桂林市第一中学校园中植物群落的调查)获一等奖，桂林市民族师范学校的何国秀(作品:营养袋装置架)获二等奖。

2005年，桂林市教育系统开展各种科技竞赛，七星区组织200多名学生参加了航模制作活动，有5人参加市级flash（闪光）创作大赛，5人参加网络电视大赛，有30份电脑绘画作品参加市级比赛。七星区的东江小学、穿山小学、阳光学校共10名学生参加桂林市纸桥过车大赛；穿山中学的学生制作了科技手工作品532份。

科技交流

1980年起，七星辖区的科研单位在开展科技交流活动的同时，注重国外智力的引进，开展与国外的技术合作，利用国外的技术援助，促进七星辖区的技术进步。

1982年，澳大利亚拉费布大学地质专家查佩尔、怀特2名教授到七星区境内的桂林冶金地质学院进行学术交流，签订了拉费布大学为桂林冶金地质学院培养研究生协议。

1986年，桂林市成立国外智力引进办公室，使国外技术引进、人才引进由民间自行办理变成由政府组织，并给予部分财力支持，加速了这项工作的开展。七星区受之影响，区委、区政府把与国外技术、人才引进、合作与交流列入常委会议程。

1984—1990年，澳大利亚拉费布大学先后为七星区境内的桂林冶金地质学院提供奖学金培训研究生4名。

至1990年年末，七星区境内引进的国外专家共计100多人次，其中经市政府智力引进办公室批准并资助部分经费的有20人次，资助经费6万多元，配合外汇额度负担2万多美元。随技术设备引进的专家技术人员120多人次。这些国外科技人员在七星区期间，具体承担有关项目的技术工作和管理工作，解决了聘用单位、聘任项目的难题。七星区境内的桂林轮胎厂巨型轮胎项目，聘请美国专家突破技术难关，拿出世界上只有三四个国家能够制造的巨型轮胎产品，填补中国空白。该轮胎平均行驶里程3.6万千米，单胎最高行驶里程5.2万千米，达到世界先进水平。七星区境内的桂林无线电三厂引进日本铝电解电容自动生产线设备，也是聘请日本昭荣株式会社的技术专家伊化健二对生产过程增设检测工序，使产品合格率由原来的75%提高到88%。

1994年，七星区聘请辖区、本市和外省的科技人才106人，作为七星区科技经济顾问。

1995年11月，七星区境内的电子工业部第三十四研究所，成功地举办全国第七次光纤通信学术会议。电子部、邮电部关部委领导以及来自全国各地的280多名代表出席了会议。芬兰NOKIA公司、美国EGKFG公司、日本化成株式会社等20多家国内外厂商参加了光纤通信新产品展示活动。

1991—1995年，七星区境内的地质部桂林岩溶地质研究所，接待16个国家的专家学者42批292人次，举办IGCP299工作会议，承办国家科委委托主办的岩溶水资源开发利用与环境保护国际讲习班。中橡胶曙光橡胶工业研究设计院，与美国、英国、法国等国家和地区进行广泛的学术交流。

1998年，七星区境内引进1名日本女青年海外协力队员到桂林旅游专科学校任教，此为日本政府派遣到桂林市无偿援助工作的第十八位日本青年海外协力队员。

1999年8月，按中日两国的科技交流协议，日本协力队员林阳子和西谷都到桂林，分别在七星幼儿园和桂林旅游专科学校任教两年。

2001年，七星区境内的地质部桂林岩溶地质研究所派出专家出访韩国、美国、法国和德国等5人次。为庆祝IGCP30周年，地质部桂林岩溶地质研究所院士袁道先应邀在巴黎UNESCO总部作“岩溶地质学、水文工团学及其与人类社会关系”的主题报告。全年，地质部桂林岩溶地质研究所接待澳大利亚、泰国的同行专家来所考察、合作研究和学术交流 11 人次；组织召开 IGCP448 "全球岩溶生态系统对比" 项目国际工作会议，来自美国、俄罗斯等 18 个国家的 72 个代表参加了会议；成功组织了第十二次中外洞穴探险。

2002 年，七星区境内的地质部桂林岩溶地质研究所开放实验室 6 名科技人员参加西班牙南部马拉加省(Malaga)内尔哈镇召开的第二届内尔哈(Nerja)洞穴地质学术研讨会与 LGCP448 "全球岩溶生态系统对比" 2002 年会，袁道先院士和刘再华博士分别在会上作题为 "水文地质和岩溶生态系统及其社会关联" 和 "云南白水台钙华的起源与成因" 的发言；中国代表团向与会代表赠送 IGCP379 "岩溶作用与碳循环" 英文版专著及 IGCP448 项目 2002Newsletter，宣传了由 IGCP299 到 IGCP448 项目 12 年来的国际岩溶对比的成果，扩大了岩溶所的影响。组织实施第十三、十四次中外联合洞穴探险活动。第十三次中外联合洞穴探险在广西乐业县进行，外方 21 人，中方 5 人。测绘洞穴 40 千米，探测竖井 40 多个，最深 400 米，新发现红玫瑰和阳光两个面积 4 万—6 万平方米的地下大厅，以及天坑 2 处，30 多种地下生物种类和平鹤岩溶旅游资源区等，中央电视台、广西电视台及多家报刊作了大量报道。第十四次中外联合洞穴探险在重庆奉节县兴隆镇进行，外方 9 人，中方 4 人。共测绘洞穴 28 处总长 12 千米，竖井 4 处，并对小寨天坑作了深入评价。中途有 4 名队员转战武隆天心乡气坑竖井，测深 700 余米，创国内最深竖井记录，中央电视台、重庆电视台、新华社等多家新闻媒体作了报道。

2003 年，七星区境内的地质部桂林岩溶地质研究所先后邀请了美国、澳大利亚等国家的专家学者来所考察和讲座，有 4 名专家学者出国考察学习；成功地组织第十五次、第十六次中外联合洞穴探险。岩溶动力学开放实验室被批准为国土资源部重点实验室。由袁道先等科技人员承担的国土资源部 "九五" 攻关项目获得国土资源科技进步一等奖，刘再华获第七届广西青年科技奖。同年，七星辖区引进 2 名日本协力队员分别到七星幼儿园工作 2 年，引进 1 名志愿专家到桂林旅游专科学校工作 1 年。

2004 年，七星区境内的中国地质科技院岩溶地质研究所接待来访和合作的国外学者、专家 25 批 196 人次，开展联合研究项目 5 个，派出访问学者和参加国际会议 6 批 25 人次。袁道选院士主持的 "IGCP448" 项目研究成果国际同行的认可，受到联合国教科文组织赞誉。该所与 6 个国外研究机构、学校建立了合作研究关系。该所主办的学术期刊《中国岩溶》被评定为国内中心核心期刊和科技核心期刊。在国际交往中，与英、法、日、美、意、德、俄等 30 多个国家和地区的专家建立学术交流和合作研究，先后与国外专家学者学术交流 320 多批次，1405 人。成功协助或主办第 21 届国际水文地质学家协会会议和国际岩溶水资源开发与保护研讨班等，并先后成功申请和组织了国际地质对比项目 IGCP299 "地质、气候、水文和岩溶形成" 和 IGCP379 "岩溶作用与碳循环"。通过这些交流和活动，扩大了地质部桂林岩溶地质研究所在国内外的影响。

2005 年，七星区境内的桂林矿产地质研究院的国家特种矿物材料工程技术研究中心电报的 "大尺寸、高品质氧化锌晶体水热法生长关键技术问题研究" 项目被列入国家自然科学基金重点项目。

第五节　科技成果

民国时期，驻七星区域的省属和中央研究院的部分科研究机构曾在一些领域开展调查和研究，但因战事频繁，社会动乱，经费拮据，终无重大建树。中华人民共和国成立后，随着经济的发展及科研队伍的壮大和条件的改善，七星区域的科学技术成果日益增多。

国家级奖励科技成果

1978—1999 年，七星区境内的科研单位，获国家级奖励的科技成果共 21 项，其中国家优秀科技成果及国家科技进步奖 13 项、国家发明奖 1 项、全国科学大会奖 5 项、国家星火奖 1 项、中国专利优秀奖 1 项。

表 25-1　　1978—2005 年七星区域科研单位获国家级科技成果奖一览表

项目名称	驻区承担单位	完成年份	获奖情况
电力电容器聚丙烯薄膜生产线	机械部桂林电器科学研究所	1977	1978 年全国科学大会奖
环氧粉云母绝缘及其应用	机械部桂林电器科学研究所	1977	1978 年全国科学大会奖
631/2 双模轮胎定型硫化机	化工部桂林橡胶设计研究院、桂林橡胶机械厂	1977	1978 年全国科学大会奖
注射用青蒿素琥酯	桂林二药厂	1978	国家优秀科技成果奖
青蒿素琥酯	桂林制药厂	1978	国家发明三等奖
丁基胶内胎接头机	化工部桂林橡胶设计研究院、桂林轮胎厂	1978	1978 年全国科学大会奖
HDZ 系列电子束焊机研制	机械部桂林电器科学研究所	1980	1978 年全国科学大会奖
工程轮胎系列产品	桂林轮胎厂	1980	国家科技进步三等奖
金刚石地质岩芯钻探配套技术的推广应用	中国有色金属工业总公司桂林矿产地质研究院	1984	国家科技进步一等奖
三次群光缆通信实用化系统	电子工业部 34 所	1984	国家科技进步二等奖
个旧～大厂及其外围地区锡矿成矿条件、找矿方法和找矿远景研究	中国有色金属工业总公司桂林矿产地质研究院、桂林冶金地质学院	1985	国家科技进步特等奖
节银电工触头和电器产品的研究及推广	机械部桂林电器科学研究所	1985	国家科技进步二等奖
南岭地区重点钨、铅锌矿区及外围成矿预测和典型钨矿床物质成分研究	中国有色金属工业总公司桂林矿产地质研究院	1985	国家科技进步二等奖
23 公里无中继电话和彩色电视电缆传输系统	电子工业部 34 所	1985	国家科技进步三等奖
YJC—1 印字头机械参数测试仪	桂林电子工业学院	1986	国家科技进步三等奖
秦岭泥盆系铅锌矿带成矿规律及找矿方向	中国有色金属工业总公司桂林矿产地质研究院	1989	国家科技进步三等奖
中国东部主要有色矿床中伴(共)生金(银)赋存规律成矿条件及远景研究	中国有色金属工业总公司桂林矿产地质研究院	1990	国家科技进步三等奖
青蒿酯的制备方法	桂林制药厂	1991	中国专利优秀奖
柑橘栽培综合技术人才培训	广西柑桔研究所	1993	国家星火奖四等奖
桂林西瓜霜与西瓜霜润喉片的研制	桂林三金药业集团公司	1997	国家科学进步奖三等奖
波音 737—300 型飞机国产轮胎研制	化工部曙光橡胶工业研究设计院	1999	国家科技进步三等奖

自治区(部)级科技成果获奖项目

1980—2005 年，七星区境内的科研单位，经自治区认定并登记的科技成果共有 168 项，其中自治区科技进步奖 160 项、自治区科技成果奖 4 项、广西星火奖 4 项。

表 25-2　　1980—2005 年七星区域科研单位获自治区级科技成果奖一览表

项目名称	承担单位	完成年份	获奖情况
丁基胶汽车内胎	桂林轮胎厂	1980	自治区优秀科技成果一等奖
KSB—101 可编程序控制器	机电部桂林电器科学院研究所	1980	自治区优秀科技成果二等奖

续表

项目名称	承担单位	完成年份	获奖情况
无触头弱电集中控制装置	机电部桂林电器科学家研究所	1981	自治区优秀科技成果二等奖
AVD、AVRD 型聚氯乙烯绝缘带状安装电缆	桂林电缆厂	1985	自治区科技进步三等奖
丹桂 DC—3 型、DC—5 型卫星电视接收站	桂林无线电二厂	1987	自治区科技进步二等奖
航空轮胎国产材料研制	化工部曙光橡胶工业研究所	1987	自治区科技进步二等奖
SYKY 型藕状电视电缆	桂林电缆厂	1988	自治区科技进步三等奖
XC 系列消磁电流自动调整器	桂林威达集团公司	1988	自治区科技进步三等奖
猪皮服装革	桂林市制革厂	1989	自治区科技进步二等奖
16/70—20—10P.R 低断面工程轮胎	桂林轮胎厂	1989	自治区科技进步三等奖
高层级高载荷载重轮胎	化工部曙光橡胶工业研究所	1989	自治区科技进步二等奖
小水泥工艺综合技术应用示范	机械部桂林电器科学研究所	1989	自治区科技进步二等奖
南宁市交通监控系统	电子部 34 所	1991	自治区科技进步三等奖
干式软包装复合袋及其设备的研制	桂林市建设印刷厂	1991	自治区科技进步二等奖
高层建筑外墙脚手架整体同步提升工艺	广西第四建筑工程公司	1991	自治区科技进步二等奖
综合地学数据微机数字图像分析软件系统	桂林矿产地质研究院	1991	自治区科技进步二等奖
非线性科学中拓朴火高标准映象、几何生长模型和几率细胞自动机	广西师范大学	1991	自治区科技进步二等奖
广西黄皮资源调查收集研究	广西柑桔研究所	1991	自治区科技进步三等奖
桂东南混合岩区金银矿床成矿规律和找矿标志研究	矿产地质研究院(驻桂林)	1991	自治区科技进步三等奖
铜红釉系列旅游产品的研制	桂林市美术陶瓷厂	1991	自治区科技进步三等奖
CAT100KV 油击穿自动试验仪	广西师大无线电厂	1991	自治区科技进步三等奖
杂交番茄引种推广	市农科所、市蔬菜公司	1991	自治区星火项目三等奖
广西百色盆地油气综合化探方法研究及远景评价	桂林矿产地质研究院	1992	自治区科技进步二等奖
CBT01 图象输入机	邮电部兴安通信设备厂桂林分厂	1992	自治区科技进步二等奖
SMT 整板镀金印制电路板	桂林市无线电五厂	1992	自治区科技进步二等奖
南宁、桂林城市道路交通电视微机监控工程	机电部 34 所、桂林电子工业学院等	1992	自治区科技进步二等奖
关于临界图及临界棱连通图的研究	广西师范大学	1992	自治区科技进步二等奖
沙田柚营养诊断研究	桂林柑桔研究所	1992	自治区科技进步三等奖
一种生产红碎茶新工艺的研究	广西桂林茶叶研究所	1992	自治区科技进步二等奖
CBY01 型 205 高速油印机	邮电部兴安通信设备厂桂林分厂	1992	自治区科技进步三等奖
9.00　20—14PR 带束斜交载重轮胎	化工部曙光橡胶工业研究所	1992	自治区科技进步二等奖
球罐整体热处理自控装置	石油六公司	1992	自治区科技进步三等奖
柑橘栽培综合技术人才培训	广西柑桔研究所	1992	广西星火奖三等奖
无污染新一代硅胶体蓄电池	桂林高能电源工业有限公司、广西师范大学	1993	自治区科技进步二等奖
椪柑贮藏中特异腐烂成因及控制	广西柑桔研究所	1993	自治区科技进步二等奖

续表

项目名称	承担单位	完成年份	获奖情况
绿碎茶冻结锤切新工艺试验研究	广西桂林茶科所	1993	自治区科技进步三等奖
哈姆林甜橙高产栽培技术研究	广西柑桔研究所	1993	自治区科技进步三等奖
足月新生儿脑室周围——脑室内出血的临床表现超声波诊断及诱因分析	桂林医学院等	1993	自治区科技进步三等奖
特柔软RVC电缆料试制及应用	桂林市电缆厂	1993	自治区科技进步三等奖
谷氨酸发酵新工艺的研究	桂林市味精食品厂	1993	自治区科技进步三等奖
5.00—12—8P·R超轻型载重轮胎研制	桂林轮胎厂	1993	自治区科技进步三等奖
高效复合烯土精肥的研制与开发利用技术	广西师大应用化学研究所	1993	自治区科技进步三等奖
新型金刚石石材系列磨具	桂林矿产地质研究院	1993	自治区科技进步三等奖
CK6140C型数控车床	广西第一机床厂	1993	自治区科技进步三等奖
电力半导体功率模块	桂林无线电一厂	1993	自治区科技进步三等奖
青狮潭水文自动预报系统	桂林电子工业学院	1993	自治区科技进步三等奖
广西科技兴牧133工程	桂林市畜牧水产局等	1993	自治区星火奖二等奖
瘦肉型仔猪的综合培育	桂林市畜牧兽医工作站	1993	自治区星火奖三等奖
36.00—51—58PR巨型无内胎工程机械轮胎研制	桂林轮胎厂	1994	自治区科技进步一等奖
水陆两栖工程物探新方法新技术应用研究	桂林工学院	1994	自治区科技进步一等奖
PCM34M8数字微波信道机及监控设备国产化	国营漓江无线电厂	1994	自治区科技进步二等奖
南宁市大比例尺工程地质图系	桂林工学院等	1994	自治区科技进步二等奖
铜芯聚乙烯绝缘综合护套市内通信电缆	桂林市电缆厂	1994	自治区科技进步二等奖
提高沙田柚产量的试验研究	广西柑橘(橘)研究所等	1994	自治区科技进步三等奖
稀土维C饲料添加剂的研制和推广应用	广西师范大学兽药厂	1994	自治区科技进步三等奖
TSL260/35—20型发电机运行稳定问题研究	机械部桂林电器科学研究所	1994	自治区科技进步三等奖
交沙霉素片	桂林制药厂	1994	自治区科技进步三等奖
23.5—25—16,20.5—25—16,17.5—25—12PR (L—3)三种标准花纹工程轮胎研制	桂林轮胎厂	1994	自治区科技进步三等奖
进口自动焊机使用国产焊材建造大型储罐	中国石油六然气第六建设公司	1994	自治区科技进步三等奖
兰炼电子束焊机及工艺研究	机械部桂林电器科学研究所	1994	自治区科技进步三等奖
DZY74,DPZ74,DPJ74型程控交换电源系列成套设备	邮电部兴安通信设备厂桂林分厂	1994	自治区科技进步三等奖
PCM120路数字微波信道机及监控设备	国营漓江无线电厂	1994	自治区科技进步三等奖
血清白蛋白构象及金属离子和血清白蛋白相互作用研究	广西师范大学等	1995	自治区科技进步二等奖
宝石合成优化、黄金珠宝首饰的研究及产业化	矿产地质研究院(驻桂林)	1995	自治区科技进步二等奖

续表

项目名称	承担单位	完成年份	获奖情况
桂林西瓜霜与西瓜霜润喉片的研制	桂林三金药业集团公司	1995	自治区科技进步二等奖
CZW302型高速图文传真三类机	邮电部兴安通信设备厂桂林分厂	1995	自治区科技进步二等奖
LRF—89SV型中央监控设备	国营漓江无线设备厂	1995	自治区科技进步二等奖
茶叶水分测定仪研制	桂林茶叶研究所	1995	自治区科技进步三等奖
早熟温洲蜜柑密植丰产试验	广西柑橘(橘)研究所	1995	自治区科技进步三等奖
围产新生儿血游离钙的研究	桂林医学院	1995	自治区科技进步三等奖
10.00—20.18PR高层级载重汽车轮胎	化工部曙光橡胶工业研究所	1995	自治区科技进步三等奖
9.00-20/11.00—20优质轻量化轮胎研制	桂林轮胎厂	1995	自治区科技进步三等奖
1870dtex/2胎体胶帘布复胶厚度减薄	桂林轮胎厂	1995	自治区科技进步三等奖
TYD11√3-500√3型电容式电压互感器	桂林电力电容器厂	1995	自治区科技进步三等奖
柳州市大比例尺工程地质图系	桂林工学院等	1995	自治区科技进步三等奖
N+1数字微波通讯倒换控制设备	国营漓江无线电厂	1995	自治区科技进步三等奖
1.4GHZ彩色电视广播多路电话设备	国营漓江无线电厂	1995	自治区科技进步三等奖
反复暂时性肝动脉阻断治疗肝恶性肿瘤	桂林医学院	1997	自治区科技进步二等奖
天和骨通贴片	桂林天和制药厂	1997	自治区科技进步二等奖
相依混合序列不等式与加权和估计	广西师范大学	1997	自治区科技进步二等奖
漓江春白茶加工技术研究	广西桂林茶叶科学研究所	1997	自治区科技进步三等奖
大面积罗氏沼虾高产养殖示范	桂林水产技术推广站等	1997	自治区科技进步三等奖
复方田七胃痛胶囊的研究	桂林三金药业集团公司	1997	自治区科技进步三等奖
新进时期高校科研管理改革若干问题的研究	广西师范大学	1997	自治区科技进步三等奖
高效废气净化催化剂的研制和利用	桂林矿产地质研究院、桂林利凯特公司	1997	自治区科技进步三等奖
不确定性推理的几个问题研究	广西师范大学	1997	自治区科技进步三等奖
销钉冷喂料挤出机	桂林橡胶工业设计研究院、桂林冶金机械总厂	1997	自治区科技进步三等奖
密炬机上辅机及控制系统	桂林橡胶工业设计研究院	1997	自治区科技进步三等奖
猫跳河流域水情自动测报系统	桂林电子工业学院	1997	自治区科技进步三等奖
载重胎等效硫化微机控制二级网络系统	桂林轮胎厂	1997	自治区科技进步三等奖
塑料型材和塑钢门窗的生产和推广应用	石油六公司塑钢门窗厂	1997	自治区科技进步三等奖
34Mb/s图像数字信号适配器	桂林电子工业学院	1997	自治区科技进步三等奖
斜纺夜夜蛾核型多角体病毒应用研究	桂林市蔬菜研究所	1997	农业厅科技成果三等奖
环的同调性质	广西师范大学	1999	广西科技进步二等奖
过渡金属离子与血清白蛋相互作用的研究	广西师范大学等	1999	广西科技进步二等奖
自愈式高电压并联电容器	桂林电力电容总厂金属膜电容器分厂	1999	广西科技进步二等奖

续表

项目名称	承担单位	完成年份	获奖情况
工程胎胶囊定型机	化学工业部桂林橡胶工业设计研究院	1999	广西科技进步三等奖
传动链动态参数测试系统	桂林电子工业学院	1999	广西科技进步三等奖
抗噪电话研究	桂林电子工业学院	1999	广西科技进步三等奖
合成金刚石用新型合金触媒的研制	中国有色金属工业总公司矿产地质研究院	1999	广西科技进步三等奖
新型高精度电子数量量具系列	桂林广陆量具厂	2000	广西科技进步一等奖
肝癌合并门静脉癌栓的病理及外科治疗	桂林医学院	2000	广西科技进步二等奖
LRF-5001.4/2/7/8GHz 广播电视微波传输设备	桂林南方通信设备工程公司	2000	广西科技进步二等奖
格子气自动机、格子玻耳兹曼方法用于流体、交通流的研究	广西师范大学	2000	广西科技进步二等奖
电阻率测探正演模拟和反演成像	桂林工学院	2000	广西科技进步二等奖
尿液化验制片机	桂林电子工业学院、桂林医疗电子仪器厂	2000	广西科技进步三等奖
有机宝石与投资攒	桂林工学院	2000	广西科技进步三等奖
西瓜霜口喉宝的研制开发	桂林市健源保健品药业有限责任公司	2000	广西科技进步三等奖
金属基板上溶胶——凝胶(Sol—Gel)彩色陶瓷深层的研究	桂林工学院	2000	广西科技进步三等奖
多复变 Toeplitz 算子及其相关问题	桂林电子工业学院	2000	广西科技进步三等奖
阀芯直开启无汇漏水龙头	桂林合鑫实业有限责任公司	2000	广西科技进步三等奖
容栅数量显测量仪	桂林广陆量具厂	2000	广西科技进步三等奖
11 项全自动尿液分析仪及专用试纸条	桂林医疗电子仪器厂	2000	广西科技进步三等奖
同城票据清计算机网络系统	中国人民银行桂林市中心支行	2000	广西科技进步三等奖
1525B 垂直平移式子午胎型硫化机	桂林橡胶机械厂	2001	广西科技进步二等奖
酪氨蛋白激酶抵制对肺纤维化抑制作用的研究	桂林医学院	2001	广西科技进步二等奖
细胞间黏附分子 -1 与 AFP 的同步同步分析和肝癌的研究	桂林医学院	2001	广西科技进步二等奖
双不对称诱导、串联反应在氨基酸不对称合成中的应用	广西师范大学	2001	广西科技进步二等奖
光纤 CATV 系统接收机	桂林科力光电通信设备有限公司	2001	广西科技进步三等奖
弹力倒锥桩固位研究	桂林医学院	2001	广西科技进步三等奖
从螺旋藻中提取藻兰素和 Y——亚麻酸新工艺研究	广西师范大学	2001	广西科技进步三等奖
面禹可测性与可靠性的 EDA 工程技术研究	桂林电子工业学院	2001	广西科技进步三等奖
多功能分子图谱处理系统的研制	桂林医学院等	2001	广西科技进步三等奖
高性能军用航空轮胎研制	中橡集团曙光橡胶工业研究设计院、中国人民解放军空军驻桂林地区军事代表室	2002	广西科技进步二等奖
混沌、超混沌的控制与同步及其应用研究	广西师范大学(之一)	2002	广西科技进步二等奖

续表

项目名称	承担单位	完成年份	获奖情况
MKMJ25—25\50 自愈式脉冲电容器	桂林电力电容器总厂金属膜电容器分厂	2002	广西科技进步二等奖
无公害茶园主要害虫药物防治技术研究	桂林茶叶科学研究所、广西国有北耀农场	2002	广西科技进步三等奖
多肿瘤抑制基因(MTSI)在本地区学见恶性肿瘤中变异的研究	桂林医学院	2002	广西科技进步三等奖
贮氢合金及电极性能的多因子综合优化研究	广西师范大学(之一)	2002	广西科技进步三等奖
催化反应——示波极谱分析新方法研究及其在环境材料分析中的应用	广西师范大学	2002	广西科技进步三等奖
LEAD 系列高频开关电源	桂林漓江标定通信有限公司	2002	广西科技进步三等奖
激发极化法异常的二维快速反演	桂林工学院	2002	广西科技进步三等奖
若干含 N, S 配体的金属配合物的合成、结构和生物活性研究	广西师范大学	2003	广西科技进步一等奖
阿尔曼泰——双峰山一带金铜找矿评价及勘查地球化学研究	桂林工学院	2003	广西科技进步二等奖
味精废水处理新工艺试验研究与应用	桂林工学院、中国化学工业桂林工程公司、南宁荷花味精股份有限公司	2003	广西科技进步二等奖
含油污水处理装置	桂林市环境保护工程公司	2003	广西科技进步三等奖
茶树苗圃连作与快速出圃新技术研究	桂林茶叶科学研究所	2003	广西科技进步三等奖
杉木多世代滚动式种子园营建技术研究	桂林市林业种苗站、全州县咸水林场、广西林业科学院、桂林市林业科研所、全州县林业局、广西林业局种子站	2003	广西科技进步三等奖
简化模板制备方法——改进聚合酶链式反应	桂林医学院	2003	广西科技进步三等奖
诊断人体隐孢子虫病技术研究	桂林医学院	2003	广西科技进步三等奖
口腔颌面部薄型皮瓣的应用解剖学研究	桂林医学院	2003	广西科技进步三等奖
BAMHL11 √ 3—3600—1×3QW 型充气集合式并联电容器	桂林电力电容器总厂	2003	广西科技进步三等奖
CBT828 电脑制版机	桂林普天电信设备厂	2003	广西科技进步三等奖
钢筋滚压直螺纹成套连接技术	桂林电子工业学院电子仪器厂	2003	广西科技进步三等奖
桂柳高速公路 K420—K450 路段地质灾害勘查与预应务锚索锚固体系试验研究	广西地矿桂林水文工程地质勘察院	2003	广西科技进步三等奖
无机纳米微粒的共振散射光谱研究及其分析应用	广西师范大学、西南师范大学	2004	广西科技进步二等奖
SMT 焊点虚拟成形和 SMT 产品虚拟组装的虚拟工艺环境技术研究	桂林电子工业学院	2004	广西科技进步二等奖
广西柑橘无病良种繁育体系	广西柑桔研究所	2004	广西科技进步二等奖
Botest—2100A 血细胞分析仪	桂林高新区宝利泰医疗电子有限公司	2004	广西科技进步二等奖
天湖水电站水库群优化调度研究	桂林市水利局、广西大学、桂林市全州天湖电站	2004	广西科技进步二等奖
蚂蚧生物学及保护	广西师范大学	2004	广西科技进步二等奖

续表

项目名称	承担单位	完成年份	获奖情况
脑温对局灶脑缺血损伤影响的基础和临床研究	桂林医学院	2004	广西科技进步三等奖
膜分离法提取罗汉果中罗汉果甜甙工艺技术的研究	桂林莱茵生物制品有限公司	2004	广西科技进步三等奖
锂离子电池正极材料的合成和性能研究	桂林工学院、湘潭大学	2004	广西科技进步三等奖
液晶化合物／聚合物网络拓扑性质对其力学性能影响的研究	桂林工学院	2004	广西科技进步三等奖
高精度陶瓷容栅位移式传感器产业化关键技术开发	桂林市晶瑞电子有限责任公司	2004	广西科技进步三等奖
物价收费管理系统	桂林电子工业学院	2004	广西科技进步三等奖
气体集成快速定位预测隐伏矿的新技术研究	桂林矿产地质研究院	2004	广西科技进步三等奖
三金牌西瓜霜的研究与开发	桂林三金药业股份有限公司	2005	自治区科技进步特别贡献奖
低缺陷氧化铝陶瓷的工业制造技术	桂林工学院		
武汉钢铁集团耐火材料有限责任公司	2005	自治区科技进步一等奖	
广西蚁科昆虫系统分类研究	广西师范大学	2005	自治区科技进步二等奖
k 临界 n 连通图及 3 连通图中的可去边	广西师范大学	2005	自治区科技进步二等奖
750 千伏电容式电压互感器	桂林电力电容器总厂	2005	自治区科技进步三等奖
地面无线数字电视 MMDS 发射设备	桂林南方通信设备工程公司	2005	自治区科技进步三等奖
新型调光冷光源系列	桂林电子工业学院	2005	自治区科技进步三等奖
玻璃瓶罐制品计算机视觉在线检测系统的研制	广西师范大学		
桂林晶盛玻璃有限公司	2005	自治区科技进步三等奖	
通用嵌入式软件与智能监控系统	桂林市金源通信有限公司	2005	自治区科技进步三等奖
酪氨酸蛋白激酶抑制剂对肺动脉高压的防治作用	桂林医学院	2005	自治区科技进步三等奖

表 25-3　**1980—1991 年七星区域科研单位获国家部委奖励的科技成果一览表**

项目名称	承担单位	完成年份	获奖情况
8.44Mb/s 数字光缆传输系统抗强电磁扰现场试验	电子部 34 所	1980	四机部优秀科技成果奖
DYY 型三线式带状电缆	桂林电缆厂	1980	四机部科技成果奖
8.44Mb/s 数字光缆传输系统光中继器	电子部 34 所	1981	四机部优秀科技成果奖
8.44Mb/s 数字光缆传输系统信道机	电子部 34 所	1981	四机部优秀科技成果奖
LED—825 光耦合器	电子部 34 所	1981	四机部科技成果奖
GK1×2—1 型光纤移动式开关	电子部 34 所	1982	电子工业部科技成果二等奖
GS—825C 型固定式光衰减器	电子部 34 所	1982	电子工业部科技成果二等奖
GF—825 型光分路器	电子部 34 所	1982	电子工业部科技成果一等奖
GOD—8×8 光纤多端耦合器	电子部 34 所	1982	电子工业部科技成果一等奖

续表

项目名称	承担单位	完成年份	获奖情况
8×8 端光纤数据总线	电子部 34 所	1982	电子工业部科技成果一等奖
单根光纤双向输线	电子部 34 所	1982	电子工业部科技成果二等奖
洛塔岩溶发育规律及改造利用的研究	地矿部桂林岩溶地质研究所	1982	地质矿产部科技进步二等奖
34.36Mb/s 数字光缆传输系统光信道机	电子部 34 所	1983	电子工业部科技成果一等奖
DFM—I—L—1 型脉冲频率调制彩色电视光缆传输设备	电子部 34 所	1983	电子部科技成果一等奖
PFM—IM—1 型脉冲频率调制黑白工业电视光缆传输系统	电子部 34 所	1983	电子部科技成果一等奖
AY2492 高灵敏度光功率计	电子部 34 所	1983	电子工业部科技成果一等奖
AY5190A 型便携式光纤多用测试仪	电子部 34 所	1983	电子工业部科技成果二等奖
AY2491A 型光功率计	电子部 34 所	1983	电子工业部科技成果二等奖
AY5191A 型光纤测量用取样积分器	电子部 34 所	1983	电子工业部科技成果二等奖
VHF 全频道电视接收天线系统	桂林电子工业学院	1983	电子工业部科技成果二等奖
SL—2500 双轴、SL—400 双轴定向聚丙烯薄膜主机组	机械部桂林电器科学研究所	1983	机械部科技进步二、三等奖
电力电器低毒浸渍剂二芳基乙烷的研制	机械部桂林电器科学研究所	1983	一机部科技成果三等奖
桂林岩溶区第四纪冰川的研究	地矿部桂林岩溶地质研究所	1984	地质矿产部科技成果二等奖
锁相环快捕技术研究	桂林电子工业学院	1984	电子工业部科技成果二等奖
大 NA（数值孔径）光纤预制件	电子部 34 所	1984	电子工业部科技进步二等奖
GS825K—1 型阶跃可衰减器	电子部 34 所	1984	电子工业部科技进步二等奖
频域法光纤带宽测试仪	电子部 34 所	1984	电子工业部科技进步二等奖
GK×4—2 型光开关	电子部 34 所	1984	电子工业部科技进步二等奖
PIN—825 型光耦合器	电子部 34 所	1984	电子工业部科技进步二等奖
GQMLC—PFM—3 型光缆传输综合业务系统	电子部 34 所	1985	电子工业部科技进步一等奖
多中继 PFM 采电光纤传输系统	电子部 34 所	1985	电子工业部科技进步一等奖
139.26Mb/s 数字彩电光缆传输系统	电子部 34 所	1985	电子工业部科技进步一等奖
139.26Mb/s 数字光缆通信机	电子部 34 所	1985	电子工业部科技进步一等奖
JPY—1 型自差拍法激光器谱宽测试装置	电子部 34 所	1985	电子工业部科技进步二等奖
SD—825A 型单芯光缆活动边接器	电子部 34 所	1985	电子工业部科技进步二等奖
GS825K—II 型长波长阶跃可变光衰减器	电子部 34 所	1985	电子工业部科技进步二等奖
大型发电机定子线圈固定材料	机械部桂林电器科学研究所	1985	国家机械工业委员会科技进步二等奖
关于类三角蚌类和亚洲非海相白垩系研究	桂林冶金地质学院	1985	国家教委科技进步二等奖
二次群数字光缆通信系统	电子部 34 所	1986	电子工业部科技进步一等奖
舰载多路复用光纤数据总线系统	电子部 34 所	1986	中国造船总公司科技成果奖
GH3123 型集成电路自动测试仪	桂林电子工业学院	1987	机械电子工业科技进步二等奖
具有自校和波长校正智能化光功率计	电子部 34 所	1987	电子工业部科技进步二等奖

续表

项目名称	承担单位	完成年份	获奖情况
聚酰亚胺薄膜制造工艺及提高性能研究	机械桂林电器科学研究所	1987	机电部科技进步二等奖
隐伏花岗岩预测及深部找矿研究	桂林冶金地质学院	1988	国家教委科技进步一等奖
密胺——聚酯塑料	机械桂林电器科学研究所	1989	机械工业部科技进步三等奖
高压环氧浇注材料工艺及性能研究	机械桂林电器科学研究所	1990	机械工业部科技进步一等奖
火电设备主绝缘材料采用设备的研究	机械桂林电器科学研究所	1990	机械工业部科技进步二等奖
少胶粉云母带的品种发展及工艺完善化	机械桂林电器科学研究所	1990	机械工业部科技进步三等奖
全膜并联电容器用新型浸渍剂研究	机械桂林电器科学研究所	1990	机械工业部科技进步三等奖
舰载光纤数据总线技术	电子部34所	1991	电子工业部科技进步二等奖

市级科技成果获奖项目

1991—2005年，七星区境内的科研单位，获桂林市奖励的科技成果有105项，其中获科技进步特别贡献奖1项、获桂林市其他科技进步奖104项。

表25-4 1991—2005年七星区域科研单位获桂林市奖励的科技成果一览表

获奖时间	项目名称	获奖单位	奖励等级
1991	干式软包装复合袋及其设备的研制	桂林市建设印刷厂	桂林市科技进步二等奖
1991	CAT100KV油击穿自动试验仪	广西师大无线电厂	桂林市科技进步二等奖
1991	10.00—20—14PR载重汽车轮胎研制	桂林轮胎厂	桂林市科技进步三等奖
1991	杂优番茄引种及推广	桂林市农科所、桂林市蔬菜公司	桂林市科技进步三等奖
1991	6.50—15——8PR轻型载重汽车轮胎研制	桂林轮胎厂	桂林市科技进步四等奖
1991	7.5—15—10PR（12PR）轻型载重汽车轮胎研制	桂林轮胎厂	桂林市科技进步四等奖
1991	相思柳香水和花露水	桂林市香料厂	桂林市科技进步四等奖
1991	猪皮仿古革	桂林市制革厂	桂林市科技进步四等奖
1992	CBT01图像输入机	邮电部兴安通信设备厂桂林分厂	桂林市科技进步二等奖
1992	CBY01型205高速油印机	邮电部兴安通信设备厂桂林分厂	桂林市科技进步三等奖
1992	YHF型全塑电焊机、电缆CF型铜芯特软多芯护套电线(电缆)	桂林市电线厂	桂林市科技进步三等奖
1992	FDG—IA法兰垫片切割机	中国石油第六建设公司	桂林市科技进步四等奖
1993	CK6140C型数控车床	广西第一机床厂	桂林市科技进步二等奖
1993	瘦肉型仔猪的综合培育	桂林市畜牧兽医工作站	桂林市科技进步三等奖
1994	36.00—51—58PR巨型无内胎工程机械轮胎研制	桂林轮胎厂	桂林市科技进步一等奖
1994	DZY74，DPZ74，DPJ74型程控交换电源系列成套设备	邮电部兴安通信设备厂桂林分厂	桂林市科技进步一等奖
1994	17.5—25—12PR，20.5—20—18PR，23.5—25—16PR（L—3）三种标准花纹工程轮胎	桂林轮胎厂	桂林市科技进步二等奖

续表

获奖时间	项目名称	获奖单位	奖励等级
1994	进口自动焊机使用国产焊材建造大型储罐	中国石油天然气第六建设公司	桂林市科技进步二等奖
1994	SEC 铜芯聚氯乙烯绝缘保护用电线，SR 铜芯聚氯乙烯绝缘建筑用电线，ECA 铜芯聚氯乙烯绝缘汽车用电线	桂林电线总厂	桂林市科技进步四等奖
1994	交沙霉素片	桂林制药厂	桂林市科技进步二等奖
1994	DTL—J 型轮胎电热局部硫化机	桂林市穿山汽车修理机具厂	桂林市科技进步四等奖
1995	CZW302 高速图文传真三类机	邮电部兴安通信设备厂桂林分厂	桂林市科技进步一等奖
1995	桂林西瓜霜润喉片	桂林三金药业集团公司	桂林市科技进步一等奖
1995	LRF—89SV 型中央监控设备	国营漓江无线电厂	桂林市科技进步一等奖
1995	TYD110/ √3—500/ √3 型电容式电压互感器	桂林电力电容器厂	桂林市科技进步二等奖
1995	11.00-20-16PR 优质轻量化轮胎 9.00—20 高层级优质、轻量化轮胎	桂林轮胎厂	桂林市科技进步二等奖
1995	夏秋淡季蔬菜生产技术开发	市蔬菜局、市蔬菜研究所、郊区蔬菜办、穿山乡推广站	桂林市科技进步二等奖
1995	NAL—501DCI/ Ⅱ N+1 数字微波通讯倒换控制设备	国营漓江无线电厂	桂林市科技进步三等奖
1995	7655 型气腿式凿岩机	桂林市风动工具厂	桂林市科技进步三等奖
1995	香石竹切花周年供应生产研究	桂林市蔬菜研究所	桂林市科技进步三等奖
1995	1870dtex/2 胎体胶帘布复胶厚度减薄	桂林轮胎厂	桂林市科技进步三等奖
1995	凿岩机性能微机测试系统	桂林风动工具厂	桂林市科技进步三等奖
1995	1.4GHZ 彩色电视广播多路电话设备	国营漓江无线电厂	桂林市科技进步三等奖
1995	香石竹切花周年供应的生产研究	桂林市农科所	桂林市科技进步三等奖
1995	球罐 r 射线曝光无损探测工艺	中国石油天然所第六建设公司	桂林市科技进步四等奖
1996	蔬菜无无栽培工程	桂林市蔬菜研究所	桂林市科技进步三等奖
1997	销钉机筒冷喂料挤出机	桂林橡胶工业新技术开发总公司	桂林市科学技术一等奖
1997	中药提取保质降耗工艺技术研究	桂林三金药业集团公司	桂林市科学技术二等奖
1997	天和骨通贴片	桂林天和制药厂	桂林市科学技术二等奖
1997	宝玉石加工用电镀金刚石磨盘磨轮的研制开发	中国有色金属工业总公司矿产地质研究院	桂林市科学技术二等奖
1997	奥拓 SC7080 汽车用安全玻璃	桂林皮尔金顿安全玻璃有限公司	桂林市科学技术三等奖
1997	BFF11/ √3—3600—3W 集合式并联电容器	桂林电力电容器总厂	桂林市科学技术三等奖
1997	LT50—V—60G 乙烯低温球罐焊接技术	中国石油天然气第六建设公司	桂林市科学技术三等奖
1998	西班牙草莓引种试验	桂林市蔬菜研究所	桂林市科技进步三等奖
1998	豆野螟杆状病毒特性及宿主感病性研究	桂林市蔬菜研究所	桂林市科技进步三等奖
1999	自愈式高电压并联电容器	桂林电力电容总石金属膜电容器分石	桂林市科技进步一等奖
1999	工程胎胶囊定型机	化学工业部桂林橡胶工业设计研究院	桂林市科技进步一等奖
1999	合成金刚石用新型合金触媒的研制	中国有色金属工业总公司矿产地质研究院	桂林市科技进步二等奖
1999	尿液化验制片机	桂林电了工业学院、市医疗电了仪器石	桂林市科技进步二等奖

续表

获奖时间	项目名称	获奖单位	奖励等级
1999	机动车辆电动雨刮器	市中天科技开发公司	桂林市科技进步三等奖
2000	广西红土型金矿成矿条件、找矿预测和综合评价研究	中国有色金属工业总公司矿产地质研究院、冶金工业部中南地质勘查局南宁地质调查所	桂林市科技进步二等奖
2000	LRF-5001.4/2/7/8GHz 广播电视微波传输设备	桂林南方设备通信工程公司	桂林市科技进步二等奖
2000	西瓜霜口喉宝的研制开发	桂林市健源保健品药业有限责任公司	桂林市科技进步二等奖
2000	11 项全自动尿液分析仪及专用试纸条	桂林医疗电子仪器厂	桂林市科技进步二等奖
2000	同城票据清算计算机网络系统	中国人民银行桂林市中心支行	桂林市科技进步二等奖
2000	4G—25 型斜挂式收割机	桂林高新区科丰机械有限责任公司	桂林市科技进步三等奖
2000	阀芯直开启无汇漏水龙头	桂林合鑫实行有限责任公司	桂林市科技进步三等奖
2000	钢筋镦粗螺纺连接应用研究	桂林电子工业学院	桂林市科技进步三等奖
2000	掺饵光纤放大器(EDFA)	桂林光通电子工程公司	桂林市科技进步三等奖
2000	罗红霉素片	桂林制药厂	桂林市科技进步三等奖
2000	农作物优良新品种选育		
——甘蔗优良新品种选育	桂林市农业科学研究所、广西壮族自治区甘蔗研究所	桂林市科技进步三等奖	
2001	光纤 CATV 系统接收机	桂林科力光电通信设备有限公司	桂林市科技进步二等奖
2001	桂林市尧山旅游观光园		
——桂林茶叶科技园	广西桂林茶叶科学研究所	桂林市科技进步二等奖	
2001	非洲菊引种栽培与推广	桂林市蔬菜研究所	桂林市科技进步三等奖
2001	多用途标准柜机	国营漓江无线电厂	桂林市科技进步三等奖
2001	软用菊花引种试验及栽培技术的研究	广西桂林茶叶科学研究所	桂林市科技进步四等奖
2002	高性能军用航空轮胎研制	中橡集团曙光橡胶工业研究设计院、中国人民解放军空军驻桂林地区军与代表室	桂林市科技进步一等奖
2002	LFAD 系列高频开关电源	桂林漓江标定通信有限公司	桂林市科技进步二等奖
2002	MKMJ25—22\50 型自愈式脉冲电容器	桂林电力电容器总石金属膜电容器分厂	桂林市科技进步二等奖
2002	无公害茶园主要害虫药物防治技术研究	桂林茶叶科学研究所、广西国有北耀农场	桂林市科技进步二等奖
2002	四通阀电磁线圈封装用聚酯塑料研制	桂林电器科学研究所	桂林市科技进步三等奖
2002	优质梨引种试验	广西壮族自治区柑橘(橘)研究所	桂林市科技进步三等奖
2002	污水污泥资源化利用研究	桂林工学院	桂林市科技进步四等奖
2002	水电表等智能抄表系统	桂林电子工业学院	桂林市科技进步四等奖
2003	杉木多世代滚动式种子园营建军技术研究	桂林市林业种苗站、全州县咸水林场、广西林业科学院、桂林市林业科学科研所、全州县林业局、广西林业局种子站	桂林市科技进步一等奖

续表

获奖时间	项目名称	获奖单位	奖励等级
2003	含油污水处理装置	桂林市环境保护工程公司	桂林市科技进步二等奖
2003	茶树苗圃连作与快速出圃新技术研究	桂林茶叶科学研究所	桂林市科技进步二等奖
2003	苏—30飞机轮胎研制	中橡胶集团曙光橡胶工业研究设计院、解放军驻桂林地区军事代表室	桂林市科技进步二等奖
2003	膜分离法提取罗汉果中罗汉果甜甙的工艺研究	桂林莱茵生物制品有限公司	桂林市科技进步二等奖
2003	BAMHL11√3—3600—1×3QW型充气集合式并联电容器	桂林电力电容器总厂	桂林市科技进步二等奖
2003	PZG/220系列智能电力系统直漓电源	桂林漓江标定通信有限公司	桂林市科技进步二等奖
2003	钢筋滚压直螺纹成套连接技术	桂林电子工业学院电子仪器厂	桂林市科技进步三等奖
2003	CBT828电脑制版机	桂林普天电信设备厂	桂林市科技进步三等奖
2004	三金牌西瓜霜的研究与开发	桂林三金药业股份有限公司	特别贡献奖
2004	高精度陶瓷容栅位移式传感器产业化关键技术开发	桂林市晶瑞电子有限责任公司	桂林市科技进步二等奖
2004	Botest—2100A血细胞分析仪	桂林高新区宝利泰医疗电子有限公司	桂林市科技进步二等奖
2004	高效逆流萃取法提取分离松树皮低聚体原花青素(OPC)工艺技术的研究	桂林莱茵生物制品有限公司	桂林市科技进步二等奖
2004	广西现代企业资本经营模式战略研究	桂林航天工业高等专科学校	桂林市科技进步三等奖
2004	漓江流域污染物排放总量控制应用研究	桂林市环境保护科学研究所	桂林市科技进步三等奖
2004	局域环境气象自动检测技术开发与应用	桂林电子工业学院	桂林市科技进步三等奖
2004	急性早幼粒细胞白血病PML—RARa融合基因转录本异质性意义的研究	桂林医学院	桂林市科技进步三等奖
2005	贴膏及基质研究开发	桂林天和药业股份有限公司	桂林市科技进步二等奖
2005	电吸附地球化学找矿方法研究及应用	桂林矿产地质研究院	桂林市科技进步二等奖
2005	XJY—S936×416双锥双螺杆挤出压片机组研制	桂林橡胶工业开发实业总公司	桂林市科技进步二等奖
2005	番茄嫁接技术应用与推广	桂林市金穗蔬菜种植科技开发中心	桂林市科技进步二等奖
2005	饮用菊花栽培技术研究及产业化生产	桂林茶叶科学研究所	桂林市科技进步二等奖
2005	通用型嵌入式软件与智能监控系统	桂林市金源通信有限公司	桂林市科技进步二等奖
2005	管磨机磨内多重分选研磨节能技术	桂林宝利建设材设备有限公司、桂林工学院、桂林工学院、桂林鲁山水泥厂	桂林市科技进步二等奖
2005	0度带束层钢丝帘布生产装置研制	桂林橡胶工业新技术开发实业总公司	桂林市科技进步三等奖
2005	750千伏电容式电压互感器	桂林电力电容器总厂	桂林市科技进步三等奖
2005	高输出功率EDF后放置光放大器	中国电科技集团公司第三十四研究所	桂林市科技进步三等奖
2005	新的叶蜡厂传压介质材料研究	桂林矿产地质研究院	桂林市科技进步三等奖
2005	高温高压耐火电缆	桂林国际电线电缆集团公司	桂林市科技进步三等奖
2005	分布式综合智能网络管理系统	桂林市恒宇通信有限责任公司、桂林电子工业院	桂林市科技进步三等奖
2005	新型调光冷光源系列	桂林电子工业院	桂林市科技进步三等奖

获国家科技成果奖项目选介

电力电容器聚丙烯膜生产线 该项目为机械工业部下达桂林电器科学研究所承担的中试开发项目,研究人员李英葆、顾名涌等。20 世纪 70 年代初开始研究,1977 年完成。这是中国第一条聚丙烯薄膜生产线,填补了国内空白,生产稳定并具有生产能力 200 吨。1978 年,桂林电器科学研究所获自治区科技大会奖和全国科学大会奖。

环氧粉云母绝缘及其应用 该项目为机械部下达桂林电器科学研究所承担的科研项目,研究人员王良昭等。主要是研制高压发电机定子线棒主绝缘用粉云母带环氧黏结剂,以及粉云母带制造工艺研究、粉云母带应用工艺研究和线棒热电老化研究。1971 年,桂林电器科学研究所开始研究,1977 年完成。研制成功的环氧粉云母绝缘材料技术指标达到:弯曲强度(室温 Mpa)大于 180,介电强度 MV/m 大于 3.5,介质损耗正切(13 ℃ %)小于 4.0。1978 年获全国科学大会奖。

青蒿素琥酯 该项目为 1977 年国家科委下达的科研项目,由桂林制药厂(今为桂林南药股份有限公司)承担。该厂科技人员刘旭等通过对青蒿素及其衍生物的筛选与合成,得到一种水溶性青蒿有效衍生物并合成为青蒿琥酯,其疗效比青蒿素原质高出 3—5 倍,杀灭疟原虫速度显著快于目前使用的其他抗疟药物,且可口服、静注、肌注多途径给药,其抗病复燃率低 5.6%,通过抗氯喹虫株有效。1978 年初步完成,1980 年通过技术鉴定,1987 年被卫生部批准为国家一类新药注册上市,并于 1988 年成为世界卫生组织第四次疟疾化疗会议认定生产的先进药品。投产后,产品畅销国内,并销售到泰国、缅甸、越南、巴西等国。1982 年获自治区优秀科技成果二等奖,1984 年获国家医药管理局优秀科技成果三等奖,1988 年获国家"发明专利证书",1989 年获国家发明三等奖,1990 年被评为"建国四十周年十大医药成就之一",1991 年获中国专利优秀奖,1995 年获国家医药管理局优秀专利一等奖和自治区名牌产品奖。1991—1995 年,累计创产值 4740 万元。在 38 个国家和地区注册销售。2000 年,世界卫生组织将其列为抗疟基本药物。2003 年,青蒿琥酯被世界卫生组织确认为基本药物,收入《WHO 基本药物目录》。2004 年 11 月,青蒿琥酯通过世界卫生组织 GMP(食品药品监督管理局)复查。桂林南药股份有限公司生产的青蒿琥酯片获得世界卫生组织预供应商资格。

工程轮胎系列产品 该项目为化工部及自治区科委下达桂林轮胎厂承担的新产品研制项目。1979 年开始研制,主要是对各式装载机车和自卸车的轮胎的原料配方和生产工艺的研究和试制,1980 年完成,共研制出 10 多种工程轮胎,形成了规格品种较为齐全的工程轮胎产品系列。产品投产即形成大批量,广泛适用于 ZJ30、ZL15、ZL20、ZL30、ZL40、ZL50 等系列装载车和自卸车的配用。该类轮胎胎体坚固、耐磨、耐刺扎,牵引力和抓着力好,尤以宽基、低断面更具特色,承载力高;同时该轮胎接地面积小,通过性能好,可大大提高配置机车的工效,并节省能耗,降低成本。1985 年获国家科技进步三等奖。

三次群光缆通信实用化系统 该项目为电子工业部下达第三十四研究所的科研项目,系为解决天津市市话拥挤问题,扩大系统通路容量,加速该市市内电话建设而立项研制。研究人员淳于祺、唐耀宣、叶俊龙。研制过程中解决了光缆的管道敷设、安装、连接技术,光缆的抗污水浸泡技术,低损耗、高成品率、宽频带的预制件及光缆研制,光缆传输系统的可靠性、稳定性措施,定时提取技术和实用化的激光器组件等技术。该系统可传输 480 路数字电话,也可传输电报、传真、数据业务,能与数字程控交换机联网。1980 年开始研制,1984 年年末完成。1985 年获国家科技进步二等奖。

节银电工触头和电器产品的研究及推广 该项目为机械工业部下达桂林电器科学研究所的"六五"国家重点推广技术项目,研究人员为万祖全、张常生、黄燕。1981 年开始研究,1985 年完成。采用银合金触头代替纯银触头,提高触头使用寿命,缩小触头体积,节约银耗达 50% 以上,并能从边角废料中回收银。该技术的应用能使全国电工触头行业 1983—1990 年每年节银 40 吨。1986 年获机械部科技进步一等奖,1987 年获国家科技进步二等奖。

23 千米无中继电话和彩色电视光缆传输系统 该项目为解放军总参谋部下达电子工业第三十四研究所的科研项目。研究人员为冼天为、赵文、周高辉。主要研究光缆传输数字电话和彩色电视信号系统的技术,要求光路频带宽,损耗低,光缆具有防水、防酸碱性能；还具有自动（手动）切换、勤务话、告警遥信、误码检测等较齐全的功能。1982年开始研究，1985年9月完成，具有主备两个系统，大大提高了工作可靠性。该系统传输距离远，运行可靠性大，能满足军用需求。1985年获电子部科技进步一等奖，1987年获国家科技进步三等奖。

YJC—1印字头机械参数测试仪　该项目为电子工业部下达桂林电子工业学院承担的科研项目，研究人员张时春等。1983年开始研究，1986年完成并通过电子工业部的技术鉴定。主要是运用计算机技术、传感器技术、数据处理技术、精密机械技术来研制可分析测试计算机打印头的各项参数的测试仪，为中国计算机打印头的研制、生产提供了分析测试手段，填补了国内空白。该仪器功能齐全，操作方便，并能自动定位，抗干扰能力强，对力、位移、时间及速度等基本参量的测试精度高，重复性好，已在734厂等10多个科研、生产单位应用，均取得满意效果。1987年获电子工业部科技进步一等奖，1989年获国家科技进步三等奖。

获自治区科技成果奖项目选介

丁基胶汽车内胎　该项目为化工部下达桂林轮胎厂承担的新产品研制项目，协作单位有化工部桂林橡胶工业设计研究院和化工部北京橡胶工业设计研究院，研究人员黄成瑗、游家牟、廖泳莲、卜功焕、张家库等。1974年开始研制，先后对丁基胶汽车内胎胎身配方、胶垫配方及生产工艺条件进行了研究和试生产，1980年拿出试验样品并通过化工部的技术鉴定，1982年投入生产，可生产4.00—8至23.5—25规格的内胎。桂林轮胎厂生产该内胎一年可节约130万元以上，且内胎气密性优良，耐热耐老化，使用寿命是天然胶内胎的1倍以上。1982年获自治区优秀科技成果一等奖。

KSB—101可编程序控制器　该项目为自治区机械局下达机电部桂林电器科学研究所承担的科研项目，1976年开始研制，1980年通过自治区科委的技术鉴定。主要研制采用指令操作的通用开关控制装置，该装置的主机采用TTL集成电路，其输入输出线路则采用P—MOS电路，并在供电电源上采用新型开关稳压电源。该控制装置应用到北京首都钢铁公司2号炉上料自动控制工段，能满足生产工艺自动控制的要求。1981年获自治区优秀科技成果二等奖。

无触头弱电集中控制装置　该项目为自治区科委下达机电部桂林电器科学研究所承担的科研项目，1973年开始研制，历时8年；该项目各项研制仪器仪表于1975年拿出试验样机，并于同年底投入西津水电厂试运行，各项指标达到设计要求；1981年通过自治区科委和电力局的技术鉴定。无触点弱电集中控制装置改善了发电厂操作人员的劳动条件，保证了生产安全。1981年获自治区优秀科技成果二等奖。

丹桂DC—3型、DC—5型卫星电视接收站　该项目是自治区经委下达桂林无线电二厂承担的新产品研制项目，研究人员为陈德英、陈谦、陈志力等。1985年开始研制。主要研制用于接收C波段卫星电视信号（尤以能接收中国卫星和国际卫星传发的中国中央电视台和地方台各频道电视节目信号）的卫星电视地面接收的网状前馈天线和接收机。1987年完成并投入生产。该类电视接收站设计合理，制造精细，外形美观，安装方便，抗风力强，抗腐蚀性好。1988年获自治区科技进步二等奖。至1990年年末，供应全国台站449个。

阻抗法裂气相色谱法检测临床细菌学标本　该项目为自治区卫生厅下达桂林医学院承担的科研项目，研究人员为张宝思、马家琪、陈自明等，1983年开始研制。主要是采用国产电子元件设计交流电桥来研制可检测细菌的阻抗仪，并探讨采用裂解色谱技术对临床金黄色葡萄球株进行分型的方法。1988年完成并通过技术鉴定，拿出了WKV—1型阻仪，并建立一套临床检测方法，可应用于临床检验、卫生防疫、微生物教学及科研等领域的尿路感染细菌的裂色谱图检测。1990年获自治区科技进步二等奖。

猪皮服装革　该项目为桂林市科委下达市制革厂承担的新产品试制项目，研究人员为倪承华、谢国强、叶永衡。研究的内容是以猪皮为原料，经化学和机械处理，制成适合制作中、高档服装的猪皮革产品。1987年开始研制，1989年完成并投入生产。产品技术指标达到轻工部服装革标准SG362 84，质量为自治区最先进水平。1990年获自治区科技进步二等奖。至1994年累计创产值4550万元，创利税205万元。

绿碎茶冻结锤切新工艺研究　该项目由桂林茶叶科学研究所承担，1992年通过鉴定，为国际首创，1993 年分别获自治区农业厅、自治区科委科学技术三等奖。该研究首次把冻结锤切技术引入绿碎茶生产中，简化茶叶精制工序，减少厂房设备投资 30% 以上，降低加工成本 18%，并可充分利用中低档鲜叶原料，提高商品价值，同时为采茶机械化和茶叶包装现代化提供了工艺条件。

水陆两栖工程物探新方法新技术应用研究 该项目由桂林工学院承担。1992 年、1993 年分别通过自治区科委及国防科工委组织专家鉴定，达到国际先进水平。该项技术能对地下作纵横切面、立体跟踪、电脑成图，使地下断裂破碎及裂隙带、溶洞、凹陷等地质构造的位置形态、规模及深度清晰、直观、准确地显示在图上，在国内外 50 多项工程中应用成功。亦可用于大型桥梁、码头、水库、坝基、高速公路、高层建筑及矿山尾矿等基底的探测。1994 年，该项目获自治区科技进步一等奖。

桂林西瓜霜及其润喉片 桂林西瓜霜及其润喉片是桂林三金药业集团公司研制成功的治疗与预防口腔咽喉、嗓音疾患的新中成药，技术处于国内先进水平，实现的各种技术经济指标均高于法定标准及行业标准。其中西瓜霜(原料)生产工艺打破了 20 多年来国内外因工艺落后而导致西瓜霜质量下降、生产萎缩和停产的格局，并在国内外独家实现工业化生产，对中成药的研制具有积极意义。该药的生产推广已形成规模化。1993 年，桂林三金药业集团公司总经理、董事长邹节明荣获广西“重奖研制、推广科技成果有功人员”特等奖。1993 年 2 月投产，至 1995 年年末，累计实现产值 2.78 亿元，利税 8703.8 万元。1995 年，桂林西瓜霜产品获桂林市桂林科技进步一等奖、广西科技进步二等奖。

巨型无内胎工程机械轮胎生产线 该项目于 1991 年列入“八五”国家重大技术装备科技攻关计划，1992 年纳入国家级重点新产品试制鉴定计划，由桂林轮胎厂承担。1993 年 6 月通过了国家重大项目管理办和化工部组织的技术鉴定。该轮胎体重 2.65 吨，外直径 3.23 米，单胎载重 41.65 吨，号称“中华第一胎”。国际上只有美国、日本、法国等少数几个国家能够生产。产品经南芩铁矿实际使用，平均行驶行程每条 3.87 万千米，超过国家攻关目标，达到国际先进水平。1994 年 12 月，年产 1000 条巨型轮胎生产线竣工投产。预计年创产值 6193 万元，利税 2500 万元，每年可为国家节约外汇 700 万美元。1994 年，该成果同时被广西和化工部评为科技进步一等奖。

LRF—89sv 型中央监控系统 国营漓江无线电厂承担研制的 LRF—89 型中央监控设备具有完善的监视、控制、统计、显示、存储、打印等功能，具备对多个独立通信网实现时分分别监控的能力，具有良好的操作界面，软件编制考虑周全，屏幕具有汉化性显示，可做到灵活配置，适应各种用户要求。可用于独立专用网、地区省区网、跨省区网和多层次网系，中央监控的分级组网与通信系统间的联网方式有多种可选模式。已在许多省区大范围内应用，效果良好。1995 年获自治区科技进步二等奖。

自愈式高电压并联电容器 该项目由电力电容总厂金属膜电容器分厂于 1998 年 4 月研制完成并通过自治区科技厅鉴定，1999 年 2 月登记并获自治区科技进步二等奖。该产品主要用于 10 千伏电力系统无功补偿。设计时采用屏蔽方法使自愈式电容器能用于高电压。产品采用较简单的设计及工艺，但具有较好的性能，打破了传统电力电容器一个铁壳两个瓷瓶的结构，安全性能深得电力部门的赞许，国内外目前尚无此类结构产品，可满足国内城网改造的迫切需要。

合成金刚石用新型合金触媒的研制 桂林矿产地质研究院经过近 6 年研究，于 1997 年 12 月完成“合成金刚石用新型合金触媒的研制”项目，1998 年 3 月通过自治区科委鉴定，同年 5 月登记，1999 年获广西科技进步三等奖。合成金刚石用新型合金触媒是在镍锰钴合金触媒基础理论上添加硅和氮的五元新型合金触媒，它在触媒合金中保留了有良好触媒作用的镍锰钴元素，又添加了有利于触媒生产工艺和金刚石合成工艺的硅氮元素，扩大了金刚石工艺范围，便于生产操作，使合成的金刚石产量高，质量好，高强度提取率高。同时，这种合金触媒生产的一次投入产品率高于国内厂家的一般水平，为 45%—50%，具有良好的经济效益。

广西柑橘无病良种繁育体系 该项目利用柑橘茎尖脱毒等先进技术，在广西柑桔研究所建立了柑橘优良品种单株母本园，收集柑橘优良品种单株 72 个。1997 年该所建成年产 30 万—50 万株柑橘无病苗木的大型网室无病苗圃。出圃的无病苗健壮、纯度高，深得自治区内大农场和广大果农的青睐，种植后生长健康、早结丰产。经 3 年的运行取得经济和社会效益，为广西柑橘品种结构调整提供有力的技术支撑，成果达到国内同类项目领先水平。该项目获2004年广西壮族自治区科技进步奖二等奖。

获国家部级科技成果奖项目选介

DYY型三线式带状电缆　该项目为原四机部下达桂林电缆厂承担的新产品开发项目，系国家"七五"重点项目，为中国向中太平洋发射运载火箭工程项目的配套试制电缆。研究人员王隆和、吴守忠、诸民等。1976年开始研究，1980年完成。火箭发射成功后，中共中央、国务院、中央军委及中国科学院特致电祝贺和感谢。1980年获四机部科技成果奖。

洛塔岩溶发育规律及改造利用的研究　该项目由国家科委根据"全国科学技术发展长远规划任务"下达桂林岩溶地质研究所的科研项目，1978年开始研究。主要围绕湘西洛塔土家族集居的高寒山区的岩溶自然条件，研究该类岩溶发育区自然条件的发掘和利用，为洛塔岩溶发育区自然条件的改造利用提出科学的措施和方案。1982年完成并通过地矿部的验收。除拿出该地区的岩溶发育规律的全套资料外，为该地区岩溶发育的改造利用进行全面规划；帮助该处建成自流灌溉系统1项，建成1250千瓦的岩溶水电站1座，建成溶清水库8处，建成引水工程10处；同时利用洛塔—猛西河200米落差进行四级开发，获得装机1万千瓦的电能。1985年获地质矿产部科技进步二等奖。

VHF全频道电视接收天线系统　该项目为电子工业部下达桂林电子工业学院承担的科研项目，研究人员为周朝栋、杨恩耀。1981年开始研制。主要采用新型高斯曲线振子作为接收天线，使其工作频带加宽，增益提高，能在1—12频道上满意工作；同时，放大器部分采用低噪晶体管、复合管及非调谐电路，以确保低噪声、宽频带、高增益。1983年完成并通过电子工业部技术鉴定，各项技术指标均达国内领先水平，其增益高于32分贝，即使在信号很弱的地方收视电视节目亦图像清晰、雪花减轻；在低频道工作，其性能也可与四单元天线媲美。1984年获电子工业部科技成果二等奖。

桂林岩溶区第四纪冰川的研究　该项目为地质矿产部下达桂林岩溶地质研究所承担的科研项目。1980年开始研究。主要研究桂林岩溶区第四纪地层程序、年代及成因、岩层的理化性质和古生物；地貌情况；冰期划分对比；气候变化对岩溶发育的影响等。1984年完成并通过鉴定。该项目查清"桂林冰期"的各项地质情况，在学术理论和地质实践上都有一定的新发现和新发掘，对今后中国岩溶区的第四纪古气候、古生物、古人类及古地理的研究有重要的参考借鉴作用，在生产、科研和教学中广泛应用。1989年获地质矿产部科技成果二等奖。

关于类三角蚌类和亚洲非海相白垩研究　该项目为桂林冶金地质学院承担的科研项目，研究人员郭福祥等。它根据中国丰富的地层古生物资料研究类三角蚌类和亚洲海相白垩系的现有情况，提出有应用价值的类三角蚌类生物的地层单位、组合、带和亚带，探计类三角蚌类的构成、起源、分类位置、系统分类及依据、铰合部构造、演化支系、各演化阶段的形成标志、演化趋势等一系列问题。1965年开始研究，1985年完成。研究报告是一份具有重要学术价值的专论，学术见解为国内所称颂。1990年获国家教委科技进步二等奖。

GH3123型集成电器自动测试仪　该项目为电子工业部下达桂林电子工业学院承担的科研项目，研究人员为江国强、丁慧杰、黄继武，1984年开始研制。主要采用Z80A单板机控制运用CAT技术及灵活的软件设计，实现对TTL、CMOS、HTL等24脚以内的中小规模的数字集成电路的直流参数和逻辑功能进行自动测试。1987年完成并通过电子工业部的技术鉴定，仪器具有"功能""参数""连续"3种不同的测量模式，且测量结果精确，重复性好，测试方法与美国得克萨斯技术规范和GB3439—82、GB3440—82以及GB341—82相符，产品技术水平居国内领先。1989年获机械电子工业部科技进步二等奖。

隐伏花岗岩预测及深部找矿研究　该项目为桂林冶金地质学院承担的科研项目，研究人员为袁奎荣、杨心宜、陈儒庆。1985开始研究，1988年完成。它系统地总结和阐述了预测隐伏花岗岩的地质标志和地球化学物理标志，并初步总结了数字图像处理技术在隐伏花岗岩预测中的应用；提出这一问题的新概念和新的预测模型，并建立了华南隐伏花岗岩及其矿床预测专门系统；还用多学科的综合方法编制成《1/100万中国南方部分地区隐伏花岗岩分布与预测力》。获国家教委1990年度的科技进步一等奖。

红碎茶新工艺　此项目为桂林茶叶科学研究

所研究成功,1991 年通过鉴定,为国内外首创,获发明专利,1992 年获农业部科技进步三等奖。该研究在传统红碎茶生产工艺中引入绿碎茶生产的杀青工序,将杀青叶与萎凋叶按一定配比进行揉切发酵生产红碎茶,为高温季节有效减缓发酵速度,稳定产品质量提供新途径,较好地解决了生产中因萎凋、设备不足而造成茶叶品质下降或鲜叶劣变问题。

航空轮胎研究 该项目系化工部及航空航天工业部联合下达给曙光研究所的研制任务。主要研究解决小规格、高速度、高内压、高载荷航空轮胎的高速性能及低速耐疲劳性能相矛盾的难题,和中小规格、低压、低速、高载荷航空轮胎的低速耐疲劳性能问题。轮胎各项性能完全符合国家 GJB683《军用航空轮胎》及 GB9745《航空轮胎标准》,质量达到国外同类产品水平,填补了国内空白。除满足了国内需求外,还出口创汇。其中"歼教七"航空轮胎 1992 年通过化工部组织的鉴定,并获 1993 年度化工部科技进步三等奖。1991 年 12 月,"运 12"航空轮胎通过化工部组织的鉴定,获 1992 年化工部科技进步三等奖。上述轮胎具有成熟的技术和工业化生产能力,1991—1995 年,累计创产值 265 万元,利税 96 万元。

火电设备主绝缘材料采用设备的研究 该项目为机械工业部下达桂林电器科学研究院承担的科研项目,研究人员为李英葆、刘亮、周石冰等。主要研究用于大型发电和主绝缘的环氧粉云母带制作机,包括新一代多胶机及少胶机以及干式少胶云母带机。1986 年开始研究,于 1990 年完成。样机在分段强力控制、浸渍方式、被收卷方式及自动系统方面,有重要的技术突破,完成定型设计,填补国内空白,为中国大型发电设备主绝缘材料提高产品质量及研制新品种提供保障。1993 年获机械工业部科技进步二等奖。

年产 50 万套子午线轮胎引进工程 由国家计委批准立项、桂林橡胶工业设计研究院承担工程设计任务的华南橡胶轮胎有限公司年产 50 万套子午线轮胎引进工程项目,于 1992 年 4 月建成投产。该工程设计采用无紫外线采光、大面积空调、自动消防等多种新技术,全封闭的大型联合厂房长达 418 米,工厂的总体设计做到布局合理、工艺结构紧凑、生产流程顺畅、内部管理方便,车间和厂区规划设计体现现代化国际子午线轮胎生产企业的特点,环保、安全和工业卫生标准均达到了一个新的水平。该项目获 1994 年度化学工业部优秀工程设计二等奖。

10.00—20.18PR 高支级载重汽车轮胎 该项目由曙光橡胶研究所研制成功,为进口载重 9 吨的"五十铃""日野"等车辆及国产相应车配套,实现了胎轻量化并提高了胎体强度,轮胎具有生热低、散热好、耐屈挠等特性,各项性能符合 GB 516—89《汽车轮胎》标准,其耐高速性能、承载能力、耐磨性、运行平稳性等综合性能好,并无脱导、爆破等现象。1993 年 8 月,通过自治区经委组织的鉴定,并获自治区经委 1994 年度"百花奖"、石化厅 1995 年度科技进步二等奖和科委 1995 年度科技进步三等奖。1991—1995 年,累计创产值 2340 万元,利税 585 万元。

密炼机微机监控系统效益显著 由桂林轮胎厂承担的密炼机微机监控系统研制工作,始于 1995 年 9 月,1996 年 12 月完成,1997 年 1 月 24 日,通过自治区经委鉴定。该成果技术利用橡胶混炼理论和密炼机流变学,结合混炼工艺实际,对混炼工艺的胶料黏度进行直接控制,解决了混炼胶在密炼机混炼过程中无法直接观测胶料物化状态变量的问题,整个技术处于国内外领先水平。由于该技术完整配套,可用于各种型号的密炼机混炼控制。经专家论证评审,项目技术成熟、可靠,投入少、产出高、覆盖面广。技术指标:平均炭黑分散度从 5.41 级提高到 6.23 级。经济指标:新增产值 3000 万元,新增利税 300 万元。

第六节 科技管理

1998 年,桂林高新区七星区经济贸易科技局加挂科学技术局牌子。1999 年,《桂林国家高新技术产业开发区科技三项费用管理办法(暂行)》实施,正式启动科技三项费用(新产品试制费、中间度验费和重大科研项目补助费),是实施七星区科技计划项目的重要资金来源。至 2000 年年末,七星区拥有自主知识产权的产品 342 个。

七星区的知识产权保护工作始于 2003 年，当时没有成立专门的管理机构，主要工作由区科学技术局负责。七星区知识产权保护工作的重点主要放在企业专利保护上，七星区政府派员深入企业进行调研，并宣传知识产权知识，现场指导知识产权保护具体操作。

2003 年 3 月，七星区域的桂林南药股份有限公司、桂林电容器总厂、桂林康兴激光仪器厂等 3 家企业被自治区列为第一批自治区企业专利试点单位，试点时间两年。

2005 年 6 月，七星区域的桂林广陆数字测控股份有限公司、桂林玉柴工程机械有限公司和桂林矿产地质研究院等 3 家企业被自治区知识产权局、自治区经济委员会列为第二批自治区企业专利试点企业，试点时间两年。

1980—2005 年，七星区共申请专利 2573 件，其中发明专利 1077 件；授权专利 1537 件，其中发明专利 337 件。

2000—2005 年，七星区举办知识产权培训班 6 次，培训 2000 多人；举办大型知识产权宣传咨询活动 8 次；受理专利侵权纠纷案件 2 件，结案 2 件。

至 2005 年，七星区科学技术局为支持技术创新，先后制订一系列管理办法，如《本级技术研究与开发经费管理办法》《科学研究与技术开发计划项目管理暂行办法》《科技型中小企业技术创新基金管理暂行办法》《桂林国家高新区科技发展基金管理暂行办法》等，并获区管委、区政府批准实施。

第七节　防震减灾

1979 年，七星区人民政府成立。至 2005 年，七星区人民政府未设专门的防震减灾部门，相应的防震减灾工作由建设规划部门承担。

防震宣传

1980—2000 年，七星区建设规划部门对社会，特别是中小学校进行大量的防震减灾科普知识宣传和普及工作，以增强市民防震减灾意识。

2001—2005 年，七星区政府注重防震减灾宣传教育工作。强化政府防震减灾意识，建立宣传、教育、新闻媒体及社会团体的协作机制；建立防震减灾宣传教育网络，将防震减灾宣传教育纳入辖区中小学校教育内容；加强基层宣传的培训，针对不同宣传对象，制作并发放宣传资料，把防震减灾知识宣传纳入文明社区活动；组织开展防震减灾知识进校园、进社区、进乡村活动。

每年 12 月 4 日，七星区建设规划部门利用法制宣传日，会同有关部门上街设立法制宣传占，在宣传土地法、城乡规划法的同时，向群众宣传防震减灾知识，发放地震群测群防资料；结合村镇规划，农房审批等实际工作，向村民宣传房屋抗震设防知识。

抗震设防

1991 年，七星辖区的桂林市第一中学是桂林市地震办公室设地震群测群防点宏观哨 4 个之一。

1998 年 7 月起，七星区执行市防震工作办公室的要求，将工程建设项目地震安全性评价和抗震设防要求管理纳入基本建设管理程序，对重大建筑场地进行地震安全性评价。

1999 年，七星区配合市计委牵头，市防震工作办公室、建设规划管理局、水电局、交通局、供电局等联合开展的工程建设项目地震安全性评价和抗震设防执法检查。

2001 年，七星辖区的桂磨公路石家渡漓江大桥建设工程配合市计委牵头，市防震工作办公室，建设规划管理局、水电局、交通局、供电局等联合进行的地震安全性评价，并按评价结果确定的要求进行抗震设防。

2003 年 1 月 1 日，桂林市政府将全市建设工程抗震设防要求依法纳入基本建设管理程序。同年，依据桂林市地震局要求，七星区政府对辖区房屋进行抗震设防分类统计工作，建立地震宏观观测点 2 个，为桂林市编制防震减灾规划提供了第一手资料。

2004—2005 年，七星辖区农房建设审批执行市防震减灾规划要求，辖区村民新建 3 层以上房屋，在做规划、房屋设计的同时必须做防震设计，提高农房建筑质量及抗御自然灾害的能力。

报震处理

2002—2005 年，七星区建设规划部门先后紧急出动处理与地震相关的地陷险情，桂林国际会展中心、辅星路、三联村委会六狮洲、樟木村委会王家里、朝阳乡岩前村委会葛家村、漓江路等 10 多处出现地陷险情，七星区政府相关人员第一时间赶到第一现场处置，组织安全转移灾民 10 多次，政府投入防震减灾经费 20 多万元，组织地陷回填石土 210 多立方米，为了福隆园居民房屋安全往地下注水泥浆 60 立方米，组织危房变化观察 13 场次。

穿山街道吴家里段漓江防洪堤工程 （2005 年摄）

第二十六章

文　　化

坐落于尧山的靖江王陵　　　　（2004年摄）

七星区洞穴中，考古发现有旧石器时代晚期距今2万—3万年前的远古人类的生息遗迹，秦汉以来文治武功，唐宋明碑，靖江王陵，历代名家诗书文章。清末民初，漓东就有热闹的尧山庙会，每年的农历二月初一起，一连八天，人山人海，络绎不绝。水上商店一排口的娱乐厅，有彩调、桂戏，是水上人家休息的活动中心。20世纪30—40年代抗日战争时期，一大批文化名人聚集漓东组织社团群众，以彩调、桂戏、歌咏等形式宣传抗日救亡。夏衍、巴金、田汉、欧阳予倩、徐悲鸿、阳太阳等在这里发出抗日救亡的呐喊。桂林解放后，辖区党委政府重视文化事业的建设，投资建设新华书店、文化馆(室)，组织开展扫除文盲夜校。各种业余文艺团队下乡(街)演出，丰富了群众的文化生活。广播电视事业蓬勃发展，实现村村通广播电视。1990年起，七星区每年开展“新春文化月”活动，组织开展科技、文化、卫生“三下乡”，为新农村建设服务。1997年起，七星区结合桂林市的群众文化活动“漓江之声”，举办辖区“漓东之光”“东江之夏”等群众文艺活动。文化市场、文化产业从无到有，随着经济的繁荣逐步成长。2005年，七星区举办各项文化活动150多场次，参加表演的群众6000多人，观众13万多人次。辖区现存大量的文物古迹，有市级以上重点文物保护单位28处，是桂林历史文化名城的魁宝。

第一节 机构 团体 场馆

机 构

区文化和体育局 1979年7月，七星区人民政府成立，设立文教卫生科，管理辖区的文化、教育、体育业务。1988年7月，机关机构改革，文教卫生科改称文化教育卫生体育局(简称文教卫体局)。1999年，由区文教卫体局分离设立“桂林国家高新技术产业开发区管委会、桂林市七星区文化体育局”(简称区文体局)。2003年，改称七星区人民政府文化和体育局，编制和实有2名。至2005年未变。历任局(科)长曹春海、龚荣卿、唐玉英、王凯捷、罗进禄、曾令辉。

区文化馆 位于施家园路26号，1997年成立，科级事业单位，编制6名，实际在编2人。至2005年没变。

团 体

文艺创作组 1993年，“七星区文艺创作组”成立，在市文化局创作办公室的指导下由区文教卫体局负责组织开展创作活动。成员由辖区电科所、第五劳动教科所、曙光研究所、石油六公司、电子科技大学、广西师范大学等单位干部、教师组成。至2005年，共创作作品16个。

社区乡村文艺队伍 1998年年末，七星区有业余文艺演出队19个，演员350多人。2004年，七星区有彩调、声乐、舞蹈、武术表演等文艺队伍35个，其中东江街道办事处7个、七星街道办事处15个、穿山街道办事处11个、朝阳乡1个、华侨旅游经济区1个，共有演职人员700多人。2005年年末，各街道(乡)共有声乐、舞蹈、舞狮、腰鼓等文艺队伍25个，演职人员共790多人；11个社区建有文艺队伍，社区文艺队伍建有率96%；此外，有村屯文艺队伍45个，人员1380多人。

桂林中日友好书法碑林馆 位于六合路40号，1989年1月成立，占地3668平方米，建筑面积2000平方米。至2005年没变。

桂林艺术学校 位于会仙路1号，1981年成立，是桂林市唯一的国家承办的中等艺术专科学校，也是广西艺术学校桂林分校。设有戏剧专业，同年招生47人。1993年更今名，开设戏曲、杂技、魔术(学制五年)、舞蹈(学制三至四年)、声乐、器乐(学制三年)等专业,每年3—8月招收国家计划新生,年龄从11—17岁,小学六年级至初中毕业生均可报考。2005年,该校占地面积2700平方米,建筑面积1680平方米,在校学生159人,教职工42人。

桂林市杂技团 位于会仙路1号市艺术学校内,1974年成立。2005年,有演职员46人。1974—2005年,先后为喀麦隆总统阿希乔、加拿大总理特鲁多、菲律宾总统马科斯的夫人访问演出,组团到朝鲜、罗马尼亚、南斯拉夫、日本、美国、澳大利亚等几十个国家出访演出。主要节目有《钻地圈》《水流星》《狮舞》《双顶技》《倒立晃圈》《绳鞭》《顶碗》《顶安》《口技》《杆竿》《调吊》等50多个。

梦幻漓江演艺传播有限公司 位于七星路26号,2001年9月成立,是由国家A类演出公司北京"天创国际演艺制作交流有限公司"和香港"宏亚资本服务有限公司"投资创建的中外合作企业。设总经理办公室、月光马戏芭蕾剧院、营销部、计调部、计财部、接待部、保安部和工程部,演职员工共150人。演员来自各国家级艺术团体,其杂技和舞蹈节目曾获国际金奖和全国金奖。排练的超大型山水情景表演剧目《梦幻漓江》2002年4月8日在七星路95号"梦幻剧场"隆重推出。至2005年年末,《梦幻漓江》已连续演出1200余场,接待中外游客48万人次。

场 馆

文化馆 2000年,区政府投入30多万元,对码坪街原区政府办公楼进行装修改造。将办公楼的西1、2、3层会议室和主楼3、4层作为区文化馆场所,建筑面积655平方米;设舞蹈室1间、教室2间、小教室3间、办公室2间、仓库1间。文化馆开展社会宣传教育,普及科学文化知识,组织辅导群众艺术(娱乐)活动,对街道、工矿企业、机关、学校的文化站、俱乐部活动进行指导,举办各类文艺培训班,培育人才。收集整理七星区民间故事、民间谚语等文化遗产。2000—2005年,文化馆共举办舞蹈、英语、小记者、奥数、小儿合唱班等各类兴趣班58期,培养青少年儿童9120多人次。2005年,区财政投入1200多万元,在施家园路26号建新的文化馆,占地2200平方米,建筑面积2900平方米,使用面积2145平方米。由办公室6间、会议室1间、教师19间,为文化活动厅室、室外文化娱乐场地和音乐、舞蹈、美术、书法、摄影、戏曲剧、曲艺、文学创作、辅导培训、文化遗产整理等功能较全的教学和工作室;另有多功能小剧场1个,文化稽查仓库1间,图书阅览室1间。文化馆配有馆长1名,工作人员4名。

文化室(站) 1979年,七星区人民政府成立后,部分街道居委会陆续成立文化室(站),开展群众性的文化活动,以读书阅览、职工文化补习为主。1982年区职工业余文化、技术学校在文化馆成立,为职工补习文化知识课,订阅报纸23种,文艺、科技杂志124种,在桂大街、五通街办起街道文化站,设录像放映点,丰富群众业余文化生活。1986年起,七星区个体文化室增多。1995年,新增漓江街、五通街、月牙街、临下街街道文化室。1996年,全区新办文化室4个,乡级文化站2个,总面积700平方米。1998—2005年,区政府投入100多万元,加强对区、乡、社区"三室"(文化室、图书室、娱乐室)的建设。1998年年末,建有文化站3个、文化室37个,固定文化场所3000多平方米。2004—2005年,投入3.06万多元建朝阳乡丫吉村、邓家新村、竹江村文化室。2005年年末,"三室"建设工作达到三室的社区有10个,达到两室(文化室、图书室)的社区有3个,建有文化室的社区有3个;达到两室(文化室、图书室)的建制村有3个,建有文化室的建制村有12个。全区文化室共有建筑面积3519平方米,娱乐室共有建筑面积5920平方米,图书室藏书共34034册。

桂林市展览馆 位于漓江东岸,七星公园正门西北侧,小东江旁。建于1964年,桂林市文化局直属也是桂林市美术专业展览场馆。占地面积4000多平方米,共分展厅4个,总面积为700平方米。至2005年,共接待来自国内各省市和来自美国、加拿大、澳大利亚、日本、韩国、马来西亚、新加坡等国外艺术展和工业、农业、科技、商业展890场次。为中国展览协会较早的会员馆。

桂林国际贸易展览中心 位于七星路26号,占地面积27000平方米,1987年4月成立。由国家外经贸部,广西外经贸厅投资兴建的集贸易、展览、旅游业务于一体的国营企业。经营国际贸易与技术交流展览。

民俗风情园 位于临江路二江口(漓江河小东江入口),建于1992年。由桂林旅游公司与台湾华骑公司合作兴建,占地3.56万平方米。园内集广西少数民族苗族、瑶族、侗族、壮族的文化、艺术、民俗、歌舞、餐饮、民族建筑等，是一座融观赏性、刺激性和参与性于一体的综合娱乐场所。有斗鸡、斗马、上刀山、气功等表演，山歌对唱、民族地方特色歌舞演出和民族服饰展等。是首批国家AAA级旅游景区，并通过IS09001国际质量管理体系认证，推行IS014001环境管理体系。风情园先后承办首届中国金鸡、百花电影节开幕式；第一、第二、第五届桂林山水旅游节等大型活动。国家领导人李鹏、朱镕基、李瑞环、刘华清、吴学谦、邹家华、宋平等都曾莅临风情园参观考察。

三星大厦 1999年，由七星区政府与三星公司共同开发，七星区政府提供土地，三星公司提供资金。大厦建成后，2005年三星公司无偿给大厦的一楼、二楼共2650平方米为七星区文化馆使用。

第二节 群众文化

七星区群众文化活动异彩纷呈 （王亚东 摄）

1979年，七星区人民政府成立后，重视群众文化活动。通过文化馆、站、室，为群众提供阅读、文学艺术和文化娱乐活动场地。每逢重要节日，经常举办大型群众文化活动。1986—1993年，在七星公园举办的国庆、春节大型文艺活动累计有330多个单位、4000多演员参加演出，演出50多场，观众3.8万人次。1998—2005年，七星区举办各类大型群众文化活动28次，参与表演的文艺工作者2.39万人次，观众16.28万人次。

文化馆（站 室）活动

1975年2月，新生街委会的图书站成立，受到居民和儿童的欢迎，至1980年，共接待读者2万多人次。1981年，在纪念中国共产党成立60周年的活动中，组织职工参加《漓江之声》歌咏活动。1982年区职工业余文化、技术学校在文化馆成立，为全区职工举办6期文化、技术补习班，参加学习的主要是机关和区属单位职工。至1984年年末，已完成职工初中文化补课任务的74.1%。1985年，街道文化室开始设立录像放映点，丰富群众业余文化生活。1986年，文化馆（站、室）组织群众参加每年在七星公园举办国庆、春节大型文艺活动，内容有民间艺术表演、民间工艺美术展、花卉盆景展、民间风味小吃、迎新春文娱活动及游园活动等。1992年，区文教卫体局开展“以文补文”活动，见门面40平方米，开办“七星书店”文化营业项目。

1996年，全区街道群众文化娱乐场所共有394平方米，书刊4500多册。

1998—2005年，街道（乡）进行“三室”（文化室、图书室、娱乐室）建设，文化馆（站、室）经常组织开展各类文化娱乐竞赛活动，选送节目参加桂林市举办的历届“漓江之声”大型群众文化活动，参加七星区政府主办的各类大型文化活动，丰富了群众的文化生活。

举办“漓东之光”活动

1997年，七星区委、区政府举办首届“漓东之光”军民文艺会演，此后每年举办一届“漓东之光”大型群众文化活动，“漓东之光”通常结合桂林市“漓江之声”大型群众文化活动预选赛而进行。辖区各单位、乡、街道及华侨旅游经济区6个片，自编自导节目参加会演、选拔和推荐，决出优胜节目参加一年一度的桂林市“漓江之声”决赛。活动的时间是5月中旬至10月上旬。至2005年，七

2005 年 10 月，“漓东之光”成为七星区的品牌群众文艺节目

星区的“漓东之光”大型群众文化活动已连续举办九届。

参与开展“漓江之声”

1980 年起，七星区每年组织节目参加桂林市大型群众文化活动“漓江之声”的表演活动。每年区政府都投入经费，动员、组织区属单位（演员）举行预赛，挑选优秀的节目参加“漓江之声”活动，并把“漓江之声”活动作为全辖区群众文化的“龙头”，带动七星区的“漓东之光”活动的开展。1986—1996 年，辖区 320 多个单位的 450 个节目参加辖区“漓江之声”七星区预赛，演出 40 多场，观众达 4.5 万人次。挑选出 210 多个优秀节目参加第七届至第十七届“漓江之声”决赛，有 171 个节目获奖，其中一等奖 24 个，二等奖 37 个，三等奖 45 个，创作奖 37 个，辅导奖 1 个，组织奖、宣传奖等奖项 27 个。1997—2005 年，七星区组织 70 多个节目参加桂林市第十八届至第二十六届“漓江之声”决赛，获一等奖 22 个，二等奖 24 个，三等奖 12 个，创作奖 5 个。其中 2000 年、2002 年山歌擂台赛分获一等奖 2 个，编导奖、辅导奖 4 个、民间艺术表演奖 1 个，2004 年组织 11 个节目和山歌队及农民彩调卡拉 OK 参加全市“漓江之声”决赛，获一等奖 5 个、二等奖 4 个、三等奖 4 个，创作奖 2 个、编导奖 2 个、山歌擂台赛获二等奖，农民彩调卡拉 OK 大赛获组织奖、2 名歌手分别获二、三等奖。2005 年，组织的《翻天覆地的变迁》节目获创作奖和编导奖。1980—2005 年，七星区连组织参加桂林市 26 届“漓江之声”活动。

参加上级文艺活动

1991 年春节，七星区组织秧歌队、舞狮队、腰鼓队参加桂林市第二届民间舞蹈艺术表演。七星区秧歌队获得表演二等奖，舞狮、腰鼓获三等奖及获得组织奖。1994 年，驻区的桂林市艺术学校参加自治区中专学校“爱我中华”合唱比赛，获得二等奖。1997 年，七星区组织 1000 人的方块合唱队参加第六届桂林山水旅游节暨广西经贸洽谈会开幕、闭幕式的文艺演出，获闭幕式表演一等奖。1998 年 6 月 3 日七星区组队参加桂林市国际龙舟邀请赛，获女子组第二名和风彩船一等奖。1999 年七星区组织参加桂林市首届青年十大歌手赛和迎澳门回归全国通俗青年歌手大赛中，选送的歌手分获“十大歌手”奖 1 名，广西赛区优秀歌手奖 1 名，新人奖 1 名。2002 年，区文化馆少儿合唱团参加自治区在柳州市举行的“红花杯”少儿歌唱比赛获小组唱二等奖。2003 年，七星区的《漓江秋色》获自治区社区文艺会演文艺节目比赛一等奖。

2003—2005 年，七星区组织参加全市“农民彩调大赛”“农民才艺大赛”“山歌擂台赛”。2005 年，组织参加桂林市首届社区文明风采电视大赛作品《城乡调子客》获自治区社区文艺展演节目二等奖。

承办文化活动

1995 年后，七星区承办一些大型的文化活动，主要有：

1995 年 4 月 2 日，广西国际民歌节桂林“三月三”歌仙在桂林漓江民俗风情园举行。

1997 年 10 月 11 日，市文化局、广播电视局、园林局主办的第六届桂林山水旅游节开幕式文艺晚会在七星公园举行。晚会特邀日本新绿叶乐团、歌唱家杨洪基参加，由黄婉秋和郁钧剑主持，演职员近千人。日本歌手香川千佳、正井千寻和杨洪基共同演唱了《桂林三江》。

1998 年，市群众艺术馆组织 5 个城区各类业余文艺团体，春节期间在七星公园举行文艺活动，表演了踩高跷、划旱船、舞龙、舞师、扭秧歌、歌舞等节目，同时举办了迎春漫画展。3 月 29 日，在漓江民族风情园举行

2005年7月，社区未成年人绘画班在漓东街道开班

98广西民歌节桂林开台仪式，象山区、秀峰区、叠彩区、七星区等城区和市老年艺术团共1000余名业余演员参加，表演了民歌联唱、摩梭人歌舞、铜器舞、扇舞、筷子舞、红绸舞、芦笙舞、壮苗瑶侗族对歌等节目。

1998年10月16日，在漓江民俗风情园举行亚太议员环发大会专场演出，由市歌舞团、桂剧团、杂技团、曲艺团、少年宫、桂山之秀和民俗风情园联合主办。全国人大常委会委员长李鹏、副委员长邹家华等领导在自治区人大常委会主任赵富林的陪同下观看演出。

2003年，中国人民解放军军乐团“2003年桂林年大型双拥晚会”在区境内的桂林体育场演出。

2004年10月23日，在桂林国际会展中心举办“桂林高新区杯美丽的桂林”全国摄影大奖赛颁奖大会暨获奖作品展览开幕式，共展出获奖作品120幅，其中金奖3幅、银奖4幅、铜奖6幅、优秀奖107幅。全国20多个省市及地区的530位作者创作的5070幅作品参赛。

老人文化活动

1985年，七星区老年体育协会成立，会员150人。至2005年，发展到分会43个，会员2800多名。协会根据老年人的特点，开展钓鱼、书法、摄影、象棋等形式多样、内容丰富的文体活动。1985—1987年，参加市里组织的老年人漓江之声、钓鱼、象棋、登山等比赛，共128人获奖。

1991—1996年，七星区发挥离退休老同志的“余热”，由区老龄委组织他们为青少年讲传统，为企业传授技术、撰写厂史，举办书画展等。1995年，七星区举办3次老年人书画评审讲习班，特邀广西师范大学艺术系教授和桂林旅游高等专科学校教授为老年人讲课、评审书画。1996年，区机关工委完成《中华人民共和国老年人权益保障法》宣传教育授课34场，14位老干部为辖区单位、学校等作传统教育报告21场(次)，受教育3万多人次，举办1.5万人参加的大型离退休职工游园活动。1999年，区文体局主导开展各种活动，在“99新春军民联谊大游园”活动中，区老年美术协会会员展出作品近百幅，并现场创作书法、绘画做作品为下岗职工进行义卖；国庆期间在桂林展览馆举办七星区庆国庆迎澳门回归摄影、书画展。2000年，区老龄委全年组织开展“迎世纪书法”“美术作品展”“八一建军节慰问演出”“老年艺术团成立2周年纪念专场汇报演出”等文化活动4次。2003年，区老龄委共组织辖区老龄组58个队参加“桂林市第三届离退休人员健身竞赛”活动6个项目的比赛，获得2个第一名，8个第三名。2005年，区老体协组织220人共10个节目参加全市迎春联欢和健身比赛，获一等奖3个、二等奖2个、三等奖1个、五等奖1个，并群众队伍40人参加全市“自驾车迎奥运老人登珠峰大本营启动仪式”。

第三节　广播电视　电影

广播电视

农村广播电视　1960年，东江公社有1个广播室。1964年，东江公社居民自费安装喇叭184个。郊区管辖时穿山乡和朝阳乡设有广播站，向各自然村广播室转播新闻、文艺节目等。随着电视的发展，20世纪70年代末电视机开始进入农家，农民通过地面接收器看电视。2004—2005年，七星区完成73个村(屯)通广播电视建设工程，占总数80个自然村（屯）的91%。2005年，区政府实施有线电视“村村通工程”，区、乡政府共投资74.37万元，经市广播电视局的支持和帮助，拆除地面接收器，架设电缆，使居住分散、地处偏远的乡村都能收看有线电视，全区有线电视覆盖率89.3%，每户可收视39个频道。

城区广播电视　20世纪50年代初期，在漓江大桥东头及一些人群集中场所、校园安装高音广播喇叭，每天定时播放时事政策节目。50年代末，辖区各机关、学校、工厂、街道、商店、单位等普遍安装有广播喇叭。大专院校设有专门的广播室，定时播放自制的节目内容及中央广播台的节目。东江街道1960年初，建立广播站，后来各机关单位相继设立广播室。60年代末至70年代末，东江街道在辖区街道、商店、机关单位架设广播主线，居民、单位自费安装有线广播喇叭1800多个。20世纪70年中期，辖区少数单位、居民、干部家庭有了黑白电视机。70年代末，彩色电视机开始出现并开始普及。70年代末期始，有线广播喇叭入户率、通响率明显下降。1986年6月起，城区禁止在室外安装、使用有线广播喇叭。1988年10月，桂林市广播站有线广播广播停止播音。20世纪90年代初期电视普及率百分之八十以上。1992年10月，桂林市有线电视网第二期工程在漓江两岸居民区开工，12月末全部开通，能接收和传送中央和地方电视台的10套节目。1994年，辖区有线电视普及率85%以上。至2003年，辖区有线电视普及率100%。

电　影

20世纪60年代，七星区境内的一些大专院校有电影放影院。70年代，增加了轮胎厂、电科所、电力电容厂、地质研究所、穿山队、石油六公司、二药厂、三药厂、化工机械厂、曙光研究所、朝阳队、桂林医专、电缆厂、七星公园、无线电一厂、量具厂、区四建公司、桂林一中、三0一厂、航天工业管理学校、横塘农场等单位放影院。80年代，增加了桂林印刷厂、穿山礼堂、电子工业学院等3个放影院。90年代初，桂林电影公司以联营的方式在三里店建1个150座的七星影院。90年代中期，电视机、VCD和DVD机普及，影剧院放映萧条，电脑、家庭影院、数码影院逐渐走进普通人家的生活，在家就可以看到电影。20世纪90年代末，辖区影剧院转作他用。1998—2005年，市文化局送电影下乡在七星区境内共36场。内容主要是文化、科技和致富信息。在朝阳乡挂子山村、上边村、竹桥村、华侨农场、信息产业园、三金广场、毛塘路社区等36个村（社区），共放映电影130场次，观众5.32万人次。区文体局与心连心电影城联合，在甲天下广场为市民免费放电影11场，观众2.8万人次。

第四节　档案　史志

档　案

区档案馆（室）　1979年，成立七星区综合档案室。1997年6月，七星区与高新区合并后至2008年6月，称为高新区七星区综合档案室。位于骖鸾路26号高新开发大厦内。人员编制1名。2008年7月3日，成立高新区七星区档案馆，位于施家园，属地方综合档案馆，是高新区七星区直属的科学文化事业机构。由区党政办负责管理，人员编制2名。

馆藏档案　保存全区机关1979—1992年各类档案647卷，其中永久210卷，长期431卷，短期6卷。各类材料收集归档率达到95%，合格率达到98%。1993年9月9日，达到自治区机关档案二级管理标准。1995年起，政府制订《保密守则》《档案员工职责》《档案保管制度》《机要件阅示制度》《档案借阅制度》《文书处理工作制度》等，保证档案管理的规范化、制度化。2001年，使用GD2000档案管理系统对2000年以后的档案进行整理。至2006年，综合档案室共有档案2005卷（册），其中文书档案1485卷，会计档案316卷，基建档案78卷，图书资料126本。至2008年年末，馆藏档案28个全宗，建立了馆藏档案3500卷、文件级目录数据库56300条，图书刊物和资料1000多册。

档案内容　保存了高新区七星区1979—2008年的机构设置、组织系统、人事任免、各部门的主要职能、规章制度、办事细则、会议记录、各类统计报表等比较完整的材料；有高新区七星区委、政府、人大、政协及各部门在各职能活动中形成的大量文件材料；有少数基层单位上报的文件材料等。这些档案材料，是全区各条战线、各个系统近30年工作活动的历史记录；同时也是全区各单位当前和今后工作查考、生产建设和编史修志必须查找利用的宝贵原始资料。

保管与利用 1995—1996年，查找婚姻档案的人数达32人次，查阅婚姻档案达132册，阅交书档案59卷。1998—2002年，编写《七星区组织史》时到档案室搜集资料上万次，为《七星区组织史》提供翔实、全面的资料。2002—2005年，纂写《七星区志》时，查找各类档案上万次。

地方志

2000年，成立七星区地方志编纂委员会，区长担任编纂委员会主任，区政府有关部门领导为编委会的成员，编委会下设办公室（临时机构，称区志办）负责编修七星区地方志。由党政办的一名副主任兼管，至2005年未变。

编修《七星区志》 2000年，启动地方志的编修工作，全志以小篇体布局，设三十五章。至2005年年末，收集、整理数百万字的资料，并编写出70多万字的资料长篇。

编修年鉴 为《桂林市年鉴》提供七星区稿的撰写。《桂林市年鉴》1986—1990年合卷、1991—1995年合卷，1996—2005年每年一卷。区志办为每卷年鉴提供七星区资料。七星区年鉴稿记述七星区12年的国民经济、社会发展的情况，真实反映全区各地、各部门和各行业的新成就、新变化、新发展、新气象和新问题，为机关、团体、企事业制订计划和进行工作研究提供全面系统的参考。

编修《七星区组织史》 1987年1月成立《中国共产党广西壮族自治区桂林市七星组织史资料》（第一卷，1949—1987）编纂办公室。历时7年，完成共7篇16章51节，18千字，1996年3月印刷成册。

1998年初，成立《中国共产党广西壮族自治区桂林市七星区组织史资料》（第二卷，1987—1999）编纂工作领导小组，抽调专人征集资料和编纂。历时3年完成，全卷共4篇12章39节，205千字，2001年5月印刷成册，该书全面反映七星区组织机构建设的历史沿革和发展情况，供机关内部参考。

出版《七星区军事志》 2000年10月，成立《七星区军事志》编纂领导小组，开始收集并编写资料长编，最后撰写成稿，历经8年，经七星区政府、桂林市警备区、广西军区三级评审，于2008年11月送广西军事志委员会终审，作为内部资料印刷发行。七星区军事志全面记述七星区武装部和基层武装部的历史沿革及发展情况，是七星区首部军事志。

第五节　报纸　杂志　图书

报纸　杂志

民国26年（1937）七月七日，抗日战争全面爆发。民国27年（1938）十月广州、武汉相继沦陷后至民国33年（1944）十一月日寇侵占桂林的6年间，大批文化名人、民主人士云集桂林，桂林因此成为“国统区大后方”最为重要的抗战文化中心之一。皖南事变后，桂林的抗战文化一度处于低潮。民国30年（1941）年末，太平洋战争爆发当天，周恩来2次急电在香港的廖承志、潘汉年、刘少文等，指示他们尽力将在港文化人士转移到桂林。当时被安全转移的800多名在港文化人和民主人士，大多数都来到了桂林，其中部分居住在今七星区境内的施家园及七星公园一带。他们在桂林办报写书，进行抗战文化活动，此外，总部设在区境施家园的朝鲜义勇队，抗战期间编印了期刊。桂林解放后至2005年底，辖区政府没有主办发行的刊物杂志，区境内的科研院所、大专学校主办有《矿产与地质》《中国岩溶》《超硬材料工程》《桂林电子科技大学学报》《桂林航天工业高等专科学校学报》等期刊。

藏书楼

栖霞书院始建于南宋，设有书楼、书厅，供藏书和阅览，书院藏书仅供本院生徒研读，一般不对外开放。该书院在保存典籍、培育人才、继承流传、推动学术研究方面起重要作用。民国30年(1941)桂林市图书馆在栖霞建分馆200平方米，并在七星岩“第一洞天”建木板吊楼，保存特藏珍贵。

图书馆

七星区是科研、文化、教育单位的聚集地，有10所科研单位，6所大专院校，中等专科学校、职业学校10多所、中小学34所。各单位均有规模不等而具备各自专业特点的图书馆(室)，主要为本单位教育、科研、生产、工作服务。规模较大的有：广西师范大学图书馆，前身为广西省立师范专科学校图书馆，创建于民国21年(1932)。随着学校的归并，先后改名为广西大学、广西师范学院、广西师范大学图书馆。位于桂林市育才路3号。桂林工学院图书馆，前身为1956年创办的桂林冶金地质专科学校图书馆。桂林电子科技大学图书馆，前身为1996年创建的桂林机械专科学校图书馆。桂林医学院图书馆，前身为桂林医学专科图书馆，建于1958年。桂林航天工业高等专科学校图书馆，始建于1979年，1989年建成面积2400平方米的楼房式馆舍。桂林矿产地质研究院图书馆，建于1963年，馆舍面积784平方米。桂林电器科学研究所科技情报室，1970年创办。

图书室(站)

1975年，新生街小人图书站成立，用图书教育青少年，受到广大居民和儿童的欢迎。至1980年，共接待读者2万多人次。1979年，区政府成立，部分街道、社区成立文化室。区政府在自由路设文化站，在站内设图书、报刊阅览室。1981年，区文化站购买、订阅各种报纸杂志43种，阅读报刊、查阅资料的读者一天达到140人次。至1985年，区文化站订有23种报纸，124种文艺、科技杂志。1986—2005年，区政府加大对文化室、图书室的建设，七星、东江、穿山3个街道办事处、社区先后成立文化站、图书室。2005年，全区图书室藏书600多万册，其中社区藏书5360册，平均每天达1000多人次借阅图书。

第六节　文物　古迹

靖江王墓群

王陵　桂林靖江王陵，位于桂林市七星区尧山西麓，北至老虎岭，南至大圆岭约十五公里，东西约七公里，方圆百余平方公里，是国内现存最完整的明代藩王陵墓群。明永乐六年(1408)，靖江王朱赞仪死，赐葬尧山，谥悼僖，这是桂林尧山脚下第一座靖江王的陵墓。其后靖江庄简王朱佐敬、怀顺王朱相承、昭和王朱规裕、端懿王朱约麒、安肃王朱经福、恭惠王朱邦宁、康僖王朱任昌、温裕王朱履露、宪定王朱任晟、荣穆王朱履佑也先后葬于尧山西麓，号称“靖江十一王陵”。其间还有11位王妃、3位子袭王位的次妃、40多名辅国将军及数百位宗室(奉国将军)、镇国、辅国、奉国中尉县君、乡君)、宫人等也安葬于此。现在尚有遗址可寻的墓冢还有84座。整个王陵布局独特，规格严谨，规模宏大，气势雄伟。诸王的陵墓依山势而筑。王陵门、神道、中门、享殿、封土及其附属建筑组成，各陵既自成体系又遥相呼应。

靖江王墓群依其地面规制及死者身份可分成五类。

王、妃合葬墓　通常所说的王陵，共11座，均为同茔双室墓。陵园面积300多亩到数亩不等，布局一般为长方形，两道围墙。三券陵门(外围墙)、三开间中门(内围墙)、五开间享殿与高大的宝成(墓冢)处于同一轴线，以神道相通。神道两侧序列守陵狮、华表(望柱)、狻猊、獬豸、狴犴、麒麟、武士控马、大象、秉笏文臣、男侍、女侍等石作仪仗。一般多为11对，也有的为6对。有的陵墓在秉笏文臣后面立有道碑，有些在陵门内或外建有厢房。

子袭王位的次妃墓　共3座。墓园布局与王妃墓相仿，有享殿、陵门、围墙，面积及建筑略小，石像生6—9对。墓室均为单砖券顶结构，有前室和玄室之分。

将军墓 茔地和封地规模小于王墓，亦有享殿、陵门、围墙。石像生，只有7对或更少，且石作矮小，雕琢简朴。

中尉墓 规制小于上述三种类型，数量不少，墓封土堆不大，少数仍有外围墙。墓室多为砖砌券顶结构，亦有浇灰浆的土坑墓，部分墓有墓志铭。

县君、乡君等女性宗室墓及靖江王宫媵墓 这类墓葬封土较小，无围墙和石像生。有砖石墓，亦有土坑墓。多数墓葬在王墓、将军墓、中尉墓附近，表现出各世系的附属关系。据记载，靖江王墓及次妃墓都是由礼部和广西布政司委官依制营造。但因埋葬时间的早晚而在规制、规模上有所变化。总体上是规制由繁变简，规模由大变小，制作由粗变精。其中最早的第二代悼僖王陵及第三代庄简王陵的茔地面积分别为315亩、87亩，均超过亲王茔地50亩的规定，且墓冢高大，石像生粗犷雄浑。弘至隆庆时期营造的昭和王陵、端懿王陵、安肃王陵、恭惠王陵的茔地则在43亩至22亩之间，石作精巧华丽。万历、崇祯时期营造的康僖王陵、温裕王陵、宪定王陵、荣穆王陵的茔地宿小10亩以下，石作虽精致细腻，但置放拥挤。其余三类墓则由靖江王府或墓主家人建造，也因时间早晚而呈现相似的变化。这种变化是靖江王府以及明朝由盛而衰的真实反映。

11座王和王妃的合葬墓、3座次妃墓及一些将军墓的墓冢、石像生保存尚好，但原有的陵门、享堂、厢房等木构建筑均无存。王陵墓区现存石作300余件，数量居全国明代陵墓之首。出土的梅瓶有青花、五彩、白釉、孔雀绿等品种，其造型多样，有的高挑修长、有的健硕端庄，还有的圆腹细腰，纹饰图案为花卉、云龙、侍女、八仙、佛道花鸟、高侍等。温裕王墓出土了一件封盖瓶，内装红枣、龙眼、荔枝和乳鼠浸泡而成的滋补药酒，这从一个侧面反映出当时的王公贵族对保健养生的注重。陵墓出土墓志约50方，其中第十代靖江王朱邦苧亲撰的“悼妃”墓志表达了对爱妃腾氏英年早逝的哀伤和对“悍妾”刘氏专横跋扈的诅咒，为历代墓志之奇观。

桂林是全国唯一保存明代王府、王陵俱全的地方，此与山水相互交融，形成桂林重要而独特的山水人文旅游景观。靖江王陵（及靖江王府）于1996年公布为全国重点文物保护单位。

其他墓葬

张同敞墓 位于桂林市七星区新建村委唐家里村东面，墓园长方形，坐北朝南，周砌片石矮墙，占地面积1500平方米，中轴线上布局有陵门、祭亭及墓冢。陵门为双扇木门，以长方形木条做门框，额刻“光禄大夫宫詹兵部侍郎翰林学士别山张公暨得配一品夫人神道”。祭亭为歇山式小青瓦，抬梁木构架。墓冢圆形，高1.5米，直径3米，由长方形料石错缝浆砌，为张同敞夫妇合葬墓。墓碑为李济深撰书，民国32年（1943）重立，墓碑正中镌刻“大明督师右师马追赠江陵伯溢文烈张公暨德配许夫人墓”墓冢后的墓围为圆弧形，直径6.4米。张同敞，字别山，南明广江陵（今属湖北）人，明代著名政治家张居正曾孙。崇祯十五年（1642），张同敞奉命到湖广慰问诸王，还未及回家复命，北京已经被李自成领导的农民起义军攻破。张同敞转到福建投隆武政权，以祖荫充锦衣卫，被派往湖南视师。隆武元二年（1646）八月隆武帝于福建汀南败亡，同年十一月桂王朱由榔称帝于广东肇庆，号永历。次年永历帝移跸湖南，张同敞于全州谒见，后护驾至武冈。因张同敞才学出众，“诗文千言，圜笔立就”故永历帝授以翰林院侍读学士，但有人认为张同敞非科甲出身，不合担任翰林院职，永历帝便改张同敞尚宝卿。永历四年（1650）十一月五日，清兵围攻桂林，张同敞自灵川回桂林东江，毅然泅水过漓江，到留守署与瞿式耜共守城池。瞿式耜对他说“子无守城责，可以不死”。张同敞说：“君恩师义，同敞当共之。”城破后瞿、张被俘，清军将领孔有德多方劝降，均遭痛斥。孔有德计穷，恼羞成怒，便对张同敞施加酷刑，断臂伤眼，还用木头塞住他的嘴巴。在被囚禁的四十多天中，张同敞始终坚贞不屈，闰十一月十七日，张同敞瞿式耜同时壮烈就义。张同敞的忠骨由栖霞寺僧浑融迁葬于桂林东郊竹桥村，与原配许夫人合葬。张同敞殉难后永历朝追赠为江陵伯，溢文烈，清廷溢忠烈。清乾隆年间，桂人遽资为张同敞营造陵园。道光二十年（1840）广西巡抚梁章钜为瞿、张二人立成仁碑。

张同敞墓于1966年公布为桂林市文物保护单位。

王鹏运墓 位于桂林市七星区育才小学内，墓向朝北。墓冢圆形，直径3米，通高1.6米，冢碑高1米，三层长方形青料石围砌。墓碑高1米，宽0.67米。碑上额线刻文字“午山子向”，碑中门形凹面上自右至左阴刻碑文:“道光二十九年己酉十月十九日卯时生”,“光绪三十年甲辰六月二十三日子时终”,“皇清诰授通议大夫礼科给事中显考王公幼霞府君之墓”,“孝男鄘孙序枫楫柯梅同奉祀光绪三十二年十月初七日建”。墓右侧有王鹏运夫人曹氏墓,规制相同。两墓的弧形墓围用片石围筑而成,为近年修复。王鹏运(1849—1904),广西临桂人,字幼霞、佑霞,号半塘、鹜翁。其父王霞轩,资政大夫,曾是曾国藩幕僚。王鹏运自幼好学,清同治九年(1870)中乡试举人,任内阁中书。光绪十三年(1887)任内阁行走、中书和侍读等职,光绪十九年先后任江西道和江南道监察御史,后升礼部给事中。王半塘为官清正、敢于言事,后因上疏谏阻慈禧太后挪用海军经费修复圆明园等事,被革职。政治生涯的坎坷,使王半塘潜心文学。他擅长赋诗填词,与同乡周颐多年切磋,形成“临桂词派”。他在诗词上造诣颇深,成为晚清的名家,为清末四大词人之首。王鹏运著有《袖墨》《虫秋》《鹜翁》《梭蒙龛》《庚子秋词》《春蛰吟》《南潜集》《半塘定稿》等词集。光绪三十六年六月(1910),王鹏运因病在苏州八旗公馆去世,按遗愿归葬桂林祖茔。

王鹏运墓1966年公布为桂林市文物保护单位。

雷酒人墓　位于桂林市七星公园壶山(即今骆驼山)南麓,土冢墓,现存封土。雷酒人名鸣春,字亮工,明末江南名士,常与靖江王府宗室交往。雷酒人性嗜酒,好与人饮酒赏花,饮则醉,时人故以“酒人”称之。明亡后雷酒人隐居于壶山(即今骆驼山),结庐而居,遍栽桃李,为人尚义,有节操,常登山高啸长吟,抒怀明之情。雷酒人著有《大文参》《桂林田澥志》等书。因书中叙述了明宗室内讧及官兵入桂烧杀淫掠之事,被清廷列为禁书。雷酒人于康熙年间病逝葬于壶山南麓土阜处。相传雷酒人为桂林较早的雷姓人氏,壶山即雷酒人的酒壶,他为了桂林不被水淹,把十万斛水化为酒,盛在壶里自已喝,酒未喝完他就醉死了。死前他曾留下遗愿,死后要葬在“壶嘴”处,堵住余水,以免洪水涌出造成灾害。壶山嘴现存“雷酒人之墓”摩崖石刻。

雷酒人墓于1984年公布为桂林市文物保护单位。

岑毓英墓　位于桂林市东郊尧山西南麓岑家岭,墓园长方形,周筑夯土矮垣,依山势坐东朝西,面积1800平方米。墓前面有石凿华表,为四方柱形,高7米,底边宽0.4米,两华表间距23.4米,华表后正中约4米处为石牌坊,三间四柱结构,宽7.8米,高约5.4米。牌坊明间大额枋上方中央竖一石匾,正面竖刻“恩荣”二字,额枋上横列“恩荣皇清诰封光禄大夫、太子太保、云贵总督、晋赠太子太傅岑襄勤公墓道”,右间额枋刻“德被苍生”,左间额枋刻“名昭清史”。石坊柱呈八边柱形,上刻有为岑毓英歌功颂德的溢美之词。石坊后有一座六角石亭,边宽1.72米,高约2.5米,亭正面额刻“宠章宠锡”。墓道两旁有相对排列的石兽三对,分别为石马、石虎、石羊、武翁仲、文翁仲。墓道尾端两座墓并列,右为岑毓英墓,左为夫人江氏墓,两墓的形制相同,呈圆形,直径3.5米,高1.5米,君均用石料围砌。墓各立一碑,墓围紧贴墓冢后壁沿弧线顺势向侧延伸而出,形如太椅靠背扶手。两墓的墓碑均为门框式墓碑,无碑盖。岑毓英墓的墓碑高约1.2米,碑正中镌刻“皇清诰封光禄大夫晋赠太子太傅太子太保头品顶戴云贵总督溢襄勤显考岑彦卿府君墓”,其原配江氏墓碑高约1米,碑正中镌刻“皇清诰封一品夫人显妣岑母江太夫人墓”。岑毓英(1829—1889),字彦卿,号匡国,广西西林县那劳村人,清道光九年(1829)出生。12岁赴云南广南府读书学艺,17岁回西林县试补县学附生。咸丰元年(1851),岑运英碑任命为“西乡团总”。当年,西林、隆林、广南各县民众起义反清,岑毓英带团督剿,镇压了这次起义。咸丰六年云南各地爆发了回民起义,岑毓英于是年冬率领团练到云南迤西协作镇压,得赏戴蓝翎。咸丰九年岑毓英被派去镇压滇东回民起义,占领起义军据点汤池、宜良。镇压了马鸿先、马良玉等起义军首领后,留在云南任知县并加知州衔。咸丰十年升同知直隶州兼署澄江府事,咸丰十一年为代理云南布政使,后又加按察使衔,赐换戴花翎。同治十二年(1873),清廷给岑毓英赏穿黄马褂,封“骑都尉”世职。后清廷又授他太子少保衔,并改“骑都尉”为“一等轻车都尉”。次年岑毓英任云贵总督。光绪五年(1879),加兵部尚书衔补授贵州巡抚。光绪七年(1881),岑毓英调任福建巡抚,督办台湾防务,实施“开山抚番”政策。光绪八年(1882)法军侵入越南北部,攻陷红河下游一带,并向上游进犯,危及中国边境并挑起战争。岑毓英在中法战争中是清军的主要将领之一,抗击法国侵略者入侵云南边境,对国家、民族有一定的贡献。光绪十四年(1887)岑毓英60岁生日,清皇太后慈禧曾赐御书“福寿”匾额及各种珍品。次年二月,封岑毓英太子太保衔;五月岑毓英病逝,追晋太子太傅,谥号“襄勤”,葬于时属临桂县的尧山。岑毓英生前曾主编《西林岑氏族谱》、《岑襄勤公奏稿》各十卷。

岑毓英墓于1984年公布为桂林市文物保护单位。

何信墓 位于桂林市尧山西麓。墓为长方形，占地面积300平方米，坐东朝西。墓为料石叠砌，高1.5米，宽5米，两扶手相距8.7米。墓前立墓碑高1.1米，上刻国民党空军军徽和“为国牺牲”四字，正中书刻“空军第八队何副队长信号德璋之墓”，并《烈士传略》《祭文》《空军四烈士公祭委员会祭文》《广西省政府电文》等石刻。何信(1913—1938)，桂林人。1932年2月，入柳州航空学校学习，毕业后赴日本明野航空学校深造。1937年8月，广西空军第一教导大队改编为航空委员会第三大队第七、第八中队，何信任第八中队副队长。1938年，在兰州接受新式飞机训练后，率队飞赴第五战区，参加台儿庄大战。3月25日，鲁南保卫战已经打到白热化程度，中国空军兵分三路进行空中支援，第三路是主力第三大队，负责轰炸临城敌军阵地及其以北日军大队。吴汝鎏大队长亲率14架战机，胜利完成任务。在返航临近机场时，遭到日军加藤部队18架敌机伏击。中国空军临危不惧，冲入敌机群，经过十多分钟的鏖战，击落敌机6架，重创2架，击毙了所谓“日本荒鹫美少年”川原中尉。何信在战斗中遭到三架敌机的围攻，胸中三弹，仍驾机向敌机迎头撞击，在敌机慌乱上升时将其击落，之后驾机全速撞向另一架敌机，与其同归于尽，壮烈牺牲。5月，何信的遗体运回桂林，社会各界举行了三天隆重公祭。1986年，人民政府追认何信为革命烈士。

何信墓于1984年公布为桂林市文物保护单位。

钟毅墓 位于桂林市尧山西麓。墓圆形，坐东朝西，料石围砌，高约1.6米，直径5米墓碑书刻“陆军中将前一七三师师长钟公讳毅字天任府君之墓”。钟毅(1901—1949)，广西扶绥县人。1917年就读于广西省立第三师范学校，1918年考入广东韶关讲武堂，毕业后在旧军队历任至营长。1926年随国民革命军第七军北伐，因战功升任团长。1934年入陆军大学特二期受训。抗战爆发，任第31军138师414旅少校旅长，于1937年11月率部赴第五战区抗战前线。1938年5月，在徐州会战之后转进鄂东，晋升173师中将师长，并参加武汉会战，随之退守鄂北。1940年5月，日军调集5个师团加上机械化装备向鄂北进犯，欲消灭第五战区野战主力。为粉碎敌人阴谋，钟毅奉命率部担任后卫，牵制敌军，掩护主力撤退。6日，在唐县镇一线与日军藤田师团展开血战，屡挫其峰。8日，完成掩护任务后，由于友军未按计划增援，撤退至苍台镇时，遭日军包围。激战至9日，弹尽粮绝，全师官兵大部牺牲，钟毅身负重伤，于是命令部队迅速分散突围，然后举枪自尽，以身殉国。1941年2月，钟毅灵柩由重庆运回桂林安葬于尧山。1986年，人民政府追认钟毅为革命烈士。

钟毅墓于1984年公布为桂林市文物保护单位。

裴邦焘墓 位于桂林市七星岩灵剑路东段南侧。墓圆形，坐西朝东，高1.4米，宽2.8米，墓前树立“裴邦焘烈士之墓”碑。裴邦焘(1899—1927)，原籍江西庐陵人，生于桂林，国民党左派人士。1915年入广西省立第二师范学校读书，1918年夏入广东高等师范学校英语部学习，接受新文化思想，主办《群言杂志》。1922年夏，在梧州办《民国日报》，积极宣传三民主义。1923年春回到桂林，先后任全州中学校长、广西省立第二师范学校校长。1924年，作为广西代表出席在广州召开的中国国民党第一次代表大会。会后，受国民党中央组织部派遣，与李任仁一起回桂林县筹组桂林县党部。1926年6月20日，组成国民党桂林县临时执行委员会，当选为委员，主持临时执委工作。9月7日，国民党桂林县党部成立大会召开，裴邦焘选为县党部执行委员。1926年，又被选为广西省党部青年部长，后因与党部当权者共事不睦，回桂林继续担任省立第二师范学校校长，主持桂林县党部工作。1927年4月，国民党“广西清党委员会”以“赤化分子”名义将其秘密逮捕，10月14日，与李征凤等共产党人一起在桂林丽泽门外被杀害。

裴邦焘烈士墓于1984年公布为桂林市文物保护单位。

白鹏飞墓 位于桂林市普陀山北麓。墓圆形，料石围砌，坐南朝北，高1.2米，宽2.5米，墓碑书刻“前广西大学校长白公讳鹏飞府君之佳城”，墓后扶手正中嵌白色大理石，刻沈尹默撰书墓志铭，墓右立石刻谢和庚书“高风亮节”题词。白鹏飞(1889—1948)，桂林人，早年就读于桂林广西陆军测绘学堂、梧州两广高等工业学堂，1911年东渡日本，留学日本东京帝国大学，学习兽医、统计、政治、经济、法律达11年之久，取得硕士学位。1914年回国，先后任江苏无锡国学专科学院教授、上海民众教育学院教授、暨南大学校长。后上北京，受聘于朝阳、民国、清华、北京、北平等大学，教授行政法。1931年，北平大学法商学院院长，延聘进步教授，甚得师生拥戴。1935年,参与发起组织北平文化界抗日救国会。北京沦陷后,拒绝日奸诱逼,秘密回桂林。1938年,人广西大学校长,聘用进步教授。翌年解职,改任省政府顾问,因与欧阳予倩等积极推进桂剧改良,成立了广西桂剧改进会,筹建广西剧团,令艺人改回本名,学习文化。1940年,监察院监察委员,旋任军风纪考察团副团长,授上将军衔。纠弹政府官员贪污案和消极抗战行为,一无避忌。“皖南事变”后,在广西建设研究会公开宣读《上蒋介石书》,要蒋“下诏罪己”。抗战胜利,定居太平路左一里5号,自题门额曰“半隐居”。1948年6月,病逝桂林。

白鹏飞墓于1987年公布为桂林文物保护单位。

李征凤墓 位于桂林市七星公园内,墓圆形,坐西朝东,高1米,宽3米,占地面积87平方米,料石围砌,墓前树立“中共原桂林县支部书记李征凤烈士墓”碑。李征凤(1902—1927),临桂县两江镇西岭村人。1917年入桂林的广西法政专门学校法律系学习,当选为“桂林学生联合会”的干事。1921年秋,发动组织“新中国学社”。1924年夏,进入上海大学学习,加入共青团。1925年秋,离沪到广州,后受中共广东区委派遣回广西工作,在梧州加入中国共产党。同年底,李征凤回到桂林,以个人身份加入国民党,任县党部执行委员,兼任秘书、代理宣传部长、《革命周刊》主编、桂林《民国日报》社社长等职。1926年秋,中共桂林县支部成立,当选为支部干事会书记。1927年4月,国民党桂系以“广西清党临时委员会”名义在广西各地逮捕共产党人,李征凤被捕,10月14日在桂林丽泽门外英勇就义。李征凤墓原葬于桂林城南沙河一带,1994年,桂林市人民政府在普陀山北麓重建衣冠墓。

李征凤烈士墓1998年公布为桂林市文物保护单位。

张曙墓 位于桂林市普陀山北麓灵剑溪畔。墓园长方形,占地面积234平方米,四周砌以装饰矮墙,墓为长方体混凝土结构,坐南朝北,红水泥米石抹面,长5米,宽2.8米,高1.4米。墓前方用白水泥雕塑的花圈,墓碑为白色大理石,竖立在墓的最高处,刻郭沫若书“音乐家张曙同志之墓”。张曙(1909—1938),原名恩袭,安徽省歙县人。从小爱好音乐,8岁即登台为徽剧伴奏。1927年入上海艺术大学音乐系,1928年3月入南国艺术学院,9月入国立音乐学院学师范科。1933年加入中国共产党,改名张曙,与聂耳、吕骥等一起从事新音乐活动。淞沪抗战后,赴武汉参加军事委员会政治部第二厅文艺宣传处的工作,冼星海等人先后组织举办了“歌咏干部训练班”、“全国歌咏协会”、武汉水上歌咏达巡行、长沙六千人歌咏大会。1938年12月16日,由武汉来桂林,组织了反轰炸歌咏大会,并创作了抗战歌曲《我们要报仇》《难民战歌》《负伤战士歌》等歌曲。24日,敌机轰炸桂林,张曙与爱女达真不幸遇难。张曙墓原葬于桂林市柘木乡,1975年迁葬于普陀山北麓。

张曙墓于2000年公布为广西壮族自治区文物保护单位。

陈光墓 位于桂林市七星岩公园普陀山下。墓为半球形,高1.458米,直径3.7米,砖石结构,表面为红色水磨石。墓前树立纪念塔,通高约8米,四方柱形,正面镌刻“陈光烈士纪念塔”,顶部塑红色五角星。塔座分两层,下层为五角星形,第二层为四方柱形,正面刻陈光烈士生平事迹,其余三面为缅怀题词。墓四周建有起伏的围栏,四周松柏环抱。陈光(1918—1949),广东梅县人,1938年加入中国共产党,1943年来广西从事党的地下工作,先后任中共柳州特支书记、中共桂东区特派员等职。1947年8月调任桂林特派员;9月,中共桂林市临时工作委员会成立,任书记。1949年1月,成立中共桂林市城市工作委员会,仍任书记。10月5日,因叛徒黄延流出卖被捕。在狱中一个多月的时间里,受尽严刑拷打20多次,始终坚贞不屈。11月11日深夜,被秘密杀害。陈光烈士在桂林期间,积极发展党的组织,领导全市党员,发动学生、群众和市民与国民党进行斗争,并为桂林解放提供了重要情报。1951年11月14日,中共桂林市委将其遗骨从就义处迁至普陀山下安葬,并建墓园和纪念塔。

陈光烈士墓于2000年公布为广西壮族自治区文物保护单位。

三将军及八百壮士墓 位于桂林市七星公园内普陀山半山腰的博望坪。墓园坐东朝西,园中建有方尖碑形纪念碑,高6.3米,正面书刻“陆军一三一师师长阚公维雍、桂林城防司令部参谋长陈公济桓、陆军第三十一军参谋长吕公旃蒙殉职纪念碑”,背面刻蒋介石手书“英风壮节”题词。塔右侧建纪念亭。塔后从左到右为陈济桓、阚维雍、吕旃蒙三将军墓及八百壮士墓,均以料石围砌,高1.5米,宽5米。1944年,日军为建立“大东亚交通线”,实施“一号作战计划”,在打通平汉线、陷长沙、衡阳之后,即南下展开“桂柳战役”。其中一路以10

万之众，沿湘桂铁路南犯桂林。当时桂林守军不足3万人。11月1日，日军向桂林城外各守军阵地发起攻击。守军不畏强敌，英勇作战，但由于众寡悬殊，江东区的抵抗首先瓦解。6日，守军391团被迫退入七星岩。7日，日军用火焰喷射燃烧七星岩口，续施放瓦斯毒气，除团长率10余人从后岩冲出外，其余800多名守军及伤员全部牺牲。9日，日军发起总攻，阵地相继落入敌手，守军伤亡惨重，城外机动部队则不知去向。下午4时，城防司令韦云松召开紧急会议，决定并部署突围。散会后，第131师师长阚维雍在向副师长、参谋长交代组织部队突围事毕，即步入内室举枪自戕殉职。黄昏后，除留少量部队掩护外，守军主力陆续经城西德智桥向西南方向突围。在突破猴山坳日军阻击时，城防司令部参谋长陈济桓受伤后开枪自尽，31军参谋长吕旃蒙于次日拂晓时中弹阵亡，均为国捐躯。10日，桂林全程沦陷。1946年1月，民国政府为三将军及八百壮士举行了隆重的安葬仪式，追认阚维雍为陆军中将师长，并修建纪念塔和纪念亭。1984年，人民政府追认阚维雍、陈济桓、吕旃蒙为革命烈士。

三将军及八百壮士墓于2000年公布为桂林文物保护单位。

梁漱溟墓 位于桂林市穿山西麓，西郊穿山路。墓方形，边长5.1米，坐西朝东，青白石砌筑，中央斜卧方形墓碑，刻赵朴初题“梁漱溟先生之墓”，东侧山麓建“梁漱溟先生生平”碑墙。梁漱溟(1893—1988)原名焕鼎，桂林人，生于北京。1911年加入京津同盟会任《民国报》编辑兼记者，始以漱溟为笔名。早年潜心研究佛学，1917年受聘在北京大学讲授印度哲学。1921年转向儒学，1924年辞去教职，从事于乡村建设运动，主编《村治月刊》，创办河南辉县村治学院、山东邹县乡村建设研究院、山东菏泽乡村建设实验区。抗日战争爆发后，任最高国防参议会参议员、国民参政会参政员。1939年，参与发起组织“统一建国促进会”；1941年，改组为中国民主政团同盟，任中央常务委员，并任机关报《光明报》社长。1946年1月，参加重庆政治协商会议。后退出民盟，继续从事乡村建设运动。新中国成立，历任全国政协委员、常委、中国文化书院院务委员会主席、中国孔子研究会顾问等职。著有《东西文化及其哲学》《乡村建设理论》《中国民族自救运动之最后觉悟》等书，自称“我愿终身为华夏民族社会尽力，并愿使自己成为社会所永久信赖的一个人”。被誉为中国传统文化的伟大发扬者。1988年6月在北京病逝，1998年安葬桂林穿山。

梁漱溟墓于2006年公布为桂林市文物保护单位。

古建筑

冷氏宗祠 位于桂林市七星区朝阳乡合心村委冷家村，是桂林市郊规模较大、保存较完整的一座清代家族宗祠。宗祠为小青瓦、硬山顶、穿斗式与抬梁式结合的砖木结构，四进三开间，通面阔14米，通进深47米，高7米。宗祠逐进曾有皇恩旌表、文魁、进士等牌匾，现已不存。第二进横梁有建祠记，落款“大清乾隆贰拾陆年岁次辛巳嘉平月谷旦建”。墙壁嵌有建祠人清雍正进士、奉直大夫冷时松碑刻一件。祠两侧原建有文昌祠、福寿祠，现已毁。宗祠南面尚存建祠人冷时松之墓，墓碑中间文字为“皇清诰授奉直大夫显考讳时松字茂若之墓”。祠南还有立牌坊的节妇墓。

冷氏宗祠于1986年公布为桂林市文物保护单位。

寿佛塔 位于桂林市小东江江畔的塔山顶上，为七级六角形楼阁式实心砖塔，从转的形制推知，该塔建于明代。塔通高13.3米，底层每边长约3米。塔的第2层正北面嵌有青石一方，上面线刻南无无量寿佛像，塔因此而得名。塔的顶部为覆钵形，上置葫芦形宝顶。该塔形体秀美端庄，与小巧陡峭的塔山一起倒影江流，雅致清丽，“塔山清影”已成为桂林新二十四景之一。

寿佛塔于1966年公布为桂林市文物保护单位。

花桥 位于桂林市七星公园西门内灵剑溪与小东江交汇处。周围树木葱郁，鸟语花香，景色宜人；花桥的东端矗立有天柱石，江水清澈时，花桥和天柱石倒影江中，衬以岸边的翠竹、绿柳和鲜花，构成了一幅美丽的图画。

花桥始建于宋，原名嘉熙桥，明代重建。因灵剑溪、小东江两岸遍植花木，而易名为花桥；游因桥东端有天柱石，故又名天柱桥。花桥始建时五孔石桥，形状与现代的水桥大致相同，从鹦鹉山上宋代刻的《靖江府城池图》中，可清晰地看出嘉熙桥的位置和原型。约在元末明初，花桥被洪水冲塌。明景泰七年(1456)在原址重修石台木架桥。嘉靖十九年(1540)，靖江王徐妃发“内帑”倡议重建花桥，改建石桥，除建四孔水桥外，又增建了七孔旱桥。清康熙二十年(1681)四月，洪水，同年八月重建，并加砌了倒流堤。乾隆三十二年(1767),改建为东岸四孔水桥和西岸七孔旱桥的石桥。光绪十一年(1885)又进行了一次较大规模的整修。桥上的廊亭则是1892年湖南人黄兴科捐款兴建。新中国成立前夕,花桥因年久失修,水桥二号墩下沉,栏杆崩塌,处于危险状态。1965年,市政府安排桂林城市建设局按明代花桥原样翻修了二、三号桥墩及拱圈。

花桥全长133.3米,高约7.7米;由水、旱两桥组成。券拱用巨型条石,以纵联方法砌筑。水桥宽7.3米,四大券拱,为半圆拱,自西向东拱跨分别为13.59米,14.8米,14.51米,12.6米,拱高分别为6.93米,7.13米,6.59米,6.39米。旱桥宽6.8米,为七小券拱,拱孔自东向西变小,拱跨最大6.47米,最小5米。水桥上建有桥廊,为硬山顶,盖琉璃瓦,木柱,汉白玉栏杆,桥头两侧还修砌了堤岸。

花桥是一座科学与艺术完美结合的古建筑。它既起到了交通作用,也具有观赏价值。它结构严谨,全桥的桥拱、桥廊、栏杆等各部分的比例十分协调,半月的桥拱倒影水中,状如满月,十分美丽,有"花桥虹影"之称,深的中外游客的称赞。花桥是古代劳动人民智慧和技能的结晶,是研究我国建筑工程技术和桥梁史的实证。

花桥于1963年公布为广西壮族自治区文物保护单位。

七星公园枫树台古城墙及壕沟　位于桂林市七星公园骆驼山至普陀山之间,占地面积约2400平方米。古城墙系黄土夯实,呈东西走向,残长68.5米,上厚4.7—7.8米,下厚12—14米,残高4—5米。古城墙南侧为宽8—12米、深约2.5米的壕沟。枫树台古城墙及壕沟为唐代桂州城外围防御用的军事设施。据历史记载,唐代桂州城是土筑,但古城区土城早已毁弃,只有这段城外土墙幸存至今,成为反映唐代桂林历史的重要实物见证。

七星公园枫树台城墙及壕沟于2006年公布为桂林市文物保护单位。

摩崖石刻

桂林市桂海碑林博物馆　坐落于七星公园内月牙山西南麓,其所辖龙隐岩龙隐洞摩崖石刻群,现有唐至民国时期石刻213件,其中唐代1件、宋代111件、元代1件、明代42件、清代26件、年代无考32件,是桂林石刻最集中、最典型的地方,1963年即公布为自治区重点文物保护单位。碑阁"拓园"中,集中陈列了市内迁移或复制的散碑、名碑50余件。2001年,龙隐岩龙隐洞被国务院批准为全国重点文物保护单位。1998年,桂林市人民政府对桂海碑林进行保护性开发,规划总面积达4万多平方米,投资额1110万元,该工程已于2000年1月正式启动。2004年,完成一期工程项目竣工。至2005年,接待中外游客及港澳台同胞一百多万人,党和国家领导人杨尚昆、李瑞环、钱其琛、迟浩田、布赫、阿沛·阿旺晋美、丁关根等曾专程到馆考察,并对该馆突出的工作成绩给予了高度赞扬。

普陀山摩崖石刻　位于七星区七星公园内,石刻分布于曾公岩(冷水岩)、元风洞、玄武岩、普陀岩、七星岩、寿佛洞、朝云洞、栖霞寺故址、弹子岩、留春岩等处,时代为五代至清。现在石刻266件,其中五代石刻1件,宋代79件,元代46件,清代113件,年代无考者15件,民国石刻5件。石刻以诗文、题名、题榜居多,还有记事、石径、楹联、书目等。隋开皇十年昙迁题《栖霞洞》榜书,是普陀山最早石刻,今已经不存。今见最早石刻是五代后晋天福二年(937)刻《加封李靖庙碑》。七星岩在古代称桂林岩洞之冠,唐人比之仙庭,传说唐代末年临贺县令郑冠卿于岩内遇日、月华君,宋绍兴五年(1135)尹槒作《仙过记》刻于岩口;淳熙元年(1174)范成大刻《碧虚铭》。洞内外其余石刻所记游览,也多与道教有关。宋天禧二年(1018)燕肃篆书题名,嘉定六年(1213)柯梦得隶书《方公祠堂迎送神曲》,是研究宋代书法的重要实物资料。栖霞寺旧址在七星岩下,清初浑融驻跸于次,石刻多为往来文人酬唱诗文;康熙五十二年(1713)陈元龙《皇城书院记》反映了清初桂林文化教育发展的情况。元风洞与七星

桂海碑林　　（黄鹤翰　2000年摄）

岩相邻，有宋淳化(990)柳开作《玄风洞铭》，为今所知桂林最早石刻。冷水岩古代为七星岩出口，宋元丰元年(1078)曾布在洞内建长桥，刘谊等为之作《曾公岩记》刻石，之后有绍兴四年(1134)孙觌、董棻等游岩洞题名。淳熙五年(1178)张栻、周禧等饮饯题名石刻。弹子岩在普陀山东北山麓，宋淳熙七年(1180)，刘淳在岩前买地为圃，建桥筑亭，遂成名胜，梁安世作《弹子岩题记》记其过程。淳熙八年(1181)徐梦莘等十二人，庆元元年(1195)董世仪等十三人游览至此，均有题名刻石。洞内还有淳熙十一年(1184)詹仪之刻张栻书《论语·尧曰》，庆元元年(1195)陈说《游桂林诸岩洞诗》，诗书平佳；留春岩内淳熙八年(1181)梁世安《乳床赋》，为研究中国岩溶历史的珍贵资料。宋淳熙十二年(1185)李滋篆书对联，为国内现存最早的楹联实物，是研究中国楹联发展历史的重要实物资料。省春岩因岩前平田广袤，为明代官员行春省耕之地；岩内万历元年(1573)殷正茂《怀远纪事碑》、万历八年(1580)刘继文《东兰纪事碑》、万历三十四年(1606)杨芳《思明府纪事碑》，均为研究明代西南少数民族史的重要文物。

穿山摩崖石刻　位于桂林市穿山公园内，小东江东岸，山呈东西走向，多岩洞。山因穿洞儿得名，又因山形自南远眺，其五峰形似古式笔架而得名笔架山。石刻主要分布于月岩及西南山壁。现存石刻6件，其中宋代石刻5件，民国1件，包括题榜、诗文和题名。今见最早的石刻为宋嘉定十五年(1222)胡槼题《月岩》《空明山》榜书和《月岩诗》。此外，宋端平三年(1236)靖江知府赵师诺等游月岩题名及《离别穿山诗》，也是较重要的石刻。

会仙摩崖石刻　位于桂林市七星公园内东南，洞口西向。石刻分布于岩口东南壁。会仙岩原有石刻20多件，大半已毁。现存石刻8件，为明正德六年(1511)靖江王潘戚宗室、辅国将军、镇国中尉、各司官员等二十六人在会仙岩游宴之后所书，包括诗文、刻像、榜书等，具有一定的历史艺术价值，是研究明靖江潘王历史的实物资料。

屏风山摩崖石刻　位于桂林市东郊灵剑溪圆通湾附近，环城北二路与建干路交汇处，山名最早见于宋代。明张鸣凤《桂故》释名为："山形折叠、故似屏风"。山南北两峰组成。北山西麓有屏风岩，又名程公岩，为宋崇宁处桂林知府程节最早发现并开发。宋淳熙元年(1174)，广南西路经略安抚使范成大来游，并憩饮岩中，以岩洞通明，恍如身在壶中，遂改洞名为空明洞，并筑壶天观于洞内，特作《壶天观铭并序》摩崖洞壁之上(今已不存)。屏风山今存三件宋代石刻，为纪游题名和题记，分别为宋许中甫题名，宋宣和六年(1124)蔡怿等3人题名(一稿三刻，分刻于普陀山冷水岩、七星岩和屏风山)以及候彭老《程公岩记》。

辰山摩崖石刻　位于桂林市东郊电科所院内，环城北一路北侧。山呈东西走向，山势连绵起伏，如翡翠佛手，远望又如伏虎，故有虎山之名，俗称猫儿山。明俞安期游山诗序载："余同张汝静、徐象先游辰山……一云虎山，以石似名。"辰山现存石刻均为宋刻。其一为宋嘉泰四年(1204)赵悦道、翁子东等五人楷书题名；另一件为刘升之、刘大异行书辰山题记。

尧山摩崖石刻　位于桂林市东郊。尧山是桂林唯一的土山，山势呈南北延伸，高大雄浑，状如伏牛，俗称牛山。唐莫休符《桂林风土记》载：山个"隔江与舜祠相望，遂名尧山"。现存3件石刻，其中明代石刻1件，清代2件。明代的1件为楷书靖江王府内使蒙法禧墓志盖。清代的2件作者均为张椿，分别为题记和诗文，其中《读书尧山僧舍题记》为真书，刻于清雍正六年(1728)，另一件《尧山题诗》亦为真书，刻于清乾隆十七年(1752)。

月牙山摩崖石刻　位于桂林市七星区七星公园内，石刻集中分布于登山道，及月牙岩，共计25件，其中元代石刻1件，明代6件，清代13件，民国5件。多为纪游性题名、题榜、诗文和营缮记事。今见最早的是元至顺元年(1330)《隐真岩建阁施舍题名》，除记载捐款信士姓名，还历述唐以来隐真岩道教的兴衰，室研究唐、宋、元时期桂林道教史的珍贵资料。明正德十年(1515)陈彬开凿月牙山游览道，

逍遥楼石刻　(2005年摄)

直达龙隐洞，现月牙岩尚存陈彬、孟洋、徐淮、龙奇、周进隆、翁茂南、詹玺等人的唱和诗石刻1件。周进隆的《天子万年》榜书和陈彬的《月牙山记》等，均刻于此时。清代石刻较著名的有道光七年(1827)著名画家张宝的《登月牙山远眺诗》等。

桂海碑林碑阁石刻 位于桂海碑林博物馆内，包括历年征集、收藏并陈列于碑阁内的155件(组)石刻，多为明清散碑，题材以馆碑、文诰碑、乡规民约碑、墓志碑、石雕石作为主。重要石刻有唐西庆寺塔件、柱础；宋《曲水流觞》石刻，共7石，宽320厘米，长370厘米，平面开凿一条宽19厘米、深17厘米的内槽，曲折回环，南、北各有一开口，供入水、出水之用，是罕见的古代雅集宴饮石刻实物；明万历九年(1581)张居正撰、张四维书的《吕调阳墓志》，为反映吏部尚书吕调阳生平的重要文物；清乾隆五十八年(1793)李宜民刻唐末贯休《十六尊者像》，共16石，每石各一像，线刻，罗汉"胡貌梵像，曲尽其态"。第十六石有乾隆二十二年(1757)御识及李宜民刻石题识，原置隐山华盖俺，1985年移至此处。此外，明包裕《重修广西省城碑记》、清李宗瀚题《拓园》榜书、唐景崧《奎光楼记》等均为较重要的石刻。

革命遗址及纪念建筑

中共桂林市工委联络站旧址 位于桂林市七星公园内月牙山北麓，为砖木结构，中式二层建筑，共有6间房屋，建筑面积180.8平方米，原为私人住宅。1942年"七九事件"后，桂林地下党组织严重破坏。1945年9月，钱兴、庄炎林赴重庆八路军办事处，与中共中央南方局接上组织关系。回桂林后，广西省工委于11月成立中共桂林市工作委员会，庄炎林任书记，阳雄飞任组织委员，吴腾芳任宣传委员，分管桂林、临桂、灵川、阳朔、全州等市县的地下党的工作。1946年春，以"桂师校友会"的名义买下这座房子，作为市工委的联络站和活动地点。1947年5月，中共中央香港分局请示中央同意，全面调整所管辖的党组织，成立粤北边、粤桂湘边、粤赣湘边、桂滇黔及桂柳区。为便于领导广西的斗争，桂柳区工委迁到位于广西中部的柳州。8月，由于原市工委书记庄炎林已调上海，委员阳雄飞、吴腾芳已转移到桂北农村领导武装斗争，将桂林市及周边的党组织关系移交桂柳区工委桂林市特派员陈光。9月，重新组建桂林市临时工委，陈光任书记，黄绍亮任副书记，统一领导桂林的城市斗争。中共桂林市工委联络站旧址于1998年公布为桂林市文物保护单位。

中共桂林市城市工作委员会旧址 位于桂林市七星区穿山乡江东村169号，是一座一进三开间的木结构平房，建筑面积145平方米，坐北朝南，正中为堂屋，候间为香火堂，左右有厢房，门前原有以竹篱围成的院落。1947年9月，中共桂柳区工委决定成立中共桂林市临时工作委员会，书记陈光，副书记黄绍亮，后黄绍亮调柳州，韦纯束接任副书记，领导机关秘密设在此房屋里。1948年12月，中共中央香港分局决定将城市工作和农村工作分开，成立中共广西省城市工作委员会和农村工作委员会。1949年1月，中共广西省城市工作委员会书记陈枫在此主持召开了有桂林、柳州、南宁三城市及广西大学、南宁师范学院党组织负责同志参加的全省城市工作会议，总结了过去城市工作的经验，提出了今后半年的中心任务，并成立了中共桂林市城市工作委员会，书记陈光，副书记黄绍亮，组织委员郭其中。成工委在这里积极发展壮大党组织，培养干部，有礼有节地开展工人运动、学生运动，筹集经费，配合解放军解放广西。1949年1月5日，陈光被捕后城工委机关从这里撤离，转移到市郊猴山背村。中共桂林市城市工作委员会旧址于1963年公布为广西壮族自治区文物保护单位。

苏曼、罗文坤、张海萍纪念碑 位于桂林市尧山西麓。碑园占地面积17亩，碑为四方柱形，通高25米。上覆三重琉璃瓦檐，下承三层青石台基，台基四周设两层汉白玉护栏，正面有十级步阶。碑身正面书刻"苏曼、罗文坤、张海萍革命烈士纪念碑"，碑座正面镶嵌的大理石上刻三烈士生平事迹。

苏曼(1914—1942)，广西苍梧县人，生前任中共广西省工委副书记；罗文坤(1916—1942)，广西苍梧县人，生前任广西省工委妇女部长兼桂林市委书记；张海萍(1917—1942)，广东东莞人，生前任中共南方工作委员会驻广西特别交通员。1942年5月，中共南方工作委员会组织部长郭潜在来桂林布置工作后返回广东途中，于曲江被捕变节，供出了广西和桂林地下党组织。自7月9日起，国民党派出特务、军警，在桂林大肆逮捕了省工委、市委所属31名党员，制造桂林"七九事件"。9日上午，特务逮捕在逸仙中学以教书为掩护的苏曼、罗文坤、张海萍，押往社会服务处临时拘留室和龙隐岩进行刑讯。特务用尽酷刑，三烈士坚贞不屈，始终没有吐露党的机密。11 日上午，特务将三烈士假释回逸仙中学，暗中监视，企图诱捕前来联系的地下党。三位烈士眼看无法脱险，为保存党的组织和机密，于 12 日晚在逸仙中学苏曼的宿舍内集体自缢牺牲。1988 年，中共桂林市委在尧山为三烈士修建了纪念碑。苏曼、罗文坤、张海萍三烈士纪念碑于 1998 年公布为桂林市文物保护单位。

表 26-1　　2005 年七星区文物保护单位一览表

文物名称	地点	时代	保护级别	公布日期
靖江王墓群	尧山西南麓一带	明代	自治区级	1963 年
花桥	七星区小东江与灵剑溪汇流处	明代	自治区级	1963 年
中共桂林市城市工作委员会	穿山乡江东村 122 号	1947 年	自治区级	1963 年
龙隐岩龙隐洞摩崖石刻	七星区月牙山东南麓洞内外	唐至现代	自治区级	1963 年
王半塘墓	七星区三里店米塘尾岭	清代	市级	1966 年
张同敞墓	七星区骆驼山南麓	清代	市级	1966 年
寿佛塔	穿山乡塔山顶	明代	市级	1966 年
省春岩摩崖石	普陀山北麓省春岩内	宋至民国	市级	1966 年
普陀山摩崖石刻	七星区普陀山普陀岩	明至民国	市级	1966 年
留春岩摩崖石刻	普陀山北麓留春岩洞口	宋代	市级	1966 年
弹子岩摩崖石刻	普陀山北麓弹子岩内外	宋至明代	市级	1966 年
曾公岩摩崖石刻	普陀山东麓曾公岩外	宋至民国	市级	1966 年
元风洞摩崖石刻	普陀山西麓元风洞内外	宋至明代	市级	1966 年
玄武洞摩崖石刻	普陀山西山腰玄武洞内外	宋至清代	市级	1966 年
七星岩摩崖石刻	普陀山西北山腰七星岩、四仙岩内外	隋至清代	市级	1966 年
栖霞寺故址摩崖石刻	普陀山西麓寿佛洞内外	明至清代	市级	1966 年
张曙墓	七星区普陀山北麓	38 年迁此	市级	1966 年
陈光墓	七星区普陀山西麓	1951 年	市级	1966 年
岑氏宗祠	朝阳乡岑家村南端	清代	市级	1984 年
穿山摩崖石刻	七星区穿山月岩及其西麓	宋至现代	市级	1984 年
裴邦焘墓	七星区普陀山北麓	27 年迁此	市级	1984 年
何信墓	尧山西麓尧庙遗址内	1938 年	市级	1984 年
岑毓英墓	尧山西麓火葬场北 100 米	清代	市级	1984 年
钟毅墓	尧山西麓茶科所北 50 米	1940 年	市级	1984 年
阚维雍等三将军及八百壮士墓	七星区普陀山博望坪	1946 年	市级	1984 年
雷酒人墓	七星区骆驼山南麓	清代	市级	1984 年
月牙山摩崖石刻	月牙山月牙岩等处	宋至民国	市级	1984 年
白鹏飞墓	七星区普陀山北麓	1948—1986 年迁此	市级	1987 年

第七节　文化产业

1998 年，随着改革开放的深入，七星区政府依托旅游山水、历史文化的优势，抢抓发展机遇，积极培育市场，建设精品项目，发展文化产业，至 2005 年，七星区的文化产业初步形成。

历史文化景观建设

1993 年，靖江王陵设立墓志陈列馆，展出靖江王

中华古花生　　(2000 年摄)

及宗室官员近 50 块墓志。1996 年 11 月，靖江王陵被批准为国家重点文物保华单位。2000 年，桂海碑林博物馆保护性建设正式启动，总投资 467.5 万元，2003 年 10 月，一期工程完工。至 2005 年，桂海碑林等石刻文化景区、靖江王陵等文化景区以其独特的历史文化特色和艺术魅力吸引越来越多的旅游者。

网络舞厅音像

20 世纪 90 年代，七星区的网络文化信息服务业以经营上网服务为主的网吧发展迅速，两三年内发展到近 70 家，大多规模不大、经营不够规范，存在经营含有色情、赌博、迷信、暴力的电脑游戏，超时经营诱使未成年人沉迷网络等行为。舞厅、卡拉 ok 厅在七星区一度盛行，成为市民主要娱乐场所。遍布城区的音像制品经营店，出租、零售各类音乐、影视碟，为人们提供家庭影院的娱乐。2005 年，七星区有互联网上网服务营业场所 76 家，电子游戏机室 12 家，营业性歌舞娱乐场所 14 家，音像出租、零售 13 家，放映经营场所 2 家。

书　画

20 世纪 80 年代，区境内有书画店 11 家。90 年代，一些书画店经营者相对宽松的经营环境，将书画店迁至各旅游景区设点开店，书店有近 20 家。主要经销桂林的书画作品，书画作品多以国画为主，内容多为桂林山水，此后，外地客商也慕名到本辖区进货，促成书画批发市场的发展。1999 年年末，境内有书画店 23 家。2000 年后，书画市场日趋成熟，作品形成了高、中、低档的书画格局。2003 年，书画店发展到 31 家。2005 年，书画店发展到 41 家。

第八节　文化市场管理

文化市场监管

1980—1999 年，区政府配合市文化局开展“扫黄打非”活动，清理整顿文化市场。1984 年，组织两次对全区个体图书摊贩的检查和整顿，提高他们的思想认识。对 3 家有违章行为的个体图书摊贩进行批评教育。1987—1990 年，对国营、集体、个体书摊进行多次清理，扣审、封存一批淫秽书刊，防止这些精神“鸦片”对社会，特别是对青少年的危害。1996 年，区政府加大“扫黄打非”力度，检查发廊、影剧院、录像点、音乐茶座、歌舞厅 270 家次，书报亭、音像带出租点 86 家，扣押收缴非法出版、淫秽录像带 569 盒、书刊 700 余册，取缔录像室 4 家。

1999 年 7 月 1 日起，区文化局依据国家、自治区有关法律、法规和政策，对辖区文化市场(电子游戏室、音像制品零售、卡拉 OK 厅、音乐茶座等)实行日常管理、负责监督、处罚、收费和辖区文化经营项目的申办工作。1999—2005 年，区文化局联合工商、消防等部门共开展专项整治 49 次，出动 2349 人次，查处举报和投诉 129 起，检查文化经营场所 2818 家次，责令停业整改 118 家次，下文责令搬迁 27 家，限期整改 334 家次，罚款近 16 万元，清理取缔无证文化经营摊点 134 个次，没收违法经营音像制品 3 万多张(碟)，收缴马机集成板 271 块、有奖机电路板 16 块，结案率 100%，无一复议或上诉。其中 2004 年，全年共出动 616 人次，检查文化经营场所 700 多家次，对群众反映强烈的网吧、游戏室和无证经营的音像制品摊点，依法进行整顿打击，全年共进行 8 次专项整治和重点打击(网吧 3 次、音像制品 2 次、游戏机室 2 次、歌舞娱乐场所 1 次)行动。查处网吧违规经营 36 家，责令停业整改 20 家次，限期整改 63 家次，罚款 1.3 万多元。对大圆盘跳蚤市场、东江市场和花鸟市场文化经营摊点检查

2次，取缔市场无证件文化经营摊点23个，没收违法经营音像制品1.2万余张(碟)，收缴游戏机5台，马机集成板82块，有奖机电路板5块。公安机关传唤违法嫌疑人8名，其中3名被拘留并罚款。

2005年，开展“扫黄、打非、禁毒”的整治活动的同时进行依法规范文化经营市场。针对娱乐场所的特点，加强对歌舞厅、网吧、游戏机室的重点监管，不定时的检查文化经营场所400家次，查处网吧违规经营户31家，责令停业整改15家次，限期整改26家次，收缴游戏机室马机集成块113块，有奖电路板9块，责令搬迁网吧5家，游戏机室2家，取缔无证照经营的音像制品摊点13家。将防毒、禁毒与文化娱乐经营挂钩，凡发现文化娱乐场所内有吸毒、贩毒人员的，一律吊销文化经营许可证，通报工商等有关部门，取消经营资格。

建立健全管理规章制度

1999—2005年，区文化体育局先后建立内部管理制度、稽查制度、公示制度、收缴物品管理制度、社会监督制度、来信来访举报登记制度、执法重大过失赔偿制度和财务管理制度等，进一步规范工作标准和要求。同时还设立有奖举报制。完善文化市场的举报投诉和节假日值班制度。加强法制宣传，提高文化经营者的法制意识。先后在人圆盘跳蚤市场、东江市场、花鸟市场等处开展法制宣传教育，同时对无证经营文化摊点店发放《音像制品管理条例》《娱乐场所管理条例》《广西文化市场管理条例》等有关法律法规。积极引导和培育文化市场，坚持以教育为主，处罚为辅的原则，对违法经营者重点在教育，正确引导其守法经营，使文化市场逐步走向规范化、制度化。建立长效监管机制，设立有奖举报制，对有5种行为之一(接纳未成年人进入网吧场所的；无证照营业的黑网吧、网吧闭锁门窗营业的；网吧在规定的营业时间以外营业的、利用网吧上网传播淫秽色情信息)的网吧，径查实每次给举报者奖励人民币30元。

文化经营管理和法律法规培训

1998—2005年，七星区共举办以文化经营管理和法律法规为主要内容的业主培训班30期。网吧、游戏机室、卡拉OK音乐茶庄、音像零售店业主2362人次参加，并进行书面考试，同时印发相关法律法规资料4800多份，进一步增强和提高文化经营业主守法经营的意识和自觉性。坚持考核合格上岗制度，凡需申办文化经营的单位或个人，都必须经相关法律法规培训和考核合格后，方可办理和从事文化项目的经营。2004年7月15日—17日，市文化管理部门组织市内文博单位讲解员参加自治区文化厅在南宁举行的首届自治区讲解大赛暨“雷锋杯”全国讲解选拔赛，桂海碑林博物馆、靖江王陵文物管理处获团体二等奖。

2005年，全年举办以文化经营管理和法律法规为主要内容的业余培训班4期，362人次参加，其中网吧业主292人次、游戏机室业主29人次、卡拉OK音乐茶庄26人次、音像零售店业主15人次。发放相关法律法规300多份，同时进行书面考试，强化文化经营业主守法经营的自觉性。

年　审

1999—2005年，区政府每年对辖区文化经营场所(网吧、游戏机室、歌舞厅、音像制品店)等，办理变更核准年审手续，以加强对全区文化市场的监管。2005年，全年共审文化经营场所129家(网吧81家、游戏机室16家、歌舞厅14家、音像制品18家)，办理变更核准36家、新办5家。

第九节　文化名人在七星

古代文化名人

柳宗元与訾洲。唐代诗人、柳州刺史柳宗元看到桂州刺史裴行立修建的亭台楼阁和訾洲的美景后，留下了著名诗篇《桂州訾家洲亭记》：“南为燕亭，延宇垂阿，步檐更衣，周若一舍。北有崇轩，以临千里。左浮飞阁，右列闲馆。比舟为梁，与波升降。”

当代文化名人

胡适 民国24年(1935)一月下旬，胡适到桂林游览七星岩。他是从曾公岩进入，从七星岩出来，费时50分钟，向导也是用松明照游。胡适说：“千百年来都用松香明火游洞，将洞壁都薰黑了，怪可惜的。”他又说：“七星岩共有15个洞，我只游了十五分之一，就感到‘不知西东、不知南北’。不由得佩服明朝的徐霞客，当年，他连日游洞还能论述井然，自愧不如耶。”胡适游完七星岩后，又去到龙隐岩、龙隐洞，观看《平蛮三将题名碑》《元祐党籍碑》，他评说，在桂林游山观碑，犹如“考古之旅”。

巴金 小说家巴金于民国27年(1938)与未婚妻肖珊、兄弟李采臣、好友林憾庐到桂林，暂住在七星岩后山缪崇群家。与几十位撤到桂林的文艺工作者成立文协会桂林分会并被推举为理事。民国28年(1939)二月离桂。民国30年(1941)，巴金再度回到桂林，住在东江的文化生活出版社桂林分社。民国31年(1942)三月前往重庆，十月第三次回到桂林。民国27年(1944)五月第三次离桂。在这期间，巴金创作《火》(第一部、第三部等)、《桂林的受难》《还魂草》《长夜》，并翻译《处女地》。

艾芜 民国28年(1939)一月，艾芜携夫人王蕾嘉、长女汤珍妮抵桂。因举目无亲，为难之时，偶在街遇《救亡日报》林林，被安置到太平路救亡日报楼上住下。七月迁至施家园处，认识了著名革命家徐特立，之后对红军印象极为深刻。民国29年(1940)艾芜举家再迁观音山、羊角山一带。直至民国33年(1944)离桂。期间他在逸仙中学任职，同时进行创作。1942年，著名小说家王鲁彦、王西彦，文化人穆木夫妇来桂都暂居于此。1944年《大公报》3名记者采访艾芙，见其“头发凌乱、两眼陷落”，“穿褪色的灰布中山服”，但见到青菜茄子正长得茂盛。记者十分感动。

在桂5年，艾芜生活极为艰苦，只看过两次电影一次戏，但创作极为勤奋。这期间主要作品有小说《同家后》《山村》《自卫》《受难者》《春天的原野》《散兵》《秋收》《纺车复活的时候》《外套》《尚德忠》《意外》，文学论著有《文学手册》等等近百万字，数十篇之多。

司马文森 司马文森，福建泉州人，自幼到菲律宾当童工，12岁返乡、17岁加入中国共产党，民国23年(1934)加入左翼作家联盟。民国28年(1939)五月，当局顽固派发起反共高潮，正在粤北山区第四战区的司马文森，以“嫌疑重大”为名被遣散，在党的安排下，他从韶关来到桂林。曾住在七星岩前的小木楼上。是月，他被安排到东江天圣山广西建干校任中队指导员兼职教育长杨东莼政治秘书，又与周钢鸣担任校刊编辑。桂林“八办”被迫撤退后，桂林文化城党组也撤退，但组织上安排司马文森转入地下，继续活动。民国28年(1939)内他住人施家园，与文化人艾芜、华嘉在逸仙中学、松坡中学任教。此时，他以沉重的心情，构思着小说《雨季》。民国29年(1940)三月十七日上午，司马参加文协桂林分会在施家园49号召开的文艺习作指导联欢会。民国30年(1941)八月，由建干校张健甫介绍，司马和夫人雷蕾到穿山汉民中学任教。教余编辑出版《艺术新闻》。民国31年(1942)司马又介绍撤退了的《救亡日报》战地记者华嘉到汉民中学任教。民国32年(1943)十一月二十八日，文化人熊佛西以《文学创作》社名义邀请知名作家、诗人、学者座谈“战后中国文艺展望”，一致呼吁政府改善检查制度、扶植言论自由。与会人士有田汉、劭荃麟、欧阳予倩、黄药眠、宋云彬、李文钊、买珠、胡仲持、张煾、彭燕郊、周钢鸣、千家驹、孟超、秦似、阳太阳、洪遒、韩北屏、胡危舟等20多名。民国33年(1944)七月，湘桂大撤退，司马文森帮助艾芜一家抢上了开往贵阳的火车，又动员汉中学生疏散，自己最后一批离桂赴柳。八月，小说家王鲁彦贫病交加不幸病逝桂林，丧事无法料理，司马闻讯从柳赶回桂林，刊登讣告、撰写悼词、发起募捐、召开追悼会、安葬遗体、抚恤遗孤，尽情尽力，处理完后事后，九月在二次疏散会后又匆匆离桂赴柳。

田汉 1938年初，田汉应郭沫若之邀，出任军委会总政治部三厅六处处长，主管艺术宣传救亡。他组织10个抗敌演剧队、4个抗敌宣传队，作抗日救亡的巡回演出。民国28年(1939)四月二十日，他率平剧队到桂林。先住五美路小楼上。民国30年(1941)八月二十三日后，田汉又有三次来桂，都住在东江：他先是住过福隆街小破屋里。再住东灵街52号(今七星公园瀑布处)，是两层木板房，田汉一家住楼下。民国32年(1943)第四次来桂，迁居在施家园72号小楼，直到桂林疏散。田汉一家有田老太太、夫人安娥、女儿玛丽、田老三(田汉三弟)。在这期间,田汉经常去七星岩下写作,创作话剧《秋声赋》《穷追一万里》《再会吧,香港!》活报剧《怒吼吧漓江》,评剧历史剧《双忠记》《岳飞》《金钵记》等。

焦菊隐　民国28年(1939)冬,在桂林的文化界人士,发起了为《救亡日报》复刊桂林筹集基金的话剧公演。剧本是救亡日报总编辑夏衍的新作《一年间》,由当时在广西大学任教的焦菊隐导演。演出规模宏大,分国语AB两组、桂林话、广东话共四个组同时排练,这种宏大的规模,是极少有的。演员又以广西军部国防艺术社为骨干,演员不够时,再由在桂的抗宣一队、新安旅行团支援。《一年间》是写抗战第一年间的缩影。开排后,焦导抓得很紧,规定演员不许迟到。当时国艺社的社员,大部分是分住在七星岩霞飞阁等处的凉亭内,时值严冬,每天一大早便匆匆过漓江浮桥,再赶到排练场,排到半夜,又匆匆回到霞飞阁住地。虽是风来雨去,日夕奔跑,但从无一人迟到,精神感动了夏衍。他提议,安置女演员住在城里的旅馆里,但被女演员谢绝了。民国28年(1939)十月六日,《一夜间》在新华戏院正式上演了,连演了七天八场,观众万余人,轰动了大西南。

王鲁彦　民国26年(1927)"七七"事变后,著名小说家王鲁彦开始了颠沛流离的生活。民国27年(1938)十二月,他随军委会政治部三厅来到桂林。先是在桂林行营三科工作,接着在桂林中学高中部担任导师兼国文课。后为了他的文艺创作,辞去教师工作,到东江福隆街租下一间狭窄的楼房,编辑大型文艺刊物《大地》。空袭警报来临时,便匆匆地避入七星岩,边构思。时桂林刊物极多,《大地》可称独秀。民国32年(1943)一月,他又主编大型文艺刊物《文艺杂志》。民国33年(1944)八月二十日,王鲁彦贫病交加时,三个大孩子已送难童保育院。文化人虽多有募捐,但其还是不幸去世。病逝后,连成殓用的衣服也没有,经过文协会桂林分会多方筹款,才料理后事。八月三十日,桂林文化界200多人在社会服务处召开了追悼会。欧阳予倩主持会议,邵荃麟代表全国文协总会致悼词,对他的勤恳耕耘,作了高度评价。墓葬在普陀山北麓的星子岩之阳(即溜马场五人制足球场一带),碑刻是"作家王鲁彦之墓"。但解放后,未能找到。

何香凝　20世纪三四年代香港沦陷后,何香凝在共产党人的护送下,辗转来到桂林,住进当时的远郊东江观音山下(今漓江机械厂化工车间后)。她在居地附近开辟了一块菜地,与儿媳一起养鸡种菜,同时也靠出卖自己的画作来接济生活。这时,她在这里写了一首《卖画诗》:"结交自古重黄金,贫贱骄人感慨深。写幅岁寒图易米,坚贞留得万年心。"这期间,她的儿子廖承志被当局迫害坐牢,她屡次想到重庆要人,却被蒋介石千方百计阻挠。蒋介石派专人持慰问信并附100万支票给她,何香凝拒收这笔钱,并在信封的背面写上退语:"闲来写画营生活,不用人间造孽钱",叫来人立即带走慰问信和慰问金,此举在桂林广为传开。

梁漱溟　梁漱溟祖籍广西桂林。著名的思想家、哲学家、教育家、社会活动家、爱国民主人士,著名学者,主要研究人生问题和社会问题,现代新儒家的早期代表人物之一,有"中国最后一位儒家"之称。梁漱溟受泰州学派的影响,在中国发起过乡村建设运动,并取得可以借鉴的经验。梁漱溟于民国31年(1942)从沦陷的香港抵桂,先后入住七星岩前的广西教育研究所,江东村后的无锡国专,并在国专和汉中讲课,先后出版《香港脱险寄宽恕两儿》《广西国民中学制度》《梁漱溟最近文录》等文稿。1985年,92岁高龄的梁漱溟为桂林文物部门写下"锲而不舍,精义入神"和记叙自己与故乡关系的数行小字。被镌刻在穿山的月岩入口处。梁漱溟病逝后葬于穿山公园。

尧山第一庙遗址　(2000年摄)

第二十七章

体　　育

社区群众热爱健身　（2005年6月摄）

2000年10月，七星区获全区群众体育先进单位

七星区的民间体育丰富多彩，源远流长。比较流行的有舞龙灯、舞狮、弈棋、武术、游泳、划龙舟等。其中的划龙舟、舞龙舞狮活动开展的比较广泛且代代相传。1949年解放前，辖区的体育活动主要开展游泳、舞龙舞狮等各种比赛表演活动。因体育基础设施简陋、薄弱，项目简单，普及面小。桂林解放后，辖区体育事业有了长足的发展，20世纪50年代体育活动主要有广播操、游泳、登山、篮球等，1979年七星区政府成立后，体育活动内容、体育场所由少到多、由小到大。2003年全国第五次体育场地普查，辖区有各类体育场、馆（房）、池共317个，标准场地202个，非标准场地115个（体育设施至2005年没多大变化）。体育活动内容逐步丰富多彩，80年代起特别是90年代以来，辖区的机关单位、学校、群众团体除继续开展广播操、游泳、登山、打篮球、拔河赛等活动外，增加了健身操、太极拳、气排球等体育活动。2005年，辖区投入群众体育活动经费20.4万元，各单位共开展全民健身活动129次，参与锻炼的群众达43966人次。辖区多次承办国际级、亚洲级、国家级、自治区级、市级体育竞赛活动，七星区籍体育健儿熊春玲、莫慧兰勇夺世界级、亚洲级、国家级体育竞赛冠军。同时群众自发的健身体育活动也蓬勃发展，跑步、跳健身舞、打太极拳等体育活动全面铺开，尤其是老年人早晚锻炼身体数以千计，一个全民体育活动氛围在辖区居民中逐步形成。

第一节 机构 设施

区文化和体育局

1979年7月，七星区政府成立，设立文教卫生科，管理辖区的文化、教育、体育业务。1988年7月机关机构改革，文教卫生科改称文化教育卫生体育局（简称“文教卫体局”）。1999年由区文教卫体局分离设立“桂林国家高新技术产业开发区管委会、桂林市七星区文化体育局”（简称“区文体局”），编制和实有2人。2003年，改称七星区人民政府文化和体育局，编制和实有2人，至2005年未变。历任局（科）长：曹春海、龚荣卿、唐玉英、王凯捷、罗进禄、曾令辉。

区直机关老年体育协会

1985年3月，七星区老年体育协会成立，会员150人。至2005年发展到分会43个，会员2800多名。主要活动是开展钓鱼、书法、摄影、象棋等形式多样、内容丰富的文体活动。1985—1987年，参加市里组织的老年人漓江之声、钓鱼、象棋、登山等比赛，共128人获奖。

桂林市郊区业余体育运动学校

位于辖区朝阳乡初级中学校内。1985年8月成立。原名桂林市郊区摔跤柔道业余运动学校，有兼职教练员1人，开设摔跤训练项目。1987年5月改为现名，学校迁离区境至郊区甲山乡成人中心校。

体育运动设施

民国18年(1929)区境的乐群社区开辟漓江訾洲天然游泳场，游泳场水面110×50平方米，水深、浅为0—1.80米。场内有船两艘，一艘作为跳台跳架，另一艘装修为贮衣室、更衣室和食品部、太平台。桂林解放后，设施改善不大，每年夏天由市体委搭简易竹棚作更衣室。1980年，建陆上训练场、更衣室各174平方米，至2005年年末，没有进行改建或扩建。民国35年(1946)，汉民中学(即桂林市职业教育中心学校现址)建成广西第一旱冰场。修建400米环行跑道、足球、篮球、排球、滑冰场和占地2公顷的大操场。解放后该校与其他学校撤并。

桂林解放后，辖区的体育运动设施不断增加。1979年，七星区政府成立后，投入经费加强区内基层、中小学体育设施的建设。2002年，中小学体育设施按教育部印发的《中学体育器材设施配备目录》和《小学体育器材设施配备目录》执行。中小学体育器材设备配备有：接力棒、跳高架、皮尺、体操棒、长短绳、跳箱、体操垫、毽子、广播体操图等，达一类的有6所学校，占一类学校的比例为100%；达二类的学校有9所，占二类学校的100%；达三类的学校有6所，占三类学校的100%。2003年，七星区的基层、中小学各体育场、馆(房)、池共有317个，其中标准场地202个(体育系统9个、教育系统119个、其他74个)，非标准场地115个。至2005年年末，学校体育设施没有大的变化。2001年7月，在穿山东路12号修建桂林市体育中心，占地11.2公顷，总投资近2亿元。设施有综合训练馆、体育场、游泳馆、射击馆、网球场、棋院、人工攀岩场、室外篮球场、健身广场及健身路径、休闲广场及绿地等，2003年8月完工并投入使用。至2005年，辖区的28个社区设立了健身室(站)32个，篮球场、排球场、足球场、门球场、田径场等体育场所269处(含路边健身点19处)，面积共3450多平方米。

表27-1 2005年七星区市区部分体育健身工程信息统计表

单位 \ 项目	建设地点	面积(平方米)	地方配套(投资)(元)	完成情况
猫儿山社区	社区办公室内	100	14470	安装健身器材6件
羊角山社区	羊角山小区	400	30365	安装健身器材13件
朝阳社区	奇峰小筑	350	20896	安装健身器材11件
漓东社区	育才路43号	120	19294	安装健身器材9件
码平社区	码平街20栋旁	80	11104	安装健身器材5件
毅峰社区	鸾西二区草坪	380	30306	安装健身器材13件
七星社区	七星社区门口	100	16122	安装健身器材7件
大圆旁	鸾东小区后门	380	32690	安装健身器材14件
残联	残联服务中心	100	7175	安装健身器材3件
漓东科技园	办公室内	1200	30340	安装健身器材12件、新建篮球场
信息园	信息园一楼	800	8000	新建篮球场
漓东社区	将军塘	150		安装健身器材8件
桂大社区	会仙社区	100		安装健身器材6件
码坪社区	码坪街	120		安装健身器材8件
毛塘社区	一机	400		安装健身器材15件
五通社区	临江路	350		安装健身器材5件
施家园	腾龙苑	400	31800	安装健身器材13件
漓江社区	临下街	80		安装健身器材4件
七星区政府	七星区政府院内	1300	2300000	体育馆、篮球场、羽毛球场2个
社山桥	桂花苑	250	23000	安装健身器材10件

续表

项目 单位	建设地点	面积（平方米）	地方配套（投资）（元）	完成情况
科技园	科技园办公楼	180	14169	安装健身器材6件
漓东社区	育才路	230	23098	安装健身器材10件
辰山社区	东城小区	200	22145	安装健身器材10件
漓东社区	普陀路公园景区	210	17952	安装健身器材9件
社山桥	桂花园	80	10823	安装健身器材6件
东办羊角山社区	普陀路40号（柑橘所骖鸾路42号、三金宿教师公寓）	500	22138	安装健身器材13件
毅峰社区		450	22138	安装健身器材113件
漓东社区		100	14522	安装健身器材8件
毛塘路	一机	700	40000	篮球场改建
合计	19	6470		篮球场3个、器材244件、体育馆1个

表27-2　**2005年七星辖区部分体育场地统计表**

单位	场地名称	个数	面积（平方米）	备注
小学（民办10所、公办14所）	篮球场	10	8000	其中民办2个计1300平方米
	足球场	2	5100	
	田径场	2	4200	
	乒乓球场	2	800	
	室内体育馆	1	1500	
中学7所	篮球场	5	4300	
	足球场	1	9600	
	田径场	2	21020	
	室内体育馆	1	2900	
大专院校9所	篮球场	20	17500	
	足球场	6	48000	
大专院校9所	田径场	5	77662	
	室内体育馆	3	7500	
	乒乓球场	2	2500	
	羽毛球场馆	3	2800	
	游泳池	1	900	
	网球场	2	1900	
厂、院、企、事业单位	篮球场	7	6120	企业3个、市体育中心4个
	网球场	2	1820	桂林海关
	健身路径	8	1760	市体育中心4个、企业4个
	门球场	3	675	单位（企业3个）
	室内体育馆	2	3200	七星青少年活动中心等
	足球场（五人制）	10	1125	经营场所
	羽毛球馆	7	43750	经营场所
	网球场	4	3700	经营场所
社区（28个）	篮球场	2	2000	
	健身路径	22	4766	
	门球场	2	410	
行政村16个	篮球场	12	12450	
	健身路径	6	1640	
合计		155	299592	

第二节　群众体育

西方近代体育传入之前，七星区民间普遍流行的体育活动有弈棋、游泳、武术等。每逢节假日，群众自发组织一些传统的体育活动，如春节舞狮和表演拳术，元宵节舞龙耍花灯、踩高跷，端午节有条件的区域举行赛龙舟、游泳，重阳节爬山、登高等。清末民国初近代体育传入，开始在学校学生和教师中开展，20 世纪 20 年代中期逐步走向社会，30 年代以后学校体育逐步走向制度化，但在辖区农村，节假日仍以民间传统舞狮、表演拳术、舞龙、耍花灯、踩高跷、赛龙舟、游泳、弈棋等活动为主。桂林解放后，辖区的群众体育活动逐步正常的开展。

运动会活动

1958 年 12 月 17 日，辖区穿山大队举行第一次农民运动会，比赛内容有田径、拔河、篮球、射击、武术、举重等，参赛的农民运动员 220 多人。1986 年，郊区政府在柘木镇举行首届综合性运动会，每个乡镇组织 1 个队参赛，比赛内容有田径、舞龙舞狮、提蛋跑、推小车跑、慢(快)骑自行车等。1987 年，七星区举办首届运动会，区内近 200 个单位、2000 多人参加。1989 年，举办机关体育运动会。1997 年，七星辖区举办“迎回归”体育运动会，设 6 个竞赛项目。参加单位 70 多个，运动员 2000 多人，裁判员 120 多人，穿山乡代表队获团体总分前 6 名，七星交警大队等 6 个单位获优秀组织奖 3 名。年内，还组织辖区 6 所学校 3000 人参加市“迎回归”长跑。2004 年 5 月，参加桂林市首届运动会，七星区组织 126 名运动员参加 27 项的比赛，其中参加成年组 6 大项 10 个级别比赛、青少年组 10 大项 17 个组别的比赛。获得奖牌 30 块，其中金牌 8 块(成年组 5 块，少年组 3 块)、银牌 10 块(成年组 5 块，少年组 5 块)、铜牌 12 块(成年组 8 块，少年组 4 块)。七星区同时获“道德风尚奖代表队”、11 名运动员获道德风尚奖荣誉。

龙舟赛活动

1989 年。七星区组织龙舟队参加市龙舟比赛，2 个队获得名次。1991 年，七星区组织 4 个队 122 人参加第五届桂林市龙舟比赛活动，获表演奖 2 个，道德风尚奖 1 个。1995 年，七星区组织 8 个队 260 多人参加桂林市第六届龙舟赛，8 个队分别获得表演奖和参赛奖。2000 年，七星区参加桂林市“真彩杯”龙舟比赛，22 支参赛队伍中，七星区获女子组第 6 名，获优秀组织奖。

全民健身活动

七星区民间众多的群众体育活动项目中，历史最悠久、群众参与规模最大和最具特色的是龙舟竞渡、棋类、球类活动。舞狮、舞龙、牌灯、象棋、钓鱼、斗鸡等既是民间体育活动也是民间文化活动，七星区的相关协会不定时地组织开展活动，有效地活跃了广大群众的文化体育生活。1979 年后，七星区群众体育活动逐渐高涨，除晨跑、打球、弈棋等活动外，还兴起武术、旱冰、气功等锻炼，老年人也踊跃参加气功、门球、爬山等健身活动。沉寂多年的舞狮、舞龙、耍花灯、踩高跷、赛龙舟也恢复了活动。1985—1987 年，七星区把办好文化站、文化室，作为干部、群

2005 年 5 月 1 日，七星区开展全民健身、民众徒步走活动

众和青少年提供健康的精神食粮，在机关、基层、街道开展多层次、多形式的群众文体娱乐活动，体育活动多以普及与提高相结合。1986 年，区机关举办横渡漓江游泳比赛。1990 年，七星区举办“军民共建杯”篮球赛。9 月 6 日，迎接北京第十一届亚运会，七星区组织群众参加桂林市在七星公园举行的“亚运之光”万余名群众参加的火炬接力交接仪式活动。仪式结束后，举行火炬接力跑步活动。队伍由警车及 10 部三轮摩托车开道，世界技巧冠军颜伟霞、莫雪琼、侯卿等 3 人高举亚运圣火居中，后面是 120 部摩托车方块队和由 4000 名工人、学生、武警、解放军组成的 40 个方块队，11 辆大彩车断后。跑步路线从七星公园经解放桥、解放东路、十字街转中山南路至火车南站，沿途 10 万群众争睹这一跑步盛况。1998 年，七星区开展全民健身活动 17 个项目的体育竞赛，参赛人员 8000 多人。组织队伍参加全市的剑拳赛、门球邀请赛、狮王争霸赛等。2000 年 11 月，组织 140 人参加桂林市第七届雁山——解放杯长跑赛活动。2005 年 7 月 2 日，七星区举办有 5200 多人参与的“全民健身周活动”启动仪式，辖区的主要领导参加启动仪式和 3000 米健身走。2005 年，七星区投入群众体育活动经费 20.4 万元，各单位开展全民健身活动共 129 次，参与锻炼的群众 43966 人次。

第三节　老年人体育

七星区老年人体育协会 1984 年成立，定期或不定期举办多种体育比赛活动，如太极剑、太极拳表演赛，“解放杯”长跑赛，中老年人竞走赛、龙舟赛、“狮王”争霸赛等，区、乡（办）还举办农民运动会、体育比赛、健身竞赛、棋牌知识讲座、秋季运动会等。1987 年，辖区老年人体育协会会员从 1984 年成立时的 200 余人发展到 300 多人。协会根据老年人的特点开展形式多样，内容丰富的文体活动。1989 年，辖区老龄委和老年人体育协会分别被评为广西壮族自治区、桂林市先进集体。1990—1993 年，七星区按照中央提出的“老有所养，老有所为，老有所学，老有所医，老有所乐”的“五老五有”要求和老年人的特点，开展健身舞、羽毛球赛、太极剑表演等活动，获桂林市各种比赛奖 6 项，国家级奖 2 项。老龄委被评为桂林市先进集体。关心下一代委员会被评为全国先进集体。2000 年，七星区开展各项老年活动 6 次，有区老年体育协会重阳节大型文体活动、游园活动、区老年人体育协会第 6 届会员代表暨“双先”表彰大会等。

参与活动

1986 年，辖区老年人体育协会组织参加桂林市老年人协会举办的“古榕杯”篮球赛获第三名。1995 年，组织老年人象棋队参加阳朔“个体杯”象棋大赛获团体第四名。“三八”节组织老年妇女门球赛，辖区 15 个单位 21 支妇女门球队 149 名妇女参加比赛；4 月组织辖区 1500 多名老年人在七星公园开展“千里行”始步仪式春游活动；敬老节期间全区 3000 多名老年人开展文艺演出、猜谜、套圈等 14 个项目的大型游园活动。1999 年，辖区老年人体育协会组织参加桂林市老年人门球、地掷球、羽毛球、迪斯科等大赛。2001 年，区文体局组织辖区街道办及老年人体育协会近 100 名运动员参加在市中心广场举办的“体彩杯”体育竞赛活动的所有项目的比赛。2002 年，区文体局组队参加自治区在柳州举行的全区老年门球赛，获第二名。2004 年，区文体局组队参加桂林市首届老年运动会，分获 42 式太极拳、功夫扇团体金牌、铜牌。

运 动 会

1995 年，老年人体育协会举行七星区第八届老年人运动会，1280 名老年人分别参加门球、地掷球、乒乓球、羽毛球、大字牌、麻将、自行车慢赛、持物慢走、迪斯科、象棋等 14 个项目的比赛。1999 年，辖区老年人体育协会承办“九九百年乐”、老年人迎新春体育赛东南片预赛和重阳节辖区老体协会员大型游园等活动。2005 年，七星区街道办事处举办第一届企业退休人员健身竞赛，竞赛项目有：太极拳、太极剑、门球、健身操、舞蹈，34 个参赛队，16 个文艺表演队，参赛的老年运动员达 500 多人，运动员、观众共 1600 人。

第四节　学校体育

体 育 课

光绪二十九年(1903),清政府颁布《奏定学堂章程》规定各级各类学堂均应开设体操课。民国时期辖区的农村学校高级小学均开设体育课,部分初中小学亦开设体育课,每周两节,内容有游戏、拍小球、做操、跳绳、踢毽子等,有的学校设有专职体育教师,体育教学开展正常。

新中国成立后,七星区学校每周均开设体育课两节。

1953年年初,辖区的中小学推行苏联的教学法及教材,体育课以田径、体操为主要项目,并推广课间操。1954年5月,国家体委颁布《准备劳动与保卫祖国体育制度》简称“劳卫制”。1958、1959年辖区部分中小学开始推行“劳卫制”,一些学校部分学生达到“劳卫制”少年级标准。20世纪60年代的辖区中学组队参加桂林市儿童篮球、足球比赛获得好成绩。

1972年,辖区教育系统举办首届中小学体育运动会,以后连续7年都举办一届中小学体育运动会。同时每年派出体育教师参加桂林市举办的体育教师培训班学习,为提高中小学学校体育质量提供保证。同时,在各校配备从各大专院校体育专业毕业的大学生任专职体育教师。1977年起,辖区中小学校开始执行“两课一操制度”,推行国家体育达标标准。

1979年,七星区政府成立,辖区中小学体育教育标准执行的是“发展体育运动,增强人民体质”的要求,重新健全体育机构,学校成立体育教研组,举办体育教师培训班,使体育教师系统地学习了解体育理论、课堂教学、体育卫生、技术辅导、竞赛编排等,提高了体育教师的素质。同时组织优秀的体育教师到外地参观学习,增长见识。

1981年,七星区的幼儿园使用市教育局编写包括体育课在内的5种幼儿教材在全市使用。同年秋,教育部颁发《幼儿园教育纲要草案》,辖区各幼儿园立即执行。1982年7月,七星区境内中学执行市教育局规定,对报考重点高中及师范的考生加试体育。1983年1月,执行市教育局《关于注意抓好期末阶段体育卫生的通知》规定,不准占用文体活动时间去补课,体育课程不许提前结束。3月,执行教育部体育司《关于学生毕业、升学、就业体育标准规定》及《学生体育标准评定办法》。

1999年下学期始,市属小学划归城区管理,小学体育归区教研室负责、督导。区教研室定期统一组织学校体育教师开展业务学习,统一组织教研科研活动,如公开课、观摩展示课或课题研究等,组织体育教学或达标测评,帮助或指导购置体育设施,组织全市或全辖区的各类体育竞技赛事等。

2001年,辖区小学体育课程改为“体育与健康”课程,小学三至六年级使用自治区编印的《体育与健康》试用课本,课本分卫生知识篇和体育锻炼篇两大部分,有相应的卫生知识和体育锻炼内容。根据学习目标的达成来设计,各学校的体育与健康课程的课堂教学方案是以学习目标达成作为主线来进行教学安排的,教师的教学内容和教学手段、方法的选择性、创造性特别明显。至2005年没明显改变。

表27-3　　2005年七星区部分小学田径运动场情况表

校名	开办时间	校址	场地规格(平方米)	建场时间	达标情况
穿山小学	1941年	漓江路41号	3600	1993年	未达标
东江小学	1945年	东江路72号	5451	不详	未达标
汇通小学	1947年	六合路86号	620	1998年	未达标
竹江小学	1950年	竹江村	840	2002年	未达标

续表

校名	开办时间	校址	场地规格（平方米）	建场时间	达标情况
跃进中心校	1952 年	和平村	2750	2001 年	未达标
西南中心校	1954 年	朝阳乡西南村	1500	2002 年	未达标
七星中心校	1958 年	辰山路 3 号	1550	1985 年	未达标
蓝田小学	2000 年	环城北二路狮洲 8 号	1998	2000 年	未达标
新力小学	2000 年	空明东路 10 号	460	2003 年	未达标
英特小学	2000 年	朝阳乡农贸市场	400	2000 年	未达标
兴桂小学	2004 年	栖霞路 2 号	1288	2004 年	达标
工学院附小	2004 年	建干路 10 号	2100	2005 年	未达标

表 27-4　　2005 年七星区部分普通中学田径运动场情况表

校名	校址	开办年份	场地规模（平方米）	建场时间	达标时间
市火炬中学	横塘路 76 号	1967 年	3460	1967 年	未达标
市华侨农场中学	竹江路 7 号	1968 年	2970	1968 年	未达标
市石油中学	七星路 95 号	1968 年	2100	1968 年	未达标
市穿山中学	漓江路 35 号	1969 年	4500	1969 年	未达标

课外体育活动

中小学课外体育活动　民国 29 年(1940)秋起，广西小学教育复纳入全国国民教育轨道，主要课程有公民训练、国语、常识等。民国三十五至三十八年(1946—1949)，辖区市立小学采用省编教材，课程设国语、算术、自然等外，还明确有体育、童子军等科目，提倡学生每天课外活动半个小时。活动内容有拍球、竞走、操演、拳术、跳绳、唱游、田径、球术、滚铁环、越脊等。20 世纪 50 年代中期，中小学开始推行课外活动，内容标准以 1954 年 5 月国家体委颁布的《准备劳动与保卫祖国体育制度》为主，各学校举行一些乒乓球、篮球等小型、单项的比赛，同时不定期的利用节假日组织一些比赛。

2005 年，区政府加大社区健身器材的投入，社区居民在器材上活动　（黄小卒　摄）

1977 年开始推行《国家体育锻炼标准条例》，逐渐形成“两课”即(每周两节体育课)、两操(每天一次早操，一次课间操)、两活动(每周两节课外活动)制度。小学三至五年级学生的课外活动主要围绕“达标”进行。小学一、二年级学生的课外活动主要是唱歌游戏。1980 年，东江路小学被定为自治区体育传统项目学校，开展田径、乒乓球、体操、足球等项训练。开展全校师生的体育活动增强学生体质。学校保证每一个学生每天在校有 1 小时的活动，包括早锻炼、早操、课间操、体育活动课、下午的课外活动等，简称“两操两课一活动”。各中小学校贯彻执行教育部、国家体育总局、共青团中央关于开展全国亿万学生阳光体育运动的精神，全面实施《学生体质健康标准》，推进大课间活动，开展“阳光体育活动”。

1999年，七星区举办第一届中小学田径运动会；2002年，举办第二届中小学田径运动会，参加运动会的运动员、教练员达1000多人，有19人打破了上届记录。

幼儿园课外活动 幼儿园的课外活动有早锻炼、户外活动和各种适合幼儿的竞赛活动等。辖区的幼儿体操，通过长期开展训练和竞赛，形成传统项目。70年代桂林市开始不定期举行全市的幼儿运动会。1975年自治区体委、教育厅、卫生厅召开全区幼儿体育工作会议。这一年，七星路幼儿园获“全国群众体育先进集体”称号。各所幼儿园根据《幼儿园体育教材》指导思想，结合各班幼儿年龄特点编排幼儿体操，每天做课间操，小班为10—15分钟、中班15—20分钟、大班20—25分钟。每天上午、下午各安排1个小时的户外活动。

参赛成绩 1954年，辖区桂林一中谢姣娥在全市运动会上以13.5秒创桂林市女子百米最高纪录，翌年4月，她代表广西参加在上海举行的田径测验。6月在省运动会上，她获女子田径总分第一，200米和400米分别以29.2秒和1分5秒7突破1953年中南区纪录。1980年，市体委举行首届中小学摔跤比赛，有6所中学和12所小学共170人参加，朝阳中学获中学组冠军。

1980年，桂林市体委举行首届中小学摔跤比赛，有6所中学和12所小学共170人参加，西南小学获小学组冠军。

1981年，东江小学参加桂林市中小学田径运动会，获儿童男子组4×100米接力赛该项最高纪录58秒2。

1981年6月，东江小学、江南小学成立女子小足球队，队员平均年龄为10岁，这是桂林市首次出现的女子足球队，8月7日在桂林市举行第一次女子小足球邀请赛，东江小学获第一名。

1982年7月30日—8月2日，在灵川举行广西首届传统体育项目学校田径运动会，东江小学获男子甲组4×100米第一名，谭成获男子组跳远第一名，唐洪获女子甲组跳高第一名。

1986年10月31日，自治区小学生篮球通讯赛，辖区石油六公司子弟学校获男组第一名。

1992年，龙隐小学获市中小学生象棋团体赛总分第二名；1995年，龙隐小学获市小学生萌芽杯田径分龄赛小学组团体总分第一名；1996年，育才小学学生李桃获市中小学田径运动会男子跳高第一名（破市纪录）；1996年，育才小学姚颖获市中小学田径运动会女子铅球第二名；1996年，育才小学获市小学生足球比赛第三名；1997年，龙隐小学获市中小学生田径运动会小学组团体总分第一名；1998年，龙隐小学获市田径分龄赛小学组团体总分第一名；1998年，龙隐小学获市中小学生田径运动会小学组团体总分第一名；1999年，育才小学获市小学生软式排球比赛女子组第二名。

2000年，吕雪玲老师获市中小学体育《有趣的纸棒游戏》课一等奖、首届中小学体育教师教学技能大赛二等奖；2002年，吕雪玲老师获市小学体育教师技能比赛团体总分第一名、个人成绩第一名；

2001年，育才小学获第五届“奋发杯”全国少儿棒球赛第五名；龙隐小学获市中小学生田径运动会小学组团体总分第一名。

2002年，龙隐小学获市中小学生田径运动会小学组团体总分第一名

2003年，熊学军老师获市中小学体育教师技能比赛个人成绩全能第二名；龙隐小学获市中小学生田径运动会小学组团体总分第一名。

2004年，龙隐小学获市中小学生田径运动会小学组团体总分第一名。

2001—2005年，育才小学参加桂林市“五人制足球赛”获五连冠。

第五节 体育竞赛

承办竞赛

1985—2005年，七星区承办一些比较大型的体育竞赛活动，主要有：

市级体育竞赛 1985年6月22日（端午节），市第一届龙舟比赛，在漓江解放桥至象鼻山河面上举行。19条龙舟参加比赛。这是中华人民共和国

成立后桂林市举办的第一次全市性龙舟比赛。

1988年9月13日，在市师范专科学校体育场举行桂林市首届少数民族传统体育运动会，七星区派代表队参加。

1989年11月18日—19日，在桂林电子工业学院举行桂林高校第八届大学生田径运动会。广西师范大学、冶金地质学院、电子工业学院、医学院、旅游专科学校、解放军桂林高炮学院等院校207名运动员参加比赛。

1999年11月22日，为纪念桂林解放50周年，在七星公园华夏之光广场隆重举行了桂林市第六届“象山—解放杯”长跑赛，全市12县5城区及5所大专院校、部分中小学校、市直机关、市老年体育协会以及解放军、武警部队等代表队共2500多人参加长跑活动。市四家班子有关领导以及部分革命老前辈出席长跑仪式。长跑队伍从七星公园华夏之光广场出发，沿七星路绕三里店圆盘返回原点，全程约5千米。

2001年11月22日，市委宣传部、七星区政府、市体育局联合主办桂林市第八届“七星—解放杯”长跑赛，全市各界共3000多人参加比赛。

2003年2月25日，桂林市体育局、安厦房地产开发有限公司联合主办“安厦·房产杯”狮王争霸赛。南方药业股份有限公司舞狮队参加比赛获第一名。

2003年11月5日，桂林市中小学生运动会在穿山东路桂林市体育中心举行。15日，桂林市中小学生围棋比赛在棋院举行；中国人民解放军军乐团2003年桂林大型双拥晚会在体育场隆重演出。七星区组队参加比赛。

2003年11月—12月，区组织三人篮球、羽毛球、趣味体育三项、拔河、三人板鞋、太极拳、剑6个队24个组别项目参加桂林市决赛，获得9个组别项目第一名。

2004年4月25日，桂林市首届职工运动会在穿山东路市体育中心体育场举行。

2005年2月11日—15日，桂林市雁山“茶博杯”网球赛在穿山东路市体育中心网球馆举行；14—15日，桂林新春围棋联谊赛在穿山东路市体育中心棋牌馆举行；23日，中国体育彩票杯桂林市迎新春大众健身活动——狮王争霸赛在穿山东路市体育中心五环广场举行。

自治区级体育赛　2003年8月8日，区十运会在穿山东路市新建体育中心举行。12月20日，由广西体育彩票管理中心主办，桂林市体育局承办的桂林市首届“中国体育彩票杯”社区运动会在体育场举行了决赛，比赛设三人篮球、羽毛球、趣味体育三项、拔河、三人板鞋、太极拳（剑）等，参加人员计3000人，市委副书记邓纯东、市人大常委会副主任林观华、市政协副主席莫永臻参加了开幕式。

2004年10月16日，“中国体育彩票杯”广西城市网球邀请赛暨穿山东路市体育中心网球馆开馆仪式在网球场举行。

2005年2月12日—15日，2005年“广陆杯”广西围棋棋王公开赛在穿山东路市体育中心棋牌馆举行。7月14日—17日，全区青少年田径锦标赛在穿山东路市体育中心举行。8月1日—13日，广西少年儿童网球锦标赛在网球馆举行。11月5日—6日，“广西—尤尼克斯业余羽毛球精英赛”桂林赛区的比赛在体育馆举行。

国家级体育赛　1997年10月29日—11月4日，全国滑翔伞优秀选手赛在桂林尧山索道站举行，共有广东特种部队、陕西、河南、湖南、辽宁、广东、北京、河北、山东、青岛、贵州、吉林、广西、香港、台北、深圳的23个代表队80名运动员参赛。

2000年8月21日—22日，国家体育总局、教育部、中国科协、共青团中央、全国妇联等单位联合主办，桂林市体委承办的第四届“飞向北京”全国青少年航空模型比赛在桂林技工学校举行。共设9个比赛项目，来自青岛、香港、广西等地的30支代表队参加了比赛。

2004年1月3日，“小康城杯”中国明星足球队表演赛在穿山东路市体育中心体育场举行。王跃飞、邓纯东等市领导到场并致贺词。比赛分足球比赛和明星艺术表演两个部分。胡海泉、罗中旭、廖忠、黄征、毛宁、李春波、王子鸣、徐沛东、黄格选、汪正正、满江、俞静为现场观众献歌。

2004年1月30日，U23四国足球锦标赛桂林赛区在穿山东路市体育中心体育场开赛。4月22日，全国田径大奖系列赛桂林站比赛在穿山东路市体育中心拉开战幕。此次比赛由国家体育总局田径运动管理中心主办，自治区体育局和桂林市体育局承办，是首次在桂林市举办的该项目最高规格赛事。

2004年7月20日，2004年“科艺杯”全国大（中）学生射击比赛在穿山东路市体育中心射击场举行。

2005年3月14日—17日，全国残疾人射箭锦标赛在穿山东路市体育中心举行。

国际级体育赛　1987年12月29日，在尧山举行“漓江杯”国际定向越野比赛。参加比赛的有丹麦、瑞士、瑞典、西德、挪威、日本6个国家和中国香港的99名运动员，以及湖南、安徽、江苏、四川、湖北、贵州、陕西、山西、甘肃、吉林、青海、广西、解放军、桂林等30个代表队的260名运动员。比赛根据不同性别、年龄分12个组进行，在靖江王陵附近6平方公里范围内共设44个标志点，其中有5个交叉共同点，其余根据不同组别设置不同点数进行找点，以时间计名次。比赛结果：男子高级组团体HF第1名为瑞士，第2名为桂林陆军学院，第3名为日本；女子高级组团体DE第1名为瑞士，第2名为日本；个人第1名分别是：男子高级组HF为斯坦音（瑞士），男子中年组H35为荷斯特兰特（挪威），男子青年A组H21梁永炎（桂林陆军学院），男子青年B组H19为李茂兴（桂林陆军学院），男子少年组H14为罗立平（桂林陆军学院），女子高级组DE为贝斯桑·布雷特·玛丽（瑞典），女子青年A组D21为斯克夫尔特（瑞士），女子青年B组D19为李·克利斯廷（中国香港），女子少年组D14为马桂兰（桂林陆军学院），男子老年组HD45为希尔切森（挪威），双人混合组MIX为郑太遥、潘世华（桂林陆军学院）。

参加各类体育竞赛

1993—2005年，七星区籍运动员参加各类体育竞赛取得优异成绩，主要有：

1993年10月，熊春玲在保加利亚·索非亚，获得第十一届技巧世界杯女双第一套冠军。

1995年，莫慧兰参加第三十一届世界体操锦标赛，获女子平衡木冠军；1996年，在第二十六届奥运会上，莫慧兰获女子体操跳马银牌。

1997年，莫慧兰参加朝田釜山举行的第二届东亚运动会体操比赛，与队友合作获女子团体冠军。

1994年，15岁的体操运动员莫慧兰在第12届亚运会上，一人夺得女子跳马、高低杠、平衡木、自由体操4个单项及女子团体共5枚金牌，是中国代表团获金牌最多的运动员。

1991年8月，熊春玲在萧山参加全国青少年技巧锦标赛，获得技巧女子双人第二套冠军。

1992年11月1日至12日，第七届自治区运动会于南宁举行。桂林市体育代表团体操运动员莫慧兰参加青少年体操甲组全能、自由体操、跳马、平衡木四项比赛，均获第一名。

2002年，广西第十届少数民族传统体育运动会由桂林市承办。广西师范大学参加“抢花炮”获铜牌。

1987年，参加桂林市举办的第三届龙舟赛，七星区龙舟男女队均获第三名。

1988年，七星区组织十个组参加市举办的“国际龙舟邀请赛”，获女子组第二名和风彩船一等奖。

1998年10月，桂林市在全州县举办首届县（处）级领导干部篮球赛，七星区获第二名。七星区组队参加“狮王争霸赛”分别获得一、二、三名。

2001年8月—10月，七星区文体局和教育局联合组织辖区中、小学1600名运动代表参加了市首届青少年运动会10个项目的比赛，分获金牌3枚、银牌15枚、铜牌10枚和集体项目男、女排球第二名。

2002年，七星区组织参加五城区篮球比赛，区领导干部队获第三名，机关干部队获第一名。是年，组织参加市“定江杯”首届农民运动会和市“狮王”争霸赛，获得农运会男单狮第二名，争霸赛第一名和第二名。

2003年，七星区组织79个队参加市首届“体彩杯”社区运动会，获前八名的有46个队，其中获第一名9个队，第二名7个队，第三名6个队。

2004年，七星区组织126名运动员参加市首届体育运动会，参加27个项目比赛，获得30枚奖牌（金牌8枚、银牌10枚，铜牌12枚）。同时，本区代表队获道德风尚奖，3个项目队（乒乓球、软排、太极拳）及11名运动员获道德风尚奖荣誉。

表27-5　**1979—2005年七星区籍运动员参加部分体育竞赛获奖情况**

姓名	项目	比赛名称	时间	地点	获奖情况
熊春玲	技巧女子双人第二套	全国青少年技巧锦标赛	1991.08	萧山	全国冠军
莫慧兰	体操女子高低杠	德国国际体操邀请赛	1993.03	德国·科特布斯	国际冠军
熊春玲	技巧女子双人第二套	第11届世界杯技巧赛	1993.10	保加利亚·索非亚	世界冠军

续表

姓名	项目	比赛名称	时间	地点	获奖情况
莫慧兰	体操女子高低杠、跳马	中国杯国际体操邀请赛	1993.10	中国・北京	国际冠军
莫慧兰	体操女子团体、全能、高低杠、跳马	第4届泛太平洋青少年体操比赛	1993.12	澳大利亚・堪培拉	
莫慧兰	体操女子平衡木	“三秦晚报杯”国际体操赛	1994.05	中国・西安	
	体操女子高低杠、跳马、平衡木、自由体操	全国体操锦标赛	1994.06	成都	全国冠军
	体操女子规定动作跳马、平衡木、自由体操	’94“李宁杯”全国体操精英赛	1994.08	青岛	
	体操女子团体、高低杠、自由体操、跳马、平衡木	第12届亚运会	1994.10	日本・广岛	亚洲冠军
莫慧兰	体操女子自由体操、高低杯	“聚龙杯”国际体操邀请赛	1995.01	中国・顺德	国际冠军
	体操女子全能、跳马、高低杠	中国杯国际体操邀请赛	1995.05	中国・成都	
	体操女子高低杠	全国体操锦标赛	1995.05	武汉	全国冠军
	体操女子平衡木	第31届世界体操锦标赛	1995.10	日本・鲭江	世界冠军
莫慧兰	体操、跳马	第26届奥运会	1996.07	美国亚特兰大	第二名
	体操团体		1996.07	美国亚特兰大	第四名
	体操全能		1996.07	美国亚特兰大	第五名
	体操自由操		1996.07	美国亚特兰大	第五名
	女子个人全能	全国体操锦标赛	1996.06	武汉市	全国冠军
莫慧兰	女团	第33届世界体操锦标赛	1997.09	瑞士洛桑	第三名
	体操女团	第二届东亚运动会	1997.05	韩国釜山	亚洲大赛第一名
	自由体操	八运会预赛暨锦标赛	1997.04	长沙市	全国第二名

第二十八章

卫　　生

2002年10月,全国医疗器械秋季博览会在桂林国际会展中心举行

中华人民共和国成立后，市人民政府十分关注群众的身体健康，注重发展驻区卫生院、医院，建立公社（乡）、大队（村）卫生所（室），培训卫生员、保健员、乡村医生；发展基层单位的医务室、卫生所，以方便群众就医。广泛发动群众开展爱国卫生运动，除害灭病，预防接种，普查普治地方病，有效地控制疾病的发生与流行，各种疾病发病率明显下降，长期困扰民众的烈性传染病被根除或控制。1979年，七星区人民政府成立后，建立卫生行政机构，辖区医疗机构亦逐渐增多、医疗设施逐年增加，医疗卫生网进一步巩固充实，医疗制度进一步健全，防疫网、妇幼保健网进一步完善，医疗卫生事业得到长足发展。妇幼卫生工作由普及新法接生（即按照临产规律，用科学方法消毒接生）发展到孕妇预产期保健及儿童保健系统管理，儿童计划免疫从利用自然气候条件进行突击性接种，发展到建立健全计划免疫冷链系统，实现了儿童"四苗"（卡介苗、百白破疫苗、脊髓灰质炎糖丸疫苗、麻疹疫苗）接种率100%，"四苗"覆盖率85%以上。2005年，七星区有区属卫生院2所，卫生技术人员36人；社区卫生服务中心2个、社区卫生服务站14个，医护人员198人；行政村级卫生所14所，村医38人。驻区医院8所，卫生技术人员600多人，病床567张；个体门诊部6所，医务人员78人；疗养院1所，医务人员27人，病床80张。其他卫生事业机构2所，卫生技术人员10多人。

第一节　机　　构

行政机构

1960年以前，今七星区境内无卫生管理机构。1960年6月，东江人民公社设立文教卫生部，由1名副部长兼管卫生工作。1961年6月，公社文教卫生部撤销，卫生工作由公社宣传部管理。

七星区卫生局　1979年9月，七星区政府成立文教卫生科，有工作人员3人，办公地址设在自由路（区政府办公楼）。1988年7月更名文教卫生局，人员未变，办公地址设在码坪街15号。1997年6月，高新区与七星区合并，成立社会发展局体卫处，设副主任2人，1999年3月挂牌成立卫生局，设局长1人，副局长1人，办公地址未变。2005年卫生局编制3个，有工作人员3名，其中爱卫办1人，办公地址设在骖鸾路26号高新开发大厦内。历任科（局）长：曹春海、龚荣卿、王燕群、唐玉英、海金明、王凯捷。

七星区爱国卫生运动委员会办公室　1980年9月成立。办公室设主任1人（兼），副主任1人，地址设在区人民政府办公楼内。1999年与卫生局合署办公，设副主任1人，2005年未变。历任主任：曹春海（兼）、龚荣卿（兼）、王燕群（兼）、文必端、孟滨。

区属医疗机构

七星区朝阳乡卫生院　位于普陀路27号。1958年创建，地址设在朝阳乡西南村乌山里自然村，占地面积1900平方米。1984年，经桂林市建设规划局批准搬迁现址，占地面积1285平方米，建筑面积1119平方米。2005年有工作人员23人，其中在编职工13人，返聘退休人员4人。卫生技术人员中有中级专业技术职称10人，初级8人；床位35张，年门诊量2.30万人次。设内科、外科、儿科、妇科、产科、预防保健科、检验科等。主要医疗设备有生化分析仪、无痛人流机、心电图机、B超机、X光机、尿分析仪等。

桂林华侨农场医院　位于竹江路的华侨农场内。1960年创建，时名桂林华侨农场卫生站。1978

升扩建为医院。2003年11月移交给七星区人民政府管理。2005年,医院占地面积4000平方米,建筑面积1627平方米,有工作人员38人,其中在编职工23人,返聘退休人员15人。卫生技术人员中有中级专业技术职称5人,初级15人。床位22张,年门诊量2万余人次。设内科、外科、妇产科、中医科、预防保健科、医学影像科、医学检验科等。主要医疗设备有心电图机、生化分析仪、血球分析仪、X光机等。

村级卫生机构 20世纪80年代中期,穿山乡、朝阳乡相继以建制村为单位开办卫生所。1990年,穿山乡、朝阳乡16个建制村中有卫生所15家,医疗点8个,从业医生21人,接生员6人。1998年,2个乡14个建制村(1996年,清风村划归叠彩、安新村划归秀峰区)中有卫生所13个,医疗点16个,从业医生27人,接生员6人。2005年,全区有村卫生所14个,医疗点18个,从业医生38人,其中取得执业资格3人,国家承认中专学历15人,取得相当中专学历人数23人。

社区卫生服务机构 1999年,市卫生局在辖区施家园生活小区设立社区卫生服务站,有工作人员10人,其中医生7人(全科医生5人),护士2人。2001年7月在驻区市第七人民医院挂牌成立东江社区卫生服务中心,中心下设7个社区卫生服务站。2003年6月,驻区市中西医结合医院亦挂牌成立七星社区卫生服务中心,中心下设7个社区卫生服务站。2005年末,全区设立社区卫生服务中心2个,社区卫生服务站14个。其中政府办社区卫生服务中心2个,社区卫生服务站7个;企业转型社区卫生服务站1个;个体办社区卫生服务站6个。七星区社区卫生服务以中西医结合为特色,有社区卫生服务医护人员共198人,其中具有高级职称14人、中级职称57人,经全科医生培训57人。

表28-1 **2005年七星区社区服务机构一览表**

机构名称	地址	服务人口(人)	成立时间
施家园社区卫生服务站	施家园小区32栋1楼	9680	1999年8月
东江社区卫生服务中心	建干路8号	10237	2001年7月
花桥社区卫生服务站	东江路1号公寓楼	5153	2003年3月
鸾东社区卫生服务站	鸾东小区33栋1楼3号	3410	2003年3月
七星社区卫生服务中心	坪塘路6号	108486	2003年6月
七星社区卫生服务站	七星路10-3号	12592	2003年6月
穿东社区卫生服务站	骖鸾路西1巷2号7栋	4425	2003年7月
汇通社区卫生服务站	金鸡路黄莺岩村	10600	2003年9月
毅峰路社区卫生服务站	毅峰路樱特莱庄园H栋8号	7816	2003年9月
朝阳社区卫生服务站	朝阳路奇峰小筑翠峰苑27号	6906	2004年1月
空明社区卫生服务站	空明西路7号	15000	2004年1月
龙隐社区卫生服务站	恒祥花园5-1	9354	2004年2月
羊角山社区卫生服务站	环城北二路2-11号	3385	2004年3月
辰山社区卫生服务站	环城北二路48号21栋1-8号	1923	2004年3月
华侨农场社区卫生服务站	竹江路69号	4032	2004年5月
东城社区卫生服务站	环城北二路56-3澳洲花园盘8栋7号	5127	2004年10月

驻区医疗机构

辖区的驻区医疗机构大多是企事业单位办的医院(卫生所、室)以及市级医院。2005年有驻区医院8所。此外,驻区卫生机构还有桂林市七星花桥门诊部、桂林市东江医院、桂林市中西门诊部、桂林漓江无线电厂门诊部、桂林市阳光门诊部、桂林市性学会维康专科门诊、桂林市卫生消杀站、桂林市医学情报所大庆油田桂林职工疗养院等卫生机构。

桂林市第七人民医院 位于建干路8号。1958年创建,时名穿山民办医院,有初级卫生人员25人。1959—1975年,历经3次更名。1985年由穿山中心卫生院更名穿山医院,1997年更名桂林市第七人民医院。2005年,医院占地面积4232.5平方米,建筑面积5917.25平方米。有职工108人,其中卫生技术人员95人。卫生技术人员中有高级职称3人,中级职称36人。设床位40张,收治住院病人1923人次;年门诊量10.11万人次。设内科、外科、妇产科、小儿科、五官科、口腔科、理疗科、保健科等专业科室。主要设备有500毫安光机、日本岛津B超、彩色经颅多普勒、意大利全自动生化分析仪、全自动电解质分析仪、12导联心电图机、心脏除颤仪、多功能胎心监护仪、电脑型胎儿监护仪、电子胃镜、麻醉机等。是一家集医疗、预防、保健、康复和社区卫生服务工作为一体的综合性一级甲等医院。

桂林市中西医结合医院 位于半塘路6号。1966年5月创建,地址在象山区,时名桂林市瓦窑门诊部,有职工21人。1967—1988年,历经3次更名。1990年更名为桂林市中西医结合医院。1994年,由象山区崇信路8号搬迁至现址,增挂桂林市第五人民医院牌子。1996年被确定为全国肛肠学会培训基地。2002年被自治区卫生厅确定为广西中西医结合肛肠专科重点建设单位。2005年,医院占地面积46620平方米,建筑面积31993平方米。有职工451人,其中卫生技术人员377人。卫生技术人员中有高级职称23人,中级职称150人。设床位343张,年门诊量25.30万人次。设心脑血管内科和呼吸、消化、肾、内分泌内科,普通外科、肛肠外科、泌尿外科、骨科、肿瘤科、儿科、妇产科、眼科、耳鼻喉科等20个专业科室。主要设备有日本岛津7000TH螺旋CT、美国GE公司MPR型ECT(单光子发射型电子计算机断层扫描仪)、电子直线加速器、三维立体定向适形放疗系统(光子刀)、日本东芝500毫安X光机、美国百胜彩色B超、美国通用电气公司生产的实时四维彩色超声系统、钴60肿瘤放疗机、日本电子胃肠镜、日产大型生化分析仪、多媒体检测仪、骨科C臂X光机、经皮椎间盘切吸仪、经颅多普勒、德国产24小时动态心电监护仪、英国佳乐等离子体双极汽化电切镜等现代化医疗设备。是一家集医疗、保健、教学和科研为一体的国家三级乙等综合性医院。

桂林高新医院 位于空明西路7号。1968年创建。时名石油六建公司卫生所。1984年、1995年2次更名。2003年更名为桂林高新医院。2005年,医院占地面积2600平方米,建筑面积3978.30平方米。有职工34人,其中卫生技术人员31人。卫生技术人员中有高级职称3人,中级职称26人。设床位51张,年门诊量3.90万人次。设内科、外科、妇科、儿科、皮肤科、五官科、中医科、微创外科等专业科室。主要医疗设备有心电图机、B超机、X光机、半自动生化仪等。是一家集医疗、预防、保健、康复为一体的综合性一级甲等医院。

广西师范大学医院 位于育才路15号。其前身为卫生科,1995年由卫生科升级为广西师范大学医院。1998年成为广西高校首家通过国家卫生部一级甲等医院评审的校属综合性医院。2005年,有职工52人,其中高级职称8人,中级职称27人。医院下设3个门诊部和1个住院部,有内科、外科、妇科、儿科、五官科、急诊科、检验科、放射科、预防保健科、手术室、注射室、供应室、治疗室、换药室、心电图室、B超室、理疗室、病案信息与资料室等科室。设床位23张,年门诊量4万多人次。主要设备有麦迪逊B超机、24小时动态血压分析系统、24小时动态心电分析系统、500毫安X光机、半自动生化分析仪、血红蛋白仪、全自动电解质分析仪和微波治疗仪等。

桂林工学院医院 位于建干路12号。其前身为卫生科,2000年由卫生科升级为桂林工学院医院,成为一级校属综合性医院。2005年有职工26人,其中高级职称1人,中级职称16人,初级职称9人。设内科、外科、妇科、口腔科、急诊科、检验科、放射科、预防保健科、手术室、注射室、供应室、治疗定、换药室、心电图室、B超室和理疗室等科室。设床位20张,年门诊量近5万人次。主要设备有麦迪逊超声诊断仪、24小时动态心电系统、24小时动态血压仪、200毫安X光机、透视机、半自动生化分析仪和微波治疗仪等。

桂林电子工业学院医院 位于金鸡岭路1号。前身为卫生科。2001年由卫生科升级为桂林电子工业学院医院,成为一级校属综合性医院。2005年,有职工51人,其中高级职称4人,中级职称21人。医院下设2个门诊部和1个住院部,有内科、外科、妇科、儿科、五官科、中医科、急诊科、检验科、放射科、预防保健科、注射室、供应室、治疗室、换药室、心电图室、B超室、理疗室、病案信息与资料室等科室。设床位20张，年门诊量3万多人次。主要设备有B超机、24小时动态心电分析系统、500毫安X光机、半自动生化分析仪、血红蛋白仪、全自动电解质分析仪和微波治疗仪等。

广西英山柴油机总厂医院 位于横塘路74号。1980年创建。是1家2002年通过卫生部一级甲等医院评审的综合性医院。2005年，有职工49人，其中高级职称2人，中级职称14人。医院设2个门诊部和1个住院部，有内科、外科、妇科、儿科、中医科、五官科、急诊科、检验科、放射科、预防保健科、手术室、注射室、供应室、治疗室、换药室、心电图室、B超室、理疗室、病案信息与资料室等科室。设床位50张，年门诊量12万多人次。主要设备有麦迪逊B超机、500毫安X光机 、半自动生化分仪、尿分析仪和微波治疗仪等。

桂林轮胎厂职工医院 位于横塘路16号。2005年有职工25人，其中卫生技术人员23人（执业医师11人、注册护士10人、药剂人员1人、检验人员1人）；设床位20张，年门诊量近10万人次。设五官科、内科、外科、妇产科等。主要医疗设备有心电图机、B超机、X光机、理疗设备等。

企事业单位卫生所（室） 2005年，区境内有育才小学卫生站、穿山小学医务室、七星幼儿园医务室、龙隐小学医务室、第一中学医务室、启明星小学医务室、穿山中学医务室、火炬中学卫生站、汇通小学医务室、第四中学医务室、第十八中学医务室、阳光学校医务室、市旅游职业中等专业学校医务室、市经济管理干部中等专业学校医务室、市交通技工学校卫生站、市无线电二厂医务室、市五里亭军队离休退休干部休养所医务室、市第六人民医院强制戒毒所医务室、市五洲旅游股份有限公司医务室、市先资彩印包装有限公司医务室、市七星景区管理处医务室、桂林任远中学医务室、桂林高级技工学校医务室、桂林电子科技大学尧山校区卫生所、桂林医学院卫生所、桂林旅游股份有限公司漓江游船分公司医务室、桂林电力电容器有限责任公司卫生所、桂林集琦集团有限公司医务室、桂林观光酒店医务室、桂林漓佳金属有限责任公司医务室、桂林三金药业股份有限公司医务室、桂林电器科学研究所卫生所、桂林国际电线电缆集团有限责任公司医务室等30多个卫生所（站）、卫生室，共有医务人员90余人。

第二节 医 疗

中华人民共和国成立后，辖区各级医疗机构的医疗技术水平逐渐提高。特别是1990年后，随着医学技术和人才的发展，医疗设施日臻完备，诊疗水平不断提高。

城区医疗服务

民国35年(1946)7月，桂林市公立医院在东旭路设立东江门诊部，后因就诊病人不多撤销。

中华人民共和国成立后，辖区内的企事业单位相继建立医务室、卫生所。1990年，有基层单位医院及未设病床的医疗机构9个，均能开展一般常见病、多发病的诊疗；区属医疗机构——花桥门诊部服务人口7万人。城区重要医疗网点有东江医院、穿山医院。穿山医院能开展常见病、多发病的治疗，阑尾炎、疝气、接生、剖宫产、刮宫、放环、结扎、引产等手术。

1994年，桂林市中西医结合医院从象山区崇信路迁往辖区半塘路。是年，在广西率先开展排粪造影与结肠运输试验诊断慢性便秘，肛管皮肤黏膜塔桥术治疗狭窄型陈旧性肛裂的临床研究和微波烧灼治疗大肠息肉的应用与研究。1996年用白果定喘汤（白果、杏仁、麻黄、甘草等）加碱、补肺汤（党参、白果、茯苓等）加碱结合西药喘乐宁溶液普米克、必可酮治疗儿童哮喘。1998年，《肛管皮肤黏膜塔桥术治疗狭窄型陈旧性肛裂的临床研究》获自治区医药卫生科技进步三等奖。

2002年，桂林市中西医结合医院在广西率先应用经尿道英国佳乐等离子体双极气化电切镜系统微创治疗前列腺增生、晚期前列腺癌、女性膀胱痉挛缩和尿道狭窄或闭锁所一的下尿路梗阻、膀胱肿瘤、膀胱白斑、腺性膀胱炎、输尿管囊肿、输尿管肿瘤、输尿管狭窄；应用输尿管镜、经皮肾镜和EMS气压弹道碎石系统微创治疗肾结石、输尿管结石、膀胱结石和尿道结石；应用腹腔经行肾上腺切除、肾切除、输尿管取石，输尿管成形、肾囊肿开窗术等微创手术。率先在桂林开展膀胱切除病人应用全去带乙状结肠膀胱术、去带盲肠可控膀胱术。骨科能开展脊椎滑脱、股骨头置换、断肢再植及断指再植等手术。成功地为102岁患者进行髋关节置换术。泌尿科可开展等离子体前列腺汽化电切术、经尿道膀胱肿瘤等离子体汽化电切术、输尿管镜气压弹道碎石术、经皮肾镜气压弹道碎石术。2003年10月，针灸科乐小燕参与编写《耳穴疗法》，由广西科技出版社出版。

2004年，桂林市第七人民医院（原穿山医院）外科能开展阑尾炎、疝气，膀胱取石、胃穿孔修补，胆囊切除、甲状腺腺瘤切除、痔疮手术、骨折内外固定等；妇产科能开展剖宫产、引产、宫外孕手术、子宫肌瘤剔除术、子宫全切、卵巢囊肿切除术等。

2005年，七星区有驻区三级乙等医院1家、一级甲等医院4家。

乡村医疗服务

民国时期，辖区内的村民普遍采用刮痧、按摩推拉、拔火罐、针灸、鸡蛋滚刮等土方疗法治疗一般常见疾病。

1953年，桂林市郊区成立卫生所。村民小病到卫生所诊疗，大病往市区医院诊疗。1963年，穿山、朝阳乡卫生院内设西医门诊，能进行常见病、多发病诊治和外伤缝合、脓包切开等小手术。1969年，穿山、朝阳公社各生产大队均设有卫生所，配赤脚医生，各生产队设有卫生站，配卫生员。小病小伤在生产队卫生站诊治，一般常见病、多发病到卫生所、卫生院诊治，重病大危急病患者转送市区医院诊治。

1970年，穿山卫生院能进行胸肺透视、胸肺照片，亦开展血常规、尿常规、大便常规、尿路、胆道、胃肠照影等检查，阑尾炎切除、疝气修补等手术。

1990年，朝阳乡卫生院设内科、外科、妇产科，开展一般常见病、多发病的诊疗及接生、刮宫、放环、引产等手术。

1993年，穿山医院（原穿山卫生院）设有内儿科、妇产科、外科、五官科、眼科、口腔科中医科等临床科室。能开展各种常见病、多发病的诊疗，对心血管疾病、老年病患者进行中西医结合治疗。能开展胃大切除的手术，肝破裂修补术手术切开复位内固定术，难产剖腹产术，子宫次切等手术。设立腰椎间盘治疗康复中心，开展腰椎间盘脱出三维正脊治疗。能进行肝功能、血清钾、钠、钙、血糖测定和开展纤维胃镜，心电图、B超检查。1997年郊区撤销，穿山医院更名桂林市第七人民医院。

2005年，朝阳乡卫生院外科能开展阑尾炎、疝气，痔疮、骨折外固定等手术；妇产科能开展顺产接生、剖宫产、刮宫、放环、结扎、引产、子宫肌瘤剔除、卵巢囊肿切除等手术；中医科开展针灸、推拿、牵引、放血、穴位注射等。能开展血、尿、大便常规、血液生化、B超、心电图、透视、照片等检查。村级卫生室个体诊所能开展感冒、发烧、腹泻、高血压等常见病诊治，能做一些创伤的简单处理，能对病人进行输液治疗。

社区卫生服务

1999年8月，桂林市卫生局在辖区施家园成立全市第一家社区卫生服务站，有医务人员10人，其中医生7人（全科医生5人），护士2人，为居民开展一般常见病、多发病的治疗，为疑难、重症患者提供院前急诊急救，出诊和转诊服务；开展社区卫生状况调查、传染病的预防与控制及健康教育与心理卫生咨询等工作；提供妇女、儿童、老年人、慢性病人、残疾人等重点人群的保健服务。2001年7月，在辖区建立全市第一家社区卫生服务中心——东江社区卫生服务中心，为居民提供融医疗、预防、保健、康复、健康教育和计划生育指导为一体（简称

2005年7月，社区卫生服务现场　　（区卫生局　供稿）

2005年9月，七星区创建全国社区卫生服务示范区通过国家的达标验收　（区卫生局　供稿）

“六位一体”）的社区卫生医疗服务。2003年，七星区全面开展“六位一体”的社区卫生医疗服务工作。2004年，各社区卫生服务中心（站）共建立重点人群健康档案4225人、家庭病床155人次、家庭出诊2663人次。2005年，七星区设置社区卫生服务中心2个，社区卫生服务站14个，社区卫生服务机构覆盖率达到97%，享受到社区卫生服务的城市居民达90%。全区60岁以上老年人建档率80%，残疾人建档率88%，高血压、糖尿病、心脏血管疾病、慢性支气管炎、肿瘤等五种慢性病建档率（以下简称“五病”）80%。全区社区卫生服务中心（站）共举办健康知识讲座270次，听众23300余人次，接待咨询49600余人次，联系会诊326人次，危重病人转诊211人次，免费测血压、量体温、查视力10.03万人次。是年6月2日，全市社区卫生服务现场观摩会在七星区召开；9月，七星区通过国家第二批社区卫生服务示范区考核评估。

第三节　防　　疫

传染病防控

霍乱　民国35年(1946)东江区发生过霍乱流行，九娘街最为严重。民国37年(1948)，穿山乡樟木村委巷口村发生霍乱死亡25人。桂林解放后，人民政府采取开展爱国卫生运动、改善饮用水条件，修建或改建公共厕所，进行粪便、垃圾、污水无害化处理以及对易感人群进行霍乱菌苗的预防接种等措施，预防霍乱的发生和流行。1961年，桂林市开始开展霍乱病的监测工作。1983—1985年，由自治区防疫站牵头的《影响广西沿海地区急性腹泻病流行多因素逐步回归分析研究及监测技术推广应用》的内陆对照点，选择穿山乡为监测点，在霍乱病流行季节(5—10月)，每月采集健康人群粪便、水源、食品、外环境土壤等样本进行病原学检测和理化分析。3年共采水样2401份，其中定点采水样430份，饮食店洗碗水260份，海产品128份，肠道门诊腹泻病人粪便403份，人群带菌检查197份。均未发现病原菌。1998年，区境内发生霍乱疫情。首例患者为男性，64岁，朝阳乡新建村委毛家村人，病前系七星公园月牙楼清洁工兼守夜，于4月26日发病。28日上午，实验室报告样本培养霍乱弧菌呈阳性，为小川型。其霍乱病人确诊后，市防疫小组人员赶赴现场，对病人居住地七星月牙楼内外环境进行彻底消毒。1999—2005年，区境内无霍乱疫情发生。

伤寒、副伤寒　据市疫情报告统计，20世纪50年代，伤寒在辖区内流行。60—70年代，发病率呈波浪形下降。80年代稳定在15/10万以下。90年代末，伤寒发病率有所上升，发病率占全区传染病总发病率的50%以上，是市区内伤寒和副伤寒高发区。1998年，区人民政府组织卫生人员对穿山、朝阳乡及街道的4924个手摇井、46个大口井、7071户受淹村民及城区居民户进行消毒，拆除漓江东岸旱厕23个。朝阳乡卫生院设立肠道门诊，对腹泻病人做到逢泻必检，有疑必报。

1999年8月—10月，桂林轮胎厂发生副伤寒流行。首例病人于8月15日发病，此后陆续出现病人，9月达最高峰，前后共报告103例病人，发病年龄在20—35岁，病人主要症状有头痛、头晕、乏力、发热38℃—40℃，30%病人有腹痛、腹泻和上呼吸道症状，在12例病人血清中，肥达氏反应初步诊断为甲型副伤寒，其中3例中培养出副伤寒杆菌。其间，区人民政府派员前往该厂，协同市防疫站在全厂开展预防肠道传染病的卫生知识宣传教育工作及病学调查和处理；对所有病人和疑似病人进行隔离治疗；对饮用水源进行消毒，使疫情得到控制。

2000年9月，穿山乡被市防疫站确定为市区伤寒、副伤寒监测点。市防疫站在穿山乡地域进行外环境、重点职业人群免疫水平的监测，学校卫生、食品卫生、生活饮用水的监督，哨点医院工作的指导。全年，七星区消毒旱厕511座、水井800个，接种伤寒疫苗6900人，追踪调查曾患过伤寒、副伤寒人员763人。同时，区人民政府通过改水、改厕，消除传染源，降低发病率。

2001年6月—10月，在桂林市尧山砖厂、桂林市三友砖厂、桂林市桂荣砖厂、冷水塘、龙汗塘、挂子山村和穿山乡汇丰村委，相继出现伤寒疫情。尧山砖厂疫情严重，发病19人。其间，朝阳乡卫生院组织有关人员，分成防疫调查组和治疗后勤组赶赴疫区，在市防疫站城乡卫生科工作人员的指导下，对病人抽血采样，隔离治疗；对外环境及厕所进行消毒；对周围人群进行伤寒疫苗预防接种127人，发放伤寒预防药566份，疫情得到有效控制。

2001年8月25日—2002年1月7日，桂林航天工业高等专科学校发生一起罕见的甲型副伤寒爆发流行。首发3例均为进驻该校进行学生新公寓楼建设的民工。9月初，学校开学后陆续有学生发病，9月底—10月初达高峰。此后，学校在市防疫站指导下采取防治措施，病例明显减少。11月中旬发病数又逐渐增多，形成第二个高峰。经综合防治，疫情得到有效控制。流行期间，发热病例830例，经临床、实验室诊断320例，发病率8.15%。从830例发热病人血标本中培养出甲型副伤寒杆菌265株。对全校教职工和学生进行带菌筛查，粪检3338人，检出病后带菌1人，健康带菌18人。学生居住拥挤、生活用水水源无卫生保障及食堂工作人员带病、带菌上岗造成食源性传播是此次副伤寒流行的重要原因。2003—2005年，区境内无伤寒疫情发生。

传染性非典型肺炎 2003年初，国内部分地区发生非典型肺炎（简称“非典”）传染疫情。七星区在防控“非典”传染疫情工作中，区、乡、村、各单位相继成立防控“非典”组织机构。区人民政府制定下发《桂林市七星区传染性非典型肺炎防治处置预案》，迅速启动公共卫生突发事件“三网”系统，切实做到责任落实、组织落实、人员落实、资金落实。全区25个社区、14个村委会、各单位开展以防“非典”为主的健康教育，共发放宣传资料5万多份、《致辖区人民一封信》7万多份，出宣传板报102期。预防“非典”疫情期间，重点对传染病的监控，建立发热病人监测点；实行日报告制度；出动6000多人，排查返乡人员3985人，来桂林人员499人；排查出发热病人2310人，重点发热病人42人，无1例疑似病人，至2003年下半年全国“非典”疫情结束，全区保持“非典”疫情零纪录。

狂犬病 20世纪80年代，政府制定了一系列狂犬病预防控制措施，畜牧、公安、卫生部门共同协作，有效地降低其发病率。据驻区市中西医结合医院统计，1995—2002年狂犬病发病为零。城市居民养宠物者增多后，被犬咬伤者频频发生。2003年发病1例。2004年，被恶犬咬伤患狂犬病死亡2人。是年6月，区人民政府成立控制犬患工作领导小组，下设办公室（简称“区控犬办”），地点设在七星公安分局内。2005年4月—5月，辖区有4人被恶犬咬伤。9月，区政府从七星公安分局，区城管大队、七星环卫站、朝阳乡、穿山乡、街道办事处等部门抽调12人，组建一支控犬工作队，分成若干小组开展工作。9—11月，发放宣传资料2000多份，捕杀流浪犬165只，教育养犬户主300多人，免疫注射家养犬352只，办理饲养证218份，有效地控制狂犬病

2003年12月1日，七星区召开加强非典防控工作会议

（区卫生局　供稿）

发生与传播。

疟疾 1957—1963年，市卫生防疫站在朝阳公社山脚底村和穿山公社福隆园进行血液检查和脾肿调查，调查结果：山脚底村原虫率为0.63%、脾肿率为6.14%；福隆园原虫率为3.83%，脾肿率未检出。1961年，自治区寄生虫病研究所在和平大队进行调查，其原虫率为16.12%。1962年后，市卫生防疫站多次在区境内进行疟疾史普查，采用口服百乐君对有疟疾史的人员进行抗复发治疗；对学生进行服药预防。1994年1月，经自治区卫生厅基本消灭疟疾考核组考核确认市（城区）达到基本消灭疟疾标准。1998年10月，经自治区卫生厅消灭疟疾考核确认市（城区）达到消灭疟疾标准。1998—2005年，驻区市中西医结合医院统计疟疾发病8例，其中1998年2例，1999年1例，2000年2例，2001年2例，2004年1例。

丝虫病 在1959年、1970年2次全市性丝虫病普查中，区境内的东江公社、漓江公社均为流行区。1970年，穿山、朝阳公社共16个大队有丝虫病流行。穿山公社共16867人，血检13167人，阳性者378人，阳性率2.87%；朝阳公社共6084人，血检5090人，阳性者42人，阳性率0.83%。查出的阳性者均进行送药上门治疗。1973—1980年5次对穿山公社的跃进大队、樟木大队和朝阳公社部分大队采血涂片检查，发现血中有微丝虫的患者即就地给予服药治疗。1984年11月，自治区派检查组抽检辖区穿山乡、朝阳乡的3个大队，抽查结果：穿山大队、岩前大队未检出阳性者；光辉大队血检1048人，检出阳性2例，阳性率为0.19%，达到卫生部颁布的基本消灭丝虫病的指标要求。1995年，七星区消灭丝虫病达到部颁消灭丝虫病标准。1995—2005年，全区仅1997年发病1例。

钩虫病 1958年，市卫生防疫站在穿山公社跃进、光辉、樟木3个大队进行调查。1959年市卫生局从各医院抽调62名医务人员，组成若干个组，在穿山、朝阳公社进行调查，村民感染率均在26%左右。1963年4月—1964年3月，广西寄生虫病防治研究所与市卫生防疫站共同对市郊区各种作物种植区进行钩虫感染调查，穿山菜园农民感染率为69.20%，其中水稻种植区为30.08%，经济作物种植区为28.50%。1970—1985年，市卫生局多次组织医务人员到穿山、朝阳公社对钩虫病进行检查和治疗。1970年检查朝阳公社4220人，阳性者1455人，感染率34.48%，其中岩前大队高达56.60%；检查穿山公社13334人，阳性者5181人，感染率38.86%，其中三联大队为52.90%。穿山公社汇丰大队、屏风大队改变赤脚劳动的习惯，配合驱虫治疗，钩虫感染率下降。1976年，汇丰大队钩虫感染率由1975年的49.65%下降到27.75%。1977年，屏风大队钩虫感染率由1976年的44.85%下降到34.75%。20世纪80年代后，七星区国民经济的迅速发展和城建工作不断加快，原种植蔬菜的穿山等大队已变为城市住宅区，加上“无公害蔬菜种植”基地的建立，农村环境卫生得以改善，钩虫感染率大幅下降。

病毒性肝炎 1987年2月，区境内的桂林轮胎厂小学发生病毒性肝炎37例，1988年7月，桂林轮胎厂发生68例，均得到及时治疗。1995—2005年，市中西医结合医院报告毒性肝炎233例。

性病防控 1980年开始，七星公安分局通过开展打击卖淫嫖娼行动，对性病传播进行防控。1985年查处播放淫秽录像团伙4个、捣毁卖淫窝点4个，抓获卖淫女18人，嫖客40人。至1990年抓获涉案人员共1172人。1991—1996年共查处卖淫嫖娼案件421起，查处卖淫团伙8个，捣毁卖淫窝点3个，处理卖淫嫖娼人员575人。1995—2004年，市中西医结合医院诊治性病患者394人。2005年，七星公安分局查处卖淫嫖娼案件10起、贩卖淫秽制品案6起、重大贩卖淫秽光碟案1起。

2004年11月27日，七星区开展普及预防艾滋病知识宣传活动

（区卫生局 供稿）

流行性出血热 1995—2005年,市中西医结合医院报告发病2例,其中1997年1例,2002年1例。

流行性感冒 1974年市卫生局调查穿山公社和朝阳公社,总人口20862人,发生流行性感冒3516人,发病率16.85%。其中穿山公社总人口17055人,发病2920人,发病率17.12%;朝阳公社总人口3807人,发病596人,发病率15.66%。1995—2005年市中西医结合医院传染病发病情况统计显示,2003年发病9例,其余年份为零记录。

肺结核 1991年,全市实行呼吸道传染病归口管理。乡卫生院、驻区医院一旦发现呼吸道传染病人,立即转送市第三人民医院治疗。1995—2003年,市中西医结合医院报告肺结核病发病326例。2004年,全区开展对肺结核病等重大呼吸道传染病的综合预防控制工作,肺结核病人的信息通过村(社区)、乡(街道办)、市(区)三级网络传递进行管理,防止肺结核病的传播。2004—2005年,市中西医结合医院报告肺结核病发病73例。

计划免疫

1952年,第四区全面开展霍乱菌苗预防注射。1955年,第三区(1954年6月第四区改称第三区)接种牛痘480人,注射霍乱疫苗3550人,伤寒疫苗90人,白喉疫苗1300人次。1979年,七星区花桥门诊部,根据季节疾病流行的特点,在辖区对免疫对象按免疫程序进行“四苗”(卡介苗、百白破疫苗、脊髓灰质炎糖丸疫苗、麻疹疫苗)适时接种,接种1600人次。1980年开展疫苗接种13次,接种麻疹、乙型脑炎、百白破等疫苗共3481人次。1982年接种牛痘疫苗160人、麻疹疫苗205人次,乙脑疫苗1080人次、霍乱疫苗1836人次,脊髓灰质炎糖丸疫苗758人次。1983年开始,辖区儿童计划免疫由过去每年利用自然气候条件开展几次突击性接种,发展和完善到以每月、每周开展儿童计划免疫,普遍接种“四苗”。1985年预防接种3011人次。1986年在7岁以下儿童中推行接种乙型肝炎疫苗。1992年,乙型肝炎疫苗纳入计划免疫范畴。1994年开展消灭脊髓灰质炎强化免疫工作,在辖区94个单位,20条街道和流动人员0—4岁儿童中进行免疫糖丸的发放、登记。此后,每年12月5日和次年1月5日开展强化免疫活动。1995年,七星城区“四苗”接种率为100%。1998年,穿山乡和朝阳乡的儿童计划免疫建卡率100%,“四苗”接种率以乡为单位达98%,相应控制“六病”(结核、脊髓灰质炎、百日咳、白喉、破伤风、麻疹)的发病率均在部颁标准以内;乙型肝炎疫苗接种率85%。2000年开始,市第七人民医院在穿山乡实行定点免疫接种,每月由保健科派员前往离医院较远的穿山、樟木、和平、光辉村委进行免疫接种。是年,市第七人民医院、朝阳卫生院共预防接种7773人(不含学校)。2001年,全区儿童脊髓灰质炎疫苗强化服苗率达95%以上;无麻疹报告病例。2003年,穿山、朝阳两个乡儿童预防接种率卡介苗100%,百白破疫苗99.82%,麻疹疫苗99.82%,脊髓灰质炎糖丸疫苗100%,乙型肝炎疫苗99.94%。2004年,全区0—7岁儿童系统管理率为98.50%,儿童“四苗”计划免疫率达100%,儿童“四苗”覆盖率达85%以上。是年11月,七星区在接受全国计划免疫接种率调查中,获自治区县(区)排名第二的成绩。2005年,儿童计划免疫“五苗”(卡介苗、百白破疫苗、脊髓灰质炎糖丸疫苗、麻疹疫苗、乙肝疫苗)全程接种率达96%以上。

第四节 妇幼保健

妇女保健

新法接生 中华人民共和国成立初期,区境内普遍实行旧法接生,由接生婆在产妇家中用未经严格消毒的剪刀、脸盘、毛巾等工具助产分娩。1950年,全市推行新法接生(即按照临产规律,用科学方法消毒接生)。1952年10月,市妇幼保健院在城区培训新法接生人员,普及新法接生。1953年对农村接生员进行培训。1956年穿山乡、朝阳乡新法接生率均达75%以上。1966—1971年,新法接生指导与培训工作陷入停顿状态。1972年,市妇幼保健院重新抓农村接生员的管理培训工作。1977年,朝阳乡、穿山乡每个自然村有新法接生员1名。1986

年，市穿山医院、朝阳乡卫生院有计划地培训乡村女性医生和接生员，1987 年，辖区乡村新法接生婴儿达 99.93% 以上。1991 年，全区普及新法接生，提倡住院分娩，1995 年，全面推行住院分娩。1998 年，朝阳乡、穿山乡共出生婴儿 238 人，新法接生率 100%，住院分娩 224 人，住院分娩率 94%，孕产妇死亡率为零，新生儿死亡率为 4.2‰，无新生儿破伤风发生。1999 年，转变农村接生员工作职能，穿山、朝阳两个乡 24 名接生员转变为妇幼保健员，承担起产前检查、建卡、协助护送产妇入院分娩，产后访视等工作。2005 年，全区产妇住院分娩率达 100%。

2003 年，毅峰社区秋季健康教育现场 （区卫生局 供稿）

围产期保健 20 世纪 50 年代初，市妇幼保健院开始对第四区妇女产前、产后访视，指导孕期保健，宣传孕期及产后卫生知识，科学育儿，示范新生儿沐浴，指导母婴合理饮食。80 年代初，驻区医院保健科以产前产后访视的形式开展妇女围产期保健工作。1983 年开始，医院对住院分娩产妇进行产后家访，建立婴儿系统观察健康手册。1985 年，朝阳乡卫生院、市穿山医院分别在朝阳乡、穿山乡开展孕妇登记，产后访视等围产期保健工作。90 年代起，驻区医院妇产科设立围产期保健门诊，定期举办学习班，对妇女月经期、妊娠期、产褥期、哺乳期(简称“四期”)进行指导、健康宣传，为自愿办理围产期保健的孕妇建立围产期保健卡，定期进行产检，随时进行胎儿母亲监护。1997 年，朝阳、穿山两个乡的孕产妇系统管理率均在 90% 以上。2001 年，加强农村妇幼保健网络建设，乡卫生院亦建立孕产妇系统保健卡。全年建立孕产妇管理卡 267 人，孕产妇系统管理 267 人，系统管理率 100%；住院分娩 267 人，住院分娩率 100%；高危孕产妇管理 15 例，住院分娩率 100%，无孕产妇死亡。2002 年产妇产后访视率 89%。2003 年建立孕产妇系统保健卡 684 人，孕产妇系统管理 616 人，系统管理率 90.06%；高危孕产妇管理 31 例，住院分娩率 100%，无孕产妇死亡。2004 年建立孕产妇系统保健卡 704 人，围产期妇女系统管理 686 人，系统管理率 97.40%。2005 年建立围产期妇女保健卡 334 人，围产期妇女系统管理 309 人，系统管理率 92.51%。

妇科病查治 20 世纪 50 年代中期，市妇幼保健院派出医生到辖区的工厂进行妇科病普查，查出的患者均进行及时治疗。1959 年 11 月，市卫生局派出医疗队到朝阳公社、穿山公社进行子宫脱垂病的普查普治。1960 年，市卫生局组织市妇幼保健院与市工人医院(今市第二人民医院)妇产科联合组成医疗队，到穿山大队对已婚育龄妇女进行妇科检查，确诊子宫脱垂患者 160 人(包括原有子宫脱垂病史的 17 人)，均无自觉症状。1972 年，全区开展第一次妇女病普查普治工作，普查对象为已婚女性，对查出的阴道炎、宫颈炎等妇科病患者进行系统治疗。1975 年，进行第二次妇科病普查普治工作。1990 年开始贯彻国务院关于女职工劳动保护的规定，每 1—2 年各单位组织女职工到医院进行妇女病普查 1 次。医院根据检查出的疾病情况，组织医务人员到厂矿企业为妇女进行有针对性的健康知识讲座。1995 年，市中西医结合医院普查妇女 1547 人，查出患病妇女 758 人。1997 年市第七人民医院、朝阳卫生院分别在穿山乡、朝阳乡开展妇女病普查普治工作，检查穿山乡 324 人，受检率 4.18%；朝阳乡 382 人，受检率 17.36%。1998 年，市中西医结合医院普查妇女 1229 人，查出患病妇女 605 人。1999 年后，驻区医院，每年配合“三八”妇女节，开展各种类型的宣传活动和免费妇女病普查。2000 年，市第七人民医院、朝阳卫生院为朝阳乡和穿山乡 6556 名妇女进行妇女病普查，查出子患宫肌瘤 1 人，宫颈癌 1 人，阴道炎及宫颈炎等 1493 人，患病率 22.80%。2001—2005 年，乡卫生院与区计生部门共同对辖区育龄妇女进行妇女病查治，主要检查滴虫性阴道炎、宫颈糜烂、乳腺炎等妇科病。2001 年，普查妇女 1585 名，查出患病妇女 436 人，治疗 406 人。2002 年，普查妇女 1645 人，查出患病妇女

304人，治疗289人。2003年，普查妇女1698人，查出患病妇女247人，治疗236人。2004年，普查妇女2626人，查出患病妇女662人，治疗224人。2005年，普查妇女1697人，查出患病妇女531人，治疗478人。

妇女劳动保护　1954年，国家提出对劳动妇女在“四期”实行保护。1955年开始，大中型企业实行“月经期调干不调湿，怀孕期调轻不调重，哺乳期调近不调远”的劳动保护措施，设立女工卫生室，建立“四期”女工管理制度。20世纪80年代初，部分较大的工厂陆续建立女工冲洗间，配备专职人员进行管理。1992年，区境内的漓江无线电厂、市无线电一厂女工冲洗间分别获自治区“先进女工冲洗间”称号。20世纪90年代中期后，受社会大环境的影响，部分工厂经济效益下滑，坚持正常开放女工冲洗间的企业逐年减少。2002年区境内企业女工冲洗间全部停止运作。

母子保健保偿　1988年5月，市保偿办在七星城区和朝阳乡开展母子保健保偿试点工作。参保人可享受孕产期保健优惠待遇，享受医院对儿童进行健康体检和健康评价、科学育儿指导、儿童常见病和多发病防治知识教育、体弱儿童专项管理与治疗。1993年4月起，婴幼儿系列保健保偿期限不再办理到7岁，只办理到满3岁止，婴幼儿一次性保健保偿金0—3岁全程为每人20元（健康检查9次），中途入保者为0—1岁8元；1—2岁7元；2—3岁5元。是年6月，母子保健保偿入保手续办理下放给市属各医院。1995年根据《桂林市母子保健保偿制管理办法》，儿童保健保偿金由1993年的20元调整为25元，孕产妇保健保偿金调整为35元。2000年儿童保健保偿金调到35元，孕产妇保健保偿调到45元。2003年，朝阳乡、穿山乡母子保健保偿参保率均达95%，2005年达97%以上。1995—2005年，中西医结合医院共办理母子入保2315人。

儿童保健

集体儿童保健　1953年，桂林市实行地段医院分区负责托儿所、幼儿园的儿童保健工作。1954年8月开始，市妇幼保健院利用暑假举办保育员培训班，培训托儿所、幼儿园的保健员。1958年，辖区使用市统一制发的儿童健康卡，定期进行儿童健康检查。1979年，区属桂林市花桥门诊部开始开展儿童保健工作，1980年为辖区托儿所、幼儿园儿童接种麻疹、百日破、脊髓灰质炎等疫苗3481人次；1981年接种牛痘160人，麻疹疫苗注射205人次，乙脑疫苗注射1080人次，霍乱疫苗注射1836人次，发放糖丸预防药758人次。1986年，桂大、五通、河东、新生4条街道各办托儿班1个共有儿童201人，均纳入集体儿童保健。全年接种预防疫苗3011人。1991年地段医院对承保单位集体儿童进行体检，并按全国九省市1985年城区衡量标准进行评价。1995年起，每年“六一”儿童节期间，驻区医院均对辖区幼儿园儿童进行体检，建立儿童健康档案，将体检情况反馈予家长，对健康缺点儿童给予矫治。1995年，市中西医结合医院对辖区25所幼儿园1598名儿童进行体检时，发现患病儿童38人，其中上感16人，支气管炎9人，先天性心脏病1人，水痘1人，中重度营养不良9人，营养性贫血2人；有健康缺点儿童819人，主要缺点为乳牙龋齿，有780人，占95.24%。2000—2005年，市第七人民医院、市中西医结合医院共对幼儿园儿童20786人进行体检，发现患疾病儿童599人，年均患病率2.88%。

表28-2　**1999—2005年桂林市第七人民医院“六一”集体儿童体检情况表**

年份	入托儿童数（人）	实检数（人）	体检率（%）	患病数（人）	患病率（%）	体重达均值以上（%）	身高达均值以上（%）
1999	870	843	96.89	22	2.61	40.60	48.71
2000	882	861	97.62	20	2.32	40.79	51.20
2001	893	881	98.66	22	2.49	41.88	57.09
2002	882	860	97.50	15	1.74	42.72	46.21
2003	884	869	98.30	13	1.49	47.87	45.33
2004	1659	1632	98.37	16	0.98	41.18	51.65
2005	1701	1678	98.64	24	1.43	42.6	51.9

表 28-3　　1995 年—2005 年桂林市中西医结合医院"六一"集体儿童体检情况表

年份	入托儿童数（人）	实检数（人）	体检率(%)	患病数（人）	患病率(%)	体重达均值以上(%)	身高达均值以上(%)
1995	1653	1598	96.67	38	2.38	59.57	53.57
1996	1620	1580	97.53	42	2.66	49.87	51.26
1997	1518	1498	98.68	69	4.61	54.34	52.00
1998	1663	1636	98.38	76	4.65	42.85	44.99
1999	1657	1636	98.73	73	4.46	45.60	49.39
2000	1795	1764	98.27	66	3.74	44.16	39.68
2001	2086	2056	98.56	63	3.06	51.07	41.05
2002	2301	2251	97.83	72	3.20	45.54	37.10
2003	2473	2432	98.34	117	4.81	50.25	35.07
2004	2784	2742	98.49	84	3.06	46.28	45.15
2005	2800	2760	98.57	87	3.15	47.26	45.53

散居儿童保健　1953 年"六一"儿童节期间，市妇幼保健院医务人员对第四区街道散居的军、烈属及少数民族劳动群众的子女进行体检，对查出有健康缺陷的儿童进行跟踪治疗。1964 年、1979 年曾 2 次对散居儿童进行体检。1980 年"六一"儿童节前，驻区医院为辖区独生子女健康检查，并对健康缺点儿童进行矫治。1987 年按围产期要求，医院对散居儿童进行建卡管理，定期体检，体检率为 100%。体检结果：儿童体重达均值以上者占 83.36%，身高达均值以上者占 74.39%。1995 年加强散居儿童的管理，对在辖区医院住院的产妇，指定专人负责办理儿童入保手续，产妇出院后由医院派人进行产后访视 3 次，督促产妇产后回医院体检，然后转入儿童保健门诊，定期为 0—3 岁儿童进行健康体检和评价。1997 年，市第七人民医院在"六一"儿童节期间，在辖区开展七岁以下散居儿童体检工作，共体检 1849 人，受检率 95.8%，对患病儿童予以治疗，登记、追访。1995—2004 年，医院儿童保健门诊建立散居儿体检登记制度；对散居儿童开展"四病"（破伤风、麻疹、结核、小儿麻痹）专案管理和系统治疗；对体弱儿童的家长重点开展科学育儿、母乳喂养宣传教育和指导，对体弱儿童进行系统治疗、跟踪观察。其间，共对儿童服药驱虫 3 万多人次，对佝偻病防治 3000 多人次，小儿营养性贫血防治 1000 多人次。2005 年儿童系统管理率 97.29%。

农村儿童保健　1976 年，朝阳卫生院、穿山中心卫生院（后改市第七人民医院）在朝阳乡、穿山乡开展儿童健康检查，发现身体有缺点或患病儿童占体检总人数的 49.11%。1978 年，市郊区妇幼保健站、朝阳卫生院、穿山中心卫生院组建农村儿童保健协作组，共同开展农村儿童保健工作。1988 年，朝阳乡、穿山乡各 3 个儿童保健试点村分别为 0—7 岁儿童建立保健卡。1996 年 12 月，朝阳乡、穿山乡划归七星区后，区财政拨给朝阳和穿山 2 个乡的保健经费 92 万元。1997 年，穿山乡妇幼保健工作成绩居五城区乡（镇）之首。1998 年，在实施农村初级卫生保健实践中，农村三级医疗预防保健网建设得到加强。到 1999 年底止，朝阳乡、穿山乡有村级卫生所 16 个、卫生医疗点 27 个，创建甲级卫生所 16 个达 100%。朝阳乡的儿童系统管理率 85% 以上，穿山乡 95.11%；2 个乡的儿童"四苗"接种率均达 96% 以上，建卡率 100%。2000 年，朝阳乡卫生院为朝阳乡 7 岁以下儿童体检 487 人，占应检查人数的 92.94%。2005 年，朝阳乡卫生院、市第七人民医院分别为朝阳乡、穿山乡 0—6 岁儿童进行健康体检，体检率 97.51%，查出患病儿童 145 人，身体缺点 721 人，患病和有身体健康缺点的儿童得到矫治。2005 年，朝阳乡、穿山乡 0—7 岁儿童系统管理率平均为 92.6%。

第五节　爱国卫生运动

环境整治

20世纪50年代—60年代中期，爱国卫生运动以大扫除、疏通沟渠、处理蚊蝇孳生地、用水冲洗街道等为主要内容。1952年，东江区清除垃圾84.60万担，清除污水9780担，疏通沟渠7877米。1959年，东江公社清除垃圾1036担，疏通渠道388条，填平若干污水坑塘，清除卫生死角。东江公社获市除"四害"先进单位称号。1961年，东江和漓江人民公社组织开展以除害灭病为中心的群众卫生活动3次，共出动4191人次，疏通渠道234条，整治蚊蝇滋生地359处，清理厕所159个，清运垃圾1184担。1964年，组织临下、河东、七星、码坪、泥湾、新生、花桥、五通、漓江9个居民委员会的居民清除垃圾2224担，整治蚊蝇滋生地247处。

1965年，农村的爱国卫生运动主要是结合农业积肥开展大扫除，搞好清洁卫生。在穿山大队试用半地式和半坑式密封高温堆肥等方法，对垃圾进行无害化处理。1972年以后，在农村开展"两管"（管水、管粪）和"五改"（改水井、改厕所、改炉灶、改畜圈、改环境）活动。1977年，穿山公社新建牛栏三级化粪池、沼气池、厕所若干。其中屏风大队开展"两管"工作突出，把所有厕所全部迁至村外，新建厕所18间，沼气池5个，猪圈6间，建自来水塔2座，半数农户（120户）改建炉灶。

中共十一届三中全会后，全区的爱国卫生运动进入全面发展的新时期。1980年，七星区政府实施市《关于清理环境废渣垃圾大会战方案》，开展群众性大清理活动，发动全区119个单位3.56万人次，清理卫生死角、清除垃圾、填坑疏沟。共清扫环境面积25.88万平方米，疏通沟渠3.58万米，清掏沙井319个，清除垃圾4.93万立方米。经市级检查评比，全区109个单位符合卫生标准，市政府授予七星区"发动群众，美化桂林"锦旗一面。

1981—1985年，七星区以改脏、乱、差为洁、齐、美作为城区卫生建设的目标。在爱国卫生月和季节性突击活动中，全区出动6万人次，各级领导亲自参加，治理死角，清除垃圾，填坑疏沟，种树栽花植草。其间，共清除空闲地周边及卫生死角垃圾10万担，清疏沟渠5万米，清掏沙井500个次，填平坑洼地7000平方米，种植树木、花草1万余平方米。1982年，河东街被评为自治区卫生先进集体，临上街和五通街被评为市卫生先进集体。

1986—1990年，全区共组织开展较大规模的爱国卫生运动20次，近40万人次参加，清除垃圾和污泥9200吨，疏通沟渠23万米，清掏沙井2200个（次），清除杂草地30万平方米，填平坑地8万平方米。1989年，七星区被评为全市市容市貌第一名，1990年被评为市爱国卫生第一名。全区涌现出爱国卫生达标单位16个，自治区级爱国卫生先进单位26个，市爱国卫生先进单位36个。

1991—1995年，爱国卫生工作以创建卫生城市，营造良好环境为目的，开展城市清洁卫生、除"四害"、农村改水等项工作。1992年，全区有7.65万人次参加爱国卫生月活动，共清理垃圾2740吨，疏通沟渠29243米，清掏沙井841个；使用药物喷洒消毒厕所240座、沟渠158条、沙井145个、污水塘6个，共喷洒面积14.84万平方米，有效地控制蚊蝇孳生。1995年，在自治区创文明卫生城检查中，全区8个被检单位全部达标。

2004年11月11日，七星区召开创城工作布置会

1996—2000年，全区开展爱国卫生运动20多次。采取单位、集体组织与市民自愿参与相结合的方式，动员、组织、引导群众参与街道、农村、城乡接合部的环境整治活动，清除“四害”滋生地。其间，全区共出动15万人次，出动车辆300台次，清除生活、建筑垃圾8500吨，疏通沟渠5.12万米，消毒厕所532座，消毒水井2000个次，绿化面积4.2万平方米。1996年，七星区获市爱国卫生工作特等奖。

2005年，五通社区开展创建卫生城健康知识讲座

（区卫生局　供稿）

2001—2004年，区政府组织开展以“清洁城市、清洁农村、清洁漓江”三大清洁行动为中心内容，防控“非典”疫情为重点的爱国卫生活动。其间，全区共出动20多万人次，高新区七星区六大班子主要领导参加城区爱国卫生清扫大行动，清扫道路面积175万平方米，清运垃圾5万吨，拆除沿江旱厕9座，拆除违章建筑48处，挖垃圾坑5个，新建垃圾池10个，改建厕所200座，有效地控制了传染病的流行。

2005年，区政府结合创建“文明卫生城市”活动，开展爱国卫生运动。对主要路段、小街小巷、居民小区、城中村、城乡接合部卫生死角进行清扫；废弃物的清理；公共场所小广告的清除；穿山苑市场、家乐市场、水果批发市场等的治理。在农村全面开展创建文明卫生村活动，区政府分别与朝阳乡湖塘村委江背村、三甲村、西南村委西村二队、丫吉村委田心里村、新建村委挂子山村、穿山乡屏风村委黄莺岩村、七星村委福隆园18组、穿山村委九娘庙村、光辉村委纸马铺、樟木村委东边洲和华侨农场旅游经济区马家坊村委马家坊村签订卫生工作责任状。穿山乡、朝阳乡共创建文明卫生村10个。

除“四害”

中华人民共和国成立初期，在开展爱国卫生运动中，发动居民除“四害”（蚊子、苍蝇、麻雀、老鼠）。1959年，东江人民公社消灭老鼠2161只，麻雀1901只。1960年停止捕杀麻雀，改为灭臭虫。1961年，全公社开展除“四害”活动3次，共灭老鼠641只，苍蝇12.85千克，蚊子6.27千克。1964年，东江、漓江人民公社组织临下、河东、七星、码坪、泥湾、新生、花桥、五通、漓江街居民开展大规模除“四害”活动，共灭鼠2156只，整治蚊蝇滋生地247处。

1980年，辖区除“四害”工作，以灭鼠为重点。1987年，组织辖区单位、居民参加桂林市灭鼠达标活动。1989年实行鼠密度测评。1989年，七星区被评为市灭蚊灭鼠第一名。1988年建立市卫生消、杀、灭“四害”工作站，为辖区各单位进行有偿服务，对公共场所的沟、塘、沙井、厕所进行免费消杀。1986—1990年，开展全区性大规模灭鼠活动2次，共消灭老鼠9万多只。

1991—1995年，区政府组织开展群众性灭鼠活动10余次，投放灭鼠诱饵1.86万千克。1993年，七星区灭鼠工作通过自治区爱国卫生运动委员会专家实地检查考核，鼠密度为3.12%，低于全市3.56%的平均水平，获全市灭鼠成果考核第一名。

1996—2000年，每年春秋季均开展全区群众性除“四害”活动。5年期间，共投放灭鼠诱饵9242千克，灭蟑螂诱饵100千克，清除蚊蝇孳生地2000处，消杀蚊蝇滋生地、公共场所面积近100万平方米，消杀旱厕130座。1997年，在开展创建“灭鼠、灭蟑”先进城市活动中，全区灭蟑工作达到自治区级标准。2000年鼠密度下降到1%。

2002年，七星区灭蝇工作通过国家级灭蝇达标检查。2003年，60名区爱卫公共卫生监督协管员、除“四害”督查员参加了除“四害”活动。2004年，在全区除“四害”活动中，160多个单位共投放3万余元的灭“四害”药物到其所属区域；区爱卫办投放1.30万元的灭“四害”药物到公共场所，农村投放灭鼠药物1000千克。2005年，全区除“四害”工作统一由有资质的市卫生消杀站和市迅洁消毒公司负责，春秋两季施放（喷洒）除“四害”药物，封堵公共场所的鼠洞。

农村改水改厕

1977 年，穿山公社组织开展改水改厕活动，屏风大队新建卫生厕所 18 间，沼气池 5 个，自来水塔 2 座。1992 年，朝阳乡皎霞村开展改水活动，使村民喝上清洁卫生水。1994 年，朝阳乡汇丰村筹集 18 万元，修建高 25 米，容量为 50 吨的水塔，全村实现饮用自来水。

1997 年，七星区人民政府采取国家补助一点、集体拿一点、群众筹一点的方法筹集资金，在朝阳乡的丫吉行政村进行改水改厕试点。1998 年完成湖塘村委会、丫吉村委会下辖部分自然村改水工程，受益人数 2000 人。农村改建卫生厕所 189 座。卫生厕所标准为有墙有顶，厕坑及贮粪池无渗漏，厕内清洁，粪便定期清除并进行无害化处理。1998 年，朝阳乡、穿山乡总人口 32785 人，总户数 8580 户，饮用自来水人数 6938 人，饮用手压井水人数 17316 人，有手压井 4253 座；饮用改良大口井水人数 7881 人，改良大口井 24 座；饮用沟渠水 393 人，缺水 257 人；三格式化粪池厕所 124 座，沼气式厕所 200 座，水冲节水式厕所 3043 座，未改造厕所 5139 座，公厕 1 座。1999 年，丫吉村委会司公村、田心里村、横塘村及湖塘村委会三甲村完成改水工程。农村改厕 241 座，经验收合格 199 座。2000 年樟木村小学、七星中心校、朝阳乡的丫吉自然村完成改水工程，810 名师生和 340 名村民的饮水问题得以解决。农村改厕 700 座。

2001 年，全区农村改水受益人口 32400 人，占总人口 94.97%，其中自来水受益人口 8200 人，手压井受益人口 16300 人，集中供水及其他受益 7900 人，分别占总人口数 24.01%、47.85%、23.11%。农村卫生水普及率达 99%。农村改厕总户数 4225 户，其中三格式化粪池 788 户，三联沼气式 405 户，下水道水冲式 3032 户。粪便无害化处理率 49.13%；卫生厕所普及率 86.9%。

2002—2004 年，继续开展农村改水改厕工作。至 2004 年末，农村总人口 34100 人，改水受益人口 32600 人，受益率 95.62%，其中自来水受益人口 8200 人，受益率 24.05%；手摇井水受益人口 16500 人，受益率 48.39%；其他受益人口 7900 人，受益率 23.18%。1999—2005 年，农村改厕共 4594 座，其中三格式 1062 座，沼气式 475 座，接全市网管 3057 座，受益人口 2.2 万人。2001—2005 年，用于农村改水改厕资金共 155 万元，其中改水资金 132 万元（国家补助 46 万元，集体投入 56 万元，个人投入 30 万元）；改厕资金 23 万元（国家补助 10 万元，集体投入 8 万元，个人投入 5 万元）。

第六节　食品卫生监督

20 世纪 70 年代，市食品卫生领导小组，实行对辖区的国营、集体所有制食品行业发放卫生许可证制度。80 年代实行对个体饮食摊点发放卫生许可证制度。1983 年，市食品卫生监督检验所，制定《桂林市 1986—1987 年防止食品污染规划》《冷饮卫生管理办法》，各食品生产和销售厂店设卫生检查员。1995 年《中华人民共和国食品卫生法》颁布实施，市公共卫生监督部门依法加强对饮料、糕点、酱料加工厂、宾馆饭店、歌舞厅、桑拿浴室进行检查监督，取缔无证经营摊点。1999 年 11 月，按照《关于桂林市赋予市辖区相应公共卫生管理权实施办法通知》精神，区人民政府制定监督方案和管理措施，配设专职卫生监督管理人员 2 名、兼职卫生管理人员若干名。实行对辖区个体米粉店、夜市大排档、街边饮食摊（点）的卫生进行监督管理。

2000 年，区卫生局组织有关人员对辖区饮食店、饮食摊点进行检查监督 3 次，共检查 1081 户次，监督覆盖率 95%以上。卫生合格 706 户次，合格率 65.31%。处罚 375 户次，其中警告 242 户次，责令整改 86 户次，责令停业整顿 28 户次，罚款 4 户次，取缔非法经营 15 户次。食品采样抽检 14 件，合格 11 件；餐具抽检 37 件，合格 29 件。处理群众食品卫生投诉 3 起。组织工商、市容、城管、环卫等部门，对学校周边的早、夜市摊点予以取缔。全年共办理饮食店（点）卫生许可证 285 家，体检从业人员 606 人，占应体检人数的 84.99%。2002 年，办理卫生许可证105家，检查监督400多户次，监督覆盖率达95%以上。2003年，区人民政府制定《七星区整顿和规范卫生领域市场秩序实施方案》，加大食品卫生专项整治力度。按照国家卫生城的标准，将七星路、毅峰路作为食品卫生整治样板路，重点整顿七星路、毅峰路的米粉店、小吃店。对学校周边尤其是广西师范大学主校区、桂林电子工业学院旁饮食摊点进行整治，使食品卫生状况得到明显改善。2003年，办理卫生许可证75家，检查监督2213户次，监督覆盖率95%以上。其中责令整改153户次，责令停止经营31户。

2000—2003年，辖区饮食店无食源性传染病及食物中毒发生。2004年3月，桂林市人民政府将1999年下放给城区的食品卫生监督管理权收归市卫生监督管理所。2005年，对辖区食品生产经营单位开展经常性卫生监督，对违反食品卫生法的单位进行处罚。

第七节 医疗制度

劳保医疗制度

1951年2月，中央人民政府政务院公布《中华人民共和国劳动保护条例》。是年3月，区境内的国营和集体企业开始实行劳动保险医疗制度(简称劳保医疗制度)，凡是企业的正式职工均可享受单位的劳保医疗。经费由企业自筹自支、自行管理，管理模式由企业自定。有的企业指标到人，单位调剂，年终结算；有的企业与就诊医院签订合同，职工凭证明或记账单到指定医院就医，年终由企业与医院结账；有的由企业医务室或职工医院包干，转诊费由包干医院负责；有的允许职工自由到医院就医，其医疗费用企业与个人各承担50%，或由企业报销60%—80%，其余由个人负担；有的企业规定职工平时门诊医药费实行定额，工伤则全额报销。1985—2001年，亦有一些企业将医药费包干到职工个人，按月随工资发放，职工门诊看病费用自付，住院费用报销80%。

在对职工实行劳保医疗制度的同时，各企业对职工的直系亲属(无固定工作的父母和未成年子女)实行半劳保医疗制度，由企业负责报销医疗费用的一部分，其比例由企业自定。

2001年1月3日，桂林市城镇职工基本医疗保险制度正式实施，辖区内的企业所实施的劳保医疗制度逐步被其所取代。

公费医疗制度

1952年6月，第四区人民政府和党政机关干部及青委、妇联、文联、学联、中苏友好协会、抗美援朝分会等群众团体在编人员，文化教育、卫生、社会等事业单位的国家工作人员，市立中小学、工农干部、识字班的教职工，二等乙级以上革命残疾军人，土地改革工作队、民政队等工作人员，以及清洁队、工程队、苗圃等单位的在编人员享受公费医疗，发给《公费医疗预防手册》，凭手册到指定医院就诊。医疗经费每人每月1.50万元旧人民币(折合新人民币1.50元)。1962年9月，医疗经费每人每月增至2元。1980年，七星区公费医疗经费增至每人每年30元。1985年10月起，医疗经费每人每年90元。

1986年5月，执行《桂林市公费医疗管理改革实施办法》，享受公费医疗人员可在市人民医院、市第二人民医院、市中医院、南溪山医院、桂林医学院附属医院中选择一家医院作为固定医疗定点。定点医院负责门诊、住院治疗、转诊介绍、外诊医药费报销。1992年7月起，医疗经费每人每年增至140元。1999年3月，执行《桂林市公费医疗管理暂行办法》，区直机关、事业单位享受公费医疗人员(含离休干部)可自选一所综合医院和一个门诊部为固定医疗点，享受厅级医疗待遇人员可选择两家综合医院和一个门诊部为固定医疗点。

2001年1月起，公费医疗制度终止，执行《桂林市人民政府关于印发桂林市城镇职工基本医疗保险暂行规定的通知》，城镇企业、国家机关、事业单位、民办非企业单位、社会团体等单位原享受公费医疗的人员以及退休人员全部纳入基本医疗保险范围，基本医疗保险费由用人单位和职工共同缴纳，其中个人按上年工资总额的2%逐月缴纳，单位按其个人上年工资总额的6.5%逐月缴纳。实行基本医疗保险制度后，离休干部和二等乙级以上革命伤残军人按原规定享受公费医疗待遇。2005年，全区有12名（企业离休5人，事业3人，代管2人）离休干部享受该待遇。

统筹医疗制度

国家工作人员子女统筹医疗制度于1952年9月与公费医疗制度同时实施。采取资金统筹方式，对国家工作人员身边（限在市区范围内）抚养，年龄在16周年以下的子女进行医疗保健。凡夫妻一方为享受公费医疗者，其符合条件的子女均可参加，参加自愿，退出自由。凡参加者均按规定缴纳统筹医疗费，定额每人每月5000元旧人民币（折合新人民币0.50元），1975年增加到1.20元，超支部分由父母所在单位从福利费中给予适当补助。统筹医疗经费由市公费医疗管理委员会统一管理，管理办法与公费医疗相同。20世纪70年代至2005年，统筹医疗由各单位自行管理，个人自交医疗费和单位补助数额由各单位自定。

农村合作医疗制度

1968年，朝阳公社、穿山公社实施合作医疗制度。合作医疗主要以生产大队集体经济为依托，农民自交一部分作为合作医疗的经费来源。1969年，农业人口100%参加合作医疗。各大队配有合作医疗医生（时称“赤脚医生”），实行半脱产，由所在生产队记劳动工分，参与年终分配作为行医的报酬。实行合作医疗后，大多数农民看病、服药、住院经费全免，不到1年合作医疗基金几乎耗尽。1970年，各生产大队相继成立合作医疗管理委员会，建立健全合作医疗制度。规定挂号、出诊、夜诊、打针、药费等收费标准和医药费报销范围以及转诊、住院等药费报销比例。1971年开始，合作医疗逐渐由盛转衰。其原因是大多数“赤脚医生”业务水平低，不能满足群众治病的需要；药源和经费紧张，“赤脚医生”的报酬难以落实。1972年，公社部分合作医疗机构相继解散。20世纪80年代初，农村实行以家庭联产承包责任制为主体的经济体制改革，以集体经济为依托的农村合作医疗失去了集体经济的支撑，陆续自行解体。

1997年，朝阳乡、穿山乡共14个村委会8039户，总人口32307人。是年，两个乡被市人民政府确定为全市恢复农村合作医疗试点乡后，七星区成立以区委副书记陆新元任组长，副区长苏韧任常务副组长，卫生、民政、农业、财政等部门领导为成员的“高新区七星区农村合作医疗领导小组”。颁发“关于开展农村合作医疗工作的通知”，制定“高新区七星区农村合作医疗实施方案”，与乡政府领导签订工作责任状。1997年12月，穿山乡所辖的8个村委会全部建立合作医疗制度，正式挂牌运转。全乡参加合作医疗人数22171人，占总人口92.3%。1998年1月，朝阳乡6个村委亦挂牌运转。1997—1998年，两个乡共筹集合作医疗资金35.47万元，其中区政府补助3.37万元，乡政府补贴1.17万元，村委会集体出资4.54万元，农民个人集资26.39万元。两个乡14个村委会的合作医疗举办形式均为村办村管，其中实行合医合药的村委会12个，合医不合药的村委会2个。参加合作医疗人数共28772人，占总人口数的89.06%。

合作医疗为“乡办乡管”，农民自愿参加，医疗基金以村为单位筹集收取，统一交乡合作医疗管理委员会进行基金分配和基金补偿。筹资方式：农民个人集资，村集体扶持，区、乡政府补贴。五保户、特困户、烈属的合作医疗资金原则上由集体代缴。基金比例：医疗基金为80%，防疫保健基金10%，风险基金5%，储备基金3%，管理费2%。村民就诊医疗补偿比例分门诊和住院2种，门诊补偿比例：村卫生所30%—40%，乡卫生院25%—35%，县以上医院20%—30%。住院补偿比例：乡级以上医疗机构20%—50%，也可按住院费用分段补偿：500元以上补偿20%，501—1000元补偿30%，1001—1500元补偿40%，1501元以上补偿50%，补偿费用最高封顶线在1500—2500元。合作医疗基金出现超支，用储备金补偿，不足部分的50%由乡人民政府调剂垫支，余下的50%由村卫生所和乡卫生院垫支，在下年度筹资调剂补偿。结余的合作医疗基金全部转入下年作为储备基金使用，不得作为奖金或挪作他用。

1999年，朝阳、穿山乡有10个村委会继续实行合作医疗，合作医疗巩固率71.43%。全年498名村民减免医药费44525元。随着村集体经济逐渐解体，2000—2004年，农村合作医疗制度陆续停止运作。2005年，两个乡14个村委仅有穿山乡七星村委、朝阳乡合心村委仍坚持实行合作医疗制度。

第二十九章

人事　劳动社会保障

2005 年 2 月，桂林高新区七星区举办 2005 年人才交流大会

1979年，七星区人民政府成立前，七星区域的人事、劳动及社会保障由市人事劳动部门及市郊区人事劳动部门负责管理。1980年，七星区人民政府成立劳动工资科。

1981—1992年，七星区人民政府的人事、劳动管理制度实行重大改革，在定编制、定机构、定职能的基础上，坚持公平、公正、公开，择优录用的原则，推行国家公务员制度，减少领导职数，人员的年龄结构、文化结构逐步趋于合理。

1995年起，七星区人民政府贯彻《国家公务员暂行条例》，在区机关推行公务员制度，实行重大人事制度改革。

1994年起，七星辖区的企业落实从计划经济转变为市场经济，企业扩大了自主权，可以根据生产需要，自主招收工人，择优录用。

1996年起，区委、区政府每年年终对辖区的公务员进行年度考核，对公务员进行动态管理，激发公务员的敬业奉献精神。

1997—2005年，辖区部分企业在经济体制转型过程中，因经营不善，部分职工下岗、失业，给职工生活造成困难，七星区人民政府采取多种措施，广开就业门路，安置就业人员；对短时间内无法找到合适工作的失业人员，区政府落实多项社会保障职能，以保障失业人员在失业期间的基本生活。

2003年起，七星区按照全国再就业工作会议的要求和市里的部署，把积极构建社区基础劳动保障工作平台作为促进下岗失业人员再就业、推动企业退休人员实现社会化管理的一项重要举措，将基础性劳动保障工作向社区延伸，加快七星区劳动保障工作社会化服务的进程。七星区1乡、3办全部组建了劳动保障事务所，29个社区设立劳动保障工作站。初步形成区、乡（街道）、社区三级劳动保障工作网络，在缓解下岗失业人员再就业压力，稳定就业局势、实现企业退休人员社会化管理方面，取得了明显的工作成效。至2005年年末，共接收辖区企业退休人员2800多人，下岗失业人员实现就业在就业1700多人。

2005年2月，劳动人事和社会保障局获自治区人民政府颁发的“全区再就业工作先进单位”，同年12月，获自治区劳动和社会保障厅、自治区总工会和自治区企业联合会（企业家协会）颁发的“先进劳动争议仲裁委员会”。

第一节　机　　构

区劳动人事和社会保障局

1980年8月，七星区人民政府设立劳动工资科，人员编制3名。1984年12月，改称为劳动人事科。1988年8月，更名为劳动人事局。1997年6月，桂林高新技术产业开发区与七星区合并，区委组织部内设劳动人事处、人才交流中心。1998年4月，由劳动人事处改为劳动人事局。

2002年1月，更名为劳动人事和社会保障局，人员编制4名。2005年，劳动人事和社会保障局内设人才交流中心，主要提供人才交流、人事代理、档案托管等相关服务。下辖就业服务中心、农村社会养老保险事业管理所等2个事业单位。1984年至2005年，劳动人事和社会保障局历任正职领导分别为：于家雄、周祥林、王芳、莫福旺。

区劳动人事和社会保障局下属单位

就业服务中心　1996年8月28日，成立桂林高新技术产业开发区劳动服务公司，归口桂林市劳动服务公司管理。2003年7月，桂林国家高新技术产业开发区劳动服务公司更名为就业服务中心，在编人员7名，机构级别正科级，隶属于桂林高新区七星区人力资源和社会保障局，主要职责是开展求职登记、职业指导、职业介绍、招聘洽谈、培训申请、档案托管等服务。至2005年编制、机构级别不变。

农村社会养老保险事业管理所　1997年7月，成立桂林市七星区农村社会养老保险事业管理所，核定编制4名，机构级别正科级，隶属于七星区人民政府，具体负责七星区内城乡居民养老保险参保、养老金发放工作。至2005年，七星区农村社会养老保险事业管理所编制、机构级别不变。

第二节　干部管理

中华人民共和国成立至1978年，七星区域内的第四区、第三区、东江和漓江街道办事处、东江人民公社、漓江人民公社的人事工作由市人事部门负责管理。1979年7月，七星区人民政府成立。1980年，七星区劳动人事机构成立，负责辖区的人事工作。1997年6月，七星区人民政府、桂林国家高新技术产业开发区合并，贯彻《国家公务员暂行条例》，在区机关实施公务员制度。2005年，桂林国家高新区七星区建立实施公务员登记基础数据库，为运用计算机技术依法对区属国家公务员队伍实行动态、科学、高效管理奠定基础。

录　用

1995年起，七星区逐步推行国家公务员制度，招聘到机关工作的干部面向社会实行公开招录，统一考试，德、智、体全面考核，择优录用。录用干部试用期一年，试用期满报桂林市人事局批转为正式干部。

1996年末，桂林市区划调整，从郊区接收干部、职工658名（含退休人员）。1986—2005年，七星区机关共接收军转干部67名。2003—2005年，七星区机关招录公务员共13名。2005年年末，七星区有在职干部326名。

调　配

1978年前，七星区域的朝阳乡、穿山乡、东江街道办事处、七星街道办事处的干部调配由市委组织部和市人事局负责。1980—2005年，七星区一般干部在区属范围内的调配，由区委组织部和区政府人事部门负责；提拔副科级干部，由区委常委会议讨论决定后，报市委组织部备案，并报送干部的任免呈报表及考核材料各一式三份。提拔任免正科级干部，须先呈报市委组织部批准后，才能对外公布任免，同时报市人事局备案，并报送任免呈报表一式三份；实行新的工资制度后，新提拔的科级（含副科）干部的工资变动，一律报市委组织部审核。

考　核

1995年，桂林高新技术产业开发区、七星区人民政府贯彻实施《国家公务员暂行条例》，规范干部管理。制订实施《桂林国家高新技术产业开发区、七星区国家公务员制度实施方案》，组织机关工作人员1200多人次参加培训和考试。做好区域调整后的人事交接和区机关机构、编制调整工作，1996年年末，市行政区域调整，七星区接收原郊区干部、职工658名。1997年，桂林高新区七星区制订和完善《桂林高新区七星区实行干部选拔任用工作暂行规定》等13个干部制度改革文件，对任免工作程序、干部考核、干部交流、不胜任现职领导干部的认定标准与调整办法、竞争上岗、领导干部任前公示、领导干部重大问题请示报告、谈话制度、诫勉制度、离任审计等作了详细规定，逐步建立和形成科学有效的制度体系。

2005年，七星区加强公务员队伍能力建设。组织机关在职人员进行《中国—东盟知识》和《中华人民共和国公务员法》培训，完成公共管理、电子政务及公文写作与处理的培训工作。做好公务员的年度考核工作。对区机关、七星区人民法院、七星区人民检察院、朝阳乡、穿山街道、东江街道、七星街道共300多名公务员进行年度考核，评出优秀等次40名；并组织对公务员进行登记上报。

奖　惩

奖励　民国时期，区境公职人员一年内获3次嘉奖者可作为记功1次，记功3次者作为记大功1次。

中华人民共和国成立后，1954年，第四区人民政府（七星区域）贯彻《国家机关工作人员奖惩暂行条例》，奖励分五项：表扬或奖品、评功或二等奖金、记大功或一等奖金、记特等功或特等奖金、授予荣誉称号（工作模范、劳动模范、人民功臣）或荣誉奖金。1957年，东江人民公社（七星区域）贯彻《国务院关于国家机关工作人员的奖惩暂行规定》，奖励分六项：记功、记大功、授予奖品或奖金、升级、升职、通令嘉奖。“文化大革命”期间，东江人民公社、漓江人民公社学习解放军，按“四好连队”“五好个人”条件评奖。1979年7月，七星区人民政府成立，七星区贯彻市人事工作会议精神，明确干部奖励按国家的政策规定办理。1985年施行的《七星区机关工作人员奖惩暂行办法》规定，奖励分为9项：嘉奖、先进个人、先进集体、记三等功、记二等功、记一等功、升级、晋职、授予七星区特别奖。评奖办法：一年进行一次，在发扬民主、集体选举的基础上，由单位群众讨论或评选，组织部门考核，考核委员会核定。先进个人、先进集体、记三等功、授予七星区特别奖，由区委、区政府批准；成绩特别突出，需记二等功、一等功、升级、晋职，由区委、区政府提名，按干部管理权限，上报市委、市政府审批。奖励标准：凡被评为先进个人、先进集体、记三等功的，除授予光荣称号外，按上级有关规定给予物质奖励；获七星区特别奖及市一级先进单位和先进个人、记二等功的，分别发给奖金80元、50元；获自治区先进单位和先进个人，记一等功的，分别发给奖金150元、80元；获全国先进集体和先进个人、通令嘉奖的，分别发给奖金300元、150元。1990年起，七星区机关结合年终目标管理岗位责任制考核，奖励种类改为4项：升级（可同时给予记功）、二等功、三等功、先进工作者。并对升级奖励做出规定：已获得升级奖励人员，两年内没有新的重大功绩，不再给予其他种类的奖励；获得升级奖励的人员，如工资已达到或超过新任职务最高工资标准的，可在此基础上继续浮动。获得奖励人员，均按干部管理权限进行审批。1985—2005年，七星区机关有1600多人次获得奖励。

惩戒　民国时期，公职人员的惩戒分为4项：申诫、记过、记大过、撤职。公职人员若违法、废除职务或其他失职，均应受到惩戒。一年内，受到3次申诫者作为记过1次，记过3次者作为记大过1次，记大过3次者予以撤职。

中华人民共和国成立后，对犯错误的干部行政惩戒分为8项：警告、记过、记大过、降级、降职、撤职、开除留用察看、开除。1985年起，施行的《七星区机关工作人员奖惩暂行办法》规定12种违纪、失职行为，应给予纪律处分：违反国家政策、法律、法令和政府决议、规章制度的；玩忽职守，贻误工作或给国家资财遭受重大损失的；违反民主集中制，不服从上级的决议、命令，压制批评，打击报复的；弄虚作假，欺骗组织的；拨弄是非，破坏团结的；丧失立场，包庇坏人的；浪费国家资财，损害公共财物的；滥用职权，侵犯人民群众利益，损害机关和人民群众关系的；泄露国家机密的；腐化堕落，损害国家机关公信的；屡教不改或者蜕化变质的；其他违反国家纪律的。对于违反国家纪律，使国家和人民的利益遭受到一定的损失，仍然可以继续担任现职的人员，分别给予警告、记过、记大过、降级处分；对于严重违反国家纪律，造成国家和人民利益的重大损失，不能继续担任现职的人员，给予降职或撤职处分，如无职可降、无职可撤的，给予降级处分；对于严重违法失职，屡教不改或者蜕化变质不可救药，不适宜在机关继续工作的，给予开除处分。对其中某些人员，为使其有最后悔改的机会，也可根据具体情况从宽处理，给予开除留用察看处分。机关干部的纪律处分，按干部管理范围和任免权限审批办理。1995年起，七星区执行国务院《国家公务员暂行条例》的规定，惩戒为六种：警告、记过、记大过、降级、撤职、开除。共产党内惩戒分为五项：警告、严重警告、撤销职务、留党察看、开除党籍。犯有错误的干部，是共产党员的，可同时进行党纪和政纪处分，不是共产党员的，只给予政纪处分。

1985—2005年，七星区惩戒干部23名，其中给予行政处分16名：警告4名，记过3名，记大过2名，降级2名，降职1名，撤职1名，开除留用察看2名，开除公职1名；给予党纪处分7名：党内警告2名，党内严重警告1名，撤销党内职务2名，留党察看1名，开除党籍1名。

社区和村委会干部管理

1990年起，七星区政府对辖区基层投入加大，各种各样的项目和工程下到基层，直接进村入户，在实惠了基层群众的同时，也滋生出了一些贪污腐败的基层干部。针对这一情况，1995年起，七星区纪委加强对社区、村委会干部的监督管理。1995年，七星区纪委查处社区、村委会干部违纪现象3起。2000年，七星区纪委查处社区、村委会干部违纪现象7起。1990—2005年，七星区纪委查处社区、村委会干部违纪现象59起。

换届监管　1995年起，七星区纪委加强对社区、村委会干部的换届监管。社区和村委会干部的换届选举工作一直是基层工作的重点和难点，部分基层群众的民主意识淡薄，容易给一些人员可乘之机，采用贿选、拉票、威胁等非法方式赢得选举。而采用非法方式赢得选举后，又往往伴随着在日常工作中贪污受贿和以权谋私。至2005年年末，七星区纪委查处了16起辖区社区、村委会干部换届选举中违纪现象。

财务监管　20世纪80年代后，辖区一些社区、村委会的财务监管状况混乱，一些社区、村委会的会计和出纳没有分开，统一由一人负责，使得基层资金流动过程，社区、村委会干部有了作案的机会。1995年起，七星区纪委加大对社区、村委会的财务监管。当年，七星区纪委查处辖区财务工作违纪行为3起。2000年起，辖区城中村改造过程中，先富和最富的是这些社区、村委会干部。七星区加强对社区、村委会的财务监管，建立一套完善的社区、村委会会计出纳制度，定期对社区、村委会的财务进行审计，并建立社区、村委会干部财务公开制度，让百姓参与到对社区、村委会干部的财务监督。至2005年，七星区纪委查处辖区财务工作违纪行为10起。

日常工作监管　由于中国几千年的“人治”影响并未完全在百姓心中消除，有的社区、村委会干部靠人情、个人拍板来协调关系、开展工作，有些甚至搞无原则的“特事特办”，用制度管人、做事、自律不够，造成工作隐患。1990年起，七星区政府加大了对社区、村委会的日常工作监管力度。1995年，七星区纪委查处日常工作违纪现象3起。1998年，七星区纪委查处日常工作违纪现象4起。2003年，七星区纪委查处日常工作违纪现象2起。1990—2005年，七星区纪委查处日常工作违纪现象25起。1990—2005年，七星区政府依法调解日常工作纠纷300多起。1995—2005年，七星区政府对社区、村委会干部的教育培训共30多场次，转变辖区社区、村委会干部观念，培养按制度办事的意识。

严格执法　2000年起，七星区纪委加强对社区、村委会干部严格执法，畅通辖区小区、街道、自然村、屯的举报渠道。严厉查办严重侵害群众利益与民争利等方面的案件，以及党员干部失职渎职造成国有、集体资产损毁、流失的案件。坚持在法律和纪律面前人人平等，对违法违纪案件发现一起，查处一起。2005年，七星区纪委开通电话、信件、邮件、短信、论坛等举报渠道，完善基层群众举报渠道，警醒辖区社区、村委会干部。2000—2005年，七星区纪委查处执法不严的违纪现象8起。

第三节　劳动就业

用工制度

20世纪70、80年代，七星区属企业多数是集体性质。1978年前，企业就业人员安置主要由市城区街道工业局安排、管理。1979年，七星区人民政府成立，劳动就业由区劳动人事部门负责。

1984年8月，七星区贯彻市委《关于改革经济体制简政放权的若干规定》，全民所有制企业可以根据生产需要和上级下达的招工指标，公开招工，经过德智体全面考核，择优录取，报市劳动人事部门备案。集体所有制企业，可根据生产需要，按择优录用原则，自行向社会招收工人，向区劳动人事部门备案。同年9月，贯彻自治区轻工业厅、劳动人事厅《关于改革城镇集体所有制工业企业的用工制度和劳动力管理的通知》，规定：区属集体所有制企业，有辞退、开除工人的权力，企业辞退、开除工人，由企业职工(代表)大会讨论通过，厂长批准，报企业主管部门和区劳动人事部门备案。区属集体所有制企业职工，可以申请退厂和申请保留厂籍，经批准后，从事个体经营活动；经批准保留厂籍从事个体经营活动的职工，要与厂签订合同，并交纳一定数额的公益金和管理费。

1995年，七星区劳动人事局印发《关于劳动用工进一步放权及有关问题的通知》，规定：区属集体企业招收新工人，不再办理申请报批手续，企业可根据生产工作需要按国家有关规定，自主确定招工时间、招工人数，自行组织招收，招收后报区劳动人事局备案。

1996年，七星区开始全面推行集体劳动合同，即由企业职工代表大会向企业法人代表签订集体劳动合同，明确劳资双方的责、权、利。至2005年年末，签订集体劳动合同的职工有6万多人，合同签订率达96.86%。

2001年6月，七星区依据桂林市下发关于理顺国有企业劳动关系的意见，对下岗职工、离岗未就业等富余职工的安置，改制企业职工等劳动关系的处理提出了具体办法，用处置部分土地、资产变现及筹集资金补偿安置职工，实行职工身份置换(即买断工龄)。2005年，职工身份置换一次性补偿标准为：20年工龄以上职工为4.38万元，20年工龄以下职工按4.38万元除以20年再乘以当事人的实际工龄。全区有12家改制或破产企业按此办法为职工办理了身份置换，身份置换职工4500多人。不足5年达到法定离退休的人员根据本人自愿可实行内部退养，其余人员均领取一次性身份置换补偿费后成为社会待业人员。

至2005年年末，七星区属集体企业共招收工人1500余名。

城镇居民就业

中华人民共和国成立初期，七星区境的失业人员由市劳动局安置就业。就业形式主要有进工厂做工，参加公益性劳动，如打石子、拉河沙、翻修市区街道、疏通下水道、参加湘桂铁路桂林至柳州段整修等。一些在城市一时无法安置其就业，而农村又有亲属可以投靠的，根据本人自愿的原则，鼓励他们还乡从事农业生产。对国民党政权留下来的军、政人员，除罪大恶极和有民愤的外，均给以工作和生活出路。其遗留的公教人员，政府采取全部包下来的办法予以安置。私营企业因生产改组、行业淘汰等原因造成的失业人员，政府责令其不得解雇，由原企业主发给原工资，以保证其生活待遇不变。

1958—1979年，七星区境的人员就业安置，由市劳动部门和市城区街道工业局按计划安置，除进市属国营企业外，大部分安排进七星区境的公社所属的集体企业。

1979年8月，七星区委、区政府成立待业人员安置领导小组，多方安置待业人员，至当年12月末，全部安排到位。

1990年11月，七星区贯彻自治区人民政府《关于广开就业门路，妥善安置城镇待业人员若干问题的决定》，依靠发展集体经济、个体经济和私营经济，为待业人员广开就业门路。

1997年起，七星区在区属集体企业劳动用工上进一步给企业放权，企业可根据生产需要进行招工。具体工作中，以街道服务和专业批发市场为突破口，开发家政服务、物业保洁、公厕保洁、车辆看护及各类公益性岗位，开展就业培训和职业介绍，促进多渠道安置就业。

1980—1993年，七星区推行劳动合同制，企业招工和待业人员求职，均通过劳务市场进行“双方选择”，即企业根据(经营)需要自主招工、劳动者自主择业，企业与劳动者签订劳动合同，以法律形式确立劳动关系。1986年年末，七星区有职工1273名，年工资总额14多万元。区政府对原有的街道企业进行整顿和扶持，利用经贸洽谈会、招商引资等引进桂林金刚厂工具有限公司等企业，促进辖区经济发展，同时为劳动者就业提供选择平台。至1993年，七星区有企业371家，其中工业企业151家、商业企业201家、中外合资企业19家。企业有职工5000余人。高、中、初级职称等技术人才和管理人才约占总职工人数的20%。

1994—1996年，七星区企业发展不平衡，部分企业经受不住市场经济的冲击，处于停产、半停产状态。企业职工处于半就业和失业状态。区政府引导部分企业“退二进三”(在产业结构调整中，缩小第二产业，发展第三产业)，为企业谋求发展出路，扶持部分失业人员创办个体商业、服务业等个体私营经济，进一步拓宽就业渠道，促进辖区内的下岗人员、失业人员、大中专毕业生实现就业。

1997年，国家经济体制改革，七星辖区内年产值100万元以上的工业企业有三分之一处于停产、半停产状态，国有企业职工纷纷下岗。

1998年，区劳动人事局根据国家“劳动者自主就业、市场调节、政府促进就业”的方针，把工作着力点放在激活和规范劳动力市场的建设上，强化公共就业服务，促进国有企业下岗职工再就业。

2003年2月，七星区启动劳动力市场筹建工作，完成劳动力市场400平方米场地的装修和相关设施的配备工作，全年共举办现场招聘会38场，接待招聘单位970多家，接待求职人员10060人次（其中下岗失业人员3000多人次），最终达成求职意向5100多人次。区劳动人事和社会保障局充分发挥人才交流中心、劳动力市场和社区的职能及资源优势，为失业人员和下岗职工创造更多的就业岗位，为国企下岗职工提供免费求职推荐服务。同年，七星区共提供就业岗位4800多个，其中下岗职工岗位800多个。

2004年2月19日后，区就业服务中心每周星期四均举办一场招聘会。

2005年，成功举办桂林高新区七星区人才交流大会，共吸引353家用人单位和25000多名求职者参加，与会用人单位向社会提供就业岗位5409个，会上有求职者10218人次（其中下岗失业人员1621人次、在职人员3178人次、应届大中专毕业生5419人次）向用人单位投递了报名材料，最终达成求职意向4726人次。七星区积极推进区劳动力市场信息化建设，在互联网上开设了劳动力市场网页，与市一级就业信息网进行了互联。抓好失业人员就业和下岗职工再就业工作。为下岗失业人员提供免费求职推荐服务，发挥就业服务中心具备的场地优势，全年共举办现场招聘会37场，提供就业岗位1万多个，实现下岗失业人员再就业4103人次。指导协管员做好社区失业人员办理再就业优惠证和申请小额贷款等有关手续。2005年2月，七星区人民政府评为自治区再就业工作先进单位。

1999—2005年，七星区人民政府通过人才交流会、下岗职工专场招聘会、开发公益性岗位促进“4050”（女性40岁以上、男性50岁以上就业困难）人员就业、扶持下岗失业人员自主创业等方式，促进2万多下岗人员、失业人员、大中专毕业生实现就业。

2002—2005年，七星辖区下岗失业人员申请小额贷款手续10多起，贷款额10多万元。100多名持再就业优惠证下岗失业人员落实了再就业优惠政策中的税费减免。

农村劳动力就业

中华人民共和国成立后至20世纪90年代初，七星辖区农村劳动力就业形式主要是在家里务农，少部分人进行经商活动。90年代中期起，辖区农村劳动力就业变成少部分在家里务农，大部分外出务工经商，从事交通、建筑、服务业等行业工作。2005年，七星辖区农村劳动力外出务工主要是进私人企业，占40%；从事建筑服务业占60%。

1995年起，七星辖区农村常住户逐步兴起外出务工。1998年年末，农村常住户在外务工的劳动力（不包括举家外出务工的劳动力）有2612人。2005年，七星区统计局调查统计，2004年二季度末，农村常住户在外务工的劳动力（不包括举家外出务工的劳动力）有2804人；在地级以上大中城市务工的劳动力2000人；在县（区）级市以下地区务工的劳动力800多人；在东部地区务工的劳动力2102人，占外出务工劳动力的比例75%；在中部地区务工的劳动力420人，占外出务工劳动力的比例15%；在西部地区务工的劳动力282人，减少26人，占外出务工劳动力的比重为10%。

1995年起，随着七星区经济建设的发展，大量外地劳动力加入到七星区经济建设、社会服务等各个领域的就业大军中。七星区外来劳动力就业管理工作经历从市场封闭、限制使用到市场开放的过程。实践中逐步摸索出“以市场需求为导向，以劳务协作为依托，以规范管理为保证，以就业服务为抓手”的外来劳动力就业管理服务模式。主要做法：建立完善劳务协作机制，引导外来劳动力有序流动。1995年，七星区遵循平等相待，相互协作的原则，与省（市）、自治区共同组建劳务协作区，建立起25个劳务基地。至2005年，七星区累计向用人单位输送劳动力3万多人，形成以劳务基地为主渠道的有序劳务输出输入模式。劳务基地根据七星区用人单位的需求，开展农民工的招聘、培训、输送等工作；在机制建设方面，采取的措施：明确准入条件，建立评估制度，加强劳务基地的规范管理；设立七星区劳务管理机构5个，共同做好流动就业管理服务工作；坚持劳务协作会议制度，促进劳务协作单位的沟通联系。搭建城乡统筹的就业服务平台，积极开展多样化的就业服务。七星辖区建立外来劳动力职业介绍服务机构10个，为外来劳动力提供日常就业服务；定期召开招聘洽谈会；发挥中介服务优势，打通地区劳务协作渠道。加大劳动保障监察力度，切实保护外来劳动力合法权益。区政府处理企业拖欠农民工工资6起；打击和取缔非法职业中介机构3个；开展专项监察活动5次，依法保护农民工合法权益。逐步完善外地农民工社会保险政策。为保障外地农民工的合法权益，使他们能真正享受到社会保险待遇，2000年起，七星出台《七星区外地农民工参加工伤保险暂行办法》和《七星区外地农民工参加基本医疗保险暂行办法》，要求用人单位按照规定的比例为使用的外地农民工缴纳工伤和医疗保险费，农民工个人不缴费。按照“低费率、广覆盖、保当期、保大病”的原则，让外地农民工在七星区务工期间享受到与本辖区居民平等的工伤和医疗保险待遇。

朝阳乡是七星区典型的农业地区，农业人口占全区总人口的60%，自然资源缺乏，工业欠发达。为解决劳动力特别是农村剩余劳动力就业问题，促进农民增收脱贫，2000年起，七星区政府把劳务输出确定为十项民心工程之一，作为全区经济和社会发展的亮点打造，从强化领导入手，坚持政府推动、主体主动、政策驱动、典型带动、宣传促动、部门联动，建立组织、信息、中介、培训、协调、服务六大网络体系。同时，进行宣传发动，树立一批劳务输出典型示范村、户，全区形成齐心协力抓劳务输出，促进农民增收。

2004年，国家关于农村劳动力就业政策和环境进一步得到改善。逐步减少和消除限制农民进城就业的政策性障碍，改善对进城求职农民的就业服务，加强对农民工的职业技能培训，严厉打击坑骗农民工财物、扰乱劳动力市场正常秩序的“黑职介”，为农民进城求职就业提供一个良好的社会环境。

2005年，七星区对外出务工劳动力落实《国务院办公厅关于进一步做好改善农民进城就业环境工作的通知》，改善辖区农民进城就业环境，让农民进城务工得到实惠。同年，七星区朝阳乡在外务工人员有1500多人，20多个省（自治区）的36个城市，年劳务收入共5000多万元，人均增收400多元，占农民人均纯收入的20%。

下乡知青安置就业

20世纪50年代中期，七星区域有初、高中的知识青年自愿报名下放到市郊区插队务农，具体人数不详。20世纪60年代中期，有知识青年到郊区朝阳、穿山公社务农。1966年“文化大革命”开始后，学校停课，大学、中专停止招生，社会上招工、招干基本停止。国家为解决这部分高中和初中毕业生（简称知识青年）的就业问题，1968年12月号召其到农村去插队落户务农。1969年1月起，七星区域的朝阳乡、穿山乡开始大规模的有组织、有计划的动员知识青年到农村去插队落户务农运动。知识青年刚到农村时，分散住在贫苦农民（当时称贫下中农）家里，与他们实行“三同”（同吃、同住、同劳动），后来国家拨款修建知青住房，他们才集中居住。

1974年，穿山公社三联大队党支部，依靠贫下中农，把上山下乡插队的知青当作自家的子弟，从政治上、生产上、生活上给予帮助。全队56名知青，分布在9个生产队，有1名加入了中国共产党，12名加入了共青团，9名担任学习辅导员，5名担任民兵排长、生产队记分员。

1978年7月，停止动员知识青年上山下乡。至1979年年末，除个别知青在当地结婚安家外，其余全部回城。根据国家规定，下乡回城安排工作的知识青年，他们的工龄从组织批准其下乡插队时计算；回城后等待分配工作的时间不计算工龄；“文化大革命”期间，受株连随父母下放农村的知识青年，不论是否办理插队手续，都从年满16周岁并参加农村集体劳动之日起计算工龄；“文化大革命”期间回乡（含投靠亲友）的插队知识青年，不论当时是否享受插队知青待遇，后来回城安排工作，也从回乡参加集体劳动之日起计算工龄。招工后分配到技术工作岗位的，考核定级以前的工资待遇，实行3年学徒期的：下乡满2年以上的，参加工作第1年享受学徒第2年的待遇，工作满1年后，享受学徒第3年的待遇，满2年后，享受一级工待遇，满4年后定级；下乡满3年以上的，参加工作第1年享受学徒第3年的待遇，工作满1年后，享受一级工待遇，满4年后定级；下乡满5年以上的，参加工作第1年享受一级工待遇，工作满4年后定级。实行2年学徒期的：下乡满2年以上的，参加工作第1年享受学徒第2年的待遇，工作满1年后，仍然享受学徒第2年的待遇，满2年后享受一级工待遇，满3年后定级；下乡满3年以上的，参加工作第1年享受学徒第2年的待遇，工作满1年后，享受一级工待遇，满3年后定级；下乡满5年以上的，享受一级工待遇，工作满3年后定级。

国有企业下岗职工再就业

1997年，国家对国有企业改制，七星区对辖区的轮胎厂、制药厂、无线电一厂、无线电三厂及一些特困企业需要安置的人员进行了安置。根据国家“劳动者自主择业，市场调节就业和政府促就业”的方针。区政府成立国有企业下岗职工再就业援助中心，帮助困难企业职工实现再就业。

1999年，下岗职工基本生活保障和再就业工作被列入市委、市政府重要议事日程，成立国有企业下岗职工基本生活保障和再就业工作领导小组。国企下岗职工基本生活保障资金按照中央确定的“三三制”原则筹集，即三分之一由市财政预算安排，三分之一由企业筹集，三分之一由社会筹集(含从失业保险金中调剂)。市劳动局按照国家的统一规定，从7月1日起提高失业保险的收缴比例，由原来企业工资总额的1%提高到3%(企业缴纳2%，个人缴纳1%)。

1999年7月，中央下发《国务院办公厅转发劳动保障部等部门关于做好提高三条社会保障线水平等有关工作意见的通知》，决定提高国有企业下岗职工、企业离退休人员、失业职工等城镇中低收居民生活待遇，并明确要求在9月15日前完成提高待遇水平工作。

2000年，市劳动保障部门按照“保生活、抓培训、促就业”的工作目标，把促进下岗职工再就业作为一项重要的工作来抓。发展以安置下岗职工、失业职工为主的劳动就业服务企业。市人民政府下发《关于加快发展劳动就业服务企业，促进就业安置工作的通知》，为巩固和发展劳动企业提供政策保障。市人民政府下发了《关于减免国有企业下岗职工再就业有关行政事业性收费的通知》文件规定，下岗职工自谋职工，个体私营企业聘用下岗职工，可以获得减免工商、劳动、医疗卫生、文化、教育、房产、环保等部门行政事业性收费的优惠。

2004年，市政府下发文件，开发公益性岗位。对市里开发的公益性岗位，市政府除给予每个岗位每月400元的岗位补贴，还给予养老保险、失业保险、基本医疗保险、工伤保险等社会保险费补贴，由城区开发的公益性岗位由市财政给予每个岗位每月80元的岗位补贴，不足部分由城区财政补贴。当年开始，区政府从“四个三”即“三保”(保安、保洁、保绿)、“三托”(托老、托幼、托病)、“三服务”(家政服务、陪送服务、保健服务)、“三管理”(人口管理、车辆管理、公共管理)等行业开发岗位，开展面向下岗职工、军人家属等专项就业服务，面向“4050”(即40岁以上的女职工、50岁以上的男职工)人员服务的特色服务活动。

2002—2005年，七星区对辖区下岗失业人员、灵活就业人员和退休人员调查摸底，建立台账，做到“六清”(下岗失业原因清、下岗失业人员家庭状况清、下岗失业人员择业意向清、下岗失业人员就业能力清、下岗失业人员就业状况清、下岗失业人员社会保障清)“十账”(下岗失业人员登记台账、“再就业优惠证”和“大龄就业困难对象再就业援助卡”申请发放台账、公益性岗位开发及安置台账、社区就业实体登记台账、灵活就业人员登记台账、创业人员登记台账、用人信息台账、求职安置台账、职业培训台账社区就业人员参加社会保险台账)。指导社区协管员做好社区失业人员办理再就业优惠证和申请小额贷款等项工作。这期间，为下岗失业人员办理“就业再就业优惠证”600多本，办理“就业再就业优惠证”年审1300多本，办理下岗失业人员申请小额贷款手续10多起，实行贷款额10多万元。与工商、税务、财政、银行等部门协调，使100多名持证下岗失业人员落实了再就业优惠政策中的税费减免。此后每年按国家政策规定，给下岗失业人员办理“就业再就业优惠证”及年审、申请小额贷款和税费减免等。

劳动服务

劳动服务公司 1980年，七星区劳动服务公司成立。该公司对城镇失业人员进行登记、办理“待业证”，对进城务工人员办理“外来人员就业证”，办理用工单位招工登记、求职人员求职登记，为供需双方进行职业介绍。1980—2005年，每年介绍就业1000—1500名。

就业培训。1980—2005年，七星区劳动服务公司培训就业中心开展就业前劳动技能培训，开设的专业有计算机应用、车工、钳工、服装设计、玉石雕刻、商务英语、服装裁缝等专业，每年培训学员300名。

举办劳动服务企业。1980—1990年，七星区办有基建维修队、搬运装卸队、临工队、其他安装组等。1991—2005年，七星区办有七星综合服务队、七星水电安装公司、七星化建经营部、枫丹酒店、大安油坊图强塑料袋加工厂、北极广场建材店、兴达复印部等企业，在市劳动服务协会的指导下，每年完成工业产值300万元，商业产值200万元，税收10万元以上。

劳动监察。1995年，劳动服务公司有王建彬、吴建中、杨明、李甫亮、朱建平等5名参加自治区劳动厅劳动监察员资格培训，经考试合格成为兼职劳动监察员。受七星区劳动人事局委托行使劳动监察职能；开票业务：受税务局委托劳动服务公司对外开具临工工资、劳务费发票；其他工作：受上级部门委托开展养老保险扩面、劳动监察合格证办证、年审，劳动用工情况调查。

劳动力市场 劳动力市场位于解放桥东头的租用场地，面积340多平方米，2004年年初，七星区人民政府拨出30多万元专款用于劳动力市场装修和设施建设，向社会提供敞开式、一站式、一条龙就业服务。2005年，七星区推进劳动力市场“新三化”（专业化、制度化、社会化）建设，拨付30多万元进行劳动力市场网络建设，购置电脑、空调、电子大屏幕、电子触摸屏、复印机、打印机，更换招聘桌椅，连通全市的劳动力市场联网，实现信息共享。在市场服务中心设立失业登记、求职登记、职业指导、职业介绍、招聘洽谈、培训申请、鉴定申报、档案托管、社保代理、离退休服务、政策咨询、就业援助等“一站式”服务等专门窗口，为下岗失业人员提供免费服务。至2005年年末，共举办劳动力集市98场，并分别举办高校毕业生、农民工、“4050”大龄下岗失业人员8次专场招聘会，共计提供就业岗位7200多个，成功推荐4800多名实现就业和再就业，其中下岗失业人员1300多人次。

职业培训

培训中心 2002年，区财政投入10万元于骖鸾路建成七星区培训中心。培训项目有玉器加工、机械模具、服务设计、美容美发、办公自动化等职业技能培训。2002—2005年，先后举办玉器加工、机械模具、服装设计、美容美发、办公自动化等职业技能培训班90多期，共计培训待业、失业人员3200多人次，帮助2100多名通过培训实现就业再就业（其中实现外省就业400多人次）。

2005年，七星区培训中心与精英电脑培训部、七星电脑培训部、李小琼服装设计中心等单位开展联合办学，共计举办办公自动化、服装设计、电脑平面设计等职业技能培训班20多期，全年培训560名，推荐就业270名。

待业、失业人员就职前培训 2002—2005年，针对下岗失业人员文化程度偏低、技能单一、就业观念陈旧等实际情况，七星区培训中心先后举办玉器加工、机械模具、服务设计、美容美发、办公自动化等职业技能培训班60多期，共计培训待业、失业人员2100多人次，帮助1400多名通过培训实现就业再就业（其中实现外省就业400多人次）。

职业技能培训 2002—2005年，培训中心与区就业服务中心、精英电脑培训部、七星电脑培训部、李小琼服装设计中心等单位开展联合办学，共计举办办公自动化、服装设计、电脑平面设计等职业技能培训班60多期，共培训1300多名，推荐就业900多名。

第四节 人才交流

1994年前，七星区受户口、编制、人事档案管理等问题，七星区的人才流动量不大，事业和机关单位人员调进调出每年只有几起，交流的人才以大、中专毕业分配，接收部队转业退伍军人，照顾夫妻关系调动等；企业以技术需求招入少量人才；辖区的人才交流与引进工作发展缓慢。

1994年9月，设立桂林国家高新技术开发区人才交流中心，负责单位委托人事关系及档案代管、个人委托人事关系及档案代管、人才招聘、招聘广告审批、个人求职、人才引进。每年3月、4月结合春季人才流动性大的特点，举办一次春季人才交流大会。

1999年，桂林高新区人才网(www.vvjob.com)成立。

2000年，桂林高新区七星区组织区属20多家企业参加桂林市人才交流大会和在北京举办全国人才交流大会，全年共引进和接收各类专业技术人员153名，办理转正定职、定级手续51名。积极抓好人才中心的工作，进一步完善人才交流中心的服务功能。办理招聘手续50多个单位，提供就业岗位300多个，办理人事档案代管188名，办理人才求职登记263名。

2002年7月13日—14日，桂林国际会展中心举行桂林高新区七星区2002年夏季人才交流大会　　（区志办　翻拍）

2001年2月，桂林高新区七星区成功举办春季人才交流大会。参会单位230余家，提供就业岗位2300余个，有2万多人参加了人才交流大会，求职报名人数达8800人次，签订初步意向的有2100人；同时组织了20多家区属企业参加市春季人次交流大会及广西实施西部大开发人才交流大会。接收各类大中专毕业生123名。年内，完善人才交流中心的服务功能，完善和充实了人才信息库，全年共办理求职人员登记卡178人次，网络登记求职人员413名，接待招聘单位138家，手机招聘信息154条，提供就业岗位676个，通过各种形式发布招聘信息1000余条，办理人事档案代管163名。

2002年7月13日—14日，桂林国际会展中心举行桂林高新区七星区2002年夏季人才交流大会，共组织205家用人单位参会，吸引约2万名各类专业技术人员和大中专毕业生到会求职，有7673人次向用人单位投递了报名材料，达成初步意向的有2931人次。同年，区劳动人事和社会保障局加强高新人才网络的建设，对桂林高新区人才网进行更新升级。至2002年年末，网站的注册个人1677人次，注册单位250家，通过人才网发布人才求职信息652条，单位招聘信息748条。区劳动人事和社会保障局抓好人力资源的开发和引进紧缺急需的专业人才，尤其是高层次人才，引进博士1名，硕士2名，各类专业技术人员59名。

2003年2月，桂林高新区七星区举办人才交流大会，共吸引300多家用人单位和2万多名求职者双选。大会共有1万多人次向用人单位投递报名材料，最终达成求职意向4000多人次。

2004年，桂林高新区七星区春季人才交流会，吸引270多家用人单位，提供岗位2432个(学历要求构成比例为本科及以上18.5%、大专44.1%、中专及以下37.3%)，吸引2万多名求职者参会，共有9860人次向用人单位投递报名材料，最终达成求职意向4230人次。同年，充分发挥高新人才网络的桥梁作用，进入网站注册13940人次，注册单位860家，通过人才网发布人才求职信息5308条，单位招聘信息1965条；抓好人力资源的开发和高层次人才的引进工作，共为企业引进各类人才259名，办理招工和市外调动手续112名，新调入管理档案133件。

2005年2月，桂林高新区七星区举办2005年人才交流大会。参会单位353家，共提供就业岗位5409个(学历要求构成比例为本科及以上29.5%、大专42.1%、中专及以下28.4%)，吸引2.5万名求职人员双选。大会工作有求职者10218人次向用人单位投递报名材料，意向成交4726人次。当年，桂林高新区七星区机关和企业中共有各类专业人才12000名，其中博士38名，硕士293名，本科生3452名，大专生4655名；高级职称人数1364名，中级职称人数4273名。

1994—2005年，区政府制定并完善《桂林高新区七星区人才引进规定》《桂林高新区七星区优秀专业人才管理办法(试行)》《关于鼓励留学人员和博士创业的若干规定》《桂林国家高新技术产业开发区博士后工作站管理办法》《桂林国家高新技

2005年2月，桂林高新区七星区举办2005年人才交流大会
（区志办　翻拍）

术产业开发区关于对需要重新建档的专业技术、管理人才的管理试行办法》等人才相关政策。组织区属企事业单位赴深圳、广州、南宁等省、市参加科技、广西实施西部大开发人才交流会，至2005年年末，七星区共引进各类电子信息专业人才140名，其中留学回国人员18名、博士7名、硕士30名，其他高层次专业人才82名。组织专业技术人员参加国际通信技术年会、全国光电子学术交流会、中国信息和通信安全学术会议等会议和培训，并邀请国内外电子信息领域的专家学者来小高地进行学术交流。辖区的广西医药人才小高地、桂林信息产业人才小高地和广西高校人才小高地，汇集30多名国内外知名专家和学科带头人，1000多名专业技术人员，其中三分之一是硕士、博士及高级工程师。

2003年起，七星辖区始有人事（档案）代理事务工作（属个体经营），当时区政府没有成立机构。毕业生人事代理是反映大中专毕业生经历和综合素质的资料记载，是人才信息的重要载体，是人才市场为个人提供相关人事服务的可靠依据。在桂林市人才市场办理人事（档案）代理，可以解决市外生源毕业生的落户问题，可以保证在何种性质单位（包括私营、三资或民营企业）工作，其合法权益、应有的政治待遇和人事服务都得到保障。桂林市人才市场办理人事（档案）代理可提供以下人事服务：落桂林市户口、确认身份并开始计算工龄、办理政审手续、代管党组织关系、按国家规定调整档案工资、工作满一年办理转正定级、工作满一年可办理定职、符合职称晋升条件的可参加职称评定、出具各种与档案相关的证明（如考试证明、计生证明、公证材料、档案代管等与档案相关的证明）。

2005年，七星区成立人才交流中心，负责管理辖区的人事（档案）代理事务工作。当年，七星区新接收人事档案197份，办理人事档案代管110人次，办理户籍代管52人次。

1999—2005年，桂林高新区七星区共组织召开大型人才交流大会6次。吸引1929家用人单位和16.8万余名求职者参加，提供就业岗位30224个，投递报名材料80405人，意向成交27985人次（其中下岗失业人员5496人次，在职人员5723人次，应届大中专毕业生9564人次）。每次大会的召开均以缓解就业压力，促进人才合理流动为主要目的，免收用人单位和求职人员的费用。每年大学生毕业，组织辖区相关企业于8、9月举办一次大学生就业专场招聘会。2004年起，每周四在七星区人力资源市场举办一次小型的人才交流会，拓宽就业渠道。至2005年年末，七星区共有人事档案代管2800名。

第五节　专业技术职称评定

民国时期，桂林国民政府在工业、农业、医疗卫生、财金等部门设立并委任专业技术职称。桂林解放后至1979年，七星区境的专业技术职称由市委组织部和人事部门任命。1980年，七星辖区内试行评审工程技术职称。

1980年，七星辖区实行评定工程技术人员职称在中国地质科学院岩溶地质研究所、桂林电器科学研究院、桂林激光通信研究所、桂林矿产地质研究院、桂林曙光橡胶工业研究设计院等单位试行，评审工程技术职称由自治区人事部门负责；同年，自治区人事部门对七星辖区4个专业32名专业技术人员审定。

1983 年 3 月，七星辖区开始进行专业技术人员的职称评定工作，初级职称的评定报七星区职改办审批，中级、高级职称须经市级评审委员会评审，专业扩大建筑施工、道路与桥梁、土木工程、建筑管理、建筑设计、园林设计、市政、环境艺术设计、建筑预算、工程造价、工程预算、自动化、电气、工程测量、机电设备、机械、电力、船舶技术、冶炼、化工、测量、地质勘测、采矿、医学检验、机械制造、通信工程等。按照技术职称评审的有关规定，初级技术职称由县（区）级各系列初级职称评审委员会审定，中级技术职称由桂林市各系列中级职称评审委员会审定，高级技术职称由自治区各系列高级职称评审委员会审定。

1991 年，七星区对辖区 6 个专业的 76 名专业技术人员进行任职资格复查，验收复查全部合格。

1992 年，七星区企事业单位申报人员共分工程、经济、会计、统计、卫生五个系列 66 名，其中在原职称上晋升的有 48 名、首次评审的 18 名。

经济专业初级资格和申报资格甲种考试从 1993 年开始，中级资格乙种考试从 1994 年开始，1999 年职称英语全国统一考试。

1999 年，七星区教育系列中小学教师职称初级评审委员会成立；同年，全区评审初级职称 67 名，推荐中、高级职称评审 35 名。

2000 年，七星区审批退休 95 名，完成工程系列职称评审工作，共有 10 名通过中级评审，26 名获得初级技术职称。

2000 年，七星区审批教育系统初级专业技术职称 72 名，评审工程系列初级技术职称 34 名，中级技术职称 28 名，报送市职改办评审的高级工程师 8 名。

2001 年，七星区审批教育系统初级专业技术职称 83 名，评审工程系列初级技术职称 20 名，中级技术职称 39 名，报送市职改办评审的高级工程师 10 名。

2002 年开始要求计算机能力考试合格。同年，七星区劳动人事和社会保障局做好职称的评审工作，审批教育系统初级专业技术职称 32 名，评审工程系列初级技术职称 12 名，中级技术职称 28 名，报送市职改办评审的高级工程师 5 名，办理大中专毕业生转正定职、定级 31 名。

2003 年起，七星区评审职称评定改为考试获得，除报考的专业科目外，考试科目增加了电子计算机和英语 2 门，并要求电子计算机、英语 2 门科目考试合格以上。

2004 年，七星区符合申报中级技术职称 34 名，共有 29 名通过评审，通过率 85.3%；符合申报初级技术职称 17 名，通过率 100%。

2005 年，七星区共向区属 100 多家规模企业发放职称评审的相关宣传资料，共计收审职称申报材料 44 份，其中中级技术 18 人次，初级技术 26 人次。

2000—2005 年，七星区评审出教育系统、工程系统等系列初级技术职称 192 名、中级技术职称 94 名、高级工程师职称 10 名。

助理职称评定条件

大学本科毕业，从事专业技术工作一年以上；大学专科毕业，从事专业技术工作二年以上；中专毕业，从事专业技术工作三年以上；高中毕业，从事专业技术工作七年以上；初中以下学历人员，从事专业技术工作十年以上，同时应具备员级职务。

中级职称评定条件

大学本科毕业，从事专业技术工作五年以上，担任助理职称四年以上；大学专科毕业，从事专业技术工作六年以上，担任助理职称四年以上；中专（高中）毕业，从事专业技术工作十年以上，担任助理职称四年以上；初中以下学历人员须从事专业技术工作十五年以上，担任助理职称四年以上。

高级职称评定条件

大学本科毕业，从事专业工作十年以上，担任中级职称职务五年以上；大学专科毕业，从事专业技术工作十五年以上，并担任中级职称职务五年以上；中专、高中毕业，从事专业技术工作二十年以上，并担任中级职称职务五年以上。

凡符合上述申报条件的人员，还必须遵纪守法，具有良好职业道德，能认真履行岗位职责，在本专业岗位上做出显著成绩，且具备相应的专业理论水平和实际工作能力。

第六节 工资福利

工 资

行政机关事业单位工资 中华人民共和国成立后，七星区境的国家机关、事业单位工作人员的工资制度，是在新民主主义革命时期供给制的基础上发展起来的。至2005年，经历5个不同的发展阶段：1952年前，以供给制为主，供给制与工薪制并存，主要以实物的形式提供职工劳动报酬；1953—1956年，供给制逐步向工资制过渡。为照顾职工生活，以粮食、布匹、油、盐、煤等主要生活消费品的价格来折算工资；1956—1984年，实行等级工资制；1985—1993年9月，国家机关、事业单位实行以职务工资为主要内容的结构工资。结构工资制由基础工资、职务（岗位）工资、工龄津贴、奖励工资4部分构成；1993年10月—2005年，国家机关实行职级工资制，分为职务工资、级别工资、基础工资和工龄工资4部分；国家机关的技术工人实行技术等级工资制，其基本工资分为岗位工资、技术等级（职务）工资和奖金3部分组成，奖金在工资构成中占30%。事业单位专业技术人员实行专业技术职务岗位工资制，其基本工资分为技术职务工资和津贴（活工资）两部分，津贴在工资构成中占30%—50%；事业单位管理人员实行职员职务等级工资制，其基本工资分为职务工资和津贴（活工资）两部分，津贴在工资构成中亦占30%—50%；事业单位技术工人实行技术等级工资制，其基本工资分为岗位工资和奖金两部分，奖金在工资构成中占30%—50%。国家机关和事业单位的普通工人实行等级工资制，其基本工资分为岗位工资和奖金两部分，奖金在工资构成中占30%—50%（国家机关普通工人奖金在工资构成中占30%）。

中华人民共和国成立至2005年，七星辖区干部、职工的工资改革、调整进行过20多次，其中较大的有：1956年，实施国务院《关于工资改革的决定》，这次工资改革的主要内容是取消工资分制度和物价津贴制度，并在取消地区物价津贴的同时建立地区生活费补贴制度。1972年，对机关和事业单位中1957年年末前参加工作的三级工、1960年年末前参加工作的二级工、1966年年末前参加工作的一级工及与上述工人工作年限相同、工资等级相似的工作人员工资进行调整。1977年，对1971年年末前参加工作的一级工，1966年年末前参加工作的二级工及同他们工作年限相同、工资等级相似的文教卫生、国家机关的职工，表现好的和比较好的都调整工资，表现不好的缓调；1971年年末前参加工作的二级工（含工作年限相同，工资等级相似的行政事业单位人员）小部分升级，占升级人数的5%，除上述两类人员外，对1971年年末前参加工作的其他职工（不含行政17级及其以上干部和工资相当的其他干部），也调整一部分，调整工资的人数不得超过这部分职工人数的40%。1979年7月，七星区人民政府成立；同年12月，对1974年年末前参加工作的区政府机关工作人员调整工资，这次增加工资有30多人，调资面为45%。1981年，辖区内的中小学教职员工、医疗卫生单位的部分职工，体育系统的优秀运动员及部分从事体育事业的人员进行工资调整，一般情况下调升一级工资，但极少数教学工作成绩显著、贡献较大、教龄较长、与同类人员相比工资偏低的优秀教职工，可连升2级工资。或1969年年末前毕业参加工作，经普调一级工资后，大学本科毕业，其工资在行政（含相似，下同）21级及以下者；大学专科毕业，其工资在行政22级及以下者，学制两年以上修业期满的中专毕业生，其工资在行政23级及以下者，可再调升一级工资。1982年，七星区贯彻执行国务院的有关文件精神，对行政、事业单位表现突出和较好的干部、职工普调一级工资，全区165名获得升级，3名因超生不予调升工资，2名因经济问题未定案缓调工资。

1985年，七星区执行中共中央、国务院《关于国家和事业单位工作人员工资制度改革问题的通知》精神，区属行政机关和事业单位工作人员的工资制度进行改革，确立以职务（岗位、技术）工资为主要内容的结构工资制。除新参加工作人员或尚未转正定级人员、停薪留职人员、劳动教养人员和开除留用人员外，其他人员均采用套改办法：将本人原标准工资额(不含保留工资、浮动工资、附加工资、各种津贴、补贴以及高于所在地区类别标准工资的部分)按政策规定高于(或低于)同级国家机关、事业单位工作人员标准工资额的,原则上以本人原标准工资额就近套级。全区有285名套改工资,人均增资18.68元。

1990年,依据自治区《关于贯彻国务院批转人事部、国家计委、财政部〈一九八九年调整机关、事业单位工作人员工资的实施方案〉的通知》《关于贯彻落实国务院(1989)》几个具体问题的解答和《关于适当解决国家机关和事业部分职工工资偏低问题的意见》和《关于贯彻中发〔1987〕1号文需要进一步明确的几个问题》文件,对国家机关和事业单位工作人员普调1级工资,并在普调1级工资的基础上,重点解决专业技术人员工资中的突出问题,适当解决国家机关和事业单位其他人员工资中的一些突出矛盾。七星区机关单位8个、事业单位223人(含离、退休)参加调资。其中:在职人员升两级的为171人占总人数的76.68%,升一级的为20人,占总人数的9.97%;提高定级工资待遇的为6人占总人数的2.70%,人均增资15元左右;离退休参加调资的人数32人,占离、退休总人数的100%,人均增资16元左右。

1991年,七星区先后3次为区属机关、事业单位干部、职工调整了工资,调整率为91%。

1992年,依据《国务院关于调整机关、事业单位工作人员工龄津贴标准的通知》,对实行结构工资制的机关、事业单位调整了工龄津贴,由原来的每工作一年0.5元调整为1元。同年3月,根据自治区人民政府《关于适当调整机关和部分事业单位工作人员奖励(奖金)标准的通知》,适当调整了行政机关和部分事业单位工作人员奖励工资(奖金)标准,在国家规定的奖励工资标准基础上,人均再增加一个半月基本工资。七星区为全区机关、事业单位206人(含离、退休人员)进行工龄工资调整、人均月增资18元,人均68元;为48名离退休干部增加100%的退休工资,人均月增资31.8元;为机关、事业单位人员增加奖励工资和提高书报费、洗理费、人均月增资41元。七星区机关、事业单位1—12月共发放工资总额41万元,与上年同期相比增加5万元,年人均收入3305元。

1993年4月,依据国家人事部《关于适当解决机关、事业单位部分职工工资突出问题的通知》,对部分符合条件的在职人员的其现行标准工资的基础上晋升一级工资。同年10月,机关干部实行职务级别工资制(简称职级工资制);由职务工资、级别工资、工龄工资、基础工资四项构成;机关、事业单位的工人分别执行技术等级(职务)工资制和普通工人岗位工资制。机关技术工人执行岗位技术等级(职务)工资制,其岗位技术等级(职务)工资由岗位工资、技术等级(岗位)工资、奖金三项构成。事业单位技术工人技术等级(职务)工资由技术等级(职务)工资和岗位津贴两部分组成。普通工人由岗位工资、工人奖金两项构成。事业单位管理人员执行职员职务等级工资制、专业技术人员执行各类专业技术职务工资制;其标准工资由职务工资(固定工资)和事业人员津贴(活工资)两项构成。事业人员津贴以编制部门核定的全额拨款、差额拨款、自收自支三种不同类型的预算管理形式来确定不同的津贴比例。全额拨款单位固定部分70%,活动部分30%;差额拨款单位固定部分60%,活动部分40%;自收自支单位根据单位的经济效益情况核定,活动部分一般不超过50%。七星区机关、区属事业单位参加了这次工改,工资额有了提高。

1985—1993年9月,实行结构工资制。1995年10月起,机关事业单位工作人员连续两年考核合格以上的,正常晋升职务工资档次。

2000年,七星区共审批事业单位工作人员晋升工资1460人次。

2001年,七星区依据国办发及文件精神,分别于7月1日和12月25日前完成了两次工资调整及晋升职务工资档次、增加生活补贴、开放地区补贴的审批工作,调整审批工资人数1684人,月增资分别是17.55万元和90.56万元。

2002年,七星区办理和审批了机关事业单位工作人员晋升职务、级别、津贴等970多人次。

2004年起,事业单位实行聘任制和聘任管理,工资采取"以岗定薪,岗变薪变"的工资制。

2005年,七星区办理机关事业单位工作人员晋升职务、级别,职称晋档、GDP奖励、年终奖金等6000多人次;办理退休手续67人次。

2006年,公务员工资制度改革,公务员实行与级别相结合的工资制度公务员按所任职务执行相应的职务工资标准。公务员的级别由现行15个调整为27个。每一个职务层次对应若干个级别,每一级别设若干个工资档次。公务员根据所任职务、德才表现、工作实绩和资历确定级别和级别工资档次，执行相应的级别工资标准。公务员晋升职务后，执行新任职务的职务工资标准，并按规定晋升级别和增加级别工资。公务员年度考核职称及以上的，一般每五年可在所任职务对应的级别内晋升一个级别，一般每两年可在所任级别对应的工资标准内晋升一个工资档次。公务员的级别达到所任职务对应最高级别后，不再晋升级别，在最高级别工资标准内晋升级别工资档次。同年7月1日起，实行国家统一的职务与级别相结合的公务员工资制度，完善机关工人工资制度。

1993年10月—2005年，国家机关实行职级工资制，事业单位实行等级工资制。

企业职工工资 1952年，七星区域企业开始工资改革，分别实行八级或七级工资制。1954年，建筑企业工资改革，确定工人工资等级标准，推行计件工资，贯彻“按劳付酬”原则，管理人员按照工作职责，实行7级工资制。1956年，七星区域改革地方国营企业、供销合作社、老公私合营企业的工资制度，根据企业的规模、设备、技术水平、产品结构难易和现有工资情况等，执行新的工资标准。

1984年，七星区企业推行简化工资标准，将企业工资具体划分为职位、级别、固定工资、浮动工资、奖金等5类。

1985年，七星区进行企业工资套级。干部一般以现行标准工资额就近往上套级，现行标准工资额与新工资等级标准相同的，套入相同工资额的等级；现行标准工资额高于现任职务最高等级的，执行原标准工资。执行八级（七级）工资制的工人，一般可按级套级；执行非八级（七级）工资制的工人，一般按工资额就近套级；现行标准工资额高于新拟工人最高等级工资额的，执行原标准工资。套级后增加的工资，先冲销附加工资，后冲销保留工资和未降低的地区差，冲销不完的继续保留。企业工资制度改革，七星区有600多名增加了工资，人均月增资14.86元。

1987年，七星区由5类工资区调升至六类工资区，全区集体企业1400多名获区类工资级差，最高级差4元，最低级差1元。

1992年，七星区企业实行企业工资总额同经济效益挂钩。工资总额基数的核定，以上年应提取的工资总额为基础，减去应扣除的工资调节税。挂钩企业经济指标基数的核定，一般以上年实际财务决算数为基础。挂钩企业按实现税利比上年度的增长情况确定升级面。增长幅度在5%以内的（含5%，下同），每增长1%，升级面为2%；增长幅度在5%以上10%以内的，每增长1%，升级面为3.5%。升级面最高控制在60%以内。七星区企业有650多名升级，人均增资8.52元。

1994年，七星区企业调整现行工资标准，工资标准不再划分工资区类别和产业类别，干部和工人执行同一工资标准。职工均按1993年年末前经市劳动局审核批准的标准（档案）工资级别，对应套入参考工资标准的相应级别增加工资，实际增资额不足30元的，按30元增加。停薪留职人员和挂职人员，凡与原单位鉴定有合同并缴纳管理费和养老保险金的，可以参加这次套改增加档案工资。参加套改的固定工人750多名，人均月增资60.25元；企业的退休人员于1993年10月1日起增加退休生活费。

1994—2005年，七星区企业实行自治区现行企业工资标准。

社区和村委会干部待遇 1979年7月，七星区人民政府成立；同年年末，七星区给30多名街道居民委员会（简称居委会）干部增加工资，人均月增资8.5元。七星区居委会干部的工资待遇，依据市政府1981年4月8日《关于居民委员会干部生活补贴、福利待遇及其经费来源的暂行规定》，按街道工厂职工工资标准执行，即：一级工30.80元，二级工37.00元，三级工42.30元，四级工50.40元，五级工58.60元，六级工66.80元。新任居委会干部按一级工标准执行，工作满2年以上定为二级工，1966年前任居委会干部的可定为三级工。遇有职工工资调整，根据其贡献、工作能力、服务态度、群众关系4个方面的条件，经民主评定，区政府批准，予以增加工资。

1983年11月，七星区对1983年10月末前工作已满2年以上的居委会正、副主任、文书增加工资，按现行工资额确定其工资级别或相似级别，按行政级增加工资，共有60多名增加工资，人均月增资6.5元。

1991年10月，区人民政府决定，给予在职的34名居委会正、副主任及22名退养的居委会老主任享受大集体企业职工待遇。

2000年4月，七星区给享受大集体职工待遇的居委会主任从当年1月1日起增加工资，其中在职16名，人均月增资80元；已退休的24名，按其工龄长短、退休生活费高低，分别增加退休费，东江街道办事处所属的13名退休居委会主任，人均月增资56元，最多的月增资82元，最少的月增资36元；七星街道办事处所属的12名退休居委会主任，人均月增资62元，最多的月增资72元，最少的月增资52元。同年8月，七星区委决定，从当年起，属于选举任用的居民委员会主任、副主任，在任期内每工作满1年，每人每月增资20元，由区财政负担；属于原街道所属集体职工的居民委员会主任、副主任，根据效益状况和上级政策规定增加工资，主要从街道办事处的积累中开支。2001—2005年，居委会干部每2年增加一级工资。

福　　利

津贴、补贴　1980—2005年，七星区职工的津贴不断调整、提高。根据1992年9月1日自治区人事厅、财政厅《关于调整国家机关、事业单位职工福利费标准的通知》，七星区政府每年按标准从财政提取福利费，用于职工的集体福利及职工特殊困难补助的开支。自1993年工资制度改革后，津、补贴日趋完善。现行的津、补贴，分为国家、自治区、桂林市、七星区统一执行的补贴和国家规定的特殊岗位津贴两部分。2005年，七星区机关工作人员津贴、补贴有目标管理奖、市区补贴、岗位津贴、适当补贴、特种岗位津贴、生活补贴、高温补贴、冬天取暖费，全年给机关工作人员共发放福费共260多万元。

婚丧假　1959年7月起，穿山人民公社、朝阳人民公社的行政、事业单位工作人员结婚或直系亲属亡故，给予婚、丧假3天。1983年，七星区规定，符合晚婚条件（男26岁，女24岁）结婚的工作人员，增加婚假12天。1997年，改为增加婚假15天。休假期间，工资照发。

探亲假　1960年起，穿山人民公社、朝阳人民公社实行休探亲假制度。行政、事业单位的正式工作人员工作年限满1年，其父母、配偶在异地又不能在公休假日团聚的，未婚职工探望父母每年1次，假期12天（1981年后改为20天）；已婚职工探望父母4年1次，假期20天；已婚职工探望配偶，每年1次，假期20天（1981年后改为30天）。在规定的探亲假期内，工资照发，往返路费由单位报销。已婚职工探望父母的往返路费，超过本人标准工资30%的部分，由所在单位负担。

产假　1981年，七星区规定，已婚妇女24周岁初育为晚育，增加产假14天，在产假期间领取“独生子女优待证”的，再增加20天；女职工怀孕生子，享受产假56天，如难产或剖腹产，再增加14天。1983年，七星区规定，符合晚育条件初育，在产假期间领取“独生子女优待证”的女职工，产假后上班有困难，本人申请，经组织批准，可休假1年，休假期间，前半年工资照发，后半年发标准工资的70%。1994年，七星区规定，符合晚育条件生育的，除享受上述休假外，给予男方7天护理假。1995年起，七星区已婚的妇女按产假规定执行。

年休假　1986年起，七星区机关干部执行年休假制度。安排年休假，区级领导报市委组织部审批，中层领导报区委组织部审批，其他干部由单位安排后报区劳动人事局备案。休假时间：工作年限10年不满20年者，每年休假10天；满20年不满30年者，休假15天；满30年以上者，休假20天；工作年限不满10年的机关工作人员，不享受年休假。科技干部的年休假：已取得助理工程师职称（含相等职称，下同），工龄满5年者，本人工作变现好的（下同），休假10天；已取得工程师职称，工龄满15年者，休假15天；已取得高级工程师职称，工龄满20年者，休假20天。年休假期间的国家法定节日可以补休，公休假日则无补休。年休假原则上每年每人安排一次，有特殊情况者，可作两次安排，休假时间一般不能跨年度累计使用。凡按国家规定享受探亲假、产假、婚假者，可享受当年的休假。若当年已享受健康疗养或请事假超过一个月的，当年不再享受休假；当年享受休假后，又请事假（不含病假）超过一个月的，下年度不再安排年休假；从不实行休假制度的单位调到实行休假制度的单位，符合享受休假条件的工作人员，在上半年调入的，当年可享受休假，下半年调入的，从第二年起享受休假。已享受农忙假的工作人员，原则上不再安排年休假，但其假期少于应享受休假天数的可以补足。学校的教职员工，已实行了寒暑假，不再安排休假。其他事业单位可参照区机关的规定执行。企业单位年休假由各企业自行决定，若实行年休假，休假天数不得超过上述规定。到外地年休假的工作人员，其差旅费自理。但经批准，探亲假和年休假合为一起的，其差旅费可按探亲假的规定办理。工作人员在年休假期间，工资照发，各种福利待遇不变。

1991年7月14日，自治区党委、自治区人民政府根据中共中央、国务院通知制定的《广西壮族自治区职工年休假暂行办法》规定，党政机关、人民团体、区属事业单位的正式职工，工作年限满5年以上者，均可享受年休假待遇。工作年限满5年不满10年的，休假7天；满10年不满15年的，休假10天；满15年以上的，休假14天。职工休假时间，不包括公休假日和法定节日，休假期间，工资照发，各种保险福利待遇不变。职工的年休假，一般不得跨年度使用，但确因工作需要，当年不能休假的，经领导批准可转入下年度使用。职工在本年度内，累计事假在20天以上的，不享受年休假；职工享受年休假待遇后，仍享受国家规定的其他假期待遇；当年已享受健康疗养（不含全国、自治区的劳动模范、劳动英雄、战斗英雄、先进生产者、先进工作者等的健康疗养），不再安排年休假，但其假期少于应享受休假天数的，可以补足。

职工年休假需本人申请，单位（部门）领导签署意见，组织人事部门按干部管理权限审核后，分别由区委、人大、政府办报请主管领导审批（部门副职以下干部由分管领导审批，正职领导分别由区委、人大、政府主要领导审批）。区委、人大、政府、纪委、人武部、法院、检察院主要领导休假，需经上级主管部门同意。休假方式一般以就地休假为主，一律不准搞公费旅游，也不得以不休假为由向职工发放或变相发放钱物。经组织批准探亲假和年休假合并使用的，其差旅费可按探亲假的规定报销。

七星区认真贯彻自治区《关于落实干部职工年休假制度有关问题的通知》精神，合理安排所属人员的年休假。休假时间不包括公休假日和法定假日。

病假待遇 1975年8月，穿山人民公社、朝阳人民公社的集体企业贯彻执行桂林市城区革命委员会、市街道工业局《关于职工福利待遇暂行规定（草案）的通知》精神，职工疾病所需的诊疗费、手术费、输血费、住院费及药费，由单位报销。职工患病期间，享受病假工资：患病6个月以内，在本系统连续工作不满2年的，为本人标准月工资（下同）的50%，已满2年不满4年的为60%，已满4年不满6年的为70%，已满6年不满8年的为80%，已满8年不满10年的为90%，满10年以上的为100%；病假超过6个月从第7个月起，按月发给生活费：在本系统连续工作时间不满5年的，发给本人标准月工资30%，已满5年不满10年的发给40%，已满10年不满15年的发给50%，满15年以上的发给60%。直至其病愈恢复工作或死亡。至2005年仍按此比例执行。

死亡抚恤 丧葬费、丧葬补助费。1975年8月，穿山人民公社、朝阳人民公社的集体企业贯彻桂林市城区革命委员会、市街道工业局《关于职工福利待遇暂行规定（草案）的通知》精神，职工因工死亡或因工残废退职（休）后死亡，发给丧葬费120元；职工因病死亡；发给丧葬费80元；退休职工去世后，由原所在企业发给丧葬补助费80元。

1988年4月1日起，七星区执行《桂林市集体所有制企业固定职工退休费用实行社会统筹的暂行规定》精神，因工负伤退休后去世的职工，其丧葬补助费暂按250元，非因工负伤退休后去世的职工丧葬补助费暂按150元发给。丧葬救济费：非因工负伤退休后去世的，一次性计发供养直系亲属丧葬救济费，标准：供养1人的，发死者本人生前原月标准工资、粮价补贴之和（下同）6个月；供养2人的为9个月，供养3人及3人以上的为12个月。另分别增发死者生前领取的副食品价格补贴及10至12元生活补贴3个月、4个半月或6个月。

1990年1月，七星区执行自治区劳动厅、财政厅、总工会《关于调整国家国营企业职工死亡丧葬费和丧葬补助费标准的通知》，规定：因工死亡的发给丧葬费600元，因病或非因工死亡的发给丧葬费500元。包干使用，节余归遗属，超支不补。同年8月9日，上述自治区部门发出《关于调整职工供养直系亲属死亡丧葬补助费标准的通知》：职工供养的直系亲属死亡后，死者年龄在10周岁以上者，发给丧葬补助费125元，1周岁至10周岁者，发给丧葬补助费85元，不满1周岁者不予发给。

1995年6月，七星区贯彻自治区劳动厅、财政厅、总工会《关于调整企业职工因病或非因工死亡待遇的通知》规定，职工因病或非因工死亡后，由企业发给主办丧事的单位或死者亲属本市上一年度企业职工4个月的月平均工资作为丧葬补助费，对坚持使用棺木土葬的，不发给丧葬补助费。

1999年6月，七星区劳动人事局、财政局发出《关于调整我区机关、事业单位工作人员死亡丧葬费及有关问题的通知》，规定机关、事业单位工作人员死亡丧葬费由500元调整为1600元；因工（公）牺牲的人员，每人增加400元，包干使用。因死者家属行为而造成丧葬费超支的，其超支部分由家属自理。至2005年仍执行此规定。

抚恤费。1975年8月，穿山人民公社、朝阳人民公社执行桂林市城区革命委员会、市街道工业局《关于职工福利待遇暂行规定（草案）的通知》，职工因工死亡或因工残废退职（休）后死亡，其死者生前供养的直系亲属按下列规定每月发给抚恤费：供养1人者，为死者生前本人标准月工资（下同）的25%，供养2人者，为40%，供养3人及以上者，为50%，此项抚恤费付至受供养者失去供养条件时止。职工因病或非因工死亡，其死者生前供养的直系亲属按下列规定一次性发给抚恤费：供养1人者，发给死者生前标准月工资6个月，供养2人者，发8个月，供养3人及以上者，发10个月。退休职工去世后，根据其生前供养的直系亲属人数的多少，按下列标准一次性发给亲属抚恤费：供养1人的，发给死者生前5个月的退休费总额，供养2人的，发给7个月，供养3人及以上的，发给9个月。

1986年7月1日起，七星区贯彻执行自治区财政厅《关于事业单位人员因公牺牲、病故一次性抚恤金标准的通知》精神，病故人员的一次性抚恤金，按其病故时的10个月工资计发，但其最高数额不得超过3000元。因公牺牲的，按其生前的20个月工贺计发；授予英雄模范称号的，增发应领一次性抚恤金的三分之一；荣立二等功以上的，增发应领一次性抚恤金的四分之一。

1988年4月1日起，七星区贯彻执行《桂林市集体所有制企业固定职工退休费用实行社会统筹的暂行规定》，抚恤费发放标准：因工负伤退休后去世的职工，按月付给供养的直系亲属的抚恤费为：供养1人的为死者生前月标准工资的25%，供养2人的为40%，供养3人及以上的为50%；因工负伤又享受特殊贡献待遇死亡的，按月付给供养的直系亲属的抚恤费为：供养1人的为死者生前月标准工资的30%，供养2人的为45%，供养3人及以上的为60%。死者生前领取的粮价补贴不分供养人数多少按月照发，副食品价格补贴以及12元的生活补贴每月按50%计发。一直供养到供养对象失去供养条件为止。

1994年11月，七星区执行国家人事部、财政部的规定：批准为烈士的，其遗属一次性抚恤金按烈士生前40个月工资计发，因公死亡和非因公死亡的抚恤费仍维持20个月和10个月工资不变，同时取消了1986年对病故人员一次性抚恤金最高数额不得超过3000元的规定。至2005年无变化。

遗属生活困难补助费。1986年1月，七星区执行自治区劳动人事厅、财政厅、总工会《关于国营企业职工因工死亡后遗属生活困难补助问题的通知》规定，职工因工死亡，除按规定发给抚恤费外，对于生活确有困难的供养直系亲属，按其困难大小给予适当补助，其标准为：家居城市的，每人每月补助25至30元，孤身一人的，每月补助30至35元；家居农村的，每人每月补助20至25元，孤身一人的，每月补助20至30元。同年2月，贯彻执行自治区人事厅、财政厅《关于提高国家机关、事业单位工作人员死亡后遗属生活困难补助标准的通知》规定，第一次、第二次国内革命战争时期参加工作的工作人员死亡后，其父母、配偶无固定收入的，每人每月补助45元；符合离休条件的工作人员死亡后，其遗属每人每月补助30至35元；其他工作人员死亡后，其遗属每人每月补助20至30元；凡遗属居住在农村的，每人每月补助20元；工作未满5年的工作人员死亡后，其遗属居住城镇的，每人每月补助不得超过25元，居住农村的，每人每月补助不得超过18元；对在保护、抢救国家资财和人民生命财产或在对敌斗争以及为科学攻坚中牺牲的人员，其遗属补助费适当提高，家居城镇的，每人每月补助35至40元，家居农村的，每人每月补助25元；遗属孤身一人的，其每月补助费在上述规定的基础上再增加5元；在大、中专学校学习的遗属，享受助学金的，不扣除助学金部分，仍按补助标准发给；遗属由农村迁往城镇居住的，改按城镇补助标准发给；遗属补助费总额超过死者生前工资的，按最低补助标准发给；死者配偶有固定收入的，扣除50元作为本人生活费以后，其余部分作为供养遗属生活费用，不足部分予以补助。同年7月，七星区贯彻自治区人事厅、财政厅《关于提高国家机关、事业单位工作人员死亡后遗属生活困难补助标准的修改补充通知》，死者配偶有固定收入，扣除70元作为本人基本生活费，高出部分作为负担遗属生活费，不足部分予以定期补助；工资制度改革前已实行遗属生活困难补助的，现一律按新的补助标准重新核发；定期补助确定后，死者配偶工资收入增加，不减发其补助费。

1991年3月，七星区执行《广西壮族自治区国家机关、事业单位工作人员死亡后遗属生活困难补助暂行规定的通知》精神，国家机关、事业单位工作人员死亡后，除按规定发给抚恤金外，另由死者生前工作单位按其死亡当月工资合计数发给遗属3个月（不含死亡的当月）工资，从第4个月起，对符合困难补助条件的遗属给予定期补助。补助对象:父母(含抚养死者长大的抚养人):父亲年满60周岁、母亲年满50周岁,或经县以上医院证明基本丧失劳动能力的;配偶:丈夫年满60周岁,妻子年满50周岁,或经县以上医院证明基本丧失劳动能力的;子女(包括遗腹子女、养子女、前妻或前夫所生子女)、弟妹(包括同父异母或同母异父的弟妹),未满18周岁且无固定收入的,或已满18周岁尚在学校读书的,或经县以上医院证明基本丧失劳动能力的。补助标准:第一次、第二次国内革命战争时期参加工作的人员死亡后,其遗属每人每月补助60元;符合离休条件的干部死亡后,其遗属居住城镇的,每人每月补助40—45元,居住农村的,每人每月补助30—40元;对在保护、抢救国家资财和人民生命财产或在对敌斗争中,以及在科学攻关中牺牲的人员,其遗属居住城镇的,每人每月补助50—55元,居住农村的,每人每月补助50元;工龄满5年(含满5年)以上的其他人员死亡后,其遗属居住城镇的,每人每月补助35—40元,居住农村的,每人每月补助30—35元:工龄未满5年的人员死亡后,其遗属居住城镇的,每人每月补助不得起过35元,居住农村的,每人每月补助不得超过28元;遗属是孤身一人的,补助费可在上述规定基础上每月增加8元;死者配偶有工资收入的,扣除100元作为本人生活费,余下部分作为负担子女生活费,如未达到上述规定补助标准的,可补足差额部分。死者遗属的定期补助费经确定后,死者配偶工资收入增加亦不减发补助费;遗属补助费总额超过死者生前工资的,按最低标准发给;死者生前和兄弟姐妹共同供养的父母,原则上由其兄弟姐妹负责供养,如供养确有困难的,其父母的补助费可按兄弟姐妹平均计算分担:遗属在大、中专和技工学校学习、享受助学会的,不扣除助学金部分,仍按补助标准发给:享受补助的遗属,户口从农村迁往城镇的,按城镇补助标准发给,由城镇迁往农村的,仍按原标准发给。另外,每户发给一次性安家补助费250—300元,并报销车船费和行李托运费;遗属是年满18周岁的城镇待业青年,如有就业机会而本人因挑选工种或单位,经做工作不愿去者,一般不再给予补助。一时无就业机会,也无自谋职业的条件时,为了解决遗属生活困难,使之不造成社会问题,可酌情给予临时或定期补助;享受补助的遗属,如犯罪,在受刑事处分或劳动教养期间,停发补助费;享受补助的遗属,经批准到港、澳、台或出国定居,停发补助费:死者配偶另婚的,取消本人补助费,原则上不取消子女的补助费;自杀死亡的工作人员,属人民内部矛盾性质的,可以参照上述规定办理遗属困难补助,补发3个月工资,其补助费从批准之月起发给。

1994年10月,七星区贯彻执行自治区《关于调整国家机关、事业单位工作人员死亡后遗属生活困难补助标准的意见》:第一次、第二次国内革命战争时期参加工作的人员死亡后,其遗属每人每月补助120元:符合离休条件的干部死亡后,其遗属居住城镇的,每人每月补助100元,居住农村的,每人每月补助80—90元;对在保护、抢救国家资财和人民生命财产或对坏人坏事斗争中,以及在科学攻关中牺牲的人员,其遗属居住城镇的,每人每月补助100—110元。居住农村的,每人每月补助100元:工龄满5年以上(含满5年)的其他工作人员死亡后,其遗属居住市区的,每人每月补助70—80元,居住其他城镇的,每人每月补助60—70元,居住农村的,每人每月补助50—60元;工龄未满5年的工作人员死亡后,其遗属居住城镇的,每人每月补助60—70元,居住农村的,每人每月补助40—50元;遗属孤身一人的,补助可在上述标准基础上每月增加15元:死者配偶有固定收入的,扣除200元作为本人生活费,所余部分作为供养遗属生活费,不足部分由单位予以补助;至2005年仍执行不变。

第七节　离退休　退职

干部离退休

干部退休条件　民国时期,七星辖区公务员有下列情形者得申请退休:任职15年以上年龄达60岁者;任职35年以上成绩突出者;有特殊情况者酌情予以减低年龄,但不得少于50岁。有下列情形者,应命令退休:年龄已达65周岁者;心神丧失或身体残废致不胜职务者。

新中国成立初期，干部队伍的年龄结构是年轻状态，没有干部退休。60年代，有少量的干部符合退休、退职条件的，按照当时的政策，由组织或人事部门办理。70年代，已有些干部到了退休的年龄，一些干部符合退休条件，由于“文化大革命”期间的组织、人事机构处于瘫痪和混乱状态，无法办理退休、退职手续。

1978年6月2日，国务院再次颁布《关于安置老弱病残干部的暂行办法》，其中第四条规定：党政机关、群众团体、事业单位的干部，符合下列条件之一的，都可以退休：男年满60周岁，女年满55周岁，参加革命工作年满10年的；男年满50周岁，女年满45周岁，参加革命工作10年，经过医院证明完全丧失工作能力的；因公致残，经过医院证明完全丧失工作能力的。

1979年年末，辖区干部退休、退职管理工作逐步走上正轨。

至2005年年末，七星区党政机关、群众团体、事业单位的干部，男年满60周岁、女年满55周岁，都可以提出申请退休。

干部退休后待遇 民国时期，桂林市按国民政府有关部门颁布的规定执行：退休金分一次退休金和年退休金两种：发给年退休金的条件是：任职15年以上，已达申请退休年龄而申请退休者；任职25年以上，成绩昭著而申请退休者；任职15年以上，已达申请退休年龄而命令退休者；任职15年以上，心神丧失，或身体残废致不胜职务，而命令退休者；因公伤病，致心神丧失，或身体残废不胜职务，而命令退休者。发给一次性退休金的条件是：任职5年以上，15年未满，已达命令退休年龄而命令退休者；任职5年以上，15年未满，因心神丧失，或身体残废，致不胜职务，而命令退休者。

年退休金给与之数额，按该公务员退职时之月俸额，合并年俸，其标准为：任职15年以上，20年未满，申请退休者为40%，命令退休者为50%；任职20年以上，25年未满，申请退休者为45%，命令退休者55%；任职25年以上，30年未满，申请退休者50%，命令退休者60%；任职35年以上，申请退休者，发55%，命令退休者发65%。

中华人民共和国成立后，干部退休后的待遇主要有政治待遇和经济待遇两大类。政治待遇，按照中央有关文件规定，退休干部可以按规定看文件、听报告。经济待遇，根据国家有关政策，退休干部享有退休费、公费医疗待遇。退休人员及其供养的直系亲属前往居住地的车旅费报销，供养直系亲属抚恤费、丧葬补助费。根据国家规定，桂林市从1978年开始对一些退休干部发放特殊贡献费；1979年开始给市退休干部发放取暖补贴；1982年开始给市退休干部享受地区津贴和副食品价格补贴；1983年5月1日起给市退休干部每人每月发17元生活补贴，1990年增加至20元。截至1990年底，全市共办理干部退休4031人。

1991—1993年9月，桂林市执行的是1985年国家统一实施的离退休工资待遇。机关、事业单位离退休人员生活费的经费渠道，按现行财政体制和单位隶属关系，属于财政负担的，分别由中央财政和地方财政负担；属于单位负担的，由单位自行解决。1993年10月，国家统一实施新的工资制度改革，离退休工资待遇也相应发生了变化。但享受离、退休的条件，基本上没有变化。新的工资制度规定，老干部离休后，原工资照发，即发给原工资100%的离休费。机关退休干部的退休费，基础工资和工龄工资按本人原标准的全额计发，职务工资和级别工资按本人原标准的一定比例计发。

1995年10月1日，离休人员按同职务在职人员晋升一个工资档次的数额增加离休费，每月低于25元的按25元增加；退休人员按每月20元增加退休费，退职人员按每月15元增加退职生活费。

1997年7月1日，对1997年6月30日前已办理离休、退休、退职手续和已到达离退休年龄的人员，按每人每月20元增加离休、退休和退职生活费。1997年10月1日起，对1997年9月30日前已办理离休、退休、退职手续和已到达离退休年龄的人员，适当增加离休、退休和退职生活费。离休人员按同职务在职人员晋升一个职务工资档次的数额增加离休费，每月低于25元的按25元增加；退休人员按每月20元增加退休费；退职人员按每月15元增加退职生活费。同时给市直机关事业单位离退休人员发放适当补贴，标准按同职务、同条件在职人员标准执行，即正厅185元，副厅175元，正处165元，副处160元，正科155元，副科150元，科员、办事员、工人145元。退职人员每人每月的适当补贴按工作年限发放，其工作年满30年以上的100元，满20年不满30年的90元，不满20年的80元。

1999—2003年，共4次对离退休人员生活费标准作出调整。1999年,调整区直机关、事业单位离退休人员生活费标准1500多人次。2001年,调整区直机关、事业单位离退休人员生活费标准4000多人次。2003年,调整区直单位离退休人员生活费标准2400多人次。

干部退职的条件 50年代,国家针对干部职工的退职问题先后制定许多政策规定,其中沿用时间较长的是1958年3月国务院颁布的《关于工人、职员退休处理的暂行规定(草案)》。它在第二条中规定:企业、机关工人、职员符合下列情况之一的,按照退职处理:年老体弱,经劳动鉴定委员会或医生证明,不能继续从事原职工作,在本机关内部确定无轻便工作可分配,而又不合退休条件的;本人自愿退职,其退职对于本单位的工作并无妨碍的;连续工龄不满3年,因病或非因工负伤停止工作时间满1年的;录用后在6个月以内,发现原来有严重慢性疾病,不能坚持工作的。

1978年6月,国务院《关于安置老弱病残的暂行办法》规定:经过医疗机构证明,完全丧失工作能力,又不具备退休条件的干部应当退职。

根据上述规定,1950—1990年,七星辖区共办理20多名干部退职手续。

1995年前,七星区没有制订有关行政机关工作人员辞职辞退的相关规定。

1996年,七星区按照《国家公务员辞职辞退暂行规定》,正式实施公务员的辞职辞退制度。

1996—2005年,七星区区直机关没有被辞退的公务员,有4人提出辞职并办理相关手续。

干部退职待遇 干部退职后的待遇,主要是依据国家有关政策予以兑现。

1951年,退职干部依其工作时间长短,发给退职生活补助金,补助金以250千克大米为基础。其工作年限在5年以内的,每月增加5千克;第6年至第10年每月增加10千克;第11年至第15年每月增加20千克;第16年每月增加40千克。超过半月者以1月计算,不足半月者不计,立大功者增发1年,如退职人员带有家属者(妻、夫、子女),其家属除发给相应路费外,每人补助50千克。该费用在优抚事业费内开支。

1952年10月,国务院批准中央人民政府人事部草拟的《各级人民政府工作人员退职处理暂行办法》规定:退职人员退职时所在机关应发放本月应发的供给,不足1月的,按全月发给。享受供给制者,发给全月应领之供给(包括津贴)及原享受之各种补助费。享受工资制者发给全月工资。退职人员补助由办理退职机关按工龄核定发给。如曾在工作期间立过大功,并有其所在部队证明文件者,不论记功次数多少,得按第一次记功时所在之革命战争阶段,增发4个月的生产补助粮,即在土地革命战争阶段立功者,增发300千克,在抗日战争阶段立功者,增发100千克,在解放战争阶段立功者,增发60千克。如带有直系家属者,每人发给补助粮50千克。车船费、途中食宿及应发给之服装费,由办理退职机关按规定核准办理。参加工作不满3年自愿退职者经所在机关批准,一律发给离职时全月应领之供给或工资。此外,并按下列之规定以补助:工作6个月至1年以内者,发给75千克,工作1至2年内的发给100千克,还乡路费酌情补助。

1955年12月19日,国务院的《国家机关工作人员退职处理暂行办法》第三条重新规定:工作人员退职后,按照下列规定一次发给:(1)工作年限满5年或在5年以下的,除发给本人1个月的工资外,每满1年加发本人1个月的工资;(2)工作年限满10年或在5年以上的,除按第一项发给外,从第6年起,每满1年加发本人1个半月工资;(3)工作年限超过10年的,除分别按1、2项的规定发给外,从第11年起,每满1年加发本人2个半月的工资。

1978年后,因病退职人员的退职费,按本人工资的40%发给,享受公费医疗待遇。退职人员和他的家属到退职后居住地点的车船费行李费,途中伙食补助费和旅馆费参照行政费开支标准中有关的规定办理。

至2005年,七星区的干部退职待遇按《国家公务员辞职辞退暂行规定》执行。

职工退休

1958年,东江人民公社(七星区境)执行国务院《关于工人、职员退休处理的暂行规定》,符合下列三项条件之一的应该退休:男工人年满60周岁,连续工龄满15年,一般工龄(包括连续工龄,下同)满20年的,女工人年满50周岁,连续工龄满5年,一般工龄满15年的;男工人年满50周岁,女工人年满45周岁,连续工龄满5年,一般工龄满15年,经劳动鉴定委员会确定或经医生证明不能继续工作的;连续工龄满5年,一般工龄满25年的男女工人，经劳动鉴定委员会确定或经医生证明不能继续工作的。

1975 年，东江人民公社、漓江人民公社执行市城区革命委员会、市街道工业局《关于职工福利待遇暂行规定（草案）的通知》，因年老和身体衰弱、丧失劳动能力，不能继续从事原职工作，本企业又确实无轻便工作可分配的职工，经主管部门批准，应给予退休：男职工年满60周岁，女职工年满55周岁，连续工作时间在 15 年以上的；男职工年满 55 周岁，女职工年满 50 周岁，连续工作时间在 15 年以上的，应给予退休。

1981 年 12 月，七星区落实国务院《关于严格执行工人退休、退职暂行办法的通知》，规定：凡是符合退休条件的，应当动员其退休，经多次动员仍坚持不退的，可以停发其工资，改发退休费；凡是不符合退休条件的，不得退休，对伪造证件退休的，要追究本人和有关人员的责任，情节严重的，应给予适当的处分。

1998 年，七星区落实自治区党委、自治区人民政府《关于严格按照国家规定办理企业职工提前退休的紧急通知》，规定：对于达到国家法定退休年龄的企业职工（男 60 周岁，女干部 55 周岁，女职工 50 周岁），应及时办理退休手续，各部门（行业）一律不得自行扩大职工提前退休的范围。2001 年 8 月，七星区落实市劳动局《关于在全市建立企业职工退休先公示制度的通知》，规定：企业对拟申报从事特殊工种提前退休的人员或从管理岗位改为生产岗位工作的人员办理退休时，应将其从事特殊工种的名称、时间、出生年月、参加工作时间、连续工龄或管理岗位改为生产岗位的身份、时间、出生年月、参加工作时间、连续工龄等相关情况在本单位公告栏公示，接受职工监督，公示期为 5 天至 10 天。如职工发现公示内容与实际不符，可向区人事劳动社会保障局举报。经调查核实，确属故意弄虚作假，违反国家规定的，区人事劳动社会保障局立即予以纠正，并建议单位追究有关人员的责任。至 2005 年年末，七星区共有 6000 多名工人办理退休手续。

1975 年，东江人民公社、漓江人民公社执行桂林市城区革命委员会、市街道工业局的规定：工人退休时，连续工作时间满 15 年不满 20 年的，发给本人标准月工资的 50%；连续工作时间满 20 年以上的，发给本人标准月工资的 60%。

1979 年 12 月，七星区落实国务院修订颁布的《关于工人退休、退职的暂行办法》，抗日战争时期及以前参加工作的，或解放战争时期参加工作，连续工龄满 20 年的，发给本人月标准工资的 90%；新中国成立后参加工作，连续工龄满 20 年，或解放战争时期参加工作，连续工龄不满 20 年，发给本人月标准工资的 75%；连续工龄满 15 年不满 20 年的，发给本人月标准工资的 70%；连续工龄满 10 年不满 15 年的，发给本人月标准工资的 60%；退休后生活费低于 25 元的按 25 元发给，因工致残，退休费低于 35 元的按 35 元发给；因工致残完全丧失劳动能力，饮食起居需要人扶助的退休工人，在广西境内安置的，其护理费暂定每月 38 元，在外省安置的，护理费按居住地标准执行。退休工人有保留工资和附加工资（不含奖金）的，可作为计算退休生活费的基数；退休前享受粮食差价补贴和房租水电费补贴，可继续享受；从市区迁到农村安置的发给安家补助费 300 元人民币和旅差费。

1983 年，七星区落实国家劳动人事部《关于新中国成立前参加工作的老工人退休待遇的通知》规定：1945 年 9 月 2 日及其以前参加革命工作的，退休后除照发本人原标准工资外，再增发一部分生活补贴：1937 年 7 月 6 日以前参加革命工作的，每年增发 2 个月本人原标准工资；1937 年 7 月 7 日至 1942 年 12 月 31 日参加革命工作的，每年增发 1 个半月的本人原标准工资；1943 年 1 月 1 日至 1945 年 9 月 2 日参加革命工作的，每年增发 1 个月的本人原标准工资，以上均从批准退休之日起按年按全额发给。1983 年 8 月起，全民所有制企业、国家机关、人民团体和事业单位退休的工人，其退休生活费由 25 元提高到 30 元，因工致残的，由 35 元提高到 40 元。1988 年 1 月起，企业退休人员每人每月增发生活补贴费 5 元。

1989 年，七星区劳动服务公司做出《关于公司下属集体企业职工退休、退养、退职待遇的暂行规定》，大集体企业：年满 60 岁的男性职工、年满 55 岁的女性职工，连续工龄 20 年（含 20 年，下同）以上，可享受退休待遇，其退休金为本人退休前基本工资的 65%，20 年至 25 年为 70%，25 年以上为 75%；连续工龄 15 年以上按退养办理，每月发给生活费 50 元，有经济能力的企业，可适当补助一些医药费，每月最高不得超过 10 元。小集体企业职工，男年满 60 岁，女年满 55 岁，连续工龄 15 年以上，按退养办理，每月发给退养金 45 元（本人工资不足 45 元的按45元发给),医药费每月5元,不再发任何补贴。

1993年10月起,国家调整在职人员工资的同时,也相应增加退休人员的生活费。

2005年1月,七星区落实自治区劳动和社会保障厅、财政厅《关于2004年我区退休人员增加基本养老金有关问题的通知》,规定:2003年12月31日前已按规定办理退休手续,1953年12月31日(含,下同)前参加工作的,每人月增加养老金50元;1954年1月1日后参加工作的,每人月增加39元。2006年7月,执行自治区劳动和社会保障厅、财政厅《关于调整我区企业离退休人员基本养老金的通知》:2005年12月31日前已按规定办理退休手续的企业退休人员,人均月增资80元;1954年1月1日后参加工作,1993年12月31日前未参加工资改革已办理退休手续的企业退休人员,每人月再增加80元;取得副高级专业技术职称以上的企业退休人员,每人每月再增加75元;企业原工商业者退休人员,每人每月再增加70元。同时符合两个或三个再增加基本养老金条件的,只能按最高一项增加。调整前月基本养老金450元及其以下的企业退休人员,在上述调整基本养老金基础上,每人月再增加20元。

职工退职

1975年8月,东江人民公社、漓江人民公社执行市城区革命委员会、市街道工业局《关于职工福利待遇暂行规定(草案)的通知》精神,符合下列3项条件之一的,经群众评议和主管部门批准,给予退职:年老体衰、多病,不能继续从事原职工作,在本企业内部确实无轻便工作可分配,而又不符合退休条件的;本人自愿退职,其退职对于本单位的生产和工作并无妨碍的;连续工作时间不满3年,因病而停止工作的时间满1年的。至1985年,七星区集体企业办理退职130多名。

1975年,东江人民公社、漓江人民公社执行市城区革命委员会和市街道工业局的规定,职工退职由本企业按照下列标准一次性发给退职补助费:连续工作时间在5年以内的,每满1年发给本人标准月工资的50%;5年以上至10年的,从第6年起,每满1年发给本人标准月工资的80%;10年以上的,从第11年起,每满1年发给本人标准月工资的100%;退职补助费的总额,最高不得超过18个月的本人标准工资。

1983年8月起,七星区落实国家人事部、劳动部《关于提高职工退休费、退职生活费的最低保证数的通知》,退职生活费的最低保证数在现行标准的基础上提高5元,即由20元提高到25元。

1989年1月,七星区劳动服务公司做出《关于公司下属集体企业职工退休、退养、退职待遇的暂行规定》:退职职工按1年发给1个月本人退职前的基本工资的100%,以此类推,最高不能超过18个月。退职费在办理退职手续时一次性付清,今后企业不再负责养老、医药、福利费用。

2006年7月1日起,七星区落实自治区劳动和社会保障厅、财政厅《关于调整我区企业离退休人员基本养老金的通知》精神,按国务院规定办理退职手续的企业退职人员,按退休人员调整养老金标准的80%增加退职生活费。

养老金发放 1998年起,桂林市企业离退休人员的养老金逐步由企业代发转为由社保经办机构直接通过银行社会化发放。通过实行社会化发放,确保了企业离退休人员养老金按时足额发放,维护广大企业离退休人员的切身利益。在养老金社会化发放过程中,各地陆续出现了个别冒领养老金的现象。为维护基本养老保险基金的安全,保障离退休人员养老金的发放,桂林市在加大查处力度的同时,采取各种措施加以防范。

2000—2005年,社会保险经办机构每1—2年开展一次养老金领取资格认证,由企业离退休人员持相关表格到居住地的街道(乡镇)和社居委(村委会)获取有关证明。

社会化管理 2003年起,七星区对企事业单位离退休人员实行社会化管理。区劳动人事和社会保障局组织辖区企事业离退休人员参加"桂林市第三届离退休人员健身竞赛"活动,全年共组织58个队参加6个项目的比赛,获第一名2个、第二名9个、第三名11个。

2004年,七星区共接收124个单位2244名退休人员档案,占全市接收企业退休人员档案数量的50%。

2005年,七星区共接收企事业单位离退休人员档案6045名。年内,七星区劳动保障事务所和劳动保障工作站组织各项活动丰富离退休人员的晚年生活。组织离退休人员参加健身竞赛活动,54个队参加6个项目的比赛,获得一等奖1个,二等奖11个,三等奖14个,并获得最佳劳动保障事务所组织奖。年末,依据市社会劳动保险事业管理所字文件精神,表彰2005年度企业退休人员社会化管理服务工作先进单位和先进个人,其中七星街道劳动保障事务所和穿山街道劳动保障事务所获得表彰。

第八节 军转干部安置

20世纪60年代起,军队干部转业到地方工作,是国家和军队的一项重要制度。1978年前,军队转业干部(简称军转干部)到七星区境工作的由市直接安置。1979年7月,七星区人民政府成立,团职军转干部由市委组织部安排分配到七星区,营职以下(含技术级)由市军转干部安置领导小组办公室(简称军转办公室)制定分配计划,七星区接到分配计划后,按规定时间向市军转办公室报送书面安置岗位或职务,然后由市军转干部安置领导小组办公室采取指令性计划分配方式,分配到七星区。军转干部的安置,不受编制限制,按照接收军转干部的实际人数相应增加人员工资总额计划,新增编制在逐年自然减员中冲销。2000年起,国家对军队转业干部实行计划分配和自主择业相结合的方式安置。计划分配的军队转业干部由党委、政府负责安排工作和职务;自主择业的军队转业干部由政府协助就业、发给退役金。

1980—2005年,七星区认真做好军转干部、退伍军人及随军家属的接收安置工作。

1986—1995年,七星区接收安置军转干部11名。1996年,七星区对军转干部实行指令性安置与双向选择相结合的办法(即由军转干部与用人单位见面,共同协商)。1996—2005年,区机关共安置军转干部57名(其中正团职7名、副团职22名),退伍军人7名。2000年,七星区安置随军家属22名。2002年,七星区接收安置军转干部6名,退伍军人3名,随军家属30名。2003年11月至2004年末,七星区共发放2个单位8名军转干部17880元生活困难补贴费。2004年,七星区接收安置军转干部10名(营职以下)。2005年,七星区接收安置军转干部22名,其中团职3名、营职以下19名。

第九节 大中专毕业生分配

1978年前,七星区境所需的大中专毕业生,由市人事部门采取指令性计划指标分配安置。七星区人民政府成立后,执行市人事局指令性的统一分配安置办法,遵循“统筹兼顾,合理分配,保证重点,兼顾一般,学用一致,对口安排”的原则,一般不直接安置在党政机关。若党政机关有特殊需要的人才,先到基层单位工作2年至3年,再根据其思想状况和工作表现,经考核合格后再调入机关。

20世纪90年代后,国家改革大中专毕业生分配制度,采取指令性分配和“双向选择”(在一定范围内有计划地让用人单位与毕业生直接见面,双方自愿选择合适的人和合适的单位)。七星区根据实际需要,每年填报《高等学校毕业生、毕业研究生需要计划表》,将需要的学历、专业、人数和安排单位填报清楚,报市人事局,由桂林市人事局安排用人单位与毕业生见面,并在双方认可的条件下,签署《毕业生分配登记表》,交由市人事局办理安置手续。同时,接收市人事局指令性分配的大中专毕业生。

1991—1997年,市毕业分配办公室制定优惠政策鼓励毕业生到县、郊乡镇企业、集体企业以及乡镇农业服务体系和农村文教、卫生等企事业单位去工作;举办毕业生与用人单位“供需见面”洽谈会,为毕业生提供择业机会;鼓励毕业到艰苦的地方去工作;引进紧缺专业的高层次毕业生。1991年,七星区政府为企业招聘、引进专业技术人才74名,安置10名大中专毕业生。

1998年,人事制度改革,大中专毕业生的分配按行业消化与就地安置相结合的原则，由市毕业生分配办公室统一下达指令性计划，在一定范围内双向选择就业。以推荐就业和自主择业为主，未能与用人单位达成协议和就业的将毕业生的关系转到市人才市场，另行推荐就业。

1999年，七星区人民政府为促进七星区域内的大中专毕业就业，在桂林市五城区中率先设立人才网站并投入使用，供大中专毕业生和用人单位免费使用。

2001年，七星区组织20多家区属企业参加桂林市春季人才交流会及广西实施西部大开发人才交流大会，共接收各类大中专毕业生123名。

2002年，七星区办理大中专毕业生转正定职、定级69人，共接收各类大中专毕业生73名。

2004年，七星区接收1名选调生。

2005年，七星区共办理大中专毕业生报到手续53人次，办理大中专毕业生转正定职手续75人次。

1999—2005年，七星区共计向社会免费发布招聘信息1.5万多条，发布求职信息4.2万多条，促使高校毕业生与用人单位达成求职意向7200多人次。

第十节　社会保险

1994年起，国家由计划经济转为市场经济体制。七星辖区的一些企业在转型过程中，由于销售、产品质量、管理等原因，出现资金不足、产品积压、人员失业，企业陷入困境，为保障这部分企业员工的基本生活，区政府出台了一系列保障措施，安定民心，稳定社会，促进经济的发展。

2000年，七星区机关和事业单位在职人数和退休人员1583名，月工资缴费基数123.64万元，单位缴费(6.5%)8.04万元、生育保险缴数(0.6%)7118.14元、工伤保险(5%)6181.78元，缴费合计9.40万元。

2002年前，区政府没有专门的社会保障机构。七星辖区的职工交纳社会保险到市保险所和市医疗保险所交纳。2002年1月，机构改革，将人事局改为劳动人事和社会保障局。承办区属机关工作人员及离退休人员的医疗保险及审核区属机关、事业、企业单位及个人的社会保险工作；七星辖区的社会保险征缴，由市劳动保险所、桂林市医疗保险所统筹；区劳动人事和社会保障局(原劳动保障局)负责协助工作。

依据市政府文件精神，做好社会保险扩面征缴工作。2003年，七星区成立扩面征缴工作领导小组，加大政策法规的宣传力度。每年区政府常务副区长与11个部门负责人签订责任书，将任务指标分解下达给各责任单位。穿山乡、朝阳乡、东江街道办事处、七星街道办事处、华侨旅游经济区相应成立社会保险扩面征缴领导小组，一把手负全责。其他各责任单位明确1名主要领导主管社会保险工作，配备专人负责。每年利用人才交流大会为契机，对参会的300多家企业进行保险扩面宣传发动，发放各种宣传资料和参保表格；以外商投资企业和私营企业为突破口，向企业法人宣传社会保险政策，送去参保表格；对所辖区企业、个体户采取上门服务，指导他们填写参保登记表，并帮新增参保人员登记缴费手续。每年向区属企事业单位、个体劳动者印发宣传资料及参保表1万多份，对社区居民提出有关社会保险参保政策问答作耐心、细致的解释。2005年，七星辖区成立25个社区劳动保障所。

养老保险

企业职工养老保险　1998年前，七星辖区企业职工实行退休金制度，职工退休后，按比例在企业领退休金。1999年起，开始实行企业职工离退休养老保险缴费制度，职工离退休后根据缴纳退休基金时间长短和金额多少领取养老金。养老保险缴费由参保人员与其所在企业单位共同负担，参保人员按月工资的8%，单位按20%的比例实行。养老金由市级部门统筹。同年，全区新增28家企业为300多名在岗职工缴纳养老保险金。2000年，辖区区直20多家企业500多名职工参加养老保险。至2003年，全区参加养老保险职工人数为1500多人，参保率为65%。2004年，养老保险增加1400多人。2005年，向企业发放宣传资料和参保表格3000多份，七星区共完成新增社会养老保险参保2000多人。2005年年末，全区参加养老保险职工为5000多人，参保率为68%。

农村居民养老保险　1993年，七星区开始在朝阳乡、穿山乡的农村开展养老保险工作，成立七星区农村社会养老保险工作领导小组及办公室，制定《桂林市七星区农村社会养老保险暂行办法》等文件。1994年，七星辖区养老保险工作在各乡、街道办铺开，全区1.26万人投保，投保率80%，收取养老保险金191.99万元。1996年10月，七星区累计收取养老保险金343.6万元，投保人数1.26万人。1996年年末，该项工作停止。1998年，政府机构改革，农村社会养老保险由民政部门移交给劳动与社会保障部。1999年7月，国务院指出当前中国农村尚不具备普遍实行社会养老保险的条件，决定对已有的业务实行清理整顿，停止接受新业务，有条件的地区应逐步向商业保险过渡。

养老保险扩面征缴　1999年，依据市政府文件精神，七星区做好社会保险扩面征缴工作。

2000年，七星区抓好养老保险增缴扩面工作和企业离退休人员养老金社会话发放工作，新增参加养老保险企业32家，全区养老保险金社会化发放达到100%。

2003年，七星区完成养老保险扩面人数3246人，失业保险扩面人数810人，全面完成了市政府下达的社会保险扩面工作任务。

2004年，七星区共完成新增社会养老保险参保2511人、新增失业参保606人，超额完成了市政府下达目标责任指标。

2003—2005年，七星区完成养老保险扩面11045人，失业保险扩面4096人。

医疗保险

1953—1998年，七星区境城镇职工(行政机关、事业单位、国有企业的干部、工人)实行公费医疗制度。1998年，七星区依据国务院颁布的《关于建立城镇职工基本医疗保险制度的决定》，按照“基本水平、广泛覆盖、双方共担、统账结合”的原则，建立城镇职工基本医疗保险制度。2001年，机关、事业单位医疗保险完成申报、登记、审核、缴费等工作，七星区首批共42个单位1320名参加医疗保险。同时参加工伤、生育保险。同年，七星区财政拨付288.95万元用于全区机关、事业单位医疗保险费的足额缴纳。2005年，全区参加医疗保险的机关、事业单位职工人数为1426名，区财政拨付335.88万元用于医疗保险费缴纳。

工伤保险

1995年，七星区贯彻《广西壮族自治区企业职工工伤保险暂行办法》，职工工伤保险费由单位缴纳，缴纳标准为年工资总额的0.5%—1.3%。当年，缴纳2.35万元工伤保险费。

1997年起，工伤保险费费率收缴实行浮动费率制度，每年3月浮动一次。浮动标准根据企业上一年实缴工伤保险费和工伤保险费支付金额以及生产安全工作状况，以企业缴费基础费率为基数上下浮动。企业全年缴纳工伤保险费在1000元以下的，不实行下浮费率；欠缴和缓缴工伤保险费的企业暂缓实行下浮费率，待补交完后再实行下浮费率；对有意隐瞒工伤事故真相，提供假数据、假材料的企业不实行下浮费率。

2000年，企业职工缴纳工伤保险费共缴纳46万余元。

2001年，七星区贯彻执行《桂林市机关事业单位职工工伤保险暂行办法》，全区机关、事业单位的工作人员全部参加工伤保险，自此一直执行。同年，共缴纳48.5万元工伤保险费。

2003年，共缴纳53.64万元工伤保险费。

2005年，共缴纳57.35万元工伤保险费。

失业保险

1999年1月，七星区贯彻《广西壮族自治区职工失业保险办法》(2004年1月17日重新修订为《广西壮族自治区失业保险办法》)，失业保险费缴纳标准：企业、事业单位、民办非企业单位、社会团体，按照本单位职工工资总额的2%缴纳，职工按照本人工资总额的1%缴纳，个人缴纳的失业保险费，由所在单位从其本人的工资中代为扣缴，计入个人账户。

2000年起，七星区在教育、卫生等事业单位开展职工失业保险工作，辖区各事业单位参保率为90%，职工90%参保，全年共有1267名参加失业保险。

2002年，辖区事业单位共有1073名参加失业保险，单位参保率达75%以上；事业单位共缴纳失业保险费32万元，占应交的92%。

2004 年，参加失业保险 1086 名，共缴纳失业保险费 32.6 万元。

2005 年，参加失业保险 1090 名，失业率控制在 4% 以内，辖区各单位共缴纳失业保险费 32.7 万元。

失业保险待遇 失业人员在失业期间领取失业保险金的期限，根据失业人员失业前所在单位和本人缴费时间确定：累计缴费时间满 1 年不满 5 年的，每满 1 年领取 3 个月失业保险金；累计缴费时间满 5 年的，领取 14 个月失业保险金；累计缴费时间超过 5 年的，每超过 1 年增发 1 个月失业保险金，领取失业保险金的期限最长不超过 24 个月。

失业保险金发放标准 根据失业人员失业前的缴费时间确定：累计缴费时间不超过 15 年的，按桂林市区最低工资标准的 70% 发放；累计缴费时间超过 15 年以上的，在上述 70% 的基础上，每超过 1 年，增加一个百分点发放，但最高发放标准应低于桂林市区最低工资标准。

生育保险

2001 年，七星区干部职工生育保险工作开始；2003 年，七星区参加生育保险的干部职工人数为 386 名。2004 年，七星区参加生育保险的干部职工人数为 395 名。2005 年，七星区参加生育险的干部职工人数为 423 名。缴费按参保人员工资 0.6% 的标准施行。

第十一节　劳动争议仲裁　劳动监察

劳动争议仲裁

1998 年 6 月 4 日，七星区劳动争议仲裁委员会成立，共 9 名，由区领导 2 名、区工会 1 名、区经贸局 1 名、区法制办 1 名，区劳动人事局 4 名组成，仲裁委员会主任和副主任分别由劳动人事局局长、副局长担任。仲裁委下设办公室，负责处理劳者争议仲裁的工作。

1999 年 12 月，根据星发《关于成立桂林市七星区人事争议仲裁委员会的通知》精神，成立桂林市七星区人事争议仲裁委员会，办公室设在劳动人事局。

2000 年起，辖区就业人员的逐年增加，劳资纠纷时有发生，区人民政府积极发挥劳动争议仲裁职能，维护弱势群体利益。

仲裁委员会办公室接到仲裁申诉书后，经审查符合受理条件的报仲裁委员会领导审批立案。仲裁委员会七日内做出是否立案的决定。决定受理的案件组成仲裁庭，进行案件调查仲裁庭审理案件先行调解。调解不成，审理裁决。双方当事人不服仲裁裁决可在 15 日内向人民法院提出诉讼。

1998 年，七星区劳动争议仲裁委员会成立后，对劳动争议案件以调解为主，尽量引导当事人双方自主、理性、和平地达成协议。对待来访人员，办案人员统一做到一张笑脸、一张凳子、一杯茶水，细心聆听，营造平等、和谐的氛围，消解来访人员的紧张不安感，通过交谈掌握第一手资料，尽快找出纠纷的矛盾中心所在。对收集证据材料前置，在庭前实现证据材料的交换和质证，缩短庭审的时间，提高庭审的效率。对个别事实清楚、适用法律明确的案件，实现当庭裁决。

1999—2005 年，共受理各类争议仲裁案件 664 起，结案 664 起，其中：经调解达成协议的 238 起，仲裁开庭审理裁决 391 起，撤诉 4 起，因超过仲裁时效或其他原因不予受理案件为 31 件。

2005 年 12 月，七星区获由自治区劳动和社会保障厅、自治区总工会和自治区企业联合会颁发的“先进劳动争议仲裁委员会”。

劳动监察

1995 年《中华人民共和国劳动法》颁布实施起，七星区劳动人事局利用各种形式广泛宣传，工作人员在三里店摆摊设点开展劳动法及其相关政策法规的宣传活动，共向社会发放各种宣传资料 8 万多份解答群众提出的问题 4000 余人次。发挥社区劳动保障工作平台的作用，组织社区协管员下户发放劳动政策法规宣传资料 6000 余份。加强对企业的政策宣传力度，送政策法规到企业。热心为前来办事的企业法人、劳资人员以及来访群众提供政策咨询服务，共为来访人员提供政策咨询5000多人次，接收电话咨询1万余人次。同年，七星区人民政府成立劳动监察执法领导小组，对辖区企业进行劳动监察执法。每年对辖区企业中劳动合同签订及执行、落实最低工资保障制度、拖欠职工工资、交纳社会保险等抽查，及时纠正和查处企业中存在的劳动违法行为，维护企业职工的劳动合法权益。对企业不与劳动者签订劳动合同，不为劳动者缴纳社会保险，拖欠职工工资等违反劳动法的行为下达整改通知书，责令其限期整改。

1997年3月，依据市人事劳动和社会保障局《关于对用工单位进行劳动监察年度审查的通知》，七星区劳动人事局对七星辖区内所属单位、挂靠单位及所在辖区的私营企业、雇工的个体工商户，开展劳动监察年审及备案工作；至7月，七星区完成劳动监察年度审查1311户，其中集体企业438户、外资企业20户、个体工商户853户。

1999年，七星区监察工作表现突出，七星区劳动人事局荣获自治区劳动监察二等奖。

2000年，七星区劳动人事局对辖区1580家企业、个体工商户进行劳动监察年检工作，超额完成市劳动局下达的任务，完成劳动合同签证1645人次。

2001年，七星区劳动人事局对辖区1170家企业及个体工商户进行劳动监察年审，并在区属企业进行劳动执法大检查，督促13家企业参加养老保险，办理劳动合同签证1366人次。

2002年3月起，七星区劳动人事局劳动保障监察人员上岗时统一穿劳动保障监察制服。

2003年，七星区劳动人事局完成1258家企业、个体户年审，办理劳动合同签证1734人次。

2004年，七星区劳动人事局完成931家企业、个体户年审；结合劳动监察工作，在区属企业进行劳动合同签订和保护民工权益专项大检查，督促企业与员工签订劳动合同，共把办理劳动合同签证2134人次；对区属企业进行《禁止使用童工规定》执行情况的监督检查和职业介绍机构及6个工种持证上岗的清理整顿，依法严厉打击使用童工和非法职业介绍的违法行为。

2005年1月，劳动法颁布实施10周年，七星区劳动人事局配合市人事劳动局在三里店大圆盘开展劳动法专项宣传活动，共计发放宣传资料1万余份，解答群众咨询500余人次。同年，对辖区1000多家企业、个体户报送的劳动保障书面材料进行审查。督促企业与员工签订劳动合同，共办理劳动合同签证2373人次。打击“黑中介”活动，对区属企业进行监督检查和职业介绍机构记忆6个工种持证上岗的清理整顿。联合区建设规划局对区属建筑行业30多家企业进行农民工维权专项检查。

2000—2005年，七星区劳动人事局对辖区7127家企业、个体商户进行劳动监察年检。

2002—2005年，七星区劳动人事局对七星辖区区属企业开展禁止使用童工的专项检查，未发现有使用童工的现象。

2004—2005年，贯彻落实国务院办公厅《关于进一步做好改善农民工进城务工就业环境的通知》精神，七星区劳动人事局在三里店大圆盘开展维护农民工劳动保障法宣传活动3次，发放《中华人民共和国劳动法》《农民工维权手册》《社会保险费征缴暂行条例》《桂林市失业保险政策问答》等劳动法相关宣传资料5000余份，解答群众咨询200余人次；共督促企业与农民工补签劳动合同100余人次，补缴社会保险50余人次；并向农民工发放相关维权宣传资料3000余份，接待农民工咨询100余人次，调解处理农民工相关劳动争议案件3起，涉及金额6000多元。

做好劳动合同签证。至2005年年末，七星区共为辖区企业及劳动者双方办理劳动合同签证2万多人次，通过对劳动合同签订的监督和指导，进一步提高七星区劳动合同的规范性和有效性，减少企业和劳动者之间因劳动合同条件不完备而造成的劳动争议案件的发生。

2004年，七星区落实国务院办公厅《关于进一步做好改善农民工进城就业环境的通知》的文件精神，成立维护农民工劳动保障权益领导小组，开展维护农民工劳动保障权益普法宣传。

免费向辖区农民工发放劳动法相关宣传资料，现场解答农民工提出的有关问题。对区属一些使用农民工较多的非公有制经济企业进行抽查，对个别企业不与农民工签订劳动合同、不为农民工缴纳社会保险、延长劳动时间等劳动违法行为下达整改通知书，责令其限期整改。至2005年，共计发放《中华人民共和国劳动法》《农民工维权手册》《社会保险费征缴暂行条例》《桂林市失业保险政策问答》

等劳动法相关宣传资料6000余份，解答群众提问300余人次。共督促企业与农民工补签劳动合同100余人次，补缴社会保险50余人次。

2004—2005年，七星区人民政府对农民工来访投诉接待工作始终奉行“一张椅子、一张笑脸、一杯清茶”的原则，耐心解答对咨询的问题，认真核实投诉内容，及时进行处理。处理农民工劳动纠纷案件3起，涉及金额5000多元。

第三十章

民政　信访

区领导带领有关人员到部队训练场慰问官兵，密切了军政军民关系　　（2004年8月摄）

1950—1955年，国民经济恢复和社会主义改造时期，七星区民政工作主要是基层政权和群众自治组织的建设与管理，宣传贯彻《中华人民共和国婚姻法》，以及优抚安置和社会福利救济。20世纪90年代起，民政工作除加强基层政权和群众自治组织外，还承担救灾救济、社会福利、行政区划、优抚安置、军民共建、殡葬改革、婚姻登记等。2000年，主要承担社区服务、双拥共建、收养登记、社团管理以及老年人服务、残疾人服务，推行城乡居民最低生活保障制度，并做好行政界线勘定工作。至2005年，七星区获自治区、桂林市“双拥模范区”2次。

第一节 机 构

民政局

1950年4月—1958年11月，区境东江区公所，第四区、第三区人民政府，东江、漓江2个街道办事处均未设民政工作机构，民政工作由专职干部分管。1958年11月，东江人民公社设民政干事。1960年，东江区公所、东江人民公社设福利部，设副部长2人。

1979年7月七星区设街政科。1984年，街政科改称民政科，设科长1名，副科长1名。1988年改科称局，设局长1人、副局长2人、办事员2人。1997年6月，桂林国家高新技术产业开发区与七星区合并，设社会发展局，内设民政处，设处长1名，副处长1名。1998年4月社会发展局民政处撤处改民政局，设局长1名，副局长1名。局长由社会发展局副局长兼任。民政局业务上受市民政局指导，行政上属七星区政府。2005年末，民政局编制5人，历任街政科长：张万清(1979.9—1984.11)、民政科长朱保全(1984.11—1993.10)、银交生(1994.1—1997.6)、民政处长张宝庆(1997.6—1998.4)、民政局长张宝庆(1998.4—1999.1)、雷雪芳(1999.2—2002.1)银交生(2002.1—2002.7)蒋晓荣(2002.7—2006.12)。办公地址骖鸾路26号高新开发大厦。

老龄问题工作委员会办公室

1988年成立七星区老龄问题委员会办公室，编制1名。1990年5月更名为老龄问题工作委员会办公室(简称老龄办)，正科级，编制1人，设主任1名。2001年12月机构改革，老龄办挂牌在社会发展局，办公地址骖鸾路26号高新开发大厦。至2005年末，历任老龄委办公室主任：阳家华、唐玉英、张水旺。

信访督查办公室

1997年6月设置七星区信访督查办公室，挂牌在七星区政府党政办公室，正科级，定编2名，没主任1人，副主任1人。历任主任李惠娥、刘秀娣(副主任)、韦玉娟。办公室地址骖鸾路26号高新开发大厦。

第二节 群众自治组织

城市群众自治组织

1955年10月，桂林市第三区人民政府撤销，分别成立东江、漓江2个街道办事处，共辖五通街、临下街、坭湾街、新生街、花桥街、河东街、七星街、码坪街、漓江上街、漓江下街9个街道居民委员会(简称居委会)，12月，新增漓江下街居委会。居委会设主任1人、副主任1至2人，委员1至3人，居委会内设治安、调解、妇女、文教卫生、民政福利5个工作委员会。1966年，居委会不再设治安、调解等工作委员会。

1958年11月，合并2个街道办事处成立东江人民公社，下辖五通街、新生街、垅湾街、河东街、花桥街、码坪街、七星街、漓江上街、漓江下街、临下10个居委会。

1960年3月，东江人民公社改称东江区公所，下辖10个居委会合并为花桥街（花拆、河东合并）、临下街（新生、临下合并）、临上街（泥湾、五通合并）、七星街（七星、码坪合并）、漓江街（漓江上街、漓江下街合并）5个居委会。

1960年6月，撤销东江区公所，成立东江人民公社管理委员会，辖五通街、新生街、垅湾街、河东街、花桥街、码坪街、七星街、六合街、临下街、漓江街10个居委会。

1962年3月，东江人民公社划出原漓江街道办事处管辖的范围，成立漓江人民公社。东江人民公社辖五通街、新生街、垅湾街、临下街、花桥街、七星街、河东街、码坪街8个居委会（六合街居委会合并到垅湾街居委会），漓江人民公社辖漓江街居委会。

1966年9月，东江人民公社的五通街、花桥街、七星街、码坪街等4个分别更名为劳动街、红桥街、东方街、红光街。

1978年11月，劳动街、红桥街、东方街、红光街恢复原名。

1979年7月，七星区成立，辖五通街、花桥街、新生街、七星街、垅湾街、临下街、河东街、码坪街、漓江街9个居委会。每个居委会设主任1人、文厂书各1人，任期一年。

1981年，居委会由七星区民政科管理，同时恢复设立治安、调解、妇女、文教卫生、民政福利5个工作委员会，并增设专职卫生干部1人。1981年12月，增设穿山街、桂大街2个居委会，析出码坪居委会，增设龙隐街居委会。1982—1985年，增设临上街、六合街、梨子园街3个居委会。1986年12月增设花园街居委会。1986年，居委会干部由任命制改为选举制，任期由1年延长至3年。居委会设主任、副主任、文书，下设人民调解、治安保卫、公共卫生、民政福利、妇女5个工作委员会。在职居委会干部没有工资，只有补贴。1986年，居委会干部每月由区财政补贴40元。1987年末，七星区辖五通街、花桥街、垅湾街、河东街、临上街、七星街、临下街、码坪街、新生街、穿山街、龙隐街、花园街、桂大街、漓江街、六合街、梨子园街16个居委会。居委会有主任15人、副主任8人，文书8人，5个工作委员会委员75人。1989年2月，居委会换届，采取组织推荐和群众提名相结合的方式，由居民小组长商议以等额推荐候选人，对所提候选人，张榜公布，户派代表或由每个居民小组代表2至3人参加投票选举。新一届居委会设主任1人，副主任1人，委员4至6人。民主选举主任16人，副主任12人，5个工作委员会委员90人。1990年，增设广西师范大学分部、桂林冶金地质学院、桂林漓江机械厂、桂林电子工业学院、桂林电力电容器厂、桂林第三制药厂6个家属委员会。1990年末，七星区下辖五通街、临上街、垅湾街、六合街、花桥街、河东街、漓江街、临下街、新生街、穿山、梨子园、花园街、桂大街、漓东街、码坪街、龙隐街、七星街、狮子岭街、大园盘街、月牙街、五里店街、会仙街22个居委会和6个家属委员会。1991年，居委会换届选举，选出主任24人、副主任11人，5个工作委员会委员105人。

1992年居委会增加社会保障、老年人、残疾人工作任务。1994年，街道服务工作起步，至1996年，兴办街道服务站73个，服务项目有家政、医疗服务、家电维修、中介服务、婚介所、幼托报刊服务等。

1997年12月，七星区设立东江、七星2个街道办事处（简称街道）。东江街道辖临上街、五通街、垅湾街、临下街、漓江街、新生街、花桥街、河东街、六合街、花园街10个居委会。七星街道辖龙隐街、梨子园街、码坪街、七星街、桂大街、会仙街、漓东街、狮子岭街、五里亭街、月牙街、大园盘街、穿山街、施家园街、鸳西街、三里店街、穿山东街16个居委会。1998年，东江街道增设朝阳居委会，七星街道增设毅峰街、穿山东街2个居委会。1999年，东江街道新增社山桥居委会。七星街道下辖居委会由原来的17个居委会调整为11个。至此，2个街道共辖23个居委会。其中东江街道辖临上街、五通街、垅湾街、临下街、漓江街、新生街、花桥街、河东街、六合街、花园街、朝阳街、社山桥街12个居委会。七星街道辖七星街、桂大街、会仙街、码坪街、龙隐街、漓东街、穿山街、园盘街、毅峰街、施家园街、穿山东街11个居委会。

2000年1月，居委会政务上墙对居民公开，各工作委员会职责上墙。2002年，七星区推进城市社区居委会建设，按照便于服务管理，便于开发社区资源，便于社区居民自治的原则，对原有的居委会所辖区域作适当调整，以现存自然小区，单位宿舍区为基本单位，以规划建成的道路、街巷为界限进行社区划分，每个社区管辖1000至3000户。辖区原有23个街道居委会，6个家属委员会调整为26个社区居委会，下辖905个居民小组。其中东江街道辖五通、漓江、六合、社山桥、辰山、汇通、朝阳、羊角山、电子工学院、桂工建干、花园11个社区居委会。七星街道辖七星、横塘、穿山东、施家园、龙隐、漓东、桂大、码坪、师大育才、毅峰、大园盘、轮胎厂、穿山、毛塘路、石油六公司15个社区居委会。每个社区居委会配干部5—9人，设主任1名、副主任1—2名，委员3—5名，共有正、副主任56人。有居民小组1083个，正、副小组长1487人。社区居委会主任、副主任、委员每月补贴分别为520元、470元、420元，同时享受社会养老统筹、基本医疗、失业、工伤与生育等保险。社区居委会主要工作有社会治安、社会养老金发放、环境保洁、纠纷调解、计划生育等。工作方式逐渐弱化行政管理，强调居民的自我管、自我教育和自我服务。

2005年，东江街道新增猫儿山社区居委会，七星街道新增金星社区居委会。2005年末，辖区28个社区居委会正、副主任61人，居民小组1149个，正、副小组长1689人。

2005年，区财政局每月拨给每个社区办公经费700元；社区居委会主任、副主任、委员每月补贴分别为710元、660元、610元（不含区财政每月每人210元的养老、医疗保险费）。

表30-1　　1990年七星区街道居民（家属）委员会一览表

街道	五通街、临上街、临下街、坭湾街、六合街、花桥街、河东街、花园街、新生街、漓江街。穿山街、梨子园街、桂大街、漓东街、码坪街、龙隐街、七星街、狮子岭街、月牙街、五里店街、会仙街、大园盘街。
	广西师范大学分部家属委员会、桂林冶金地质学院家属委员会、桂林市电力电容器厂家属委员会、桂林漓江机械厂家属委员会、桂林电子工业学院家属委员会、桂林市第三制药厂家属委员会。

表30-2　　2005年七星区社区居委会一览表

街道	所辖社区居委会
东江街道	六合、五通、羊角山、汇通、辰山、花园、朝阳、社山桥、猫儿山、漓江、桂工建干、电子工业学院。
七星街道	穿山、桂大、金星、龙隐、七星、码坪、施家园、大园盘、穿山东、毛塘、空明、毅峰、轮胎厂、师大育才、横塘、漓东。

农村群众自治组织

20世纪60年代至80年代初期，穿山人民公社和朝阳人民公社辖大队管理委员会（以下简称大队），各大队设大队长1人、党支部（总支）书记、副大队长、民兵营长、会计各1人；各大队下属的生产队，设队长、副队长、记工员、会计各1人。1984年9月体制改革，以原生产大队为基础，普遍建立村民委员会（简称村委会），村委会由主任、副主任和委员3至7人组成，由本村有选举权的村民经过充分酝酿后，直接选举产生，每届任期3年，可连选连任。村委会下设治保、调解、文教卫生、计划生育、民政等工作委员。在村委会下，还设村民小组，村民小组一般在原生产队的范围建立。穿山人民公社辖9个村委会，1个居委会（安新），45个村民小组。朝阳人民公社辖6个村委会，36个村民小组。

1988年2月，建制村设村公所，村委会改设在自然村。辖区穿山、朝阳共15个村公所，61个村委会，1个居委会。

1995年2月，撤销村公所，恢复村委会。辖区穿山乡、朝阳乡有七星、穿山、屏风、三联、汇丰、樟木、光辉、清风、和平、西南、新建、合心、岩前、丫吉、湖塘共15个村委会，1个居委会（安新）。

1996年12月，桂林市区划调整，穿山、朝阳2个乡划归七星区管辖。原属穿山乡的清风村委会划归叠彩区，安新居委会划归象山区。七星区辖穿山、七星、樟木、和平、光辉、汇丰、三联、屏风、新建、岩前、西南、合心、丫吉、湖塘14个村委会，82个自然村。1998年，推行村务公开制度，各村相继建立村务公开栏，对群众关注的财务管理、计划生育政策、土地征用、宅基地审批、农民负担、集体经济、救灾救济、优抚优待金发放、村干部报酬等情况进行定期公开，并接受村理财小组的监督。各村设监督举报箱、投诉电话。1999年4月，首次进行村委会干部直选，2.32万名选民直接投票选出14个村委会干部63人，选民参选率达98.88%。2000年，七星区建立健全村民自治核心要件（民主选举、民主决策、民主管理、民主监督）和保障村民知情权、决策权、参与权、监督权，印发《关于做好乡、村政务公开工作通知》《村务公开检查内容提纲通知》，制定村务公开检查考评量化标准，把村务公开质量的好坏纳入年度目标责任制考核，定期进行检查，发现问题及时解决，使各村委的村务公开全面实施并逐步走向制度化、规范化轨道。2002年，14个村委会进行换届选举，2.52万名选民参加选举，选出村委会干部79人。2005年，14个村委会换届选举，参加选举的选民达2.95万人，参选率达96%，选出村委会干部66人。其中；主任14人、副主任14人，文书12人，委员26人（其中女性18人）。14个村委会主任、副主任、委员每月补贴分别为300元、250元、200元。

第三节　救济　救灾

贫困救济

贫困救济的对象是特困户、残疾人、“五保户”、复退军人及军烈属困难户等。解放后，市人民政府确定“以生产自救，以工代赈为主，发放救济粮为辅”的救济方针，组织人民生产自救。同时根据救济对象的贫困程度，对贫民分别给予临时救济、定期定量救济，特殊性救济等各种方式救济。

1950年，东江区公所有急救济的贫困市民63人，常时救济50人，暂救济373人，半自救69人，全自救77人，19人，当年共救济31户63人，发放救济粮1027.7千克。

1953年，第四区有救济的贫困工人、市民158户252人，占全区总户数的3.5%，总人数的1.3%，其中长期救济104户169人，临时救济54户83人，当年共发放救济款4575万元（旧人民币）。为老、弱、病1804人次发放紧急救济款5719万元（旧人民币），棉被8床、棉衣44件，免费就医2090人次，免费接生18人，妇婴补助209人1140万元（旧人民币）。

1955—1956年，东江、漓江2个街道办事处共有贫困救济673户1495人，其中长期救济442户706人，临时救济231户789人，发放救济款1.03万元。棉衣55件、被子20床、卫生裤3条。1957—1958年，有贫困救济1450户3028人，发放救济款6448元。1960—1963年，东江人民公社有贫困救济905户2870人，其中长期救济114户150人，临时救济537戶1670人，其他困难救济254户1050人（退休人员142户557人，浮肿病人112户493人），共发放救济款1.52万元，发放棉衣、裤334件，棉被45床，棉花425千克，布票7454张，牙膏350盒，毛线45千克。1965年，漓江人民公社有救济户20户117人，发放救济金194.46元。对烈军属20户160人次，发放困难救济补助金266元。1966—1976年，社会救济工作中断。

1979年7月，七星区人民政府成立，设立街政科负责辖区民政事务，当年发放救济金700元，救济101户137人次。1980年，辖区有社会救济人员247户421人，当年发放救济金2956元。1982年发放5366元，救济425户961人次。1984—1987年，发放国难户、烈属、病故军属、伤残退伍军人、退休干部、职工生活补助金28万元。对10万居民发放猪肉补贴137万元。1988年，辖区有“五保户”3户3人，困难户75户，伤残退伍军人50人，烈属、病故军属10户，现役军人112人，退休、干部、职工16人，全年发放困难救济款7.2万元。

1995—1999年，共发救济金45.12万元，救济4132人次。2000—2002年，发放救济金14.08万元，救济2237人次。慰问百岁老人16人次，发放补助金2868元。从2002年起，对困难户的临时救济金改为慰问金。2003年，辖区有7326户，12549人次享受最低生活保障，全年共发放低保金1117.78万元。2003—2005年，春节、中秋、重阳节慰问“五保户”、特困户1783人次，发放慰问金（品）13.72万元，慰问百岁老人12人次，发放长寿金4320元。

2004年，区政府拨出1万元帮助五保户维修住房。从元月 1 日起，发给每个“五保”对象每月生活费 160 元。

2005 年，区政府制定《七星区农村医疗救助实施办法》和《七星区城市居民临时困难救助暂行办法》，将救助资金列入区财政预算。两个办法出台，对农村困难户看病难和城市低收入居民看病、子女入学、遭受天灾等临时救助得到较好保障。

生产自救

以工代赈 解放初期，桂林失业现象严重，市人民政府于 1950 年 7 月成立救济失业工人委员会和人民救济支会，组织工赈，发放救济食品、衣物。1951—1953 年，第四区人民政府组织有劳动能力的市民参加的挖土、挑沙、锤石子等临时性劳动，每人每天工作 9 小时，发放粮食 1 千克。参加挖土的每人每天最高收入 1.13 万元(第一套人民币，下同)，最低 7000 元，挖河沙的每人每天收入 1.5 万元。1956 年，以工代赈工作结束。

组织生产 在以工代赈的同时，市人民委员会成立贫困市民委员会，组织建立生产小组，解决困难市民就业问题。辖区各街道居委会组织有劳动能力的居民参加街道办的小手工工业，生产豆腐加工，竹筷、小农具、小五金、搓麻绳、打草鞋等，1951 年有生产组织 6 个，安排从业人员 730 人。1953 年有 21 个，安排从业人员 800 人，1955 年增加至 25 个，从业人员 1092 人，年产值 5 万元，利润 0.8 万元。1958 年，东江街道办事处组织有织布、棕绳、棉胎、五金、缝衣、红砖、碘粉等生产小组 23 个，从业人员 655 人，年产值 14.42 万元，1959 年年产值 37.93 万元。1960 年初，生产自救组织发展成为街道社会福利企业。

“五保户”供养

清康熙二十五年(1686 年)，按察使黄性震在七星山之侧建广济院，收养孤儿、孤老和贫困的人，每年发放 47 石 9 斗 7 升原粮维持生活。清末及民国年间的福利机构，收养人数不多，经费来源于官府自有地产出租收入，入不敷出时依赖社会募捐和从地方官府税收中弥补。1949 年桂林解放后，市人民政府将接管的救济院，将育婴所以及儿童教养院合并为社会福利机构，收养孤老孤儿，国家全额供给。1983 年，在保证孤老、孤儿供养的基础上，向社会开放接纳家庭管护困难的老年人，提供自费代养服务。1988 至 1990 年，辖区各级党委、政府注重对孤老孤儿的慰问活动，逢年过节各级领导和社会团体组成慰问队，带去慰问物品慰问金对孤老进行慰问，解决孤老遇到的困难。居委会动员部分居民家庭将孤老孤儿接到家中，欢度佳节，使他们感受到社会大家庭的温暖。这一活动一直延续至 2005 年。

城区“五保户”供养 对城区有住房且有一定生活自理能力而又不愿入住社会福利机构的孤老，实行分散供养，由社区(街道)或供养人所在单位负责管理。分散供养的孤老称“五保”供养户，简称“五保户”。“五保”即保吃、保穿、保烧(燃料)、保医、保葬。1956 年 3 月起，由民政部门按照国家规定的全额供给标准，月生活标准从 1956 年的 3 元逐步提高到 1990 年的 68 元。按月定期发给其生活费同时解决患病就医问题，对孤老的生、老、病、死实行政府全部承担的供养政策。1986 年，辖区有“五保户”7 户 7 人。1991—1996 年，“五保”供养资金由市财政解决，每月人均供给 100 元。1997 年起，城区“五保户”全部纳入城市居民最低生活保障范围，其供养标准按市城区居民最低生活保障标准全额供给。针对辖区孤老各自的现实情况，七星区组织、协调社区(街道)、居住地所在单位、学校等社会团体，组成包户服务小组，采取一对一结对子，对 7 户“五保户”定期或不定期上门为孤老服务，除了定期将救济金送到他们手中，还经常帮助买米、买煤、挑水、送茶，冬天送棉衣被子。定期组织医务人员登门为孤老检查身体，送医送药。病情较重的及时送去医院治疗，并派人照顾，死亡的按政策安葬。平时孤老居住地相关责任单位领导经常与孤老嘘寒问暖，了解情况，排忧解难。重大节日各级领导和社会各界人士分别登门慰问，赠送礼品礼金、物资，学校师生、志愿者也经常上门为孤老服务。1991 至 2003 年，城区“五保”供养为分散供养，2004—2005 年，采取集中供养和分散供养两种形式，有 4 户送市社会福利院集中供养，分散供养的“五保户”为 3 户 3 人。

农村“五保户”供养 家居农村无直系亲属供养且丧失劳动能力的老人，以及无直系亲属抚养的孤儿，列入“五保”供养(未成年的孤儿除“五保”外还保教)。“五保户”由当时的农业合作社，人民公社统筹保障供养，因财力所限，对“五保”供养对象只能保吃粮，发给衣、被等生活必需品，适当给予社会救济。1958年起，由各自生产队负责“五保”供养，但只能保吃、保穿、保治病。1983年给孤老发五保供养证，由旁系亲属、亲朋好友代供养、集体统筹供养和社会救济等形式分散供养。1977年以后，对少数较贫困的人民公社、生产队供养的“五保户”保障确有困难的，由市民政局视情况发放社会救济金。1986年由乡人民政府民政部门从扶贫款项中划出部分资金为孤老孤儿的财产、房产实行统一保险。1989—1994年，穿山、朝阳有分散供养“五保户”7户10人，共发放困难救济金1.1万元。1994—1998年，“五保户”每月人均供给生活费40—60元。从1999年9月起，将“五保户”纳入城市最低生活保障范围，每月人均供给120元。供养资金由乡统筹解决。2004年，农村“五保”对象纳入区财政保障，每人每月发放160元生活保障金。至2005年，辖区城（镇）、农村（含华侨农场）有分散供养五保人员27人，每年发放供养保障金5.18万元。2005年9月，市政府下发《桂林市农村五保供养暂行办法》，规定农村“五保”供养每人每年不少于182.5千克大米、6千克食油和360元定期定量补助资金，七星区农村“五保”供养资金纳入区财政预算，按期发放。

弃婴　孤儿收养

新中国成立后期，人民政府收养社会流浪儿童、弃婴、孤儿。1952年设工读小学，1963年设工读学校，供孤儿亦工亦学。1966年后社会上的孤儿、弃婴集中于社会福利院保育保教。城区的孤儿保育教育工作，凡有旁系亲属或亲戚朋友愿意代为保教的，由孤儿非直系亲朋收养，无收养人的送市社会福利院收养。1979年后由七星区收容的弃婴，统由桂林市社会福利院收养。

弃婴收养　新中国成立后弃婴实行国家收养，市区建立专门机构统一收养弃婴。城区未设弃婴收养机构，城区收容的弃婴由城区民政等相关部门负责送往市收养机械，并办理有关接送手续。1999年国家颁布《中华人民共和国收养法》后，规范弃婴由国家收养、公民收养和国际友人收养的收养形式，是年7月七星区民政局设立收养登记处，审查收养人的收养能力和被收养人（弃婴、孤儿）的身体健康状况等，经审核符合条件的方能办理收养登记手续，颁发“收养登记证”。2000年办理收养登记咨询28例，符合收养登记的6例。2001—2005年，办理收养登记咨询53例，符合收养登记的11例（女性7人、男性4人）。

孤儿教育。国家重视在孤儿保育、养育的同时对学龄孤儿教育实行18周岁以前由国家负责保教政策，实行集中教育和分散教育两种形式，集中教育的孤儿由所在收养机构负责安排机构内部教育，送就近的小学、中学接受教育等方式，孤儿教育所发生的费用全部由国家包干支付；由旁式亲属或社会邻里收养的孤儿教育费用，采取教育部门免费和政府部门给予助学补助相结合的形式予以保障。2005年，七星区有分散收养的孤儿3名。

残疾人扶助

新中国成立前，辖区内的残疾人主要以沿街卖唱、乞讨为生。1951年起，政府采取以自养为主，适当组织有部分劳动能力的残疾人参加政府组织的生产自救，以生产权益补贴生活费用。政府组织兴办适合残疾人劳作的小厂、小作坊（称民政企业），由民政部门根据残疾人所具备的劳作能力安排就业，政府给予资金支持和税收减免的政策扶持。1991年1月，《中华人民共和国残疾人保障法》颁布，七星辖区政府加大宣传，同时进行辖区残疾人情况普查。1991年末，辖区登记在册的街道残疾人有495名，1995年为763名。2000年街道辖区企业（含民办）残疾人为1350名。2005年，对辖区残疾人普查，在册登记残疾人共有4967名。其中：肢体残疾1443人，视力残疾525人，听力、语言残疾420人，智力残疾519人，精神残疾1409人，多种残疾651人。

残疾人劳动就业　根据《中华人民共和国残疾人保障法》，为保障残疾人劳动就业，七星区采取集中和分散安置的办法，由街道居委会、企业、村委会组成残疾人就业服务小组，开展为残疾人包事服务，兴办一批小手工工艺品加工，开办糖烟酒店、单车修理店等，1993—1998年，为446名残疾人安排合适的岗位就业，就业率为86%。1999年七星区成立残疾人工作协调委员会、残疾人劳动就业服务中心，针对残疾人（下岗残疾人职工）基本生活保障和再就业工作进行协调、安排、指导。1999—2003年，在属地临街建起8个移动式爱心亭，为残疾人提供经营小商品的销售场所，开办公用电话、报刊亭、家庭麻将室、卡拉OK娱乐室、单车、摩托车修理等，安排213位残疾人就业。2004年，七星区委、政府要求区领导、机关各部门、乡、街道办、社区、单位积极拓展帮扶残疾人就业门路。2005年末，七星区建有帮助残疾人就业服务组35个，为6920人次残疾人安排就业。

残疾人生活救济 1953年起，人民政府对丧失劳动能力的双残疾人户和年迈体弱多病的残疾人，以及他们未成年的子女，列入定期定量生活救济范围，以保障其基本生活为救济标准；1981年起对残疾人未成年子女在9年义务教育期间除免交学杂费外，还给予一定的学习费用补助。从2003年起对此类家庭实行低保倾斜的社会救济，除按当年城市低保金标准发给低保金外，七星区政府另增发每人每月30元的低保补助金，保证这类残疾人家庭生活略高于一般城市低保户的水平。1998—2005年，七星区享受城市低保的残疾人552人，享受长期救助的贫困残疾人45人，享受救助的农村贫困残疾人156人，共发放救助金478万元。

部分丧失劳动能力的残疾人家庭，确实出现生活困难的给予临时困难救济，采取本人申报，社区（街道）居委会，村委会核审，民政部门审批的办法，视其困难程度发给临时困难救济金。1998—2005年，共给予临时生活困难的380人发放救助金14万元，对出现特殊困难的残疾人家庭，采取缺什么补什么的实物救助办法，为他们发放如粮食、衣被、燃料等生活必需品。为506名特困残疾人子女上学捐资15万元，发放助学补助金11.09万元。

残疾人康复治疗 1991年，桂林市残疾人白内障复明手术、小儿麻痹后遗症矫治和聋哑儿听力语言训练工作起步。1992年，区政府建立残疾人康复领导小组，设立矫治站，陆续为残疾人康复提供资金和帮助。1993—1999年，协调市医疗机构为257名贫困白内障患者免费进行复明手术，为28名小儿麻痹后遗症进行矫治手术。2000—2005年，为120名白内障患者进行复明手术，为4名下肢、1名上肢残疾人换装假肢，为30名下肢残疾人捐赠轮椅，为15名盲人配发盲杖。2000—2005年，先后投资700多万元建成集智力、精神康复训练、工疗、文体娱乐活动室、篮球场、职业教育、培训功能的残疾人综合服务中心1个，在13个社区建立残疾人康复活动室，14个社区建立康复医疗卫生服务站、2个医疗服务中心，在10个居民小区设立体育锻炼器材。接受康复医疗的智力残疾和重度残疾人270名，智障和孤独症儿童24名，训练培训智障残疾人家长178人次，训练肢体残疾300名，训练盲人定向行走50名，发放各种辅助器具353件，为4名低视力残疾人验配助视器，为40名残疾成年人配助听器，对449名残疾人进行家庭康复训练指导服务。经过治疗和康复训练，一部分残疾人缺陷功能得到恢复和改善。参加就业的有48人。

残疾人文体活动 1991年以前，残疾人文体活动没有组织开展。1991年七星区成立残疾人联合会（简称区残联），每年的“助残日”（5月第三个星期日）残联组织辖区的残疾人开展适合残疾人的卡拉OK、游园、文艺演出等联谊活动，参加桂林市举办的群众文化活动“漓江之声”声乐、器乐比赛等文化活动。辖区残疾人赵龙勋1991年获市“漓泉杯”舞会歌曲大奖赛三等奖，获“漓江之声”声乐演唱一等奖，1992年获市“青春艺术节”十大歌手奖，1993年获“中国残疾人文艺汇演”声乐独奏二等奖，2001年获自治区残疾人演出二等奖。残疾人还积极参加各种体育活动，李秀英1990年获自治区游泳锦标赛第三名，1993年获自治区残运会田径铅球投掷第三名，2005年获全国轮椅锦标赛篮球女子队第三名。周映松2002年获自治区残运会105公斤级举重比赛金牌，获国家残运会105公斤级举重第三名，2003年获自治区残运会48公斤级举重第一名。

专项救济

受地理位置和地质因素的影响，辖区经常遭受各种自然灾害，以水灾、旱灾为主。

中华人民共和国成立后，人民政府重视群众生命财产安全，每当灾害发生即组织动员干部、群众抗灾自救，民政部门及时发放救济金和粮、衣物，妥善安排灾民生活，重点保障灾民有饭吃、有衣穿、有房住。

水灾救济 1952年，漓江洪水成灾，区境洪水泛滥，城乡受灾民众1607户8963人。第四区人民政府组织机关干部和各行各业人员抢险救灾，拨救济大米44吨，救济1607户8963人。发放农业贷款8585.5万元（旧人民币），工业贷款7280万元（旧人民币）。单位和群众捐赠衣服4236套、家具756

件，救助灾民。发放农业贷款和工业贷款，扶助工商业户用于生产自救，恢复生产。灾后，市人民政府出资6877万元（旧人民币）在河东街桂花园（今新生路）修建盖60幢359间竹屋，无偿分配给灾民居住。修复房屋52幢。

1954年，漓江洪水泛滥成灾，第三区沿河部分自然村有83.87公顷稻田、菜地被淹。水灾期间，区政府派出各科室大部分干部投入抢险救灾，利用学校安置灾民食宿，成立水灾善后处理办公室，慰问、安置灾民，组织救灾、自救。区政府补助谷种1000千克，化肥2100千克，用于生产恢复。

1976年7月8日至12日，漓江水位146.94米，区境内河东、新生、劳动、临下等多条街道水淹0.8至1.5米，针织厂、芳香厂、味精厂、酱料厂、线路器材等厂区进水，部分系材料被水淹或被冲走。水田、菜地被淹，经济损失500万元。区政府发放救灾资金40万元用于生产自救。

1994年6月中旬，桂林市连降暴雨，七星区境新生街、泥湾街、五通街等多条街道受灾，受灾人口2800人，城区机关干部、街道干部、民兵应急分队及时投入抢险救灾。灾后，组织各单位、学校、部队、群众清理街道污泥、垃圾，环卫部门喷洒药物消毒。发放救灾资金14.3万元，发放捐赠的衣物12.48万件，街道开展互助自救和捐助款3300元，区政府机关、企、事业单位捐款18万元。

1996年，因暴雨造成邻漓江沿岸辖区部分社区街道、农村受灾，受灾民众1000余人。区政府及时发放救灾款13.2万元，发动群众捐衣、被等物2000多件，捐款4.85万元。

1998年6月16至26日，连续11天暴雨，漓江出现三次洪峰，24日下午漓江水位涨至最高水位147.7米。辖区2个乡73个自然村、12条街道、1000多家企业、2.8万户家庭进水被淹，受灾人口10.73万人，损坏房屋4087间，房屋倒塌611间，水田被淹183.7公顷，菜地被淹157公顷，直接经济损失3086万元。22日下午，穿山乡白果树村漓江段20米河堤出现开裂险情，区、乡政府组织人员经6小时奋力抢险，转危为安。水灾期间，区政府组织动员全体干部、社区人员、民兵应急分队、预备役人员共12000多人投入抗洪抢险，出动车辆1380台次，船只、橡皮艇、冲锋舟12只参加抢险，部队出动官兵1140人，车辆42台次，冲锋舟3只，及时帮助转移群众500余人，抢救财产，减少损失。灾后，区政府组织机关、企事业单位、街道、乡干部下街道、农村做好灾后安置、灾情险损调查，指导帮助受灾群众做好生产、生活恢复，清洁街道，村屯卫生，出动各类车辆50台次，清运垃圾、淤泥1000余吨。下拨160多万元生产恢复救助款、200万元补助金帮助灾民重建房屋293间，修复住房300余间。救济粮食18吨，解决15661人的缺粮问题。发放各种食品、矿泉水共28吨。

1999年4月—6月，漓江水位两次上涨，辖区10条街道、12个村委40个自然村受淹，洪水围困群众2000余人，淹没农田、鱼塘389公顷，其中农作物85公顷绝收，直接损失500万元。区政府组织各部门、企业单位抗灾抢险，转移受灾群众908人，发放救灾资金20万元用于恢复生产。

2002年6月，连降暴雨，辖区沿漓江、小东江的街、巷，村庄、单位、学校受灾，受灾群众1.2万人，农作物受灾300公顷，直接损失400万元。区政府发放救灾款18万元，动员区机关、企业单位共2000人捐款21.5万元资助受灾群众。

旱灾救济　1956年春、秋大旱，穿山、朝阳2乡受旱作物667公顷，乡镇府组织村民抗旱救灾，离河边近的村庄，社员挑水淋田，离河边远的村庄，用水车分级车水灌田。虽奋力抗旱，当年粮食仍减产10%。民政部门及时发放生产救济金15万元，粮食部门预付粮油收购款，拨救济粮10吨，1997年，遭遇春、秋旱，穿山、朝阳2个乡发放救灾款11.2万元，救济1500人次。1998年秋冬干旱少雨，连续8个月总降雨量比历年同期减少50%，致使1999年出现严重春旱，辖区水田有300公顷无水耕作，有1.5万人饮水困难。灾情发生后，区政府成立抗旱救灾领导小组，动员和组织干部群众抗旱救灾，投入抗旱资金28万元，组织柴油抽水机100台套抗旱，发放救灾资金12万元。

2000年，区民政局组织人员对严重缺水的朝阳乡湖塘、新建、合心、丫吉4个村委10个村的耕作、人畜饮水情况进行专题调查，发现有60%的村依靠附近单位提供水源或抽地下水维持生产、生活用水。每遇大旱，生产、生活严重缺水。区政府根据调查报告，制定救灾预案措施，建立灾情信息快报制度，当年安排资金10万元用于穿山、朝阳2乡部分村人畜饮用水改水工程建设，新增水井25口，增置抽水机30台，基本解决5000人的生活用水，群众生活稳定。此后每年均安排资金改善2乡人畜饮水状况。

2003年秋旱，灾情严重，穿山、朝阳2乡25个自然村受灾，受灾人口1.05万人，农作物受灾面积350公顷，区政府启动抗旱救灾预案，动员组织区、乡干部、群众2.95万人次投入抗旱，拨付抗旱资金45万元，投入抗旱机械415台次，抢种各种经济作物110公顷。发放生活救济款20万元解决因灾生活困难的群众。

1994—2005年，区民政局共发放各类灾害专款740.3万元，发放粮食72吨，捐赠衣物30.68万件（套），生活用具756件，柴油抽水机1805台套，各种食品11吨，修复损毁房屋50间，救济人口14万人次。

赈灾募捐

1990年，中共中央和国务院特许地方民政部门面向社会销售福利彩票，募集资金发展社会福利事业。是年，七星区成立社会福利有奖募捐委员会，下设办公室于区民政局。

彩票募捐 1991年城区以销售即开型有奖福利彩票的方式募集福利资金。彩票为设定中奖号码和设定中奖等级两种，每张彩票面值2元。彩票以组为单位设奖，每组返奖总额为面值的60%，分若干等级中奖额度返奖于彩民。彩票募集的40%款项，其中占面值总额的10%为彩票发行费，30%为分级提留用于福利事业。

1991年福利彩票销售统一由桂林市民政局、市募捐委员会组织，城区协助。从1992年起，城区负责具体组织销售。彩票销售分为集中销售和分散销售两种方式。集中销售是由市募捐委以分期在市区选定地域统一启动，各城区承销的彩票都集中于一个销售点进行，统一设奖与兑奖。七星区组成彩票销售队伍，分别参与在市中心广场、三里店大园盘等场点的大规模销售活动。分散销售是各城区自行组织销售。1991年元旦，七星区在三里店大园盘设点，启动首次有奖彩票销售活动，连续3天组织区党政机关干部和街道居委会干部参加，共销售彩票18万张。此后，采取或集中或以街道居委会编组的灵活销售形式，在城区繁华地段设点销售。1992至2005年，七星区共销售福利彩票432.69万张，募集资金103.14万元。用于支援灾区恢复生产和社会福利事业。

社会募捐 新中国成立后至1979年改革开放前，社会的救灾救济资金，主要依靠中央和地方政府财政专项拨款，基本上不开展社会募捐救灾活动。改革开放后逐步实行政府财政与社会募捐相结合的形式，对重点灾区灾民实施救灾助困。

七星区对较大的自然灾害开展社会善款募捐的辅助救济，遵循自愿的原则募集。1999—2005年，七星区民政局共组织开展社会募捐活动3次，共募集善款26.57万元（未含驻区单位在市级系统募集的善款）全部用于专项救灾。组织衣物募集活动6次，募集捐赠衣物20.8万件（套）。

第四节 最低生活保障

城市居民最低生活保障

1996年，七星区政府开始对城市居民实施最低生活保障（以下简称低保），凡具有城区常住人口，家庭月收入低于最低生活保障线的居民（即原民政核定的救济、定抚、定补对象，其他贫困居民、企业贫困职工等）全部纳入低保范围。保障标准：根据1994年度城镇居民生活抽样调查结果，参照居民基本生活必需品物价指数，以及城市居民最低生活保障线和事业救济调查组1995年的普查结果，进行综合测算确定。1996年城区享受低保居民为每人每月120元。综合考虑物价上涨等原因，1999年调整为每人每月150元，2003年为153元，2005年为160元。保障方式：凡符合保障条件的贫困居民由户口所在社区（街道）居民委员会提出申请，企事业贫困职工向所在单位提出申请，经相关部门逐级审核认定为贫困家庭的，填发市民政局统一制作的桂林市社会救济金的领取证，核实救济金领取额（实发就救济金＝最低生活保障线标准 × 家庭人口数－家庭月总收入）。贫困家庭凭领取证到区民政局按月领取救济金，2005年起改为由银行代发放。

1998 年，辖区享受城市低保居民 500 人，发放生活保障金 7.56 万元。1999 年为 859 人，发放生活保障金 11.8 万元。2000 年为 258 人，发放生活保障金 8.4 万元。2001 年为 313 户 697 人，发放生活保障金 10.88 万元。2002 年，辖区开展低保线扩保，即从原来只保一类对象扩大保二类、三类对象。一类对象即居住在街道的无生活来源、无劳动能力、无法定抚养义务人的公民（简称“三无”人员）；二类对象：失业人员；三类对象：在职职工、离退休职工中家庭人均收入达不到城市低保障线 153 元的人员，当年符合低保条件的对象共 1479 人（其中城市街道居民 377 人，企事业单位职工 1102 人），共发放最低保障金 106.49 万元。2003 年，低保人员为 1271 人，共发放低保金 91.512 万元。2004 年低保人员为 1300 人，共发放低保金 99.372 万元。2005 年，低保人员为 2749 人，共发放低保金 135.99 万元（当年增加华侨农场低保人员 1480 人）。1999—2005 年共为 9113 人次发放低保金 472 万元。

农村居民最低生活保障

1997 年，七星区政府贯彻市政府《建立我市农村最低生活保障制度的通知》，制定《七星区农村最低生活保障暂行办法》，低保标准线定为每年人均收入低于 500 元。1997 年对辖区 2 个乡进行摸底调查，查清低于人均年收入 500 元的共 112 户 389 人，其中：“五保户”、临时困难户、孤老、孤儿、孤残 27 户 40 人，家庭缺乏劳动力的 50 户 210 人，病残 35 户 139 人。1998 年，享受低保户 59 户 161 人，年发放低保金 2.28 万元，1999 年为 189 人，发放低保金 3.88 万元，2000 年为低保户 65 人，发放低保金 3.55 万元。2001 年为低保户 68 户 68 人，发放低保金 2.23 万元。2002 年为 58 户 63 人，发放低保金 2.82 万元，2003 年为 95 户 141 人，发放低保金 5.05 万元。2004 年为 325 人，发放低保金 11.7 万元。2005 年为 1792 人，发放低保金 12.65 万元（增加华侨农场 1580 人）。1998—2005 年共发放 3004 人次低保金 45.17 万元。

第五节 优抚 安置 双拥

1949 年桂林市解放至 1979 年七星区人民政府成立前，城区未设置优抚未设置专门组织机构，由民政干事负责此项工作。遇节日或特殊情况，抽调干部协办。优抚粮原来是普遍发放，后改为重点发放。对特别困难或孤老、残废、疾病、死亡等，另给予临时救济补助。教育群众尊敬军烈属，发动群众义务帮助军烈属挑水、种地、疾病护理、死亡后事处理等。1950 年起，区境内的各街道居委会（代表委员会）设立拥军优属服务小组，区公所，街道办事处、城市人民公社、城区政府组成拥军服务队进行慰问和开展为驻军官兵服务活动。1979 年七星区成立后，优抚、安置工作由区民政科（街政科）主管。1984 年 12 月，成立七星区拥军优属工作领导小组。同年，城区各街道居委会设立拥军优属工作小组。1991 年，开展争创双拥模范城活动，七星区拥军优属领导小组更名为七星区“双拥”（拥军优属、拥政爱民）工作领导小组，区委书记任组长，区政府、区人武部、主要共建部队领导任副组长，各相关部门、单位和共建部队领导为成员，领导小组下设办公室于这民政局，由民政局长担任办公室主任。领导小组成员因工作调动或职务变动后，均适时进行调整。

1992 年起，各街道拥军优属工作小组更名为“双拥”工作领导小组，辖区较大的企事业单位相继成立“双拥”工作领导小组，由单位主要负责人任组长，配备专（兼）职人员具体负责“双拥”工作，形成在全区“双拥”工作领导小组统一领导下的，街道办事处、乡人民政府、居委会、村民委员会、企事业单位组成的三级“双拥”工作服务网络，并落实专（兼）职人员、办公场地、办公经费、军地合署办公 4 项“双拥”工作指标。至 2005 年，全区共有“双拥”工作领导小组 119 个，拥军优属服务组织 126 个。

优恤优待

优恤 1950 年 1 月 7 日，桂林市人民政府发布市登记军属、烈属、工属的第一号训令，规定对烈、军、干属优抚的内容和范围，同时规定对个别贫困烈、军、工属的医药费给予适当的优待补助。烈军干属子弟入小学者学费由各公立学校免缴,杂费由市政府负责。当年,东江区公所登记有军属51户187人、烈属1户1人、工属8户33人。按规定对生活困难的烈、病、工属给予补助。1951年,对烈军属和伤残军人以发放优抚金、优抚粮的方式给予补助。

1953年,第四区成立优抚委员会,各街道分别成立优抚小组,贯彻市优抚委员会对烈军属实行长期补助或临时补助相结合的实施办法。凡符合《优抚条例》规定补助军属,以军属小组为单位,采取自报公议的方式,每人每月最低补助2万—3万元(旧人民币,下同),最多不超过6万元,每户每月最多不超过15万元。烈属每人每月补助4至6万元,每户每月最多不超过15万元。临时补助,每人每月最多不超进4万元,每户每月最多不超过13万元。1953年,第四区共有烈、病、伤残、工属82户333人,当年发放生活补助费449万元,为51人免费就医。对复退军人一时尚未找到工作和就业而生活困难的人员,则发给补助费,当年发放7户7人补助费109万元。

1956年,东江、漓江2个街道办事处有烈属,军属58户181人,其中:有固定职业收入的30户161人,无职业或无固定收入的8户24人,生活困难的3户9人,有劳动力的7户7人,半劳动力的3户3人,需临时救济的3户9人,当年发放补助金525元,补助58户371人次。

1957年,东江、漓江2个街道办事处当年发放优抚费4950.24元,救济306户513人次。

1962年,东江人民公社有烈、军属60户268人,发放优抚金2388.31元,临时补助金320元。漓江人民公社有烈军属5户37人,发放优抚费333元。

1963年东江人民公社有烈属3户8人,军属69户125人,复退军人6人,发放优抚金5900元。

1965年,东江、漓江2个公社对烈、军属18户50、伤残退伍军人50人发放优抚金4720元,对困难的烈属15户50人发放困难补助费95元。

1966—1977年,"文化大革命"期间,优抚工作未能正常开展。

1979年,优抚金调整为每人每月16至18元。1980年5月,对优抚对象重新进行普查登记,七星区有烈属3户8人,军属158人,伤残军人64人,当年发放优抚金4.96万元。

1982年,桂林市市人民政府批转《桂林市民政工作会议纪要》,对优抚工作提出新要求,对已领取定期定量补助的对象,生活仍有国难的烈、军属应给予优待,对家居农村的义务兵战士(包括班长)家属实行普遍优待办法,农村籍服役战士家属除给一份承包土地外,每年还发给优待金或实物,使其生活标准不低于一般社员的生活水平。资金来源以生产大队为主或公社统筹,也可以在生产队提留资金中解决。

1987年,桂林市人民政府制订了《关于优待烈属、军属、残废军人的暂行办法》。其主要内容是:不管农村或城市义务兵家属都要给予优待,规定农村义务兵家属每户每年发给相当于该乡(镇)平均水平整劳动力纯收入的50%或75%的优待金:城市的义务兵家属,凡军属关系在桂林市的,每户每年给予优待金300元,冬季入伍的义务兵享受当年优待金50%。《办法》还规定:在部队立功的义务兵,由所在乡(镇)、区给予奖励。授予全国、全军战斗英雄称号的奖500元:荣立一等功的奖200元:立二等功的奖100元:荣立三等功的奖50元。由乡(镇)、区人民政府组织有关部门将立功喜报和奖金送给义务兵家属。优待金的来源,农林采取以乡(镇)为单位平衡负担,可以按人口、劳动力或田亩平均分摊,也可以从乡(镇)企业上交款中提取。城市采取全市统筹的办法解决(干部、职工收1元,城市居民收0.2元)。

1997年以后,由于社会经济的发展,城区财政收入好转,每年支出的优抚金,列入当年财政预算,由各城区政府财政列支,不再向社会统筹。烈、病属、伤残军人定抚对象全部纳入城市居民最低生活保障范围,以各年度桂林市核定的低保标准金额发放。

2000年,烈属和因公牺牲的军人家属每月抚恤金135元,伤残军人每月130元。2000年,七星区有烈属4人,因公牺牲家属8人,伤残军人71人,发放优恤金13.02万元。2001年,属城镇的烈属和因公牺牲军人家属每月优抚金190元,属农村的每月165元。属城镇的病故军人家属抚恤金185元,农村的160元。当年发放优恤金18.94万元。2005年,对抚恤金进行了调整,城镇烈属每年4980元,农村烈属3120元;属城镇因公牺牲军人家属每年4620元,农村的2940元;属城镇的病故军人家属每年4260元,属农村的每年2760元,伤残军人每人每年3600元。当年发放优恤金32.30万元。2003至

2005 年，优抚对象 1154 人，共发放优抚金 104.33 万元。

优待　1950 年，对贫困的军属子弟就读公立学校的学费、学杂经费，由市人民政府支付。1951 年，市政府对烈、军属子弟升中学给予享受公费待遇。1953 年起，对鳏、寡、残的烈、军属的衣、食、住等生活费用由政府保障。1982 年，根据《桂林市民政工作会议纪要》，对领取定期定量补助后生活仍有困难的烈、军属给予优待。对家居农村的义务兵家属实行普遍优待办法，除给予 1 份承包土地外，另发每户每年 200 元的优待金或实物，使其生活标准不低于一般社员的生活水平。1987 年，对城乡义务兵家属，生活困难的烈属、革命残废军人给予优待补助金，农村户发给相当于所在乡镇平均 1 个整劳动力纯收入的 1/2 至 2/3 的优待金，义务兵每户优待金为每年 294.20 元，烈属每户每年 147 元，城市户每年发给 300 元优待金（当年冬季入伍的军属户 150 元）。1988 年，贯彻国务院颁发的《军人抚恤条例》，区人民政府制订《提高义务兵家属优待金标准》办法，在兑现市优待金的基础上，每人再提高 50 元。对入伍新兵一次性奖励 400 元。获中央军委授予荣誉称号者奖励 1000 元，获大军区授予荣誉称号奖励 500 元，获省军区和集团军授予荣誉称号奖励 200 元，立一等功奖励 1000 元，二等功奖励 500 元，三等功奖励 200 元，优秀士兵奖励 100 元，共建部队立集体一等功奖励集体 5000 元，二等功奖励集体 3000 元，三等功奖励集体 1000 元。1992 年，设立拥军优属奖励基金，对驻本区部队官兵和城区入伍的官兵，凡荣立三等功（含三等功）以上者，据其荣誉等级给予一次性奖励。1992 年起，区服务行业设立烈、军属和伤残军人优先服务窗口，凭相关证件，由驻区的交通、邮电、金融、工商、医疗等服务行业，为他们提供优先服务。部分医疗单位组成医疗服务组，上门为在乡老复退军人、伤残军人巡诊。1994 年起，提高了优待标准，即：城镇入伍原无工作的义务兵家属每年每户发放优待金 2160 元，有工作入伍的义务兵按其所在单位职工工资额的 70% 计发，但不低于 1800 元，农村入伍的义务兵家属每年每户 1800 元，烈属和因公牺牲的军人家属每年每户 600 元，享受定期抚恤的病故军人家属每年每户 300 元。在乡特等伤残、一等伤残军人按照义务兵优待金标准给予优待；其他在乡二等以下（含二等）伤残军人人均优待每年 300 元。1994—1995 年，共发优待金 50.74 万元。1999 年，开展“爱心献功臣”行动，全区 100 多个单位或个人与 16 名对“三老”（老烈属、老伤残、军人、老复员军人）结成帮扶对子，筹集“爱心献功臣”活动基金 35 万元，为“三老”新建、维修房屋 15 间，面积 800 平方米。基本解决“三老”生活难、住房难、治病难等问题。七星区被评为自治区“爱心献功臣”活动先进单位。

表 30-3　　**1991 至 2005 年七星区优抚金发放情况表**

年份	统筹金（元）	优抚金		其中							
				义务兵家属优待金		革命伤残军人保健金		军烈（病）属		在乡老复退军人	
		人	金额（元）	人	金额（元）	人	金额（元）	人	金额（元）	人	金额（元）
1991	41000	201	19925		12250						
1992	38000	206	27200		13500						
1993	38600	217	28100								
1994	100000	232	23295		43439						
1995	120000	265	58300	43	34748						
1996	120000	293	96700	43	20000						
1997	120000	328	60000	43	60000						
1998		343	98300	43	60000						
1999		409	110000	99	127000						
2000	/	420	300000	92	161920	17 人次 9600 元					
2001	/	368	299800	24	67890	190000 元					
2002	/	310	288000	53	104634	88 人次 150000 元					

续表

年份	统筹金(元)	优抚金		其中							
				义务兵家属优待金		革命伤残军人保健金		军烈(病)属		在乡老复退军人	
		人	金额(元)	人	金额(元)	人	金额(元)	人	金额(元)	人	金额(元)
2003	/	160	161760	53	104760	71	42000	20	11830	16	3200
2004	/	169	176165	60	116370	73	48595	24	10600	12	19416
2005	/	347	174268	58	115848	67	43420	21	12400	13	2600
合计			1921813								

烈士褒扬

中华人民共和国成立后，市人民政府制定了一系列褒扬烈士，优待烈属的办法和规定。1990 年，桂林市民政局、教育局、总工会、妇联、共青团市委、市军分区联合发出《关于在清明节期间开展纪念革命烈士活动的通知》。在《通知》的号召下，区政府每年清明节都组织各界人民群众、大中小学生祭扫烈士墓，敬献花圈，开展悼念活动 1000 多人次，组织群众为烈属做好事达 3000 人次，学校召开向烈士学习为主题的班务会 450 多次，举办学习革命先烈英雄事迹墙报、黑板报 600 期。2005 年，七星区列入革命烈士花名册的 15 名。其中土地革命时期牺牲的 1 名；抗日战争时期牺牲的 2 名；解放战争时期牺牲的 2 名；抗美援朝时期牺牲的 2 名；解放初期土改牺牲的 1 名；1974 年西沙群岛自卫反击战牺牲的 1 名；1979 年对越作战牺牲的 1 名；在部队执行任务牺牲的 2 名；平时为保卫国家财产和人民生命安全，为社会稳定，见义勇为而牺牲后被追认为烈士的 3 名。革命烈士有七星区籍的 4 名，外籍其家属居住在七星区的有 11 名。

烈士纪念场所

陈光烈士墓、纪念塔 位于七星公园栖霞寺南、七星岩下。陈光，广东梅县人，侨属，1947 年 10 月调任中共地下党桂林市工委书记，建立中共桂林工作委员，并领导桂北游击队。桂林解放前夕，因叛徒出卖，牺牲于 1949 年 11 月 11 日。1951 年，中共桂林市委修建陈光烈士纪念塔。纪念塔高 9 米，底座为五角座，顶饰五角星，塔基正面嵌有石刻纪述烈士事迹，侧面刻有建国初期桂林首任市委书记、市长、军代表等人的题词，塔后是红色圆形衣冠墓。1993 年 11 月，陈光烈士墓、纪念塔被桂林市确定为第一批爱国主义教育基地。2000 年，陈光烈士墓列为七星区 "爱国主义教育基地"

三将军墓 在七星公园普陀山半山腰的博望坪。这是抗日战争时期桂林城保卫战中壮烈牺牲的三位国民党将领的合葬墓。1944 年 11 月，在抗击日本侵略军的桂林防卫战中，陆军第 31 军参谋长吕旃蒙少将、桂林城防司令部参谋长陈济桓中将、第 131 师师长阚维雍中将壮烈牺牲。国民党政府于 1946 年 3 月 29 日公葬三位将军的遗骸于此，并修建纪念塔和墓园以示纪念，并刻有蒋介石、李宗仁、白崇禧等题 "英风壮节" "浩气常存"、"英灵永峙" 的挽词。新中国成立后，人民政府追认三将军为烈士，并于 1982 年重修墓园。墓地呈葫芦形，坐东朝西，宽 16 米，长 20 米，占地 320 平方米。2000 年，三将军墓列为七星区 "爱国主义教育基地"。

八百壮士墓 桂林保卫战从 1944 年 10 月 28 日持续到 11 月 9 日，防守桂林城的国民党 31 军 131 师，在寡不敌众、久战无援的情况下，官兵、伤员 800 余人，被迫撤至七星岩内，继续抵抗。日军围山后，先用山炮猛轰岩口，继后倾倒大量汽油，投入大批瓦斯弹，用火焰喷射器向岩内喷施放毒气，致使岩内官兵全部壮烈牺殉国。抗战胜利后，国民政府从七星岩内收殓 823 具将士遗骨，合葬于普陀山霸王坪(即博望坪)。墓冢呈长方形，宽 5.5 米，长 6.2 米。墓碑刻 "八百壮士墓"，墓旁建有纪念亭(忆昔亭)。2000 年，八百壮士墓列为七星区 "爱国主义教育基地"。

安　置

中华人民共和国成立初期，复退军人的安置原则是："无病者就业，有病者就医，丧失劳动能力者予以优抚补助，不使一个回乡复员军人流离失所”。依照此原则，由各职能部门分工负责，复退军人的生活安置由市民政部门负责，就业由市劳动部门负责，国家机关和事业单位的复员军人复工复职由市人事部门负责，复学由教育部门负责，疾病医疗由卫生部门负责，复员军人的档案管理由市兵役部门负责。为利于复员退伍军人的接待安置，在每年的军人复退期间，从市民政、劳动、公安、武装部等部门抽调人员组成复退军人接待安置办公室，统一办理接收安置事宜。城区按市安置办的分配方案具体接收安置。

退伍义务兵 1958年以后，根据国务院颁布的《关于处理义务兵的暂行规定》中“从哪里来，回哪里去”的原则，农村籍义务兵退伍后安置回乡参加农业生产，遇企事业单位招工时，由招工单位在同等条件下对退伍义务兵优先录用，城镇籍入伍的义务兵，则以入伍前所在单位“按系统分配任务包干安置”的办法安置就业。此原则沿用至今未变。实行改革开放后，用工体制在不断改革用工形式逐步创新，双向选择，择优录用，技能培训，灵活就业等方式，给复退义务兵、志愿兵拓宽于就业门路，用工单位可优先录用复退军人。1980—1999年，城区安置退伍军人89人。2000年，退伍军人安置工作进行改革尝试，把退伍军人人才推向市场，由实行用人单位当面招聘，实行双向选择，当年七星区安置退伍义务兵12人。自2002年起，市政府实行除重点对象（在部队荣立二等功以上人员家中父母双亡的退伍义务兵）指令性安置外，其他均实行自谋职业的退伍义务兵采取补偿扶持措施，补偿标准是每人一次性补助1万元，另按加每年军龄1000元。对自主创业的退伍义务兵，工商、税务部门给予优先优惠的办证服务。2002—2003年，城区安置退伍义务兵40人。2004年，对自谋职业的城镇退伍义务兵经济补偿基数增加至1.3万元，另每年军龄增加1500元。2004—2005年，城区安置退伍义务兵45人。至2005年末，七星区共安置退伍义务兵257人，其中城镇77人，农村180人。

军转干部 1979年七星区人民政府成立后，军转干部由市委组织部分配安置到区机关。1986—1995年，七星区接收安置军转干部11人。1996年，军转干部实行指令性安置与双向选择相结合的办法（军转干部与用人单位共同协商），1996—2005年，七星区共安置军转干部57人（其中正团职7人，副团职22人，营职以下28人），其中党政机关录用55人，区属事业单位录用2人。1992—2005年，辖区桂林第二药厂、桂林电力电容器厂、桂林理工大学、桂林电子科技大学等单位安置146名随军家属就业，帮助58名部队官兵子女解决入学问题。2004年，七星区向安置在企业单位的军转干部8人发放生活困难补贴费1.788万元。

表30-4　**1980—2005年七星区接收退伍义务兵一览表**

年度	数量	年度	数量	年度	数量
1980	2	1989	3	1998	6
1981	2	1990	3	1999	17
1982	12	1991	4	2000	12
1983	11	1992	6	2001	25
1984	11	1993	5	2002	19
1985	10	1994	5	2003	21
1986	3	1995	5	2004	20
1987	3	1996	7	2005	25
1988	4	1997	16	合计	257

备注：1980—2003年数据摘自《七星区军事志》，2004—2005年为区民政局数据

双拥共建

拥军 解放初期，东江区公所、第四区、第三区人民政府每逢春节、“八一”建军节，都组织群众性的拥军优属活动。1950年，为配合抗美援朝运动，辖区政府组织开展拥军优属活动，由党政领导率领各界、各部门代表到驻桂部队慰问，看望部队伤病员，组织妇女帮助部队战士和伤病员清洗、缝补衣服，组织人员帮助烈军属打扫卫生。由街政科、文

化科、中小学、街道组成文艺队、腰鼓队、秧歌队为部队慰问演出。献旗献花。各街道成立烈军属慰问组，开展以关心生活为主，打扫清洁卫生、代洗蚊帐、被子等，分送光荣灯、光荣牌、送猪肉、大米等物品。大年初一街道干部组织“拜年队”集体向烈、军、工属拜年，贴对联，送贺年卡片等。由此形成每年2次对部队进行慰问，从解放到1990年都没有间断。

1955年春节，发动群众捐献慰问金253元，向烈、军属赠送礼物，帮助烈、军属进行生产自救。

1965年春节，东江公社组织街道干部、民兵、学生、群众400余人组成8个慰问队对烈、军属开展拜年活动。春节前，公社召开一次烈、军属代表座谈会，出席代表24人，座谈会上，代表们对党和政府对他们生活、工作上的关怀表示感谢，

1984年后，市委、市政府为推进拥军活动的广泛开展，提出城区要对行政区域以外驻军开展拥军活动的要求，师及师以上机关由市委、市政府统一安排，团及团以下部队由各城区自主安排，城区拥军活动向制度化、节庆化和社会化方面开展。拥军慰问活动除参加市委、市政府统一安排的全市性活动外，区与辖区相对固定的驻地部队建立“双拥”关系。每逢春节、建军节等重大节日期间组织慰问团，到驻军营区开展慰问服务活动，邀请驻军部队首长到区举行军政座谈会，区委、政府主要领导向驻军首长介绍辖区经济和社会发展情况，面对面地征求部队对拥军工作的意见和要求，请部队对推进城区“三个文明”（物质文明、精神文明、政治文明）建设献计献策。

1992年起，区委、政府组织辖区单位开展“五拥军”活动。一是组织城区企事业单位，出资、出物为部队解决营区建设资金、物资缺口问题。二是智力拥军，城区利用教学优势，组织相关单位选派优秀师资为共建部队举办外语、计算机、书画、厨师、树木栽培各类学习班。旅游专科学校为边防检查站官兵进行外语培训2000人次，有40人获得大专结业证书，七星公园月牙楼饭店为部队官兵进行烹饪技术培训，有6人获三级厨师证。为部队开办《现代信息技术》《企业管理》专业的人才培训，培训人员达800人次。开展援建军营图书室活动，为部队捐款买书、捐赠图书3.5万册。三是文体拥军，城区每年组织有文艺专长的骨干，为部队官兵讲授文艺基础知识，基层文化活动常识，面对面的现场辅导。重大节日组织城区单位到驻军营区举行军民联欢会；资助部队改造、更新体育场所，添置体育健身器材。四是科技拥军，组织科技单位协助部队解决战备训练和生产生活中的技术问题，免费为部队安装警报器、地图沙盘、修复损坏的雷达程控机，修复、改造供电线路，安装变压器；选派园林技术骨干，进军营美化绿化营造园林小景。辖区邮电局（所）、医院、公园、公交车站、金融等公共场所设服务窗口21个，建立和完善“军人优先”“军人免费”服务机制，并设置醒目的标牌。五是法律拥军，成立七星区维护国防利益和军人军属合法权益工作领导小组，下设“两维”（维护国防利益、维护军人军属合法权益）调处中心和“两维”调处站，协调、受理、查处有关国防利益和军人军属合法权益受侵事件。1998年“塔山守备英雄团”参加长江抗洪抢险凯旋后，区委、政府除组织人民群众在东环路虞山桥隆重欢迎外，还组织区机关干部、企事业单位、街道、乡的领导、职工、群众、学生，带着价值18万多元的慰问物资和服务队，到部队营区进行系列慰问和服务活动。此后，在部队进行较大规模的野外军训期间，都组织慰问团到部队驻训地开展慰问活动。

1992年七星公园为高炮二营改造劣质土地，提供优质土杂肥460立方米，为53013部队、高炮二营赠送桂花树、天竺桂等树苗4434株，花木1500余株，时花300盆。桂林蔬菜研究所派出技术人员为部队上技术课，传授科学种菜技术，派出两名技术人员常年为官兵进行种菜技术指导，培养一批种菜能手，提高部队蔬菜生产，使部队“菜篮子工程”建设成效凸现。

1996年，为解决七星区武装部的独立营院问题，区政府划出部分办公楼给武装部作办公用房。投入100万元新建干部宿舍和办公室装修。1996—1998年，3年内共投入320万元用于武装部办公和训练场所建设。2003年，拨款500万元，支持武警七星消防大队的营房建设，购置消防器材一批。2003—2005年，辖区桂林工学院、桂林电子工业学院等大专院校为部队开办计算机知识、烹饪技术军地两用人才班10期，电脑技能培训班26期，培训电脑、家电维修、电工、烹饪等技术人员2500余人，650人（次）取得培训合格证书。桂林电子科技大学还开设国防生班和“军事常识”选修课，为部队培训输送优秀预备官兵40名。七星人民法院成立“两维”合议庭，具体审理军人军属的涉法案件。城区选派公、检、法、司干警担任法律教员，给部队官兵讲授法治教育课，七星交警大队为部队汽车营

官兵讲授交通安全知识课。部队派出政治教员，到区直机关、学校、企事业单位宣传涉及国防的法律、法规，教育广大干部群众自觉提高保护军用设备，国防工程，维护部队营区安全意识。普及国防教育，做到“六个进入”（进农村、社区、校园、厂区、机关、部队），组织各类国防教育活动300多场次，接受教育人数达2万人次。2003—2005年，部队面向高校征兵招生，辖境的广西师范大学、桂林电子科技大学、桂林工学院（桂林理工大学）、桂林医学院、桂林航专（桂林航空高等学院）的学生积极应征，先后有38名学生报名参军，报效祖国。

1990—2005年，七星区政府和辖境各单位为支援部队建设共捐款捐物达1187万元。

拥政爱民 1982—1988年，总装备部长沙代表局驻七星区军代表室集体及个人为贫困群众捐款2万余元，捐物200件。1989—1990年，武警桂林市支队二大队共派出官兵1300人次参加植树造林活动，植树6.6万株。每年元旦、春节期间，驻军部队、武装部领导都深入区直有关部门、街道走访，了解部队干部到地方办事的态度和遵守群众纪律情况，增进军政、军民间的团结和友谊，坚持为民办实事，支援地方建设。驻军把为民做好事、办实事的重点放在帮助地方发展经济、扶贫和抢险救灾上。1991—1993年，组织官兵700多人次，帮助驻地农村开挖、修筑水渠27千米。1994年，为七星区希望工程捐款1600余元，为灾区捐衣物300件。1996年，桂林市罐头食品厂因运输困难，造成生产原料供应紧张，驻地部队获悉后，派出3台车辆为该厂运送原料20吨，及时解决了该厂因生产原料不足面临停产的难题。1997至1998年，区人武部把朝阳乡新建村委园里村作为扶贫联系点，协同乡、村筹集资金10万元，发动群众义务投工500多个，建起27公顷的甜竹生产基地。1997年，区人武部部长、政委、副部长在开展“一帮一助”活动中，分别与朝阳乡新建小学学生秦星艳、易生长、李富娇3个小学生结成帮扶对子，每人每年资助300—600元，一直帮助到初中毕业。武警大队二中队捐款2100元资助驻地火炬中学3名贫困学生上学。1998年7月美国总统克林顿到访桂林，武警大队二、三中队，武警东江消防中队派出官兵130人担任警卫任务。1998年6月，桂林遭遇特大洪水，辖区受灾严重。部队出动官兵2040人次，车辆82台次，机动船20艘次，转移被困群众430多人，抢运物资50余吨。灾后，武警东江消防中队出动官兵50人次，车辆21台次，清洗辖区街道30千米，帮助街道、单位清理垃圾、淤泥1000余吨。2001年，区武装部开展新一轮扶贫帮困点和“一帮一”（武装部1人出资帮助1个困难学生）助学对子活动。把朝阳乡合心村委冷家村作为扶贫帮困点，官兵出资为村民购买高产水稻种子100多千克，购买化肥20吨。投资2000元帮助建立养兔场，购买鱼苗1万尾，发展养殖业。武装部领导和6名贫困小学生结成助学对子，捐款3600元帮助上学。至2005年，区武装部共捐助1.34万元资助贫困学生，捐赠价值5600元的衣物、文具和书籍。每年农忙季节，武警第二大队派出官兵为驻地龙门村的孤寡村民抢收抢种农作物，逢年过节组织官兵对孤寡老人、贫困户进行慰问。2005年，部队参加市政府组织的万人植树活动，驻区武警官兵（公安、消防、特勤中队）120人，民兵预备役官兵190人参加漓江东岸、尧山一带植树造林活动，共植树7000余株。

2009年2月24日，中共桂林国家高新区工委、七星区委书记赵德明（前排右一）慰问抗日老战士

共建活动 七星区的党政机关与驻军团以上部队，城区企事业单位、学校与驻军营及营以下部（分）队之间，有的组成共建对子，共同开展军民共建活动，1986年结成共建对子3对、1989年4对、1990年4对、1994年18对、1998年17对、2002年17对、2005年3对。

共建活动 1987年起，城区组织相关单位，选派教师、技师为部队官兵补习文化课、法制课、交通安全课、开办文体、书画、种、养、烹饪、机械维修、家电修理、电脑操作、外语等专业培训班，培养军地两用人才。共建部队选派官兵受聘担任学校的校外辅导员，对学生进行革命英雄主义和思想道德修养等方面的教育和辅导，配合学校的德育教育。

1989年3月，七星区军民共建领导小组建立每年召开一次的联席会议制度，军地双方共同协商安排共建活动事宜。当年有军地双方共建对子4对，1990年有9对。

1991年起，每年3月初，共建双方共同组织开展学"雷锋"为人民服务活动，在三里店大园盘设点，为市民提供法规咨询、卫生保健、家电维修、单车修理、理发等服务。设立七星公园八百壮士墓、陈光烈士纪念碑爱国主义、国防教育、革命传统教育基地，在高新开发大厦建立"高新技术产科产品展览大厅"，组织军民到基地参观学习。部队每年派出人员、车辆支援城区"创建双拥模范区"活动。1994年，七星区获自治区"拥军优属"模范单位和"双拥模范区"称号。

1994年七星区有军地双方共建对子18对。从当年起，军地联手开办"少年军校"，部队选派优秀骨干任军事教员，组织学生到军营驻地，培训学生的国防意识，连续12年开办少年军校，已在属地的3所中学开设分校，确保所有中学生都普遍接受国防教育。军民共建对子还共同开展创文明街、文明小区、文明学校、文明村院、文明单位、文明行业等活动。1996年获自治区"双拥模范区"称号。

1998年七星区有军地双方共建对子17对，2002年有17对。共建单位联合开办的七星涂料厂、砖厂的企业，空军高炮学院提供厂房与东江街道办五通街开办的电线电缆厂等，不仅解决了一批待业青年和部队家属就业问题，也促进了地方经济发展。1998年获自治区"拥军优属"模范单位和"双拥工作先进区"称号。2004年七星区获自治区"双拥模范区"称号。

1992—2005年，辖区单位和个人被自治区、桂林市评为"双拥"先进单位有343个(次)，先进个人有175人次。

第六节　民间组织

社会团体

依照1989年10月25日国务院《社会团体登记管理条例》和1990年7月30日桂林市人民政府《关于加强社会团体管理的通告》，七星区民政局对社会团体的审查登记工作，从1990年12月25日起受理。1991年，批准登记社团3个，1993年批准登记社团1个，2002年批准登记社团3个(其中专业性社团1个，联合性社团2个)，2003年批准登记社团3个，2004年批准登记社团2个，2005年批准登记社团3个。

民办非企业单位

依照1998年，国务院发布《民办非企业单位登记管理条例》和2000年9月18日桂林市民政局制定的《桂林市民办非企业单位复查登记工作实施方案》，将企事业单位和其他社会力量以及公民个人利用非国有资产开办的，从事非营利性社会服务活动的社会组织，列为民办非企业单位进行管理登记。2001年3月，七星区民办非企业单位复查登记工作领导小组成立。对不以营利为目的学术性、专业性、行业性、联合性的社团，教育、卫生、文化、科技、体育、劳动、民政事业类以及社会中介服务类的民办非企业单位，由区民政局审核，符合设立条件的，办理登记发证，每年进行一次年审。2001年5月，七星区共有各类民办非企业单位111个，其中：教育系统28个，卫生系统40个，文化体育系统31个，社区服务类12个。同年，复查登记民办非企业单位24个，颁发"民办非企业单位登记证书"24套。2003年，登记在册的民办非企业单位25个(其中新增办民办非企业单位1个)。2004年，批准登记民办非企业单位27个。2005年末，登记在册民办非企业单位共30个，通过年检的29个，未通过年检的1个。

第七节 勘界 地名

勘　界

桂林市解放以来，今七星区行政区划界线曾经历了多次较大的划分和变更。1949 年 11 月桂林解放时，沿用原东江区的行政区划界线；1950 年 10 月为第四区人民政府的行政区划界线；1954 年 6 月，为第三区行政区划界线；1955 年 10 月设东江、漓江街道办事处后，仍为原第三区的行政区划界线；1960 年 6 月，东江人民公社（大公社）的行政区划界线；1961 年 6 月东江公社划出临竹、西南 2 个生产大队后，恢复到第三区的行政区划界线；1979 年 7 月成立七星区，其界线为原东江、漓江两个人民公社的行政区划界线。上述界线，仅仅是大致的划分范围，并没有完整准确的界线长度。

1997 年，七星区正式开始解放后第一次大规模勘界，在桂林市人民政府勘界工作领导小组办公室指导下进行。七星区成立领导小组，设立勘界办公室。勘界工作分两个阶段进行：第一阶段(1997—2001 年)，主要勘定县（区）界：第二阶段(2002—2003 年底)，勘定乡（街）行政界线。七星区与桂林市象山区、雁山区、叠彩区、秀峰区和灵川县相邻，经过双方勘定贯通并签字标绘地图资料，七星区行政界线总长 50.55 千米。

七星区与象山区行政界线　界线从七星区、象山区、叠彩区三区边界交会点起，沿漓江主航道向南至斗鸡山附近江面，经大洲与吴家里大洲之间的漓江叉河，向南至净瓶山大桥接漓江主航道，再向南至旅游车船公司船舶修造厂南 100 米处止，界线西面为象山区，东面为七星区。七星与象山区行政界线长度为 6.47 千米，全线无界桩。

七星区与雁山区行政界线　界线从象山区、灵川县交会在铁山脚下桂磨公路中间，实地未设界桩。对照物是铁山中间山头直下桂磨公路，沿漓江中心东侧。涉及的村庄有象山区柘木镇的龙门村，七星区朝阳乡的湖塘村，穿山街道办事处的渡头村。七星区与雁山区行政界线长度为 9.12 千米。

七星区与叠彩区行政界线　界线从位于漓江中心（坐标为 X=2797900，Y=37429557）的 030203030305S 三交点起向北沿漓江主航道中心逆流延伸 710 米后向北偏西北延伸 255 米至叠彩山东面的人行渡口中心，继续往北偏西北延伸 540 米，转往东北延伸 480 米至虞山桥，穿过桥转往东北延伸跨过公路往西南延伸 90 米至桂林电器科学研究院北面围墙。往东北沿公路东南边线延伸至靖江王陵门口的围墙。向东偏东北沿山脊延伸至小路至 03030350323S 界桩。界线东面为七星区，西面为叠彩区。七星区与叠彩区行政区域界线全长 14.31 千米，全线无界桩。

七星区与秀峰区行政界线　界线从三交点 030203030305S（坐标为 X=2797900，Y=32429557）起向南偏西南沿漓江主航道中心顺流延伸 680 米至解放桥中心，再向南偏西南沿漓江主航道中心顺流延伸 470 米至三交点 030203040305S (X=2796633，Y=37428895) 号止。界线东面为七星区，西面为秀峰区。七星区与秀峰区行政区域界线全长 1.42 千米。

七星区与灵川县行政界线　从 030303050323S 三交点（该三交点西南 45 米处为实测界桩）起往东沿山脊小路的北面边线延伸至乌岭头鞍部的乡村小路，穿过乡村小路向东南延伸至桂林轮胎厂北面围墙，往西偏西南沿厂区道路南边延伸 125 米至围墙东北角。由此往南偏东南沿横塘建材厂门口公路东侧边线延伸 400 米至公路与小路交叉处，再往西南沿公路中心延伸 70 米至铁山水泥厂北面围墙角。往西南延伸 60 米至大圩矿粉厂围墙边。往西南沿公路中心延伸 255 米至公路交叉处，折向西南偏西北沿公路中心延伸 285 米至三交点 030503110323S。界线西面为七星区，东面为灵川县。030303050323S 号为木质代用界桩，位于叠彩区大河乡尧山村与七星区朝阳乡新建村和灵川县灵田乡东田村相交处。界桩位于原图上标绘的三交点西南面 45 米处。030503110323S 号为七星区、象山区、灵川县的三交点，位于七星区朝阳乡湖塘村与雁山区柘木镇龙门村和灵川县大圩镇箴村相交处（公路上）。七星区与灵川县行政区域界线全长 19.23 千米。

七星区乡镇行政界线：七星区有2个乡，2个街道，3条乡（街道）界线，全长14千米。至2003年末，七星区乡（街道）行政界线全部贯通。

地　　名

民国37年（1948）10月，市政府第五科公布东江区的路、巷、村名有49个。

1949年11月桂林解放后，地名的管理是市人民政府、城市人民公社管理处、市革命委员会、市地名管理委员会。

地名普查　1981年12月，七星区成立地名普查领导小组，抽调17人组成办公室，办公室设在区民政科。按照国务院《关于地名命名、更名的暂行规定》和《全国地名普查若干规定》，至次年4月，基本查清七星城区内各地名史称谓、来历、含义、位置、现状、数量、隶属关系现状，建立地名卡片127张，文字资料20份。为实现地名标准化、加强地名管理、建立地名档案奠定了基础。其中标准路名42条，巷名21条。

2003年，桂林市地名补查与资料更新工作启动，举办培训班，七星区、街道、乡民政干部100多人参加了培训。2004年2月，七星区成立地名补查和资料更新工作领导小组，抽派16人对辖区地名进行补查和资料更新工作，共补查和更新地名608个，更新成果表127份，地名标准化处理20个，废止地名5个，标绘地名成果图8张，拍摄主要地名实体照片72幅，编写主要地名文字概况材料37份，较为详细地建立属地地名命名、变更、废止的档案资料。2005年，七星区将地名管理系统数据输入电脑，实施地名信息系统管理。

七星区境内地名由桂林市地名办公室批准命名。2005年，七星区使用的行政区名5个，社区名28个，建制村名14个，自然村名82个，道路名56条，路巷名36个，桥梁名14个，广场3个，已废路巷名5个。

政　　区

七星区　1979年7月桂林区划调整设置，因境内有七星山而得名。

穿山乡　1954年设置，因境内有穿山而得名。1958年8月改穿山大队。1961年8月，改称穿山人民公社。1984年9月改称穿山乡。2005年8月撤乡设穿山街道。

朝阳乡　1954年设置，因境内有朝阳山而得名。1958年8月改为西南大队。1961年8月，改称朝阳人民公社。1984年9月改称朝阳乡。

七星街道　1997年5月设置，因辖区邻七星公园而得名。

东江街道　1997年5月设置，因漓江宋代称东江，辖区在其东，故以东江命名。

社　　区

2002年，七星区25个居委会调整为28个社区。其中七星街道有码坪、施家园、龙隐、七星、金星、桂大、师大育才、漓东、穿山、穿山东、大园盘、空明、毅峰、毛塘路、横塘、轮胎厂16个社区；东江街道有社山桥、辰山、猫儿山、六合、五通、桂工建干、花园、汇通、电子工学院、漓江、羊角山、朝阳12个社区。

建制村

穿山乡有穿山、三联、屏风、七星、汇丰、樟木、和平、光辉8个建制村。

朝阳乡有新建、岩前、西南、合心、丫吉、湖塘6个建制村。

自然村

2005年，穿山乡辖内有江东、张家园、施家园、下关、白果树、九娘庙、刘家里、河边、穿山园、大洲里、滩头、王家碑、六狮洲、小村、彭家岭、黄莺岩、菜园里、上关、福隆园、阳家里、花园里、太平里、上边、冷家里、王家里、莫家里、巷口、吴家里、东边洲、吴家新村、毛田里、渡头、染房、染房新村、龙家、李家里、龙家新、大粟塘、周家、榛头、小江、小江、堪头、苓头、纸马铺、纸马铺新村、庄家、庄家新村48个自然村。朝阳乡辖内有挂子山、毛家、冷水塘、唐家里、发汗塘、皎霞（片村）、园里、上边、山脚底、岩前、竹桥、岩前、赵家、葛家、寨山脚、庄上、乌山里、西村、欧家、南村、半塘尾、莫家坪、冷家、田心里、丫吉、司公、邓家、田心、湖塘、马鞍、西江、江背、三甲、大路38个自然村。

路巷名

2005年，七星区路巷名有半塘路、骖鸾路、骖鸾路西一巷、朝阳路、辰山路、穿山路、穿山东路、穿山小街、东江路、东江二里、东江路东一里、芳香路、辅星路、观塘路、观塘巷、桂花园、横塘路、环城北二路、环城南一路、会仙路、济民路、建干路、建干路西巷、建干路西二巷、江东路、金鸡路、金星路、空明东路、空明西路南巷、梨园路、梨园路一巷、梨园路二巷、梨园路三巷、梨园路四巷、梨园路五巷、梨园路六巷、梨园路七巷、漓江路、漓江路北一巷、漓江路一巷、临江路、临江下里、临江巷、灵剑路、刘家园、六合路、龙隐路、马坪街、毛塘路、毛塘西路、屏风路、普砣路、七里店路、七星路、七星路一巷、七星路二巷、七星路三巷、栖霞路、青岭路、上关路、施家园路、松树园、铁山路、五里店路、下关里、新生路、新生路一巷、新生路二巷、羊角山北巷、羊角山南巷、毅峰路、毅峰南路、育才路、竹桥路、自由路。

交通运输附属设施名　2005年，七星区交通运输附属设施名：穿山广场、穿山桥、葛老桥、花园桥、惠济桥、甲天下广场、解放桥、净瓶山大桥、漓江桥、刘家桥、龙隐桥、栖霞桥、三里店广场、社山桥、双月桥、小街桥、寻源桥。

地名命名

1992年10月，桂林市地名委员会在广泛征求社会各界意见后，正式发布桂林24景名，其中七星区有花桥映月、七星洞天、驼峰赤霞、龙隐灵迹、桂海碑林、靖江王陵、穿山桂月、漓江民俗风情园8个景名。

2001年，命名桂林国际会展中心。

撤销、废止路巷名

桂大路　原北起七星路，东南至桂林与灵川公路分界处。因其北段为七星路所延伸，中段改称七里店路，南段命名为铁山路，故桂大路作为街道名称使用。1985年12月撤销桂大路名。

七里店路　西北起自环城南一路与七星路交点，东南至朝阳乡湖塘村委马鞍村东东南至，南联铁山路，东与横塘路衔接。1985年12月命名。原为桂大公路的中段，因路北附近高城七里，旧称七里店。2003年，桂磨公路建设时，七里店路作为桂磨公路一段，2004年予以撤销七里店路名。

赐恩楼　位于七星公园清真寺处。1959年建七星公园时，居民迁至七星路西侧，沿用马坪街名。1986年赐恩楼名废止。

东灵街　位于花桥至月牙山与普陀山夹口处。因普陀山夹口处北侧有东灵祠而得名。清代称花脚街。1960年废止。

古有巷　西起新生路，东至临江下里。清及民国，称古有巷。1966年改称临下三巷；1978年复名古有巷。因原居民已搬迁，现以不存在，2006年废止。

临江上里　解放桥东端下北侧的小巷。清代，由北至南称打船洲街、坤元前街、五通庙街、雷祖庙前街、泥湾里。民国，称泥湾街。1953年始改今名。1986年扩建道路，仅指称原南段。1994年1月废止。

马坪头街　位于月牙山麓。1959建七星公园时，居民迁至七星路西侧，沿用马坪街名。故废止。

第八节　婚姻管理

婚姻改革

民国以前，区境内男女成婚由父母作主，媒人撮合，合对男女双方“生辰八字”，拜堂成亲，官府对百姓婚姻状况不予管理。民国19年(1930)，国民政府颁布《民法案属编》，规定男18岁、女16岁可行嫁娶。民国24年(1935)，广西省政府颁布《婚姻登记证书发给规则》，号召百姓进行婚姻登记，但绝大多数人仍沿袭旧的做法，即有4人以上证婚的男女结合，便被民间视为合法婚姻。

中华人民共和国成立后，1950年5月1日颁布施行的《中华人民共和国婚姻法》规定：在中华人民共和国实行一夫一妻制，结婚要依法进行登记，反对任何形式的包办婚姻。男20岁、女18岁始得结婚。1980年9月9日修订的《中华人民共和国婚姻法》，规定；结婚年龄男不得早于22周岁、女不得早于20周岁，晚婚晚育者给予鼓励。婚姻法明确规定；在中华人民共和国实行一夫一妻制，结婚要依法实行登记，反对任何形式的包办婚姻。

婚姻法宣传

1950年5月，东江区公所宣传贯彻《中华人民共和国婚姻法》（以下简称婚姻法），组织花桥、新桥、河东、穿山街4条街居民3000户、7000余人参加婚姻法宣传学习。分段分组召开小型宣传会共29次，共3500人参加，分层召开各种类型宣传会32次，4600人参加，参加宣传学习的人数占成年人的90%以上。利用黑板报、大字报、图画展览、电影、文艺演出等形式宣传新婚姻法，受教育群众达9000人次。1952年9月，第三区人民政府贯彻市政府根据婚姻法制定的《办理结婚登记手续》和《恢复结婚登记手续》规定，通过召开各种宣传会、座谈会、墙报、文艺演出等方式深入学习宣传，帮助群众调解婚姻纠纷，逐步提高广大群众对婚姻法的认识。1953年2月，开展婚姻法宣传和婚姻法执行情况检查，检查内容：处理包办婚姻、干涉婚姻自由、虐待妇女行为；表扬模范家庭、模范夫妇，改善家庭关系，建立平等、民主、和睦的新家庭关系。宣传教育采取干部集训、群众大会、小型报告会、积极分子和群众座谈会等形式进行。区政府及人民法院利用“宣教调解”合一的办法，选择有针对性的典型婚姻案例公开审理。街道组织居民学习婚姻法，乡村则结合生产队会进行婚姻法宣传。辖区95%的住户、90%的成年人受到教育。1963年，东江、漓江人民公社贯彻婚姻法，提倡晚婚和计划生育，历时1个月的宣传，使成年人普遍受到教育。1980年9月，国家第二部婚姻法颁布后，七星区政府开展新的婚姻法及民政部修订的《婚姻登记办法》宣传活动，出专栏、黑板报、墙报共21期，发放宣传小册子6000册，召开学习新婚姻法大小会议共200余次，受教育者8321人次。1986年3月，宣传贯彻民政部第三次颁布的《婚姻登记办法》，广大群众都知道结婚应具备的条件和结婚必须依法进行登记。1996至2005年，辖区婚姻法宣传教育形式灵活多样，主要做法；开展法规知识咨询、举办婚姻法知识竞赛、有奖问答等；贯彻法律与计划生育宣传月，大清查（清查非法同居、未婚同居）活动结合起来，促使违法结婚的当事人到民政部门补办登记手续；将婚姻登记办理程序、所需证件公开张贴上墙等，让群众周知。2005年，朝阳乡获全国“婚育新风进万家”活动先进单位。

婚姻登记

1949年12月，桂林市政府按照新颁布的《中华人民共和国婚姻法》和桂林市政府《办理结婚登记手续》《恢复结婚登记手续》的规定办理结婚（复婚）、离婚登记。1973年7月后办理结婚登记的男女双方均应提供所在工作单位或居（村）委会出具的证明件；1983年7月后还须男女双方提供婚前健康检查证明件（复婚者除外）；2003年10月起婚前健康检查不再作必备条件，是否进行婚前健康检查由男女双方自主决定。婚姻登记机关工作人员在办理男女双方离婚申请时，都要询问离婚原因，同时做认真细致的调解工作，努力促使双方和好，慎重处理每宗离婚申请。在确认双方和好无望后，协调男女双方对家庭财产的分割，并对未成年子女的抚养达成共同协议后，方给予办理离婚登记并颁发“离婚证”。男女双方协议离婚后，由登记机关即时办理；男女单方失踪达到规定年限并经公告期满的则办理解除婚姻关系并公告；男女单方提出离婚且对方不同意的，由当事人向人民法院提出离婚诉讼，由人民法院受理后依法作出准予离婚或不准离婚的裁决。离婚登记办理程序至2005年未变。

城区　民国24年（1935），广西国民政府颁布《婚姻登记证书发给规则》后，始设婚姻登记机构，城区的登记机构为街公所。1949年新中国成立之初，婚姻登记管理机构为桂林市人民政府民政科。1950—1955年，东江区和第三区人民政府为婚姻登记机关。1955—1958年，结婚登记由居住地街道办事处办理，离婚和复婚由市民政科办理。1962—1978年，结婚和复婚由居住地人民公社办理，离婚由市民政局办理。1979—1996年，辖区公民结婚或离婚登记手续由七星区民政科（局）办理。1997—2003年，婚姻登记（结婚、离婚，下同）由七星区民政局、穿山乡、朝阳乡民政办办理。2003—2005年，辖区婚姻登记统一由七星区民政局办理。1997—2005年，涉外婚姻由市民政局办理。

农村　民国24年（1935），政府指定村公所为婚姻登记机关。1952年9月—1954年4月，由东郊区政府办理；1954—1958年，结婚由乡人民委员会办理，离婚、复婚由郊区区公所办理。1958—1984年，婚姻登记由穿山、朝阳人民公社办理。1986年

5月，华侨农场人员与国内公民结婚或离婚登记由七星区政府办理，从5月15日起，改由象山区政府办理。1984—1996年，婚姻登记由穿山、朝阳乡人民政府办理。

2003年，新婚姻法颁布后，婚姻登记制度改革，市内城区各乡镇登记管理机关撤销，其婚姻登记业务统一由区民政局办理。从2004年1月1日起，启用新的婚姻登记印章和钢印。婚姻登记体制改革全面铺开，穿山、朝阳乡婚姻登记统归七星区人民政府民政局办理。2005年10月1日起，涉港澳台、华侨婚姻登记统一由自治区民政厅办理，市民政局不再办理此项业务。

表30-5　　**1979—2005年七星区婚姻登记统计表**

年度	结婚(对)	离婚(对)	年度	结婚(对)	离婚(对)
1979	334	3	1993	564	147
1980	755	4	1994	583	124
1981	796	1	1995	686	119
1982	618	14	1996	761	122
1983	744	21	1997	787	125
1984	619	21	1998	786	125
1985	641	40	1999	861	103
1986	636	41	2000	814	92
1987	679	48	2001	1565	211
1988	703	74	2002	1334	182
1989	698	72	2003	1987	311
1990	641	75	2004	2849	524
1991	662	98	2005	1416	329
1992	662	97			

第九节　老龄工作

人　口

1990年人口普查，七星区总人口79965人，其中60岁以上老年人口为4476人，占全区总人口的5.60%，其中女性2411人，占老年人口的53.86%。2000年总人口228495人，60岁以上老年人口为15137人，占全区总人口的6.63%，其中女性7788人，占老年人口的51.45%。2005年七星区常住人口为209999人，其中60岁以上老年人口为16209人，占全区总人口的7.72%，其中女性9357人，占老年人口总数的57、73%。

1990年，七星区有百岁以上老人2人均为女性。2000年有百岁以上老人8人，其中女性2人。2005年末有百岁以上老人3人，均为男性。

老年服务设施

1991—1996年，辖区各居委会建立老年活动室13个，老年人服务小组20个，居委会出资1万元购置图书、棋牌桌椅、娱乐用品。新生、泥湾街分别组织老艺人、戏曲爱好者成立业余桂戏剧团、排灯、舞狮队，彩调剧团，每逢传统节日演出，深受欢迎。老人在活动室阅览书报、打牌下棋，欣赏戏曲，使老有所为，老有所乐。2003年实施“星光计划”项目，区政府与辖区企、事业单位、房地产开发商协商，由他们免费提供场地，政府投资建设“星光”老年之家。当年，七星区已完成建设“星光计划”老年之家项目12个，有11个已投于使用。2005年末共建成“星光计划”老年之家12个，投入资金280万元。已建成的老年之家，面积2100平方米，设娱乐室、棋牌室、健身室、阅读室，配置健身器材、报刊书籍、医疗用品等，免费向老年人开放服务，受益老人1万余人。

2005年，区政府投资440万元与桂林心之乐老年中心在会仙路13号联合开办桂林心之乐七星老年公寓（简称老年公寓），老年公寓建筑面积1800平方米，设床位100张，配套彩电、独立卫生间、餐厅、娱乐室、阅读室、健身器材等设施。配置专业医护人员。

老年优待保障

1953年，国家实行干部退休金制度。1955年，城区“三无”（无生活来源、无法定赡养人、无劳动能力）老人实行定期、定量基本生活保障金制度。1983年，职工实行养老金制度。1986年，桂林市恢复企业职工离、退休（职）保险金统筹制度，城区困难家庭纳入最低生活保障范围给予社会保障。2004年，七星区农村“五保”老人列入农村最低生活保障范围。1993年，市政府作出对70周岁以上的老年人颁发寿星优待证并实行优待服务的决定后，七星区政府给城乡70周岁以上老年办理发放寿星优待证，凭证可享受桂林市公园免收第一门票，免费乘坐市内公共汽车；因病使用救护车时出车费收半价，免收普通门诊挂号费等优待服务项目。

1999年，市政府作出对60周岁以上孤寡、病残老年人优惠、优先、优质的社会服务决定后，七星区为60岁以上的孤老、病残老人孤寡老年人发放优待证，凭证除享受寿星优待证的优待服务项目外，还享受初装数字电视（不含机顶盒费用）的半价优惠。

2004年，市政府出台《桂林市老年人“三优”服务暂行办法》后，七星区政府制定《七星区优待老年人实施办法》与市政府制定的办法相配套，给予辖区60至69岁老年人发放老年人优待证，凭证可享受桂林市区医疗就诊，部分市区游览项目，公园第一门票，公益体育赛事等项目的优先、优惠服务。2005年，为4425名60至69岁老人办理发放老年人优待证。给162名70周岁老人发放寿星优待证，为90岁以上老人153人发放生活补贴共计4.59万元，为3位百岁老人发放长寿金1080元。

敬老助老活动

1999年起，每年“九九重阳”（农历九月初九）节，辖区内各部门（单位）、街道组织老年人开展游园活动，给予90岁以上老年人发放60元敬老节慰问金。2002年后，社区居委会和村委会组织志愿者服务组，登门为老年人、“五保”户服务，帮助解决老人日常生活中的困难和问题，为老年人、“五保”户清洁环境，购买食品、燃料等日常生活用品。对困难户患重病或慢性病的老年人医疗费给予一定的救助，派人照顾。组织青少年志愿者为老年人提供各种服务。元旦、春节期间，部分社区居民把孤寡老人接到家里，共享节日快乐。2005年，区党政机关开展“百名机关党员”下基层活动，对7户帮扶对象的困难老人进行“一对一”的特别帮助。

医疗保障

1951年起国家逐步建立和完善党政机关、事业单位的公费医疗体系、企业单位员工的医疗保障体系，从1952年起逐步将以上两个体系进行综合改革，建立城市医疗统筹保障体系，并不断扩大医疗保障范围，使包括老年人在内的市民享受统筹医疗保障待遇。1983年，农村合作医疗制度改革，政府出资帮助农村困难老年人参加合作医疗，享受医疗保障。2003年，各社区卫生服务站建立60岁以上老年人健康档案3500多份，协调市多家医院免费为2800名70岁以上老年人进行健康体检。2004年，七星区制定《七星区农村医疗救助实施办法》《七星区医疗救助机制》等规定，在全辖区建立医疗救助和大病统筹制度，农村90%以上的老年人参加新型农村合作医疗（简称新农合），参加新农合医疗的农民享受相应的医疗保障待遇，对农村困难老年人由政府支付新农合医疗保障金。

2005年，七星区获“全国社区卫生服务示范区”称号。

文体活动

1985年，七星区成立老人文化体育协会（简称区体协），引导辖区老年人开展健身运动。体协根据老年人的特点、身体状况、爱好，开展钓鱼、书法、摄影、象棋、唱歌、练太极拳等形式多样、内容丰富的文体活动，当年有会员150人。体协发挥离、退休老同志的“余热”，组织他们为单位、学校讲传统、教技术、举办书画作品展。1995年春节，举办纪念抗日战争胜利50周年书画展，有216幅作品参展。邀请广西师范大学艺术系教授、桂林旅游专科学校教授帅立功为书画展评审讲课。1996年,区体协14位老干部为辖区机关、单位、学校作传统教育报告21场(次),受教育者3万多人次。

1998年成立七星区老年艺术团,每年"八一"建军节,艺术团到部队驻地作慰问演出。春节、五一、国庆在各街道演出。1999年春节,七星区在七星公园举办"新春军民联谊大游园"活动,开展老年健身、民间民俗文艺表演、书法、保健知识讲座、民间工艺美术、花卉盆景展,老年美术协会会员展出作品近百幅,现场书画作品义卖,所筹款项全部捐助下岗困难职工。国庆期间,在桂林展览馆举办七星区"庆国庆迎澳门回归"摄影、书画、美术作品展,展出作品150幅,参观群众2000人次。2000年,七星区举办首届老年人专场汇报文艺演出,有30多个团队200余人参加演出,观众达1500人。2003年,区老龄委组织辖区58个老龄组参加桂林市"第三届离退休人员健身竞赛"活动,参加6个竞赛项目,获得2个第一名、6个第三名奖的成绩。

第十节 殡葬管理

殡葬改革

民国时期,境内沿袭土葬习惯,除回民在光辉村委望塘岭有本族自置的坟园外(占地2.09公顷),其他市民葬坟无定处,荒郊随处可葬。桂林市解放后,人民政府逐步推行土葬改革,提倡破旧立新,移风易俗,节约简朴。1958年后,市人民政府先后在挂子山、尧山划定公共坟场。1980年,市政府颁布的《桂林市城市规划管理条例》第十条规定;"大力提倡火葬,需土葬者,应到规定的公共坟场,严禁乱埋葬",对土葬实行规范管理。1985年,七星区贯彻施行《桂林市殡葬管理暂行规定》,和《桂林市人民政府关于加强殡葬管理的通告》,对划定了火葬区内的死者实行火葬管理。1991年,桂林市区全部划为火葬区域,全面实行火葬制度,七星区政府成立殡葬改革领导小组,对殡葬改革的重要意义进行广泛宣传,制定殡葬改革工作计划和方案,明确工作目标。各街道居委会成立红白理事会,提倡移风易俗,节简办丧事。每年4月清明节期间,组织开展全区殡葬管理宣传月活动,在通往坟场的各路段设点宣传《广西壮族自治区殡葬管理条例》,并将《条例》制成宣传册广泛发放,宣扬移风易俗办丧事,推进殡葬改革工作发展。2001年,全区建立殡葬管理信息员联络制度、街道成立殡葬改革服务小组,聘请339名信息员,随时掌握丧葬动态,发现随意乱葬苗头,各小组及时劝阻,协调。2005年,针对挂子山坟场管理混乱和乱埋乱葬状况,区殡葬领导小组和乡、村协调,成立坟场管理公司,具体负责,统一管理,使土葬有序进行。清明节期间,加强对坟场的"文明祭奠,平安清扫"工作管理措施,防止发生森林火灾,处理祭奠纠纷矛盾。

殡葬服务

新中国成立后,中央人民政府内务部提出的殡葬改革方针是"尊重民族习俗,提倡火葬"。1977年,市政府在尧山西麓兴建殡仪馆和火葬场,开始火葬服务业务。1989年,七星区推行火葬,区政府把推行火葬作为创文明城区和文明单位的一项重要工作,街道居委会相继建立殡葬改革服务小组,做好死者家属工作,协调办理丧后服务中出现的困难和问题,群众积极配合,很多老人主动卖掉备用的棺材,同意火葬,当年,临下街有11位老人去世,街道居委会多次上门宣传并协助做好善后工作,有10人火化,1人送回农村老家土葬。1989年,成立有区民政、公安、司法、文明办、文教卫生等部门领导参加的殡葬改革管理领导小组,各街道居委会成立以正副主任、居民小组长、管段民警等殡葬改革服务小组,掌握街道丧葬动态,宣传教育、引导群众做好丧葬改革工作。次年,辖区有34位老人去世,其中火化25人。1995年火化尸体187具,2000年,贯彻《桂林市殡葬管理条例》,制定《关于加快七星区殡葬改革的意见》,对辖区内乱埋、乱葬坟墓进行清理,杜绝土葬,宣扬移风易俗节俭办丧事。是年火化尸体450具,火化率88%。2003年火化尸体517具。2005年,重点抓好殡葬改革的宣传、执法与调处工作,火化尸体535具,无乱埋乱葬现象。

第十一节　信　访

1950年—1956年，辖区群众来信来访由第四区、第三区、人民公社党委办公室指定专人负责，处理属于人民内部矛盾的简易民事纠纷和轻微刑事案件、解答群众法律问题、代写诉状、代录口供等。1957年“反右斗争”，开始实行由人民法院的院长、庭长等领导干部接待工作制度，1962年来信来访人员遍及各个阶层，请求解决婚姻、房室等民事纠纷情况比较突出，基层少数干部不服政府处分的来信增多。1966—1976年“文化大革命”期间，群众性上访增多。1979年后，七星区贯彻中共中央平反冤、假、错案的一系列方针政策，把处理信访控告与复查冤假错案结合起来。是年落实群众来信来访21件。七星区人民法院成立复查组对“文化大革命”时期审判的刑事案件进行复查。1992年以后，七星区委、区政府把信访工作列入议事日程，在区党政办增设信访办公室，设立人民调解委员会，建立区、街道、居委会三级信访调解网络。每年根据信访工作要求，对人民调解委员会主任、信访工作人员进行培训，及时将有关信访信息呈报上级政府。1992年，建立区领导　信访接待日制度，区几家班子领导均统筹安排轮值接访，每周安排1个信访接待日。1998年起，改为每月2个接待日。领导接待日受理的信访由当值区领导负责处理或协调有关职能部门（单位）处理。针对关系民生问题的信访较为突出的状况，对重点信访实行区委、区政府主持接访调处工作制度，协调相关部门依照法规、政策解决群众的合理诉求。建立《七星区人民政府内部矛盾纠纷排查调处工作“五个机制”》，即情报信息预警机制、矛盾纠纷排查机制、联席会议机制、包案调处机制和群众性事件处置预警机制。

信访制度

1950—1978年，七星区接待和处理群众来信来访执行桂林市有关信访制度。1980—1996年，七星区先后制定《七星区信访制度》《七星区信访接待制度》《七星区党政领导包案制度》《七星区人民政府区长专线电话工作制度》《七星区党政领导自动协商解决信访疑难问题制度》《七星区信访工作限时制度》《七星区信访工作党风廉政建设工作制度》等10项工作制度。1997年穿山、朝阳2乡划归七星区管辖，随着城市发展，涉及建设征地、拆迁、安置、补偿等问题，群众来信来访明显增多，除正常工作日做好信访接待处理问题，还规定每月13日为七星区四大班子领导成员接待人民群众来信来访日，领导干部进行现场办公，和来访群众面对面进行交流解决问题。2005年5月起，七星区按照新修订的《中华人民共和国信访条例》要求规范信访工作，做到来访必接，来信必复，严格执行对信访事项的登记、呈报、转办、催办、存档等统一规范的程序。

信访办理

20世纪70年代末至80年代初，群众信访诉求内容主要是要求党委和政府对在历次政治运动中遭受错误处理的人员给予平反，城市非农业人口人员要求解决工作、下放知青、居民要求返城并安排工作，以及区属企事业单位负责人侵占集体利益，办事不公，徇私枉法等问题。20世纪90年代后，信访反映的问题主要是企事业单位负责人公款吃喝、农村土地承包纠纷、群众住房安全、农村用水受污染。当年，共收到群众来信19件，接待群众来访8批10人次，信访立案10件，全部结案。2001年后，信访反映的主要问题是征地拆迁补偿、劳资纠纷争议。

七星区委、区政府认真对待群众的信访诉求，能当场解决的问题则当场解决，不能当场解决的，则进行详细的调查研究，组织有关部门协调办理。

1980—2005年，七星区党政机关职能部门、政法系统、群众团体共受理群众来信来访11310件（次），接待来访18356人次。根据来信来访诉求，立案查办237件，其中上级交办信访事项76件，占32.07%，本级立案161件，占67.93%。处置非正常赴京上访5件。

第三十一章

环境保护

干净、整洁的桂磨路高新产业带　　(2007 年 7 月摄)

20世纪70年代以前，辖区工厂不多，规模亦不大，工业“三废”（废水、废气、废渣）对环境的污染并不突出。70年代末，随着辖区人口的增加和工业的发展，工业“三废”、生活废弃物及排泄物的排放量增大，污染逐年加剧。此后，辖区环境保护工作受到各级政府的重视，逐步在市民中开展环保宣传教育，提高公众的环保意识和环保工作的参与意识。通过对污染严重、难以治理的工业企业，实施关、停、并、转或搬迁；对电镀、制药、食品、皮革、化工等工业废水进行限期治理及旧锅炉进行更新改造；发展城市民用型煤及石油液化气，废渣综合利用，拓展区域内主要路段、修建环城公路等措施，减少污染。且对新、扩、改建设项目，坚持执行“三同时”（即：建设项目防治污染的设施必须与主体工程同时设计、同时施工、同时投入运行使用）制度，控制新的污染源产生。

20世纪90年代初，在辖区创建烟尘控制区和噪声达标区，通过加强点源治理、城区环境综合整治及监督管理等一系列综合措施，防治污染，改善辖区环境质量。1993年，创建烟尘控制区面积为8.3平方千米。1994年，创建噪声达标区面积为9.09平方千米。1995年，建成尧山景区噪声达标区面积为7.142平方千米。

1997年，桂林市建立市、县（区）、乡（镇）三级环保质量地方行政长官负责制。将环境综合整治定量考核和总量控制的有关指标纳入环保目标责任制中，建立检查、考核评比制度。市长与区长签订责任状，区长与乡长、街道办事处主任签订责任状。环保管理由单一的行政管理手段逐步发展到综合运用法律、经济、科技、行政、教育等管理手段。在工业污染防治上，逐步实现三个转变：即由末端治理向生产的全过程控制转变，由浓度控制向总量控制转变，由点源控制向集中控制转变。2002年，七星区在市五城区中率先推行ISO14000国际环境管理体系，提高企业环境管理水平，规范环境行为，改善环境质量。2005年，辖区内重点污染源完成治理并达标排放。

第一节　机　　构

1975年，桂林市环境保护领导小组办公室成立之前，辖区的环境保护管理工作无专人负责。1975—1996年9月，辖区的环境保护工作由桂林市政府负责环境保护的部门直接管理。1996年10月，成立七星区环境保护办公室（简称区环保办），属桂林市环境保护局（简称市环保局）的派出机构，科级建制，工作人员3人，经费由桂林市环保局统一安排，主要负责辖区内的区属企业和饮食业的环保管理。1996—2005年，历任主任：田灶火、李春辉、陈敬。

第二节　环境质量

水 环 境

漓江　20世纪60年代中期，漓江辖区段水体清澈透明，无臭、无异味，河水表面无泡沫，水质良好。70年代末，大量未经处理的工业废水排入漓江，漓江水质下降。

1979年，桂林市人民政府对严重污染漓江的工厂（车间）采取关、停、并、转等措施，控制工业废水对漓江的污染。1982年，漓江水质好转，水浊度小

了5度，镉、锰、铜等重金属均未检出，在受检的33个项目中，除细菌总数，大肠菌群超标外，其他项目均符合国家地面Ⅱ类水质标准。其后，在重视老污染源治理的同时，严格执行建设项目环境保护“三同时”制度，控制新的污染源产生。1983—1990年，漓江辖区段水质仍保持良好状态。1994年枯水期至1995年末，受漓江岔流小东江污染影响，在斗鸡山、龙门断面之间的漓江水域，石油类、氨氮和溶解氧连续超标，断面综合污染指数较高；龙门断面以下主要污染物浓度逐步削减，到磨盘山码头除总大肠菌群和石油类超标，其他项目基本能达到Ⅱ类水质标准。1996年开始，桂林市对漓江干流和漓江岔流进行环境综合治理。1998年，水质基本达到Ⅳ类水质标准；1999年，水质有所好转，基本控制在Ⅱ—Ⅲ类水质标准；2000—2005年，辖区内漓江干流水质全面达到国家地面水Ⅱ类水质标准，岔流达到Ⅲ类水质标准。

小东江　小东江为漓江的一条岔流，从二江口分叉，由北往南贯穿辖区，全长5.7千米，沿途流经七星公园、花桥、龙隐桥、穿山公园，于刘家村附近注入漓江。20世纪70年代，小东江水量充沛，水面清洁，水质良好。由于工业废水、沿岸居民生活污水的排入，以及多年未对小东江进行清理；二江口引水建筑物被洪水冲毁，河床泥沙淤积，漓江河水不能正常引入等，其水质下降。1983年，市政府对小东江进行综合治理。1984年选择评价小东江水质状况的监测项目14项，其中1项超三级标准，4项为二级标准，9项符合一级标准。1987年参加评价项目17项，2项超三级标准，2项符合二级标准，13项符合一级标准。1991—1992年，小东江水质尚好，达到Ⅳ类水质标准。1993年水质下降到Ⅴ类，特别是1994年，桂林味精厂大量废水、三里店一带工业及生活污水进入小东江，其水质受到严重污染，枯水期水质劣于Ⅴ类水标准。1996年，市政府再次对小东江进行综合整治。1997—2000年，水质污染水平维持在微污染水平。2001—2005年，各水期（丰水期、平水期、枯水期）水质波动较大，其中2001年、2004年部分水期的水质超过Ⅴ类，以氨氮、溶解氧项目超标为主。

表31-1　　**2001—2005年小东江各水期水质情况表**

年份	断面	保护标准	达到的水质类别		
			丰水期	平水期	平水期
2001	花桥	Ⅳ	Ⅲ	＞Ⅴ	＞Ⅴ
	刘家桥	Ⅳ	Ⅲ	Ⅳ	＞Ⅴ
2002	花桥	Ⅳ	Ⅱ	Ⅲ	Ⅲ
	刘家桥	Ⅳ	Ⅱ	Ⅲ	Ⅱ
2003	刘家桥	Ⅳ	Ⅳ	Ⅳ	Ⅱ
2004	刘家桥	Ⅳ	Ⅴ	Ⅳ	Ⅴ
2005	花桥	Ⅳ	Ⅱ	Ⅳ	Ⅴ
	刘家桥	Ⅳ	Ⅱ	Ⅳ	Ⅳ

注：1. 因小东江上游修建新桥，2003、2004年花桥断面暂停监测

2. 溶解氧超标倍数为各水期内溶解氧的监测平均值

地下水　辖区地下水资源埋藏较深，水质较好，矿化度低，总硬度小，pH值适中，耗氧量低。20世纪70年代末至80年代，随着辖区工业的发展和人口的增加，工业废水和生活污水渗入地下水体，地下水质受到有机物等的污染，水质呈下降趋势。1981—1985年，地下水质以有机物及铁、锰、酚的污染为主。有机物污染严重区主要分布在桂林电器科学研究所、桂林市第二制药厂、桂林市第二制药厂、东边洲。铁、锰污染主要超标点分布在桂林电器科学研究所、桂林市第三制药厂。酚污染出现超标次数较多的在桂林市第二制药厂、桂林电缆厂一带。1986—1990年，水质一至二级的优良地下水在辖区大面积分布，受到轻微污染或污染、重污染的三至五级水，主要分布在桂林味精厂至桂林电器科

2005年东江水厂一角

学研究所、桂林市第二制药厂至桂林市第三制药厂、桂林市皮革厂至东边洲及周家村一带。

1991—1995年，地下水水质良好级的分布在监测区的大部分地区，较差级水分布在桂林味精厂至桂林电器科学研究所、七星岩出口附近、穿山洞、毛田里一带及桂林市第三制药厂附近的区段。污染水点中，孔隙水和岩溶水均有分布，出现在桂林味精厂至桂林电器科学研究所、桂林市第三制药厂至大头山地段，亚硝酸盐氮、氨氮持续污染；桂林皮革厂附近的东边洲及周家村一带较1991年前略有好转。铁离子的最高值为30.8毫克/升，超标水点零星分布在有机污染区内，以岩溶水污染为主，出现在桂林市第三制药厂、桂林市林业科学研究所、桂林激光通信研究所等处。锰离子最高值为6.5毫克/升，以点状污染为主，且以岩溶水为主，出现在桂林市第二制药厂、桂林市第三制药厂等处。

1996—2000年，地下水水质良好级的分布在监测区的大部分地区，占监测总面积的90%—98%。较差级地下水分布在七星岩出口附近、穿山果园到毛田里一带及桂林市第三制药厂附近的区段。该区段，地下水埋藏浅，地下水防护能力差，地表水与地下水转化迅速，地表污水较易下渗而污染浅层地下水。

2001—2005年，辖区良好级地下水分布面积约占总面积的96%—99%。适合工农业生产用水及生活饮用，地下水化学类型大多为HCO3—Ca型水，水中主要离子含量枯水期较丰水期高，地下水污染多呈零星分布，仅局部有小面积分布，污染水点中主要超标项目为铁、锰及“三氮”（氨氮、亚硝酸盐氮、硝酸盐氮）。

饮用水源 1993年开始，市环保局在辖区开展饮用水源水质的监测工作。1995年，桂林市东江水厂饮用水源水质达标率为94.04%。1996—2005年，桂林市东江水厂饮用水源水质年均为97.17%，主要超标为总大肠菌群和粪大肠菌群项目。

表31-2　**1996—2005年桂林市东江水厂饮用水源水质情况表**

年度	取水总量（万吨）	达标水量（万吨）	水源水质达标率（%）	超标项目
1996	2205.8	2022.0	91.70	总大肠菌群、非离子氨
1997	2635	2476.9	94.00	总大肠菌群、细菌总数
1998	2582.18	2490.00	96.43	总大肠菌群
1999	2767.30	2635.58	95.24	总大肠菌群
2000	2589.76	2497.27	96.43	总大肠菌群
2001	2474.36	2459.63	99.40	粪大肠菌群
2002	2648.55	2640.94	99.71	粪大肠菌群
2003	2520.72	2520.72	100.00	无
2004	2631.29	2622.50	99.67	粪大肠菌群
2005	2653.50	2629.09	99.08	粪大肠菌群

空气环境

1979年冬，桂林市开始对城区大气环境监测。1980—2000年资料不详，2001年，采用空气自动监测系统对环境空气质量进行监测。2001—2005年，辖区位于龙隐小学的自动监测点的环境空气质量，全年天数均达到优良水平。

表31-3　　2001—2005年七星区龙隐小学监测点监测结果（年平均值）

单位：毫克／立方米

项目 / 年度	SO_2（二氧化硫）	NO_2（二氧化氮）	PM_{10}（可吸入颗粒物）
2001	0.005	0.012	0.055
2002	0.015	0.024	0.039
2003	0.039	0.022	0.039
2004	0.029	0.023	0.039
2005	0.027	0.036	0.021

注：环境空气质量国家一级标准（年平均值）是二氧化硫浓度限值0.02毫克／立方米，二氧化氮浓度限值0.04毫克／立方米，可吸入颗粒物浓度限值0.04毫克／立方米；二级标准值是二氧化硫浓度限值0.06毫克／立方米，二氧化氮0.08毫克／立方米，可吸入颗粒物0.10毫克／立方米

声环境

道路交通噪声　1981年，桂林市开始在辖区主次干道上设点对道路交通噪声进行监测。监测的干道有环城北二路、建干路、栖霞路、六合路、自由路、七星路、普陀路、漓江路和七里店路。道路交通噪声平均等效声级：2000年为67.0分贝，2001年为67.2分贝，2002年为67.3分贝，2003年为67.0分贝，2004年为66.7分贝，2005年为67.7分贝，按道路交通噪声质量等级划分均属于好等级。

环境噪声　1981年，桂林市开始对辖区环境噪声进行监测。区域环境噪声平均等效声级：2000年为52.9分贝，2001年为53.3分贝，2002年为52.4分贝，2003年为52.1分贝，2004年为52.6分贝，2005年为53.6分贝，均低于56分贝的国家控制值。

第三节　环境监测

地表水监测

小东江　1979年起，桂林市环保监测站在漓江岔流小东江上设太平里、花桥、刘家桥等3个市级控制断面。1983年，优化采样断面，取消小东江上太平里断面。每个断面设监测点一个，丰水期、平水期和枯水期3个水期采集水样，每个水期监测采样2次，每个水样监测28—33个项目。

漓江　1991年起，桂林市环保监测站在漓江干流上设置斗鸡山（穿山乡的刘家里村与崇信村之间）1个国家级控制断面。1994年根据"全国地面水环境国控断面点位论证"工作的结果：斗鸡山断面不符合控制断面的规范拟于取消。同年在漓江干流上增设磨盘山断面，每个断面分左、中、右3个点。丰水期、平水期和枯水期3个水期采集水样，每个水期监测采样2次，每个水样监测28—33个项目。

饮用水源　1993年起，桂林市环保监测站对集中式供水的桂林市东江水厂饮用水源地进行监测，以漓江河道水和漓江河床潜水为取水源。饮用水源地水质监测点为进水管的出水口处。每逢双月监测1次，每年共6次，每个水样监测16个项目。

地下水监测　1981年起，广西环境水文地质总

站将桂林市地下水纳入定期常规监测。在城区及近郊300平方千米范围内建立地下水动态监测网，进行地下水水质、水位动态监测。在辖区100.1平方千米内，共布设17个地下水水质监测点，每年监测3次，分丰水期、平水期和枯水期各1次进行监测采样。监测项目10多项。20世纪90年代初，监测频率调整为每年2次，分为丰水期和枯水期各一次，至2005年未变。

降水监测

1983年5月，桂林市开始对降水进行监测，监测项目5项。监测时间为5月、8月、12月。1984年后，逢雨必测。市区设3—4个监测点，其中在辖区设有1个监测点。1983—1987年，监测地点设在桂林市无线电一厂，1988—2005年设在桂林市龙隐小学（曾用名"三里店小学"）。

大气监测

1979年开始，桂林市环保监测站对市区大气环境进行定期常规监测。监测项目3项。使用24小时连续采样机定点采样，每周3天，每天采集1次样品。在辖区设立大气监测点1个。1979—1987年设在七星公园，1988—2005年设在桂林市龙隐小学。

噪声监测

1981年起，桂林市环保监测站对城区噪声环境进行常规监测。监测项目主要有区域环境噪声、道路交通噪声和功能区噪声。

1994年前，市区设区域环境噪声监测网点298个。1995年经重新普查布点，设监测网点231个，其中在辖区内设71个。全年进行昼间1次监测。

1994年前，市区设道路交通噪声监测点位60个，1995年经点位优化后设52个，其中在辖内设14个，全年进行昼间监测1次。2000年，桂林市城市区域设功能区噪声监测点7个，分别代表四类不同的环境噪声区，每季度监测一期。其中在辖区内设功能区噪声监测点1个。测点地点设在市朝阳供销社三里店门市部，至2005年未变。

重点污染源监测

1991年，桂林市环境监测站根据《桂林市首批重点污染源实施法定监测的规定》，首次对全市35家重点污染源进行法定监测。工业废水重点污染源1年监测4次，工业废气重点污染源1年2次。根据桂林市每年上报给国家、自治区的重点污染源动态数据库资料及有关资料显示：1991—1992年，辖区废水重点污染源单位有桂林味精厂、桂林市罐头食品厂、桂林市第三制药厂、桂林轮胎厂；废气重点污染源单位有桂林味精厂、桂林市第三制药厂、桂林轮胎厂。1993—1995年，废水重点污染源单位有桂林市罐头食品厂、桂林味全股份有限公司（原桂林味精厂）、桂林轮胎厂；废气重点污染源单位有桂林味全股份有限公司、桂林轮胎厂。1996—2000年，废水重点污染源单位有桂林味全股份有限公司、桂林轮胎厂、桂林市第二制药厂；废气重点污染源单位有桂林味全股份有限公司、桂林轮胎厂、桂林三金药业集团公司（原桂林市中药厂）、中橡集团曙光橡胶工业研究设计院（化工部曙光橡胶工业研究所）、桂林集琦药业股份有限公司、桂林市第二制药厂。2001—2005年列入重点污染源的企业有桂林轮胎厂、桂林南药股份有限公司二分厂。

第四节　污染治理

水污染治理

工业废水　20世纪80年代起，辖区工业废水的污染逐步得到治理。主要治理措施有自建废水处理设施，废水经一级处理，达标的直接排放，尚未达标的排入城市污水管网进行再处理；对废水治理难度大的企业，予以"关停并转迁"（即：关闭、停产、合并、转产、迁移）；扩建城市污水处理管网，将重点污染源单位的废水接入七里店污水净化厂进行集中处理；对新建项目，实行环保措施"三同时"制度。80年代末，辖区内有桂林轮胎厂、桂林味精厂、桂林市无线电二厂、桂林市皮革厂、桂林市芳香厂、国营漓江无线电厂等企业自建废水处理设施。1989年9月，七里店污水净化厂竣工投入运行。桂林市第三制药厂、桂林市罐头厂、桂林市中药厂、桂林电力电容器厂、桂林市无线电五厂、桂林市无线电二厂等企业的生产废水先后纳入七里店污水净化厂集中处理。1996年，桂林市环境保护局对严重污染漓江的桂林味全食品有限公司等企业下达废水限期达标治理任务；贯彻落实《国务院关于环境保护若干问题的决定》，第一批关闭七星区域内桂林市无线电二厂电镀车间等电镀点，按照专业化的要求，从行业的需要、布点的合理性及本身的管理技术与装备水平的高低等方面重新对辖区电镀厂家进行调整，限期达标，有效地解决了电镀企业对水体的污染。1997年，桂林味全食品有限公司完成第一期治理工程，投资200万元。1998年，桂林味全食品有限公司在第一期治理的基础上，投资820万元，建设二期治理工程；桂林三金药业集团公司，投资150万元建设废水治理工程；桂林市酱料厂投资90万元，完成废水治理工程并投入运行。1999年，辖区内被列入桂林市重点工业污染源的桂林三金药业集团公司、桂林市酱料厂的废水治理完成达标验收；2000年，桂林味全食品有限公司等企业废水治理完成达标验收。2002年桂林味全食品有限公司全面停产。

2005年，辖区内有桂林轮胎厂、桂林矿产地质院、桂林集琦药业股份有限公司、桂林漓江信息产业集团有限责任公司、桂林三金集团股份有限公司（桂林三金药业集团公司）、桂林花桥食品有限公司、桂林市米豆制品厂、桂林漓佳金属有限责任公司、桂林广润多层电路科技有限公司、桂林集琦药业股份有限公司、桂林市东江肉食品有限责任公司、中橡集团曙光橡胶工业研究设计院等近20家单位建有废水处理设施。其中，污水处理设施日处理能力超千吨单位有中国化工橡胶桂林有限公司和中橡集团曙光橡胶工业研究设计院。

表31-4　**2005年七星区部分企业污水处理情况表**

单位名称	排放总量（万吨／年）	处理设施名称	处理方法	设计处理能力（吨／日）	竣工运行时间
中国化工橡胶桂林限公司	89.80	三级沉淀处理池	重力沉降法	6200	1980年3月
桂林矿产地质院	1	污水处理站	物理化学法	60	1981年
中橡集团曙光橡胶工业研究设计院	3.41	沉淀池	重力沉降法	2960	1982年1月
桂林漓江信息产业集团有限责任公司	4.16	XF型综合重金属处理机	物理化学法	64	1998年6月
桂林三金集团股份有限公司	21.70	污水处理站	生物处理法	500	1998年7月
桂林花桥食品有限公司	11.05	污水处理站(SBR)	组合工艺法	500	1999年10月
桂林市米豆制品厂	0.8	污水处理站(SBR)	组合工艺法	100	2000年
桂林漓佳金属有限责任公司	5.94	污水处理站	化学法	300	2000年1月
桂林广润多层电路科技有限公司	0.90	电镀污水处理系统	化学法	240	2001年1月
桂林集琦药业股份有限公司	1.26	老厂污水处理站	生物法	300	2002年12月
桂林市东江肉食品有限责任公司	4.20	污水处理站	组合工艺法	240	2003年12月
桂林集琦药业股份有限公司	2.65	集琦药业科技园污水处理站	生物法	300	2004年6月

2005 年七里店污水净化厂全貌

生活污水 1989 年以前，辖区大部分生活污水直接或间接经支流排入漓江。1989 年，七里店污水净化厂建成投入运行后，电力电容器厂以南，净瓶山路以北，会仙路以西，内含三里店和高新技术产业区的生活污水接入七里店污水净化厂进行净化处理。经处理后的污水可排入农渠作农田灌溉之用，也可以经过渠道排往桂海铁路桥下进入漓江。对不便纳入城市排水系统的宾馆饭店的生活污水，经自建污水处理设施处理合格后直接排放。2005 年，桂山大酒店、帝苑酒店（花园酒店）、观光大酒店、金龙大酒店等单位建有污水处理设施。

小东江 三百多年前修筑的二江口引水建筑物起着漓江分洪和小东江通航的作用，使小东江与漓江上下相通，水量充沛，水面开阔。因年久失修，二江口引水建筑物被洪水冲毁，河床逐年淤积增高，漓江水不能正常引入；沿岸的工业废水、生活污水却不断排入，工厂的废渣、垃圾倒在沿岸，小东江污染日趋严重。

1981—1983 年，国务院环境保护办公室拨款 155 万元，对小东江进行综合治理。该治理工程由市水利电力局设计，市水利电力局机械施工队施工。工程项目为建设二江口引水闸、节制闸、通航船闸和水电站（装机容量 110 千瓦）各 1 座；筑堤护岸 2.2 千米，疏浚河道 2.5 千米。工程于 1981 年 10 月破土动工，1984 年 8 月竣工。经治理的小东江水面扩大 4 倍，水面积由原来的 8.5 公顷增至 35 公顷，平均水深由原来的 0.6 米增至 1.8 米，流水畅通，水质有所改善。

1996 年，市政府将小东江环境综合治理列入为民办实事工程之一，投资 540 万元，进行二江口引流、疏浚、清淤、垃圾清运；拆除两岸违法、违章建筑；对重点污染源桂林味全食品有限公司等企业采取限产、截污、限期治理等措施，减少工业废水排放量，使小东江水逐渐变清。

1997—1999 年，在小东江环境综合治理的基础上，对小东江及其上游灵剑溪沿岸工业污染源进行限期治理，水污染基本得到控制。2000 年，小东江水质由 1996 年劣于Ⅴ类转变为Ⅳ类。

2001—2005 年，区政府投资近 2000 万元，对会仙小区、导航小区、六合路、临江路、五里店路和

1997 年，清理小东江河床淤泥

1997 年综合整治后的小东江塔山段

将军塘等地排污点进行综合治理，敷设雨污管网，进行雨污分流，将生活污水接入市政管网，使排入小东江及灵剑溪的污水量得到有效的控制。连续5年水质保持在Ⅳ类。

大气污染治理与控制

锅炉消烟除尘　20世纪70年代初期，辖区内极少数锅炉有除尘设施。1980年5月，全市大气污染防治动员大会召开后，锅炉消烟除尘工作得到人民政府高度重视，有计划地对辖区内锅炉进行改造（改进老锅炉炉膛结构、推广机械化炉排和上煤装置；安装除尘设施），同时，加强新增锅炉的管理。规定新安装的锅炉，必须选用先进的炉型；锅炉除尘设施必须与建设项目同时设计、同时施工、同时建成投入使用；在老城区和风景区（点）周围，不准新上沸腾炉等。80年代，辖区有桂林电力电容器厂等企业开展旧炉改造和除尘配套。1992年，市环保局在桂林电力电容器厂组织召开锅炉消烟除尘技术现场会。1993年，漓江无线电厂、桂林茶厂、桂林中药厂、桂林市制革厂、桂林味全食品有限公司完成烟尘治理并达标。2000年，七星区域内被列入桂林市重点工业污染源的桂林轮胎厂、桂林三金药业集团公司的废气治理完成达标验收。

2005年，辖区中橡集团曙光橡胶工业研究设计院、桂林花桥食品有限公司、桂林南药股份有限公司、中国化工橡胶桂林有限公司、桂林三金药业股份有限公司、桂林漓佳金属有限责任公司、桂林集琦药业股份有限公司等单位共安装消烟除尘设施9套。

表31-5　**2005年七星区域内部分工业企业消烟除尘情况一览表**

企业名称	排放总量（万标立方米）	处理设施名称	处理方法	设计处理能力（标立方米／小时）	竣工运行时间
中橡集团曙光橡胶工业研究设计院	1925	脱硫除尘设施	其他处理法	12000	1982年7月
桂林花桥食品有限公司	5243	水膜除尘器	湿法除尘法	15000	1992年1月
桂林南药股份有限公司（七里店区）	1219	麻石文丘里水浴除尘器	湿法除尘法	17000	1992年6月
中国化工橡胶桂林有限公司	19995	石水膜除尘器 麻石水膜除尘器	湿法除尘法	30040 30040	1994年11月 1996年1月
桂林三金药业股份有限公司	1378	麻石水膜除尘器 XD多管除尘器+PT脱硫器	湿法除尘法 石灰石石膏法	26700 29900	1997年1月 2004年1月
桂林漓佳金属有限责任公司	292320	脉冲布袋除尘	静电除尘法	64000	2000年1月
桂林集琦药业股份有限公司	100	二级文丘里水膜除尘器	物理化理法	3165	2001年10月

城市气化　桂林解放后，城区饮食服务行业和居民生活燃煤，由块煤改为球煤，进而改为型煤（蜂窝煤）。1981年开始，在燃煤改造的同时，逐步普及以燃气（液化气）为主的居民生活燃料。2005年，辖区居民燃气普及率为96%以上。

淘汰小砖窑　1999年开始，取缔建设在辖区桂大路（桂磨公路）、竹江路旁的小砖厂。至2005年，关闭桂林市西江砖厂、桂林市朝阳二砖厂、桂林市吉辉砖厂、桂林市胜利砖厂、桂林市泰发砖厂、桂林市柘木镇湖塘砖厂、桂林市朝阳二砖厂分厂等砖厂。

烟尘控制区建设　按国家《城市烟尘控制区管理办法》的规定，桂林市烟尘控制区的标准是：烟气黑度有90%达到林格曼一级，烟尘浓度有80%≦200毫克／标立方米。

1993年，七星区建成的烟尘控制区面积为8.3平方千米，占桂林市建成烟尘控制区面积54%。烟尘控制区建设主要措施：对老锅炉限期治理；对新上锅炉项目，要求消烟除尘设施与锅炉同时设计、同时施工、同时投入运行使用；对饮食服务行业烧散煤的“炮台灶”进行改造；扩大液化石油气气源，增加液化石油气用户。1996—1999年连续4年保持烟尘控制区100%达标。

2000—2005年，继续巩固烟控区建设。每年年初，区政府按照市环保局下达的烟尘控制区建设工作任务，与乡政府、街道办事处及有关部门签订环保目标责任状，将烟尘控制区建设落到实处；根据烟尘控制区的要求，制定七星区烟尘控制区排污申报登记实施方案，全面开展排污申报登记工作，对辖区所有的锅炉、窑炉、茶炉、大灶污染源进行排污申报登记；对烟尘控制区范围内的炉、窑、灶进行全面监测，对超标的锅炉、窑炉依法限期治理（整改）；对辖区内的饮食业及所属企事业的锅炉、窑炉、茶炉、大灶进行监管，禁止原煤散烧；推广使用清洁能源，倡导宾馆、饭店油改气。引进和发展无污染、低能耗的先进制造业和高新技术产业，对污染大、能耗高的项目不予入驻。2002—2005年，因环保问题被区政府拒绝入驻的项目有5个，涉及外来投资近5亿元。

噪声污染控制

环境噪声控制 1980年11月8日，市革命委员会制定的《桂林市环境保护管理条例（试行）》颁发后，辖区内的单位执行条例有关规定，采取消音、隔音措施，减轻噪声污染。1986年6月起，七星区执行桂林市人民政府发布《关于控制城市环境噪声的通知》和《关于控制交通噪声的通知》，禁止在城区和近郊室外安装、使用广播喇叭；沿街的单位、商店和个体户使用音响装置，必须控制音量。1989年12月1日，开始实施《中华人民共和国环境噪声污染防治条例》。辖区工业噪声和建筑施工噪声由市环保局实施统一监督管理。对噪声超标的单位，下达"限期治理通知书"，督促其限期整改达标。通过建筑施工项目的排污申报、审批、发放建筑施工排污许可证、排污收费等环节，进行施工噪声的管理。1997年起，区政府通过与有关部门签订环保责任状的形式，将社会生活噪声管理工作落实到各有关部门，形成"齐抓共管"格局；将控制社会生活噪声与创建国家级文明城市、安全文明小区活动相结合，年终进行检查、考核评比。

1999年，根据自治区环境保护局《转发关于加强社会生活噪声管理的通知》精神，七星区噪声专项执法小组组织有关人员对自由路、六合路、漓江路、七星路等主要繁华路段的商业噪声及社会生活噪声进行执法检查；对违反《中华人民共和国环境噪声污染防治法》规定的临街店铺，予以教育并依法处罚、责令整改。2000—2005年，通过采取责任制与执法检查并举的方式进行社会生活噪声的管理，有效地减少噪声扰民问题。

噪声达标区建设 1993年，桂林市开展创建噪声达标区工作。1994年初，创建漓江东岸七星区噪声达标区面积为9.09平方千米。其边界，东：漓江无线电厂东围墙，激光所东围墙，羊角山东侧，星火机械厂生活区东侧，星火机械厂厂区以西；南：七里店污水净化厂南围墙，市罐头食品厂南围墙，樟木村南，桂林光学仪器厂南围墙以北；西：漓江、小东江南段以东；北：二江口，六合路，尧山变电站南端，桂林经济管理学校北围墙，漓江无线电厂的北围墙以南。

1994年12月29日，由自治区环境保护局主持的七星区噪声达标区验收会议在桂林市召开。市人大、市人民政府、市政协、各有关部门、城区人民政府、市环保局等17个单位的领导和代表共34人参加会议。会议代表对新创建的七星区9.09平方千米噪声达标区进行随机抽样检查，并进行讨论，形成会议纪要：在创建的达标区中，58个企业单位厂界噪声达标单位为55个，超标单位3个（超标均小于5分贝），基本达到《工业企业厂界噪声标准》。建筑及交通噪声、社会生活噪声基本得到控制。区域环境噪声平均等效声级为57.5分贝，小于该区域60分贝的标准要求。漓江东岸七星区9.09平方千米噪声达标区符合国家级关于环境噪声达标区的基本要求，同意通过验收。

1995年，在辖区创建的尧山景区噪声达标区面积为7.14平方千米。其边界东：电视发射台区域东界以西；南：山水高尔夫球场南界以北；西：茶科所以东；北：祝圣庵，天赐田以南。是年12月，通过验收。

1996年12月，由自治区环境保护局组织，对七星辖区噪声达标区进行复查，并以文件给予批复：七星区噪声达标区面积9.09平方千米，受益人口9万人，交通干线道路面积0.307平方千米，该区达到二类标准要求。尧山景区噪声达标区面积为7.142平方千米，无交通干线道路面积，该区达到二类标准要求。

2000年，市环保局对七星区9.09平方公里噪声达标区进行全面复测，检查56家单位厂界噪声全部达标;区域环境噪声平均等效声级为昼间 53.7 分贝,夜间 47.8 分贝,达到二类标准。

2005 年,市环保局对全市噪声达标区进行复测,其中七星区的一类区(自然保护区、风景区)覆盖面积 6.62 平方千米,网格测点 101 个。固定污染源 14 个,2 个停产,监测 12 个,区域环境噪声和污染源边界噪声均低于标准限值。被列入桂林市噪声达标区二类区(居住区、商业交通居民混合区、文化区、一般工业区)的固定污染源 19 个,8 个停产,监测 11 个,污染源边界噪声均低于标准限值。

废弃物污染治理

1999 年 5 月,桂林市政府发布通告,禁止在全市范围内使用一次性塑料餐具,推广使用环保型的纸餐具。区政府组织环保、卫生等部门对有关生产厂家进行检查、监督;对餐饮业使用的一次性塑料餐具进行收缴。1999—2000 年,共收缴一次性塑料餐具 14 万多只。1999—2005 年,区政府组织有关部门开展“防治白色污染”宣传活动;建设文明城、树立新形象“街头咨询宣传活动”5 次。组织机关干部、环卫职工、居民、部队官兵、学校学生 3 万余人次,对漓江沿岸的白色垃圾(主要指一次性塑料餐具、泡沫塑料和各种塑料袋)及水上漂浮物进行清理。同时,安排环卫人员定期或不定期地对漓江、小东江水面漂浮物、沿岸树梢上悬挂污染物进行清理,以减少白色垃圾的污染。辖区内的医疗废弃物全部得到无害化处置。2005 年,全区产生医疗废弃物 100 多吨,处理率达 100%。

第五节　环保管理

环保宣传教育

1979 年起,七星区结合每年世界环境日(6 月 5 日)的主题,利用文艺演出、知识竞赛、悬挂宣传横幅、张贴标语、发送宣传资料、出版专栏、街头咨询等方式,宣传环保知识,增强公众的环保意识,提高环保的自觉性。组织干部、群众参加市政府组织的环保科普宣传实践活动,如:保护母亲河,给漓江“洗脸”(清理漓江岸边垃圾)等。

1986 年开始,辖区内的中小学校、幼儿园将环保教育列入教学计划,把环保教育与学科教学、德育工作、校园环境建设及课外活动有机地结合起来,使环保教育落到实处。1990 年开始,把《环境保护》(小学分册、初中分册、高中分册)和《环境教育参考书》作为教材,对幼儿和少年进行课程教育;同时普遍开展中小学第二课堂活动,即有组织地开展环保科研活动、创建优美环境活动和环境文艺活动等,巩固课堂环境教育成果。2000 年,在全区中小学中开展以校园优美、教室整洁作为主要内容的创建活动,提高学生的环保意识和社会参与能力。2001 年 3 月,育才小学成为桂林市创建“绿色学校”的首批达标学校。2003 年,桂林市七里店污水净化厂开展创建绿色环保教育基地的活动。经过七里店污水净化厂申报,中共桂林市委宣传部、市人大环境资源委员会、市环保局、市教育局、中国共产主义青年团桂林市委员会考核验收,授予七里店污水净化厂为“桂林市绿色环保教育基地”称号。2005 年,全区中小学、幼儿园环保教育普及率达 100%。

环保责任制

1997 年,桂林市建立市、县(区)、乡(镇)3 级环保质量最高行政首长负责制。成立市环境保护目标责任制领导小组,将城市环境综合整治定量考核指标进行分解,具体化为目标责任制的考核内容。每年初以签订责任状的形式将环保任务下达到区政府,年中检查,年底核查评比奖罚。每年,区政府根据上级下达的环保任务,与下属市容局、科技局、环卫站、穿山乡、朝阳乡、东江和七星街道办事处等签订环保目标责任书,将环境质量、污染控制、环境建设、环境管理等四个方面指标分解细化,落实到各单位。年末或次年初,由分管副区长牵头,区环保办组织人员,对责任单位进行检查评比、奖罚。七星区 2002 年奖罚标准:总分 100 分,总评分 95 分以上的评一名,奖励 3000 元;总评分 90 分以上的评2名，奖励2000元；总评分85分以上，奖励1000元；总评分80分至85分为合格，不奖不罚；总分低于80分的为不合格，罚款2000元。将奖金总额的30%奖给责任领导人，罚款总额的15%从责任领导人工资中扣除。1998—2005年，七星区环境保护目标责任制工作连续8年获桂林市环保目标责任制考评二等奖。

“三同时”监督管理

1996年10月，七星区环保办成立后，严格执行新建、改建、扩建项目的环保“三同时”审批制度，对管理权限内的新建、改建、扩建项目进行现场看点，提出具体的环保要求，严把“三同时”关。1999年，新办餐饮业“三同时”制度的执行率为98%，“三同时”合格执行率为95%。2000—2001年审批新项目176家，排污申报225家。2002年审批新项目87家，发放排污许可证242家。2003年审批新项目133家，其中餐馆16家、小米粉店及甜品店31家、美容美发23家、小食品厂7家、洗车场及摩托车修理店8家、小旅社6家、茶庄8家、五金冷作和机械加工店7家、其他22家；发放排污许可证441家。2004—2005年，共审批三产项目103个，核发排污许可证367家。2000—2005年，“三同时”制度执行率和合格执行率均为100%。

执法检查

1997年前，市环保局对辖区单位建设项目的环境保护设施落实情况进行检查，每年出动人员，到新建、扩建、改建项目现场，对违反环保法律法规的单位给予行政处罚。

1997—2005年，区人民政府和区环保办组织有关部门，重点对辖区娱乐餐饮服务业违反环保法规的行为进行查处。1999年，全区共出动工商、公安、环保、市容、城管监察等部门38人次，对辖区主要繁华路段的商业噪声及社会生活噪声进行5次执法检查，检查店铺104家次，调查处理群众投诉14项，下达查处、整改通知书3份，处理卡拉OK厅2家。并对采用高噪声音响招揽顾客的临街店铺，予以依法处罚。2001—2003年，区政府组织有关部门对违反环保法律、法规的单位及个人依法查处，共取缔冷作加工店4家，关闭餐饮点、小作坊、音乐茶座等51家；下达行政处罚书35份，污染限期整改通知书79份，噪声污染控制通知书50份。2004—2005年，全区共出动约700人次，检查排污企业和个体工商户400家，限期整改70家，限期治理7家，处罚违法排污者60个。

排污费征收

1981年，根据国务院发布的《征收排污费暂行办法》，桂林市环境保护办公室于1982年2月起，对辖区废水和锅炉烟尘排放超标的单位，征收排污费。1991年11月—1995年11月，桂林市环境保护监督管理所根据对排污单位的监测结果和国家环保法规规定，向排污单位或个体征收排污费和超标排污费。征收项目有废水、烟尘、环境噪声和二氧化硫排污费。1996—2000年，桂林市环保局加强区境内单位的日常排污现场监察和监测频率，及时征收并调整超标排污费额。2005年对辖区桂林旅游高等专科学校、桂林市第一中学、桂林三金药业股份有限公司、桂林电力电容器有限责任公司、中国化工橡胶桂林有限公司等企事业单位，金龙饭店、帝苑酒店、长城酒店等第三产业排污单位进行排污费征收。

主要污染事故选介

1985年2月5日，桂林市环境保护办公室（市环保局前身），对长期向漓江排放大量未经处理的有机生产废水，严重污染漓江水体，影响生产和居民生活用水的桂林味精厂处以2万元罚款。9天后，该厂又向漓江排放大量高浓度有机生产废水，致使漓江再次受到严重污染，再次被罚款6万元。

1985年，桂林市第三制药厂工业废水排入流经卫家渡的小河，使卫家渡村民的饮水受到污染。根据国家有关环保法规规定，该厂赔偿2万元给卫家渡村，以解决修建水井费用。

1991年7月13日，市环保局接到灵川县大圩镇廖家村反映，桂林轮胎厂锅炉烟气二氧化硫污染农田，致使约40万平方米水稻造成不同程度的减产，农民要求厂方赔偿损失。经桂林地、市、县环保部门及农业部门深入现场调查研究和调解，由桂林轮胎厂赔偿农民0.95万元。之后，因桂林轮胎厂污染农田问题一直未能根治，1992年赔偿1.2万元；

1993—1995 年每年赔偿 1.3 万元。

1995 年 4 月 29 日，桂林味全食品有限公司（原桂林味精厂）锅炉烟尘、二氧化硫污染穿山乡三联和王家碑两村的蔬菜及果树，村民要求赔偿损失。市环保局、蔬菜和柑橘研究部门深入现场调查研究和调解，由该公司赔偿 1.33 万元。

1995 年 5 月 19 日，桂林市第三制药厂生产废水排污管道漏水，生产废水流入朝阳乡冷家村和莫家村的鱼塘，造成 1.73 万平方米鱼塘发生死鱼事故。经市环保局调处，由三药厂赔偿农民 2.66 万元。

1995 年 7 月 21 日，桂林市无线电二厂、桂林市印制板厂生产废水排放管道发生堵塞，废水直接流入穿山乡江丰村的鱼塘，致使 8667 平方米鱼塘发生污染死鱼事故。经市环保局调处，由桂林市无线电二厂和桂林市印制板厂赔偿农民 2.467 万元。

1995 年 11 月 17 日，市环保局接到反映穿山乡和平村、光辉村部分鱼塘受污染发生死鱼的报告。经市环保局牵头组织市排水工程管理处等有关单位进行联合调查。造成两村共计 4.87 万平方米鱼塘发生不同程度的死鱼现象，是市排水工程管理处关闭龙隐桥泵房的污水溢流口所致。经协调，由市排水工程处补偿农民死鱼损失费 2.92 万元。

1996 年 3 月 20 日，经市环保监理所现场检查发现，桂林味全食品总厂擅自将处理不完的工业废水排入漓江，造成漓江水质污染。据此，责令该厂立即封闭向漓江排放废水的排污口。根据《中华人民共和国水污染防治法》的有关规定，给予该厂一次性罚款 1 万元。

1996 年 7 月，市环保局接到灵川县大圩镇廖家村反映，桂林轮胎厂锅炉烟气二氧化硫污染农田，致使 26.67 万平方米水稻造成不同程度减产，村民要求厂方赔偿损失。经市县环保和农业部门调查调解，由该厂赔偿农民 1.2 万元。

2000 年 7 月 31 日，市环保监理人员接到群众举报，反映奇峰小筑居民区一个车库内有人存放放射性铀矿。市环保监理人员立即与桂林矿产地质研究院等有关部门人员赶赴现场。经检查，车库内堆放有 1 吨左右的铀矿石，在距铀矿石 1 米处测试，放射性强度在每小时 1000 微伦以上，车库以外范围放射性强度在安全范围之内。8 月 1 日晚在环保、公安、卫生防疫等部门的监督下，由资源县政府押运到资源铀矿区封存，有效地防止了一起放射性对人体危害的事故。

2001—2005 年，七星区域未发生重、特大环境污染事故。

干净整洁的东环路　　　　（王亚东　2005 年摄）

第三十二章

居民生活

民乐奏和谐　　（鲍春林　2005 年摄）

民国时期，七星区境内物价飞涨，货币贬值，人民群众入不敷出，生活每况愈下。中华人民共和国成立后，城市经济得到恢复和发展，为居民提供了较为充分的就业机会，家庭收入增加，居民家庭平均每人全年生活费货币（所记解放后货币均为或折算为 1950 年 3 月 1 日发行的人民币，下同）收入由 1950 年的 63.02 元增加到 1957 年的 161.88 元。农村经过土地改革，农业经济得到恢复和发展。到 1958 年，辖区农民人均年收入 62.35 元，比 1950 年的 40.00 元增长 55.88%，生活得到一定程度改善。1958—1978 年，由于“左”的错误影响，特别是“文化大革命”10 年动乱，经济发展缓慢，人民生活水平徘徊不前。

1978 年 12 月中共十一届三中全会后，国家实行改革开放政策，经济建设发展加快，人民收入随着经济的发展有很大提高。1980 年，七星城区居民家庭人均年收入 360.24 元，农村居民家庭人均年收入 130 元。1990 年，城区居民家庭年人均收入 1492 元，工资性收入占可支配收入的比重为 69.6%，农村居民家庭年人均收入 672 元。1991，城区居民家庭年人均可支配收入 2053.07 元，农村居民为 703 元。工薪收入仍是居民收入主体，发展呈增长趋势。1993 年 10 月国家机关和事业单位进行工资改革和 1994 年企业进行工资改革后，城区居民家庭年人均可支配收入显著增长，1995 年为 5505.97 元。2005 年为 10018 元。城区居民收入结构与过去相比发生很大变化，收入形式呈现多元化、多渠道，工资性收入的比重逐渐下降，其他方面收入比重逐渐上升，在居民家庭收入中，2005 年工资性收入占可支配收入的比重为 60.40%。随着城区居民收入的不断增长，消费性支出也不断增加，消费结构出现新的变化。调查的百户居民家庭资料显示；在居民的消费支出中，居民的食品支出占消费总支出的比重逐渐下降，而其他方面的支出占总支出的比重逐渐上升，居民消费投向发生变化，由基本生活型向发展型和享受型转移。

2005 年，辖区农村居民年人均收入 4035 元。农村居民的家庭住房条件明显改善，质量提高，新建的住房 90% 以上是钢筋混凝土结构为主，住房楼房化成为发展方向。农村家庭拥有耐用消费品日益增多，除自行车、缝纫机、手表老三件外，电风扇、洗衣机、电冰箱、空调也开始进入农村普通家庭，一些条件好的家庭还购置了摩托车、农用车，盖起了小洋房，生活越来越好。

第一节　城区居民生活

收　　入

民国时期，区境居民入不敷出，生活难以为继。民国 19—25 年(1930—1936)，先后爆发粤桂、滇桂、蒋桂战争，物价大幅上涨。民国二十二年(1933 年)，社会调查桂林城区不同行业的工人家庭户均月收支状况：民船业收入 30.5 元(小洋元，下同)，支出 34.70 元：草履业收入 10.90 元，支出 18.20 元：苦力业收入 19.70 元，支出 19.50 元，织席业收入 17.40 元，支出 25.30 元。普遍收不抵支。

民国 33 年(1944)上半年，当时市场大米价格每千克 56 元，花生油每千克 130 元，食盐每千克 62 元，木柴每担 144 元。抗日战争胜利后，国民党政府发动全面内战，滥发货币，物价飞涨，居民手中的货币继续贬值，生活水平不断下降。民国 37 年(1948)，一般职工月收入不足以维持一家的正常开支。是年元月至 3 月，桂林物价上涨 1 至 2 倍，工人的生活更加贫困，1 个木工每天收入 1.1 万元，而市场上白米价格为每 50 千克 39 万元，每天收入仅可买米 1.5 千克。民国 38 年(1949)6 月起使用银圆，市场大米每千克 0.16 元，杂柴每担 1.2 元，雇员月工资收入折合大米38.5千克。

中华人民共和国成立后，人民政府加强和统一财政工作，迅速制止了国民党统治时期的恶性通货膨胀和物价高涨局面，生产发展，工商业逐步繁荣，市场物价稳定。1950年，国营零售牌价：大米每千克（下同）0.14元，猪肉1.20元。1957年大米0.21元，猪肉1.46元。1950—1951年政府以实物的形式提供职工劳动报酬，以保证基本生活的需要。从1956年4月1日起，全面实行货币工资制，采用新的工资标准，职工平均工资比1955年12月增长22.67%。全民所有制职工人均年工资由1950年的308.33元（货币收入按当时实物价格折算为新人民币，下同）增加到1957年的500.00元，年均增长7.2%。城区居民家庭收入稳步增加，人均年生活费货币收入由1950年的63.02元增加到1957年的161.88元，年平均增长14.42%，扣除物价因素，实际年均提高10.89%。按照当时国营零售牌价折合大米计算，每人每年可买大米从1950年的431.65千克增加至1957年的778.25千克，居民家庭基本解决了吃饭和穿衣问题。

1959—1978年，由于三年自然灾害，尤其是“文化大革命”期间，国民经济遭到严重破坏，生产下降，居民收入水平处于徘徊状况，居民家庭人均年收入生活费货币收入由1957年的161.88元增加到1978年的292.06元，年均增长2.85%，扣除物价因素后，实际增长1.05%。全民所有制职工1957年人均年工资收入为500元，1978年人均工资收入585.63元，和1957年比较，21年只增长17.13%，年均增长0.76%。

1979年以后，国家实行全面改革开放政策，公有经济，个体经济和私营经济全面发展，就业门路拓宽，收入增加。1981—1982年，国家调整了行政和事业单位人员工资；1983—1984年调整企业单位职工工资。1984年国家采取了一系列提高城市居民收入的消费倾斜政策，安置就业人员、扩大就业面。1985年辖区居民家庭人均年生活费收入752.44元，比1978年增加171.81元，1990年人均年收入1492元，比1985年增加739.56元。

表32-1 **1980—1990年七星区居民家庭生活费收入和存款余额表**

年份	生活费人均年收入		储蓄存款人均年末余额	
	金额（元）	比上年增长(%)	金额（元）	比上年增长(%)
1980	360.24	173.79	33.80	
1981	441.96	22.69	211.91	526.95
1982	498.48	12.79	263.41	24.3
1983	505.08	1.32	340.45	29.25
1984	619.96	22.74	495.62	45.58
1985	757.44	22.18	707.21	42.69
1986	884.28	16.74	1024.53	44.87
1987	1032.96	16.81	1446.90	41.23
1988	1228.92	18.97	1633.82	12.92
1989	1334.58	8.60	2245.23	37.42
1990	1492.00	11.80	3190.79	42.11

1991—1995年，城区居民家庭可支配收入逐年上升，特别是1993年10月国家机关事业单位进行工资改革和1994年企业进行工资改革后，城区居民年人均可支配收入由1991年的2053.07元增加到1995年的5505.97元。居民人均年末储蓄存款由1991年的236.57元增加至1995年的917.57元。1996至2000年，城区居民生活水平稳步提高，居民人均可支配收入从1996年的5976.87元增加至2000年的6996.93元。1996年，人均储蓄1040.26元，2000年人均储蓄1267.97元。2001至2005年，城区居民生活继续得到改善，2005年居民人均可支配收入达到10018.00元，比2000年增加3021.65元。2001年人均储蓄款增加至1872.70元，2005年人均储蓄款达3777.05元。

表 32-2　　1991—2005 年七星区居民人均可支配收入及储蓄存款表

年份	人均可支配收入		年存入储蓄款	
	金额(元)	比上年增长(%)	金额(元)	比上年增长(%)
1991	2053.07	23.17	236.57	37.96
1992	2452.66	19.46	281.25	18.90
1993	3167.56	29.15	453.07	61.09
1994	4672.17	47.50	581.04	28.25
1995	5505.97	17.85	917.57	57.92
1996	5976.87	8.55	1040.26	13.37
1997	6024.75	0.80	814.17	−27.73
1998	6230.04	3.41	950.22	16.71
1999	6493.73	4.23	865.21	−8.95
2000	6996.93	7.74	1267.97	46.55
2001	7547.47	7.86	1872.70	47.69
2002	7852.32	4.04	3107.64	65.94
2003	8246.18	5.02	4016.09	29.23
2004	9025.04	9.45	4360.08	8.57
2005	10018.00	11.00	3777.05	−13.37

注:数据来源于桂林市城市经济调查队抽样调查资料

收入结构

辖区居民家庭的收入结构包括工资性收入和非工资性收入两大项。工资性收入包括标准工资、奖金、岗位津贴;非工资性收入包括从单位得到的其他收入如洗理费、上下班交通补贴、独生子女补贴、清凉饮料费、烤火费、误餐补助、价格补贴等,以及第二职业收入、财产性收入等。1978 年以前,城区居民家庭的收入结构形式单一,除就业者的正常工资性收入外,非工资性收入很少,工资性收入在家庭总收入中所占的比重达 90% 以上,且工资内部的组成单调,除基本工资以外,奖金津贴和其他收入很少,“文化大革命”期间还曾一度中断奖金和津贴的发放。1964 年,居民家庭人均奖金津贴年收入仅为 12.60 元,占工资性收入的 6.5%。

1979 年以后,城区居民家庭收入形式趋向多元化,由过去单一的工资收入逐渐变成工资性收入与非工资性收入两种主要形式并存。在总收入中,工资性收入所占比重逐渐下降,1981 年为 84.9%,1990 年为 69.6%,而非工资性收入所占比重逐渐上升,1981 年为 15.1%,1990 年为 30.4%。在工资收入中,1981 至 1990 年,奖金和津贴年平均增长速度为 18.44%,比标准工资收入 9.7% 的增长速度快一倍,在工资性收入中的比重也由 1981 年的 21.1% 上升至 1990 年的 32.9%,增加 11.8 个百分点;而标准工资收入占工资性收入比重由 1981 年的 76.5% 降至 1990 年的 59.7%,下降 16.8 个百分点。在非工资性收入中,首先是“从单位得到的其他收入”增长较快,其次“价格补贴”一项增收不少,1979 年桂林市提高 7 种主要副食品价格时,同时发给职工每人每月 5 元副食品补贴;1985 年放开生猪和蔬菜价格,居民每人每月又增加 2.20 元补贴;其后还陆续提高或增加了一些价格补贴,1990 年居民人均得到的价格补贴达 90.50 元,比 1985 年增长 2.4 倍,占非工资性收入的 17.7%。第三是其他劳动收入(含家庭成员的兼职、兼业收入和其他零星劳动收入)亦增长较快。此外,财产性收入(含利息、股息、红利、租金等收入)1988 年以后呈逐渐增长趋势,1988 年人均财产性收入为 7.87 元,1990 年为 10.06 元。

在居民家庭收入中,工资性收入占可支配收入的比重 1991 年为 70%,2005 年为 67.9%。

工薪收入　工薪收入仍是居民家庭收入主体,发展呈增长趋势。1991 年城区居民家庭人均工薪收入1696.01元；1995年为4033.65元，比1991年增加2337.64元；2000年人均年工薪收入有所下降，为3261.33元，比1995年减少772.32元；2005年人均年工薪收入6455.53元，比2000年增加3194.20元。

离退休金收入 随着离退休和社会保障制度的日益完善，离退休金收入明显增长，1991年城区居民家庭离退休人均年收入为141.17元，1995年为427.37元，比1991年增加286.20元，增长2倍多；2000年居民家庭离退休金年收入为1116.77元，比1995年增加689.40元；2005年居民家庭离退休金年收入为3075.67元，比2000年增加1958.90元，2005年居民家庭离退休金年收入比2000年增长1.75倍，比1995年增长6.2倍，比1991年增长20.8倍。

其他劳动收入 随着城区居民创收渠道增多，居民家庭其他劳动收入增长迅速。1991年，城区居民家庭其他劳动年收入仅为78.64元，到1995年上升为103.36元，增长13.14%；2000年增加到121.20元，比1995年增长11.73%；2005年居民家庭其他劳动年收入为256.73元，比2000年增长1.12倍，比1995年增长1.48倍，比1991年增长2.26倍。

表32-3　　1981—1990年部分年份七星区居民家庭收入结构表

指标 \ 比重(%) \ 年份	1981	1983	1984	1988	1989	1990
一、工资性收入占总收入	84.9	85.2	77.1	71.9	69.1	69.6
其中：标准工资占总收入	76.5	62.9	63.0	53.3	55.3	59.7
奖金津贴占总收入	21.1	22.5	25.1	40.0	38.8	32.9
二、非工资性收入占总收入	15.1	14.8	22.9	28.1	30.9	30.4
其中：从单位得到的其他	31.6	40.7	62.3	57.0	44.6	45.2

表32-4　　1981—1990年部分年份七星区不同收入层次居民人均年生活费收入对照表

收入层次	1981年		1985年		1990年	
	人均年收入（元）	与低收入户的比例	人均年收入（元）	与低收入户的比例	人均年收入（元）	与低收入户的比例
低收入户	363.80	1：1	471.33	1：1	897.73	1：1
中等收入户	502.16	1.38：1	743.89	1.58：1	1455.74	1.62：1
高收入户	693.34	1.91：1	1343.33	2.85：1	2758.88	3.07：1

表32-5　　1995年、2000年七星区不同收入层次居民家庭基本情况调查表

组别	年份	调查户数（户）	平均每户家庭人口（人）	平均每户就业人口（人）	每一就业者负担人口（人）	平均每户就业面（%）	人平均现金收入（元）	人年均生活费收入（元）	人年均消费性支出（元）
最低收入户	1995	10	3.89	1.59	2.44	40.87	3519.93	3118.03	3017.40
	2000	20	3.55	1.33	2.67	37.44	3107.33	2191.39	2676.09
其中：更低收入户	1995	5	3.80	1.40	2.71	36.84	3218.09	2533.21	2663.61
	2000	10	3.40	0.90	3.70	26.47	3330.42	1910.75	2884.05
低收入户	1995	10	3.10	2.10	1.48	67.74	4032.85	3385.04	3388.74
	2000	20	3.41	1.36	2.51	39.81	5035.98	3187.93	3168.95
中下收入户	1995	20	3.16	1.72	1.84	54.43	5456.69	3915.72	3913.47
	2000	40	3.18	1.65	1.92	52.04	6131.03	4686.14	4356.63

续表

组　别	年份	调查户数（户）	平均每户家庭人口（人）	平均每户就业人口（人）	每一就业者负担人口（人）	平均每户就业面（%）	人平均现金收入（元）	人年均生活费收入（元）	人年均消费性支出（元）
中等收入户	1995	20	3.03	1.88	1.61	62.05	6386.51	4914.49	4628.58
	2000	40	3.07	1.56	1.97	50.82	8631.12	6287.20	5680.67
中上收入户	1995	20	3.08	1.94	1.59	62.99	7452.13	5547.89	4854.08
	2000	40	3.03	1.63	1.86	53.72	9565.33	8334.27	6558.47
高收入户	1995	10	2.70	1.94	1.39	71.85	9441.19	6711.52	6225.79
	2000	20	2.88	1.63	1.77	56.65	16168.46	11121.35	10286.05
最高收入户	1995	10	2.70	1.80	1.50	66.67	17729.16	9363.38	6822.60
	2000	20	2.88	1.60	1.80	55.49	20372.76	17091.04	11128.74

注：表中数据源于桂林市经济社会统计年鉴

表 32-6　　**2005 年七星区不同收入层次居民家庭基本情况表**

收入层次	调查户数（户）	平均每户家庭人口（人）	平均每户就业人口（人）	每一就业者负担人口（人）	人均住房使用面积（平方米）	人均可支配收入（元）	人均消费性支出（元）
合计	1240	2.98	1.31	2.27	25.85	9267.56	6676.79
最低收入户组	123	3.47	0.91	3.82	17.73	2594.36	2532.55
其中：更低收入户组	61	3.57	0.87	4.09	17.48	2059.08	2173.31
低收入户组	123	3.40	1.09	3.11	19.24	4063.51	3696.98
较低收入户组	249	3.09	1.32	2.34	21.35	5792.08	4993.22
中等收入户组	251	3.01	1.28	2.34	27.15	8241.26	6048.99
较高收入户组	249	2.88	1.48	1.95	29.37	11059.73	7811.43
高收入户组	126	2.65	1.47	1.80	33.05	14841.07	9926.80
最高收入户组	119	2.45	1.45	1.69	34.61	23407.77	14380.54

注：表中数据源于桂林市经济社会统计年鉴

消　　费

消费价格　民国 35 年(1946)，桂林市场大米价格由每千克 3 万元(法币)涨至 5.2 万元。民国 37 年(1948)，大米价由 1 月的每千克 1.23 万元(国币)涨至 8 月的 64.2 万元，猪肉每千克由 4.8 万元涨至 268.22 万元。民国 38 年(1949)，大米价由 1 月的每千克 9.94 元(金圆券)涨至 4 月的 6.5 万元，猪肉每千克由 361.34 元涨至 40.06 万元，食盐每千克由 15.86 元涨至 11.16 万元，杂柴每担由 0.47 元涨至 5057 元。

中华人民共和国成之后，工农业生产恢复发展，市场消费品供应不断增加，市场物价逐渐稳定。1956 年 7 月，国家降低了 724 种商品销售价格，11 月开放自由市场，加上城区居民的收入水平年平均增长 14.4%，生活得到一定程度的改善。从 1954 年开始实行棉布定量供应，每人每年居民 21 市尺，干部和工人 35 市尺。1956 年 9 月，对猪肉实行凭证、限量、定时、分街道供应，出现居民半夜排长队买肉现象。1957 年，国营食品公司只供应腌、腊、咸肉，鲜肉只安排特需供应。

1958 年起，许多商品供应紧张，且价格也上涨，每千克猪肉集市价格高达 16 至 20 元。农村副业停止，集市贸易关闭，小商小贩并入国营商业，市场消费品零售下降。从 1960 年 8 月起，对卫生衫裤、棉毛衫裤等9种针棉织品实行凭布票供应，对毛巾、袜子、汗衫、背心等5种商品实行凭购货券供应（1961年纳入凭票供应）。1961年3至8月，城区居民每人仅发布票1.6市尺。1962年7月起对部分日用工业品实行购货券供应，按居民收入额的5%发给购货券，凭票供应的商品达100多种，以稳定占居民生活支出60%左右的18类重要生活必需价格。同时，在保证平价定量供应基础上，对糖果、糕点、酒类、自行车、针织品、钟表等商品实行高价供应，高价大体高于平价的3倍。

1963—1965年，经济形势明显好转，市场商品供应逐渐丰富。七星区境内从1963年起部分取消日用工业品供货券，1964年绝大部分商品已敞开供应，实行高价的商品经几次降价，到1965年，除高价针织品外，其余均退出高价范围。从1965年1月起，猪肉敞开供应，集市的猪肉价呈逐渐下降，每千克猪肉价格1962年为13.24元，1963年为4.20元，1964年为2.34元，1965年为1.80元。

1966—1976年"文化大革命"期间，取消农民自留地和农村家庭副业，关闭集市贸易市场，造成流通渠道单一，国营商业独家经营，消费品市场全面紧张，尤其是日用工业小商品，农副产品短缺，卷烟、火柴、煤油等长期脱销，居民生活用煤和棉布定量供应的数量也有所减少，集市肉价上涨至每千克2.60元至2.80元，高于国营牌价63.5%。1969至1970年，对部分日用工业品实行凭票定量供应和登记供应，肥皂每人每月二分之一联；牙膏每人每季1支，并须交回旧牙膏皮；火柴每人每月一小盒；缝衣针每人每季供应不超过4枚等。

1979年改革开放后，国家采取一系列提高居民生活水平的消费政策，进行补偿性的工资调整和恢复扩大企业的奖金分配权；大力倡导集体经济和私营经济，放松对收入的宏观控制，扩大居民收入渠道；鼓励一部分人先富起来，允许多种分配方式存在，促进居民收入水平提高。1985年以后，市场商品供应日益丰富，除粮食以外，所有商品全部敞开供应，城区居民消费水平的提高不再主要表现为消费量的增大，而逐渐转变为消费质量的改善与提高，高、中档耐用消费品如彩色电视机、电冰箱成为消费热点。但是，这一时期出现的经济过热，流通秩序混乱、物价上涨过快等问题也给居民生活造成了不稳定因素。1985年七星区内零售物价上涨13.5%；1988年夏季国家全面推进价格改革，由于各项政策不配套，宣传解释不到位，各地程度不同的出现抢购挤兑风潮，致使当年零售物价上涨26.1%。同年9月，国家实行"治理经济环境，整顿经济秩序"，通货膨胀迅得以抑制，居民消费心态趋于平稳，市场供应恢复正常，1990年七星区内零售物价下降1.0%。

1991年，随着国民经济全面好转，市场繁荣、活跃、稳定，商品货源充足，结构性供求矛盾得到改善，物价平稳微升，人民生活环境进一步改善，食品消费向营养型发展，肉食消费明显增加，穿着趋向舒适、新颖；家庭大件耐用消费品趋向名牌、多功能、整体化。1992年至1995年，国家对价格结构进行调整，粮食价格开始放开，1994年最高点时粮价比上年上涨69.2%，受上述因素影响，市场主要副食品价格涨势大，拉升了居民消费价格，1995年，城区居民消费价格比上年上升19.3%。

1996—2000年桂林市物价水平经历从上升到下降，从通货膨胀到通货紧缩的一个阶段。1996—1997年间，物价水平明显回落，城区居民消费价格涨幅由1996年的8.2%变为1997年的1.5%。1998—2000年，在保障市场供应丰富、价格平稳的同时，采取多种措施发展经济，扩大内需，城区居民收入平稳增长，居民消费逐步回升，2000年城区居民家庭人均消费支出5893.47元，比1998年增加535.55元，消费结构日趋合理。

2001—2005年，经济得到快速发展，城区居民生活水平稳步提高，市场表现为商品丰富，应有尽有，居民消费价格总水平明显回升，2001年城区居民消费价格涨幅为2.2%，2005年为4.0%。

消费结构

中华人民共和国成立前，辖区居民消费支出大部分集中于简单食物、衣着和烧、住等基本生存资料，食物占消费总支出65%左右。居民食物中，主食一般为米面和杂粮，杂粮又分红薯、芋头、木薯等；副食中食油以猪油和茶油为主，猪肉和蛋类的消费量有限，鸡、鸭、鱼等食品平常很少消费。衣着一般以棉布为主，此外还有麻布等，穿呢绒绸缎者少。照明以煤油和茶油灯为主。

1950—1957年，居民消费顺序为吃、住、烧、用、穿，日常需要的吃饭、穿衣问题得到一定程度的满足，且陆续添置了部分家当。但由于当时市场各类物资短缺，在一定程度上影响了居民的正常消费。1957年1月，猪肉、食油供应不足，居民每人可供猪肉0.31千克，干部只供应0.25千克。4月份又调低干部猪肉供应量。据当年城镇居民家庭生活抽样调查，居民人均年粮食消费量132.24千克，食用植物油2.46千克，猪肉6千克，鸡鸭3.9千克，鱼虾2.46千克。1959—1962年，市场供应全面紧张，主食供应搭配杂粮，副食品供应短缺。国营食品公司猪肉供应量连续三年大幅下滑，居民每月肉食供应量由1959年的0.4千克，降至1961年的0.1千克。1963年起，居民的生活开始逐步改善，当年居民人均粮食供应量146.46千克（其中大米123.75千克，杂粮22.71千克），食用油1.37千克，肉类5.8千克，鱼类2.43千克，家禽0.69千克。1964年人均粮食供应量147.44千克，肉类10.13千克，鱼类3.3千克，家禽1.12千克。生活消费恢复甚至超过1957年水平，居民穿着衣料仍以棉布为主，燃料以煤球和柴草为主，家庭日用品以满足日常生活所需为限。

1966—1978年，主食限量供应，肉禽蛋、烟酒茶等副食品供应紧张。1969年3月起，恢复肉食凭票定量供应，每人每月0.8千克，元旦、春节、中秋、国庆节增加一定数量供应。穿着仍很朴素。单车、手表、缝衣机、收音机（时称“三转一响”），被视高档次商品，一般居民很少问津。

改革开放后，居民家庭收入增加，消费观念的改变以及消费领域的不断拓宽，消费水平和消费内容日益丰富。1979—1984年，居民消费主要表现为对消费品量的需求和满足，消费顺序是吃、穿、用、烧。他们将相当大部分的收入用于满足基本生活需要，购买的消费品主要是基本生活资料，吃的方面增加一些副食品的数量，穿的方面很少有人再穿打补丁的衣服，一些低中档消费品如黑白电视机、收录机、电风扇等开始进入居民家庭，居民的消费水平年平均提高12.4%。1985—1988年，居民的消费主要表现在量的方面得到一定满足后，开始转向质的追求，吃讲究营养，穿讲究美观、时髦，日用和文娱用品注重高档、名牌、多功能。烧的方面讲究方便、清洁。超前消费和高消费意识比较强烈，大量中高档耐用消费品已进入居民家庭，彩色电视机、洗衣机、电冰箱、录像机、中高档乐器成为市场上的消费热点。居民的消费支出水平以年均24.55%的速度递增，居民的生活水平已跃进温饱线并向小康水平过渡。1989—1990年，居民消费主要表现为消费心态趋于平稳，“合理安排，量入为出”再度为人们所倡导和遵循，超前和高消费倾向弱化，居民消费水平的提高不再表现为消费量的增加，着重提高食物的质量，讲究饮食的科学化、营养化和方便化，对大件耐用消费品的开支明显减少。

表32-7　**1980至1990年部分年份七星区每百户居民拥有耐用品统计表**

品　名	单位	1980年	1982年	1984年	1986年	1988年	1990年
自行车	辆	58	70	89	94	140	185
缝纫机	架	62	70	81	83	88	91
手表	只	178	242	267	312	260	225
电风扇	台	40	93	108	160	211	242
洗衣机	台	6	7	15	38	66	88
电冰箱	台			12	30	55	62
彩色电视机	台		2	6.7	21	42	46
黑白电视机	台			25	48	59	79
收录机	台	11	22	37	60	86	92
照相机	部	1	2	5	8	10	13

1991—1995年，随着国民经济全面好转，市场繁荣、活跃、稳定，商品货源充足，物价平稳微升，人民生活环境进一步改善，食品消费向营养型发展，肉食消费明显增加，穿着趋向舒适、新颖；家庭大件耐用消费品趋向名牌、多功能、整体化。消费支出也同步增加，1995年城区居民家庭人均消费支出4531.36元，比1991年增加2724.80元。

1995年后，市场物价涨幅下降，居民消费投向发生变化，由基本生活型向发展型和享受型转移，消费结构不断变化。住房制度的改革，取消住房分配，实行住房商品化，居民人均居住面积由1990年的8.17平方米增加到1995年的12.14平方米。1992年人均居住消费为115.46元，1995年为412.40元，占消费支出的比重由5.3%上升到9.1%。空调机、固定电话、移动电话、摩托车、照相机开始进入家庭。饮食方面：主食消费量下降，副食品消费量上升。居民消费出现新格局，由90年代初的吃、穿、用、娱顺序转向吃、住、娱、用。反映居民生活质量的恩格尔系数（食品消费占消费性支出的比重）由1995年的52.29%下降为2000年的38.66%。居民人均消费性支出逐年增加，其中医疗保健、居住、教育、文化娱乐等项支出亦逐年上升。1995年，居民人均消费性支出4531.83元，其中：医疗保健支出99.70元，居住支出412.40元，教育、文化娱乐支出453.18元，分别占消费性支出的2.2%、9.1%、10%；2000年，居民人均消费性支出5893.47元，其中：医疗保健支出288.78元，居住支出860.45元，文化、教育、娱乐支出789.73元，分别占消费性支出的4.9%、14.6%、13.4%；2002年，居民人均消费性支出6132.48元，其中：医疗保健支出306.62元，居住支出686.84元，文化、教育、娱乐支出993.46元，分别占消费性支出的5.0%、11.2%、16.2%。2005年，居民人均消费性支出7501.28元，其中：医疗保健支出622.61元，居住支出1245.21元，文化、教育、娱乐支出877.65元，分别占消费性支出的8.3%、16.6%、11.7%。随着城区居民收入的不断增长，消费结构也出现新的变化。饮食注重营养结构的合理搭配，提高蛋白质的份额，减少淀粉、油脂类的摄入。食品消费继续由主食消费向副食消费发展，且消费比例逐年下降。消费结构，按所占消费总支出的比例从高到低排列，依次为：食品类、居住类、娱乐文教服务类、设备用品及服务类、衣着类、交通和通信类、医疗保健类。2005年，城区居民人均食品消费支出2933元，比上年增加17.43%。人均居住消费支出1245.21元，比上年增长4.7%，占消费结构支出的比重由上年的11.9%上升为16.6%，上升4.7个百分点。衣着消费人均支出532.60元，比上年增长49.9%，占消费支出的比重由上年的6%上升为7.1%。交通和通信消费支出有所增加，居民人均支出622.61元，增长13.1%。医疗保健费支出上升，居民人均支出622.61元，比上年增长7.1%。文化教育娱乐人均支出877.65元，比上年增加14.6%。家庭设备用品及服务消费人均支出427.60元，比上年增长18.16%。杂项商品及服务消费支出人均240元，比上年增长26.4%。随着生活水平的不断提高，城区居民家庭拥有耐用消费品的种类不断增加，数量增多，摩托车、电脑、照相机、家用汽车等陆续进入居民家庭。2005年末，城区居民家庭主要消费品每百户拥有家庭电话93部、彩电139台、家用电脑39台、电冰箱87台、微波炉46台、照相机44部、摩托车244辆、家用轿车2辆。

表32-8　**1994—2000年七星区城市居民每百户家庭拥有耐用品统计表**

商品名称	单位	1994年	1995年	1996年	1997年	1998年	1999年	2000年
自行车	辆	231	260	264	232	239.5	245.0	195.5
录放像机	台	15	15	16	16	25.5	29.5	26.0
电风扇	台	252	251	252	259	258.0	258.5	226.0
洗衣机	台	76	82	91	95	97.5	98.0	88.0
电冰箱	台	86	85	87	88	95.5	95.0	99
彩色电视机	台	90	93	90	107	117.5	125.0	127.5
照相机	架	12	13	25	36	38.5	41.5	37.5
摩托车	辆	2	3	9	13	11.5	13.5	25.0
影碟机	台				12	32.5	40.5	58.0
家用电脑	台	3	8	25	38	48	59	65
空调器	台	10	35	49	60	73	82	89

表 32-9　　2001—2005 年七星区城市居民每百户家庭拥有耐用品统计表

商品名称	计量单位	2001 年	2002 年	2003 年	2004 年	2005 年
成套家具	套			72	102.29	106.86
摩托车	辆	25.5	22.5	31	28.0	33.89
自行车	辆	203.5	190.0	104	101.0	100
助力车	辆				6.68	8.61
家用轿车	辆				2.74	3.10
洗衣机	台	89.0	89.5	90	910	92.31
电风扇	台	200	210	218	200	180
电冰箱	台	90.0	95.0	96	98	101.40
彩色电视机	台	99	101	118	120	139.55
影碟机	台	63.0	58	31.0	49.00	42.09
录音机	台			14.0	10.0	34.41
录放像机	台	23	17	15	11.69	12.34
家用电脑	台	65	69	73	80	101
组合音响	套		16	32.	42.0	38.07
摄像机	架			1	2..3	3.06
照相机	架	38	39.3	41	59.50	74
钢琴	架			1	1.21	1.22
微波炉	台	24	42	59	69	75
空调器	台	90	92	104	140	238
淋浴热水器	台	60	71	83	86.84	98.82
普通电话	部	50	46	42.	40	30.74
移动电话	部	60	89	108	140	165.23

表 32-10　　1992—2005 年七星区百户居民家庭消费主要支出结构表

单位：%

年份	比重	食品	衣着	家庭设备用品及服务	医疗保健	交通和通信	教育文化娱乐服务	居住	杂项
1992	100	52.7	10.6	10.2	1.4	1.5	12.6	5.3	5.7
1993	100	53.9	12.0	10.6	2.1	2.4	7.8	6.6	4.6
1994	100	48.8	12.1	9.1	2.4	3.9	8.9	9.2	5.6
1995	100	52.3	10.9	5.6	2.2	4.4	10.0	9.1	5.5
1996	100	49.8	10.1	7.3	2.0	4.3	11.3	10.2	5.0
1997	100	48.0	8.7	7.2	4.0	5.0	11.1	11.2	4.8
1998	100	43.5	8.5	8.8	3.8	5.1	12.3	13.0	5.0
1999	100	41.6	7.6	8.4	3.2	6.8	14.1	12.2	6.1
2000	100	38.8	6.8	10.8	4.9	6.2	13.4	14.6	4.5
2001	100	37.2	7.6	10.0	5.8	6.4	12.3	15.5	5.2
2002	100	40.3	8.0	7.4	5.0	8.7	16.2	11.2	3.2
2003	100	40.4	6.6	6.8	5.5	11.5	14.3	12.5	2.4
2004	100	42.1	6.0	6.1	9.8	8.0	12.9	11.9	3.2
2005	100	39.1	7.1	5.7	8.3	8.3	11.7	16.6	3.2

表 32-11　　2001—2005 年七星区城镇百户家庭人均年消费支出构成表

单位:元 / 人

项目名称	2001 年	2002 年	2003 年	2004 年	2005 年
人均年可支配收入	7547.47	7852.32	8246.18	8149.18	10018.00
人均年生活费支出	6111.28	6132.48	6326.04	5932.55	7501.28
1. 食品	2273.40	2471.39	2557.20	2497.60	2933.00
2. 衣着	464.46	490.60	417.52	355.95	532.60
3. 家庭设备用品	611.13	453.80	430.17	361.89	427.60
4. 医疗保健	254.45	306.62	347.93	581.39	622.61
5. 交通、通信	391.12	533.53	727.50	474.60	622.61
6. 文化教育娱乐	751.69	993.46	906.62	765.30	877.65
7. 居住	947.25	686.84	790.76	705.97	1245.21
8. 杂项	317.79	196.24	151.83	189.84	240.04

表 32-12　　1995—2000 年七星区城镇居民主要食品年人均消费量

单位:千克 / 人

商品名称		1995 年	1996 年	1997 年	1998 年	1999 年	2000 年
粮食		86.16	89.55	74.40	70.02	69.19	71.20
油脂(动、植物油)		7.81	8.71	8.40	7.08	7.19	7.23
肉类		40.42	41.03	44.40	38.48	43.29	27.64
其中	猪肉	24.26	25.50	22.80	22.04	23.33	21.77
	牛羊肉	2.47	2.94	4.80	3.87	3.60	3.51
	家禽	9.48	11.27	14.40	10.31	14.06	15.07
鱼类		11.53	11.47	12.00	12.13	12.67	12.47
鲜蛋		6.05	6.78	7.20	6.44	6.79	6.74
蔬菜		118.52	120.58	114.00	106.43	114.57	107.57
食糖		2.29	2.29	2.40	2.61	2.58	2.32
酒类		5.89	4.50	8.54	7.94	7.50	6.84
其中	白酒	1.78	2.33	4.16	1.15	2.76	2.53
	啤酒	3.89	2.09	4.37	4.74	4.41	3.90
水果		68.18	63.60	63.52	67.98	69.65	64.46
鲜奶		5.22	5.49	4.41	2.52	5.62	7.064

表 32-13　　2001—2005 年七星区城镇居民主要食品年人均消费量

单位:千克 / 人

商品名称		2001 年	2002 年	2003 年	2004 年	2005 年
粮食		69.33	68.64	69.77	95.14	84.53
其中	大米				66.63	60.81
	粮食制品				23.28	18.97
	淀粉及薯类				3.18	3.74
蔬菜及制品		110.98	71.52	116.42	103.42	110.33
肉类		41.86	36.36	36.10	36.78	42.16

续表

商品名称		2001 年	2002 年	2003 年	2004 年	2005 年
其中	猪肉	21.15	28.26	27.96	30.16	34.56
	牛肉	3.56	4.92	5.03	3.38	4.13
	羊肉				0.51	0.71
禽类		14.92	16.20	16.07	14.08	15.49
其中	鸡	8.33	9.88	7.85	8.04	9.05
	鸭	5.21	5.13	6.74	4.88	5.11
	禽类制品	1.38	1.19	1.48	1.16	1.34
蛋类		6	6.48	6.5	6.61	6.81
	蔬菜	110.98	71.52	116.42	103.42	110.33
	食糖	2.23				
鱼类		13.19	10.68	10.64	9.93	9.76
酒类(白酒、啤酒)		7.21	6.72	6.98	6.73	7.26
水果及水果制品		54.51	67.56	66.74	49.10	44.47
油脂类		6.77	6.84	8.06	8.47	8.12
鲜奶		8.59	14.52	14.19	9.24	10.60

表 32-14　　1984—2005 年七星区市区居民人均生活消费支出情况表

年份	生活费支出			恩格尔系数（%）
	年人均消费支出(元／人)	人均支出比上年增长%	其中食品支出(元／人)	
1984	568.27	18.11	314.1	55.28
1985	813.48	43.15	442.53	54.44
1986	883.36	8.59	508.82	57.60
1987	1031.23	16.74	595.02	57.70
1988	1366.99	32.56	691.70	50.60
1989	1320.04	−3.43	798.62	60.50
1990	1436.61	8.83	826.04	57.50
1991	1806.56	25.76	1022.88	56.62
1992	2178.59	20.60	1148.73	53.06
1993	2594.94	19.10	1400.21	54.36
1994	3935.14	51.70	1921.32	48.82
1995	4531.36	15.15	2369.49	52.29
1996	5081.83	12.14	2531.47	49.81
1997	5221.27	2.76	2506.52	48.01
1998	5358.00	2.61	2328.46	43.46
1999	5786.07	7.99	2408.53	41.62
2000	5893.47	1.85	2278.42	38.64
2001	6111.28	3.70	2275.68	37.24
2002	6123.48	0.20	2464.92	40.25
2003	6326.04	3.32	2552.75	40.35
2004	5932.55	−6.23	2850.05	48.04
2005	7501.28	26.44	3186.69	42.48

表 32-15　　1980—2005 年七星区城镇居民生活消费指数等情况表

年份	居民消费价格指数(%)		零售物价指数(%)		人均年储蓄存款(元)
	以 1950 年为 100	以上年为 100	以 1950 年为 100	以上年为 100	
1980	190.9	104.9	190.1	105.3	
1981	196.8	103.1	196.4	103.3	
1982	203.3	103.3	202.9	103.3	
1983	209.2	102.9	208.5	102.8	
1984	217.6	104.0	216.1	103.6	
1985	248.9	114.4	245.2	113.5	
1986	262.9	105.6	257.5	105.0	
1987	297.6	113.2	292.5	113.6	
1988	370.5	124.5	368.8	126.1	
1989	443.9	119.8	435.6	118.1	
1990	439.4	99.0	429.0	98.8	
1991	446.4	101.6	435.9	101.6	236.57
1992	488.9	109.5	473.4	108.6	281.25
1993	588.2	120.3	567.1	119.8	453.07
1994	758.1	128.9	711.7	125.5	581.04
1995	904.5	119.3	809.9	113.8	917.57
1996	878.6	108.2	861.0	106.3	1040.26
1997	993.3	101.5	865.3	100.5	814.17
1998	975.4	98.2	848.0	98.0	950.22
1999	961.7	98.6	827.6	97.6	865.21
2000	956.9	99.5	821.0	99.2	1267.97
2001	978.0	102.2	800.5	97.5	1872.70
2002	978.0	100.0	798.1	99.7	3107.64
2003	983.9	100.6	798.9	100.1	4016.09
2004	1023.3	104.0	828.5	103.7	3032.69
2005	1068.3	104.4	861.6	104.0	2984.06

居　住

民国时期，区境内城镇居民住宅一般有；公馆式，普通式，平民式 3 种。公馆式住宅四周建有封火墙(防火墙)，按地域大小，建筑格局有五开间、四开间、三开间、二开间。“开间”是指房屋横面的构成。五开间是中间为厅堂(俗称堂屋)，两边为住房，各有四个相连的套房，共 1 厅 8 房。四开间是中间为厅堂，每边 3 个套房，共 1 厅 6 房。三开间是中间为厅堂，两边各有 2 个套房共 1 厅 4 房。房屋的进深、构成叫“进”，二进的房屋一般为两层，在二进连接处有雨亭，建有走马楼，进与进之间有天池(亦称天井)，通道两侧为摆花盆的花台。公馆式住宅进多、房多，厨房、储物间、厕所、洗澡间设在后院。普通住宅其制式类别和布局与前述大体相似，一般在三开间以下，延伸至多为二进，结构以木结构为主，其四周没有建筑封火墙，少数只设置两边砖墙，以作防火用。平民式住宅由于受经济所限，未能在繁华闹市区建设，只有在小街僻巷建房自住，此类房屋建筑大多简易矮小，有的伸手可攀屋檐，毗邻相接，对门对户，街道狭窄，其结构多以竹木为主，屋面盖青瓦，四周或隔间均以木板、或竹篱编织或抹灰而成。房内陈设：一般是厅堂正面设香火台，正中张贴有“天地宗親师位”字幅，放置祖宗之神位，厅堂两侧有门通后堂，一般只开右边门。厅内摆条桌一张,称为“香案桌”,上有瓶或镜,下陈八仙桌、太师椅,作待客之所。书香人家厅壁中堂挂有名人字画,两边贴有对联。

中华人民共和国成立后,居民收入增加,生活有所改善,部分家庭把平民房改为二层楼房,其结构主要是砖木结构。20世纪60年代,市政府投资兴建一批公寓式2—4层单元式住宅出租,底层空间通畅,可作为商业用房,第二层以上多为外长廊的单元式住宅,结构多为砖混,一梯多户,厨房和卫生间4户以上共用,住户相互干扰较大,生活不方便。改革开放后,楼房建设层数增至5至8层不等,楼房布局有二室一厅、二室二厅、三室一厅、三室二厅、四室一厅和复式楼,有的楼房在一层建有储物间或车库。厅的面积比较大,有阳台、厨房、卫生间,还有储藏室。主要街道两旁多为商场或一楼二楼为商店,三楼以上或后院为住宅。少数收入丰厚的居民自建公馆式住房(俗称别墅)。多数居民住房为单位筹建,分给职工或居民租住。收入的增加,居民居住条件进一步改善,根据市统计局对城区100户居民家庭的抽样调查,1986—1990年,居民人均居住面积分别为:7.78平方米,7.80平方米,8.39平方米,8.62平方米,8.65平方米。水、电、通信、公共照明等公共设施不断完善,1990年与1985年相比,每百户居民家庭中,独用自来水的由40户增加到70户,而用公用自来水的由25户减少到12户;有厕所浴室的由34户增加到50户,而无卫生间的由12户减少到3户;独用厨房的由89户增加到94户;使用液化石油气的由11户增加到21户。1986—1990年间,居民用于室内装饰方面的支出增加,平均每年增加20%。加上在房前屋后、阳台窗前栽种各类花草、树木等绿化,居民的居住环境有了较大改观。1998年,国务院下发《关于进一步深化城镇住房制度改革加快住房建设的通知》,实行了40多年的福利分房制度终结。1999年11月,桂林市人民政府印发《桂林市进一步深化城镇住房制度改革加快住房建设实施办法》,停止住房实物分配,实行住房分配货币化,促进居民家庭住房条件改善的积极性,房子在居民消费中所占比例越来越高。普遍兴起室内装饰热潮,地面铺瓷砖、木地板,安装铝合金窗,室内吊顶,安装空调,防盗门、窗,大部分家庭装有电话、有线电视、电脑等。人均居住面积逐年增加,1995年人均居住面积为12.05平方米,2000年为13.18平方米,2005年为25.85平方米,居住小区公共设施配套齐全,环境优美。

1995—2005年,居民家庭人均居住支出快速增长,占消费支出的比重逐年增加,1995年人均居住消费占家庭消费支出的比重为9%,2005年为16.61%,上升7.6个百分点。1995年居民人均居住支出407.52元,由于城区居民用于改善居住环境方面的支出增加以及物业管理的社会化,城区居民的居住服务消费支出快速增长。2005年城区居民人均居住支出1193.42元,比1995年增长289.38%。

表32-16 **1984—2005年七星区城镇居民家庭住房情况调查表**

年份	调查户数（户）	平均每户人口（人）	人均住房面积（平方米）	年份	调查户数（户）	平均每户人口（人）	人均住房面积（平方米）
1984	100	4.10	7.49	1995	100	3.09	12.05
1985	100	3.70	7.41	1996	100	3.06	12.39
1986	100	3.60	7.77	1997	100	3.02	13.10
1987	100	3.60	7.80	1998	200	3.07	13.69
1988	100	3.50	8.39	1999	200	3.03	14.67
1989	100	3.50	8.62	2000	200	3.13	13.18
1990	100	3.50	8.65	2001	200	3.07	13.97
1991	100	3.33	9.84	2002	200	2.93	16.79
1992	100	3.32	10.49	2003	200	2.91	17.20
1993	100	3.22	10.24	2004	1240	3.01	25.55
1994	100	3.05	12.06	2005	1240	2.98	25.85

注:1.“人均住房面积”栏目2001年前数据为“人均居住面积”

2.资料来源于桂林市城市经济调查队抽样调查

第二节　农村居民生活

收　　入

民国时期，区境内农民以种植水稻为主，兼种麦、棉、花生、红薯、甘蔗、黄豆、马蹄等经济作物，部分农户种植蔬菜，大多数农户饲养耕牛和少量家禽。由于种植均为手工劳作，生产力低下，产量低，水稻亩产民国22年(1933)为119.35千克，民国35年(1946年)为100千克，收入菲薄。据民国21年(1932年)出版的《广西农村经济概况》一书记载：桂林每一农民每年能种田10亩，扣除耕作、肥料等费用16元(银圆)外，若自种，可得收入80元银圆，承租者可得45银圆，一家衣食住行费用俱在此内，实不敷出。所赖经营其他副业收入加以弥补，再不敷时，向外借贷。据民国31年(1942年)统计，区境农户中，自耕农占52%，半耕农38%，佃农占10%。按照广西农村当时家庭的平均水准，自耕农每户拥有耕田40亩以上者，若不负债，可以自给自足。而区境自耕农每户耕地面积平均在20亩以下，70%的自耕农不能维持一家的正常生活开支，佃农和半耕农家庭生活就更加贫困。当时的农村剥削关系分土地剥削和雇工剥削两种方式。土地剝削分3种形式；一是地租，承租者一般每亩耕地每年要交大米1至2担。二是分菜，地主出租菜地，佃户出人工、种子、肥料、农具等，种出的蔬菜地主和佃农“三七”或“四六”分成。三是加租，除要高额地租外，还连年加租。雇工剝削分三种形式：一是长工，长工每年除伙食(下同)外，每年名义工钱有6至8担大米，但需做够一年才能结算工钱，此时货币往往贬值，年初一担米的票子到年底只能买10至15千克大米。二是月工，除伙食外，每月工钱一担大米。三是日工，雇主不管伙食，每天工钱4至5千克大米。民国33年11月至34年7月(1944年11月—1945年7月)，桂林沦陷期间，房屋被毁，耕牛被杀，种子、肥料、农具缺乏，耕地荒芜，区境农户破产者甚多，大多农户靠借贷度日。如遇灾荒，父母因生活无法维持而卖儿卖女，尚无人肯收养，或因食草根、树皮、毒野菜而全家死亡。

1951年上半年，七星区域农村居民在土地改革中分得土地和其他生产资料，生产积极性提高，农业生产发展，1953—1956年走上了集体化道路。1958年，区境农村居民年人均纯收入从1950年的40元上升到62.35元。

1959—1961年遇上三年国民经济困难时期，农业减产，农民减收。1963年，国家对国民经济实行“调整、巩固、充实、提高”政策，农业生产恢复发展，农民生活逐步稳定并有所提高。1966—1976年的“文化大革命”又将已经恢复发展的农业生产推向低谷，1978年，辖区农民人均年收入84.66元。

1979年后，农村普遍实行家庭联产承包责任制，国家还大幅度提高并逐步放开农副产品收购价格，调动了广大农民的生产积极性，推动农村经济全面发展。农民收入水平迅速提高，1978年辖区穿山、朝阳乡农民人均年收入130.00元，1985年农民人均年收入337.33元。1990年，农民人均年收入672.00元。1994年，农民人均年收入1310.00元。1995年农民人均年纯收入1829.00元。1996年农民人均年纯收入2353.00元。

2001年，桂林市统计局对七星区穿山、朝阳两乡随机抽样调查60户农村居民，2001年家庭人均纯收入3591.78元，其中：工资收入879.33元，家庭经营收入816.46元，财产性收入1632.56元，转移性收入263.43元。

2002年，围绕“菜篮子、果篮子、肉篮子”工程，加大农业产业结构调整步伐，种植名、优、特水果及无公害蔬菜，发展蔬菜、花卉和旅游、观光、休闲型农业，农民收入来源呈多元化格局，农村人均年收入稳步增长。2002年，人均年纯收入3803.75元。

2005年，市统计局随机抽样穿山、朝阳乡60户农村居民，2005年家庭人均纯收入4035.00元，其中：工资收入1445.68元，家庭经营收入994.48元，财产性收入1490.99元，转移性收入103.85元。

表 32-17　　2001—2005 年七星区农村居民家庭纯收入情况

项目名称		2001 年	2002 年	2003 年	2004 年	2005 年
全年纯收入		3591.78	3803.75	4009.41	4238.91	4035.00
工资性收入		879.33	1204.92	911.62	1428.44	1445.68
家庭经营纯收入		816.46	746.39	1256.79	967.80	850.93
其中	第一产业纯收入	563.75	755.32	897.37	669.87	560.23
	第二产业纯收入	62.20	−2.15	196.06	97.19	100.00
	第三产业纯收入	190.51	111.52	163.37	200.75	190.70
财产性收入		1632.56	1785.25	1772.92	1828.95	1551.45
转移性收入		263.43	67.19	68.07	13.71	186.94

注：表中数据为桂林市统计局、农业局对七星区 60 户农民家庭收入情况调查统计测算

收入结构

农业收入　1978 年以前，农村经济单一，农业生产种植业占很大比重，林牧副渔业发展缓慢。1957 年林牧副业收入占全年收入的 9.44%，1963 年占 10%。1979 至 1990 年，随着农村经济体制的变革和农村政策的调整，农村经济由单一抓粮食生产转向农林牧副多种经营和农工商综合发展，生产由自然经济向商品经济转化，农民根据不同的比较效益，自动调整产业结构。在农业收入中，1978 年粮食种植收入所占比重 91.94%，林牧副渔业收入比重占 8.06%，1990 年粮食收入比重占 71.31%。水果、蔬菜、养牛、养猪等林牧副渔业的比重占 28.69%。

非农业收入　1975 年，各公社(乡)自筹资金开始小规模的集体工副业生产，主要产品是犁耙、锄头、风车、人力打谷机、雾器等简单的铁木农具。由于集体企业管理体制不完善，集体企业发展缓慢。1979 年改革开放后，伴随着农业经济效益的提高，农村大批劳动力从耕地转移到第二、三产业，带动乡镇企业进入快速发展，各乡、村因地制宜自办或引资开办各类农工企业，1988 年，穿山、朝阳 2 乡乡镇企业实现产值 3200 万元，实现利润 246 万元，人均从企业年收入增加 72.30 元。1995 年，企业发展到 80 余家，当年完成企业总产值 3.49 亿元，实现利润 2828 万元，人均从企业年收入增加 744.42 元。2001 年，乡镇企业总产值完成 4.72 亿元，实现利润 3500 万元，人均年收入增加 879.33 元。2005 年，乡镇企业完成产值 8.22 亿元，实现利润 5800 万元，人均年收入增加 1445.68 元。

其他收入　2000 年，农村经济向农工商综合发展，农民大力兴办商业服务、运输、农产品流通经纪、休闲农家乐、种植花卉、水果、养鸡、养鱼、邻近城市的开展房屋出租等，农民收入呈现多元发展格局。2001 年，农民人均年收入 3591.78 元，其中家庭年经营收入 816.46 元，工资性收入 879.33 元，财产性收入 1632.56 元，转移收入 263.43 元。2005 年，农民人均年纯收入 4035 元，其中家庭经营年收入 850.93 元，工资收入 1445.68 元，财产性收入 1551.45 元，转移收入 186.94 元。

表 32-18　　1978—1990 年部分年份七星区农业总收入构成表

单位：%

年份	总收入	第一产业				第二、三产业
		合计	其中			
			种植业	牧业	渔业	
1978	100.00	91.94	64.12	5.98	1.62	8.06
1979	100.00	93.40	69.93	3.85	2.51	6.60

续表

年份	总收入	第一产业				第二、三产业
		合计	其中			
			种植业	牧业	渔业	
1982	100.00	97.19	62.89	9.15	3.64	2.81
1984	100.00	89.19	49.31	15.92	5.99	10.81
1986	100.00	64.93	42.10	13.87	6.58	35.07
1988	100.00	71.23	43.00	18.16	7.77	28.77
1990	100.00	71.31	43.29	16.84	7.08	28.69

消　　费

民国时期，区境农户处于自耕自食的自然经济状况，生活贫困，消费水平低。据民国24年(1935)《广西年鉴》记载，民国23年(1934)桂林县农民在衣着方面，多穿补丁迭补丁的衣服，有的衣不遮体，夏无蚊帐，靠烧柴草驱蚊，冬无棉衣，寒冬则围火取暖。食物方面，大米饭占74%，粥占15%，杂粮(红薯、芋头)占3%，其他占8%。平时很少吃肉，仅在过年过节或款待亲友时食用。遇上灾年，生活更是艰苦。民国35年(1936)3月闹饥荒，大多数农户靠吃蕨根粑、葛根、土伏苓、芭蕉根、棕树头、野菜等维持生活。一些农户外出逃荒要饭，或卖儿卖女。

1951年2月，农村进行土地改革，农民分到土地，农业生产逐步恢复，粮食增加，大部分农民基本能吃饱。但在一定时期内，农民仍为温饱问题所困扰，灾年时有短食问题。衣着上与解放前有些变化，但衣料的质地上无明显差异，仍以棉布为主。20世纪50年代初，农民的收入水平有所改善，1958年建立人民公社，今辖区的穿山、朝阳人民公社以生产队为单位兴办公共食堂，各家各户不烧火煮饭，统一在食堂就餐，吃饭不要钱，食堂的饭菜质量普遍较差，1959年上半年食堂停办。

1959—1961年三年经济困难时期，人民公社农业生产严重滑坡，据桂林市农委调查，1959年郊区粮食产量为1.08万吨，比1958年下降0.63万吨，比1950年还低0.17万吨。牲畜存栏逐年减少，1958年穿山大队存栏生猪2519头，1960年仅存715头。所辖龙隐四分队，1959年全队总收入8万多元，1960年只收入7万元，全队仅存母猪14头，肉猪16头。农民生活十分艰难，食物奇缺，断粮断炊，群众普遍因营养不良出现浮肿，饿死人情况时有发生。虽然政府采取一些补救措施，如开办营养食堂，对浮肿人员发放营养品等，但由于食物短缺，上述问题没有从根本上解决。1963年，国家对国民经济实行调整、巩固、充实、提高。次年，人民公社农村经济形势有所好转，农民生活逐渐改善。1966年开始的“文化大革命”和随之而来的“割资本主义尾巴”，对农业生产冲击很大，粮食产量长期徘徊不前，副食品仍然短缺，集体经济分值低，农民一年劳动所得报酬甚至拿不回全家的口粮，农户欠生产队的超支款比较普遍。据市郊区统计，穿山、朝阳两个公社人均欠生产队的口粮超支款9.87元。1972—1978年部分社员靠吃国家的返销粮度日。

改革开放后，实行了以家庭联产承包责任制为主的农村经济体制，生产经营门路拓宽，农民经济收入逐年增加，消费水平明显提高。1979年粮食丰收，农民群众结束了吃返销粮的历史。从1981年开始，辖区农民从根本上解决了缺粮状况，每年人均口粮300千克，除留足口粮、饲料粮外，农户普遍向国家出售余粮。90年代中期以后，辖区农民生活开始发生质的变化，食品消费呈现多样化，粮食需求显著减少，人均年粮食消费减少至200千克左右，副食品、肉类、蛋禽、水产品消费增加。据桂林市农委1989—1990年对穿山乡樟木村委百户农民家庭消费调查，消费顺序为吃、住、用、烧。每百户农民家庭拥有自行车233部，缝纫机44台，电视机70台(其中彩色电视机1台)，录音机28台，洗衣机4台，电风扇96台。2000—2004年，桂林市统计局每年对七星区60户农民家庭消费状况调查，结果显示：农民家庭消费结构呈多元化和现代化发展趋势，农民住房数量、质量逐年提高，2001年，辖区农民住房钢筋混凝土结构只占住房总面积的65%，

2005 年占 94.4%。2001 年，拥有摩托车的家庭只占 6.67%，2005 年达到 85%，少数家庭还购置小轿车。购置电冰箱、影碟机、彩色电视机、固定电话机、移动电话、大型家具等高档耐用品拥有量逐年增长。购买服装费用逐年增加，2001 年购买服装费用人均支出 109.26 元，2005 年为 154.53 元，增长 41.43%。交通、通信的消费，2001 年人均 133.22 元，2005 年为 192.17 元，增长 69.32%。文化教育、娱乐消费，2001 年人均消费 249.22 元，2005 年为 259.74 元。

家庭总支出 2001 年，辖区农户家庭人均总支出 2806.32 元，其中家庭经营费用 526.30 元，购置生产性固定资产支出 116.28 元，税费 14.36 元，生活费支出 2107.56 元，财产性支出 28.75 元，转移性支出 13.07 元。2005 年，家庭人均总支出 3044.36 元，其中家庭经营费用 522.92 元，购置生产性固定资产支出 31.20 元，税费支出 12.22 元，生活费支出 2394.93 元，转移性支出 83.09 元。

表 32-19　　**1989—1990 年穿山乡樟木村委会百户农民家庭消费结构表**

项目		1989 年		1990 年	
		人均年支出(元)	占总支出比重(%)	人均年支出(元)	比重(%)
生活消费总支出		775	100.00	946	100.00
其中	食　物	462	59.61	712	75.26
	衣　着	38	4.90	44	4.65
	用　品	52	6.71	62	6.55
	住　房	205	26.45	108	11.42
	燃　料	18	2.32	20	2.11

表 32-20　　**1989—1990 年穿山乡樟木村委会人均年消费主要食物情况表**

单位：千克

商品名称	1989 年	1990 年	商品名称	1989 年	1990 年
粮食	207.99	199.14	家禽	2.45	2.55
蔬菜	108.91	122.49	蛋类	0.83	0.97
植物油	0.38	0.29	鱼虾	2.30	2.34
动物油	9.27	10.88	水果	6.48	15.70
猪肉	17.69	18.96	食糖	2.03	3.12
牛羊肉	1.64	1.89			

注：资料来源桂林市农委 1989、1990 年抽查穿山乡樟木村百户农民家庭消费结构

表 32-21　　**2001—2005 年七星区农村居民家庭总收入和总支出情况**

单位：元、人

项目名称		2001 年	2002 年	2003 年	2004 年	2005 年
人均年总收入		4314.86	4572.71	4590.89	4989、81	4701.33
人均总支出		2913.13	2912.09	2336.14	2790.52	3044.46
其中	家庭经营支出	482.01	434.17	332.49	411.57	522.97
	购置生产性固定资产支出	116.28	3.75	4.30	20.15	31.20
	生产性固定资产折旧	151.10	13.70	60.00	115.33	61.98
	税费支出	14.36	17.76	17.68	22.57	12.27
	生活费支出	2107.56	2353.82	1857.90	2255.82	2332.95
	财产性支出	28.75	1.20	0.62		
	转移性支出	13.07	88.09	63.15	80.41	83.09

注：资料来源桂林市统计局、市农业局对七星区 70 户农村住户调查

表 32-22　　2001—2005 年七星区农村居民人均年生活消费支出构成表

单位:元

项目名称		2001 年	2002 年	2003 年	2004 年	2005 年
人均年生活费		2107.57	2353.81	1917.91	2255.84	2394.93
其中	食品消费	1130.37	1243.25	1102.37	1228.13	1149.00
	衣着消费	109.26	110.62	90.05	131.63	154.53
	居住消费	262.33	236.52	217.83	307.42	391.53
	家庭设备、用品消费	92.99	150.51	77.52	107.95	134.01
	交通、通讯消费	133.22	89.36	186.96	177.35	192.17
	文化教育、娱乐消费	249.22	315.60	196.04	269.96	259.74
	医疗保健消费	54.89	52.80	36.50	23.88	109.31
	其他商品和服务消费	75.29	155.15	10.64	9.52	4.64

表 32-23　　2001—2005 年七星区百户农民家庭主要耐用品拥有量

商品名称	单位	2001 年	2002 年	2003 年	2004 年	2005 年
洗衣机	台	50.00	58.33	56.67	58.33	70.00
电冰箱	台	65.00	75.00	73.33	78.33	91.00
摩托车	辆	56.67	58.33	51.67	46.67	85.00
彩色电视机	台	125.00	116.67	115.00	121.67	125.30
黑白电视机	台	16.29	13.20	13.33	10.00	5.20
自行车	辆	60.80	98.00	173.33	168.33	120.00
固定电话机	部	8.23	73.33	70.00	76.67	42.00
移动电话	部	6.34	12.86	68.33	71.67	104.00
收录机	台	31.12	28.33	23.33	16.67	5.00
影碟机	台	81.67	83.33	66.67	81.67	90.30
组合音响	台	56.67	65.00	53.33	70.00	82.00
汽车(生活用)	辆			0.83	2.00	5.00
大型家具	套	15.38	21.85	50.00	268.33	132.00
照相机	部	1	6.34	20.00	20.00	28.00
电风扇	台	56.89	89.39	260.00	268.33	160.00
家用计算机	台			13.33	10.00	28.00
空调	台			18.33	20.00	50.00
抽油烟机	台			43.33	46.67	78.00
热水器	台			53.33	61.67	80.00

注:2004 年以前数据来源于 2004 年桂林市统计局、农业局七星区 60 户农户调查资料

表 32-24　　2001—2005 年七星区农村居民家庭食品消费情况调查表

单位:千克/人

项目名称	2001 年	2002 年	2003 年	2004 年	2005 年
粮食	167.21	119.84	159.32	125.03	116.20
稻谷	166.81	118.63	155.88	123.03	102.36
豆类及豆制品		2.25	4.34	4.85	5.21

续表

项目名称		2001 年	2002 年	2003 年	2004 年	2005 年
蔬菜及菜制品		87.35	168.45	138.65	110.94	101.50
肉禽及其制品		33.34	31.28	32.80	27.40	31.60
其中	猪肉	25.46.	22.6.5	23.33	19.74	18.57
	牛肉	1.23	1.53	1.36	1.19	3.35
	羊肉	0.05	0.11	0.06	0.04	0.56
	家禽	6.60	6.99	8.05	6.43	9.12
蛋类及蛋制品		2.27	1.97	2.60	3.05	5.12
奶及奶制品		1.37	0.98	2.23	1.79	2.69
鱼类		1.11	3.10	5.04	4.35	8.11
油脂类		5.81	5.93	7.05	6.03	6.50
酒及饮料		8.45	8.00	9.24	6.84	7.10
水果类		20.55	29.75	23.80	25..75	30.30

注：2004 年以前数据来源于 2004 年桂林市统计局、农业局对七星区 60 户农户调查资料

居　住

民国期间，区境农村住房多为平房，一开间或二开间(所谓"开间"是指房屋横面的构成)，大多数贫困农户住房为泥砖砌墙的土木结构，青瓦或茅草盖顶，窗户狭小，室内阴暗，光线极差。据民国二十四年(1935)《广西年鉴》记载，桂林郊区农户房屋构成为：瓦房占 93.6%（其中泥墙占 88.12%，砖墙占 9.11%，篱笆墙占 2.64%，木板墙占 0.13%），茅草房占 6.4%（泥墙占 45.31%，篱笆墙占 51.24，木板墙占 3.45%）。室内布局为；进门一间为厅堂(堂屋)，两旁为住房，住房上部搭建矮阁楼用来存放谷物、杂物，后面一间为灶房以及猪圈、牛栏等，也有些住房与牛栏、猪栏分开。堂屋正面上层设香火台，正中贴"天地君亲师位"字幅和放置祖宗牌位，两侧贴有"财神、灶神"字条。经济殷实之家的住房多为二进或三进式布局(房屋的进深构成叫"进")，中间天井相隔，天井西侧有厢房，房屋四周砖墙，盖青瓦，室内木柱、板房，三合土地面，花格木窗户，室内光线充足，空气流通，人畜分开。少数富户住房建筑讲究气派，四墙青砖到顶，建有封火墙与邻居相隔，木屋架石柱垫脚，石门槛，厚实木大门，地面三合土。内部布局有正厅、下厅、穿厅、厢房、天井、厨房，家禽单独一间。天井用青石板铺砌，配置鱼池、花台、盆景等。

20 世纪 70 年代，农村房屋格局变化不大，但茅草和篱笆房已不存在。改革开放后，农村家庭经济收入增加，农民自建房屋普遍为砖木结构，青瓦盖顶，玻璃窗户，住房和厨房、牲畜用房分开，有的建有小院。用以存放农具。住房条件明显改善。1987—1990 年，辖区 17.9%的农户自建的新房多为 2 至 3 层，个别农户建成庭院式住房。投资额户均 7588 元，至 1990 年，全区农村人均住房面积为 23.57 平方米。1998—2005 年，七星区农村有 3553 户新建住房，占农村总户数的 20.69%，总面积 52.27 万平方米，人均住房面积逐年增加，质量提高，新建的房屋 90% 以上是钢筋混凝土结构，砖木结构的住房呈下降。据桂林市统计局每年对辖区农村 60 户家庭住房调查，2001 年农村居民人均住房面积 44.63 平方米，其中：砖木结构面积 15.61 平方米，钢筋混凝土结构面积 29.02 平方米，住房价值 1.16 万元，2005 年人均住房面积 71.25 平方米，其中砖木结构 3.75 平方米，钢筋混凝土 67.50 平方米，住房价值 3.348 万元。房屋建筑和布局注重多功能，配套、舒适、方便、卫生，室内装饰和城镇居民家庭没什么区别，住房楼房化成为发展方向。

表 32-25

2001—2005 年七星区农村居民 60 户家庭住房调查统计表

住房情况		单位	2001 年	2002 年	2003 年	2004 年	2005 年
住房面积		平方米 / 人	44.63	65.33	58.02	55.81	71.25
其中	砖木结构	平方米 / 人	15.61	6.97	5.62	5.13	3.75
	混凝土结构	平方米 / 人	29.02	45.36	52.40	53.68	67.50
住房价值		元	11585.19	24649.27	25054.83	23821.64	33487.50

注：资料来源于桂林市统计局、农业局对七星区 60 户农村家庭调查资料测算

第三节 居民小康生活测评

1995—2000 年，七星区对辖区居民的生活状况进行小康生活水平测试。测评的各项指标量值均以当年《桂林市小康生活水平测评指标计算表》的考评值为对照，实现程度以百分比计。

1995—2000 年度辖区居民的小康生活水平测评工作，采取抽样调查方式进行。每年市区抽样调查 8 个居民委员会，每个居民委员会抽样调查 10 户共 80 个家庭居民的生活状况。1996 年，桂林市行政区划调整，原桂林郊区的穿山、朝阳两个乡所辖行政村划入七星区，故从 1995—2000 年度的小康生活水平测评工作，每年均增加抽样调查穿山、朝阳 10 个建制村 300 户（每村 30 户）农村居民的生活状况，经测评后进行综合汇总。

表 32-26

1995 年七星区小康生活标准测评情况表

指标分类	指标名称	单位	指标量值			小康测评实现程度（%）
			1980 年（初值）	1995 年（现值）	小康（考评值）	
一、经济发展水平综合指标	人均国内生产总值(1990 年不变价)	元	352.00	3783.00	2500.00	100.00
二、物质生活水平指标	城镇人均生活费收入	元	360.00	5505.97	2400.00	100.00
	城镇居民人均居住面积	平方米	3.40	12.14	8.00	100.00
	人均蛋白质摄入量	克	45.00	71.85	72.00	99.80
	城市居民人均拥有铺装道路面积	平方米	3.72	9.23	8.00	100.00
三、人口素质指标	九年义务教育普及率	%	0	100.00	100.00	100.00
四、精神生活水平指标	教育和文化娱乐支出比重	%	9.80	10.00	16.00	62.50
五、生活环境和医疗卫生水平指标	人均园林绿地面积	平方米	3.00	5.00	9.00	55.56
	自来水普及率	%	45.00	93.00	85.00	100.00
	每千人拥有医院病床数	张	1.28	5.83	3.00	100.00
总计						91.79

表 32-27

1996 年七星区小康生活标准测评情况表

指标分类	指标名称	单位	指标量值 1980 年（初值）	指标量值 1996 年（现值）	指标量值 小康（考评值）	小康测评实现程度（%）
一、经济发展水平综合指标	人均国内生产总值(1990 年不变价)	元	352.00	4217.00	2500.00	100.00
二、物质生活水平指标	城镇人均生活费收入	元	360.00	5976.87	2400.00	100.00
	农民人均纯收入	元	133.00	2353.00	1200.00	100.00
	城镇居民人均居住面积	平方米	3.40	12.39	8.00	100.00
	农村居民人均钢筋砖木结构住房面积	平方米	16.27	28.86	15.00	100.00
	人均蛋白质摄入量	克	45.00	72.00	75.00	96.00
	城市居民人均拥有铺装道路面积	平方米	3.72	9.89	8.00	100.00
	通公路的行政村比重	%	50.00	100.00	100.00	100.00
三、人口素质指标	九年义务教育普及率	%	0	100.00	100.00	100.00
	婴儿死亡率	‰	17.07	10.29	31.00	100.00
四、精神生活水平指标	教育和文化娱乐支出比重	%	9.80	11.34	16.00	83.75
五、生活环境和卫生水平指标	森林覆盖率	%	23.00	33.40	15.90	100.00
	农村安全卫生水普及率	%	45.00	88.00	85.00	100.00
总　计						98.44

表 32-28

2000 年七星区小康生活标准测评情况表

指标分类	指标名称	单位	指标量值 1980 年（初值）	指标量值 2000 年（现值）	指标量值 小康（考评值）	小康测评实现程度（%）
一、经济发展水平综合指标	人均国内生产总值(1990 年不变价)	元	352.00	6796.00	2500.00	100.00
二、物质生活水平指标	城镇人均生活费收入	元	360.00	6997.00	2400.00	100.00
	农民人均纯收入	元	133.00	3389.00	1200.00	100.00
	城镇居民人均居住面积	平方米	3.40	13.18	8.00	100.00
	农村居民人均钢筋砖木结构住房面积	平方米	16.27	24.17	15.00	100.00
	人均蛋白质摄入量	克	45.00	72.60	75.00	96.80
	城市居民人均拥有铺装道路面积	平方米	3.72	10.20	8.00	100.00
	通公路的行政村比重	%	50.00	100.00	85.00	100.00
三、人口素质指标	九年义务教育普及率	%	0	100.00	100.00	100.00
	婴儿死亡率	‰	17.07	15.40	31.00	100.00
四、精神生活水平指标	教育和文化娱乐支出比重	%	9.80	13.40	16.00	83.75
五、生活环境和卫生水平指标	森林覆盖率	%	23.00	35.30	15.90	100.00
	农村安全卫生水普及率	%	48.00	100.00	85.00	100.00
总　计						98.50

第三十三章

民族　宗教

七星景区内华夏之光广场　　（覃帆　2004年12月摄）

12000—20000年前，七星区境内就有人类活动，秦前为百越民族所居。秦始皇统一岭南后，随着中原地区百姓及其他地区百姓迁入，七星区境内逐渐演变为以汉族为主体的多民族居住的地方，其中少数民族以回族、壮族、瑶族、侗族、苗族为主。中华人民共和国成立后，部分外地汉族通过大专院校毕业分配、工作调动分配、婚姻、人才引进、经商等渠道迁入七星区域。1979年7月，七星区人民政府成立，七星辖区的民族有汉族、壮族、回族、瑶族、苗族、侗族、仫佬族、满族等14个。2005年年末，七星辖区的民族有汉族、壮族、回族、瑶族、侗族、苗族、满族、仫佬族、土家族、毛南族、蒙古族、京族、水族等19个；人口共有209999人，少数民族人口共有17444人(其中回族有2000多人)。

七星区境内的宗教有佛教、伊斯兰教、道教、天主教和基督教，其中道教与佛教传入最早，约在东汉末年。中华人民共和国成立后，七星区域主要有佛教、伊斯兰教和基督教。2005年年末，七星辖区主要有伊斯兰教、佛教，其会员分别为300多人、500多人。

第一节　汉族　少数民族

自秦汉起，迁入七星区境内最早的民族是汉族，其次是回族，其他少数民族为零星迁入，且数量较少。清末民国初，七星区境内居民绝大多数为汉族，其次为回族、瑶族、僮族、苗族等。

1952年，桂林市第四区(七星区境内)有13个少数民族754人，其中回族399人、瑶族252人、僮族96人(1965年“僮族”改为“壮族”)、苗族56人、侗族3人、仫佬族3人、越南族3人(1958年“越南族”改为“京族”)、彝族1人、泰族1人(1953年“泰族”改为“傣族”)；主要分布在码坪街、桂林民族师范学校、桂林市第一中学等。

1955年，桂林市东江、漓江两街道有少数民族122户445人，其中回族106户435人、侗族5户7人、瑶族1户3人；主要分布在码坪街，回民有76户299人，占七星区境内少数民族总人口的67.2%。

1979年，七星区人民政府成立；七星辖区主要有汉族、壮族、回族、瑶族、苗族、侗族、仫佬族、满族等14个民族。

1982年，七星辖区有汉族、壮族、回族、瑶族、侗族、苗族、满族、仫佬族、土家族、毛南族、蒙古族、布依族、京族等19个民族，汉族共有47261人；少数民族共有3674人，其中壮族、回族人数较多，分别为2036人、908人；瑶族、侗族次之，分别为390人、144人。

1990年，据第四次全国人口普查统计，七星辖区有汉族、壮族、回族、瑶族、侗族、苗族、满族、仫佬族、土家族、毛南族、蒙古族、布依族、京族、水族等20个民族，汉族共有60928人，少数民族共有9070人；其中1000人以上的少数民族有壮族5042人、瑶族1519人、回族1447人，主要分布在东江、三里店区域，漓江街道区域有少数壮族和回族居民居住。

2000年，七星辖区有汉族、壮族、回族、瑶族、侗族、苗族、满族、仫佬族、土家族、毛南族、蒙古族、京族、水族等19个民族，汉族共有138778人，少数民族共有17444人；其中少数民族以壮族人数最多，10898人；瑶族、回族次之，分别为2606人、1724人。

2005年，据户籍人口统计，七星辖区有汉族、壮族、回族、瑶族、侗族、苗族、满族、仫佬族、土家族、毛南族、蒙古族、京族、水族等19个民族，共有209999人，其中少数民族共有17444人。

汉　族

汉族先民是中国古代的华夏族，其迁入七星区域始于秦代。当时，部分汉民随军南征到桂林后有的在东郊落户。直至清末,有的随朝廷向南移民而迁入七星区;有的为躲避战乱、充军而逃入七星区;有的因遭灾逃荒而到来,也有的是到桂林做官或经商之后而落户七星区。

据1982年第三次全国人口普查及七星区开展的地名普查工作资料、1990年第四次全国人口普查统计和2005年《七星区地名补查和资料更新成果表》显示:汉代,有从山东省青州府迁来七星区境内;唐代,有从湖南、江西迁来七星区境内;宋代,有从湖南迁来七星区境内。明代是外地汉民迁入七星区境内较多的一个时期,有来自湖南、江西、湖北、河南、山东、广东、福建及东北地区,尤以来自湖南、江西的居多;有的从广西境内的全州、永福、临桂、阳朔、平乐、荔浦等县迁入七星区境内。

民国时期,有部分外地汉民到七星区境内经商。

中华人民共和国成立后,有一部分外地汉民通过大专院校毕业分配、工作调动分配、婚姻、人才引进、经商等渠道迁入七星区境内。

1952年,七星区境内的汉族主要分布在第四区的各个街道、村庄。

1955年,七星区境内的汉族主要分布在第三区的各个街道、村庄。

1979年7月,七星区人民政府成立。

1982年,七星辖区共有汉族47261人,主要分布在东江街道、七星街道的各个街道、村庄。

1990年,七星辖区共有汉族60928人,主要分布在东江街道、七星街道的各个街道、村庄。

1996年12月,依据桂林市市辖区区划调整,郊区穿山乡、朝阳乡划归七星区人民政府管辖。

2000年,七星辖区共有汉族138778人,分布在穿山乡、朝阳乡、东江街道办事处、七星街道办事处的各个行政村和街道。

2003年11月,桂林市委、市政府决定,将桂林华侨农场整体移交给桂林市七星区管理。

2005年年末,七星辖区共有人口209999人,主要分布在朝阳乡、东江街道办事处、七星街道办事处、穿山街道办事处的各个行政村、街道和桂林华侨旅游经济区。

少数民族

秦始皇统一岭南后,中原及其他地区的百姓,通过各种途径迁入七星区境内,其中少数民族有回族、壮族、瑶族、侗族、苗族等。

清乾隆六十年(1795)七星区域有回族100余户。

中华人民共和国成立后,七星区境内的少数民族有回族、瑶族、壮族、苗族、侗族、仫佬族、越南族、彝族、泰族等。

1949年10月,七星区境内的码坪街有回族106户300余人。

1952年,桂林市第四区(七星区境内)共有少数民族13个754人,其中回族399人、瑶族252人、壮族96人、苗族56人、侗族3人、仫佬族3人、越南族3人、彝族1人、泰族1人。其中回族主要分布在穿山村、萝卜洲、码坪街、桂林市第一中学、桂林民族师范学校;其他少数民族主要分布在桂林民族师范学校、桂林市第一中学、码坪街等。

1955年,桂林市第三区(七星区境内)有少数民族122户445人,其中回族106户435人、侗族5户7人、瑶族1户3人;回族主要分布在穿山村、萝卜洲、码坪街(回民有76户299人)、桂林民族师范学校。

1979年,七星区人民政府成立,七星辖区有回族、壮族、瑶族、苗族、侗族、仫佬族、满族等13个少数民族。

1982年,七星辖区的少数民族有回族、壮族、瑶族、侗族、苗族、满族、仫佬族、土家族、毛南族、蒙古族、布依族、京族等17个,其中壮族2036人、瑶族390人、侗族144人;回族908人,主要分布在穿山村、萝卜洲、码坪街、望城岗。

1990年,七星辖区的少数民族有回族、壮族、瑶族、侗族、苗族、满族、仫佬族、土家族、毛南族、蒙古族、布依族、京族、水族等18个,共7623人;其中回族1447人,主要分布在穿山村、萝卜洲、码坪街、望城岗、三里店;另外,1000人以上的少数民族有壮族5042人、瑶族1519人,主要分布在东江、三里店、漓江街道。

1996年12月,郊区朝阳乡、穿山乡划归七星区人民政府管辖。

2000年,七星辖区的少数民族有回族、壮族、瑶族、侗族、苗族、满族、仫佬族、土家族、毛南族、蒙古族、京族、水族等17个,共15720人。其中少数民族以壮族为主,10898人;瑶族次之,2606人。其中回族1724人,主要分布在穿山村、萝卜洲、码坪街、望城岗、三里店、三联村；其他少数民族主要分布在东江街道、穿山乡、朝阳乡及三里店一带。

2003年11月，依桂林市委、市政府决定，桂林华侨农场整体移交给桂林市七星区管理。

2005年年末，七星辖区的少数民族有回族、壮族、瑶族、侗族、苗族、满族、仫佬族、土家族、毛南族、蒙古族、京族、水族等17个少数民族，共15400多人。其中回族2000多人，主要分布在穿山村、萝卜洲、码坪街、望城岗、三里店、三联村、桂林华侨旅游经济区；其他少数民族主要分布在东江街道、七星街道、穿山街道、朝阳乡及三里店、桂林华侨旅游经济区（桂林华侨农场）一带。

第二节　回 民 街

码坪回民街

“码坪头”一词最初是指七星公园的月牙山与辅星山之间的厄子口到清真寺一段。自市政建街后，这地段叫码坪街，沿七星公园的骆驼山西南形成长约半华里，街路全由青石板铺成，南边民房依山而建，极富南方山城特色。

最早在码坪街居住的都是回族人，为回民聚居区。后来有几户汉族人迁入。1959年七星公园扩建，码坪街居民大多数搬迁时，回民仍占95%，因此，这是一条远近闻名的回民街。至2005年，这条街作为街名依旧存在，但已不在原处。本节所记述的人和事是指旧地址上的码坪头，当年“码坪街”所发生的事曾在桂林回族历史上留下“回族”这个特殊群体的历史痕迹。码坪街的形成可追溯到清朝初年的一段桂林回族历史。

早年居住在小东江穿山村、萝卜洲、望城岗一带的回民，其先辈系元世祖大军中属外来的信仰伊斯兰教的各族人民，是元朝镇守广西占领桂林的部队，在小东江一带戍守屯垦，落籍当地，并在穿山东北麓建造清真寺。回民们按伊斯兰教教规淋浴诵经，每日朝礼，逢周五“主麻日”聚礼。

明末崇祯年间，自清兵入关攻占桂林后，守城主将不了解伊斯兰教聚众礼拜的意义，认为清真寺内每日聚会有蓄意谋反之嫌，派兵捣毁清真寺，并杀害了马公驷阿訇和十余位乡老。后来，小东江一带的回民在一位广东籍盐商的资助下陆续迁到七星、月牙、辅星三山之间的谷地、骆驼山西南聚族而居，并在山前建造清真寺，形成其后的码坪回民街。穿山清真寺从此荒废。20世纪三十年代抗日战争前，当地仍保存有“穆民古墓”13冢，逢开斋节城里教亲相约前往走坟。抗战期间，政府将这片地划入国民汉民中学学校范围。

七星区七星路码坪街入口（覃帆　2004年摄）

1959年，依市政府文件，七星公园实施扩建，码坪街居民（回民占95%）搬迁至七星路与金星路交叉处的“码坪街”。至2005年，码坪街保持着回民的建筑习俗。

码坪回民的生产与生活

穿山小东江的回民先辈聚居码坪街后，生活虽贫困，但能艰苦创业，适时谋生。当时那里虽然荒芜，但有地可耕作，还可放牧。经三百余年的发展，在生产经营、生活方式上与附近农民和城市居民都不尽相同，形成独具特色的回民群居点。

清真寺既是供穆斯林礼拜，又是回民社会各种活动的中心，如婚丧礼仪、调解纠纷、聚议大事，以及各种社会联系和交往的聚集场所；生产上的特点是农牧兼营，农商兼顾。当时的码坪街既可在山上放羊，又有草地可以养牛，因此屠宰牛羊是码坪街回民主要的经营活动之一。从伊斯兰教教义来说，回民禁止食用未经诵真主之名而屠宰的动物，因此凡是回民聚居的地方都有人从事请阿訇“过刀”宰牛、羊的行业，码坪街的自然环境提供了让更多的回民经营屠宰业的条件。其中有专事屠宰牛羊批发的，也有以贩卖活牛羊为主要职业的，白永成(人称毛二爷)、白汉卿和白继骅(白老九)等就是专营贩牛生意的。码坪街回民宰牛一方面是为了自身生活需要，另一方面也是一种谋生手段。屠宰的牛羊多数供应给市民。码坪街有人一大早挑起牛肉担子，进城走街串巷，沿途叫卖。另外，码坪街还有专门从事养奶牛、送牛奶的行业，宋杏生便是这一行业的创办人之一。

特色小吃也是码坪街回民的一大特点，主要有松茂桂的“原汤米粉”，汤镇钧的“水籽花生”、厄子口海老三的“担子米粉”以及油香、蒸子糕等。这些小吃不仅各具特色，且都有回族的特有风味，很受欢迎。从城里专程去码坪街吃碗“担子米粉”的不乏其人。码坪街回民手工业中的面条和小磨麻油也是远近闻名。

由于码坪街地处桂林城东郊，东片各乡农民来桂林多经此遗城，行人中除过往客商外，多数是进城卖菜、挑粪或贩运盐油杂货的农民、小商贩；他们进城时可在码坪处歇脚，返回时还可顺路带点零食小吃回家敬奉老人或哄逗小孩。因而码坪街居民不仅耕田种地，还摆摊开店，卖点针线百货、酱醋油盐之类的小商品。都是小本经营、农商兼顾。后来发展到有一定规模的，如白泰盛杂货店，只有一两家。

当时没有自来水，靠挑花桥底小东江的水或打井水来用。生活富裕的或缺劳动力的则买水，连小生意也做不起的就挑水卖维持生活。当时码坪头靠挑水卖维持生活的就有人称“二妈”和“陈嫂”的两位妇女。

码坪街居民通常在天亮前后完成各种经营所需的准备工作，如宰好牛、挤好奶、摘好菜、炒好花生等等。早上小孩看守摊店，妇女则挑农副产品或牛肉、花生进城叫卖，回来后耕地种地，或做好次日上市的准备。生产上除种粮食外，兼种桃、李、麻等经济作物，以麻、李为多，李子用船远销梧州。桃树则是种在骆驼山周围。每年春天，遍地桃花，竞相开放，被誉为桂林八景之一的“壶山赤霞”，由此得名。花开时节，桂林城里的王公显贵、商贾富户，出城踏青，到骆驼山观花赏景，他们的坐骑则拴放在月牙、辅星两山之间的草地上，最初人们称此处为“马坪”，后来演变为“码坪(头)”，再后则成为这一地段的街名——码坪街。

中华人民共和国成立前，码坪全街116户中，卖花生的16户、宰牛羊的13户、挑牛肉上街叫卖的13户、做小吃的8户、开磨坊的7户、卖牛奶的4户。营业方式有合伙也有兼营或独自经营，这要看所需资本多少而定。

距码坪头不远有一个叫“花桥底”的地方，是近郊农副产品集散地。码坪回民每日下午常到那里小批量买回青菜、萝卜等农产品，放在岩洞里保鲜，以便次日赶城里的早市，卖个好价钱，这也是小本贩卖的一种方式。

1953—1954年，市人民政府用“以工代赈”的方式帮助码坪街回民生产自救。当时码坪清真寺伊玛目何云高阿訇(桂林市第一至第五届人民代表大会代表，桂林市政府第一至第三届委员、常委，抗战胜利后在码坪清真寺当坊，1967年归真，享年80岁)积极组织码坪街回民清挖礼拜寺前面的池塘和三里店柏梓塘用来养鱼，同时又在清真寺内办牛奶场，协助政府为教胞渡过解放初期的困难。迄今码坪街回民对德高望重、学识渊博的何云高老阿訇仍十分敬仰和怀念。

码坪回民的社会状况

码坪街回民的前辈重视武术，自古武举会试中举的不少。据乡亲们的回忆，有三户人家中过武举，门前都悬挂有“武魁”的木质横匾。白恒益的前辈白振克与白继迈叔侄同中武举，当时桂林的巡抚刘长佑曾授予“叔侄同科”大横匾，一时传为佳话。

抗日战争爆发后，码坪街回民青年从军抗日，或考入军校(设在桂林李家村的黄埔军校第六分校)，直接参与抵御外侮、抗日救国的工作，抗战胜利后多解甲归山，回到码坪街，或务农或经商。

中华人民共和国成立前，码坪街全街共有居民 116 户，422 人。1937—1949 年，码坪街居民被抓壮丁 17 人、关进监狱的 15 人、卖儿卖女的 11 人、被残害的妇女达 30 人，还有 5 户人家逃亡在外，至 2005 年下落不明。码坪街居民中回民占绝大多数，汉族只有几户，回汉两族人民和谐相处；汉族同胞尊重回族人民的生活习惯，他们自迁入码坪街后从不触犯回族民众的禁忌，得到回族群众的赞扬。回族教胞也十分重视这份情意，逢回族过节（开斋节、古尔邦节、圣纪节），请他们来家做客，同欢共庆。回族群众家中遇有念经纪事做“油香”时，也都给这些汉族同胞送上一份。因此，在码坪街回汉两族人民之间关系融洽和睦。时代变迁，原码坪街的居民已散居各处，每当人们聚集谈及街上的陈年旧事时，仍怀念这份民族之间的感情。

第三节　佛教　伊斯兰教

七星区境内流传的宗教有佛教、道教、伊斯兰教、天主教和基督教，其中道教与佛教传入最早，约在东汉末年。清末民国初，七星区境内佛教的主要活动场所有尧山、靖江王陵、李卫公庙、令公庙、新圣庙、九娘庙、五通庙、济公庙、七星庵、方公祠堂、冷氏宗祠庙等寺庙。民国 14 年(1925)，政府曾下令捣毁菩萨，将圩镇村庄附近的寺庙改用于学校。中华人民共和国成立后，大多寺庙不存在。1979 年 7 月，七星区人民政府成立，七星辖区的宗教有佛教、伊斯兰教、基督教。2005 年，七星辖区的宗教主要有佛教、伊斯兰教。

管　　理

1950—1978 年，宗教事务由市统战部和宗教组织机构统一管理。1990 年 8 月，中共七星区委员会设立统战部，此后至 2005 年，七星区宗教事务工作由区统战部管理。

清真寺的管理机构，原称清真寺董事会或理事会。先由清真寺当坊阿訇提出董事会候选人，再由本坊穆斯林从候选人中推荐出若干名任值年乡老，组成清真寺董事会，管理本清真寺的行政事务。新董事会成立后，原任当坊阿訇便向其提出辞呈，由董事会决定是否聘任。1990 年，码坪清真寺成立寺管小组，至 2005 年不变。

佛　　教

佛教传入七星区域大约于东汉末年，鼎盛于隋唐。佛教徒分为出家二众（僧尼）和在家二众（男女居士），供奉佛和菩萨。1950 年，七星区域有僧尼共 50 多人。20 世纪 60 年代的“文化大革命”期间，七星区域的部分庙宇、佛像、碑刻遭到严重毁坏，有的僧尼被迫还俗，辖区内无佛教信徒和活动。1979 年 7 月，七星区人民政府成立。1980—2005 年，七星辖区的尧山、靖江王陵、七星公园、穿山公园等的观音寺庙设立佛教活动场所 10 多处。2005 年，七星辖区有栖霞寺、祝圣寺等，共有僧尼 30 多人。

寺庵　七星区境内历史上曾有栖霞寺、祝圣寺、月牙山寺、七星庵等寺庵，建筑结构为中国宫殿式建筑，多由山门、大雄宝殿、观音殿、地藏殿、僧舍、膳堂等组成。

栖霞寺　位于七星公园内普陀山西麓的栖霞禅寺，缘起隋代高僧昙迁云游桂林后所题的“栖霞洞”，寺庙始建于唐朝。武宗会昌年间诏令毁佛，栖

七星公园栖霞寺　　（覃帆　2004 年摄）

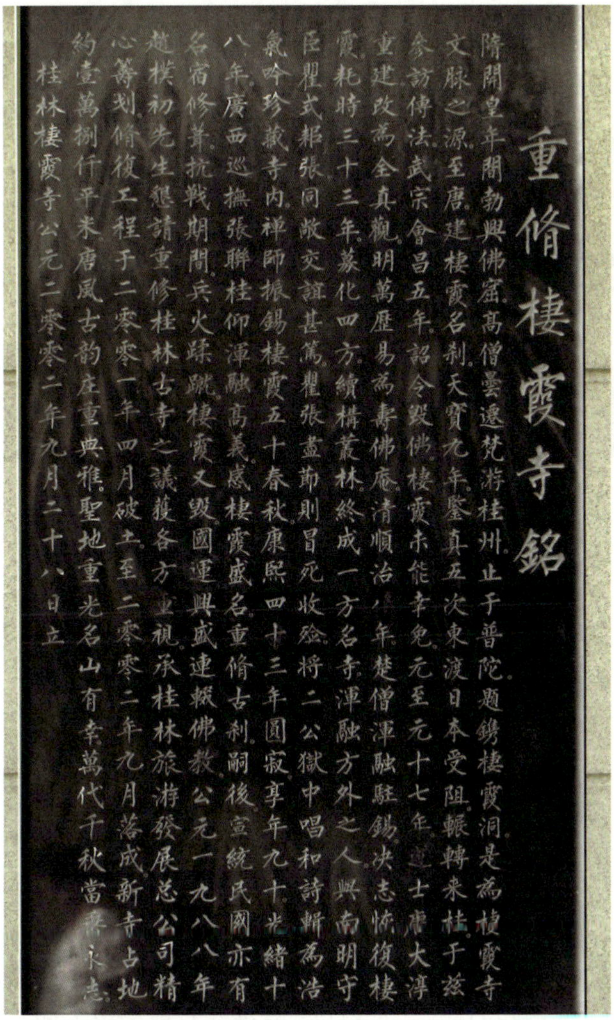

重修栖霞寺铭

霞禅寺未能幸免，元至元十七年(1280)，道士唐大淳重建为全真观，明朝万历年间改为寿佛庵。清顺治八年(1651)至康熙二十三年(1684)，由临济宗浑融和尚募化在原寿佛庵遗址上重建栖霞寺，成为当时西南佛教一大名刹。咸丰初年全毁。光绪十八年(1892)，巡抚张联桂重建，耗银2600两。之后栖霞寺多次加修，抗日战争期间再次严重受损，为广西医学院所用，桂林沦陷时再毁，仅剩原寺山门1座。1985年，七星公园建栖霞旅社于该寺遗址，山门为该旅社所用。1987年，旅社将原寺山门退还佛教协会，修整后立为佛殿，仍沿用栖霞寺名。2001年4月，栖霞寺根据历史记载规模在原址再次进行修复扩建，设天王殿、大雄殿、观音殿、藏经阁，中轴北翼借用江南造园手法，设曲廊、白莲池、素食斋、方丈院、听月亭。寺内精美的唐式佛像、名贵的东阳木雕、国内最高的立式汉白玉观音，再现“栖霞真境”胜景。

祝圣寺 位于六合路普陀山北麓省春岩。始建于明代，清代重修。原寺在1944年桂林沦陷时全毁。1959年市人民政府重建。1991年4月，僧人释自空与市内一些佛教信众自行募集资金，陆续重建大雄宝殿、斋堂等。1995年10月，作为正式宗教活动场所批准开放。1998年扩建三层楼僧人寮房，并修筑扩宽寺前沥青路面。该寺占地面积约3000平方米，建筑面积2000平方米。

月牙山寺 位于七星区境内七星公园月牙山月牙岩。始建于清，楼房式，上为观音殿，下为大雄殿，民国33年(1944)日军陷桂时全毁。光复后在原址重建观音阁。1963年，观音阁拆除，改建为两层的“小广寒”，有悬桥与襟江阁相通。现已作他用。

七星庵 位于七星区境内七星公园元风洞前。为明万历年间大学士吕调阳择此倡建。清代改名闵子祠。今已毁。

佛教活动 七星区境内比较大的佛教活动主要有寿佛诞和观音纪念日活动。

寿佛诞 寿佛诞为农历二月初八日，系民间庙会活动日。桂林东郊尧山山腰有水田数块，民间以为高山之上能有水田乃为天赐，故名“天赐田”。山顶有庙，称“玉皇阁”；山脚亦有庙，称“茅庵”。从农历二月初一日起至初八日止，城乡居民纷纷步行到尧山朝佛进香，求佛庇佑。沿途人山人海，络绎不绝。体力弱的敬香者到达茅庵则止，体力强者登上玉皇阁烧香敬神。传说烧头香者必得福，故有人半夜即起身赶路，争取做第一个敬香拜神者。敬香者必求签问吉凶，抽到“有心无心，罚油三斤”签者心甘情愿奉献三斤油钱给庙祝。中华人民共和国成立后，到尧山进香之俗不兴；每年阳春二月，到尧山踏青者众多。20世纪90年代，有零星春游兼进香者。2000年起，到尧山朝佛进香，求佛庇佑者增多。

观音纪念日 桂林民间纪念观音有3个日子：农历二月十九日观音诞日，六月十九日观音成道日，九月十九日观音出家日。每逢这三天，妇女到供有观音菩萨的庙宇去敬香礼拜。七星辖区内的月牙山、隐山、能仁寺、观音阁、回龙寺等地僧尼主持的寺庙，都准备素菜席，妇女相约前往就餐，并付相应的餐费。中华人民共和国成立后，不兴此三个纪念日。2000年起，到七星辖区的寺庙拜观音者日渐增多。

伊斯兰教

坐落于七星公园内的清真寺　　（覃帆　2002年摄）

南宋景炎二年(1277),左武卫将军马暨驻守静江(今桂林)。元平章阿里海牙率元兵攻桂林,城破,马暨被杀。马暨为甘肃宕昌(今甘肃岷州回族)人,其部属亦多为穆斯林,战败后有流散落籍桂林者。阿里海牙是维吾尔族人,信奉伊斯兰教,其部属多为伊斯兰教徒,亦有落籍桂林者。他们是桂林最早的穆斯林。元朝统一广西后,宦游桂林信奉伊斯兰教的官吏及部属增多,先后任广西及桂林的知县和相当于知县的官吏中,信奉伊斯兰教的官员有40—50人。后来不少人定居桂林。

元朝中叶,在穿山一带形成最早的穆斯林聚居区,并建造最早的穿山清真寺。至元年至三年(1335—1337),祖籍波斯的伯笃鲁丁出任广西肃政廉访副使,其孙永龄于明朝洪武年间(1368—1398)到桂做官,并定居桂林,更伯为白姓,今辖区白氏族人多系其后裔。随着桂林穆斯林人口的日益增多,回族在七星辖区政治经济生活中的地位也日渐提高,他们世代相传信奉伊斯兰教,大都聚居在码坪街一带。

清代,伊斯兰教在桂林尚无统一的宗教组织,各清真寺及与之联系的教徒所居之地自为一坊,各坊无隶属关系。民国时期,在桂林的伊斯兰教才逐步建立全市性的宗教组织,但各清真寺仍保留自己的管理机构。1990年,码坪清真寺成立寺管小组,至2005年不变。

清真寺　元朝初年,在七星区境内的穿山东北面建穿山清真寺;清康熙十年(1671),在七星公园骆驼山西麓建码坪清真寺。至2005年,七星辖区只有码坪清真寺1座。

穿山清真寺　位于穿山东北面,始建于元朝初年,是广西历史上最早的清真寺。清初,清兵攻占桂林后,以该寺穆斯林曾参与抗清斗争为由,将其捣毁,阿訇马公驷等10余人被杀。现遗址无存。

码坪清真寺　在七星公园之骆驼山西麓,始建于清康熙十年(1671)。为宫殿式,四合院,可容500人聚礼。民国33年(1944)桂林沦陷时寺院全毁。抗战胜利后,民国37年(1948)简单重修了大殿、宿舍、水房等。由于年久失修,大部分房屋被白蚁蛀蚀,濒临倒塌。市人民政府从1982年起陆续拨款20.8万余元,于1984年动工重建,1987年竣工。整座建筑为中国宫殿式结构,钢筋水泥大屋顶,有大殿、北经堂、水房、阿訇信房和邦克楼、头门等,共800余平方米。广西伊斯兰教经学院曾设寺内。

传统节日　开斋节、古尔邦节和圣纪节,是七星区境内回族的三大节日,每年都要举行纪念活动。

开斋节。开斋节是穆斯林庆贺完满地度过了一年一度的斋月活动的庆祝日。在斋月前一个月的初一至十五日,各家各户都请各坊阿訇到自己家里念“百拉提”。“百拉提”是进斋月前全家人向真主“悔过白”(即忏悔罪过)。这15天,是阿訇最忙碌的时候。“百拉提”后的第二个月就是斋月。斋月中,每天黎明前开始禁食,至日落才能进食。封斋(禁食)和开斋(进食)两个时间,清真寺都有人沿街摇铃相告。整个斋月中,家里不论哪个先人的生死忌日都不走坟。有钱人家请阿訇在斋月诵念30本《古兰经》,每天念1本。家境困难的,则在“主麻日”请阿訇诵念《古兰经》1本。

古尔邦节。古尔邦节又称宰牲节、忠孝节。桂林回民把古尔邦节称为“小节”。节日这天,上午,穆民都到本坊清真寺礼“尔德”拜(会礼)。礼完尔德拜后,单独或几人集资宰牛(也有宰羊的)。牛羊肉除自食外,都散给穷人家食用。过古尔邦节,不是每家穆民都宰得起牛羊的。但每户人家,在节日至少也要宰一只家禽,如鸡、鸭、鹅等。七星辖区回民的传统说法是,过古尔邦节家家都要“见血”(被宰的家禽家畜都要流血)。

圣纪节。圣纪节是穆斯林同胞对圣人穆罕默

德的诞生纪念日，也是他逝世的纪念日。七星区境内的回民对圣纪节的纪念仪式很隆重。在圣纪节的头一天晚上，各坊清真寺的阿訇、乡老在大殿上、经堂里轮流诵念“赞词”，叫做“赞圣”。朗诵《古兰经》，做“都哇”。过圣纪节，各坊穆斯林主动写“乜贴”（即自愿捐款），宰牛大摆宴席。宴席上只有四菜一汤，每盘菜非常丰富，吃完了又添加。穆斯林在本坊清真寺里饱餐一顿，吃不完的菜肴由各人带回家去给不能到清真寺里来“口道”的人吃，叫做占“伯尔克提”。各坊穆斯林，都在这样欢乐的气氛中度过圣纪节。

中华人民共和国成立后，区政府非常重视人民的宗教信仰。规定每逢伊斯兰教的三大节日，凡是回族同胞到各坊清真寺参加三大节日活动，其工作单位不作旷工处理。区领导及民族宗教工作领导干部，在节日时到清真寺代表党和政府向穆斯林表示祝贺。

重要事件　清乾隆四十七年（1782）五月十一日，海南三亚人海润富阿訇经桂返乡，因久病脱发，未蓄发辫受疑，加以在其行李中查出阿文《古兰经》等书籍，遂被桂林府拘禁，当作“回匪”严刑逼供，并转奏朝廷。同时官府又行文咨照有关省份，查办与海所带书籍有关之人。有关省份接到咨文后，四处追查，仅江苏一省就拘讯涉嫌人员9名。后乾隆皇帝批复广西等地，毋庸办理此案，海润富及牵涉人员才被释放。咸丰二年（1852），太平军围攻桂林，桂林穆斯林纷起响应，同太平军在清真古寺制造用以攻城的“吕公车”，参加攻城战斗，有33名穆斯林战士牺牲，他们被分别埋葬在月牙山厄子口、穿山等。

教办事业　自清代道光年间以来，桂林穆斯林先后兴办了学校、工厂、农场等教办事业。这些事业多由宗教组织出资或由教友捐资、集资兴建，并为教友服务，从业人员亦多为伊斯兰教友。民国28年（1939），码坪街清真寺开办成德小学。到抗日战争时期，桂林仅有七星辖区码坪等清真寺还继续进行经堂教育。中华人民共和国成立后停办。

民国36年（1947），广西回文专修学院在桂林成立。该校旨在培养阿訇人才，学制3年，有公费和自费10余人。院址先后设在临桂旧村清真寺、码坪清真寺等处，马越千乡老任院长，教学工作主要由于振翼担任。1949年，该院处于半停顿状态。中华人民共和国成立初期，该院维持一段时间，后因经费不足，于1951年秋停办。

1956年，象山区崇善路清真寺阿訇马乐君与二阿訇马绍衡及当坊穆斯林20多人，组织成立了竹筷社。1958年，该社与象山区西门外回民竹筷合作社及东江五一竹筷组合并，成立回民竹筷社。

1979年，七星区人民政府成立后，辖区内的回民有的办起个体营业，有的进企业上班，有的办私立学校。

至2005年，七星辖区的伊斯兰教兴办学校、工厂、农场等教办事业共有20多个，从业人员3000多人。

七星公园的民族歌舞　（陈长生　2003年摄）

第三十四章

民俗　方言

2005 年 3 月，社区秧歌队以欢乐的秧歌庆祝“三八”妇女节

秦始皇统一岭南后，随中原地区百姓及其他地区百姓迁入，七星辖区逐渐演变为以汉族为主体的多民族居住的地方，衣、食、住、行、用、交际等习俗多源于汉族传统，与其他汉族地区基本相同，只在某些方面受自然和社会环境的影响而略有差异。回族保持伊斯兰传统习俗外，其他少数民族基本上随汉族。

清末民国初，桂林漓东地区已成为富庶之地。这里人气兴旺、商业繁荣。尧山庙会热闹非凡，漓江水上商店——排口气派壮观，花桥市场熙来攘往，码坪街、七星街的回汉同胞互敬互助、和睦相处，每十年举行一次龙船大赛。

中华人民共和国成立前，七星辖区的生产生活习俗具有实用、简单的特点，人们注重传统的农历节日；婚嫁丧葬习俗，存在封建迷信、礼仪繁琐及歧视妇女等成分；辖区的礼仪习俗多沿汉族传统，唯回族的部分礼俗仍遵循伊斯兰习惯。

中华人民共和国成立后，人民政府倡导移风易俗，随着社会经济的发展和教育程度的提高，礼俗日趋文明进步，愚昧落后部分不断淡化、减少，有的已完全消失；并随着生活的改善和教育程度的提高，人们崇尚科学、文明，提倡移风易俗，辖区的民俗日益发生变化；习俗中封建迷信、愚昧落后的成分日趋减少，文明、健康、进步的风尚逐步形成。辖区的服饰、饮食、起居、礼仪、称谓、交际、婚姻、喜庆、丧葬、节庆传统习俗得以传承，并发生新的变化。

七星辖区的方言，有桂林“官话”和“平话”两种。桂林官话，通称桂林话，为七星辖区居民的母语，适应性广泛，可在桂林市区和桂林周边12县各民族中交流通用。它发音平和，地域性强，区域性浓厚，具有独特的语言魅力。辖区的平话，为七星区朝阳乡、穿山街道办事处农村居民的母语，与桂林官话相对，辖区平话通用程度低，带有浓厚的地域特征，相邻的几个村庄发音声调不尽相同，由于与市区联系密切，交流频繁，辖区平话中部分词汇夹带桂林官话，有些词、字发音亦与桂林官话相同。

第一节　生产习俗　行业习俗

生产习俗

迎春雷　每逢立春后的第一声春雷，七星辖区有条件的人家燃放鞭炮，表示迎春吉祥。一旦初雷鸣响，随即鞭炮大作，老少雀跃欢呼，更有以棒物大敲谷仓、盆、罐或鸣鸟枪、剁砧板者，俨然“新春总动员”，人们以此振奋精神，迎接新的生产任务，并借此祈祷当年新春宏发，人畜安泰，五谷丰登。中华人民共和国成立至20世纪80年代，乡村人家仍兴此风俗。20世纪80年代后，辖区此风俗逐渐不再流行。

吃社肉（禁垌）　中华人民共和国成立前，在农历二月春社期间，七星辖区农村常有“吃社肉”活动，主要内容是制订村规民约。由一名有威望老者，在社日召集村民在祠堂或社庙开会，商订禁山（禁乱砍伐树木）、禁垌（禁猪、牛乱进田垌）、禁河（禁乱开河水）、禁偷、禁赌、禁坏风俗等，有的并将禁约刻于石碑上，立于祠内或村头、路口。会后会餐叫“吃社肉”。中华人民共和国成立后，七星区境内此风俗逐渐消失。

守垌（山）　中华人民共和国成立前，每年春暖之后，七星辖区多数村庄都会商议选出或聘请一人守垌，巡回田间山场，看守作物，防止牲口践踏，监视乱砍树木或乱割柴草行为。中华人民共和国成立至20世纪70年代初，七星区境内一些村庄仍保留此俗。但此习俗已消失。

插草标　在已播种的耕地上插上草标（将茅草

打成草结）或带叶树枝，提醒人们注意，防止牲畜践踏。此风俗在境内流行至20世纪90年代。

行业习俗

上梁　七星辖区起屋上梁是创立家业的大事，亲戚朋友都在主人择定的上梁日头天晚上前往祝贺。除备办糖果、鸡、鸭、糍粑等礼品外，还要书写贺联，以示恭贺。客人来后，主家要杀猪办酒款待客人。晚上主家和客人要在新砌的房屋厅堂里陪梁，彻夜不睡，直至第二天早上，按择定时辰桂林上完梁后才休息。

辖区居民认为上梁是很神圣的事，对梁树用木就很有讲究，且各地域习俗不同，用树也各异。梁木一般以枫木、荷木、椿芽树为主，寓以红红火火，和睦生财、春萱并茂等吉祥用意；部分以杉树为主。梁树要木工师傅和主人一起去“请梁”。“请梁”的路上要回避人，也不和别人说话。到了主人事先选定的梁树边时，木匠师傅先焚化一叠纸钱，再用锯子锯树。梁树要按吉利的方向倒下，且不能倒在地上，要人将树扶着，让梁树倾倒在架设的石头或木架上。将枝杈劈去后，主人和木工师傅抬回，放在两个木马上，由木工师傅按尺码要求，在木马上精心将梁木做好。选择的梁树，一般要有双苗以上的树木才算上品。对梁树的要求，有的认为梁树越直越好，有的则认为梁树弯曲一点最佳。以至直的梁木也有意地将它弄弯一点。因而有“梁树弯曲，后人灵巧”之说。

上梁的头一天晚上，木匠和砌匠师傅要把彩梁抬放在新砌房屋厅堂的桌子上，蔸头放东边（即朝左），尾头放在西边（即朝右）。主人在桌子上摆上白米、花生、瓜子等供果。木工师傅作出煞陪上梁仪式。先在茶盘抓上一抓米，往厅堂四面一撒，向梁树作揖后说道：“此梁此梁，很不平常，栋梁上屋，稳稳当当，红星高照，金碧辉煌。合家吉庆，人丁兴旺，老者长寿，寿比山冈；少者添喜，兰桂腾芳。仕者荣升，鹏鸟高翔；学者荣发，青云直上。万事如意，大吉大昌。”

木工、砌匠举酒祭梁后，木工匠要拿公鸡放在梁树站着。首先拿着鸡赞道：“手拿主家一只鸡，生得头高尾又低；头戴金冠霞佩锦，身穿五彩羽毛衣。此鸡不是非凡之鸡，东家老板祭梁之鸡！”说罢将鸡放在梁树上，叫做活龙站梁，家业兴旺。祭梁仪式后就到了上梁吉日良辰。木、砌工师傅把梁树拉上正柱顶端放稳，将绳子放下，把糍粑、花生、糖果、硬币拉上梁去，拜请师傅把上梁粑粑抛向四周。上梁撒抛梁粑粑，木、砌工师傅往下边一撒，下面等着的人一见便蜂拥而上，你争我夺，使上梁仪式进入极为风趣的高潮。据传人抢得抛梁粑粑、糖果、花生和硬币，都会行好运发财。有人抢不到也不会空手而归，主人会赠送两个，让人人都吃上抛梁粑粑，沾上好运财运。

20世纪90年代起，七星辖区已移风易俗，砌屋请梁、祭梁、上梁、抛梁粑粑等仪式已逐步局化甚至消失。老年人总爱津津乐道地回味着过去上梁撒抛梁粑粑的习俗和趣味。

商家习俗　中华人民共和国成立前，七星区境内的商家，每逢月初二和十六这两天，都要祭财神，祈祷生意兴隆，发财致富，名曰“烧牙祭”。大的商店，以三牲供祭；小的以猪肉供祭。一年二十四个牙祭，在商家是绝不可少的，已成为一般定例。农历十二月十六这天的牙祭，是一年中最后的一个，故称“尾牙祭”。这一天，七星区境内所有行业把过春节所需置备的东西，如纸花、彩钱、门神、对联、香烛、鞭炮、簿据、儿童玩具及一切日用物品，都铺张陈列出来，以备城乡居民选购，乡间农民也把城市过春节所需的农产品，如马蹄、花生、水果、米、糖、蔬、笋、牲畜之类，肩挑入城，分别在各市场出售，以换取乡村所需过年的物品。

新年初二日，是商家年头第一个牙祭日，一般称为“起牙”，老板必须盛筵款待店员。在这里有一个习惯上的暗示，如果老板在席上特起身向某店员敬酒一杯，即有表示辞退某店员之意。商家在这天，还有一种特殊风气——“鞭炮竞赛”。祭财神起牙的时间，各家一律都在早晨。在祭财神时，要大放鞭炮，谁放得最多，就证明去年的盈利最大，因此，各不相上下。

商家营业，在年终结束时将招牌收进，谓之“收张”，已如前述。在新年开始营业，将招牌挂出，则称为“开张”。各商店自已选择日期和时间。招牌挂出时，亦大放鞭炮。商家开张这天，另有一个特例，就是对乞丐（俗称叫花子）发开张米。在商店开张这天，凡有乞者向开张的商店道喜，商店各要给米一汤匙，但可以重乞至数次或十余次，直至傍晚为止。但小商店则仅于挂牌后发米二三小时，过时明示拒绝，乞者亦谅其无力再发，不再讨索。

商家守岁与居民同，而拜年则另有一种特殊习俗。由于初一日中午以前，财门紧闭不轻易开启，无论老板自己，还是派店员或徒弟向别人家拜年，都必须带上印有商号和老板姓名的名片，每到一家，叩门高叫：“老板开财门！”门内应声答：“拜年不敢当，老板还在挖窖（挖窖，为睡觉的代名词，亦有挖掘金银窖藏之意，为商家拜年的吉利话）。”拜年者必须叩门高叫再三，再将名片从门缝，或铺板上所开之小门投入才离去。但中午以后，闻有叩门拜年者，即开门延人，宾主相对作揖，互说吉利语，揖罢即退。主人送客出门，手托一盘，内置槟榔、橙皮，捧向来宾，口称“请拿元宝”，宾必答：留着存库。初二以后，门则不加闩，或半开虚掩，拜年就不须叩门高叫了。

中华人民共和国成立后，七星区境内的部分商家仍保持“烧牙祭、起牙、拜年”习俗；20世纪90年代后，除个别商家沿用“烧牙祭”习俗外，其他商家习俗逐渐消失。

婚礼习俗 七星区境内婚礼习俗在古代有纳采、问名、纳吉、纳征、请期、亲迎六礼。明清后，辖区内“六礼”已消失，如大量地方志中所载的，“婚礼各处不同，大约六礼之中，仅存其四：问名、纳采、请期、亲迎而已，亦有不亲迎者。”

中华人民共和国成立后，七星区境内在婚礼形式上新旧相间，而新的婚礼形式逐步取代旧的形式。新的，较为文明和现代的婚礼形式在民国期间就已在辖区各地开始实行，作为一种新的婚礼习俗。

“结婚证书”仍用向来红柬，但主婚人、证婚人、介绍人、新郎、新娘，俱署名耳。其结婚仪式，系就庭前设礼案，奏乐，由司仪人入席面北立，宣唱：“男女宾入席”而北立。男女族主婚人入席，而南立。男女族全体人入席，而东西立。证婚、介绍人入席，而南立。纠仪人入席，而北立。男女傧相引新郎、新妇入席，俱面北立。

奏乐。证婚人读证书，并为新郎新娘交换饰物。新郎、新娘行结婚礼，东西向立。双鞠躬。奏乐。

主、征婚人致训、箴词，新郎、新娘谢证婚、介绍人，三鞠躬。

男女宾代表致颂词、赠花，两鞠躬。奏乐。

新郎、新娘致谢词，两鞠躬。

女宾代表唱文明结婚歌。

征婚人、介绍人、男宾、女宾俱退。

新郎、新娘谒见男女主婚人及男女全族全体礼，奏乐，男女主婚人及各尊长面南立，三鞠躬，男女平、晚辈面东而立；两鞠躬。男族女族全体行相见礼，东面相向立，两鞠躬。

男妇傧相引新郎、新娘退。男女两家主婚人及男族、女族全体、纠仪人、司仪人俱退。礼毕筵宴。

进入20世纪90年代起，七星辖区的新郎去新娘家接新娘，新郎会被新娘亲戚们拦住，要新郎给红包，其实也是图个喜庆和吉利，红包不在钱多，一元一个红包（大多是新票子）即可，新郎背新娘或抱新娘进了新房才放下。

至2005年，七星辖区农村的婚礼习俗也大体如此，仅是在内容与形式上更富有一些时代特色。

官家习俗 官家过新年有封印、开印、出行、进香等习俗。封印、开印。凡正印官署（俗称衙门）如巡抚部院、布政使司、按察使二月二十八、二十九两日，出示布告封印及开印日期，布告贴在衙门外的照壁上面，布告封印后停止办公，开印后恢复办公。出行、进香。在清代时，凡省会及各州府县皆立有城隍庙，奉祀城隍。城隍为保卫地方之神，桂林为省会，称都城隍庙。其他各府州县，则称州县城隍庙。在平日每逢月初一和十五两日，由巡抚衙门在辕门口悬牌出示委派某官到某庙进香。新年元旦这天，巡抚于黎明出行，到都城隍庙进香，其余各庙，则仍循常例悬牌委派。

第二节　饮食　穿戴　居住习俗

饮　食

七星辖区地处桂林的东部，自古官宦商旅云集，饮食习惯南北交融，粤、川、湘、浙、赣、闽均有承传。桂菜以对山珍野味的烹调方法著称，能烹制出菜的本味。味道以鲜香，酸甜，微辣为特点。清末至民国初期，七星区域餐饮以粤菜、川菜和湘菜为主,地方菜较少。20世纪30年代后,七星区域引入简单的西式餐,但数量不多,规模较小。20世纪50年代至70年代,七星区域由于外事接待的需要,西式餐饮得到发展,中餐有各式特色菜肴。20世纪80年代后,七星辖区旅游迅速兴起,旅游餐饮得到发展,受粤、川风味影响较大,并融入地方习惯,逐渐形成了七星辖区传统菜和风味小吃特色名菜。至2005年,七星辖区随着游览观光和现代旅游业的发展,已逐渐形成具有地方特色的旅游餐饮业。

主食　民国时期,城市居民一般每日正餐为早、晚两餐,早餐一般上午9时,晚餐下午5时。正餐为大米,辅以面粉、玉米面等。学生、公职人员、经商人员、因两餐相距时间较长,有“过早”“过午”和“宵夜”的习惯,在街上吃米粉、粽子、包子、馒头、糕点、红薯、芋头等。

中华人民共和国成立后,城区居民改每日两餐为三餐,即早餐、午餐、晚餐,进餐时间视上班下班、上学放学的时间而定。大多数家庭早餐在街上摊点吃米粉和糕点,中午和晚上在家就餐。由于正餐的间距缩短,一般不再“过午”和“宵夜”。

20世纪80年代至2005年,七星辖区城市居民及乡村农民经济生活条件改善,对主食的品种质量要求相应提高,城市居民大多数家庭逐步由吃得饱向饮食科学化、营养化、方便化过渡;农民的主食也有了明显改善,多以大米为主,少吃杂粮。

副食　民国时期,一般平民经济收入微薄,日常副食以蔬菜、瓜类、豆类为主,节日或招待宾客才购买一些猪、牛、鱼、鸡、鸭、蛋之类食品。殷实之家副食品以肉、鱼、蛋为主,辅以蔬菜。郊区农民的菜蔬均为自种自养自食,节日或招待宾客所吃荤菜,除猪、牛肉需要购买外,禽、蛋一般都是自产。

中华人民共和国成立初期至20世纪70年代,副食品供应困难,城市居民凭票购买肉、蛋等副食品。

20世纪80年代初期,逐步取消凭票供应。至2005年,七星辖区城市居民及乡村农民经济生活条件改善,对副食的品种质量要求相应提高,城市居民大多数家庭副食由大鱼大肉向多样化、科学化及营养化转变;农民的副食有了明显改善,猪、牛、鱼、鸡、鸭、蛋之类副食十分常见。

回族的副食品、素菜与汉族相同,荤菜以牛、羊、鸡、鸭为主,忌吃猪、马、狗肉,忌吃非经阿訇宰杀的禽畜。

糖果　桂林城乡居民喜食本地产的传统糖果。日常配餐用红黄片糖,白、红、黄沙糖、冰糖等。果类喜食桃、李、梨、柑、橙、橘、柚、柿、板栗、锥栗、西瓜、香瓜、石榴、枇杷、葡萄、红枣、马蹄、甘蔗、桃金娘等。1980年至2005年,七星辖区随生活的改善和观念的改变,逐步转向食用外地引进的低糖低热、包装精美的糖类和糕点。除本地产传统水果外,从外地运销的苹果、香蕉、芭蕉、菠萝、荔枝、龙眼、杧果、猕猴桃、草莓等已成为常食果品。

风味小吃　七星辖区传统风味小吃,以大米、面粉、糖为原料,主要为咸甜两类,品种繁多,制作精细,风味独特。日常食用品种有:米粉类有生菜、卤味粉;面点类有馄饨、大肉包、水晶包、豆沙包、水饺、蒸饺、尼姑面(素面);粥品有及第粥、鱼生粥、鸡粥;糕点类有马蹄糕、萝卜糕、茯苓糕、发糕、松糕、碗糕。此外还有八宝饭、豆蓉饭、水糍粑、蕉叶粑、沙谷米、发饼、油香、油条、开花枣、馓子等小吃。春节有甜或咸年糕、粉利、糯米粑,端午节有粽子,中秋节有各式月饼等。夏季偏重凉品,有凉粽、凉拌卤味米粉、绿豆沙、冰花莲子羹等;冬季偏重热品,有马肉米粉、牛腩米粉、油炸粽、油堆、糯米鸡、油煎芋头、糖炒板栗等。

穿　戴

衣裤　七星区境内各族人民的衣服,无明显的民族差异,并随着时代的变迁而变化。

民国初年,市民服饰仍保留清代遗风。男性公教人员、商人、店员一般穿长衫,殷实之家以绸缎缝制,一般人家以棉布缝制。女性一般穿大襟唐装衣裤,大襟、袖口及裤脚滚宽边,青年妇女有的滚花边(俗称“栏干”),后宽边改成细边而至无边,大袖口大裤脚改成小袖口小裤脚;衣角曾由方形改成圆形,后复改成方形。喜庆节日多穿长裙,中老年多为青色,青年多为红色。富户人家以绸缎缝制,打褶,称之为“百褶裙”。

民国25年(1936)起,新桂系当局实施“三寓政策”,其中一项是“寓兵于团”。于是上至省政府主席,下至各公教人员、大中学生、各业职员,无论男女,兴穿浅灰色布军装,戴军帽。

中华人民共和国成立后,七星辖区一般男性公教人员,春、秋、冬季多穿灰布或蓝布中山装;夏天上身穿衬衣,下身穿长裤或西装短裤。女性春、秋、冬季多穿翻领西式上衣、长裤，颜色亦多为蓝、灰、黑色；夏天部分青年穿短裙或连衣裙，大多数中老年上穿长袖或短袖衬衣，下穿长裤，色彩变化不多。

20世纪70年代初，以“的确良”为代表的化纤布进入七星区市场，居民衣裤布料由过去纯棉织品变为棉化纤织品。

20世纪60—80年代初，七星城区及乡村的服饰没有大变化，“文化大革命”期间，青年人一度兴穿绿色仿军装。衣裤一般都是买布定做，实行凭布票购买。20世纪80年代初，逐步取消凭票供应。

20世纪80年代中、后期成衣出现，随着生活水平的提高，辖区人民的衣裤趋于多样化，赶时髦，追求款式新颖。男性服式以中山装、西装、夹克为主体，冬季冷，冬天穿呢大衣、棉衣、皮衣、羽绒衣，夏天穿衬衣、T恤衫。青年女性服装品种繁多，花样新颖。除少数定做外，多数买成衣；中年职业妇女日趋时装化。农民除少数老者仍穿唐装外，中青年人的穿着与城市大体相同。

1990—2005年，七星辖区经济发展快速，城市居民及乡村农民的收入普遍提高，干部职工一般都穿西服结领带，穿休闲服；青年妇女一年四季服饰颜色繁多，夏季多穿连衣裙、长裙、短裙；青年男女穿西装、人字服、牛仔裤、布夹克、皮夹克等。

冠戴 中华人民共和国成立前，七星区域居民男子一般戴白色、黑色檐帽，女子头包蓝色士林布或黑色布巾。回民男性戴白色、黑色无檐帽，回族年长女性将头发和两耳包住，只露面部。

中华人民共和国成立后至2005年，辖区少数民族（除回族外）的日常冠戴与汉族无差异；只有回民男性戴白色、红色、黑色无檐帽，少数回族年长女性披长条黑色披风，将头发和两耳包住，只露面部。

鞋袜 民国2—20年（1912—1931），以穿布鞋为主，一般由家庭妇女手工制作，有布面布底和布面皮底两种，少数女性穿绣花鞋。雨天多穿木板鞋，板鞋有的是布面木板底，有的是棕绳织成鞋头的木拖鞋，街道居民多穿前者，农民多穿后者。民国后期（1941—1949），平民晴天多穿布鞋、胶鞋；殷实之家多穿布鞋、皮鞋，年轻妇女晴天穿高跟鞋，雨天穿水胶鞋。中华人民共和国成立至20世纪70年代，多数人穿布鞋、解放鞋，少数人穿皮鞋。1980—2005年，辖区鞋类品种繁多，随着四季的更迭和天气的变化，城市居民和乡村农民选购更换鞋类较随意，穿皮鞋已很普遍。

民国早期，城市居民及乡村农民多穿粗布的袜子。20世纪40年代市场上出现了棉纱机织袜，布袜被淘汰。中华人民共和国成立后，城乡居民及乡村农民多数人穿纱线袜、尼龙袜，有少数人穿丝袜。1980—2005年，七星辖区不同质量及花色的袜类品种增多，城市居民及乡村农民大多数人随着季节的更迭选用各式袜子。

妆戴 民国初年，七星区境内妇女保持清末妆戴。民国14年（1925），广西当局号召妇女剪长辫，区境内先是各女子中小学校的积极分子带头，后逐渐波及家庭妇女。

1930—1949年，七星区境内城乡居民及乡村农民青年妇女不再梳发、插扁，富裕人家中年妇女喜戴金镯、银镯及金戒指、银戒指，老年妇女则喜戴玉镯。女青年出嫁当天举行妆礼，有专职妇女（称为“扯脸婆”）为之化妆。上妆前先除去脸上的汗毛，然后梳发，涂“刨花水”使头发发亮。再搽胭抹脂，最后画眉毛，头戴绒花或鲜花，两耳挂上耳环。中青年妇女参加喜庆节日活动，都兴化妆打扮。

中华人民共和国成立初期至20世纪70年代，七星区境内城乡居民及乡村农民妇女把戴金戒指、挂金项链、搽胭抹粉视为资产阶级生活方式，城乡均无这些现象，穿着打扮不讲究。

20世纪80年代起，辖区城市居民及乡村农民随着生活水平提高和观念变化，各民族妇女穿着打扮之风兴起，中青年妇女抹胭脂口红、戴金戒指和金项链、玉镯日渐增多。

20世纪90年代至2005年，辖区城市居民及乡村农民女青年兴留长发披肩，中青年妇女兴烫发、染发。

居　住

清及民国时期，七星辖区建房，在方位上一般选择坐北朝南，称作“堂屋”。若单独一个院落的，门向东、西的称“厢房”。农村过去鲜有瓦房。民居家庭一般为四合院。房屋多是土墙草顶，前墙一面开窗。室内阴暗，夏天闷热。面门者为主房，为家中辈分最长者居住，两边称偏房，为儿子、儿媳居住。面南的房子称堂屋，面西称东屋，面东称西屋，面北称南屋。正门两侧叫耳房，一般作厨房或磨坊用。如儿子较多，偏房不够分配者，也有所谓“三间屋、两头房”的，即三间房子，老人住一间，另一间住一房儿媳。豪富之家,如儿女较多,往往有一进院子、二进院子、三进院子。每进院房互相联结,房屋结构、形状和大小大致相同,只是最后一进院子主房较高。贫寒人家多居住在低矮的草房或简陋的庵棚内,往往一家数口拥挤在一起。建房前,要先请“风水先生”看地形,在不犯禁忌之处建房。民间习俗,房屋的高度要事先与邻居商定,不能有高低之别,生育未满月的妇女禁止进入他人住宅。

中华人民共和国成立后,辖区住宅习惯按旧俗,居住禁忌逐渐减少,房屋质量逐渐提高。20世纪50年代至60年代,辖区大致沿袭旧的居住习俗。20世纪70年代末,辖区农民生活逐渐富裕起来,砖墙瓦顶的房屋逐渐增多。房内的布局,一般是当门后墙放大方桌,两旁置座椅,两头内间作卧室,放置桌柜等。有条件的,当门后墙则悬挂字画之类。城区居民居住习俗和农村居住习俗大致相同。只是城内房子多是砖瓦结构,且有少数两层楼房。机关干部多居住集体或统建楼房里,1房1个单元,多至60多平方米,少则30多平方米。

1978—1983年,七星区境内一些企事业单位兴建4—6层砖混结构的单元住宅,主要分布在龙隐路、七星路、三里店,建筑多为1梯2户或1梯3户户型。1983—1989年,辖区先后建成三里店、羊角上、屏风小区,建成住宅50栋,1273套住房,建筑面积11.3万平方米。

20世纪90年代,住房制度改革,干部、职工、居民租住的房屋实行用货币购买、产权私有的政策。1990年,七星区城镇居民人均居住面积8.65平方米,农村居民人均住房面积23.57平方米。

1995年,国务院批准《桂林市城市总体规划》,旧城改造提速,把旧民居改建为砖混结构的2—3层楼房,临街的旧房多数改造为商住一体;企事业单位的旧房多数改造为砖混或钢筋结构的经营、生产或职工住房。同年,七星区审批农民住房500多户,建筑面积1万多平方米,建房投资600多万元;七星区城镇居民人均居住面积为12.05平方米。

2000年,七星区城镇居民人均居住为13.18平方米;2005年,辖区城镇居民人均居住为25.85平方米。2001年,七星区农村居民人均住房面积44.63平方米,其中砖木结构面积17.15平方米、钢筋混凝土结构面积27.48平方米;2005年,辖区农村居民人均住房面积71.25平方米,其中砖木结构3.75平方米、钢筋混凝土结构67.50平方米。

修房建宅 七星辖区有些特殊的居住习俗,有龙门口、踩门、挂吞口等。龙门口又称龙门子,指四合院总进出口处修建的与院子相连的建筑,形式似亭非亭,似坊非坊,大小如一间屋子,不住人,只供人进出,可堆放农具。

民间修房建宅,在安装大门时要举行踩门仪式。届时,将刚安装好的大门关好,主人立于屋内,由一位德高望重、福寿双全的人手端大茶盘,盘内放红枣、核桃、硬币等物。他走近大门时,主人将门打开,恭敬地将其迎进屋。踩门人一边进门,一边口念颂词,内容是“踩福门,踩祥门”“启福门,启祥门”之类。颂毕,将盘内的红枣、核桃、硬币等物撒向屋中,象征财富福寿滚滚来,至此,新屋才算正式落成。

修房建宅,如果通常冲煞不能避开,正门朝向不太吉利,那就要在门前悬挂吞口,以避煞星,吞口为一夸张变形的人头像,其貌威武勇敢,眼大鼻圆,口衔一柄七星宝剑,据传,此头像有镇宅驱邪作用。

乔迁 中华人民共和国成立前,由旧居迁新居,尤其是自己出资建造的新居,搬入的当日,亲戚朋友皆送礼祝贺。所送礼品多为包子和大眼发糕,也有的加送一副对联。主家接收礼物后,约期请送礼者来家宴饮,少则数桌,多则十余桌,以示谢意。郊区农村亦盛行庆贺迁新居,礼物以鞭炮、镜屏为主。主家必备办酒席宴请。中华人民共和国成立后,七星辖区城乡祝贺迁新居之俗仍存,但规模小。20世纪80年代至2005年,辖区城区及乡村庆贺规模日渐扩大。

房屋形式 中华人民共和国成立前,七星区域的农村草屋很多,泥土墙,上铺稻草、麦秸或树皮。除草屋外,另有居住条件更差的草棚、石灰棚,均极低矮,是用篱笆外漫泥土作墙而搭成,居民大都是家无隔夜粮的苦力小贩等。改革开放后乡村草棚才逐渐消失。

一般城市居民,多是数家同住一个大院内。一家人或二代,或三四代同堂(1—3间不等)居室一般无内外区别。炊具、炉灶也在屋内。房屋式样一般无大差别,仅从规模大小,用料优劣来区分。上等房屋,以石条为基础,青砖砌墙,顶梁、木桁条、椽子等均用上等木料,屋顶盖小瓦。次一些的,屋墙外砖、内坯,俗称“里生外熟”;房顶瓦背上,用泥灰塞缝,俗称“翻瓦脊”。20世纪60年代起,辖区房屋均从青色小瓦改成青或红色大瓦。

七星区临江路漓江华府小区　　（覃帆　2005 摄）

官贵人家，居住名称为公馆或大院，前面冠以姓氏称呼，如李（家）公馆，徐（家）大院等。公馆或大院的样式，多为三进院落。大院的每所院落都有主房。主房比其他房间高大，由房主居住，有三间（室）或五间（室）两种。讲究的要修走廊。如不修走廊，便在左右依墙砌台，覆上条石，高与人腰齐，俗称为“扶手石”。三间（室）一明两暗（左右两间为暗），五间室则敞三间，故俗称“明三暗五”。主房左右为配房，由儿、媳居住。另有客厅、书房、储藏室等。有花园的人家，多将花园坐落在院后，并设后门与花园相通。三进院落中，头门如果用“铁壳门楼”，门口必设置石鼓、闸板。门洞房内多住佣仆。厨房一般设在院内右侧，厕所在院内左侧。中华人民共和国成立后，辖区公馆、大院逐渐成为多家杂院。

20 世纪 60 年代，七星辖区城镇居民住宅楼渐渐兴起，均为公建房，但大多为简易楼，三四层高，且多家合用厨房和卫生间。20 世纪 70 年代起，住宅楼群叠起，多五六层高，每房自成体系，或一室，或二室，或三四室，均有厅房、厨房、卫生间。在居民聚居的小街巷内，因住房紧张，很多房屋被居民自己改造成二层楼（或新盖简易二层楼）。至 2005 年，房地产不断兴起，辖区开始流行居民小区、写字楼、别墅，人们的居住环境越来越个性化，越来越宽敞舒适。

第三节　称谓　交际习俗

称　谓

父系称谓　父亲称爹爹，母亲称妈妈；兄称哥哥，弟称弟弟，姐称姐姐，妹称妹妹；祖父称爷爷，祖母称奶奶；伯叔祖父依其排称，伯叔祖母亦依其排称。父亲的哥哥称伯伯，其妻称伯娘；父亲的弟弟称叔叔，其妻称婶娘；父亲的姐姐称姑妈，其夫称姑爹；父亲的妹妹称娘娘（读第一声），其夫仍称姑爹；姑妈、娘娘的子女称表兄、表弟、表姐、表妹。

母系称谓　母亲的爹爹称外公，面称公公；母亲的妈妈称外婆，面称婆婆；母亲的兄弟称舅舅，其妻称舅娘；母亲的姐姐称姨妈，母亲的妹妹称娘娘（读第一声），其夫称姨爹。舅舅的子女称表兄弟、表姐妹，面称表哥、表弟、表姐、表妹；姨妈的子女亦称表兄弟、表姐妹。

自身称谓　对子女称小名或学名，对儿媳妇称小名或学名，对女婿称小名或学名，妻子称小名和学名，或称“××（儿子的名字）的妈”。对自己的丈夫称学名或字，或称“××（儿子的名字）的爸”。

姻亲世交称谓　长辈称姻长，同辈称姻兄、姻弟、姻姐、姻妹、姻嫂，晚辈称姻侄、姻孙。世交对长辈称世伯、世叔，同辈称世兄、世弟，晚辈称世侄、世孙，拜别人为父母称义父、义母或亲爹、亲妈，或干爹、干妈。对与别人结为兄弟姐妹称兰兄、兰弟、兰姐、兰妹。对认“同龄”人的兄弟姐妹称同年哥、同年弟、同年姐、同年妹，互相间则面称“老同”“老华”。

社交称谓　中华人民共和国成立前，辖区城乡居民见人多称先生、女士、阁下、兄台、学长、老兄、老弟；以姓氏称则谓老李、老王或小李、小王；对有一定地位、有文化教养的人，多称之为老爷、先生、夫人、太太、小姐。新中国成立后，邻里间的泛称，对男性，年长的称爷爷、伯伯、叔叔，学有特长的尊称李老、王老，年龄相仿的称大哥、二哥或老兄；对女性，年长的称奶奶、伯娘、婶娘，年龄相仿的称大嫂、大姐，年少的称姑娘，小妹。

敬谦称谓　中华人民共和国成立前，辖区城乡居民与人谈话，对其长辈一般称令尊、令堂、令师、令亲、令祖或尊大伯、尊叔；对其同辈称令兄、令弟、令姐、令妹；对其晚辈称令郎、少爷、公子、小姐、姑娘。同人谈话，自己的父母谦称家父、家母，兄弟姐妹谦称家兄、舍弟、家姐、舍妹；妻谦称拙荆、内子、内人；对子谦称小犬，对女谦称小女；对家谦称舍下、寒第；自己则谦称鄙人、不才、后学、愚弟，对老师则自己谦称学生、门生、弟子、徒弟。新中国成立后，这些敬谦称谓一般已不用，只有少数人在书信等文字交流中使用。

师生师徒称谓　中华人民共和国成立前，辖区城乡居民对教书的称老师或先生，老师的妻子称师母；老师的子女和同拜一个师傅学习的人称师兄、师弟、师姐、师妹。同学间互称同学兄、同学弟、同学姐、同学妹。同榜考入学校的互称年兄、年弟、年姐、年妹。对工商界老师称师傅；对店主称老板，店主的妻子称老板娘；对店里的同事称伙计。老板称徒弟用学名或小名，师傅称徒弟亦用学名或小名。中华人民共和国成立后，部分称谓已不用或少用。

交　　际

七星辖区城乡居民，古来即有婚嫁喜庆，时令节日亲友互相走访庆贺的习俗，至今不衰。娶媳、嫁女、添丁（生小孩）、建屋迁居等喜庆，至亲好友必备办礼品祝贺，主家则设酒席招待；其中以春节最为隆重，大年初一起首次见面必有祝词。中华人民共和国成立后，春节前夕机关单位有时候兴团拜会或茶话会，亲朋拜年仍一如往昔；安装电话的家庭，有的用电话拜年。回族在伊斯兰教节日亦互相拜候致庆。

辖区居民至亲好友来访，主人一般将客人迎进厅堂，分宾主座位坐下，然后献上烟茶；客人离去时，必须送至门外，鞠躬相送。其中春节吃春酒为互相宴请，有“春酒不还席，吃了厚脸皮”的俗语。民间还有“年不接，生不请”的习惯，即不能请客来给自己拜年或拜寿，必须是自愿前往。20 世纪 90 年代起，手头宽裕的人家宴席不设家中，而在酒楼设宴。

民间互赠礼品，亲友给婚嫁各方送的一般都是贺仪（红包），亦有给新娘送穿戴和常用物品。春节多为送过年常备的传统糕点、糖果和烟酒；中秋多为送月饼。节日送礼，一般是晚辈送给父母、祖父母、伯叔、岳父母、舅父母等长辈。20 世纪 80 年代起，辖区因生活改善，有送礼品加钱款者，有送钱款而不送礼品者。

第四节　节日习俗

春　　节

中华人民共和国成立前，七星区域春节这一节日在民间非常受重视：从农历的十二月十六日起，到新年的正月十五日止，整整一个月的时间，都包括在春节的过程中。中华人民共和国成立后，辖区春节从农历十二月廿四日起至正月十五日止，均属春节期间。

过小年　十二月二十四日为过小年，过小年主要是在这天晚上送灶神上天，一般习俗上把这一整天都称作小年夜。相传后汉宣帝时，有一个叫阴子方的，家境很贫困，但极孝顺父母，有一年在十二月腊日早晨，正在煮饭，看见灶神现形，从天而降，他急忙下跪礼拜，并杀了家里饲养的一匹小黄羊供祭飨神，后来他就突然发了横财，从此后代子孙繁荣昌盛。因此习俗相沿，每到十二月腊日，家家都要送灶神上天祈福消灾。一般认为灶神乃是一家之主，一家之善恶功罪祸福，皆归其监察掌握，故于每年将终，送灶神上天向玉皇保奏，为一家降福免灾。小年前后，民间还有一通行习俗，即还“大愿”，又名“还太平愿”。因为一年四季过着太平安乐的生活，都是由诸神所赐予的，一年将终，应该酬谢神恩，还此心愿。有钱的人杀一头全猪，无钱的人至少也须买一个猪头，选择吉日，配以香烛鞭炮，向各街庙宇，酬神还愿。民间有一首儿童歌谣生动地述及此事：“卖龙卖龙车车，还龙还龙愿愿，买个猪头还大愿，大愿不吃猪头肉，买了猪仔来看屋。”

扫扬尘卖春联　扫扬尘，即是年终的一次大扫除,含有除旧布新的意思,所有旧年时所贴的门神、彩钱、对联、吉利标语及一年来所积存的尘垢,统统在这一天内扫除洗涤干净,以迎接新年。日期由各家自由选择,但必须在过小年送了灶神之后,全家男女才一齐动手,分工合作。家家如此,无一例外。将近年终,各私塾书馆一般都散馆放学了,有些老师和年龄较大的学生,就出来代写春联,辖区居民来托写春联时,酬以相当笔资,其数虽微,积累起来,也可作为过年的费用。

除夕 除夕是旧年年终的最后一晚,桂林建市以前,平日无夜市,惟除夕这晚,夜市要闹到12点钟才结束,大家把这一日的整天称作“三十夜晚”。一到晚上,只见满街都是灯笼火把,一半是居民购买年货,一半是商家讨还欠债。当时有句俗谚:“有钱的过年,无钱的过难。”故除夕这晚一般称为年关,而穷人则视之为难关。这天的晚餐叫做吃团年饭,必须等齐全家大小,团坐共食,以示欢聚团圆之意。餐罢之后,最主要的一件事就是迎接灶神回家过年。这时,先来一次清洁扫除。迎神时间必须在12点钟前,仪式与送灶神略同,但须另换一套接灶书。此外还须煮出隔年饭来,已备新年初一这天早午晚三餐之用,意为新年正吃着旧年的饭,表示有剩有余,出不完用不尽。

守岁、出行、拜年 除夕晚上一过12点钟,即为新年开始。新年活动最主要的是三件事,即守岁、出行、拜年。新年出行,在旧社会里是最普遍、通行的习俗,一般居民,多数是在自家门口,向着某方叩头,或作揖致敬礼,也有到坐落某方的庙宇进香的。唯商家则另举行一种特殊的仪式“开财门”。他们从历本上选择一个时间,这时,老板整肃衣冠,先向财神行礼,然后率领店员或徒弟,各执香烛一具,把红萝卜切为两半,将香烛插在凸起的一面,把它们分别平放于东南西北四方的地面上,老板立于中央,向四方作揖,烧元宝,致敬礼,默祷今年生意兴隆,发财致富。礼毕入门,将大门紧闭,在新年初一这天中午以前,非有特殊要事,不得轻易开启财门。

居民习俗一般在出行后即开始在家拜年,先向祖宗香火堂拜年,再向父母及家属长辈拜年,都必须行跪拜礼,这时父母必赠以压岁钱。平辈的人,则互相作揖,名为团拜。拜年之后,除儿童外,大家都必须坐到天明,迎接元旦,名为“守岁”。

至于居民外出拜年,又另有一种习俗,即:“初一仔,初二郎,初三初四女拜娘。”这是历来相传的一种习俗。初一日,除在家拜年之外,出门拜年的对象只有亲族中的长辈和授业老师。向平辈拜年,多半在初二、初三两日,但这只是一般习惯,并无限制。唯女婿向岳家和女儿回娘家拜年,则有一定禁忌:女婿向岳父母拜年,必须在初二这天,早一日则违反禁忌,迟一日则视为不恭,必遭岳父母的谴责。若是新结婚的女婿第一次上门拜年,岳家必须派人陪同新姑爷介绍到各亲友长辈家拜年,亲友长辈必须赠以手帕、戒指之类,名为答贺。至于出嫁之女回娘家拜年,必须在初三、初四两日,并且还不能留在娘家住宿。要回娘家住宿,必须在过了元宵节以后,若违此禁忌,娘家必不高兴。

迎春节

迎春节为农历的立春日。是日交春时刻举行迎神活动,将写着“迎春接福”的红纸贴于香火台正中或贴于厅堂门的正中,然后燃香烛,化纸钱,鸣鞭炮,叩头迎神。清代,桂林府还于立春时刻出动全副仪仗队,坐明轿、鸣锣开道,出东门,过浮桥,到河东栖霞寺敬香迎神。回城时还抬着一具纸扎的人和一只纸扎的耕牛。中华人民共和国成立后,辖区迎春活动淡化,仅有农村部分人家仍贴红纸条。

元宵节

元宵节为农历正月十五。是日晚家家户户吃汤圆,称为“吃元宵”。中华人民共和国成立前,辖区元宵节前市场上就有龙头、龙珠、牌灯、鲤鱼、蝴蝶、荷花等各种花灯出售,专供儿童玩耍。元宵节晚华灯初上,儿童手持花灯,走街串巷玩耍。成年人和儿童混合玩狮子灯,其主体为瑞狮,配以罗汉、猴子和持龙珠的小孩,沿街游行,作种种舞蹈,商家常以万年青叶缀以钱币,悬于屋檐高处,候其摘夺。多由成年人搭人梯,或用长凳迭架成台,让瑞狮爬上将万年青夺下,商家即大放鞭炮。

元宵节期间规模最大、最受群众欢迎的活动为出龙灯。龙灯以龙为主,但不限于龙神,凡是以过经地过皇帝敕封之神庙,均可以出龙灯。火神庙、关帝庙、城隍庙、九娘庙、三姑庙、禹王宫、仁寿宫等,皆有轮流出龙灯的资格。龙灯出游从正月十三日灯节开始,至元宵夜结束,正式游行三天。正月十六日的龙灯出游称“扫街龙”,只在当庙所属街道巡行一周了事，各街道各行业所捐献的灯景均不参加。龙灯会结束后第一件事是送龙珠。

中华人民共和国成立后，七星区境内要龙灯的活动淡化，解放初期偶有活动，规模已不如前。吃元宵则沿袭至今。20世纪90年代后，七星区有关团体在公园举行灯展，供市民观赏。

惊蛰节

惊蛰节为每年的农历惊蛰日。是日午夜12时，各家都起身在厅堂中央用石灰粉画一弓箭，箭头射向门外，并鸣放鞭炮。翌日清晨，又用石灰粉洒遍屋角阴暗处或沟中。其意为惊蛰一到，虫蚁开始滋生，画弓箭以将一切害虫射出去，撒石灰则免其滋生繁衍。中华人民共和国成立后，辖区除打扫环境卫生、灭虫、防虫外，其他活动已不复见。

清明节

农历二十四节气中的清明日为农历的清明节。是日，辖区家家户户备纸钱、宝帛和香烛，有的还备三牲酒礼，全家老少前往祖先坟前祭扫，名之为扫墓。乡间则以宗族为单位，由族长召集同宗男丁，前往祖先坟前祭扫。有祖业的宗族，还杀猪数头，祭祖后聚餐，并每家分猪肉一块。解放前，重男轻女，女性一般不能参加。是日每家蒸“粉蒸肉”，晚餐前先将粉蒸肉供奉祖先，燃香烛，烧纸钱，并向祖先叩头，请其回家过节，祭毕进晚餐。解放后，男女老幼均可参与祭扫祖坟。2008年起，国务院规定清明节放假1天。

端午节

端午节为农历五月初五日，亦称端阳节、蒲节。是日，辖区清早各家门前悬插菖蒲艾枝。意取菖蒲似剑可以驱邪，艾似旗可以招屈原之魂。有的以艾叶扎成老虎模样，意为能食毒物。同时各家均以雄黄拌石灰，洒遍屋角阴暗之处，以免虫蚁滋生。家中小孩各带上香包一个。香包以各色布头缝制，其状有猴子、三角粽、扇子以及其他花形，内装香粉，玲珑美观。各家都饮雄黄酒，吃鸭子、粽子、咸蛋、大蒜和桃李，名为吃“五子”。一般在上午祭祖，下午观看龙舟比赛。龙舟穿梭于漓江之上，龙船歌不绝于耳，围观者人山人海，盛况不亚于龙灯会，获胜者奖银钱若干，烤猪一头。参赛者视获胜为荣事，好彩头，故赛前积极准备，反复训练。桂林解放后，龙舟赛一度停止，20世纪80年代起，辖区恢复龙舟赛；吃“五子”、挂菖蒲艾枝等多数人家仍沿袭。2008年起，国务院规定端午节放假1天。

七夕节

七夕节为农历七月初七日，或称“乞巧节”，意为妇女向织女乞求智巧。相传是日为牛郎、织女双星渡河相会佳期，民间妇女极端敬重。官僚和富家闺秀于初六晚间，就邀集女伴摆列“乞巧”迎神。通常用多张桌子拼凑成“乞巧”台案，台面布置绚丽多彩，有精美的纸扎昼。许多青年男女穿梭于大家庭院观看摆“乞巧”。一般平民家少见。中华人民共和国成立后，七星区境内此种习俗少见。

中元节

农历七月十四日或七月十五日是中元节，这是一个祭祖的节日。七星区境内居民俗称之“七月半”“鬼节”。当地有一首歌谣这样唱道：“七月里来七月花，七月十二日鬼回家，有子有孙化纸钱，无子无孙空回家。”节日的人情味极为浓厚，表达了人们对祖先的缅怀之情。

七星区境内的农村，家庭在七月十二日就开始整理神台。更早的七月七日就开始安放祖宗神位。这时候家人一早就弄茶弄饭，到屋外放上一串鞭炮，烧些香火纸钱，将祖先接回家来，然后在神台供上香火、食品。祭祖期间，每天早晚还供上香茶，就餐时供上饭菜，让祖上过一个丰盛愉快的“鬼节”，享受后代一年一度的敬奉。到七月十四日（或十五日）那一天，不管城里还是乡村，家家杀鸡宰鸭，做一顿丰盛的晚餐，全家聚在一起祭祀祖先。就餐时，除了放上家人的碗筷外，还要放上故去未满三年的或上一辈的祖先的餐具，给他们留下座位。就餐前，供祖宗牌位，将桌上敬祖先的酒杯斟满，然后将杯中酒洒在地上。三巡过后，家人方可进食。桂林人称此礼为“敬老爷”。

在祭祖期间，子孙后代，包括已嫁出去的女儿、孙女都要为已故祖先制作纸衣、纸钱、纸箱子，女儿回娘家时还要带上一只鸭子回来供祖先。到了中元节的晚上，主妇带上这些纸钱、纸衣到河边或偏僻之处焚烧，谓之给阴间的亲人送钱、送衣。焚烧时，要将这些东西放在一个用石灰画好的圈子里，以免被“野鬼”抢走。

中秋节

中秋节为农历八月十五日，又名“八月节”。中秋节是七星辖区城乡居民历来所重视的传统节日，与端午节相比，端午节着重上午敬神、吃粽子和咸蛋；中秋节则着重下午敬神，故有“早端阳，晚中秋”之说。是日，各家除杀鸭外，还准备其他菜肴，敬神后全家团聚共食，取其团圆之意，月上中天开始供月。一般在天井或门前摆上果品、素食、香茗。民间传说“月宫仙子皆吃素”，所以不能杂以荤品，月饼也买特制的素饼供奉。各家点香烛，有的还烧细香、盘香、盆香（用大瓷盆一个，内盛砂子，插上几十支大香，全部点燃）、柚子香（在柚子上插满细香、用竹竿高举过屋檐敬月亮），有的还用一个完整的柚壳，镂雕成各种字样和花纹，内放油灯，悬挂门前，供人观赏，俗称“柚子灯”。中华人民共和国成立后，供月亮已不多见，但杀鸭、吃月饼之风至今仍盛行。2008年起，国务院规定中秋节放假1天。

重阳节

重阳节为农历九月初九日，是日人们多游山，故又名登高节。有钱有闲暇的人更为重视，有的备酒菜，邀集三朋四友到山上插茱萸，饮菊酒。七星山、月牙山等都是民众登高的所在。登高当初有“避灾难”“脱浩劫”之意，后逐渐演变为利用秋高气爽之时游山玩水。尤其是骚人墨客，常于是日约集山巅吟诗作赋，交流创作经验。重阳登高之俗今仍沿袭。

冬至节

冬至节为农历的冬至日。中华人民共和国成立前，是日，七星区境内城乡居民建醮酬神，意谓一年平安、丰收皆神灵所赐，秋收冬藏时节应该建醮酬之，故称为“太平醮”。郊区乡村更为重视，建醮酬神活动隆重热闹。正醮之日，杀猪宰羊，全村男女老幼围坐共食，客人亦一律参加，延请师公主坛，并吹铜笛、打冬鼓、燃大炮、戴假面具跳神。城市街庙于是日筹资建醮酬神，盛况不及乡村，主坛者多为僧道，除诵经外，无其他动作。市民亦有“冬至大过年”的说法，各家均以三牲祭奉祖先，然后全家共食。中华人民共和国成立后，仍过冬至节，已无建醮酬神活动。冬至当日，七星区境内城乡还兴腌制腊肉腊肠，有“冬至腊肉不要盐”之说，即不拌盐亦不会变质发臭。

元　旦

元旦节为公历1月1日，民国开始采用公元纪年，元旦为新年首日，遂放假过节。中华人民共和国成立后沿袭之。亲友多于节前买贺年片、年历画片互相赠送，以示庆祝。是日晚上，七星区政府、文化部门以及一些机关、团体、企业常组织文艺晚会、舞会，以庆贺。

妇女节

民国时期，妇女节为农历七月七日。中华人民共和国成立后，中央人民政府于1949年12月规定每年的3月8日为妇女节，与国际妇女节同日。七星区政府遵照执行，是日妇女放假半天，辖区城乡常举行妇女集会或娱乐活动。

植树节

民国4年（1915），国民政府通令全国以每年清明节为植树节，各级政府机关、学校开展植树活动。民国十七年（1928），改为3月12日孙中山逝世纪念日为植树节。1979年，全国人大常委会确定公历3月12日为植树节，是日，七星辖区机关、企事业单位的干部、职工和学校师生开展植树造林活动。

劳动节

中华人民共和国成立后，中央人民政府于1949年12月规定5月1日为劳动节，与国际劳动节同日。是日法定放假1天。20世纪50年代，多为召开庆祝大会，并于节日前后表彰劳动模范、先进生产者和先进工作者。1960年起，七星区境内改为各单位举行小型庆祝活动，表彰劳模和先进从未间断。

青年节

民国时期定公历3月29日为青年节,是日一般举行青年集会。中华人民共和国成立后,中央人民政府确定5月4日为青年节,是日男女青年放假半天。青年团常于节日召开全市青年学生、青年职工纪念大会,并表彰先进青年;七星辖区各单位根据青年特点,开展各种文体活动。1980—2005年,共青团桂林市委于青年节前后举办青春艺术节,七星辖区组织各系统青年积极参与文艺会演。

儿童节

民国时期,国民政府定公历4月4日为儿童节,是日常组织儿童开展娱乐活动。中华人民共和国成立后,中央人民政府定6月1日为儿童节,与国际儿童节同日,儿童放假1天。各小学、幼儿园常于节日举行儿童文艺节目表演。区领导和有关部门节日期间到幼儿园看望儿童并赠送节日礼品。

教师节

民国20年(1931),国民政府规定公历6月6日为教师节,是日教育工作者常集会纪念。中华人民共和国成立后,中央人民政府仍定6月6日为教师节。1985年,全国人大常委会决定9月10日为教师节。是日教师放假1天,此后每年教师节到来之际,七星区领导和有关部门召开座谈会,组织慰问教师;各校或举行文体活动,并慰问离退休的老教师,赠送纪念品。

国庆节

民国时期,定辛亥革命武昌起义10月10日为国庆日,又称“双十节”,是日白天各界群众组织队伍上街游行,晚间学生举行提灯会,以示庆祝。1949年,中华人民共和国成立后,定10月1日为国庆节,并规定放假两天。20世纪50年代,国庆节一般召开全市庆祝大会,街上张灯结彩,单位扎松门,挂彩旗,举办游园活动。1959年10年大庆,在七星公园内装点火树银花,大放烟花,扎台唱戏,放映电影。20世纪60年代和70年代,每年国庆期间均举办文体活动以示庆祝,逢5年、10年更为隆重。1980—2005年,七星辖区国庆活动丰富多彩,除在七星公园等召开庆祝大会外,各单位还自行举办各种文体活动,电视台组织专题节目和专场文艺晚会。

敬老节

1989年,中国政府将农历九月初九定为“敬老节”“老人节”七星辖区每年敬老节到来之际,各单位或召开老干部、老职工座谈会,或慰问老寿星,或举办老人游园活动,有的还发给慰问金。桂林市社会劳动保险管理所每年敬老节给80岁以上的老职工赠送生日蛋糕和纪念品。

尧山庙会

相传每年农历二月初八,是寿佛菩萨的诞辰日和阿弥陀佛的出家日,因此,每年的农历二月初一至初八,旧时七星辖区民众都时兴到尧山赶庙会。每年农历二月初一尧山庙会开始,自建干路南端起,沿途都是朝山拜佛和踏青春游的人流,人山人海,络绎不绝。尧山庙会一连八天,不分地位尊卑,不分男女老少,几乎全城出动,有达官贵人,有富豪商贾,更多的是平民百姓。庙会沿途临时搭盖的敞篷摊点延绵5千多米,一直延伸到辖区内尧山脚下,非常壮观。传统中的上好小吃、古玩、器具的摊点都要搬到这里。小百货摊云集,珠宝玉器、古玩字

2005年,七星街道施家园社区开展邻里喜事活动

画、花鸟虫鱼、故衣鞋帽等应有尽有。还有算命卜卦、耍把戏、卖膏药、唱调子、耍玩子、摊牌九、开鉴子宝、扒摊、卯十点半，下注虾子鲤鱼螃蟹、金钱葫芦蚂蚁的赌摊一个接一个。小吃摊更是数不胜数，热糍粑、冷粽子各有千秋，其中尤以药用植物做的白头翁粑、艾叶粑最受欢迎。来赶尧山庙会的人，有的烧香拜佛，有的登山观景，有的踏青野餐，有的春游交友，各取所需，各得其乐。

第五节　婚姻　寿庆习俗

婚　　姻

择偶　清末民国初，儿女到结婚年龄(一般男20岁，女16岁)，父母便多方托人为其寻找配偶。受托的人或亲友，或媒婆，通称“媒人”。媒人受托带着礼物向女方求亲，问女子的名字和出生年月日，请以庚帖，谓之纳彩、问名。庚帖是一张长方形的红纸，上面填写待婚男女的姓名和按天干地支八个字标示的出生年月日时，谓之“年庚八字”，男女庚帖互换，以供双方家长了解对方命相。民国8年(1919)“五四”运动后，七星区境内城区妇女开始走上社会，青年男女有了接触的机会，部分青年自由恋爱，自选择配，逐步改变父母包办的做法。郊区农村大多数仍沿袭旧制。中华人民共和国成立后，国家颁布《中华人民共和国婚姻法》，破除封建迷信，青年男女自由恋爱，不合八字，自行择偶，受到法律的保护。

订婚　清末民国初，经过男女双方合对八字，认为年命相命和，可以联姻，遂举行纳征仪式，请订婚酒，俗称“下定”；在纳征仪式中，男女双方交换“鸾书”，即联姻凭证。双方交换鸾书后，夫妻关系确立，迎亲前如果男子不幸身故，女子虽未过门，亦不能另嫁，谓之“望门寡妇”。民国8年“五四”运动后，自由恋爱的青年男女感情成熟之后，征得父母同意即互送礼物，俗称“信物”，爱情关系便确立。礼物视家境而定，或纪念品、化妆品，或戒指、手表、项链。富裕之家请订婚酒，贫民则双方家人同桌共餐，即算订婚。此种订婚习俗沿袭至今无大改变，只随经济的宽裕，信物日趋贵重，多为金(钻)戒指、手表、金项链、金手镯等。

结婚　清末民国初，男女双方确立姻亲关系后，男方家长决定举办婚礼的日期用红帖写成，由媒人送给女方家长，征求对婚期和行聘财礼等事项的意见，同意后男方据此备办新娘的衣料、首饰以及分送亲友的喜饼、聘金等。结婚礼分三天进行：第一天行聘，第二天迎妆，第三天迎亲。

20世纪30年代起，政府提倡婚事俭办，城区市民婚事大多去繁就简，将三天婚礼简缩一天办完。婚礼一般在饭店的结婚礼堂举行，新郎和新娘各自从家中坐花轿到饭店。20世纪40年代，桂林出现过集体婚礼，民国29—36年(1940—1947)，市长曾经先后为9次集体婚礼证婚。

中华人民共和国成立后，男女达法定年龄始能登记结婚。辖区城区青年男女结婚不讲彩礼嫁妆，双方家庭视经济情况给子女以资助，添置生活用品、衣服及日用品。20世纪60—70年代，兴购置缝纫机、自行车、手表、收音机。20世纪80年代后，兴购置全套家具及彩色电视机、洗衣机、电冰箱等高档家用电器。父母去世当年忌结婚，今仍因循。

1990—2005年，七星辖区城区青年男女结婚迎接新娘用花车，在饭店设酒宴，款待亲朋好友。

续弦、填房　男子原配妻子亡故后再婚谓之续弦，女子嫁丧妻的男子称填房。娶原配的姐妹或表亲姐妹，谓之姐(妹)死妹(姐)填房，亲上加亲，解放后少见。续弦、填房可举行婚仪，宴请宾客，但比娶原配仪式简化。

再醮　寡妇再嫁称“再醮”。旧社会女子在丈夫亡故后，一般不能再嫁，谓之守寡。仅有少数再嫁但被视为丑事，不举行仪式，躲着人乘小轿进夫家了事。解放后，由于《中华人民共和国婚姻法》的保护和观念的改变，再醮视为正常，不受歧视，婚仪从简。

入赘　中华人民共和国成立前，男子入赘女家，姓氏改随女性并在女家生活，生男育女亦随妻姓，俗称“上门”或“招郎”。入赘婚配多见于农村，城区少见。多为男方贫穷无力娶妻或孤儿无家业而上门，或是女方系独女，为继承香火祖嗣有续而招郎或家有薄产缺乏劳动力。入赘仪式：将新郎接到女家，先拜天地，再拜香火；然后举行改名仪式，新郎向女父磕头，由女父为之改姓换名，从此原来姓名不再用；接着入卧房拜母，事前在卧房门上挂一条母亲常穿的裤子，新郎从下穿过，意为新郎是亲生的儿子。当天请至亲好友来喝喜酒，向亲友宣告女儿招郎。中华人民共和国成立后，郊区仍有入赘者，多不改姓换名，废去侮辱人格之礼仪。婚礼一般从简。

童养媳　接童养媳是中华人民共和国成立前农村陋俗。接童养媳多为贫农家无力娶媳，接一个女孩养到成人，与儿子合房成婚，不再花娶媳妇的费用；或为家中劳动力少，接一个女孩来家劳动，因而接来的女孩往往要比儿子大几岁。接童养媳礼仪简单：经人介绍并征得双方父母同意，男家备礼物由介绍人送到女家，将女孩带回，从此接养的女孩便是男方家庭成员之一，除年节娘家接回去外，平日不回娘家。待到男女成年即敬神拜香火，请合房酒，便正式成为夫妻。此陋习，中华人民共和国成立后彻底废除。

纳妾　中华人民共和国成立前，允许壹夫多妻，部分男性婚后纳妾1个或数个不等。富人纳妾为取乐享受，一般人纳妾有的因原配无生育，有的因家中缺少劳动力。原配称妻，次房称妾。妾在家庭中地位低下，行动受原配的管制，负担一切家务。纳妾不举行仪式，不请酒张扬。中华人民共和国成立后，废除纳妾。

离婚　民国前，丈夫对妻子不满意，即可提出离婚，但妻子不能向丈夫提出离婚。离婚手续简单，男方仅写一纸“休书”（即离婚字据），连同结婚时的鸾书，一并托亲友送给女家，便脱离夫妻关系。民国时期，离婚由法院办理，或登报声明离婚。中华人民共和国成立后，按《中华人民共和国婚姻法》办理，先进行调解；调解无效，或协议离婚，或向人民法院起诉判决离婚。

回民婚嫁　辖区回族民间结婚礼仪有传统礼仪和现代礼仪两种。20世纪30年代时期，男女结婚都是遵照传统礼仪举行婚礼。20世纪40年代，随着社会的发展，回民结婚礼仪稍有改变。

回族同胞中的传统礼仪，最重要的有两个方面。一方面要有“保亲”。保亲是起着这桩婚姻的桥梁作用，沟通男女双方的意见和要求。回民中的男女不论以什么方式结合，如经介绍人介绍、媒人撮合、自由恋爱、青梅竹马，或是由父母指腹为婚等等，双方确立夫妻关系直到结婚之前，得找一人做“保亲”，保亲人由男方确定。在回民中，一般是请德高望重的阿訇或是本民族、本家庭中有威望的前辈担任。这样做，说明男方对婚事的慎重和体面。另一方面结婚礼仪，也就是最重视的礼仪，就是给新郎、新娘“念配”（尼卡哈）。伊斯兰教教规中，规定男女结婚时，必须由阿訇在婚礼中新郎、新娘“念配”。新郎把新娘接回来后，在桌案前并排站立面对阿訇，再由阿訇在大红纸上印着金色花纹的“鸾书”上写上新郎、新娘的姓名、出生年月，还在双方姓名上写上“经名”。回族称为“衣扎布”。写完后，便教新人“清真言”，接着朗诵（或默念）一段祝福夫妻美满、幸福的《古兰经》文。结婚仪式才算结束。经阿訇“念配”的婚姻才算是“合法”的，也是为回族同胞所承认的婚姻。

1940年，随着社会的发展，回民结婚的礼仪逐渐“洋化”。传统的“鸾书”改成用“结婚证书”。新郎、新娘、主婚人、证婚人、介绍人要在“结婚证书”上用印，男女双方交换信物。有些回族人在结婚时虽然用这种“洋式”举行婚礼，但是，由阿訇“念配”这种宗教传统礼仪仍然是不能缺少的。

中华人民共和国成立后，因各种状况，七星区境内的回民居住地逐渐分散，人口的流动性也增加，回族人只能和回族人结婚的主观愿望已不可能作单一的追求，回汉男女通婚日趋增多，结婚礼仪中请阿訇“念配”的礼仪逐渐减少。

寿　庆

三朝　又称“洗三”，孩子出生第三天，请亲戚朋友前来吃甜酒蛋，生男孩，每碗甜酒放3个荷包蛋；生女孩，每碗甜酒放2个荷包蛋。来客给孩子一红封包，内有银钱若干，以示祝贺。

满月　或称“弥月”，孩子生下满30日，即请满月酒。吃满月酒多限于女性，男性一般不参加。外婆送袋衣服。其他亲友或送礼物，或给封包不限。新生小孩未满月忌抱出门。今仍有人沿袭此俗，但请客不限于女客。

周岁　孩子满一岁请周岁酒。是日，祖父母或父母用簸箕一个，内装纸、笔、墨、算盘、铜钱、尺子、糖果等物，让小孩去抓，以测孩子将来职业，名之“抓周”。如小孩抓起笔，则认为小孩将来是读书的料子；小孩触动算盘，则认为小孩将来是做生意的等。被请者须送礼物，如银饰镀金的十八罗汉，或福、禄、寿、禧四个圆形字，手镯、银链之类，并配搭以衣帽等物。今仍有人请周岁酒，但不“抓周”。

“长尾巴”　小孩满3岁、6岁、9岁时称为“长尾巴”，也宴请亲友，称之“吃尾巴酒”，客人大多送包子、粽子，有的送一个松糕外加鞋子一双。亲戚多者常摆满一床鞋子，今已不多见。

“出花园门”　孩子到16岁进入成年，称“出花园门”。16岁生日也大宴宾客，但大多限于父族和母族戚中的女性。

老人寿庆　清代至民国时期，七星区境内的商贾、官僚、富裕家庭，兴晚辈为50、60岁以上的父母或祖父母做寿。生日前晚举行“祝寿”，对前来祝寿的亲戚朋友一般都以寿面招待。宾客送礼多是寿幛、寿屏。还要备鸡、酒、寿桃、寿面和寿烛等寿礼。一般人做寿较简单，来客只送一块猪肉和一包面条，有的送猪肘子或鸡。做寿请客，主家不事先向亲友送请柬。礼物必须在举行寿祝的前一天送，主家根据送礼物人数，备办酒席招待。乡间做寿也时尚送寿幛。请客多至十几桌。

20世纪80年代至2005年，随着经济的宽裕，七星辖区做寿日渐增多，请客少则两三桌，多则十余桌，且大多在酒店宴请。客人多送寿仪（红包），亦有送蛋糕和老人用品者。

第六节　丧葬习俗

汉族丧葬

入殓　中华人民共和国成立前，老人50周岁后，经济宽裕且居室宽敞的人家，即为老人备置棺木、缝制寿衣，但多数人家在老人亡故后方购棺木和缝制寿衣。寿衣为单、夹、棉3套，外加垫被；出嫁的女儿有缝制长行被，其他帽、鞋、袜、鸡鸣枕“一应俱全”。入殓前购松香4.5千克，将棺木打好堂子（即：将松香烧溶，涂满棺木的底部及四壁），继用都安县产纱纸包草木灰99包放在棺木底部，再由亲人将遗体抬进棺木内。男性须经过兄弟验认，女性须经外家人验认，方可鸣炮叩首盖棺，并在棺木上钉上钉子。中华人民共和国成立后至20世纪70年代初期，城乡大多依例进行。1970—2005年，七星辖区城镇实行火葬，农村尚有部分居民依例进行。

设灵堂　入殓后即设灵堂。首先在棺木下首备壹长明灯，并放一只雄鸡于棺木之下，意为死者幽灵司晨报晓，然后用白布幔围着棺木，幔上悬挂佛幡及死者遗像，灵堂前桌子立死者灵位，灵位两旁置纸扎金童、玉女，意为侍候死者灵魂的仆人；其次灵位前面摆茶、饭、酒、筷以及鸡、肉、鱼等供品，供品前摆列香案桌，为祭祀时烧香点烛之用。桌前备盆烧纸钱元宝，并放行礼叩首席垫。棺木右侧铺稻草帘，作为孝子孝孙守制待用，左侧放小凳数张，作为孝女孝媳以及亲属举哀之用。灵堂四周悬挂挽联挽幛，一般以女婿送挽联挂在灵位两旁，称为夹灵挽联；至亲送的联幛挂在灵堂内；朋友送的挽联挽幛挂在灵堂外。郊区农村，因跌、打、枪伤、溺水等在外死亡者，不能置灵柩于家中，只在屋外设灵吊祭。中华人民共和国成立后，郊区居民大多仍沿袭这一做法。七星辖区城镇实行火葬后，城区居民则将遗体移送殡仪馆后，在居室外择空地搭棚设灵堂，其他摆设大体如旧。

执事　入殓设灵堂后，丧家即成立司书房主理丧事。一般以女婿负责具名对外，没有女婿的由儿辈表兄弟负责具名对外，并在亲朋中请人协助。司书房设有司书、赞礼、读祝、司仪、交际、招待、出纳、保管等人员，谓之执事，并公布执事榜，将所有负责的人名列于榜上。成立前请执事酒，出席执事酒者即表示接受责任，并分工负责办理成服、选地、打斋超度、家奠、出殓以及刻碑包坟和款待宾客等事项。中华人民共和国成立后执事从简，一般指定数名亲友料理诸事即可。

成服　“成服”即是生者穿戴孝服祭奠亡人。老人亡故后的第3天即举行成服仪式，意为向亲友宣告是日起孝子开始守孝。在封建丧葬仪式中，有严格的守孝律条，异同辈分规定不同的守孝时间。亲生儿子守孝称为哀服，时间3年；孙辈守孝称为期(读就 Jī)服,时间 1 年;侄、侄孙辈戴孝称为功服,时间 5 个月。这些规定民国初年起逐渐淡化,但“成服”的仪式未变。是日在灵堂中摆设祭品,分早、午、夜 3 次祭奠,请至亲好友参加,并设宴招待,俗称“成服”酒。成服典礼结束后,丧家亲属陪同地理先生踏勘选择葬地。同时开始打斋超度亡灵,一般在父(母)亡故后每 7 天为 1 期,第 35 天由儿子请和尚在家念经拜佛,斋戒祭祀祈求超度;第 42 天由女儿请和尚打斋超度,并宴请内外宾客,而且要做得热热闹闹,以示儿女对父(母)的孝道之意。打斋超度,有的连续 7 天 7 夜,有的 3 天 3 夜。中华人民共和国成立后,打斋超度等迷信活动逐渐消失。

家奠　在诸事齐备之后,丧家即择定吉日举行家奠,俗称“开堂”。家奠出殡场面,较入殓成服为大。家奠前数日,即向家族亲戚以及朋友发送讣告。家奠之日,丧家门前设置门状,门状内容与讣文大同小异,以示通报。死者如系男性公职人员,还要将其官衔写在用 7 尺大红缎子做成的“铭旌”上,一般请有名望或官阶高的人具名题写。摆在门外。以示死者的社会地位。同时,纸扎无常菩萨及判官各壹,摆在丧家门口,以避邪恶。

家奠一般有早祭、午祭、晚祭。午祭后举行点主升仪式,丧家将神主盒买回后,在神主盒内牌位上写“× 寿显 ×× 公 ×× 之神主”,“主”字先写壹“王”字,留下上面一点,在举行点主仪式时由主祭孝子点上。家祭时以长子为主祭,其余子孙均为陪祭,依次排班跪列,进行 3 献 3 奠礼,读祝先生宣读“家言”(祭文)。中华人民共和国成立后,家奠仪式逐步简化,有的已不举行。

出殡　家奠的第二天早上即出殡。出殡前,家族亲属男的发“腰白”一条,女的发“头白”一块,或各发黑纱一条戴在左臂上,朋友各发白花一朵,插在胸前。丧家先举行祭奠礼,宣读出殡祭文(俗称“起棺文”);孝服的男女子孙均痛哭流泪,谓之举哀。哀止后由执事人员将棺木抬出门外置龙杠上,盖上棺罩。赞礼先生高呼“万无忌”“千无忌”“百无忌”“起”!孝子孝孙即在灵柩前以白布牵着依次缓慢低头而行,子手持丧棒,头戴三梁冠,孙戴单梁冠。子孙因故缺席不能亲送葬者由他人捧其孝冠。孝女孝媳穿孝服的女眷殿后。灵柩跟在亲友行列的后面。有的富裕人家的女眷则坐轿子。

桂林一般习惯,七星区境内如出殡向东,则送殡亲友过东江到三里店赐恩楼(七星公园后门)即止;如向西到圈门脚即返。孝子孝孙及执事人员将棺木、纸扎、铭旌、粮食罐等送至墓地,纸扎焚化,联幛带回,死者灵位牌送回丧家继续祭祀,一般过 7 期才出灵焚化,也有百日后方焚化者,有的甚至在家供奉一年或数年。

中华人民共和国成立后,出殡仪式从简。七星区实行火葬后,一般在殡仪馆举行追悼会或向遗体告别仪式,会后将死者遗体火化。

复山　葬后第三天,孝子孝孙以及亲友到新建坟墓查看,备三牲茶饭酒祭奠,并检查新建坟墓砌造质量,谓之“复山”,又名“复土”。是日将下葬时在新墓上包回家的一捧土覆盖在坟上。复山当日,丧家备办酒宴酬谢帮忙的亲友。并对馈赠联幛的亲友回赠寿碗寿巾。丧事至此办完。中华人民共和国成立后,复山时宴请亲友从省。实行土葬的郊区农村至今仍行复山。七星区实行火葬后,亲属于复山日到殡仪馆骨灰存放室探视骨灰盒。

回煞　丧事后,根据死者生死年月来推算,确定某天是死者的幽灵回家“探亲”的日期,俗称为“回煞”。是日,丧家用一长竹竿,扎纸钱于其上,做成楼梯模样,放在屋檐以上接近瓦面处供幽灵归来享用。同时,还把死者生前喜爱的诸如书、用具、烟、棋盘等全部摆列案上。是晚全家肃静,不准喧哗。中华人民共和国成立后,这种迷信活动已少见。

回族丧葬

回族是信仰伊斯兰教的民族,回族习俗都源于伊斯兰教的教义、教规。回族丧葬实行土葬,要求俭葬、速葬。七星区境内回族的丧葬习俗一般是当人停止呼吸时即由亲属理顺其肢体,闭合眼口,整理容发,移放家中客厅,房屋狭窄无厅堂的送清真寺停放。亲属为其脱去衣裤使其仰卧在席或板上,头北脚南置于平地以取阴凉保持低温,用洁白布单覆盖,布长短视亡人身高而定。停放时间越短越好,最长不能超过三天就应入土,有“入土为贵”之说。这既是教规,也是环境卫生要求,又减少丧家精神和经济上的负担,亲属和参加的必须先做大、小净。

出葬前,先给亡人淋浴,同性别的亲属或亲友将亡人抬放特制的洗板上。洗前预备一桶温水和一人桶参与操作,一人向水壶灌水,一人持壶冲水,一人或二人戴白布手套轻轻洗涤。按顺序先净下

（洗阴部），后洗面部和头（可用净白布沾水擦口齿、鼻孔，代替漱口、呛鼻），再从上到下，先右后左顺序洗遍全身，并用两场浴巾分别擦拭上身下身。然后给亡人穿“克番”（尸衣），克番用棉质白布制作，不能用丝绸，男子3件：外一件比身高增长1尺至1.4尺，宽约4.5尺；中件长如身高，宽与外一件同；贴身一件衬衣自肩至踝，单幅折叠，前后同长，宽约1.2尺稍比身宽，领部开口使头可伸入，另加帽子。女子5件：除上述3件外，再加裹胸自腋至膝，宽可围身，及盖头长约3尺，宽1尺。穿克番顺序：男，套衬衣、戴白帽、卷缠中件、卷缠外件，均先左后右；女，则先套衬衣、后围裹胸、盖头，发分两缕垂胸前，卷缠中件，卷缠中件，卷缠外件，均先左后右。“克番”之间亦可撒些香料、樟脑、雄黄粉末，用以驱虫蚁。最后将“克番”外层两头打活结挽起，以便于下坟坑后松开。所述穿“克番”活动，可先在装运亡人用的长匣——塔布盒中，先放三条落带后，按先后用克番的倒顺序分层铺放“克番”，以便亡人洗净移入塔布盒可循序进行。

穿好“克番”即将装入亡人的塔布盒抬至宽敞干净的地方，按宗教礼仪举行殡礼，即站“赞着那值（告别之意）”后运去坟场。

回族崇尚土葬，墓穴分子母坑，先挖出母坑南北向，在母坑中央挖子坑，母坑子坑的长宽深均视亡人身高体宽适当确定，一般的母坑按6尺 ×4尺 ×1尺，子坑按5.5尺 ×2尺 ×4尺标准挖掘。修平底土时，在北端头部留一枕状凸起。亡人运至坟场，由身体健壮亲人三人，手持落带将亡人从塔布盒移出，徐徐安稳地放入墓穴仰卧，头在北，脚在南，面部侧向西方（因伊斯兰教圣地麦加的克尔白是朝拜中心在中国之西），去掉克番两头所结扎细绳，让布自然松散。然后在亡人周围撒下樟脑粉、雄黄粉及洒香水，以驱虫蚁。之后盖上幔堂。幔堂用石板或钢筋水泥沙碎石倒的预制板，每块约长3.4尺，宽0.85尺，厚0.15尺，两边有边搭，拼凑后不至漏下泥土，共5块或7块。解放前不用水泥板而是先用木板，木板上用筒木5—9筒，视木粗细而定。过去为防止子坑泻土，就在井口加厚木框挤撑。盖好幔堂后即堆土，再以片石或料石围坟碑，坟为长方形，碑立向南方。回族不管死者贫富，政治、社会地位高低，墓穴和葬礼均无差异。历来反对选风水宝地，看吉凶方向，禁止埋葬择吉日良辰等迷信活动，也没有陪葬物品。唯一要求是让死者早日入土，葬地土质坚实，位置较高不受水泡，就是好地方了。

第七节　方　　言

宋代桂林方言的演变，比中原通语稍微滞后而大体同步。唐宋时期，七星区域城乡语言差别不大，都是古平话。元明之际，北方话向现代官话演进，七星区域城内语言开始与古平话分家。明清时代，在政治、经济、文化和军事上与中原交往进一步密切，官话终于确立。七星区域不少家庭在历史上来自湖南、广东和广西的其他地区，都未能对桂林的方言发生重大影响，按北方方言的规律发展，始终是七星区官话的主流。平话发展缓慢，保存了较多的古语成分。回族有从元代迁入的，大多是明清两代定居七星区，说汉语，是桂林的传统居民。七星区境内城区居民说官话，乡村以平话为主，少数家庭只说官话。少数民族语言和汉语的其他方言只在少数家庭使用。中华人民共和国成立后，七星区域普通话逐步普及。至2005年，七星辖区中小学教学一律使用普通话，人们公共交际语言以桂林话为主。在辖区乡村，村民主要以讲平话为多。七星区方言记录传统官话与平话，重点介绍官话。官话用汉语拼音字母记音，平话用国际音标。

官　　话

桂林官话是七星区境内街道居民的母语，是七星辖区各民族的公共交际语言，通称桂林话。可在桂林市区及市辖12县、柳州、河池、贺州等地交流使用。

桂林话的语音、词汇与普通话既有相同、相似，又有明显的地方色彩。

词头“老”。“老”，除了与姓氏搭配（老张、老李）组合外，还有两种用法：加在单音的亲属称谓前面，如：老哥、老姐、老弟、老妈等；加在非亲属称谓前面，如：老外（外孙、外甥、外国人）、老同（同庚）、老千（赌博的骗子）等。

词尾“法”“仔”（读崽）。如：没有什么搞法、这有什么看法？“仔”，桂林话是指儿子。作名词尾则表示小称，如：鸡仔、狗仔、鱼仔、刀仔等。

系位组合中省略位数词。三位以上的系位组合中，如果最后一位数是整数，则语位数词可以省略，如：一百一（省十）、一万五（省千）等。“半”，与“把”组成概数，如半把斤、半把亩、半把里等；“半”还可以与反义词组成合成词，如：半肥瘦、半生熟、半新旧等。

“把”与“数”组成概数词，如：万把块钱、十把里路、十把年等等；百数里路、行数人、万数块（钱）等。

词的搭配 桂林话地方特色浓厚，一些词与词搭配组成的句子，具有独特的地域性。人称代词与名词搭配，人称代词作定语，如：他们爸（他爸）、你们姑爹（你姑夫）、我们家（我的家）、我们老师（我的老师）等，这种说法包含亲切和尊敬的感情色彩；量词与名词搭配，“张”，用于片状的东西，一张床单、一张竹席等。“条”用于分条列举的事物，如：一条题目（一道题目）一条月（一个月）等。“把”用于嘴巴和嗓子，如：一把嘴（一张嘴）、一把金嗓子等。“封”用于以纸或布包起来的东西，如：一封饼干、一封炮仗。“饼”用于圆饼状的东西，如：一饼磁带、一饼蚊烟香等。“塘”用于长度单位等于10华里，如二塘路（20里路）、塘把塘路（10里多路）等；量词与动词搭配。“轮”用于一般动作行为，相当于普通话的“番”“次”，“打了一轮游戏机”“谈了一轮白话”等。“转”用于一般动作行为，相当于普通话的“趟”、“下”，如：“请他来一转”“到河边走一转”等。“水”用于有争斗的行为，相当于普通话的“回”“场”，如：“看来要斗一水了”“挨他搞了一水”等。“造”，用于同一种农作物在一年中种植和收获的次数，相当于普通话的“茬”，如：一年种两造谷子，西瓜可以连到种两造等。

词的活用。一些字、词用在桂林话中具有独特的含义，显得幽默、诙谐。

“水”。桂林话中包含有次等的、劣质的意思，属形容词。用于作动词时，指小看、嘲讽、差劲。如：讲话文明点，讲粗话会给人家水你的；你那件事情做得太水了！

“烟”。火烟，名词。用作形容词时指烟气浓，用作动词时指烟熏。如：把炭头丢了去，莫搞得这么烟；好大烟，烟得眼泪水都出来了等。

“饿”。由不及物动词活用为及物动词，桂林话中包含特别喜欢和贪图的意思。如：“礼拜天朋友聚会你也要去加班，那饿钱！”“这些东西你也要，莫那么饿嘛”等。

“山”。当“高耸的地形”讲，是名词，桂林话活用为形容词，指山多、偏僻、荒凉。如：那位子太山了，连没得一里路的平地；山得鬼都没愿去。

“老娘”。普通话是指女人摆资格时的自称，属名词。桂林话用作形容词时，指老气横秋、爱逞能。如：“去哪学到老娘，连不像个娃仔”“他老娘得很，哪个都想管”。

1955年10月，东江街道办事处辖五通街、泥湾街、码坪街、花桥街、七星街、临下街、河东街，以官话为主。

声母（24个，含零声母）：

p	粑婆白	p‘	怕破拍	m	麻未外
f	发火滑	v	物禾瓦	t	多蹄竹
t‘	拖梯趁	n	糯嫩男	ı	箩浪林
ts	左才尖	ts‘	搓情千	s	锁三姓
tʃ	砖锄茶	Tʃ‘	川愁岔	ʃ	栓瘦沙
tɕ	基齐只	tɕ‘	气秋齿	ȵ	耳人硬
ɕ	稀絮舌	k	姑减家	k‘	枯钳掐
ŋ	牙额燃	X	下县饭	ø	屋翁羊

韵母（32个，含声化韵母）：

ɿ	子狮市	i	安飞是	u	步婆窠	y	雨煮水
a	梅墟血	ia	盖睁拍	ua	归桂亏	o	爬刀慢
io	爷野药	ɑ	福熟哭	iɑ	肉粟竹	e	米财岁
ie	苗遮吃	ə	排花喉	uə	柴瓜刷	ᴀ	饱豆额
iᴀ	妖舀要	uᴀ	骨阔	ɐu	路帽合	iɐu	丢牛又
ã	病青帮	uã	关款滚	ɐn	面门明	iɐn	勤影箱
uɐn	准裙检	ɣŋ	板砖劝	iɣŋ	张亮养	ɑn	荒风巷
iɑŋ	恭凶秧	uɑŋ	光广框	oŋ	盘汤红	ioŋ	虫龙浓
ŋ	亇蜈安						

声调（6类）：阴平55 基夫边；阳平33 期胡瓶；阴上22 已虎扁；阳上23 是父免；阴去53 记富变；阳去21 地户便。

语音特点（共有21个，取记前8个）：

一是北京的送气音字有部分在五通街不送气。“糍骑爬桃情陈盘糖”的基本音节，分别跟“资基巴刀精真搬当”读音相同。

二是广州读[m]而北京是零声母的字（微母），五通街派入三个声母。[m]尾未袜问网忘望；[v]舞务雾物微味文纹蚊闻晚；[ŋ]武万。

三是北京的“喝”声母有相当部分在河东街读“佛”声母。化＝发，缓＝粉，壶＝符，魂＝坟。相反的情形是“翻烦饭犯”四字的基本音读“寒”。

四是北京的零声母（影微云母）合口字在花桥街一带[v]声母。如：控呕温碗稳枉旺威围味文匀运远院王瓦。

五是[n l]分明。泥≠梨，女≠旅，内≠泪，尿≠料，嫩≠论，念≠炼，农≠笼。

六是北京的翘舌音小部分（知母）在五通街读“得”声母。如：橱锤槌猪柱住驻箸直值着桌罩胀丈仗虫。

七是北京翘舌音的部分字（知系），在河东街略有翘舌色彩，不跟平舌音相混。巢≠槽，世≠细，肘≠祖，中≠宗。

八是北京部分翘舌音在河东街读“基欺希”声母，“基欺希”不分尖团（知、精、见系细音合一）。少＝小＝晓，潮＝嚼＝桥，樟＝将＝姜，晌＝想＝响。

平　　话

七星区境内的穿山、朝阳乡居民的母语的平话。平话，指平常百姓说的话，与官话相对。桂林平话比较复杂，通用程度低，七星辖区的农村与桂林市其他四个城区农村平话相互交流具有一定困难，有的村庄相邻，语音差别也较大，有的词亦夹杂桂林官话。按发音不同，七星区平话大致可分为东江平话、穿山平话、朝阳平话等几种。穿山乡与桂林市雁山区的柘木的平话有相似之处；朝阳乡在中华人民共和国成立前曾属灵川县境，平话发音与灵川县的灵田乡基本相同。朝阳乡的平话词汇相当丰富，也较为复杂，有的有音却无适当的汉字表述。这里选录一些人们日常交际用语，括号内的字为普通话词语。

表述天地时空：

热头（太阳）　白霜（霜）　月光（月亮）　打闪（闪电）　起风（刮风）　动雷（打雷）　天时（天气、气候）

角落头（角落）　上半日（上午）　大水（洪水）　夜黑（天黑）　下半日（下午）　泡泡（泡沫）　先前（刚才）　八月节（中秋节）

墟（集市）　村（农村）　今日（今天）

表述动物、植物：

鸭虫（蚯蚓）　清明花（杜鹃花）　蚂拐（青蛙）　蜜糖（蜂蜜）　莲藕花（荷花）　虾公（虾）　狗蚤（跳蚤）　刺糖果（金樱子）

骚甲（蟑螂）　细鸡（小鸡）　金瓜（南瓜）　油麻（芝麻）

毛秀才（番茄）　红萝卜（胡萝卜）　朝阳花（向日葵）

表述衣食住用：

吃夜（吃晚饭）　屋（房子）　汗水（汗衫）　吃午（吃午饭）　房（卧室）　吃酒（喝酒）　茅司（厕所）　吃茶（喝茶）

猪栏（猪圈）　衫袖（袖子）　吃烟（抽烟）

披厦（只有一面房顶的房子）　手巾（毛巾）　面（面条）　锁匙（钥匙）　担竿（扁担）　滚子（轮子）

揪箕（撮箕）　暖壶（热水瓶）　索子（绳子）

表述人体生理：

头毛（头发）　面相（相貌）　歇（休息）　额头（前额）

后脚跟（脚跟）　屙稀屎（拉肚子）　暗冻（冻疮）　包药（敷药）　嘴巴皮（嘴唇）　屙尿（拉尿）　凉着（着凉）

表述人品称谓：

男人家（男人）　寡婆子（寡妇）　太公（曾祖父）

女人家（女人）　拐脚（跛子）　新郎公（新郎）

年轻仔（小伙子）　拐子（小偷）　媳妇娘（新娘）

仔（儿子）　老亲（亲家）　郎仔（女婿）

老弟嫂（弟媳）　兄弟嫂（妯娌）　息（曾孙）

侄仔（侄儿）　叔爷（叔叔）

朝阳平话是指合心村委的半塘尾、莫家坪、田心里等5个自然村的村民所讲的地方话。其与桂林官话尤为紧密，在朝阳乡区域使用广泛，使用村民1600多人。邻近的雁山区柘木镇龙门、禄坊、李家3个行政村及叠彩区大河乡新民村的大多数村民均可听懂朝阳平话。

在语音系统方面，普通话的声母、韵母在朝阳平话中绝大多数得到运用。相拼后，读音大不相同。

表 34-1

朝阳平话部分字词读音注释表

声母 字例 单纯	b	p	m	f	d	t	n	l	g	k	h	j	q	x	z	c	s	zh	ch	sh	y
a	白	拍	麻	发	得	套	楼	老	高	考	好	妈	扯	写	早	草	扫	摘	抄	瘦	夜
o	坝	怕	骂		代	太	来	(来)	家	开	夏	教	菜	少	昨	插	烧	昨	菜	烧	要
e						大															
ai	跛	劈	墨			天	勒	力	戒	概	黑				直		塞	贼	尺	石	
ei	笔	批	米	灰	地	推	累	泪		去	嘿				挤	七	细	醉	脆	细	
ao	玻	坡	摸		多	拖	箩	倒	锅	哭	福				座	错	锁	左	(错)	(锁)	
ou	补	铺	亩	浮	肚	土	路	露		苦					做	臭	手	久	丑	收	油
an	饼	攀	明		等		岭	领	脖	轻	领(领头)				井	清	星	正	称	腥	
en	笨			昏	吨	吞			跟	坑	很				今		新	存		深	
ang	帮	胖	忙	房	当	汤	晾	狼	江	糠	行				张		上	长	唱	生	秧
eng									跟	(坑)	(很)						省	紧		身	
ong	泵	捧	问	风	东	通	弄	聋	公	空	哄				钟	冲	孙	中	村	松	
i		鄙	蔑		跌	铁			句	缺		接	切	歇			诗	支	次	师	
ia					拿							脚	扯	写					切		夜
ie	别	漂	庙		鸟	跳	逗	尿				姐	吃	消							
iao						厅(堂屋)															内
iou	没				丢		溜	牛				酒	秋	修							
ian																					
in	边	片	面		电	天	人	(人)		劝		尖	牵	线							烟
iang					长		梁	量				墙	枪	向							秧
ing	变	骗	面		田	添	(看)	认	菌	劝		(尖)	千	先							淹
iong					重							穷		熊							用
u	拨	泼		付	戴	脱			割	宽	喝	堵			煮	吹	水	厨	出	树	芋
ua	八		买	花	大		(赖)		寡	块	花	抓	踩		抓	杈	筛			耍	
uo		怕	背	虾	代	他	来	(来)	夹	开	瞎	教	翘	少	桥	菜	烧	照	巧	沙	
uai									拐						(小伽头)		帅		(牛下水)	(馊)	
uei							女		贵	亏	飞							追	催	(虽)	
uen									滚	捆	浑							准	蠢	损	
uang	班		子兑	翻					广	筐	荒				撞		床	装	窗	霜	

从表中可以看出，在声母与韵母 ang、iang、uang、ong 的搭配上，朝阳平话与普通话几乎相同，不同点在于：朝阳平话 zh 与 z 不分，ch 与 c 不分，sh 与 s 不分，n 与 l 不分，f 与 h 难区分，in 与 ing 易混淆，en 与 eng 易混淆，ui、ei 难区分，o 与 uo 难区分，黄与王，鱼与肉常混淆。朝阳平话中使用 e、ian、 iao、uan、ue、uan、un、ueng 等韵母的字极少或没有。

朝阳平话的声调与普通话一样有阴平、阳平、上声、去声 4 个声调。

阴平：手、纸、五、马、妈、宝、岭、近、米、夫；

阳平：桥、红、人、牛、财、南、银、羊、粮、田；

上声：饭、大、利、旧、夜、豆、地、话、漏、亮；

去声：高、冬、天、花、江、谷、福、哭、北、力。

朝阳平话与桂林话比较，在语音方面有较多的不同点：

一是今、金、筋、斤、紧，桂林话声母为 j，朝阳平话为 z。韵母分别为 en。

二是家、甲、假、加，桂林话声母为 j，朝阳平话为 g。

三是跑、报、到、炮、饱、好、早、搞、考、靠、老、炒、扫、刀、高、号，桂林话韵母为 ao，朝阳平话为 a。

四是楼、头、漏、豆、偷、狗、奏、够、扣、猴、后、沟，桂林话韵母为 ou，朝阳平话为 a。

五是饼、病、平、明、命、钉、顶、定、镜、清、领，桂林话韵母为 in，朝阳平话为 an。

六是佳、甲、假、家、嫁、虾、夏，桂林话韵母为 ia，朝阳平话为 uo。

七是都、堵、度、梳、数，桂林话韵母为 u，朝阳话为 ou。

八是天、田、电、点、店、颠、垫、鞭、棉、甜、前、仙、阉、面，桂林话韵母为 ian，朝阳平话为 in 或 ing。

九是坡、破、摸、磨、多、躲、舵、拉、糯、错、锁、搓、驼、朵、果、个、我、火、饿，桂林话韵母为 o，朝阳平话为 ao。

十是白、拍、麦、德、遮、车、扯、赊、舍、社、格、客，桂林话韵母为 e，朝阳话为 a。

十一是摆、牌、埋、买，桂林话韵母为 ai，朝阳平话为 a。

十二是表、票、秒、庙、跳、条、尿、销、笑，桂林话韵母为 iao，朝阳平话为 ie。

十三是桌子、柑子、李子、桃子、柚子、沙子中的“子”字，桂林话韵母为 i，朝阳平话为 ie，声母为 d。

十四是朝阳平话中有 1 个韵母音为 uŋ，使用率很高，多数声母可以与其相拼。如：搬、盘、咸、担、滩、难、干、看、喊、砖、穿、酸、传、串、船、园、耘等字。

回民土话

居住在七星辖区的小东江穿山村、萝卜洲、望城岗一带的回民，其先辈系元世祖大军中属外来的信仰伊斯兰教的各族人民，是元朝镇守广西占领桂林的部队，在小东江一带戍守屯垦，落籍当地，形成回民土话。

1955 年，码坪街的回民有 76 户 299 人，80% 以上为白姓回族。1990 年，七星辖区有回族 1447 人，分布在码坪街、穿山村、萝卜洲、望城岗。2005 年，七星辖区有回族 2000 多人，分布在码坪街、穿山村、萝卜洲、望城岗、三里店。当地老百姓平时交流以土话（或称土谈）为主。他们的语言在码坪街一带较流行。

在语音系统方面，潜经回民土话的字词读音绝大多数可以用汉语拼音注释出来。其读音没有翘舌音。

七星路码坪街的回民居住小区

（覃帆　2005 年摄）

表 34-2　　回民土话声母韵母及例字表

单纯＼字例＼声母	b	p	m	f	d	t	n	l	g	k	h	j	q	x		sh	z	c	s
a	白	折	麦	花	蔸	偷	泥	楼	鸡	扣	鞋		凑	瘦			跑	齐	洗
o	爬	怕	麻	欺	躲	妥	挪	萝	嫁	课	下	渣	叉	沙			左	搓	梭
e						特			咯	刻							仔	在	赛
ai	北	派	墨	坏	拿	踢		肋	改	概	海	侧	直	虱			灾	贼	腮
ei	碑	扑	妹	废	毒			累	谷	哭	嘿	搥	抽	使				罪	
ao	雹	抛	卯		刀	套	脑	老	高	考	好	教	超	嚣			灶	糙	扫
ou	捕	剖	某	浮		拖	挪	路				粥	抽	叔			酢	醋	数
an	崩	拼	尾	兄	灯	厅	拈	灵	跟	轻	兴	蒸	称	升			精	清	醒
en	朋	喷	闷	风	东	吞	擂	聋	公	空	烘						曾	聪	松
ang	旁	胖	忙	房	塘	汤	囊	郎	讲	糠	夯	张	床	尝			脏	藏	桑
eng	盆	膨	蒙	逢	屯	桶	脓	囵	滚	裙	熏	肿	穷	雄			宗	凳	孙
ong	满	庞	猛	凤	腿	腾	拢	垄	拱	捆	粉	种	冲	凶			钟	村	
i	被	痞	溺		知	粘	腻	利	贵	去		翅	旗	西			挤		
ia								累											
ie	赔	配	外		钓	跳		寮	决	缺	血	脚	轿	笑					
iao	嫖	漂	渺		条	粜		撂				剿	巧	消					
iou					竹	按	扭	六				韭	求	羞			足	瞅	粟
ian	辫	骗	面		电	舔	碾	茶	捐	圈		间	钳	鲜			尖	迁	仙
in	宾	品	抿		顶	挺	拧	淋						心					
iang					长		娘	粮				羌	强	箱					
ing	冰	拼	眠		沉	趁		棱						新					
iong					虫			龙											笋
u	婆	破	磨	腐					骨	壳	呼								
ua	屎	泼	抹			脱			刮	宽	喝						嘬	撮	
uo	耙				达	踏	挪	辣	夹	掐	法	扎	插	杀					
uai	跛																		
uan	盘	攀		翻					关	宽	欢								
uang	傍		望	方	5	荡	琅	狼	光	狂	晃					双			
ü					猪														

注：七星辖区回民土话有 70% 以上的词汇与普通话词汇相同，部分词汇及读音大不相同

表 34-3　　七星辖区回民土话部分词汇与普通话词汇对比表

普通话	回民土话	回民土话读音	普通话	回民土话	回民土话读音	普通话	回民土话	回民土话读音
太阳	月头	yè dā	鹅卵石	马浪牯	mǒ lāng gú	沙子	沙泥	shuò nā
闪电	耀火	xǎo hú	下午	下半日	hüo bu yě	去年	空年时	kéng niān xī

续表

普通话	回民土话	回民土话读音	普通话	回民土话	回民土话读音	普通话	回民土话	回民土话读音
凌晨	想光	xiáng gàng	绳子	索的	sòu dē	男孩	赖崽伙	lái zái hú
祖父	公	gèn	陡	好毕	háo bì	耳环	耳息的	xǐ xí dē
告诉	报	báo	扫把	扫管的	sǎo guán de	跪下	跪拉	kǚ lā
打稻子	打禾	bèi wū	岳父	丈老的	diāng lǎo de	乡下人	乡里拐	xiàng lī guái
高粱	苗禾的	mīu wu de	岳母	丈婆	diāng bū	父亲	爷	yuō
祖母	奶堆	nǎ dēi	手指	手指头	xóu jí dā	叔父	曼曼	màn màn
胳膊	手竿的	xóu gān dē	指缝	手指窝	xóu jí cuó			

七星辖区回民土话的声调有阴平、阳平、上声、阴去、阳去、入声6个调类。

阴平例字：高、开、山、始、昌；

阳平例字：穷、担、龙、察、资；

上声例字：烂、古、碗、草、视；

阴去例字：盖、唱、送、五、姨、卒；

阳去例字：大、败、帽、部、盒；

入声例字：急、劈、黑、壁、力。

第三十五章

人　　物

桂林市梁漱溟研究会坐落于穿山景区　　（2005 年摄）

七星区位于桂林市区东部，境内的七星山、穿山、普陀山以及七星岩、月牙岩、龙隐岩(洞)、省春岩等闻名中外。历史上许多名人侠士为其山绿水清、岩峻洞奇的风景所吸引，纷纷驻留岩前、洞穴内，吟诗诵词，挥洒笔墨，树碑立传，撰文铭刻，建阁楼亭塔，至今仍广为流传。近现代，区境内活跃过许多仁人志士的身影。收录的革命烈士中，有阳昌启、唐初林、熊初贵等17人，他们在国家和人民需要时，敢于大义凛然，勇于献出宝贵的生命。也有见义勇为者，为保护人民的生命财产不受侵犯，徒手斗歹徒，用行动诠释正义。

第一节　人 物 传

程节(1033—1104)　字信叔，浮梁人(今江西景德镇市)。宋嘉祐(1056—1063)进士。历官朝议大夫、直龙图阁及宝文阁待制等。宋元符元年(1098)知桂州，后任广南西路转运副使、经略安抚使。在桂十余年，学识广博、晓事理、广交游，与书画家米芾情谊深，米芾有《诗送端臣桂林先生兼简信叔老兄帅座》诗。明政务、练兵甲，开园圃、建亭阁。宋元符二年(1099)，在月牙山腰及山麓，分别修建环翠阁、骖鸾亭和释迦寺。宋崇宁元年(1102)，重修“逍遥楼”，更名“湘南楼”。宋崇宁二年(1103)，于揭帝塘附近，造“八桂堂”。崇宁年间，开辟程公岩，以其姓命名。游岩必题刻吟咏，今七星区境内的普陀山元风洞、月牙山龙隐岩等处有其题刻数件。著有《竹溪集》。

范成大(1126—1193)　字至能，一作致能，号石湖居士。江苏吴郡(今苏州)人。年少时双亲去世，在家守孝，攻读诗书。宋绍兴二十四年(1154)进士，曾任礼部员外郎兼资政殿说书、处州知府、四川制置使、参知政事等职。乾道八年(1172)，知靖江府兼广南西路经略安抚使。到桂林任职两年，整饬盐政，清除“增价折配”之弊，合理分盐利，改革马政，发展边贸，营建风景点。在月牙山修骖鸾亭，七星岩前修碧虚亭，屏风山修壶天观和所思亭，著有具科学价值的《桂海虞衡志》，为广西第一部博物志，提出“余尝评桂山之奇，宜为天下第一”的名言。游桂林作山水诗65首，题刻11件。亦擅词，与尤袤、杨万里、陆游合称南宋四大家。所著除《桂海虞衡志》外，尚有《石湖居士诗集》《石湖词》《吴郡志》《吴船录》《范村梅菊谱》等。

郝浴(1632—1683)　字冰涤，号雪海，直隶定州(今河北保定)人。清顺治六年(1649)进士。由刑部主事历官湖广道御史、四川巡按、左佥都御史、左副都御史、广西巡抚。顺治年间，因疏劾平西王吴三桂，声震朝野。后被吴三桂劾以诬罔，饰词冒功，流放奉天(今辽宁)长达20年。康熙十二年(1673)，吴三桂叛清。两年后，郝浴被康熙帝重新召用，恢复原官。康熙二十年(1681)赴广西任巡抚，康熙二十二年(1683)卒于官。在任期间，悉心吏治，奏请裁兵汰马，防要害、精简锐以利兵务；奏请停鼓铸，改米征银以清理诸府县现行盐政；采取粤船载送大兵接替的办法，断绝云南一带投诚家口绕道之害；又将藩邸之佣人全部释放为民，为世人称道。对广西、桂林文化、风景营建贡献颇多。清康熙二十年(1681)重修七星区境内花桥，清理桥下淤泥，并在桥南北两侧筑石堤护桥，又在桥上盖长亭防雨。曾为巡抚马雄镇、傅弘烈建祠祭祀。康熙二十二年(1683)主修《广西通志》40卷。著有《郝雪海先生笔记》。

浑融(1615—1708)　俗家姓张，法名本符，自号浑融，湖广沅州(今湖南芷江)人。少小知书能文，喜读史传，钦慕终军和宗懿风范，随父张楚珩(马平县令)赴任所。明末清军南侵，仗剑出游，拜沤和上人为师，受戒衡州湖东寺出家为僧，后游岭南，暂住普明庵，与拱粤将军刘起庵结交，投入刘麾下抗击清军，所致皆捷，人称“秃将军”。后见复明无望，再次隐入禅林。清顺治八年(1651),瞿式耜、张同敞守桂林城被执遇难,浑融与杨艺冒死收葬,并将瞿、张二人狱中唱和诗辑为《浩气吟》刊行。清顺治八年(1651),将寿佛庵宏基为殿,增建亭阁堂宇,更名为“栖霞寺”。顺治十年(1653),被人告发为明朝武臣而下狱,幸得临桂县令戎昱営救出狱。虽为僧,却不持戒、不参禅、不托钵,人无贵贱,咸与交游,往来仰慕者络绎不绝,赠诗甚多。93岁圆寂,葬于栖霞寺前。著有《栖霞寺志》。

陈元龙(1652—1736) 字广陵,号乾斋,浙江海宁人。清康熙二十四年(1685)进士,由翰林院编修、侍讲,历官陕西乡试正考官、詹事、吏部右侍郎、广西巡抚、工部尚书、文渊阁大学士兼礼部尚书、太子太傅。清康熙五十年(1711)八月,任广西巡抚。在桂七年,政绩显著。清康熙五十四年(1715),在桂林筑粮仓百余座贮谷,以备水旱灾荒。针对广西土瘠民贫,又建养济院数十间,“以牧茕独”,收养鳏寡,创育婴堂,设粥厂以赈灾民。并“循巡阡陌,劝民耕作”。重视水利建设,于清康熙五十三年至五十四年率僚属捐俸银修整领取。又于康熙五十四年在桂林设义学17处,创建栖霞书院并亲自讲学。著有《爱日堂文集》。

况祥麟(1769—1850) 字皆知,号花矼,桂林市人。清嘉庆五年(1800)举人,官通议大夫。性严肃,家法严厉,著称乡里。勤学问,广采博通,一生精心研究六书。对文字学、音韵学颇有造诣,著有《六书管见》《红葵斋笔记》《红葵斋文集》《红葵斋诗集》《类函初集》等。学问之余,好为善事,曾捐资倡修嘉熙桥(今花桥)、又在月牙山殿旧基上修观音阁、筑亭堂、扩充磴道,立《重建月牙山殿碑》记。

况澄(1799—1866) 况祥麟之子。字少吴,桂林市人。清嘉庆二十三年(1818)举人,道光二年(1822)进士。由翰林院庶吉士历官户部主事、刑部员外郎、御史、给事中、陕西、甘肃乡试主考官、河南盐粮道员兼按察使。为人刚正不阿,进京做官4年,责议30余条均被采纳。外宦游20年,回故里桂林,闭门潜心治学,工诗词。著有《西舍文遗篇》《西舍诗钞》《使秦纪程集》《广千字文》《西论纂说》《春秋属辞比事》《说文征典》《杂体诗钞》《粤西胜迹诗钞》等。道光二十四年冬(1844),重修七星岩听月亭至碧虚亭磴道,并作《重修七星岩磴道记》刻于普陀山四仙岩石壁。

况澍(? — ?) 况祥麟之子。字雨人,桂林市人。清道光五年(1825)举人,道光九年(1829)进士。由翰林院庶吉士历官刑部主事、员外郎等职。以侍奉老父,辞官归里,职掌榕湖经舍(经古书院)山长,致力人才培养。清咸丰元年(1851),太平军攻桂林城,守将欲烧城东隔河民舍,澍前往拜见,晓之以理,使民居得以保存。晚年,在花桥天柱峰下构筑住宅,自称“天柱人家”。工诗,著有《东斋诗钞》《东斋杂著》等,并参与协修《康熙字典》。

秦步衢(1865—1925) 字公毅,原名秦瑞霖,桂林市人(今七星区朝阳乡田心村人)。生于农家,少小读“四书”“五经”,后跟亲戚陪读赴京深造。清光绪二十七年(1901)举人。历官四川知隶州知州、广西咨议副议长、广西巡警道桂林警察厅厅长、广西左区第一正司令、广西陆军第一师步兵第一旅旅长等。民国2年(1913),任桂林巡防统领时,在全州抓捕民国开国元勋蒋翊武,上重刑具将共押回桂林统领衙门,后遵袁世凯电令、陆荣廷指令将蒋翊武杀害于桂林丽泽门外。秦步衢性情暴虐,杀人狂笑,人称笑面虎。好色,骄奢淫逸,有妻妾6人(一说一桌人)。民国14年(1925)农历三月六日夜,在桂林东华门外城墙脚公馆大院平房里遭入城沈鸿英兵破门杀死。

况周颐(1859—1926) 近代词人,原名况周仪,改名况周颐,字夔笙,号蕙风,别号玉梅词人。其祖居桂林市东江水东街西头(今七星区自由路与穿山北路交汇处西北角)。出生于灵剑溪畔,常用“天柱峰下人家”作小印,铭作。清同治九年(1870)受业于广西古文家王拯,后成为秀才。清光绪六年(1880)举人,清光绪十四年(1888)入京,曾任内阁中书、三会典馆纂修、江楚编译官书局总纂、安徽宁国府监厘督办等。自幼爱好填词,在京受王鹏运影响,工于词,后词作成熟,渐成大家。以“重”“拙”“大”为作词“三要”,提出词首、词心、词尾的论点,与王鹏运同创“临桂词派”,与朱祖谋、王鹏运、郑文焯合为“清末四大家”。除工于填词,还精于词论,著有《惠风词话》《惠风词》《香海棠馆词话》等。《惠风词话》被朱祖谋称之为千古之绝作。

王鲁彦(1901—1944) 原名王衡,又名返我,后改名忘我,又名衡、笔名鲁彦,浙江镇海人。曾参加李大钊、蔡元培创办的工读互助团。并在北京大学旁听,受“五四”新文学运动影响,走上文学道路,被鲁迅称为乡土文学作家。抗战爆发后,参加在武汉成立的中华全国文艺界抗敌协会,任职于郭沫若领导的国民政府军委会政治部第三厅。民国27年(1938)举家由湖南迁至桂林,在东江福隆街一间狭窄的楼房居住8年,先后任桂林高中教师兼桂林文化供应社编辑,参加筹建中华全国抗敌协会桂林分会并任历届理事、常务理事。积极从事桂林抗战文艺活动和组织工作,主编《文艺杂志》月刊和大型文艺刊物《大地》,创作反映抗战斗争生活的作品《春草》《我们的喇叭》《伤兵旅馆》《杨连副》《炮火下的孩子》《陈老奶》《千家村》《樱花时节》等,还写了不少的短评、散文和随笔。由于贫病交加,劳累过度,于民国33年(1944)8月21日病逝。时日寇压境,文化界人士多已疏散。欧阳予倩、邵荃麟、司马文森从柳州赶回桂林募捐筹开追悼会,周恩来发来专电慰唁,托嘱冯雪峰转交抚恤金1万元。墓葬于普陀山北麓星子岩之阳,碑刻铭文"作家王鲁彦之墓"。

白鹏飞(1889—1948) 字经天,号擎天,桂林市人,回族。举家居住东江六合圩祝圣里。清宣统元年(1909)考入两广高等化工学堂学习,宣统三年(1911)赴日本留学,在东京帝国大学遍学兽医、统计、政治、经济、法律达11年,获五个硕士学位。回国后,先后在江苏无锡国学专门学校、上海江苏民众教育学院、暨南大学、朝阳大学、民国大学、法政大学、辅仁大学、清华大学、北平大学等校任教。任暨南大学校长、北平大学法商学院院长。聘请李达、许德珩等著名教授到校任教,培养不少进步学生。民国24年(1935),积极支持学生开展"一二·九"爱国抗日运动,拥护中共提出的抗日民族统一战线。民国25年(1936)一月二十七日与马叙伦组织成立北平文化界救国会,并任救国会副主席,马叙伦任主席。与马叙伦起草救国会宣言,号召"全国的民众起来!赶快起来,抵抗敌人的侵略……"营救过中共地下党员张友渔等。民国26年(1937)回桂林,积极投入抗战文化运动。民国27年(1938)2月,受聘任广西大学校长。招贤纳士,聘请李达、郭沫若、许德珩、陈约隐、马叙伦等著名学者到校任教。民国28年(1939)任广西普通考试监试委员、中苏文化协会桂林分会理事、中华全国文艺界抗敌协会桂林分会理事。不顾当局阻挠,参加周恩来在桂林八路军办事处召开的座谈会,为《救亡日报》筹募基金,积极支持桂剧改革,参加《一年间》演出委员会,还与马君武、欧阳予倩等组建广西戏剧改进会。受聘任中央监察委员、第四军风纪巡察团副团长。严惩贪污和违纪人员,弹劾过抗战不力的桂林城防司令韦云淞,声名俱佳。民国36年(1947)到台湾大学讲学,旋由台回桂林,民国37年(1948)6月28日病逝。著作有《行政法大纲》《行政法总论》《行政法各论》《比较劳动法学大纲》《法学通论》等。其墓葬于普陀山北麓灵剑溪畔省春岩东100米处。

盛忠福(1903—1972) 又名盛均、盛懋之。临桂县(今桂林市)人,家住城区东部(今七星区穿山乡施家园内)。民国11年(1922)毕业于广西省立第二师范学校(其前身为广西省立初级师范学堂)。民国15年(1926)入黄埔军校第五期,民国16年(1927)毕业后,分配到北伐军第七军(李宗仁任军长)独立团第二营第五连任上尉连长,参加过武汉战役。抗日战争时期,参加远征军38师到缅甸作战,参与仁安江大捷战役。民国33年(1944)晋升少将。抗战胜利后,民国34年(1945)底解甲归田。桂林解放后,曾任民革桂林市东江小组组长。

梁漱溟(1893.10—1988.06) 原名梁焕鼎,字寿铭,桂林人。宣统三年(1911)加入同盟会京津支部,投身辛亥革命,后潜心研究佛学。民国24年(1935)应李宗仁、白崇禧、黄旭初的邀请回到桂林,后赴南宁讲学。民国30年(1941)4月,应邀到广西大学、广西省立桂林师范学校、江苏教育学院讲学和演讲,题为《一九三九年视察华北华中等六省游击区情况的报告》《中国文化的要义》《教育出路与社会出路》《中国文化及乡村建设问题》等。民国31年(1942)2月5日返回桂林,先后入住七星岩前的广西教育研究所、江东村前的无锡国专,并在无锡国专、汉民中学、桂林中学、中山中学、兴安中学授课,出版《香港脱险寄宽恕两儿》《广西国民中学制度》《梁漱溟全集》等,撰写《我的自学小史》《中国文化要义》。曾和李济深、李任仁策划抗日反蒋,负责建立中国民主政团同盟桂林核心小组。桂林沦陷后,疏散去昭平。桂林解放后,历任全国政协委员和常务委员、中华人民共和国宪法修改委员会委员、中国孔子研究会顾问、中国文化书院院务委员会主席等。一生致力于佛学、儒家学说和中国传统文化研究。主要著作有《东西文化及其哲学》《印度哲学概论》《乡村建设理论》《中国文化要义》《人心与人生》《我的努力与反省》《梁漱溟教育论文集》等。为人题字常用"桂林梁氏"印章。1985年为桂林题写"锲而不舍,精义入神"及记叙自己与故乡关系的文字(已刻在穿山月岩入口处)。病逝后,墓葬于穿山公园月岩西麓。

任中敏(1899—1991)　原名任讷,笔名二北,后改为半塘,江苏扬州人。民国9年(1920)毕业于北京大学中文系,爱好宋词及金元曲。曾任胡汉民秘书。民国18年(1929)后曾任江苏省镇江中学校长,创办广州仲元中学和南京汉民中学。民国26年(1937)率汉民中学师生来桂林办学10余年,定校址于桂林东郊穿山之麓任校长直至桂林解放。抗战期间,聘请田汉、欧阳予倩、柳亚子、梁漱溟、徐悲鸿、司马文森等著名进步文化人士到校任教。办学严谨,治校有方,以"坚持民族精神、自治能力、国民道德"思想办学。使汉民中学在全国享有盛名。在桂期间,曾任中国教育学会桂林分会理事、桂林北京大学同学会理事等。桂林解放后,从事词曲研究和教学30余年,是我国现代著名词学家之一。早年研究宋词元曲,编辑有《散曲丛刊》15种和《新曲苑》34种。晚年致力于敦煌写本民间歌舞研究,著有《敦煌曲校录》《敦煌歌辞总编》《敦煌曲初探》等。

艾芜(1904—1992)　现代作家,原名汤道耕,笔名艾芜。四川省新都县(今成都市新都区)人。早年到缅甸当过苦工及报社编辑。民国23年(1934)加入中国左翼作家联盟。民国28年(1939)1月举家到桂林,在东江施家园、观音山,临时搭起小棚屋居住5年有余,在简陋的住所内仍一直从事抗战文化运动和文学创作。历任中华全国文艺界抗战协会一、二、三、五届理事、常务理事,并负责协会出版部、研究部工作。主编文协机关刊物《抗战文艺》《文协旬刊》和《桂林晚报》副刊,为三户图书社主编一批文学丛书,为文协举办文艺学习班和《文艺创作》社主办的青年文艺写作研究会讲课,到逸仙中学教书。创作长篇小说《山野》《故乡》,中篇小说《打猎记》《母亲》《一个女人的悲剧》《芭蕉谷》《两屠户》《回乡》《某校记事》,短篇小说《荒地》《黄昏》《秋收》《冬夜》《南行记》,杂文集《杂草集》,理论专著《文学手册》等。作品以抗日战争为背景题材,揭露日本帝国主义侵华战争给中国人民带来的灾难。桂林解放后,任中国文联、中国作协理事,四川省文联副主席、四川省作协主席、中国作协顾问等。

第二节　人物表

表35-1　　1930—2005年七星区烈士名录

烈士姓名	性别	籍贯	出生年月	参加工作时间	牺牲时间	牺牲地点	牺牲所在单位	牺牲职务	列属住地(今)
阳昌启	男	桂林市	1905	1926	1938.5	安徽怀远县	国民革命军第7军174师1022团2营	副营长	桂林矿产地质研究院
黄正钧	男	桂林市灌阳县	1910	1930	1939.10	广西昆仑关	国民革命军170师502团1营	连长	七星路三巷19号4—2
崔承宪	男	广东海南	1920	1944	1946.6	广东曲江县	广东省东江抗日游击队	股长	辅星路8号楼2栋1—2号
杨尔修	男	广西上林	1920	1944	1949.5	广西上林县	中共地下工作者	工作员	电子工业学院
唐初林	男	桂林市七星区	1929	1947	1950	朝鲜咸阳	志愿军第20军59师171团3营	战士	七星区穿山乡穿山村
向喜光	男	桂林市恭城县	1930	1950	1950.11	广西恭城县	广西恭城新田村	农会主席	桂林皮鞋厂
商海金	男	广西灵山县	1919	1949	1951.7	朝鲜上甘岭	志愿军15军45师135团	战士	空明西路4号
李有祯	男	桂林市荔浦县	1944	1964	1965	桂林奇峰镇	中国人民解放军6964部队	战士	奇峰小筑
李贤贵	男	桂林市	1946	1964	1969	北京市	中国人民解放军4890部队	班长	七星区穿山乡七星村

续表

烈士姓名	性别	籍贯	出生年月	参加工作时间	牺牲时间	牺牲地点	牺牲所在单位	牺牲职务	列属住地(今)
曾民贵	男	桂林市	1954	1973	1974	海南省西沙群岛	海军扫雷舰10大队389舰	战士	七星区穿山乡七星村
熊初贵	男	桂林市	1956	1977	1979	对越自卫反击战	中国人民解放军53204部队301团	班长	七星区朝阳乡湖塘村
燕华	男	桂林市	1957	1977	1979	对越自卫反击战	中国人民解放军35206部队	班长	东江干休所
潘杰	男	桂林市	1962	1980	1985	广西桂林平山瓦窑口	桂林旅游车船公司	司机	桂林工学院
刘文宇	男	内蒙古临河市	1965	1984	1992	内蒙古乌后旗	内蒙古宁和市有色地质局	助理工程师	无线电三厂
王江庆	男	桂林市	1974	1991	1998	广西桂林七星区	七星公安分局漓江派出所	协管员	桂林市柘木镇卫家渡村
于燕杰	女	桂林市	1965	1983	2004	中国人民解放军95389部队	中国人民解放军95389部队	政治部干事	七星区恒祥花园水仙阁
鲍光蛇	男	安徽省枞阳县	1964.12	1994	2005	广西桂林七星区福隆园街	从事个体装修	农民工	桂林市福隆园街

表35-2　　1985—2005年七星区机关事业单位高级专业技术人员名录

姓名	工作单位	职称	性别	民族	出生年月	学历	参加工作时间	职称批准时间
陈再思	桂林市穿山中学	中学高级教师	男	汉族	1934.11	大专	1950.10	1985.7
葛宏任	桂林市穿山中学	中学高级教师	男	汉族	1938.11	本科	1962.7	1985.7
卢启庸	桂林翔宇橡胶机械开发制造有限公司	机械高级工程师	男	汉族	1936.1	本科	1961.1	1985.7
董磊恒	七星区政府	高级工程师	男	汉族	1941.4	大专	1965.7	1985.7
张泽淦	七星政府	高级工程师	男	汉族	1938.12	大学	1963.8	1985.7
姜　杰	七星政府	高级工程师	男	汉族	1939.8	大学	1962.9	1985.7
贯桂福	七星政府	高级工程师	男	汉族	1941.11	大学	1965.8	1985.7
宁　济	七星政府	高级工程师	男	汉族	1940.9	大学	1958.9	1985.7
单庆池	桂林市穿山中学	中学高级教师	男	汉族	1943.6	大专	1966.7	1987.2
吴肇林	桂林市穿山中学	中学高级教师	女	壮族	1939.12	本科	1968.8	1988.6
叶正伦	桂林市穿山中学	中学高级教师	男	汉族	1929.12	本科	1948.7	1988.8
秦运贤	桂林市穿山中学	中学高级教师	男	汉族	1948.2	大专	1960.8	1988.8
李竹青	七星区科技局	高级畜牧师	女	汉族	1935.11	本科	1959.9	1988.11
李筱高	七星区水电局	高级工程师	男	汉族	1935.7	本科	1960.9	1988.12
陈显洲	七星区政府	高级畜牧师	男	汉族	1933.12	本科	1958.8	1988.12
梁　辉	桂林市穿山中学	中学高级教师	男	壮族	1950.2	大专	1961.7	1989.1
曾　明	七星区政府	高级农艺师	女	汉族	1933.2	本科	1956.9	1989.12
王高峰	七星区科技创业服务中心	高级工程师	男	汉族	1940.2	本科	1962.10	1990.6
陆国良	七星区政府	高级农艺师	男	汉族	1939.11	本科	1965.8	1990.6
邹亮美	七星区政府	高级农艺师	女	汉族	1941.5	本科	1963.8	1990.6

续表

姓名	工作单位	职称	性别	民族	出生年月	学历	参加工作时间	职称批准时间
何健敏	七星区政府	高级经济师	男	汉族	1942.9	本科	1968.09	1990.06
邓秀冬	七星区农业综合技术推广站	高级农艺师	男	壮族	1933.11	本科	1957.08	1990.06
马俊雄	七星区政府	高级工程师	男	汉族	1938.9	本科	1962.10	1990.06
朱宏庵	七星区政府	高级工程师	男	汉族	1938.1	本科	1962.01	1990.09
阳景芬	桂林市穿山中学	中学高级教师	女	汉族	1940.4	大专	1962.07	1990.12
盛良恕	桂林市穿山中学	中学高级教师	男	汉族	1941.9	大专	1958.08	1990.12
周光明	桂林市穿山中学	中学高级教师	男	汉族	1946.11	本科	1969.08	1992.12
赖立先	桂林市火炬中学	中学高级教师	女	汉族	1948.9	专科	1968.11	1992.12
谭建才	桂林市穿山中学	中学高级教师	男	壮族	1943.1	本科	1966.07	1993.01
江锡良	七星区政法委	高级工程师	男	汉族	1943.1	本科	1967.09	1993.05
王柱文	桂林市穿山中学	中学高级教师	男	汉族	1947.2	本科	1964.08	1993.08
周业建	桂林市穿山中学	中学高级教师	男	汉族	1950.6	大专	1968.12	1993.09
徐海桥	桂林市穿山中学	中学高级教师	男	汉族	1953.1	大专	1969.01	1993.12
许敏斐	桂林市穿山中学	中学高级教师	女	汉族	1950.9	本科	1968.07	1993.12
秦保连	七星区政府	高级工程师	男	汉族	1953.9	大学	1971.07	1994.06
邓建昆	桂林市穿山中学	中学高级教师	男	汉族	1942.8	大专	1964.07	1994.12
林振炎	桂林翔宇橡胶机械开发制造有限公司	教授级高工	男	汉族	1939.7	本科	1963.08	1995.10
黄荣庆	七星区政府	高级工程师	男	汉族	1951.10	本科	1969.10	1995.12
张恩赐	桂林市穿山中学	中学高级教师	男	汉族	1946.10	本科	1977.07	1995.12
朱永宜	桂林市穿山中学	中学高级教师	男	汉族	1952.7	大专	1969.01	1995.12
刘桂兴	桂林市穿山中学	中学高级教师	男	汉族	1953.10	大专	1973.08	1995.12
郭惠君	桂林市穿山中学	中学高级教师	女	汉族	1948.2	本科	1969.07	1995.12
何醒华	桂林市火炬中学	中学高级教师	女	汉族	1947.4	专科	1969.01	1995.12
阳宏发	桂林市穿山中学	中学高级教师	男	汉族	1950.5	大专	1971.01	1996.12
廖建一	桂林市火炬中学	中学高级教师	女	汉族	1949.11	大专	1969.02	1997.12
蒋爱秀	桂林市穿山中学	中学高级教师	女	汉族	1954.8	大专	1973.03	1998.12
陆翠琴	桂林市火炬中学	中学高级教师	女	壮族	1955.1	大专	1973.08	1998.12
刘映珍	桂林市穿山中学	中学高级教师	女	汉族	1950.2	大专	1976.08	1999.12
秦志干	桂林市火炬中学	中学高级教师	男	汉族	1956.7	大专	1975.08	2000.12
唐美华	桂林市火炬中学	中学高级教师	女	汉族	1949.12	大专	1968.07	2001.12
陈宏彬	七星区农业综合技术推广站	高级农艺师	男	汉族	1964.1	本科	1985.07	2003.12
何运保	七星区政府	高级工程师	男	汉族	1963.2	研究生	1981.07	2003.12
廖新文	七星区农业综合技术推广站	高级农艺师	男	汉族	1967.12	本科	1989.07	2004.12
邱继忠	七星区食品药品监督管理局	副主任医师	男	汉族	1965.8	本科	1984.07	2004.12

附：见义勇为人物

杨小荣(1983—2004)　男，湖南省永州市水口山镇小柏塘村人。2004年初，来到桂林务工，在建干里村租房居住，从事房屋装修，为人诚实守信，踏实肯干，生意比同行好。同乡杨军成，于同年2月来投靠他。3月28日晚9时左右，杨小荣与杨军成散步途经桂林市临江路，当走到忘忧网吧门口时，发现两名男青年正在昏暗的灯光下撬一辆自行车。见此情景，杨小荣便高声呵斥："嘿，你们在搞什么？"两青年闻声，见杨小荣只有两人，便骂推杨小荣二人。这时，两青年的另外4名同伙从马路对面跑过来，一起对杨小荣二人进行漫骂、推打。杨小荣毫不示弱，与这6人论理。这6人中，一人扯住杨军成，另5人蜂拥而上对杨小荣拳打脚踢，并拔出尖刀朝杨小荣身上、头上乱捅。杨小荣浑身上下连中20余刀，伤势过重而倒地，被送往医院后抢救无效牺牲。2004年6月被七星区委、区人民政府评为见义勇为先进个人。

邓树花(1985—　)　女，桂林市象山区二塘乡人，在普陀路辉煌发艺做收银员。2005年6月30日深夜11点40分左右，她与同事廖光秀下班回宿舍，行至育才小学门口时，发现一可疑男子提着一个红色女包从身边跑过，男子身后一女子边追边喊"抓小偷，有人抢包！"邓树花顾不得多想，立即与同事廖光秀转身向那名抢包的歹徒追去。邓树花追了六七百米，终于在"三人行酒吧"门前追上了歹徒。一把抓住歹徒的衣服，这时，歹徒为了脱身，拿出随身携带的尖刀威胁她："你快放开，不然我捅死你！"邓树花坚定地回答："放开，没门！你捅死我也不会放你，谁叫你抢别人东西！"穷凶极恶的歹徒见无法脱身，举刀朝邓树花的心脏部位和脚上乱捅。邓树花身上连续被刺三刀，不支倒地，鲜血直流，她仍紧紧地扯住歹徒的裤脚不放，心中只有一个念头，绝不能让歹徒跑掉。歹徒再次下毒手，一刀捅在邓树花右手肘关节处，趁她失去知觉挣脱逃跑，后被三人行酒吧男青年刘虎光、李海涛、车斌等人和多名群众围堵抓获。邓树花被刘虎光的朋友庞海云用车紧急送桂林市第五人民医院抢救治疗，后康复。2005年8月中共七星区委、区人民政府对邓树花见义勇为先进事迹进行了表彰和奖励。

刘虎光(1982—　)　男，江西省高安市太阳乡人。2005年6月30日深夜11点40分许，在普陀路长城酒店附近，一名从黑龙江省流窜到桂林的17岁男子夺走受害人李某(女)挎包，并向半塘尾路文化步行街方向逃窜，被下夜班回家的邓树花追，至文化步行街三人行酒吧附近抓住。该男子刺中邓树花数刀后趁机逃脱。适逢在文化步行街三人行酒吧上班的刘虎光走出酒吧门口接听电话，见此情景，刘虎光一边急呼朋友庞海云用车将邓树花送医院抢救，一边疾步追踪歹徒。追至离广西师范大学南门约100米处时，刘虎光一步冲上去抓住歹徒后衣领。歹徒返身朝刘虎光的胸部猛刺一刀，刘虎光仍未松手，歹徒即又朝他的腹部连捅两刀。此时，随后赶到的李海涛、车斌等三人一同冲上去将歹徒制服。经桂林市第五人民医院鉴定，刘虎光手掌受伤，左下胸伤口长0.8厘米、深4厘米。刘虎光经医院救治后康复。2005年8月中共七星区委、区人民政府对刘虎光见义勇为先进事迹进行了表彰和奖励。

附　　录

小东江美景　　　　　　　　　　　　　　　　　　　　　　　　　（2005 年　秦资建摄）

一、文献选编

关于成立桂林市象山、秀峰、叠彩、七星四个区人民政府的通知

市革〔1979〕72号

各基层单位、市直属机关各单位：

根据宪法规定和第五届人大第二次会议精神，经自治区革命委员会批准：我市设立象山、秀峰、叠彩、七星四个小区，区成立人民政府，作为市领导下的一级政权，直接领导各居民委员会的工作。同时撤销城区革命委员会和跃进、东升、向阳、红星、红旗、东风、胜利、东江、漓江9个市区人民公社。

象山区管辖原跃进、东升公社所属的14个居民委员会；

秀峰区管辖原向阳、红星、红旗公社所属的18个居民委员会；

叠彩区管辖原东风、胜利公社所属的13个居名委员会；

七星区管辖原东江、漓江公社所属的9个居民委员会。

桂林市革命委员会

一九七九年七月十九日

自治区人民政府关于调整桂林市市辖区行政区划的通知

桂政发〔1996〕108号

各地区行署，各市、县、自治县人民政府，柳铁，区直各委、办、厅、局：

按照《国务院关于同意广西壮族自治区调整桂林市市辖区行政区划的批复》（国函〔1996〕110号）精神，经研究，现将桂林市市辖区行政区划调整的有关问题通知如下：

一、桂林市郊区更名为雁山区，辖原郊区的雁山镇、拓木镇（不含同心、平山两个村委会）、大埠乡、草坪回族乡。雁山区人民政府驻雁山镇。

二、扩大叠彩区的行政区域，将原郊区大河乡、穿山乡的清风村委会划归叠彩区管辖。叠彩区人民政府驻凤北路。

三、扩大秀峰区的行政区域，将原郊区甲山乡划归秀峰区管辖。秀峰区人民政府驻西凤路。

四、扩大象山区的行政区域，将原郊区的二塘乡，拓木镇的同心、平山两个村委会和穿山乡的安新村委员会划归象山区管辖。象山区人民政府驻银锭路。

五、扩大七星区的行政区域，将原郊区穿山乡（不含清风、安新两个村委会）、朝阳乡划归七星区管辖。七星区人民政府驻马坪街。

六、上述行政区划调整不增加机构和人员编制，所需经费由桂林市自行解决。

七、桂林市人民政府要认真做好市辖区行政区划调整的各项交接工作，做好干部群众的政治思想工作，教育广大干部群众树立全局意识，从有利于桂林市改革、发展、稳定的大局出发，坚决执行上级党委、政府的规定和要求，严格遵守财经纪律，确保在行政区划调整过程中，国家和集体财产不受损失，保证市辖区行政区划调整工作的顺利进行。

广西壮族自治区人民政府

1996年12月18日

关于高新开发区与七星区合并组建新区的可行性研究报告

为充分发挥高新开发区和七星区的优势，完善城区发展功能，充分享受国家赋予的高新开发区优惠政策，使之成为我市充满活力的特区、综合体制改革试验区和经济新增点，经过反复调查研究，学习借鉴外地成功经验，结合我市实际，我们经研究提出将高新开发区和七星区两区合并的建议。现将合并的可行性研究报告如下：

一、“两区”发展现状及面临的主要问题

高新开发区经过九年的艰苦创业，现已初具规模。尤其是1995年市委、市政府赋予高新开发区市一级经济管理权限及相关行政管理权限后，其经

济发展呈现出快速增长的势头。1996年，各项主要经济指标普遍实现两年翻一番以上，工业总产值达到8.18亿元。1996年，根据国家规定的指标考核(30项定量指标，10项定性指标)，桂林高新区名列广西第一，总分比第二名高出10.4分。近两年来，桂林高新区在全国52个国家级高新开发区中的位置也开始前移。随着高新开发区的不断发展，面临的问题也越来越突出：一是发展空间狭窄。两区区划大面积重叠。高新开发区新建区规划面积为20平方公里，其中大部分与调整后的七星区区划重叠；已通过国家级评审的漓江农业示范带规划，占地5.2平方公里，也位于新建区规划范围内；如果加上规划区内原有的企业占地，高新开发区现实的发展空间已显得非常狭窄。二是社会化管理问题突出。两区区划大面积重叠，高新区的政策围墙与行政围墙分离，规划区的卫生、绿化、建设等社会化管理无法有效地实施。三是国务院赋予高新开发区的优惠政策覆盖面小，优势得不到充分发挥。享有市级经济管理权限及相关行政管理权限及若干优惠政策是国家级开发区的必备条件，同时又是开发区的最大优势。但由于我市高新开发区的面积小，优势的运用和发挥受到较大的限制。

七星区位于漓江以东，总面积74.2平方公里，总人口13.6万；下辖穿山、朝阳两个乡、14个村委会、73个自然村、33条街道、22个居委会；区委、人大、政府机关工作部门29个。七星辖区是桂林市大、中专院校、科研院所、大、中型企业的集中地。辖区内有副科级以上单位161个，大、中专院校14所，中、小学校16所，科研单位8个，大型宾馆、饭店9家，大、中型企业42家，并有众多的名胜和多姿的自然风景，如著名的七星岩、月牙山、穿山、隐真岩等都坐落其间。七星区具有一定的经济基础。现有工商企业817家，其中"三资"企业90家，工业企业242家，商业企业485家。由于各种原因，目前正常运转的只有370多家，个体工商1200多户。1999年，七星区完成工业总产值4.89亿元，商业营收入5亿元，实现税收2613万元。精神文明建设成绩显著，多项工作被国家、自治区、市评为先进。但也面临着产业结构不合理、技术含量低、经济运作质量和效益不佳的严峻现实。

二、解决问题的基本思路

现行的开发区体制是一种比较单纯的政策区体制，这种体制在开发区初创时期是积极的、必须的，但是经过一段时期的发展后，尤其是在扩大发展规模、加快发展速度的关键时期，单纯政策驱动的局限性越来越明显。

桂林高新开发区目前遇到的问题，在全国许多先进的高新开发区中都曾经遇到过并成功的解决好了。他们的一条基本经验，就是及时由开发区初创时期的政策区体制过渡为行政新区体制，市委、市政府赋予新区完备的政府行政职能，由新区独立、统一进行规划、开发和管理，形成产业开发和社会发展并举的新区发展格局。青岛、合肥、苏州、常州、株洲等高新开发区都是这样走过来的，上海浦东新区更是成功的范例。

鉴于以上情况，借鉴先进开发区的成功经验，结合我市的实际情况。解决高新开发区发展中面临的一系列问题的基本思路是：市委、市政府赋予高新开发区完备的政府行政职能，使其从政策区体制过渡到行政新区体制，促使政策性围墙与行政性围墙合一，拓展空间，完善功能，加快发展，带动漓江以东区域经济和社会的进步，为实现我市跨世纪发展战略作出应有的贡献。

三、"两区"合并——桂林高新开发区由政策区体制向行政新区体制过渡的途径

按照外地先进开发区的经验，由政策区体制向行政新区体制过渡可采取两种模式：一是完全取消原来的城区(包括原城区的名称、机构等一概取消)，使开发区直接转变为兼有城区政府行政职能的开发区体制，如上海浦东新区、杭州新区等；二是开发区与城区合并，保留二者的名称，一套班子两块牌子，组合形成行政新区体制。

根据桂林的实际情况，以高新开发区与七星区合并，使高新区向行政新区过渡。基本条件是：

1. 两区大部分区域重叠，合并后的区域范围明确，不需再作调整；

2. 七星区的政府行政职能完备，与高新开发区合并后可直接转变为新区政府行政职能，不需做人的调整或"另起炉灶"；

3. 高新开发区是国务院批准的国家级高新开发区，七星区是桂林市辖区建制，采取合并方式向行政新区过渡，只是"两区"区划及功能组合，可不作建制的调整和名称的变更。

四、"两区"合并的方案构想

(一)合并后的新区名称

"两区"合并后实行一套班子，两块牌子，党政合一。即中共高新开发区工委和中共七星区委由一套班子组成，高新开发区管委会和七星区人民政府由一套班子组成。机构具体名称为：

1. 党委系统

中共桂林国家高新技术产业开发区工作委员会（简称高新区党工委）

中共桂林市七星区委员会（简称七星区委）

2. 行政系统

桂林国家高新技术产业开发区管理委员会（简称高新区管委会）

桂林市七星区人民政府（简称七星区政府）

3. “两区”合并后继续主要使用桂林国家高新区开发区的名称（为了叙述方便，以下使用“桂林高新开发区”这一名称），主要是基于以下几方面考虑：

其一，桂林高新开发区是经自治区人民政府上报国务院批准建立的国家级高新技术产业开发区，而且列入全国52个国家高新开发区序列。

其二，根据全国通常的做法，只有国家级高新开发区才能享受由所在城市市委、市政府赋予的市一级经济管理权限及相关行政管理权限，同时也才能享受国家的有关优惠政策。

其三，在市委、市人大、市政府、市政协的直接领导和精心指导下，在历届管委会的辛勤努力以及社会各界的支持下，高新开发区已经创下了一定的声誉和影响，知名度较高。尤其是近两年来，高新区与海外许多大公司建立了不同程度的联系，有的已签订了合作意向和合同。因此，继续使用高新开发区的名称，有利于招商引资工作的延续和发展，进一步扩大开放。

4. 保留七星区的名称，有利于加强和完善高新区的社会管理功能。

（二）新区机构设置的原则

高新开发区与七星区合并后的机构设置，应成为我市机构改革的试点，这一试点经验在政府职能转换，“小机构、大服务”“小政府、大社会”的改革方面先行一步，参照上海浦东新区和合肥、苏州、株洲等高新区的经验，结合我市实际情况，新区机构设置宜遵循以下原则：

1. 高新开发区的党政机构仍然作为市委、市政府的派出机构。市委、市政府继续赋予高新开发区市一级经济管理权限和相关行政管理权限。根据市委、市政府的决策精神，要将高新区办成我市的特区、综合体制改革试验区、两个根本性转变的基地、经济发展的重要新增点、城市发展的新区。

2. 高新开发区（七星区）实行党政有合有分，政企彻底分开。“合”体现在高新开发区（七星区）党政一把手由同一人担任，还体现在一办、一部、一委上。党工委（区委）、管委会（区政府）共设一个办公室；党工委（区委）组织部包括管委会（区政府）劳动人事方面的职能；纪检委和监察局共设一套机构。“分”体现在党政的其他职能部门单独设置，各司其职。政企关系则按市场经济运作规则分开。

3. 精简、统一、高效。体现“分、放、转、派”原则。分是政企分开；放是下放政府部门不该管的事权，实行职能分流，属于经营性的职能全部下放给企业，保证企业有充分的自主权，政府部门只把重点放在规划、协调和服务上；转是转换职能，将政府的一部分职能转移给各类中介组织、行业协会；派是派出机构，公安、国税等，由主管部门派出机构管理。

4. 强化综合部门，实行大系统管理。高新区行政机构按政企分开原则，一律不设主管局，同时又强化综合部门，实行大系统管理模式，能不设的机构坚决不设，相应的职能归并到一个大口中。如经济贸易科技局，把经济与贸易连为一体，使工业与科技相互联姻，建设规划土地房产局将规划、建设、土地、房地产管理统一起来；市政管理局相当于市政公用事业、环保、市容、园林、绿化等职能；社会发展局则包容了教育、文化、卫生、体育、计生、民政等职能；农村工作办公室管理的是大农业的概念。

5. 政府管理市场，市场引导企业。新区管理机构把管理重点放在市场上，通过各种经济参数及税收、国有资产管理、政策法规等来调控市场。

6. 经济社会协调发展，物质文明建设和精神文明建设同步进行。高新开发区既要抓经济工作，又要抓社会发展，对区域内的城市和农村的物质文明建设和精神文明建设进行有效的综合协调。

五、“两区”合并的利弊分析

（一）有利因素

1. 有利于拓展空间。两区合并后，整个漓江东岸形成一个完整的新区区域，新区规划面积达86.13平方公里，与原七星区74.2平方公里、高新开发区20平方公里的面积相比较，发展空间得到了较大的拓展，为实现区域性经济发展提供了较大的空间舞台。

2. 有利于统一规划。两区合并后，漓东以东区

域可以实行统一规划、统一开发,可以按市委、市政府的整体规划和建设新区的要求,统一安排经济和社会的各项建设事业。

3. 有利于统一管理。由于两区区域重叠较多,在管理上容易出现交叉现象,尤其是社会工作容易造成扯皮或产生矛盾。合并后,可以形成统一的管理体制,从根本上消除管理交叉现象。

4. 有利于加快发展。两区合并后,新区既享有现高新区的市一级经济管理权限及国家、自治区、市赋予高新区的一系列优惠政策,又具有政府行政职能及社会化服务管理体系;既有现高新区较多的科技和经济管理人才,又有七星区较多的社会管理人才,可以实现优势互补,形成独具特色的综合优势。这一优势的充分发挥,将对漓江以东区域的经济和社会发展产生巨大的推动作用,早日建成市政完善、工业先进、农业现代、科教发达、商贸繁荣、生活优质、环境优美的现代化新城区。

(二)不利因素

1. 干部队伍协调、管理的难度加大。两区合并后,人员由三方面来源构成,即高新区、七星区、原郊区部分人员。这三个方面的工作人员所从事的工作尽管有相同的方面,但仍存在较大的差异。“两区”合并后,工作范围扩大,工作要求也不一样,三方面的干部职工从思想认识到工作方式的协调,都需要一个较长时间的磨合。

2. 财政负担大大加重。现七星区所辖的乡村发展还比较缓慢,而且尚有相当一部分农民未脱贫(人均 850 元以下的有 104 户 459 人,其中人均 530 元以下的还有 45 户 182 人),这与建设现代化的新农村的差距还比较大,任务繁重。“两区”合并后,农村的过重负担可能会影响新区经济发展的速度。另外,现七星区从事社会管理的人员较多,工资、福利支出的负担很重。

3. 社会管理、市政建设和农村建设任务加重。两区合并后,社区的各项社会化管理事务会在一定程度上影响高新开发的精力。同时在整个漓江以东地区,市政基础设施较差,农村的改水、改厕任务也非常繁重,如果合并,将会加重新区的负担。

4. 体制不顺。主要表现为两个方面:一是财税体制不顺。实行新税制以后,市里给城区的税种很少,全区财政只是“吃饭财政”,基本上拿不出经费搞基础设施建设;二是区划调整后,城区应有的一些职能不具备,市有关职能部门把有一些收费项目的职能都收回去了,导致了城区工作量增加、人员增多、开支增大,而且财政收入并未增加,影响了城区功能的发挥。如果“两区”合并,这些问题也会直接影响新区的建设及整体快速发展。

六、“两区”合并后新区应具备的基本条件

“两区”合并是我市体制改革的一项重大举措,对促进全市产业结构的战略性调整,转变经济增长方式,提高经济运行质量和效益,实现我市东西协调发展的新格局,具有重要战略意义。为确保合并后的新区健康发展,市委、市政府应赋予其以下基本条件:

1. 继续享受市一级经济管理权限和相关行政管理权限及原有的优惠政策。

2. 全面体现特区性质,尤其在财政、工商等方面采取特殊政策,真正按特区的要求建立一级财政、一级金库及完备的工商管理体制。建立起完整的政府机构并完善其职能。

3. 继续执行市委、市政府〔1996〕112 号文件。

七、结论

高新开发区正面临着难得的发展机遇,但必须拓展发展空间,必须以强有力的行政支撑为前提,由政策区体制向行政新区体制过渡。高新开发区与七星区合并,是实现过渡的便捷选择。“两区”合并利多弊少,只要赋予其必备的条件,新区即可投入运作并能实施较大规模、较快速度、较高档次的开发建设,从而推动我市漓江以东区域经济和社会的发展,总之,合并不仅可行,而且是“两区”实现发展的迫切需要。

中共高新开发区工委
中共七星区委
高新开发区管委会
七星区人民政府
一九九七年五月二十八日

关于桂林国家高新技术产业开发区与桂林市七星区合并及李金早等同志任免职通知(摘要)

市干〔1997〕4 号

各县、区委,市直各单位党组(党委):

经市委研究决定,桂林国家高新技术产业开发区与桂林市七星区合并,实行两块牌子一套班子。

李金早同志任中共桂林国家高新技术产业开发区工作委员会、桂林市七星区委员会书记。

中共桂林市委员会

一九九七年六月十三日

关于桂林国家高新技术产业开发区、桂林市七星区机构设置、人员编制和领导职数配备的通知

市编〔1997〕78号

根据中共桂林市委市干〔1997〕4号文件精神，桂林国家高新科技产业开发区和七星区管理机构合并，实行两块牌子、一套人员的管理体制。合并后，中共桂林国家高新技术产业开发区工作委员会、中共桂林市七星区委员会，桂林国家高新技术产业开发区管理委员会、桂林市七星区人民政府机构设置、人员编制和领导职数配备如下：

一、机构设置

（一）党政机构设置：

1. 党政办公室（增挂督察办公室、信访办公室、保密委员会办公室牌子），其主要职责：负责工委、区委、管委会和区政府的日常文秘、档案、来信访问、保密、接待工作，对领导部署的重大工作进行督促、检查、落实，当好领导的参谋；协调有关单位及本单位各部门的关系，做好机关后期保障服务和安全保卫工作及领导交办的其他事项。

2. 组织部（增挂劳动人事局、老干部局、直属机关工委、统战部的牌子），其主要职责：负责全区的党员、干部教育和培养工作，按干部管理权限，负责全区机关、企事业单位干部的考核配备工作；指导基层党组织建设；负责机构编制、人事调配、人才交流、劳动监察、职称评定、安全生产、工资福利、出国政审、养老保险、劳务市场、劳动争议仲裁等工作；做好离退休老干部及工青妇工作；做好民族事务、侨务及统一战线工作。

3. 宣传部（增挂新闻办公室、精神文明建设委员会办公室牌子），其主要职责：负责宣传党的路线、方针、政策，对外宣传、新闻报道，加强干部职工思想政治教育工作，促进精神文明建设的发展。

4. 纪律检查委员会（与监察局合署办公，一个机构，两块牌子），其主要职责：负责抓好党员、干部、职工的廉政建设和法纪教育，提高员工的法制观念，查处违法、违纪案件。

5. 政法委员会（增挂社会治安综合治理委员会办公室、司法局、调解处理土地、山林、水利纠纷办公室牌子），其主要职责：负责抓好本区社会治安治理，督促检查综合治理各项措施的落实；提高全区人民的法制观念；公证调解处理土地、山林、水利纠纷。

6. 综合发展局，其主要职责：编制全区经济社会发展规划，制定中长期和年度发展战略、计划；全区体制改革，政策法规；负责推进重大经济项目；负责全区各类指标的综合统计、核算工作；联系国家科委、自治区科委、友好开发区、友好区（县）。

7. 招商部，其主要职责：负责全区的招商引资、外引内联，编制项目投资计划，联络各类招商业务，组织区内企业洽谈招商活动。

8. 经济贸易科技局，其主要职责：负责全区经济贸易工作，审批企业科改项目、科研项目和计划，组织实施火炬计划，确认高兴技术企业项目，抓好企业改革；负责工商企业生产经营的指导和监督，加强第三产业的指导与管理，建立健全贸易市场的管理体系。

9. 建设规划土地房产局（增挂房屋拆迁管理办公室牌子），其主要职责：负责全区范围内的整体规划、建设工程管理、土地管理、房地产管理工作；负责全区建设、勘察、设计市场管理。

10. 市政管理局（增挂市容环境卫生管理局牌子），其主要职责：负责全区市政公用事业的发展和管理，做好园林、绿化工作，保持全区良好的环境卫生状况。

11. 社会发展局（增挂文化体育局、民政局、教育局、计划生育委员会、卫生局牌子），其主要职责：负责全区民政、文化、教育、体育、卫生、计划生育的管理；对各种卫生法规的贯彻实施进行监督、检查；加强社区管理和城区基层政权建设。

12. 农村工作办公室（增挂农业局、林业局、水利电力局、农业机械化管理局、畜牧水产局、乡镇企业管理局、副食品办公室、农业区划办公室、漓江农业示范带办公室牌子），其主要职责：负责农村经济发展，检查监督农场政策的落实情况；加强村镇建设、水利建设；促进漓江农业示范带的发展。

13. 财政审计物价局，其主要职责：负责主管财政改革和实施财政监督，并负责编制全区的财政预算，负责对资金运转的综合平衡；加强对国有资产

的管理；具体组织实施对同级财政和区属企、事业单位的审计；做好商品价格的咨询服务工作，加强行政事业性收费的管理和监察。

上述机构的全称，党委部门均冠以中共桂林国家高新技术产业开发区工作委员会和中共桂林市七星区委员会；管委会、政府部门均冠以桂林国家高新技术开发区和桂林市七星区。上述机构如需设置内部机构，由市机构编制委员会另文下达。税务、公安等部门在高新区、七星区设置派出所机构，其派出机构实行两块牌子、一套人员的体制。

（二）七星区人大常委会设置办公室

二、人员编制和领导职数配备

桂林国家高新技术产业开发区、七星区机关行政编制100名，事业编制46名；另核定司法行政编制12名。

领导职数配备按市发〔1996〕96号文件规定执行。

乡机构设置、人员编制及领导职数配备

桂林国家高新技术产业开发区、七星区辖穿山乡、朝阳乡，两乡的机构设置、人员编制、领导职数和工作人员配备如下：

（一）机构设置

穿山乡、朝阳乡设置党委办公室、政府办公楼（不定机构级别），按有关章程及规定，设置人大、纪检、人武部、共青团、妇联机构。

（二）人员编制

穿山乡机关核定人员编制33名（其中行政编制30名，机关后勤服务人员事业编制3名）；

朝阳乡机关核定人员编制33名（七中行政编制30名，机关后勤服务人员事业编制3名）。

（三）领导职数及工作人员配备

乡党委设书记1名，专职副书记1名；人大主席1名；乡政府设副乡长3名。

乡党委配备组织干事、宣传干事、纪检干事、武装干事；乡政府配备农业助理、林业助理、水利助理、民政助理、计生助理、科技助理、教育助理、文体卫生助理、统计助理、司法助理、村镇建设助理、交通助理、企业助理；人大、人武部、团委、妇联的工作人员按有关规定配备。

桂林市机构编制委员会

一九九七年六月十八日

桂林市人民政府
关于明确市辖区行政管理范围的决定

市政〔1999〕95号

（节选）

为了明确我市各市辖区的行政管理范围，提高城市综合管理能力，推动经济社会的发展，根据《中共桂林市委员会桂林市人民政府关于进一步完善市辖区行政管理体制的决定》的精神，现就我市辖区的行政管理范围作如下决定：

一、确定管理范围的原则

坚持有利于团结，有利于管理，有利于社会稳定好发展的原则。依据国家有关勘定行政区域界线的法律法规及政策，以行政区域管辖的现状为基础，以较明显的固定地理实体为标准，尽量与自然资源权属保持一致，采取大稳定，小调整的原则，在综合平衡双边利益后，规定行政管理范围。

二、各区管辖的范围

3. 秀峰区与七星（高新）区界线：

北起伏波山处的漓江主航道，沿主航道向南至望江亭止。

6. 象山区与七星（高新）区界线：

北起望江亭处的漓江主航道，沿主航道向南至斗鸡山附近江面，经大洲怀吴家人洲之间的漓江叉河，向南至净瓶山大桥接漓江主航道，再向南至旅游车船公司船舶修造厂南100米处止。

7. 其余各区之间，区与毗邻县之间的界线，以勘界划定的界线为界。

三、其他事项

1. 本决定仅就我市各市辖区的行政管理范围进行规范，不作为行政区划勘界的法定文书。

2. 行政管理范围确定后，各市辖区及有关部门应根据新的行政管理范围作出相应的工作调整。

3. 漓江水面以主航道划界以后，公安机关仍按原有的管理模式进行管理。

4. 规范行政管理范围后存在少量农民使用的土地跨行政区插花现象的地段，仍维护原来的土地权属关系。

5. 新的行政管理范围明确后，居民的户口性质不变，中小学的学生划分区域不变。

6. 本决定有关行政管理范围界线的详细走向，

由市勘界办负责解释。

四、本决定自公布之日起执行。

桂林市人民政府

一九九九年五月十一日

桂林市人民政府
关于七星区分区规划的批复

市政函〔2005〕50号

七星区人民政府：

你们委托市城市规划设计研究院编制完成的《桂林高新区七星区分区规划》，经市规划审定委员会第十八次会议审核通过，经研究，现批复如下：

一、同意《桂林高新区七星区分区规划》

二、要求铁山工业园与朝阳工业园用地布局应按照已审定的专项规划作出调整，规划用地应认真核对城市总体规划，不得突破城市总体规划。

三、针对东环二路、桂磨路两侧的现状空地，由市园林局、城区政府负责采用租赁的方式获得土地使用权后种植乔木绿化，以加强道路两侧的规划管理。

四、城市总体规划与分区规划是你区发展、建设和管理的依据，一切建设活动必须符合规划要求。你区要根据本批复的精神，认真组织实施该分区规划，任何单位和个人不得随意改变。

五、分区规划的调整变动须报请市人民政府审批。

桂林市人民政府

二〇〇五年三月二十八日

桂林高新区七星区分区规划（摘要）

2005年3月28日，桂林市人民政府批准了《桂林高新区七星区分区规划》（《桂林市人民政府关于七星区分区规划的批复》，市政函〔2005〕50号）。桂林高新区七星区分区规划，含文本、说明书、规划图集三部分，其中说明书共十四章。

第四章，分区规划性质与规划发展目标，对高新区七星区的规划性质可以概述为：以依托科研、教育体系的高新技术产业为主，以居住、体育、文化、旅游接待和展览为辅，以优良的环境质量和生活质量为特征的综合型城区。

第六章，规划结构，分区建设用地在现城区中心——三里店的基础上，向南北两个方向扩展，以城市绿地和自然山水将其分隔成北、中、南三个组团的格局。分区规划结构可概括为：“三中心两轴两环三带”。

第七章，土地利用规划，高新区七星区分为五大功能区，即高教园区、中心商贸区、高新产业区、生活居住区、农业高新产业示范区，五大片区相对独立，彼此协调，综合形成有机整体。高新技术产业园区是高新区七星区的主体部分，项目设置方式为一区多园，分散布局。主要设置留学生创业园、桂林电子信息城、桂林高新环保产业园、桂林高新区医药城、桂林张家山信息产业园、桂林高新区铁山园等六个园区。

第九章，道路交通系统规划，区级主干道红线宽度控制35—60米（设置时速35—60公里／小时），机动车道为双向四车道，其中规划东外环路为双向六车道，道路红线控制为60米（设计时速60—80公里／小时）；分区次干道和组团内主干道红线控制为26—35米（设计时速30—40公里／小时）；支路道路红线控制为12—25米（设计时速20—30公里小时）；分区内预留道路立交四座。高新区七星区内企事业单位必须按有关规定建设本单位停车所需的配建停车场，除此以外，高新区七星区还在中心商贸区、生活居住区、工业仓储区及科研教育区内统一规划社会停车场，满足社会发展需求。

第十四章，容量控制规划，容积率≦0.5—≦3；建筑密度≦10—≦40；建筑限高≦9—40M。

桂林市人民政府关于印发
《桂林国家高新技术产业开发区一区多园实施细则》的通知

市政〔2005〕37号

各县、自治县、区人民政府，市直各委、办、局：

现将《桂林国家高新技术产业开发区一区多园实施细则》印发给你们，请遵照执行。

桂林国家高新技术产业开发区一区多园实施细则

为进一步加快桂林国家高新技术产业开发区建设和可持续发展，加快工业化进程，根据国家和自治区的有关规定，制定本细则。

第一章　园区设立

一、主管部门

为了加快桂林国家高新区的科技园区建设，合理利用我市高新技术产业发展空间，由桂林国。家高新区管委会（下简称高新区管委会）负责会同市有关部门及有关县、区政府具体实施。

二、设立条件

（一）由高新区管委会或会同设立园区的县、区人民政府向市人民政府提出建立科技区的申请。

（二）申请设立的园区区域应符合桂林市、相关县建设总体规划和土地利用总体规划，符合桂林国家高新技术产业开发区的建设规划。

（三）桂林国家高新区各园区设立需经桂林市人民政府或桂林市高新技术产业发展指导委员会批准。

（四）在条件成熟时，应向自治区和国务院申报，办理有关手续。

第二章　园区建设

三、同区建设必须遵循以人为本，全面、协调、可持续发展的科学发展观。按市场化运作模式，形成以企业为中心，小政府大服务的服务管理体系。

四、桂林市高新技术产业发展集团有限公司在各园区设立园区建设有限公司（简称“园区子公司”），是各园区建设的项目业主，负责园区建设各项前期准备工作和基础设施建设，经市人民政府批准享有一级土地开发权。

五、各园区规划执行2004年10月国土资源部公布的《工业项目建设用地控制指标（试行）》和有关规定。其建设及规划行政管理由市建设与规划委员会高新区建设规划局负责。

在市区范围内设立园区的土地行政管理工作由市国土资源局高新区国土资源分局负责办理。高新区管委会负责园区项目进网用地审批。

在县域范围内设立的困区，其土地行政管理由所在县国土资源局负责。

六、各园区的开发建设在规划和建设阶段实施环境影响、地质灾害和压覆矿产资源评估工作。禁止设立污染环境以及其他有碍可持续发展的企业和机构。

七、园区建设规划中应有信息化建设规划，应当符合本市信息化建设的总体规划，适应科技创新和网络经济发展的需要，合理开发、利用信息资源，实现有线电视网、电信网、计算机网的融合，建设高速、宽带多媒体信息传输网络。

各园区的商务区和新建居住区应当设置宽带接入系统，新建商用、办公建筑应当满足高速数据传输和信息服务便捷、安全的要求。

各园区的信息化建设应当设立和推行信息化标准和信息化指标体系，维护信息安全。

第三章　企业入驻

八、为了进一步改善投资环境，各园区入园企业（含内、外资企业）统一在桂林市投资办证中心办理有关审批手续，发放入区批文、工商执照、代码证、国税证、地税证等。

设在各县的园区入园企业税收统一缴入市金库，按《中共桂林市委员会桂林市人民政府关于进一步加快桂林国家高新技术产业开发区建设发展的决定》（市发〔2004〕64号）文的比例分享。

九、各园区的高新技术企业认定工作统一由高新区管委会负责组织初审，报自治区科技行政主管部门批准。

十、园区高新技术企业的资格复审，统一由高新区管委会负责办理，报自治区科技行政部门审批。对不符合规定的企业，按自治区高新技术企业管理规定办理，直至取消其高新技术企业的资格。

十一、符合享受国家有关税收优惠政策的入园企业，需由企业提出申请，由税务部门办理审批手续。

第四章　社区建设和管理

十二、在编制园区控制性规划时，必须符合桂林和各县的建设总体规划，按2004年10月28日删土资源部发布的《工业项目建设用地控制指标（试行）》，规划园区的商务配套设施。

十三、园区建设项目业主——各园区建设公司在完成各园区建设同时，应配合园区所在地政府建立社区管理机构。

第五章　统　计

统一园区统计口径，园区建设固定资产投资统计的主报为园区所在县（区）属地统计，副报送高新区管委会。园区入驻企业的经济指标统计上报高新区管委会，副报送所在县（区）。

第六章　其　他

桂林国家高新区各园区每年按高新区考核指标体系要求和按国家科技部要求制定工作计划，年初填写高新区考核指标体系表。桂林国家高新区管委会参照国家科技部考核体系对各园区实行考核制，并实行红黄牌体系。

2005年5月23日

二、山水游记选录

訾家洲亭记（节选）

唐　柳宗元

大凡以观游名于代者，不过视于一方，其或傍达左右，则以为特异。至若不骛远，不陵危，环山洄江，四出如一，夸奇竞秀，咸不相让，遍行天下者，唯是得之。桂州多灵山，发地峭竖，林立四野。署之左曰漓水，水之中曰訾氏之州。凡峤南之山川，达于海上者，于是毕出，而古今莫能知。

［注释］柳宗元(773—819 年)，字子厚，汉族，河东(今山西运城永济一带)人，唐宋八大家之一，唐代文学家、哲学家、散文家和思想家，官终柳州刺史。元和十二年(817 年)，桂州刺史裴行立建訾家洲亭，柳宗元为之作记。此记辑于《桂林市志》中卷 1244 页，中华书局，1997 年版。

玄风洞铭

宋　柳开

桂东丛峰，穴空通风。凄肌森襟，没骨侵心。莹雪若洁，凝冰若冽。暑宇若燠，周飏流毒。其何如斯，为能去之。岭山峨峨，岭水荡荡。亘古绵今，气炎土荒。物爽迩情，候乘朔节。夏雨多凉，秋旱多热。春裘冬扇，朝顺夕变。反倒兮无恒，夭疠相仍。榛莽虫豸，横乱患害。性类所专，造化莫迁。我来洞中，百虑时穷。倏然自释，忘归终日。勒铭岩石，用纪成极。

［注释］柳开(948—1001)，字仲涂，大名(今属河北)人，宋开宝六年(973)进士。宋淳化元年，在桂州任知府时，于宋淳化元年(990)作《玄风洞铭》。此铭辑于《桂林市志》中卷 1245 页，中华书局，1997 年版。

曾公岩记（节选）

宋・刘谊

夫桂之洞穴最多，南有白龙，北有石门，回穴据其东，隐山在其西，皆唐名流之所尝游也。观其咏歌序刻，莫不极道其胜概，而叹前人之所遗者。斯岩之景，亦冠绝矣……余生长东吴，号为山水窟中，如天台、雁荡，最为奇观，然未有过此者也。

［注释］刘谊(？—1098)，字宜翁，浙江湖州长兴人，宋治平四年(1067)进士。宋元丰二年(1079)九月，广西经略安抚使曾布开曾公岩，广西提举常平刘谊作《曾公岩记》。此记辑于《桂林市志》中卷 1245 页，中华书局，1997 年版。

七星岩记

宋　王过

余素有山水癖，游宦江浙逾二纪，明峰绣川历览几尽，饱闻八桂岩洞之奇，恨未能一到。得郡郁林，泛舟过龙隐。由曾公岩入栖霞洞，傍行邃穴，窈窕数里，不能极其涯。既出，相羊石扉，宴坐终日，有野云飘素练，群峰借苍壁，超然顿忘俗虑，信壶中有天，语非虚诞。又疑飞空步雾，乘风驾鹤而来，想海岛蓬宫不异此也。

［注释］王过(1024—1069)，字补之，南城县(今江西抚州)人，宋嘉祐二年(1057)进士。宋隆兴元年(1163)七月，题《七星岩记》(见七星岩摩崖石刻)。此记辑于《桂林市志》中卷 1246 页，中华书局，1997 年版。

霞客游记（节选）

明　徐霞客

丁丑(1637)五月初九日，……游览象鼻山之后……乃南行一里，渡漓江东岸，又二里，抵穿山下。其山西与斗鸡山相对。[斗鸡在刘仙岩南，崖头山北，漓江西岸濒江之山也。东西夹漓，怒冠鼓距，两山当合名斗鸡，特东山透明如圆镜，故更以穿山名之。]山之西又有一峰危立，初望之为一，抵其下，始见竖石下剖，直抵山之根，若岐若合，亭亭夹立。盖山以脆薄飞扬见奇也，土人名为荷叶山，殊得之也。穿山北麓，嘉熙拖剑之水直漱崖根，循山而南，遂与漓合。余始至其北，隔溪不得渡。望崖壁危悬，洞门或明或暗，纷纷错列，即渡亦不得上。乃随溪南行，隔水东眺，则穿岩已转，不睹空明，而山侧成峰，尖若竖指矣。又以小舟东渡，出穿山南麓，北面而登。拔草寻蹬，登一岩，高而倚山半，其门南向，[疑]即穿岩矣。而其内乳柱中悬，琼楞层叠，殊有曲折之致。由其左深入，则渐洼而黑，水汇于中。知非穿岩，乃出。由其右复攀跻而上，则崇岩旷然，平透山腹，径山十余丈，高阔俱五六丈，上若卷桥，下如甬道，中无悬列之石，故一望通明。洞北崖右有镌为"空明"者。由其外攀崖东转，又开一洞，北向，与穿岩并列，而后不中通，内分层窦，若以穿岩为皇堂，则此为奥室也。[其东尚有三洞门，下可望见，至此则峭削绝径。]穿岩之南，其上复悬一洞，南向，与穿岩叠起，而后不北透，内列重帏，若以穿岩为平台，则此为架阁矣。凭眺久之，仍由旧路东[下汇]水岩。将南抵山麓，复见一洞，门亦向南，而列于汇水之东。其内亦有支窍，西入而隘黑无奇。时将薄暮，遂仍西渡荷叶山下。北二里，过河舶所，溯漓江东岸，又东北行三里，渡浮桥而返寓。

[注释]徐霞客(1587—1641)，名弘祖，字振之，以号霞客名世。明末南直隶江阴(今属江苏)人，地理学家、旅行家和文学家。其地理名著《徐霞客游记》广泛流传，影响深远。

游七星岩记(节选)

清　乔莱

出桂林城东门，渡漓水，有山七峰并峙，曰七星岩。

岩出山腹，土人结阁其上。由阁门入，始黑，已而有光。行数十步，石室空明，可容千人。其西有洞，曰栖霞。洞门轩豁，巨石磅礴，可级而下。燃炬入其匿，若风生波起，鱼龙出没者，曰龙门。岩东若户牖者，曰天门。石累累垂，若来禽、青李、梨、栗、荔枝之属，曰花果山。峰回岫复，若岛若洲，若溪若墅，若烟云变幻者，曰须弥山。石圆如柱，高十余丈，径丈，如良工雕镂，瓔攒波蹙，细比毛发，或曰可推而转也，曰转轮藏。有石临潭水，状如网，曰银丝网。白石平布，阡陌分焉，清泉渟蓄其中，曰仙人田。其曰佛、曰仙、曰馨、曰床、曰犀、曰象、曰狻猊、驼、虎及珍禽异卉之类，皆形容肖似，殆不可状。洞深四里余，将千转。其石，或坡陀偃伏，或斩削倾欹，石笋林立，乳凝沍如雪。其水，或细流清浅，或潭深数百丈，投之石，久之乃有声。其径，或平旷，或崎岖，或伛偻以入。洞穷乃明，曰东方明。

[注释]乔莱(1642—1694)，字子静，江南宝应(今江苏宝应县)人，清康熙六年(1667)进士。清康熙二十年(1681)任广西考试官，于康熙二十一年(1682)作此游记(见七星摩崖石刻)。

三、诗词楹联选录

杜鹃花唱和诗

唐　张浚　刘崇龟

幄中筹策知无暇。
洞里观花别有春。
独酌高吟问山水，
到头幽景属诗人。

和诗：

碧幢红苑合红钧，
桂树林前信有春。
莫恋花时好风景，
皤溪不是钓鱼人。

[注释]唐乾宁元年(894)，监察御史张岩于龙隐洞书刻《张浚刘崇龟杜鹃花唱和诗》。张浚，河北河

间人，唐乾宁元年(894)3月赴广西秀州(今桂平县)任司户参军途径桂林时作此诗。刘崇龟，曾任广州岭南东道节度使检校右仆射，收到张浚诗后次韵和诗一首(见龙隐洞摩崖石刻)。

栖霞洞

宋　范成大

竹杖芒鞋俗网疏，每逢绝胜更踟躇。
但随歧路车西去，莫计光阴大小余。
仿佛桃园又舞凤，辛勤李白漫骑鱼。
今朝真作游仙梦，不似骚人赋子虚。

[注释]范成大(1126—1193)，字至能，平江府吴县(今江苏苏州)人，南宋名臣文学家、诗人，宋乾道八年(1172)至宋淳熙二年(1175)知广南西路静江府(今广西桂林)。

西江月·游七星岩

宋　梁安世

南国秋光过二，
宾鸿未带初寒，
洞中驼褐已嫌单，
洞口犹须挥扇。

夕照千峰互见，
晴空万象都还，
羡他渔艇系橙湾，
欹枕玻璃一片。

[注释]梁安世(公元1136—?)，括苍(今浙江丽水)人，宋绍兴二十四年(1154)进士，于宋淳熙七年至八年(1180-1181)任广西转运使。此词为其于宋淳熙五年(1178)游七星岩所作。(词见七星岩摩崖石刻)

游新辟之穿山岩

张安治

穿山探月费攀登，新窟奇资动客魂。
竟有海龟负榕树，正同鳌足立乾坤。
冰花玉幔人间少，叠瀑重泉梦里闻。
芦笛七星增姊妹，龙宫仙境媲昆仑。

[注释]张安治(1911—1990)，江苏扬州人。民国20年(1931)毕业于南京中央大学艺术科，民国35年(1946)赴英国伦敦大学科塔艺术研究院研修，博士生导师。(诗辑于《穿山神韵》，广西师大出版社2013年版)。

游七星岩·月牙楼述怀

贺敬之

我生历忧患，沧海见横流。
未折夸父志，老梦仍壮游。
决眦岱岳顶，欲呼昆仑丘。
旧侣半辞世，新知索题留。
千书无悔字，万里心可剖。
桂林又举笔，发落不悲秋。
思悟七星岩，情解月牙楼。
天行回斗柄，大亏盈开头。
莫叹路漫漫，艰险固必由。
权弃渴未死，追日有飞舟。
今再捧漓水，同君析离愁。

[注释]贺敬之，1924年生，山东峄县人，现代著名革命诗人，剧作家。

题月牙楼

郭沫若

月牙楼是画廊楼，
八面奇峰豁远眸。
毋怪楼中无一画，
画图难及自然优。

[注释]郭沫若(1892—1978)，四川乐山人。毕业于日本九州帝国大学，现代文学家、历史家，新诗奠基人之一，中国科学院首任院长，中国科学技术大学首任校长。

题赠候北人《桂林山水图》

张大千

八桂山川系梦深，七星独秀足幽寻。

漓江不管人离别，翘首西南泪满禁。

［注释］张大千(1899—1983年)，四川内江人，祖籍广东番禺。中国泼墨画家、书法家，是二十世纪中国画坛最具传奇色彩的国画大师。

创造明天

李金早

岳山麓，漓江边；几多理想，几多豪情，几番梦系魂牵；

我们是光荣的高新开发区人，

一张张蓝图我们绘，一幅幅锦绣我们编，建设开发区，草绿花鲜。

统一管理，全市共建，全市共建；

手拉手，肩并肩；共建特区，振兴桂林，誓得广厦千万间。

把握今天，创造明天，默默奉献，我们创造美好的明天！明天！

绿叶地，碧云天；几多汗水，几多不眠，几多坎坷路艰；

我们是勤奋的高新开发区人，

一个个项目我们建，一股股激情涌心间，发展高科技，奋马扬鞭。

务实为本，开拓争先；

劈荆棘，攀山巅；开发区人，志在拼搏，汗水换来美景添。

立足今天，创造明天，脚踏实地，我们创造灿烂的明天！明天！

［注释］李金早，1958年生，湖北仙桃人，经济学博士后，曾任桂林市委常委、常务副市长、市长，桂林国家高新技术产业开发区管委会主任，国家旅游局局长。此词为桂林高新区区歌歌词。

月牙山小广寒楼阁长联

王　力

甲天下名不虚传，奇似黄山，幽如青岛，雅同赤壁，佳拟紫金，高若鹫峰，穆方牯岭，妙逾雁荡，古比虎丘，激动着倜傥豪情，志奋鲲鹏，思存霄汉，

目空培塿，胸涤尘埃，心旷神怡消块垒；

冠寰球人皆向往，振衣独秀，探隐七星，寄傲伏波，放歌叠彩，泛舟象鼻，品茗月牙，赏雨花桥，赋诗芦笛，引起了联翩遐想，农甘陇亩，士乐缥缃，工展鸿图，商操胜算，河清海晏庆升平。

［注释］王力(1900—1986年)，字了一，广西博白人。中国语言学家、教育家、翻译家、散文家、诗人，中国现代语言学奠基人之一。

索　　引

七星城区甲天下广场夜色　（周显护　2005年摄）

索引说明

一、本索引采用主题分析索引方法。正文(包括篇、章、节、目、子目、文献、资料、图片和表格)中凡具有独立检索意义的完整资料,均可通过本索引进行检索。少数目名、子目名因语言环境需要,在名称前或者名称后酌加修饰词;有的目名、子目名动词置后。

二、索引按汉语拼音字母(同声字按声调)顺序排列。章、节作索引款目用黑体字排印,其余款目用宋体字排印。表格、图片在其款目后分别注明“表”“图”。

三、索引款目后的阿拉伯数字和拉丁字母(a,b)分别表示内容所在的页码和栏别(即左、右栏)。

四、空两字位起排的款目为上一主题的“附见”。同一主题的“参见”只标页码。为便于读者检索,内容有交叉的款目,在本索引中重复出现。

五、索引一个标目在志书中出现多处页码的,依次排在同一个标目之处,用“,”号将不同的页码分开。

六、序、概述、大事记等不作索引,阿拉伯数字和拉丁字母开头的款目排在索引的前面。

J

K

L

M

R

S

T

W

Y

Z

编后记

首部《桂林市七星区志》的编修工作于2004年着手筹划，2005年开始成立临时工作领导小组，由副区长赵素华担任组长，莫炳国为负责人，组织人员搜集资料。2009年11月2日成立“桂林市七星区地方志编纂委员会”，由区委副书记郑钧洪任主任，黄健任办公室主任，负责日常工作，按地方志编修工作的要求，认真落实“一纳入、五到位”。随后，召开地方志工作会议，部署各部门各单位征集资料，撰写初稿，并培训编辑人员，制订编修方案，重新修订《桂林市七星区志》目录。2010年9月30日、2011年12月28日和2016年5月10日，3次调整桂林市七星区地方志编纂委员会成员，均由时任的区委副书记任主任。2010年至2015年期间，为加快修志进度，先后聘请5名本区退休的老同志从事编辑工作，由于客观原因，《桂林市七星区志》的下限多次调整，先是由2006年调整到2008年，后又调整到2010年，再由2010年调整到2005年，致使编纂工作进展不尽如人意。2012年9月，区志办聘请曾任桂林市志办副编审的蒋彦秀担任总纂，充实区志办力量，实施了有力措施，明确责任，分工负责，进一步规范修志工作，大大地推进了区志编修工作进程。2015年上半年完成《桂林市七星区志》内部评审并送审，当年9月9日至11日，召开由广西地方志办、桂林市志办、七星区三级综合评稿会。2016年12月，志稿完成总纂，并通过自治区地方志编纂委员会和桂林市地方志编纂委员会的审查验收。2017年12月底呈送自治区和桂林市备案，计划于2018年公开出版发行。

《桂林市七星区志》内容涉及七星区域内自然和社会的历史和现状，是一项涉及面广、工作量大、时间紧、任务重、要求高的先进文化建设的系统工程，必须举全区之力、集各行之智、靠众人修志才能完成。而作为我区第一部区志，其编修工作，是在严重缺乏专业人才的情况下开展的。如今我区的第一部区志能够顺利出版，主要有以下几个原因：一是区委、区政府非常重视地方志编修工作，历届区委、区政府主要领导，如赵德明、何运保、石玉琳等都十分关心区志工作，编纂委员会主任郑钧洪、黄文干、郑平和分管领导赵素华、张衍平、肖育明、协管领导林耀平等经常听取工作汇报，对编修工作提出许多有益的意见，及时解决工作中的困难和问题，确保修志工作的顺利进行。二是得益于自治区、桂林市两级地方志机构领导和专家们对区志编修工作的指导和帮助，让修志工作少走弯路。三是在修志过程中锻炼了一支具有较高素质的编辑队伍。我们狠抓了编辑人员的业务培训，多次派员参加自治区、桂林市举办的修志培训班，组织编辑人员到先进地区学习，先后举办6期培训班，培训了200多名修志人员，保证区志编修工作的顺利开展。四是得到各部门各单位的有力支持。各部门各单位能够积极搜集资料、撰写资料长编，配合区志办编辑补充资料、修改文稿，尤其是区政协主席宛高云经常关心和过问区志编修工作，指导本部门人员撰写资料长编。大家众志成城，形成了区志编修的良好局面。

本部《桂林市七星区志》是七星区历史上的第一部区志。志为官书，由于涉及的时间久远，空间广阔，因而编写、修改、总纂的任务十分艰巨，编修过程较长，感谢参与首部《桂林市七星区志》编辑和编写工作的同志，他们不图名利、舍弃享乐，耐住寂寞，勤勤恳恳，默默地在地方志工作的土地上耕耘，为区志的出版发行作出了很大的贡献。

首部《桂林市七星区志》的完成来之不易，尽管编修人员作出了巨大的努力，但仍不可避免地会存在一些疏漏和不足，希望广大读者不吝指教，以便留待日后修订、改正。

桂林市七星区地方志编纂委员会

2018年12月28日